ISBN 978-0-265-68991-2
PIBN 10381750

English
Français
Deutsche
Italiano
Español
Português

www.forgottenbooks.com

Mythology Photography **Fiction**
Fishing Christianity **Art** Cooking
Essays Buddhism Freemasonry
Medicine **Biology** Music **Ancient
Egypt** Evolution Carpentry Physics
Dance Geology **Mathematics** Fitness
Shakespeare **Folklore** Yoga Marketing
Confidence Immortality Biographies
Poetry **Psychology** Witchcraft
Electronics Chemistry History **Law**
Accounting **Philosophy** Anthropology
Alchemy Drama Quantum Mechanics
Atheism Sexual Health **Ancient History**
Entrepreneurship Languages Sport
Paleontology Needlework Islam
Metaphysics Investment Archaeology
Parenting Statistics Criminology
Motivational

REVUE

DE DROIT INTERNATIONAL

ET DE

LÉGISLATION COMPARÉE.

V.

REVUE.

DE

DROIT INTERNATIONAL

ET DE

LÉGISLATION COMPARÉE, .

PUBLIÉE PAR MM.

T.-M.-C. ASSER,
Avocat et Professeur de Droit à Amsterdam,

G. ROLIN-JAEQUEMYNS,
Docteur en droit et en sciences politiques et administratives. RÉDACTEUR-EN-CHEF.

J. WESTLAKE,
Barrister-at-Law, Lincoln's Inn, à Londres,

AVEC LA COLLABORATION

DE PLUSIEURS JURISCONSULTES ET HOMMES D'ÉTAT.

Tome V. – 1873.

Londres,
WILLIAMS ET NORGATE.
La Haye,
BELINFANTE FRÈRES.
Berne,
LIBR. J. DALP. (K. SCHMID).

Bruxelles,
BRUYLANT-CHRISTOPHE ET Cⁱᵉ.
Berlin,
PUTTKAMMER ET MÜHLBRECHT,
Buchhandlung für Staats- und
Rechtswissenschaft.

Paris,
DURAND ET PEDONE-LAURIEL.
Turin,
LIBR. BOCCA FRÈRES,
New-York,
WESTERMANN ET Cⁱᵉ.

GAND, IMPRIMERIE DE I.-S. VAN DOOSSELAERE.

REVUE

DE

DROIT INTERNATIONAL

ET DE

LÉGISLATION COMPARÉE.

A NOS COLLABORATEURS ET A NOS LECTEURS.

La *Revue de droit international et de législation comparée* a traversé avec un succès croissant les quatre premières années de son existence. Devenue vraiment internationale, tant par son objet que par le nombre et la natjonalité diverse de ses collaborateurs et de ses abonnés, elle s'adresse en ce moment, on peut le dire sans exagération, à tous ceux qui, dans le monde civilisé, s'intéressent au progrès des institutions juridiques. Nous devons en premier lieu reporter l'honneur de ce succès sur nos vaillants et zélés collaborateurs. Ils ont bien voulu accorder à notre entreprise, dès ses débuts, cette sympathie, ces encouragements personnels, ce concours généreux que l'on est toujours sûr de rencontrer chez les vrais savants. Ils ont ainsi facilité et fécondé l'exécution d'une idée qui, sans eux, eût été irréalisable.

Devant ce résultat, la Direction de la Revue comprend que de nouveaux devoirs s'imposent à elle, et des devoirs de plus d'un ordre : devoirs matériels et devoirs moraux. Au point de vue matériel, nous devons nous préoccuper avant tout de reconquérir, dans l'apparition de nos livraisons, la régularité perdue pendant les évènements de 1870-1871. Bien que nous n'ayons pris d'autre engagement à nos débuts que de paraître « quatre fois l'an, » nous comprenons tout ce qu'il y a de désirable à pouvoir compter à date fixe sur l'apparition de chacun de nos numéros. Nous avons donc résolu de regagner l'arriéré en faisant paraître en ce même fascicule, les 1ʳᵉ et 2ᵐᵉ livraison de la présente année. Les livraisons suivantes pourront de la sorte reprendre leur apparition régulière au début de chaque trimestre.

A la fin de notre première période de cinq années, nous publierons une table, par ordre alphabétique, de toutes les matières comprises dans nos cinq premiers volumes.

La partie bibliographique, les notices diverses et la correspondance recevront de nouveaux développements.

La publication des *Archives de droit international et de législation comparée*, que nous annonçons avec le présent fascicule, permettra à ceux de nos lecteurs qui voudront y recourir de suivre plus facilement nos travaux théoriques et d'en contrôler l'exactitude, par la comparaison avec les textes les plus importants des lois et des traités contemporains.

Voilà pour ce que l'on pourrait appeler la partie matérielle de notre tâche. Mais à côté et au-dessus d'elle, il est une obligation morale que nous nous sommes imposée dès la fondation de cette *Revue*, et que nous continuerons à remplir dans la mesure de nos forces et selon les inspirations de notre raison et de notre conscience. Cette obligation consiste à conserver à l'ensemble de notre recueil un caractère essentiellement indépendant et impartial. Cela ne veut pas dire, selon nous, que nous ayons à repousser ceux de nos collaborateurs qui croiraient devoir soutenir, en un langage convenable, une thèse même exclusive. Ni pour nous, ni pour les autres nous n'entendons par indépendance et impartialité, l'absence de toute conviction, ou le silence sur celles dont on est pénétré. Nous avons plutôt en vue cette tolérance scientifique qui porte à respecter chez autrui le droit que l'on réclame pour soi-même, à écouter ou à lire avec calme le pour et le contre, et qui se rappelle toujours que, dans la fatale imperfection de nos connaissances, il est peu de questions sur lesquelles nous puissions nous flatter de n'avoir rien à apprendre de ceux qui nous contredisent.

Notre Revue s'occupe du droit actuel et, comme telle, elle touche par tous les côtés à la vie contemporaine. Nous avons eu et nous aurons encore à parler à ce titre d'une foule de questions, autour desquelles s'agitent des passions de plus d'un ordre, politiques, nationales, religieuses. De ce nombre sont spécialement les questions de droit international public. Nous tâcherons toujours, en ce qui nous concerne, de les traiter avec une modération égale à notre bonne foi et à notre franchise. Il pourra néanmoins en résulter, comme il en est résulté déjà, des discussions d'une certaine vivacité. Nous protestons d'avance contre la pensée que de pareilles discussions pourraient laisser, au fond de notre cœur, la moindre trace d'amertume. Nous conserverons toujours l'espoir de nous trouver un jour d'accord avec nos adversaires, sinon sur le même point, du moins sur d'autres d'une égale importance; le désir, non de les blesser, mais de les convaincre. Nous adjurons nos excellents collaborateurs de tous pays, les honorables écrivains qui ont bien voulu nous honorer de leurs sympathies ou de leurs critiques, et nos lecteurs en général, d'en faire autant de leur côté. Ce recueil est et doit rester un terrain neutre, où toutes les opinions, toutes les nationalités puissent se rencontrer librement, dans une estime mutuelle, dans une recherche calme et désintéressée de la vérité et du droit.

UNE UNIVERSITÉ EN CHINE. — LE PRÉSENT ET L'AVENIR DE L'EN-
SEIGNEMENT SUPÉRIEUR INTERNATIONAL A PEKING,

PAR

le Dʳ **W. A. P. MARTIN,**

Professeur au Collége Impérial, à Peking.

—

(Extrait, traduit de l'anglais, d'une lettre adressée au *Rédacteur-en-Chef de la Revue de
droit international et de législation comparée*, à Gand.) (1)

CHER MONSIEUR,

..... Je vous suis très obligé de l'intérêt que vous voulez bien témoigner
à notre embryon d'université, et c'est avec plaisir que je vous adresse la
notice suivante de sa condition présente et de ses perspectives d'avenir.

Le collége ou, comme on l'appelle parfois, d'un ton quelque peu prophé-
tique, « l'université » de Peking est encore dans l'enfance, et les conditions
de sol et de climat où cette institution se trouve placée ne sont guère favorables à un développement rapide. Il semble cependant qu'elle ait pris de
fortes racines, et qu'on puisse au moins espérer lui voir un jour porter des
fruits.

Pour le moment nous n'avons que peu d'étudiants, — 85 seulement qui
suivent les cours. Mais c'est déjà le double de ce que nous comptions il y a
trois ans. Ils se partagent presque par moitié entre la division scientifique et
la division préparatoire. Tous, à l'exception de deux, s'appliquent à l'étude
de quelque langue étrangère, et quelques-uns ont fait des progrès considérables dans les études scientifiques. Ils sont censés se préparer pour le service de l'État, — l'institution n'étant pas indistinctement accessible au
public. Nous ne pouvons par conséquent nous attendre à un rapide accroissement dans le chiffre des élèves, car le nombre des cadets admis sera seule-

(1) Cf. **T. IV** de la Revue, 2ᵐᵉ livr. 1872, p. 563, ce que nous disons, dans nos notices diverses du
collége de Peking et de notre honorable correspondant. Nous avons eu depuis sous les yeux un
article du *Fraser's Magazine* de janvier 1871 sur les « hommes d'état et les papiers d'état chinois, »
où l'on semble considérer l'institution dont il s'agit comme ayant « définitivement échoué. » La lettre
du Dʳ **MARTIN,** prouve au contraire qu'elle est en voie de développement.

ment augmenté à mesure que le gouvernement aura une plus haute idée de la valeur de l'éducation nouvelle.

Pour donner un exemple de la marche progressive que suit notre jeune institution, je puis mentionner que, avant l'automne de 1869, aucune science quelconque n'était enseignée dans son enceinte. En cette année un professeur de mathématiques entra en fonctions. L'année suivante, le président commença un cours de physique. L'année dernière, notre professeur de chimie ouvrit un laboratoire et commença à combiner ses leçons avec des expériences quotidiennes. Cette année nous avons un professeur d'anatomie et de physiologie qui vient de terminer son premier cours, et nous attendons d'Europe pour l'année prochaine un astronome expérimenté, dont l'arrivée viendra encore grossir notre corps professoral, et pour l'installation duquel on est en train de prendre des arrangements.

Nous avons de plus trois professeurs qui s'occupent d'enseigner les langues anglaise, française, allemande et russe, et trois professeurs indigènes de langue et de littérature chinoise.

Notre plan complet d'études (curriculum) est nécessairement long, et nous n'avons pas encore jusqu'ici conféré les degrés à notre première classe. Mais à la fin de l'année dernière, le gouvernement impérial exprima sa satisfaction au sujet des résultats déjà obtenus, en conférant des distinctions honorifiques à 21 de nos étudiants les plus méritants. Si ces jeunes gens font un bon emploi des trois années qui viennent, ils seront récompensés par leur nomination à des postes officiels dans les diverses administrations. C'est là la manière dont on *confère les degrés* en Chine, et il me paraît que cette méthode possède certains avantages.

Mentionnons encore cet autre symptôme de progrès que, au printemps dernier, nous avons bâti une salle d'examens et des logements additionnels pour étudiants, le tout très convenable en son genre, bien que dans le style économique de l'architecture indigène.

Il va sans dire qu'une institution aussi éminemment internationale doit donner une place considérable dans son plan d'études complet au droit international et aux sciences qui s'y rapportent. Jusqu'à présent nos étudiants ne sont pas suffisamment préparés pour être en état de suivre avec profit une étude qui ne requiert pas seulement de la maturité d'esprit, mais une connaissance intime du monde occidental dans le passé et dans le présent. L'année prochaine cependant je songe à en initier une dizaine à l'étude de ce Code élevé, que sanctionnent les suffrages du monde chrétien et auquel le « fils du ciel » ne peut refuser son assentiment. Dès ce moment les principaux hommes d'État de l'empire chinois reconnaissent le fait, que c'est à l'influence de ce Code universel que leur pays doit d'être comparativement à l'abri d'une invasion étrangère. Il y a peu de jours, quelques-uns de ces ministres, — et parmi eux le plus influent de tout l'empire, — se montrèrent fort satisfaits de la proposition que je leur fis d'établir la classe en question.

Mon intention est de commencer par l'ouvrage du président Woolsey (1) ; — ce livre, écrit expressément à l'usage des étudiants, sera mieux à leur portée que le traité plus élaboré et plus technique de Wheaton. Ils ont ce dernier dans la traduction que j'en ai faite en leur propre langue, et j'ai d'ailleurs l'intention de le leur faire lire dans le texte original ; mais je suis convaincu qu'ils acquerront une plus complète intelligence de l'ensemble de la matière en commençant par Woolsey.

Peking, 20 juin 1872.

Votre dévoué

W. A. P. MARTIN.

NOTE DE LA RÉDACTION. — Il nous est difficile de reproduire la fin de la lettre du Dr Martin, à cause de ce qu'elle contient de trop personnellement flatteur à l'adresse de la Revue et de ses directeurs. Nous nous bornons donc à enregistrer ici, pour la communiquer à nos lecteurs, la promesse que nous fait notre honorable correspondant de Peking de nous adresser, de temps à autre, des communications qui lui paraîtraient rentrer dans le cadre de nos travaux, et notamment de nous envoyer sous peu un article sur les *usages internationaux qui prévalaient parmi les États indépendants et semi-indépendants de l'ancienne Chine.*

(1) Voici le titre de l'ouvrage auquel notre honorable correspondant fait allusion : *Introduction to the study of international law* by THEODORE DWIGHT WOOLSEY. Boston in-12.

(*Note de la Rédaction*).

LA NOUVELLE LOI DÉPARTEMENTALE FRANÇAISE.

PAR

P. DELOYNES

professeur à la faculté de droit à Bordeaux.

TROISIÈME ET DERNIER ARTICLE [1].

§ 2. *De la commission départementale.*

Bien que l'on puisse, en remontant à un passé assez peu éloigné de nous, trouver dans la législation de la France une institution analogue à celle qu'il nous reste à étudier, il faut cependant reconnaître sans hésitation que la création et l'organisation de la commission départementale constituent la partie capitale et vraiment originale de la réforme opérée en 1871. Aussi comprenons-nous sans peine que les défenseurs de la centralisation aient choisi ce terrain pour combattre le projet de la commission, et aient réuni tous leurs efforts pour faire repousser cette institution. Tous les membres de l'assemblée ont compris la gravité de ce débat, le lecteur s'en aperçoit bien vite à la longueur de la discussion, à l'importance des discours qui y ont été prononcés et à l'autorité des orateurs qui se sont successivement présentés à la tribune. La discussion de l'article 2, qui institue la commission départementale, avait occupé une place considérable dans la première délibération du projet de loi; lors de la deuxième délibération, l'assemblée y consacra trois séances bien remplies ; enfin cet article devint, lors de la troisième délibération, le terrain sur lequel eut lieu la discussion générale de la loi et la chambre y consacra encore toute une séance.

La commission de décentralisation sentit que toute la réforme par elle proposée était mise en question; dans la séance du 10 juillet 1871 l'honorable M. Waddington montait à la tribune et faisait ressortir en ces termes la portée du débat :

---

(1) V. T. (1871) de la Revue pp. 621-651 et T. IV (1872) pp. 407-438.

« Messieurs, il ne faut pas vous le dissimuler, vous vous trouvez en face
» de deux grands systèmes, de deux conceptions radicalement différentes
» sur les fonctions et les devoirs de l'État. Vous avez, d'un côté, l'école
» autoritaire, pour qui l'État est un savant mécanisme dont il importe
» avant tout d'assurer le fonctionnement régulier et parfait, afin de lui
» faire produire le plus d'effets possibles. Vous avez, de l'autre, l'école
» libérale, pour qui l'État est simplement chargé de représenter le pays à
» l'étranger, de garantir à l'intérieur l'ordre et la liberté, puis de maintenir
» et de constituer le milieu dans lequel chaque individu se développe libre-
» ment. Voilà deux conceptions radicalement différentes.

» Vous avez, d'un côté, l'école de ceux qui demandent toutes les libertés
» municipales, — et je suis d'accord avec eux, — mais qui refusent les
» libertés départementales, parce qu'ils savent que ces 36,000 fractions du
» pays ne sont que des grains de sable devant le pouvoir central, tandis
» que dans le département il y a des forces sérieuses avec lesquelles il faut
» compter.

» De l'autre côté, il y a ceux qui demandent la liberté de la commune,
» du canton, du département, et qui la veulent toujours et partout.

» Enfin, vous avez, d'un côté, l'école de ceux qui veulent façonner la
» France, bon gré, mal gré à leur image, et pour qui l'idéal du gouverne-
» ment est de tenir la France au bout du télégraphe qui part de Paris; et
» de l'autre, l'école qui est la nôtre, c'est-à-dire d'hommes qui veulent fon-
» der la liberté dans le pays; qui prennent le pays tel qu'il est, avec ses
» diversités infinies, ses aptitudes merveilleuses et diverses, qui veulent
» l'élever, le modifier, l'ennoblir par la pratique de la liberté, et qui ont
» pour but principal de former des citoyens. »

Telle est la manière dont le rapporteur de la commission caractérisait le
débat engagé devant l'assemblée. Son importance ne saurait donc échapper
à l'œil le moins clairvoyant : aussi consacrerons nous des développements assez étendus au principe édicté en ces termes par l'article 2 de
la loi du 10 août 1871 : « *Le conseil général élit dans son sein une commission départementale.* » Cependant quelle que soit l'importance de cette
discussion, à laquelle ont pris part les orateurs les plus autorisés des
diverses fractions de l'assemblée, le cadre, dans lequel nous devons nous
renfermer, ne nous permet pas d'en suivre toutes les péripéties et d'en
exposer en détails les éléments divers. On sait du reste déjà par les notions
générales, que nous avons placées en tête de notre travail, de quel côté
nous portent nos convictions. Partisan d'une décentralisation sérieuse et

pratique, nous voulons, comme l'honorable M. Waddington, confier à l'État les services d'intérêt véritablement général, nous voulons lui remettre le soin de satisfaire aux besoins d'intérêt collectif général; mais d'un autre côté nous voulons avec la même énergie laisser aux autorités locales le pouvoir d'administrer les unités administratives à la tête desquelles elles sont placées; nous voulons que ces autorités locales jouissent de la liberté la plus entière, du moment où les questions par elles résolues n'intéressent qu'elles seules; mais si les solutions par elles admises touchent à l'intérêt collectif général du pays v. g. quand il s'agit d'impositions locales, alors nous reconnaissons la nécessité de faire intervenir une autre autorité pour sauvegarder l'intérêt général du pays : mais cette autorité doit, à notre sens, être une autorité élective supérieure, et nous n'hésitons pas à demander l'abrogation de la règle qui confie cette mission au pouvoir exécutif ou à ses représentants. C'est pourquoi nous avions, dans une autre publication, approuvé dès l'origine la disposition du projet de loi par laquelle la commission de décentralisation proposait de confier à la commission départementale ce que l'on appelle généralement la tutelle des communes et des établissements publics. Nous aurons plus tard l'occasion d'expliquer comment cette règle a disparu de la loi telle qu'elle fut votée le 10 août 1871.

Ceci dit sur le principe même de la loi revenons à la commission départementale dont la création caractérise la réforme de 1871.

Le législateur voulant réformer l'administration départementale pouvait choisir entre deux partis.

Il pouvait tout d'abord maintenir les règles admises et les principes consacrés par la loi de 1866, conférer de nouvelles attributions aux conseils généraux et augmenter le nombre des affaires sur lesquelles ces autorités seraient appelées à statuer définitivement. De cette manière on leur reconnaissait de la façon la plus large le pouvoir de délibérer sur toutes les affaires départementales et même le pouvoir de décider souverainement dans un certain nombre de cas. En face du conseil général venait se placer le préfet choisi par le pouvoir exécutif, chargé non seulement de représenter le pouvoir central, mais encore de gérer les intérêts spéciaux du département, d'administrer cette circonscription territoriale et d'exécuter les délibérations du conseil général.

Ce système ne pouvait évidemment pas être accueilli par la commission; car il était la négation de toute décentralisation et de toute réforme. En effet le but de la décentralisation est d'obtenir la réalisation de ce programme : l'administration du pays par le pays. Or si l'on avait conservé au préfet les pouvoirs qui lui étaient attribués par la législation antérieure, on reniait le programme qu'on avait inscrit sur son drapeau, on refusait de réaliser au pouvoir une réforme qu'on avait demandé dans l'opposition. C'est ce que l'assemblée nationale ne pouvait pas faire.

Voyons donc quelles sont les conditions mêmes de la décentralisation. Qui dit administration du pays par le pays, dit administration des intérêts collectifs, que représente chaque unité administrative, soit par les intéressés directement, soit par des mandataires choisis par les électeurs directement ou indirectement. Cette idée se trouve déjà réalisée aux deux extrémités de la hiérarchie administrative.

La première unité administrative, c'est l'État. L'organisation du gouvernement doit réaliser et réalise précisément aujourd'hui le principe que nous venons de poser. L'assemblée nationale se trouve en présence de ministres responsables auxquels elle peut à chaque instant demander compte de leurs actes, et qui, d'après les principes du gouvernement parlementaire, doivent être choisis dans le sein de la majorité. Le gouvernement et l'administration des intérêts collectifs généraux appartiennent à des ministres mandataires du pays et responsables devant l'assemblée des représentants du peuple.

A l'autre extrémité de la hiérarchie administrative, dans la commune, nous pouvons également signaler une application des mêmes principes. Le maire chargé d'administrer cette unité administrative, de gérer ses intérêts et d'exécuter les délibérations du conseil municipal est, en principe et sauf une exception introduite sur la demande du président de la République, élu par le conseil municipal dans son sein. Même dans les cas où le chef du pouvoir exécutif est appelé à choisir et à nommer le chef de la municipalité, il doit le prendre parmi les membres du conseil municipal. On peut donc voir encore ici une application de notre principe. Le maire est indirectement désigné par les intéressés, c'est-à-dire par les électeurs.

Or, si aux deux extrémités de l'administration, à la tête de l'État et à la tête de la Commune, l'administration est confiée à un mandataire indirectement désigné par les électeurs, pourquoi en serait-il autrement à la tête du département? Si notre principe s'applique sans difficulté à la gestion des intérêts collectifs généraux et à la gestion des intérêts collectifs communaux, pourquoi ne pas soumettre à la même règle la gestion des intérêts collectifs départementaux?

Le but d'une réforme sérieuse devait donc être de réaliser cette idée pratique, autrement il n'y aurait pas véritablement décentralisation. Si l'on se contentait d'étendre le principe de la loi de 1866 et d'élargir le cercle des décisions des conseils généraux, la réforme serait d'avance condamnée à la stérilité et on n'obtiendrait aucun des résultats que l'on attend de la décentralisation. La loi de 1866 et les conséquences qu'elle a produites fournissent la démonstration la plus péremptoire à l'appui de cette vérité. A cette époque, les attributions des conseils généraux ont été considérablement agrandies; on a même reconnu pour la première fois à ces assemblées le droit de statuer souverainement sur un certain nombre d'affaires départementales. Les amis de la décentralisation attendaient de cette réforme les plus heureux résultats; ils espéraient que les débats des conseils généraux captiveraient l'attention publique, qu'autour de ces assemblées il se développerait une vie locale intense. Cependant aucune de ces espérances ne s'est réalisée, les conseils généraux sont restés après la loi de 1866, à peu près ce qu'ils étaient avant cet acte législatif, l'intérêt de leurs débats ne s'est pas accru, il ne s'est pas développé dans le département une vie locale plus forte et plus libre. Les espérances, que les amis de la décentralisation avaient conçues et fait miroiter aux yeux du pays, se sont brusquemment évanouies. Pourquoi en a-t-il été ainsi ? Pourquoi cette réforme a-t-elle été frappée de stérilité? Voici à mon sens quelle explication on peut en fournir. Il m'a toujours semblé que la loi de 1866 était incomplète, qu'elle n'accordait pas assez de pouvoirs au conseil général. Dès lors cette assemblée effacée, dont l'autorité s'éclipsait en quelque sorte devant l'omnipotence administrative du préfet, ne pouvait pas captiver l'attention des citoyens : elle ne pouvait donc pas devenir un foyer répandant autour de lui la lumière et la vie. Telle est aussi la manière dont M. Savary explique la stérilité de la réforme de 1866. Il en exposa en ces termes les causes dans l'exposé des motifs du projet de loi qu'il soumit à l'assemblée nationale sur l'organisation et les attributions des conseils généraux [1].

« N'est-ce point que pour faire pénétrer dans les mœurs le principe de l'ad-
» ministration du pays par le pays, pour habituer les citoyens à faire eux-
» mêmes leurs propres affaires, il ne suffit point de les réunir pour en
» délibérer pendant quelques heures ou pendant quelques jours, en les appe-
» lant immédiatement après à s'en désintéresser et à les remettre à un pouvoir
» étranger, qui sera chargé de les conduire à bonne fin sans leur assistance
» et sans leur concours? Pour qu'ils s'intéressent à l'administration qu'on
» veut lui confier, il faut qu'ils soient appelés à agir par eux-mêmes, à
» participer au mouvement des affaires, à les suivre dans leurs détails, à se

(1) *Journal officiel de la République Française*, année 1871, p. 1322.

» pénétrer de leur importance en y consacrant une part notable de leur
» temps et de leurs efforts. On ne se passionne jamais complétement pour
» une entreprise à laquelle on ne peut se donner qu'à demi, et aussi long-
» temps que le préfet continuera à être chargé de tout le poids des
» affaires, à en recueillir tout l'honneur ou à en supporter toute la respon-
» sabilté, les conseils généraux chercheront vainement dans l'exercice de
» leurs attributions délibératives l'aliment que la loi de 1866 n'a pu offrir
» d'une manière complète à leur activité et à leur initiative. »

Les observations de M. Savary, avec lequel nous sommes heureux de
nous trouver d'accord, montrent la voie dans laquelle le législateur devait
s'engager. Pour décentraliser il ne suffit pas d'augmenter les attributions
des conseils généraux, il faut aller plus loin, il faut leur conférer le pouvoir
d'exécuter eux-mêmes leurs délibérations, ou de les faire exécuter par un
mandataire par eux choisi, ou tout au moins leur reconnaître le droit d'en
surveiller de près l'exécution et de participer ainsi dans une certaine mesure à l'autorité exécutive.

C'est par ces considérations, dont était pénétrée l'assemblée, qu'elle a
repoussé l'amendement présenté par M. Paulin Gillon dans la séance du
8 juillet 1871 ; elle a refusé de le prendre en considération après qu'il eût
été sommairement développé par son auteur. Aux termes de cet amendement, « le préfet représentant supérieur du gouvernement, est, en même
» temps, le chef du pouvoir exécutif, sous l'autorité et le contrôle du con-
» seil général, pour la gestion de tout ce qui concerne les intérêts spé-
» ciaux et purement administratifs du département ». Cet amendement
conservait au préfet la double qualité de représentant du pouvoir central et
d'administrateur du département, et il réservait au conseil général tout
entier le soin de contrôler les actes de l'administration du préfet. Par conséquent ce système donnait une nouvelle consécration à l'ancien ordre de
choses dont on réclamait de toutes parts la réforme, et l'assemblée ne pouvait pas s'y arrêter. Dans le système de cet amendement, le préfet jouissait
d'une certaine latitude dans l'exécution des délibérations du conseil général, et le contrôle exercé par cette assemblée serait devenu dans beaucoup
de cas complétement illusoire, parce qu'elle se trouverait le plus souvent
en présence de faits accomplis et irrévocables.

C'est en vain que M. Paulin Gillon faisait remarquer qu'on pourrait au
besoin multiplier les sessions du conseil général. Cette pensée dicta même
à M. de Marcère un amendement, mais celui-ci ne fut pas discuté, parceque
son auteur crut devoir le retirer en présence des convictions manifestées

par la majorité de l'assemblée dans plusieurs scrutins éclatants. Cette proposition ne constituait du reste qu'un vain palliatif et venait se heurter à une impossibilité pratique. En effet, un certain nombre de représentants sont en même temps membres du conseil général de leur département. Retenus par leur mandat de député dans le lieu où siège l'assemblée nationale, ils ne pourraient pas assister à toutes les réunions de leurs conseils généraux respectifs. Pour échapper à cette impossibilité, il aurait fallu proclamer l'incompatibilité du mandat de député avec celui du conseil général. L'assemblée a refusé d'admettre cette solution. On connaît les motifs qui ont inspiré cette décision et on se rappelle les critiques que nous avons adressées à cette règle. Nous croyons inutile d'y revenir ici. Mais alors même que cette objection de fait serait écartée, alors même que cette incompatibilité serait proclamée, nous n'en repousserions pas moins la solution présentée par M. Paulin Gillon. En effet, le contrôle du conseil général, quoique cette assemblée se réunit trois ou quatre fois par an, serait encore insuffisant, le préfet jouirait dans l'intervalle des sessions de pouvoirs trop étendus, et instruit par l'exemple d'un passé récent, nous redouterions l'abus qu'il pourrait faire de son autorité. Le conseil général détermine, il est vrai, les grandes lignes de l'administration du département, il imprime l'impulsion et la direction: il détermine, par exemple, les routes qui devront être faites et le chiffre total des subventions accordées sur les fonds départementaux; mais c'est au préfet qu'il appartiendra de fixer l'ordre de priorité des travaux et d'opérer la répartition des fonds votés par le conseil. C'est en usant arbitrairement de ce pouvoir que les préfets de l'Empire s'assuraient les moyens de faire triompher les candidatures officielles. Ne serait-il pas à craindre que, sinon aujourd'hui, du moins dans un avenir plus ou moins rapproché, le même péril ne se présentât? Ce danger du reste est d'autant plus redoutable que le préfet nommé par le pouvoir exécutif ne peut, d'après l'amendement, être révoqué que par lui, et que le conseil général n'a, vis-à-vis de lui, aucun moyen de contrainte pour l'obliger à exécuter ses délibérations fidèlement et sans abus de pouvoir. Aussi nous associons-nous sans hésiter au vote par lequel l'assemblée nationale a repoussé l'amendement de M. Paulin Gillon.

Ce premier système étant écarté, trois autres solutions ont été présentées à la chambre.

Le premier amendement émanait de l'initiative de M. Wilson et a été défendu à la tribune par son auteur. Etendant au département la règle que l'assemblée nationale avait déjà appliquée à la commune, il a demandé que le préfet fût élu par le conseil général, de même que le maire est, en principe, élu par le conseil municipal, de même que le président de la République est élu par l'assemblée nationale. L'amendement qu'il présenta était ainsi conçu : « Le conseil général élit le préfet parmi ses » membres; le préfet est élu pour un temps indéterminé, et est révocable » par le conseil général ».

A l'appui de sa proposition M. Wilson a invoqué de graves considérations, que nous allons résumer en quelques lignes. Pour atteindre le but que se proposent les partisans de la décentralisation, c'est-à-dire l'administration du pays par le pays, un certain nombre de conditions lui paraissent nécessaires. Il faut en premier lieu que la délibération et la décision appartiennent à des mandataires élus par leurs concitoyens; de cette manière les intéressés coopèrent effectivement à la solution de toutes les questions d'administration qui les intéressent. Mais cette première condition ne suffit pas, il faut en outre que l'exécution de la délibération appartienne également à un agent électif. S'il en était autrement, on ne pourrait pas dire que le pays s'administre lui-même; car le soin de ramener à exécution les décisions d'un corps électif serait confié à un fonctionnaire étranger. Enfin, il faut que, dans le département comme à la tête de l'État, le pouvoir exécutif soit subordonné au pouvoir délibérant. Telles sont, d'apres M. Wilson, les conditions nécessaires pour réaliser l'administration du pays par le pays. Admettons, pour les besoins de la discussion, les principes posés par M. Wilson, et voyons s'ils nous conduisent aux conséquences formulées par l'honorable représentant du département d'Indre-et-Loire. Que la délibération doive appartenir à des citoyens élus, cela ne nous semble pas douteux; qu'un agent également désigné par l'élection doive être chargé de l'exécution de la délibération, passe encore, bien que cette seconde règle soit de notre part l'objet des réserves les plus expresses et nous paraisse très contestable. Si cependant nous ne la discutons pas ici, c'est pour suivre l'auteur de l'amendement sur son propre terrain. De cette règle à l'élection des préfets il y un abîme. C'est également ce qu'a parfaitement compris le législateur belge, et s'il charge le gouverneur de la province d'exécuter les délibérations du conseil provincial et de la députation permanente (art. 124), il a néanmoins décidé que ce fonctionnaire serait nommé et révoqué par le Roi (art. 4). Les motifs qui ont fait insérer cette règle dans la loi belge, existent également pour les préfets dans l'organisation française. Ces fonctionnaires sont, en effet, revêtus d'un double caractère; ils sont les représentants du pouvoir central et les représentants du département. Il faut donc logiquement qu'ils réunissent les qualités inhérentes à cette double fonction. On serait ainsi amené peut-être à décider que le préfet doit être choisi par le pouvoir exécutif dans le sein du conseil général. Mais ici la question politique se dresse devant nous et fait certainement pencher la balance en faveur du pouvoir central. Pour conserver l'unité politique du pays, il faut que le pouvoir exécutif ait dans chaque département des représentants chargés d'exécuter les ordres qu'il leur transmet, agents subordonnés à l'autorité des ministres, seuls responsables devant les chambres. Comment les ministres et le chef du pouvoir exécutif pourraient-ils intimer des ordres à des préfets élus par les conseils généraux et révocables par ces assemblées ? Les considérations politiques les plus graves viennent donc ici imposer au législateur la règle, en vertu de laquelle les préfets sont choisis et peuvent toujours être révoqués par le pouvoir exécutif, et lui faire repousser la proposition qui investirait les conseils généraux du pouvoir de les élire.

C'est en vain que pour échapper à ces objections pressantes, M. Wilson proposa d'établir dans la loi une sanction pour le cas où le préfet élu ne se conformerait pas aux ordres des ministres. Il demandait que les tribunaux judiciaires fussent chargés de rappeler au devoir le fonctionnaire qui s'en écarterait. Une semblable solution présenterait les plus graves dangers : elle entraînerait d'abord des lenteurs, tandis que l'exécution des ordres du ministre peut être urgente, elle présenterait en outre l'immense inconvénient d'introduire la magistrature dans la politique. Il y a là des motifs suffisants pour faire repousser la règle proposée ; aussi l'assemblée, redoutant les conséquences politiques de l'amendement de M. Wilson, l'a-t-elle rejeté dans la séance du 7 juillet 1871.

C'est entre les deux derniers systèmes présentés à la commission et discutés dans son sein que la lutte pouvait être vive. Entre ces deux solutions, l'esprit reste hésitant et il faut consulter la pratique des affaires pour s'arrêter à un parti.

Le premier de ses systèmes avait été présenté dès 1848 par l'honorable M. Raudot, mais il n'avait pas triomphé à cette époque auprès de la commission législative. Il fut reproduit par son auteur en 1871 ; nous le trouvons également formulé dans le projet de loi présenté par MM. Bethmont et Magnin. Aux termes de ces projets, il faudrait dédoubler les fonctions du préfet, distinguer dans ses attributions celles qui lui appartiennent en qualité de représentant du pouvoir central et celles qu'il exerce comme représentant du département.

Pour les premières, il les conserverait : attributions de police, direction de la force armée, surveillance des fonctionnaires, services des ponts et chaussées, des contributions, etc., etc. Il y a là une masse d'attributions sous le poids desquelles succombe souvent un homme même expérimenté. Comme toutes ces attributions découlent d'une délégation du pouvoir central, il continuerait à les exercer : il resterait donc dans le département, l'agent et le représentant du pouvoir exécutif, il serait nommé par le président de la République et pourrait être révoqué par lui.

Au contraire les attributions, que le préfet, dans l'état actuel de la législation, exerce comme représentant du département, lui seraient enlevées ; on les confierait à un administrateur élu par le conseil général dans son sein. On appliquerait ainsi au département une règle analogue à celle formulée pour les communes par l'article 9 de la loi du 14 avril 1871. Le fonctionnaire appelé à représenter le département serait élu par le conseil général, comme le maire est, en principe, élu par le conseil municipal. Ce magistrat, ainsi choisi par le conseil général, serait chargé d'exécuter les délibérations de cette assemblée et de gérer les intérêts purement départementaux. Dans les actes de son administration, il serait assisté d'une commission permanente du conseil général chargée de l'éclairer de ses avis, à l'instar du préfet auprès duquel le conseil de préfecture remplit les mêmes fonctions.

Le système, ainsi préconisé par MM. Raudot, Bethmont et Magnin, paraît très satisfaisant au point de vue de la décentralisation, dont il applique les principes jusqu'à leurs dernières conséquences ; il l'est également au point de vue de la logique. Mais il nous semble qu'en théorie il ne répond peut-être pas complétement au but de la décentralisation à raison du rôle attribué à la commission permanente du conseil général, et qu'en pratique il se heurte à des impossibilités.

En théorie tout d'abord, il n'est pas pleinement satisfaisant, car la décentralisation a pour but immédiat d'initier les citoyens à l'administration des intérêts collectifs, de former par la pratique des affaires locales des hommes qui aspireront peut-être plus tard à administrer leur pays, et sauront se montrer dignes de sa confiance. Or, ce système a pour unique résultat de créer un nouveau fonctionnaire ; il ne formera qu'un seul homme ; les membres de la commission permanente, appelés seulement à formuler des avis, n'apprendront en aucune manière à administrer le département. Par conséquent le but véritable de la décentralisation ne sera pas atteint et la proposition de ces honorables représentants devait pour ce premier motif être

repoussée. C'est du reste ce que dit fort bien dans son rapport M. Waddington [1]. « Enfin et surtout la création d'un administrateur élu par le conseil
» général ne répondrait pas au vrai but que se propose la décentralisation,
» qui ne cherche pas à multiplier les fonctionnaires mais à former des hom-
» mes. Il ne suffit pas qu'il y ait dans chaque département un homme de plus
» initié à la direction des affaires, il faut qu'il y en ait le plus possible; il
» ne s'agit pas seulement de trouver un administrateur de plus dans le
» département, mais d'y créer une pépinière d'administrateurs, d'intéres-
» ser dans chaque canton et dans chaque commune le plus de citoyens
» possible au maniement des affaires locales et de leur donner par l'exercice
» de la responsabilité le sentiment du devoir; il s'agit, en un mot de fonder
» à tous les degrés le gouvernement du pays par lui-même ».

Si, en théorie, le système préconisé par MM. Raudot, Bethmont et
Magnin n'est pas pleinement satisfaisant, il présente en pratique des inconvénients et se heurte à des impossibilités. Il présente d'abord des inconvénients : car ce fonctionnaire nouveau, cet administrateur élu aura besoin
d'une résidence fixe, il lui faudra des bureaux placés sous ses ordres, chargés de préparer, d'instruire toutes les affaires du département et d'expédier
toutes les pièces nécessaires, enfin on devrait lui allouer un traitement
proportionné à l'importance du département qu'il administrerait. De là résulteraient des frais considérables pour les départements, dont les revenus sont
généralement peu considérables et trouveraient un emploi plus utile dans
des travaux publics d'utilité départementale.

Enfin ce système se heurte, nous l'avons déjà dit, à des impossibilités. Il
repose tout entier sur cette idée que les fonctions actuellement exercées
par le préfet peuvent sans peine être dédoublées et partagées entre deux
personnes : le préfet et l'administrateur élu du département. Opérer une
semblable division présenterait toujours pour le législateur une grande
difficulté, donnerait souvent lieu, dans l'application à de graves embarras et
peut-être à de regrettables conflits. Il existe en effet un certain nombre de
questions qui intéressent à la fois le Département et l'État. En ces matières
la séparation des deux intérêts juxtaposés et peut-être contraires devient
extrêmement délicate, pour ne pas dire impossible. Tels sont, pour ne citer
que quelques exemples, le service des aliénés qui, dans plusieurs départements, possède une dotation propre sur laquelle le conseil général est sans
action; le service des enfants assistés, qui soulève de graves questions de

(1) V. *Journal officiel de la République Française*, année 1871. p. 1686.

principe; les dépôts de mendicité, qui ont le double caractère d'établissements de répression et d'établissements d'assistance publique. Dans tous ces cas, la séparation des deux intérêts est excessivement difficile ; et alors même qu'elle serait possible, la présence de deux administrateurs représentant deux intérêts distincts et peut-être opposés pourrait donner naissance à de regrettables conflits. L'administrateur élu du département deviendrait l'antagoniste et l'ennemi naturel du préfet. En admettant même que leur sagesse écarte les conflits, l'entente nécessaire pour la solution de toutes ces questions, qui intéressent à la fois l'État et le Département, entraînerait des lenteurs, et apporterait des entraves à l'exécution des mesures les plus utiles.

Par toutes ces considérations, la commission législative de décentralisation a écarté le système administratif présenté par MM. Raudot, Bethmont et Magnin ; et, par patriotisme, pour ne pas entraver la discussion et le vote d'une loi, qu'ils considéraient comme un immense progrès sur le passé, ces honorables représentants n'ont pas reproduit leur projet devant la chambre.

Après avoir discuté et rejeté les diverses solutions que nous venons d'examiner, il ne restait plus qu'un seul parti à prendre : confier au préfet le soin d'exécuter les délibérations du conseil général, et constituer à côté de ce fonctionnaire une nouvelle autorité appelée soit à surveiller et à contrôler son administration, soit même à administrer le département. Telle est la solution qu'avait acceptée la commission et que consacrait le projet de loi dans son article 2, en instituant une commission départementale chargée d'administrer le département.

Mais cette disposition fut vivement combattue dans le sein de l'assemblée; tous les adversaires de la décentralisation ont réuni leurs efforts lors de la deuxième et de la troisième délibération pour faire avorter la réforme en rejetant cet article. M. de Guiraud s'est fait leur interprète dans la séance du 29 juin 1871. Il a énergiquement critiqué, soit au point de vue pratique soit au point de vue théorique la création d'une commission départementale.

Il l'a d'abord critiquée au point de vue pratique. Suivant lui, les conseils généraux ne pourront pas trouver dans leur sein des hommes capables d'administrer le département; car l'administrateur doit réunir un certain nombre de qualités particulières dont les électeurs ne tiennent évidemment aucun compte lorsqu'ils choisissent le mandataire appelé à les représenter dans le sein du conseil général. Cette première objection ne nous paraît pas avoir l'importance qu'y attachait M. de Guiraud. Nous pensons au contraire (ce n'est du reste qu'une question d'appréciation) qu'on pourra fort bien trouver dans le sein des conseils généraux des membres capables de faire partie de la commission départementale. Au surplus nous nous associons complètement à la réponse que M. Moulin faisait à cette objection dans la séance du 28 juin 1871 : « On dit : « Cette commission ne pourra pas se » composer. » Qu'en savez-vous? Elle ne se composera pas? Je vous répon- » drai : Faites-en l'essai. Comment! Vous-avez votre pays en telle estime » que vous ne pensez pas trouver dans un conseil général quatre, cinq, » six hommes disposés à s'occuper des affaires du département! Si vous » avez raison dans cette triste appréciation, il n'y a plus de liberté à insti- » tuer dans notre pays; tout est fini, tout est mort. Il faut revenir à une » dictature. Il n'y a plus que cela de possible en France ». Il est vrai que jusqu'en 1871 il ne s'est pas révélé d'administrateurs dans le sein des conseils généraux. Mais qu'avait-on fait pour trouver des hommes, pour développer l'initiative individuelle, pour habituer les élus à la pratique des affaires et les intéresser à la chose publique? D'ailleurs on peut bien trouver dans le sein des conseils municipaux des citoyens capables d'administrer leur commune, on trouvera également dans le sein des conseils généraux des hommes capables d'administrer le département et ayant des loisirs suffisants pour consacrer leur temps à cette noble mission. Du reste la pratique des affaires les formera et développera en eux les qualités qui les distinguent. Mais alors, a dit le regretté M. Lambrecht, ils se formeront aux dépens des intéressés et du département qu'ils administreront. Non, cette crainte est certainement exagérée. Envisageons humainement les choses humaines. Supposons (ce qui ne nous semble pas probable) qu'une commission départementale soit composée de personnes incapables, qu'arrivera-t-il? Le préfet dont la commission doit prendre l'avis, exercera sur elle une influence prépondérante, et ce n'est que le jour où les membres qui la composent auront acquis une connaissance suffisante de tous les détails de l'administration qu'ils prendront réellement en mains la gestion des intérêts départementaux. Les intéressés n'en éprouveront donc aucun préjudice. Par conséquent la première objection de M. de Guiraud n'est pas fondée elle ne pouvait pas arrêter la chambre dans la voie réformatrice dans laquelle elle s'engageait à la suite de sa commission.

M. de Guiraud a ensuite critiqué la disposition de l'article 2 au point de vue théorique. L'organisation de la commission et la position vis-à-vis du préfet sont trop peu définis pour ne pas présenter les plus graves dangers.

Car de deux choses l'une : ou elle s'annulera devant le préfet et deviendra ainsi un rouage inutile, c'est-à-dire dangereux ; ou au contraire elle usera rigoureusement des pouvoirs qui lui appartiennent et soulèvera des conflits de tous les instants. Ainsi elle donne son avis au préfet sur toutes les ques·tions qu'il lui soumet ou sur lesquelles elle croit devoir appeler son atten·tion dans l'intérêt du département (art. 77) ; mais le préfet n'est pas tenu de s'y conformer. Il y a là une source de mésintelligence et peut être de conflits. De même encore elle répartit les subventions portées au budget départemental et dont le conseil général ne s'est pas réservé la distribution (art. 81 n° 1). Elle opère cette répartition après avoir pris l'avis ou entendu les propositions du préfet. Si elle ne partage pas l'opinion de ce fonction-naire, immédiatement l'opposition s'accentue, un conflit s'élève et la mésin-telligence grandit chaque jour entre cette commission chargée de l'adminis-tration et le préfet chargé de l'exécution. Ces deux exemples suffisent pour montrer combien seront fréquentes les causes de conflits, et c'est en réalité l'administration du département qui en souffrira. Dans tous ces cas, la com-misssion départementale aura beaucoup de peine à triompher, alors même que le conseil général extraordinairement convoqué approuverait ses déci-sions et lui continuerait ses pouvoirs. Il ne faut pas oublier en effet qu'elle entrera ainsi en lutte contre le préfet ; ce fonctionnaire a pour lui l'habitude, la tradition, ses bureaux où se sont faites et où continueront à se faire les affaires départementales, il a en outre un autre avantage sur la commission : il est un, ce qui est énorme dans un pays qui n'a aucune croyance dans les pouvoirs collectifs. En France en effet on a la malheureuse habitude d'incarner le pouvoir en un homme, quel que soit le régime constitutionnel du pays.

Cette objection est très grave assurément et mérite un examen attentif. Il est malheureusement vrai que notre pays est imbu de l'opinion qui tend à incarner le pouvoir en un homme. Mais de ce que ce préjugé existe, il n'en résulte pas qu'il faille lui sacrifier une réforme utile et même néces-saire. Il faut au contraire réagir de tout son pouvoir contre de semblables idées. On sait trop bien (un passé récent nous le prouve) quel parti certains chefs d'état ont tiré de ce préjugé en l'exploitant contre les assemblées. Par conséquent, il n'y a pas là un motif suffisant pour repousser la création de la commission départementale.

Mais examinons maintenant le fond même de l'objection. Est-il bien exact de dire qu'il surgira chaque jour des conflits entre le préfet et la com-mission departementale ? Les conflits peuvent naître de deux sources : des rapports des personnes, et d'attributions mal définies. Les conflits de personnes ne peuvent pas être prévus par la loi ; c'est à la sagesse mutuelle du préfet et de la commission qu'il appartiendra de les éviter. A eux d'apporter dans leurs rapports réciproques l'aménité, la douceur de formes qui rendent faciles de semblables relations. Quant aux conflits qui naîtraient d'attributions mal définies, le législateur serait coupable, s'il ne cherchait pas, autant que possible, à les prévenir. La loi du 10 août 1871 détermine avec un soin minutieux, ainsi que nous le verrons en étudiant ses dernières dispositions, les attributions de la commission départementale, et il me semble difficile qu'il s'élève des conflits. A la commission appartient le pouvoir de délibérer et de décider ; au préfet incombe l'obligation d'exécuter ses décisions. Ces pouvoirs ainsi définis laissent, il me semble, peu de place à un conflit. Il est vrai que la commission départementale pourrait commettre quelque illégalité ou prendre, malgré les observations du préfet, une délibération entachée d'excès de pouvoir. Mais dans ce cas, il ne s'élèvera pas véritablement de conflit. Le préfet pourra dans les deux mois, dans les cas prévus par l'article 88, se pourvoir contre la délibération de la commission et la déférer au conseil d'État statuant au contentieux. Les dangers signalés par M. de Guiraud et dont il se faisait une arme contre le projet de loi ne sont donc pas aussi graves qu'il le pensait.

Par conséquent, à quelque point de vue qu'on se place, les objections présentées par M. de Guiraud n'étaient pas suffisantes pour arrêter le législateur et faire écarter toute réforme.

Du reste cette commission départementale dont on proposait la création n'est pas dans notre législation une institution complétement nouvelle, elle a déjà existé dans notre ancien droit sous un autre nom, et les services qu'elle avait rendus à cette époque, les bienfaits qu'elle avait répandus sur le pays la signalaient naturellement à l'attention de nos législateurs. Nous la trouvons en effet instituée dès avant 1789 dans chaque province sous le nom *commission intermédiaire*. Elle est chargée de l'administration de la province, et l'intendant est appelé à exécuter ses délibérations et celles de l'assemblée provinciale. Nous avons déjà exposé à la suite de quelles circonstances Louis XVI avait sur les conseils de Necker créé ces assemblées provinciales et comment l'assemblée des notables généralisa, en 1787, cette institution. Cette utile création commençait à produire les plus heureux résultats quand éclata la révolution de 1789. Le législateur de cette époque supprima les provinces et y substitua les départements. On sait comment la constituante, tout en appliquant au département l'organisation créée pour les provinces, changea néanmoins les attributions de ces assemblées locales; on connaît les inconvénients que présenta ce nouvel ordre de choses et les diverses modifications que lui apporta à tant de reprises différentes le législateur de cette époque. Nous ne revenons pas ici sur l'exposé complet que nous avons déjà eu l'occasion de présenter, nous nous contentons de renvoyer à nos développements antérieurs. Les services qu'avaient rendus ces commissions intermédiaires et les avantages de cette organisation furent, dans ces dernières années, mis en lumière par les travaux de nos historiens et notamment par ceux de M. Léonce de Lavergne [1]; l'attention publique fut dès lors attirée vers cette institution. La commission de décentralisation de 1870 y chercha des enseignements et accepta, en principe, l'idée de créer dans chaque département une commission départementale. L'exemple des autres peuples venait aussi corroborer les enseignements de l'histoire : en Belgique, en Hollande, en Italie, en Prusse, en Danemark les conseils provinciaux choisissent dans leur sein un comité permanent dont les attributions varient avec ces diverses législations.

Ainsi éclairée par les enseignements tirés de l'histoire et de l'étude comparée des législations étrangères, la commission de décentralisation de l'assemblée nationale proposa la création de commissions départementales. La chambre s'associa aux idées réformatrices de sa commission et vota, dans la séance du 10 juillet 1871, la disposition qui lui était proposée par 440 voix contre 133.

Il semble qu'après un scrutin aussi solennel, en présence d'une majorité aussi considérable, après un débat approfondi qui avait rempli trois séances, les adversaires de la décentralisation et de la commission départementale devaient se tenir pour battus et reconnaître sincèrement leur défaite. Cependant il n'en fut rien ; et, lors de la troisième délibération, ils revinrent à la charge et conçurent le vain espoir que la majorité se déjugerait. Dans la séance du 31 juillet 1871, après un long débat soulevé à l'occasion de l'article 2, mais qui est en réalité, ainsi que nous l'avons déjà dit, une discussion générale de la loi départementale, M. Duvergier de Hauranne vint proposer un amendement en vertu duquel il remplaçait de la manière suivante la commission départementale :

---

(1) M. Léonce de Lavergne : *Histoire des Assemblées provinciales sous Louis XVI.* — Consulter également M. de Lucay : *les Assemblées provinciales sous Louis XVI.* — Comparer M. de Tocqueville : *L'ancien régime et la Révolution.*

« Le conseil général se subdivise chaque année en trois commissions
» spéciales : 1° une commission de finances ; 2° une commission des travaux
» publics ; 3° une commission des affaires diverses.

» Chacune de ces commissions sera chargée de surveiller, dans l'inter-
» valle des sessions, l'exécution des décisions prises par le conseil général
» et pourra déléguer un de ses membres à cet effet. »

Dans la séance du 1ᵉʳ août 1871, M. Duvergier de Hauranne invoqua, à
l'appui de son amendement, des considérations analogues à celles qu'avait
déjà fait valoir M. de Guiraud. En effet le projet adopté en deuxième délibération, enlevait au préfet l'administration des intérêts purement départementaux et la confiait à la commission départementale. Dans ce système le
préfet n'est plus qu'un agent passif d'exécution. Cette division des pouvoirs
sera, suivant M. Duvergier de Hauranne, la source de froissements, de difficultés et même d'impossibilités. On ne peut pas séparer ainsi d'une façon
absolue la décision et l'exécution, il est indispensable d'établir un lien entre
elles, et, quand ce lien n'est pas celui d'un mandat conféré par l'élection et
entrainant une responsabilité effective, il faut au moins que ce soit celui
d'une délibération commune et d'un accord amiable. On aurait pu, selon
M. Duvergier de Hauranne, éviter cet inconvénient en attribuant au préfet
la présidence de la commission départementale ; mais l'assemblée avait
repoussé cette solution lors de la deuxième délibération de la loi. Dès lors
cet honorable représentant demandait la suppression de la commission
départementale et proposait l'institution d'une surveillance et d'un contrôle
exercés par les trois commissions du conseil général.

Cette première objection ne pouvait avoir aucune influence sur l'esprit
de nos représentants : en effet le but du législateur était de réformer l'administration départementale et de faire cesser les abus criants dont les préfets
s'étaient rendus coupables dans ces dernières années. Pour atteindre ce
résultat, on voulait enlever au préfet, agent du pouvoir exécutif, l'administration des intérêts départementaux pour en investir des mandataires
élus par le pays. Dès lors l'amendement soumis à la chambre était en contradiction manifeste avec les principes mêmes de la loi du 10 août 1871 et
devait à ce titre être rejeté sans hésitation.

C'est en vain que M. Duvergier de Hauranne a manifesté la crainte que
la commission départementale n'absorbât le conseil général ; c'est en vain
que pour émouvoir les esprits il a comparé la commission départementale à
un conseil d'administration et le conseil général à une assemblée générale
d'actionnaires. La chambre ne s'est pas associée à ces craintes qui lui ont

paru chimériques et elle a refusé de prendre en considération l'amendement qui lui était soumis.

Elle a également repoussé pour les mêmes motifs, l'amendement déposé par M. Bertauld, l'éminent professeur de la Faculté de droit de Caen. Cet amendement présentait la plus grande analogie avec celui de M. Duvergier de Hauranne. Il n'en différait qu'en deux points accessoires : il supprimait la permanence des trois commissions du conseil général et il rendait obligatoire la nomination d'un délégué chargé de la même mission de surveillance et de contrôle. L'analogie évidente qui existe entre ces deux amendements nous détermine, pour éviter des redites, à ne pas insister sur la proposition de M. Bertauld. Les développements, dans lesquels nous sommes entré au sujet de l'amendement de M. Duvergier de Hauranne, suffiront pour faire comprendre les motifs du vote de l'assemblée.

L'idée de créer une commission départementale avait donc été acceptée par l'assemblée ; mais le débat n'était pas terminé ; car les adversaires de la décentralisation défendirent pied à pied les attributions du préfet. Vaincus sur la question de principe, ils transportèrent la discussion sur un autre terrain et critiquèrent énergiquement le rôle que l'on attribuait à la commission départementale et les attributions qu'on lui conférait. D'après le projet de loi, elle devait être chargée de l'administration du département; un amendement présenté par M. Target et par M. le baron de Jouvenel proposa de ne lui attribuer qu'une mission de contrôle. Il était ainsi conçu : « Le conseil » général élit dans son sein une commission départementale chargée de » contrôler, pendant l'intervalle des sessions, l'exécution des décisions du » conseil général et de donner son avis au préfet sur toutes les affaires qui » intéressent le département. »

Dans la séance du 8 juillet 1871, M. le baron de Jouvenel est monté à la tribune pour défendre sa proposition; nous allons résumer aussi brièvement que possible cette importante discussion. Au chef-lieu du département viennent aboutir deux courants différents partis l'un du centre du pays, l'autre de chaque département; deux classes d'intérêts convergent donc vers ce chef-lieu : les intérêts collectifs généraux auxquels l'État doit assurer une pleine satisfaction, et les intérêts collectifs départementaux qui réclament une égale satisfaction. Ces intérêts qui se réunissent et se confondent au chef-lieu du département nous indiquent de quelle manière doit être composé le pouvoir départemental. Nous devons y trouver un élément chargé de représenter le pouvoir central et un autre élément appelé à représenter le département. C'est de ce besoin qu'est née l'idée d'établir une commission départementale chargée de représenter plus spécialement le département, tandis que dans la personne du préfet prédomine la qualité de représentant du pouvoir central.

L'existence de la commission départementale admise, il reste à en déter miner le caractère général. Partagera-t-elle la responsabilité et le pouvoir avec les agents du pouvoir central, ou au contraire n'exercera-t-elle qu'une mission de contrôle et de surveillance sur l'administration du préfet? C'est, on le sait, à cette dernière solution que s'étaient arrêtés les auteurs de l'amendement. C'est au nom de l'intérêt du pays et de sa bonne administra- tion qu'ils en ont demandé l'adoption. Car comment diviser l'administration et l'exécution? Comment voulez-vous assurer la bonne gestion des intérêts départementaux, si le bras qui exécute n'est pas dirigé par la volonté qui a décidé? Or le projet de loi confie à la commission le pouvoir de décider et au préfet la mission d'exécuter; il peut arriver ainsi dans beaucoup d'hypothèses que le préfet ait énergiquement combattu la décision qu'il sera chargé de ramener à exécution. Cette division des pouvoirs sera donc une source de rivalités et de conflits entre le préfet et la commission départe- mentale; par conséquent elle sera nuisible aux intérêts du département et l'on doit pour ce premier motif rejeter l'article tel qu'il est proposé par la commission.

En outre, cette organisation déplacera la responsabilité et la rendra com- pletement illusoire. Jusqu'ici en effet le préfet était chargé de l'administra- tion du département; le conseil général déterminait les grandes lignes de l'administration, le préfet chargé de tous les détails prenait toutes les mesures que nécessitait l'administration du département. Cette liberté dont il jouissait impliquait, par une conséquence nécessaire, sa responsabilité vis- à-vis du conseil général et vis-à-vis de son supérieur hiérarchique immédiat : le ministre de l'intérieur. Or si on enlève au préfet l'administration du département il cesse d'en être responsable ; la responsabilité pèse sur la tête de la commission départementale et elle devient illusoire, comme cela arrive toutes les fois qu'elle s'impose à des corps collectifs.

Pour éviter ces dangers et ces inconvénients il ne faut attribuer à la com- mission départementale qu'une mission de contrôle et qu'un rôle consultatif; de cette manière la responsabilité ne se divise pas, ne se pulvérise pas; elle pèse tout entière sur la tête d'un seul individu : le préfet. Les tiraillements, les conflits qui pourraient surgir entre la commission et le préfet sont impos- sibles puisque leurs attributions sont complétement divisées. On conserve ainsi tous les avantages qu'il était possible d'attendre de l'institution de la commission départementale; elle éclairera le préfet, elle l'assistera de ses avis, et lorsqu'un nouveau préfet sera placé à la tête du département, la commission l'accueillera, lui fera connaître l'état et les besoins du département et remplacera avantageusement auprès de ce fonctionnaire l'influence des bureaux de la préfecture.

Le système ainsi défendu par ces honorables membres de l'assemblée était la négation de toute réforme sérieuse, de toute véritable décentralisation. En effet le but que doit se proposer le législateur, ce n'est pas seulement de rapprocher l'administration des localités, c'est avant tout de confier aux localités elles-mêmes l'administration de leurs intérêts locaux. Or si on attribue au préfet l'administration des intérêts départementaux, il est évident qu'on n'aura pas réalisé le programme de la décentralisation : l'administration du pays par le pays. Si on acceptait cet amendement, le préfet jouirait de la plus entière liberté dans son administration, il pourrait engager seul les affaires; puis, le jour où la commission viendrait exercer son contrôle, elle se trouverait en présence de faits accomplis, et chacun sait l'influence qu'exerce sur une assemblée délibérante l'autorité du fait accompli. Du moment où les pouvoirs de la commission auront ainsi reçu la plus grave des atteintes, elle perdra son caractère et sa raison d'être, et jouera le rôle d'un chapitre indolent, comme l'observait avec raison M. Amédée Lefebvre Pontalis à la séance du 8 juillet 1871. Si la commission départementale n'est ainsi investie que d'une mission de contrôle, elle devient inutile et son institution présente des dangers. Par conséquent si on veut la conserver, si on veut la mettre en mesure de rendre des services au pays, il faut qu'elle exerce une plus grande influence sur les affaires départementales, il faut qu'elle ait le pouvoir d'administrer elle-même le département.

Il est du reste inexact de soutenir qu'on ne peut pas distinguer la décision et l'exécution. Il existe entre ces deux phases une séparation profonde. Administrer c'est prévoir, administrer c'est juger, apprécier; administrer c'est diriger ; et, quand cette œuvre est ainsi accomplie par l'administrateur, alors intervient l'agent qui exécute. Cette distinction logique entre ces deux classes d'actes ne présentera donc dans la pratique aucune difficulté, et les critiques adressées de ce chef au projet de loi ne sont pas fondées. Dès lors les tiraillements, les conflits, qu'on se plaît à prévoir, ne sont qu'une arme dont on se sert pour combattre la décentralisation et une réforme éminemment utile. Si en effet on laissait au préfet le pouvoir qu'il a eu jusqu'à ce jour d'administrer librement le département, ne serait-il pas à craindre qu'il ne commît les mêmes abus que dans le passé? Sous l'empire ce pouvoir exorbitant conféré au préfet a été l'auxiliaire le plus utile des candidatures officielles. Ainsi le conseil général votait les travaux à effectuer, mais il n'en fixait pas l'ordre de priorité; le préfet chargé de le déterminer usait souvent de son pouvoir dans l'intérêt d'une personne influente dont il désirait s'assurer l'appui, ou dans l'intérêt de telle et telle candidature. De même lorsqu'il s'agissait de répartir entre les communes les subventions votées par le conseil général, le préfet se laissait encore dominer par les mêmes considérations. Je me contente de ces deux exemples, je pourrais facilement les multiplier en passant successivement en revue les autres actes accomplis par le préfet; les dangers, qu'engendrent ces abus de pouvoir, sont d'autant plus sérieux qu'on peut arriver de cette manière à fausser l'expression du suffrage universel. Le législateur de 1871 a voulu les écarter pour jamais en enlevant au préfet l'administration du département et en la confiant à la commission départementale : la pensée d'honnêteté qui avait inspiré la commission de décentralisation devait avoir l'approbation de toute la chambre comme elle avait celle de toutes les personnes éclairées et honnêtes.

Mais (et nous touchons ici à la dernière objection) pour réaliser complétement le programme de la décentralisation, il faut que l'administrateur soit responsable : or si l'on confie l'administration à la commission départementale et l'exécution au préfet, la responsabilité se divise et devient illusoire, elle se disperse sur la commission qui administre et le préfet qui exécute, elle cesse dès lors d'être sérieuse. Cette objection est capable de faire une vive impression sur tout esprit réfléchi, elle mérite en conséquence d'être examinée avec soin.

On peut distinguer deux espèces de responsabilité; l'une que j'appellerai avec l'honorable M. Waddington, matérielle : c'est la responsabilité du caissier ou du comptable; c'est la responsabilité de l'employé qui signe une ampliation. Cette responsabilité doit toujours exister; il faut, quand une faute, une erreur ou une omission a été commise, que le chef de l'administration en connaisse l'auteur pour le réprimander et le frapper, s'il y a lieu.

L'autre responsabilité est purement morale; elle existe seule pour les assemblées publiques, elle est sérieuse et pleinement efficace. Elle sert de sanction aux votes des représentants du peuple, et nul n'osera soutenir qu'elle ne suffise pas pour assurer la loyale exécution du mandat dont ils ont été investis. Pour les conseillers généraux, la même responsabilité existe ; elle est même plus directe et plus immédiate que pour les députés, car les conseillers généraux vivent généralement dans leur département ; ils sont en contact journalier avec leurs électeurs ; ceux-ci s'occupent d'autant plus de leurs votes et des décisions de la commission départementale que ces délibérations touchent de plus près leurs intérêts tangibles et de chaque jour.

Par conséquent à quelque point de vue qu'on se place, au point de vue des principes de la décentralisation, au point de vue pratique et utilitaire, au point de vue moral de la responsabilité, la proposition de la commission devait être acceptée et elle fut adoptée à la deuxième délibération par 338 voix contre 220, qui se prononcèrent en faveur de l'amendement de M. Target, et à la troisième délibération par 426 voix contre 210.

La députation permanente élue par les conseils généraux provinciaux de Belgique présente une incontestable analogie avec l'institution de la loi française, elle a même été le modèle, sur lequel la commision de décentralisation avait entendu former la commission départementale. Mais tout en empruntant cette institution à la loi belge, le législateur français l'a adaptée à l'état de notre pays et a tenu un compte exact des différences qui existent entre l'administration française et l'administration belge. L'étude détaillée des divers articles des deux législations montrera les ressemblances et les différences qui existent entre ces deux institutions : nous nous réservons du reste de faire plus tard le parallèle des deux législations.

Composition. — La commission départementale se compose de membres élus par le conseil général chaque année à la fin de la session d'août (art. 69). Il peut cependant sembler au premier abord plus logique de décider que chaque membre du conseil général, sauf quelques cas d'incompatibilité, sera appelé à faire partie de la commission départementale. De cette manière en effet tous seraient initiés à l'administration du département ; il se formerait un plus grand nombre de citoyens capables de gérer les intérêts collectifs. Cette pensée inspira à M. Louis Delille un amendement qu'il rattacha à l'article 69. Par cette proposition il demandait précisément à ce que tous les membres du conseil général, sauf exception écrite dans la loi, fissent successivement partie de la commission départementale. Du moment où il proposait d'y appeler tous les conseillers généraux, il devait renfermer dans des bornes assez étroites la durée de ce mandat, et d'après lui la commission devait être renouvelée par moitié tous les six mois. Une semblable règle aurait présenté dans la pratique de sérieux inconvénients ;

car les éléments dont se serait composée la commission, auraient été trop variables, pour que ses membres pussent acquérir une connaissance suffisante des affaires départementales, et l'expérience nécessaire pour les résoudre.

L'article 3 de la loi provinciale belge dispose également que le conseil provincial élit dans son sein une députation permanente ; malgré le texte général de cet article tous les membres de la députation permanente ne sont pas élus ; nous verrons en effet que le gouverneur de la province ou celui qui le remplace fait partie de la députation avec voix délibérative et est même appelé à la présider. Il y a là une importante différente avec la loi française d'après laquelle le préfet ne fait pas partie de la commission départementale.

Pour être élu membre de la commission départementale, de même que pour être appelé à faire partie de la députation permanente belge, il faut : 1° être conseiller général ; 2° n'être dans aucun des cas d'incompatibilité prévus par l'article 70 de la loi française et par l'article 97 de la loi belge. La loi française dispose à cet égard : « Les fonctions de membre de la commission départementale sont incompatibles avec celles de maire du chef-lieu du département et avec le mandat de député. » Cette dernière incompatibilité se justifie d'elle-même. Les membres de la commission départementale doivent en effet se réunir au moins une fois par mois ; le député dont la présence est nécessaire à l'assemblée ne pourrait pas sans manquer à son devoir venir chaque mois prendre part aux délibérations de la commission départementale. Le législateur belge n'avait pas besoin d'édicter une semblable incompatibilité, car on se rappelle qu'en Belgique les membres de la Chambre des députés et du Sénat ne peuvent même pas faire partie des conseils provinciaux (art. 40, loi provinciale belge). Quant au maire du chef-lieu du département, il est investi d'une double autorité par son élection au conseil municipal et par le choix du pouvoir exécutif [1], il était donc à craindre qu'il ne devint un rival pour le préfet et que sa présence ne donnât aux conflits un caractère de gravité exceptionnel contre lequel il a paru bon de se prémunir. En Belgique au contraire toutes les communes sont placées sur la même ligne : les membres des administrations des villes et des communes, leurs secrétaires, trésoriers et receveurs des

[1] En France le maire est choisi par le président de la République dans les villes de plus de 2000 âmes et dans les chefs-lieux de département et d'arrondissement, qu'elle qu'en soit la population; les maires doivent seulement être pris dans le sein du conseil municipal. Dans toutes les autres communes le maire est élu par le conseil municipal. .

administrations des pauvres, les receveurs des hospices et bureaux de bienfaisance ne peuvent faire partie de la députation. Cette différence s'explique
par cette considération qu'en Belgique, le bourgmestre étant toujours
nommé par le roi est un fonctionnaire public; en France les maires
sont le plus souvent élus par les conseils municipaux; la marque de confiance
que leur ont accordé leurs concitoyens n'est pas un motif suffisant pour ne
pas les admettre dans la commission départementale. Mais le législateur
français aurait dû pour être logique étendre cette incompatibilité à tous les
cas où le maire est choisi par le pouvoir exécutif.

M. Parent, lors de la deuxième délibération, et M. Limperani, lors de la
troisième délibération, ont voulu augmenter le nombre des incompatibilités
et ont proposé que les fonctionnaires de l'ordre judiciaire ne pussent faire
partie de la commission départementale. Ils ont soutenu que si cette imcom-
patibilité n'était pas admise et si un magistrat était élu membre de la commission départementale, il y aurait violation du principe de la séparation des
pouvoirs administratif et judiciaire. Mais l'assemblée ne s'est pas associée
à cette crainte : il est évident en effet qu'il n'y aurait aucune confusion des
pouvoirs ; dès lors le principe tutélaire de leur séparation est respecté d'une
façon absolue : l'amendement présenté par ces députés devait donc être
rejeté. Mais si les principes n'exigent pas que les fonctions de membre de
la commission départementale soient déclarées incompatibles avec les fonctions judiciaires, il peut y avoir des motifs particuliers ou de convenance à
ce que tel magistrat ne soit pas appelé à en faire partie; c'est au conseil
général qu'il appartient de les apprécier souverainement. On se rappelle
qu'en Belgique les fonctionnaires de l'ordre judiciaire ne peuvent même pas
être élus conseillers provinciaux et on connaît déjà les considérations qui
justifient cette règle. L'article 97 de la loi provinciale belge édicte en outre
un grand nombre d'incompatibilités, dont nous ne pouvons aborder ici
l'examen détaillé, mais que nous ne retrouvons pas dans la loi française.

Les membres de la commission départementale sont au nombre de quatre
au minimum et de sept au maximum; elle comprend un membre choisi,
autant que possible, parmi les conseillers élus ou domiciliés dans chaque
arrondissement (art. 69). Le législateur a voulu par cette disposition sauvegarder l'intérêt particulier de chacune de ces circonscriptions. Tous les
intérêts ont ainsi leur représentant dans le sein de la commission départementale; les décisions qu'elle prendra seront donc aussi impartiales qu'on
peut le désirer. Cependant le législateur n'a pas érigé cette règle en principe absolu : la loi n'exige pas impérativement qu'un membre de commis-

sion au moins soit pris dans chaque arrondissement ; elle demande seulement qu'il en soit ainsi *autant que possible*. L'assemblée a manifesté d'une façon certaine sa volonté à cet égard en rejetant l'amendement par lequel M. Dussaussoy proposait d'en faire une règle absolue. Si cet amendement avait été adopté on se serait heurté à des impossibilités. Il existe en effet des arrondissements qui ne comprennent que trois cantons, et il peut arriver qu'aucun des membres élus conseillers généraux dans ces cantons ne soit en position d'accepter les fonctions de membre de la commission. L'application rigoureuse de ce principe aurait donc été impossible dans ces hypothèses ; c'est pourquoi la Chambre a repoussé l'amendement de M. Dussaussoy.

L'article 96 de la loi provinciale belge fixe à six le nombre des membres élus de la députation permanente ; cette disposition ne laisse donc pas au conseil provincial la même latitude que notre article 69 laisse au conseil général. En France chaque conseil fixe lui-même le nombre des membres de la commission départementale dans la limite du maximum et du minimum déterminé par la loi. En Belgique au contraire le législateur a lui-même fixé ce nombre d'une manière invariable. Comme le législateur français, le législateur belge désire que les diverses circonscriptions de la province soient représentées dans le sein de la députation permanente. C'est pourquoi l'article 96 de la loi belge exige qu'un des membres de la députation au moins soit pris dans chaque arrondissement judiciaire parmi les membres élus ou domiciliés dans le ressort. La disposition de cet article est impérative et établit ainsi une légère différence avec la législation française.

La durée du mandat de la commission départementale est d'une année, à l'échéance de ce terme elle doit être intégralement renouvelée ; ses membres peuvent être réélus (art. 69). Cette règle proposée par la commission a soulevé de vives critiques et suscité de nombreux amendements. La rééligibilité des membres de la commission peut en effet avoir pour résultat d'immobiliser ces fonctions sur un petit nombre de têtes. Il y a là un danger sérieux, signalé dans son rapport par M. Waddington et contre lequel on a cherché un remède. Dans ce but M. Soye proposa à la deuxième délibération un amendement aux termes duquel les membres de la commission devaient être renouvelés par tiers tous les deux ans et ne pourraient être réélus que deux ans après leur sortie de la commission. Mais cet amendement présentait des inconvénients plus graves que le projet de loi ; car, d'après son texte, les membres de la commission étaient élus pour un laps de six années ; or il peut arriver que par suite d'une maladie ou pour toute autre cause l'un d'eux ne puisse plus remplir les fonctions qui lui ont été confiées. Dans ce cas s'il refuse de donner sa démission, le conseil général sera obligé, pour se tirer d'embarras, de faire un petit coup d'état en cassant un de ses collègues. Ce grave inconvénient a déterminé l'assemblée à repousser l'amendement de M. Soye.

C'est dans le même but que M. de Tarteron, lors de la deuxième et de la troisième délibération, a successivement présenté deux amendements aux termes desquels les membres de la commission départementale étaient élus pour deux années, renouvelés chaque année par moitié et ne pouvaient être réélus qu'un an après leur sortie de la commission ; cet amendement semble tenir un compte exact de toutes les nécessités : d'un côté en fixant à deux ans la durée de ce mandat, il donne aux membres de la commission le temps de s'initier aux affaires départementales et de suivre les travaux importants et de longue haleine qu'ils auraient décidés ; d'un autre côté pour empêcher ces fonctions de s'immobiliser sur une tête, il déclare les membres sortants inéligibles pendant une année. Cet amendement nous paraît donc pleinement satisfaisant ; néanmoins il a été rejeté sur les observations de M. Tillancourt ; l'assemblée a paru redouter que dans certains départements dont les conseils généraux sont peu nombreux, il ne fût impossible de trouver un nombre suffisant de conseillers capables pour composer la commission départementale.

La députation permanente belge est régie par des règles toutes différentes. Elle est élue pour quatre ans, terme égal à la durée du mandat de conseiller provincial ; elle est renouvelée par moitié tous les deux ans (art. 100). Cette disposition de la loi belge est une conséquence du caractère distinctif de la députation permanente. Elle n'est pas seulement chargée de la gestion des intérêts provinciaux, comme la commission départementale est chargée de la gestion des intérêts purement départementaux ; elle est en outre chargée de l'administration des intérêts collectifs généraux du pays ; elle coopère, dans sa sphère, à l'accomplissement de la mission confiée par la constitution au roi et au pouvoir exécutif. Si elle ne se renouvelle que partiellement, c'est que le législateur a voulu conserver les saines traditions administratives et empêcher les innovations imtempestives qui pourraient tenter une commission intégralement renouvelée ; comme en France, les membres sortants peuvent être réélus, à l'expiration de leur mandat, s'ils continuent à faire partie du conseil provincial ou s'ils y sont maintenus.

Indépendamment de ce renouvellement intégral, il peut y avoir lieu au remplacement individuel de l'un des membres de la commission. Ce cas se présente notamment, d'après la loi française, lorsqu'un des membres de la commission s'absente des séances pendant deux mois consécutifs, sans excuse légitime admise par la commission. Il est alors réputé démissionnaire et le conseil pourvoit à son remplacement dans sa plus prochaine session (art. 74).

Il en est de même en Belgique (art. 101, loi provinciale Belge); seulement il suffit d'après cet article que le député s'absente pendant un mois consécutif sans congé de la députation pour qu'il soit réputé démissionnaire et qu'il soit pourvu à son remplacement. Cette différence entre les deux législations s'explique sans peine : car la députation permanente de Belgique se réunit très fréquemment tandis que la commission départementale française ne siège qu'une fois par mois. Il a semblé trop sévère au législateur français de copier à cet égard la disposition de la loi belge et de déclarer démissionnaire le membre de la commission qui n'a manqué qu'à une seule réunion.

Organisation. — La commission départementale une fois nommée se constitue par le choix d'un président et d'un secrétaire. Elle élit son secrétaire (art. 71); sur ce point aucun doute n'a été élevé devant la chambre ; cette disposition a été unanimement acceptée.

Mais il n'en est pas de même et l'Assemblée a été profondément divisée sur la question de la présidence; sur ce terrain les adversaires de la décentralisation ont livré un dernier combat à la commission et au projet de loi ; ils proposaient de conférer au préfet la présidence de la commission départementale; ils espéraient par ce moyen annuler les pouvoirs et l'autorité de cette institution nouvelle; mais ils ont rencontré un adversaire redoutable dans la personne de l'honorable M. Ernoul. Membre de la commission législative de décentralisation, il a combattu cet amendement dans un discours remarquable qui a vivement impressionné la chambre et le pays, et à remporté un succès des mieux mérités. La valeur de la commission départementale et la réussite de cette institution dépendent en effet de la solution que l'on donnera à cette question : qui présidera la commission départementale ?

Le projet primitif présenté par la commission de décentralisation proposait de confier au conseil général le soin d'élire le président de la commission départementale. Cette élection a en effet une très grande importance : le président de la commission est investi d'un pouvoir considérable et peut encourir une lourde responsabilité. C'est pourquoi la commission législative préférait remettre le soin de le choisir au conseil général tout entier plutôt qu'à la commission départementale seule. Mais, dès la première délibération, le Ministre de l'Intérieur critiqua vivement cette disposition ; il craignait la grande autorité que pouvait donner au président la solennité d'une élection par le conseil général tout entier, il redouta les conflits qui pourraient s'élever entre le préfet et le président de la commission, il redouta enfin les abus de pouvoir que le président de la commission pourrait commettre s'il devenait candidat à l'assemblée nationale. Il demanda en conséquence qu'il fût apporté à cet égard une modification au projet de loi.

Animée du plus grand esprit de conciliation, la commission de l'assemblée nationale s'empressa de tenir compte des observations du ministre, modifia son projet de loi et substitua à l'élection par le conseil général l'élection par la commission elle-même. Il lui semblait qu'elle avait tenu compte dans les limites du possible des observations de M. Lambrecht : mais elle n'avait satisfait ni le ministre ni ceux qui partageaient son opinion. Un amendement présenté par M. de Clercq et auquel étaient acquises les sympathies du gouvernement proposa de confier au préfet la présidence de la commission départementale. C'est sur ce terrain que s'engagea la lutte.

Une pensée domine toutes les considérations invoquées par les signataires de l'amendement; elle avait déjà été exprimée par le ministre lors de la première délibération; elle avait même fait le fond des observations qu'il avait présentées à cette époque. Ils redoutent avant tout l'autorité que donnera au président son élection soit par le conseil général soit par la commission départementale, ils redoutent l'influence considérable qu'il pourra exercer, ils craignent qu'il n'annule l'autorité du préfet, ils craignent qu'appuyé par le corps qui l'aura élu il ne recule devant aucun conflit. C'est ainsi qu'il sera suivant eux constamment en lutte avec le préfet au grand détriment de l'administration du département et de l'intérêt général du pays.

Si l'élection du président présente des dangers dans tous les cas, qu'elle émane de la commission départementale ou du conseil général tout entier, il faut appeler à cette fonction le préfet du département. De cette manière on évite les conflits et on assure la bonne administration du département. Car ce fonctionnaire fera corps avec la commission départementale, il prendra part à ses délibérations, s'intéressera à ses actes et à ses décisions, il étudiera avec le plus grand soin toutes les affaires départementales et tâchera d'en assurer la bonne solution. Aucun conflit n'est possible, le plus complet accord règne entre eux et cette union assure la bonne gestion des intérêts départementaux. D'un autre côté il faut reconnaître que dans ce système la responsabilité est bien plus sérieuse ; elle ne se pulvérise pas et réside toute entière sur une seule personne ; le préfet est toujours seul responsable, soit en sa qualité de préfet chargé d'exécuter les délibérations du conseil général et de la commission départementale, soit en sa qualité de président de la commission.

A l'appui de cet amendement on a invoqué enfin l'exemple de la Belgique. Depuis plus de trente ans, cet heureux pays jouit des bienfaits d'une administration décentralisée. L'institution de la députation permanente y fonctionne depuis la même époque à la satisfaction de tous : elle est cependant présidée par le gouverneur de la province nommé par le Roi, comme le préfet est nommé en France par le pouvoir exécutif. La présence du gouverneur au sein de la députation a considérablement contribué au succès de cette administration collective. Suivons donc l'exemple qui nous a été donné par un peuple voisin, et appelons le préfet à présider la commission départementale.

Telles sont les considérations multiples invoquées par les auteurs de cet amendement. Examinons-les avec soin et discutons-en la valeur. S'il est un argument susceptible de faire une vive impression sur une assemblée de législateurs, c'est incontestablement celui tiré de l'expérience ; car la pensée dominante de tout député est de faire une loi pratique, et cette règle s'impose d'autant plus impérieusement à son esprit qu'il s'agit de l'administration d'intérêts collectifs considérables. Il faut donc en notre matière opérer une réforme immédiatement applicable, et non pas tenter une expérience susceptible, en cas d'insuccès, de désorganiser les services et de mécontenter vivement les populations. On saisit en conséquence quels utiles enseignements pouvait renfermer la législation belge. Mais c'est à tort que M. de Clercq invoquait dans cette circonstance l'exemple de la Belgique. Car quelque analogie que présentent entre elles la commission départementale française et la députation permanente belge, il existe cependant entre ces deux institutions des différences fondamentales. La députation permanente belge est en effet chargée de l'administration générale de la province ; elle présente un incontestable rapport avec les administrations collectives de la période révolutionnaire. On comprend dès lors sans peine que le représentant du pouvoir exécutif, chargé d'administrer tout le royaume, vienne siéger dans le sein de cette commission appelée à en administrer une fraction. Mais la commission départementale française n'a ni le même pouvoir ni les mêmes attributions. Elle n'est pas investie d'une manière générale de l'administration du département, elle est seulement chargée de gérer les intérêts locaux du département. Cette différence dans le but des deux institutions suffit pour expliquer comment l'exemple de la Belgique ne devait pas être pris en considération par le législateur français.

Après avoir ainsi refusé toute autorité au premier argument invoqué par M. de Clercq, nous devons envisager le fond de la question soumise à la Chambre et nous demander si le préfet peut être appelé soit à présider la commission départementale, soit même à en faire partie. Pour résoudre ce problème il faut rechercher quelles sont les attributions respectives du préfet et de la commission. Nous l'avons déjà dit, à la commission appartient la décision et au préfet l'exécution. Ces deux classes d'actes sont complétement séparés par la loi ; il n'est donc pas nécessaire que le préfet soit membre de la commission départementale ni à plus forte raison qu'il la préside. Qu'il assiste à ses séances, qu'il vienne fournir aux membres qui la composent tous les renseignements nécessaires, rien de mieux, rien de plus juste, rien de plus utile ; mais lui permettre même de prendre part à ses délibérations avec voix délibérative, ce serait lui reconnaître un droit exorbitant que ne réclament nullement les nécessités de la pratique.

Si, poussant plus loin notre étude, nous examinons en détail les attributions de la commission départementale, nous sommes amené à la même conclusion. On peut en effet ramener à deux chefs les diverses fonctions de la commission : d'un côté elle contrôle le préfet, d'un autre côté elle prend des délibérations et des décisions en vertu d'une délégation émanée du conseil général ou du législateur lui-même. Dans l'une et l'autre hypothèse elle ne peut pas être présidée par le préfet.

Elle ne peut pas être présidée par ce fonctionnaire en premier lieu quand elle contrôle ses actes. Car on conçoit difficilement que le contrôlé préside l'assemblée de ceux qui sont appelés à le contrôler, que le subordonné préside l'assemblée de ceux qui sont appelés à apprécier et à juger ses actes. M. Raudot l'avait fort bien fait sentir à la chambre, lorsqu'il s'écriait dans la séance du 10 juillet 1871 : « M. Target vous a dit : Oh ! non, il » ne faut pas de commission départementale, ayant le droit d'administrer » elle-même avec le préfet. Une commission de contrôle suffit. Et M. Picard » nous a dit avec son esprit ordinaire : il faut une commission de contrôle » qui soit présidée par le préfet. Ah ! cela me paraît très drôle. M. le préfet » présidant sa commission de contrôle. M. le Préfet donnant la parole à un » membre de cette commission pour lui dire : Monsieur, je vous en prie, » contrôlez-moi. Comme cela sera facile et pratique ! » Ainsi la première des attributions de la commission départementale est un obstacle invincible à ce que le préfet en soit le président ou même soit appelé à en faire partie.

Il en est de même dans la seconde hypothèse lorsque la commission prend une délibération en vertu d'une délégation émanée du législateur ou du conseil général. Dans ce cas en effet elle exerce des pouvoirs qui, par leur nature, appartiennent au conseil général ; et de même que cette assemblée a un président de son choix, de même la commission départementale doit être appelée à élire le sien.

Ainsi, au point de vue des principes, le doute n'est pas possible, et l'amendement de M. de Clercq devait être écarté. Mais descendons de la région sereine des principes, et voyons quels effets aurait sur la commission départementale la dévolution de la présidence au préfet. Ce fonctionnaire, dont cette institution vient limiter les pouvoirs, ne s'occupera guère de lui donner la vie alors même qu'il en serait le président: il cherchera, au contraire, comme jadis les intendants, à reprendre l'autorité dont le législateur a entendu le dépouiller. Enfin si ses membres manquent d'énergie, la commission sera complètement absorbée par le préfet. Celui-ci mettra de son côté peu d'empressement à réchauffer le zèle des commissaires, s'ils lui abandonnent la plus large part de l'administration, ou s'ils sont disposés à n'exercer leur surveillance que d'une manière en quelque sorte nominale. Supposez au contraire que les membres de la commission soient décidés à remplir consciencieusement leur devoir, leur activité donnera naissance à des luttes incessantes, et la position du préfet appelé à prendre part au vote sera amoindrie par le conflit constant des opinions et surtout des amours propres. Voilà le résultat nécessaire de la confusion du pouvoir délibérant et du pouvoir exécutif, telle qu'elle était établie par l'amendement de M. de Clercq.

Quant à l'objection tirée de l'irresponsabilité des pouvoirs collectifs, voici en quels termes excellents l'honorable M. Ernoul y a répondu. Nous ne saurions mieux faire que de citer ce passage de son discours :

« Quand la responsabilité se divise, elle s'amoindrit, et quand vous » aurez, d'un côté, votre préfet président de la commission départementale » ou son secrétaire en présence de ces quatre, cinq, six ou sept membres » nommés par le suffrage universel, qu'un chemin vienne à être détourné » de sa direction naturelle, qu'un de ces intérêts locaux que nous voulons » sauvegarder vienne à être méconnu, qui sera responsable?

« N'entendez-vous pas d'ici les membres de la commission dire ; « c'est le » préfet qui l'a voulu ! » Et le préfet, à chaque faute commise, ne la

» rejettera-t-il pas sur les membres de la commission départementale?
» J'entends les ministres de l'avenir nous dire : « Tout va mal, ce sont les
» commissions départementales qui entravent l'action de nos préfets! »
　　» Je veux que les responsabilités soient réelles, et dans le système de la
» commission la responsabilité sera effective, parce que, au lieu de ces
» fonctionnaires nomades qui ne font que passer dans le département,
» préoccupés uniquement d'obtenir un avancement politique, nous rendons
» responsable celui qui réside dans le département, qui après lui trans-
» mettra son foyer à ses enfants, lesquels seront eux responsables des
» actes de celui dont ils porteront le nom. Lorsque pour satisfaire un
» intérêt personnel un chemin aura été tracé en zig-zag, ce chemin restera
» comme un reproche pour chacun des membres de la commission dépar-
» tementale, qui auront signé l'arrêté, tandis que le préfet passe et avec lui
» la responsabilité disparaît. »

Tous ces motifs péremptoires, développés avec une conviction persuasive
par M. Ernoul, avec une finesse charmante par M. Léonce de Lavergne,
convainquirent la majorité de l'Assemblée qui, par 422 voix contre 119, rejeta
l'amendement de M. de Clercq, et par 429 voix contre 138 adopta l'article
proposé par la commission et décida que la commission départementale
élirait elle-même son président.

Mais le gouvernement ne partagea pas l'opinion de l'Assemblée ; le chef
du pouvoir exécutif appela l'attention de la commission sur un certain
nombre des articles votés en deuxième délibération. Au nombre des dispositions dont le gouvernement demandait la modification, se trouvait notre
article 71. Dans le but d'obtenir entre elle et le gouvernement un accord
toujours désirable, la majorité de la commission consentit à modifier la
règle de l'article 71. De cette pensée de conciliation est sortie la disposition
nouvelle, aux termes de laquelle la commission est présidée par le plus âgé
de ses membres. Obéissant à la même pensée de conciliation, la majorité de
l'Assemblée par 401 voix contre 194 vota la nouvelle rédaction proposée
par la commission.

La modification ainsi apportée à l'organisation de la commission départementale, nous devons le dire franchement, nous semble très malheureuse;
elle porte un coup terrible (nous ne dirons pas fatal) à l'institution nouvelle
créée par la loi du 10 août 1871. La commission départementale doit en
effet veiller à tous les besoins du département, et gérer utilement les intérêts locaux de ce groupe important. Pour atteindre ce résultat, il faut que
ses membres se dévouent à la mission qu'ils ont acceptée et déploient la

plus grande activité dans l'accomplissement de leur mandat; il faudra, dans les premiers temps tout au moins, qu'ils se fassent leur place à côté du préfet dont les attributions sont ainsi restreintes et qu'ils résistent aux excès de pouvoir et aux empiètements dont ce fonctionnaire pourrait se rendre coupable. Pour s'acquitter utilement de cette tâche délicate et difficile, ils ont besoin de trouver dans leur président un appui impartial et assuré ; celui-ci doit même remplir le rôle de sentinelle vigilante et employer tous ses efforts à sauvegarder les droits et la dignité du corps qu'il a l'honneur de présider. Or, le doyen d'âge a bien le plus souvent pour lui l'expérience, et la connaissance des affaires, qualités fort utiles dans le sein de la commission départementale, mais il peut être dépourvu de l'activité et et de l'énergie nécessaires pour remplir ses fonctions de président. L'institution de la commission départementale ne pourrait pas de cette manière atteindre le but qu'a poursuivi le législateur. Par conséquent, et pour ce premier motif, il nous semble naturel de préférer la règle qui appelle la commission à choisir elle-même son président à celle qui investit de ces fonctions le doyen d'âge.

Indépendamment de ce motif capital, il existe contre l'article adopté par l'Assemblée, d'autres considérations très graves. La règle de l'article 71 présente en effet un sérieux danger qui nous avait frappé dès le premier moment et qui, dans le cours de la discussion, fut signalé en excellents termes par M. le baron Chaurand. Le Conseil général peut en effet, au moment où il choisit les membres de la commission départementale, se préoccuper de la présidence; et alors, s'il désire que l'un de ses membres soit investi de ces fonctions, il prendra ses dispositions de manière à n'appeler dans la commission que des membres plus jeunes : de cette manière, il est vrai, le premier danger que nous signalions à l'instant, sera évité, la commission acquerra l'importance que le législateur a voulu lui assurer et le président réunira les qualités qui doivent le distinguer; mais alors nous sommes en face d'un danger qui avait paru plus grand au gouvernement : le Conseil général exercera indirectement un droit que la chambre, sur la demande du ministre de l'intérieur, lui a interdit d'exercer directement. Il aura indirectement nommé le président de la commission départementale.

Ainsi, à quelque point de vue que l'on se place, que le Conseil général lors de l'élection des membres de la commission départementale se préoccupe ou ne se préoccupe pas de la question de la présidence, la règle de l'article 71 est malheureuse et aurait dû, à notre sens, être rejetée par l'Assemblée.

Désirant cependant assurer à l'institution nouvelle de la commission départementale les sympathies du gouvernement, nous avions suggéré, lors de la discussion de la loi, une solution qui devait concilier les opinions contraires; mais elle n'était dans notre pensée qu'un pis-aller et nous ne la proposions que pour le cas où conformément à la demande de l'honorable M. Lambrecht, la Chambre aurait rejeté la disposition aux termes de laquelle le président de la commission départementale serait élu soit par le Conseil général tout entier, soit par la commission elle-même. Cette proposition consistait à appeler chacun des membres de la commission à la présider à tour de rôle. Cette solution présentait bien à un point de vue le même inconvénient que la règle adoptée lors de la troisième délibération. Il se peut que l'un des membres très capable de faire partie de la commission ne réunisse pas cependant les qualités nécessaires pour en être le président. Mais elle présentait à d'autres points de vue de sérieux avantages. En premier lieu elle faisait disparaître, pour le Conseil général, la tentation de se préoccuper de la question de la présidence, et on sait déjà que nous voyons là un grave écueil pour l'institution naissante. Elle avait en outre l'avantage d'initier tous les membres de la commission à l'administration du pays, et c'est là un de ces avantages que les amis de la décentralisation doivent prendre en sérieuse considération. Mais, nous le répétons, nous préférions à toute autre disposition celle en vertu de laquelle la commission aurait été appelée à élire son président. Nous ne pouvons donc que regretter le parti auquel s'est arrêtée l'Assemblée, et faire des vœux pour que notre article 71 soit prochainement modifié.

En Belgique, au contraire, la députation permanente est présidée par le gouverneur ou par celui qui le remplace; en cas d'absence ou d'empêchement, elle nomme un de ses membres pour la présider (art. 104, Loi provinc. belge). On sait déjà comment s'explique cette différence entre la législation française et la législation belge. Si le législateur belge a ainsi attribué la présidence au gouverneur de la province, c'est qu'il a dû tenir compte du rôle que joue la députation permanente au point de vue de l'administration générale du pays.

Il existe une autre différence entre les deux législations. Les membres de la députation permanente belge prêtent serment de fidélité au roi (Loi 1ʳ juillet 1860, art. 1). Appelés en effet à représenter le pouvoir exécutif et à en exercer les attributions, ils deviennent dans une certaine mesure des fonctionnaires publics et sont pour ce motif astreints à prêter le serment de fidélité au trône. En France, le serment politique a été aboli par le

Gouvernement de la défense nationale, mais alors même qu'il existerait encore, il n'y aurait eu aucun motif pour l'imposer aux membres de la commission départementale, car ils sont seulement chargés d'administrer les intérêts purement départementaux; ils ne coopèrent à aucun titre à l'administration des intérêts collectifs généraux du pays.

La commission départementale présidée par son doyen d'âge, et constituée par l'élection de son secrétaire, se réunit au moins une fois par mois, elle fixe elle-même la durée de ses réunions. En Belgique la députation du conseil provincial n'élit pas de secrétaire; les fonctions en sont remplies par le greffier provincial; le caractère permanent de la députation a en outre dispensé le législateur de fixer l'époque de ses réunions.

La commission départementale française peut aussi être convoquée extraordinairement par son président ou par le préfet (art. 73).

Le préfet ou son représentant assistent à ses séances et sont entendus quand ils le demandent (art. 76, § 1).

La commission départementale prend, sous l'approbation du conseil général et avec le concours du préfet, toutes les mesures nécessaires pour assurer son service (art. 71). Nous rencontrons une règle identique dans la législation belge (art. 104); mais celle-ci laisse moins d'autonomie à la députation permanente; car son règlement intérieur est soumis à la double approbation du conseil provincial et du roi.

Comme le conseil général, la commission départementale a besoin de s'éclairer avant de prendre une décision. C'est pourquoi l'article 84 l'autorise à charger un ou plusieurs de ses membres d'une mission relative à des objets compris dans ses attributions, et l'article 76, § 2 impose aux chefs de service des administrations publiques dans le département l'obligation de fournir, verbalement ou par écrit, tous les renseignements qu'elle lui demanderait sur les affaires comprises dans ses attributions.

Les articles 109 et 110 de la loi provinciale belge renferment une disposition analogue.

Les délibérations prises par la commission départementale en France et par la députation permanente en Belgique ne sont valables que si la majorité de leurs membres se trouve présente (art. 71, Loi départ. franç.; art. 104, Loi provinc. belge). Voulant assurer la présence d'un nombre de membres suffisant pour la validité de ces délibérations, M. Parent a proposé d'adjoindre à la commission des membres suppléants en nombre égal à celui des membres effectifs. Mais une semblable organisation aurait fait disparaître toute responsabilité. Dans le système de la commission, la responsabilité pèse en effet sur tous les membres de la commission départementale ; dans le système de M. Parent on n'aurait jamais su sur qui elle pesait, sur les membres effectifs ou sur les membres suppléants. Ce motif était suffisant pour déterminer l'Assemblée à rejeter cet amendement

Les délibérations sont prises à la majorité des membres présents ; néanmoins en cas de partage la voix du président est prépondérante d'après la loi française (art. 72). Il en est autrement en Belgique (art. 104, Loi prov. belge). D'après cet article, en cas de partage, si tous les membres de la députation n'étaient pas présents, on appelle les absents pour vider le partage ; si alors il y a encore partage, il n'y a pas de décision prise. Le législateur français a tenu au contraire à ce qu'il y eût toujours une décision et, pour ce motif, il a décidé que la voix du président serait prépondérante en cas de partage.

Les membres de la commission départementale sont astreints, par leurs réunions mensuelles, à des déplacements assez fréquents et à des séjours plus ou moins prolongés au chef-lieu du département. Doivent-ils recevoir un traitement ou tout au moins une indemnité pour frais de séjour et de déplacement? La commission et l'Assemblée ont écarté sans difficulté toute idée de leur allouer un traitement fixe. Elles ont redouté à juste titre l'atteinte que le caractère de fonction salariée ne manquerait pas de porter à la considération et à la popularité des conseillers généraux. Dans notre pays où les fonctionnaires sont déjà trop nombreux, il eût été souverainement impolitique d'en créer de nouveaux et d'adresser ainsi un appel aux convoitises de ceux dont la suprême ambition est d'émarger au budget. Aussi approuvons-nous complètement le vote par lequel l'Assemblée a repoussé l'amendement de M. Daumas, proposant d'allouer un traitement aux membres de la commission départementale.

D'un autre côté on rencontre dans les Conseils généraux des hommes dont le concours serait très utile pour les travaux de la commission départementale, mais auxquels leur position de fortune ne permet pas d'entreprendre de fréquents déplacements, ni de supporter les frais d'un séjour répété au chef-lieu du département. Ne serait-il pas juste de leur allouer une indemnité? Touchée par ces considérations, la commission sans oser établir en principe qu'ils auraient droit à une indemnité, proposait néanmoins de laisser à chaque conseil général le soin de résoudre cette question et de déterminer le chiffre et la forme de l'allocation. M. Bethmont, lors de la deuxième délibération, demanda qu'une indemnité leur fût nécessairement allouée dans tous les cas. Pour établir sa thèse, il s'appuya sur les principes qui doivent, à ses yeux, dominer dans toute démocratie. Qui dit démocratie, dit libre accès de tous aux fonctions et aux mandats électifs, mais ce principe est éludé dans son application, si par la gratuité du mandat on écarte toute une classe de citoyens. Qu'il ne soit pas alloué d'indemnité aux conseillers généraux, on peut l'admettre, parce qu'ils ne se réunissent que deux fois par an et pour un temps relativement assez court. Mais il n'en est pas de même pour les membres de la commission départementale; ils se réunissent au moins une fois par mois, ils sont obligés à ces diverses époques de séjourner un ou plusieurs jours au chef-lieu du département. Il est donc juste qu'ils reçoivent une indemnité.

De semblables arguments présentent au point de vue financier d'incontestables dangers; ils nous conduiraient à multiplier à l'infini le nombre des personnes indemnisées sur le trésor public, et on ne pourrait admettre ce principe avec toutes ses conséquences que si la justice nous en faisait un devoir rigoureux; or je ne crois pas qu'il en soit ainsi. Il m'est impossible, je l'avoue, de trouver le fondement sur lequel on s'appuie pour établir une distinction entre le conseiller général dont le mandat doit rester gratuit et le membre de la commission départementale qui aurait droit à une indemnité. Lorsque l'accomplissement d'un mandat, d'un devoir public absorbe toute une existence, par exemple le mandat de député, on comprend à la rigueur qu'une indemnité puisse être allouée; mais quand il n'impose qu'un léger sacrifice, comme cela se présente pour les conseillers généraux et les membres de la commission départementale, on ne comprend plus que celui qui le remplit ait droit à une indemnité. S'il se rencontre dans un conseil général un homme très capable qui ne puisse, à raison de sa position de fortune, accepter un semblable mandat, rien n'empêche ses électeurs de se réunir, de s'associer, de se cotiser à l'effet de lui assurer les sommes nécessaires pour couvrir ses déboursés. Ils accompliront ainsi un acte honnête et hautement moralisateur; et grâce à leur désintéressement ils verront leurs intérêts défendus par le mandataire de leur choix. C'est ainsi que se conduisent les peuples libres; c'est l'exemple que nous donnent chaque jour l'Angleterre et les États-Unis. Ces peuples ont compris que les hommes capables doivent se sentir attirés vers les affaires publiques, non par l'appat du gain, mais par le sentiment du devoir.

Tels sont les motifs pour lesquels l'Assemblée a successivement écarté l'amendement de M. Bethmont posant le principe d'une indemnité obligatoire, la proposition de la commission demandant une indemnité facultative, l'amendement de M. Pascal Duprat réclamant une indemnité obligatoire pour frais de déplacement et de séjour, et ceux de M. de Tillancourt et de M. Charles Rolland, auxquels s'étaient ralliés la commission, par lesquels ces représentants demandaient à ce que le conseil général pût allouer aux membres de la commission une indemnité pour frais de déplacement seule· ment. La chambre a consacré par son vote l'amendement présenté lors de la deuxième délibération par notre collègue M. Albert Desjardins; elle a décidé que les fonctions de membre de la commission départementale, comme le mandat de conseiller général, seraient essentiellement gratuites.

Par cette règle, la loi française diffère encore de la loi belge. L'article 105 de loi provinciale belge attribue à chaque membre de la députation permanente un traitement annuel de 3000 fr., dont la moitié est réservée pour former un fonds de présence à partager tous les trois mois entre les membres, suivant le nombre des séances auxquelles ils ont assisté pendant le trimestre écoulé. La création de ce fonds de présence a pour but de stimuler les membres négligents. Cette différence entre les deux législations tient au caractère même de l'institution : la commission départementale ne se réunit qu'à de rares intervalles; la députation belge est permanente. On comprend dès lors, par les règles mêmes que nous avons établies, pourquoi la législation belge a attaché un traitement à ces fonctions. Ce traitement du reste n'est pas à la charge de la province, mais à la charge de l'État et ce n'est que justice. En effet la députation permanente est presque spécialement chargée de l'administration publique; elle a plus à s'occuper des intérêts du Gouvernement et des intérêts des communes que des intérêts provinciaux proprement dits. Par conséquent le traitement de ses membres doit figurer au budget général de l'État et non au budget particulier de la province. Cependant les conseils provinciaux peuvent ajouter à ce traitement fixé par la loi des allocations spéciales à la charge de la province; elles s'expliqueraient facilement dans les provinces très-étendues où les frais de déplacement seraient très-onéreux. Si nous nous plaçons au point de vue de la France et de ses mœurs publiques, nous croyons que le législateur a été bien inspiré en repoussant l'exemple de la Belgique, et en consacrant par notre article 75 le principe de la gratuité des fonctions de membre de la commission départementale.

Attributions. — La commission départementale est investie d'attributions diverses qui lui sont déléguées, soit par le conseil général, soit par la loi elle-même. Quant aux premières, il est évidemment impossible de les indiquer; c'est au conseil général qu'il appartient de les déterminer (art. 77) en tenant compte des circonstances et des nécessités de l'administration ; mais il en est autrement des secondes, qui doivent par conséquent appeler plus spécialement notre attention.

La commission départementale exerce aussi une mission de contrôle et de surveillance sur certains actes du préfet ; elle prend des décisions et elle donne des avis.

Commission de surveillance, elle vérifie l'état des archives et du mobilier appartenant au département (art. 83).

Commission de contrôle, elle vérifie les ordonnances de délégation que le préfet et les ingénieurs en chef ont reçues et les mandats de payement qu'ils ont délivrés ; elle recherche si les dépenses liquides ont été soldées au fur et à mesure que les fonds ont été mis par le Ministre à la disposition de ces ordonnateurs secondaires. En conférant à la commission départementale une semblable attribution, le législateur a voulu éviter les retards que subissaient certains créanciers du départe- ment, et les tours de faveur que le préfet pouvait être tenté d'accorder à d'autres.

Mais le projet présenté par la commission allait plus loin. Copiant la disposition de l'article 111 de la loi provinciale belge, il portait que « la « commission désigne un ou plusieurs de ses membres aussi souvent qu'elle « le juge convenable, et au moins une fois par an, pour vérifier l'état des « recettes et des dépenses du département. » Pour qu'on puisse exercer un semblable contrôle sur les recettes du département, il faudrait qu'il eût une caisse particulière, une comptabilité spéciale, ainsi que cela existe en Bel- gique (art. 113 et 114 Loi provinc. Belge). Mais il n'en est pas ainsi en France. Perçues par les agents du Trésor, les impositions départementales sont centralisées entre les mains des trésoriers payeurs généraux ; les dépar- tements n'ont donc pas de caisse particulière, sur laquelle la commission départementale puisse exercer le contrôle, qu'exerce en Belgique la dépu- tation. Quant au contrôle sur les dépenses, il est suffisamment organisé par l'examen que doit faire la commission des mandats de payement, délivrés par le préfet et les ingénieurs en chef. Ces très justes observations, présen- tées par M. Maurice et acceptées par la commission, déterminèrent l'As- semblée à modifier en ce sens l'article 78. En Belgique, au contraire, les mandats de payement sont directement délivrés par la députation perma- nente en vertu de l'article 112.

Nous arrivons maintenant aux délibérations ou décisions prises par la commission départementale. Elles peuvent être divisées en deux classes :

les unes ne sont susceptibles d'aucun recours, les autres au contraire peuvent être attaquées devant une autre autorité.

Celles qui rentrent dans la première classe nous sont indiquées par les articles 81 et 82. Nous allons les passer brièvement en revue. La commission départementale assigne à chaque membre du conseil général et aux membres des autres conseils électifs le canton pour lequel ils pourront siéger dans le conseil de révision (art. 82). On a voulu par cette règle rendre impossible le renouvellement de l'abus dont les préfets s'étaient rendus coupables sous l'empire. Ils désignaient, pour prendre part à ces opérations dans cinq ou six cantons, le membre du conseil général qu'ils devaient soutenir comme candidat officiel au corps législatif, et ils profitaient de cette circonstance pour le présenter aux maires réunis.

La commission départementale est investie, par l'article 81, d'autres pouvoirs qui jusque-là avaient appartenu aux préfets. Elle répartit les subventions portées au budget départemental et dont le conseil général ne s'est pas réservé la distribution, les fonds provenant des amendes de police correctionnelle et du rachat des prestations en nature sur les lignes que ces prestations concernent, elle détermine l'ordre de priorité des travaux départementaux, lorsque le conseil ne l'a pas indiqué lui-même, elle fixe, à défaut du conseil général, l'époque et le mode de réalisation des emprunts départementaux, et l'époque d'adjudication des travaux publics d'utilité départementale.

Cependant, même dans ces matières, la souveraineté de la commission départementale n'est pas entière et absolue ; et ici, il faut le reconnaître, l'œuvre du législateur laisse beaucoup à désirer, soit au point de vue de la décentralisation, soit aussi au point de vue de la précision et de la pratique. C'est à l'article 85 que s'adressent nos critiques. La loi suppose qu'il y a désaccord entre le préfet et la commission départementale, et elle décide que l'affaire peut alors être renvoyée à la plus prochaine session du conseil général, qui statue définitivement. En donnant une semblable importance à l'opinion du préfet, le législateur a évidemment oublié les principes qu'il avait inscrits en tête de sa loi, et le but qu'il voulait réaliser. Indépendamment de cette critique de principe, que nous adressons à notre article, nous lui reprocherons d'être d'une application presque impossible. Car, d'après le texte de la loi, le renvoi de l'affaire au conseil général est purement facultatif ; mais alors par qui sera-t-il ordonné ? La loi est muette sur ce point important : il est probable que le législateur s'en est remis du soin de décider cette question au règlement intérieur du conseil général. On voit que la disposition de notre article 85 est contraire aux principes généraux de la loi et présentera dans la pratique de très graves difficultés.

La loi prévoit ensuite le cas où il s'élève un conflit entre la commission départementale et le préfet, et le cas où la commission a outrepassé ses pouvoirs ; dans ces deux hypothèses elle organise un recours devant le conseil général, convoqué extraordinairement conformément à l'article 24. Le conseil général appréciera les actes de la commission départementale et statuera sur les faits qui lui auront été soumis ; il pourra même procéder immédiatement à la nomination d'une nouvelle commission départementale.

La seconde catégorie comprend, comme nous l'avons déjà dit, les délibérations de la commission qui sont susceptibles de recours dans tous les cas, alors même qu'il n'y aurait ni désaccord, ni conflit entre elle et le préfet. Elles sont énumérées dans les articles 86 et 87. En vertu de ces textes, la commission départementale est investie d'importantes attributions en matière de vicinalité : ainsi elle exerce les pouvoirs conférés au préfet par les articles 15 et 16 de la loi du 21 mai 1836 [1] ; enfin elle approuve les abonnements relatifs aux subventions spéciales pour la dégradation des chemins vicinaux, conformément au dernier paragraphe de l'article 14 de la même loi [2].

---

[1] Art. 15. — Les arrêtés du préfet portant reconnaissance et fixation de la largeur d'un chemin vicinal, attribuent définitivement au chemin le sol compris dans les limites qu'ils déterminent.

Le droit des propriétaires riverains se résout en une indemnité qui sera réglée à l'amiable ou par le juge de paix du canton sur le rapport d'experts nommés conformément à l'article 17.

Art. 16. — Les travaux d'ouverture et de redressement des chemins vicinaux seront autorisés par arrêté du préfet.

Lorsque, pour l'exécution du présent article, il y aura lieu de recourir à l'expropriation, le jury spécial chargé de régler les indemnités ne sera composé que de quatre jurés. Le tribunal d'arrondissement en prononçant l'expropriation, désignera pour présider et diriger le jury, l'un de ses membres ou le juge de paix du canton. Ce magistrat aura voix délibérative en cas de partage.

Le tribunal choisira, sur la liste générale prescrite par l'article 29 de la loi du 7 juillet 1833, quatre personnes pour former le jury spécial, et trois jurés supplémentaires. L'administration et la partie intéressée auront respectivement le droit d'exercer une récusation péremptoire.

Le juge recevra les acquiescements des parties.

Son procès-verbal entraînera translation définitive de propriété.

Le recours en cassation, soit contre le jugement qui prononcera l'expropriation, soit contre la déclaration du jury qui règlera l'indemnité, n'aura lieu que dans les cas prévus et selon les formes déterminées par la loi du 7 juillet 1833.

[2] Art. 14. — Toutes les fois qu'un chemin vicinal, entretenu à l'état de viabilité par une commune, sera habituellement ou temporairement dégradé par des exploitations de mines, de carrières, de forêts ou de toute entreprise industrielle appartenant à des particuliers, à des établissements publics, à la Couronne ou à l'État, il pourra y avoir lieu à imposer aux entrepreneurs ou proprié-

La commission approuve aussi le tarif des évaluations cadastrales et statue sur les réclamations dont il peut être l'objet soit de la part des particuliers, soit de la part des communes. Ces pouvoirs appartenaient autrefois au préfet en vertu de la loi du 15 septembre 1807, et il statuait après avoir pris l'avis du conseil de préfecture.

Enfin la commission est appelée à nommer au lieu et place du préfet, les membres des commissions syndicales dans le cas où l'entreprise est subventionnée par le département.

Les voies de recours organisées dans ces diverses hypothèses contre les décisions de la commission sont nombreuses.

Elles peuvent en premier lieu être attaquées pour cause d'inopportunité ou de fausse appréciation des faits. Dans ce cas la décision de la commission peut être attaquée par le préfet, par les communes ou par toute partie intéressée. Le délai pour interjeter appel est d'un mois ; il commence à courir à partir de la communication de la décision de la commission. L'appel est suspensif de l'exécution ; il est porté devant le conseil général qui statue dans sa plus prochaine session.

Si la délibération de la commission est entachée d'excès de pouvoir ou renferme une violation de la loi ou d'un règlement d'administration publique, elle peut être déférée sans frais au conseil d'État statuant au contentieux ; le pourvoi doit être formé dans les deux mois à partir de la communication de la décision attaquée. Cette disposition de l'article 88 mérite, on le comprend sans peine par nos explications antérieures, notre entière approbation. C'est en effet au conseil d'État statuant au contentieux et investi d'un pouvoir propre par la loi du 24 mai 1872 que le législateur confie le soin de prononcer sur le mérite de ce pourvoi ; la question qui lui est soumise est éminemment contentieuse. On se rappelle que les articles 35 et 47 de notre loi établissent dans la même hypothèse une règle différente pour les délibérations illégales des conseils généraux et que leur disposition a été de notre part l'objet d'une vive critique. Lorsqu'un conseil général

taires, suivant que l'exploitation ou les transports auront eu lieu pour les uns ou les autres, des subventions spéciales, dont la quotité sera proportionnée à la dégradation extraordinaire qui devra être attribuée aux exploitations.

Ces subventions pourront, au choix des subventionnaires, être acquittées en argent ou en prestations en nature, et seront exclusivement affectées à ceux des chemins qui auront donné lieu.

Elles seront réglées annuellement, sur la demande des communes, par les conseils de préfecture, après des expertises contradictoires, et recouvrées comme en matière de contributions directes.

Les experts seront nommés suivant le mode déterminé par l'article 17 ci-après.

Ces subventions pourront aussi être déterminées par abonnement ; elles seront réglées, dans ce cas, par le préfet en conseil de préfecture.

excède ses pouvoirs, viole la loi ou un règlement d'administration publique, l'annulation de sa délibération est prononcée, aux termes de ces articles, par un décret du président de la République rendu dans la forme des règlements d'administration publique. Il existe évidemment une contradiction entre les articles 33 et 47 d'une part et l'article 88 d'autre part; si le recours dirigé contre une délibération illégale de la commission départementale est contentieux et doit être jugé souverainement par le conseil d'État statuant au contentieux, il devrait en être de même lorsque la délibération illégale émane du conseil général tout entier. L'article 88, conforme à tous les principes du droit et de la raison, renferme donc la condamnation la plus évidente de la disposition des articles 33 et 47.

Le projet de loi présenté par la commission formulait, dans deux autres articles, une règle fort importante qui a disparu de la loi telle qu'elle fut votée en troisième délibération. Tout le monde connaît ce que l'on appelle généralement mais à tort la tutelle administrative. C'est un contrôle, une surveillance exercée sur les actes des conseils chargés d'administrer les biens de certaines personnes morales. En l'organisant le législateur a voulu sauvegarder tantôt les intérêts généraux du pays, tantôt les intérêts des générations futures. Un exemple rendra notre pensée plus sensible. Une commune ne peut solder des dépenses importantes à l'aide de ses ressources ordinaires; elle a besoin pour atteindre ce but d'établir des impôts; son conseil municipal ne pourra pas créer telle contribution que bon lui semblera; la délibération qu'il aura prise sera dans certains cas tout au moins, soumise à l'approbation d'une autre autorité. Le motif de cette règle est facile à saisir; en effet il ne faut pas permettre de sacrifier l'intérêt général du pays à l'intérêt particulier d'une commune. Or, en créant des impositions nouvelles, la commune porte atteinte aux facultés imposables de ses habitants. C'est cependant à la même source que l'État devra puiser, et aux mêmes personnes qu'il devra demander les ressources nécessaires pour solder les services d'intérêt général. Il est donc intéressé à ce que les conseils municipaux ne jouissent pas en notre matière d'une liberté illimitée, et à ce que leur souveraineté ne soit pas absolue.

De même encore supposons qu'une commune soit propriétaire de communaux fort étendus; le conseil municipal est décidé soit à les vendre soit à les partager entre les habitants. Si la délibération qu'il a prise à cet effet est exécutoire par elle-même, il aura disposé de cette importante richesse au profit de la génération présente et au préjudice des générations à venir. Cependant la génération présente a reçu ce patrimoine de celles qui l'ont précédée, et, comme celles-ci, elle devrait à moins d'une impérieuse nécessité ou d'une évidente utilité le conserver pour le transmettre à ses successeurs. Il faut donc établir un contrôle sur des délibérations aussi graves : l'autorité chargée de cette mission devra sauvegarder les intérêts des générations à venir. Le législateur décide en conséquence que la délibération. par laquelle le conseil municipal aura décidé la vente ou le partage de ces biens, ne pourra être exécutée qu'après avoir été approuvée par cette autorité tutélaire.

Ces deux exemples suffisent pour montrer que dans certaines hypothèses il faut exercer un contrôle vigilant, une surveillance active sur les délibérations des conseils chargés d'administrer les biens des établissements publics. Mais par qui doivent être exercés ce contrôle et cette surveillance? Nous nous posions cette question au moment où la loi départementale était soumise aux délibérations de la Chambre et nous y répondions de la manière suivante : « Jusqu'ici ce pouvoir de contrôle a toujours été exercé par des » représentants du pouvoir exécutif, soit le chef de l'État, soit le préfet » depuis le décret—loi du 25 mars 1852. Cette solution ne nous semble pas » heureuse; un corps électif ne doit jamais être soumis au contrôle du » pouvoir exécutif; autrement on porte une grave atteinte au principe fon-» damental de la séparation des pouvoirs. Pour obtenir l'administration du » pays par lui-même, il faut que le contrôle soit exercé par un *pouvoir* » *supérieur électif lui-même ou par une délégation de ce pouvoir*. De cette » manière on aura l'administration du pays par lui-même [1]. »

C'est pourquoi nous donnions notre entière approbation à l'article 87 du projet de loi, par lequel on conférait à la commission départementale les attributions qui avaient appartenu en notre matière soit au préfet seul, soit au préfet siégeant en conseil de préfecture. Malgré les critiques dirigées contre cet article, il fut cependant voté en grande partie lors de la deuxième délibération, mais à la suite des conférences que la commission eut avec le gouvernement avant la troisième délibération elle en proposa la suppression qui fut acceptée et votée par l'Assemblée. Il est en effet plus logique de se demander s'il y aura une tutelle administrative et dans quels cas elle sera établie avant de rechercher par qui elle sera exercée. De même et pour les mêmes motifs on supprima, lors de la troisième délibération, l'article 91 relatif aux autorisations de plaider. Les communes, sections de commune, hospices, hôpitaux, établissements de bienfaissance, fabriques et consistoires ne peuvent pas ester valablement en justice sans y être autorisés par un conseil

[1] *Revue politique et littéraire*, nº du 15 juillet 1871.

administratif : le conseil de préfecture ou le conseil d'État; l'article 91 transférait cette attribution à la commission départementale, mais il a disparu de la rédaction définitive de la loi. Le législateur belge avait donné le même exemple et c'est dans la loi communale ou dans les lois spéciales qu'il faut rechercher les règles relatives à la tutelle administrative et aux autorisations de plaider. Nous sommes donc dispensés de comparer sur ce point les deux législations qui font l'objet de notre étude.

Voyons maintenant quelles sont les attributions de la députation permanente en Belgique. Elle délibère sur tout ce qui concerne l'administration journalière des intérêts de la province et sur l'exécution des lois pour lesquelles son intervention est requise, ou qui lui sont adressées à cet effet par le gouvernement (art. 106). Elle n'est donc pas seulement chargée, comme la commission départementale française, de gérer les intérêts particuliers de la circonscription territoriale qu'elle représente ; elle est en outre investie d'attributions importantes concernant l'administration des intérêts collectifs généraux du pays; cette différence capitale établit de la manière la plus évidente le caractère particulier de ces deux législations et des deux institutions qu'elles organisent.

La députation permanente peut défendre à toute action intentée contre la province et intenter en son nom toutes les actions mobilières et les actions immobilières possessoires (art. 108). Il en est autrement en France ; et une délibération du conseil général est nécessaire pour habiliter le préfet à ester en justice au nom du département soit en demandant soit en défendant. Cependant une délibération de la commission départementale suffit en cas d'urgence (art. 46 n° 15).

Lorsque le conseil provincial n'est pas assemblé, la députation permanente peut prononcer sur les affaires qui sont spécialement réservées au conseil, sauf quelques exceptions, dans tous les cas où elles ne sont pas susceptibles de remise et à charge de lui en donner connaissance à la première réunion; le conseil peut rapporter ou modifier ces décisions, sans préjudice néanmoins de l'exécution qui leur aurait été donnée (art. 107). Le projet de loi rédigé par la commission proposait de conférer à la commission départementale des attributions analogues (art. 77 § 2), mais sur la demande du gouvernement on supprima cette disposition. La loi française est sur ce point inférieure à la loi Belge, puisqu'elle oblige dans ce cas pour une affaire urgente, mais peut-être de minime importance, l'administration à convoquer extraordinairement le conseil général.

Enfin aux termes des articles 111, 112, 113 et 114 la députation permanente est investie d'attributions importantes en ce qui concerne les finances provinciales; elle désigne un ou plusieurs de ses membres pour vérifier l'état des recettes et des dépenses de la province; elle délivre elle-même les mandats de payement dans la limite des crédits qui lui sont ouverts chaque mois par le Ministre des finances, sauf dans le cas où il a été établi un receveur particulier pour les fonds provinciaux. La commission départementale française, n'est investie en cette matière que d'une mission de contrôle et de surveillance, dont nous avons déterminé le caractère en étudiant l'article 78.

· Comme les délibérations des conseils provinciaux, les délibérations de la députation permanente se divisent en deux classes : les décisions et les délibérations proprement dites. Elles sont soumises aux mêmes règles que les délibérations des conseils provinciaux. Nous n'avons donc pas ici à revenir sur des explications que nous avons déjà eu l'occasion d'exposer d'une manière complète. Nous nous contenterons de faire observer que la loi française nous paraît à cet égard bien plus libérale que la loi belge ; si elle renferme dans des limites plus étroites les pouvoirs de la commission départementale, elle fait une plus large part à l'indépendance de ses membres et à la souveraineté de ses décisions.

La commission départementale est aussi appelée à donner son avis au préfet sur toutes les affaires qu'il lui soumet ou sur lesquelles elle croit devoir appeler son attention dans l'intérêt du département (art. 79). Le législateur a ainsi consacré le droit d'initiative qui, dans tous les pays libres, doit appartenir aux mandataires de la nation. En Belgique, aux termes de l'article 106, la députation permanente donne son avis sur les affaires qui lui sont soumises en vertu des lois ou par le gouvernement. La disposition de cet article de la loi provinciale belge semble faire une part moins grande à l'initiative des membres de la députation permanente. Aussi nos préférences sont-elles acquises à la formule adoptée par le législateur français.

Mandataire du conseil général, la commission départementale doit lui rendre compte de l'accomplissement de sa mission et lui transmettre tous les renseignements qu'elle a pu réunir. Ces motifs expliquent facilement les dispositions de nos articles 79 et 80. A l'ouverture de chaque session ordinaire, elle doit adresser au conseil général un rapport sur l'ensemble de ses travaux et lui soumettre toutes les propositions qu'elle croit utiles. A l'ouverture de la session d'août, elle présente au conseil des observations sommaires sur le budget proposé par le préfet, enfin elle lui remet à la même époque le relevé de tous les emprunts communaux et de toutes les contributions extraordinaires communales, qui ont été votées depuis la précédente session d'août, avec indication du chiffre total des centimes extraordinaires et des dettes dont chaque commune est grevée. Ces renseignements mettront le conseil en mesure d'exercer l'attribution que lui confère l'article 42, et lui permettront de fixer en parfaite connaissance de cause le maximum du nombre des centimes extraordinaires que les conseils municipaux sont autorisés à voter, pour en affecter le montant à des dépenses extraordinaires d'utilité communale.

Participant à l'administration de la province, la députation permanente belge adresse chaque année au conseil provincial un rapport sur la situation de la province au point de vue de son administration; elle lui soumet toutes les propositions qu'elle croit utiles, et lui présente le compte des recettes et dépenses de l'exercice précédent avec le projet de budget pour l'exercice suivant. Cette différence entre la députation belge et la commission départementale française tient à ce que la première coopère à l'exécution de ses délibérations et de celles du conseil provincial, tandis que la commission départementale doit y rester étrangère.

En présence des importantes attributions conférées à la commission départementale, M. Roux avait proposé, lors de la deuxième délibération du projet de loi, un amendement aux termes duquel ces membres ne pouvaient être investis du mandat de député pendant la durée de leurs fonctions et pendant une année à partir de leur cessation. Mais une semblable règle, si elle avait été votée par l'Assemblée, aurait rendu très-difficile le recrutement de la commission départementale. La chambre qui voulait, par l'administration des intérêts locaux, former des hommes capables de gouverner le pays, ne pouvait s'associer à une telle proposition. Du reste l'amendement de M. Roux reposait sur une assimilation entre les fonctions de préfet et celles de membre de la commission départementale. Or, il n'existe aucune espèce d'analogie entre ces fonctions; car les membres de la commission départementale ne participent en aucune manière à l'exécution de leurs délibérations ou de celles du conseil général; ils ne peuvent donc pas, comme le préfet, acquérir sur les électeurs une influence dont il soit à craindre qu'ils n'abusent plus tard dans l'intérêt de leur propre candidature. Par conséquent c'est à juste titre que l'Assemblée a refusé de prononcer cette incompatibilité.

Puisque nous connaissons maintenant les deux législations de la France et de la Belgique, il nous semble utile de comparer les institutions créées par le législateur de ces deux pays. Cette étude est d'autant plus intéressante que l'exemple de la Belgique a été pour le législateur Français un utile enseignement. On pourrait au premier abord être tenté de croire que l'Assemblée nationale a copié la législation de nos voisins ; on verra cependant par cette comparaison que s'il existe entre ces deux corps administratifs une incontestable analogie, on peut néanmoins signaler entre eux d'importantes différences qui donnent à l'un et à l'autre un caractère propre et original.

1° La différence la plus importante qui existe entre les deux institutions est relative à leurs attributions, et de cette première différence en découlent un certain nombre d'autres qui sont le corollaire du principe écrit dans la loi.

La députation permanente n'est pas seulement chargée de l'administration des intérêts locaux de la province qu'elle administre, elle est aussi appelée à coopérer avec le pouvoir exécutif à l'administration des intérêts collectifs généraux du pays. En France, au contraire, la commission départementale gère seulement les intérêts collectifs de son département ; elle ne participe aucunement à l'administration des intérêts collectifs généraux du pays. Cette différence caractérise les deux législations : En Belgique l'administration du pays est collective ; en France le pouvoir administratif est confié à un seul individu. Administrer est le fait d'un seul, disait M. Roederer, éclairé par l'exemple des administrations collectives de la révolution. Cette maxime est devenue une règle de notre droit public et a été religieusement conservée par l'Assemblée nationale.

De cette différence découlent les corollaires suivants :

a). En France, tous les membres de la commission départementale sont élus par le conseil général ; le département choisit ainsi par l'intermédiaire de ses mandataires ceux qui sont appelés à administrer ses intérêts particuliers. En Belgique, au contraire, indépendamment des membres élus par le conseil provincial, nous trouvons dans la députation un membre de droit, le gouverneur de la province chargé de représenter dans son sein le pouvoir exécutif. Il faut bien, en effet, qu'un membre nommé par le Roi siège dans cette commission chargée d'administrer avec lui les intérêts généraux du pays. Le gouverneur est même chargé par la loi de présider cette députation.

b) En France les membres de la commission départementale ne sont astreints à prêter aucun serment ; ils ne pourraient même pas y être assujettis, si le serment politique était rétabli, ainsi que nous l'avons démontré. En Belgique au contraire ils doivent prêter le serment de fidélité au Roi et d'obéissance à la constitution.

c) En France la commission départementale fait elle-même, sous l'appro-

bation du conseil général et avec le concours du préfet, son règlement intérieur. En Belgique au contraire le règlement intérieur, rédigé par la députation permanente, est soumis à l'approbation du conseil provincial et à
l'approbation du Roi. Le législateur a voulu s'assurer par ce moyen que la
députation permanente prendrait toutes les mesures nécessaires à l'accomplissement de sa mission.

d) En France la commission départementale est intégralement renouvelée
chaque année. En Belgique au contraire le renouvellement de la députation
permanente n'est que partiel et n'a lieu que tous les deux ans. Le législateur belge a pensé que la députation conserverait ainsi plus efficacement
les traditions administratives, et saurait maintenir entre tous ses actes un
certain esprit de suite.

2° A cette première différence vient s'en ajouter une seconde qui lui est
intimement liée. En France la commission départementale ne se réunit qu'à
de rares intervalles et au moins une fois par mois. Le législateur a pensé
que ces réunions seraient assez fréquentes pour que la commission puisse
gérer les intérêts locaux du département. En Belgique au contraire la députation est permanente, parce que l'administration générale du pays exige
des mesures journalières.

De cette seconde différence découlent les corollaires suivants :

a) En France un membre de la commission départementale n'est réputé
démissionnaire que s'il s'est absenté des réunions pendant deux mois sans
excuse légitime. En Belgique il suffit qu'il se soit absenté pendant un mois
pour encourir cette déchéance.

b) En France les membres de la commission départementale ne reçoivent
aucun traitement. Exposés à des déplacements fréquents, les membres de la
députation permanente des conseils provinciaux de Belgique reçoivent un
traitement de 3000 francs, payés sur les fonds du budget général de l'État.

Indépendamment de ces deux différences caractéristiques, il en existe beaucoup d'autres entre nos deux institutions; mais elles n'ont qu'une importance secondaire. Toutefois, pour compléter le parallèle que nous avons
entrepris, nous allons les indiquer successivement. Elles se rattachent
toutes, soit à la composition, soit à l'organisation, soit aux attributions de
la députation permanente et de la commission départementale.

A. Différences relatives à la composition de ces corps administratifs.

3° La loi Belge fixe d'une manière invariable à six le nombre des membres de la députation permanente. Le législateur français a laissé au conseil général le soin de déterminer le nombre des membres de la commission

départementale, dans la limite du maximum et du minimum qu'il a lui-même fixé.

4° En France le conseil général doit choisir autant que possible un membre de la commission départementale parmi les conseillers élus ou domiciliés dans chaque arrondissement. Le législateur belge a fait de cette règle une obligation rigoureuse pour le conseil provincial.

5° La loi belge et la loi française diffèrent par le nombre et le caractère des incompatibilités qu'elles établissent.

6° La durée du mandat des membres de la commission départementale est fixée à une année ; en Belgique les membres de la députation permanente sont nommés pour quatre ans.

B. Différences relatives à l'organisation de ces corps administratifs.

7° La commission départementale élit elle-même son secrétaire ; en Belgique ces fonctions sont remplies par le greffier provincial.

8° En France le président de la commission départementale a voix prépondérante en cas de partage ; il en est autrement en Belgique, et le gouverneur, président de la députation permanente, n'a jamais un semblable privilége.

C. Différences relatives aux attributions de ces corps administratifs.

9° La députation permanente exerce une surveillance incessante sur les finances provinciales et elle délivre elle-même les mandats de payement. La commission départementale n'exerce qu'une mission de surveillance sur les mandats de payement délivrés par le préfet ou par les ingénieurs en chef.

10° La députation permanente a le droit de délibérer, en cas d'urgence, sur les affaires qui sont spécialement réservées au conseil provincial, si celui-ci n'est pas assemblé. On se rappelle que l'Assemblée nationale a refusé de conférer un semblable pouvoir à la commission départementale.

11° La commission départementale française décide souverainement sur les affaires qui lui sont attribuées par la loi, sauf les diverses voies de recours organisées par le législateur et que nous avons indiquées. Les délibérations de la députation permanente sont soumises aux mêmes règles que celles du conseil provincial, et se divisent en décisions et en délibérations proprement dites soumises à l'approbation expresse ou tacite du Roi.

12° La députation permanente jouit de pouvoirs plus étendus que ceux de la commission départementale en ce qui concerne les actions à intenter ou à soutenir au nom du département.

13° La loi française consacre d'une manière plus formelle que ne le fait la loi belge le droit d'initiative qui appartient aux membres de la commission départementale, en ce qui concerne les avis à émettre sur les affaires départementales.

14 Enfin, il existe une importante différence entre ces deux institutions pour les rapports qu'elles doivent adresser au conseil général ou provincial. Chargée d'administrer la province, la députation permanente adresse au conseil son rapport sur la situation de cette circonscription territoriale et le projet du budget provincial. La commission départementale étant seulement chargée d'administrer les intérêts locaux du département, n'adresse au conseil général qu'un rapport sur ses propres actes, et ses observations sur le projet de budget présenté par le préfet.

On voit ainsi que chacune des institutions organisées par ces deux législations présente ses caractères distinctifs, et que le législateur français, loin de copier la législation d'un peuple voisin, à su créer une institution adaptée à nos mœurs et a nos habitudes et qui présente un caractère véritablement original.

§ 3. *Du préfet.*

Ce fonctionnaire, choisi par le chef du pouvoir exécutif, est revêtu d'un double caractère et investi d'une double autorité. Il est le représentant du pouvoir central dans le département; il est en outre chargé d'exécuter au nom du département les délibérations du conseil général et de la commission départementale, et de faire l'instruction des affaires qui doivent lui être soumises. Le gouverneur de la province est soumis en Belgique aux mêmes règles et jouit des mêmes attributions. Les articles 122, 124 et 126 à 129 de la loi provinciale belge établissent et développent ces principes.

Je n'ai pas à étudier ici en détails les attributions qui appartiennent au préfet en qualité de représentant du pouvoir central; elles se rattachent toutes à l'administration des intérêts collectifs généraux du pays et elles font du préfet un fonctionnaire essentiellement politique. Elles ne touchent donc pas à la gestion des intérêts purement départementaux; les exposer ici serait un hors-d'œuvre. Je dois néanmoins signaler en passant certaines dispositions de la loi départementale qui se réfèrent à cet ordre d'idées. C'est en effet à sa qualité de représentant du pouvoir exécutif central et de fonctionnaire chargé à ce titre d'assurer l'exécution des lois, qu'il doit les importantes attributions à lui conférées par l'article 34 en cas de réunion illégale du conseil général. On se rappelle qu'il appartient au préfet de déclarer la réunion illégale, de prononcer la nullité des délibérations qui y ont été prises, et de prendre toutes les mesures pour que l'assemblée se sépare immédiatement. L'article 90 de la loi provinciale belge, qui prévoit la même hypothèse et investit dans ce cas le gouverneur de la province de pouvoirs analogues, s'explique par les mêmes considérations. Il en est de même de l'article 123 de la loi provinciale belge, aux termes duquel le gouverneur peut adresser au conseil, qui est tenu d'en délibérer, tel réquisitoire qu'il trouve convenable. Par les mêmes considérations s'expliquent également les articles 47 et 88 de la loi départementale française, qui reconnaissent au préfet le droit de demander l'annulation des délibérations par lesquelles le conseil général et la commission départementale se rendent coupables d'excès de pouvoir, de violation de la loi ou d'un règlement d'administration publique. Les articles 89, 116 et 125 de la loi provinciale belge, s'inspirant des mêmes idées, renferment une disposition analogue.

Appelé à exécuter les délibérations du conseil général et de la commission départementale, le préfet représente le département, de même que le gouverneur, investi des mêmes fonctions, représente la province (art. 124, loi provinciale belge). Aussi la loi française a-t-elle prévu le cas de conflit entre le préfet et la commission départementale qui, l'un et l'autre, représentent cette personne morale. C'est également pour ce motif qu'elle lui permet d'attaquer dans certains cas devant le conseil général les décisions de la commission départementale, pour cause d'inopportunité ou de fausse appréciation des faits (art. 88).

Représentant du département, le préfet accepte ou refuse les dons et legs faits au département, en observant les formes prescrites par la loi; il intente les actions au nom du département et défend à celles dirigées contre lui. En Belgique la province est représentée par la députation permanente et non par le gouverneur : aussi toutes les actions de la province sont-elles exercées en demandant et en défendant au nom de la députation, poursuite et diligence du gouverneur. Le préfet, en sa qualité de représentant du département, fait tous actes conservatoires et interruptifs de déchéance, il passe tous les contrats au nom du département. Enfin il propose au conseil général le projet du budget, attribution qui est exercée en Belgique par la députation permanente.

Mais du moment où le préfet est le représentant du département, il doit rendre compte au conseil général des actes qu'il a accomplis en cette qualité. Cette pensée explique la disposition de l'article 56, aux termes duquel

le préfet doit présenter au conseil, à sa session d'août, un rapport détaillé
sur la situation du département et sur l'état des différents services
publics; elle explique également la règle de l'article 66, qui oblige le préfet
à soumettre les comptes d'administration au conseil général, chargé de
les recevoir et de les arrêter provisoirement; ils sont définitivement réglés
par décret. En Belgique la députation permanente représente la province,
c'est donc à elle qu'incombent ces obligations.

La loi, dont nous venons d'étudier l'économie, a été appliquée depuis plus
d'une année; nos conseils généraux ont eu depuis son existence trois sessions ordinaires; on peut donc commencer à en apprécier les résultats et à
en juger le mérite. Nous croyons pouvoir affirmer aujourd'hui que la
réforme opérée par le législateur de 1871 a pleinement réussi; nous espérons aussi que cette application de la loi nouvelle a dû dissiper les craintes
qu'exprimait le gouvernement lors de sa discussion. Les conseils généraux
ont répondu aux espérances que leur sagesse antérieure avait fait concevoir;
de leur côté les électeurs ont généralement montré un remarquable discernement dans le choix des mandataires appelés à les représenter au sein des
assemblées départementales, et ont arrêté leurs suffrages sur des libéraux
sincères, hommes calmes et sûrs qui ont en horreur les agitations bruyantes
et stériles. La comparaison que l'on peut établir entre le résultat des élections départementales et celui des élections législatives renferme peut-être
la condamnation la plus certaine du scrutin de liste. Nous reconnaissons
bien qu'il a de grands avantages, mais les inconvénients et les dangers
qu'il présente sont tels que le législateur hésitera certainement à le conserver. Il peut avoir, en cas d'élections générales, l'avantage d'enlever à la
lutte tout caractère de personnalité blessante, et de rendre plus difficile la
corruption électorale : ce sont là d'immenses bienfaits; mais, comme il est
impossible que l'électeur connaisse tous ceux dont le nom figure sur la
liste, il fait, au moment du vote, un acte de foi et non un acte de jugement.
Au contraire, dans les élections départementales, l'électeur connaît ordinairement ceux qui se portent candidats au conseil général; il les juge, il les
apprécie et c'est en parfaite connaissance de cause qu'il dépose son bulletin
dans l'urne. Cet exemple instructif fait ressortir les avantages du scrutin
individuel sur le scrutin de liste, et peut faire désirer qu'on en étende l'application aux élections législatives. Si les électeurs ont su faire preuve d'un
discernement éprouvé pour les élections départementales, il en serait certainement de même pour les élections législatives, et le gouvernement du
pays en recueillerait de grands avantages.

La composition de nos assemblées départementales suffit pour expliquer comment elles ont su se renfermer dans les limites de leurs attributions, et écarter tous les vœux qui auraient pu présenter un caractère politique et qui étaient défendus à ce titre par notre article 51. Nous trouvons dans cette expérience un motif d'espérance pour l'avenir de notre pays : il a prouvé d'une manière éclatante qu'il était mûr pour la décentralisation, mais cette réforme n'est qu'un premier pas dans la voie libérale ; après avoir consacré l'autonomie départementale le législateur devra fonder l'autonomie communale ; puis ces libertés locales reconquises serviront de base et d'assise à la liberté politique du pays, et la France reprendra son rang dans le monde par la pratique sincère de ces principes parlementaires, qui font le bonheur et la grandeur de la Belgique, de l'Angleterre, de la Suisse et des États-Unis.

APPENDICE.

Loi du 15 février 1872, relative au rôle éventuel des conseils généraux dans des circonstances exceptionnelles.

La loi départementale était encore soumise aux délibérations de l'Assemblée nationale, lorsque M. de Tréveneuc saisit la commission d'un article additionnel important. Préoccupé des tristes enseignements de notre histoire contemporaine, il proposait d'investir les conseils généraux de pouvoirs considérables, pour le cas où la représentation nationale serait violée, soit par l'auteur d'un coup d'état, soit par les soldats d'une insurrection triomphante. L'histoire de la France depuis quatre-vingts ans, l'exemple des révolutions qui, maîtresses de la capitale, ont su s'imposer au pays, renferment de trop tristes avertissements pour que le législateur ne s'en préoccupé pas. Il faut organiser la résistance contre ces coups de la force ; il faut, s'il est possible, assurer le respect du principe qui domine toutes nos constitutions depuis 1789 : la souveraineté nationale. Mais la proposition de M. de Tréveneuc soulevait des questions trop graves pour qu'on pût les examiner incidemment : sur la demande de la commission il en fit l'objet d'un projet de loi spécial qui est devenu la loi du 15 février 1872 (1). L'étude de cette loi est le complément indispensable du travail que nous avons présenté sur les conseils départementaux.

Lorsque l'assemblée nationale a été violée, lorsque le sanctuaire des lois a été envahi, lorsque les représentants du pays sont dispersés ou emprisonnés,

---

(1) Le rapport de la commission avait été déposé par M. Henri Fournier le 14 septembre 1871
Le projet de loi fut discuté dans les séances des 5, 6 et 15 février 1872.
Il fut voté dans son ensemble le 15 février 1871 par 482 voix contre 75.

à quelle autorité s'adresser pour constituer un centre de résistance légale ? C'est évidemment aux conseils généraux ; ils sont devenus, par suite des circonstances, les représentants les plus élevés et les plus autorisés de la souveraineté nationale ; ils peuvent servir de centre de résistance à tous les défenseurs de l'ordre. Aussi, aux termes de l'article 1er de notre loi, si l'assemblée des représentants du pays est illégalement dissoute ou empêchée de se réunir, les conseils généraux doivent s'assembler immédiatement et sans qu'il soit besoin d'aucune convocation spéciale.

En s'adressant ainsi aux assemblées départementales, le législateur a abandonné les idées et les principes qui l'avaient constamment inspiré lors de la loi du 10 août 1871, et il leur a conféré des attributions essentiellement politiques. La loi départementale au contraire ne les avait investies que d'attributions purement administratives ; elle avait eu pour but, comme l'avait si bien dit l'honorable M. Ernoul, de séparer l'administration et la politique. La loi du 15 février est un pas en sens inverse et, en introduisant ainsi la politique dans les assemblées départementales, elle favorise en quelque sorte la malheureuse tendance que nous avons généralement en France à transformer toutes les élections en élections politiques. Il faut cependant reconnaître que, du moment où la souveraineté nationale a été violée dans la personne de ses représentants, le législateur ne pouvait pas s'adresser à des mandataires plus autorisés que les membres des conseils généraux ; et comme les défauts de l'esprit français, qui compte de si nobles, de si généreuses qualités, nous exposent soit à des insurrections, soit à des coups d'État, le législateur a employé contre ces dangers le seul remède qui fût à sa disposition.

Le conseil général réuni soit au chef-lieu soit dans une autre localité du département, et valablement constitué par la présence de la majorité de ses membres, est chargé de pourvoir au maintien de la tranquillité publique et de l'ordre légal. Cette sage disposition a été votée par la chambre à la presque unanimité de ses membres présents, et elle pourra prévenir de graves dangers. En effet, au moment où un coup de main a fait disparaître l'assemblée des représentants du pays, le préfet voit son pouvoir compromis, il attend le successeur que le parti triomphant ne tardera pas à lui envoyer, il ne se sent plus l'autorité suffisante pour prescrire toutes les mesures que réclame le maintien de l'ordre public. Cette incertitude double l'audace des fauteurs de désordre ; le législateur heureusement inspiré fait alors intervenir le conseil général ; celui-ci prêtera au préfet l'appui de son autorité et au besoin il le remplacera. L'assemblée a espéré que ces mesures suffiraient pour assurer le respect de la loi et la tranquillité publique. Dieu veuille que cette espérance ne soit pas une généreuse illusion et que, si ces tristes prévisions se réalisaient, tous les conseils généraux remplissent sans faiblesse et sans hésitation la mission qui leur a été confiée ! Autour du conseil général viendront se nente est investie d'attributions importantes en ce qui concerne les finances provinciales; elle désigne un ou plusieurs de ses membres pour vérifier l'état des recettes et des dépenses de la province; elle délivre elle-même les mandats de payement dans la limite des crédits qui lui sont ouverts chaque mois par le Ministre des finances, sauf dans le cas où il a été établi un receveur particulier pour les fonds provinciaux. La commission départementale française, n'est investie en cette matière que d'une mission de contrôle et de surveillance, dont nous avons déterminé le caractère en étudiant l'article 78.

· Comme les délibérations des conseils provinciaux, les délibérations de la députation permanente se divisent en deux classes : les décisions et les délibérations proprement dites. Elles sont soumises aux mêmes règles que les délibérations des conseils provinciaux. Nous n'avons donc pas ici à revenir sur des explications que nous avons déjà eu l'occasion d'exposer d'une manière complète. Nous nous contenterons de faire observer que la loi française nous paraît à cet égard bien plus libérale que la loi belge ; si elle renferme dans des limites plus étroites les pouvoirs de la commission départementale, elle fait une plus large part à l'indépendance de ses membres et à la souveraineté de ses décisions.

La commission départementale est aussi appelée à donner son avis au préfet sur toutes les affaires qu'il lui soumet ou sur lesquelles elle croit devoir appeler son attention dans l'intérêt du département (art. 79). Le législateur a ainsi consacré le droit d'initiative qui, dans tous les pays libres, . doit appartenir aux mandataires de la nation. En Belgique, aux termes de l'article 106, la députation permanente donne son avis sur les affaires qui lui sont soumises en vertu des lois ou par le gouvernement. La disposition de cet article de la loi provinciale belge semble faire une part moins grande à l'initiative des membres de la députation permanente. Aussi nos préférences sont-elles acquises à la formule adoptée par le législateur français.

Mandataire du conseil général, la commission départementale doit lui rendre compte de l'accomplissement de sa mission et lui transmettre tous les renseignements qu'elle a pu réunir. Ces motifs expliquent facilement les dispositions de nos articles 79 et 80. A l'ouverture de chaque session ordinaire, elle doit adresser au conseil général un rapport sur l'ensemble de ses travaux et lui soumettre toutes les propositions qu'elle croit utiles. A l'ouverture de la session d'août, elle présente au conseil des observations sommaires sur le budget proposé par le préfet, enfin elle lui remet à la même époque le relevé de tous les emprunts communaux et de toutes les contributions extraordinaires communales, qui ont été votées depuis la précédente session d'août, avec indication du chiffre total des centimes extraordinaires et des dettes dont chaque commune est grevée. Ces renseignements mettront le conseil en mesure d'exercer l'attribution que lui confère l'article 42, et lui permettront de fixer en parfaite connaissance de cause le maximum du nombre des centimes extraordinaires que les conseils municipaux sont autorisés à voter, pour en affecter le montant à des dépenses extraordinaires d'utilité communale.

Participant à l'administration de la province, la députation permanente belge adresse chaque année au conseil provincial un rapport sur la situation de la province au point de vue de son administration; elle lui soumet toutes les propositions qu'elle croit utiles, et lui présente le compte des recettes et dépenses de l'exercice précédent avec le projet de budget pour l'exercice suivant. Cette différence entre la députation belge et la commission départementale française tient à ce que la première coopère à l'exécution de ses délibérations et de celles du conseil provincial, tandis que la commission départementale doit y rester étrangère.

En présence des importantes attributions conférées à la commission départementale, M. Roux avait proposé, lors de la deuxième délibération du projet de loi, un amendement aux termes duquel ces membres ne pouvaient être investis du mandat de député pendant la durée de leurs fonctions et pendant une année à partir de leur cessation. Mais une semblable règle, si elle avait été votée par l'Assemblée, aurait rendu très-difficile le recrutement de la commission départementale. La chambre qui voulait, par l'administration des intérêts locaux, former des hommes capables de gouverner le pays, ne pouvait s'associer à une telle proposition. Du reste l'amendement de M. Roux reposait sur une assimilation entre les fonctions de préfet et celles de membre de la commission départementale. Or, il n'existe aucune espèce d'analogie entre ces fonctions; car les membres de la commission départementale ne participent en aucune manière à l'exécution de leurs délibérations ou de celles du conseil général; ils ne peuvent donc pas, comme le préfet, acquérir sur les électeurs une influence dont il soit à craindre qu'ils n'abusent plus tard dans l'intérêt de leur propre candidature. Par conséquent c'est à juste titre que l'Assemblée a refusé de prononcer cette incompatibilité.

Puisque nous connaissons maintenant les deux législations de la France et de la Belgique, il nous semble utile de comparer les institutions créées par le législateur de ces deux pays. Cette étude est d'autant plus intéressante que l'exemple de la Belgique a été pour le législateur Français un utile enseignement. On pourrait au premier abord être tenté de croire que l'Assemblée nationale a copié la législation de nos voisins ; on verra cependant par cette comparaison que s'il existe entre ces deux corps administratifs une incontestable analogie, on peut néanmoins signaler entre eux d'importantes différences qui donnent à l'un et à l'autre un caractère propre et original.

1° La différence la plus importante qui existe entre les deux institutions est relative à leurs attributions, et de cette première différence en découlent un certain nombre d'autres qui sont le corollaire du principe écrit dans la loi.

La députation permanente n'est pas seulement chargée de l'administration des intérêts locaux de la province qu'elle administre, elle est aussi appelée à coopérer avec le pouvoir exécutif à l'administration des intérêts collectifs généraux du pays. En France, au contraire, la commission départementale gère seulement les intérêts collectifs de son département ; elle ne participe aucunement à l'administration des intérêts collectifs généraux du pays. Cette différence caractérise les deux législations : En Belgique l'administration du pays est collective ; en France le pouvoir administratif est confié à un seul individu. Administrer est le fait d'un seul, disait M. Roederer, éclairé par l'exemple des administrations collectives de la révolution. Cette maxime est devenue une règle de notre droit public et a été religieusement conservée par l'Assemblée nationale.

De cette différence découlent les corollaires suivants :

a). En France, tous les membres de la commission départementale sont élus par le conseil général ; le département choisit ainsi par l'intermédiaire de ses mandataires ceux qui sont appelés à administrer ses intérêts particuliers. En Belgique, au contraire, indépendamment des membres élus par le conseil provincial, nous trouvons dans la députation un membre de droit, le gouverneur de la province chargé de représenter dans son sein le pouvoir exécutif. Il faut bien, en effet, qu'un membre nommé par le Roi siège dans cette commission chargée d'administrer avec lui les intérêts généraux du pays. Le gouverneur est même chargé par la loi de présider cette députation.

b) En France les membres de la commission départementale ne sont astreints à prêter aucun serment ; ils ne pourraient même pas y être assujettis, si le serment politique était rétabli, ainsi que nous l'avons démontré. En Belgique au contraire ils doivent prêter le serment de fidélité au Roi et d'obéissance à la constitution.

c) En France la commission départementale fait elle-même, sous l'approbation du conseil général et avec le concours du préfet, son règlement intérieur. En Belgique au contraire le règlement intérieur, rédigé par la députation permanente, est soumis à l'approbation du conseil provincial et à l'approbation du Roi. Le législateur a voulu s'assurer par ce moyen que la députation permanente prendrait toutes les mesures nécessaires à l'accomplissement de sa mission.

d) En France la commission départementale est intégralement renouvelée chaque année. En Belgique au contraire le renouvellement de la députation permanente n'est que partiel et n'a lieu que tous les deux ans. Le législateur belge a pensé que la députation conserverait ainsi plus efficacement les traditions administratives, et saurait maintenir entre tous ses actes un certain esprit de suite.

2° A cette première différence vient s'en ajouter une seconde qui lui est intimement liée. En France la commission départementale ne se réunit qu'à de rares intervalles et au moins une fois par mois. Le législateur a pensé que ces réunions seraient assez fréquentes pour que la commission puisse gérer les intérêts locaux du département. En Belgique au contraire la députation est permanente, parce que l'administration générale du pays exige des mesures journalières.

De cette seconde différence découlent les corollaires suivants :

a) En France un membre de la commission départementale n'est réputé démissionnaire que s'il s'est absenté des réunions pendant deux mois sans excuse légitime. En Belgique il suffit qu'il se soit absenté pendant un mois pour encourir cette déchéance.

b) En France les membres de la commission départementale ne reçoivent aucun traitement. Exposés à des déplacements fréquents, les membres de la députation permanente des conseils provinciaux de Belgique reçoivent un traitement de 3000 francs, payés sur les fonds du budget général de l'État.

Indépendamment de ces deux différences caractéristiques, il en existe beaucoup d'autres entre nos deux institutions ; mais elles n'ont qu'une importance secondaire. Toutefois, pour compléter le parallèle que nous avons entrepris, nous allons les indiquer successivement. Elles se rattachent toutes, soit à la composition, soit à l'organisation, soit aux attributions de la députation permanente et de la commission départementale.

A. Différences relatives à la composition de ces corps administratifs.

3° La loi Belge fixe d'une manière invariable à six le nombre des membres de la députation permanente. Le législateur français a laissé au conseil général le soin de déterminer le nombre des membres de la commission

précises en matière de droit pénal de la guerre, c'est-à-dire de cette partie
du droit pénal qui se rapporte aux actes dirigés contre la sécurité des
armées en pays ennemi. Le développement de ce droit pénal de la guerre
constituera indubitablement un progrès important dans le droit international ; les populations paisibles y trouveront une protection efficace contre
l'arbitraire et la brutalité de quelques officiers. C'est ainsi que le droit se
substituera aux cruels caprices du hasard ; ce sera le devoir de la science
de poser les vrais principes sur la matière et d'opérer une révolution dans
les idées et les lois. La guerre de 1870-1871 a montré, par de nombreux et terribles exemples, combien il reste encore à faire à cet égard.
Mais il est vrai aussi de dire que la guerre elle-même a préparé la voie aux
réformes, et c'est notamment sur la base des expériences faites dans le cours
de la guerre que le code pénal militaire allemand du 20 juin 1872 a donné
une sanction légale aux progrès réalisés. A raison de l'importance particulière de cet objet, nous nous permettrons de nous y étendre un peu
plus longuement que ne le réclamerait le but immédiat de notre travail.
Le belligérant qui occupe une partie du territoire ennemi a, dans l'intérêt
de sa propre conservation et en vue du but final de la guerre, la charge de
veiller sous tous les rapports à la sécurité de son armée. Il doit d'une part
prendre les mesures nécessaires pour rendre impossible toute attaque contre
l'armée ou contre les autorités par lui établies ; d'autre part il doit
empêcher que, du territoire occupé, il ne soit porté secours à l'ennemi,
soit par l'envoi de troupes, soit par la communication d'avis importants. A
la nécessité absolue pour l'ennemi occupant de se conformer à ces obligations, doit correspondre dans son chef le droit d'interdire et de punir tous
agissements qui menacent la sécurité de l'armée ou qui tendent à favoriser
l'adversaire.

Il est vrai que, même après l'expérience des guerres napoléoniennes du
commencement de ce siècle, on a encore posé comme principe admis dans
le droit des gens que l'ennemi occupant ne pouvait appliquer aucun droit
pénal aux habitants du pays occupé ; que les méfaits commis par des particuliers contre des militaires de l'armée ennemie ne pouvaient être réprimés
d'après des lois pénales, parce que l'armée qui pénètre sur un territoire
ennemi y était considérée comme se trouvant hors la loi. La force ennemie
était, au point de vue de la loi nationale des populations, une force illégale
contre laquelle chacun devait avoir le droit de se défendre par tous les
moyens à sa disposition. Le particulier ne commettait aucun délit vis-à-vis
de l'ennemi, lorsqu'il opposait à ce dernier une résistance violente ou la

désobéissance [1]. Mais de cette façon on donne en même temps à l'ennemi
le droit d'agir vis-à-vis des habitants du pays occupé, sans égard à aucune
règle de justice et sans miséricorde. Si les soldats sont livrés à toutes les
attaques des habitants, si l'on ne considère pas comme une infraction de
nuire à l'armée ennemie par tous moyens, quels qu'ils soient, il faut réciproquement accorder à cette armée le droit de disposer arbitrairement de
la vie et de la mort des simples particuliers du pays envahi.

Heureusement le droit international ne repose plus sur des principes
aussi barbares. L'ennemi qui occupe un pays y exerce le pouvoir public;
les habitants lui doivent obéissance; mais lui de son côté ne peut exiger
aucune prestation qui impliquerait une violation des devoirs que les habitants ont conservés vis-à-vis de leur patrie. Il peut exiger qu'ils ne fassent
aucun acte qui puisse porter préjudice à son armée ou qui constituerait un
secours fourni à l'armée de l'adversaire. En effet, comme le gouvernement dans
le pays occupé est suspendu, il faut aussi prohiber et empêcher tout secours
que ce pays pourrait porter au gouvernement. Si l'on admet ces obligations
pour les habitants du territoire occupé, il faut aussi admettre pour l'ennemi
l'obligation de ne punir les délits ordinaires des habitants que conformément
à une procédure judiciaire régulière. Des exécutions sommaires, faites uniquement pour frapper de terreur les populations, apparaissent dès lors comme
de barbares violations du droit des gens. Les principes suprêmes du
droit pénal doivent donc également être observés dans la procédure
suivie contre les habitants qui se rendent coupables d'un méfait quelconque envers l'armée occupante. Si le droit international est impuissant à abolir la guerre, il doit du moins tendre à en bannir toute
cruauté inutile et restreindre, autant qu'il est possible, le domaine de l'arbitraire qui abandonne au hasard, et sans aucune responsabilité, la vie des
citoyens. En un mot, le droit pénal de la guerre doit être établi sur des
bases plus solides que ce n'a été le cas jusqu'ici. Lui aussi doit appliquer
les principes suivants :

D'après le droit des gens, l'occupation crée entre l'armée ennemie et les

(1) Ces principes ont, après les guerres de l'indépendance, trouvé encore un défenseur en Allemagne dans Tittmann, criminaliste connu. (V. son ouvrage : *Die Strafrechtspflege in völkerrecht-
licher Rücksicht* — Dresden, 1817.) Son opinion a été combattue par Mittermaier (*Neues Archiv des
Criminalrechts*, t. I, p. 424). Il est regrettable de devoir constater qu'encore en 1870, l'organe du
gouvernement français, le *Bulletin officiel* a vanté comme un acte de patriotisme l'assassinat commis
sur un soldat allemand et a désigné au mépris public la commission municipale de Soissons qui avait
cru de son devoir de blâmer ce crime (Cf Rolin-Jacquemyns, *Revue de droit international*, t. III,
p 319)

habitants une communauté de droit, bien que d'un caractère provisoire. Toutefois cette communauté de droit repose sur certaines conditions particulières. Elle exige notamment : que les habitants, bien que restés sujets de leur État national, se soumettent néanmoins à l'autorité de l'occupant ; qu'ils reconnaissent que le gouvernement est suspendu, et qu'ils ne compromettent pas les conditions d'existence de l'ennemi, c'est-à-dire sa sécurité. C'est seulement si on la comprend de cette façon que cette communauté de droit peut être acceptée par l'ennemi. Il en résulte que toute violation de chacune de ces hypothèses constitue une infraction qui doit être réprimée par une peine. C'est par le moyen de la répression que la communauté de droit sera maintenue, malgré les violations que se permettent certains habitants. L'infracteur qui par ses actes a cherché à détruire cette communauté de droit, doit réparer sa faute par la peine qu'il subira. Si d'une part la dite communauté de droit se manifeste dans la soumission de la population à l'autorité de l'ennemi, elle a d'autre part pour effet d'imposer à l'ennemi le devoir de garantir à la population une entière sécurité des personnes et des propriétés et, autant que faire se peut, d'organiser une administration publique sur la base des lois existantes. Au droit pénal de la guerre correspond ainsi la protection légale qui est due à la population.

En matière de droit pénal de la guerre, il faut également appliquer le principe qu'un acte ne peut être frappé d'une peine que lorsque préalablement une peine était comminée contre cet acte. Mais les dispositions de ce droit doivent être édictées par l'ennemi occupant lui-même. Il est évident que les lois indigènes ne peuvent régler ces rapports ; le gouvernement indigène ne peut tracer les règles qui présideront à la communauté de droit entre l'ennemi et la population du territoire occupé. Mais tout État peut et doit, déjà pendant la paix, préparer une loi pénale militaire. S'il est toujours difficile de faire une loi d'exception applicable à un cas déterminé, cela est d'autant plus dangereux en temps de guerre, que des intérêts de toute autre nature viennent alors envahir et en quelque sorte absorber l'âme humaine. On n'abandonne que trop facilement dans ce cas au caprice des individus le soin de prendre, selon l'occurrence, les décisions qu'ils jugent convenables ; et l'on ne perd que trop aisément de vue les garanties que doit offrir une loi qui décide de la vie ou de la mort d'êtres humains.

Les peines comminées par le droit pénal de la guerre, doivent être sévères et efficaces. Chaque infraction menace, dans une mesure plus ou moins forte, la sécurité de l'armée ; c'est-à-dire que l'objet compromis ou lésé par l'infraction, est de la plus grande importance pour l'existence de l'autorité. La répression la plus sévère se trouve ainsi légitimée. Mais de plus, la tendance à commettre des infractions est ici plus intense et plus énergique que dans toutes autres circonstances. Bien souvent une partie entière de la population ne reconnait aucunement les conditions d'existence de cette communauté de droit. Les actes en eux-mêmes ne semblent à bien des personnes aucunement répréhensibles, parfois même les cœurs les plus généreux les considèrent comme commandés par le patriotisme. Toutes ces raisons conseillent donc d'édicter les peines les plus sévères, et les arguments que, dans le droit pénal civil, on fait valoir contre la peine de mort ne peuvent, en matière de droit pénal de la guerre, être d'aucune considération. Le droit pénal de la guerre est, comme la guerre elle-même, dur et implacable. Quiconque ne se soumet pas à ses prescriptions a perdu le droit de réclamer la clémence de l'ennemi. Ajoutez-y que le droit pénal de la guerre n'a pas seulement pour but de réprimer les infractions commises, mais qu'un de ses objets les plus importants est aussi l'intimidation par la menace de peines sévères. — Quelque justes et fondées que soient en temps de paix toutes les raisons invoquées par la science pénale contre la théorie de l'intimidation, l'expérience a appris, d'une manière incontestable, qu'en temps de guerre, la menace et l'application de peines sévères empêchent bien des infractions. On pourrait citer, dans la guerre de 1870-1871 des centaines de cas où des détachements isolés de militaires n'ont dû leur salut qu'à l'édit des peines les plus graves. Que de fois n'arrive-t-il pas dans la guerre que l'on soit obligé de laisser derrière soi quelques hommes, postés au milieu d'une population surexcitée! La seule protection dont ils jouissent, c'est l'assurance que toute attaque de la part des habitants contre des soldats isolés, sera suivie d'une répression prompte et sanglante. Sans doute on ne peut nier que la juste mesure ne puisse être facilement excédée dans cette répression et qu'elle ne l'ait été plus d'une fois ; mais il faut reconnaitre aussi que cette exagération dans les peines comminées a été, dans la plupart des cas, provoquée par de cruels et barbares attentats commis par quelques habitants fanatisés [1].

(1) Cf. par exemple GABRIEL MONOD, *Allemands et Français.* Paris 1872, p. 51. J'ai constaté moi-même de la manière la plus précise, toute une série de faits de cruauté inhumaine semblables à ceux que raconte M. Monod. Mais comme il ne s'agit pas ici de rappeler quelques faits scandaleux pour en faire peser, à la manière de M. Morin, la responsabilité sur la nation française tout entière, je crois inutile d'entrer à cet égard dans de plus amples détails.

Si d'après cela les peines comminées par le droit pénal de la guerre doivent être beaucoup plus sévères que celles du droit pénal civil, il est cependant désirable de ne pas appliquer indistinctement la peine de mort à tous les crimes et à tous les délits. La peine de mort est d'une très grande importance, mais même dans la guerre, elle ne peut pas être la peine unique. Il faut également ici introduire une gradation dans les peines, proportionnée à la gravité des infractions, bien que dans la guerre il soit impossible de mesurer la peine à l'infraction avec cette précision rigoureuse que l'on peut exiger en temps de paix. La procédure prompte et sommaire des conseils de guerre s'y oppose déjà. D'ailleurs comme l'intimidation est le but principal qu'on se propose, il en résulte que l'on ne peut tenir compte d'une manière aussi rigoureuse du degré de la culpabilité subjective de l'auteur. Il faut que la peine, pour être efficace, suive immédiatement l'infraction.

Les moyens de répression dont dispose le droit pénal civil ne sont pas non plus suffisants en temps de guerre. C'est ainsi qu'on ne pourra, par exemple, entièrement renoncer à la peine de la confiscation des biens. Elle devra particulièrement être admise pour le cas où le coupable aura fui. Comme l'autorité que l'ennemi exerce dans le pays occupé n'a qu'un caractère temporaire et provisoire, il faut qu'il dispose de moyens d'infliger, pendant la courte durée de son pouvoir, des peines qui aient un effet durable notamment contre les coupables latitants. Le coupable doit savoir qu'il répond de sa faute sur l'intégralité de ses biens, et qu'alors même qu'il parvient à se soustraire à la sphère d'action de l'ennemi, il peut encore être sévèrement frappé. Une simple condamnation pécuniaire ne suffira pas, car en temps de guerre de telles condamnations ne seront nullement en rapport avec les infractions graves qui auront été commises. L'auteur s'est-il personnellement soustrait à la répression, il faut du moins qu'il puisse être puni par la perte de sa fortune. Par contre, il ne faudrait jamais recourir à l'incendie de communes entières, comme on en a vu quelques exemples (excessivement rares il est vrai), dans la guerre de 1870-71, ce moyen de répression étant contraire à toute raison et à toute morale. C'est là à coup sûr un reste de la barbarie des siècles passés. De plus, le but de la peine ne se trouve nullement atteint par ce moyen. Au contraire, une mesure de cette nature ne fera que compromettre davantage la sécurité de l'armée. Une foule poussée à bout ne sait plus où donner de la tête et se trouve par là même entraînée à se venger par tous les moyens possibles.

Dans la guerre de 1870-71, les Allemands mirent en pratique un principe qui a souvent été attaqué : le principe de la responsabilité des communes pour les crimes commis sur leurs territoires. Il sait que le droit romain comme le moyen-âge ont systématiquement appliqué la responsabilité des communes du chef de rupture de la paix. Encore aujourd'hui c'est sur cette règle que repose le maintien de la paix chez les tribus arabes de l'Algérie. En France il a existé jusqu'à la révolution une responsabilité très étendue des communes. C'est ainsi que l'ordonnance de Blois de 1579 (art. 196) obligeait les habitants de chaque commune où un crime avait été commis : « de » poursuivre en toute diligence les malfaiteurs, pour les appréhender et les » constituer prisonniers, si faire se pouvait.... sous peine de grosses amendes » applicables moitié au gouvernement, moitié aux excédés ou leurs hommes. » L'ordonnance de 1670 Tit. 4, « ordonnait : de faire le procès aux communautés » des villes, bourgs et villages qui auraient commis quelque rébellion, violence » ou autre crime. La condamnation pouvait exister en réparation civile et » dommages-intérêts envers la partie, amende envers le roi et privation de » privilèges communaux, ou toute autre peine marquant publiquement la » peine encourue. » La législation française moderne a conservé ce principe.

Le décret du 23 février 1790 rendit également responsable la commune voisine qui avait négligé de prêter secours. La loi du 10 Vendémiaire an IV, encore actuellement en vigueur, stipule (tit. 4, art. 1) : « Chaque commune est responsable des délits commis à force ouverte » ou par violence sur son territoire, par des attroupements ou rassem- » blements armés ou non armés, soit envers les personnes, soit contre » les propriétés, ainsi que des dommages-intérêts, auxquels ils donneront » lieu. » La commune n'est pas seulement tenue à indemniser pour les préjudices soufferts, mais « si les habitants de la commune ont pris part » aux délits commis sur son territoire, la commune est tenue de payer à » l'État une amende égale au montant de la réparation principale. » L'action y relative n'est pas non plus une simple action civile, mais une action criminelle, et par ce motif aucune autorisation du conseil de préfecture n'est requise pour l'intenter.

La commune est également responsable pour les actes commis par ses habitants, dans le cas de certains délits forestiers (Code forestier, art. 72, 82). Un cas analogue de responsabilité communale se trouve encore dans la loi du 28 septembre 1791 (art. 41).

En Allemagne également on a, d'après l'exemple de la législation française, adopté de nouveau le principe de la responsabilité des communes pour les dommages causés aux personnes ou aux propriétés par suite d'émeute ou de toute autre violence publique (Loi prussienne du 11 mars 1850. Loi bavaroise du 12 mars 1850). Dans un pays régulièrement administré et en temps de paix, ces lois ne trouveront que rarement application. La responsabilité de la commune n'est pas en effet une obligation absolue ; elle n'existe que moyennant certaines conditions déterminées : spécialement la commune est pleinement déchargée quand elle peut établir qu'elle a fait tout ce qui était en son pouvoir, pour empêcher le dommage. On peut au surplus élever des doutes sur le point de savoir si le principe n'est pas en contradiction avec le système de notre administration politique. Il est évident que, par l'obligation imposée aux communes de rester responsable au point de vue de la peine et au point de vue des dommages, tous les contribuables se trouvent frappés. Or le devoir de prévenir les tumultes, les émeutes, etc., incombe non aux citoyens isolés, mais aux autorités des communes. Le citoyen est seulement tenu de se soumettre aux prescriptions de l'autorité, et non d'intervenir de son propre chef. Si donc l'autorité communale ne remplit pas ses devoirs, elle seule doit être punie, non l'ensemble des particuliers. Du reste, la responsabilité de l'autorité communale sera en général largement suffisante pour prévenir toutes négligences et tous agissements coupables. Mais tout autre est la situation en cas de guerre en pays ennemi. Cette situation est exceptionnelle et elle autorise des lois d'exception. La possibilité de conserver un état de choses légal dans un pays occupé par une armée ennemie dépend du fait que les habitants s'interdisent toute action hostile à l'égard de l'ennemi. Il est donc autant de l'intérêt des populations elles-même que de celui de l'armée occupante, de maintenir intacte cette condition de la communauté de droit qui surgit entre elles. Mais pour assurer cette sécurité, les moyens ordinaires ne suffisent pas. Non-seulement l'autorité, mais la population entière doit, dans ces circonstances, prendre à tâche de sauvegarder les garanties de l'état légal existant. Tout citoyen doit à cet effet être rendu responsable du maintien de l'ordre et de la tranquillité dans le territoire de la commune. Ce n'est qu'en faisant participer chaque habitant en particulier à la responsabilité, que l'on arrivera à faire prendre toutes les mesures de précaution que la situation commande. Plus la population est hostile, et plus cette responsabilité collective doit être exigée. Un méfait a-t-il été commis, par exemple une ligne de chemin de fer ou une ligne télégraphique a-t-elle été endommagée, il est souvent extrêmement difficile à l'ennemi de découvrir l'auteur. Le temps manque pour faire une longue instruction, et la population refusera naturellement d'aider en quoi que ce soit à la découverte du coupable. Dans la plupart des cas des infractions semblables resteraient donc complétement impunies, et il en résulterait que la sécurité de l'armée serait très gravement compromise. Pour parer à ce danger, le seul moyen efficace est que la population entière soit rendue responsable; qu'elle ne soit pas seulement tenue à la réparation du dommage, mais qu'elle tombe aussi sous le coup de peines sévères.

En 1870, au commencement de la guerre, il fut décrété que : « la commune, sur le territoire de laquelle serait commise une infraction contre la sécurité de l'armée, par une personne n'appartenant pas à l'armée française, serait condamnée à une peine égale au montant du revenu annuel de ses contributions foncières. » L'effet de cette mesure a été remarquable. Bien des malheurs ont été par là prévenus. Les communes ont pris dans leur propre intérêt toutes les mesures possibles pour maintenir la sécurité sur leur territoire. On peut dire que, s'il a été possible à l'armée allemande de se servir des chemins de fer et des lignes télégraphiques sur une si grande étendue de pays, c'est surtout à la responsabilité des communes que ce résultat est dû. Il faut voir là un grand progrès du droit pénal de la guerre.

Il peut cependant arriver des cas où les communes, malgré tous leurs efforts, ne parviendront pas à empêcher telle ou telle infraction. Mais ce seront là des cas exceptionnels, dans lesquels on pourra accorder remise de la peine si les communes fournissent une preuve complète de leur propre vigilance. De telles remises ont fréquemment été accordées dans la dernière guerre. Cependant on ne saurait faire dépendre l'application de la peine de la preuve d'une culpabilité de la commune elle-même. Il faudrait pour cela s'engager dans des instructions souvent très compliquées, dont il est impossible que les conseils de guerre s'occupent. Et puis il faut, pour que la peine soit efficace, qu'elle suive immédiatement le délit.

Par arrêté du 14 octobre 1870, il a encore été ordonné que « dans tous les cas où des personnes auraient été victimes d'une *détérioration* méchamment commise à une voie ferrée, le corps du délit serait constaté d'une manière précise avec le concours des chefs de la dite voie; après quoi il serait accordé aux victimes ou à leurs familles une indemnité calculée d'après les règles usitées pour les accidents survenus en temps de paix; ces indemnités seraient fournies par les districts où les méfaits se seraient commis. »

Par contre, c'est étendre trop loin le principe de la responsabilité des communes que de menacer aussi d'une peine (comme l'ont fait les armées allemandes) les communes auxquelles appartiennent les coupables. Dans la plupart des cas il n'y a pas ici de rapport entre le fait commis et la commune punie. Aucune commune ne possède sur ses habitants une autorité comme celle que cette règle suppose. La répression frappe des personnes qui non-seulement n'ont pris aucune part à l'action même, mais qui de plus ne possèdent aucun moyen de l'empêcher. Autant se justifie la responsabilité des communes pour les infractions commises sur leurs territoires, autant est injustifiable cette extension excessive donnée au principe. Je ne connais du reste aucun cas où cette décision aurait été appliquée.

La législation ne s'est jusqu'ici pas beaucoup occupée du droit pénal de la guerre. En France la loi du 3 brumaire an V, art. 4, avait déféré aux conseils de guerre le jugement de tous les délits militaires, même de ceux commis par des habitants d'un territoire ennemi, occupé par une armée de la république. La loi du 21 Brumaire an V, titre VIII, art. 4, punissait de la peine de mort : « la révolte, la sédition ou la désobéissance combinée; » de la part des habitants du pays ennemi occupé par les troupes de la » république, soit que la désobéissance se fût manifestée contre les chefs » militaires, soit que la révolte ou sédition eût été dirigée contre tout ou » partie des troupes de la République, ainsi que l'excitation à la révolte, » sédition ou désobéissance par un habitant du pays ennemi. » Le *Code de justice militaire pour l'armée de terre* de 1857 dispose (art. 63) : « Sont » justiciables des conseils de guerre, si l'armée est sur le territoire ennemi, » tous individus prévenus, soit comme auteurs, soit comme complices, d'un » des crimes ou délits prévus par le titre II du livre IV du présent Code. » Ce titre II du livre IV traite des délits militaires proprement dits : trahison, espionnage, embauchage, crimes ou délits contre le devoir militaire; pillage, destruction et dévastation d'édifices, faits pouvant être perpétrés soit par des militaires, soit au détriment de l'armée, etc. La plupart de ces infractions sont des délits militaires dans le sens strict du mot, c'est-à-dire des délits dont c'est une condition essentielle qu'ils soient commis par des personnes appartenant à l'état militaire. Aussi la disposition de cet art. 63 est-elle complètement insuffisante pour régler tout le droit pénal militaire. Bien que le texte de l'art. 63 restreigne la compétence des conseils de guerre aux crimes ou délits mentionnés au titre II, néanmoins la pratique des conseils de guerre français a étendu cette compétence à tous crimes ou délits commis par les habitants d'un territoire occupé et qui menacent la sécurité de l'armée. La cour de cassation a sanctionné cette extension de compétence par plusieurs arrêts [1]. Cette règle est en

(1) DALLOZ. *Jurisprudence générale*, 1863, 1, p. 501; 1866, 1, p. 46; 5. p. 84; 1867, 5, p. 277. Dans l'arrêt du 24 août 1865, la cour de cassation s'exprime comme suit : « Attendu que le seul tribunal

fait approuvée aussi par le droit international, mais il est faux de dire, comme le fait M. Morin (II, p. 449) : « Lorsque des armées françaises » occupent un pays ennemi, elles ont avec elles leur loi de justice militaire, » mùrement délibérée en temps de paix, qui a prévu et réglé, sans » passion, toutes les situations accidentelles.... Aussi la France n'a-t- » elle fait punir par ses conseils de guerre que des infractions prévues et » punies par ses lois, sans aggravation par aucun règlement de chef d'ar. » mée. » Précisément le code de justice militaire ne contient aucune disposition sur les infractions les plus graves au droit pénal de la guerre.

La législation prussienne aussi ne s'était guère occupée du droit pénal de la guerre. Le code pénal militaire de 1845 s'était borné à disposer (2ᵐᵉ partie, titre I, § 18) qu'en temps de guerre, tous les sujets de l'État prussien ou les étrangers, qui auraient sur le théâtre de la guerre causé quelque danger ou quelque préjudice aux troupes prussiennes, par des actes de trahison, seraient soumis à la juridiction militaire extraordinaire. Cette juridiction ne commence à fonctionner que du jour où le roi ou, en son nom, le commandant militaire en a ainsi décidé et rendu cette décision publique. — D'après le code pénal prussien de 1851, on procédera conformément aux usages de la guerre contre tous étrangers qui, dans le cours de la guerre, se seront rendus coupables d'un acte de trahison à l'égard de l'État prussien ou des troupes prussiennes (§ 67, 69, 70). D'après un arrêté de l'auditoriat général du 25 juillet 1870 l'usage de la guerre consiste, d'après le droit des gens actuellement en vigueur, en ce que tout espion, traître et rebelle étranger, surpris en flagrant délit, est fusillé sans autre forme de procès. Il n'y a lieu à une procédure militaire particulière que dans le cas où des preuves doivent encore être recueillies.

Cependant la guerre de 1866 fit déjà voir l'insuffisance de ces dispositions.

de répression régulièrement organisé était le conseil de guerre, surtout au moment où le crime a été perpétré et que l'armée française était en territoire ennemi ; que le crime qui a fait mourir trois soldats français devait d'autant moins rester impuni qu'il compromettait à un plus haut degré la sûreté et la conservation du corps expéditionnaire: que dans des circonstances aussi impérieuses, les règles supérieures du droit naturel, comme celles de la morale publique voulaient que le conseil de guerre eût compétence pour juger le prévenu et assurer ainsi à l'armée française une protection légitime. »

Arrêt du 13 septembre 1866 : « Les conseils de guerre d'un corps d'occupation sont compétents pour connaître des crimes et délits commis par des étrangers sur le territoire ennemi, même quand ils ne rentrent pas dans les prévisions du titre II, s'ils portent atteinte à la sûreté de l'armée. Ce conseil était compétent ; qu'ainsi l'exigent impérieusement les règles supérieures du droit public et des gens, l'armée qui occupe un territoire étranger devant pouvoir trouver en elle-même tous les éléments de puissance qui lui sont nécessaires pour pourvoir à sa sûreté. »

Elles furent en conséquence complétées par l'ordonnance royale du 21 juillet 1867 sur l'organisation de la justice militaire en temps de guerre. Aux termes de ce règlement l'état de juridiction militaire extraordinaire doit être considéré comme déclaré dans le canton que l'on veut y soumettre et qui doit toujours être délimité d'une manière précise, dès que la proclamation y relative aura été rendue publique dans *un seul* endroit de ce canton. La proclamation portera expressément que les personnes n'appartenant pas aux troupes de l'ennemi, encourent la peine de mort,

a) lorsqu'elles servent d'espions à l'ennemi ou reçoivent, cachent ou assistent des espions ennemis ;

b) lorsqu'elles servent volontairement de guides aux troupes ennemies ou que, servant de guides aux troupes d'occupation, elles les trompent intentionnellement ;

c) lorsque, par esprit de vengeance ou dans un but de lucre, elles tuent, blessent ou volent intentionnellement des personnes appartenant à l'armée ou à sa suite ;

d) lorsqu'elles détruisent des ponts ou des canaux, empêchent la circulation par chemin de fer ou les communications télégraphiques, rendent des routes impraticables, ou mettent le feu soit aux munitions, aux vivres ou autres provisions de guerre, soit aux logements des troupes,

e) lorsqu'elles prennent les armes contre l'armée occupante.

A l'égard de l'étranger qui s'est rendu coupable de l'un de ces faits, on suit une procédure sommaire militaire, qui est réglée par une ordonnance ultérieure du 21 juillet 1867. Mais cela n'exclut nullement le droit des officiers commandants de traiter d'après les usages actuels de la guerre et sans procédure judiciaire préalable, l'étranger qui aura été surpris en flagrant délit comme coupable d'un des actes prémentionnés. (Ordonnance du 21 juillet 1867, § 16.)

Dans la procédure sommaire le conseil de guerre ne peut prononcer que la peine de mort contre le coupable. (Ordonnance du 21 juillet 1867 § 11.) Dans le cas où le conseil estime que les faits incriminés ne sont pas de ceux qui entraînent la peine de mort et qu'il se déclare par suite incompétent, la cause doit être déférée aux conseils de guerre ordinaires (§ 13).

Ces dispositions, qui ont été appliquées dans la guerre de 1870-1871, ont été plus d'une fois critiquées comme dures et cruelles, et en France on a dirigé de ce chef les reproches les plus exagérés contre les lois de la guerre allemandes [1]. On leur reproche de ne permettre que l'application

(1) M. Morin II, p. 445. Cet auteur est du reste si peu versé dans la connaissance de la législation allemande, que les ordonnanes si importantes du 21 juillet 1867 lui sont restées inconnues.

de la peine de mort à tous les crimes énumérés; on dit qu'une gradation des peines selon la gravité des infractions n'est en conséquence
pas possible et que, quand le coupable sera surpris en flagrant délit, l'officier commandant pourra, dans le cas où le coupable sera un étranger, le
faire passer par les armes sans autre forme de procès [1]. Ces deux
objections ont été reconnues comme fondées; aussi les dispositions critiquées
ont-elles été supprimées par le Code pénal militaire allemand du 20 juin
1872; réforme certainement heureuse, car ces dispositions blessaient les
principes les plus essentiels de la procédure criminelle. Mais elles ne conte-
naient aucune violation du droit des gens. Aussi le *Code de justice
militaire* français de 1857 ne commine-t-il contre la plupart des infractions précitées qu'une seule et unique peine : la mort [2]. Il est vrai que la
loi française n'accorde pas aux officiers le droit de faire fusiller incontinent
ceux qui sont surpris en flagrant délit d'espionnage. Mais la pratique a
montré que, même à l'égard des nationaux, les exécutions en masse sont considérées comme légitimes, alors même qu'elles n'ont pas été précédées d'une
ombre de procédure judiciaire. Je rappellerai seulement ce qui s'est passé
après la prise de Paris en mai 1871. Le général Cremer qui, sans aucune
procédure judiciaire et sur la foi de quelques vagues indices, avait fait
fusiller comme espion un citoyen français (janvier 1871), fut condamné par
le conseil de guerre de Lyon à un emprisonnement d'un mois, du chef
d'homicide involontaire (jugement du 18 juillet 1872). Quand une pareille
pratique est admise, on peut en effet poser la question de savoir s'il
n'est pas plus convenable de sanctionner légalement un tel droit en le soumettant à certaines conditions déterminées, plutôt que d'abandonner à
l'arbitraire d'un seul de faire fusiller des gens quand cela lui semble à
propos.

Comme nous l'avons déjà dit plus haut, le droit pénal de la guerre a vu
consacrer des principes nouveaux par le Code pénal et le Code pénal militaire allemands. Voici leurs dispositions principales :

Code pénal militaire allemand, § 57. « Quiconque se sera rendu coupable de
trahison, en campagne, sera puni du chef de trahison de guerre, des travaux
forcés pour une durée d'au moins 10 années ou des travaux forcés à perpétuité.

---

(1) Je ne m'arrêterai pas à discuter ici le reproche formulé par M. Morin et consistant en ce que
les conseils de guerre extraordinaires fonctionneraient sans aucune procédure régulière. Ce
reproche repose en effet tout entier sur ce que M. Morin ignore les ordonnances du 24 juillet 1867, qui
contiennent des dispositions précises sur cette procédure.

(2) *Code de justice militaire*, art. 205, 206, 250, 251, 252.

§ 58. Sera puni de mort pour trahison de guerre celui qui, dans l'intention de favoriser une puissance ennemie ou de porter préjudice aux troupes allemandes ou alliées :

1° Aura commis un des faits prévus dans le § 90 du Code pénal [1] ;

2° Aura détruit ou mis hors d'usage des routes ou des appareils télégraphiques ;

3° Aura trahi les secrets de la poste, les mots d'ordre ou les signaux de l'armée ;

4° Aura, en présence de l'ennemi, falsifié des avis ou communications de service ou négligé d'en donner de véritables ;

5° Aura servi de guide à l'ennemi pour l'aider dans une entreprise militaire contre des troupes allemandes ou alliées, ou servant de guide aux troupes belligérantes ou alliées, les aura induites en erreur ;

6° Aura donné en présence de l'ennemi des signaux militaires ou autres de nature à inquiéter l'armée ou à l'induire en erreur, l'aura excitée à la fuite ou aura empêché le rassemblement de troupes disséminées ;

7° Aura négligé d'accomplir en tout ou en partie un ordre de service ou l'aura modifié de sa propre autorité ;

8° Se sera permis de correspondre verbalement ou par écrit sur des objets concernant les opérations de la guerre, avec des personnes appartenant à l'armée ennemie, ou à la marine ennemie, ou au pays ennemi, ou aura facilité une pareille correspondance ;

9° Aura répandu dans l'armée des proclamations et avis émanant de l'ennemi ;

(1) Le § 90 du Code pénal porte :

Sera puni des travaux forcés à perpétuité tout citoyen allemand qui, dans une guerre engagée contre l'empire allemand, aura intentionnellement :

1o Livré au pouvoir de l'ennemi des forteresses, des défilés, des endroits fortifiés ou d'autres postes de défense, ou bien des troupes allemandes ou alliées ou des officiers et soldats individuellement ;

2o Livré au pouvoir de l'ennemi des travaux de fortifications, des vaisseaux, des caisses, des arsenaux, des magasins ou autres collections d'armes, des munitions ou autres provisions de guerre, ou les aura détruits ou mis hors d'usage, au profit de l'ennemi, ou aura agi de même pour des ponts ou des voies ferrées ;

3o Procuré des troupes à l'ennemi ou embauché des soldats de l'armée allemande ou alliée au profit de l'ennemi ;

4o Communiqué à l'ennemi des plans stratégiques, ou des plans de fortifications ou de positions fortifiées ;

5o Servi d'espion à l'ennemi ou donné asile à des espions ennemis, les aura cachés ou aidés, ou

6o Excité la révolte chez les troupes allemandes ou alliées.

S'il existe des circonstances atténuantes, la peine sera celle de la détention (Festungshaft) de cinq ans au moins.

10° Aura négligé de prendre pour l'entretien des troupes les soins qui lui incombent ;

11° Aura donné la liberté à des prisonniers de guerre ennemis, ou

12° Aura communiqué à l'ennemi un livre de signaux ou un extrait d'un pareil livre.

Dans des cas moins graves la peine sera celle des travaux forcés d'au moins dix ans ou des travaux forcés à perpétuité.

» § 59. Si plusieurs personnes ont tramé une trahison de guerre, sans que celle-ci ait été suivie d'exécution ou d'une tentative punissable d'exécution, elles seront punies de la peine des travaux forcés de cinq années au moins.

» § 134. Quiconque aura, en campagne et dans une intention frauduleuse, soustrait un objet à une personne appartenant aux troupes allemandes ou alliées et restée sur le champ de bataille ; ou aura soustrait ou bien se sera fait délivrer par contrainte un objet au préjudice d'un malade ou d'un blessé ou au préjudice d'un prisonnier de guerre confié à sa garde, soit sur le champ de bataille, soit dans la marche, soit pendant son transport à l'hôpital, soit dans l'hôpital même, sera puni des travaux forcés pendant dix ans au maximum. Dans des cas moins graves la peine sera celle de l'emprisonnement pendant cinq ans au plus et du renvoi dans la seconde classe de l'ordre militaire ; il pourra en même temps être déclaré déchu de ses droits civils honorifiques.

» § 160. Tout étranger ou allemand qui, dans le cours d'une guerre engagée contre l'empire allemand, se sera rendu coupable sur le théâtre de la guerre d'un des faits prévus dans les §§ 57, 58, 59 et 134, sera puni conformément aux dispositions de ces §§.

» § 161. Tout étranger ou allemand qui, sur un territoire étranger occupé par des troupes allemandes, aura commis contre des troupes allemandes ou alliées ou contre une autorité établie par ordre de l'empereur, une infraction prévue par les lois de l'empire allemand, sera puni de la même façon que s'il avait commis le fait sur le territoire fédéral allemand. »

Le Code pénal allemand de 1870 (§ 91) s'était encore tenu au principe qu'il fallait appliquer les usages de la guerre aux étrangers coupables de trahison de guerre ; c'est-à-dire qu'il était permis d'exécuter sommairement toutes personnes qui, pendant la guerre, seraient prises en flagrant délit d'un acte de trahison. Mais la loi (*Einführungsgesetz*) qui a déclaré exécutoire le Code pénal militaire a disposé dans son § 3 : « Une peine ne peut être appliquée conformément au Code pénal militaire qu'en suite d'une décision judiciaire. » Comme la trahison de guerre, commise par des étrangers, est prévue par le Code pénal militaire, ce Code a par là même supprimé l'application de la peine de mort, sans procédure ni jugement judiciaires, en tant qu'elle était encore jusqu'ici reconnue comme légitime. L'exécution sommaire, sans procédure judiciaire, d'un habitant d'un pays occupé, ne sera plus dorénavant excusable qu'en cas de légitime défense ou d'absolue nécessité (*Nothstand*).

Ces dispositions du Code pénal et du Code pénal militaire ont créé un droit pénal de la guerre conforme aux exigences de la justice et de l'humanité. D'une part ce droit nouveau donne à l'armée se trouvant en pays ennemi des garanties suffisantes pour sa sécurité ; d'autre part il constitue un véritable progrès dans le droit international, par sa définition aussi précise que possible des diverses infractions, par une fixation humaine des peines, par la grande latitude laissée aux juges pour l'application des peines dans des cas déterminés, soit pour les mitiger, soit pour les aggraver, et par la garantie d'une procédure pénale régulière.

Quelque développées que soient pourtant les règles tracées, en temps de paix, en matière de droit pénal de la guerre, chaque nouvelle grande guerre provoquera des besoins nouveaux qui n'avaient pu être prévus et pour lesquels les lois existantes ne renferment aucune solution. Dans des cas semblables l'autorité militaire ennemie, qui occupe le pays, doit avoir le droit d'édicter, même pendant la guerre, de nouvelles lois pénales destinées à préserver l'armée. Dans la guerre de 1870-1871, cette nécessité s'est fait sentir à un très haut degré, à cause des nombreuses lacunes qui, comme nous l'avons vu, existaient encore à cette époque dans les lois. Mais même sous l'empire du Code pénal militaire du 20 juin 1872, l'État ne saurait renoncer à ce droit. Parmi les lois du droit pénal de la guerre qui, dans le cours de la dernière guerre, ont été édictées dans l'Alsace-Lorraine, il faut citer notamment celles qui contiennent la défense de se joindre aux troupes françaises. Déjà un ordre du cabinet du roi, du 12 août 1870, avait aboli la conscription dans toute l'étendue des territoires occupés par des armées allemandes. Les fonctionnaires civils qui, malgré cette abolition, opèreraient ou favoriseraient de n'importe quelle manière l'enrôlement des miliciens, étaient menacés d'être faits prisonniers de guerre.

Par contre il n'existait aucune défense de rejoindre l'armée française et en fait, dans les premiers temps de l'occupation, une telle défense ne semblait guère nécessaire. On n'attachait aucune importance aux cas isolés qui se présentaient. Ce ne fut que dans le courant de novembre que l'émigration de jeunes gens vers l'intérieur de la France prit des proportions inquiétantes. Grâce à l'exaltation du patriotisme, à des distributions d'argent, à des promesses plus grandes encore, grâce aussi à des menaces de châtiments il fut possible à des enrôleurs français envoyés par le gouvernement pour parcourir le pays, de décider un très grand nombre de jeunes gens à rejoindre les drapeaux français. Il faut y joindre le défaut de travail et de salaire qui en poussa plusieurs à prendre cette résolution. A Bâle, le consul français avait ouvert, assez publiquement, un bureau d'enrôlement où l'on délivrait aux Alsaciens de l'argent pour défrayer leur voyage, des vêtements et des feuilles de route. Le gouvernement assista pendant trop longtemps à ces manœuvres, sans prendre aucune mesure contre elles. Ce ne fut que le 14 décembre 1870 que parut une ordonnance aux termes de laquelle il faudrait, pour passer les frontières du gouvernement général, être muni d'un passe-port délivré par les autorités du pays; mais cette mesure devait évidemment n'avoir aucun résultat. Vint alors un décret du gouverneur-général, du 17 décembre, (art. 1) qui édicta la peine des travaux forcés de 20 ans au maximum et d'une amende pouvant s'élever à 10,000 thalers, contre tous ceux qui prendraient service dans un corps de troupes en guerre avec l'armée allemande; les mêmes peines étaient comminées contre les enrôleurs. Cependant, cette grande émigration de l'Alsace et de la Lorraine avait également éveillé l'attention du quartier-général de Versailles. Le mal que l'on avait négligé jusqu'alors, on essaya de le réparer par des dispositions pénales d'une sévérité exagérée. L'ordonnance royale du 15 décembre 1870 punit tout individu qui rejoindrait les troupes françaises, de la confiscation de tous ses biens présents et futurs et de dix années d'exil. Nul ne pourra quitter son domicile sans une autorisation écrite du préfet. Quiconque s'absentera de son domicile pendant plus de huit jours, sans une pareille autorisation, sera légalement présumé avoir pris service dans l'armée française. Cette présomption suffit à la condamnation. La condamnation s'exécute, sans aucune formalité judiciaire, par les soins du gouverneur-général (art. 1 et 5). Toutefois ce décret ne fut publié dans l'Alsace-Lorraine que le 12 janvier 1871, et n'y fut par conséquent aussi en vigueur que depuis cette date. Il a été appliqué, dans le gouvernement-général, dans cinq cas (Décision du gouverneur-général du 18 février 1871). De toute façon on a pu constater qu'il était absolument superflu et, sans qu'on en eût retiré le moindre profit, la sévérité arbitraire de ses dispositions a fourni matière à bien des attaques contre la conduite des Allemands pendant la guerre. Autant il est impossible de dénier à l'ennemi, qui occupe le territoire, le droit de punir le fait de prendre service dans les rangs de l'armée adverse, autant il serait impossible de justifier les dispositions de l'ordonnance du 15 décembre 1870. Déjà l'ordonnance du 17 décembre du gouverneur-général était excessivement sévère, mais ici il était toutefois permis au tribunal, en admettant les circonstances atténuantes, d'appliquer la peine de l'emprisonnement au lieu de celle des travaux forcés, et de prononcer une amende légère. L'irritation qui a dicté l'ordonnance du 15 décembre était surtout provoquée par les agissements des francs-tireurs qui, s'ils n'ont pas beaucoup fait parler d'eux en Alsace-Lorraine, étaient cependant les corps dans lesquels s'enrôlaient de préférence les émigrants alsaciens.

Les hommes sensés de toutes les nations sont d'accord dans leur appréciation des francs-tireurs et du traitement qui doit leur être réservé par le droit international, bien qu'il existe encore quelques divergences d'opinions sur certains points [1]. Nous ne pouvons examiner ici de nouveau cette question souvent traitée. L'appréciation suivante de M. Monod sera certainement aujourd'hui acceptée par tout le monde : « La création et surtout la multiplication des corps de francs-tireurs fut, de la part des Français, une grave erreur, reconnue d'ailleurs, mais trop tard, par le gouvernement, qui essaya en vain de les incorporer dans l'armée régulière.... Les services rendus par les francs-tireurs ne peuvent pas être mis en balance avec le mal qu'ils ont causé. »

La faute politique commise par le gouvernement français dans la création des corps de francs-tireurs, a pesé lourdement sur les populations. C'est à elle que l'on doit d'avoir vu la guerre prendre, dans la seconde période, un caractère de haine implacable si contraire aux sentiments d'humanité des deux nations en lutte. Les francs-tireurs qui étaient incapables d'exercer la moindre influence sur l'issue de la guerre, obligèrent néanmoins les troupes allemandes, par l'inquiétude qu'ils semaient par tout, et par l'indiscipline que les caractérisait en général, à prendre envers eux les mesures les plus sévères. En cela aussi les Allemands n'ont pas toujours observé la juste mesure. Mais d'autre part il n'est pas juste non plus de blâmer exclusivement la rigueur des décrets des autorités allemandes, et de ne pas tenir compte de la conduite des francs-tireurs qui provoqua ces mesures ou même de la justifier [2].

---

(1) Les francs-tireurs sont jugés d'une manière concordante par MM. Bluntschli (*Holtzendorft Jahrbuch*, p. 286), Rolin-Jacquemyns (*Revue de dr. intern.* III, p. 308), Droop, dans un écrit cité par Rolin (*On the relations between an invading army and the inhabitants*). et G. Monod (*Allemands et Français*, p. 107 et suiv.)

(2) M. Morin (I, pp. 230 et suiv.) est, dans l'examen de cette question, resté fidèle à sa méthode.

Depuis le mois de novembre 1870, après la prise de Strasbourg et de Metz, la situation était devenue en Alsace-Lorraine plus régulière et plus calme. Le théâtre de la guerre s'était transporté dans l'intérieur du pays, l'administration allemande avait reçu sa première organisation; en même temps s'était fait sentir le besoin de compléter les dispositions existantes du droit pénal de la guerre, et d'assurer aux troupes allemandes et aux autorités allemandes une protection pénale suffisante. A côté des conseils de guerre extraordinaires, qui à vrai dire n'ont que très rarement fonctionné, on établit à Strasbourg et à Metz deux tribunaux de guerre permanents dont nous aurons à examiner l'organisation dans le chapitre suivant. Leur compétence a été réglée par ordonnances du gouverneur-général, des 12 septembre et 17 décembre 1870.

Dans les grandes places fortes, comme Strasbourg et Metz, et dans d'autres endroits encore, ces dispositions pénales ne suffirent pas pour garantir le maintien de la sécurité publique; il fallut encore les compléter par de nombreuses mesures de police dont la violation était frappée de peines. C'est ainsi que dans toutes les grandes villes, immédiatement après leur occupation, les citoyens furent obligés de délivrer toutes armes se trouvant en leur possession privée. Dans la proclamation du général Mertens, du 28 septembre 1870 (art. 3), tous ceux qui occupaient des maisons à Strasbourg furent rendus responsables pour la délivrance de toutes les armes se trouvant dans leurs demeures. Un arrêté du 6 novembre, publié à Strasbourg, portait en outre qu'une fois la délivrance opérée, toute personne trouvée en possession d'armes, sans permis, serait, suivant les circonstances, soit traduite devant le conseil de guerre, soit expulsée.

Le principe de la responsabilité collective appliqué aux communes, à raison des infractions aux lois de la guerre commises sur leurs territoires fut, dans l'intérieur des villes, appliqué aussi à certaines maisons déterminées et à certains quartiers. Les chefs des maisons furent rendus responsables pour tout ce qui se commettrait dans leurs habitations respectives contre la sécurité et l'ordre publics. Sans doute, ce principe peut donner lieu à des abus; toutefois il faut reconnaître que, dans cette application encore, il a en somme fonctionné d'une manière satisfaisante. Dans la plupart des cas la mesure a complètement atteint son but et a prévenu toute atteinte à la sécurité publique. C'est ainsi que, pendant tout un temps, on avait pris l'habitude à Strasbourg d'afficher pendant la nuit, sur les murs des maisons, des écrits révolutionnaires et des dépêches sur de fausses victoires des armées françaises; il en était résulté une certaine agitation surtout parmi les classes inférieures de la population. Les habitants furent alors déclarés responsables pour les affiches apposées à leurs maisons; il n'en fallut pas davantage pour mettre un terme à cet abus. Il n'a pas même été nécessaire de prononcer une seule condamnation. Par contre, il faut considérer comme une application excessive du principe le fait d'avoir frappé d'une peine tout un quartier de ville à raison d'une dégradation faite à un édifice public, ce sans qu'une pareille responsabilité collective ait été préalablement comminée [1].

D'un autre côté il faut pourtant reconnaître que l'on s'est abstenu envers les habitants de toutes vexations mesquines. On a prétendu que : « on enleva des jouets d'enfants, des drapeaux tricolores, des tambours, des petits sabres. On alla jusqu'à arrêter des bambins qui jouaient aux soldats et qui criaient : vive la France! » C'est là tout simplement une fable [2].

Lorsque depuis le milieu du mois de décembre, par suite de la formation de l'armée de Bourbaki, l'agitation politique devint de plus en plus intense en Alsace, il fallut naturellement prendre des mesures appropriées aux circonstances. On institua donc une surveillance sévère sur les étrangers (ordonnance du 20 décembre 1870); des journaux alsaciens, qui s'efforçaient de surexciter encore davantage les populations, furent supprimés, des journaux étrangers, ayant les mêmes tendances, furent interdits. Certains individus, soupçonnés d'embaucher les jeunes gens pour les enrôler dans l'armée française, ou considérés pour tout autre motif comme dangereux, furent expulsés du territoire du gouvernement-général. Nous avons déjà parlé précédemment de l'expulsion des fonctionnaires français qui avaient refusé de continuer leurs fonctions. Par arrêté du gouverneur-général on expulsa aussi une vingtaine de Polonais, qui jusqu'alors avaient été soutenus par le gouvernement français, et se faisaient remarquer par leur hostilité particulière envers le gouvernement allemand. .

Une autre mesure souvent blâmée a été également appliquée dans l'Alsace-Lorraine : l'obligation imposée à des habitants notables d'accompagner

---

(1) Arrêté du gouverneur de la place du 29 décembre 1870 :

« Dans la nuit du 26 au 27 décembre soixante carreaux de vitres ont été brisés à la caserne de Saverne. La mairie fera, dans les trois jours, renouveler à ses frais les carreaux brisés. par le fait d'habitants. En outre, j'impose une amende spéciale de 800 francs aux propriétaires voisins de maisons non détruites (c'est-à-dire épargnées par le siège).

Morin (I, p. 486) rapporte cette décision, mais dans une traduction qui la défigure complètement.

(2) Schneegans. La guerre en Alsace, I, p. 324.

des trains pour garantir la sécurité des chemins de fer. On a à tort représenté ce moyen de prévenir de funestes dégats aux chemins de fer, comme un abus de l'ancien droit de prendre des ôtages, et on a reproché au gouvernement allemand de n'avoir pas même respecté les limites assignées à ce droit par le droit des gens. On lui reproche spécialement d'avoir par là exposé la vie des otages, tandis que d'après le droit des gens on ne peut restreindre que leur liberté. Mais à notre avis, cette mesure n'a rien de commun avec la matière des otages. Les otages doivent servir à contraindre à l'exécution d'une obligation. La contrainte imposée aux notables dans l'intérêt de la sécurité des chemins de fer, doit être considérée comme une mesure de police nécessitée par la grandeur du danger qu'on avait à craindre. Les malfaiteurs qui, en enlevant des rails ou en plaçant du bois ou des pierres sur les rails exposaient la vie de centaines de personnes, devaient savoir qu'ils mettaient en danger non-seulement des ennemis, mais aussi des compatriotes. Le voyage forcé des notables sur les locomotives est une mesure commandée par la nécessité, et qui ne s'excuse que par cette considération. Sans doute elle est dure et injuste pour les particuliers qu'elle a frappés, mais le mal individuel occasionné à ces personnes est hors de proportion avec l'importance des résultats obtenus. Si la responsabilité collective des communes, du chef des accidents occasionnés aux chemins de fer sur leurs territoires, n'est même plus suffisante pour empêcher ces méfaits, et si une partie de la population méconnaît à tel point les conditions auxquelles le maintien d'une situation légale est possible dans un territoire occupé par l'ennemi, il faut bien que celui-ci soit en droit de prendre toutes et telles mesures qu'il considère comme nécessaires à sa sécurité. On a souvent émis l'opinion que la mesure en question n'offrait aucune garantie d'efficacité; que ceux qui ne craignent pas de mettre en péril un train rempli de soldats n'auront guère de considération pour les notables et leur sûreté. Mais l'expérience a démontré que cette appréciation n'est pas juste. Partout où l'on a obligé les notables à accompagner les trains, la sécurité des parcours a été rétablie, soit que cette mesure ait eu pour effet d'augmenter la vigilance des communes, soit qu'elle ait directement détourné de la perpétration des méfaits. Je ne connais pour ma part aucun cas d'accident survenu à un train sur lequel se trouvait un notable. Au dire de beaucoup d'officiers, la même mesure a produit le même résultat dans toute la France.

On a encore considéré le fait comme contraire au droit des gens, parce qu'il était autrefois inconnu dans le droit des gens. Mais la guerre franco-allemande de 1870-1871 est aussi la première dans laquelle on ait fait usage de grandes lignes de chemins de fer en pays ennemi. A de nouveaux maux il faut de nouveaux remèdes Si dans une guerre future des circonstances identiques se représentent, on recourra de nouveau à ce moyen, dont l'efficacité est aujourd'hui démontrée. Pour ce qui concerne l'Alsace-Lorraine, il n'en a été fait usage que sur de petits parcours et pendant peu de temps [1].

V. — *Administration et exercice du pouvoir judiciaire.*

Dans toutes les proclamations faites par le roi de Prusse et ses chefs d'armée aux populations des territoires français occupés, on reconnaît la stricte obligation de protéger énergiquement la sécurité des personnes et des propriétés, autant que le permet l'état de guerre. « Nous ne faisons point la guerre aux habitants paisibles du pays. » Cette parole royale définit la ligne de conduite dont l'observation est prescrite à travers toutes les difficultés et tous les tourments de la lutte. Nous n'avons pas à rechercher ici si elle a été suivie en toutes circonstances. Nous ne pouvons en effet nous occuper de relever toutes les accusations, exagérées souvent jusqu'au ridicule, inventées par des Français fanatiques. Mais pour ce qui regarde l'Alsace-Lorraine nous pouvons constater, par notre expérience personnelle, que la parole royale a été tenue. Même de violents ennemis de l'Allemagne, comme Schneegans, doivent convenir qu' « on vanta beaucoup, au commencement, et avec grande raison, la discipline exemplaire et la parfaite convenance du soldat prussien. Point d'exactions individuelles, point de maraudage! Un soldat était-il surpris volant, ne fût-ce qu'une poule, était puni avec une grande sévérité. On raconta à Strasbourg qu'on avait vu, le long des routes, quelques soldats attachés à des arbres, exposés pour ainsi dire devant l'armée qui passait : c'étaient les maraudeurs.

« Plus tard encore, après l'occupation de Strasbourg par les Allemands, chacun constata l'esprit de parfaite discipline qui régnait dans ces troupes;

(1, La mesure a été appliquee pendant un certain temps sur la ligne de Bollweiler-Mülhausen et Barr-Wasslenheim. — Avis du préfet, du 22 janvier 1871 : « Plusieurs tentatives, constatées par témoins, d'empêcher la circulation des trains sur la ligne de Barr-Wasslenheim, en enlevant des rails, etc. ont déterminé le gouvernement-général de l'Alsace à disposer que, dorénavant, des otages seront placés sur les locomotives de tous les trains circulant entre ces localités; à cet effet on prendra de préférence les anciens employés de chemin de fer français de ladite ligne, qui ne sont plus en fonctions et qui n'ont pas été expulsés. » La mesure avait déjà été communiée depuis le 17 décembre 1870, mais elle ne fut appliquée qu'à partir du 22 janvier suivant.

c'est à peine si l'on releva quelques faits isolés de brutalité ou seulement d'inconvenance. » (*La guerre en Alsace*, I, p. 73).

Les dispositions du Code pénal militaire prussien concernant l'abus de la force militaire dans la guerre (§§ 145-153) reposent sur l'idée si énergiquement exprimée par le roi dans l'ordre du jour du 8 août 1870 : « C'est le devoir de tout soldat jaloux de son honneur de protéger la propriété privée et de ne pas souffrir que la bonne réputation de notre armée reçoive aucune atteinte, ne fût-ce que par quelques exemples isolés d'indiscipline. » En conséquence, les sévices, blessures ou meurtres commis sur des sujets étrangers sont frappés des mêmes peines que ceux commis sur des sujets prussiens. Le pillage, la destruction méchante de propriétés étrangères, la perception non autorisée de contributions de guerre ou de prestations forcées, les exactions pratiquées contre les paysans par des maraudeurs sont punis de peines sévères. Le Code pénal militaire allemand du 20 juin 1872 a maintenu ces dispositions, sauf quelques modifications. Il a ajouté cette disposition-ci : que pour les crimes et délits graves qui, en temps de paix, ne sont poursuivis que sur la plainte de la partie offensée, tels que le vol, les délits contre les mœurs, etc., la poursuite aura lieu, durant la guerre, indépendamment de toute plainte (§ 127).

Les prescriptions relatives à l'appropriation arbitraire, à titre de butin, méritent une considération particulière. Ici se rencontre une lacune même dans le nouveau Code pénal militaire allemand. Le droit international moderne exige la reconnaissance absolue du principe du respect de la propriété privée, durant la guerre, même par l'autorité militaire de l'armée victorieuse; il n'admet de restriction à ce principe qu'en cas de nécessité militaire. Le droit de butin est en conséquence réprouvé comme une barbarie contraire au droit (BLUNTSCHLI, *Völkerrecht*, nᵒˢ 652, 657). Malheureusement la science n'a pas réussi encore à faire triompher la reconnaissance de ce principe. Aussi les nations civilisées de l'Europe continuent elles à admettre le droit de butin, et se bornent-elles à soumettre son application à certaines conditions. Ce n'est pas seulement le droit de butin sur mer qui existe encore; même pour la guerre continentale les États croient ne pouvoir renoncer, au moins en principe, à ce droit. En France presque tous les auteurs, qui ont écrit sur la propriété, ont reconnu à l'État le droit de s'approprier le butin de guerre (1), et le fait que ce droit est aussi exercé

(1) Cf. par exemple PROUDHON, *Domaine de propriété*, I, p. 383 CHAVOT, *Propriété mobilière*, II

dans la pratique, est suffisamment démontré par ce qui est arrivé dans l'expédition de Chine en 1860. L'Allemagne aussi connait malheureusement le principe du *Landrecht* prussien, § 193 : « le droit de faire du butin dans la guerre, ne peut être obtenu qu'avec l'autorisation de l'État. » Le Code pénal militaire adhère également encore au principe et déclare au § 128 : « Quiconque se sera, en campagne, et dans l'intention de faire du butin, éloigné sans permission des troupes ou se sera emparé de sa propre autorité, à titre de butin, d'objets soumis par eux-mêmes au droit de butin, sera puni d'un emprisonnement de trois ans au maximum. » Les motifs donnés par le gouvernement au Reichstag à l'appui de la loi, portent expressément qu'il est impossible à l'État de renoncer au droit de butin aussi longtemps qu'il n'a pas l'assurance que les autres États y renoncent également D'après la loi prussienne cependant la propriété des sujets ennemis, qui n'appartiennent pas à l'armée et ne la suivent pas, ne peut être prise comme butin que lorsque le commandant de l'armée en a donné l'autorisation expresse (*Allgemeines Preussisches Landrecht*, 1re partie, titre 9, § 197). De plus le Code pénal militaire a déjà comminé des peines contre de simples actes préparatoires posés en vue de faire un butin illicite (§ 128); mais d'autre part, par le fait même de l'admission en principe du droit de butin, la possibilité existe qu'après l'assaut d'une forteresse, les soldats reçoivent l'autorisation de piller librement la ville conquise ou qu'il soit fait tout autre abus du droit de butin. Il est à regretter que le Reichstag allemand ne se soit pas du moins, dans la discussion du Code pénal militaire, déclaré contre toute application du droit de butin, en tant qu'il n'est pas employé uniquement à titre de représailles.

Ce n'est pas seulement le code pénal militaire qui accorde protection contre tout abus de l'autorité militaire, en temps de guerre; il va de soi que les soldats sont également punissables en pays ennemi à raison de crimes et délits communs; la seule chose qui puisse faire question est de savoir à quelle loi pénale ils seront soumis, à celle de leur patrie ou à celle du pays où l'infraction est commise. A l'égard des infractions militaires, le code pénal militaire les régit même en pays ennemi, car il existe précisément pour le cas de guerre et, par le fait de l'occupation, il obtient force de loi dans le pays occupé. La loi pénale

p. 63 seq., DEMOLOMBE, III, p. 98. — DALLOZ, *Répertoire*, XXX, vo Propriété, no 224, p. 238. — Après l'assaut de Constantine en 1837, le pillage de la ville fut autorisé. « The sack of Constantine by the French in 1837 lasted three days and the officers of the french army took part in it as well as the men » *Westminster Review*, 1870, vol, XXXVIII, p. 384.

militaire contient des règles pour l'armée, considérée comme une unité distincte. Partout où elle paraît comme telle, elle emporte cette loi avec elle. Celle-ci a été donnée en prévision de toutes circonstances et pour être en vigueur en tout pays. Elle est pour ainsi dire le droit personnel de l'armée. Mais, conformément au principe que, par le fait de l'occupation, les lois ne sont pas suspendues, il faudrait pour toutes les infractions communes des soldats de l'armée occupante appliquer la loi pénale du pays occupé, et non la loi nationale de l'armée. Néanmoins des motifs d'utilité pratique tout-à-faits majeurs conseillent d'appliquer cette dernière loi même en pays ennemi. Les tribunaux militaires, qui ont à connaître de ces infractions, ne connaissent guère que les lois de leur propre pays; la loi pénale militaire, qui doit dans tous les cas être appliquée, se trouve dans la connexion la plus intime avec la loi pénale ordinaire. On a souvent fait observer que l'une complète l'autre. Mais en temps de guerre il est impossible d'adapter la loi pénale militaire à la loi pénale en vigueur dans le pays occupé : tous ces motifs sont déterminants pour étendre aussi l'application de la loi pénale commune à l'armée qui se trouve en pays ennemi. Toutefois cette extension doit reposer sur un texte formel, comme c'était le cas en Prusse d'après le § 2 de la loi du 15 avril 1852, et comme c'est encore le cas suivant le § 7 du code pénal militaire allemand pour l'armée allemande tout entière. Ce § 7 porte : « Les actes délictueux commis par des militaires en pays étranger, pendant qu'ils sont là parmi les troupes ou autrement en service actif, doivent être punis de la même manière que si ces actes étaient commis par eux sur le territoire fédéral. » En France ce principe a été également adopté sans qu'une loi positive l'ait sanctionné. On s'appuie sur la fiction que l'État, comme personne juridique, comme être métaphysique, se meut avec son armée [1], ou, comme s'exprimait Napoléon, sur ce que : « Le militaire n'est jamais chez l'étranger, lorsqu'il est sous le drapeau; où est le drapeau, là est la France. » Mais ce n'est toujours là qu'une fiction, dont il est impossible de tirer des conséquences juridiques. Car s'il faut considérer l'armée partout et toujours comme le représentant de l'État, il ne s'en suit pas encore que les lois destinées à l'intérieur du pays doivent être également appliquées à l'étranger. Il n'en peut être ainsi que lorsqu'un texte de loi positif a consacré légalement cette extension.

---

(1) Ortolan, *Éléments de droit pénal*, I p. 399. Delisle, *Traité de l'interprétation juridique*, I, p. 394. De même Bar, *Internationales Privat- und Strafrecht*, p. 575.

La stricte application de la justice pénale aux infractions commises par les personnes appartenant à l'armée est autant dans l'intérêt de l'autorité militaire, que dans l'intérêt de la population du territoire occupé. Cela ne suffit pas pour l'accomplissement du devoir incombant à l'ennemi qui a pris eu mains l'administration du pays occupé, et qui veut accorder une protection légale à la population. Ce n'est pas seulement la protection contre les soldats qu'il s'agit d'accorder, mais l'ennemi, qui occupe une province, doit accorder protection contre toute violation du droit, en maintenant l'administration de la justice, dans la mesure où les circonstances de la guerre le lui permettent. C'est surtout en temps de guerre, alors que le relâchement de tous les devoirs se fait le plus sentir et que la sécurité des personnes et des propriétés est plus que jamais compromise, que la sauvegarde sévère des lois et le fonctionnement du pouvoir judiciaire sont un bienfait pour la population. Pour les tribunaux existants il n'y a aucun motif de suspendre leur action, aussi longtemps que le vainqueur ne viole pas leur indépendance. Les juges ont le droit de poser cette condition. La liberté de la justice doit être garantie; un juge ne peut consentir à se faire l'instrument de l'ennemi. Toutefois il nous semble que la magistrature française et le gouvernement français ont, dans la guerre de 1870-1871, donné à ce principe incontestable une extension exagérée; en effet, partout les opérations de la justice ont été interrompues au préjudice, non de l'ennemi qui occupait le pays, mais de la population elle-même. Si la justice doit tenir à la plénitude de son indépendance, elle doit d'un autre côté reconnaître les faits accomplis et leurs conséquences au point de vue du droit international. Par le fait de l'occupation, l'autorité de l'État a été suspendue, l'exercice du droit de gouverner a passé aux mains du vainqueur, dans les limites tracées par le droit international. C'est seulement si les tribunaux admettent ces prémisses, que l'administration de la justice par les juges du pays peut continuer sans interruption. Mais ce sont là des conditions auxquelles les tribunaux français n'ont point voulu se soumettre. Le tribunal de Laon déclara le 15 octobre 1870 devoir surseoir à ses travaux « attendu qu'en principe le pouvoir administratif et le pouvoir judiciaire, dans un pays, doivent provenir de la même origine et agir en vertu des mêmes lois, que c'est à cette seule condition que peuvent s'établir leurs rapports obligés pour certaines questions; que l'existence d'une justice française est incompatible avec celle d'une administration étrangère; que par la seule force des choses il pourrait résulter de cette situation des conflits préjudiciables aux justiciables, des difficultés dans l'instruction des affaires et pour l'exécution des jugements et des atteintes au pouvoir, à l'indépendance et à la dignité des magistrats [1]. »

Dans d'autres localités les tribunaux ne sont pas allés aussi loin que celui de Laon, qui déclare tout simplement la présence de l'ennemi incompatible avec l'administration de la justice. Mais là même où dans le principe les tribunaux ont continué de fonctionner, ils n'ont pas tardé à suspendre leurs séances. Ils voulaient que la justice se rendît au nom du souverain de la France. Les autorités allemandes qui, d'abord, avaient exigé qu'elle fût rendue au nom des puissances allemandes ont bientôt reconnu elles-mêmes le peu de fondement de cette prétention et l'ont abandonnée. Dans l'intervalle l'Empire avait été renversé et la République proclamée. L'autorité allemande qui, dès le 4 septembre, tenait le pays occupé, déclara ne pouvoir reconnaître cet acte politique, vu qu'il s'était accompli à un moment où l'autorité du gouvernement français avait déjà été suspendue, par rapport au territoire occupé. Elle désira que les jugements continuassent comme par le passé à être rendus au nom de l'empereur Napoléon. Mais les tribunaux refusèrent et le gouvernement céda sur cette question de forme, dans l'intérêt de la population. Toutefois comme il voulait éviter les conséquences politiques que l'on aurait de toutes manières pu en tirer, il lui fut impossible de consentir à ce que la justice fût rendue au nom de la République. Il proposa en conséquence aux tribunaux d'employer la formule « au nom de la loi », ou de supprimer entièrement la formule exécutoire, de se borner à prononcer le jugement et de ne pas s'inquiéter de son expédition.

Quelques tribunaux, entr'autres la cour d'appel de Nancy, n'adoptèrent point ce moyen terme, mais déclarèrent : « Qu'en France, à toutes les époques et sous tous les régimes, la justice a été administrée au nom du souverain, quel qu'il fût ; qu'aujourd'hui la captivité de l'empereur et la proclamation de la république rendent indispensable la modification de la formule exécutoire, et qu'en interdisant celle que l'usage a consacrée et que les circonstances imposent, l'autorité prussienne place des magistrats français dans l'impossibilité légale de juger...... En conséquence la cour a décidé, à l'unanimité de ses membres présents, qu'il y a lieu, pour elle, sans abdiquer ses fonctions, de provisoirement s'abstenir. »

En Alsace au contraire la cour d'assises de Colmar, le tribunal de Strasbourg, les tribunaux de commerce de Strasbourg et de Mulhouse ont accédé

(1) Sirey. 1872, II, p 33.

à la proposition faite par le gouvernement allemand. Ils ont reconnu que la continuation de l'administration régulière de la justice est requise en première ligne dans l'intérêt de la population, et ils ont cru devoir adopter, pour ne pas faillir aux devoirs de leurs fonctions, la marche proposée par le gouverneur général en vue d'éviter toutes les difficultés de l'exécutoire [1]. Au mois de novembre 1870 les dits tribunaux ont en conséquence repris leurs travaux. La cour de cassation de Paris a, par arrêt du 21 septembre 1871, déclaré valables en la forme les arrêts rendus par la cour d'assises de Colmar en novembre 1870, sans s'arrêter à la circonstance que la formule exécutoire n'était pas celle prescrite par la loi [2]; mais le gouvernement de Tours de son côté considéra comme intolérable qu'une justice régulière continuât de subsister dans les territoires occupés par les armées allemandes. Il adressa une défense générale aux juges de rendre des jugements sans la formule « au nom de la République, » ou de connaître d'affaires à l'instruction desquelles avaient coopéré des fonctionnaires allemands, spécialement des commissaires de police établis par les autorités allemandes. En conséquence de cet ordre, tous les tribunaux de l'Alsace suspendirent leurs fonctions, à l'exception cependant des tribunaux de commerce de Strasbourg et de Mulhouse, qui s'acquittèrent de leur devoir pendant toute

---

(1) La formule employée était celle-ci :

« Le tribunal de .... a rendu le jugement suivant :

...... En conséquence le tribunal mande et ordonne à tous huissiers à ce requis, de mettre le présent jugement à exécution, à tous commandants et officiers de la force publique de prêter main forte, lorsqu'ils en seront légalement requis »

(2) Le tribunal civil du Havre s'exprime comme suit au sujet de cette question dans son jugement du 16 Mai 1872 :

« Attendu, à la vérité, que cette sentence n'est point revêtue de la formule exécutoire telle qu'elle a été déterminée par le décret du 6 septembre 1870, mais qu'elle se termine par un simple mandement d'exécution de la part du tribunal;

« Mais attendu que ce mandement est le seul qu'ait toléré l'ennemi pour qui, à cette époque, la République française n'avait aucune existence internationale ; que l'invasion a constitué un état de fait dont les conséquences s'imposent à tous; qu'en l'absence du gouvernement légal, le gouvernement de force a déterminé les conditions d'activité des institutions françaises demeurées debout ;

» Que le tribunal de commerce de Mulhouse, dans un sentiment de patriotisme et de dévouement aux intérêts publics que l'on ne peut méconnaître, s'est incliné devant les évènements et a accepté, non pas une formule étrangère, mais la formule française, modifiée seulement dans les parties sur lesquelles avaient porté les interdictions allemandes :

« Attendu que cette formule, ainsi déterminée par les évènements de force majeure, doit, à raison des circonstances, jouir de la même autorité que la formule légale ; qu'il en est de ce cas comme de celui d'un jugement rendu sous un précédent gouvernement et qui ne peut être considéré comme non avenu, par cela seul qu'il ne serait revêtu que de la formule ancienne ;

» Que, par assimilation avec ce dernier cas, la formule employée était au moins suffisante pour autoriser un greffier français à considérer comme légale l'expédition sous forme de grosse délivrée à Mulhouse et à la revêtir de la formule exécutoire nouvelle. »

la durée de la guerre. C'était de la part du gouvernement français une prétention déraisonnable que d'exiger que les commissaires de police allemands
ne fussent point reconnus comme agents de la police judiciaire. Il devait
savoir, mieux que personne, que les commissaires de police français
étaient principalement des agents politiques, et n'avaient pu être maintenus
en place par le gouvernement allemand. La nécessité commandait de les
remplacer; le résultat de la mesure prise par le gouvernement français fut
avant tout une calamité pour la population. La justice civile et la justice
pénale, en tant que cette dernière n'était pas exercée par les tribunaux
militaires, se trouvèrent arrêtées dans leur cours. Le gouvernement allemand essaya, par d'autres moyens, de remédier autant que possible au
dommage qui en résultait. Déjà dans la section précédente nous avons mentionné (p. 87) l'ordonnance du gouverneur-général du 12 septembre 1870,
qui comblait les lacunes du droit pénal de la guerre et déférait à
des *tribunaux de guerre permanents*, le jugement des infractions y énumérées. Par décision du 17 décembre 1870, leur compétence fut étendue aux
crimes et délits d'enrôlement dans l'armée française, d'embauchage, d'outrages au roi ou aux fonctionnaires (*Amtsbeleidigung*) et, dans l'art. 4, à
l'homicide, au vol et au détournement, pour le temps que les tribunaux
répressifs ordinaires ne fonctionneraient pas [1].

Une ordonnance du gouverneur-général du 19 décembre 1870 régla
l'organisation des tribunaux de guerre et la procédure à y suivre. Pour les
deux départements de l'Alsace il fut établi un tribunal à Strasbourg; il en
fut établi un autre à Metz pour la Lorraine. Chaque tribunal est composé de
cinq juges, d'un officier du ministère public et d'un greffier. Trois des juges
sont des officiers et sont nommés par le gouverneur de la place où siège le
tribunal. Les autres membres du tribunal doivent appartenir à l'ordre judiciaire allemand et sont nommés par le gouverneur-général (art. 2, 3). La
procédure est orale et publique; l'accusé peut recourir au ministère d'un
défenseur (art. 5). Les condamnations à mort doivent être confirmées par le
gouverneur-général (art. 5, § 11). Le tribunal de guerre de Strasbourg put
entrer en fonctions le 28 décembre 1870; celui de Metz, le 8 janvier
1871. Tous deux surent bientôt s'acquérir la confiance de la population,
par leur procédure consciencieuse et la douceur de leurs sentences, et il est

[1] Par ordonnance du 5 décembre, leur compétence avait déjà été étendue au délit d'exercice
illégal de la chasse. Il faut y ajouter encore, conformément à l'ordonnance du 30 décembre, le délit
des voituriers réquisitionnés qui, par l'abandon malveillant de leurs voitures, causeraient des dommages aux troupes.

arrivé plus d'une fois que des accusés latitants se sont volontairement pré-sentés devant le tribunal, après avoir acquis la conviction que les accusés y trouveraient les mêmes garanties que devant un tribunal français. La grande majorité des affaires dont les tribunaux ont eu à connaître consistait en crimes et délits contre la propriété ; il ne se rencontra qu'un très petit nombre de délits politiques. Ni le tribunal de Strasbourg, ni celui de Metz n'ont prononcé une seule condamnation à mort pour délit politique, pendant tout le temps de l'occupation. Si, par cette organisation des tribunaux de guerre permanents, il a été pourvu à l'administration de la justice pénale, dans sa partie la plus importante, la pratique ne tarda pas à démontrer la nécessité de rétablir les justices de paix dont les titu-laires avaient quitté leurs fonctions. L'ordre public était spécialement compromis par l'impossibilité de punir les contraventions ; aussi, sur les demandes réitérées des habitants, une ordonnance du 15 novembre 1870 autorisa-t-elle les commissaires de police des cantons à prononcer des peines, dans tous les cas de contraventions qui rentreraient dans la compétence des tribunaux de simple police. En effet, il était natu-rellement impossible de procéder pendant la guerre au remplacement des anciens juges de paix. La connaissance des petits délits forestiers (Code forestier, art. 171) fut confiée aux inspecteurs forestiers (ordonnance du 5 décembre 1870), celle des petits délits relatifs aux contributions indi-rectes, frappés seulement d'amendes et de confiscations, fut déférée au com-missaire de l'administration des impôts indirects (ordonnance du gouver-neur-général du 24 janvier 1871).

Telles sont les mesures d'urgence par lesquelles le gouvernement chercha à remédier, dans la mesure du possible, aux maux dont on était menacé par l'interruption de la justice pénale. On comprend que, pour les contestations civiles, il fût bien plus difficile d'établir des tribunaux extraor-dinaires. A part les tribunaux de commerce qui continuèrent à fonctionner, il fallut bien que la population se passât sous ce rapport de toute justice, jusqu'à ce qu'en automne 1871, la nouvelle organisation judiciaire entrât en vigueur [1].

De cet exposé précis, fondé sur des documents officiels, il résulte que la suspension de la justice ordinaire dans les départements français occupés,

[1] Afin de maintenir le bon ordre dans la tenue des registres de l'état civil, le président du tri-bunal de guerre de Strasbourg fut investi des fonctions qui appartiennent, aux termes de l'art. 41 du Code civil, au président du tribunal de première instance (ordonnance du gouverneur-général du 23 décembre 1870).

spécialement dans l'Alsace et la Lorraine, ne doit être imputée qu'au gouvernement français lui-même, qui, méconnaissant les exigences pratiques de la situation et les règles du droit des gens, posa des conditions qu'il était impossible au gouvernement allemand d'accepter. Ce dernier ne se déclara pas seulement prêt à laisser fonctionner les tribunaux français comme par le passé, il renonça même à exiger d'eux un signe extérieur de reconnaissance de son autorité. Mais il va de soi qu'il avait à sauvegarder pour lui-même l'autorité qui lui revenait de par le droit des gens. Le gouvernement français et les tribunaux français, ayant refusé de tenir compte du fait matériel de l'occupation et de ses conséquences nécessaires, ont eux-mêmes accrû, d'une manière très inutile, les charges qui pesaient par le fait de la guerre, sur les populations des provinces occupées; à tous les maux déjà existants ils ont encore ajouté pendant plusieurs mois l'interruption du cours de la justice [1].

Les tribunaux, aussi bien les tribunaux de guerre nouvellement établis, que les tribunaux français demeurés en fonctions, eurent à juger conformément aux lois du pays et aux dispositions légales émanées du gouvernement-général. On admit constamment le principe que les lois existantes du pays devaient rester en vigueur, aussi longtemps qu'elles n'avaient pas été expressément abrogées ou modifiées. Si le pouvoir gouvernemental français était suspendu, il ne s'en suivait nullement que le droit civil et le droit pénal existants eussent perdu leur force obligatoire.

VI. — *Administration financière.*

Le vainqueur, qui occupe un territoire ennemi, n'a pas seulement le droit d'empêcher que le gouvernement ennemi tire encore des revenus de cette contrée; il a encore le droit de se les approprier lui-même pendant tout le temps que dure son occupation. Il peut lever des taxes et des contributions, recueillir les produits du domaine public, etc. Cette administration financière de l'ennemi reste, d'après le principe posé plus haut,

---

[1] Le jugement déjà mentionné du tribunal du Havre, en date du 16 mai 1872, s'exprime à cet égard comme suit :

« Attendu qu'après avoir supprimé, par l'occupation militaire de ses prétoires, la justice civile en Alsace, frappant ainsi le pays tout entier, vu la résistance de ses magistrats à céder à des exigences déshonorantes, l'administration allemande craignant de jeter la perturbation dans les relations commerciales, n'a point osé poser les mêmes conditions aux tribunaux consulaires chez qui elle prévoyait rencontrer la même opposition à ses desseins...... »

Cet exposé n'est pas exact, attendu que les mêmes conditions ont été posées aux tribunaux de commerce qu'aux autres tribunaux.

réglée par les lois existantes, mais, comme l'occupant peut modifier les lois en général, il peut aussi modifier la législation financière dans la mesure qui lui semble nécessaire. Il peut supprimer des impôts existants et en introduire de nouveaux, il peut modifier leur mode de perception, il peut édicter de nouvelles peines contre les violations des lois d'impôts. L'occupant se verra même contraint à de pareilles innovations, si les anciens fonctionnaires des finances se refusent à continuer leurs fonctions sous son autorité, et qu'il doive par suite pourvoir à leur remplacement par des personnes qui ne connaissent ni le pays ni sa législation.

En outre, les circonstances elles-mêmes commanderont presque toujours de suspendre les lois douanières. Il va de soi que, les besoins de l'armée ne pouvant être subordonnés aux prescriptions de la douane, il ne sera que rarement possible de maintenir en vigueur les restrictions douanières pour l'importation dans le pays occupé. Une pareille suspension des lois douanières décrétée dans la guerre franco-allemande, par les proclamations des généraux commandants, au moment où ils commençaient à occuper le territoire français fut, après la conclusion de la paix, ratifiée dans ses effets par l'Etat même dont le territoire avait été occupé. Ce principe a été plus d'une fois reconnu dans l'Amérique du Nord par la cour suprême de l'union. Cette cour déclara spécialement que, dans la guerre de 1812-1814, les Anglais avaient eu le droit de modifier les lois douanières et d'en instituer de nouvelles, dans les territoires de l'union occupés par eux [1]. Les tribunaux français ont méconnu ce juste principe, quand, après la guerre, ils ont condamné comme faits de contrebande les importations de marchandises opérées dans les territoires occupés, pendant le temps de la suspension des lois douanières (Arrêt de la cour d'appel de Mézières du 29 juillet 1871.) [2].

Si l'ennemi, par suite du fait de l'occupation, exerce dans le territoire

[1] L'arrêt de la cour suprême porte ce qui suit :

« By the conquest and military occupation of Castine, the enemy acquired that firm possession, which enabled him to exercise the fullest rights of sovereignty over that place. The sovereignty of the United States over the territory was, of course, suspended and the laws of the United States could no longer be rightfully enforced there, or be obligatory upon the inhabitants, who remained and submitted to the conquerors. By the surrender, the inhabitants passed under a temporary allegiance to the British government and were bound by such laws and such only, as it choose to recognise and impose. From the nature of the case, no other laws could be obligatory upon them, for where there is no protection or allegiance or sovereignty, there can be no claim to obedience. Castine was, therefore, during this period, so far as respects our revenue laws, to be deemed a foreign port, and goods imported into it by the inhabitants were subject to such duties only as the British government choose to require. Such goods were, in no correct sense, imported in the United States. » HALLECK, International Law, p. 778 etc.

[2] L'arrêt de la Cour d'appel de Mézières se trouve dans DALLOZ, Recueil, 1871, II, p. 132.

occupé l'administration financière, son premier soin doit être naturellement d'empêcher que ce territoire ne continue à être une source de revenus pour son adversaire. C'est ainsi que, dès le 29 août 1870, le gouverneur-général de l'Alsace rendit une ordonnance, en vertu de laquelle tous paiements ou assignations de sommes d'argent ou fonds existants dans les caisses au gouvernement français ou à l'armée française furent sévèrement interdits. Cette interdiction était absolue. Les employés du fisc et des caisses publiques qui enfreindraient cette défense, étaient rendus personnellement responsables des restitutions à faire. Selon les circonstances, il pouvait aussi y avoir lieu à poursuites et à punition en vertu du droit militaire.

Ce qui fut plus difficile que l'observation de cette défense, ce fut la perception des impôts par le gouvernement allemand. Comme nous l'avons déjà dit, on n'avait trouvé que très-peu de fonctionnaires français de cette administration, disposés à continuer leurs fonctions sous l'autorité du gouvernement allemand. On avait bien pu se mettre presque partout en possession des registres de l'administration du fisc et des rôles des contributions ; mais le système d'impositions français exige, pour fonctionner, toute une armée d'employés au courant de la loi et de la situation du pays. A l'égard de la perception des revenus de l'État, la chancellerie fédérale posa comme règle que toutes les redevances échues ou à échoir à charge des contribuables, postérieurement au 15 août 1870, reviendraient au gouvernement allemand. Mais il s'écoula plusieurs mois avant que les choses fussent organisées de telle façon qu'une perception générale des impôts directs pût s'effectuer. La nouvelle organisation des autorités fiscales édictée par ordonnance du 14 octobre 1870 se rattacha, il est vrai, dans son ensemble, à l'organisation française, mais le manque de fonctionnaires suffisamment au courant de son mécanisme fit sentir le besoin de la simplifier. C'est ainsi que pour l'administration des contributions directes, de l'enregistrement, du timbre et des domaines il ne fut nommé qu'un seul directeur des contributions, auquel furent également confiées les fonctions du trésorier payeur général ; les commissaires de police durent prendre la place des contrôleurs des contributions, etc. ; quant aux impositions elles-mêmes, elles ne furent point augmentées. Le gouvernement s'en tint strictement à la loi française, et l'on conserva les cotes des contributions directes fixées pour les divers départements par le budget français de 1871 [1] (Ordonnance du 18 novembre 1870.)

[1] Loi du 27 juillet 1870.

Si la perception des impôts par les nouveaux fonctionnaires s'accomplit d'une manière beaucoup moins régulière qu'autrefois, si l'administration allemande a été grandement gênée par suite du départ des employés français, la population, de son côté, ne souffrit pas moins de cet état de choses. Il fut presque toujours impossible à de nouveaux employés de tenir compte de certaines situations particulières. Les conséquences furent que d'abord le produit des impôts resta bien en dessous de leur taxe, et ensuite que même la rentrée de ce produit restreint pesa beaucoup plus lourdement sur la population. La perception des impôts indirects présentait de bien plus grandes difficultés encore que celle des impôts directs. Ce ne fut qu'au mois de novembre que dans certains départements le service put être réorganisé (ordonnance du gouverneur-général, du 22 octobre 1870; ordonnance du commissaire préposé à l'administration des impôts indirects, du 23 octobre 1870.)

La fixation et le recouvrement des impôts devaient s'effectuer conformément à la loi française jusque-là en vigueur (Art. 2 de l'ordonnance du 22 octobre). Mais on ne réussit que peu à peu à remettre en mouvement les rouages si compliqués du mécanisme français. Dans les autres parties du territoire occupées par les troupes allemandes, le gouvernement s'était rendu la tâche beaucoup plus facile. Comme les employés français s'étaient retirés, et qu'il semblait impossible de se procurer tout le personnel nécessaire pour l'administration financière d'un territoire aussi étendu, toutes les impositions existantes furent supprimées et remplacées par un seul impôt direct. C'est ainsi que, dans le gouvernement général de la Lorraine (Nancy), il fut décrété qu'à la place de tous les impôts directs et indirects il serait établi un seul impôt direct, composé :

a) de la somme des contributions directes, telle qu'elle avait été fixée pour 1870 dans le tableau de répartition pour les diverses communes ;

b) du rendement total de l'enregistrement, du timbre et des autres impositions indirectes, à l'exception du produit du tabac, du sel et de la poudre. Le calcul se fit sur la base du rendement moyen des deux dernières années, de sorte que les contribuables, pris en masse, ne payèrent pas davantage qu'autrefois. Le montant fixé pour chaque commune devait être réparti sur les contribuables par le maire et le conseil municipal. La perception se faisait par les soins du maire, auquel fut allouée de ce chef une indemnité de 3 %. Chaque commune fut rendue responsable pour le recouvrement de sa cote de répartition (ordonnance du 5 septembre 1870).

Comme par suite de la guerre la fortune publique avait sensiblement diminué, cette mesure provoqua une augmentation relative de charges, et l'équité eût certainement exigé de tenir compte de ce fait dans la fixation du montant général des impôts. A part cela, la mesure, prise en elle-même, est inattaquable. La retraite des fonctionnaires français avait mis le gouvernement dans la nécessité d'y recourir, s'il ne voulait renoncer complètement aux impôts du pays occupé. Il lui fallut aussi, pour atteindre son but, se prévaloir du principe de la responsabilité collective des communes. Si de cette manière il était possible de s'assurer jusqu'à un certain point le recouvrement des impôts, on put voir en revanche, dès les premiers temps de l'occupation, qu'il ne fallait pas songer à maintenir le monopole du tabac. En conséquence un arrêté du chancelier fédéral, du 5 septembre 1870, décida que : « Le monopole du tabac est supprimé, faute des provisions et établissements nécessaires à son exercice. Le commerce de détail est déclaré libre et le contrôle de la culture du tabac est aboli. » On renonça de même, pour toute la durée de la guerre, à l'établissement, d'abord projeté, d'un impôt sur le tabac (Avis du commissaire civil, du 23 décembre 1870). Par contre l'administration allemande s'empara des provisions encore existantes dans les manufactures de tabac françaises, comme d'une propriété lui revenant, de par le droit des gens. De plus partout où les circonstances le permettaient, le travail de ces manufactures fut repris et continué pour compte du gouvernement allemand. C'est ce qui eut lieu à Strasbourg, immédiatement après la prise de la ville. Sous ce rapport, la conduite du gouvernement a été conforme aux principes incontestés du droit international.

La manière dont l'autorité allemande a administré les forêts françaises a, au contraire, donné lieu à bien des commentaires, et il lui a été reproché, jusque dans des journaux allemands, d'avoir dévasté les forêts domaniales françaises par des coupes abusives et irrégulières. C'est surtout contre l'administration forestière dans le gouvernement général de la Lorraine (Nancy) que ce reproche a été formulé. Les explications fournies à ce sujet par le gouvernement ne semblent pas avoir été suffisamment précises, du moins elles n'ont pas empêché des auteurs français de maintenir le reproche, tempéré, il est vrai, par certaines restrictions [1]. Pour ce qui concerne le gouvernement général de l'Alsace, on comprend aisément que l'adminis-

---

[1] Rolin-Jaequemyns ne trouve pas non plus les explications du gouvernement allemand complètement satisfaisantes (*Revue* III, p. 337).

tration ait apporté les ménagements les plus consciencieux dans l'exploitation des forêts publiques, puisque dès le début on eut l'intention d'acquérir
la province à la conclusion de la paix. Dès septembre et octobre 1870,
l'administration forestière fut organisée, et les forêts furent placées sous la
protection d'un intendant supérieur aussi entendu qu'honorable. Les lois
· françaises furent respectées, sauf quelques légères modifications (ordonnances des 2 septembre, 12 octobre, 28 décembre 1870, des 27 janvier et
25 février 1871).

L'administration forestière du gouvernement général de la Lorraine fut
naturellement exposée à la tentation de ne pas suivre [un aménagement
strictement régulier, afin d'augmenter le produit immédiat des forêts, au
risque de les endommager à la longue. Mais, à l'encontre des récriminations
françaises, nous sommes en mesure d'attester *de la manière la plus positive*
que l'administration forestière allemande en Lorraine s'est constamment con-
formée aux règles du droit des gens. Elle est restée fidèle au principe qui
défend de ruiner les forêts de l'ennemi par une exploitation dévastatrice.
On a bien pu couper dans quelques districts un petit nombre d'arbres arrivés
à maturité mais qui, d'après les règlements français, ne devaient être abattus
que dans le cours des années suivantes. En revanche, d'autres arbres, désignés
par les Français pour être abattus en 1870-71, ont été respectés. C'est là une
manière d'agir dont les Français eux-mêmes avaient, dans le temps, donné
plus d'une fois l'exemple. On peut, sur le fondement de renseignements
authentiques, affirmer que, prises en masse, les coupes de bois faites par
l'administration allemande en Lorraine n'ont pas excédé le total de celles
qu'avait projetées l'administration française.

Il y a d'ailleurs beaucoup de forêts, spécialement aux environs des grandes
localités, où les habitants eux-mêmes ont exercé de véritables ravages, en y
commettant des délits forestiers sur une échelle colossale. Comme les
employés français ne pouvaient ou ne voulaient point s'opposer à ces déprédations, l'administration allemande a, à différentes reprises et en différents
endroits, rétabli l'ordre en envoyant des troupes allemandes et en arrêtant
de nombreux délinquants. Les ménagements de l'administration forestière
allemande furent tels que des forêts d'une importance spéciale, comme, par
exemple, les grands bois d'expérience dépendants de l'*école forestière*, à
Nancy, furent absolument respectées.

Il est donc hors de doute que les reproches articulés contre l'administration allemande sont dénués de fondement, et qu'ici encore le droit
international a été rigoureusement respecté. Toutefois les observations

échangées à ce sujet ont du moins eu ce bon résultat que l'on a condamné
de tous côtés, comme une violation du droit international moderne,
toute exploitation qui serait contraire aux règles d'aménagement des forêts
de l'ennemi.

Si le droit international a posé des principes certains et incontestables
quant aux droits de l'ennemi occupant sur les meubles et immeubles qui
appartiennent en propriété à l'État, il n'a pas, en revauche, de solution
arrêtée sur la question de savoir si, et dans quelle mesure, les créances
de l'État passent à l'ennemi qui occupe une partie du territoire. Les
anciens auteurs ne sont arrivés à aucun résultat satisfaisant, parce qu'ils
partaient de cette considération, que l'occupation n'engendre de droits qu'au
moyen de la prise de possession matérielle. L'occupation matérielle était la
condition nécessaire de l'acquisition de la propriété. Or, comme les créances en
sont pas des choses corporelles, l'acquisition immédiate de créances par le fait
de l'occupation militaire est une chose qui ne se conçoit pas; c'est une impossibilité juridique [1]. Cette théorie qui s'efforçait ensuite de s'adapter artificiellement à une pratique incontestable, reposait évidemment sur la fausse
supposition, que l'occupation d'un territoire ennemi ne serait qu'un mode
d'occupation du droit privé. La vérité est que l'occupation de guerre fait
naître des rapports particuliers qui relèvent du droit des gens, et qui s'expliquent, non par le droit privé, mais par le droit des gens. Par suite de l'occupation du territoire ennemi, l'autorité politique indigène est suspendue et son
exercice passe, provisoirement et sous les réserves mentionnées plus haut,
à la force armée occupante. En vertu de cette autorité temporaire fondée
sur le droit des gens, l'ennemi prétend à tous les droits qui appartiennent
au gouvernement. Il entre dans tous les droits, tant publics que privés,
de ce dernier. Mais comme l'occupation cesse avec la paix, les dispositions
prises par l'occupant prennent fin du même coup, à moins que par le
traité de paix il n'acquière les territoires occupés. Tous ses actes n'ont qu'un
caractère provisoire et ne peuvent entraîner d'effets durables. Appliqués aux
créances ces principes conduisent aux corollaires suivants : 1° L'ennemi
peut défendre dans le territoire occupé tout paiement ou toute prestation au
pouvoir indigène : c'est ce qui a été fait en Alsace par l'ordonnance prémentionnée du 29 août 1870; 2° L'ennemi peut recouvrer les créances, pour
autant qu'elles soient ou deviennent exigibles pendant la durée de

---

[1] Nous ne citerons entre plusieurs que Pfeiffer, *Das recht der Kriegseroberung in Beziehung auf
Staatskapitalien*, 1823. Cette manière de voir est encore celle de Phillimore, *Commentaries on International Law*. III, p. 680 seqq.

l'occupation. Après la paix, le gouvernement indigène ne peut plus réclamer un nouveau paiement. Conformément à ces règles le gouvernement allemand a exigé le paiement des créances privées du gouvernement français à mesure qu'elles sont devenues exigibles (1); 3° Toutefois la poursuite de ces créances ne peut avoir lieu que dans les limites du territoire occupé. Là où s'arrête l'occupation, expire le droit de l'occupant; 4° Par contre l'occupant ne jouit pas d'un droit absolu de disposition sur la créance; il ne peut ni l'éteindre par l'acceptation de paiements anticipés, ou par voie de renonciation gratuite, ni l'aliéner. L'État qui, après la paix, rentre en possession des provinces occupées, n'est pas tenu de reconnaître de tels actes (2).

Si, d'après ce qui précède, l'exercice des droits de l'État passe en somme à l'occupant sauf certaines restrictions, il n'en résulte pas que celui-ci assume les obligations de l'État. Il ne s'opère pas de succession de gouvernement, l'occupant n'est pas le remplaçant de droit du souverain précédent; il ne fait qu'exercer des droits provisoires, en vertu du titre international de l'occupation. Assumer les obligations qui existent à charge de l'État indigène, ce serait aller en fait à l'encontre du but de la guerre, qui est d'affaiblir l'État ennemi et non de le délivrer de ses charges. Que le fait de l'occupation entraîne pour l'occupant des obligations vis-à-vis du pays occupé, c'est ce qui a déjà été dit plus haut, et nous reviendrons encore sur ce point dans les sections suivantes. Mais l'occupant n'a nullement à acquitter des obligations, soit publiques, soit privées de l'État ennemi. — C'est d'après ces considérations que l'arrêté de la chancellerie fédérale du 3 septembre 1870 a posé en principe que : « les dépenses inscrites au budget français, ou extraordinairement consenties par le gouvernement français, ne seront payées qu'en tant que ce soient des dettes de service des employés restés en fonctions, ou qu'elles soient autrement requises pour la perception des revenus publics. »

Pour terminer nous avons encore à examiner la question de savoir jusqu'à quel point l'occupant est autorisé à lever des impôts de guerre ou des contributions extraordinaires. On sait qu'autrefois on justifiait les con-

(1) Cf. par exemple l'ordonnance du 26 novembre 1870 : « Les personnes qui sont encore redevables de certaines sommes du chef d'acquisitions par elles faites, en 1870 ou pendant les années antérieures, de bois provenant des forêts domaniales du gouvernement général de l'Alsace, sont informées que ces sommes doivent être payées aux caisses allemandes établies dans les districts prénommés. »

(2) Une ordonnance du 30 janvier 1871 résilia les contrats conclus avec les autorités françaises pour la location des glacis des fortifications. Si l'Alsace n'avait pas été cédée lors de la paix, il est indubitable que cette résiliation n'eût pas été obligatoire pour le gouvernement français.

tributions de guerre par cette considération qu'en les payant, les villes ou les districts se rachetaient du danger de pillage ou de dévastation. Mais comme le droit de guerre moderne ne reconnaît plus de droit de pillage ou de dévastation inutile, il ne peut plus davantage s'agir du rachat de ces droits. Le pouvoir militaire n'est pas autorisé à lever des contributions de guerre qui ne serviraient qu'à remplir la caisse de l'armée, ou à satisfaire la cupidité des chefs. De telles contributions sont condamnables et réprouvées par le droit des gens. Cependant on désigne actuellement par cette même expression des prélèvements d'argent très-différents, qui ne peuvent être appréciés de la même manière, mais que l'on ne distingue pas d'ordinaire comme il le faudrait. Abstraction faite des contributions contraires au droit des gens, il faut encore faire les distinctions suivantes :

1° A la place des réquisitions permises à l'ennemi d'après le droit de la guerre, celui-ci prélève une certaine somme d'argent. Si cette somme est en rapport avec les réquisitions autorisées, et ne fait que tenir lieu de la prestation en nature, il ne faut la juger que d'après les principes sur les réquisitions. Telle a été par exemple la contribution payée par la ville de Strasbourg en remplacement de l'entretien effectif des officiers [1]. Que de telles contributions soient de beaucoup préférables aux réquisitions en nature, c'est ce qu'il est inutile de démontrer ; bien souvent, dans les grandes villes, elles seront considérées par les habitants comme un réel soulagement.

2° Certaines sommes sont imposées aux communes à titre de peines pour les infractions aux lois commises sur leur territoire; nous en avons déjà parlé dans la section IV en traitant du droit pénal de la guerre.

3° On appelle encore contributions, dans le sens restreint du mot, des impôts de guerre extraordinaires, levés par l'ennemi dans le territoire occupé, pour forcer l'adversaire à conclure la paix. Elles se présentent comme un moyen de faire plier un adversaire opiniâtre. Telle est la contribution de guerre extraordinaire de 25 francs par tête qui a été imposée, en décembre 1870, dans les départements occupés. Dans le gouvernement général de l'Alsace cette contribution extraordinaire ne fut édictée que le 20 février 1871, mais on cessa dès le 26 février de la percevoir. A cette époque, la perception n'avait encore commencé que dans un petit nombre de localités; les sommes versées furent plus tard remboursées aux communes. — Il est vrai qu'officiellement on a encore motivé cet

[1] A partir du 1 décembre 1870 la ville eut à payer pour un général fr. 20, un capitaine fr. 10, et pour un lieutenant fr. 8 par jour.

impôt, sur ce qu'il devait couvrir les frais de l'entretien effectif des troupes ; mais il n'est pas douteux qu'en première ligne il n'ait eu pour but de pousser les habitants à désirer la paix, et de réagir contre la politique de Gambetta, qui consistait à continuer la lutte jusqu'à l'extrémité. En augmentant ainsi les charges de la guerre, on voulait dans les futures élections pour l'assemblée nationale qui aurait à décider de la conclusion de la paix, porter la population à choisir des adversaires du parti de la guerre à outrance, et à renverser la dictature de Gambetta. Le moyen était extraordinaire, mais la situation ne l'était pas moins. La continuation inutile de la guerre, qui pouvait encore coûter de grands sacrifices aux deux parties, sans que, d'après toutes les prévisions humaines, le résultat final en dût être modifié, devait autoriser le gouvernement allemand à en faire sentir également tout le poids aux parties du territoire français qu'il occupait, mais qui ne servaient plus immédiatement de théâtre à la lutte. Il est vrai que des contributions de ce genre pèsent aussi sur ceux des habitants qui sont hors d'état d'influer en rien sur la politique de leurs gouvernants. Mais tel est en général le caractère de la guerre, que l'innocent y est frappé comme le coupable. On pouvait craindre encore que la contribution ainsi décrétée ne dégénérât en rigueur injuste contre la population paisible, et ne fût abusivement appliquée. Cependant, prise en soi, elle ne saurait être considérée comme contraire au droit des gens.

Cette contribution extraordinaire n'a été édictée dans le gouvernement général de l'Alsace qu'après les élections pour l'assemblée nationale de Bordeaux. D'après cela, on pourrait croire qu'elle n'était pas en état de réaliser le but politique dont nous venons de parler. Mais la menace en avait déjà été faite antérieurement, et la publication n'avait été retardée que par des circonstances fortuites. Lorsqu'elle eut lieu on était à la veille de conclure les préliminaires de paix, qui devaient rendre le prélèvement ultérieur impossible.

VII. — *Tempéraments apportés à la nécessité militaire.*

Nous avons principalement parlé jusqu'ici des droits qui appartiennent à l'ennemi ensuite de l'occupation d'une partie du territoire. Nous avons vu jusqu'à quel point il est provisoirement investi de l'exercice de la souveraineté, et dans quelle mesure il peut exiger des habitants l'accomplissement de leurs obligations politiques. D'après la pratique et la théorie autrefois reçues dans le droit des gens, c'est là que s'arrêtent les rapports entre l'occupant et le pays occupé. L'ancien droit des gens ne connaît pas de devoirs que l'occupation imposerait à l'occupant. Le pays occupé se trouve sans protection, sans défense, à la merci du vainqueur, qui ne consulte dans l'exercice de ses fonctions gouvernementales que l'intérêt de ses opérations militaires, et qui n'a même à s'inquiéter du maintien de la sécurité et de l'ordre publics que pour autant que sa propre sûreté le réclame. Mais le droit des gens actuel impose encore à l'occupant des devoirs vis-à-vis du pays occupé. Au droit d'exiger obéissance et soumission à ses ordres, correspond chez lui l'obligation de veiller au respect de la justice et au fonctionnement régulier de l'administration. L'occupation a fait naître entre l'occupant et les habitants du territoire occupé une communauté politique temporaire, qui devient la source de devoirs réciproques. C'est naturellement aux circonstances à déterminer jusqu'à quel degré l'occupant est en état de remplir ces devoirs. Sans doute ce qui prédominera et devra toujours prédominer chez lui, c'est l'intérêt des opérations militaires. Mais du moment qu'il a pourvu aux besoins de l'armée, il est tenu de consacrer à l'administration du pays les ressources qu'il retire de celui-ci. Le maintien de l'ordre, la sécurité des personnes et des propriétés, la protection des intérêts matériels et moraux de la population sont autant d'obligations qui lui incombent, et plus l'occupation se prolonge, plus sa position se consolide dans le pays, plus aussi il doit déployer d'activité administrative. En général il sera impossible de prescrire des règles absolues en cette matière, puisque la mesure du possible dépendra toujours des circonstances. Toutefois puisque l'ennemi déclare suspendre le gouvernement indigène, qu'il s'attribue l'exercice des droits de souveraineté, et qu'il exige des populations la reconnaissance de cette autorité provisoire, il doit de son côté reconnaître qu'il a, vis-à-vis de la population, l'obligation de la préserver contre la dissolution de l'ordre légal. L'Allemagne a, durant la guerre, reconnu cette obligation, même dans les provinces que le traité de paix ne devait point détacher de la France. Cependant, plus le pays occupé s'étendit, plus s'accrurent aussi les obstacles à l'accomplissement de ce devoir. Dans les départements du Nord et dans le pays de la Loire, l'occupation ne put avoir qu'un caractère purement militaire : dans le tumulte des combats, il n'y a guère place pour l'administration civile. Les préfets allemands nommés dans les pays susdits durent se borner à pourvoir aux besoins de l'armée, et à répartir les réquisitions militaires, aussi équitablement que possible, entre les diverses communes. La durée de l'occupation fut trop courte, et la population elle-même se trouva trop peu sous la domination de l'ennemi, pour rendre possible une action administrative des fonctionnaires allemands. Mais dans le gouvernement général de la Lorraine (Nancy), il fut déjà possible de pourvoir à bien des besoins de la population. L'administration allemande s'efforça de payer les appointements des ecclésiastiques et des maitres d'école; les établissements de bienfaisance furent soutenus; dans les cas urgents, le gouvernement lui-même leur vint en aide. Nous avons rappelé plus haut que les forêts furent protégées contre les dévastations des maraudeurs. Quant aux mesures prises contre la propagation de la peste bovine, elles furent à la vérité dictées avant tout par l'intérêt de l'armée; mais elles furent également étendues et maintenues dans l'intérêt de la population.

Malgre cela on comprendra facilement que l'administration civile n'ait pu déployer dans la Lorraine autant d'activité que dans le gouvernement général de l'Alsace. Ici en effet les circonstances étaient telles qu'une administration proprement dite semblait réalisable.

Le territoire du gouvernement général demeura pendant plusieurs mois en possession de l'ennemi; à peu d'exceptions près, la population entière s'était soumise aux exigences de l'occupation; à cela se joignit l'intention déjà manifestée de l'occupant d'acquérir ce territoire à la conclusion de la paix. Si le gouvernement avait en conséquence un intérêt majeur à rétablir au plus tôt en Alsace un état de choses normal et paisible, et à user envers la population de tous les ménagements possibles, il ne semblera cependant pas inutile de présenter un court exposé des mesures prises par le gouvernement pour soulager la population, et pour sauvegarder ses intérêts durant la guerre. Cet exposé rentrera d'autant mieux dans le cadre de notre étude, qu'ici encore le gouvernement allemand est constamment parti du principe que le pays, jusqu'à la conclusion des préliminaires de Versailles, faisait partie de l'État français et que ses habitants étaient Français.

Dans sa proclamation du 30 août 1870, le gouverneur-général avait fait la promesse : « que tout serait mis en œuvre pour alléger en faveur de la population les charges pesantes, mais inévitables de la guerre. » Ce ne fut pas une mince tâche que d'exécuter cette promesse. Une assez grande partie du pays avait, durant les premières semaines, servi de théâtre aux combats les plus sanglants; d'autres territoires avaient eu à souffrir d'interminables passages de troupes; enfin, à la suite de la guerre, la peste bovine, ce redoutable ennemi de la population agricole, ravagea l'Alsace et la Lorraine. Quant aux dommages causés par la guerre, il fallut tout d'abord s'occuper d'en déterminer le montant aussi promptement que possible, afin de faciliter le paiement ultérieur des indemnités. Nous avons déjà dit que, dès le commencement, il fut recommandé aux habitants de se faire délivrer un certificat de chaque réquisition ou livraison en nature, et que les maires des communes furent chargés de dresser des listes de ces prestations. Les dommages causés par bombardement, incendie ou destruction pour motifs militaires se bornèrent aux villes de Strasbourg, Schlettstadt, Neu Breisach, Pfalzburg, Bitsch et Thionville et à la ceinture de villages qui entoure Metz, à l'ouest jusqu'à Novéant, au nord jusqu'à Maizières, à l'est jusqu'à Remilly, au sud jusqu'à Augny. Ce dernier territoire comprenait environ 30 milles carrés avec 64 villages. A Strasbourg, immédiatement après la capitulation, il fut institué une commission chargée de constater, d'après un formulaire précis, les dommages causés par le siége. Le chancelier fédéral avait, par voie télégraphique, ordonné d'inventorier les dégâts.

La constatation s'opéra sur la base de libellés dressés par les intéressés, qui furent publiquement invités à les fournir. De cette façon, à la vérité, il n'était pas encore décidé au moyen de quelles ressources il serait pourvu au dédommagement, — cela n'eut lieu que par la loi du 14 juin 1871, — mais un premier pas était fait dans le sens d'une liquidation ultérieure, et la population recevait l'assurance que les dommages soufferts seraient réparés dans la mesure du possible. Des commissions identiques pour l'évaluation des dégâts furent organisées dans les autres localités indiquées. Afin de faciliter la reconstruction des bâtiments détruits par la guerre, l'ordonnance du 16 décembre 1870 concéda d'importantes exemptions d'impôts. C'est ainsi que tous actes de vente emportant mutation de propriétés foncières sur lesquelles se trouvent des constructions détruites par des faits de guerre, sont, pour autant qu'on les passe authentiquement avant le 1ᵉʳ juillet 1871 (1) « affranchis de tous droits d'enregistrement et de transcription, et uniquement sujets aux droits résultant des formalités de la vente. Il en est de même des contrats faits avec des architectes ou des ouvriers en bâtiments, et ayant la reconstruction pour objet; les plans et devis y relatifs sont exempts de taxe et de timbre; enfin les prêts d'argent faits jusqu'à la fin de l'année 1871 en vue de semblables reconstructions ne donneront lieu qu'à un droit d'enregistrement fixe. » L'indemnité complète pour dommages que les armées française ou allemande ont, dans le cours de la dernière guerre, causés tant aux meubles qu'aux immeubles, soit par bombardement soit par incendie pour raison de guerre, doit, en vertu de la loi du 14 juin 1871, être fournie au moyen de l'indemnité de guerre à payer par la France. Conformément à une interprétation peut-être outrée

(1) Ce délai a été prorogé ultérieurement jusqu'au 31 décembre 1871. Ordonnance du 26 juin 1871.

de l'art. 1 de cette loi, on a accueilli aussi des réclamations de particuliers qui ont souffert des pertes par suite de lésions corporelles causées par bombardement ou incendie pour raison de guerre, et on leur a accordé une indemnité pour soins médicaux, incapacité de travail, perte du soutien de la famille, etc.

Dans les premiers mois de l'occupation, l'administration allemande dut consacrer une grande partie de son activité aux mesures à prendre contre la peste bovine. Des vétérinaires allemands furent appelés en grand nombre; plusieurs règlements furent décrétés contre les progrès de l'épizootie et contre le transport des bestiaux; de nombreuses dispositions furent prises concernant les cordons sanitaires à établir autour des localités où l'épizootie s'était déclarée [1].

Pour les bêtes abattues sur l'ordre des autorités, de même que pour celles que l'on enfouissait, il fut promis et payé une indemnité correspondante à leur pleine valeur (Règlement du 3 octobre 1870, § II), tandis que, d'après la loi française du 30 juin 1866, il ne devait être remboursé que les deux tiers de la valeur. Malgré toutes les ordonnances et tous les efforts de l'autorité, il ne fut possible de mettre un terme à la peste bovine qu'en 1871.

Parmi les premières mesures que prit l'administration pour remédier aux conséquences désastreuses de la guerre, il faut ranger les grands travaux de désinfection des champs de bataille de Weissembourg, Wörth, Spichern et Metz. Dans les trois premières localités la besogne put se borner à inhumer soigneusement les morts, et à rectifier le cours des eaux qui traversaient les champs de sépulture. Près de Metz au contraire, il fallut prendre des mesures plus compliquées. Du 14 août au 27 octobre 1870, il avait été livré en cet endroit sept batailles; 450,000 hommes étaient entassés dans un espace restreint; pendant ces deux mois et demi plus de 40,000 chevaux avaient, à Metz, été mangés ou enfouis. Plusieurs milliers de bêtes à cornes avaient succombé à la peste bovine. A ces causes d'infection se joignaient encore une masse de déjections des infirmeries et les amas innombrables de matières de consommation en état de pourriture. Il fallut de toute nécessité appliquer un système spécial de désinfection pour rétablir les conditions normales de la santé publique. Les travaux commencèrent immédiatement après la capitulation de Metz, mais ne purent se terminer qu'en janvier 1871. La terre fut couverte de chaux, de charbon,

(1) Le premier règlement contre la peste bovine parut dès le 3 septembre 1870. — L'ordonnance détaillée du gouverneur-général, du 3 octobre 1870, se réfère en son entier à la loi allemande du 7 avril 1869.

de chlorure de chaux et d'acide phénique; en divers endroits on versa et on brûla du pétrole et on y fit ensuite des terrassements jusqu'à six pieds de hauteur; ces terrassements furent revêtus de plantes fortement absorbantes et l'eau fut en partie détournée, en partie désinfectée, en partie purifiée à l'aide de plantes aquatiques [1].

Toutes ces mesures avaient pour but de combattre les conséquences funestes de la guerre, d'en adoucir les rigueurs. Mais elles ne purent produire tout leur effet qu'après la fin des hostilités. Par une mesure d'un autre ordre, le gouvernement allemand chercha à adoucir le sort personnel des Alsaciens et des Lorrains faits prisonniers de guerre en qualité de gardes mobiles. Un arrêté royal décida que les gardes mobiles résidant dans les limites du gouvernement-général seraient rendus à la liberté, s'ils avaient les moyens et la volonté d'engager leur fortune en garantie de leur bonne conduite ultérieure (Avis du 12 décembre 1870). Cependant plusieurs gardes mobiles, libérés ainsi à diverses reprises, s'étant permis de rejoindre l'armée française, malgré leur engagement d'honneur de ne plus prendre les armes contre les troupes allemandes, cette faveur fut restreinte aux propriétaires fonciers; on n'admit plus ni gages ni cautions (Règlement du 11 janvier 1871).

VIII. — *Commerce et communications.*

L'administration allemande a déployé, durant le cours de la guerre, une activité extraordinaire en cette matière. On peut affirmer sans exagération que les opérations des directions allemandes des postes et chemins de fer, pendant la guerre de 1870-1871, sont sans précédent jusqu'à ce jour. Cette activité anormale ne fut pas seulement nécessitée par les transports continuels de troupes et de blessés en Allemagne, et par la nombreuse correspondance postale échangée entre l'armée et la patrie, dans toutes les parties très étendues de la France occupées par les armées allemandes, — l'administration des postes et des chemins de fer fut en outre obligée de pourvoir à tous les besoins spéciaux engendrés par l'état de guerre. Malgré cela il lui fut encore possible de desservir la population, du moins jusqu'à un certain point, dans la plus grande partie du territoire occupé. Dès les premiers jours de septembre 1870, le roi donna ordre de rétablir le service local des postes dans les territoires français occupés par les troupes allemandes. Par ordre royal du 12 septembre 1870, il fut décidé que le

(1) On trouve une notice sur ces travaux de désinfection dans le *Jahrbuch des deutschen Reiches* de HOLTZENDORFF; 1871, p. 567.

service postal dans le gouvernement général de l'Alsace serait définitivement organisé par l'administration des postes de l'Allemagne du
Nord et que, dans les autres provinces occupées, il serait provisoirement
administré à l'aide des institutions existantes. Dès le courant du mois
de septembre, on ouvrit dans l'Alsace et la Lorraine allemande de nombreux bureaux de poste qui furent rendus accessibles au public. A Metz
et à Strasbourg on institua des directions supérieures des postes; la reprise
des communications interrompues fut activée de toutes les manières possibles. L'ordonnance royale du 28 octobre 1870 régla les taxes postales [1];
l'introduction des mandats de poste, des cartes-correspondance etc. témoigna d'une louable tendance à rendre service aux populations, même au
milieu de circonstances aussi difficiles. En peu de temps se trouva organisé
dans tout le gouvernement-général un service postal aussi sûr et aussi exact
qu'il l'avait été en temps de paix.

Le rétablissement du service des chemins de fer demanda nécessairement
plus de temps. Le gouverneur général avait dit, dans sa proclamation du
15 octobre 1870 : « les lignes de chemins de fer doivent, quand elles sont
exploitées par les troupes allemandes, être mises aussi, sur la plus grande
partie possible de leur parcours, à la disposition des populations des contrées
si rudement éprouvées par la guerre. C'est la volonté de Sa Majesté le Roi
de Prusse que l'on fasse, dans ce dernier sens, tout ce qui est humainement
possible. Toutefois ces intentions bienveillantes ne peuvent être réalisées
que si, de son côté, la population veille également à empêcher toute interruption du service des chemins de fer et toute entrave au service du télégraphe. — Il appartient donc maintenant aux contrées et aux districts
isolés occupés par les armées allemandes de décider s'ils veulent, dès avant
la conclusion de la paix, en recueillir les avantages, en évitant tout ce qui
pourrait occasionner une interruption du service des chemins de fer et télé-
graphes rétabli aussi dans leur intérêt. » Plus haut nous avons déjà fait
remarquer que, dans les limites du gouvernement général, on n'avait eu à
constater que quelques rares tentatives criminelles ayant pour objet d'inter-
rompre les communications par chemin de fer. Il n'en est pas moins vrai que
les transports de troupes et de blessés n'ont pas permis une régularité complète dans l'exploitation des lignes, et si l'on a pu organiser d'une manière
satisfaisante, eu égard aux circonstances, le transport des personnes, il n'y
eut cependant pas moyen de satisfaire à toutes les exigences du commerce

---

(1) L'arrêté du 28 octobre fut sensiblement modifié par celui du 28 décembre.

et de l'industrie. Il ne tarda pas notamment à se produire, dans les grands districts industriels de l'Alsace, une disette de charbons qui menaça d'entraîner le chômage des fabriques. Déjà, il est vrai, un arrêté du 14 septembre 1870 avait rapporté la défense d'exporter des charbons en France, édictée au début des hostilités; mais les difficultés des transports empêchaient les fabricants de la haute et de la basse Alsace de faire les provisions de charbons nécessaires à leur industrie. Or, des provisions de charbons dépendait le travail des fabriques, et de ce travail dépendait le sort de la nombreuse population ouvrière de l'Alsace. Le gouvernement organisa en conséquence, dès les premiers jours de décembre, des expéditions régulières de charbons entre Saarbrück et les villes alsaciennes. Le ministère du commerce prussien affecta 100 wagons au transport des charbons vers Mülhouse et, grâce aux efforts combinés de l'administration des chemins de fer et de la direction des mines, on réussit à assurer la marche ininterrompue des fabriques alsaciennes. Un petit nombre d'établissements seulement avaient été obligés, faute de charbons, de suspendre leurs travaux pour quelques jours. Il y avait d'ailleurs pour le gouvernement un grand intérêt en jeu. Un chômage de fabriques à Mülhouse aurait pu, dans l'état d'excitation où se trouvait la Haute-Alsace en janvier 1871, provoquer dans la classe ouvrière des troubles qui n'auraient pas été sans danger pour l'ordre public.

Autant l'administration allemande avait déployé de zèle et d'énergie à organiser le service des postes et chemins de fer aussi bien que le permettait la poursuite des hostilités, autant elle en mit dans ses efforts pour rendre à l'industrie alsacienne l'usage des canaux, dont elle avait si grand besoin et que la guerre avait rendus impraticables. Immédiatement après l'occupation du pays, on manda des ingénieurs allemands qui furent chargés de faire disparaître tout ce qui entravait la navigation. Dès le 15 octobre 1870 on put rouvrir le canal de la Saar et du Rhin à la Marne. Les canaux du Rhin au Rhône et de l'Ill au Rhin offrirent de plus grandes difficultés, qui ne purent être vaincues qu'à la fin de septembre. Dès que la température le permit, tous les canaux dans le territoire du gouvernement-général furent rendus à la navigation.

Le gouvernement allemand eut encore à s'occuper sous d'autres rapports des intérêts du commerce. Les paiements faits par les troupes allemandes et les autorités allemandes, ainsi que les relations multipliées entre l'Alsace et l'Allemagne, avaient fait affluer dans le pays une masse de monnaies allemandes, et surtout prussiennes. Dès les premiers moments de l'occupation, les généraux allemands avaient, il est vrai, déterminé le rapport entre les thalers et les francs. Pourtant le petit commerce conservait bien des hésitations. Pour y mettre un terme, le gouverneur-général, par ordonnance du 8 novembre 1870, imposa le cours forcé, concurremment avec la monnaie française, du thaler prussien, évalué à 3 fr. 75 cent. de France. En conséquence les dispositions de l'art. 475 § 11 du Code pénal devinrent également applicables à la monnaie prussienne.

Ce qui donna lieu à bien des discussions juridiques, ce fut la position des succursales de la Banque de France, établies à Strasbourg, à Metz et à Mülhouse. Lors de l'occupation, le gouvernement allemand avait commis l'erreur de croire que la Banque de France était, à l'égal de la banque prussienne, une pure dépendance de l'État. Par suite de cette erreur et d'autres malentendus, les employés de la succursale de Strasbourg furent tenus pendant plusieurs semaines (jusqu'au commencement de novembre) aux arrêts à domicile. Si cette manière de voir du gouvernement était fausse, il était impossible d'un autre côté d'admettre l'opinion opposée, d'après laquelle la Banque de France serait une institution purement privée et aurait dû être sous tous les rapports traitée comme telle par l'autorité allemande. Il fallait plutôt reconnaître que la Banque était en général une institution privée, dont l'avoir devait être absolument respecté au même titre que toute propriété privée, mais qui, depuis la loi du 22 avril 1806, était entrée dans une dépendance directe de l'État, et administrée par des fonctionnaires nommés par lui. En conséquence tous les droits de police et de contrôle que l'État français possède vis-à-vis de la Banque devaient être exercés par le gouvernement allemand des territoires occupés. Aussitôt que le gouvernement s'aperçut de sa première erreur, il prit vis-à-vis de la Banque une attitude correcte. Il lui était d'autant plus impossible de ne considérer la Banque que comme une société par actions d'un caractère purement privé, que la loi française du 12 août 1870 avait décrété le cours forcé des billets de banque, et leur avait ainsi donné le caractère formel de papier-monnaie. Il était impossible au gouvernement allemand d'autoriser, dans les territoires occupés, de nouvelles émissions de billets de banque français avec cours forcé, et de soutenir lui-même de cette façon le crédit de l'ennemi. Cependant la fermeture des succursales de Strasbourg, de Metz et de Mülhouse aurait non-seulement porté un coup sensible aux intérêts privés des actionnaires de la Banque, mais il en serait résulté aussi une crise dangereuse pour le commerce et l'industrie locales. C'est pourquoi le gouvernement décida d'entreprendre la liquidation des succursales, en procédant avec lenteur et ménagements. A cette fin la Banque reprit ses affaires dans des limites restreintes et sous la direction d'une commission de liquidation allemande (avis du 4 novembre 1870). La liquidation ne fut terminée qu'au mois de mars 1872, après que le protocole final de la convention additionnelle du 11 décembre 1871 eut déclaré, dans son art. 9 : « A dater de la signature de la convention additionnelle de ce jour, la Banque de France liquidera seule et directement, par ses propres agents, les trois succursales établies dans les territoires cédés. »

Le gouvernement s'occupa avec une sollicitude particulière des caisses d'épargne, qui sont très répandues dans le pays, surtout en Alsace, et qui sont extrêmement importantes pour les classes peu aisées de la population. Mais les caisses d'épargne, comme tous les établissements de bienfaisance et presque toutes les communes avaient, conformément à la pratique usitée dans l'administration française, confié leurs capitaux au Trésor français, et il leur fut naturellement impossible, après l'occupation, d'en obtenir le recouvrement. — Les caisses d'épargne furent en conséquence obligées de suspendre leurs opérations, ce qui augmenta sensiblement la gêne dans laquelle la guerre avait plongé tant de familles. Pour remédier au moins en partie à cette déplorable situation, le gouvernement accorda, à partir du milieu de novembre 1870, aux diverses caisses d'épargne, d'après leurs besoins respectifs, des avances plus ou moins grandes sur les sommes leur appartenant et restées dans les caisses du Trésor français. Cependant il ne fut d'abord accordé de remboursement intégral qu'aux dépôts inférieurs à 50 francs ; ceux dépassant cette somme n'étaient remboursés que sous des déductions proportionnelles.

Ces diverses mesures devaient concourir à alléger le fardeau des charges inévitables, que la guerre et l'occupation étrangère imposèrent au pays. Tout juge impartial devra reconnaître que le gouvernement déploya une grande activité ; qu'il ne se borna pas à exercer les droits d'un gouvernement, mais qu'il sut encore remplir les devoirs qui y correspondent [1].

IX. — *École et église.*

Dès les premiers jours de l'occupation, le gouvernement allemand se préoccupa vivement des intérêts des écoles et des cultes. Pour ce qui est des

[1] Le trait suivant caractérise le livre de M. ALBERT DUMONT (*L'administration et la propagande prussienne en Alsace*) : cet auteur qui prétend écrire l'histoire sans préjugé ni parti pris, déclare que « le seul acte d'utilité générale que fit le gouverneur, durant cette période, fut un arrêté sur la peste bovine » (p. 25).

premières, il partit de cette idée très juste que, le jour où le pays serait annexé à l'Allemagne, les écoles deviendraient entre les mains du gouvernement les armes principales, pour reconquérir moralement les populations de l'Alsace et de la Lorraine, pour les rendre à la civilisation et aux mœurs allemandes. Aussi longtemps que ces provinces continuèrent d'appartenir politiquement à la France, il fut impossible de réaliser en matière scolaire des réformes radicales; mais ces réformes furent préparées et, immédiatement après la conclusion des préliminaires de la paix, il fut possible d'introduire partout l'enseignement obligatoire (18 avril 1871), et de restituer, dans les communes de population allemande, à la langue allemande la position de langue scolaire qu'elle avait perdue depuis environ 30 années. Cette dernière mesure ne fut au reste appliquée que là où la langue allemande est indubitablement la langue du peuple. Après l'occupation il s'agit tout d'abord de rouvrir les écoles populaires, presque toutes fermées par suite des évènements de la guerre et d'y reprendre l'enseignement.

Déjà une ordonnance du 14 septembre 1870 avait invité les maires de toutes les communes à veiller à ce que les leçons fussent continuées. Les locaux scolaires, qui avaient été en partie transformés en ambulances, furent évacués et rendus à leur destination. On tint rigoureusement la main à ce que les communes payassent régulièrement leurs appointements aux instituteurs. Dès la seconde moitié d'octobre, l'enseignement primaire avait repris son cours dans presque tous les cantons de l'Alsace-Lorraine.

Une seconde mesure importante devait être de soustraire les écoles alsaciennes aux autorités universitaires françaises. C'est ce que fit l'ordonnance du 21 septembre 1870, qui déclara suspendue l'autorité du ministre français de l'instruction publique, des académies de Strasbourg et de Nancy, des recteurs et inspecteurs d'académie. Les écoles furent placées sous l'autorité du commissaire civil et du préfet, et il fut recommandé aux instituteurs « de se consacrer avec zèle et amour à l'instruction et à l'éducation de » la jeunesse, et de montrer par leur propre conduite qu'ils ont conscience » de la dignité et de la grande influence de leur profession. » Au mois de novembre 1870, il fut institué, pour l'inspection des écoles primaires, des conseillers scolaires, qui reçurent en même temps pour mission de préparer la réorganisation des écoles primaires d'après les principes reçus en Allemagne.

Si ces mesures pouvaient en général être saluées comme un heureux progrès, le gouvernement sembla au contraire pendant quelque temps disposé à faire des concessions au parti ultramontain, en renforçant l'élément ecclésiastique et confessionnel dans les commissions d'inspection. Tandis que, d'après la législation française, l'inspection était confiée à un seul inspecteur pour toutes les écoles sans distinction de cultes, le gouvernement allemand commença par nommer pour chaque cercle un inspecteur catholique et un protestant. Toutefois, après quelques mois, cette tentative pour gagner, à force de condescendance, le parti ultramontain du pays, fut abandonnée, et l'on en revint au système français de l'inspection unique, sans distinction de culte.

La réorganisation des écoles normales fut également préparée durant le cours de la guerre. *L'école normale des institutrices protestantes* put être rouverte dès le 1er janvier 1871, comme école normale évangélique d'institutrices, sous une forme nouvelle et avec un nouveau programme d'enseignement (*Ordnung des evangelischen Lehrerinnen-Seminars zu Strasburg*, du 27 décembre 1870).

L'administration allemande se heurta à plus de difficultés quant aux écoles secondaires ou moyennes. Les trois grands lycées de l'État à Strasbourg, Colmar et Metz refusèrent de se soumettre à une inspection de la part des autorités allemandes, et comme on avait tout lieu de soupçonner que quelques-uns des professeurs, originaires de l'intérieur de la France, cherchaient à engager, directement ou indirectement, les plus âgés de leurs élèves à quitter les lycées pour rejoindre les armées françaises, on se vit forcé de fermer ces établissements. Toutefois le fait que, à la suite de cette fermeture, tous les professeurs furent expulsés du pays, dépassa positivement les bornes de la sévérité nécessaire. Ce ne fut qu'en automne 1871 que les lycées purent être rouverts. Par contre les collèges communaux ont en partie, durant le cours de la guerre, continué leur enseignement sans interruption.

Les facultés de l'Académie de Strasbourg n'ont pas continué leurs cours pendant la guerre, à l'exception de la faculté de théologie.

La ligne de conduite suivie par le gouvernement allemand dans les affaires ecclésiastiques est parfaitement expliquée par le décret du commissaire civil du 12 septembre 1870. Ce décret fut en vigueur pendant toute la guerre, et son importance particulière nous engage à le publier ici en entier :

« Par ordonnance du 30 août, je me suis adressé aux fonctionnaires de toutes les catégories, et les ai confirmés dans leurs emplois ainsi que dans leurs traitements. Aujourd'hui je m'adresse au clergé de toutes les confessions, avec la ferme conviction que les véritables intentions du gouvernement et de l'église ne se trouvent nullement en contradiction, qu'au contraire elles ne peuvent être réalisées que par une entente réciproque. En reconnaissant entièrement le droit à l'indépendance qui est assuré à l'église par les lois du pays, j'ai la conviction que la protection des cultes, qui est un des premiers devoirs du gouvernement, est fondée sur la juste appréciation de la haute valeur des fonctions ecclésiastiques. Le gouvernement, installé pour les trois départements de l'Alsace en lieu et place des autorités précédentes, par Sa Majesté le Roi de Prusse, en sa qualité de commandant en chef des troupes allemandes, est animé envers les églises et leur organes d'un vif sentiment de bienveillance et de confiance. Il compte pour cette raison même sur ce que ceux-ci continueront à remplir leurs fonctions importantes, en se donnant la noble mission de répandre à toute occasion les enseignements de la paix et de l'obéissance due aux autorités publiques.

» Il ne sera toléré aucun empiètement du pouvoir ecclésiastique sur le pouvoir séculier.

» Je porte ci-après à la connaissance publique les principes qui serviront de base à l'administration :

1° La constitution de l'église catholique et celle de l'église protestante resteront en vigueur, sans atteinte aucune ; particulièrement le concordat du 15 juillet 1801, les articles organiques du 8 avril 1802 et la loi du 26 mars 1852, ainsi que les ordonnances et instructions concernant cette loi. De même les droits et les institutions du culte israélite ne souffriront aucun changement.

2° Tous les prêtres et desservants des différentes confessions resteront dans leurs fonctions ; mais on veillera à ce qu'ils remplissent les devoirs de leurs fonctions et principalement ceux qui ont rapport au culte public.

3° Les prêtres sont tenus d'exhorter leurs communes à la tranquillité et à l'ordre, et de leur faire comprendre que la moindre résistance ou désobéissance ne saurait qu'empirer leur situation.

4° Les prêtres qui feront des sermons ou discours excitants, ou qui commettront des actes propres à exciter à la désobéissance, seront aussitôt révoqués de leur service, ou, s'il y a lieu, punis avec toute la rigueur des lois militaires.

5° Les traitements que les prêtres ont reçus jusqu'à présent de la caisse du gouvernement seront payés sans interruption.

6° Les affaires courantes des administrations ecclésiastiques, principalement celles qui se rapportent à la fabrique des églises, resteront à la charge des organes auxquels elles sont confiées par les lois en vigueur. Dans les cas où les lois et ordonnances jusqu'à présent en vigueur prévoient l'approbation des ministères, les fonctions de ceux-ci seront remplies par le commissaire civil. »

Les autorités ecclésiastiques et les prêtres de toutes les confessions répondirent en général à la confiance que le gouvernement mettait en eux. Les autorités ecclésiastiques ne firent point difficulté de reconnaître qu'en ce qui concerne la surveillance de l'État sur les églises, le gouvernement allemand était entré dans les droits du gouvernement français. Le gouvernement de son côté n'exerça ces droits qu'avec réserve, et ne perdit point de vue qu'avant la cession définitive du territoire, le lien politique qui le rattachait à la France n'était point rompu.

Il ne fut non plus rien exigé du clergé qui fût en contradiction avec les devoirs que son état et sa position lui imposaient. Le gouverneur-général n'exerça même que d'une manière restreinte les attributions que la législation française conférait au chef de l'État. C'est ainsi que, malgré les propositions qui lui furent faites par les autorités ecclésiastiques tant catholiques que protestantes, il s'abstint d'user, avant la conclusion de la paix, du droit de confirmer les nominations des pasteurs. D'autre part, il faut reconnaître aussi que les prêtres de toutes les confessions se sont, durant la guerre, montrés dignes de leur haute mission et ont rempli envers tous, amis et ennemis, sans écouter aucune antipathie politique, leurs devoirs de charité et d'humanité. Ce n'est que dans des cas tout-à-fait isolés que le fanatisme religieux, bien plus que l'inimitié politique, a entraîné çà et là un prêtre à commettre des actes dont il a dû répondre devant les tribunaux de guerre.

X. — La paix.

Nous n'avons pas l'intention de discuter ici à nouveau la question, déjà si fréquemment débattue, de savoir si l'Allemagne était autorisée, d'après le droit des gens moderne, à imposer à la France la cession de l'Alsace-Lorraine comme condition de la paix, sans que la population des provinces cédées fût appelée à donner son approbation par la voie du suffrage universel. Il est possible que le droit des gens légalise un jour l'institution des plébiscites. Ce n'est pas ce dont nous avons à nous occuper ici. Ce qui est certain c'est que nul connaisseur impartial du droit des gens actuel ne soutiendra que cette institution soit déjà aujourd'hui sanctionnée par ce droit. Nous ne pouvons pas davantage examiner ici, au point de vue de la morale ou de la politique, la réunion de l'Alsace-Lorraine à l'empire allemand. Ce serait excéder les bornes de notre tâche. Nous nous bornerons à quelques indications qui puissent faciliter l'explication et l'interprétation des principales dispositions du traité de paix, en tant que celui-ci concerne l'Alsace-Lorraine.

La convention de Versailles du 28 janvier 1871 disposait dans son article 2 : « L'armistice a pour but de permettre au gouvernement de la défense nationale de convoquer une assemblée librement élue, qui se prononcera sur la question de savoir si la guerre doit être continuée ou à quelles conditions la paix doit être faite. — Toutes facilités seront données par les commandants des armées allemandes pour l'élection et la réunion des députés qui la composeront. »

Aussitôt que le texte de la convention fut connu à Strasbourg, les communes furent avisées que, conformément à cette disposition, les élections pour l'assemblée de Bordeaux auraient également lieu dans l'Alsace-Lorraine (3 février).

Le gouvernement de Bordeaux ayant fixé la date du 8 février pour procéder aux élections, le chancelier fédéral, par arrêté du 2 février, ordonna que les élections auraient lieu en dehors de toute influence des autorités allemandes, et que les fonctions attribuées par la loi aux préfets en matière électorale seraient exercées par les maires des chefs-lieux des départements. Des publicistes français ont longuement discuté la question de savoir pourquoi le gouvernement allemand avait autorisé les élections dans l'Alsace-Lorraine, et quelques-uns ont émis à ce sujet les suppositions les plus hasardées [1]. Les motifs de cette conduite ne sont cependant pas difficiles à découvrir. Comme l'Alsace-Lorraine n'était pas encore séparée de la France, elle avait le droit d'être représentée à l'assemblée de Bordeaux, et l'Allemagne reconnut d'autant plus volontiers ce droit que de cette manière elle ôtait aux Français tout prétexte pour contester plus tard la légalité des décisions de l'assemblée, en faisant valoir que l'Alsace et la Lorraine n'y auraient pas été représentées.

Le gouvernement allemand s'abstint de toute entrave à la liberté des électeurs, aussi bien dans les villes que dans les campagnes, et comme la population elle-même l'a reconnu, jamais sous aucun gouvernement français, il n'y avait eu d'élections aussi libres. Par contre, l'administration allemande se refusa absolument à autoriser la restriction à la liberté des électeurs tentée par Gambetta, et déclara illégal le fameux décret du 31 janvier (ordonnance du 4 février 1871). Elle en avait le droit, vu que la convention du 28 janvier voulait une assemblée *librement élue*, et que le décret du 31 janvier restreignait à un degré inouï la liberté du vote. Que dans l'état de guerre où l'on se trouvait, et en présence de l'excitation qui s'était

(1) V p. ex. M. ALBERT DUMONT. *L'administration prussienne en Alsace*, p. 59 seqq

emparée de la population, l'administration allemande n'ait point autorisé d'assemblées électorales publiques ni d'agitation électorale générale, c'est là une mesure qui s'explique d'elle-même aux yeux de tout juge impartial.

Par les préliminaires de paix de Versailles du 26 février 1871, l'Alsace-Lorraine fut cédée à l'empire allemand [1]. Au jour de l'échange des ratifications du traité, c'est-à-dire le 2 mars 1871, l'empire allemand entra en possession de ces contrées avec pleins droits de souveraineté et de propriété. Le gouvernement français s'est trouvé d'accord avec le gouvernement allemand pour reconnaître que, dès la conclusion des préliminaires de paix, la cession de ces territoires a été accomplie et que, dès le 2 mars, la souveraineté politique a passé tout entière aux mains de l'empire d'Allemagne.

L'arrêt de la cour de cassation de Paris du 12 août 1871, qui part de la considération que la cession n'a été consommée que le 20 mai 1871, c'est-à-dire le jour de la ratification du traité de paix proprement dit, repose sur une erreur manifeste [2].

En conséquence le gouvernement allemand a, depuis la date du 2 mars, exercé les droits de la souveraineté dans tous les domaines de la vie politique. Dès ce jour, l'administration de l'Alsace-Lorraine a cessé de ressortir du droit des gens, et d'avoir pour fondement l'occupation militaire ; elle est devenue matière du droit public interne et sort par-là du cadre de notre étude. Nous n'avons ici qu'à retracer brièvement l'exécution qu'ont reçue les dispositions contenues dans le traité de paix, concernant la cession du territoire.

Les plus grandes difficultés nées du traité de paix, se rapportent au droit conféré aux habitants de l'Alsace-Lorraine de conserver, sous certaines conditions, par l'émigration en France, leur nationalité française. La rédaction peu claire des clauses des traités relatives à cet objet, les interprétations différentes données à ces clauses par les gouvernements allemand et français, l'agitation passionnée avec laquelle cette question d'option a souvent été discutée, la grande importance que sa solution présente pour la population, — toutes ces circonstances ont contribué à donner aux questions soulevées par l'art. 2 du traité de Francfort une importance imprévue. L'examen des principales de ces questions controversées sera ici d'autant

(1) On sait que les limites des territoires cédés ont été définitivement fixées par le traité de paix de Francfort et la convention du 11 octobre 1871, qui a en partie modifié le traité de Versailles.

(2) « Le traité de paix du 10 mai 1871 qui a séparé de la France l'Alsace et la Lorraine n'ayant été encore, le 13 du même mois, ni ratifié, ni promulgué, les habitants de ces portions de territoire portés sur la liste du jury n'avaient pas cessé, à cette date, d'être citoyens français. » (SIREY, I, 168).

mieux justifié qu'il est à prévoir que les gouvernements, ainsi que les tribunaux des deux pays, auront encore longtemps à s'occuper de l'article 2 et de son application.

Par le fait de la cession d'une portion de territoire à un autre État, les citoyens de l'État cédant, domiciliés dans la partie cédée au moment de la cession perdent leur nationalité antérieure pour devenir sujets de l'État acquéreur. Ce principe général peut être considéré comme une règle universellement admise du droit des gens (1).

Les traités de paix ont cependant fréquemment étendu ou restreint ce principe. Déjà depuis la fin du XVII⁰ siècle lorsqu'il y avait cession de territoire, les traités réservaient en règle générale aux habitants, pendant un délai déterminé, la liberté absolue d'émigration.

Cette règle semble avoir été pour la première fois expressément appliquée dans la paix de Ryswick de 1697, par laquelle la ville de Strasbourg, surprise en 1681 au milieu de la paix, fut cédée à la France. L'article XVII disposait : « Liberum tamen maneat omnibus singulis ejus urbis et appertinentium incolis cujuscunque conditionis sint, qui emigrare voluerint, inde domicilium alio quocunque libuerit, una cum mobilibus bonis sine ullo impedimento, detractione aut exactione intra annum a ratihabita pace..... immobilia vero aut vendere aut retinere et per se vel per alios administrare. »

Des dispositions analogues se rencontrent avec des délais divers dans le traité d'Utrecht de 1713 (art. XIV), dans le traité de Breslau de 1742 (art. IV), dans le traité de Hubertsbourg de 1763 (art. X) et dans le traité de Versailles de 1783 (art. XIX). Cependant, dans ces derniers traités, on impose aux émigrants l'obligation de vendre leurs propriétés foncières. La France aussi, lors des acquisitions territoriales qu'elle fit dans les guerres de la révolution, concéda d'ordinaire la liberté d'émigrer pendant

---

(1) Ce principe a été en particulier reconnu comme règle aussi bien par les écrivains que par les tribunaux français : « La réunion d'un pays à la France confère ipso facto la qualité de Français à ceux des anciens sujets de l'État duquel a été détaché le territoire annexé, qui se trouvaient domiciliés dans ce territoire au moment de son annexion. » (AUBRY ET RAU Cours de droit civil français, I. p. 258 (1869); POTHIER, Des personnes, part. I, tit. II, sect. I; DURANTON I, 133; DEMOLOMBE, I, 157 ; FOELIX (Revue de droit français et étranger) 1845, II, p. 527 et suiv. etc.

Halleck (Intern. Law) p. 819, fait remarquer très justement : « Domicil, as understood and defined in public law, determines the question of transfer of allegiance or rather is the rule of evidence by which the question is to be decided. This rule is the most just, reasonable and convenient, which could be adopted. The status of the inhabitants of the conquered and transferred territory is thus determined by their acts. We know of none better than that of domicil as laid down by the supreme court of the United States and approved by the best writers on public law. »

un délai déterminé. C'est ainsi que la loi du 11 ventôse au VI, par laquelle fut consommée l'annexion de Mulhouse, disposa dans son art. 3 : « Les citoyens et habitants de Mulhouse, d'Illzach et Modenheim qui voudront quitter, auront la faculté de transporter en Suisse ou ailleurs leurs per.sonnes et fortunes dûment constatées ; on leur accorde une année, à dater de l'échange de la ratification des présentes, pour sortir, et trois ans pour opérer la vente et liquidation de leurs biens et créances. » Une disposition analogue se retrouve dans la loi du 28 floréal an VI, art. II, concernant l'an.nexion de Genève : « Les Genevois qui voudront transporter leur domicile en Suisse ou ailleurs auront, pendant un an à dater de la ratification des présentes, la faculté de sortir avec les effets mobiliers dûment constatés ; ils auront trois ans pour opérer la vente et la liquidation de leurs biens et créances et pour en exporter le prix. »

Le traité de Campo Formio du 9 octobre 1797 (27 Vendémiaire an VI, art. IX) s'écarte de ces dispositions en des points importants : « Ceux qui à l'avenir voudront cesser d'habiter les dits pays cédés seront tenus d'en faire la déclaration trois ans après la publication du traité de paix définitif. Ils auront le terme de trois ans pour vendre leurs biens meubles et immeubles ou en disposer à leur volonté [1]. »

Lors des grandes modifications territoriales opérées par le traité de Paris du 30 mars 1814, on se borna à accorder la liberté d'émigration aux populations qui changeaient de maître. L'art. 17 dispose : « Dans tous les pays qui doivent et devront changer de maîtres, tant en vertu du présent traité que des arrangements qui doivent être faits en conséquence, il sera accordé aux habitants naturels et étrangers de quelque condition et nation qu'ils soient, un espace de six ans, à compter de l'échange des ratifications, pour disposer, s'ils le jugent convenable, de leurs propriétés acquises, soit avant soit depuis la guerre actuelle et se retirer dans tel pays qu'il leur plaira de choisir [2]. »

Tous ces traités ont seulement accordé la liberté d'émigrer, mais aucun n'a décidé à quelle nation appartiendraient les émigrants. Antérieurement à la révolution française, il semble qu'on considérait comme allant de soi que ceux qui émigraient dans le territoire du pays cédant, restaient sujets de cet

(1) Cette disposition se trouve répétée et confirmée par le traité de Lunéville du 9 février 1801 (20 Pluviôse an IV, art. III).

(2) Dans les traités séparés cette disposition se trouve reproduite ; notamment dans le traité entre l'Autriche et la Bavière du 3 juin 1814 (art. IX), et dans celui entre la Prusse et la Suède du 7 juin 1815 (art. XIII). Elle fut insérée aussi, avec une légère modification, dans le traité de Paris du 20 novembre 1815, art. VII.

État. Mais après qu'en France le Code civil, la constitution du 27 Frimaire an VIII et le décret du 17 mars 1809 eurent édicté des dispositions précises sur l'acquisition et la perte de la nationalité et sur la naturalisation, on considéra comme nécessaire d'édicter aussi des dispositions légales particulières pour ceux qui, d'après l'art. 17 du traité de Paris, avaient émigré en France, afin de leur faciliter la conservation de la nationalité française. Tel fut l'objet de la loi du 14 octobre 1814. — La loi déterminait les conditions auxquelles les personnes originaires des provinces cédées pourraient conserver la nationalité française [1]. En décidant que même les personnes qui, en 1814, avaient eu leur domicile en-deçà les nouvelles frontières de la France, mais qui étaient originaires des provinces cédées, ne pourraient obtenir les lettres de naturalité qu'après avoir résidé pendant dix ans en France, cette loi a abandonné le principe que la nationalité se détermine exclusivement par le domicile qu'avaient les personnes au jour de la cession. On établit ainsi un second principe, celui de l'origine, en opposition à celui du domicile que l'on maintenait pour les autres cas. Cette inconséquence a fait naître un grand nombre de controverses sur l'interprétation de la loi du 14 octobre 1814 [2].

Le principe que c'est l'origine et non le domicile qui décide de la nationalité en cas de cession de territoire, ne supporte pas l'application dans toutes ses conséquences. Du moment que l'on admet ce principe, il n'y a pas de motif pour ne l'appliquer qu'aux personnes qui sont nées elles-mêmes dans les parties cédées. La seule mesure qui semble logique, c'est d'étendre aussi la règle aux enfants et descendants de ceux qui y sont nés.

(1) Pour constater leur nationalité française on délivrait à ces personnes des *lettres de déclaration de naturalité*. La différence entre ces lettres et les *lettres de naturalisation* est expliquée dans l'*Avis du conseil d'État* du 17 mai 1823 : « Le caractère distinctif des lettres de naturalisation et des lettres déclaratives de naturalité consiste en ce que les premières confèrent à l'étranger qui les obtient la qualité de citoyen français et sont ainsi constitutives d'un droit nouveau, tandis que les secondes constatent que celui qui les obtient a conservé cette qualité et ne sont en effet que déclaratives d'un droit acquis et subsistant. » Cf. FAVARD DE LANGLADE, *Répert*. III, 670.

(2, La jurisprudence française s'est néanmoins ralliée à cette inconséquence de la loi du 14 octobre 1814. — Elle pose aussi en théorie le principe que « les personnes qui ne sont devenues françaises que par l'incorporation de leur pays à la France, redeviennent ipso facto étrangères, lorsqu'il en est de nouveau démembré. » — (V. POTHIER, l. cit. AUBRY et RAU, l. cit.) Ces derniers auteurs appuient cette doctrine sur le motif que : « la séparation ne peut enlever que ce que la réunion a conféré et ainsi elle laisse subsister la nationalité d'origine. » Mais le fait de la rétrocession d'un territoire conquis ne fait pas revivre les liens juridiques existants avant la première acquisition. Il ne peut être question ici de postliminium. La véritable théorie n'est enseignée que par Demolombe, *Cours de Code Napoléon*, I, 178.

Les controverses relatives à la loi du 14 octobre 1814 sont discutées longuement par FOELIX, l. cit.; AUBRY et RAU, l. cit.; DALLOZ, *Répertoire*, v° Droits civils, n° 124 et suivants.

Mais comment serait-il possible d'appliquer cette extension dans la pratique ? Il n'y a pas non plus moyen de donner une base logique au principe de l'origine en présence des rapports sociaux modernes. Par la cession d'un territoire on cède aussi les personnes qui appartiennent à ce territoire. Or sur quoi les lois de presque tous les États européens fondent-elles, dans l'intérieur du territoire, l'appartenance à une localité déterminée ? Uniquement sur le domicile et non sur la naissance. L'exercice des droits politiques dans l'État et dans les communes, le droit de secours en cas d'indigence, le droit de participation aux biens communaux, etc. tout cela n'est point déterminé par la naissance, mais exclusivement par le domicile. Depuis que la liberté de parcours sur toute l'étendue du territoire national a été admise, il semble contraire à ce principe fondamental de la liberté civile de prendre le lieu de naissance, et non le domicile, comme décisif en cas de cession de territoire.

Le principe du domicile a été pleinement reconnu dans l'Amérique du Nord. Il est vrai que le traité du 22 février 1819, par lequel l'Espagne avait cédé la Floride aux États-Unis, avait seulement disposé comme suit dans son art. VI : « The inhabitants of the territories, which his Catholic Majesty cedes to the United States by this treaty, shall be incorporated in the Union of the United States. » Par contre le traité du 2 février 1848 par lequel le Mexique cédait la Californie a déclaré (art. VIII) : « Those Mexicans who shall prefer to remain in the ceded territories may either retain the title and rights of Mexican citizens, or acquire those of citizens of the United States. But they shall be under the obligation to make their election whithin one year from the date of the exchange of the ratification of this treaty ; and those who shall remain in the said territories after the expiration of that year without having declared their intention to retain the character of Mexicans, shall be considered to have elected to become citizens of the United States. » Ici encore nous trouvons que le principe du domicile prédomine. Si, malgré le fait du domicile, il est possible de conserver la nationalité mexicaine, ce n'est là qu'une faveur particulière qui est attachée à l'accomplissement de certaines conditions.

Dans le traité de Paris de 1856, il ne fut accordé aux habitants du territoire cédé par la Russie qu'un droit d'émigration pendant trois ans [1].

La proposition que, lors d'une cession de territoire, les citoyens domiciliés sur ce territoire deviennent sujets de l'État cessionnaire

---

[1] Art. XXI. Pendant trois ans il sera permis aux habitants du territoire cédé de transporter ailleurs leur domicile, en disposant librement de leurs propriétés.

et qu'eux seuls le deviennent, n'est toutefois que le principe général. Les personnes n'en peuvent pas moins être admises, sous certaines conditions, à conserver leur nationalité antérieure, et d'un autre côté on peut concevoir que des personnes domiciliées, non sur ce territoire, mais dans d'autres parties de l'État cédant, puissent également, sous des conditions déterminées, partager le sort de la province cédée. Des stipulations spéciales de ce genre ne sont pas exclusives du principe du domicile; elles n'en sont que le complément. Elles procèdent également de la règle que personne n'est attaché à la glèbe. Si le pays entre dans une autre agglomération politique, il faut que tout particulier ait le choix de rester fidèle à son ancienne communauté politique, ou de passer au nouvel État avec le territoire qu'il y habite. Mais l'exercice de ce droit d'option doit être mis en harmonie avec les intérêts de l'État, et dépendre, par conséquent, de certaines conditions. Il faudra stipuler que l'option devra être faite endéans un certain délai. On exigera en second lieu que l'option en faveur de l'ancienne nationalité ait lieu dans les formes prescrites, et en général on posera comme condition que ceux qui désirent continuer d'appartenir à l'État cédant, émigrent. Ce n'est que dans des circonstances exceptionnelles qu'un État, qui voudra s'assimiler un territoire nouvellement acquis, pourra permettre que des habitants de ce territoire conservent leur ancienne nationalité, sans changer de domicile, comme cela s'est pratiqué par exemple lors de la cession que le Mexique a faite aux États-Unis en 1848.

Il y a encore une seconde catégorie de personnes au profit desquelles le principe du domicile doit être complété. En général le domicile doit décider du changement de nationalité. Mais de même qu'il se trouve des personnes qui, malgré leur domicile, n'appartiennent pas à la province cédée, ou ne veulent plus lui appartenir sous le nouveau souverain, de même il y a des personnes qui, tout en n'ayant par leur domicile dans cette province, lui sont cependant si étroitement attachées par les liens de la naissance et de la famille, qu'elles sont prêtes à retourner dans leur pays pour entrer dans la nouvelle agglomération politique. Il faudra aussi leur concéder la faculté d'en agir ainsi.

Ces principes, les seuls justes à nos yeux, ont été consacrés dans une série de traités de paix récents. Le traité de paix de Zurich du 27 novembre 1859, disposait comme suit, art. XII :

« Les sujets domiciliés sur les territoires cédés par le présent traité jouiront, pendant l'espace d'un an, à partir du jour de l'échange des ratifications et moyennant une déclaration préalable à l'autorité compétente, de la faculté pleine et entière d'exporter leurs biens meubles en franchise de droits, et de se retirer avec leurs familles dans les États de Sa Majesté Impériale et Royale autrichienne, auquel cas la qualité de sujets autrichiens leur sera maintenue. — Ils seront libres de conserver leurs immeubles situés sur les territoires cédés. La même faculté est accordée réciproquement aux sujets autrichiens et aux individus originaires des territoires cédés et établis dans les États de Sa Majesté l'empereur d'Autriche. Les sujets qui profiteront des présentes dispositions ne pourront être, du fait de leur option, inquiétés de part ni d'autre dans leurs personnes ou dans leurs propriétés situées dans les États respectifs. Le délai susdit d'un an est étendu à deux ans pour les sujets originaires du territoire cédé qui, à l'époque de l'échange des ratifications du présent traité, se trouveront hors du territoire de la monarchie autrichienne. Leur déclaration pourra être reçue par la mission autrichienne la plus voisine, ou par l'autorité supérieure d'une province quelconque de la monarchie. »

Ces articles clairs et précis du traité de Zurich ont été reproduits littéralement, sauf quelques modifications non-essentielles, dans le traité de Vienne du 30 octobre 1864 (art. XIX), par lequel le Danemark a cédé les duchés de Schleswig-Holstein et de Lauenbourg, et dans le traité de Vienne du 3 octobre 1866 relatif à la réunion de la Vénétie au royaume d'Italie (art. XIV).

Malheureusement ces dispositions n'ont pas réussi à se faire agréer d'une manière durable. Déjà le traité du 24 mars 1860, par lequel le roi de Sardaigne a cédé Nice et la Savoie à la France, s'est écarté de ces dispositions et a admis indistinctement, comme déterminants pour le changement de nationalité, et le fait d'être originaire des provinces cédées et le domicile dans ces provinces. L'art. VI du traité était conçu dans les termes suivants : « Les sujets Sardes, *originaires* de la Savoie et de l'arrondissement de Nice *ou domiciliés* actuellement dans ces provinces, qui entendront conserver la nationalité sarde, jouiront pendant l'espace d'un an à partir de l'échange des ratifications et moyennant une déclaration préalable faite à l'autorité compétente, de la faculté de transporter leur domicile en Italie et de s'y fixer, auquel cas la qualité de citoyen sarde leur sera maintenue. Ils seront libres de conserver les immeubles situés sur les territoires réunis à la France. »

La France retournait ainsi à la théorie que, par le fait seul de la naissance, se produit un lien d'appartenance durable au lieu de naissance, continuant son effet durant la vie entière. Mais les dispositions du traité étaient claires, et pouvaient difficilement donner lieu à des interprétations diverses.

Aussi n'est-il pas à ma connaissance que l'article en question ait donné lieu à de grandes difficultés dans l'application. Sauf quelques rares modifications, son texte passa dans le traité de paix de Francfort du 20 mai 1871, art. 2; mais c'est précisément une de ces modifications qui a donné naissance aux plus grandes difficultés dans l'interprétation.

Les préliminaires de Versailles avaient disposé, art. V : « Le gouvernement allemand n'apportera aucun obstacle à la libre émigration des habitants des territoires cédés, et ne pourra prendre contre eux aucune mesure atteignant leurs personnes ou leurs propriétés. » En exécution de cette règle, le traité de Francfort du 20 mai contenait la disposition suivante, art. II :

« Les sujets français *originaires des territoires cédés, domiciliés actuellement sur ce territoire*, qui entendront conserver la nationalité française, jouiront jusqu'au 1er octobre 1872 et moyennant une déclaration préalable faite à l'autorité compétente, de la faculté de transporter leur domicile en France et de s'y fixer, sans que ce droit puisse être altéré par les lois sur le service militaire, auquel cas la qualité de citoyen français leur sera maintenue. Ils seront libres de conserver leurs immeubles situés sur le territoire réuni à l'Allemagne. »

Comme on le voit, cet article ne diffère qu'en deux endroits de l'article correspondant du traité de 1860. D'abord le passage relatif au service militaire y a été ajouté : — cette disposition supplémentaire ne donne lieu à aucune difficulté ; — en second lieu au commencement de l'article on a supprimé la particule *ou* entre les mots *originaires* et *domiciliés*. — Le traité de 1860 parle de deux classes de personnes, d'*originaires* et de *domiciliés* ; le traité de 1871 ne parle que d'une seule classe, notamment de personnes qui sont en même temps originaires et domiciliées. On ne sait encore quel a été le motif de ce changement. En tous cas la rédaction actuelle de l'art. 2 est excessivement défectueuse. D'après le texte de l'article, on serait tenté d'admettre qu'en général ce ne sont que les habitants de l'Alsace-Lorraine *qui y sont nés et y étaient domiciliés au jour de la cession*, qui seraient devenus allemands par le fait de l'annexion à l'Allemagne. Ce serait là sans doute une disposition qui s'écarterait complétement de tous les traités de paix antérieurs, et qui de plus serait en opposition complète avec la théorie du droit des gens. Mais ce n'est que pour cette classe d'habitants qu'on arrêtait la forme dans laquelle il pourrait être fait usage de la liberté d'émigration accordée par l'art. 5 des préliminaires. Or, comme les habitants de l'Alsace-Lorraine, qui y étaient domiciliés à la date du 2 mars 1871, mais qui n'y étaient pas nés, ne pouvaient être moins bien traités que les *originaires et domiciliés*, il fallait admettre que ceux qui étaient *domiciliés* mais non *originaires*, n'acquerraient pas la nationalité allemande, mais pourraient rester dans le pays comme étrangers, s'ils n'étaient point expulsés par le gouvernement. Toutefois cette interprétation s'est trouvée inconciliable avec l'art 1er de la convention additionnelle du 11 décembre 1871, qui dispose : « Pour les individus originaires des territoires cédés qui résident hors d'Europe, le terme fixé par l'art. 2 du traité de paix pour l'option entre la nationalité française et la nationalité allemande, est étendu jusqu'au 1er octobre 1873. L'option en faveur de la nationalité française résultera, pour ceux de ces individus qui résident hors d'Allemagne, d'une déclaration faite soit aux maires de leur domicile en France, soit devant une chancellerie diplomatique ou consulaire française, ou de leur immatriculation dans une de ces chancelleries. Le gouvernement français notifiera au gouvernement allemand, par la voie diplomatique et par périodes trimestrielles, les listes nominatives qu'il aura fait dresser, d'après ces mêmes déclarations. »

Cette clause a considérablement étendu la disposition du traité de paix de Francfort. — D'après l'art. 11 de celui-ci, il fallait admettre que les personnes nées mais non domiciliées dans l'Alsace-Lorraine n'étaient nullement atteintes par la réunion du pays à l'Allemagne. La convention du 11 décembre au contraire part de l'hypothèse que les personnes de cette catégorie sont également devenues allemandes, et qu'il ne leur a été réservé que le droit d'opter pour la nationalité française. On semblait autorisé à en conclure que, dans l'esprit des conventions passées entre les deux gouvernements, ce serait l'origine et non le domicile qui déciderait du changement de nationalité. Dans les conférences de Francfort, les plénipotentiaires allemands avaient déclaré « que la chancellerie impériale interprétait l'expression *originaires* comme s'appliquant à toute personne née dans les territoires cédés [1]. » Le gouvernement français a déclaré accepter cette définition du mot *originaires*. — Si le principe de l'origine prédominait, d'une part toutes les personnes nées dans l'Alsace-Lorraine devenaient allemandes et d'autre part toutes personnes, nées ailleurs, con-

[1] Circulaire du ministre de la justice français du 30 mars 1872.

servaient la nationalité française, même si au moment de la cession elles
avaient encore leur domicile dans ces provinces. Mais le gouvernement
allemand repoussa ce système; il soutint que toutes personnes, même non
nées dans l'Alsace-Lorraine, mais y domiciliées à la date du 2 mars 1871,
étaient devenues sujets allemands. A ces personnes sont, il est vrai,
inapplicables les dispositions de l'art. II du traité de Francfort et de
l'art 1er de la convention du 11 décembre 1871. Elles n'avaient à faire
aucune déclaration expresse d'option, mais si elles voulaient conserver la
nationalité française, elles devaient transporter leur domicile en France
avant le 1er octobre 1872 (1). Le gouvernement français a protesté contre
cette manière de voir, et il s'en tient à l'interprétation d'après laquelle les
personnes susdites ne sont point devenues allemandes et sont au contraire
restées françaises, même alors qu'elles n'ont pas transporté leur domicile
en France. La conséquence de cette diversité d'opinions est que les personnes dont s'agit sont en même temps considérées comme allemandes
par le gouvernement allemand, et comme françaises par le gouvernement
français.

Cette situation n'est pas seulement très nuisible pour les personnes intéressées, elle peut encore provoquer dans l'avenir des complications fort
désagréables dans les rapports des deux gouvernements. Il est urgemment
à souhaiter que ceux-ci parviennent à s'entendre de manière à écarter ce
fâcheux état de choses. La solution de la question ne se trouve pas dans
les traités eux-mêmes. Comme nous l'avons vu, les traités ne posent aucun
principe certain, mais se bornent à donner des dispositions spéciales pour
différentes classes de personnes. Il est vrai que ces dispositions semblent
reposer sur le principe de *l'origine*. Toutefois, comme le gouvernement
allemand déclare expressément qu'il ne considère pas ce principe comme le
seul valable, mais qu'à ses yeux le principe du domicile est également
déterminant, il en résulte que la question ne peut être décidée que par une
entente des deux gouvernements.

(1) Décision du président supérieur de l'Alsace-Lorraine du 7 mars 1872. Dépêche du chargé
d'affaires allemand à Paris, du 1er septembre 1872 : « Le gouvernement impérial a estimé dès le
principe que, par le fait même de la cession de l'Alsace et de la Lorraine à l'Allemagne, ses habitants de nationalité française devenaient allemands, sans que cet effet dût même être expressémen,
constaté dans le traité de paix, et l'art. II n'a eu à ses yeux d'autre sens ni d'autre but que de fixer
les conditions par l'observation desquelles une certaine catégorie d'habitants pourrait se soustraire à cette conséquence naturelle de la cession. En exigeant de ces derniers une déclaration formelle d'option en faveur de la France et la translation de leur domicile effectif, il n'a cependant
pas entendu dispenser de toute formalité une autre catégorie de personnes qui, devenues, elle-
aussi, allemandes par suite de la cession du pays, désireraient revendiquer leur ancienne
nationalité. »

Et toute cette difficulté n'a d'autre origine que l'omission de la particule *ou*, qui se trouvait dans le traité de 1860 !

Un autre différend a surgi relativement à l'interprétation des mots : « La faculté de transporter leur domicile et de s'y fixer, » dans l'art. II du traité de Francfort. Du côté de la France on soutenait qu'une translation de domicile s'opère, d'après l'art. 104 du Code civil, du moment où la personne intéressée a fait une déclaration expresse, tant à la municipalité du lieu qu'elle veut quitter qu'à la municipalité du lieu où elle veut établir son nouveau domicile [1]. De cette manière une émigration effective ne serait pas nécessaire pour conserver la nationalité française ; il suffirait de faire les déclarations susdites. Comme cependant l'art. II n'exige pas seulement comme condition le transfert du domicile, mais aussi la fixation effective du domicile en France : « transporter le domicile *et s'y fixer* », le gouvernement français dut bien finir par abandonner son interprétation [2].

De nombreuses controverses sont nées par rapport au droit d'option des mineurs. Le gouvernement français avait, dans les conférences de Francfort, tenté de procurer aux mineurs le droit de faire encore leur option dans l'année qui suivait leur majorité. Le gouvernement allemand ne put adhérer à ce système, qui aurait étendu à vingt ans le délai d'option pour la nouvelle génération. La législation française qui, relativement à l'acquisition et à la perte de la nationalité, est encore en vigueur dans l'Alsace-Lorraine, ne laisse aucun doute sur ce point que les mineurs ne peuvent changer leur nationalité, et que notamment ils ne peuvent ni obtenir eux-mêmes la naturalisation, ni suivre la condition du père qui, par le fait de la naturalisation, acquiert une autre nationalité. Mais la jurisprudence française ne considère pas l'option pour la nationalité française des personnes qui, par le fait de la cession d'un territoire, sont devenus sujets étrangers, comme un changement de nationalité, mais seulement comme la conservation de la première nationalité ; non pas comme une *naturalisation*, mais comme une *naturalité*. Elle en tire la conséquence que les enfants mineurs et les femmes suivent le choix de nationalité fait par les pères ou les époux [3]. Le gouvernement allemand déclara se rallier à cette théorie [4].

---

(1) Art. 104 : « La preuve de l'intention (de changer le domicile) résultera d'une déclaration expresse faite tant à la municipalité du lieu qu'on quittera qu'à celle du lieu où on aura transféré son domicile. »

(2) Lettre du ministre de la justice à monsieur Scheurer-Kestner, du 30 juillet 1872. Note du *Journal officiel* français du 14 sept. 1872.

(3) Cette théorie a été développée ensuite de la loi du 14 octobre 1814. Elle est généralement adoptée en France (Cr. Aubry et Rau, *loc. cit.* p. 262. Fœlix, *loc. cit.* n° 31 et les arrêts y rapportés).

(4) Décision du président supérieur de l'Alsace-Lorraine du 16 mars 1872.

L'entente était ainsi établie sur un principe important, mais bien des questions, de haute gravité pour les populations, restaient cependant non résolues. En effet l'option pour la nationalité française n'eut lieu dans presque tous les cas qu'en considération des fils de famille passibles du service militaire, et qui refusaient d'entrer dans l'armée allemande. C'est ainsi qu'ont surgi les questions suivantes qui, toutes, procédaient des efforts tentés pour rendre l'option possible aux mineurs :

1° Les mineurs émancipés peuvent-ils opter et sous quelles condi- tions? Le gouvernement allemand a décidé : que les mineurs émancipés dont les parents sont encore en vie, participent au choix de la nationalité fait par le père. Il est impossible d'admettre en leur faveur une option spé- ciale. La France réclama pour les émancipés un droit d'option absolu. L'Allemagne concéda alors que les mineurs émancipés, qui ne sont pas nés dans l'Alsace-Lorraine, sont, relativement au droit d'option, assimilés aux majeurs (1).

2° De quelle manière peuvent opter les mineurs dont les pères ne sont plus en vie? D'après un accord intervenu entre les deux gouvernements leur option pourra avoir lieu « avec l'assistance de leurs représentants légaux. » Le gouvernement allemand entend par là que, si le tuteur opte pour lui-même, et que le conseil de famille donne son assentiment, cette option a également effet pour le mineur. Et cette condition sera exigée aussi bien pour les mineurs émancipés que pour les non-émancipés, à l'excep- tion des émancipés qui ne sont pas nés dans l'Alsace-Lorraine. Au con- traire le gouvernement français veut seulement entendre par les termes : « avec l'assistance de leurs représentants légaux, » que tout mineur peut, avec le simple assentiment de son représentant légal (tuteur ou curateur), faire pour lui-même une option personnelle et particulière pour la natio- nalité française.

Il nous est impossible d'entrer ici dans l'examen des nombreuses contro- verses, qui se sont présentées dans d'autres cas spéciaux; ce que nous en avons dit suffira pour montrer combien la rédaction du traité de Francfort et des traités additionnels laisse à désirer, en ce qui concerne le droit

(1) Arrêté du 16 mars 1872; dépêche du chargé d'affaires allemand à Paris du 15 juillet 1872 : « Les mineurs émancipés auxquels sont conférés, par le fait même de l'émancipation, certains droits limités, parmi lesquels se trouve celui d'élire domicile, conserveront la nationalité française, dans le cas où la seule translation du domicile suffit à cet effet, c'est-à-dire lorsqu'ils ne sont pas nés en Alsace-Lorraine, mais le gouvernement impérial ne saurait admettre qu'aux droits limités que la loi accorde par suite de l'émancipation et qui, tous, concernent l'administration de la fortune, vienne se joindre dans le cas présent le droit de changer de nationalité. »

d'option de la population de l'Alsace-Lorraine. Les parties de ces actes qui ont trait à la matière peuvent, pour tous les temps à venir, servir d'exemple de la manière dont il ne faut pas rédiger les traités internationaux. On n'y découvre ni principe régulateur, qui serve à résoudre les espèces particulières, ni dispositions claires qui préviennent les controverses. La population de l'Alsace-Lorraine a surtout considéré comme fort dur que les fils mineurs, encore passibles du service militaire, n'aient pu obtenir d'opter que pour eux-mêmes, sans que leurs parents fussent contraints d'en faire autant. Il est cependant hors de doute que, d'après la législation française, un mineur ne peut ni de sa propre autorité changer sa nationalité, ni conserver par naturalité sa nationalité française indépendamment de son père. Toutefois le gouvernement allemand, pour faire droit aux nombreuses suppliques qui lui furent adressées, a trouvé un expédient, et épargné ainsi à de nombreuses familles de grands soucis. Tout en ne pouvant affranchir les mineurs des liens qui les attachaient à l'État allemand, il a délivré à ceux qui ont pu établir, d'une manière digne de foi, leur intention sérieuse d'émigrer, des certificats d'émigration et leur a, par cela même, donné l'assurance qu'ils ne pourraient ultérieurement ni être punis pour une résidence temporaire dans le pays, ni être contraints au service militaire. D'ailleurs, bien des difficultés ont encore été écartées pour l'avenir par la loi allemande, promulguée dans l'intervalle, sur l'acquisition et la perte de la qualité de citoyen de l'Empire ou des États allemands, puisque, d'après cette loi, les mineurs peuvent personnellement et isolément changer de nationalité.

Bien que cette question d'option ait été de beaucoup la plus grave aux yeux de la population, et que sa solution ait le plus profondément ému bien des familles, les autres points à régler avec la France ont présenté également bien des difficultés. Aussi la commission mixte établie à Strasbourg par la convention additionnelle du 11 décembre 1871, n'a-t-elle pas encore terminé ses travaux préparatoires. Sa mission consiste particulièrement à arrêter la liquidation des créances que des communes cédées, des établissements publics ou des particuliers ont encore à faire valoir à charge de l'État français ou des caisses publiques françaises, et réciproquement des créances qui existent encore dans l'Alsace-Lorraine en faveur de l'État français. Le traité de paix du 10 mai 1871 (art. IV) et la convention additionnelle du 11 décembre 1871 contiennent les dispositions relatives à ces diverses catégories de créances. Cependant il ne fut posé aucun principe général sur la question de savoir, quels sont les droits et obligations du gouvernement français qui ont été transmis au gouvernement allemand, et quels sont ceux que le gouvernement français a conservés, comme cela avait eu lieu dans le traité de Zurich du 27 novembre 1859 (art. VIII), le traité de Vienne du 30 octobre 1864 (art. XVII), et le traité de Vienne du 3 octobre 1866 (art. VIII) [1]. L'absence d'une règle générale semblable complique singulièrement la solution de bien des questions, et malheureusement ce sont dans beaucoup de cas des particuliers qui ont à pâtir de ce que les deux gouvernements ne parviennent pas à se mettre d'accord. Si évidente, si incontestée que soit la réclamation d'un particulier ou d'une institution publique, il ne peut cependant y être fait droit, si la France soutient que l'obligation a passé au gouvernement allemand et que celui-ci se refuse de le reconnaître. Il faut toutefois attendre de l'équité et de la justice des deux gouvernements qu'ils se mettront d'accord sur ces questions, et permettront ainsi le règlement de toute prétention fondée. Il est impossible que le traité de paix signé entre l'empire allemand et la France et la cession de l'Alsace-Lorraine à l'Allemagne aient pour effet d'anéantir des droits privés ou de les rendre illusoires, par l'obstination de chacun des deux gouvernements à rejeter sur l'autre des obligations certaines.

Nous avons essayé de retracer dans cette étude les rapports de droit des gens auxquels l'occupation de l'Alsace-Lorraine a donné naissance durant la guerre de 1870-1871. Nous nous sommes loyalement efforcé d'établir partout la vérité des faits que nous avons avancés et de les juger avec impartialité, conformément aux principes du droit international pratique. Nous espérons n'avoir pas trop manqué à ces deux conditions premières et principales de la science : la vérité et l'impartialité. Ce n'est qu'en les observant rigoureusement que le droit international méritera de conserver son rang parmi les diverses branches de la science humaine.

(1) La même disposition se retrouve en termes identiques (mut. mutandis) dans les trois traités : « Le gouvernement de Sa Majesté le roi d'Italie succède aux droits et obligations résultant des contrats régulièrement stipulés par l'administration autrichienne pour des objets d'intérêt public concernant spécialement le pays cédé. »

THÉORIE DU DROIT INTERNATIONAL PRIVÉ,

PAR

Charles BROCHER,

Professeur de droit civil, à Genève.

—

Quatrième article (1).

Chapitre VI. — *Des délais préfix en général et de la prescription libérative en matière de droits personnels.*

Nous avons vu le temps mêler son influence à celle d'un certain état de possession active ou passive, et concourir, de la sorte, à l'acquisition ou à la perte de droits réels. Les délais préfix et la prescription libérative de droits personnels vont nous le montrer agissant seul et sans mélange d'élément étranger.

Les premiers se présentent sous deux aspects différents; les uns marquent le moment depuis lequel un acte peut être fait ou un droit exercé, les autres indiquent le terme fatal où cette faculté cesse d'exister.

Ces délais sont régis par la loi régulatrice du droit auquel ils se rapportent.

Les règles de procédure étant territoriales de leur nature, il faudra bien reconnaître le même caractère aux délais préfix qui les concernent : c'est ainsi, par exemple, que les termes fixés pour se pourvoir contre un jugement ou pour le mettre à exécution seront applicables dans les mêmes limites que les dispositions par lesquelles ces mesures sont autorisées et réglementées.

Les lois de fond sont généralement revêtues d'une plus grande force d'expansion dont participent les délais préfix qui s'y rapportent : c'est ainsi que le terme de quatre ans, avant l'expiration duquel l'article 115 du Code civil français n'admet pas l'instance en déclaration d'absence, paraît indissolublement lié aux dispositions de ce Code en cette matière.

(1) V. t. III de la Revue, pp. 412 et ss. 540 et ss. et t. IV, pp. 189 et ss.

L'action destructive du temps présente une grande variété soit quant aux conditions qui la régissent, soit quant aux effets qu'elle produit. Le délai préfix agit, d'une manière absolue, par la seule expiration du terme.

Diverses circonstances peuvent, au contraire, suspendre ou mettre à néant les effets de la prescription.

L'influence de ce dernier mode d'extinction n'est pas toujours absolue : il se peut, en particulier, que le droit originel, désormais incapable de se produire sous forme d'action, soit encore admissible à titre d'exécution ; qu'il soit susceptible de se consolider ou de servir de base à une novation. On dit généralement alors que l'obligation civile est éteinte, mais qu'il reste une obligation naturelle.

Il serait très important de tracer, aussi nettement que possible, la ligne séparative qui distingue les délais préfix et la prescription ; mais ce travail n'est pas sans difficultés : il existe certains cas intermédiaires dont le classement paraît douteux. Telles sont les courtes prescriptions prévues dans les articles 2271 et suivants du Code civil français : la rigueur exceptionnelle dont elles sont empreintes les rapproche beaucoup des délais préfix.

On peut d'ailleurs penser que ces articles auraient été mieux placés sous la rubrique des présomptions légales, de la nature desquelles ils semblent participer dans une large mesure.

Il y aura toujours en cette matière une question d'interprétation d'autant plus nécessaire qu'il s'agit d'un sujet sur les détails duquel les diverses législations positives varient beaucoup ; mais la nature des choses peut cependant fournir quelques principes dirigeants en pareille matière. L'absolue nécessité d'éviter en procédure tout ce qui pourrait y introduire de l'incertitude ou des lenteurs plus ou moins indéfinies doit faire admettre, jusqu'à preuve ou présomption contraire, que les délais qui s'y rapportent sont préfix.

Il faut suivre la même règle au sujet des dispositions de fond qui ont pour but d'imposer une condition de temps à l'exercice d'un droit plus ou moins exceptionnel ou spécial, qui deviendrait une source de perturbation ou d'insécurité si le terme pendant lequel il peut se produire n'était pas strictement limité [1].

La prescription suppose, au contraire, un droit qui, dérivant des principes, s'impose, en quelque sorte, de lui-même et ne doit être restreint à un

---

(1) TROPLONG, *Prescription*, art. 2219, n° 27. — AUBRY et RAU, *Cours de droit*, 3ᵉ édition, t. 6, p. 516.

certain temps que par suite de considérations plus ou moins générales. Il en résulte une conséquence très grave pour le droit international privé : ce genre de péremption compose, communément, un corps de doctrine soumis à un ensemble de règles et de principes ayant en eux-mêmes leur raison d'être ; il faut en conclure qu'elle a une existence plus indépendante que les délais préfix et se trouve beaucoup moins liée aux dispositions de fond relatives aux droits limités par elle.

Le délai préfix est plus spécial ; il se rapporte à certaines matières déterminées auxquelles il se trouve plus strictement uni, de telle sorte qu'il est applicable ou non dans les mêmes circonstances que la loi particulière réglant ces matières. C'est ainsi que les termes dans lesquels l'action en désaveu peut être exercée suivant les articles 316 à 318 du Code civil français sont inséparables de cette doctrine de droit positif.

De bien nombreuses controverses se sont élevées au sujet de la prescription libérative d'engagements personnels.

Il faut d'abord rechercher si c'est au fond du droit ou à la procédure que le sujet appartient. La nature des choses semble conduire à la première de ces alternatives ; ce n'est pas de forme qu'il s'agit, c'est l'existence même du droit qui est mise plus ou moins en question (1).

Mais cette solution, d'ailleurs très controversée, laisse subsister bien des difficultés. Faut-il recourir à la loi du lieu où l'obligation s'est formée ou à celle du lieu où elle doit recevoir son exécution? Ne faut-il pas s'arrêter plutôt à la nationalité, à la résidence ou au domicile de l'une ou de l'autre des parties intéressées? Lequel de ces derniers éléments faudrait-il préférer? Quelle époque sera décisive : celle de la naissance de l'obligation, celle de la demande ou le temps intermédiaire?

Disons-le d'abord : les obligations légales paraissent devoir être régies par une règle spéciale : il semblerait difficile de soumettre la prescription qui les concerne à une autre loi que celle dont elles émanent. Il y a là tout un ensemble de dispositions solidaires les unes des autres et qu'on ne saurait séparer sans porter atteinte à la volonté du législateur. Cette règle ne doit cependant recevoir son application que dans les cas où il s'agit d'une prescription spécialement attachée à telle obligation légale. S'il n'y a rien de pareil, on doit admettre que le législateur a voulu s'en tenir aux règles générales.

---

(1) Voir sur cette controverse. — Bar, p. 283. — Savigny, t. 8, p. 273. — Story, §§ 576 à 583. — Westlake, art. 250. — Fiore, p. 391.

De nombreux auteurs pensent qu'il faut recourir à la loi du lieu où leur paraît être le siége de l'obligation, suivant l'expression consacrée par M. de Savigny, sauf à se diviser quant à l'élément qu'il faut prendre en considération pour appliquer ce principe. Ils s'arrêtent les uns au lieu où l'obligation s'est formée, les autres à celui où elle doit recevoir son exécution (1).

Nous retrouvons ici les tendances dont nous avons déjà combattu l'autorité trop absolue. C'est sur une volonté plus ou moins expresse ou présumée des parties intéressées qu'on s'appuie pour fixer cette base. Nous ne pensons pas que l'on puisse procéder de la sorte s'agissant d'une institution qui est bien manifestement d'ordre public, ainsi que nous le verrons plus tard.

On a souvent pensé que le domicile de l'une ou de l'autre des parties devait être décisif en pareille matière; mais on s'est divisé soit quand au fond, soit quant aux motifs.

Pothier s'arrêtait au domicile du créancier, ce dernier lui paraissant ne pouvoir être privé de son droit que par la loi qui le régit personnellement (2); mais ce système a été généralement repoussé.

On considère quelquefois la prescription comme une peine infligée à la négligence du créancier et l'on s'arrête à la loi du lieu où cette négligence paraît s'être réalisée : lieu stipulé pour le paiement, domicile ou résidence du débiteur, suivant les cas et les doctrines (3). Nous avons déjà eu l'occasion de combattre l'idée principale sur laquelle repose cette manière de voir : la négligence du créancier peut être une considération justificative de la prescription; elle n'en est pas le vrai motif.

M. Bertauld conclut dans le sens du système que nous venons de réfuter; mais il y est conduit par des prémisses qui semblent bien différentes. La prescription constitue en général, suivant lui, une présomption d'exécution du contrat; elle est quelquefois une dispense de cette exécution (c. c. article 2277). La durée et les conditions ne doivent en être déterminées par la loi du domicile du débiteur qu'autant que ce domicile est le lieu du paiement. L'auteur repousse d'ailleurs très énergiquement l'idée que cette péremption présente quelque chose de conventionnel (4). Cette explication manque, suivant nous, d'un principe supérieur qui en réunisse les différents membres.

(1) Savigny, t. 8, p. 271. — Bar, p. 285 et les nombreux auteurs cités par lui. — Fiore, p. 392. — Foelix, n° 76. — Demangeat, condition des étrangers, p. 359. — Aubry et Rau, Cours de droit, 4e édition, t. 1, p. 108. — Revue pratique de droit française, année 1859, t. 8, p. 353 : Consultation de de Mrs Ballot, Demangeat et autres.

(2) Prescription, n° 251.

(3) Troplong, prescription, n° 38. — Massé, t. 2, p. 108.

(4) Conflits, n° 150.

La cour de cassation française s'arrête à la loi du domicile du débiteur parce que, dit-elle, celui-ci, poursuivi en vertu de la loi de son pays, a le droit de se prévaloir des dispositions de cette loi qui peuvent le protéger contre l'action dont il est l'objet [1].

Nous l'avons déjà dit : la prescription nous paraît être une mesure de police civile destinée à consolider le droit [2]. Les autres motifs allégués ne sont que des considérations accessoires appelées à justifier plutôt qu'à fonder cette institution. La dispense d'exécution dont parle M. Bertauld est un simple fait qu'on ne doit invoquer ni comme motif ni comme justification.

Les conséquences de ces prémisses étaient assez faciles à reconnaître quand il s'agissait de droits réels : la loi de la situation se présentait naturellement à l'esprit comme devant prévaloir en pareille matière. Le même ordre d'idées peut encore nous servir de guide. Nous avons dit, en effet, que les obligations, bien que moins manifestement en rapport avec le sol que les objets corporels, n'en sont cependant pas complétement indépendantes, parce qu'elles existent en quelque sorte dans la personne du débiteur [3]. Il faut ajouter que, s'agissant d'une mesure de protection, il semble bien naturel de s'arrêter à la loi spécialement applicable à celle des parties qui doit en être l'objet. Tel paraît être le sens de l'arrêt de cassation que nous venons de citer.

Nous arrivons, de la sorte, à un résultat vers lequel presque tous les systèmes semblent converger plus ou moins directement. C'est généralement à la personne du débiteur qu'on aboutit, soit qu'on regarde la prescription comme se rattachant à la procédure, soit que, la considérant comme appartenant au fond du droit, on se préoccupe du lieu où l'obligation doit s'accomplir ou le jugement être prononcé. Cette tendance vers un centre commun semblerait devoir faciliter une entente, mais il y a encore bien des causes de divergences : on peut hésiter entre la simple résidence, le domicile et la nationalité du débiteur. Il faut aussi demander quel sera l'effet d'un changement survenu dans celui de ces éléments auquel on se sera arrêté.

Cette dernière question ne semble pas soulever de grandes difficultés. Si l'on ne voit dans la prescription qu'une dépendance de la loi de procé-

(1) Arrêt Albrecht du 5 janvier 1869. — Dalloz 1869, p. 135.

(2) Cicéro, pro Caecina, C. 26. — Gaius, L., 2, § 44. — 1. (2-6) De usucapionibus, in principio. — D. (41-3) De usucapionibus, L. 1. — D. (41-10) Pro socio, L. 5. — Savigny System, t. 5, § 257. — Bar, p. 287.

(3) Savigny, System, t. 8, § 369. — Bar, p. 233.

dure, l'époque et le lieu du procès doivent seuls être pris en considération. Si, au contraire, on pense qu'elle se rapporte au fond du droit, il paraît nécessaire de recourir à une règle de proportion semblable à celle qui est prévue dans l'article 2266 du Code civil français. Nous ne pouvons que renvoyer à cet égard à ce que nous avons déjà dit, en parlant de la prescription en matière de meubles corporels.

La simple résidence, souvent considérée comme motif suffisant de compétence judiciaire en matière d'obligation, n'est certainement pas sans importance pour le droit ; mais la grande mobilité qu'elle présente ne permet pas de la prendre pour base du genre de prescription qui nous occupe : il en résulterait beaucoup de complications et d'insurmontables difficultés en fait de preuves, parce qu'il s'agirait généralement d'un temps plus ou moins long, pendant lequel bien des changements seraient survenus.

Le plus sûr moyen d'éviter ces inconvénients serait de s'arrêter à la nationalité : il y a là plus de stabilité et plus de certitude que dans la résidence et dans le domicile ; mais le territoire national de la loi qui devrait servir de règle serait souvent bien éloigné de celui sur lequel les faits de la cause se seraient réalisés, et la compétence de cette loi ne s'appuie pas bien solidement sur la nature des choses.

L'élément essentiel est bien le domicile : la personne étant censée y avoir une résidence permanente quant à l'exercice de ses droits, c'est là que se trouve le siège des obligations qui lui incombent, c'est là que se trouve la compétence judiciaire le plus généralement reconnue en ce qui concerne ces dernières. C'est au domicile du débiteur qu'on est conduit, soit que l'on se préoccupe de ce que la prescription est une mesure de police civile qui doit être territoriale de sa nature, soit qu'on s'arrête à l'idée qu'elle est la conséquence d'un fait négatif résultant de l'absence de poursuite ; c'est bien au domicile du débiteur que ce fait se réalise le plus communément : c'est généralement là qu'il fallait agir.

Quant à l'influence que devrait exercer une élection de domicile expresse ou implicite, nous pensons qu'il ne faudrait s'y arrêter que dans les cas où cette clause aurait lieu dans l'intérêt du débiteur et serait exclusive des effets du domicile réel. Nous croyons qu'il faut n'avoir qu'une règle en pareille matière et que la solution ne doit pas dépendre du créancier. Une élection de domicile faite en vue d'un droit accessoire, dans une inscription hypothécaire, par exemple, devrait être sans importance en ce qui concerne le fond même du droit principal.

Nous ne voulons pas affirmer que les effets attribués ci-dessus à l'élection de domicile soient à l'abri de toute objection. Il nous semble, cependant, qu'une telle clause détache, en quelque sorte, l'obligation de la personne du débiteur pour la fixer au lieu désigné.

CHAPITRE VII. — *De la famille considérée comme base de l'état civil* (1).

Nous l'avons déjà vu : on admet généralement sur le continent que l'état et la capacité des personnes, considérées individuellement, doivent ressortir à une seule et même loi, celle du domicile suivant les uns, celle de la nationalité suivant les autres. C'est en faveur de cette dernière que nous nous sommes prononcé. L'individualité humaine va nous apparaître sous un aspect nouveau : ce n'est plus dans l'isolement, mais dans les liens du mariage, de l'alliance et de la parenté que nous devons l'étudier maintenant.

L'importance sociale de la famille et l'impérieuse nécessité de la maintenir unie et forte ne sauraient être contestées.

C'est par elle que les générations qui se succèdent peuvent s'accorder réciproquement l'aide et la protection nécessaires à leur développement.

Source intarissable de droits, de devoirs et de sentiments, elle est un merveilleux agent de vie morale et d'ordre social.

Les sociétés modernes, profondément ébranlées par les secousses que la marche du temps leur a fait subir, ont vu se rompre bien des liens plus ou moins artificiels qui n'en étaient pas moins des moyens de cohésion ; elles ont à redouter les excès de l'individualisme, et sont plus que jamais tenues de conserver et de fortifier les éléments d'unité que leur fournit la nature.

Soumettre, autant que possible, les membres de la famille à une seule et même loi quant à leur capacité et quant à leurs rapports réciproques, semble être la voie la plus convenable pour atteindre ce but.

Les personnes que les liens du sang ou de l'alliance paraîtraient devoir unir ne peuvent que trop facilement s'oublier les unes les autres, semblables à ces mobiles éléments de vie qui, dispersés par le souffle des vents ou par le courant des eaux, s'arrêtent et se fixent où ils trouvent un sol capable de les nourrir, sans conserver trace de leur origine. Si on veut les empêcher de tomber dans un tel isolement, il faut porter au plus haut degré d'importance tout ce qui peut entretenir entre elles une communauté de sentiments. Or, si l'on recherche quel est le plus général et le plus persistant de ces moyens d'unité, c'est à la nationalité qu'on est conduit.

(1) Voyez le volume II de cette *Revue*, année 1870, pages 53 et 243, les articles de M. WILLIAM BEACH LAWRENCE, intitulés : *Étude de législation comparée et de Droit international sur le mariage.*

Le droit public est ici complétement d'accord avec les considérations sociales : chaque État devant suivre ses sujets à l'étranger et les recevoir lorsqu'ils lui reviennent, on ne saurait admettre qu'il puisse être indifférent ni désarmé quand il s'agit, en ce qui les concerne, de rapports aussi importants que ceux dont la famille est la cause et le centre. Il voit ses droits et ses obligations recevoir nécessairement le contre-coup de toutes les fluctuations qui se produisent dans ce milieu; serait-il possible de ne pas lui reconnaître une large compétence en pareille matière ?

Tels sont les principes dont nous voudrions faire ressortir les principales conséquences. Ce sujet se présente sous deux aspects. La famille agit directement sur l'état et la capacité des personnes ; ce sera l'objet du présent chapitre. Elle exerce une influence nécessaire sur les biens; c'est ce dont nous aurons à nous occuper plus tard.

Le mariage, la filiation et la tutelle sont les centres autour desquels viennent se grouper les questions que nous devons étudier en premier lieu.

Il ne faut pas l'oublier : l'état des personnes se trouve toujours à la base de l'influence exercée par la famille sur les biens; il en résulte que ce que nous dirons dans ce chapitre aura nécessairement une grande importance pour l'application des règles qui seront exposées dans les suivants.

I. Les législations modernes ont énuméré, d'une manière plus ou moins claire et plus ou moins heureuse, les conditions auxquelles les nationaux peuvent se marier à l'étranger; mais l'expérience ne prouve que trop qu'il ne faut pas, en pareille matière, se contenter de légiférer dans l'isolement, si l'on veut atteindre le but qu'on se propose.

« La France, dit M. Story, est allée jusqu'à émettre cette doctrine hardie, » que les mariages contractés hors de son territoire par ses sujets sans » avoir obtenu les autorisations qu'elle exige comme formes habilitantes, » doivent être considérés comme nuls. Il est presque certain que les États » où il aura été procédé à la célébration feront abstraction de cette règle » pour s'en tenir à leur droit national (1). »

On admet, de la sorte, avec une grande résignation, que le même mariage peut être considéré comme valide en un pays, comme nul en un autre. Voici comment M. Schæffner s'exprimait à cet égard : « Chaque État frappe de » nullité le mariage que ses sujets contractent au-delà de ses frontières, sans » respecter les conditions qu'il impose à cet acte, et cela même dans les cas » où la loi du lieu de la célébration aurait été strictement observée. Toute

(1) §§ 90, 122, 124

» idée de nullité serait bien certainement repoussée dans cette dernière
» localité ; mais que ferait-on en pays neutres? Nous croyons qu'on s'y pro-
» noncerait pour la validité, dans le cas même où il y aurait eu nullité si le
» mariage fût intervenu sur le territoire ou entre nationaux [1]. »

Il serait facile de prévenir de pareils dangers au moyen de conventions
diplomatiques ; mais il faudrait pour cela qu'on pût s'appuyer sur quelques
points de doctrine assez généralement adoptés pour servir de base commune. Il suffit malheureusement de jeter un coup d'œil sur l'état actuel des
idées pour reconnaître de nombreuses traces d'anarchie. Bien des causes y
contribuent et nous devons nous efforcer de les connaître pour les combattre,
si possible, avec quelques chances de succès.

Nous ne pouvons pas revenir sur ce que nous avons dit à l'occasion de la
polémique engagée au sujet de la loi qui doit régir l'état et la capacité des
personnes, les uns adoptant celle du domicile et les autres celle de la nationalité. Nous ne pouvons que renvoyer au chapitre que nous avons consacré
à l'examen de ces questions. Ce sont des considérations plus intimes qui
doivent nous occuper maintenant.

Le mariage peut se présenter sous deux aspects qui, bien que distincts,
se mélangent souvent en des combinaisons diverses. Contrat civil, il doit
ressortir au pouvoir séculier ; mais il peut revêtir un caractère religieux
qui, poussé quelquefois jusqu'à l'idée du sacrement, vient modifier cette
première conception. Des conflits de compétence devaient en résulter. On
ne s'en est pas toujours tenu à une opposition nette et bien tranchée ; on est
entré dans la voie des transactions et des accommodements, ce qui n'a fait
qu'augmenter les divergences et l'hésitation.

Les vrais principes nous paraissent avoir été professés par le vénérable
et religieux Pothier.

« Le mariage, disait-il, n'étant soumis à la puissance ecclésiastique
» qu'en tant qu'il est sacrement, et n'étant aucunement soumis à cette
» puissance en tant que contrat civil, les empêchements que l'église
» établit, seuls et par eux-mêmes, ne peuvent concerner que le sacre-
» ment, et ne peuvent seuls et par eux-mêmes donner atteinte au contrat
» civil [2]. »

Nous ne voulons pas dire que le monde religieux et le monde civil doivent
rester séparés l'un de l'autre ; mais nous pensons que leur union doit être
volontaire.

(1) § 102.
(2) Contrat de mariage, partie 1, Ch. 3, art. 2, n° 20.

Ce ne sont pas seulement les idées et les prétentions religieuses qui sont une source de dissidences ; des difficultés analogues peuvent surgir de doctrines purement sociales qui font que tels rapports de famille admis dans certains pays sont repoussés par d'autres ; c'est ce qui a tout particulièrement lieu en matière de mariage et de divorce.

Quelle que soit la cause de pareils conflits, il semble qu'il y ait une distinction capitale à faire entre laisser créer sur le territoire un rapport qu'on réprouve, et en accepter les conséquences quand il s'est régulièrement formé à l'étranger. Il y a coopération directe dans le premier cas et simple tolérance dans le second. Le mal une fois commis, il convient souvent d'en accepter les conséquences naturelles pour éviter d'en faire naître de plus graves par une résistance absolue et maladroite.

Nous comprenons qu'on refuse de procéder à la prononciation d'un divorce sur un territoire dont la loi n'admet pas cet acte ; mais il paraît bien difficile de ne pas en reconnaître les effets, s'il est régulièrement intervenu à l'étranger. C'est dans ce sens que la Cour de cassation française s'es prononcée le 28 février 1860, arrêt Bulkley [1].

Nous comprenons encore qu'on refuse de célébrer un mariage entaché de polygamie dans un pays où une telle union est prohibée ; mais il n'en résulte pas qu'on dût refuser tout effet à un pareil acte intervenu légalement ailleurs. S'il ne faut pas renoncer à tout principe d'ordre public international en pareille matière, il convient d'en restreindre l'application dans les limites qu'il est nécessaire de ne pas dépasser pour que l'indispensable harmonie qui doit régner entre les nations ne reçoive pas de trop sérieuses atteintes. Les États sont respectivement intéressés à ne pas s'entraver réciproquement dans l'exercice de leur souveraineté, le respect des droits acquis est indispensable à la sécurité sociale et nous croyons qu'il y a des distinctions à faire :

Les rapports de droit qui sont plus ou moins permanents de leur nature, doivent être maintenus dans celles de leurs conséquences qui ne sauraient en être séparées sans y produire une altération profonde. Tels sont en général les droits résultant du mariage et de la parenté, la succession héréditaire par exemple. S'il s'agit de conséquences moins essentielles on peut en défendre et même en punir la réalisation, quand elles sont contraires aux principes d'ordre admis sur le territoire. Tels peuvent être par

---

(1) DALLOZ, 1860, p. 57. — Voyez encore Orléans 19 avril 1860. DALLOZ, 1860. 2 p. p. 81. — BERTAULD, §§ 29 — 33. — FIORE, p. 187.

exemple, certains actes d'autorité paternelle ou maritale : rien ne s'oppose à ce qu'on en suspende l'exercice, tout en laissant subsister le rapport dans ses effets nécessaires ou principaux.

S'agit-il, au contraire, de droits isolés qu'on prétend exercer dans un pays où ils paraissent contraires à l'ordre, il y a plus grande liberté de s'y opposer; mais il ne convient pas toujours de le faire d'une manière absolue, ainsi que nous l'avons déjà dit en parlant de l'usure.

D'autres causes de divergences et de conflits sont provenues des lacunes et de l'insuffisance de l'ancienne doctrine des statuts. C'est là un sujet fort compliqué sur lequel nous devons insister quelques instants.

On dit souvent qu'il faut distinguer deux genres de questions en matière de mariage : les unes, se rapportant à la capacité, sont régies par le statut personnel; les autres, relatives aux formes antérieures, ressortissent au statut mixte.

Cette règle ainsi énoncée, dans sa généralité, paraît d'une application facile; mais elle n'en soulève pas moins diverses questions :

1° Est-on bien d'accord sur les bases constitutives et sur les limites respectives de ces deux statuts?

2° Est-il possible d'énoncer à cet égard quelques principes dirigeants que l'on puisse se flatter de faire généralement adopter ?

Ces questions se compliquent des aspects assez divers sous lesquels on les voit se produire, et dont nous devons étudier les principaux.

Si l'on suppose le mariage célébré et reconnu valide, il ne peut s'agir que de rechercher quelle est la loi qui doit en régler les effets et l'indissolubilité plus ou moins absolue : Devra-t-on s'arrêter à celle de la célébration, à celle du domicile ou à celle de la nationalité des époux? Si l'on adopte l'une ou l'autre de ces deux dernières bases, il faudra bien encore se demander quelle époque devra être considérée comme décisive s'il y a eu changement, et si l'on suppose que les lois qui régissent à cet égard les époux sont en désaccord, il sera nécessaire de rechercher si l'une d'elles pourra prévaloir sur l'autre. Ces questions nous amènent à rechercher avant tout quelle est la nature du mariage.

Cet acte est généralement considéré comme un contrat, mais comme un contrat d'une nature particulière. Les rapports personnels qu'il fait naître sont essentiellement d'ordre public : on ne les discute pas, on ne cherche pas à les réglementer par des clauses conventionnelles; il faut les accepter tels qu'ils ont été fixés par la loi. Il en résulte les conséquences suivantes :

1° On doit, en pareille matière, faire abstraction de tout ce qui ne peut avoir d'autre importance que d'indiquer l'intention probable des parties intéressées [1].

2° La seule loi qui puisse être compétente est celle qui régit l'état et la capacité des époux : celle de la nationalité suivant le système que nous avons adopté.

3° L'absolue nécessité d'arriver à un principe d'unité conduit à admettre que la loi personnelle du mari doit prédominer sur celle de la femme [2].

4° Il ne saurait s'agir de droit définitivement acquis en ce qui concerne les effets du mariage sur les rapports purement personnels. Le fait contractuel est seul inaltérable. La rigueur des principes exige que l'on applique cette règle à l'indissolubilité plus ou moins absolue de ce lien, la loi pouvant modifier pour l'avenir ce qu'elle a seule créé [3].

Bien des controverses se sont élevées à cet égard au sujet du divorce: mais la doctrine que nous venons d'exposer nous semble reposer sur les considérations les plus solides.

Puisque tout ce qui tient aux rapports personnels dérivant du mariage est d'ordre public, ces rapports ne peuvent dépendre que de la loi. Si c'est l'autorité législative qui change elle-même les dispositions précédemment adoptées, les considérations politiques, sociales ou religieuses qui auront motivé ce changement conduiront presque nécessairement à en faire l'application aux mariages précédemment célébrés. On peut citer comme exemple la loi du 8 mai 1816 par laquelle le divorce fut aboli en France.

Nous le reconnaissons : la question soulève de plus grandes difficultés quand c'est un changement de domicile ou de nationalité qui vient soumettre les époux à une autre loi que celle sous l'empire de laquelle ils se sont unis.

Si ce changement a lieu par suite d'une cession de territoire, la position paraît assez analogue à celle que nous venons d'exposer. La solution pourra souvent dépendre, en fait, des termes du traité d'annexion. Il semble assez naturel d'admettre, en l'absence de toute clause, que les nouveaux sujets doivent être assimilés aux anciens pour leur existence future.

Si c'est par un acte de volonté individuelle que le changement a lieu, il s'élève plusieurs questions, parceque diverses hypothèses peuvent se présenter.

(1) SAVIGNY, *System*, t. 8, p. 325. — STORY, §§ 109, 225 à 230. — BAR, § 90. — FIORE, § 78.

(2) SAVIGNY et BAR, aux lieux cités. — STORY, §§ 133 à 142. — FIORE, §§ 82 à 84. — BOULLENOIS, Observation 46, p. 467. — MERLIN, *Répertoire*, V° Autorisation maritale, section 10.

(3) SAVIGNY, p. 524. — STORY, § 111. — D. D. FIELD, *International code*, art. 554. — MERLIN, *Répertoire*, V° Effet rétroactif, section 3, § 2, art. 5, n° 3.

Si les deux époux concourent au changement et adoptent bien réellement et sincèrement un nouveau domicile ou une nouvelle nationalité, les effets paraissent devoir en être acceptés sans scrupules, si l'on s'arrête à la loi de la nationalité et si les époux sont libres de tout lien qui les rattache à leur ancienne patrie. Les intérêts d'ordre public et d'ordre privé semblent être suffisamment garantis en pareilles circonstances. Si l'on s'arrête à la loi du domicile, la question peut être plus douteuse, parce que cet élément n'a certainement pas la même importance que celui de la nationalité, qu'il présente une beaucoup plus grande mobilité et qu'il peut, avec plus de facilité, se reconstituer à son état primitif après avoir subi un changement.

De nombreux conflits se sont élevés à cet égard entre l'Angleterre et l'Ecosse, la première refusant de reconnaître certains divorces prononcés par les tribunaux de la seconde, et ces conflits sont peut-être un des plus forts arguments que l'on puisse invoquer en faveur du système de la nationalité prise comme base de l'état et de la capacité des personnes.

L'État qui régissait l'ancienne nationalité ou l'ancien domicile peut considérer son droit comme méconnu si le changement a eu lieu seulement en vue d'obtenir ainsi le moyen de rompre un lien précédemment indissoluble. Nous croyons cependant que, même dans le cas où il s'agit du domicile, il est plus convenable de ne pas faire cette distinction, parce qu'elle réclame pour être mise en pratique une appréciation difficile, qui peut soulever des conflits et produire le doute dans une matière où il faut l'éviter soigneusement.

Nous croyons que la nationalité et le domicile de la femme doivent s'absorber dans ceux du mari, et qu'un changement opéré par la volonté de ce dernier doit avoir ses effets pour les deux époux. Il est vrai qu'il en résulte un état précaire pour le membre le plus faible de l'union conjugale. Cela peut être un nouveau motif de s'arrêter à la nationalité plutôt qu'au domicile, et d'entourer ce membre le plus faible d'une protection puissante dans les circonstances difficiles qui peuvent lui être faites. Qu'on l'autorise, suivant les circonstances, à une séparation de fait plus ou moins durable; qu'on aille même jusqu'au divorce si on l'estime convenable; mais qu'on n'introduise pas un principe de dualité, dans un rapport dont la nature exige impérieusement l'unité.

La séparation de corps, n'étant qu'un diminutif du divorce, nous semble devoir être soumise aux mêmes règles.

Ce n'est pas toujours à la loi du domicile ou à celle de la nationalité que l'on s'est arrêté, pour régler ce qui tient aux effets du mariage et spécialement à sa plus ou moins grande indissolubilité. M. David Dudley Field n'énumère pas moins de neuf législations qui ont été présentées comme compétentes en matière de divorce (1). C'est bien certainement là un luxe effrayant. Nous devons ajouter, cependant, que cette énumération résulte de la combinaison d'un petit nombre d'éléments : nationalité, domicile de la partie plaignante ou de la partie coupable pris à différentes époques, lieu de la célébration, territoire sur lequel se sont réalisés les faits invoqués. Ces deux derniers éléments doivent nous arrêter quelques instants.

Nous avons déjà vu que le premier ne peut en aucune façon s'appuyer sur l'intention présumée des parties ; mais l'État sur le territoire duquel un contrat se forme, ne doit-il pas par cela seul être appelé à en régler tous les effets ? C'est là une doctrine que nous ne saurions adopter et que nous réfuterons plus tard. Elle joue un rôle considérable dans le droit anglais et dans le droit américain ; c'est à elle que paraît devoir être attribué le conflit dont nous avons déjà parlé, et qui exista longtemps entre l'Angleterre et l'Ecosse au sujet de divorces prononcés par cette dernière, et non reconnus par la première quand il s'agissait de mariages célébrés sur son territoire. D'après les derniers documents parvenus à notre connaissance, l'Angleterre semble avoir cédé, en ce sens qu'elle reconnaît les jugements intervenus à l'étranger dans les circonstances indiquées.

Quant à s'arrêter à la loi du lieu où les faits invoqués se sont réalisés, en considérant le divorce comme une sorte de peine infligée à ces faits, c'est un système qui ne saurait être admis, bien qu'il ne manque pas de partisans. Pris à la lettre, et logiquement appliqué, il conduirait à des conséquences inacceptables. Deux graves considérations s'opposent à ce qu'on soumette le divorce aux règles ordinaires du droit pénal. Ce dernier est territorial de sa nature et doit s'exercer avec une certaine rigueur, le plus souvent sans consulter la volonté de la partie lésée. Le divorce est bien certainement une dépendance du droit de famille, et nous avons déjà vu que ce droit ne peut être strictement territorial. Toute intervention d'office semble d'ailleurs devoir être repoussée en pareille matière (2).

Les difficultés et les conflits augmentent quand il faut se préoccuper des conditions imposées soit à la célébration, soit à la validité du mariage.

(1) *Draft-Outlines of an international code*, New-York 1872. Nous avons rendu compte de ce beau travail dans la *Revue de Législation* de M. Laboulaye, n° d'octobre 1872.

(2) Voir sur tous ces points, outre M. FIELD déjà cité, WESTLAKE. art. 351 à 357. — STORY, § 221 à 226. — KENT, *american Law*, 10ᵉ édition, t. 2, p. 83. — BAR, § 92. — SAVIGNY, t. 8, p. 357. — FIORE, p. 168. — MERLIN, *Répertoire*. Effet rétroactif, section 3, § 2, art. 6. — Questions de droit. Divorce, §§ 11 à 13.

Nous retrouvons en présence le statut mixte et le statut personnel ; mais on ne se contente pas d'être en désaccord sur les limites qui les séparent, on va jusqu'à contester la convenance de les distinguer.

La vieille règle *locus regit actum* dont nous croyons avoir justifié la nécessité quant aux questions de forme, a souvent été prise dans un sens plus étendu. Nous avons déjà cité des auteurs suivant lesquels c'est la loi du lieu de la célébration du mariage qui doit régir tout ce qui tient aux empêchements. Nous croyons pouvoir ajouter que, malgré quelques dissidences et quelques hésitations, pareilles idées prévalent encore en Angleterre et dans les Etats-Unis d'Amérique.

Nous l'avons dit : On y repousse assez généralement les règles qui prévalent sur le continent en matière de statut personnel. M. Field ramène toute la théorie du droit internationnal privé à deux règles, qu'il indique comme représentant à elles seules la doctrine admise dans les Etats-Unis :

1° Chaque nation doit être considérée comme ayant le droit de régler les actes qui affectent la propriété immobilière dans l'étendue de son territoire.

2° Chaque nation doit être considérée comme ayant le droit de régler tous les actes qui interviennent sur son territoire, entre citoyens ou étrangers, sauf quand il s'agit d'influer sur la propriété d'un sol étranger [1].

Faisant l'application de cette doctrine au mariage, M. Story s'exprime de la manière suivante : « La jurisprudence anglaise a consacré la règle que le mariage doit être valable partout, quand il l'est aux termes de la loi du lieu où il a été célébré, et les cours américaines ont généralement adopté le même principe. Mais ces décisions n'ont pas établi e *converso* qu'un mariage contracté à l'étranger entre sujets de la Grande Bretagne soit nul dans toutes les circonstances où il devrait l'être suivant la loi du lieu de la célébration [2]. »

Cette doctrine n'est pas dépourvue de certaines apparences plus ou moins spécieuses. Elle peut s'appuyer sur un principe de stricte territorialité donnant à chaque État le droit de réglementer d'une manière absolue tout ce qui se passe à l'intérieur de ses frontières. Est-il possible de pourvoir plus directement à la sécurité nécessaire en pareille matière, et ne peut-on pas tirer de puissantes analogies de ce qui est admis pour les

---

[1] *International code*, p. 575. — Voyez encore STORY, §§ 241 et 368.

[2] FIELD, *International code*, art. 542, 543, 547 à 549, 552, 553. — STORY, §§ 79 à 81, 89, 90, 113 à 115, 119, 226. — KENT, t. 2, p. 62. — WESTLAKE, art. 345 et 346. — BAR, p 322.

formalités extérieures? Tout cela peut se dire; mais la vérité des faits ne montre pas moins ce système comme soulevant par son acceptation isolée de nombreux conflits dont les tristes conséquences ont déjà été exposées : lutte ouverte entre les tribunaux des deux pays le plus directement intéressés, hésitations et divergences nécessaires chez les autres. C'est que les considérations invoquées ne sont pas de force à se faire généralement accepter.

La trop rigoureuse territorialité est l'ennemi que le droit international privé doit combattre avec le plus de persistance, parce que c'est là que se trouve le plus grand obstacle à l'harmonie dont il recherche la réalisation.

Ce n'est qu'en s'entourant d'une muraille infranchissable qu'une nation pourrait élever la prétention de régir d'une manière absolue tous les actes qui se réalisent en deçà de ses frontières ; dans l'état naturel des choses, ce système, pris à la lettre, semble impossible parce qu'il est contradictoire dans ses termes. L'administration de la justice est bien certainement une des manifestations les plus directes et les plus importantes de la souveraineté ; si l'on admet, avec certains auteurs, qu'elle doit être soumise, pour le fond comme pour la forme, à la loi territoriale, il faudra bien s'attendre à voir les tribunaux étrangers se conformer au même principe, d'où résultera l'impossibilité de régler seul toutes les conséquences des actes qui ont eu lieu sur le sol national. On sera ainsi conduit à reconnaître l'existence de certains principes dirigeants auxquels il faut savoir se conformer. Nous avons vu que ces principes semblent donner une beaucoup plus grande importance à la loi de la nationalité qu'à celle de la célébration. S'arrêter à cette dernière, c'est réclamer de trop grands sacrifices des États qui ont le plus grand intérêt à voir leur compétence reconnue; on peut s'attendre à bien des mécomptes.

S'il était démontré que la sécurité sociale impose ces règles on aurait quelques chances de les voir assez généralement adopter ; mais il n'en est rien. Ce que nous avons dit au sujet du statut mixte, en ce qui concerne les formalités extérieures, ne saurait s'appliquer ici par analogie. Une triple impossibilité nous a conduit à reconnaître la nécessité de soumettre la forme des actes à la loi du lieu où ils interviennent : on ne peut ni prévoir devant quels tribunaux l'acte devra être produit, ni satisfaire à la fois aux exigences de ces divers tribunaux, ni trouver un officier ministériel ayant capacité de procéder en-dehors des formes tracées par la loi territoriale. Nous ne voyons ici rien de pareil ; ce n'est pas de l'avenir mais du présent qu'il s'agit, on ne demande aucune solennité insolite, il faut seulement vérifier si la loi compétente permet de procéder. Les surprises sont d'ailleurs moins à redouter parce que l'acte est dans tous les cas solennel, que l'autorité publique y intervient généralement et qu'il est toujours nécessaire de l'entourer de garanties spéciales.

Les restrictions imposées à la règle du statut mixte en matière de mariage peuvent s'expliquer par diverses considérations. Outre les mesures de publicité et de prudence dont il convient d'entourer cet acte, sur le sol national, même quand il doit se célébrer à l'étranger, on lui impose souvent des conditions plus ou moins compliquées et plus ou moins rigoureuses. Il y a des États qui exigent dans tous les cas l'intervention de l'église (1). D'autres, pour couper court aux difficultés que leurs sujets peuvent éprouver à l'étranger, confèrent à leurs représentants diplomatiques, ou à quelque fonctionnaire attaché à leur suite, le droit de procéder aux actes d'état civil en ce qui les concerne (2). Ce sont là des causes de danger et de perturbations destinées à disparaître à mesure que cette matière se sécularisera et que l'on renoncera à certaines idées étroites dont le progrès du temps finira par triompher.

Nous voyons se confirmer ici, ce que nous disions au sujet de la volonté : Bien que les formes internes des actes semblent devoir être régies par la loi du lieu où ils sont intervenus, il faut faire une exception en ce qui concerne le mariage : la loi de la nationalité paraît seule compétente en pareille matière.

Les empêchements qui s'opposent au mariage sont dirimants ou simplement prohibitifs. Les premiers semblent devoir ressortir à la législation compétente quant au fond, soit à celle de la nationalité des époux. Les seconds paraissent ne pouvoir dépendre que de la loi du lieu où l'acte doit être célébré ; mais, ils ne sont pas tous de la même nature et quelques distinctions peuvent être nécessaires à leur égard. Les uns n'ayant pas d'autre but que de servir de garantie à la validité future du mariage, ne sont presque que des questions de forme et sont bien certainement soumis à la règle que nous venons d'énoncer. Les autres ont une plus grande importance quant au fond du droit : ils ont pour but d'éviter certaines conséquences que la possibilité du mariage pourrait avoir dans telles circonstances. On ne s'est abstenu d'en faire des empêchements prohibitifs que parce que cela n'aurait pas guéri le mal qu'il s'agissait de prévenir, ou parce que le remède aurait été pire que ce mal : tels sont peut-être en droit français le cas d'un second

(1) Bar, p. 326. — Savigny, t. 8. p. 337. — Schmid, p. 79. — Field, art. 550 et 551.
(2) Story, §§ 118 à 120. — Westlake, art. 344. — Code civil français, art. 48.

mariage contracté par une femme moins de dix mois après la dissolution du premier, et celui d'une telle union survenue entre personnes liées par l'adoption. Ce sont là des questions plus ou moins controversées quant au fond du droit. Il faut voir dans ces prohibitions des mesures de police civile destinées à sauvegarder un intérêt d'ordre public, et les États doivent s'entendre pour s'aider réciproquement dans un tel exercice de leur souveraineté sur leurs sujets respectifs, ce qui, dans l'application, doit soumettre ce genre d'empêchements à la même règle que s'ils étaient dirimants.

D'assez graves difficultés peuvent surgir de ce que les deux parties n'ont pas, au moment de la célébration, la même nationalité ou, suivant les systèmes, le même domicile.

Admettre, avec quelques auteurs que les juges de chacun des États auxquels ressortissaient les époux avant la célébration doivent s'en tenir à leur loi nationale prise individuellement, c'est créer une source de conflits et d'incertitude bien regrettables [1].

Le mariage devant fondre la nationalité et le domicile de la femme avec ceux du mari, on a souvent pensé que la loi personnelle qui régit ce dernier doit seule être prise en considération. Ce système a été admis par les uns d'une manière absolue et par les autres avec certaines restrictions [2]. Les motifs invoqués paraissent, en effet, n'avoir pas toujours une force égale et dépendre de la nature des empêchements.

S'agit-il de protéger la personne contre les dangers provenant des faiblesses de l'âge ou d'une altération dans les facultés physiques, intellectuelles ou morales, nous ne voyons pas pourquoi la loi personnelle de la femme ne serait pas écoutée. Il en est de même si l'empêchement a pour but de prévenir une perturbation morale provenant de la possibilité du mariage, ce qui peut avoir lieu, par exemple, en cas d'adoption ou de profession religieuse.

Le cas le plus favorable au système paraît être celui où l'empêchement dérive uniquement d'un lien commun de parenté ou d'alliance existant entre les personnes : un tel obstacle n'ayant rien d'individuel, il peut sembler naturel de faire un choix entre les deux législations.

Nous croyons cependant que, même dans cette hypothèse, une telle doctrine serait exposée à de graves objections : ces prohibitions reposent, comme nous l'avons déjà dit, sur un intérêt d'ordre moral ou physiologique dont il

(1) Wæchter, Archiv. t. 25, p. 186. — Schæfner, p. 129. - Pütter, p. 145. - Schmid, p. 77.

(2) Savigny, System, t. 8, p. 324. — Bar, p. 323. — Von Wyss, Zeitschrift für Schweizerisches Recht t. 1, p 64. — Blumer, Hanbuch des Schweizerischen Bundesstaatsrechts, t. 2, p. 153.

paraît difficile de faire abstraction en ce qui concerne la femme. L'État auquel cette dernière appartient ne peut être sans intérêt en ce qui la concerne, par cela seul qu'elle change de nationalité; c'est d'ailleurs, bien souvent, sur son territoire que se produisait le désordre moral qu'il veut éviter.

Une des conséquences naturelles du système que nous venons de critiquer, conduit à admettre que la loi nationale du mari doit, beaucoup plus que celle de la femme, être prise en considération quant aux précautions à prendre pour ne pas célébrer un mariage susceptible d'être critiqué plus tard. Telle paraît être l'idée qui se trouve à la base du concordat intervenu le quinze juillet 1842, entre divers cantons Suisses.

Les objections que nous avons présentées et le fait que ce système est loin d'être généralement adopté suffisent pour démontrer qu'il serait dangereux d'accorder une grande confiance à ce mode de procéder. Mais on peut être tenté d'insister en disant qu'en fait c'est sous l'empire de la loi personnelle du mari que le mariage a le plus de chances d'être attaqué, parce que c'est là qu'il doit recevoir son exécution et que les époux auront leur possession d'état. On s'exposerait à bien des mécomptes en s'appuyant sur de pareilles considérations. Deux grosses questions peuvent encore se présenter : Est-on bien sûr que les tribunaux de la nationalité actuelle du mari seront reconnus seuls compétents? Cette compétence supposée, est-on bien sûr qu'elle aura toujours pour conséquence l'application de la loi nationale à l'exclusion de toute autre ?

Nous devons, avant d'abandonner cette partie de nos études, nous demander quelle loi doit être prise en considération quand il s'agit des effets à donner soit au mariage putatif, soit à la possession d'état.

Les effets accordés au mariage déclaré nul mais contracté de bonne foi doivent servir de palliatif à la sévérité de la loi, dont la sanction se trouve ainsi considérablement adoucie. C'est à la règle *locus regit actum* qu'il faudra recourir s'il s'agit d'une nullité de forme externe. C'est la loi personnelle des époux qu'il faudra prendre en considération si c'est une règle de fond qui a été violée. Diverses hypothèses peuvent se présenter dans ce dernier cas :

Il ne peut pas s'élever de conflit si les deux époux étaient, lors de la célébration, soumis à une seule et même loi, ou à des lois se prononçant dans le même sens.

Si ces lois sont différentes, et s'il n'y en a qu'une qui ait été violée, c'est à cette dernière qu'il faudra s'arrêter, parce qu'elle forme un tout indivisible. Chacune d'elles a stipulé pour elle-même et nous ne pensons pas que les dispositions de l'une puissent se substituer à celles de l'autre, quelque désir qu'on éprouve d'arriver à la solution la moins rigoureuse. La prépondérance de la loi personnelle du mari sur celle de la femme soulève ici les objections que nous avons déjà énoncées à ce sujet.

Si les deux lois ont été violées, on peut être tenté de dire : La position des enfants est indivisible et celle des parents ne l'est pas; les premiers doivent être appelés au bénéfice de la disposition qui leur est le plus favorable; c'est ainsi, par exemple, que l'article 202 du code civil français admet les enfants à recueillir les effets de la bonne foi de l'un ou de l'autre des époux. Nous ne pensons pas, cependant, qu'une pareille solution puisse être adoptée; l'analogie fait complétement défaut. Nous nous trouvons en présence d'un conflit qui paraît devoir se résoudre en ce sens que chacune des législations doit ressortir les effets que lui donne sa compétence. C'est encore la question des empêchements qui se reproduit ici, puisqu'il s'agit des conséquences qu'ils doivent avoir. Les parents doivent à plus forte raison être soumis à la même règle.

Les effets de la possession d'état peuvent soulever bien des difficultés, soit qu'ils tendent à corroborer un mariage originellement susceptible d'être frappé de nullité, soit qu'ils dispensent de produire l'acte de célébration.

Il semble nécessaire de distinguer, dans le premier cas, entre le fond et la forme : si c'est du fond que la nullité pouvait naître, c'est à la loi du fond qu'il faut s'arrêter. Les règles que nous venons d'exposer en ce qui concerne les mariages putatifs nous paraissent devoir être suivies en cette matière. Si c'est de la forme qu'il s'agit, ce sera le plus souvent la loi du lieu de la célébration qu'il faudra prendre en considération. Il se peut, cependant, que certaines formalités soient exigées au lieu du domicile ou de l'origine, quand il s'agit d'unions solennisées à l'étranger; s'il y a violation d'une pareille règle, la loi qui la consacre devra bien être consultée. Ne pourrait-on pas ajouter que, si les dispositions régissant les personnes des époux s'accordent à conférer un tel bénéfice à la possession d'état, ce bénéfice doit être acquis lors même que la loi violée ne contiendrait aucune disposition à cet égard? Ne sont-ce pas les États auxquels ressortissent les époux qui ont le principal intérêt à la validité du mariage? Peut-on facilement admettre qu'ils aient entendu montrer moins d'indulgence pour la violation d'une législation étrangère que pour celle d'une règle nationale? La possession d'état n'est-elle pas d'ailleurs un fait qui, réellement ou fictivement, se rattache au domicile ou à la nationalité du mari? Ce fait ne doit-il pas ressortir les effets que lui donne la loi sous l'empire de laquelle il se réalise, s'il n'y a pas d'obstacle de la part de la loi qui régit l'autre époux?

Que dirons-nous maintenant de la possession d'état considérée comme fait dispensant de produire l'acte de célébration, art. 197 du Code civil français?

Nous pensons d'abord qu'il faut écarter, sans hésitation, toute velléité de considérer cette règle comme appartenant à la procédure. Nous avons déjà vu que l'admissibilité de tel genre de preuve tient au fond du droit. On ne peut s'arrêter à la loi du lieu de la célébration puisque, tout en supposant cet acte, on ignore où il a eu lieu. La capacité personnelle des parties intéressées est complétement hors de cause ; mais il s'agit de leur état. Il y a là un fait qui, par un bénéfice de la loi, est accepté comme présomption suffisante. Nous ne pensons pas cependant que l'on doive s'arrêter à la loi du lieu où ce fait s'est réalisé matériellement. Cette possession d'état se rattache plus ou moins directement à la nationalité et au domicile du mari qui sont aussi ceux de la femme et des enfants puisqu'on suppose le mariage. Nous en concluons que ce sera généralement à la loi personnelle du mari qu'il faudra s'arrêter, ou, tout au moins, à celles des deux époux. Ces questions peuvent d'ailleurs se compliquer des termes du droit positif et de divers changements qui pourraient intervenir soit dans la loi, soit dans le domicile ou la nationalité des parties intéressées. Nous n'avons pas à rechercher quelle pourrait être l'importance de ces complications, cela nous entrainerait trop loin. Il doit nous suffire d'avoir exposé ce qui semble résulter le plus généralement de la nature des choses.

II. La filiation et l'autorité qui en dérive nous appellent à nous occuper successivement des enfants légitimes, de la légitimation, de l'adoption et des enfants naturels.

Nous avons vu que les rapports personnels des époux doivent être régis par la loi nationale du mari. C'est bien manifestement la même loi qui réglemente les rapports personnels des parents et des enfants légitimes. Ces derniers participent de la nationalité du père, et l'état de subordination dans lequel se trouve la mère la place dans une condition d'infériorité quant à l'autorité qui doit s'exercer sur eux. Il semble même qu'il ne puisse pas y avoir conflit à cet égard aussi longtemps que le mariage persiste. Si le lien conjugal est rompu et que la mère acquière une nationalité autre que celle des enfants, c'est la loi personnelle de ces derniers qui doit encore prédominer, l'autorité dont il s'agit étant un office plus qu'un droit. Des considérations analogues à celles que nous avons présentées au sujet du mariage, doivent faire admettre que tout changement de nationalité qui pourrait survenir après la naissance, ou même après la conception de l'enfant, laisse

subsister le fait de la filiation légitime ainsi que l'autorité qui en dérive.
Mais cette autorité reçoit l'empreinte du nouveau milieu social dans lequel
elle est appelée à s'exercer. L'unité morale de la famille semble l'exiger;
car, s'il en était autrement, le foyer domestique pourrait présenter de bien
singuliers contrastes (1).

Bien des controverses se sont élevées au sujet de la légitimation par
mariage subséquent. Nous croyons que les principes conduisent à donner
la prépondérance à la loi personnelle du père au moment de la célébration.
Il s'agit d'une sorte de fiction qui reporte les effets du mariage au moment de
la conception; or, nous avons vu quelle loi doit régler ces effets. Le même
acte qui légitime l'enfant confère à la mère le domicile et la nationalité du
père, de telle sorte que le conflit est plus apparent que réel. Il ne faut pas
l'oublier: c'est des effets et non de la validité du mariage qu'il s'agit; ce que
nous avons dit au sujet des empêchements ne peut recevoir application.

Admettre une légitimation partielle, en ce qui concerne l'époux dont la loi
personnelle accorde ce bénéfice, serait contraire à la nature des choses et à
l'unité qui doit régner dans la famille. La faire ressortir complète de la loi
personnelle de la mère serait en contradiction avec les règles le plus généralement suivies en pareille matière, méconnaître les droits de celui des États
qui s'y trouve le plus fortement intéressé. Exiger l'accord des deux législations serait ne pas tenir suffisamment compte de ce qu'il s'agit d'une règle
d'ordre et de bienséance, qui doit être considérée comme essentiellement
favorable (2).

La Cour de cassation française, s'appuyant sur l'intention présumée des
époux et sur des considérations d'ordre public, a admis la légitimation
comme résultant d'un mariage célébré en France entre une française et un
anglais. Elle ne s'est pas préoccupée de la loi nationale de ce dernier (3).

Nous comprendrions une telle décision dans un pays où l'on accorderait
généralement une grande importance à la loi du lieu de la célébration; mais,
en France, nous ne pouvons y voir qu'un de ces arrêts d'espèce où l'intérêt
national est pris largement en considération. Il aurait été fort intéressant de
rechercher à quel résultat les principes anglais devaient conduire en vue des

(1) Voir sur ces questions : Savigny, t. 8, p. 358. — Bar, § 102. — W.echter, Archiv, t. 25, p 186.
— Schmid, p. 84. — Fiore, § 135. — Story, § 105. — Foelix, t. 1, n° 33
(2) Voir sur ces questions : Savigny, t. 8, p. 338. — Bar, § 102. — Schæffner, § 57. — Schmid,
p. 88. — Fiore, §§ 145 à 149. — Story, §§ 87, 93 à 1053. — Westlake, art 406 et 407. — Merlin,
Questions. Légitimation. — Foelix, t. 1, p. 97. — Bertauld, § 21.
(3) Arrêt Skottove du 23 septembre 1857. — Dalloz, 1857, p. 423.

faits de la cause. Le principe adopté par la Cour l'a détournée de cette étude.

La légitimation par autorité supérieure provoque des questions analogues; mais c'est là un sujet fort compliqué. Il dépend beaucoup des termes du droit positif et prête plus ou moins à l'arbitraire. Quelques principes dirigeants peuvent cependant être indiqués :

Si ce bénéfice est accordé en ce qui concerne le père et la mère cumulativement et en considération d'un mariage intervenu entre eux, c'est la loi de leur nationalité qui doit être prise en considération.

Il n'y a pas de conflit en ce qui concerne les lois régissant les parents, s'il n'y a pas eu de mariage et si la légitimation n'a lieu qu'à l'égard du père ou de la mère individuellement.

Nous pensons que les deux lois et les deux souverains doivent être d'accord, pour une telle légitimation partielle, s'il s'agit de gens mariés ou l'ayant été et que les parents ou les enfants appartiennent à des nationalités différentes. Il en est de même en l'absence de tout mariage si l'enfant n'appartient pas à la même nationalité que la personne à laquelle il doit être uni par des liens de légitimité.

La filiation naturelle peut être spontanément reconnue par les parents, réclamée par l'enfant ou constatée d'office par l'autorité.

La reconnaissance d'un enfant naturel faite par le père ou la mère individuellement semble ne pouvoir soulever un conflit que dans le cas où les parties indirectement intéressées seraient soumises à des lois personnelles différentes. L'accord de ces deux lois sur ce point paraît être nécessaire, en principe tout au moins.

La réclamation de l'enfant semble devoir être soumise à la même règle. D'assez graves difficultés peuvent s'élever sur l'époque à laquelle le droit prend naissance et sur les effets d'un changement de législation. L'époque normale semble être celle de la conception. Le droit acquis doit persister et la demande peut se faire sous l'empire de règles différentes. La faveur due à l'enfant pourrait peut-être lui faire conférer la faculté de se prévaloir du droit en vigueur au moment de sa naissance, ou même pendant l'époque intermédiaire qui a couru dès la conception.

On parle quelquefois d'adjuger un enfant, par mesure de police, à titre de peine imposée à des rapports irréguliers, sans se préoccuper du voile plus ou moins impénétrable dont la filiation réelle peut être couverte. Ce mode de procéder semble être essentiellement territorial de sa nature ; mais il ne peut se justifier qu'à la condition qu'il n'en doive pas résulter d'autre conséquence que l'obligation plus ou moins provisoire d'entretenir et d'élever l'enfant. Les règles du statut personnel reprendraient leur empire s'il s'agissait d'une véritable question d'état [1].

L'adoption se présente sous deux aspects : Si elle ne donne droit qu'aux biens, c'est une sorte d'institution contractuelle qui doit être soumise aux règles générales se rapportant à ce genre d'actes. S'il s'agit, au contraire, d'un changement d'état, il faut recourir aux principes admis en pareille matière. Il doit y avoir accord entre les lois personnelles des parties intéressées [2].

L'émancipation se présente bien certainement comme une modification de l'état civil. Disons seulement que si c'est le mariage qui doit la produire, c'est à la loi personnelle de l'époux qu'il faut s'arrêter, puisque c'est elle qui doit régir les effets de cet acte [3].

III. La tutelle et les divers genres d'administration légale ou judiciaire qui s'en rapprochent nous placent en face des questions les plus ardues que soulève notre sujet. Le droit public et le droit privé s'y rencontrent en des combinaisons diverses. L'intérêt de l'État, celui de la famille et celui de l'individu peuvent y soulever des conflits. Les exigences de la pratique n'y viennent que trop souvent compliquer des questions déjà difficiles en elles-mêmes.

Il s'agit de rapports juridiques dérivant d'une incapacité dont la cause, le but et l'importance peuvent être fort différents. Une première distinction paraît nécessaire :

Si cette incapacité est suffisamment grave, générale et permanente pour constituer un état civil spécial et bien caractérisé, c'est une question de statut personnel qui se présente et c'est à la loi de la nationalité qu'il faut recourir, suivant le système que nous avons adopté.

Si, au contraire, cette incapacité ne doit pas se prolonger, si elle est purement locale, si, n'ayant lieu que pour certains biens ou certains actes, elle ne porte pas une atteinte sérieuse à l'état civil, c'est le caractère de police ou de procédure qui semble prédominer dans les mesures qu'il faut prendre.

Les mineurs, les interdits et les personnes soumises à un conseil judiciaire rentrent généralement dans la première de ces catégories.

L'absence, même en la supposant arrivée à son plus haut degré d'impor-

---

[1] Voir sur toutes ces questions : Savigny, t. 8 p. 527. — Bar, § 105. — Fiore, §§ 142 et 143 — Bertauld, §§ 26 à 28.

[2] Bar, § 103 et les auteurs cités. — Fiore. p. 215.

[3] Bar, p. 360. — Waechter, Archiv, t. 25, p. 87. — Fiore, p. 235.

tance, produit une incapacité de fait plus que de droit, les mesures qu'elle provoque semblent appartenir au droit de succession plus qu'au statut personnel. Elles se compliquent de présomptions légales et forment un ensemble d'une nature très complexe. Elles n'en constituent pas moins, ainsi que nous l'avons déjà dit, une sorte de personne morale, qui se présente sous la forme d'hérédité anticipée. Nous verrons plus tard que, suivant les principes que nous avons adoptés, c'est la loi de la nationalité qui doit la régir à ce titre.

On évite ainsi les conflits avec le statut personnel qui sont, en pareille matière, une source de graves difficultés [1].

Il est à désirer que la personne morale, provenant de ce qu'un ensemble de biens se trouve soumis à une administration générale et permanente, soit universellement reconnue et que les agents qui la représentent, régulièrement désignés par l'autorité compétente, ne perdent pas leur pouvoir quand ils doivent agir à l'étranger. Il y a bien certainement là un intérêt commun que les États doivent sauvegarder en se prêtant réciproquement aide et protection.

Sauf quelques divergences au sujet des immeubles, ce principe paraît de plus en plus reconnu sur le continent; mais il est vivement contesté en Angleterre et aux États-Unis. Nous l'avons déjà vu : des idées de stricte et rigoureuse territorialité conservent encore une grande importance dans le droit de ces pays; l'universalité de la loi personnelle n'y est pas admise comme règle générale et les conséquences qui semblent en dériver logiquement se trouvent, par cela même, exclues ou tout au moins contestées.

« Aussi longtemps que le droit anglais reste ce qu'il est, » dit M. Westlake, » il faut admettre en principe que, s'il s'agit d'actes se rapportant à l'Angle- » terre, y ayant leur siége, on doit faire abstraction des lois étrangères » non seulement en ce qui concerne l'âge et la majorité des personnes, mais » encore au sujet de toute modification d'état ou de capacité provenant » d'une disposition législative ou judiciaire. »

« La capacité, la condition et l'état des personnes, » dit M. Story, « seront » généralement réglés par la loi du domicile en ce qui concerne les actes » qui y sont intervenus et les droits acquis sur des biens situés dans cette » localité; si ces actes y sont valides ils le seront partout. Mais, quant aux » actes intervenus et aux droits acquis en d'autres contrées, il faudra géné- » ralement s'arrêter à la loi du lieu où a dû se former le lien de droit, pour

(1) Voyez sur ces questions, BAR, § 40. — FIORE, chapitre IV

» apprécier tout ce qui tient à la capacité, à l'état et à la condition des per-
» sonnes. En Amérique, » dit le même auteur, « le pouvoir du tuteur est
» considéré comme strictement local et ne confère aucune autorité, dans les
» autres États, sur la personne et sur les biens mobiliers du pupille. Il en
» est de même, à plus forte raison, en ce qui concerne la propriété immo-
» bilière. »

Suivant M. Field la capacité civile des personnes est généralement régie
par la loi du lieu où l'acte est intervenu, quels que soient leur nationalité et
le lieu de leur domicile ou de leur naissance. S'il s'agit d'immeubles, c'est à la
loi de la situation qu'il faut s'arrêter. La tutelle naturelle du père ou de la
mère doit être généralement reconnue, même en dehors des frontières de
l'État où elle a été constituée. Il doit en être de même de la tutelle testamentaire.

Ces dernières règles nous semblent devoir nécessairement se combiner avec les principes énoncés plus haut par le même auteur. La capacité
du pupille doit, partout où elle est reconnue, tenir en échec les pouvoirs
du tuteur, quelle que puisse être l'origine de ces pouvoirs [1].

Ce que nous avons dit de l'autorité paternelle nous dispense de revenir
sur l'administration légale qui en est une dépendance naturelle. C'est bien
certainement un sujet qui rentre dans le droit de famille et doit être régi par
la loi du domicile ou par celle de la nationalité suivant le système qu'on
adopte. Cette administration, généralement concentrée en mains d'une seule
personne, soulève d'ailleurs de moins grandes difficultés que la tutelle
proprement dite. Celle-ci présente souvent un mécanisme compliqué dont
la composition, le siège et le fonctionnement peuvent donner lieu à de bien
regrettables embarras quand il s'agit de procéder à l'étranger.

Qu'est-ce que cette institution ? appartient-elle au droit public ou au
droit privé ? constitue-t-elle une personne morale ayant une nationalité et
un domicile ? quelle est, dans cette dernière hypothèse, l'influence de
chacun de ces deux éléments ?

Il est certain que ces questions peuvent être résolues tout différemment,
suivant les principes du droit positif dont il s'agit de faire l'application. Nous
étant proposé de faire prédominer, dans ces études, un caractère de pure
théorie, nous devons nous contenter d'indiquer en quelques mots ce qui
nous paraît être dans la nature des choses.

---

(1) BAR, p. 367. — SAVIGNY, t. 8, p. 340. — SCHAEFFNER, § 41. — FOELIX, t. 1, p. 80, t. 2, p. 198. —
FIORE, p. 246 et 248. — WESTLAKE, art. 39, 401, 402, 404, 405. — STORY, §§ 100 à 106, 492 et suivants,
504 et 504A. — FIELD, p 378 et 389.

La tutelle nous semble être une dépendance du droit de famille. C'est aux membres valides de cette grande institution qu'il incombe, en première ligne, de venir en aide à ceux qui sont frappés d'incapacité. C'est aussi là que se trouvent l'intérêt le plus direct et la plus exacte connaissance de l'état des choses. C'est bien certainement là que doivent se prendre les agents les plus actifs de cette administration. L'autorité supérieure ne doit pas rester indifférente, il est vrai : il y a là des intérêts privés et sociaux qui réclament sa sollicitude ; mais, sauf les cas d'urgence, ce n'est généralement que comme modérateur et contrôle qu'elle doit agir. Il résulte de ce qui précède que cette institution a, dans une certaine mesure, une nature mixte : elle appartient au droit civil quant au fond ; mais elle est fortement mélangée de dispositions d'ordre public, et la magistrature proprement dite peut être appelée à y intervenir d'une manière plus ou moins active.

Cette institution se présente généralement sous forme d'un organisme plus ou moins complexe ; mais elle doit avoir une sorte d'unité et de persistance dans son action. C'est dans l'intérêt des pupilles, comme mandataire légal ou comme chargée de fournir les autorisations nécessaires qu'elle fonctionne. Il en résulte qu'il faut la considérer comme constituant une personne morale dont la nationalité ne peut être que celle de l'individualité pour laquelle elle existe. Il faut bien nécessairement aussi qu'elle ait un centre d'activité constituant un domicile.

Dans les circonstances normales cette nationalité et ce domicile se rattachent au même territoire, c'est là que sont les biens et c'est là qu'ont lieu les actes qui s'y rapportent.

Nous avons déjà vu quelle polémique et quelles dissidences se sont élevées dans les cas où une tutelle ainsi constituée doit agir à l'étranger ; nous ne pouvons que nous référer à ce que nous en avons dit ci-dessus et au chapitre premier de cette étude.

La nature de la tutelle conduit à admettre que tout État sur le territoire duquel se trouve une personne incapable ou des biens lui appartenant, doit prendre provisoirement toutes les mesures de protection et de conservation qui peuvent paraître nécessaires [1].

Mais de grandes difficultés se présentent quand il s'agit de tutelles dont le siège principal doit se trouver hors de leur territoire national, ce que les exigences de la pratique peuvent réclamer dans certaines circonstances ;

(1) Voir spécialement en ce qui concerne la Suisse, Concordat du 15 juillet 1822. BLUMER, *Handbuch des Schweizerischen Bundesstaatsrechts*, t. 1, p. 121. — VON WYSS, *Zeitschrift für S. R.*, t. 2, p 55 et 59.

c'est une matière qui ne peut être convenablement réglementée qu'au moyen de conventions diplomatiques (1).

On conteste aux étrangers le droit de prendre part aux fonctions de la tutelle : c'est, dit-on, un office public dont les nationaux peuvent seuls être chargés. La solution de cette question doit nécessairement dépendre des termes du droit positif de chaque État. En théorie pure, la nature des choses semble provoquer une distinction : le droit et le devoir de famille doivent être considérés comme prévalant sur l'office public, toutes les fois qu'il s'agit d'une personne appelée aux opérations de la tutelle par des rapports de parenté ou d'alliance.

CHAPITRE VIII. — *Du régime qui doit régir les biens des époux.*

Le mariage doit nécessairement réagir sur les biens des personnes engagées dans ses liens. C'est là un nouvel aspect qu'il nous faut étudier. Nous ne voyons plus prédominer ici, d'une manière exclusive, l'intérêt d'ordre public et l'élément purement légal : la volonté des parties intéressées peut s'y déployer avec une assez grande liberté.

Deux hypothèses se présentent et doivent nous occuper successivement : les époux ont réglé, par des stipulations expresses, le régime auquel ils ont entendu soumettre leurs biens ou n'ont fait aucune convention sur ce chef. Dans le premier cas il s'agit seulement d'interpréter l'acte ; il faut y suppléer dans le second.

De tous les actes de la vie civile le contrat de mariage est un de ceux dont les effets se prolongent le plus dans le temps et dans l'espace, ce qui lui donne une grande importance en droit international privé. On peut ramener à quatre chefs principaux les questions qu'il soulève : la forme, l'interprétation, la capacité personnelle et ce qu'on peut appeler la capacité réelle.

La forme et l'interprétation ne doivent pas nous arrêter : il suffit de renvoyer aux principes généraux que nous avons exposés à cet égard. La Cour de cassation française a fait, en ce qui concerne ce contrat, une remarquable application du principe *locus regit actum :* écartant l'article 1394 du code

_____

(1) On peut consulter à cet égard l'article 10 du traité intervenu le 15 juin 1869 entre la France et la Suisse, de même que les conventions consulaires conclues par ce dernier État le 7 janvier 1862 avec l'Espagne et le 26 juillet de la même année avec l'Italie.

civil, elle a reconnu valable un acte sous seing privé intervenu sur ce chef, à Constantinople, entre un Français et une femme étrangère(1).

Les rapports nombreux et nécessaires qui existent entre le mariage et la convention destinée à réglementer l'influence qu'il doit exercer sur les biens des époux, ne laissent aucun doute sur la convenance de recourir pour la seconde aux règles de capacité personnelle qui régissent le premier.

Nous appelons réelles certaines incapacités qui dérivent de la nature même des clauses auxquelles elles se rapportent. Il semble naturel de s'arrêter, pour chacune d'elles, à la loi qui régit les parties en ce qui concerne les règles ainsi placées au-dessus de leur volonté : à la loi du statut personnel, par exemple, s'il s'agit de maintenir intacte l'autorité maritale ou paternelle; à la loi qui régit la succession héréditaire, s'il s'agit de légitime, de réserves légales ou de l'ordre dans lequel doit s'opérer la transmission des biens après décès. Il n'est malheureusement pas toujours facile de discerner, avec certitude, quelle est la véritable nature de la prohibition.

Les articles 1394 et 1395 du Code civil français défendent, par exemple, de faire ou de modifier le contrat de mariage après la célébration de l'acte de l'état civil. Est-ce de forme ou de capacité qu'il s'agit dans cette prohibition, ou faut-il recourir à la règle assez généralement adoptée en ce qui concerne ce qu'on appelle domicile matrimonial ? La Cour de cassation française a résolu la question en invoquant, à la fois, la règle *locus regit actum* et les effets que doit avoir ce domicile. Nous ne pourrions accepter une pareille solution. D'une part, nous ne voyons pas à quel titre on ne verrait là qu'une question de forme; c'est bien du fond du droit qu'il s'agit. D'autre part, les effets accordés au domicile matrimonial étant basés sur une volonté probable des parties intéressées, nous ne pensons pas qu'il soit possible de les invoquer dans une question où l'ordre public prédomine bien manifestement. La vraie nature de la disposition nous paraît se trouver dans une incapacité personnelle. Une fois unis les époux, et surtout la femme, ne sont plus dans un état de liberté suffisante pour stipuler convenablement leurs conventions matrimoniales. Il leur serait d'ailleurs très facile de s'entendre et d'agir dans un but frauduleux à l'égard des tiers (2).

L'article 1390 du même Code soulève de bien plus grandes difficultés. Il

---

(1) Arrêt Stiepowich du 18 avril 1865. — Dalloz, 1865, p. 342.

(2) Voir, d'une part, Cour de cassation, arrêt Giovanetti 11 Juillet 1855; Cour de Montpellier, arrêt Cassadumont du 25 avril 1844; Cour de Toulouse, arrêt Francesca du 7 mai 1866.—Dalloz, 1856, 1. p. 9, 1845, 2, p. 36, 1866, 2, p 109; d'autre part, Fiona, p. 424. — Dalloz, sous l'arrêt du 11 Juillet 1855 et Verbis *Contrat de mariage*, n° 316

porte : Les époux ne peuvent plus stipuler, d'une manière générale, que leur association sera réglée par l'une des coutumes, lois ou statuts locaux qui régissaient ci-devant les diverses parties du territoire français et qui sont abrogées par le présent Code. La nature des choses et les travaux préparatoires ne laissent aucun doute sur les motifs de cette disposition : de simples particuliers ne peuvent faire revivre, en s'y référant d'une manière générale, les anciennes lois et les anciennes coutumes. Pour la France, il y a bien certainement là un principe d'ordre public qu'elle ferait respecter strictement et rigoureusement sur son territoire, en faisant abstraction du lieu où l'acte serait intervenu et des personnes qui l'auraient conclu. La position des tribunaux étrangers n'est pas aussi facile à déterminer. Nous inclinons à penser que, prenant en considération la nature particulière de cette prohibition, ils devraient la rattacher à chacun des trois statuts encore généralement adoptés. L'acte serait nul en la forme s'il était intervenu sur le territoire français; il serait également nul d'une manière générale en ce qui concerne des parties françaises. Il serait nul pour les biens régis par la loi française, s'il était intervenu entre étrangers et hors de France. Il y aurait dans ce dernier cas à rechercher si en fait la volonté s'est exprimée de manière à ce qu'il soit possible de la connaître suffisamment.

En l'absence de tout contrat valable, la loi pourra seule indiquer le régime qui devra régir les biens des époux. Nous avons déjà vu, en nous occupant de la volonté, que ce n'est pas uniquement comme intention présumée des parties, mais en son autorité propre, que la loi doit intervenir; mais quelle sera cette loi et comment devra-t-elle agir?

Ces questions n'étaient pas faciles à résoudre sous l'empire plus ou moins exclusif de l'ancienne théorie des statuts : s'agissant de régler les biens des époux en l'absence de toute disposition émanant des parties intéressées, c'est au statut réel que, suivant les idées qui prévalaient alors, il paraissait le plus naturel de recourir. Mais on arrivait de la sorte à des résultats bien peu d'accord avec les exigences du sujet : une grande diversité dans l'espace et une fâcheuse mobilité dans le temps, provenant de ce que chaque bien serait régi par la loi de sa situation et de ce que le droit pourrait changer soit en lui-même, soit par l'acquisition d'un nouveau domicile ou d'une nouvelle nationalité. Pour échapper à de pareilles conséquences, on ne pouvait s'arrêter ni directement au statut mixte en tant que se rapportant aux formes extérieures, puisqu'il n'y avait pas de contrat et que, d'ailleurs, c'était bien du fond qu'il s'agissait; ni au statut personnel puisqu'il n'était pas question de capacité. Mais il y avait, en dehors des règles strictes et

rigoureuses des statuts, certains principes dirigeants plus ou moins abandonnés à l'appréciation des juges; et c'est là qu'on a cru trouver la solution
recherchée. Il arrivait souvent que la volonté des parties intéressées ne
s'était pas exprimée d'une manière suffisante; et c'était, suivant les circonstances, à la loi du lieu où l'acte était intervenu ou à celle du lieu où il
devait recevoir son exécution qu'on recourait pour suppléer à ces lacunes.
D'assez spécieuses analogies devaient conduire à faire l'application du même
principe pour résoudre la difficulté qui nous préoccupe dans ce moment.

Après bien des luttes et des controverses en divers sens, on finit par
admettre assez généralement, sur le continent tout au moins, que les époux
qui s'étaient mariés sans contrat, devaient être considérés comme ayant
entendu se soumettre au régime du lieu où ils avaient l'intention de fixer
leur domicile matrimonial. Dumoulin est considéré comme le principal
partisan de ce système. La loi ainsi adoptée par une convention tacite devait
ressortir les mêmes effets qu'un véritable contrat : elle réglait les biens des
époux d'une manière générale et permanente [1].

L'Angleterre et les États-Unis d'Amérique ne sont pas restés complètement étrangers à ces idées, qui ne s'y retrouvent cependant que fortement
empreintes du principe de rigoureuse territorialité qui caractérise leur droit,
principalement en ce qui concerne les immeubles [2].

Nous l'avons déjà dit : il convient de renoncer définitivement à l'idée
d'un contrat tacite reposant sur une présomption de volonté. Cette présomption, manifestement fausse quand il y a un contrat frappé de nullité, n'est
généralement pas revêtue d'une autorité suffisante. On ne peut d'ailleurs en
faire l'application qu'en recourant à des circonstances de fait et de droit
qui, bien souvent douteuses pour les parties, échappent à plus forte raison
aux tiers intéressés; de nombreuses difficultés doivent nécessairement en
résulter.

L'idée d'un contrat présumé a l'avantage de conduire à un régime uniforme et permanent; mais si, comme nous le croyons, c'est là ce que
réclame la nature des choses, pourquoi n'y arriverait-on pas directement par
l'autorité de la loi? On atteindrait ainsi le but, tout en restant dans le vrai
et tout en évitant les incertitudes dont la doctrine que nous combattons se

(1) Voir pour le droit en vigueur sur le continent : STORY, §§ 145 à 156, 161 à 169, 193 à 197. —
MERLIN, Répertoire. — Communauté de biens, § 1, art. 3. — POTHIER, de la Communauté, article préli-
minaire, nos 10 et suivants. — BAR, § 98. — SAVIGNY, t. 8, p. 327. — WAECHTER, Archiv, t. 25, p. 47.
— SCHAEFFNER, §§ 104 à 117. — FIORE, p. 418.

(2) WESTLAKE, articles 366 à 373. — STORY, §§ 157 à 160, 171 à 188, 199. — FIELD, Code international,
articles 570, 574, 575, 577 et les notes.

trouve entourée. On peut ajouter aux arguments déjà présentés qu'en s'attachant à l'autorité directe de la loi on coupe court à toute difficulté de capacité,
ce qui peut ne pas avoir toujours lieu dans le système qui se préoccupe de
l'intention présumée des parties.

Lorsqu'il s'agit de droits que les époux acquièrent réciproquement sur
leurs biens respectifs, on hésite bien souvent sur la nature de ces droits, selon
qu'ils proviennent de contrat ordinaire, de donation, d'institution héréditaire
ou de simples droits successifs. De là d'assez fréquentes difficultés pour
savoir si les lois de succession n'ont pas été violées en ce qui concerne la
quotité disponible. Ces conflits seront plus rares dans le système que nous
recommandons. Nous verrons, en effet, dans le chapitre suivant, que c'est
la loi de la nationalité qui doit régir la succession. Or, le mariage identi-
fiant la nationalité de la femme à celle du mari, ce sera généralement la
même loi qui devra régir le contrat de mariage et la succession. Les conflits
semblent ne pouvoir naître que dans les cas où il y aurait changement de
nationalité après le mariage. Ces cas se réaliseront bien plus rarement que
ceux d'acquisition d'un nouveau domicile.

LA LÉGISLATION AUTRICHIENNE EN 1871,

PAR

A. GEYER,

Professeur à l'Université de Munich.

Sommaire : Loi du 23 juin 1871 établissant un nouveau système de poids et mesures. — Loi du 15 mai 1871 sur le jaugeage des navires de commerce. — Loi du 21 juillet 1871 sur l'institution et la compétence des autorités minières. — Loi du 25 juillet 1871, introductive d'une loi organique sur les registres fonciers. — Loi de la même date sur la marche à suivre pour obtenir la régularisation des registres fonciers ou miniers, au cas où il y aurait à les établir, à les compléter, à les rétablir ou à les modifier. — Loi de la même date sur l'intervention nécessaire du notaire dans certains actes. — Loi de la même date établissant un nouveau règlement du notariat. — Loi du 23 juillet 1871, apportant des restrictions aux appels extraordinaires et aux pourvois contre les décisions judiciaires en matière pénale, et réglant la compétence judiciaire par rapport aux demandes en sursis de peines et aux recours en grâce. — Loi du 27 juillet 1870, réglant l'éloignement par mesure de police et le droit d'expulsion. — Loi du 23 mai 1871 sur la juridiction de la *Landwehr*. — Traité du 20 septembre 1870 avec les États-Unis sur la nationalité des émigrants. — Convention consulaire du 11 juillet 1871 avec les États-Unis. — Traité de commerce et de navigation du 24 mars 1870 avec l'Espagne

Malgré les luttes constitutionnelles qui, à l'égal des années précédentes, agitèrent l'Autriche en 1871, il n'y a rien de bien remarquable à signaler dans le domaine de la législation organique. Au commencement de l'année, sous le ministère Potocki, et plus encore sous son successeur le ministère Hohenwart, on appréhendait un remaniement de la Constitution au profit de la coalition des cléricaux, des féodaux et des nationaux, et ce changement aurait pu s'exécuter vu que, comme on le sait et comme je l'ai précédemment expliqué, les réglements électoraux de la Diète autrichienne attribuent à la noblesse, plus ou moins dépendante de la Cour, un pouvoir prépondérant. Mais les choses prirent une autre tournure et, en novembre, le ministère Adolphe Auersperg, favorable au maintien de la Constitution, arriva à la tête des affaires. Malheureusement les oscillations de la politique eurent, entre autres inconvénients, celui d'arrêter la marche de la législature. Parmi les importantes questions dont plusieurs attendent une solution depuis nombre d'années, aucune ne fut résolue : ni la réorganisation des tribunaux, ni la réforme du système d'impôts, ni le code pénal, ni le règlement de la procédure criminelle, pour ne rien dire de celui de la procédure civile. Nous n'avons donc à passer en revue qu'un petit nombre de lois importantes. Parmi celles-ci se présente d'abord, en suivant l'ordre de mes articles précédents, la loi du 23 juin 1871, qui établit un *nouveau système de poids et mesures* [1]. Il est inutile, je pense, de démontrer quel progrès considérable constitue l'introduction du système métrique, comparé à la variété fantaisiste qui régnait jusqu'ici dans les poids et les mesures de longueur, de volume et de superficie. Le système métrique était évidemment celui qu'il fallait adopter, tant à cause de sa base rationnelle et de son enchaînement logique, qu'en considération du fait qu'il est déjà introduit chez la plupart des peuples policés.

La loi nouvelle est fondée sur les travaux préparatoires d'une commission qui comprenait dans son sein des représentants, tant des sciences physiques et mathématiques, que de l'architecture et du commerce.

Il fallut ensuite se procurer un poids-type et une mesure-type aussi conformes que possible au *mètre* et au *kilogramme*-prototypes conservés à Paris dans les archives nationales. A cette fin, le gouvernement acheta des copies des prototypes parisiens, exécutées par le docteur Steinheil, membre de l'Académie de Munich.

L'article V de la nouvelle loi ordonne que les « poids et mesures légaux » mentionnés à l'article III, seront, à partir du 1ᵉʳ janvier 1876, exclusivement employés dans les transactions publiques. Toutefois, pour ce qui concerne l'emploi des nouvelles mesures dans le mesurage des fonds de terre, le gouvernement est autorisé à proroger au besoin le terme de leur introduction. D'après l'article VI l'emploi, dans les transactions publiques, de poids, de mesures ou d'instruments de mesurage non légaux, est puni de confiscation des instruments de pesage et de mesurage et d'une amende de 5 à 100 florins. En cas d'insolvabilité, l'amende est remplacée par l'emprisonnement à raison d'un jour par 5 florins. L'art. VIII permet l'emploi des nouvelles mesures à commencer du 1ᵉʳ janvier 1873, si les parties sont d'accord.

L'art. X prescrit l'institution à Vienne d'une commission de jaugeage. Le jaugeage et le timbrage des poids, mesures et appareils métriques se fait, d'après l'article XI, par des bureaux publics de jaugeage. Il est défendu de se servir dans les rapports avec le public de mesures, poids et balances non jaugés ni timbrés. — L'art. XVII fixe, conformément aux lois françaises, la « force d'un cheval » à 75 kilogrammes métriques, c'est-à-dire le poids de 75 kilogrammes élevé en une seconde à un mètre de hauteur.—

(1) *Mass- und Gewichtsordnung.*

Enfin, d'après l'article XIX, l'usage du mille marin qui égale la 60me partie d'un degré équatorial et l'emploi de la tonne, introduits par la loi du 15 mai 1871, ne sont pas révoqués par la nouvelle loi.

Cette loi du 15 mai 1871, dont nous venons de parler, concerne le *jaugeage des navires de commerce* [1]. La méthode jusqu'ici usitée en Autriche pour le jaugeage des navires, était si défectueuse que ses résultats dépassaient en moyenne de 20 °/₀ le cubage réel. De là résultait, entre autres inconvénients, que dans les ports où les droits de navigation se percevaient sur le tonnage, comme c'est le cas dans les ports autrichiens, les navires autrichiens payaient en réalité 20 °/₀ de droits en trop. Les fréteurs autrichiens se plaignaient, à bon droit, de cet état de choses qui entravait le développement de la marine marchande. Le § 2 de la nouvelle loi consacre la méthode anglaise de jaugeage, laquelle repose sur les règles établies par le célèbre mathématicien anglais Simpson pour ce genre de calculs approximatifs. Une ordonnance spéciale du ministère du commerce, du 24 mai 1871, publiée concurremment avec la loi, donne des instructions précises pour l'opération du jaugeage et fixe les droits à payer par les affréteurs. Le jaugeage est obligatoire.

Le § 1 de la loi précitée ordonne que : « Tout navire de commerce » appartenant, soit à un régnicole, soit à un étranger, peu importe qu'il soit » sorti de chantiers étrangers ou indigènes, et qu'il ait subi dans ses » diverses parties des changements de nature à modifier le tonnage, devra, » dans les ports de mer autrichiens, faire constater son tonnage d'après » les prescriptions de la présente loi sur le jaugeage. Cependant le § 3 ajoute : « Sont exempts de l'obligation du jaugeage, les navires appartenant » à des pays où un mode de jaugeage conforme à celui qui est imposé en » Autriche est en vigueur, et dont les certificats de jaugeage sont en con- » séquence déclarés, par voie d'ordonnance valables, dans ce pays, ou avec » lesquels des traités spéciaux ont été conclus à ce sujet. » Il faut noter en outre, comme le signale l'exposé des motifs présenté par le gouvernement, que les navires autrichiens jouissent pour l'avenir de la franchise du jaugeage dans tous les ports de l'Angleterre et des possessions britanniques, en vertu de l'art. 60 du : « *Merchant Shipping Act, Amendement Act*, 1862. »

Dans ce même ordre d'idées, nous mentionnerons la circulaire du ministre du commerce du 3 juin 1871, prescrivant la *réorganisation du*

---

[1] *Gesetz über die Aichung der Seehandelsschiffe.*

service sanitaire, maritime et des ports le long du littoral Austro-Illyrien et Austro-Dalmate. Cette réorganisation était commandée par la nécessité d'étendre à ces provinces la forme dualiste de l'État Austro-Hongrois. L'ancienne commission centrale de la marine impériale et royale se trouve changée en commission maritime simple.

Une autre réorganisation de corps constitués a eu lieu par la loi du 21 juillet 1871 sur l'*institution et la compétence des autorités minières* [1]. Afin de mieux comprendre cette loi, il faut remarquer que, à côté de ces « autorités minières », dont la loi parle uniquement, existent des « *tribunaux des mines* » ; savoir : pour la première instance, des « *Chambres judiciaires des mines* », (*berggerichtliche Senate*), près de quelques tribunaux de première instance; pour la seconde instance, les « *tribunaux supérieurs provinciaux* » (*Oberlandsgerichte*), et pour la troisième instance, la cour suprême à Vienne.

Les autorités minières dont il s'agit ici ont d'abord le caractère d'autorités préposées à la concession des mines (*Bergbauverleihungsbehörden*), c'est-à-dire qu'elles maintiennent en vigueur les dispositions de la loi organique des mines concernant la prise de possession et l'acquisition des substances extraites, et qu'elles délivrent le certificat de l'acquisition régulièrement faite. Elles ont de plus un droit de surveillance pour la bonne exploitation des mines, véritable droit de police que la loi leur confère, et sont enfin investies de diverses attributions judiciaires, autres que celles qui sont conférées aux tribunaux des mines. Ainsi, d'après le § 4 n°s 14, 16 et 17 de la nouvelle loi, elles décident de l'obligation d'accepter une servitude, dressent des procès-verbaux pour contraventions aux lois sur les mines. et en général jugent toutes les contestations qui ne sont pas spécialement déférées aux tribunaux [2].

Jusqu'à ce jour la situation des autorités minières était des plus défectueuses. Les autorités supérieures des mines que la loi organique de 1854 avait en vue, n'avaient jamais été instituées et leurs attributions avaient été transportées comme affaires supplémentaires aux corps nommés autorités politiques provinciales, lieutenances, gouvernements provinciaux (*politische Landesbehörden, Statthaltereien, Landesregierungen*, etc.). Or, il arrivait que dans ces corps on ne rencontrât pas même un rapporteur qui fût un homme du métier. D'autre part, il manquait une autorité qui, n'ayant pas

---

(1) *Gesetz über die Einrichtung und den Wirkungskreis der Bergbehörden.*
(2) V. sur ces rapports compliqués de compétence : F. Schneider, *Die Berggerichtsbarkeit*, Prague, 1872.

d'organisation collégiale, pût se mettre en rapport immédiat avec les propriétaires des mines, agir promptement et décider, d'après sa manière de voir personnelle, dans les cas urgents. Il manquait une institution dans le genre de celle des *Revierbeamten* qui, d'après le témoignage d'hommes compétents, a donné en Prusse d'excellents résultats. De plus, les appointements des employés des mines étaient très insuffisants, eu égard aux connaissances juridiques et techniques qu'on exigeait d'eux. Aussi se produisait-il un déplorable manque d'aspirants à ces places.

La loi nouvelle s'efforce d'obvier aux inconvénients de cet état de choses.

Le § 1 dispose que « le soin d'assurer l'observation de la loi sur les mines et l'*exploitation des mines d'après les principes de l'économie nationale,* » (cet second objet est une heureuse innovation), « est confié : *a*) à des « *Revierbeamten, b*) à des administrations supérieures des mines (*Berg-* » *hauptmannschaften*), *c*) au ministère de l'agriculture. Seront établis » comme auxiliaires des autorités minières des ingénieurs des mines » diplomés et assermentés (*Markscheider*). » D'après le § 5, la mission de ceux-ci consistera principalement dans la délimitation des terrains et la levée des plans. D'après le § 2, les *Revierbeamten* connaissent en première instance des affaires ressortissant à l'administration des mines, que le § 4, n'attribue pas aux administrations supérieures des mines (*Berghauptmann-schaften*), ou qui, par la loi organique sur les mines, ne sont pas réservées au ministère. « Ils ont en outre, à la requête de l'administration supérieure » des mines, à soigner les rentrées et à faire exécuter les décisions émanées » des autorités minières. » On peut se pourvoir auprès de l'administration supérieure (*Hauptmannschaft*) contre les décisions des *Revierbeamten*, et auprès du ministère contre les décisions rendues en première instance par l'administration supérieure. Les décisions rendues par les *Berghaupt-mannschaften* en seconde instance ne sont susceptibles d'aucun recours (§ 7). Tandis que les *Revierbeamten* n'ont, en règle générale, aucun personnel auxiliaire permanent, d'après le § 11 de la loi, les autres autorités au contraire ont une organisation collégiale, et le § 14 ordonne que : « Toutes décisions à rendre par les administrations supérieures des mines » ou par le ministère de l'Agriculture sur des questions de mines, débattues » entre parties, doivent être le résultat d'une solution collégiale prise à la » majorité des voix. Il sera institué à cet effet au ministère de l'agriculture » un conseil permanent composé d'hommes de l'art. » Les §§ 16-21 de la loi contiennent des dispositions relatives à la nomination, au rang et aux pensions des fonctionnaires des mines lesquels, d'après le tableau annexé à la loi, jouissent de traitements assez élevés.

La nouvelle organisation est entrée en vigueur en 1872, et il faut espérer qu'elle donnera des résultats satisfaisants.

Il reste d'ailleurs à introduire encore sous d'autres rapports, des réformes dans la législation des mines. Les deux chambres du *Reichsrath* ont de commun accord voté deux résolutions : l'une appelle une réforme dans les études préparatoires aux fonctions de l'administration des mines, la législation actuelle attachant trop de poids aux connaissances juridiques et pas assez à la partie technique ; l'autre résolution invite le ministère à une révision de la loi organique des mines, avec la tendance très louable de poser des bornes à ce système de tutelle judiciaire qui nuit aux droits des particuliers et qui entrave de la manière la plus funeste le libre développement économique.

En suivant l'ordre naturel des matières qui ont fait l'objet de la législation en 1871, notre étude nous amène aux réformes accomplies en ce qui concerne les registres fonciers[1]. L'on sait que la création de ces registres est une transformation moderne de l'ancien droit germanique, lequel exigeait pour la validité des transmissions de la propriété foncière entre vifs et de la constitution du droit de gage sur des biens immeubles, un acte judiciaire et public nommé *Auflassung* (investiture). En Autriche, le développement du régime cadastral dont l'origine remonte jusqu'au XIIe siècle, subit sous plusieurs rapports l'influence de la forme originale que le droit hypothécaire avait revêtue dans le droit slave de la Bohême. Il règne pourtant, quant aux détails, une grande différence de province à province. En Dalmatie, par exemple, il n'existe à proprement parler, pas de registres fonciers proprement dits qui puissent renseigner tant sur la propriété immobilière que sur les charges dont celle-ci est grevée; on y possède seulement dans une partie du pays des registres d'inscriptions hypothécaires dans le genre de ceux qui existent en France, dans une autre partie les anciens livres de notification (*Notifikenbücher*), d'origine vénitienne. Dans le Tyrol on n'a que les *Verfachbücher*, dont nous avons antérieurement parlé dans cette Revue [2]; en Galicie et dans la Bukovine, on ne trouve que çà et là des registres fonciers. Afin d'obvier à cet état de choses si nuisible au crédit agricole, le gouvernement autrichien fit dès 1858, élaborer un projet de règlement général sur

(1) Nous croyons devoir traduire le mot allemand *Grundbuch* par *registre foncier* plutôt que par *livre cadastral*, ou *cadastre*, ce dernier n'ayant en droit français d'autre but que de servir de base à la *répartition de la contribution foncière*, tandis que le Grundbuch que nous traduisons par *registre foncier* correspond davantage aux registres belges d'inscription des actes transmissifs d'immeubles et de transcription des hypothèques.

(2) V. t. III, de la Revue (171), pp. 73 et s.

la tenue des registres cadastraux, calqué sur celui qui avait été introduit en Hongrie en 1855 et qui y est encore en vigueur. Ce projet, remanié en 1863, fut soumis à l'approbation des diètes dans le courant de 1863 et de 1864, et favorablement accueilli dans son ensemble par presque toutes ces assemblées. La constitution de décembre (1867), en attribuant aux diètes le pouvoir de régler législativement « l'organisation des registres publics dans l'intérieur de la province » rendit un nouveau remaniement nécessaire. Ici, comme dans plusieurs cas du même genre, la division entièrement irra- tionnelle de la compétence respective du *Reichsrath* et des diètes, fut la source de grandes difficultés. Enfin, en 1870, deux projets de loi sur la matière, plusieurs fois remaniés, furent présentés à la chambre des seigneurs, qui dans la session de 1869-1870, y consacra un examen appro- fondi ; mais à la chambre des députés on ne put aborder la discussion de ces projets que dans la session suivante 1870-1871. Comme dernier résultat de ces travaux législatifs, nous avons deux lois : celle du 25 juillet 1871, sur « *l'introduction d'une loi organique sur les registres fonciers* [1] » (il y a un pléonasme dans cet intitulé), et celle du même jour, décrétant « *la procé-* » *dure à suivre pour obtenir la régularisation des registres fonciers ou* » *miniers, au cas où il y aurait à les établir, à les compléter, à les rétablir* » *ou à les modifier* [2]. »

La première de ces lois offre un intérêt général. C'est elle que nous avons en vue dans les remarques et les citations qui vont suivre. Du reste, elle ne fait, comme la seconde. que donner une base indispensable aux travaux ultérieurs dont les diètes provinciales auront à se charger. Car c'est par leur coopération à l'organisation des registres publics à l'intérieur de la province que la réforme pourra pénétrer complètement dans tous les pays de l'empire.

La loi nouvelle sur les registres cadastraux n'est malheureusement pas une codification complète de la matière. On n'a pas non plus osé faire un pas décisif vers la mobilisation du crédit hypothécaire par l'introduction des lettres d'hypothèque. Il était d'ailleurs difficile de tenter une innovation aussi hardie devant l'état actuel des registres fonciers, qui font complètement défaut dans une grande partie du territoire, et devant l'extrême inégalité des degrés de civilisation dans les différents pays de l'Autriche.

Quoiqu'il en soit, la nouvelle législation a introduit les deux principes

_____

(1) *Gesetz über die Einführung eines allgemeinen Grundbuchsgesetzes.*

(2) *Gesetz über das im Falle der Anlegung, Ergänzung, Wiederherstellung, oder Aenderung von Grund- oder Bergbüchern zum Zwecke der Richtigstellung derselben einzuleitende Verfahren.*

si importants en matière d'hypothèques : la publicité et la spécialité, d'une manière plus complète qu'ils ne l'avaient été jusque-là. Elle a remplacé par des dispositions précises une foule de prescriptions obscures ou contradictoires de l'ancien droit, elle a comblé des lacunes et tranché des controverses.

La loi se divise en trois parties; la première (§§ 1-7) traite des *registres fonciers en général*, la seconde (§§ 8-74) *de l'inscription aux registres*, et la troisième (§§ 75-133) *de la procédure en cette matière.* D'après le § 1 le registre foncier se compose de : 1° un grand-livre (*Hauptbuch*), 2° d'une collection de titres ou livre des documents (*Urkundenbuch*). Le grand-livre se compose (d'après le § 2) des *inscriptions foncières.* Celles-ci sont destinées à constater : 1) les propriétés immobilières et leurs mutations, 2) les droits réels dont elles sont grevées et leurs tranferts. Le *Grundbuchskörper,* c'est-à-dire la surface de terrain inscrite sur une feuille du livre foncier forme la base des droits inscrits et, d'après l'article 3, il doit être considéré comme une unité, « un tout », dont l'étendue ne peut être modifiée que par radiation ou inscription faite sur la feuille du registre.

Le § 4 énonce ce principe important, que toute acquisition, transmission, restriction et déchéance de droits (nommés par austricisme *bücherlich,* c'est-à-dire sujets à inscription), ne s'opère que par l'inscription au grand-livre (*Hauptbuch*). (Le § 9, V. plus loin, détermine quels sont les droits désignés sous la dénomination de « *bücherlich* ».)

Quant à la formation de la seconde partie du registre foncier, la loi s'exprime comme suit : § 6 « A côté du registre foncier, il sera gardé copie » certifiée conforme de tout acte au sujet duquel la loi exige une inscription » au registre. L'ensemble de ces actes forme le « recueil de documents » authentiques »; et leur inscription dans un registre compose le *Urkundenbuch* ou livre des documents. » Les lois provinciales peuvent décider de l'opportunité de ces mesures. Enfin le § 7 déclare que « le registre foncier est » public. Chacun peut en prendre inspection en présence d'un employé de » l'administration, en lever des copies ou des extraits à la diligence du conservateur et sous la responsabilité de celui-ci. »

Le premier paragraphe du chapitre II, traitant des *inscriptions*, § 8 de la loi, énumère les différents modes d'inscriptions. Celles-ci constituent ou bien : 1° des incorporations (acquisitions ou extinctions positives de droits, *intabulations* ou *extabulations*), qui, sans plus ample justification, effectuent l'acquisition, le transfert, la limitation ou l'extinction de droits sujets à inscription (*bücherlicher Rechte*), ou bien 2°) des annotations faites d'avance (*Vor-*

merkungen, acquisitions ou extinctions conditionnelles de droits, — prénotations), qui ne produisent les effets indiqués ci-dessus que sous condition
de justification (1) ultérieure, ou bien encore 3°) de simples mentions. Ces
dernières ont rapport, d'après le § 20, a) à des circonstances personnelles, telles
que la minorité, la curatelle, l'ouverture d'une faillite, et elles ont pour conséquence légale qu'une personne qui opère une inscription dans la case
correspondante du registre foncier ne peut se prévaloir de ce qu'il ignorait
ces circonstances, ou bien b) la mention a lieu pour assurer certaines conséquences légales que le code de procédure civile, ou l'ordonnance sur les
faillites, ou la loi sur les livres fonciers y rattache, telle est la mention de
l'ordre entre créanciers (§§ 53-58), celle du congé et de l'action hypothécaire (§§ 59-60), enfin celle de la *Subhastation* (§ 72).

Quant a l'*objet* de l'incorporation ou de la prénotation (*Vormerkung*), le
§ 9 statue que « les registres fonciers ne peuvent servir à l'inscription que
» des droits réels actifs et passifs, du droit de réméré (*jus retro emendi*) et du
» droit de préférence (*jus protimiseos*), ainsi que du droit appelé : *Bestand-*
» *recht.* » On comprend dans la législation autrichienne par inscription du
Bestandrecht, l'inscription d'un contrat de bail ou de fermage auquel l'art.
1095 du Code civil général attache, dans le chef du locataire et du fermier,
un caractère de « droit réel » d'une nature particulière.

Pour ce qui regarde l'inscription du *droit de gage*, la loi proclame avec
plus de rigueur que le droit jusqu'ici existant, le principe de la *spécialité*,
c'est-à-dire la détermination de l'hypothèque, tant par rapport à l'objet
engagé qu'au montant de la créance. D'après le § 13, l'inscription du droit
de gage ne peut se faire que sur l'intégralité d'un bien foncier porté
au registre, ou si la propriété d'un pareil bien est inscrite au nom de
plusieurs personnes, sur *toute la part* d'un des copropriétaires. De plus,
conformément au § 14, le droit de gage ne peut être inscrit que contre une
somme numériquement déterminée et, s'il s'agit d'une créance productive
d'intérêts, il faut inscrire le taux de ceux-ci. Il est vrai que le § 15 admet
des hypothèques dites simultanées ou corréales, puisqu'il s'exprime comme
suit : « Le droit de gage peut être inscrit pour une seule et même créance
» et sans division sur deux ou plusieurs biens fonciers ou créances hypothé-
» caires (dans ce dernier cas donc comme *Afterpfandrecht*, sous-gage). Le
» créancier peut alors poursuivre le payement de toute sa créance sur chaque

---

(1) Le mot justification (*Rechtfertigung*) signifie dans ce passage la preuve que toutes les conditions
légales de l'acquisition, du transfert, etc. du droit ont été observées

» objet particulier donné en gage [1]. » Cette dérogation assez importante au principe de la spécialité, peut susciter des procès fort compliqués, si l'on ne prend pas les mesures nécessaires pour empêcher dans la transmission, la modification et la radiation des hypothèques corréales, leur sous-transmission à des *personnes différentes.* C'est à prévenir ce danger que visent les dispositions qui règlent la procédure en la matière, §§ 106-117. On sait que d'autres lois hypothécaires récentes déclarent les hypothèques simultanées radicalement illicites, ce qui semble logique, mais n'est guère favorable en définitive au crédit foncier. Une autre dérogation souvent critiquée, mais en réalité peu importante au principe de la spécialité, se trouve dans le § 16, d'après lequel le droit de gage garantissant une obligation comprend également, à moins de stipulations expresses, les frais du procès et de l'exécution. Le contre-projet qui proposait l'inscription d'un maximum des frais exprimé en chiffres, était plus dangereux ; en effet, le créancier ne consultant que son intérêt aurait tâché de fixer cette somme globale au chiffre le plus élevé possible, au détriment du crédit foncier du débiteur.

Le § 26 contient une innovation importante. Jusqu'ici en Autriche on acceptait des prénotations (*Vormerkungen*) du chef d'actes ne renfermant pas de titre d'acquisition du droit en question ; c'était une latitude dont on pouvait abuser pour toute espèce de manœuvres, d'autant plus qu'en général les règles sur la recevabilité des actes et la prénotation laissaient encore à désirer sous d'autres rapports.

Le § 26 décide donc, que « les incorporations et prénotations ne peuvent « avoir lieu que sur le fondement d'actes revêtus des formes exigées par la « loi pour leur validité. S'il s'agit de l'acquisition ou de la modification « d'un droit réel, ces actes doivent renfermer l'énonciation d'une cause « valable. [2] » Le § 31, premier alinéa, va bien plus à l'encontre des lois autrichiennes antérieurement en vigueur, en exigeant qu'à l'avenir l'incorporation n'aura lieu que du chef d'actes publics, ou d'actes privés dont les signatures auront été *reconnues en justice ou devant notaire.* C'est l'introduction de la légalisation obligatoire des actes sujets à inscription (*Tabular-*

---

(1) § 15 « Das Pfandrecht kann für dieselbe Forderung ungetheilt auf zwei oder mehrere Grundbuchskörper oder Hypothekenforderungen (im letzten Fall also als Afterpfandrecht) eingetragen werden. Der Gläubiger ist in solchen Fällen berechtigt, die Bezahlung der ganzen Forderung aus jeder einzelnen Pfandsache zu verlangen ».

(2) § 26 : « Einverleibungen und Vormerkungen können nur auf Grund von Urkunden bewilligt werden, welche in der zu ihrer Gültigkeit vorgeschriebenen Form ausgefertigt sind. Diese Urkunden müssen, wenn es sich um die Erwerbung oder Umänderung eines dinglichen Rechtes handelt, einen gültigen Rechtsgrund enthalten. »

Urkunden), tandis que le Code civil autrichien (art. 434) exige seulement que ces actes portent la signature des comparants « et de deux citoyens » honorables appelés comme témoins. » Ce système était suffisant aux temps des tribunaux patrimoniaux, où les juges se trouvaient avec les habitants de leur ressort, généralement très petit, sur un pied de confiance patriarcale. Aujourd'hui on ne peut plus nier qu'il faille une garantie plus grande de l'authenticité des actes à l'inscription desquels se rattachent des droits si importants. Si le crédit immobilier est réellement destiné à s'étendre par suite de l'institution des registres fonciers, il faut que ceux-ci méritent pleine confiance. La légalisation obligatoire, qui rend la falsification presque impossible, donne le moyen d'atteindre ce but. Comme d'ailleurs de nouvelles lois ont réduit considérablement les taxes sur la légalisation, il en résulte que cette innovation ne prête à aucune critique sérieuse. Le § 31 n'en a pas moins été l'objet des plus vifs débats pendant qu'il était en délibération à la chambre de seigneurs et à celle des représentants, et cela tant au parlement lui-même que dans la presse et dans les réunions politiques. Aujourd'hui même l'agitation contre la légalisation obligatoire en général et spécialement contre celle des actes sujets à inscription n'est pas calmée. On prétend y voir une charge, exorbitante pour la population. Or, c'est là une grande exagération puisque, dans le système antérieurement en vigueur, la présence de ceux qui demandaient une inscription était dans la plupart des cas requise au lieu de la situation du tribunal (le même endroit où réside le notaire). Il faut espérer que le ministre de la justice actuel, M. Glaser, partisan décidé de la légalisation obligatoire, soutiendra fermement cette institution, qui est nouvelle dans les États autrichiens (à l'exception de la Dalmatie) mais qui ailleurs a déjà fait ses preuves. Peu à peu sans doute on verra se calmer cette agitation due en partie à des causes factices; sinon il y aurait lieu de craindre que gouvernement et représentants, sous la pression de l' « opinion publique », ne reviennent un jour à l'ancien régime. Il y a encore une autre condition indispensable pour que la légalisation obligatoire ne dégénère pas en une formalité superflue, c'est d'exiger que les notaires se conforment strictement dans la pratique aux prescriptions légales. S'il était jusqu'ici devenu d'usage général de légaliser la signature d'une personne inconnue, sans s'assurer de son identité, comme le veut l'ordonnance sur le notariat, et sans que cette infraction fût frappée de peines disciplinaires, il faut que dorénavant cet abus soit énergiquement combattu. Si l'on n'y arrivait pas, et que la loi ne reçût pas une exécution loyale, elle ne serait plus qu'une dérision.

Il existe un rapport intime entre la disposition de la loi sur les registres fonciers, dont nous venons de parler, et la loi du 25 juillet 1871 sur *l'intervention nécessaire du notaire dans certains actes* [1]. Cette loi a été publiée en même temps que la loi de la même date, établissant un *nouveau règlement du notariat* [2]. L'une et l'autre ont enfin donné au notariat une base solide sur laquelle cette institution, qui ne faisait en Autriche que végéter misérablement, peut s'élever à un développement normal. La première des lois précitées n'a du reste prescrit l'intervention du notaire que dans peu de cas, parce que la population habitué à l'absence de toutes formes légales, qui était la *règle* jusqu'ici, éprouve une vive répugnance contre l'institution du notariat. Aussi le § 1 de la loi se borne-t-il à disposer que : « la validité des contrats et actes judiciaires dont l'énumération suit » dépendra de leur constatation par acte notarié, savoir : *a*) les conventions » matrimoniales [3]; *b*) les contrats de vente, d'échange, de constitution de » rentes, prêts et reconnaissances de dettes entre époux; *c*) les quit- » tances de réception des biens matrimoniaux, alors même que ceux-ci » sont remis à d'autres personnes qu'à l'épouse; *d*) les actes de donation » sans tradition réelle; *e*) tous les documents concernant des actes entre-vifs » passés par des aveugles ou par des sourds qui ne savent pas lire, ou par » des muets qui ne savent pas écrire, pour autant que ces personnes con · » cluent elles-mêmes l'affaire [4]. »

Les prescriptions qui précèdent et notamment le paragraphe litt⁰ *e*, ne sont pas, au point de vue du langage, d'une correction irréprochable. Mais en outre la disposition sub litt⁰ *b*, mérite d'être taxée d'arbitraire et d'inconséquence; elle établit un droit scrutateur exagéré et regrettable sur les actes

---

(1) *Gesetz über die notarielle Errichtung einiger Rechtsgeschäfte.*

(2) *Notariats ordnung.*

(3) D'après le § 1217 du Code civil général ou appelle Conventions matrimoniales (*Ehepacte*), les contrats qui disposent du patrimoine en vue d'une union matrimoniale. Dans cette catégorie rentrent notamment : la dot et la « *Widerlage* » (*contrados, garanties*), la « *Morgengabe* », présent fait par le marié à son épouse le lendemain des noces, la communauté de biens, l'administration ou la jouissance de la fortune, le douaire (*Vidualitium*), les testaments réciproques et donations à cause de mort entr'époux, etc.

(4) § 1. « Die Gültigkeit der nachbezeichneten Verträge und Rechtshandlungen ist durch die Aufnahme eines Notariatsactes über dieselben bedingt : *a*) Ehepacte; *b*) zwischen Ehegatten geschlossene Kauf-, Tausch , Renten- und Darlehenverträge und Schuldbekenntnisse welche von einem Ehegatten dem andern abgegeben werden; *c*) Bestätigungen über den Empfang des Heiratsgutes, auch wenn dieselben andern Personen als der Ehegattin ausgestellt werden ; *d*) Schenkungsverträge; *f*) alle Urkunden über Rechtsgeschäfte unter Lebenden, welche von Tauben, die nicht lesen, oder von Stummen, die nicht schreiben können, errichtet werden, sofern diselben das Rechtsgeschäft in pigner Person schliessen. »

concernant la fortune des époux. De plus c'est procéder arbitrairement que de nommer seulement quatre sortes de contrats, et de ne pas subordonner par exemple à un acte notarié la validité des contrats de louage entr'époux. C'est en vain que le rapporteur de la chambre des seigneurs, M. Unger, aujourd'hui ministre a fait valoir ces objections et d'autres encore; la majorité a voté contre lui.

Le règlement du notariat se divise en 11 chapitres, dont le premier, que nous avons surtout à examiner ici, traite *des attributions des notaires.* Le § 1 dispose que : « les notaires sont nommés par le gouvernement et » publiquement accrédités afin qu'ils aient, conformément aux prescriptions » de cette loi, à recevoir et à dresser des documents au sujet de déclarations » et d'actes légaux, ainsi que de faits pouvant donner naissance à des droits, » puis afin qu'ils aient à conserver les actes qui leur sont confiés par les » parties, et à accepter l'argent ou les valeurs qui leur sont remis pour être » délivrés à des tiers ou consignés entre les mains des autorités (1). »

A côté de cette mission obligatoire, le § 5 *permet* encore aux notaires de rédiger dans les affaires non contentieuses, à la requête des parties, des déclarations destinées à être transmises à n'importe quelle autorité, ainsi que des actes privés. Il n'est donc *pas permis* aux notaires, comme tels, de *défendre* les parties; cette fonction est réservée aux avocats. En réalité il arrive souvent, surtout dans les campagnes, que ces limites légales ne soient pas respectées, et que les tribunaux et les chambres des notaires ferment les yeux sur ces infractions. Il est difficile d'extirper de pareils abus, car la connivence est réciproque; il n'est pas rare en effet de trouver aussi dans les campagnes des magistrats faisant le métier d'avocats de contrebande (*Winkeladvocaten*).

Une innovation importante et fort discutée est celle que la loi a intro- duite dans son § 3, en déterminant *la force exécutoire des actes notariés,* simplification de procédure qui est désirable dans la supposition que les actes soient incontestables et la prétention liquide. Le § 3 dit à cet égard :

« Les actes notariés qui arrêtent le montant d'une dette en argent ou en » autres choses fongibles, et qui indiquent avec précision les noms du » créancier et du débiteur, ainsi que le titre de droit, l'objet et l'époque

---

(1) § 1. « Die Notare werden vom Staate bestellt und öffentlich beglaubigt, damit sie nach Massgabe dieses Gesetzes über Rechtserklärungen und Rechtsgeschäfte, sowie über Thatsachen, aus welchen Rechte abgeleitet werden wollen, öffentliche Urkunden aufnehmen und ausfertigen, dann die von den Parteien ihnen anvertrauten Urkunden verwahren und Gelder und Werthpapiere zur Ausfolgung an Dritte oder zum Erlage bei Behörden übernehmen. »

» du payement, auront la même force exécutoire que les transactions
» conclues en justice, pourvu que, dans l'acte même, le débiteur ait con-
» senti à ce qu'ils soient immédiatement susceptibles d'exécution jusqu'à
» concurrence de la dette souscrite. Si la naissance de l'obligation est
» subordonnée à l'accomplissement d'une condition ou à l'arrivée d'une
» époque non déterminable par le calendrier, il faut pour que l'acte
» devienne exécutoire que l'avènement de la condition ou de l'époque soit
» également constaté par acte public [1]. » La force exécutoire d'un acte
notarié peut cependant être attaquée devant la juridiction civile et, dans ce
cas, d'après le § 4, l'action doit être intentée devant les tribunaux compétents aux termes des lois sur la procédure.

« La suspension provisoire de l'exécution sera, en présence d'une action
» de cette nature, accordée à la requête du demandeur lorsqu'il aura été
» établi, par un examen en justice ou par des pièces probantes, que l'acte
» notarié a été reçu ou passé contrairement aux règles dont la présente
» loi fait dépendre la validité de l'acte comme document authentique ou sa
» force exécutoire » (§ 4, cité).

Le chapitre 2 (§§ 6-21), traite de *la collation et de la perte des fonctions
notariales*. Le candidat à une place de notaire doit, en outre des conditions
de majorité, de caractère irréprochable, etc., justifier qu'il a fait des
études de droit, qu'il a subi avec succès des examens théoriques et pratiques, qu'il a quatre années de pratique judiciaire et qu'il possède suffi
samment les langues du pays (Cf. § 12). La nomination appartient, d'après
le § 10, au ministre de la justice, mais le § 11 donne à la chambre des
notaires du ressort le droit de faire des présentations, qui sont ensuite
soumises à l'avis du tribunal de première instance et de la haute cour
provinciale (*Oberlandesgericht*). Le notaire peut instrumenter dans tout le
ressort du tribunal de première instance, près lequel il a été nommé
(§ 8) [2]. Le ministre de la justice fixe le nombre des notaires pour chaque
district, ainsi que le lieu de leur résidence obligée (§ 9). Le notaire nommé

---

[1] § 3. « Notariatsacte, in welchen eine Schuld an Geld oder anderen vertretbaren Sachen fest-
gestellt ist, und in welchen die Person des Berechtigten, sowie jene des Verpflichteten, der Rechts-
titel, der Gegenstand und die Zeit der Leistung genau bestimmt sind, sind gleich den vor Gericht
abgeschlossenen Vergleichen executionsfähig, wenn zugleich der Verpflichtete in der Urkunde
zugestimmt hat, dass dieselbe in Ansehung der anerkannten Schuld sofort vollstreckbar sein soll. Ist
die Verbindlichkeit von dem Eintritt einer Bedingung oder eines nicht kalendermässig feststehenden
Zeitpunktes abhängig, so ist zur Vollstreckbarkeit erforderlich, dass auch der Eintritt der Bedingung oder des Zeitpunktes durch eine öffentliche Urkunde nachgewiesen werde. »

[2] D'où suit qu'un acte passé par un notaire hors de son ressort, n'a *pas* la force d'un acte authen
tique (§ 31).

doit, avant de prêter serment, fournir le cautionnement légal (§ 15). Les détails sur le cautionnement des notaires se trouvent au chapitre 3 ; le montant varie d'après l'importance et spécialement d'après la population du lieu de résidence, de 1000 à 8000 florins (§ 22). D'après le § 25, le cautionnement répond de tous dommages-intérêts et paiements qui prennent leur origine dans l'exercice des fonctions notariales.

Le chapitre 4 (§§ 31-51), est intitulé : *Dispositions générales sur l'exercice des fonctions notariales.* Signalons parmi ces dispositions le § 38 qui dispose avec plus de précision que la loi antérieure : « le notaire est garant » du fait que tout ce qui est constaté dans l'acte, comme s'étant passé en sa » présence s'est effectivement passé en sa présence et de la manière indi- » quée ; il est responsable de toute inexactitude commise même par simple » négligence [1]. » Les §§ 43-48 contiennent des prescriptions sur la forme extérieure des actes notariés ; le § 40 déclare que toute infraction aux devoirs professionnels, imposés par l'ordonnance sur le notariat, rend le notaire punissable et qu'en outre il aura à indemniser les parties du préjudice qui en sera résulté pour elles.

Vient ensuite le chapitre 5 (§§ 52-109), qui contient des *dispositions spéciales sur l'exercice des fonctions notariales.* Il serait trop long d'entrer dans tous les détails de cette matière. Le chapitre se divise en cinq parties, respectivement intitulées :

I. Réception des actes notariés, déclaratifs ou translatifs de droits (*Notariatsacte*), — §§ 52-69.

II. Réception des dispositions de dernière volonté avec les effets des dispositions de dernière volonté déclarées en justice, — §§ 70-75.

III. Constatation authentique de faits et de déclarations, — §§ 76-90.

IV. Délivrance d'expéditions [2], de copies, d'extraits et de certificats, — §§ 91-103.

V. Acceptation d'actes en dépôt, d'argent et de valeurs à transmettre à des tiers ou à consigner à des administrations, — §§ 104-109.

Le chapitre 6 (§§ 110-116) parle des minutes et du répertoire.

---

[1] § 38. « Der Notar haftet dafür dass was in einer Notariatsurkunde als in seiner Gegenwart geschehen angeführt ist, auch wirklich in seiner Gegenwart und in der angegebenen Weise sich ereignet habe, und er ist für jede auch bloss aus Versehen begangene Unrichtigkeit verantwortlich. »

[2] Les expéditions (*Ausfertigungen*) des actes notariés que le notaire ne délivre en général qu'aux intéressés (§§ 95 et 49), tandis qu'il conserve l'original ou la minute (*Urschrift*) devers lui, ont la même autorité qu'un acte authentique (voir § 100), si elles sont revêtues des formes requises par la loi.

Le chapitre 7 (§§ 117-123), s'occupe des candidats-notaires et des pre- miers clercs de notaires (*Notariatssubstituten*); le chapitre 8, des *colléges des notaires, et des chambres des notaires*. D'après le § 124, les notaires résidant dans le ressort d'un même tribunal de première instance, forment ensemble un collége, (« *Notaren collegium* » dit incorrectement la loi). Le § 125 ordonne que, dans ces colléges, il sera formé dans chaque ressort de tribunal de première instance, où exerceront au moins 15 notaires, une chambre des notaires; dans les arrondissements judiciaires où ce nombre ne sera pas atteint, régulièrement ce sera au tribunal à remplir l'office de chambre des notaires.

Toutefois dans de pareilles circonstances le ministre pourra, par excep- tion, réunir les notaires de différents ressorts en *un seul collége*, au moyen duquel on formera une chambre des notaires commune (§ 126). Il nous semble que, vu la situation jusqu'à présent si précaire du notariat en Autriche, le législateur a rencontré ici le juste milieu entre les solutions extrêmes des lois autrichiennes antérieures. En 1850 (ordonnance sur le notariat de 1850, article 117 et 128), on fonda des chambres des notaires qui comprenaient en général tout un ressort de haute-cour provinciale (*Oberlandesgericht*); dans ce système il ne pouvait pas être question pour les chambres des notaires d'un contrôle sérieux, ni d'une véritable action administrative. L'ordonnance sur le notariat de 1855 au contraire, créait une chambre des notaires *pour chaque ressort* de tribunal de première instance, *sans égard* au nombre des notaires qui y exerçaient; or il y avait plus d'un ressort qui ne comprenait que deux ou trois notaires. La chambre se trouvait parfois composée de deux membres présidés par un juge. Pouvait-on à un pareil collége conférer le soin d'administrer les affaires du notariat? De là le chiffre minimum de quinze. Quant aux chambres de notaires elles se composent, d'après le § 127, de quatre ou huit membres et d'un président, élus d'après le § 128, au scrutin secret, par les membres du collége des notaires, au sein de celui-ci et pour un terme de trois ans. Ce terme échu, les membres sortants sont rééligibles. D'après le § 133, le collége et la chambre des notaires ont à sauvegarder l'honneur et la dignité du corps et à en défendre les intérêts. Le collége ne s'occupe en général que des élections pour la chambre, de rapports, informations, pro- positions et de la vérification des comptes de la chambre (§ 134). Mais la chambre des notaires est investie par le § 135 des attributions suivantes : *a*) surveiller la conduite et les actes professionnels des notaires ainsi que des candidats notaires de leur ressort et tenir les notes y relatives; *b*) maintenir comme tribunal d'honneur la discipline parmi les notaires et les candidats notaires; *c*) intervenir pour concilier tous malentendus ou différends entre notaires du ressort, à l'occasion de l'exercice de leurs fonctions ou *d*) entre des notaires et leurs clients relativement à leurs fonctions ou à leurs honoraires; *e*) prononcer dans certains cas sur des réclamations; *f*) homologuer les certificats de pratique (de stage) des candidats notaires; *g*) formuler des propositions et des avis sur des questions de législation, etc; *h*) concourir à la nomination des notaires et au versement ou à la restitution des cautionnements; *i*) administrer les intérêts financiers communs, et arrêter le règlement de ses travaux, qui doit être soumis à l'approbation du ministre de la justice; *j*) convoquer le collége des notaires.

Sauf disposition contraire de la loi, on peut, d'après le § 141, se pourvoir contre les décisions ou décrets de la chambre ou du président devant la haute-cour provinciale (*Oberlandesgericht*); au cas où les décisions ne sont pas conformes on peut déférer l'arrêt de la haute-cour à la cour suprême de justice et de cassation (*Oberster Gerichts- und Cassationshof*).

Le chapitre 9 (§§ 143-152) traite *des archives notariales* destinées à recevoir et à conserver les minutes des notaires démissionnaires ou décédés. — Le chapitre 10 est important (§§ 153-170). Il contient des règles « *sur la surveillance et la poursuite disciplinaire des notaires.* » D'abord la *chambre des notaires* est obligée d'inspecter périodiquement les minutes des notaires (§ 154); ensuite elle doit veiller à *l'honneur de la profession*, tandis que l'*État* par ses tribunaux sévit contre les infractions à *la loi.*

Tel est du moins le sens dans lequel l'ordonnance sur le notariat cherche à appliquer, dans les §§ 155 et 157, la distinction indiquée. La délimitation ne laisse pas néanmoins d'être obscure et confuse. En effet, le § 155 dispose que la chambre procèdera par voie de peines *réglementaires* [1], contre le notaire qui, « par sa conduite, porte atteinte à l'honneur ou à la dignité de sa profession », tandis que le § 157 menace d'une peine *disciplinaire* à appliquer par le *tribunal* le notaire qui viole les devoirs imposés par l'ordonnance sur le notariat, ou « *compromet* l'honneur ou la dignité de son ordre. » Sans doute l'expression *blossstellen* (compromettre) est plus forte que *beeinträchtigen* (porter atteinte); mais il n'est pas moins vrai qu'il dépend de l'appréciation individuelle et d'un sentiment plus ou moins délicat des nuances de déterminer où commence l'un, où finit l'autre.

---

[1] Nous croyons pouvoir traduire par « peines réglementaires » le terme : *Ordnungsstrafen* qui correspond à ce que les auteurs français appellent *simples peines disciplinaires* ou *peines de discipline intérieure*, dont l'application appartient aux chambres de discipline, par opposition aux peines disciplinaires propement dites dont l'application appartient aux tribunaux.

Les peines réglementaires sont, d'après le § 155 : le *rappel* aux devoirs de la profession et le *blâme* écrit. Il n'y a pas de recours contre une condamnation de ce genre lorsqu'elle est prononcée par la chambre, mais le § 155 autorise l'appel lorsque c'est le *tribunal* de première instance faisait l'office de chambre de notaires, qui inflige un blâme.

Les peines disciplinaires sont, d'après le § 158 : *a*) *la censure* écrite; *b*) *l'amende pécuniaire* jusqu'à 500 florins; *c*) la *suspension* des fonctions pendant un an au plus; *d*) la *destitution*. La haute cour provinciale fonctionne comme tribunal de discipline (§ 160). Pour la procédure on suit en substance la loi du 21 mars 1868, qui règle la procédure disciplinaire à suivre à l'égard des fonctionnaires judiciaires, et que l'on applique par analogie (§ 161). Le tribunal de discipline peut cependant, sur l'avis conforme du procureur général, inviter d'emblée le notaire accusé à venir immédiatement donner des explications orales (§ 162). Mentionnons encore le § 164 aux termes duquel, après un exercice irréprochable de « sa profession pen-
» dant trois ans, le notaire peut obtenir la radiation de toute peine règle-
» mentaire, ou de la *censure* écrite consignée dans les régistres du corps
» notarial. La décision sur ce point appartient selon le cas à la chambre
» des notaires ou au tribunal de discipline. »

Le chapitre 11 enfin (§ 171-184) traite *des honoraires des notaires*, et un appendice de 20 paragraphes contient le *tarif notarial*, d'après lequel les honoraires doivent être calculés. Les conventions qui auraient pour objet de majorer ces taxes sont interdites et frappées de nullité. « C'est seulement
» pour les affaires qui présentent une étendue et des difficultés extraordi-
» naires, qui exigent une responsabilité spéciale ou de profondes études,
» ou qui causent une perte de temps disproportionnée, que le notaire, en
» mentionnant expressément ces différentes causes..... peut demander des
» émoluments en rapport avec ses devoirs extraordinaires. Au cas où on ne
» s'accorderait pas à l'amiable sur ce point, c'est au tribunal à déterminer
» les émoluments. » (§ 171).

Dans la sphère de la législation judiciaire autrichienne, il ne nous reste malheureusement plus à signaler que des lois de moindre importance. C'est d'abord la loi du 23 juillet 1871, *qui apporte des* « *restrictions*
» *aux appels extraordinaires et aux pourvois contre les décisions judiciaires*
» *en matière pénale, et qui règle la compétence judiciaire par rapport aux*
» *demandes en sursis de peines et aux recours en grâce.* »

Cette loi tend en substance à diminuer le nombre des affaires portées devant la cour suprême et les hautes cours provinciales. En décrétant cette novelle, on n'a pas eu en vue de modifier en principe le système des voies de recours, tel qu'il est réglé par la procédure criminelle actuellement en vigueur; on a voulu réserver ce point au nouveau Code d'instruction criminelle, dont l'avènement, si longtemps désiré, sera peut-être le fruit de la prochaine session.

L' « appel extraordinaire » dont parle le titre précité de la nouvelle loi, a été admis jusqu'ici en Autriche en vertu d'un décret impérial du 28 février 1860. Ce décret n'a jamais été publié dans le registre ou collection des lois (Reichsgesetzblatt) officiel de l'Empire, et rigoureusement parlant, il n'avait pas même pour objet d'introduire un appel extraordinaire.

D'après les §§ 211 et 301 du Code d'instruction criminelle de 1853, il n'y avait plus d'appel contre les décisions ou jugements des tribunaux de première instance, c'est-à-dire contre *duas conformes*. Mais le décret impérial rappelé ci-dessus autorise la cour suprême, « toutes les fois qu'elle arrive » à avoir connaissance, par n'importe quelle voie de procès criminels dans » lesquels l'accusé ou le condamné a été lésé par une procédure ou une » décision *évidemment* illégale, à ordonner d'*office* ce qu'il appartiendra, » alors même que l'appel *ne serait pas* légalement recevable. » Le but de la décision était donc de sanctionner, dans une excellente intention, quoique sous une forme des plus dangereuses, une intervention d'office de la cour suprême, mais *nullement* de créer un nouveau mode « d'appel. » Cependant les représentants et les défenseurs d'accusés ou de condamnés songèrent naturellement, du moment où le décret impérial fut généralement connu, à s'en prévaloir pour introduire fréquemment à la cour suprême, des requêtes « en révision » des procès criminels. De cette manière il se forma insen_ siblement, par la pratique que corroboraient en partie des arrêtés ministériels, un mode « de pourvoi ou d'appel extraordinaire, » qui n'était subordonné ni à des formes ni à des délais déterminés, et qui vint augmenter démesurément la besogne de la cour suprême, déjà autrement fort occupée. C'est à cet état de choses irrégulier que la nouvelle loi à remédié provisoirement, du moins quant aux points essentiels. Le § 1 concernant la recevabilité et l'effet de l'appel extraordinaire est conçu comme suit :

1° On ne peut recourir à l'appel que contre un arrêt d'une haute cour **provinciale** reconnaissant la culpabilité et passé en force de chose jugée, **mais** non contre aucune autre décision rendue par ces cours en matière **pénale.**

2° L'appel est *seulement* admis lorsque la condamnation a lieu pour **crime** ou délit et non lorsqu'il s'agit d'une contravention.

3° L'appel ne peut-être dirigé que *a*) contre la partie de l'arrêt qui reconnaît la culpabilité, ou *b*) contre le dispositif qui prononce la peine et pour autant que celui-ci ait dépassé le maximum de la peine édictée par la loi.

4° On observera, pour l'appel extraordinaire, les formes et les délais prescrits pour l'appel ordinaire.

5° L'appel extraordinaire ne suspend pas l'exécution de la peine.

6° Si, ensuite de l'appel extraordinaire, la cour suprême ne réforme pas la déclaration de culpabilité, elle ne peut modifier la peine appliquée que si elle trouve que la haute cour provinciale dépasse le maximum légal.

Notons encore la loi du 27 juillet 1871 qui, outre qu'elle rentre dans la catégorie des lois judiciaires, a également le caractère d'une loi sur les étrangers (alien bill). Elle a en effet pour objet de *régler l'éloignement par mesure de police* (« *polizeiliche Abschaffung* ») *et le droit d'expulsion* (« *Schubwesen* »).

La nécessité d'une nouvelle loi sur la matière résultait surtout de ce que la loi fondamentale, la loi pour la protection de la liberté individuelle et d'autres lois existantes font dépendre les mesures de police en question de l'existence de dispositions législatives spéciales, qui jusqu'ici faisaient en grande partie défaut. En outre, les prescriptions existantes dans les différentes parties de l'empire en matière d'expulsion, étaient en contradiction les unes avec les autres, ce qui donnait souvent lieu à des conflits de compétence et paralysait l'action de la police.

Les §§ 1 et 2 s'expriment comme suit : « § 1, l'expulsion (*Abschiebung*) » d'un lieu ou d'un territoire déterminé, avec injonction de retourner à la » commune d'origine ou, lorsqu'il s'agit de personnes n'appartenant pas au » ressort territorial de la présente loi [1], l'expulsion hors des limites de ce » ressort, ne peut être appliquée par mesure de police qu'aux individus » ci-après désignés :

» *a*) aux vagabonds et gens sans profession qui cherchent à exploiter la » charité publique;

» *b*) aux gens sans aveu et sans destination qui ne peuvent justifier ni » d'un revenu quelconque, ni de moyens d'existence licites;

» *c*) aux femmes publiques qui n'ont pas obtempéré à une première » injonction de partir.

_____

(1) Cette longue périphrase provient de ce qu'on a voulu, sans désigner expressément les sujets de la Couronne hongroise sous le nom d'*étrangers*, les comprendre également dans les termes de la loi.

» *d*) aux prisonniers ou forçats libérés, si leur présence compromet la
» sûreté des personnes ou des propriétés.

» L'expulsion itérative peut comprendre la défense de revenir. »

§ 2. « L'éloignement par mesure de police d'un ou de plusieurs endroits,
» avec défense d'y rentrer soit jamais, soit pendant un certain temps, peut
» être appliqué aux individus désignés par le § 1 et conformément aux
» dispositions de la présente loi. Il y a lieu d'y recourir lorsque l'intérêt
» public, dont la garantie est le but de l'expulsion, n'est compromis que
» dans la localité même d'où la personne doit être écartée. Il n'est pas
» permis d'expulser ou d'éloigner un individu de la commune où il a son
» domicile de droit. L'acquisition de ce domicile dans une localité, annulle
» les effets de l'éloignement (*Abschaffung*) de cette localité. De plus, les
» personnes non-domiciliées dans le ressort territorial de la présente loi,
» mais dont le séjour paraît compromettant pour l'ordre ou la sûreté
» publique, seront éloignées (*abgeschafft*), soit de tout le territoire, soit de
» certaines de ses parties. Les lois pénales fixent les différents cas, dans
» lesquels le bannissement hors du pays ou l'éloignement doit être prononcé
» comme peine ou comme aggravation de peine (1). La présente loi ne
» déroge pas au droit de bannissement que la loi communale attribue aux
» communes. » L'expulsion se pratique d'après le § 3, « soit au moyen
» d'un passeport imposé ou feuille de route, réglant, par délais et par
» étapes, l'itinéraire à suivre, soit par transport forcé sous escorte d'agents
» de sûreté (*Wach-Organen*). On évitera toutefois ce dernier moyen tant
» que le but de la loi pourra être atteint par la remise d'une feuille de route
» obligatoire. »

L'expulsion ou l'éloignement ne peut avoir lieu qu'en vertu d'une décision
régulièrement rendue par l'autorité de police compétente (§§ 4 et 5); contre
cette décision il y a un recours suspensif auprès du chef du gouvernement
(§ 7). « Tout individu renvoyé à son domicile, avec feuille de route obli-
» gatoire, qui s'écarte volontairement de l'itinéraire imposé, dissimule ou
» supprime sa feuille de route, ou qui, sans motif valable, ne se conforme
» pas au temps prescrit, sera puni de huit jours au plus d'emprisonnement
» et sera transporté de force et sous escorte (*mittelst Schubes*) pendant le

---

(1) Le bannissement hors du pays (*Landesverweisung*) apparaît dans le Code pénal (§ 19, litt. f. et
§ 25), comme peine accessoire contre les étrangers qui ont subi un emprisonnement pour crime.
L'éloignement (*Abschaffung*) est comminé comme peine applicable aux *délits* et aux *contraventions*.
Il peut frapper également les régnicoles, qui cependant ne peuvent être éloignés *de tout le territoire* de l'Empire (Ibid. § 249).

» reste de son voyage. Celui qui se sera dérobé au transport forcé, sera
» passible des mêmes peines » (§ 13, aliuéas 1 et 2). Les §§ 14-18 s'occupent
des frais du transport forcé.

Lors de la discussion de la loi précitée dans les Chambres, il se produisit
des plaintes nombreuses au sujet de l'absence d'un code de police criminelle. On déplora également l'insuffisance de la Gendarmerie et de la police
devant le vagabondage sans cesse croissant surtout dans les campagnes. Ces
plaintes trouvèrent un écho dans quelques résolutions spéciales.

Il nous reste enfin à parler de la loi du 23 mai 1871 qui s'occupe de la
juridiction de la Landwehr. Ce titre n'est pas exact, la loi en effet ne
s'occupe pas seulement de la juridiction, mais encore du droit *matériel*,
(civil et pénal), qui gouverne les personnes soumises au régime de la *Landwehr*. En activité de service (d'après le § 1), ces personnes sont assujetties
aux lois pénales militaires, avec cette restriction pourtant, qu'on ne peut
leur appliquer les peines infamantes et les privations de droits comminées
par ces lois, que dans la limite du droit pénal commun. Les individus convoqués aux instructions militaires, aux manœuvres périodiques ou aux
revues d'inspection (voir §§ 14-16 de la loi sur la *Landwehr*), ne sont soumis aux lois militaires que pour autant qu'elles se rapportent à des crimes
ou à des délits militaires. Le § 3 place encore spécialement les officiers de la
Landwehr sous la juridiction des tribunaux militaires pour tous les crimes
et délits militaires qu'ils commettraient étant revêtus de l'uniforme militaire
(voir § 3 de la loi du 20 mai 1869, dans cette *Revue*, tome III, page 86).
Par contre le § 14 énonce le principe général : « qu'en matière civile,
» toutes les personnes engagées dans la Landwehr, restent soumises au droit
» commun et justiciables des tribunaux civils. »

Parmi les *conventions iuternationales* approuvées par le *Reichsrath* et
promulguées dans le courant de l'année 1871, il s'en rencontre plusieurs
qui sont très importantes. Tel est le traité du 20 septembre 1870 avec les
États-Unis de l'Amérique du Nord, qui règle la nationalité des émigrants
appartenant respectivement aux deux États. La fréquence des émigrations
vers l'Amérique fit accepter cette mesure avec faveur, d'autant plus qu'en
Autriche, comme ailleurs, des conflits étaient inévitables lorsque des individus émigrés en Amérique revenaient dans le pays et se voyaient contraints à s'acquitter du service militaire. Le traité qui nous occupe a eu
presque entièrement pour modèle celui du 22 février 1868, conclu entre la
confédération de l'Allemagne du nord et les États-Unis de l'Amérique
septentrionale (Cf. BLUNTSCHLI, tome II, page 118 de cette Revue).

Il dispose donc (art. I) que la nouvelle nationalité (c'est-à-dire le droit d'être traité comme citoyen de l'État vers lequel on a émigré), s'acquiert en dehors de la naturalisation, par une résidence non interrompue de cinq ans dans le pays d'émigration. En revanche on n'adopta pas, et on eut raison de ne pas adopter la clause du traité entre l'Allemagne du nord et les États-Unis, en vertu de laquelle on présume que le naturalisé qui retourne dans son pays d'origine, renonce à revenir dans sa nouvelle patrie. Cette disposition en effet aurait été en contradiction avec le principe formulé en l'article 1er. On adopta sur ce point le système du traité conclu en 1868, entre le grand-duché de Bade et les États-Unis. C'est ainsi que, d'après l'art. IV, l'individu naturalisé qui revient du pays étranger dont il était devenu citoyen, est libre de renoncer à ce droit de cité et de recouvrer sa nationalité dans son ancienne patrie. De même, à l'exemple du traité entre le grand-duché de Bade et les États-Unis, l'article II, alinéas 2 à 5, établit que tout individu autrefois citoyen de la monarchie Austro-Hongroise qui est devenu citoyen américain, conformément à l'article 1er, ne peut être recherché ni puni pour s'être dérobé au service militaire, que dans trois cas spécialement déterminés. Hors ces cas, il n'est permis ni de le punir, ni de le contraindre plus tard à marcher (article II, 6e alinéa). Du reste ces prescriptions ne font pas obstacle à ce que le citoyen naturalisé de l'un des deux États, de retour dans sa première patrie, ne soit puni d'après les lois de celle-ci pour un acte délictueux quelconque antérieur à son émigration (art. II, 1er alinéa). Les traités précédemment conclus avec l'Amérique du nord sur l'extradition des déserteurs des navires de guerre et de commerce, ainsi que des malfaiteurs, restent debout (art. III).

Il a encore été conclu le 11 juillet 1871, avec les États-Unis de l'Amérique du nord, une *convention consulaire*, ratifiée et publiée en 1871. Cette convention est faite sur le modèle du traité du 11 décembre 1866, entre l'Autriche et la France, concernant *les attributions et les prérogatives des consuls*. Cet acte était devenu d'une urgente nécessité pour l'Autriche depuis que, en 1864, les États-Unis avaient déclaré que les consuls des États avec lesquels la République américaine n'avait pas conclu de convention consulaire, seraient seulement traités d'après le droit des gens général, et conformément aux lois de l'Amérique du nord. Les hautes parties contractantes se reconnaissent réciproquement dans la convention et quant à l'objet de celle-ci les droits de la nation la plus favorisée.

L'article XIV dit entr'autres : « Les consuls généraux, consuls, vice-consuls, agents et agents-consulaires, ainsi que les élèves-consuls, chanceliers et employés aux consulats jouissent dans les deux pays de toutes les franchises (*liberties*, dans le texte anglais), prérogatives, immunités et priviléges dont jouissent les fonctionnaires de la même catégorie chez la nation la plus favorisée (« *of the most favoured nation* »).

L'article II garantit en outre spécialement aux personnes susdites atta͏̄chées aux consulats, une immunité formelle, « excepté pour les actes qualifiés de crimes (*crimes* dans le texte anglais), par les lois du pays où ils résident ». C'est là une clause que l'on aurait mieux fait d'omettre : d'un côté, il ne semble pas qu'il y eût lieu d'accorder aucune immunité à des agents consulaires qui ne remplissent pas en même temps des fonctions diplomatiques ; de l'autre l'exception faite en ce qui concerne les « *crimes* » (*Verbrechen*), peut donner lieu à des complications et prêter à l'arbitraire : en effet dans les différents États de l'Union américaine, le mot « crime » a des significations très diverses, et de plus, dans la plupart de ces États, cette même expression n'est pas reçue comme technique, la classification des actes punissables se faisant en « *felonies* » et « *misdemeanours.* »

Il a été conclu le 24 mars 1870 entre la monarchie Austro-Hongroise et l'Espagne un *traité de commerce et de navigation*, qui offre quelque connexité avec le précédent. Depuis plus d'un siècle il n'existait pas de convention de cette nature entre l'Autriche et l'Espagne. Le présent traité règle les droits respectifs des parties, tant par rapport au transit (article XV) et « pour ce qui concerne les tarifs des droits à l'importation et à l'exportation » tant par eau que par terre (art. XVI) », que par rapport « aux priviléges, » exemptions et immunités des employés consulaires (art. XXII) sur le » pied de « la nation la plus favorisée. » Le tarif douanier espagnol fut en outre accepté dans le traité, et ne peut par conséquent être modifié avant le terme fixé, sans le consentement des deux parties.

Un trait caractéristique, c'est que, parmi les divers objets, dont l'Espagne se réserve dans l'article XVII, le droit de permettre ou de refuser l'importation, l'exportation ou le transit figurent « les missels, bréviaires, diurnes » et autres livres liturgiques de l'église catholique. » Une clause importante est celle de l'article II, en vertu duquel les sujets de chaque état sont réciproquement assimilés à ceux de l'autre État, quant au droit « de séjourner, » de faire le commerce, d'exercer leur industrie ou métier, de louer ou de » posséder des maisons, etc. » L'article III statue de même ; « en ce qui » concerne l'acquisition et la possession d'immeubles de toute espèce, ainsi » que la disposition à l'égard de ces immeubles ; » et l'article IV ajoute :

« les sujets de chacune des deux parties contractantes jouiront dans les
» territoires de l'autre, tant pour leur personne que par rapport à leur pro-
» priété, des mêmes droits (excepté les droits politiques), et des mêmes pri-
» viléges qui sont ou seront accordés aux nationaux; » « en observant
» toutefois les lois du pays; » ajoute l'article avec peu de logique. En
général les prescriptions du traité pèchent par la prolixité et l'absence de
précision.

Remarquons encore que, d'après l'article XXI, « la stipulation de la
nation la plus favorisée, » s'applique à l'Autriche, quant à ses relations avec
« les provinces espagnoles d'outre-mer; » tandis que, en général, ces
provinces « ne seront pas comprises dans les stipulations qui précèdent. »

QUELQUES VUES SUR LE DROIT ROMAIN EN LUI-MÊME ET DANS
SON ACTION SUR LE MONDE MODERNE, A PROPOS D'UNE HIS-
TOIRE RÉCENTE DE CE DROIT,

PAR

Jos. HORNUNG,

professeur à l'Académie de Genève.

*Introduction historique au droit Romain, manuel-programme pour servir
aux cours universitaires et à l'étude privée, comprenant une chrestomathie élémentaire et quelques linéaments d'histoire littéraire et biographique,* par ALPHONSE RIVIER, *professeur à l'université de Bruxelles.* —
Bruxelles, Berlin, Genève et Paris, 1872. — Un vol. in-8° de VII et 580 p.

Il y a ceci de particulier dans la civilisation moderne comparée à celles
de l'antiquité, qu'elle est éminemment dérivée et *secondaire*, c'est-à-dire
qu'elle emploie et combine en elle des éléments déjà préparés par d'autres
peuples, tandis que les civilisations antiques sont originales et *primaires.*
Rome, il est vrai, fait ici transition, en ce qu'elle fond dès l'abord en elle les
diverses nationalités de l'Italie, et que, plus tard, elle agit de même vis-à-vis
des civilisations de l'Occident et en particulier vis-à-vis de la culture
grecque. Mais ce caractère mixte et dérivé est bien autrement marqué dans
l'Europe moderne. En effet, à la base et au point de départ de notre civilisation se trouve d'abord une religion orientale, le christianisme ; puis la
culture hellénique ; et enfin le droit romain. Ces éléments se mélangent
avec le germanisme, et il en résulte un vaste ensemble, une société
immense, qui domine les États particuliers, et qui, par son caractère substantiel, diffère profondément des formes nationales si arrêtées du monde
ancien. Ajoutons que cette société se meut dans son ensemble, et traverse
tout entière les phases qui, dans l'antiquité, sont représentées par des peuples différents. Son évolution se fait dans le temps, et celle de l'antiquité
dans l'espace, puisqu'elle a lieu d'un État à un autre. Rome elle-même,
dont le développement est si prolongé et si compréhensif, Rome est encore
une cité, un État bien distinct. Elle finit sans doute par recevoir le monde

entier dans son forum ; mais c'est toujours le forum romain, et Byzance se rattache encore à la Rome du Palatin. L'enceinte s'est progressivement élargie : l'Empire et le droit sont devenus toujours plus cosmopolites ; mais l'originalité première n'a point disparu ; c'est toujours la forme initiale qui détermine et dessine l'ensemble. Le monde moderne, au contraire, n'a pas une forme arrêtée : ce qui domine en lui, c'est la matière sociale et le mouvement de l'ensemble.

De là vient que les éléments constitutifs de notre civilisation ont eu et ont encore pour nous une importance majeure. Le christianisme, l'hellénisme, le droit romain et le germanisme ont préoccupé les esprits autant et plus que la forme propre de chaque nation et de chaque État. Rien absolument de pareil dans l'antiquité. Tandis que les anciens vont en avant, sans se préoccuper outre mesure du passé, parce qu'il est en eux, les modernes ont été et sont encore liés à ces origines multiples dont nous parlons. A leurs yeux, le progrès a consisté pendant longtemps dans la fidélité avec laquelle ces éléments premiers étaient reproduits.

Pendant les premiers siècles du moyen-âge, le chaos règne, et l'esprit ne réussit pas à dominer le mélange confus qui distingue cette époque. Puis les formes se dessinent, et surtout on cherche à retrouver les éléments constitutifs dans leur pureté primitive. Il se produit ainsi une série de *renaissances* et de *réformes* qui sont des retours en arrière, et qui auraient bien étonné les anciens : la philosophie grecque dans la scolastique, le droit romain chez les glossateurs, le christianisme primitif chez les Albigeois et les Vaudois ; puis la grande Renaissance des lettres classiques ; la Réforme religieuse du XVIᵉ siècle ; et enfin la réapparition scientifique et littéraire du germanisme, du slavisme et du celtisme. — C'est seulement au XVIIᵉ siècle et surtout au XVIIIᵉ que l'esprit moderne s'est dégagé de ce passé si lourd et s'est affirmé dans sa pleine indépendance. Nous n'avons retrouvé la nature et reconquis l'autonomie du moi qu'après un long assujettissement aux pensées d'autrui. La renaissance du germanisme s'est trouvée liée à cette émancipation des âmes, parce que le germanisme était un élément nouveau, et que, en le retrouvant, la race allemande se retrouvait elle-même.

Il résulte de ces considérations que l'Esprit moderne a occupé successivement des positions diverses, vis-à-vis des éléments historiques dont nous venons de parler. C'est d'abord un respect superstitieux qui empêche de bien voir, et qui donne à l'objet dont il s'agit une valeur absolue. Puis, l'Esprit se remet peu à peu de son premier étonnement : il en vient à comparer, à juger, et finalement à voir l'ensemble de faits en question à sa place dans l'évolution historique. C'est ce qui est arrivé pour le christianisme, auquel l'orthodoxie protestante attribue d'abord une valeur absolue, et que la critique historique finit par apprécier comme toute autre religion. Même observation pour le classique en littérature.

Eh bien, il en a été exactement ainsi pour le droit romain. Les glossateurs ont pour lui un respect superstitieux : l'Allemagne le reçoit dévotement et le fait entrer comme partie intégrante dans son droit commun (1). — Au XVI⁰ siècle, les juristes français commencent à le traiter avec une certaine liberté, parce qu'ils le voient dans son antithèse avec le droit coutumier : c'est la comparaison qui les éclaire (2). En même temps, Machiavel, le fondateur de l'histoire critique, arrive à des vues très-profondes sur le génie politique de Rome, en le comparant avec celui de Florence, tout comme Polybe et Denys d'Halicarnasse avaient compris Rome à fond, par la comparaison avec Athènes. — L'Allemagne arrive plus tard que la France à secouer le joug du droit romain, parce qu'il est entré dans son droit commun, tandis qu'en France, il n'a qu'une valeur territoriale. C'est seulement à la fin du XVII⁰ siècle et au commencement du XVIII⁰, que la science allemande ose juger le droit romain. Elle y est encouragée par les philosophes qui, à cette époque, reprenant l'œuvre de Grotius, constituent le système du droit naturel et l'Encyclopédie du droit. Mais c'est surtout la renaissance du germanisme qui donne l'impulsion. On acquiert le sens du droit national et on l'oppose au droit romain. C'est, par exemple, ce que fait Heineccius. D'autre part, l'Allemagne porte aussitôt dans ces questions sa puissance d'organisation logique : elle en fait une science. Les premières histoires en forme des deux droits sont de cette époque, et ici encore c'est Heineccius qu'il faut surtout citer. — Dans le même temps, Vico fondait à Naples la philosophie de l'histoire, en prenant Rome comme type de l'évolution juridique.

Le mouvement d'émancipation s'accentue à mesure qu'on avance dans le XVIII⁰ siècle. Ici, il convient de distinguer la conception française et la conception allemande.

La France du XVIII⁰ siècle recherche surtout les causes sociales du droit: elle fonde l'économie politique, et Montesquieu, dans son *Esprit des Lois*, jette les bases de l'histoire philosophique du droit, en cherchant à montrer

(1) V. surtout C. A. Schmidt, *Die Reception des römischen Rechts in Deutschland*, 1868.
(2) Un livre comme la *Franco-Gallia* d'Hotman suffirait pour montrer à quel degré d'indépendance la France était déjà parvenue alors vis-à-vis du droit romain.

comment il est déterminé par tout l'ensemble des conditions sociales de chaque époque. Dès lors la France est restée fidèle à cette conception (1), parce qu'elle est conforme à son génie, qui a été de combiner les races et d'en dégager l'idée sociale dans toute sa généralité. Vous retrouvez cette tendance, par exemple, chez Guizot, chez Aug. Thierry, chez Tocqueville, chez Renan, dans l'admirable *Tableau de l'Empire romain*, par Amédée Thierry, dans la *Cité antique* de M. Fustel de Coulanges. La France étant une civilisation mixte et formelle, comme celle de Rome, les Français ont bien mieux compris cette dernière que les Allemands, ceux-ci (Niebuhr par exemple) voyant surtout les races et non leur combinaison dans l'État romain (2). Par cela même aussi, les Français ont réalisé les premiers sur une grande échelle cette codification systématique, où les éléments historiques du droit sont librement employés par le législateur.

Quand l'esprit allemand parvient à l'entière indépendance, il le fait, au contraire, par un retour aux origines germaniques, plus que par une préoccupation de la Nature en elle-même. Le germanisme juridique, tel qu'il se constitue dans son opposition au romanisme, à partir de Justus Möser, d'Eichhorn et de Jacob Grimm, devient le vrai foyer de la science allemande. L'antithèse se marque surtout à partir du congrès des germanistes à Francfort, en 1846 (3). Elle conduit à étudier le droit dans ses différentes formes successives, le droit romain étant un *Juristenrecht* et le droit germanique un *Volksrecht*. A partir de Savigny, ces questions sont scrutées de près. La science des deux droits et de leur histoire se constitue définitivement, grâce à des travaux comme ceux de Mittermaier, Waitz, Wilda, Walter, Zöpfl, Gerber, Bluntschli, sur le droit germanique, de Savigny, Thibaut, Puchta, Vangerow, Böcking, Walter, Rudorff, sur le droit romain. Mais c'est une science encore scolastique, en ce sens qu'elle isole trop le droit de ses causes nationales, et qu'elle en reste ordinairement à l'étude approfondie du droit romain et du droit germanique. Ihering ferait seul exception, avec son *Esprit du droit Romain* (4). La lutte entre les germanistes et les romanistes continue et donne lieu à des comparaisons fécondes, qui vont plus au fond des questions que les ouvrages spéciaux sur chacun des deux droits (5). L'Allemagne en reste donc à l'antithèse des races et se

(1) Elle est aussi celle de la science anglaise, et ici nous citerons surtout Buckle et Carey.

(2) Il y a déjà d'excellentes vues dans l'*Hist. romaine* de Michelet. V. aussi Laboulaye, *Essai sur les lois crimin. des Romains*.

(3) Pour l'histoire du Germanisme, v. surtout la *Zeitschrift für deutsches Recht*.

(4) On pourrait aussi excepter les vues de Stein sur l'évolution juridique de la France.

(5) V. surtout C. A. Schmidt, *Der principielle Unterschied zwischen dem römischen und german. Rechte*, 1853, comparé avec la critique de Hahn, 1856, et la brochure de Röder, 1853.

borne à les décrire. Elle est aussi essentiellement descriptive dans sa riche littérature sur l'État et la société civile.

En même temps, il est vrai, la philosophie allemande, reprenant l'œuvre de Vico, constitue la philosophie de l'histoire, envisagée comme la science des formes que revêt successivement l'Esprit, l'État étant une de ces formes. Elle applique à l'évolution humaine les catégories de la logique. Il en résulte des vues générales d'une grande valeur, comme celles de Hegel et de Gaus. Mais leurs systèmes pèchent par un excès d'abstraction et se tiennent à une trop grande distance des faits, tandis que la science juridique proprement dite persiste à ne voir que son objet [1]. La synthèse n'est donc pas encore opérée en Allemagne entre l'idée et le fait. La France en serait plus voisine ; mais, malgré des travaux érudits comme ceux de Klimrath, Giraud, Laboulaye et Gide, elle n'est pas encore au niveau de l'Allemagne, pour la science purement historique du droit.

Le nouvel ouvrage de M. Alphonse Rivier [2] se rattache tout-à-fait à la science allemande, telle qu'elle est aujourd'hui constituée, et vient prendre une place des plus honorables parmi les travaux qui, depuis Heineccius, ont été consacrés à l'histoire extérieure du droit romain, et parmi lesquels il faut surtout citer au XVIIIᵉ siècle, Bach et Hugo, au XIXᵉ, Puchta, Walter et Rudorff [3]. La plus complète de ces histoires est celle de Walter, qui est en même temps une histoire intérieure. Rudorff n'a étudié que la forme du droit, et la procédure civile et pénale. Il faut ajouter à ces travaux les traités les plus récents sur les antiquités romaines (Becker et Marquardt, Lange, Mommsen), les travaux de Keller, Bethmann-Hollweg, Geib, sur la procédure, celui de Rein sur le droit pénal, les ouvrages de Zacchariæ, Heimbach et Mortreul sur le droit byzantin, et celui de Savigny sur l'histoire du droit romain au moyen-âge.

L'ouvrage de M. Rivier est une histoire extérieure complète du droit romain jusqu'à notre époque. C'est dire qu'il a pour objet le développement de l'État et celui du droit dans sa forme, y compris naturellement la procédure. Lorsque l'auteur arrive à l'histoire du droit romain dans l'Europe moderne, il insiste avant tout sur les jurisconsultes, et son livre devient alors une histoire littéraire.

(1) Hegel, du reste, est d'une partialité très marquée pour le germanisme.

(2) M. Rivier était surtout connu par ses *Untersuchungen über die Cautio prædibus prædiisque*, 1863. — Il a fait ses études à Berlin, où il a subi l'influence de Rudorff et de Keller surtout.

(3) On peut citer aussi l'ouvrage de Rein sur le droit civil et la procédure des Romains, parce qu'il est à un point de vue essentiellement archéologique.

Ce qu'il y a surtout d'original dans l'ouvrage de M. Rivier, c'est qu'il fait l'histoire de l'État et du droit romain, au moyen des textes grecs et latins eux-mêmes (1), en sorte qu'il constitue une chrestomathie des mieux faites et des plus précieuses. Le travail que suppose cette recherche des textes est vraiment immense et fait le plus grand honneur à M. Rivier. Il nous donne en particulier les fragments des XII tables, d'après Schœll, la table de l'Édit du Préteur, d'après l'excellent travail de Rudorff, le texte des principales lois et sénatus-consultes, les formules de procédure. Les indications bibliographiques sont extrêmement riches, et constituent certainement un des grands mérites du livre. On voit que M. Rivier a un penchant spécial pour l'histoire littéraire du droit.

Il a donné pleine carrière à ses goûts dans la partie de son livre qui concerne l'histoire du droit romain en Occident, et qui en est peut-être la plus neuve et la plus curieuse. On a là une énumération complète des Romanistes de tous les pays jusqu'à notre temps (2). M. Rivier a consulté tout ce qui s'est écrit là-dessus, et sa liste fait preuve d'une érudition très étendue. C'est la première fois qu'on en donne une aussi complète. — Nous relèverons aussi les curieuses indications qu'il donne sur l'influence du droit romain en Orient. On sait que la Grèce a encore comme textes officiels les Basiliques et surtout le Manuel d'Harménopoulos. La Roumanie, après avoir suivi le droit byzantin, s'est donné récemment une loi civile imitée du Code Napoléon. M. Rivier emprunte à un savant polonais, M. de Hubé, de curieux détails sur le droit byzantin en Bulgarie, en Servie, en Russie. Il s'y est combiné avec le droit slave. Le droit byzantin paraît aussi avoir laissé des traces en Arménie, et même en Abyssinie. En revanche, c'est par l'Occident que le droit romain a pénétré en Dalmatie, en Bohème, en Moravie, en Pologne.

On le voit, l'ouvrage de M. Rivier est une vraie mine de renseignements de toute espèce : aucun livre ne saurait donner une idée plus exacte et plus vivante des derniers résultats obtenus par la science allemande.

Mais, si ce livre a les mérites de l'érudition germanique, il en a aussi les défauts. M. Rivier s'en tient un peu trop aux détails et montre une défiance exagérée vis-à-vis des généralisations systématiques. Par exemple, il déplore la formation du droit naturel. Chose caractéristique, parmi les auteurs qu'il cite, il oublie Ihering et Amédée Thierry. Il ne craint pas

---

(1) Sous ce rapport, il rappelle les excellentes *Römische Zeittafeln*, de Fischer.
(2) La Belgique et la Hollande ont été spécialement bien traitées par l'auteur.

une certaine scolastique, car il regrette quelque part qu'on ait renoncé au latin dans l'enseignement. Il aime avant tout la science dans sa spécialité, et les causes sociales et nationales des faits juridiques le préoccupent peu.

Il a cependant mis en tête de son livre une remarquable leçon d'ouverture faite par lui à Bruxelles en 1867, et où il donne ses vues sur les causes de la supériorité juridique des Romains. Il indique comme telles la durée de leur histoire, l'extension progressive de leur Empire, leurs tendances pratiques et utilitaires, la façon toute spéciale dont leur droit s'est développé, au moyen des magistrats et des juristes, et enfin le prestige de ces derniers. Tout cela est juste, mais reste un peu superficiel. M. Rivier n'est pas remonté aux causes profondes.

Il faudrait d'abord se demander en quoi consiste l'esprit juridique, à quel moment il apparaît dans l'histoire, et ensuite rechercher pourquoi il a caractérisé tout spécialement les Romains. Je ne puis qu'indiquer ici les grands traits.

Tandis que la Grèce est une race divisée en plusieurs États rivaux, et qu'elle est conduite ainsi à faire surtout de la politique, Rome, production secondaire, unit les races de l'Italie dans une cité éminemment formelle, et plus tard, elle pourra y faire entrer toutes les nations de l'Occident [1]. Première raison pour qu'elle voie essentiellement non pas l'État en lui-même, mais ce qu'il contient, c'est-à-dire la société civile, objet du droit privé. Ensuite, tandis que, chez les Grecs, la cité est partagée en classes rivales qui ont une origine de pur fait, et dont l'une cherche à supplanter l'autre, pour faire dominer son principe, le patriciat et la plèbe de Rome sont entre eux dans un rapport légal et officiel, qui provient de leur formation toute spéciale. La plèbe accepte le patriciat, et quand la lutte s'engage entre les ordres, elle reste légale et ressemble à un long procès [2]. De là, ce respect pour la tradition et la légalité qui distingue les Romains, et aussi cette facilité avec laquelle ils ont laissé le développement du droit aux magistrats et aux jurisconsultes, pour se contenter de certaines garanties politiques et judiciaires. Cet esprit de légalité disparaît sans doute de l'État à l'époque des guerres civiles, mais il se conserve chez les jurisconsultes, dont l'originalité consiste également dans l'union du formalisme avec l'esprit de progrès, en sorte que l'histoire des relations entre le *jus civile* et le *jus gentium* [3], est identique à celle de l'État dans son extension pro-

(1) Cette receptivité, déjà vue par les anciens, a été mise en pleine lumière par Am. Thierry.

(2) Denys d'Halicarnasse, Appien, Tite-Live et Machiavel ont parfaitement relevé cette extraordinaire modération de la plèbe romaine.

(3) Sur ce sujet, v. surtout l'ouvrage de Voigt.

gressive. Ces faits expliquent en outre l'individualisme auxquel les Romains sont arrivés, et qui a été si bien décrit par Ihering. Voilà, selon nous, les vraies causes de l'originalité romaine [1]. M. Rivier les a un peu trop négligées, pour s'attacher à des caractères accessoires qui sont eux-mêmes la conséquence de ces grands faits.

Même observation pour l'histoire du droit romain à Byzance et en Occident. — Dans l'empire d'Orient, il n'y a ni solution de continuité, ni par conséquent renaissance. Les Byzantins traitent le droit commun comme leur appartenant, c'est-à-dire avec une grande liberté : ils le transforment à leur image. — En Occident, sans doute, comme l'a montré Savigny, le droit romain se conserve comme droit de race et même çà et là, comme droit territorial : mais en tout cas, il redevient pour un temps droit coutumier, il se réabsorbe dans le peuple, et il y a lieu, depuis le XIIe siècle, à le retrouver comme ensemble scientifique. C'est alors que se produit l'évolution si caractéristique dont j'ai parlé en commençant, et qui fait un si grand contraste avec la façon toute simple dont le droit romain s'est maintenu et modifié à Byzance. J'aurais voulu que M. Rivier, ici encore, indiquât mieux les grands traits du développement.

En outre, il n'a pas recherché pourquoi et comment le droit romain, accepté si docilement par certains pays de l'Occident, a été formellement rejeté par d'autres, et tout spécialement par l'Angleterre et la Suisse allemande. Pour celle-ci, la raison, c'est la défiance et l'hostilité vis-à-vis de l'Empire. Pour l'Angleterre, les causes sont plus complexes. La principale, je crois, c'est l'institution du Jury, comme moyen de preuve [2]. Le Jury, en effet, remplaçant le combat judicaire, a permis aux Anglais de se passer de la procédure canonique et romaine ; et comme, au moyen âge, ainsi qu'à Rome, tout se résume dans la procédure, on peut admettre que ce fait a été déterminant. Une autre raison, c'est la force initiale de la royauté anglaise, qui lui a permis de se passer du droit romain, tandis qu'il a été un moyen de centralisation pour les royautés du continent [3].

Nous aurions voulu enfin que M. Rivier, au lieu de s'en tenir presque

(1) Je les ai déjà indiquées en 1847 dans mon *Essai historique sur cette question : Pourquoi les Romains ont-ils été le peuple juridique du monde ancien ?* M. Rivier a cité cet opuscule avec une bienveillance dont je le remercie. J'ai repris les mêmes vues en 1865, dans une brochure intitulée : *L'histoire romaine et Napoléon III.* Je me propose de les faire entrer comme partie intégrante dans un ouvrage d'ensemble sur la théorie et l'histoire de l'État.

(2) V. les recherches de Biener et de Brunner.

(3) Si le droit romain n'a eu aucune action dans les pays scandinaves, c'est à cause de leur éloignement des centres, et aussi de la fidélité avec laquelle la tradition germanique s'y est maintenue.

uniquement aux renseignements littéraires et biographiques, eût indiqué nettement dans quels pays le droit romain est encore droit commun ou tout au moins droit subsidiaire, dans quels pays il a été supplanté par des codes, et quelle place ces codes lui ont faite dans leurs dispositions. Ç'aurait été un complément naturel des données si riches et si précieuses que nous fournit le livre de M. Rivier. Nous lui recommandons ce point pour une seconde édition.

On le voit, je n'ai pas épargné les critiques au jeune et savant écrivain. J'espère qu'il considérera ma franchise comme une preuve du sérieux intérêt que m'a inspiré son excellent travail. On voudra bien remarquer d'ailleurs que j'ai signalé des lacunes et non relevé des erreurs. L'ouvrage est fait avec trop de soin pour qu'on puisse prendre l'auteur en faute. Mes critiques laissent donc intact le mérite du livre, et je me plais à répéter en terminant que ce mérite est grand. M. Rivier a enrichi la littérature juridique d'un livre qui manquait, et il a rendu à la science du Romanisme un éminent service.

En terminant, j'ai peut-être moi-même à me laver d'un reproche que plus d'un lecteur m'adressera *in petto*, c'est d'avoir exposé mes propres vues sur le sujet, au lieu de m'être borné à l'examen du livre. Je répondrai en disant que je me suis laissé entraîner par l'intérêt de questions auxquelles j'ai voué de longues années d'études, et ensuite, que j'ai voulu faire honneur à M. Rivier, en encadrant son livre dans les grandes lignes de l'histoire du droit.

OBSERVATIONS SUR LA SUCCESSION *AB INTESTAT* D'APRÈS LE CODE PORTUGAIS DE 1868,

PAR

Camille RE,

Avocat à Rome.

—

Quoique l'histoire et la vie juridique du Portugal n'aient jamais excité dans le reste de l'Europe le même intérêt que celles des autres nations, les savants, surtout ceux de l'Allemagne, ont néanmoins parfaitement vu combien l'étude de cette législation pourrait être féconde en enseignements utiles. Mais il était certainement assez difficile à un étranger d'en exposer l'organisation entière et le développement, en présence de la multiplicité des documents législatifs. Cette difficulté disparaît aujourd'hui en grande partie par la publication du nouveau Code, et l'étude dont nous parlons en est devenue doublement utile. Car non-seulement ce Code, le dernier de ceux publiés en Europe, si nous ne nous trompons, a pu s'aider de l'expérience dont les autres ont été l'objet, (et ils ont tous été consultés par la commission de révision), mais il présente en outre une originalité et un caractère tout à fait propres. Ce serait toutefois dépasser les limites d'un simple article, que de l'examiner dans toute son étendue, et nous avons résolu de borner notre examen à l'une de ses parties les plus intéressantes, celle qui concerne la succession *ab intestat*. Outre qu'elle est importante à un point de vue absolu, parce que l'esprit de la nation s'y réflète, elle l'est aussi à un point de vue relatif, par les différences que l'on y découvre entre le Code Portugais et les autres. Et comme ce Code constitue le résultat naturel ou la synthèse d'une activité juridique tout interne, qui s'est lentement développée, depuis les temps les plus anciens jusqu'à l'élaboration de la loi actuelle, il est impossible de ne pas jeter un regard en arrière sur les sources auxquelles se rattache si étroitement cette législation.

En remontant à ces sources, nous constatons que le droit portugais conserve une existence indépendante et propre jusque vers la fin du XIIe siècle, et que son histoire se confond après cette époque avec celle de la législation espagnole en général. Le droit portugais a donc aussi sa part de cette tra-

dition législative qui s'est continuée sans interruption depuis les premiers
temps où la péninsule acquit une existence politique jusqu'aux siècles
modernes, phénomène unique et extraordinaire dans l'histoire de tous les
peuples Romano-Germaniques [1]. Le royaume Visigoth d'Espagne commença en effet par suivre à l'exemple des autres le système des droits personnels; et tandis que les Romains observaient la législation du Bréviaire
(d'Alaric), les barbares se réglaient sur leurs anciennes coutumes nationales. Mais, environ un siècle après la publication du Bréviaire, fut publié
un autre Code commun aux Barbares et aux Romains, parcequ'on avait en
vue de compléter la fusion des deux éléments, et de constituer ainsi l'unité
du royaume. Les prescriptions de ce code furent empruntées aux deux
sources, au droit romain et au droit national, bien plus cependant au
premier qu'au second. Le Bréviaire fut donc abrogé, mais la tradition législative Romaine fut conservée dans le *Code Visigoth*, seul et véritable code
Barbaro-Romain, ainsi que dans les écoles de droit, qui non-seulement
ne furent pas fermées, mais reçurent aide et encouragements des souverains
eux-mêmes.

L'état de la jurisprudence, postérieurement à la domination Arabe, confirme ce que nous disent les historiens, c'est-à-dire qu'on laissa aux vaincus
la jouissance de leur propre droit. Et quand même il n'en aurait pas été
ainsi, le droit antique n'en aurait pas moins dû se conserver, comme le
remarque Guizot [2]. Car cette poignée de braves qui se réfugia dans les bois
des Asturies, et y mûrit ses desseins de revanche contre les Arabes devait y
conserver religieusement son droit ancien, comme le feu sacré de la nation.
Aussi, lorsque l'Espagne eut reconquis son indépendance, le code visigoth continua-t-il à avoir force de loi, sauf certains changements de forme
de nature à le mettre plus en harmonie avec l'esprit qui s'était alors développé dans la péninsule. Les dispositions du code visigoth passèrent dans
le *Fuero Juzgo* (*Forum Judicum*), ou dans une traduction libre en
Espagnol, rédigée pour l'usage des tribunaux entre le XJ[me] et le XIIIme
siècle. La *lex* antique restait en somme l'unique fondement du droit espagnol,
mais dans un intérêt pratique, il avait été nécessaire de composer une
espèce de *manuel des tribunaux*. On ne peut douter que le Fuero Juzgo
n'ait été publié ensuite en Portugal, et n'y ait eu force législative : cela
résulte à l'évidence et de l'esprit de la législation postérieure, et du fait

[1] V. sur ce point Tünx, *Forschungen auf dem Gebiete der Geschichte*, chap. II, *Ueber das west-
gothische Gesetzbuch*, ainsi que Savigny : *Gesch. des Röm. Rechts*, t. II.
[2] *Revue française*, t I, p. 212-244.

qu'à cette époque cette nation n'avait point encore acquis de corps de lois propre [1]. En effet, quoique Henri de Bourgogne eût jeté les premiers germes d'indépendance politique dès l'année 1109, il n'y a jusqu'à Alphonse I d'autres sources législatives propres au Portugal que quelques décisions des *Cortès de Lamégo*, plutôt relatives au droit public et au droit criminel, qu'au droit civil; d'où la conséquence, que le portugal avait encore à cette époque le droit civil espagnol. Ce pays ne s'émancipa en effet au point de vue politique qu'en 1145, lorsque Alphonse, après la victoire de Castroverde, fut proclamé roi par les milices, et reconnu comme tel par les Cortès de Lamégo. A dater de cette époque, ou plutôt encore du règne de Sanche I, commence une véritable histoire du droit civil portugais : ce droit se manifesta soit par des statuts municipaux (Fueros), soit par des ordonnances royales (Ordinaçoes) rendues sous forme de dispositions parti-culières pour satisfaire aux exigences générales du droit.

Ici finit la première période de l'histoire juridique du Portugal; dans la seconde période, la législation espagnole cessant d'être dominante, commence à figurer sous un autre aspect ou comme droit subsidiaire rela-tivement au droit national encore incomplet et incertain. En effet, tandis qu'Alphonse I d'Espagne ordonnait en 1152 une compilation de lois, calquée sur celle de Justinien, et appelée plus tard *Las Siete Partidas* [2], à cause de son arrangement semblable à celui du Digeste, Denys, roi de Portugal, en faisait faire au XIIIᵐᵉ siècle une traduction portugaise. C'est surtout dans l'application du droit romain, également en vigueur comme droit subsidiaire, que l'histoire juridique du Portugal diffère de celle de l'Espagne; non point que celle-ci ne ressentît les effets de la renaissance du droit en Italie : car Alphonse I ordonna au contraire que dans tout le royaume on s'efforçât de ranimer l'étude de cette science, et ce fut par l'Espagne que cette étincelle gagna le Portugal; mais cela tient à la diver-sité de conditions des deux pays. L'immense développement commercial que produisit la découverte de la route des Indes, dut faire naître en Por-tugal, comme en Italie, l'urgente nécessité d'une législation plus appropriée aux besoins nouveaux et multiples de la vie civile, que ne l'était le système trop étroit du code visigoth ou de sa traduction. Or le droit romain qui venait de ressusciter à une vie nouvelle répondait à merveille à ce but, et la nation portugaise s'attacha avec la plus grande ardeur à cette légis-

---

(1) Sur l'histoire du droit portugais : V. Gans : *das Erbrecht des Mittelalters*, T III, p. 48.
(2) Gans. ouvrage cité. T. III, pp. 425 et ss.

lation, rendue au reste plus accessible par la compilation Justinienne. Ce fut sous Jean I que le code de Justinien fut traduit en portugais, probablement par Jean ab Aregis. L'absence d'un code national comme celui d'Espagne, fut cause de l'importance remarquable qu'obtint en Portugal le droit romain. En effet, tandis que l'Espagne ne pouvait y recourir que comme source théorique, les *Siete Partidas* en ayant interdit l'application pratique, le Portugal au contraire, affranchi de tout lien semblable, avait, dans la pratique, recours indistinctement tant au droit romain qu'au droit espagnol. En faisant donc abstraction de la très large part d'influence demeurée au droit canonique, la législation portugaise se composait de trois principaux éléments : droit romain, droit espagnol et anciennes lois nationales, le premier de ces éléments ayant incontestablement le plus d'importance [1].

Cependant, lorsqu'une nation ne s'est pas enchaînée au passé par un code, et suit le progrès du siècle, il faut qu'elle s'arrête de temps en temps pour constater où elle en est, se débarrasser de ce qui est devenu inutile et mettre à la place ce qu'une nouvelle époque réclame. Les *ordonnances Alphonsines* marquent dans la législation portugaise une de ces étapes. On y recueillit les lois en vigueur, les résolutions des Cortès, les coutumes nationales, quelques règles extraites des statuts particuliers, ainsi que des autres sources juridiques, c'est-à-dire du droit romain, du droit visigoth et du droit canonique. Cette collection fut modifiée par le roi Emmanuel, qui en publia une nouvelle édition, en 1521, sous le nom d'*Ordonnances Emmanuélines*. Ces ordonnances instituèrent une Cour suprême, *Chambre des suppliques* (*Casa di supplicazione*), ayant pour mission d'interpréter la loi, et de rendre en suprême et dernier ressort des décisions qui auraient force de loi. En 1581, Philippe II ayant réuni par la conquête le Portugal à l'Espagne, s'occupa de la révision des Ordonnances Emmanuélines. Un nouveau recueil fut publié en 1603, confirmé, et ensuite sanctionné de nouveau par Jean IV, sous le nom d'*Ordonnances Philippines*, le 29 juin 1643, c'est-à-dire trois ans après que le Portugal eut recouvré son indépendance. Ce dernier recueil, quoique en grande partie modifié par les lois postérieures, constituait le fond de la législation, en vigueur à l'époque où

(1) Gans (V. 3, p. 278) signale ce point avec tant de profondeur que nous devons le citer textuellement.

« Das Römische Recht ist in Portugal nicht nach langen Kämpfen, und nachdem eine tiefe
» nationale Ausbildung des einheimischen vorangegangen war, eingeführt worden, sondern instinct-
» mässig als das alleinig angemessene, da die Dürftigkeit des Westgothischen Gesetzes, und seine
» Unfähigkeit sich zu entwickeln nicht wie in Spanien durch reiche Municipalrechte ersetzt
» wurde. »

fut publié le code. Les modifications apportées ensuite aux ordonnances Philippines le furent par le roi Joseph ; et eurent principalement trait à la force légale du droit romain et du droit canonique, considérés comme moyens subsidiaires d'interprétation. Tandis en effet que jusque là, dans les cas non prévus par la législation nationale, le juge avait recours au droit romain ou au droit canonique, sans plus ample examen, Joseph ordonna qu'il n'en appliquerait désormais les dispositions que si elles étaient conformes au système général de la législation en vigueur.

Enfin, dans un temps assez voisin du nôtre, on s'occupa de rédiger un code dans le vrai sens du mot, et en 1859 parut le premier projet, émané de l'université de Coïmbre. Ce projet, rédigé par le savant vicomte de Scabra, portait la visible empreinte de la science, de l'activité et de la maturité d'intelligence qui distinguent son auteur. La tâche importante de le réviser, de l'examiner, de le discuter, et d'y apporter les meilleurs changements possibles, fut confiée à une commission des jurisconsultes les plus éminents du Portugal. Ce travail de révision prit assez de temps, et à bon droit, parce qu'un code n'est pas une œuvre qui se puisse faire à la légère et avec précipitation. Ce fut seulement en juillet 1867, que le projet fut converti en loi, et le 22 mars 1868, que cette loi fut mise en vigueur.

Maintenant que nous avons terminé cette notice historique tout à fait élémentaire, passons à l'examen des points les plus saillants de l'organisation de la succession ab intestat d'après la loi nouvelle. Elle adopte la division fondamentale des ordres de succession établie par le code de Justinien : succession en lignes descendante, ascendante et collatérale, de plus le droit de conjoint survivant et celui du fisc ; ce système est du reste celui de presque toutes les législations modernes. Il y a une grande différence cependant entre le code portugais et les autres, c'est que cette institution lui est propre ; c'est pour le Portugal une institution nationale, adoptée dès le premier et le plus ancien code, qui date de l'origine même de son indépendance politique, et toujours maintenue depuis dans les sources successives de sa législation. On trouve déjà dans la *lex Visigothorum* la division dont nous parlons, si bien marquée et si nette, que nous ne comprenons pas qu'elle n'ait point servi d'argument à ceux qui ont soutenu que, pour l'élaboration de cette *lex*, on s'est servi du code de Justinien. Cette distinction si précise des descendants, ascendants et collatéraux, la division de ceux-ci en frères bilatéraux ou unilatéraux, et en parents plus éloignés, existait sans doute déjà en germe dans le Bréviaire, mais il était impossible qu'on sût l'y apercevoir dans ces temps barbares, alors qu'encore aujourd'hui il faut un travail d'analyse excessivement subtil pour l'y découvrir; elle ne peut donc guère avoir été empruntée qu'au droit de Justinien. Il n'est pas admissible en effet, qu'elle provint de l'élément germanique, non-seulement parce que le droit germanique reposait sur des principes fondamentaux entièrement différents, mais parce qu'il était sur ce point d'une pauvreté et d'une confusion extrêmes. Elle a donc dans le code portugais une valeur traditionnelle qu'elle n'a dans aucun autre.

Mais, ce qui est plus remarquable encore que cette classification, c'est la constante application d'un autre principe *solennellement* proclamé par Justinien, celui de l'égalité des droits successifs entre les hommes et les femmes. Chacun sait combien l'élément germanique était contraire sous ce rapport à la législation de Justinien, et comment cet élément s'introduisit dans presque toutes les législations barbares, et y jeta des racines assez profondes pour être en état de résister, sous la forme de la *féodalité*, à la puissante influence de la renaissance du droit Justinien. Eh bien il en fut tout autrement en Portugal; non que la féodalité n'y ait produit des effets même en matière civile, mais ce fut d'une manière entièrement différente. Dans la loi fondamentale commune aux Barbares et aux Romains, nous trouvons le principe de la législation de Justinien formulé de telle façon, que nous ne comprendrions pas qu'on eût pu le puiser ailleurs que dans cette législation même : « *Fœmina semper cum masculis æqualiter succedit. Nam justum omnino est, ut quos propinquitatis natura consociat, hereditariae successionis ordo non dividat* [1]. » Ce principe domina toujours la législation portugaise, bien que la féodalité fût venue s'y transplanter d'Espagne, et y eût introduit avec la distinction entre les biens *libres, fidéicommissaires et emphytéotiques*, une triple succession ab intestat. Il est à observer en outre, que les *majorats* furent réglés pour la succession au trône, suivant la convention de Lamégo, qui n'excluait pas du tout les femmes, mais leur préférait seulement les parents mâles du même degré, et c'est ainsi que le droit Romain gravait son empreinte dans le cœur même du système féodal. De plus ce genre de succession extraordinaire et d'origine germanique ne fut admis ni par les ordonnances Alphonsines, ni par les Emmanuélines; il le fut seulement par les Philippines grâce à l'influence alors dominatrice de l'Espagne. Enfin il est à remarquer que, quant à la succession aux biens libres, il n'y eut jamais de distinction d'état, d'âge, de famille ni de sexe.

(1) L. IV. t. II. IX.

Au point de vue où nous venons de nous placer, le code portugais, en proclamant ce double principe ne l'emporte sur les autres que par la valeur historique qui s'y attache, mais il a encore un autre mérite d'un intérêt plus pratique. En effet presque tous les codes modernes ont adopté la succession simultanée, soit partielle, soit totale, des ascendants avec les collatéraux, sans aller au fond du système, sans scruter ni les raisons philosophiques et intrinsèques qui militent en sa faveur, ni les raisons historiques qui l'ont fait naître. Le code portugais au contraire, tenant compte de toute la tradition législative des époques antérieures, admet il est vrai la division théorique en descendants, ascendants et collatéraux; mais, plus fidèle que les autres à ce principe général, dont le code de Justinien s'était écarté dans l'application, il appelle : 1° les descendants; 2° les ascendants; 3° les frères et sœurs et leurs descendants; 4° le conjoint survivant; 5° les autres collatéraux non compris dans le n° 3, jusqu'au 10me degré; 6° l'État (1). — Les ascendants sont absolument préférés aux collatéraux, ces derniers fussent-ils des frères, à moins qu'il ne s'agisse d'ascendants ayant convolé en secondes noces (2). Comme nous l'avons déjà fait remarquer, presque aucun des codes modernes n'a suivi ce système; et pour autant que nous nous en souvenions, il n'y a guère que le code prussien qui admette ce droit de préférence; encore le limite-t-il aux seuls père et mère (3). Pour le code portugais ce système est d'ailleurs essentiellement national et entré dans les mœurs, puisqu'il fut adopté par le code visigoth (4), et le *Fuero* (5) jusqu'à la législation des ordonnances qui précéda immédiatement le code actuel. Ces dernières appelaient en première ligne les descendants (6), puis les ascendants avant tout colla-

(1) Art. 1969° « A successão legitima defere se na orden seguinte :
1° Aos descendentes,
2° Aos ascendentes salvo no caso do artigo 1236°. »
3° Aos irmãos e seus descendentes,
4° Ao coniuge sobrevivo,
5° A fazenda nacional. »
(2) Art. 1236 « Se ao dicto varão ou mulber ficavem de algum dos filhos de qualquer dos matrimonios bens, que este filho houvesse herdado de seu fallecido pae ou mãe, e existirem irmãos germanos daquelle filho fallecido, a estes pertencerà a propriedade dos mesmos bens, e o pae ou mãe se terá on usufructu. »
(3) La succession est réglée par le code prussien de la manière suivante : 1° les descendants légitimes; 2° les ascendants du 1er degré; 3° les frères germains et leurs descendants; 4° les frères unilatéraux, et les ascendants au delà du 1er degré ; 5° les autres parents; 6° l'épouse survivante; 7° l'État.
(4) L. IV. Tit. II. 1-7. 13-9.
(5) L. IV. 2-9.
(6) Ord. IV. 92.

téral, même avant les frères et leurs descendants [1]. Venaient ensuite les frères germains avant les consanguins et les utérins [2], puis, après les frères, les collatéraux jusqu'au dixième degré; enfin, à défaut des frères, le conjoint survivant [3], et, en tout dernier lieu, le fisc [4].

C'est une question assez intéressante et peu discutée, que celle de savoir où cette règle du droit absolu de préférence des ascendants sur les collatéraux, règle si contraire au droit de Justinien, a pris naissance, et si elle est d'origine romaine ou germanique. Gans qui a distingué avec tant de sagacité les principes barbares et romains confondus dans le code visigoth, et qui a fait voir dans cette législation la trace de l'influence considérable exercée sur les traditions germaniques par les idées romaines, a soutenu que ce droit de préférence des ascendants était plutôt d'origine germanique [5]. L'autorité d'un si savant maître est d'un grand poids, et nous ne voulons pas la combattre d'une manière absolue, mais seulement exposer quelques considérations d'où l'on pourrait induire que le privilége des ascendents serait plutôt une pure théorie du droit Romain, empruntée au Code Théodosien et plus directement au *Bréviaire*. Comme cette question délicate exigerait une analyse de la législation romaine assez détaillée pour nous entraîner au-delà des limites assignées au présent travail, nous nous bornerons à faire connaître les conclusions et le résultat de nos recherches minutieuses sur la constitution et l'essence intime du droit romain. Disons dès l'abord, que nous ne prétendons pas y trouver la distinction précise des lignes descendante, ascendante et collatérale, érigée en système par Justinien. Une telle entreprise serait évidemment absurde. Mais nous soutenons que l'esprit de la législation Romaine, dans cette période de formation où la famille civile, n'ayant plus aucune espèce de base, se résolvait lentement dans la famille naturelle, tendait plutôt à favoriser les ascendants que les collatéraux, non par des raisons scientifiques, mais par un instinct naturel. Chacun sait en effet, que cette distinction des trois ordres de parenté n'était pas en fait une nouveauté, mais s'était formée insensiblement à une époque antérieure à Justinien, qui ne fit que lui donner une forme concrète et précise. Quiconque a suivi avec attention la dissolution de l'antique système décemviral, sous l'influence et l'action du droit péto-

(1) Ord. IV. 91.

(2) Ord. IV. 98.

(3) Ord. IV. 94.

(4) Ord II. 26 § 17.

(3) ... Dass die Ascendenten den Geschwistern vorgehen.... kann als Ausnahme von der übrigens Römischen Intestaterbfolge bezeichnet werden. — VIII p 370.

rien, des sénatus-consultes et des constitutions des princes, dans lesquelles se faisait surtout sentir l'esprit du christianisme, doit avoir vu comment, sous cet amalgame compliqué et confus d'ordres successifs, s'insinuait doucement et se développait le système plus naturel de la division en trois ordres. Or, à l'époque la plus active de la jurisprudence Romaine, quel en était l'esprit? Tendait-elle à favoriser les collatéraux ou les ascendants? Ces derniers évidemment; et si Justinien ne sut pas le comprendre, c'est que, comme tous les législateurs postérieurs, il manqua d'esprit de critique et d'analyse.

Nous aimons à revendiquer pour la jurisprudence Romaine la paternité de cette théorie du code portugais, qui est aussi en partie celle du code prussien, parce que nous la croyons mieux fondée sur la raison et sur la constitution de la famille. L'autorité absolue du père de famille jeta de si profondes racines chez les Romains, que, jusqu'en 426, on ne parlait pas même de la succession ab intestat des fils de famille. La jurisprudence avait pu attribuer aux fils de famille certains biens, et les en faire maîtres à l'exclusion du père; mais à leur mort, le *Jus peculii* produisait de nouveau ses effets les plus complets. Théodose et Valentinien, en 426, furent les premiers qui posèrent les bases de la succession ab intestat des fils de famille : ils ne disposèrent d'abord que pour les biens qu'ils tenaient de leur mère, et réglèrent l'ordre de succession de manière à appeler en premier lieu les descendants, puis les ascendants, à l'exclusion de tous les collatéraux. Ceux-ci venaient à défaut des deux premiers ordres. Il y avait exception pour les biens d'origine maternelle, lorsque le conjoint survivant avait contracté un second mariage [1]. Ce système fut admis par le Code Théodosien [2], et passa de là dans le Bréviaire d'Alaric [3], c'est-à-dire dans le premier code du royaume Visigoth, d'où furent extraites la plupart des règles du droit Romain, pour l'élaboration de la *Lex Visigothorum*. De même, en ce qui concernait la succession aux biens du fils émancipé, le droit ancien semblait plutôt favorable aux ascendants, quoique l'agnation, demeurée du moins en droit la règle fondamentale de la succession jusqu'à Justinien, ait conservé encore en cette matière une grande influence, et ait empêché que la prédominance des ascendants sur les collatéraux fût absolument garantie. Aussi longtemps donc que l'émancipation eut un fondement réel dans les mœurs, le droit de succession du père après les descendants était

(1) V. le Code Portugais, art. 1969 n° 2.
(2) L. 10. C. Théodos *de maternis bon.*
(3) L. 6. L. R. V. *de mat. bon.*

ou bien conservé par les nouvelles relations de patron qui surgissaient, ou dans tous les cas impliqué par une renonciation tacite. Mais quand vint à disparaître l'idée primitive de l'émancipation, qui en justifiait les conséquences, et que cet acte ne constitua plus qu'une vaine formalité, les droits du père furent étendus au cas, où un étranger serait le manumisseur, et le père lui fut préféré comme *cognat*. Les frères le furent sans doute aussi, mais le père et dans toutes les circonstances la mère leur étaient toujours préférés comme étant d'un degré plus proche. Il pouvait arriver, il est vrai, que le père fût primé par un collatéral agnat, notamment lorsque le défunt était devenu *sui juris* sans émancipation [1]. Mais qui pourrait soutenir qu'une distinction aussi subtile, complétement abandonnée sous Justinien, fût encore suivie dans la pratique au temps du Bréviaire?

Mais alors comment Justinien, qui s'est cependant inspiré de la législation antérieure, a-t-il pu déroger à ce principe et, après l'avoir fidèlement rapporté dans la Préface de sa Novelle 118, le méconnaître dans l'application? Une raison historique répond pleinement à cette question : Après la publication du Code Théodosien, qui jouit de tant d'autorité chez les Visigoths, ce système de succession fut insensiblement modifié dans le monde romain, mais sans que les altérations qu'il subit, aient réagi à un degré quelconque sur la législation Visigothique. En effet en 469, deux ans après que l'Espagne avait acquis une véritable indépendance, et commencé à se régler d'après ses lois propres, grâce à Henri le législateur, Léon et Antemius [2] commencèrent à appeler les collatéraux avant les ascendants, mais timidement d'abord, et seulement pour ce qui avait rapport aux profits nuptiaux. Un seul pas dans cette voie, en un temps assez pauvre d'activité scientifique, suffisait toutefois, pour qu'on fût irrémissiblement entraîné à en déduire les dernières conséquences. En effet Justinien étendit en 529 [3] la constitution d'Antemius aux biens maternels, puis, dans la même année, à tous les biens adventices [4], enfin, vers l'époque des Institutes, aux pécules castran et quasi castran [5]. Après cela, il n'était guère possible que Justinien lui-même pût s'élever assez haut pour apercevoir

(1) Avec la successsion aux biens du fils émancipé, s'introduisit l'autre succession ascendantale du Sénatusconsulte Tertullien ; mais la nature de ce travail ne nous permet pas d'aborder cette nouvelle question.

(2) L. 4 C Just. *de bon. quae.*

(3) L. 11. C. *comm. de suce.*

(4) L. 6. C. *de bonis quae.*

(5) Inst. in pr. *quibus non est* .

le droit ancien au-delà de cette législation qui s'était lentement interposée entre celui-ci et son propre temps. On n'y est même guère arrivé dans des temps plus civilisés, comme le sont les temps modernes, quoique les modernes n'eussent pas à respecter leur œuvre propre, comme Justinien. Ce fut même déjà beaucoup de la part de Justinien que de faire une espèce de transaction entre le droit Théodosien et celui de son temps, en appelant simultanément les ascendants et les frères et sœurs (1). Mais, quoique les lois de Justinien eussent servi aux Visigoths pour rédiger la *Lex Visigothorum*, elles n'eurent en notre matière aucune influence sur le système de cette dernière, parce que la théorie de Théodose, plus conforme d'ailleurs à la raison, s'était trop profondément ancrée dans les mœurs de la nation (2).

Puisque nous avons revendiqué comme d'origine romaine le principe qui préfère les ascendants aux collatéraux, et fait observer comment la jurisprudence byzantine s'en est écartée par la suite sans que cette déviation ait influé sur la législation Visigothique, voyons de plus près combien il répond mieux à l'esprit de la famille qui est le fondement et la règle du droit de succession. Si l'on considère bien les affections naturelles de la famille, la situation réciproque de ses divers membres, leurs obligations mutuelles, on ne peut douter que les père et mère ne doivent primer les frères et sœurs. Si l'on se reporte à la volonté présumée du défunt dans la plupart des cas, il est certain qu'elle penchera plutôt en faveur de ses parents, que de ses frères et sœurs, quelque étroite et quelque solide que soit l'union fraternelle. Ce fut cette réflexion qui dans l'antiquité donna naissance au principe d'après lequel les parents devaient recueillir toute la succession des enfants, n'eût-ce été que comme faible compensation de leur perte irréparable. Si l'on a égard à la constitution de la famille, aux rapports mutuels de ses membres, la raison dit clairement que cette vocation simultanée du père et des frères, les mettant sur la même ligne dans leurs droits successifs, trouble et affaiblit la notion même de l'autorité paternelle. Enfin le droit de préférence des parents a par dessus tout sa raison d'être dans la série infinie de devoirs de toute espèce qui existent entre eux et leurs enfants. Nous trouvons une

---

(1) Il fut peut-être poussé dans cette voie intermédiaire par le droit antique, encore en vigueur de son temps pour les émancipés.

(2) Nous ne voulons pas laisser échapper l'occasion de répéter ce que nous avons déjà dit plus haut, que l'importance effective et réelle du Code Théodosien pour l'histoire du droit en Occident est tout-à-fait capitale, et que c'est ce Code de préférence au Code de Justinien, que l'on devrait prendre désormais comme point de départ d'un ouvrage sur le droit. J'insiste à dessein sur cette idée, qui n'est peut-être pas généralement répandue, parce que je crois qu'elle sera féconde en conséquences heureuses.

excellente confirmation de ce principe dans l'harmonie générale du droit, notamment dans les règles admises sur la succession testamentaire envisagée dans ses rapports avec la succession ab intestat. En effet, de même que les sentiments naturels de la famille exercent aussi leur action en matière de succession testamentaire, nous voyons se reproduire fidèlement ici la théorie de la prééminence des ascendants sur les collatéraux dans l'institution de la légitime ou réserve. Celle-ci ne fut pas plutôt établie en faveur des descendants, qu'on l'étendit aux ascendants; et quelques efforts que fissent les collatéraux pour être mis sur la même ligne que ces derniers, ils ne réussirent jamais à obtenir une réserve que dans une mesure fort restreinte, et plutôt à raison de l'injure qu'on leur faisait, que d'un droit véritable. Dans la confection des codes modernes, le droit à la réserve fut toujours admis et sans contradiction en faveur des ascendants, il fut rejeté en ce qui concerne les collatéraux, malgré les efforts des plus éminents orateurs. Même dans la succession ab intestat, et comme pour confirmer le proverbe : *naturam expelles furca tamen usque recurret*, si l'on a méconnu sous certains rapports le droit de préférence des ascendants, on a cherché sous d'autres rapports à réparer cette injustice. En effet beaucoup de codes modernes, et spécialement les codes Italiens ont emprunté au code français (1) la théorie d'après laquelle les biens provenus des ascendants font retour à ceux-ci à l'exclusion des collatéraux (2). Lors de la rédaction du nouveau code Italien lui-même, la commission législative de Naples proposa d'ajouter à l'art. 939 du projet Miglietti une disposition dans le sens de ce droit de préférence, et la commission du Sénat l'admit dans son rapport. Mais cet amendement fut ensuite rejeté : 1° parce que cela aurait constitué une succession anormale; 2° parce que le donateur pouvait stipuler lui-même le retour des biens; 3c parce que c'eût été une source de procès. Les ascendants furent ainsi privés même de ce droit que la *féodalité* avait créé en leur faveur, comme compensation du tort qu'elle leur infligeait en leur préférant les collatéraux. Nous admettons que l'on dut supprimer cette exception peu en harmonie avec le droit en vigueur, mais il fallait alors rétablir le véritable système du droit romain. J'ai dit d'ailleurs que la réserve légale est d'origine féodale et non romaine comme on le croit généralement. Mais si même un tel principe pouvait être envisagé comme dérivé par corruption du pécule profectice, il resterait vrai de

(1) Art. 747.

(2) C. Napolitain art. 670, d'Este art. 922, deParme art. 845, Code Albertin art. 957.

dire que la féodalité aurait été la cause de son admission, pour tempérer jusqu'à un certain point la dureté du principe germanique : *propre héritage ne remonte pas*, et en effet nous en trouvons les vestiges dans les premières coutumes de France [1].

Terminons ici en tirant de cette étude cette première et importante conclusion, qu'on ferait une sage réforme dictée par la raison et par l'histoire, en appelant les ascendants, ou du moins les père et mère, avant tout collatéral. Et afin qu'on ne croie pas que nous ayons la prétention d'être le premier à conseiller cette réforme, nous terminerons en citant les paroles du savant Batbie [2] : « *Après la première classe d'héritiers qui resterait* » *composée des enfants et descendants, la succession serait déférée à la* » *seconde classe, composée des père et mère ou autres ascendants en* » *concours avec le conjoint survivant. Viendraient ensuite les collatéraux* » *suivant le rapprochement de leur degré de parenté.* »

(1) Paris, art. 313. Ricard sur Paris, art. 312.
(2) *Rév. du Code Nap.*. p. 30

L'ÉTAT ACTUEL DE LA LÉGISLATION EN SUISSE ET LES TENDANCES UNIFICATRICES,

PAR

M. le Dr A. D'ORELLI,

Professeur à Zurich.

Suite et conclusion.

Dans une première partie de ce travail [1] nous avons essayé d'esquisser l'état actuel de la législation civile et pénale des divers cantons suisses et de faire sentir combien l'individualité du peuple se reflète tout spécialement dans la diversité de ses lois. Les vingt-deux cantons qui forment la Confédération, ont tenu de tout temps avec une certaine opiniâtreté à leurs institutions particulières, et encore aujourd'hui la majorité de la nation est persuadée que nos formes républicaines ne peuvent trouver leur sauvegarde que dans la forme fédérative de l'État. Ce serait pour notre peuple un grand malheur si l'on essayait une seconde fois de faire *par des moyens artificiels*, de la Suisse, un État unitaire. Mais s'il est vrai que ce soit là la persuasion intime de la majorité, et de la majorité clairvoyante des citoyens suisses, comment se peut-il expliquer que le désir d'une unification du droit ait fait, pendant les dix dernières années, des progrès si grands, que le projet de révision de la Constitution fédérale ait non-seulement sanctionné ce principe pour le droit et la procédure civiles, mais ait en outre préparé les voies à sa réalisation dans le domaine du droit pénal. Ce phénomène est très intéressant. Personne n'a encore essayé d'examiner un à un les divers facteurs qui ont amené ce résultat. En entreprenant ce travail, tout en nous rendant bien compte qu'il ne peut s'agir ici que d'une ébauche très incomplète, nous croyons apporter à l'histoire du droit suisse pendant les années 1848-1872 quelques éléments qui peuvent avoir, même pour les lecteurs étrangers, un certain intérêt. Nous emploierons pour cela une méthode aussi objective que possible et laisserons parler les faits par eux-mêmes, en distinguant dès l'abord trois facteurs principaux : la législation fédérale

---

[1] Voir 4me année, p. 365 etc.

et son insuffisance eu égard aux exigences générales du trafic, les travaux scientifiques des jurisconsultes suisses et enfin l'influence de la situation politique du moment.

I. — Origine et tentatives de création d'une législation fédérale par la voie des concordats entre plusieurs cantons.

Déjà dans la diète de 1848, auteur de la Constitution fédérale qui semble maintenant avoir fait son temps, les députés des cantons de Berne et de Soleure proposèrent de centraliser la législation et la justice commerciales et pénales. Ces propositions ne réunirent qu'une minorité de voix. L'idée de la souveraineté cantonale dominait alors si fortement le débat, que l'on ne voulait pas abandonner à la Confédération plus de compétence qu'il n'était absolument nécessaire.

Les péages intercantonaux étaient heureusement abolis et l'on mit ordre à la confusion qui régnait en matière monétaire. Malgré tous les obstacles que leur opposait la configuration montagneuse du sol, les grandes inventions du chemin de fer et du télégraphe prirent admirablement pied chez nous et, en se répandant sur toute la surface du pays, firent disparaître les distances. Tout naturellement le besoin d'une législation uniforme dut en premier lieu se faire sentir dans le domaine du commerce et du trafic en général. Ce qui avait été déjà proposé en 1848, fut repris de nouveau en 1853 et cela par un homme d'État généralement estimé et · très entendu, par M. le *Landamman* Blösch, député du canton de Berne. On fit abstraction du droit pénal, et avec raison, mais l'auteur de la proposition défendit et recommanda l'idée d'une invitation à adresser par la Confédération aux divers cantons, pour provoquer une codification du droit commercial et du droit de change. Plusieurs gouvernements cantonaux se déclarèrent aussitôt disposés à mettre la main à l'œuvre et d'autres firent prévoir leur coopération, au moins pour l'élaboration d'un droit de change uniforme. Cette réforme était d'autant plus urgente que beaucoup de cantons ne possédaient pas même de droit sur cette matière, tandis que d'autres, et parmi eux justement les grandes places de commerce de la Suisse allemande, comme Bâle, Zurich et St-Gall, suivaient des règles surannées, et en partie du moins mal rédigées. Dans la conférence qui se réunit à Berne en janvier 1854 la majorité des députés, représentant quatorze cantons, se prononça pour la nécessité d'une codification uniforme du droit de change par la voie de la libre entente ou du concordat. Les vœux exprimés en faveur d'un droit commercial suisse furent au contraire écartés, comme étant d'une réalisation impossible, à cause de la trop grande connexité qui existe entre cette branche du droit et le droit civil, si varié dans les diverses législations cantonales. M. le Dr Burkhard-Fürstenberger, de Bâle, fut chargé de l'élaboration d'un projet. Son œuvre fut discutée à deux reprises par une commission, jusqu'à ce qu'en 1856 elle fut recommandée sous sa forme définitive à l'acceptation des cantons. Ce projet, accompagné de l'exposé des motifs, fut publié par son auteur (Zurich, 1857). Il est basé en réalité sur le droit de change allemand, toutefois avec quelques modifications et quelques adjonctions qui y furent introduites par considération pour les idées juridiques françaises des cantons de la Suisse occidentale [1]. L'auteur s'explique longuement, dans une lettre du 14 juin 1854, sur les motifs qui l'ont déterminé à ne prendre pour modèle ni la loi française, ni la loi allemande. Il voyait dans le « Code de commerce » français un type parfait de législation, soit à cause de la clarté et de l'exactitude de ses définitions, soit à cause de la perfection d'un grand nombre de ses prescriptions; mais d'un autre côté il trouvait dans cette œuvre des lacunes qui ne permettaient plus de l'adopter en entier. La conception moderne du change ne pouvait plus être renfermée, selon lui, dans le cadre étroit des idées françaises. Le nouveau droit de change allemand se recommandait par des qualités essentielles supérieures et lui semblait tout-à-fait à la hauteur de la science juridique moderne, mais il regrettait que ses dispositions ne fussent pas exprimées sous une forme qui répondît à leur perfection réelle. Il remarquait que souvent la rédaction était pénible, tourmentée et parfois tout-à-fait incompréhensible; la jurisprudence des divers pays allemands lui paraissait en outre sur beaucoup de points peu homogène. D'un côté beaucoup de lieux communs et de dispositions superflues avaient trouvé place dans la loi, tandis que d'un autre côté l'on avait omis des dispositions importantes. Enfin plusieurs prescriptions de la loi allemande avaient paru inadmissibles à l'auteur du projet, en sorte que pour tous ces motifs il déclarait avoir dû renoncer à se tenir strictement à cette législation, tout en reconnaissant qu'il l'avait prise comme base de son projet. En somme, on peut dire que son œuvre est d'un grand mérite. Malgré cela, et nonobstant les votes de la conférence de Berne, cinq cantons seulement : Soleure, Berne, Lucerne, Bâle-Ville et

[1] Voir mon étude dans la *Zeitschrift für schweizerisches Recht*, t. X, p. 3 ss. et *Kritische Ueberschau der schweizerischen Handels- und Wechselgesetzgebung*, par H. Fick, Erlangen, 1862.

Schaffhouse (1), ont adopté ce projet de concordat et encore en le modifiant quelque peu et en laissant de côté sa dernière partie qui a pour objet l'exécution. Le but qu'on se proposait ne fut pas du tout atteint.

Le concordat est un moyen insuffisant; bien plus il aboutit quelquefois à des injustices matérielles, dès que tous les cantons n'y ont pas adhéré. Rien ne le prouve d'une manière plus frappante que notre législation sur les droits d'auteur.

Ce n'est que depuis peu de temps que quelques cantons suisses ont pris des dispositions pour la protection de la propriété artistique et littéraire, d'autres refusent encore à l'heure qu'il est de la reconnaître. On y voit à tort une atteinte à la liberté d'industrie. Les artistes et les auteurs étaient exposés en Suisse à toutes les spoliations, excepté toutefois à Genève, où cette matière était réglée par le Code pénal français et par la loi française du 19 juillet 1793 sur les contrefaçons, et à Soleure dont la législation civile renfermait quelques dispositions y relatives. Et encore dans ces deux cantons, grâce à l'exiguité de leur territoire, la protection n'était-elle pas sérieuse. Déjà en 1848, la commission chargée d'élaborer un projet de constitution fédérale avait entrevu cette lacune et avait proposé de la combler au moyen d'un article de Constitution, mais elle dut retirer sa proposition devant la considération qu'un point aussi spécial est du domaine de la législation et qu'il n'appartient pas à une Constitution de le régler. Au sein de la diète constituante, ce fut la députation du canton de Genève qui proposa de placer dans la compétence de l'Assemblée fédérale la promulgation des dispositions législatives fédérales sur les brevets d'invention et la propriété artistique et littéraire. Cette proposition ne rallia, il est vrai, qu'une minorité, mais le besoin d'une entente commune se faisait cependant de plus en plus sentir, surtout parce que la France ne cessait d'exprimer le désir de conclure avec la Suisse une convention sur la matière. Le conseil fédéral décida alors de soumettre aux cantons un projet de concordat qui fut définitivement élaboré dans une conférence réunie le 15 juillet 1854, et recommandé à l'adoption des cantons par circulaire du 7 août de la même année. Jusqu'à présent quinze cantons seulement y ont adhéré, savoir : Zurich, Berne, Uri, Schwytz (2), Unterwalden, Glaris, Bâle-Ville et Bâle-Campagne, Schaffhouse, Appenzell (les deux Rhodes), Grisons, Argovie, Thurgovie, Tessin, Vaud et Genève. Soleure s'abstint, ayant déjà des dis-

---

(1) Il est inexact de faire rentrer dans ce nombre le canton d'Argovie qui a préféré suivre une marche indépendante et a encore *empiré* le projet.

(2) Schwytz n'adhéra qu'en 1867

positions législatives sur la matière. Les cantons de Lucerne, Zoug, Fribourg, St. Gall, Valais et Neuchâtel n'ont donc encore rien fait sur ce point. La majorité des cantons ne se montra cependant pas disposée à conclure un traité avec la France, et celle-ci se contenta d'échanger une convention avec Genève qui, à ce point de vue, était effectivement le canton le plus important pour elle. Cette convention qui embrasse aussi la protection des marques de fabrique est datée du 30 octobre 1858.

Bientôt cependant une voix influente se fit entendre dans le canton de Vaud en faveur de l'adhésion à cette convention. M. Paul Cérésole, alors député au grand conseil de ce canton et actuellement président de la Confédération, plaida éloquemment la nécessité de cette mesure dans une brochure qui parut en 1859 à Lausanne sous le titre : *Propriété littéraire. Opportunité et avantages d'un traité avec la France*. M. Cérésole voit dans la conclusion d'un traité de cette nature l'acquittement d'une dette de reconnaissance contractée par les cantons romans de la Suisse envers la France. Il prouve par la statistique que l'importation d'œuvres musicales et de livres français est énorme, et en déduit l'avantage pécuniaire qu'il y aurait à ce que les œuvres Suisses paient un droit d'entrée modéré en France, but qui ne peut être atteint que par la voie d'un traité. L'auteur réfute ensuite victorieusement l'assertion que le public ne peut profiter d'un ouvrage que lorsqu'il est permis à chacun de le reproduire et de le répandre. Au moment où M. Cérésole publia sa brochure sa voix n'eut pas grand écho, mais bientôt se réalisa sa prédiction que la question serait l'objet de nouvelles discussions. En 1863, s'ouvrirent à Paris les conférences qui devaient aboutir à la conclusion d'un traité de commerce entre la France et la Suisse, et régler en outre une série de questions importantes pour les relations des deux États voisins.

Dès l'abord la France posa comme condition absolue que la Suisse reconnût le principe de la protection artistique et conclut avec elle un traité semblable à la Convention franco-genevoise. Ce but fut effectivement atteint, et en 1864 les divers traités furent ratifiés par les autorités fédérales. Cependant un obstacle formel et sérieux, dont nous sommes obligé de dire encore quelques mots, s'opposait à la conclusion d'un traité de cette nature. La Suisse ne possédant pas de loi générale sur la matière, et la Constitution de 1848 ne permettant pas à l'autorité fédérale de la régler, on vit s'élever des scrupules constitutionnels très fondés et de la même nature que ceux qu'on objecta sur le libre établissement des Juifs français, au maintien des articles 41 et 48 de la Constitution. Aussi à la suite du traité ces articles furent-ils changés.

La question rentrait donc dans la compétence de la souveraineté cantonale que l'article 8 § 2 du concordat susmentionné réservait expressément. Il était évident que les cantons qui n'avaient pas voulu entendre parler de ce concordat, se montreraient encore bien moins disposés à conclure un traité avec un État étranger. On ne pouvait surtout pas les obliger à modifier, à la suite de ce traité, leurs propres législations, à prescrire certaines dispositions et même des pénalités. Le conseil fédéral comprenait si bien la position que ce ne fut qu'avec répugnance qu'il consentit à entrer en négociation sur ce point. Comme en outre la Suisse ne voulait ni ne pouvait accepter pour elle la législation française sur la matière, il ne lui restait d'autre moyen que de déterminer exactement et dans le traité même le genre de protection qu'elle s'engageait à accorder aux Français ; ces dispositions n'ont du reste qu'un caractère tout à fait provisoire [1].

Depuis lors la Suisse a conclu des traités analogues avec la Belgique, l'Italie et enfin en 1869 avec la Confédération de l'Allemagne du nord, le grand-duché de Bade, la Bavière, le Wurtemberg et la Hesse. La mise en vigueur de tous ces traités a créé un état de droit tout à fait anormal. Ainsi les cantons qui n'ont pas adhéré au concordat Suisse (St. Gall par exemple) accordent leur protection à l'œuvre d'un auteur allemand, belge ou français, tandis qu'ils la refusent à l'auteur suisse qui se trouve par conséquent, en son propre pays, dans une position inférieure à celle dont jouissent les étrangers. La promulgation d'une loi fédérale sur la propriété artistique et littéraire est donc une affaire de justice. Le besoin s'en fait du reste généralement sentir, si bien que, lorsqu'en 1866 on entreprit une révision partielle de la constitution, on proposa au peuple un article qui plaçait la protection des droits d'auteur dans la compétence de l'autorité fédérale. Cet article ne fut malheureusement pas adopté, mais aujourd'hui il ne rencontrerait guère d'opposition.

Ce qui fait surtout une impression pitoyable, ce sont les vains efforts que l'on a faits pour arriver à la conclusion d'un concordat, simplifiant les formalités exigées pour le mariage et fixant des règles uniformes sur la matière. Déjà en juin 1862, la question fut posée par le président d'une conférence de délégués des autorités ecclésiastiques évangéliques de la Suisse, qui se réunit à cette époque à Bâle. Le conseil fédéral voulut faire un pas de plus et recommanda chaudement l'examen de la question à l'attention

---

[1] Voyez pour les détails de ce traité avec la France et en général pour les droits d'auteur en Suisse ; ORELLI, *Zeitschrift für Schweizerisches Recht*, t. XII, p. 109 ss. et spécialement p. 141 ss.

des États confédérés. Plusieurs circulaires et invitations leur furent adressées. Les rapports de gestion du département fédéral de justice et de police
mentionnent la question de 1863 à 1870, époque à laquelle les négociations
durent être suspendues parcequ'on reconnut qu'il était impossible d'arriver
à un résultat. Quatre cantons et un demi-canton seulement donnèrent leur
adhésion au projet élaboré; quelques autres la firent dépendre de certaines
conditions inadmissibles; le plus grand nombre voulut attendre le résultat
d'une révision de la Constitution fédérale.

Nous allons maintenant aborder la discussion du projet de loi qui, sous
tous les rapports, doit être signalé comme le plus important et le plus riche
en conséquences, nous voulons parler d'un *droit commercial suisse*.

Le 30 janvier 1862, sur la proposition de M. le député Curti de St. Gall,
le conseil national invita le conseil fédéral à examiner la question de savoir
s'il n'était pas opportun d'ouvrir des négociations pour arriver, par la voie
d'un concordat, à l'élaboration d'un code de commerce applicable à toute la
Suisse, ou du moins à un certain nombre de cantons. A la suite de cette
motion le conseil fédéral chargea M. le professeur Munzinger à Berne, de
la rédaction d'un mémoire sur la matière.

Ce préavis a été imprimé (Berne et Soleure 1862); il se prononce en
termes chaleureux et persuasifs, non-seulement pour l'opportunité et l'utilité,
mais encore pour la possibilité d'une loi de cette nature. L'auteur du
mémoire fut chargé ensuite de l'élaboration d'un projet de Code, qui fut
discuté soigneusement par une commission composée de MM. Dubs, conseiller fédéral, Burkhard-Fürstenberger, député de Bâle au conseil national,
Carlin, de Berne, Firk, professeur à Zurich et Friderich, avocat, de
Genève.

Le projet issu des délibérations de cette commission fut imprimé en
1864. En outre, l'exposé des motifs fut publié en un volume séparé
(Berne, 1865); il se distingue par son style élégant et précis et donne sur
tous les points principaux des explications détaillées, tout en discutant les
diverses législations suisses et étrangères. Cet exposé des motifs avait pour
but de provoquer les critiques, et de faciliter les discussions de la conférence.

Ce n'est pas ici l'endroit de prononcer un jugement sur ce remarquable
travail. Nous nous contenterons d'indiquer les principaux points de vue dont
l'auteur est parti. La grande difficulté était la séparation à établir entre le
droit commercial et le droit civil en général.

Cette séparation devait naturellement être faite en premier lieu par l'auteur. Si l'on considère la question à un point de vue purement théorique, la distinction entre ces deux branches du droit ne peut se justifier et il est parfaitement impossible de déterminer les limites exactes de chacune d'elles. Le Code de commerce français, par exemple, est basé tout entier sur le Code civil qui lui sert de prémisses et de loi supplétoire. Aussi les tendances égalitaires de l'époque moderne ont fait disparaître beaucoup d'anciennes distinctions. L'ouvrier n'est plus retenu dans les liens que lui imposait jadis la corporation; son cercle d'activité s'est étendu. Les chemins de fer et la suppression des barrières douanières ont permis à l'agriculteur de se lancer dans le grand trafic; entraîné par le mouvement des affaires il paie son tribut à la soif de spéculation. L'expéditeur profite des avantages que lui donne sa position et se fait marchand de grains. Le capitaliste ne se contente plus de placer ses fonds aussi prudemment et aussi solidement que possible, il achète des obligations de chemin de fer ou des papiers d'État et joue à la hausse. La séparation du genre humain en commerçants et non-commerçants est donc une notion qui appartient à l'histoire et qui ne répond plus à la réalité des choses. Aussi la solution la plus simple et la plus radicale de la difficulté eût-elle été la création d'un droit civil Suisse; malheureusement il ne pouvait en être question. Une proposition de ce genre aurait abouti tout simplement à un rejet formel de toute tentative de législation commerciale commune. C'eût été jouer le tout pour le tout avec la certitude de perdre.

Il ne restait donc d'autre moyen que d'essayer de déterminer les deux domaines et c'est ce qui fut fait d'une manière très sensée. Le mémoire que nous avons cité plus haut s'exprime comme suit sur les motifs pour lesquels son auteur ne s'est pas rallié au système du Code de commerce français :
« Le Code de commerce est en liaison intime avec le Code civil; c'est une *lex specialis*, basée sur le Code civil comme *lex generalis*. Celle-ci a une grande valeur subsidiaire, même sur le terrain commercial. Rien ne le prouve mieux par exemple que le fait que le Code de commerce ne consacre que son seul article 109 au contrat de vente, autour duquel pivote finalement toute cette partie du droit. Le titre entier de la société commerciale n'a que trente-trois articles, dont un certain nombre règlementent ce qui a trait aux raisons de commerce, tandis que la loi allemande a deux cents articles sur la même matière. Il ne faudrait pas vouloir faire passer cette insuffisance pour du laconisme. Une loi aussi parfaitement incomplète n'est possible que là où elle a à sa base un droit civil uniforme et complet, comme c'est le cas en France. Mais chez nous où il s'agissait d'établir une

loi commerciale sur la base de plus d'une demi-douzaine de législations civiles différentes, le système du Code de commerce français ne saurait en aucun cas suffire. Pour prouver cette assertion il n'est besoin que de rappeler que le Code de commerce français ne dit pas un mot ni des contrats entre absents, ni des papiers au porteur, tandis que notre loi commerciale devait absolument contenir toutes ces matières et surtout des stipulations très détaillées sur le contrat de vente. Nous savons du reste qu'on travaille en France à une révision totale de cette loi, en sorte que l'adopter et s'en emparer comme d'un modèle serait pour le législateur imiter l'exemple du naufragé qui se cramponne au corps d'un compagnon de malheur quand lui-même est sur le point de se noyer. »

C'est ainsi que s'exprime le mémoire. D'un autre côté se rallier au système de la législation commerciale allemande, quelqu'avantageux que cela eût pu être sous bien des rapports, ne paraissait pas recommandable. La séparation toute artificielle du droit commercial du reste du droit civil semblait à M. Munzinger une idée manquée. Si l'on doit reconnaître d'un côté que cette œuvre est une des productions législatives les plus remarquables des temps modernes, l'on ne peut pas nier d'un autre côté que plusieurs de ses parties sont si malheureusement rédigées qu'elles ont été vivement critiquées même par les jurisconsultes allemands. Dès à présent du reste elle a été modifiée sur un point très important, c'est-à-dire pour tout ce qui a trait aux sociétés par actions.

M. le professeur Bluntschli, auquel on avait demandé son opinion, conseilla lui aussi l'élaboration d'un Code plus simple, plus court, mais qui conserverait les bases de la loi allemande.

Voyons maintenant quel a été le plan suivi par le législateur suisse? Mais avant cela nous ferons encore remarquer que si la loi allemande s'est appliquée si soigneusement à séparer le droit commercial du droit civil, cela provient de ce qu'elle a posé le principe de l'*acte de commerce*, et cela d'après un système nouveau et très compliqué. Dès lors elle devait traiter des obligations et des droits réels mobiliers en ce qui concerne les nombreuses catégories d'actes de commerce, indépendamment des quatre grands systèmes de droit civil, qui règlent en Allemagne cette matière. L'article 204 du projet suisse consacre un système contraire. Il est ainsi conçu : « Les dispositions du présent livre *sont applicables à tous les contrats* qui concernent des objets mobiliers, à moins que la loi n'en ait restreint l'effet aux actes des commerçants. »

Tandis que le livre premier du projet traite du commerce en général et le second des sociétés commerciales, le livre troisième est intitulé « des contrats quant aux meubles » (*von Geschäften des Mobiliarverkehrs*), et contient une série de dispositions générales sur la capacité de contracter, la vente, le mandat, l'assurance, etc. Le projet suisse est donc basé sur le principe que le droit commercial fait de son essence partie du droit civil, qu'il ne peut en être séparé et cela spécialement pour tout ce qui a trait aux *obligations* et aux droits réels mobiliers, que par conséquent les dispositions de la législation commerciale doivent être applicables non-seulement aux rapports entre commerçants proprement dits, mais encore aux rapports entre non-commerçants, toutes les fois qu'elles ne sont pas contraires aux principes généraux du droit civil et ne s'appliquent pas à des besoins et à des rapports purement commerciaux qui exigent des règles spéciales s'écartant de celles posées par la loi commune. Ainsi donc, tandis que le législateur allemand, partant de la notion absolue de l'acte de commerce, a créé un droit des obligations et un droit mobilier spécial, c'est-à-dire une *lex particularis*, qui ne s'applique qu'aux actes commerciaux et laisse subsister les législations particulières des divers États, le législateur suisse, au contraire, a étendu aux rapports civils ordinaires les principes les plus importants du droit commercial, dérogeant de cette manière aux législations cantonales et créant en réalité un droit général des obligations pour tous les cantons concordataires (1). Nous ajouterons encore que le troisième livre du projet suisse comprend aussi le droit de change, c'est-à-dire qu'en réalité il s'est approprié le projet de concordat de M. le Dr Burckhardt, dont nous avons parlé plus haut, en y introduisant quelques améliorations et en abandonnant la partie qui a trait à l'exécution. Le quatrième livre prescrit les règles de la faillite commerciale, et le cinquième et dernier traite de la cassation et des jugements par le tribunal fédéral. Le projet voulait laisser aux cantons la création et l'organisation des tribunaux de commerce, mais afin d'arriver cependant à une certaine uniformité dans la jurisprudence, il érigeait le tribunal fédéral en cour de cassation commerciale. Les prescriptions ultérieures étaient réservées à la législation fédérale. Pour tout ce qui concerne les détails du projet, nous devons du reste renvoyer à l'exposé des motifs, dont une excellente traduction française a été publiée en 1865 à Zurich par les soins de M. le professeur Dufraisse. Le projet de code de M. Munzinger et son Exposé des motifs sont des

(1) Voyez l'examen de ce projet par M. le Professeur Heusler, à Bâle : *Zeitschrift für schweizerisches Recht*, t. XIII, p. 131.

travaux qui se recommandent aussi à l'attention des juristes étrangers, car s'ils font de fréquents emprunts à la législation commerciale allemande, ils se distinguent cependant par leur originalité. Dans tous les cas, ce projet est une mine précieuse de matériaux pour le futur code fédéral.

Après qu'il eut été publié en allemand et en français, le conseil fédéral présenta en décembre 1864 à l'assemblée fédérale un message sur la matière, qui concluait à ce qu'elle exprimât vivement le vœu, que les cantons s'entendissent pour l'élaboration d'un code de commerce Suisse, et qu'elle invitât le conseil fédéral à faire dans ce but les démarches qui lui paraîtraient convenables. Le Conseil des États délibéra le premier sur ces propositions qui furent adoptées par lui à la presqu'unanimité de ses membres; bien plus il alla jusqu'à déclarer qu'une innovation de cette nature était dans l'intérêt bien entendu de la Suisse. Malheureusement pour des motifs de diverses espèces, le Conseil National décida dans la même session de renvoyer la question à plus tard. Un certain nombre de députés exprimèrent le désir qu'on attendît, jusqu'à ce que la publication de l'exposé des motifs eût permis à chacun des membres du conseil d'examiner plus à fond le projet; nous nous permettons de considérer cet argument comme un prétexte pour traîner les affaires en longueur. D'un autre côté on se demandait s'il ne valait pas mieux étendre le projet à d'autres matières encore et en élargir la base. Un arrêté fédéral du 22 février 1866 vint encore proclamer l'opportunité d'une solution de la question, si bien qu'en 1868 la conférence des députés des cantons se réunit enfin dans la ville fédérale. Le représentant de Berne proposa alors de travailler à rédiger un droit suisse des obligations, et bientôt on alla plus loin encore en proposant de centraliser tout ce qui concerne la faillite et la poursuite pour dettes. La majorité des États confédérés ayant déclaré vouloir continuer les conférences, le Conseil Fédéral fit le nécessaire pour se procurer des projets de loi sur toutes ces matières, en sorte qu'un certain temps fut de nouveau consacré aux travaux préparatoires.

Nous ne pouvons nous empêcher d'exprimer ici nos vifs regrets de ce que l'on ait cru devoir quitter la voie choisie en premier lieu, pour suivre la proposition de Berne, et abandonner le domaine du possible pour se lancer dans ce qui était alors une utopie.

Les cantons français qui, comme nous l'avons vu dans la première partie de ce travail, sont opposés à toute unification du droit, de crainte d'être germanisés, s'étaient cependant, en faisant un effort sur eux-mêmes, déclarés favorables à l'idée d'un code de commerce suisse. Deux de leurs représentants les plus éminents, MM. Friderich de Genève et Carlin du Jura Bernois, avaient coopéré à la rédaction du projet, et grâce à d'autres autorités encore, telles que M. Delapalud de Genève par exemple, l'opinion publique de la Suisse Romande avait été gagnée à l'œuvre nouvelle, lorsque malheureusement la proposition de Berne vint l'inquiéter. Le projet primitif qui consistait à se borner à la codification du droit commercial, fut défendu par M. Delapalud dans une brochure remarquable par sa clarté et sa précision (*du code de commerce snisse*, Genève 1869). Il faut avouer que la crainte de voir un droit fédéral des obligations aboutir fatalement et en peu de temps à un code civil suisse, n'était pas dépourvue de fondement.

Quelqu'opinion que l'on ait du reste sur la question de l'unification du droit civil, on ne peut nier qu'il eût été politiquement plus sage et plus pratique de se borner d'abord à un droit commercial et à un droit de change. On aurait de cette manière pourvu aux besoins les plus urgents. La sûreté du droit à l'intérieur y aurait gagné, le crédit à l'extérieur aurait augmenté puissamment et même les unitaristes auraient pu et dû se contenter momentanément de ces premiers progrès. Quelque vivement que *nous regrettions* la marche que prirent les événements, et comme d'ailleurs nous nous sommes donné pour tâche d'examiner et d'exposer la situation impartialement, nous concèderons volontiers qu'il n'y avait qu'un pas facile à franchir d'un code de commerce à un droit général des obligations. Nous dirons même que, vu la manière dont le projet Munzinger était rédigé, cette marche semblait indiquée. Le livre troisième du projet la renfermait en germe et sur bien des points, (par exemple la revendication des meubles et le *droit de rétention*), violait et abrogeait les législations cantonales. Si l'on considère que dans le droit, comme dans un être organique, tout se tient et toutes les parties sont intimément liées entre elles, on comprendra facilement que cette partie du projet fût jugée insuffisante, et qu'un droit général des obligations parût plus complet et plus logique. Mais si l'on va plus loin, et *si l'on* considère encore, que la capacité de contracter et la position juridique des femmes touchent au droit personnel, que la revendication des meubles fait partie des droits réels, que le droit de rétention se rattache au droit de gage, l'on devra avouer que même un droit des obligations ne suffit pas et en fin de compte l'on sera amené malgré soi à reconnaître que l'unification presque générale du droit civil, se présente à l'esprit comme une nécessité. A la suite de ces travaux législatifs préparatoires, ce sentiment s'empara dès l'abord de plusieurs esprits, chez d'autres il se fortifia pendant le cours des dernières années. M. le professeur Munzinger, qui dès l'abord du reste n'était pas opposé à l'idée d'un droit général des obligations a même marché plus avant dans cette voie, et est maintenant persuadé que l'avenir nous mènera à un droit civil uniforme pour toute la Suisse [1].

En résumé, nous nous prononcerons comme suit :

C'est dans l'échec des différents essais de concordats et spécialement dans le sort qu'a eu le projet de code de commerce suisse, par suite de son extension à un droit général des obligations, que l'on doit chercher le premier et le véritable mobile des tendances unificatrices qui pendant les dernières années ont fait de si grands progrès en Suisse.

II. — *Des travaux scientifiques tendant à la création d'un droit suisse.*

Nous trouvons un second élément tendant à fortifier l'idée de la création d'un droit civil suisse et à perfectionner la pratique juridique, dans les travaux méritoires de quelques savants distingués de nos universités nationales et dans les efforts de la Société suisse des Juristes.

Nous devons en premier lieu mentionner ici la revue intitulée *Zeitschrift für schweizerisches Recht.* Ce fut en 1852 que M. le professeur Schnell, de Bâle, sans contredit un des plus sérieux et des plus savants connaisseurs de nos législations cantonales, entreprit de fonder et de publier avec quelques amis une *Revue* pour l'étude du droit national. Depuis lors cette publication a paru sans interruption et compte à l'heure qu'il est dix-huit volumes. Il existait déjà quelques journaux à Zurich, à Berne et à Lausanne, qui publiaient les jugements des tribunaux cantonaux et renfermaient aussi quelques travaux spéciaux, mais ces publications n'avaient qu'un caractère purement local et pratique. Schnell fut le premier qui entreprit courageusement et avec une persévérance qui ne se démentit jamais, d'embrasser tous les systèmes de droit suisses, si divers et si différents entre eux, et de faire connaître aux juristes les rapports de ces différents systèmes entr'eux, leur connexion et leur développement historique [2].

Chaque volume de cette revue se divise en trois parties : la première contient des travaux soit historiques, soit dogmatiques, la seconde des sources juridiques inédites, et la troisième des cas spéciaux et des jugements

---

(1) Munzinger. *Studien über Bundesrecht und Bundesgerichtbarkeit.* Bern. 1871, p.7.

(2) Dans la préface du premier volume il se prononça lui-même sur la tâche qu'il avait entreprise et esquissa, en traits vigoureux, l'état des législations de l'époque (1852), qui depuis lors se sont améliorées sur beaucoup de points.

intéressants de toute la Suisse, et en outre, très régulièrement, des études très consciencieuses et approfondies sur les législations des divers cantons. Grâce à ce journal, on put pour la première fois embrasser d'un coup-d'œil le développement juridique de la Suisse, et nous croyons ne pas nous tromper en disant qu'il exerça la plus grande influence sur la connaissance exacte et le développement du droit civil et de la procédure dans notre pays.

Cette revue a, il est vrai, un caractère conservateur bien marqué, ce qui lui a souvent été injustement reproché par quelques esprits jeunes et ardents; car l'allure sévèrement scientifique et historique de la plupart de ses articles, tranche en effet avec cette phraséologie sonore, qui, par amour de quelques théories, croit devoir et pouvoir tout modeler d'après le même type. Le but de la revue n'était du reste pas du tout de préparer les voies à l'unification du droit; elle voulait au contraire commencer par bien faire comprendre l'économie des systèmes existants et améliorer ce qu'il y a de sain et de vigoureux dans le particularisme, sans cependant se refuser à admettre les exigences des temps modernes. On peut dire même qu'elle a posé des bases solides et durables pour le sain développement d'un droit Suisse.

Le besoin d'une unification du droit se fit aussi sentir dans nos universités. On leur ferait tort en les accusant d'avoir cultivé et favorisé le particularisme d'une manière étroite et injustifiable. A Bâle, Zurich et Berne, MM. les professeurs Schnell, Leuenberger et Osenbrüggen, donnèrent des cours de législations civile et pénale comparées. Mais avant tout, l'honneur d'avoir le premier élaboré et professé un cours approfondi d'histoire du droit et de droit civil suisse, revient à M. le professeur Frédéric de Wyss, à Zurich, bien connu par ses travaux éminents. Dans la littérature juridique apparut la tendance à en arriver à une harmonie plus complète entre les législations cantonales [1].

Nous avons enfin à mentionner un troisième instrument d'action qui, dans les derniers temps, fut même parfois un peu trop employé. En 1861, un certain nombre de juristes des différents cantons de la confédération se réunirent à Lucerne et, à l'exemple de leurs collègues d'Allemagne, décidèrent de fonder une société générale des juristes suisses. Dès l'abord et à l'occasion de l'élaboration des statuts de la société une très-vive discussion s'engagea sur la question de savoir, si le but de la société devait être de

[1] Voyez ce que nous avons dit dans notre premier article sur le code civil de Zurich, qui servit de modèle à d'autres travaux législatifs.

travailler à une unification du droit, ou bien de se borner à amener une connaissance exacte et une plus grande uniformité des législations cantonales. On tomba d'accord sur une rédaction qui tenait compte de ce double but. Dès lors la société se réunit chaque année, et donna occasion à plusieurs travaux sérieux. Ce fut en 1866, à l'assemblée d'Aarau, que pour la première fois, fut posée la question de l'opportunité et de la possibilité d'une centralisation du droit dans des limites à déterminer éventuellement.

M. le professeur Fr. de Wyss, dont nous avons déjà parlé plus haut, traita la question d'une manière approfondie, au double point de vue de l'histoire et des faits actuels, dans un rapport qui fut publié dans la *Zeitschrift für schweizerisches Recht* [1]. Le rapporteur conclut négativement et cela pour des raisons politiques, une centralisation du droit devant fatalement conduire à l'État unitaire qui est diamétralement opposé à notre organisation politique. Il pensait en outre que les intérêts privés des citoyens n'exigeaient pas une réforme dans ce sens, et qu'au point de vue du droit lui-même une centralisation complète n'était pas à désirer. Une unification du droit commercial, du droit de change et de quelques autres matières spéciales, comme les droits d'auteur, lui paraissait suffisante. Il nous est impossible de reproduire ici, même en termes très-abrégés, l'argumentation de M. de Wyss, mais nous désirons cependant constater que la très grande majorité des membres présents, votèrent ses conclusions, tandis que les autres se contentèrent de recommander une centralisation un peu plus étendue que celle qu'il proposait.

A peine deux ans après, la situation était bien changée. En 1868, la société se réunit à Soleure et traita la même question, mais dans un sens tout différent. M. le conseiller national S. Kaiser discuta la centralisation du droit dans un rapport qui s'attache à faire ressortir de la manière la plus frappante tous les désavantages et toutes les difficultés de l'état actuel de la législation en Suisse. Il recommanda chaudement l'unification du droit civil, y compris la procédure, la poursuite pour dettes et la faillite, et proposa divers moyens d'atteindre ce but. M. Kaiser passa sous silence les difficultés qui se présenteraient lorsqu'il s'agirait de désigner un code de ce genre, et de mettre de côté les législations cantonales si profondément enracinées dans nos mœurs, mais ne recula aucunement devant les conséquences politiques de son œuvre. Il fut assez loyal pour avouer que c'était la mort de notre État fédératif actuel, et termina son rapport par ces mots:

[1] T. XV. p. 9 etc.

« si l'on veut être réformateur en matière de législation, on devient un centralisateur politique. »

Contrairement à M. de Wyss, M. Kaiser pense qu'une unification du droit aurait pour conséquence un accroissement de force politique. Cela peut, suivant notre opinion, être juste pour la France et l'Allemagne, mais non pas pour notre petite république Suisse.

Dans la discussion les deux points de vue furent défendus, mais cette fois-ci les partisans de l'unité l'emportèrent, en sorte que l'on vota non-seulement les conclusions du rapport, mais qu'en outre l'on décida d'envoyer une adresse à l'autorité fédérale, pour lui déclarer que, de l'avis de la société des Juristes suisses, une centralisation du droit était nécessaire, et pour l'inviter à poursuivre ce but par tous les moyens possibles, même par celui d'une révision de la Constitution fédérale. Cette adresse fut en outre accompagnée d'une courte brochure écrite en style populaire par M. Vigier de Soleure et intitulée : « Le peuple Suisse et son droit » (*Das Schweizervolk und sein Recht*).

Sans être tout-à-fait d'accord avec la tendance ni avec plusieurs arguments de cette publication, nous devons cependant reconnaître qu'elle contient beaucoup de choses vraies et qu'elle est écrite avec talent dans un langage très clair. D'un autre côté, on pourrait mettre en doute que l'adresse à l'autorité fédérale exprimât vraiment l'opinion de la société des Juristes, et si ce n'était pas plutôt celle de la majorité de ses membres présents à Soleure, la Suisse occidentale n'y étant presque pas représentée. Mais cela n'a rien à faire ici et ne change du reste rien au résultat.

Dans la réunion qui en 1869 eut lieu à St. Gall, on discuta spécialement la question de savoir, si une unification du droit pénal était désirable et possible [1]. Le rapporteur reconnut entièrement la nécessité d'une plus grande uniformité dans les législations pénales suisses, mais combattit la centralisation par des considérations constitutionnelles, tirées de ce qu'elle devait entraîner la création de tribunaux fédéraux et d'autorités exécutives fédérales qui conduisent à l'État unitaire. Il prouva que l'Etat fédératif n'exige pas une législation pénale uniforme et s'appuya de l'exemple des États-Unis d'Amérique, où chaque État particulier a conservé son Code spécial. Il récusa l'exemple de l'Allemagne où les différences sont moindres, où les populations ne sont pas aussi profondément distinctes les unes des autres et ne parlent pas différentes langues comme en Suisse. Le droit pénal tient de

---

[1] Le rapport présenté par l'auteur de ce travail et les discussions furent publiés à St. Gall, 1869.

près au sens intime et à l'individualité d'un peuple. Autant un droit commercial uniforme est requis par les besoins du trafic et la force des cir· constances, autant est peu démontrée la nécessité d'une centralisation du droit pénal. Le peuple désire l'un et non pas l'autre. Ces arguments ne furent pas du tout réfutés dans la discussion, mais l'assemblée se prononça néanmoins pour l'unification, parce qu'il est injuste, dit-on, qu'un criminel soit puni différemment pour le même délit suivant le canton dans lequel il est jugé.

Dans l'etat actuel des choses, on peut bien dire que la société des Juristes suisses a inscrit l'unification du droit comme devise sur sa bannière. Ses discussions ont été publiées par la presse et ont produit une grande impression sur l'opinion publique, en sorte que la société est devenue véritablement le second facteur des tendances unificatrices.

III. — *Les facteurs politiques et la révision de la Constitution fédérale.*

On ne peut nier que l'exemple de la Confédération de l'Allemagne du Nord, puis de l'Empire germanique, n'ait exercé une grande influence sur l'opinion publique en Suisse.

Jusqu'en 1866 la plus grande diversité avait régné dans les législations des divers États allemands, et le mouvement de 1848 n'avait pu réaliser autre chose qu'un droit uniforme sur le change. Bientôt après cependant un code de commerce fut soigneusement élaboré et promulgué. Mais à peine la confédération de l'Allemagne du Nord eut-elle vu le jour, qu'elle se lança avec ardeur dans la voie des réformes législatives et proclama des principes que pendant des siècles on avait négligés. C'est ainsi qu'avant tout on promulgua un code pénal et après lui une série de projets sur différentes matières. La science allemande avait si bien préparé le terrain et fait avec tant de soin les travaux préparatoires que l'on ne peut rien reprocher à ces nouvelles créations, qui trahisse la précipitation, mais que bien au contraire on doit leur rendre un juste tribut d'admiration. Les formidables évènements de la guerre de 1870 ont transformé la confédération du Nord en Empire d'Allemagne par l'entrée de Bade, de Hesse, du Wurtemberg et de la Bavière dans l'Alliance, et aussitôt la plupart des lois de la confédération sur le droit pénal, sur la liberté d'industrie, etc. etc., ont été étendues au nouvel Empire. L'on attend en outre des lois nouvelles sur le droit civil et une organisation judiciaire uniforme. Rien d'étonnant dès lors à ce que des voix considérables se soient élevées en Suisse et aient dit bien haut que nos voisins nous dépassaient, et que ce qui était possible pour eux devait être *aussi* exécutable chez nous.

La révision projetée de la Constitution fédérale offrait une seconde occasion de réforme radicale dans la législation. Nous avons déjà dit plus haut qu'en 1866 un certain nombre de modifications de la Constitution fédérale avaient été soumises à la votation du peuple, mais que de tous *les* articles proposés un seul (proclamant la liberté d'établissement) fut adopté.

Malgré cela, le besoin de modifier sur quelques points la Constitution de 1848, et de la compléter par quelques dispositions nouvelles, se fit de plus en plus sentir. Suivant l'article 3, les cantons sont souverains pour *autant* que leur souveraineté n'est pas limitée par la Constitution fédérale, et, comme tels, ils exercent tous les droits qui ne sont pas expressément conférés à la Confédération. Or, parmi ces droits qui sont du ressort de la souveraineté cantonale l'on compte le droit de législation en matières civile et pénale et l'administration de la justice. Aussi le seul moyen d'augmenter plus ou moins la compétence de la Confédération est-il de modifier la Constitution fédérale ou d'y ajouter un certain nombre de dispositions. Il n'est *donc* pas étonnant que les amis de l'unification du droit aient saisi cette occasion pour essayer de faire triompher leurs idées. Comme d'ailleurs des considérations politiques s'introduisirent dans le débat, on vit naître des sympathies pour les tendances unificatrices chez des citoyens, qui en général ne trouvent bon et beau que ce qui se fait dans leur canton.

En 1869, la révision de la Constitution fédérale fut décidée, et le Conseil fédéral fut invité à présenter un rapport et des propositions à l'Assemblée fédérale. La guerre de 1870-1871 arrêta le progrès de cette question, mais, pendant tout l'hiver de 1871-1872, nos deux conseils, le Conseil national et le Conseil des États, discutèrent à fond, dans une session fort prolongée, un projet de Constitution qui, après bien des transactions, fut élaboré et soumis à la votation du peuple le 12 mai 1872. Le projet fut rejeté [1], parce que quelques-unes de ses dispositions étaient trop centralisatrices, et en outre parcequ'au lieu de le soumettre au peuple en le divisant en groupes suivant les matières, on préféra une votation en bloc, plaçant ainsi les citoyens dans la fatale alternative de tout accepter ou de tout rejeter. Le projet contenait cependant une série de dispositions excellentes et, sur bien des points, réalisait un développement normal et logique de la Constitution de 1848.

On peut dire qu'en somme il conservait à notre Confédération les bases de son organisation actuelle, c'est-à-dire celle d'un État fédératif avec le système des deux Chambres.

Malgré le résultat négatif de la votation populaire, l'œuvre sera reprise. Il est à espérer que l'on saura conserver ce qu'il y avait de bon dans le projet rejeté, et que l'on en retranchera ce qu'il avait de trop centralisateur.

Pour nous les articles qui élargissent la compétence de la Confédération en matière de législation et ceux qui changent l'organisation du Tribunal fédéral ont seuls quelque intérêt. En voici le texte :

Art. 55.

La législation sur le droit civil, y compris la procédure, est du ressort de la Confédération. Toutefois les cantons conservent le droit de rendre des lois sur ces matières jusqu'à la promulgation des lois fédérales.

La Confédération peut, en outre, étendre sa législation au droit pénal et à la procédure pénale. Néanmoins, le jury ne peut être aboli par la législation fédérale dans les cantons où il existe.

L'administration de la justice reste aux cantons, sous réserve des attributions du Tribunal fédéral.

Art. 61.

La peine de mort est abolie.

Sont réservées toutefois les dispositions du code pénal militaire.

Les peines corporelles sont abolies.

Les articles 103 et suivants déterminent la compétence du Tribunal fédéral. Le troisième alinéa de l'art. 110 est surtout nouveau, puisqu'il statue que ce tribunal connaît « des réclamations pour violation de droits constitutionnels des citoyens, ainsi que des réclamations de particuliers pour violation de concordats ou de traités. »

Enfin l'article 111 est ainsi conçu :

Outre les cas mentionnés aux articles 107, 109 et 110, la législation fédérale peut placer d'autres affaires dans la compétence du Tribunal fédéral ; elle peut, en particulier, donner à ce Tribunal des attributions ayant pour but d'assurer l'application uniforme des lois prévues à l'article 55.

Nous voulons nous permettre avant tout de présenter quelques observations sur les dispositions du troisième alinéa de l'article 110 et sur
l'article 111. La constitution fédérale charge le conseil fédéral de veiller à
l'exécution de la constitution fédérale, des constitutions cantonales et des
concordats entre cantons, et de prendre les mesures nécessaires pour leur
maintien, dans l'intérêt de la protection des droits des citoyens et des
autorités.

Les recours des cantons et des citoyens contre les décisions du conseil
fédéral doivent être adressés, suivant le § 15 de l'art. 74 de la Constitution
de 1848, à l'assemblée fédérale. Celle-ci peut juger elle-même le cas, ou,
suivant l'article 105, le déléguer au tribunal fédéral. Cette dernière disposition a été reconnue parfaitement impraticable et n'a aussi été appliquée
qu'une seule fois. Ainsi, dans les conflits concernant par exemple la garantie
du libre établissement, la liberté de presse, les questions de for, les droits
découlant des concordats etc., le Conseil Fédéral était la première instance
et l'Assemblée Fédérale l'instance d'appel [1]. Il faut remarquer que pendant les dernières années le nombre des recours à l'Assemblée Fédérale a de
beaucoup augmenté. Cette singulière et étonnante organisation méconnait
entièrement le principe de la séparation des pouvoirs; elle n'a été introduite en 1848 que pour des motifs politiques.

Aujourd'hui tout le monde [2] est d'accord pour reconnaître que ce qui
concerne les recours doit être organisé sur un tout autre pied dans la nouvelle constitution fédérale. Grâce à sa compétence restreinte, le tribunal
fédéral occupe une position tout à fait indigne de lui. Logiquement c'est à
lui qu'il appartiendrait d'être le gardien suprême des constitutions et des
lois, comme cela est le cas aux États-Unis. Le projet de constitution y a
justement pourvu et il réserve encore dans son article 111 la possibilité de
faire du tribunal fédéral une cour de cassation et d'appel en vue de l'unification du droit. Tous ceux qui adoptent les prémisses posées à l'art. 55, ne
peuvent voir dans cette disposition que leur conséquence logique, en sorte
qu'il est inutile que nous nous étendions sur ce point.

D'un autre côté il peut paraître étonnant que l'article 55 place tout à

---

(1) Les arrêtés ont été recueillis et publiés par ordre de matières dans la précieuse collection du
Dr ULLMER : Le droit public Suisse ou jurisprudence des arrêts des autorités fédérales Suisses pendan
les années 1848-1860. Deux volumes : Zurich, 1862 et 1866.

(2) Voyez BLUMER, Handbuch des Schweizerischen Staatsrechts, t. II, p. 56-57. — RÜTTIMANN : Das
Nordamerikanisches Bundesstaatsrecht verglichen mit den politischen Einrichtungen der Schweiz.
Zurich 1867, t. I, p. 57 etc. — Professeur G. VOGT : Zeitschrift des Berner Juristen Vereins, 1867,
t. IV, etc., p. 37 etc. — MUNZINGER ; Studien, p. 90 etc.

coup tout le droit civil et la procédure dans la compétence de la confédération, et laisse du moins momentanément aux cantons la législation pénale
qui, elle, aurait pu être très facilement codifiée par une loi générale. Cette
subite transformation est d'autant plus étonnante que les propositions du
conseil fédéral étaient sur ce point très réservées, et peut-être même trop
timides [1]. Les protocoles imprimés des délibérations des deux conseils
nous donnent peu d'arguments en faveur de cette mesure. L'article 55
passa sans grande opposition, tandis que sur d'autres matières l'on discuta
pendant des journées entières. On ne se donna pas même la peine de rédiger
soigneusement des contre-propositions.

La question de l'unification du droit fut vivement débattue dans la séance
du conseil national du 20 décembre 1871.[2]. MM. Bülzberger, avocat, de
Berne, et Kaiser, directeur de banque, de Soleure, défendirent chaleureu-
sement la centralisation complète; « un droit et une armée, » tel fut le mot
de la situation. On proclama cette unification comme un nouvel élément
d'union et de force pour le sentiment national; on cita la France à l'appui
de cette thèse. M. Brunner, président du conseil national, soutint qu'en
réalité il n'existe pas de différence essentielle entre le droit français et le
droit allemand; il représenta le droit moderne comme une fusion des
idées romaines et germaniques dont le code napoléon fournit surtout un
exemple admirable. Les orateurs susmentionnés s'attachèrent principalement à démontrer que la centralisation de quelques matières spéciales ne
serait jamais que du rapiècetage qui ne ferait que susciter de nouvelles
complications. Il serait beaucoup plus logique d'attaquer la position de
front et de faire tout en une fois. L'expérience n'est-elle pas là pour prouver
que, par la voie des concordats, on n'arrive à rien qui vaille? Toutes les
contre-propositions qui tendaient à aller moins loin dans la voie de la
centralisation furent rejetées à une grande majorité. Le Conseil des États
qui à l'origine s'était placé à un point de vue tout autre et beaucoup plus
conservateur finit par céder, ici comme sur d'autres points, pour arriver à
une solution de l'œuvre de la révision.

*C'est ainsi que les tendances unificatrices l'emportèrent dans les délibéra-
tions de l'assemblée fédérale. Elles n'ont été que fortifiées par cette circonstance et cela quoique l'œuvre entière fût rejetée.*

---

[1] Voyez Munzinger : *Studien über Bundesrecht*, p. 1 etc.
[2] Voir *Bulletin officiel de 1871*, p 540 etc

Observations finales.

Une nouvelle révision de la Constitution fédérale étant à l'ordre du jour, la question de savoir quelles sont les matières de droit qu'il s'agit de centraliser va se poser à nouveau. Nous ne pouvons ni n'osons rester dans la situation où nous sommes actuellement. Mais l'œuvre doit être entreprise sérieusement et avec prudence, car la coopération de nos confédérés de la Suisse Romande nous est absolument nécessaire. Mais lorsqu'on désire cela il faut ne pas trop tendre la corde. Pour terminer, nous nous permettrons d'exposer ici quelles sont les règles qu'à notre avis les autorités fédérales devront se poser comme guides.

Parlons d'abord du droit civil. Deux voies nous sont ouvertes, dont chacune à ses difficultés particulières :

La première, et au premier abord la plus simple, nous conduit à maintenir le texte du précédent projet et à proclamer le principe de la centralisation du droit civil pour toute la Suisse. Dans cette éventualité un Code civil fédéral, unique, et encoré à élaborer, viendrait prendre la place des vingt-cinq législations cantonales actuelles. L'administration de la justice resterait aux cantons, du moins pendant les premières années et dans les questions qui se jugent sans appel, mais le tribunal fédéral, en sa qualité de cour d'appel et de cassation, maintiendrait l'unité de la jurisprudence.

La première difficulté qui se présente ici, résulte du fait que les travaux préparatoires de cette codification ne sont pas encore faits. Nous ne possédons pas même à l'heure qu'il est une collection ou une concordance, et encore moins un exposé théorique ou manuel des diverses législations cantonales.

En Allemagne les travaux préparatoires étaient beaucoup plus complets; il suffit de citer les excellentes monographies de Unger sur le droit autrichien, de Dernburg sur le droit prussien, de Roth sur le droit bavarois, etc.

Un tel code devra habilement combiner les doctrines du droit germanique et du droit français. Aucune de nos législations cantonales, même la plus parfaite, comme la loi zurichoise, ne pourrait nous servir de modèle; il ne nous suffirait pas même de la refondre un peu. Il s'agit de faire un travail complètement nouveau et original, et pour faire une œuvre vraiment nationale et bonne nous devons avoir recours à toutes nos forces. Or tout cela demande du temps, et dix ou vingt années peuvent s'écouler avant qu'un projet ait été élaboré, examiné, discuté et discuté à nouveau. Pendant tout ce temps nous serons privés des avantages de l'unification pour les matières les plus essentielles, comme le droit commercial par exemple. Ainsi au point de vue pratique seul il semblerait préférable de procéder à une réforme successive, qui réglerait un point après l'autre. Il est vrai que de cette manière nous risquons de ne pas avoir un ensemble bien systématiquement homogène, mais d'un autre côté il faut bien se dire que quoique que nous fassions, la transition sera toujours difficile, et qu'il nous sera impossible d'éviter toutes les difficultés.

Mais supposons que toutes les difficultés soient moins considérables qu'elles ne le paraissent à l'auteur de ces lignes. Une seconde question non moins importante se présente cependant immédiatement à notre esprit, c'est celle de savoir ce que comprendra ce droit civil Suisse. L'article 55 susmentionné disait : « La législation sur le droit civil y compris la procédure est du ressort de la confédération. » En interprétant grammaticalement et logiquement, nous pouvons dire par conséquent que dans les vingt-cinq cantons Suisses tout le droit privé est placé dans la compétence de la confédération. Les cantons n'osent plus proclamer de lois civiles spéciales, ils ne peuvent plus prétendre à aucun droit de législation en ces matières, tout repose entre les mains de leur mère commune : la confédération Suisse. Mais de fait et en réalité, le besoin d'une telle réforme n'existe pas. L'on dépasse de beaucoup le but lorsqu'on s'imagine qu'il est nécessaire de faire un Code fédéral, embrassant toutes les matières du droit privé. Un tel code aurait des dimensions qui en rendrait l'étude et l'usage énormément difficiles. Pensons seulement aux droits d'*alpage* dans les petits cantons, aux répartitions de bénéfices et aux droits d'usage des pâturages indivis, qui existent dans ces pays depuis des siècles, qui répondent à des besoins économiques et sociaux, mais qui ne seraient pas à leur place dans une loi fédérale. Ou bien prenons les *indivisions* que le Code civil vaudois maintient à son article 1347. Le bon paysan vaudois ne fera pas volontiers le sacrifice de ces usages à un Code Suisse. Et les servitudes de voisinage pour les constructions, combien la conception n'en varie-t-elle pas suivant les besoins d'un pays agricole ou d'une population urbaine. Même dans les villes, les dispositions ne varient-elles pas suivant les circonstances locales?

Ainsi même une loi fédérale ne pourrait défendre à Bâle, Zurich et Genève d'avoir des ordonnances différentes sur les constructions.

Nous pourrions facilement multiplier les exemples et en choisir de beaucoup plus embarrassants, tels que le *Zeddel* d'Appenzell (sorte de titre ou de créance hypothécaire) ou bien la *Gült* de Lucerne (titre au porteur avec garantie réelle), mais nous ne voulons pas fatiguer notre lecteur. Il est donc bien évident que l'article 55 ne devait pas avoir la signification que sa rédaction actuelle lui fait attribuer.

Il est nécessaire, au contraire, de réserver aux cantons le droit de législation, dans certaines limites restreintes, sur des matières spéciales, et pour satisfaire à des besoins locaux, auxquels il faut avoir égard. Mais dès que l'on fait cette concession, il est difficile de savoir où s'arrêter sans compromettre le principe de l'unité, et l'on devra avoir recours au moyen-terme de la sanction fédérale pour les lois particulières. En outre, l'on devrait établir le principe qu'en cas de doute la législation fédérale ferait règle.

Nous passons maintenant à la seconde alternative qui se borne à centraliser certaines matières spéciales. Il est à peine nécessaire de répéter, après ce que nous avons dit dans la première partie de ce travail sur l'état actuel de la législation en Suisse, que cette voie nous paraît la seule praticable. En réalité, il n'existe aucune nécessité de centraliser entièrement le droit civil et de remplacer par des principes nouveaux toutes les législations cantonales, dont quelques-unes sont très saines et très profondément enracinées dans les mœurs. Il serait du reste à peine possible de rédiger un code civil suisse qui tint compte de tous les points de vue et de tous les besoins. Dans cette seconde éventualité, le droit de législation civile resterait donc aux cantons pour autant qu'il n'aurait pas expressément été délégué à la confédération par la constitution fédérale. Loin de nous d'ailleurs l'idée de prétendre que ce point de vue n'ait pas aussi ses difficultés formelles et matérielles. Et d'abord quelle est la limite à établir entre le droit fédéral et les droits cantonaux?

D'après M. Delapalud, dont nous avons déjà parlé plus haut, et plusieurs autres juristes, spécialement de la Suisse française, la confédération devrait se borner à promulguer un code de commerce et une loi sur le change. Jadis nous partagions cette idée, mais nous avons dû l'abandonner. Nous renvoyons à ce que nous avons dit plus haut des difficultés qu'il y a à considérer le droit commercial, comme une partie spéciale et distincte du droit civil [1]. Dès que l'on rejette le point de vue de la législation allemande, pour adopter celui de M. Munzinger, qui est plus convenable pour notre pays, un droit général des obligations devient indispensable à notre avis.

[1] Dans la Suisse orientale, à Zurich, par exemple, où l'on ne reconnaît pas cette distinction, on serait très opposé à cette idée.

Nous ne saurions pas non plus conseiller l'adoption du principe qui est à la base de la loi commerciale allemande, quelques avantages que présentât du reste la circonstance d'avoir une loi semblable à celle d'un grand pays voisin. Nous nous exposerions de cette manière à l'inconvénient des fluctuations de la législation allemande, et nous asservirions notre jurisprudence à celle de la cour supérieure de commerce de Leipzig.

En outre, les véritables besoins du trafic et du libre établissement des citoyens Suisses, sur tout le territoire de la confédération, exigent que celle-ci règle encore d'autres matières en dehors du droit commercial. Il ne reste donc d'autre moyen que d'élaborer un droit général des obligations dans l'acception la plus large de ce mot, qui comprend alors le droit de change et le droit commercial, et de centraliser en outre quelques autres matières en rapport intime avec lui, comme la capacité personnelle et la position des femmes, ou dont le besoin se fait impérieusement sentir, comme des principes généraux sur la collision des droits et le mariage. D'un autre côté, on laisserait aux cantons tout ce qui concerne les droits de famille (spécialement la tutelle), les droits réels immobiliers et le droit de succession. De cette manière on aurait pourvu aux besoins les plus pressants et, lors même que l'on marcherait moins vite et successivement, on aurait pourtant travaillé à l'amélioration progressive de notre législation civile.

Il est possible que, par la suite des temps, le besoin d'une centralisation plus étendue, se fasse sentir. Alors, nous nous heurtons à une difficulté de forme. En effet, si l'on propose un article conçu à peu près ainsi : « La confédération pourra, en outre, étendre sa législation à d'autres matières du droit civil, » on consacre en réalité le principe de l'unification complète, et les adversaires de cette idée rejetteront l'article. Si l'on ne dit rien de pareil, toute modification à la législation civile sera subordonnée à une révision partielle de la constitution ; or, c'est ce qu'il faut à tout prix éviter. Nous souffrons déjà trop en Suisse de la fièvre de révision, et une constitution fédérale doit être une œuvre stable autant que possible. La seule manière d'éviter ce danger est d'adopter une disposition facultative du genre de celle que nous venons de citer, car il n'est pas à craindre que les autorités fédérales fassent d'une telle faculté un usage abusif ou trop précipité.

La grande difficulté restera toujours de délimiter exactement les compétences. Les conflits et les collisions seront inévitables avec une centralisation partielle du droit. La seule manière de se tirer d'embarras est de proclamer nettement et carrément le principe que la compétence fédérale est supérieure et prépondérante, et qu'en cas de doute sur l'application d'une disposition de loi fédérale ou cantonale la première l'emportera.

Si donc, dans l'alternative d'une centralisation complète du droit civil, nous désirons que les lois spéciales, réservées aux cantons, soient soumises à la sanction du pouvoir fédéral, nous voulons aussi que dans la seconde alternative (celle du partage de la législation entre la confédération et les cantons), en cas de doute, la compétence du pouvoir fédéral l'emporte sur celle du canton. En général, en examinant toutes les questions de près, on voit qu'elles sont beaucoup plus délicates à trancher qu'on ne le croirait au premier abord.

Mais assez du droit civil. En ce qui concerne l'étude de la *procédure civile*, un manuel ou une collection des diverses procédures cantonales serait aussi désirable. Une centralisation très restreinte suffirait ici; pour répondre aux besoins existants il suffirait d'une loi fédérale sur la poursuite pour dettes, sur le droit de concours dans les faillites, sur le for (y compris l'assignation), et enfin sur l'action en nullité.

Tout le reste pourrait parfaitement être laissé aux législations cantonales. Il importe peu à la Confédération de savoir si dans tel ou tel canton l'on connaît la conciliation par les juges de paix et comment il y est procédé, si dans tel autre canton, c'est la procédure orale ou la procédure écrite qui est préférée, quelles sont les règles qui régissent le serment ou la preuve par témoins, etc. etc. Nous ne parlerons pas du tout de l'organisation judiciaire. Ici surtout il faut laisser à chacun le soin de s'arranger à sa guise. Il suffit à la Confédération que le droit civil fédéral soit appliqué partout de la même façon, afin qu'une même disposition ne soit pas interprétée de vingt façons différentes, suivant les cantons. Pour prévenir tout cela, nous aurons le recours en nullité au tribunal fédéral.

Nous nous plaçons à un tout autre point de vue pour ce qui concerne *le droit et la procédure pénales.*

Il est probable qu'on se contentera de centraliser facultativement ces matières; mais pour être complets nous devons cependant en dire un mot. Un droit pénal unique et une application de peines uniformes seraient des choses certainement très désirables. Un code pénal fédéral serait en outre bien plus facile à rédiger qu'un code civil. Mais en matière pénale le point de vue constitutionnel et politique est très important.

La centralisation complète du droit civil, qui nécessairement doit aussi exercer son influence sur le droit administratif (par exemple la concession d'eau et la chasse), avec un tribunal fédéral fonctionnant comme cour d'appel supérieure ou comme cour de cassation est déjà un coup formidable porté à la souveraineté cantonale, mais la centralisation pénale la ferait disparaître entièrement et nous mènerait à l'État unitaire. Il est évident que le droit pénal devrait être centralisé en son entier; or, pour que cette unification n'existât pas sur le papier seulement, elle devrait être réalisée par l'administration de la justice pénale et par l'exécution des jugements. Toute la procédure devrait par conséquent être centralisée (nous nous servons exprès de ce mot et non pas de celui d'unifiée), et l'organisation judiciaire des cantons également entièrement modifiée. La procédure pénale est si intimement liée au droit pénal lui-même, que ces deux parties d'une même chose doivent absolument être parfaitement en harmonie l'une avec l'autre.

Si l'on désire avoir un seul droit pénal pour tous les citoyens suisses, c'est dire qu'on veut aussi améliorer l'état de choses existant dans certains cantons et avoir des garanties plus sûres pour une justice pénale équitable et humaine.

Or, ces garanties ne se trouvent pas dans un code imprimé seulement, mais encore et tout autant dans les dispositions protectrices d'une procédure orale et publique basée sur le principe de l'accusation. Le mode de mise en accusation, la manière dont l'enquête est conduite, la faculté de s'adjoindre un avocat dès le début et de rendre ainsi possible la preuve de non-culpabilité, sont des éléments de la plus haute importance pour la protection personnelle du citoyen et pour le résultat final de tout procès pénal. Si donc non-seulement la lettre de la loi doit être la même dans toute la Suisse, mais si en outre son application et son interprétation doivent être identiques, alors le droit de prononcer en dernier ressort doit être remis à une cour supérieure d'appel, de cassation et de révision. La fixation des moyens de recours est ici de toute importance et, pour la question de l'appel, l'organisation de tribunaux permanents ou de jurys est décisive. Il serait parfaitement impossible d'abolir par une loi fédérale le jury dans les cantons qui l'ont introduit dans leur législation, mais d'un autre côté on ne pourrait pas davantage l'imposer aux cantons qui ne veulent pas en entendre parler. On trouverait un remède efficace dans l'introduction d'une saine procédure orale et publique comme à Bâle et à St-Gall [1], mais cependant on ne pourrait se dispenser de modifier très profondément l'organisation judiciaire des cantons. Les autorités constitutionnelles chargées de l'introduction d'une enquête pénale, de soutenir l'accusation publi-

---

[1] Voyez 1re partie, t. IV, p. 379.

que, de prononcer la mise en accusation etc., devraient nécessairement être organisées partout de la même manière. Mais bientôt poussé par le besoin d'unité on éprouverait celui de remplacer par des fonctionnaires fédéraux, la police, les juges d'instruction et les procureurs généraux cantonaux. En même temps, une circonscription rationnelle d'arrondissements judiciaires fédéraux viendrait prendre la place des divisions cantonales actuelles. La force même des circonstances conduirait à ce résultat; car non seulement dans des cas où une enquête s'étendrait à plusieurs cantons, mais même dans des cas très simples, on serait bien vite convaincu que des fonctionnaires fédéraux feraient plus d'ouvrage en moins de temps et à moins de frais que vingt-cinq juges d'instruction et vingt-cinq procureurs-généraux. L'exécution des jugements devant aussi être uniforme sur tout le territoire de la Confédération, nous conduirait à des établissements pénitenciers fédéraux, etc. Or, tout cela n'est pas compatible avec la Constitution d'un État fédératif. Une organisation judiciaire fédérale pour l'exercice de la justice pénale serait *la clef de voûte de l'État unitaire.*

Le droit pénal et la procédure pénale font partie du droit public et exercent leur influence sur les principes fondamentaux de l'État, c'est-à-dire sur la constitution elle-même. Les conséquences d'une centralisation de ces matières entre les mains de la confédération, sont donc beaucoup plus considérables que lorsqu'il s'agit seulement de régler uniformément certaines matières de droit civil, et d'élargir dans ce but la compétence du tribunal fédéral.

Tout en désirant de tout notre cœur une plus grande uniformité entre les diverses législations pénales cantonales, des motifs constitutionnels nous décident à combattre une centralisation du droit pénal. Que les cantons qui font partie d'un même groupe par leur langue, leurs mœurs, leur situation sociale et confessionnelle s'entendent pour introduire chez eux des lois uniformes, et pour créer des établissements pénitentiaires convenables pour leurs condamnés par la voie des concordats; les concordats si fort décriés sont au fond dans un État fédératif le seul moyen possible et vraiment juste; les adversaires de la centralisation devraient bien le comprendre et ne pas se montrer aussi hostiles envers eux que par le passé, car le particularisme poussé trop loin est aussi un mal. (Les extrêmes se touchent). Tous les cantons ne peuvent pas supporter les frais d'un établissement pénitentiaire à la hauteur des exigences modernes, mais les forces réunies de plusieurs d'entre eux le pourront. Si, comme nous n'en doutons pas, le système mixte irlandais prend définitivement pied en Suisse,

comme c'est déjà le cas à Zurich, en Argovie, au Tessin et en partie à
Bâle-Ville, alors plusieurs établissements de différents cantons pourront
remplir chacun des buts spéciaux (suivant les phases de l'exécution de la
peine). Mais un développement plus long de cette idée ne serait pas ici à sa
place.

Ce que nous avons dit dans nos deux articles aura montré clairement à
nos lecteurs combien la question de l'unification du droit est profondément
entrée dans la vie sociale et politique de la Suisse, et combien le développement de notre législation fédérale est devenu nécessaire. La prospérité
et le repos du pays dépendent en grande partie de la solution que recevra
cette question. Que ceux qui sont appelés à collaborer à cette œuvre se
souviennent toujours de ce vieil adage :

« *In dubiis prudenter, in certis fortiter.* »

BULLETIN DE JURISPRUDENCE INTERNATIONALE.

—

FRANCE, **1872** (1).

(Voir cette *Revue* 1872, p. 347)

—

10. — *Souverain étranger.* — *Acte d'administration publique.* - *Incompétence des tribunaux français.*

Les règles internationales sur l'indépendance réciproque des États obligent les tribunaux français à se déclarer incompétents pour juger les engagements contractés par les souverains étrangers, agissant comme chefs de l'État et dans les attributions de la puissance publique.

(Cour de Paris, 1re ch. 15 mars 1872).

OBSERVATIONS. Voir la note sous le n° 4 de ce Bulletin de la *Revue* 1872, 2e livr. p. 350. — M. Lemaitre, fabricant de décorations et d'ordres français et étrangers, avait fourni pendant les années 1865 et 1866 à Maximilien Ier, Empereur du Mexique, une grande quantité de décorations, sur laquelle l'empereur ou ses ayant cause restaient devoir une somme de 50,000 fr. M. Lemaitre fit assigner en paiement S. M. l'Empereur d'Autriche et LL. AA. II. et RR., l'Archiduc François Charles et l'Archiduchesse Sophie au nom et comme héritiers de l'empereur défunt, devant le tribunal de la Seine. Les héritiers opposèrent l'exception d'incompétence ; le tribunal l'a rejetée, en disant que les Souverains étrangers étaient soumis à la juridiction française lorsqu'ils contractaient personnellement et à titre privé. La cour a infirmé le jugement de pre-

(1) Le Bulletin de jurisprudence que nous donnons ici est un extrait sommaire d'une publication périodique, intitulée « *Journal du Droit international privé* » que M. Clunet, avocat à la cour de Paris, fera paraître prochainement. Cette publication a l'intention d'être un manuel pratique pour le légiste consulté sur les questions qui se rattachent à cette matière, et de lui fournir les documents les plus récents propres à éclairer son opinion. Elle contiendra : 1o le texte *in extenso* des décisions les plus importantes des tribunaux français sur ce sujet ; 2o le relevé de la législation et de la « littérature » spéciales à la question ; 3o quelques études pratiques sur des espèces actuelles. Enfin, grâce au savant concours de plusieurs avocats étrangers, il est permis d'espérer qu'il sera fait mention des monuments de jurisprudence les plus intéressants des tribunaux étrangers sur la matière. — De son côté la *Revue de droit international* continuera à donner, pour divers pays, des bulletins dans le genre de celui-ci. Dès la prochaine livraison nous comptons être en mesure d'en publier un pour l'Angleterre.

(N. de la Réd.)

mière instance, sans se séparer de lui sur la question de principe ; mais elle a estimé qu'une commande de décorations destinées à être distribuées à ceux qui ont reçu pour prix de services publics la collation d'un ordre, était de la part du Souverain un acte d'administration publique. Ce point une fois dégagé, la solution ne pouvait être douteuse, et la Cour, persévérant dans la jurisprudence de la Cour suprême (24 janvier 1849, S. 49, 81) et dans sa propre jurisprudence (Paris, 23 août 1870, S. 71. 2. 6), a déclaré qu'elle ne pouvait juger les souverains étrangers dans l'exercice de leur puissance publique.

11. — *Souverain étranger.* — *Acte d'intérêt privé.* — *Compétence des tribunaux français.*

Les tribunaux français sont au contraire compétents pour juger les Souverains étrangers, qui ont contracté avec un Français dans un intérêt privé.

(Trib. de la Seine, 19 mars 1872, confirmé par la cour de Paris, 3 juin 1872).

Obs. Cette décision est corrélative de celle que nous rapportons sous le n° 10. En effet les règles du droit des gens qui obligent, dans l'intérêt des bons rapports internationaux, un État à réserver l'exercice de sa souveraineté, lorsqu'il se trouve en présence d'un État possédant lui aussi sa souveraineté propre, n'existent plus dans le cas actuel. Lorsqu'un chef d'État, cessant d'agir au nom de la puissance publique, traite dans son intérêt privé, comme le ferait un particulier, les règles qui président a ce genre de transactions doivent être celles du droit commun.

Les frères Mellerio, bijoutiers français, avaient fait à Isabelle de Bourbon, ex-reine d'Espagne, différentes fournitures avant et après la révolution de septembre 1868. Les bijoutiers non payés citèrent l'ex-reine d'Espagne, résidant actuellement à Paris, devant le tribunal de cette ville. La défenderesse souleva l'exception d'incompétence ; cette exception fut rejetée par le tribunal et par la cour. Nos tribunaux ont répondu en effet que, pour échapper aux réclamations de ses créanciers, l'ex-reine d'Espagne devrait justifier que les objets figurant aux factures avaient été par elle acquis en qualité de personne souveraine et pour le compte de la liste civile espagnole. Or les débats ont établi que ces bijoux avaient été fournis à l'ex-reine soit pour son usage particulier, soit pour des cadeaux destinés notamment à sa fille la princesse de Girgenti, à l'occasion de son mariage. Au surplus le trésor madrilène ne possède pas de diamants de la Couronne, ainsi qu'il résulte de la loi espagnole du 12 mai 1865, qui, parmi les biens de la liste civile, dont le Souverain doit jouir en usufruit, ne mentionne aucun bijou, ni diamant à l'usage de sa personne. L'ex-reine Isabelle avait donc agi purement et simplement dans un intérêt privé, et le principe de l'indépendance des États ne recevait aucune atteinte par la condamnation de la défenderesse au paiement des fournitures faites.

12. — *Succession.* — *Faillite d'un étranger faisant le commerce en France.*
— *Droits d'hypothèque sur des meubles.* — *Nullité.*

En cas de faillite d'un étranger faisant le commerce en France, c'est la loi française qui régit les meubles et les immeubles composant la succession du failli.

L'hypothèque ou mort-gage consenti, même à l'étranger, sur un navire étranger, se trouvant dans un port français, est nulle.

(Cour de Caen 12 juillet 1870, confirmé par arr. de rejet Cass. 19 mars 1872).

Obs. Les conséquences des événements de 1870-71 donnent malheureusement à la question des faillites et de leur règlement un intérêt particulier. L'étranger qui fait le commerce en France peut être déclaré en faillite par les tribunaux français. S'il meurt en état de faillite, et lors même qu'il n'aurait jamais été autorisé par le gouvernement à établir son domicile en France, et à y jouir par conséquent des droits civils, on ne partage point son patrimoine français en biens mobiliers et immobiliers, comme dans une succession ordinaire d'étranger, afin de savoir quels biens seront distribués suivant la loi française, et quels biens suivant la loi étrangère. Tout l'actif situé en France et appartenant au failli est réuni sans distinction, et devient, sous le nom de masse, le gage des créanciers. Cette masse est administrée par un syndic français et répartie entre les divers créanciers suivant les prescriptions de la loi française.

Il peut se présenter, comme dans l'espèce, des difficultés d'une nature délicate, lorsqu'il s'agira par exemple d'apprécier la valeur des conventions que le failli étranger encore *in bonis* aurait régulièrement passées en s'en référant à sa loi d'origine. A-t-il pu conférer valablement, par contrat passé à l'étranger, un droit d'hypothèque sur un navire, qui, saisi dans un port français, fait aujourd'hui partie de la masse active, mais n'en est pas moins un navire étranger ayant un port d'attache à l'étranger?

L'art. 1134 du Code civil dit bien que les conventions légalement formées forment la loi des parties, et dès lors le tribunaux français sont obligés de respecter les conventions particulières, alors même que leurs clauses ne sont pas inspirées du Code français. Mais d'autre part, l'art. 190 du Code de commerce affirme que « les navires et autres bâtiments sont meubles » et l'art. 2119 du Code civil déclare que les meubles n'ont pas de suite par hypothèque. Or l'on sait, qu'en matière de droits réels, il est universellement reconnu que c'est à la *lex loci rei sitæ* qu'il faut s'en rapporter ; les tribunaux ne peuvent donc sanctionner des conventions négatives de l'ordre public français; ils doivent en conséquence déclarer nulle et sans effet l'hypothèque conférée par un étranger sur le navire que nous avons déterminé, au regard, tout au moins, des créanciers français.

13. — *Jugement étranger déclaratif de faillite.* — *Syndic étranger.* —
Exequatur non nécessaire.

Un syndic étranger nommé à cette fonction par un jugement étranger,
déclaratif de faillite, peut exercer devant les tribunaux français toutes les
actions qui auraient appartenu au failli lui-même, sans qu'il lui soit besoin
de faire revêtir de l'*exequatur* français le jugement du tribunal étranger,
qui l'a commis.

(Trib. de la Seine, 5 février 1870, confirmé par arrêt
de la cour de Paris, 22 février 1872).

Oss. La société Debbed Pellerin et Cᶦᵉ, créancière de la succession de M. Klein d'une
certaine somme d'argent, a formé opposition entre les mains d'un négociant français,
débiteur de Klein. L'opposition a été dénoncée aux héritiers de Klein. Mais Klein est
décédé en état de faillite. Cette faillite s'est ouverte à Pesth, et le jugement déclaratif
du tribunal hongrois a nommé syndic M. Matuska. Ce dernier défend à la demande en
validité d'opposition portée par les créanciers de la succession Klein devant le tribunal
de la Seine ; les créanciers prétendent faire rejeter son intervention, en s'appuyant sur
ce que le syndic ne pouvait pas représenter une partie devant les tribunaux français,
et surtout sur ce que le jugement déclaratif de faillite nommant le syndic n'était pas
exécutoire en France. La première exception n'était pas soutenable : car les héritiers
de Klein, étant dessaisis de l'administration des biens de leur auteur, c'est au syndic
que l'assignation en validité avait été régulièrement délivrée par l'agent français
à Pesth. La seconde n'a pas été admise par les tribunaux, et avec raison. L'*exequatur*,
aux termes de la loi française (Code civil 2123 et 2128), n'est exigé que pour les jugements et actes étrangers, dont l'effet peut entraîner en France des mesures d'exécution affectant les personnes ou les biens.

Mais un jugement déclaratif de faillite ne prononce aucune condamnation, n'emporte par lui-même aucune mesure d'exécution en France ; il n'a d'autre effet que de
dessaisir le failli étranger de l'administration personnelle de ses biens et de lui substituer un mandataire légal, chargé de le représenter dans toutes les actions actives et
passives. Le jugement déclaratif de faillite n'est autre chose que la délivrance d'un
mandat authentique ; il n'a pas plus besoin de l'*exequatur* français que n'en aurait
besoin un acte reçu par un officier public étranger qui constituerait un fondé de pouvoir. Nous ajoutons que bien que cette formalité ne soit pas nécessaire, aucune considération d'ordre public ne s'oppose cependant à ce qu'un tel jugement soit déclaré
exécutoire (Sic Bordeaux, 22 déc. 1847 ; S. 48, 2, 228. Cass. 30 nov. 1868 ; S. 69, 1,
267. — Paris, 23 mars 1869 ; S. 69, 2, 172. — Il en serait différemment, s'il s'agissait d'un syndic Suisse. Le traité du 15 juin 1869, passé entre la France et la Suisse,
ne permet pas aux syndics de cette nation de profiter de la simplification offerte par
la jurisprudence actuelle ; les art. 6 (parag. 2) et 16 du traité ne laissent point de
doute sur la nécessité de l'obtention de l'*exequatur* français.

**14. — *Jugement étranger déclaratif de faillite. — Syndic étranger. —
Nécessité de l'exequatur.***

Mais le syndic étranger ne peut exercer en France, en vertu du jugement
étranger qui l'a nommé, aucun acte d'exécution, aucune mesure provisoire
même, avant d'avoir soumis ce jugement à la formalité de l'*exequatur*
français.

(Trib. de la Seine, 3ᵉ ch. 30 juillet 1872, confirmé
par arr. de la cour de Paris, 1ᵉ ch. 28 janv. 1873).

Obs. Le sieur Wohl, sujet français, avait été déclaré en faillite par le tribunal allemand
de Strasbourg, qui avait nommé le sieur Egger en qualité de syndic. Ce dernier ayant
appris que le Trésor français devait au failli différentes sommes pour travaux, forma
opposition au paiement des sommes dont s'agit. M. Wohl demanda et obtint la main-
levée de cette défense. Si, comme nous l'avons dit plus haut (voir n° 13 et la note), le
jugement déclaratif de faillite émanant d'un tribunal étranger n'a pas besoin en principe de l'*exequatur* français, c'est seulement au point de vue du mandat qu'il donne
au syndic régulièrement nommé. Mais il ne crée pas en faveur de la masse un titre,
dont le syndic puisse se servir en France pour obtenir des mesures d'exécution, des
mesures provisoires mêmes, sans le soumettre aux formalités exigées par l'art. 546 du
Code de procédure civile. Dans l'espèce, le jugement déclaratif du tribunal allemand
de Strasbourg donnait qualité au syndic pour représenter les créanciers de M. Wohl,
mais il ne pouvait lui conférer un pouvoir plus étendu que n'auraient eu ces derniers.
Or les créanciers n'avaient pour former opposition entre les mains du Trésor français
ni titre, ni jugement emportant condamnation ; ils n'étaient recevables en leur opposition que pourvus de l'un et de l'autre ; et jusque là, eux ou le syndic, leur mandataire
légal, étaient sans droit pour prendre cette mesure conservatoire, à moins de la solli-
citer du juge, suivant la procédure ordinaire, par voie de requête. Le syndic allemand
objectait encore, qu'aux termes de l'art. 18 de la convention internationale du 9 janvier 1872 entre la France et l'Allemagne, les jugements rendus par un tribunal compétent de l'un et l'autre pays pouvaient être exécutés sans être soumis à la révision.
Mais cet article exempte seulement les jugements des deux pays d'être examinés à fond
par la juridiction étrangère à laquelle on en demande l'exécution, elle n'affranchit pas
le porteur du jugement de l'obligation de faire revêtir son titre de la formule exécutoire national.

**15. — *Mariage célébré dans l'hôtel d'un ambassadeur étranger entre étranger
et indigène. — Nullité. — Compétence.***

Les tribunaux français sont compétents pour connaître d'une demande en
nullité de mariage intentée par une française contre un étranger.

L'hôtel de l'ambassade d'une puissance étrangère n'est considéré comme territoire dépendant. de cette puissance qu'au point de vue des immunités diplomatiques, et la fiction d'extranéité ne peut être étendue aux actes de la vie civile intéressant les indigènes du pays auprès duquel est accrédité l'ambassadeur. Spécialement un mariage contracté dans ledit hôtel entre une française et un étranger devant un chapelain est sans existence légale, et l'incompétence de l'officier étranger qui l'a consacré est radicale et absolue.

(Trib. de la Seine, 1re ch. 2 juillet 1872).

Obs. Voir dans ce sens aff. Tiranty c. Gouges-Bontail. Cour de Paris, 13 juin 1857; Sirey, 57, 2, 579. — L'étranger qui s'appuie précisément sur l'acte de mariage argué de nullité pour prétendre que sa femme désormais étrangère ne peut plus l'actionner devant les tribunaux français, s'il en décline la compétence, commet une véritable pétition de principes. Le défendeur à la nullité suppose justement ce qui est en question, à savoir la validité du mariage; la femme qui demande la nullité de l'union qui lui a conféré une nationalité étrangère, est française sous condition suspensive, et étrangère sous condition résolutoire; le résultat de sa demande en nullité de mariage sera l'évènement de la condition.

Quel est le fondement de l'immunité diplomatique? Les auteurs se sont partagés sur ce point théorique en plusieurs systèmes, tout en demeurant d'accord dans le résultat, qui a pour effet de soustraire à la juridiction locale l'ambassadeur étranger. Les uns pensent que cette immunité repose sur une tacite convention entre les nations, les autres sur la nécessité d'assurer leur indépendance; un troisième système très accrédité dans la diplomatie considère la demeure de l'envoyé diplomatique comme partie intégrante du sol de sa patrie. (V. Grotius, de Martens, Wheaton, histoire p 170 et les auteurs cités; Heffter, 3e édit. fr. p. 391.) Le jugement que nous rappelons incline vers cette dernière conception philosophique de l'exterritorialité, et se range sur ce point à l'opinion générale de la jurisprudence. Mais cette fiction de l'exterritorialité, nécessaire pour la bonne harmonie des rapports internationaux, doit être restreinte à l'ambassadeur lui-même, à sa famille et aux agents nommés par son gouvernement. « Le privilège de l'ambassadeur s'étend à ceux qui sont domiciliés dans sa famille ou qui résident avec lui, mais il n'y a point d'autorité qui lui permette d'en faire part à d'autres. » Phillimore, Commentaries on international law. T. VI. p. 120.)

La jurisprudence française va plus loin, et proclame qu'il n'existe aucune raison d'étendre le bénéfice d'exemption à des personnes de même nationalité que le ministre public, mais dépourvues de tout caractère diplomatique, et seulement attachées à son service. A fortiori, le principe de l'exterritorialité ne saurait-il être invoqué par les indigènes du pays auprès duquel l'ambassadeur est accrédité; l'hôtel d'un ambassadeur étranger est pour un Français terre française; seuls l'ambassadeur et les personnes officiellement attachées à ce fonctionnaire sont autorisés à le considérer comme terre étrangère ; et dès lors, au point de vue civil, à rédiger les actes qui les concernent, suivant la loi de leur pays (Fœlix, Traité de droit international privé. T. I, p. 162. — Dalloz, Répert. v° Agents diplomatiques. — Pasquale-Fiore, trad. par Pradier-Fodéré. Droit intern. public, t. II, p. 575). Pour toute autre personne, les actes qu'elles y font rédiger sont des actes dépourvus d'effet civil. «Les actes paroissiaux célébrés régulièrement dans la chapelle du ministre par l'écclésiastique y attaché, produisent tous leurs effets civils. Cela est vrai par rapport aux personnes qui font partie du personnel de l'ambassade et pour lesquelles ce dernier est la seule autorité compétente. Une autre question est celle de savoir si ces actes sont également valables lorsqu'ils s'appliquent à des personnes étrangères à la mission ou à des indigènes, et s'il est permis à ces derniers de faire leurs dévotions dans la chapelle d'un ministre? La solution de cette question dépend des lois intérieures de chaque État et de la tolérance de son gouvernement. » (Heffter, Droit intern. 3° édit. fr. p. 405.)

M. Lawrence, dans son savant commentaire sur le Droit internat. de Wheaton, 1873, t. III, p. 357, dit que l'on ne trouve pas de précédent pour l'exercice de la juridiction basé sur une exterritorialité diplomatique, relativement à des personnes ne faisant pas partie de la suite de l'ambassadeur, même dans les annales des temps où le palais d'un ambassadeur était considéré comme un lieu d'asile pour les plus grands criminels. La jurisprudence française n'a jamais reconnu la validité de mariages célébrés dans ces conditions. (Douai 9 août 1843 ; Gaz. des Trib , 14 août 1843. — Paris 6 avril 1869; Gaz. des Trib., 7 avril 1869. — Trib. de la Seine. 16 avril 1869; Gaz. des Trib., 5 juin 1869).

Les Anglais eux-mêmes hésitent fort à reconnaître pour valides des.unions de ce genre. L'acte 4, Geo. IV, c. 81, 1823 a pour but de valider les mariages célébrés dans les hôtels des ambassadeurs ; mais une récente commission « mariage commission » a été nommée pour l'examen de ces questions. Dans une circulaire du *Foreign Office* du 21 février 1867, le secrétaire d'État aux affaires étrangères disait : « mon attention a été appelée dernièrement sur la question de la validité des mariages célébrés dans les hôtels des représentants diplomatiques de S. M. britannique en pays étranger entre sujets anglais et étrangers. Après avoir consulté les officiers légaux de la couronne, j'ai à vous donner pour instructions de faire connaître aux sujets de S. M., afin qu'ils comprennent bien la situation dans laquelle ils se trouveraient en de telles circonstances, qu'un mariage ainsi contracté n'est pas nécessairement valide en dehors des possessions de S. M. » Enfin le rapport de la commission concluait ainsi : « Nous croyons que nul mariage solennisé par le consul lui-même ne devrait être validé par la loi anglaise (s'il est invalide par la *lex loci*) excepté dans le cas où les deux parties sont sujets anglais. » Il restera toujours, il est vrai, dans les autres cas, la ressource suprême des actes du Parlement. (Consultez le remarquable ouvrage de M. Lawrence, cité suprà, p. 359 et suiv.)

16. — *Vente de biens appartenant à l'État par l'ennemi pendant l'invasion.*
— *Nullité.*

La vente des biens domaniaux faite par l'ennemi occupant le territoire pendant la période d'invasion est contraire aux règles du Droit international et nulle comme constituant la vente de la chose d'autrui.

(Cour de Nancy, 1re ch., 3 août 1872.)

Obs. Le 24 octobre 1870, le gouvernement allemand, représenté par le comte de Villers, son commissaire civil de Lorraine, a vendu à des banquiers de Berlin, les sieurs Salmesohn et Sackür, à raison de 3 thalers l'un, plus de quinze mille chênes d'au moins cinq mètres de hauteur et de 0,50c de diamètre, mesurés 1m25c au-dessus du sol, à prendre dans les forêts domaniales des départements de la Meuse et de la Meurthe. Dès le 8 novembre, les acquéreurs rétrocédaient le bénéfice de leur marché aux sieurs Mohr et Haas, de Mannheim. Ceux-ci firent abattre environ neuf mille chênes et transmirent le marché au sieur Haztfeld. Celui-ci devait payer non plus 3 thalers par arbre abattu mais 40 fr. Le sieur Hatzfeld versa 150,000 fr. comptant, et, pour le surplus, souscrivit des traites jusqu'à concurrence de 300,000 fr. Mis en demeure d'exécuter la convention, le sieur Hatzfeld excipe de la nullité du contrat. En fait l'administration forestière, après la paix, avait fait saisir les arbres non vendus, et le sieur Hatzfeld avait rétrocédé de lui-même son marché à l'administration, sans en tirer bénéfice. Les chênes, vendus d'abord 3 thalers, puis 40 fr., en valaient 150.

Cette espèce soulève l'examen de quelques règles du droit des gens. Bien que cette science ait rencontré à la suite des événements contemporains des sceptiques qui prétendent que la seule limite des droits des États soit celle de leur puissance (*Princip und Zukunft des Völkerrechts von A. Lasson*, Berlin, 1871. — M. Rolin-Jaequemyns a rendu compte de cet ouvrage dans la *Revue.* 1872. p. 167), il n'est est pas moins vrai que cette négation reçoit heureusement en fait un démenti. Les peuples civilisés sont tombés d'accord sur plusieurs points, entre autres que la guerre n'était pas dirigée contre les personnes et les propriétés privées, mais seulement contre la puissance militaire ennemie. (*Bluntschli.* V. *Das moderne Völkerrecht*, 1872, *Einleitung*, p. 34). Des infractions nombreuses, que tout le monde connaît ont été commises à cette règle par les différents peuples de l'Europe, tant au dehors, qu'au dedans du continent, et la propriété privée n'a pas toujours rencontré le respect si souvent professé pour elle en paroles. Malgré ces échecs, l'usage du butin et du pillage, admis comme une suite nécessaire de la guerre, dans l'antiquité et même dans des temps voisins de nous (v. Grotius, Vattel, Martens) est aujourd'hui flétri et repoussé ; et s'il n'a point complétement disparu, il tend au moins à revêtir des formes plus régulières sous le nom de réquisitions et de contributions.

(*Bluntschli.* Voir l'intéressante publication du célèbre professeur de Heidelberg, intitulée « *Völkerrechtliche Betrachtungen*, etc. dans le *Jahrbuch* du Dr F. von Holtzendorff. Berlin 1871). S'il est exact de dire que la guerre tend de plus en plus à ne former qu'une relation d'États (Talleyrand à Napoléon 1er 20 nov. 1806. — Moniteur Universel. 5 décemb. 1806) il devient intéressant de constater quelles sont les règles qui président à cette relation, au cas, où par suite de la prolongation de la guerre, le territoire de l'un des belligérants est occupé par son adversaire. « Si, pendant la guerre, le pays ennemi est occupé par l'armée d'invasion, la nationalité du pays occupé et de ses habitants n'est point pour cela changée. Ce pays ne cesse pas, par l'effet de cet usage de la force, d'être une partie du territoire ennemi, et n'est pas devenu, sans plus de forme, partie de l'État victorieux » (*Bluntschli* op. cit. IV *Besitznahme und Verwaltung des feindlichen Landes*). Un fait seulement se produit, c'est la suspension de l'exercice de la souveraineté nationale : cette souveraineté ne passe cependant pas à l'armée victorieuse, et celle-ci n'en doit user qu'autant qu'il est nécessaire pour sa sécurité et le maintien de l'ordre. De ce principe nous pouvons déduire les règles qui servent à établir les rapports de droit entre l'ennemi et les biens du domaine public dépendant de l'État occupé militairement, à la suite de faits de guerre ; et nous trouverons que les biens du domaine public ont droit aux mêmes garanties et au même respect, au point de vue de la propriété, si ce n'est de la jouissance, que les biens du domaine privé. « La puissance occupante n'est pas autorisée à traiter le territoire occupé comme une portion définitivement acquise du territoire (du vainqueur) et à traiter ses habitants comme des sujets » (*Bluntschli* op. cit. p. 307. — Sic. *Læning*, professeur à l'Université de Strasbourg, dans un excellent travail publié dans cette *Revue*, 1872. p. 631 et suiv. intitulé : *L'administration de l'Alsace durant la guerre de 70-71*). Le principe accepté par l'école allemande, dont l'avis est particulièrment précieux à recueillir en cette matière, est donc, que le fait d'occupation n'est qu'un fait provisoire, sans autre effet que celui de suspendre momentanément l'exercice de la souveraineté nationale. — En conséquence « l'ennemi n'est pas souverain du pays occupé. Le pouvoir de l'État ne lui est pas transféré; il n'est pas le représentant de l'État; il n'en a ni les droits ni les devoirs. Il ne peut par conséquent disposer absolument du domaine public. — Il n'est que simple usufruitier du domaine immobilier. Il ne peut donc vendre, etc. » (*Læning* op. cit. p. 633). Comment, en présence de ces règles précises qui ont pour elle l'assentiment des différentes nations et l'approbation de la science allemande, comment le gouvernement allemand a-t-il tenu une conduite qui les méconnaissait d'une façon éclatante, et n'a-t-il pas craint de se livrer, à la faveur du fait d'occupation, à l'aliénation d'un domaine national et étranger?

Il faut, pour comprendre cette conduite, connaître la théorie nouvelle qui s'est produite à l'occasion de la récente guerre, et qui peut-être en a inspiré la raison. Deux peuples peuvent être aux prises, parce que tous deux prétendent que tel territoire déterminé est leur propriété. Aussitôt que l'un d'eux a vaincu son adversaire, il s'empare du territoire litigieux, et sans plus attendre, il traite ce territoire comme dépendant de sa souveraineté. Telle a été la jurisprudence suivie en 1814, lorsqu'après la défaite de Napoléon 1er, ou restaura les petits princes allemands et italiens. Mais dans la guerre de 1870, qui a coûté deux provinces à la France, la question agitée n'était pas la possession de l'Alsace-Lorraine, — et les Allemands, (je parle des publicistes et des juristes) ne considéraient pas eux-mêmes l'occupation de cette fraction du territoire français comme constituant un fait d'acquisition, mais purement et simplement un fait d'occupation du pays ennemi. Il en résultait donc que les mesures applicables à ce territoire particulier ne pouvaient avoir qu'un caractère provisoire, qu'enfin la relation de droit entre ce pays et le vainqueur, ne pouvait différer de celle existant entre ce même vainqueur et les autres départements français occupés par lui. Cependant, tout en affirmant cette égalité de rapports juridiques, les publicistes Allemands avancent que l'on peut distinguer dans le cas actuel une différence *sui generis*; c'est que l'Alsace-Lorraine n'était point encore conquise, mais occupée avec l'arrière-pensée d'être conservée; elle faisait bien encore partie de la France, mais à la conclusion de la paix elle devait appartenir à l'Allemagne. On ajoute qu'il est bien vrai que la volonté d'une seule partie ne peut nuire à l'autre ou lui profiter sans son consentement; mais elle peut cependant produire un effet dans le domaine du fait pur. « Si cette volonté est unie à la force, afin d'arriver à produire un effet durable et d'amener par la durée le fait pur à être nécessairement reconnu, c'est-à-dire, à fonder un rapport de droit, alors apparaît une nouvelle source de droit, un droit dans le *devenir*, qui pendant ce *devenir* doit être protégé, tout comme, au sein de sa mère, l'enfant qui n'est pas encore né, avec les égards dus à la naissance éventuelle d'une personne » (*Bluntschli*. op. cit. p 309). Cette distinction entre le territoire étranger provisoirement occupé pour les besoins de la guerre, et le territoire occupé avec intention de conquête ultérieure, ne nous semble propre à fournir des règles de conduite que pour les mesures de pure administration, mais elle est impuissante à créer une nouvelle source de droit « *eine Rechtsbildung*. » Le savant professeur de Heidelberg auquel nous avons emprunté cette nouvelle théorie de la « *distinction* » entre les territoires occupés n'y trouve pas au surplus la raison d'un changement dans les rapports de droit; il y voit seulement la raison de s'acheminer par des moyens d'administration vers un nouvel état juridique, prémédité par le vainqueur.

Les Allemands, dans quelque hypothèse que l'on se place, qu'ils aient simplement considéré le territoire, où se trouvait la forêt vendue, comme territoire d'occupation, ou qu'ils aient jeté les yeux sur lui pour une conquête future, ne pouvaient point consentir d'aliénation valable. Le droit de domaine, conséquence du droit d'empire, n'était pas encore né pour eux. Le gouvernement allemand, a reconnu au surplus, nous nous empressons de le constater, qu'il avait excédé les limites de sa puissance. En effet, l'ambassadeur d'Allemagne, prié par MM. Mohr et Haas d'intervenir pour la conservation de leurs droits, leur a répondu le 8 septembre 1871 au nom de son gouvernement, que l'affaire devait être jugée suivant le droit civil français. C'est ce qu'a fait la cour de Nancy, en s'appuyant non-seulement sur le droit civil français, mais surtout sur les principes les plus incontestés du droit des gens moderne.

. Edouard Clunet,
avocat à la cour de Paris.

LE DROIT DE LÉGITIME DÉFENSE DANS LA GUERRE.

Lettre de M. le D^r *de* HOLTZENDORFF, *professeur à l'université de Berlin, à* M. CH. LUCAS, *membre de l'Institut de France* [1].

Berlin, le 18 mars 1873.

MON CHER ET VÉNÉRABLE AMI,

Vous venez de m'adresser une lettre patente sur *le droit de légitime défense dans la pénalité et dans la guerre et sur les congrès scientifiques internationaux.* En reconnaissant la manière digne et calme, dont vous discutez une question pleine de difficultés, je vous ai déjà déclaré mon adhésion à l'idée générale que vous énoncez sur la nécessité d'un congrès scientifique international.

Maintenant permettez-moi, mon cher ami, de vous exposer franchement en quoi mes vues sont différentes des vôtres. Vous comparez la guerre juste à la légitime défense en droit pénal. J'ai accepté cette théorie en me réservant la liberté de vous faire remarquer quelques distinctions à y établir. En droit pénal il y a deux forces tutélaires de l'ordre moral : d'abord une personne attaquée, repoussant l'agression injuste de son adversaire, et puis la justice criminelle punissant le malfaiteur repoussé, pourvu qu'il ait survécu après la défense. Il y a donc une *double* répression : la défense et la peine ou intimidante et exemplaire, ou réformatrice du coupable. Dans la guerre au contraire, le belligérant injuste ne subit que les chances d'une défaite, sans être soumis à la force moralisante d'une justice quelconque. Vaincu, le belligérant injuste sera peut-être désarmé, mais non pas réformé; au contraire l'expérience établit, que la défaite la plus juste du monde fait

---

[1] La lettre que nous publions ici est une réponse à celle que M. Ch. Lucas a écrite à l'adresse de M. de Holtzendorff, pp. 143-162 de son récent ouvrage : *Le droit de légitime défense dans la pénalité et dans la guerre et les congrès scientifiques internationaux réclamés par les trois réformes relatives au système pénitentiaire, à l'abolition de la peine de mort et à la civilisation de la guerre.* Paris, 1873, 168 pp. Dès l'apparition de ce remarquable travail, un de nos collaborateurs français a bien voulu nous en promettre un compte-rendu, pour notre bulletin bibliographique. Nous regrettons que cette promesse n'ait pas encore été remplie au moment où s'imprime le présent fascicule. Dans tous les cas il sera parlé du livre de M. Lucas dans notre prochaine livraison.

(N. de la R.)

naître la passion de la revanche. La guerre terminée, il reste toujours la tendance funeste de la récidive, contre laquelle le vainqueur est obligé de prendre ses mesures de sûreté, malheureusement proportionnées à la probabilité des agressions répétées.

C'est de cette considération, que je tire la nécessité de la conquête défensive, servant de mesure de sûreté contre la récidive de la guerre. Elle me paraît tout-à-fait indépendante du consentement de la population d'un territoire annexé, et je ne puis reconnaître, qu'il y ait un principe contraire adopté par la pratique ou par la théorie du droit des gens. Un principe du droit des gens ne peut être établi que du consentement de tous les peuples civilisés, et le précédent de la Savoie n'a aucune force préjudicielle pour les autres nations.

Ni l'Amérique, ni l'Angleterre n'ont officiellement reconnu le principe du droit de suffrage universel. La France elle-même, quoiqu'admettant les troupes africaines dans les rangs de ses régiments, n'a point pratiqué cette règle du suffrage universel dans ses conquêtes d'Afrique.

Je reconnais l'autre principe, sur lequel vous insistez : que tout citoyen d'un pays envahi doit être traité comme légitime belligérant, mais j'y ajoute la condition que voici : qu'il porte ostensiblement une tenue militaire et uniforme propre à le faire reconnaître comme soldat et comme ennemi ; sans cela toute distinction serait détruite entre l'homicide légitime de la guerre et l'assassinat coupable. Il y a en effet deux manières de faire la guerre : ou le combat régulier des armées, qui permet de soigner les blessés, de respecter les femmes et de sauvegarder la propriété, ou la guerre barbare des sauvages, illimitée dans ses violences. On ne peut en même temps réclamer de son adversaire le respect des règles de la guerre civilisée et se réserver à soi-même le droit des violences individuelles.

Il est d'ailleurs inutile d'échanger nos opinions sur la valeur à attribuer au service personnel obligatoire. J'y vois, pour ma part, une des meilleures garanties de la paix. L'homme illustre, qui préside en ce moment aux destinées de la France a dit : « Il n'y a que les nations barbares, où tout le monde est soldat ! » Mais « tout le monde » comprend aussi les femmes, les enfants et les vieillards. Or, c'est parmi la population parisienne, que l'on a vu des femmes prendre part à la rébellion des communards. Quant à l'Allemagne, aucune femme ne s'est trouvée dans les rangs de nos guerriers. Évidemment cette fraction de un pour cent, obligée annuellement au service actif militaire, ne peut être désignée comme étant « tout le monde. » C'est dans les républiques, que le principe démocratique du service personnel a pris son origine, et c'est là, selon ma conviction intime, le vrai principe, puisqu'il est opposé au principe féodal de la guerre privilégiée des nobles et en même temps aussi à la plutocratie, qui permet de racheter le sang du bourgeois par un remplaçant pauvre.

Vous dites, mon cher et savant ami, que l'esprit « national-libéral » vous semble un non-sens. Selon vous ce serait la prétention d'unir ce qui se repousse, de concilier ce qui est inconciliable. Vous ajoutez, qu'à Berlin l'esprit national signifie « *militarisme* ou suprématie de la force sur le droit. » Telle est peut-être l'opinion de la plupart de vos compatriotes. Néanmoins, je crois qu'il y a là dessous un simple malentendu. Libéralisme et nationalité ! Voilà deux idées étroitement unies dans la vie des peuples modernes, des Allemands, des Anglais, des Français et des Italiens. Le principe de nationalité ne réclame rien d'injuste en demandant l'*indépendance* de chaque nation à côté de l'autre. Voilà simplement le programme du parti *national-libéral* en Allemagne : maintien de l'indépendance de l'Allemagne et de sa constitution impériale contre toute ingérence étrangère (c'est le côté national); liberté individuelle, religieuse, économique, égalité personnelle du service militaire, instruction du peuple (c'est le côté libéral). En ce sens, j'ose énoncer l'opinion, que les meilleurs esprits de la France ont été à la fois des *nationaux-libéraux*. L'esprit libéral et national à Berlin est le contraire du militarisme, mais le patriotisme le plus naturel ne lui permet pas de désarmer la patrie pour la livrer aux ennemis de celle-ci. Cet esprit est favorable à l'unification législative jusqu'aux limites du bien-être *général*, mais il renonce au système français de l'unification législative et administrative. N'oubliez pas que l'Allemagne s'est, sous le nom d'Empire, constituée en confédération et que les États particuliers y jouissent d'une plus grande indépendance qu'en Amérique. Quant au prince impérial, dont vous citez une remarque à la page 123 de votre livre, je suis autorisé à donner un désaveu formel aux paroles, qui lui ont été attribuées par le *Court-Journal* du 3 décembre 1870. Jamais son Altesse Impériale n'a dit au général de Moltke : « *Vous faites de ceci une guerre non contre la France, mais contre la civilisation.* »

Je n'ose vous proposer une appréciation plus impartiale de la guerre de 1870 ; mais je vous renvoie aux travaux remarquables de l'éditeur de cette Revue. Selon vous, les guerres de Napoléon Ier auraient eu la gloire de propager partout la civilisation, même en Allemagne. Assurément, Napoléon a détruit l'Empire suranné, il a mis la Confédération du Rhin sous la protection de l'Empire Français, il a annexé même les embouchures

de l'Elbe, il a fait fusiller un libraire innocent, M. Palm, il a proclamé la
théorie que les *idées* de justice étaient dangereuses. En avilissant les
princes Allemands il a malgré lui contribué à ce réveil de l'esprit national
et libéral de la nation Allemande. Voilà le profit et l'avantage, que nous
avons su tirer de nos défaites. Avant l'immortel Code Napoléon, la Prusse
avait déjà obtenu sa codification très remarquable de 1794, reposant sur les
idées libérales de Frédéric II. Si vous dites, que notre Code pénal fédéral
voté en 1870 n'est autre que le Code pénal français perfectionné, je vous
prie d'étudier la traduction française de ce code pour reconnaître, que les
dernières traces du Code français, qui étaient restées dans le Code prussien
de 1851, ont été parfaitement effacées. L'opinion des jurisconsultes allemands les plus éclairés n'a vu dans le Code pénal de 1810 qu'une œuvre
essentiellement rétrograde. La mission de la France, vous le dites, est une
mission civilisatrice. Je le reconnais volontiers ; mais je dois ajouter : *la
mission de toutes les nations est civilisatrice*. En matière de civilisation il
n'y a point de monopole. Cette noble mission, dont vous parlez, ne peut
jamais s'accomplir que par le respect mutuel des nations. Aucune nation
n'a le droit de réclamer une prépondérance à cet égard. L'Italie, l'Angleterre,
les Pays-Bas et l'Allemagne ont le même titre que la France à la reconnaissance des siècles futurs.

Selon vous la logique veut « que la Prusse et la France restent chacune
dans le rôle qui leur revient, l'une devant naturellement s'efforcer de milita-
riser l'Europe, parce qu'elle se nomme l'idée féodale, et l'autre devant nécessairement s'abstenir de la révolutionner. » Eh bien! mon cher et savant ami,
rappelez-vous que les armées permanentes sont d'origine française. La
Prusse est devenue une force militaire en étudiant les modèles des Bayard,
des Condé, des Turenne et des Napoléon I. Le génie français a détruit
chez nous les armées féodales des nobles ; c'est la révolution française, qui
a fait naître l'idée du service personnel, ce principe démocratique et libéral
opposé à la féodalité. Ni la féodalité, ni la révolution n'ont leurs rejetons
dans le génie de l'Allemagne, pays de la réforme, de la philosophie, de la
science et de l'esprit équitable et juste. Le patriotisme de l'Allemagne ne
s'est jamais refusé à reconnaître que nous avons beaucoup appris des
nations voisines, surtout de la France.

Nous espérons bien garder en nous cette faculté précieuse de nous appro-
cher de toutes les civilisations étrangères, d'approfondir toutes les littératures.

Il serait inutile de discuter spécialement la question de l'annexion de l'Alsace et de la Lorraine. Pour moi, je ne reconnais que cette alternative seule : ou bien il faut admettre les annexions comme conséquence extrême d'une guerre injuste, en vue de garantir le vainqueur contre les éventualités probables d'une récidive, — ou bien il faut repousser toute idée de conquête. Mais une fois la première idée admise, il faut faire abstraction du suffrage universel ou du consentement de la fraction de territoire qui forme l'objet de la cession. C'est un non-sens que de reconnaître la nécessité pour un pays tout entier, de consentir aux conditions de la paix et par conséquent à une cession territoriale, et de répudier ce même principe en ce qui concerne une portion de cette population, qui s'était soumise aux stipulations du vainqueur. Le précédent de la Savoie est tout-à-fait étranger à la question, ce pays n'ayant point été conquis sur le Piémont, mais cédé par les traités d'alliance. Vous demandez : « Est-il en Europe un publiciste, un jurisconsulte, un philosophe, qui témoin de cette immense et filiale douleur, qu'inspire à l'Alsace-Lorraine sa séparation de la France puisse, en son âme et conscience, nier que cette annexion de l'Alsace-Lorraine ne soit une tache pour la grandeur morale de l'Allemagne? » Je vous réponds : Tout en déplorant cette douleur filiale, les philosophes et les jurisconsultes de l'Allemagne sont convaincus que la responsabilité morale de l'annexion doit être attribuée à cet esprit aggresseur du bonapartisme qui, jaloux des succès de la Prusse après Sadowa, avait malheureusement comploté l'annexion de la Belgique et entraîné les Français à la guerre injuste de 1870. Or, qui nous garantit que cet esprit ne renaîtra pas? Aujourd'hui c'est la république, qui est adoptée en France. Pour l'avenir, nous ne savons, pas plus que vos compatriotes, si ce sera la république, la dictature ou la monarchie qui occupera le pouvoir. C'est le principe de la légitime défense, qui régit non-seulement la nécessité de la guerre, mais aussi la stabilité des traités de paix. Mais je ne veux pas parler des jurisconsultes Allemands, dont l'autorité vous serait très naturellement suspecte. Permettez-moi de vous citer M. Rolin-Jaequemyns, l'Éditeur de cette Revue, M. Rivier, professeur à l'université de Bruxelles, M. le docteur Francis Lieber de New-York, mort en octobre 1872, MM. Thomas Carlyle et Freeman, historiens et philosophes illustres de l'Angleterre, M. Opzoomer, professeur à Utrecht, et M. Guido Padelletti, professeur à Bologne. Je pourrais bien augmenter la liste de ceux qui ont reconnu la légitimité de la conquête purement défensive ; mais ces noms célèbres sont assez nombreux pour établir ma modeste thèse : que l'annexion de l'Alsace et de la Lorraine doit être considérée comme une controverse du droit des gens, qui ne sera décidée ni par les accusations lancées contre l'Allemagne, ni à la majorité d'un vote sympathique ou antipathique. Il y a des nécessités déplorables, dont la responsabilité et la culpabilité ne peuvent être jugées que par la conscience des agents et par la réflexion calme de l'historien, éloigné des passions contemporaines.

Je ne prétends pas, mon vénérable ami, vous persuader de la justesse de mes vues. Mais j'espère avoir démontré, qu'il y a une opposition loyale à l'appréciation que vous professez sur les conséquences de la guerre. Les champs de bataille de la science ne laissent pas de remords; celui qui est battu, doit savoir gré à une discussion qui a tué des erreurs.

Je désire avec vous, qu'un congrès international scientifique puisse contribuer à éclairer nos vues, à renouer les rapports amicaux entre la France et l'Allemagne et à fortifier les tendances pacifiques de la politique contemporaine.

Croyez moi, mon cher et vénéré ami,

Votre tout dévoué,

F. DE HOLTZENDORFF.

NOTICES DIVERSES DE DROIT INTERNATIONAL ET DE LÉGISLATION
COMPARÉE.

—

I. — Le Congrès pénitentiaire international de Londres.

Ce congrès que nous avions annoncé au t. IV, 1872, p. 185 de cette
Revue, s'est ouvert le 4 juillet dernier et a duré jusqu'au 13 du même mois.
L'assemblée était très nombreuse et véritablement internationale (la liste
de *présence* seule comptait environ 250 noms), bien que l'élément anglo-
saxon y fût naturellement dominant. Presque tous les gouvernements européens avaient envoyé des délégués. Faisaient seuls exception le gouvernement portugais, et — le croirait-on? le gouvernement anglais, dont
l'abstention fut diversement interprétée et appréciée. Ce qui est certain
c'est que, à défaut de participation *officielle*, le gouvernement anglais
témoigna au congrès la plus grande bienveillance *officieuse*. Les États-Unis
avaient délégué 62 personnes de l'un et de l'autre sexe, dont trente prirent
une part effective au congrès. Le Brésil et le Chili étaient représentés, et
l'on vit même des Japonais assister à quelques séances.

Huit jours avant l'ouverture du congrès, un comité exécutif s'était réuni
en vue de fixer l'ordre du jour et la forme des débats. Chaque État prenant
part au congrès avait dans ce comité une voix délibérative. On avait d'avance
eu quelques craintes, qui ne se sont que trop justifiées, quant à la difficulté
d'introduire l'ordre dans la multiplicité des questions qui faisaient l'objet du
programme. Les premiers organisateurs du congrès semblent s'être dit que
le nombre des points à examiner pourrait être en raison directe du nombre
des participants. Or il s'est trouvé au dernier moment que l'on n'avait fait
que greffer une cause de confusion sur une autre. Joignez-y la diversité des
langues qui a fini par amener la division du congrès en deux portions, dans
l'une desquelles (la plus nombreuse de beaucoup) prédominait la langue
anglaise, tandis que l'on parlait principalement le français dans l'autre.

Le comité exécutif décida que les questions soumises aux délibérations
du congrès seraient divisées en trois catégories, auxquelles correspondraient
trois sections distinctes de l'assemblée. La première section s'occuperait de
l'exercice de la justice pénale pendant la période qui précède la condamnation ; la seconde, des questions relatives à l'exécution de la peine et spécia-

lement du régime pénitentiaire dans le sens étroit du mot; la troisième, des questions relatives à la période qui suit la libération des détenus (surveillance de la police, mesures à prendre à l'égard des condamnés libérés sans travail, etc.). Les débats des sections devaient faire l'objet d'un rapport à présenter à l'assemblée générale. L'examen des *systèmes* pénitentiaires serait fait dans deux sections spéciales, l'une anglaise, et l'autre française. Les trois sections ne devaient pas du reste délibérer simultanément. Cette dernière disposition est critiquée par M. de Holtzendorff [1]. Elle eut pour résultat, dit-il, d'empêcher que les questions spéciales fussent traitées par des hommes spéciaux, et de convertir de fait les séances des sections en séances plénières. Quant aux séances plénières proprement dites, elles se trouvèrent n'être plus que des répétitions écourtées des autres, d'où la conséquence que les véritables séances plénières furent les séances des sections, tandis que les séances plénières nominales des 6 et 10 juillet ne comptèrent relativement qu'un petit nombre d'assistants.

M. Lucas, membre de l'Institut de France, avait, dans un excellent mémoire lu à l'Académie des sciences morales et politiques (séances des 22 et 29 juin 1872), proposé un ordre de travaux quelque peu différent. Il s'agissait de se placer aux trois points de vue historique, théorique et pratique, en passant successivement de l'un à l'autre. « Le congrès, disait-il, nous » paraîtrait devoir débuter par le point de vue historique, c'est-à-dire que » le groupe des délégués de chaque pays devrait avoir un rapporteur chargé » de présenter un exposé exact et succinct de l'état présent des prisons et du » régime pénitentiaire de cette contrée.

» Le second point de vue dans l'ordre des travaux.... devrait être d'exa- » miner s'il y a lieu de déduire de l'ensemble des faits constatés quelques » principes généraux acquis à la théorie de la réforme pénitentiaire.

» Le troisième point de vue enfin, celui pratique, consisterait dans la » constatation et l'appréciation des particularités qui, sous le rapport de la » différence des races, des climats, des mœurs, des traditions historiques et » nationales doivent différencier l'exécution des principes théoriques précé- » demment reconnus, et exiger par conséquent, pour l'éducation péniten- » tiaire en particulier, cette étude et cette liberté des méthodes que réclame » l'éducation en général [2]. »

(1) M. de Holtzendorff, après avoir assisté au congrès et y avoir pris une part active, y a consacré un article extrêmement intéressant dans sa Revue de droit pénal (Allgem. Deutsche Strafrecht-zeitung, 1872. N. F. II Jahrg. 7 u. 8 Bl. 388-412).

(2) V. Séances et travaux de l'académie des sciences morales et politiques. Août et septembre 1872. pp. 209 et 210. — Cf. dans la même livraison pp. 405 et ss. le *rapport verbal* de M. Ch. Vergé sur le.

M. Ch. Vergé, dans son rapport verbal à l'Académie des sciences morales et politiques, émet l'opinion que ce plan de son vénérable collègue aurait présenté d'incontestables avantages sur celui qui a été suivi. Nous ne sommes pas entièrement édifié à cet égard. Le plan de M. Lucas serait sans doute excellent pour un ouvrage complet ou pour une série de leçons sur le régime pénitentiaire. Mais il nous paraîtrait absolument impossible d'accomplir un pareil voyage scientifique en compagnie d'une nombreuse assemblée *délibérante*. M. Lucas convient au surplus que ce mode n'était pas applicable dans la limite de neuf jours pour la durée du congrès, et de dix minutes pour les communications en séance générale. Nous croyons qu'il serait inapplicable dans n'importe quelles conditions. L'illusion consiste à demander à ce genre de réunions internationales ce qu'elles ne peuvent donner : des théories scientifiques complètes. Des congrès très nombreux, du genre de *celui de Londres*, contiendront toujours à côté d'un certain nombre de savants sérieux, un nombre beaucoup plus grand de savants amateurs, et même quelques amateurs qui n'ont rien de savant. Chacun de ces assistants aura un droit égal à prendre la parole dans son ordre d'inscription sur n'importe quel sujet, et malheureusement l'expérience démontre que les plus empressés à parler ne sont pas toujours ceux que l'on aime le mieux entendre.

Est-ce à dire que ces congrès soient inutiles? Nous sommes loin de le prétendre. Mais ils n'ont pas le genre d'utilité qu'on est tenté de leur attribuer généralement. A notre avis leur utilité *réelle* est triple : d'abord de créer des relations personnelles entre les participants; puis de stimuler l'intérêt d'une classe nombreuse du public pour un ordre de questions auquel l'immense majorité demeure généralement indifférente; enfin, mais au cas seulement où l'on vote et où les votes sont quasi-unanimes, de formuler une opinion collective dont l'autorité morale soit de nature à hâter l'accomplissement d'une réforme opportune. La conclusion nous paraît être, surtout pour arriver à ce dernier genre de résultats, qu'il faut, non pas étendre à l'infini le champ de pareils congrès, mais au contraire le resserrer nettement dans des limites déterminées, de manière à donner aux délibérations un intérêt pratique, actuel et immédiat.

travaux du congrès et dans les numéros de novembre — décembre 1872 et janvier 1873, *l'examen critique du programme du congrès pénitentiaire, etc.*, par M. Ch. Lucas, lequel a réuni les mémoires en un vo'ume récemment paru sous le titre un peu long de : *le droit de légitime défense dans la pénalité et dans la guerre et les congrès scientifiques internationaux réclamés par les trois réformes relatives au système pénitentiaire, à l'abolition de la peine de mort et à la civilisation de la guerre, avec un appendice contenant les lettres adressées à M. Guizot, à M. le comte Sclopis et à M. le baron von Holtzendorff.* »

Comme solution à la difficulté que présentait la diversité des langues, M. Lucas aurait voulu que la langue française fût la langue unique (1). C'eût été là, il faut en convenir, une solution bien arbitraire pour une assemblée qui se tenait à Londres, et où la France ne comptait que cinq représentants, soit deux pour cent des membres présents. Pourquoi un congrès international ne pourrait-il délibérer comme le conseil national Suisse, où chaque orateur a le choix entre trois langues (l'allemand, le français, l'italien), moyennant le droit pour chaque membre de se faire traduire la substance du discours (2)? Nous espérons bien d'ailleurs que le moment est proche où la connaissance de deux ou trois langues étrangères, de manière à pouvoir tout au moins les comprendre, fera nécessairement partie, en tout pays civilisé, de l'instruction des classes éclairées. En fait toutes les communications importantes faites en anglais au congrès pénitentiaire furent à l'instant traduites en français, et réciproquement. Les représentants allemands sachant l'anglais s'exprimèrent en cette langue. Les discours des autres furent l'objet d'une double traduction orale, en anglais et en français. Le droit des Allemands de se faire traduire en leur langue les discours anglais ou français fut également reconnu, mais il n'en fut pas fait usage.

Un trait remarquable de ce congrès fut la part qu'y prirent un grand nombre de dames, parmi lesquelles les Américaines étaient en majorité. On vit même une section spéciale s'improviser sous la présidence de *Lady Bowring*, pour délibérer sur les établissements de réforme pour jeunes détenus. *Mrs Chase*, *Miss Mary Carpenter*, *Mrs Howe*, *Miss Emily Faithful* comptèrent parmi les orateurs les plus écoutés. Voici comment M. De Holtzendorff s'exprime à ce sujet : « En dépit du préjugé dominant, » il faut reconnaître que les dames parlèrent en général simplement, » modestement, facilement et en connaissance de cause, qu'elles ne se » mirent jamais dans le cas d'être rappelées par le président à la « limite » des dix minutes, » et qu'elles ne firent aucunement preuve de cette » propension au bavardage si injustement reprochée aux femmes. Pour » nous servir d'une expression anglaise, leur langage était complètement » *business-like*, c'est-à-dire un langage d'affaires..... »

Le congrès s'ouvrit le 3 juillet au soir dans la salle appelée *Middle Temple Hall*, qui avait été cédée pour la circonstance par la corporation

(1) Séance de l'ac. des sc. mor. et pol. l c. p. 845. — Lucas, Op. c. p. 70.
(2) Constit. fédér. suisse art. 109. — Réglement du Conseil National, art. 29. — Cf. réglem du Conseil des États, art. 25 et 27.

des avocats du *Middle Temple*. Lord Carnarvon prononça le discours ou adresse d'ouverture.

Le premier jour des délibérations (4 juillet) fut consacré à la deuxième section, réunie sous la présidence de M. Wines.

1ʳᵉ Question : *Quel est le nombre maximum de prisonniers à réunir dans un établissement pénitentiaire ?*

M. Eckert, de Bruchsal (Bade), d'accord avec MM. Stevens (Belgique) et Peterson (Suède-Norwège), considère le chiffre de 500 comme un maximum qui ne peut être dépassé, au risque de rendre impossibles les soins physiques et intellectuels que réclame chaque détenu. Les délégués anglais sont généralement d'un avis contraire. Un d'entr'eux, le colonel Colville qui a dirigé pendant seize ans la prison de Coldbathfields, déclare qu'il a eu parfois au-delà de deux mille prisonniers sous sa garde et jamais moins de quinze cents. Une année il en a eu jusqu'à quinze mille. Il affirme cependant n'avoir jamais éprouvé de sérieuses difficultés à les soigner et à maintenir l'ordre parmi eux. M. Colville insiste sur la grande économie que ce système permet de réaliser dans les frais d'administration. M. Crémieux (Suisse) croit qu'il faut distinguer. Dans les prisons organisées d'après le système cellulaire, le nombre des prisonniers ne doit pas dépasser trois ou quatre cents. Mais dans celles où prévaut le système irlandais, on peut aller jusqu'à un millier de détenus.

M. De Holtzendorff, dans l'article cité plus haut de la *Strafrechtszeitung* croit aussi qu'il fallait distinguer, et que la question était posée d'une manière trop générale. Il aurait fallu demander d'un côté quel est, dans l'emprisonnement cellulaire, le chiffre maximum au-delà duquel le but de la peine est irréalisable ; de l'autre côté quelle est la limite compatible avec les conditions de sécurité et les intérêts financiers dans la détention en commun et le travail en plein air ?

2ᵐᵉ Question : *La classification des prisonniers par catégories doit-elle être considérée comme la base fondamentale de tout système pénitentiaire collectif ou séparé ?*

Cette question proposée par M. d'Alinge (Allemagne) est résolue par lui dans un sens affirmatif. Il recommande la division des prisonniers en trois classes : 1° ceux qui ne donnent aucun signe d'amendement ; 2° ceux qui témoignent le désir de se réformer ; 3° ceux qui prouvent que ce désir est sincère ; il reconnaît toutefois que cette classification serait pour le directeur de prison une chose impossible, là où on aurait affaire à un nombre trop considérable d'incarcérés. MM. De Holtzendorff et le colonel Rad-

CLIFFE font remarquer très justement que de telles classifications ne sont possibles qu'à l'égard des prisonniers subissant une longue détention, puisqu'elles supposent une étude attentive des dispositions morales de chaque individu. M. STEVENS ne croit pas qu'il soit possible de saisir la disposition morale des prisonniers et d'établir une classification sur cette base. — En Belgique, dit-il, il existe une classification, mais elle repose uniquement sur le degré de bonne conduite extérieure. M. le docteur MOUATT confirme cette appréciation, en soutenant qu'il arrive le plus fréquemment que les détenus, dont la physionomie inspire le plus de confiance, sont précisément les plus pervertis.

3me Question : *L'exécution de la peine doit-elle être réglée par une loi?*

La discussion sur ce point semble avoir été assez confuse et M. de Holtzendorff (art. cité, p. 596) donne une raison caractéristique de cette confusion. C'est que pour les Allemands, qui avaient posé la question, le pendant de la *loi*, c'est l'*ordonnance* ou le *réglement*, (*Verordnung*) tandis que pour les anglais c'est l'*administration locale*, et dans l'espèce le *comté*, de qui relèvent les *county gaols*. D'où la conséquence que cette question était trop nationale pour pouvoir être résolue par un congrès international.

4me Question : *Doit-on établir des écoles d'apprentissage pour les employés des prisons, et pour quelle classe d'employés?*

Sur ce point les membres du congrès furent généralement d'avis, que la meilleure école est celle que suit l'employé en entrant dans la prison, avec des fonctions subalternes.

5me Question : *Les peines corporelles doivent-elles, là où elles existent, être maintenues en leur double qualité de moyen légal de correction pénale et disciplinaire?*

Cette question donna lieu à une vive discussion. Les délégués allemands, belges, hollandais et beaucoup d'américains se prononcèrent contre les peines corporelles, comme avilissantes et contraires au but moralisateur d'une bonne organisation pénitentiaire. Un magistrat anglais, M. ASPINWALL croit l'application de ces peines nécessaire et même efficace à l'égard de certaines catégories de détenus, tels que les ivrognes, les vagabonds et la classe particulière de batailleurs connus sous le nom de *woman-beaters*; il estime même qu'il faudrait encore étendre à leur égard l'usage de la fustigation. D'après une autre manière de voir, émise par M. le Dr MOUATT et partagée par la plupart des fonctionnaires anglais, la peine corporelle est en soi un mal, mais c'est parfois un mal nécessaire. M. Mouatt cite quelques exemples de bons résultats obtenus dans l'Inde au moyen de la fustigation.

-- M. le capitaine Du Cane est d'avis que les progrès de la civilisation rendront un jour toutes peines corporelles inutiles, mais actuellement il croit celles-ci encore souvent indispensables.

6ᵐᵉ Question : *Quelles devaient être l'espèce et la limite de l'instruction dans le traitement de réforme à appliquer aux condamnés ?*

Les observations échangées sur ce point ont révélé l'état passablement défectueux de cette instruction en Angleterre. D'après M. Stevens, auteur de la question, l'instruction à donner aux condamnés doit être à la fois intellectuelle, morale, religieuse (avec observation des croyances particuculières de chacun) et industrielle. — L'éducation industrielle ne doit pas avoir en vue l'intérêt de l'établissement, mais l'avenir du prisonnier qu'il faut tàcher de rendre à la société, en honnête travailleur.

La deuxième section tint une seconde séance le 8 juillet, sous la présidence de M. Mackay (Pays-Bas). La première question agitée dans cette séance fut celle de savoir *si les prisonniers récidivistes doivent non-seulement subir une condamnation plus forte, mais aussi être soumis dans la prison à un traitement plus dur.*

M. Petersen (Bavière) répondit négativement; il blàma énergiquement *l'usage* encore existant en Allemagne, de soumettre les condamnés récidivistes à une aggravation de traitement et par exemple de raser !es cheveux aux femmes.

Quelques membres, surtout des délégués anglais, opinèrent en sens contraire, tandis que d'autres, comme MM. Poos van Amstel, Stevens et le Dʳ Guillaume exprimèrent l'idée qu'il faudrait appliquer aux coupables récidivistes un traitement plus doux qu'aux autres. Ils partaient surtout de cette considération assez discutable et qui fut vivement battue en brèche par M. De Holtzendorff, qu'un coupable n'est qu'un malade, que la prison (considérée comme une espèce d'hôpital moral) doit guérir. Si le premier emprisonnement n'a pas été une cure suffisante, il faut d'abord s'en prendre à la société elle-même qui a agi comme un médecin inhabile et inexpérimenté !

2ᵐᵉ Question : *Quelle est l'organisation la plus efficace du travail imposé aux condamnés? Faut-il notamment que le travail soit productif et moralisateur, ou bien faut-il* (surtout pour l'emprisonnement à courte durée) *qu'il soit accablant et improductif?*

La question était surtout intéressante pour l'Angleterre où fleurissent encore le *crank*, la roue à tympan et autres instruments de supplice. La discussion ramena les arguments pour et contre que l'on avait fait valoir sur la question de l'utilité des peines corporelles. Cependant les Anglais semblèrent en général moins favorables au travail pénal, qu'à la fustigation.

La troisième question était celle de savoir *s'il convient de centraliser l'administration des divers établissements pénitentiaires.* Tous les délégués du continent, s'accordent pour répondre affirmativement; au contraire, les Anglais et beaucoup d'Américains se prononcent contre la centralisation. Ils approuvent le système actuellement pratiqué en Angleterre d'une administration indépendante des prisons de comtés (*county gaols*); ils réclament pour les communes la conservation de leur droit de libre initiative en cette matière, et ne consentent à accorder à l'autorité centrale qu'un droit d'inspection.

MM. Beltrami-Scalia (Italie), Coutts, le comte Sollohub, le Dr Frey et M. Leone-Levi font ressortir l'avantage qu'il y aurait à dresser des statistiques internationales. Le dernier orateur, relevant le fait signalé par M. Brucé, de la diminution des crimes et délits en Angleterre, affirme que d'autre part, le nombre des contraventions a augmenté dans une très-forte proportion.

Au sujet des statistiques, M. le Dr Guillaume recommande celles relatives aux antécédents des criminels, comme moyen de remonter à la source du crime.

Plus tard le congrès institua une commission permanente de statistique criminelle, chargée de se mettre en rapport avec le Congrès international de statistique.

La première section siégea pour la première fois le 5 juillet, sous la présidence de M. De Holtzendorff.

1re Question : *La transportation doit-elle être admise comme châtiment? Sinon, en quoi doit-elle consister?*

MM. Beltrami-Scalia et le comte de Foresta (Italie), sont partisans du système de déportation, appliqué à tous les criminels condamnés à une peine de longue durée. Ils font l'éloge de la loi française de 1854, qui ordonne la déportation aux colonies pénitentiaires, quand la condamnation excède quinze années. Le gouvernement italien semble disposé à faire une loi dans le même sens. — Les membres anglais (M. Hastings) et néerlandais (M. Pols), combattent la déportation comme nuisible aux pays où les criminels sont déportés. Les Russes, au contraire, MM. le professeur Wladimirow, notre collaborateur et le comte Sollohub approuvent la transportation, pourvu qu'on y joigne une stricte discipline.

2ᵐᵉ Question : *Le châtiment qui consiste dans la privation de la liberté, (l'emprisonnement) doit-il être uniforme par sa nature et différer seulement par sa durée? Ou bien faut-il admettre diverses sortes d'emprisonnement? Dans ce dernier cas, quelles sortes faut-il admettre?*

M. le comte SOLLOHUB (*Russie*), donne lecture d'un discours qui occupe tout le temps consacré à cette question. Il n'admet pas l'uniformité de l'emprisonnement; il insiste pour une réforme générale du régime pénal et surtout pour la séparation des accusés d'avec les condamnés.

3ᵐᵉ Question : *Faut-il admettre pour les crimes spéciaux qui n'impliquent pas l'idée d'une grande perversité, un genre d'emprisonnement consistant uniquement dans la privation de la liberté, sans travail obligatoire et sans contact avec les autres catégories de condamnés?*

M. le comte DE FORESTA et M. CHANDLER (États-Unis), sont d'avis qu'il faut maintenir une distinction dans le châtiment entre les criminels endurcis et ceux qui, sans être foncièrement vicieux, ont agi sous une impulsion violente ou à la suite d'une provocation spéciale.

Le Dʳ MOUATT déclare un pareil système tout-à-fait funeste. Il a pu en constater les fâcheux résultats dans l'Inde parmi les prisonniers incarcérés sans occupation et livrés à une pernicieuse oisiveté. A l'encontre de cette allégation, le Dʳ MARQUARDSEN, d'Erlangen, affirme au contraire, que le système est pratiqué avec d'excellents résultats en Allemagne.

4ᵐᵉ Question : *Est-il possible de remplacer les condamnations à de courts termes d'emprisonnement, ou l'emprisonnement subsidiaire pour non-paiement d'amende, par des travaux obligatoires sans privation de liberté?*

M. le comte DE FORESTA, auteur de cette question, se prononça pour l'affirmative. M. TALLACK fit connaître que quelque chose de pareil existait déjà en Angleterre pour les vagabonds. D'autres membres, entr'autres MM. STEVENS et le baron MACKAY, exprimèrent la crainte que cette réforme ne rencontrât de sérieuses difficultés dans la pratique.

5ᵐᵉ Question : *Faut-il maintenir la peine d'emprisonnement à vie?*

M. DE HOLTZENDORFF, chargé d'un rapport sur cette question, conclut dans le sens de l'affirmative, spécialement afin de conserver une peine que l'on puisse substituer à la peine de mort, lorsqu'on abolira celle-ci. Il demande toutefois qu'il soit possible aux condamnés de recouvrer leur liberté par leur bonne conduite. Son avis est généralement partagé.

La troisième section, sous la présidence de M. Hastings, a tenu le même jour (5 juillet) et le 9 une seconde séance qui furent consacrées à l'examen des cinq questions suivantes :

1. *Sous quelles conditions doit-on réduire les peines prononcées et accorder aux prisonniers la liberté provisoire?*

Sir Walter Crofton fit au sujet de la libération provisoire un rapport qui provoqua une discussion très animée sur la valeur du système pénitentiaire irlandais. M. Chandler, ex-directeur de la prison pensylvanienne, émit l'avis que l'emprisonnement ordinaire peut être réduit en lui substituant l'emprisonnement cellulaire, d'après le système pensylvanien. M. Stevens préfère le système cellulaire belge et M. Frey (Autriche) le système cellulaire autrichien suivant lequel le condamné, quelle que soit la durée de sa peine, n'est enfermé dans une cellule que pendant les premières années. — Il fut mis fin à la discussion d'une manière assez brusque par la déclaration faite par le directeur actuel de la prison cellulaire pensylvanienne occidentale, que des essais de détention cellulaire prolongée faits en Pensylvanie ont donné de si mauvais résultats qu'on a été forcé d'abandonner ce système.

2. *Est-il utile de soumettre les condamnés libérés à une surveillance, et de quelle manière cette surveillance doit-elle s'exercer?*

M. Baker (Angleterre) se prononce pour l'affirmative, et cite à l'appui de sa thèse des résultats très remarquables obtenus en Angleterre. Cette opinion est combattue par plusieurs membres continentaux, entre autres par M. Stevens. M. De Holtzendorff, dans son article cité plus haut (p. 405), fait observer avec raison que tout dépend des relations qui existent entre la police et le public, soit qu'elles portent ou non une empreinte de défiance.

3. *De quelle manière faut-il protéger les condamnés libérés? — 4. Quels sont les avantages et les inconvénients des maisons de refuge? — 5. Quelle est la meilleure manière d'organiser l'émigration des condamnés libérés?*

M. Murray Browne recommande un système mixte de sociétés de secours établies avec le concours de l'État et des particuliers, préconise l'établissement de refuges pour les femmes, les encouragements à l'émigration volontaire. — M. D'Alinge fait connaître que les sociétés demandées par M. Browne existent en Saxe depuis une quarantaine d'années. Elles se soutiennent surtout par des contributions volontaires. M. Robin (France) estime que le système de patronage doit commencer dès avant la libération des prisonniers.

Nous avons dit que, dans le cours du congrès, il s'était constitué une section spéciale en vue de délibérer sur le traitement des jeunes détenus. Cette section siégea du 10 au 12 juillet. M. Brace, qui la présidait, donna des détails extrêmement intéressants sur les résultats obtenus par la *Children's Aid Society* de New-York, qui applique un revenu annuel de 200,000 dollars, dont moitié fournie par l'Etat, à envoyer des enfants abandonnés dans des fermes de l'ouest, où ils reçoivent le double bienfait de la vie de famille et d'une éducation agricole. Aussi, tandis qu'en 1860, il y eut dans les prisons de New-York 3,580 filles errantes, il n'y en avait plus en 1871 que 548, bien que la population générale se fût accrue de 13 1/2 p. c. dans la période écoulée. — On commence par garder les enfants pendant six semaines dans l'institution de New-York. Il y a constamment des demandes d'enfants pour le travail dans les États de l'Amérique. Les demeures où on les reçoit sont dépourvues de toute espèce de luxe, mais il n'en est pas de meilleures au monde. Les garçons deviennent bientôt *yeomen* (propriétaires) et cultivateurs de leur fonds. M. Howe signale une institution semblable établie dans l'Ohio et y fonctionnant avec le même succès.

·M. De Holtzendorff exprime son admiration pour tout ce que l'on fait en Angleterre et en Amérique en faveur des enfants pauvres. Il se prononce pour l'instruction obligatoire. Il faut que les enfants soient instruits avant qu'il puissent songer à devenir criminels. En Allemagne, un enfant au-dessous de douze ans ne peut être traduit devant un magistrat. Jusqu'à cet âge, il est confié au maître d'école. Entre 12 et 18 ans, il peut être envoyé dans un établissement de réforme.

M. Hendrickson (États-Unis) décrit le système adopté dans l'État de Wisconsin. Les écoles y sont dirigées et inspectées par une commission de cinq membres dont la mission est de rendre les prisons inutiles.

Miss Carpenter, M. Baker et autres parlent des *reformatory and industrial schools* érigées en Angleterre et du *home system* (système familial) qui y est pratiqué. M. Brace fait remarquer qu'il est évident, bien qu'il ne puisse en faire la proposition au congrès, qu'il y a à peu près unanimité en faveur de l'action de la famille opposée au système d'action collective.

Miss Carpenter insiste sur le rôle qui appartient aux femmes dans le patronage des personnes de leur sexe et des enfants libérés.

Mistress Chase (Rhode Island) lit un mémoire en faveur de l'adjonction de membres de son sexe aux comités des inspecteurs des prisons. Leur présence contribuerait à civiliser les prisonniers et surtout les prisonnières.

Dans la section dite section française, le président, M. Loyson (France), explique que les deux questions principales sur lesquelles le congrès est appelé à donner son opinion sont : 1° le système Crofton ou irlandais, 2° le système cellulaire qui a prévalu en Belgique.

La question ne doit pas être traitée dans cet esprit ultraphilantropique qui exagère l'importance de l'amélioration, et bâtit des théories sur une idée trop haute de la perfectibilité humaine. Ce qu'il faut faire, c'est de se mettre d'accord avec les vues pratiques des hommes qui ont vécu dans les prisons avec les prisonniers.

Sir WALTER CROFTON fait un exposé succint, lucide et pourtant complet du système qu'il a réussi à établir en Irlande. Ce système combine l'ancienne pratique de l'emprisonnement commun avec le principe nouveau de la séparation absolue. Il fait l'historique des lois qui régissent les prisons de condamnés en Irlande et en Angleterre. Il décrit les trois phases de la vie du condamné: la peine rigoureuse, la peine modifiée, la semi-libération; voilà ce qui constitue son système. Il prouve par la statistique le succès de ce système et ses bons effets sur les libérés. Il insiste principalement sur le travail progressif, qui est l'élément spécial et distinctif de sa méthode. Il répond enfin à une foule de questions que lui adressent les délégués russes, hollandais, autrichiens, italiens, américains et qui se rapportent surtout à la statistique de la récidive. Il espère que ce système s'étendra avec le temps à toutes les prisons de comtés et de bourgs. Il insiste sur l'habitude de se maîtriser et la volonté de se bien conduire qu'inspire aux libérés le traitement moral auquel ils sont soumis.

Le capitaine Du CANE confirme les données de Sir Walter Crofton en ce qui concerne spécialement les prisons anglaises, où l'expérience a montré que le terme de l'isolement ne pouvait être prolongé sans danger au-delà de neuf mois. — M. STEVENS prend la défense de l'emprisonnement cellulaire prolongé, tel qu'il est encore pratiqué en Belgique. Soutenu par MM. EKERT et VARRENTRAPP (Allemagne) et PLOOS VAN AMSTEL (Hollande), il est en revanche vivement combattu par MM. BELTRAMI et DE FORESTA (Italie), FREY (Autriche), ALMQUIST (Suède), GUILLAUME (Suisse), et LOYSON (France). En somme la grande majorité des membres, tant anglais et américains que continentaux, semble favorable au système irlandais. Comme le dit au surplus M. de Holtzendorff (art. cité, p. 408), le système de l'isolement pur et simple et le système progressif ne sont pas opposés l'un à l'autre comme le bien l'est au mal : il n'y a entre eux qu'une relation de degré. Scientifiquement le congrès de Londres n'a pas épuisé la question. Il semble seulement avoir prouvé que l'impression générale en Europe est en ce moment plus favorable au système irlandais qu'à celui de l'isolement absolu. Reste à savoir si les deux systèmes ne sont pas appelés à se compléter, le dernier devant être la règle pour les emprisonnements de courte durée, et le système progressif devant être spécialement appliqué aux emprisonnements à long terme.

———

Comme nous l'avons déjà dit, les assemblées générales du congrès n'ont guère été que la répétition des travaux en sections, sauf que les orateurs à qui les dix minutes réglementaires n'avaient pas permis d'exprimer entièrement leurs opinions, profitèrent de l'occasion pour terminer leurs discours.

Il faut signaler cependant la présence à l'assemblée du 6 juillet, de M. Bruce, secrétaire d'état de l'intérieur. M. Bruce a repoussé le reproche d'indifférence adressé au gouvernement anglais. Si celui-ci s'est abstenu, c'est qu'il n'a pas cru qu'il lui appartînt d'intervenir activement dans un mouvement réformiste.

L'honorable secrétaire de l'intérieur a pris ensuite pour thème de son allocution la grande diminution que l'on a, surtout depuis la suppression de la transportation, constatée dans le nombre des crimes commis en Angleterre. Il attribue ce fait à l'existence des écoles industrielles de réforme, aux sociétés de secours pour les prisonniers libérés, à la forme nouvelle donnée à la surveillance de la police depuis 1868 par l'*Habitual Offenders act*, et en général à la propagation constante de l'instruction.

Dans la séance de clôture (13 juillet), la commission présenta un rapport sur l'ensemble des travaux du congrès. Ce rapport qui obtint l'approbation de l'assemblée, indiqua les points que l'on pouvait considérer comme résolus : le but de la discipline des prisons qui doit être avant tout d'obtenir la réformation des prisonniers; l'influence moralisatrice que les femmes peuvent exercer dans ce travail de réforme; l'utilité d'adopter une classification des prisonniers; la nécessité de supprimer les peines corporelles et les humiliations inutiles.

G. R-J. et J-O. D.

II. — Premier congrès juridique Italien.

Le premier congrès juridique italien s'est réuni à Rome le 25 novembre 1872, et n'a été clôturé que le 8 décembre suivant, après avoir tenu treize séances fort utilement remplies. Un de nos collaborateurs italiens a bien voulu se charger de nous adresser, au sujet des travaux de cette assemblée, un compte-rendu que nous publierons prochainement.

III. — TROISIÈME CONGRÈS DE JURISCONSULTES NÉERLANDAIS TENU A ARNHEM, EN AOUT 1872.

L'intérêt inspiré par ces congrès n'augmente pas. Le nombre des personnes qui y prennent part diminue d'année en année. Le premier congrès (tenu à La Haye en 1870) comptait plus de 150 membres; au second (tenu à Amsterdam, en 1871) il y en avait une centaine; à Arnhem on n'en comptait qu'environ 65 et à la fin du congrès le nombre était réduit à 46! Comme aux congrès précédents, on y vit fort peu de membres de la magistrature. Le président, dans son discours d'ouverture, a déploré qu'un si grand nombre de jurisconsultes s'abstiennent de participer aux travaux du congrès.

Les questions suivantes étaient à l'ordre du jour :

1° *Faut-il maintenir ou supprimer l'institution des avoués?* Les rapports avaient été présentés par MM. Tromp, avoué à Leeuwarde (absent) et van der Hoeven, avocat à La Haye, (tous les deux en faveur de la *suppression*) et par M. Faber, avocat à Amsterdam, concluant au *maintien* de l'institution. Après un débat, dans lequel on entendit point ou peu d'arguments nouveaux, l'assemblée se déclara pour la *suppression*.

2° *Convient-il de confier aux juges de canton* TOUTE *la juridiction* VOLONTAIRE, *même par rapport aux matières qui sont actuellement de la compétence des* TRIBUNAUX?

Sans débat, l'assemblée donne une réponse *affirmative* à la question. Il est étonnant qu'on ait pris, sans aucune discussion préalable et à la presqu'unanimité des membres présents, une résolution de cette importance, dont l'exécution amènerait de nombreuses modifications au Code civil (dispositions concernant la tutelle, l'interdiction, les droits du mari, etc.). Le rapporteur, M. le conseiller Wentholt, de la Haye, n'était pas présent.

3° *Quels sont les principes à adopter par le législateur concernant le capital des sociétés anonymes?*

MM. Cosman, avocat à Amsterdam et Mees, de Rotterdam, (absent) avaient présenté des rapports. Le congrès, en conformité avec les conclusions des rapporteurs, se prononça en faveur du système de la *publicité*.

4° *Convient-il d'introduire en Hollande l'institution des tribunaux de commerce?*

Deux rapports avaient été présentés : l'un par M. Tellegen, professeur de droit à Groningen, en faveur de cette institution, l'autre par M. Asser, avocat et professeur de droit à Amsterdam (qui n'était pas présent au congrès) *contre* l'institution des tribunaux de commerce. Le congrès adopte les conclusions du rapport de M. Asser.

5° Quel est le système pénitentiaire (gevangenisstelsel) le plus recommandable pour les Pays-Bas?

Des rapports avaient été présentés par M. Domela Nieuwenhuis, avocat à Amsterdam et M. Eyssell, avocat à La Haye (absent).

Le congrès se prononça en faveur de l'emprisonnement cellulaire, jusqu'à un maximum de *trois* ans et rejeta le principe du système Irlandais pour les peines d'une plus longue durée.

IV. — RÉDACTION D'UN CODE AU JAPON.

La 2ᵉ liv., 4ᵉ année, de cette *Revue* (1872, p. 363) signalait la résolution prise par le gouvernement Japonais d'introduire dans la législation du pays de sérieuses réformes, basées sur l'étude des lois françaises. A cet effet, le ministre Hoito s'est proposé d'accomplir en France, en compagnie de huit employés du ministère de la justice, un voyage destiné à l'étude de l'organisation judiciaire, des lois et particulièrement du système pénitentiaire français. — Ils sont attendus, incessamment en France, nul doute qu'ils n'y rencontrent un accueil des plus sympathiques. Toutefois, sans contester l'excellence de leurs intentions, on peut se demander s'ils tireront de ce voyage tout le fruit qu'ils s'en promettent et si un court séjour en Europe, non précédé du préliminaire indispensable d'études préparatoires, pourra être autre chose qu'une grande partie de plaisir. Mais ce qui nous paraît devoir être plus fructueux en résultats pratiques, c'est l'appel au Japon de jurisconsultes européens, destinés à codifier les lois du pays sur le modèle des Codes de la moderne Europe.

La *Revue de Droit International* annonçait (à la page ci-dessus citée) le départ d'un avocat français pour Yedo, où il devait être rejoint par deux autres jurisconsultes, l'un Anglais, l'autre Allemand. — Le jurisconsulte français, M. Georges Bousquet, est seul parti : il paraît que le gouvernement japonais a renoncé à l'idée de lui adjoindre des collègues, si ce n'est peut-être de nationalité française comme lui : mais jusqu'à présent il a dû travailler seul.

Inutile de dire dans quel chaos il a trouvé la législation du pays.

Autant de provinces, autant de coutumes, non écrites ou écrites en langages différents, la plupart remplies de contradictions, de lacunes, et en même temps fort minutieuses dans le détail. La procédure civile est des plus primitives, la procédure criminelle des plus barbares; la torture, consistant en coups de corde et de bambou y joue le rôle principal. Ajoutez à cela des lois pénales d'une rigueur extrême; par exemple, le vol puni de mort, lorsqu'il s'agit d'une somme supérieure à 300 rios (1550 fr.). Enfin (et ces derniers traits sont communs à toutes les législations peu avancées), confusion des pouvoirs, distinction des pénalités, suivant la qualité des coupables (1), composition pour remplacer les peines corporelles.

La confusion des pouvoirs, notamment, était poussée à ce point que le ministère de la justice lui-même rendait des sentences et les exécutait. Dans les cas très délicats il en référait *au gouvernement!* — Dans les provinces ou *ken*, c'étaient les gouverneurs qui rendaient la justice en même temps qu'ils administraient; de là des dangers politiques non moins considérables que l'énormité juridique consacrée par ce système; en effet c'était une force de plus donnée aux résistances locales, souvent personnifiées dans le gouverneur.

La première chose à faire était la réforme des juridictions; déjà un pas a été fait dans cette voie. Les juges sont encore dans la dépendance du ministre de la justice, mais la justice ne se rend plus dans des bureaux, le caractère du magistrat, *Handji*, est distinct de celui du fonctionnaire, et, comme pour marquer plus nettement la distinction, le ministère s'est transporté dans un autre local, tandis que le tribunal, ou *Sai bancho*, est resté dans l'ancien. Cela pour Yedo. — En ce qui concerne les provinces, il y aura désormais dans chaque ken un tribunal émané du pouvoir central ressortissant au ministère de la justice et assisté d'un *ministère public :* là se jugeront toutes les affaires portées naguère encore devant le gouverneur du ken.

Ces innovations sont incomplètes, sans doute; mais actuellement et tant que la législation elle-même n'est pas améliorée dans son ensemble, il ne faut guère espérer de réformes plus radicales. Plus tard, à cette organisation provisoire, on pourra en substituer une autre plus complète, comprenant deux degrés de juridiction, c'est-à-dire 1re instance, appel, et de plus *la cassation.*

Quant à l'amélioration de la législation elle-même, quelque chose a été fait aussi.

Et d'abord, avant de commencer à reconstruire il fallait savoir sur quel terrain on se mouvait, c'est-à-dire bien connaître les législations actuelles

(1) Marchand, *Yakounine, sarnourai.*

du Japon. A cet effet, et sur la demande de M. Bousquet, a été instituée une commission *d'érudits* dont les travaux lui sont traduits au fur et à mesure de leur avancement. Déjà sous le nom de *sin ritz co rio* (lois pénales) a été terminé un compendium assez complet de la législation criminelle, dont les défectuosités sans nombre ne sont guère faites pour rassurer un jurisconsulte Européen.

Parallèlement à cette commission dite de *législation Japonaise*, vient d'être institué un comité de *législation Européenne*, jouant à peu près le rôle de la section législative du conseil d'État français, chargé de préparer les lois nouvelles en s'éclairant des conseils de la commission de *législation Japonaise*. Inutile de dire que M. Bousquet est actuellement membre principal de ce comité, composé de six personnes en tout. Voici comment procède ce comité dans ses opérations : les membres prennent un à un les articles du Code civil et se demandent dans quelle mesure ils seraient applicables au Japon ; ceci fournit au jurisconsulte français l'occasion d'exposer aux membres japonais les motifs de la loi française, les principes sur lesquels elle repose, et réciproquement il apprend par eux de son côté les motifs qui peuvent demander dans le pays l'adoption de ces principes, ou au contraire s'y opposer. C'est donc une sorte d'enseignement mutuel du droit. Ce n'est là qu'un travail préalable, ingrat sans doute, mais nécessaire pour préparer le terrain du travail définitif et former, pour ainsi dire, le raisonnement juridique des jurisconsultes japonais.

Dès à présent nous croyons être en mesure de pouvoir affirmer que beaucoup d'articles du Code Napoléon resteront sur le carreau. — Il faut dire qu'indépendamment des imperfections du Code français, qui sont nombreuses et motiveront le rejet de bien des articles, le Japon, à peine sorti d'une organisation féodale qui l'étreint encore, n'est pas absolument prêt à recevoir sans modifications profondes une législation toute démocratique.

En même temps que se prépare la réforme des lois, on a aussi songé à préparer la constitution d'une école de droit, où se formera la nouvelle génération destinée à mettre en œuvre ces lois réformées, et à fournir des avocats, des substituts et des juges. Cette école, qui nécessitera l'appel d'un ou deux professeurs, ne sera pas ouverte avant six mois. M. Bousquet a, en effet, reconnu qu'il est impossible d'arriver à de bons résultats, de *professeur à élèves*, lorsqu'on est obligé d'employer l'intermédiaire d'interprètes. Afin donc que les étudiants puissent suivre le professeur à la parole, il a fait décider la création d'une école de *français*, dont il a la direction

honoraire. Sur 50 candidats, 20 ont été admis après examen, et un français, M. de Riberoles est chargé de les instruire suffisamment dans la connaissance de sa langue, pour qu'ils soient en septembre 1873 capables de
suivre les cours de droit. Ces élèves font déjà des dictées sans faute; le
gouvernement se charge des frais de leur éducation, et il ne lésine pas en
ces matières.

Disons, à ce propos, que dans ce pays il n'y a pas un homme, pas une
femme, dans les classes les plus infimes, pas un enfant au-dessus de 12 ans
qui ne sache lire. Dans bien des pays de suffrage universel on ne saurait
en dire autant! Aussi faut-il dire qu'il a été question d'introduire le suffrage
universel au Japon; mais avant d'établir un corps législatif, il faut constituer les municipalités, et c'est là, à la commune, que ce peuple, longtemps
opprimé, pourra faire l'apprentissage de la liberté politique.

En somme, depuis un an, le temps n'a point été perdu au Japon. — Si
l'on continue de la sorte on atteindra prochainement ce but, après lequel
aspire le gouvernement de ce pays, but légitime s'il en fut. — Affranchir
sa législation, par des réformes sérieuses et radicales, du soupçon non
immérité qui pèse sur elle, comme sur celles de tant d'autres pays orien-
taux, — la mettre en harmonie avec celle des nations européennes et se
trouver ainsi en état de se dégager à un moment donné des traités existants,
en vertu desquels les *Français*, les *Anglais*, les *Américains*, les *Allemands*, etc., jouissent du privilége d'exterritorialité et ne sont justiciables
que de leurs consuls pour les actes commis sur le territoire japonais.

Mais pour atteindre ce but, il ne suffit pas de changer les noms des
juridictions et le langage des lois, il faut changer *les choses elles-mêmes*
les puissances étrangères ne se laisseraient point prendre à des réformes
apparentes, qui n'assureraient pas à leurs nationaux les garanties suffisantes;
il faut être sincèrement radical, et s'attaquer au fond, non à la forme. —
Nous sommes certain que M. Bousquet s'efforcera de mettre ces vérités en
lumière auprès des ministres japonais et nous souhaitons vivement qu'il y
réussisse! (1).

***

(1) Il sera utile de comparer les renseignements que nous publions ici et qui émanent d'une source
que nous avons tout lieu de considérer comme excellente avec deux articles beaucoup moins opti-
mistes sur le Japon, publiés par le journal allemand *die Gegenwart* des 4 et 25 janvier derniers
D'après l'auteur de ces articles il y aurait beaucoup plus d'apparence que de réalité dans toutes ces
dispositions réformatrices, et le pouvoir serait entre les mains d'hommes jeunes, inexpérimentés
qui, par leur empressement inconsidéré à vouloir *européaniser* le pays du jour au lendemain,
seraient en train de compromettre à la fois la tranquillité publique, la sûreté des étrangers et leur
propre existence politique. — Nous ne pouvons qu'enregistrer la contradiction.

(*Note de la Rédaction*)

V. — Droit de la guerre. — Le crime de Vaux.

La *Gazette des Tribunaux* des 13-14 et 23 janvier 1873 rend compte d'un procès émouvant qui a été jugé par le tribunal civil de Rocroy, et qui se rattache à un acte commis dans la dernière guerre. Le procureur de la république, a déclaré et le tribunal a reconnu que les faits suivants ont été judiciairement établis :

Le jeudi 27 octobre 1870 une colonne [1] de la landwehr prussienne occupa le village de Vaux (Ardennes). Le lendemain une fusillade s'engagea entre les francs-tireurs et les Prussiens, un sous-officier allemand fut tué. Le même jour, après le combat, sous prétexte que des habitants avaient tiré sur la troupe, quarante hommes du village environ furent enfermés dans l'église de Vaux pour n'en sortir que le dimanche suivant, 30 octobre, vers dix heures du matin.

Le samedi 29 octobre, il se tint au presbytère de Vaux un conseil de guerre présidé par un colonel venu d'Aubigny. M. le curé de Vaux y fut appelé et y parut deux fois. Aux interrogations du colonel, il répondit et affirma sur sa tête qu'aucun de ses paroissiens n'avait tiré sur les Allemands, et qu'ils ne devaient être nullement responsables de l'attaque qui avait eu lieu sur le territoire de la commune. Le même jour, dans la matinée, les Prussiens mandèrent au maire de Vaux, M. Jacquet, de leur désigner deux personnes de sa commune qu'il savait être les plus coupables pour être fusillées. Le maire qui avait été lui-même enfermé toute la nuit avec l'instituteur dans une autre section de la commune et ensuite transféré au presbytère de Vaux, protesta qu'aucun de ses administrés n'avait tiré sur la troupe allemande, demanda grâce pour eux et refusa de faire une désignation qui chargerait sa conscience.

Vers deux heures de l'après-midi, un lieutenant-colonel se présenta au presbytère un écrit à la main, et dit à M. le curé de Vaux avec une certaine hésitation : « Qu'il était décrété que trois des individus enfermés dans l'église seraient fusillés. » Ce dernier protesta de nouveau énergiquement de l'innocence de tous ses paroissiens.

Touché lui-même par l'émotion du curé de Vaux, le lieutenant-colonel s'écria : « Pensez-vous, monsieur le curé, que c'est avec plaisir que j'exécute cet ordre venu de haut ? » Puis il requit son assistance à l'exécu-

(1) D'après le procureur de la république, la colonne appartenait au 64me landwehr et était commandée par le colonel de Kraunn.

tion qui allait se faire, pour administrer les secours de la religion aux trois personnes à fusiller. Il lui proposa ensuite « de désigner, s'il le voulait, les trois plus méchants qu'il connaîtrait dans sa paroisse et qu'on s'en tiendrait à ceux-là. » M. le curé reprit avec horreur : « Que dans tous pays il y avait du bon, du médiocre et du mauvais, mais que dans la cause présente il n'y avait aucun coupable et qu'il ne désignerait personne. »

De guerre lasse, le commandant ajouta : « Eh bien, je ferai tirer les habitants au sort. » Il prépara plusieurs billets qu'il plaça dans sa main, et il partit pour l'église avec plusieurs chefs, quarante soldats et M. le curé.

Cependant le même jour, dès dix heures et demie du matin, un commandant prussien entrait dans l'église et disait à haute voix : « Levez-vous, je viens vous apprendre une triste nouvelle, il faut qu'il y en ait trois d'entre vous qui soient fusillés, il faut que dans vingt minutes vous soyez prêts, faites votre choix ! »

Après de grandes hésitations, on se dit : « Allons aux voix ! »

On nomma d'abord deux mobiles blessés qui se trouvaient dans l'église, mais qui étaient étrangers à la commune de Vaux.

Sur la réclamation du chef du poste allemand qui fit observer que ces mobiles étaient militaires, et sur celle des mobiles eux-mêmes qui se défendaient d'être compris dans cet impôt du sang personnel au village de Vaux, on les laissa tranquilles.

Alors la plupart des habitants enfermés dans l'église entrèrent dans la sacristie pour aller de nouveau aux voix. On décida par mains levées sur le sort des trois victimes, et toutes les mains se levèrent hormis celles des personnes désignées. Presqu'en même temps le commandant prussien rentrait dans l'église, portant à la main son casque, dans lequel se trouvaient des billets, dont trois de papier de couleur, disposés pour un tirage au sort. Mais un des habitants lui ayant indiqué les victimes choisies à la majorité des voix, ces trois infortunés, après avoir reçu du curé les secours de la religion, furent conduits hors de l'église et fusillés à côté du cimetière. Les cadavres furent relevés et transportés dans leurs maisons respectives. Leur inhumation se fit dans un grand deuil.

Le tribunal civil de Rocroy, saisi d'une action en dommages-intérêts, intentée par la veuve d'une des victimes contre les meneurs de cette funèbre élection, a condamné les défendeurs à payer à la demanderesse une rente viagère de 700 fr. par an.

Nous n'avons pas à nous placer ici au même point de vue que le tribunal de Rocroy. Ce qui doit nous occuper, c'est la manière exceptionnellement précise dont a été constaté le fait sur lequel ce jugement est motivé, c'est ensuite la qualification qu'il faut infliger à ce fait au point de vue des lois générales de la guerre, et de leur observation pendant la dernière campagne.

I. — Il est bien vrai que ni l'administration prussienne, ni le chef allemand personnellement désigné n'étaient en cause dans le procès. Ils ne pouvaient l'être, ni l'un ni l'autre ne relevant des tribunaux français. Mais le débat était contradictoire et la partie défenderesse était intéressée à disculper l'administration allemande, soit en contestant qu'il y ait eu des habitants fusillés, soit en soutenant que les habitants fusillés avaient mérité leur sort par quelqu'acte contraire aux lois de la guerre, soit tout au moins en alléguant que, après avoir comparu devant un conseil de guerre régulièrement tenu, ils avaient été, à tort ou à raison, nominalement condamnés au dernier supplice. Aucun de ces moyens de défense, qui tous auraient certainement servi à faire écarter l'action, ne paraît même avoir été tenté par le défendeur ou par son avocat. D'autre part les faits du procès, publiés par la *Gazette des Tribunaux* et reproduits par un grand nombre de journaux, n'ont été, à notre connaissance, l'objet d'aucune dénégation du côté de l'Allemagne. Nous avons donc le droit de les tenir pour avérés, jusqu'à preuve du contraire [1], dans leurs *éléments essentiels*, savoir :

Que le 29 octobre 1870, l'autorité militaire prussienne, se fondant sur ce qu'un sous-officier prussien avait été tué la veille sur le territoire de la commune de Vaux dans un engagement avec des francs-tireurs, a fait fusiller trois habitants de cette commune, sans les avoir fait comparaître au préalable devant un conseil de guerre, et sans leur imputer même, à eux personnellement, aucun fait contraire aux lois de la guerre.

On remarquera que nous ne comprenons pas parmi les éléments *essentiels* du fait, *au point de vue du droit de la guerre*, la manière dont les victimes ont été désignées. Autant ce point est déterminant pour le procès civil, autant il est indifférent au procès international. Que les victimes aient été désignées à la majorité des voix, parce que la lâcheté de quelques habitants a choisi ce mode, ou au sort comme l'aurait préféré, semble-t-il, le commandant prussien, — peu importe du moment où elles n'ont été tuées ni en flagrant délit de violation des lois de la guerre, ni pour avoir participé personnellement à une pareille violation, ni du moins après comparution devant un conseil de guerre.

Nous ne considérons pas non plus comme *essentielle* la circonstance que, le matin de l'exécution, il se serait tenu au presbytère un conseil de guerre, présidé par un colonel venu d'Aubigny. Car, en admettant qu'une réunion de ce nom ait eu lieu, il est certain qu'elle n'a pu prononcer comme tribunal, aucun jugement valable en ce qui concerne les individus fusillés, puisqu'elle n'a eu l'occasion ni de faire comparaître ceux-ci ni même de les désigner individuellement. Par conséquent *il n'y a pas eu de tribunal de guerre en ce qui les concerne.* S'il y a eu une décision collégrale, ce ne peut avoir été qu'une décision administrative, arbitraire, n'ayant aucun caractère juridique.

2. — Le fait ainsi déterminé ne peut être l'objet de deux appréciations différentes. Il est aussi abominable au point de vue du droit positif qu'au point de vue de l'humanité. Il constitue une infraction à toutes les règles que les Allemands eux-mêmes ont proclamées. Nous ne parlons pas du nouveau Code militaire allemand de 1872, puisqu'il est postérieur au cas dont nous nous occupons. Mais on a pu voir par l'article ci-dessus de M. Loening (pp. 69 et ss.) et par nos propres études, tt. II, III et IV, *passim*, quelles ont été les lois allemandes en vigueur durant la guerre de 1870-1871. Ces lois, et spécialement l'ordonnance royale du 21 juillet 1867 sur l'organisation de la justice militaire en temps de guerre, ont déterminé avec précision une série de cas dans lesquels les individus n'appartenant pas aux troupes de l'ennemi encourraient la peine de mort. Tous ces cas sont relatifs à des actes personnellement commis par ces individus. De plus il est expressément dit (v. ci-dessus p. 80) que, *sauf le cas de flagrant délit*, on suivra à l'égard de l'étranger inculpé une procédure militaire sommaire. La même ordonnance règle la marche de la procédure, qui sera conduite devant un conseil de guerre composé d'un officier supérieur comme président, de trois officiers inférieurs et de trois sous-officiers. Après que les sept juges ont été assermentés, un jurisconsulte (auditeur) dirige l'audition des témoins et la défense du prévenu, à qui il est permis de réclamer un défenseur spécial. Hors de là et du cas de flagrant délit, il n'y avait donc, aux yeux même du droit allemand en vigueur pendant la guerre, que la règle générale qui ordonne de respecter la liberté, la propriété, et à plus forte raison la vie de tout habitant inoffensif. L'acte devant lequel nous nous trouvons, a donc eu le caractère formel d'un *attentat*, d'un *crime* contre le droit international.

3. — Un fait grave a été affirmé mais, ajoutons le, non-**directement**

prouvé, dans le procès de Rocroy. Touché de l'émotion du curé de Vaux, le lieutenant-colonel se serait écrié : « Pensez-vous, monsieur le curé, que c'est avec plaisir que j'exécute *cet ordre venu de haut?* » Nous disons que le fait est grave, parce qu'il tendrait à faire remonter la responsabilité du crime jusqu'à l'autorité militaire supérieure, et à faire croire que celle-ci ne se faisait pas scrupule d'ordonner l'exécution d'innocents sans jugement, simplement par vengeance ou dans un but d'intimidation. Nous osons espérer non-seulement que ce fait [sera éclairci, mais que la responsabilité morale de l'autorité supérieure sera dégagée. Or, elle ne saurait l'être, en présence de l'indignation de tout homme au cœur droit, que par une enquête à la suite de laquelle les vrais coupables seraient dénoncés et punis aussi sévèrement que la loi le permettra. Nous sommes certain qu'en Allemagne même il ne peut y avoir qu'une opinion à ce sujet, et nous en avons la preuve dans les communications confidentielles que nous avons sous les yeux. Il en résulte que tous les officiers qui ont eu connaissance du fait de Vaux l'apprécient de la manière la plus sévère, condamnent énergiquement la conduite « arbitraire et barbare » du colonel, et considèrent comme impossible qu'il y ait eu réellement procédure devant un conseil de guerre. Un officier prussien très haut placé et qui, pendant la guerre, occupait un poste important, déclare que, si les officiers commandants ont agi comme le rapporte la *Gazette des Tribunaux*, ils ont été à l'encontre de la loi et de la volonté expresse de l'Empereur. Un auditeur militaire prussien conclut comme suit une appréciation motivée du fait de Vaux : « Vu les prescriptions de la loi prussienne, les faits reprochés au commandant prussien se qualifient d'actes tout-à-fait arbitraires. Des circonstances extraordinaires, — il est vrai, — peuvent exiger des mesures extraordinaires et non prévues par la loi. Mais il est évident que le chef militaire, qui les a ordonnées, aura à les justifier en considération de son devoir de prendre soin de la sûreté des troupes à lui confiées et pourrait être reconnu coupable, s'il n'arrive pas à les justifier. » Nous allons plus loin que l honorable magistrat et nous disons que si, en thèse générale, le commandant en campagne est obligé de veiller à la sûreté de ses troupes, une telle considération doit demeurer, dans tous les cas, *absolument étrangère* au massacre de sang-froid de trois hommes désarmés contre lesquels aucun soupçon n'était même articulé ! Sans quoi, avec l'excuse de la sûreté, on arriverait à justifier l'extermination de toute une population inoffensive, et à approuver par exemple le fait du colonel français Pélissier enfumant et étouffant, dans une caverne d'Afrique, toute une tribu arabe.

G. R.-J.

VI. — PRIX PROPOSÉ PAR M. DE MARCOARTU.

Un économiste espagnol, M. L. de Marcoartù, a généreusement proposé, au dernier congrès de l'Association anglaise pour le progrès des sciences sociales, un prix de 300 liv. sterling ou 7500 fr. qui seront donnés par lui au meilleur mémoire *sur l'institution d'un Parlement international chargé de préparer un code des nations pour raffermir la paix*. Les mémoires pourront être écrits en allemand, en anglais, en espagnol, en français ou en italien, et devront être adressés au bureau de la *National association for the promotion of Social Science*, 3 Waterloo place à Londres.

Nous reviendrons dans la *chronique de droit international*, qui paraîtra dans la troisième livraison de cette année, sur l'objet de ce concours et sur les divers projets plus ou moins pratiques, plus ou moins sérieux qui s'y rattachent.

VII. — FONDATION DES PRIX BASTIAT ET MONTESQUIEU A BORDEAUX.

On sait que le gouvernement français a récemment institué une faculté de droit à Bordeaux. A cette occasion la chambre de commerce de cette ville, désirant encourager les travaux consciencieux et provoquer plus particulièrement de sérieuses études sur l'*économie politique*, la *législation commerciale*, le *droit maritime* et le *droit des gens*, a fondé un prix annuel de 1000 francs, auquel le Conseil général de la Gironde a ajouté une médaille d'or de fr. 150 à 200. Cette récompense prendra le nom de *prix Bastiat* lorsqu'elle sera décernée à un travail sur l'économie politique, et de *prix Montesquieu* lorsqu'elle sera accordée à un mémoire de jurisprudence commerciale.

Le concours sera ouvert sans aucune condition d'admissibilité, et le jury choisi parmi les membres de la Chambre et du tribunal de commerce, de la magistrature, du barreau et de l'École de Droit.

La Chambre de commerce a adopté pour sujet du prix *Bastiat*, à décerner en 1873, la question suivante :

Étude sur les travaux de Bastiat. Le suivre :

1° Dans sa lutte contre les réformateurs modernes, sa conception de la *Rente* et des harmonies économiques, en démontrant qu'il n'y a pas antagonisme entre le capital et le travail ; qu'au contraire, le capital est l'auxiliaire précieux et indispensable du travail, et réciproquement ;

2° Dans sa lutte contre le système protecteur : dire quelle a été à ce dernier point de vue l'influence de la doctrine appliquée dans les traités de 1860, sur la richesse nationale et en particulier sur le bien-être des classes ouvrières.

Les mémoires devront être déposés, au plus tard, le 30 novembre 1873. (Les adresser *franco* au secrétariat de la Chambre de commerce de Bordeaux, à la Bourse).

Les mémoires devront être écrits en langue française et d'une manière *très* lisible; après leur dépôt ils deviendront la propriété de la Chambre de commerce, seulement les concurrents pourront toujours s'en faire délivrer une copie à leurs frais.

Les noms des auteurs seront renfermés dans des enveloppes cachetées portant une épigraphe reproduite en tête du mémoire; ces enveloppes ne *seront* ouvertes que dans le cas où le mémoire aura obtenu une distinction.

Les distinctions seront, en dehors des prix, des mentions honorables.

Aucun mémoire ne peut être livré à la publicité avant le jugement du concours qui aura lieu dans le mois de décembre ou de janvier de chaque année.

Le sujet du *prix Montesquieu* à décerner en 1874 sera publié vers le milieu de 1873.

BIBLIOGRAPHIE [1].

I. — Revues et recueils de droit:

1. — *Archivio giuridico* diretto da Filippo Serafini. Bologna, Roma, t. VIII, livr. 5-6, t. IX et t. X, liv. 1-3. Décembre 1871 — Mars 1873.

Voici les principaux articles d'intérêt général parus dans cette Revue durant les seize derniers mois :

Tango : *Della organizzazione amministrativa e in ispecie di quella dello stato* (t. VIII, pp. 193 et 476 ss.)

La suite et fin des travaux de Pierantoni : *dell'azione di disconoscimento della prole* [2] et d'Errera : *I magazzini generali, le fedi di deposito e le note di pegno*.

Alloati : *Appunti storici ricavati dalle costituzioni dei popoli antichi e moderni sul reato di attentato alla sicurezza dello stato* (t. VIII, p. 258 ss.).

Buscemi : *Le vicende del diritto internazionale privato nella storia dell'umanità* (Ibid., p. 333 ss.).

Pizzamiglio : *Studii sui poteri e sui diritti di famiglia* (Ibid., pp. 361 ss.).

Serafini : *La riforma del giuri secondo i recenti progetti di legge* (Ibid., pp. 513 ss.).

Vidari : *La unificazione delle leggi commerciali nella Svizzera* (Ibid., pp. 575 ss.) Très bon article.

Errera : *La libertà delle assicurazioni marittime* (t. IX, pp. 39 ss.). L'auteur, qui a fait un rapport sur cette question au 5me congrès des chambres de commerce à Naples, conclut avec les plus considérables parmi les publicistes récents, en faveur de la liberté des assurances maritimes. Telles ont été aussi les conclusions du Congrès.

Pizzamiglio : *Considerazioni sui progetti di legge presentati dal Ministro de Falco sull'ordinamento giudiziario e sul giuri.* (t. IX, pp. 60ss.). Cf. quelques pages de Maffei sur le même sujet (Ibid., p. 656 ss.).

Dubois : *Rivista del movimento giuridico in Francia* (Ibid., p. 105 ss.). Exposé consciencieux et complet de l'état de la législation, de l'enseignement du droit et de la littérature en France.

Casorati : *Rivista di alcuni risultati della giustizia penale in Italia nel 1871* (t. IX, pp. 143 ss.).

Morpurgo : *Sulla condizione giuridica dei forestieri in Italia nel secolo di mezzo* (t. IX, pp. 249 ss.).

[1] L'extrême abondance des publications adressées à la *Revue* nous a engagés à adopter pour ce bulletin bibliographique une classification nouvelle, un peu plus détaillée et, à ce qu'il nous semble, plus précise que l'ancienne. En même temps elle nous a forcés à condenser le plus possible nos comptes-rendus. D'ailleurs nous ne croyons pas qu'une notice bibliographique ait besoin d'être longue, pour indiquer le caractère et le mérite saillant d'un livre, et répondre à ce que désire le lecteur de ces sortes de notices : se mettre le plus rapidement possible au courant du mouvement général des idées dans telle ou telle branche des connaissances humaines.

[2] V. sur ce travail, t. IV de la *Revue*, p. 685.

Manfredini : *Della detenzione preventiva* (Ibid., pp. 317 ss.).

Castelli : *La magistratura giudiziaria in Italia e le riforme* (Ib. pp. 341 ss.).

Maierini : *Rivista delle principali opere tedesche di diritto commerciale degli ultimi anni* (Ibid., pp. 427 ss.).

Nocito : *Del senato costituito in alta corte di giustizia* (Ibid., pp. 461 ss., 587 ss.).

Vidari : *Della prima Camera nei parlamenti e del Senato del regno d'Italia* (t. X, pp. 5 ss.).

Maierini : *Studio sulla rivendicazione dei titoli al portatore* (Ib., pp. 131 ss.). Travail très-soigné.

Manfredini : *Esterritorialità del diritto penale* (Ibid., pp. 153 ss.).

Toniolo : *Dei fatti fisici e dei fatti sociali nei riguardi del metodo induttivo* (Ibid., pp. 178 ss.).

Tango : *La corte de' conti* (Ibid., pp. 317 ss.).

Bianchi : *Saggio di Studi sul diritto internazionale privato.* — L'auteur, qui ne dit du reste rien de bien nouveau, semble ignorer les travaux publiés dans cette Revue par MM. B. Lawrence et Ch. Brocher. Il y eût trouvé des renseignements utiles.

Nous ne pouvons oublier la partie bibliographique de l'*Archivio*, qui est toujours très complète, ni les intéressants articles que le directeur du recueil, M. Serafini, publie presqu'à chaque numéro sous le titre de : *Revue générale de la jurisprudence civile et commerciale du Royaume.*

2. — *Séances et travaux de l'académie des sciences morales et politiques.* — Compte-rendu publié par M. Ch. Vergé sous la direction de M. Mignet, secrétaire perpétuel. — Juillet 1872 — Mars 1873. — Paris, Durand et Pedone-Lauriel.

Une des matières les plus importantes que l'académie ait discutées durant cette période est la question de l'*organisation judiciaire en France,* objet d'un travail précédemment lu par M. Odilon Barrot. MM. Giraud, De Parieu, Renouard et Lucas se sont prononcés contre le jury en matière civile qui, aux yeux de M. Barrot, était la première réforme à introduire.

Parmi les nombreux travaux insérés dans les neuf livraisons que nous avons sous les yeux, nous devons nous borner à citer les suivants qui sont plus ou moins connexes à l'objet de notre Revue :

La nouvelle loi monétaire du Japon considérée dans ses rapports avec l'unification monétaire universelle, par M. E. de Parieu (liv. de juillet 1872).

Mémoire sur l'ambassade de Choiseul à Vienne [2], par M. Filon (livr. de juillet, août et septembre).

Les différents mémoires lus par M. Ch. Lucas sur le congrès pénitentiaire de Londres, la *nécessité de congrès pour l'abolition de la peine de mort et la civilisation de la guerre,* ainsi que le rapport verbal de M. Ch. Vergé sur les travaux du congrès pénitentiaire [3].

Notice sur le système de législation criminelle préparé par Ed. Livingston pour la Louisiane et les Etats-Unis de l'Amérique septentrionale, par M. Ch. Lucas (livr. de août-septembre).

---

(1) V. sur ce travail, t. IV de la Revue.

(2) Nous parlerons prochainement de ce mémoire qui a paru en volume séparé.

(3) V. au sujet de ces travaux ce que nous avons dit plus haut dans notre notice sur le congrès pénitentiaire et spécialement la note, p. 262.

La continuation de l'étude de M. Baudrillart sur *le luxe public et la révolution* (livr. de novembre-décembre 1872 et janvier 1873). Nous cueillons dans cet intéressant travail la citation suivante d'un rapport de l'abbé Grégoire à la Convention : « Outre les planches de la magnifique carte de Ferraris, dit-il, vingt-deux caisses de livres et cinq voitures d'objets scientifiques sont arrivés de la Belgique ; on y trouve les manuscrits enlevés à Bruxelles dans la guerre de 1742, et qui avaient été rendus par stipulation expresse du traité de paix de 1769....... Crayer, Van Dyck et Rubens sont en route pour Paris, et l'école flamande se lève en masse pour venir orner nos musées. » M. Baudrillart cite ces lignes à l'éloge de l'abbé Grégoire, pour montrer combien il s'intéressait aux belles choses. Et ni lui ni l'abbé Grégoire n'éprouvent le moindre scrupule à enregistrer de pareils vols faits à la Belgique par la première république française. Cet enthousiasme a son éloquence.

M. E. Levasseur a fait un rapport extrémement curieux suivi d'un tableau comparatif du territoire et de la population des grandes puissances européennes depuis le commencement du xviiie siècle (livr. de janvier 1873).

Note sur la sentence arbitrale rendue à Genève dans l'affaire de l'Alabama, par M. E. Cauchy (Ibid.).

L'Alsace-Lorraine depuis l'annexion, par M. L. Reybaud (livr. de février et de mars 1873).

Harrington par M. E. De Parieu (livr. de mars 1873). Harrington (1611-1677) est, comme on sait, l'auteur de l'Oceana.

Rapport sur le concours ayant pour sujet : l'*utilité du repos hebdomadaire*, par M. Baudrillart (livr. de mars 1873). Trois mémoires seulement avaient été envoyés. Les deux entre lesquels le prix a été partagé concluent pour l'utilité du repos du dimanche, mais repoussent l'emploi de prohibitions légales pour arriver à ce résultat.

3. — *Zeitschrift des Bernischen Juristen-Vereins*. — Organ für Rechtspflege und Gesetzgebung der Kantone *Bern, Aargau, Solothurn* und *Luzern*. — Unter Mitwirkung mehrerer schweizerischer Juristen herausgegeben von K. G. König, Professor des Rechts. — Bern. Mars 1872-Février 1873, t. VII, nos 9-12, t. VIII, nos 1-8.

Outre le compte-rendu de la jurisprudence des quatre cantons désignés ci-dessus, cette Revue a donné durant la période indiquée plusieurs articles de fond intéressants, parmi lesquels nous remarquons :

Une excellente leçon d'ouverture du cours de droit civil français, actuellement donné à Berne par M. le professeur Appleton. En choisissant pour son sujet : *le mariage devant la loi, la société et la morale*, M. Appleton a tenu à réagir nettement contre la déplorable théorie du mariage libre, enseignée avant lui dans cette même chaire par son prédécesseur : M. Emile Accolas [1].

Un article sur le privilége du plus jeune fils dans le droit civil bernois, par M. Fürsprecher.

Un compte-rendu de la réunion des juristes bernois qui a eu lieu le 13 septembre à Berne, et de celle des juristes suisses qui s'est tenue le 30 septembre à Lucerne. La première de ces réunions s'est occupée exclusivement de questions de droit bernois. La seconde, présidée par le Dr Bühler, de Lucerne,

[1] Cf. trois leçons sur les principes philosophiques et juridiques du mariage par le professeur Emile Accolas. Berne 1871.

a été remarquable par ses tendances unificatrices. Déjà, dans son discours d'ouverture, le président avait dit : « l'unification aussi complète que possible » du droit Suisse par voie de législation fédérale doit être et demeurer » notre idéal. » La grande majorité de l'assemblée témoigna son adhésion à ce programme en donnant, sur le rapport du Dʳ Munzinger, la solution suivante à la plus importante des questions à l'ordre du jour :

« Il est possible de régler d'une manière uniforme pour toute la Suisse, » sans trop méconnaître les caractères distinctifs des diverses parties du » pays, le régime matrimonial en ce qui concerne les biens des époux, à » condition que la loi à faire ait la nature d'une *lex dispositiva*, c'est-à-dire, » qu'elle laisse aux époux le choix entre divers régimes déterminés législati- « vement, et qu'elle n'en présente qu'un seul comme régime présumé. » La discussion fit voir cependant que la difficulté serait de s'entendre sur le régime à préférer comme régime présumé parmi les quatre qui dominent en Suisse.

Un mémoire intéressant de M. Koenig sur le mariage des israélites dans le droit bernois.

4. — *Tidskrift för Lagstiftning, Lagskipning och Förvaltning*, utgiven af Chr. Naumann, — Åttonde årgången (1) Stockholm 1871, Isaac Marcus.

. Cette Revue, dont la neuvième année (1872) ne nous est point encore parvenue, semble résumer fidèlement le mouvement scientifique et pratique du droit Suédois. Elle contient des articles de droit pénal, civil, administratif, de nombreuses décisions de la cour suprême, et les comptes-rendus de livres nouveaux, danois et suédois.

5. — *Archiv des Norddeutschen Bundes und des Zollvereins.* Jahrbuch für Staats-Verwaltungsrecht und Diplomatie des Norddeutschen Bundes und des Zollvereins, mit Beilagen enthaltend Verfassungen und Gesetze anderer Staaten. Herausgeg. von Dʳ Jul. A. Koller. — Berlin, Kortkampf. — Bd. III, IV et V.

Nous n'avons reçu que des fragments des vol. IV et V de cette Revue. Il manque les livr. 1 et 6 du t. IV et les livr. 1, 5 et 8 du t. V. L'éditeur explique, dans une circulaire du mois de décembre dernier, les motifs de cette irrégularité. Ils résident en grande partie dans la difficulté de se procurer *immédiatement* les documents relatifs aux actes législatifs qui font l'objet de la publication. Nous comprenons ce motif en ce qui concerne le retard. Mais *il serait* à souhaiter que du moins les livraisons se succédassent dans l'ordre des numéros. Sans cela le lecteur est complètement dérouté.

Les livraisons que nous avons sous les yeux sont faites avec grand soin, et promettent un recueil précieux. Dans le t. III, nous trouvons tout le Code de commerce allemand; la *Gewerbeordnung* avec les lois et ordonnances qui l'ont introduite dans les différents États allemands; la loi qui a institué une cour suprême de commerce, celles qui concernent le timbre des effets de commerce, la saisie du salaire des artisans et domestiques, la loi électorale pour la confédération de l'Allemagne du Nord, différentes lois et traités commerciaux de 1869 ; la loi sur l'institution de la banque badoise; et une collection d'actes diplomatiques sur la question de la Mer Noire et de la Baltique.

(1) Revue de législation, de jurisprudence et d'administration publiée par Ch. Naumann. - Huitième année.

Le t. IV nous donne le nouveau Code pénal allemand, avec des notes nombreuses et substantielles ; la loi de 1870 concernant les droits d'auteur d'œuvres littéraires ou artistiques, avec les ordonnances y relatives et les conventions diplomatiques conclues avec différents États pour la protection de ces droits ; les différentes lois commerciales passées par le parlement douanier de 1870, avec des notes et des extraits qui en forment un commentaire complet ; la loi sur le domicile de secours avec tous ses appendices et les lois particulières qui l'ont complétée dans les divers États ; les réglements d'exploitation et de police des chemins de fer de la confédération du Nord, avec leur extension à tous les chemins de fer allemands, par arrêtés du 22 décembre 1871. C'est M. Th. Levin qui a fait ce dernier travail, et qui s'en est acquitté avec le plus grand soin. M. le Dr Koller a annoté la loi du 6 Juin 1870 sur l'acquisition et la perte de la qualité de citoyen de la confédération ou d'un des États qui en font partie ; M. le Dr Schläger, la loi sur le mariage et les actes de l'état-civil des sujets de la confédération qui se trouvent à l'étranger etc., etc. De nombreux traités internationaux, conventions consulaires, postales, traités d'extradition etc. etc., complètent le volume.

Le T. V. sera tout entier consacré à une collection de lois, d'actes et de traités relatifs à la guerre contre la France, avec introduction historique, comptes-rendus des débats législatifs en Allemagne et hors de l'Allemagne, et enfin avec une collection des appréciations des journaux allemands officiels et des principaux journaux étrangers au sujet de la guerre. On voit que le cinquième volume formera à lui seul quelque chose de plus complet que tout ce qui a paru jusqu'à ce jour. Ce sera le pendant et le complément, quant au droit, de ce qu'est l'historique de la campagne par l'état-major prussien quant à la partie militaire de cette mémorable époque.

6. — *Beiträge zur Erlaüterung des deutschen Rechts*, in besonderer Beziehung auf das preussische Recht, mit Einschluss des Handels-und Wechselsrechts. — Herausgegeben von Dr J. A. Gauchot. — Neue Folge. Erster Jahrg. Berlin. F. Vahlen. 1872.

Cette publication forme la suite des *Beiträge zur Erlaüterung des preussischen Rechts*, publiés de 1857-1871 par le même jurisconsulte. Comme le changement de titre l'indique, le cadre de la revue est élargi. L'esprit scientifique et précis qui la distinguait est resté le même. Plusieurs savants éminents de l'Allemagne y contribuent par des articles qui traitent le plus souvent de questions relatives à l'interprétation des lois allemandes existantes, plus rarement de questions de législation, (celles-ci ont spécialement trait, dans le volume que nous avons sous les yeux, au nouveau projet de code de procédure civile pour l'empire d'Allemagne). L'analyse et la critique de décisions judiciaires rendues dans des espèces remarquables forment l'objet d'une seconde partie. Viennent ensuite de nombreux comptes-rendus d'ouvrages ou de publications périodiques relatives au droit allemand. Enfin le même volume contient encore une glose ou commentaire complet, historique, pratique et comparatif de tout le titre 14, partie 1 du code prussien, traitant du cautionnement.

La revue du Dr Gruchot sera consultée avec fruit même en-dehors de l'Allemagne, par quiconque s'occupe de droit ou de jurisprudence comparée. Une foule de décisions, notamment dans la matière des obligations en droit civil ou commercial peuvent être utilisées dans la pratique d'autres pays. Un registre alphabétique permet d'ailleurs de s'orienter facilement.

7. — *Deutscher Juristen-Kalender*. Uebersicht des in den einzelnen Staaten des deutschen Reichs und in der österreichischen Monarchie geltenden Rechts, mit vorzugsweiser Berücksichtigung der civilprocesslichen Vorschriften sowie des bestehenden Concurs- und Accord-Verfahrens in Handelssachen, unter Entwickelung des Organismus der Justiz- und Verwaltungs-behörden, — und unter Beigabe eines Verzeichnisses sämmtlicher Staats- und Rechtsanwälte, Notare, bezügl. Gerichtsvollzieher im deutschen Reiche und gesammt OEsterreich, — nach officiellen Quellen nebst einem für den Gebrauch auf Kaufmännischen Comptoiren und juristischen Expeditionen eingerichteten, in allen Staaten anwendbaren Kalender, — unter Mitwirkung der Herren etc., herausgegeben von Hofrath KLEIN-SCHMIDT. — Lerk'sche Verlagsbuchhandlung. Leipzig, 1872, 308 pp. in-4.

Bien que cette belle publication soit surtout destinée aux praticiens allemands ou autrichiens, auxquels elle doit fournir des renseignements usuels, elle n'est pas moins précieuse au point de vue de la législation comparée des divers États de l'Allemagne et des pays autrichiens. Il est difficile en effet de donner une idée de la richesse des documents qu'elle renferme sous ce rapport : tableau et revue systématique des lois de l'empire allemand ; indication sommaire pour chaque État des collections ou codifications juridiques, des manuels de droit en usage, des revues de droit ; exposé succinct de l'organisation judiciaire en matière civile, commerciale et pénale ; régime foncier et hypothécaire ; système administratif ; [réglementation de la profession d'avocat ou d'avoué, tarif officiel de leurs honoraires ; réglementation du notariat ; tableau des avocats, avoués et notaires en exercice dans les divers pays de l'Allemagne et de l'Autriche ; résumé de la procédure en matière de faillite et de concordat.

Il y a là, sans phrases, sous une forme concise et claire, des données de nature à épargner dans une foule de cas des recherches considérables. Nous ne pensons pas que rien de semblable existe dans aucun autre Etat fédératif, notamment en Suisse ou aux Etats-Unis. De pareils travaux sont un excellent acheminement vers l'unification législative de l'organisation judiciaire en Allemagne. En même temps ils aplanissent les difficultés pratiques que présente l'état de choses actuel, et permettent ainsi d'attendre avec patience que cette unification soit le résultat du progrès naturel des idées.

8. — *Il circolo giuridico, Rivista di legislazione e giurisprudenza*, diretto dai signori SAMPOLO, DI MENZA, NOBILE, PANTANO, CUCCIA. — Palermo, Luigi Pedone-Lauriel. Vol. III, anno III. — Aprile 1872 — Gennaro 1873.

Le nom de *Circolo giuridico* est celui d'une société qui, en 1867, s'est constituée à Palerme en vue de favoriser le progrès des sciences sociales (1). Les moyens par lesquels cette société cherche à atteindre son but sont : une salle de lecture et une bibliothèque juridique circulante, la publication d'une revue de législation et de jurisprudence, les lectures et les discussions, un concours annuel sur des questions de science sociale.

La revue intitulée *Circolo giuridico*, organe de cette société, est sur le

(1) On sait qu'une société du même nom s'est constituée à Rome et que c'est à son initiative qu'est dû le premier congrès juridique italien.

point d'achever sa troisième année d'existence [1]. Elle paraît tous les mois et se divise en trois parties. La première partie contient des articles sur l'administration de la justice, les réformes législatives et sur des points controversés de doctrine ou de jurisprudence; des comptes-rendus de livres nouveaux et une chronique juridique. La seconde donne les décisions les plus remarquables rendues par la cour de cassation de Palerme et les cours d'appel de Sicile en matière civile et commerciale; la troisième, les arrêts notables prononcés en matière pénale par la cour de cassation de Palerme. On y rapporte en outre quelques arrêts spécialement importants des cours italiennes.

La première partie du volume actuellement en cours de publication contient la fin d'un travail de M. C. Finocchiaro-Aprile sur la contrainte par corps (*arresto personale*), que l'auteur voudrait voir disparaître entièrement des codes italiens, et une étude sur laquelle nous reviendrons plus loin, de M. J. Caruso, au sujet de l'organisation de la magistrature suprême du royaume. Ce dernier sujet est fort à l'ordre du jour en Italie. Il a fait l'objet d'une longue discussion au congrès juridique de Rome. Aussi le *Circolo giuridico* y est-il revenu, à diverses reprises, dans une tendance qui semble viser à concilier autant que possible l'état de choses actuel, avec le besoin d'unité dans l'interprétation des lois. Nous remarquons encore une dissertation de M. Ignazio de Paola sur l'indignité et les droits des descendants de l'indigne, et une autre de M. G. Taranto sur cette question importante : faut-il ou non autoriser celui qui est poursuivi pour diffamation à prouver la vérité de ses imputations? Le droit romain n'est pas oublié. Il est représenté par un intéressant travail, non encore achevé, de M. Di Menza sur les tribunaux populaires chez les Romains.

On voit que le *Circolo giuridico* se montre le digne successeur de l'*Accademia giustinianea* de Palerme [2] et de tant d'autres institutions savantes qui florissaient en Sicile au dix-huitième siècle.

II. — Droit international.

A. — *Traités généraux, discours, etc. sur le droit international public ou privé.*

Le nombre de publications importantes sur le droit international, qui ont paru pour la première fois ou qui ont été rééditées par leurs auteurs durant ces deux dernières années, prouve l'intérêt croissant et de plus en plus vivace qui s'attache à cette branche de la science juridique. On sent partout que, en dépit des sophismes d'observateurs superficiels, le droit international existe et qu'il se fait entendre, au point de dominer souvent le bruit des armes. Ce qui n'est pas moins remarquable, c'est que, parmi tant de publications sur le même sujet, il en est peu que l'on puisse dire complètement inutiles. Chaque auteur semble apporter avec lui, outre son individualité, quelque chose du génie de sa nation, et il arrive souvent que deux auteurs, appartenant à une même nation, se complètent l'un l'autre sous ce rapport. Tel est le cas pour

---

(1) Nous avons en 1870 annoncé son apparition. V. t. II, de la *Revue*, p. 502.

(2) Les statuts de l'*Accademia Giustinianea*, rédigés en 1772, en forme de loi des douze tables (*Academiæ Justinianea Leges in XII Tabulas Digestæ*) par le célèbre Antoine Muratori sont reproduits p. 7, t. III du *Circolo Giuridico*.

MM. Heffter et Bluntschli en Allemagne, et pour MM. Beach Lawrence et Dudley Field aux Etats-Unis.

Nous ne pouvons évidemment nous livrer à une analyse détaillée de ces ouvrages. Mais nous tâcherons, en les feuilletant, d'en indiquer du moins, aussi rapidement que possible, quelques caractères saillants.

I. — *Le droit international de l'Europe*, par A. G. HEFFTER, traduit par *J. Bergson*. — Troisième edition française revue et augmentée après le décès du traducteur, par l'auteur. — Berlin, Schrœder, Paris. Cotillon et fils, 1873. In-8. XII et 527 pp.

Le traité de M. Heffter est devenu classique. Publié pour la première fois en allemand en 1844, il a eu cinq éditions en cette langue. Puis il a été traduit successivement en français (1857), en grec (1860), en polonais (1866). La troisième édition française est donc en réalité la dixième en moins de trente ans.

Ce succès éclatant s'explique et se justifie par le mérite spécial de l'ouvrage, qui est de présenter sous une forme claire, intéressante, rapide quoique nullement superficielle, un aperçu fidèle de l'état actuel de la science et de la littérature du droit des gens. Plus méthodique que Wheaton et mieux proportionné dans ses différentes parties, l'ouvrage de Heffter offre, comme celui du jurisconsulte américain, l'avantage de correspondre à un sentiment exact de ce que l'on peut considérer comme les règles acceptées par le *consensus gentium*. Ni l'un ni l'autre n'ont la prétention d'aller au-delà de ces règles. M. Heffter même prend soin de déclarer dans le titre de son ouvrage qu'il n'entend parler que du droit international de l'Europe. A notre sens c'est trop peu. Au moyen-âge on disait déjà : *la chrétienté*. Aujourd'hui il faudrait un terme encore plus général pour désigner cet ensemble de nations dispersées dans les quatre parties du monde, et dont les idées internationales se rattachent à celles du groupe européen. Mais cette prudence qui apparaît jusque dans le titre adopté par Heffter est précisément ce qui fait de son livre le guide le plus sûr pour les diplomates.

L'édition actuelle n'a rien changé aux principes fondamentaux ni au plan de l'ouvrage. Seulement les citations ont été mises en rapport avec les publications les plus nouvelles, la traduction a subi une révision qui était fort nécessaire et qui, à notre avis, n'a pas encore été à beaucoup près assez complète, enfin les enseignements fournis par les faits récents ont servi à compléter quelques chapitres. L'esprit total est demeuré le même, hautement impartial et objectif.

Les chapitres auxquels il y a eu quelques additions sont, comme il fallait s'y attendre, ceux qui traitent du droit de guerre et du droit de neutralité. Au surplus, hâtons-nous de le dire, les lignes ajoutées n'ont aucunement pour caractère de modifier ou d'atténuer les règles précédemment posées en ce que leur application pourrait être défavorable à un des belligérants pendant la dernière guerre. Les additions les plus importantes sont : les règles plus précises tracées au § 124ᴬ en ce qui concerne les *corps francs, guerillas* ou *francs-tireurs* (Cf. § 126, IV, 2°); la définition et les règles de la *contrebande par accident*, omises dans les précédentes éditions (§ 161ᴬ); les règles sur les effets des traités de paix à l'égard des tiers (§ 184ᴬ). L'appendice s'est enrichi de la loi italienne sur les garanties accordées au Saint-Siége, et de la convention de Genève du 22 avril 1864. Nous n'avons pas aperçu qu'il soit fait quelque part mention du traité de Washington, ni de la sentence arbitrale de Genève, ce qui semble indiquer que l'ouvrage a été mis sous presse à un moment où le traité ne semblait pas encore passé entièrement à l'état de fait accompli.

2. — *Das moderne Völkerrecht der civilisirten Staten als Rechtsbuch dargestellt*, von Dʳ J. C. BLUNTSCHLI. Zweite mit Rücksicht auf die Ereignisse von 1868 bis 1872 ergänzte Auflage.—Nördlingen.Beck'sche Buchhandlung, 1872. In-8, XIV et 528 pp.

La première édition de cet ouvrage était précédée d'une préface en forme de lettre à Franz Lïeber. Une nouvelle lettre au même sert encore de préface à la seconde édition. Datée du 1ʳ octobre 1872, elle n'est malheureusement parvenue à New-York qu'après la mort de l'illustre destinataire ! M. Bluntschli y exprime la pensée élevée que la nouvelle position du peuple allemand lui impose de plus grands devoirs vis-à-vis de l'humanité, et l'espoir que ces devoirs seront modestement et consciencieusement remplis sans que « l'orgueil allemand » prenne la place de la « vanité française. »

M. Bluntschli conçoit le droit des gens d'une manière plus large et plus philosophique que M. Heffter. Il ne l'appelle pas droit des gens de l'Europe, mais droit des gens des peuples civilisés, et en cherche le fondement dans la nature humaine (V. § 6, p. 59 : seine eigentliche Grundlage ist die Menschennatur). M. Heffter dit (éd. nouv., p. 5) que la loi internationale est « fondée sur le consentement mutuel, soit exprès, soit tacite ou présumé du moins d'une certaine association d'États, » etc. Nous croyons que les deux théories peuvent se concilier si l'on dit que le droit des gens est fondé en principe sur la nature commune à tous les hommes, mais *qu'il se manifeste progressivement* par le consentement des peuples les plus civilisés. C'est précisément à cette conclusion qu'aboutit Bluntschli (§§ 13 et 14, p. 63).

Ce qui distingue éminemment M. Bluntschli, c'est la faculté de formuler une proposition de droit en termes précis et qui portent avec eux leur raison d'être. On reconnaît le codificateur de Zurich. C'est en même temps un grand honneur pour l'auteur du livre et pour la nation qui est sa seconde patrie que, tout en complétant son introduction et ses commentaires, il ait pu laisser subsister dans toute leur intégrité les règles qu'il avait tracées en 1868, et qui ont été si souvent invoquées dans la polémique engagée à propos des derniers évènements. On a dit et répété de bonne foi que le droit international avait reculé de plusieurs siècles depuis trois ans. Voici la meilleure preuve du contraire : C'est que l'on peut réimprimer apres la guerre, en les appliquant aux faits de celle-ci, les règles formulées avant elle. Il n'en est pas moins incontestable,comme MM.Bluntschli et Heffter sont les premiers à en convenir, que la dernière guerre a mis en évidence d'un côté « une foule de lacunes dans le droit existant (1), » de l'autre, « chez les » officiers des deux armées et dans les rangs les plus élevés, une terrible » ignorance du droit des gens » (2).

M. Bluntschli croit au caractère progressif du droit international, et il développe parfaitement cette idée dans son introduction. L'écueil du système qu'il a adopté est de tendre à devancer le moment où une règle est passée à l'état d'obligation parfaite, unanimement acceptée dans la pratique. On est sans cesse tenté de confondre le désirable avec le possible. Heureuse-

(1) Cf. HEFFTER, op. c., p. 228.
(2) BLUNTSCHLI, op. c., p. IX.

ment l'esprit strictement juridique de notre auteur le préserve de toute exagération dans ce sens. Témoin sa manière éminemment rationnelle, à la fois humaine et virile, d'apprécier le fait de la guerre (Introd., p. 11 et § 510, p. 286). Dans une addition à son commentaire du § 108, il discute les projets de réforme du droit des gens, et ne croit pas qu'un sénat ou parlement international soit pour le moment réalisable. Mais il considère au contraire comme susceptible d'exécution la constitution d'un *Aréopage international*, c'est-à-dire d'une réunion ou Académie de juristes internationaux.

Il y a peu d'articles nouveaux ajoutés au code proprement dit. Signalons seulement les §§ 475¹ (mesures contre les épidémies des pays voisins), 492¹ (compétence des arbitres à fixer les limites de leur compétence), 545¹, 554¹, 558¹, 570¹ (droit de la guerre), 587¹, 588¹, 592¹ (convention de Genève), 632¹ (emploi des ballons), 643¹ (responsabilité des communes), 705¹ (préliminaires de paix), 755¹, 776¹, 779¹, 795¹, 828¹ (droit de neutralité). En revanche les commentaires qui suivent les articles ont été enrichis d'une foule d'observations suggérées par les derniers événements, et par les écrits auxquels il ont donné naissance.

Ce n'a pas été une médiocre satisfaction pour nous que de voir un jurisconsulte aussi éminent approuver dans ses notes la plupart des conclusions auxquelles nous étions nous-même arrivé dans cette Revue.

5. — *Le droit international théorique et pratique*, précédé d'un exposé historique des progrès de la science du droit des gens par M. CHARLES CALVO, ancien ministre, etc. — Deuxième édition, corrigée et considérablement augmentée. — Tome deuxième. — Paris. Durand et Pedone-Lauriel, Guillaumin, Amyot. 1872. Gr. in-8°, XXX et 876 pp. (1).

De même que pour le premier volume de l'édition française, la qualification de « considérablement augmentée » est trop modeste pour cette seconde partie du traité de M. Calvo. En réalité il s'agit d'un ouvrage nouveau plutôt que d'une nouvelle édition. Ici encore nous retrouvons, mais avec des développements beaucoup plus abondants que chez MM. Bluntschli et Heffter, les deux principaux événements de droit international qui se soient produits depuis quatre ans : la guerre franco-allemande et le différend anglo-américain.

Nous avons déjà eu l'occasion de remarquer que la manière de M. Calvo est surtout historique. Son ouvrage est un immense magasin de faits, et, comme il y a deux tables très complètes, méthodique et alphabétique, il est déjà par cela seul intéressant et agréable à consulter. L'auteur d'ailleurs ne se fait pas faute d'émettre ses propres appréciations, et celles-ci nous paraissent en général calmes et rationnelles. Aussi M. Heffter a-t-il, dans la préface de sa dernière édition (V. ci-dessus p. 293), exprimé le regret de n'avoir connu qu'au dernier moment le traité de M. Calvo, qu'il appelle « un ouvrage très-
» méritoire. Nos regrets, » ajoute-t-il, « sont d'autant plus sincères que nous
» nous trouvons dans la plupart des matières en parfait accord avec M. Calvo,
» et que son vaste labeur nous aurait pu servir de justification en plusieurs
» questions. »

Un membre de l'institut de France, M. Ad. Franck, a, dans un rapport verbal sur l'ouvrage de M. Calvo, reproché à cet écrivain « de se montrer trop

(1) V. notre compte-rendu de la 1re édition, T. I., pp. 296-297 de la Revue, et du 1er vol. de la 2de éd. T. III, pp. 684 et s.

attaché aux idées communément reçues et à la doctrine des faits accomplis. » Mais on se demande a quoi un auteur qui prétend exposer le droit international *existant* doit s'attacher, s'il ne s'attache aux opinions « communément reçues. » Qu'il émette, *à titre de vœu*, une opinion contraire à ce *consensus gentium*, il en a certes le droit; il en a même le devoir, si telle est l'inspiration de sa conscience; mais tant que cette opinion isolée ne sera pas, à son tour « communément reçue, » il sera impossible de la considérer comme loi internationale et de l'exposer comme telle. Quant à la doctrine des faits accomplis, le reproche ne serait juste que si M. Calvo considérait tout fait comme légitime par cela seul qu'il existe. Or, il suffit de parcourir son livre, pour trouver de nombreux exemples du contraire.

Si nous avions, pour notre part, une critique à adresser à M. Calvo, ce serait de s'être montré sur plus d'un point trop sévère pour l'Allemagne dans son appréciation en fait et en droit des événements de la guerre de 1870-1871 (1). Mais nous ne voulons pas rentrer ici dans cette discussion que nous regardons comme épuisée, et nous aimons mieux constater la manière véritablement savante et distinguée dont l'auteur a traité une foule de questions difficiles, spécialement en ce qui concerne le blocus, la contrebande de guerre et la neutralité. Son exposé du différend anglo-américain est excellent. Il a d'ailleurs recueilli à ce sujet les plus précieux témoignages. Ainsi d'après une notice bibliographique insérée au recueil périodique de Dalloz, 9ᵐᵉ cahier, 1872, M. Sclopis, président du tribunal arbitral de Genève, a pu écrire à M. Calvo : « Vous avez tracé d'avance la ligne sur laquelle, après un » mûr examen des faits les plus compliqués, nous nous sommes rencontrés.... » Tout est dit après un pareil éloge (2).

4. — *La vita de' popoli nell' Umanità.* — Prelezione al corso di diritto internazionale pubblico, privato e marittimo, pronunziata nell' università di Roma nel dì 23 gennajo 1872, dal Prof. ordinario P. S. MANCINI. — Roma 1872, C. Via. — Gr. in-8°. 48 pp.

Il y a plus de vingt ans que, au lendemain du désastre de Novare, l'illustre professeur et homme d'État qui maintenant enseigne le droit international à Rome, inaugurait sa chaire de Turin en proclamant hautement, à la face du monde, la légitimité du principe de la nationalité. C'est à la justification, à la glorification de ce même principe qu'a été consacré son discours inaugural de l'année dernière.

Le travail des jurisconsultes qui depuis Grotius jusqu'à Vattel s'occupèrent de fonder la science du droit des gens, consista surtout à identifier celle-ci avec les règles du droit romain, qui seul alors existait à l'état de droit universel. Les jurisconsultes qui sont venus depuis, ont trouvé la science toute faite, et n'ont pas osé s'insurger contre l'œuvre de leurs devanciers. Cependant les idées, les institutions, le peuple pour lesquels était fait le droit romain, ont disparu L'État qui était autrefois la source et la fin du droit n'en est plus que le moyen : l'individu, sa liberté et ses droits sont le but. Il

(1) M. C. Calvo ne semble pas connaître les travaux de Dahn, d'Opzoomer, ni surtout l'importante étude que Bluntschli a publiée au sujet de la dernière guerre dans l'annuaire de Holtzendorff.

(2) A cette place devaient venir les comptes-rendus des ouvrages nouveaux de MM. D D. FIELD (*Draft outlines of an international Code*), B. LAWRENCE (*Commentaire de Wheaton*, T III) et TISSOT (*Introduction philosophique à l'étude du droit international*). L'abondance des matières nous force à les renvoyer à une prochaine livraison.

en résulte que l'ancien droit international, qui considère encore la conquête, le butin et l'*occupatio bellica* comme des titres légitimes d'acquisition est dans une fausse voie dont il faut l'aider à sortir.

Sans doute, cela ne signifie pas qu'il faille renverser tout ce qui a été fait. Mais il faut chercher à consolider les règles du droit futur en déterminant les lois essentielles et organiques de l'espèce humaine. Or, ces lois nous mettent en présence d'un double sujet juridique : *la nationalité, l'humanité.* C'est de cette coexistence que dérive la loi juridique qui préside à la grande société des nations.

Tel est le point de départ de la doctrine de M. Mancini.

Le fait de l'*existence* des nations est indiscutable. Mais que dire de ses conséquences juridiques? Il y a, d'après M. Mancini, à dire que, si on néglige ce fait, le monde se trouve livré au culte de la force et au caprice de la volonté. On objecte en vain que le principe des nationalités est un principe d'isolement : car le fait de l'existence complète, indépendante des nations, représentées chacune autant que possible par un État, n'empêcherait pas plus leur réunion dans l'humanité que le fait de l'existence d'individus autonomes n'empêche leur coexistence sociale. On objecte encore en vain, qu'il s'agit d'une théorie révolutionnaire, subversive et d'ailleurs pleine de difficultés dans l'application. M. Mancini répond qu'il ne s'agit pas d'une application immédiate ni générale ; qu'il s'agit seulement de distinguer entre deux espèces d'États, les uns *Creazione della forza o del consenso*, aggrégations de territoires qui peuvent se dissoudre par les mêmes moyens qui les ont créées (*eodem modo dissoluti quo alligati*), les autres *Creazione della natura*, qui sont les États nationaux, indestructibles. Or, plus il y aura de ces derniers États, plus la paix, la justice et l'ordre seront assurés. Le principe en question est donc bien plus conservateur que révolutionnaire.

M. Mancini termine par un brillant tableau des progrès réalisés à l'aide de ce principe dans les dernières années.

Ce n'est pas ici le lieu de discuter les théories de notre éminent ami. Nous *les* approuvons en grande partie, en ce sens que nous considérons la nationalité comme un fait qui, là où il se manifeste d'une manière indiscutable, amène des rapports de droit que l'on ne saurait méconnaître sans injustice et sans danger. Mais nous n'allons pas jusqu'à donner à ce fait, l'importance dominante que lui attribue M. Mancini, non plus qu'à y voir le point de départ d'une véritable *rénovation* du droit des gens.

3. — *Discurso sobre la historia del derecho internacional*, con ocasion de la apertura de la cátedra de esta ciencia en la Universidad de Buenos Aires, en 7 junio de 1872 por el Dr Onésimo Leguizamon, catedrático. -- Buenos Aires. P. E. Coni., 1872. - in-8°. 44 pp.

C'est certainement un symptôme réjouissant que l'ouverture d'une chaire de droit international dans la capitale de la république argentine. Cette république qui a toujours été un des Etats les plus éclairés et qui est actuellement un des pays les plus riches de l'Amérique du Sud, a tout à gagner, au point de vue de sa prospérité matérielle comme de son indépendance et de son influence politique, à ce que les études sérieuses du droit national et international y soient tenues en grand honneur. Notre revue contiendra prochainement un article étendu sur le nouveau code civil argentin, dû au Dr Velez-Sarsfield, et probablement celui de nos amis qui se chargera de ce travail, aura l'occasion de faire remarquer la science profonde et l'esprit judicieux que révèle cette œuvre législative. Nous devons également constater, autant qu'on peut en juger par un discours, le mérite du professeur de droit des gens : le Dʳ O. Leguizamon, les tendances libérales, progressives et sages de son enseignement. Si nous avions quelque critique à adresser aux théories de M. Leguizamon, ce serait en ce qui concerne ses sympathies pour ce qu'il appelle *la période révolutionnaire*, inaugurée, dit-il, par la révolution française. Si la révolution française a été bienfaisante sous plusieurs rapports, il est impossible de soutenir qu'elle l'ait été en ce qui concerne le droit international. Bien loin de faire réaliser à celui-ci aucun progrès, elle a méconnu plusieurs de ses principes les plus évidents, en pratiquant vis-à-vis des nations voisines, une politique de conquête et d'intervention, dont elle a fini par être elle-même la victime. L'esprit révolutionnaire est très différent de l'esprit libéral, et il serait à désirer que celui-ci et non celui-là se répandît, surtout dans les républiques. Le premier est un esprit de guerre, qui aboutit fatalement au triomphe de la force dictatoriale ou démagogique; le second est un esprit de paix, qui sait concilier ses aspirations progressives avec les conditions historiques d'existence et de gouvernement d'un État, et qui n'abandonne le terrain de la légalité que lorsque lui-même en est chassé par les attaques de ses adversaires.

6. — *Idea fondamentale del diritto e del diritto internazionale in ispecie.* — Prolusione al corso di diritto internazionale, letta nella R. Università di Modena, il giorno 11 gennaio 1872, dall' avv. Emilio Brusa. Modena, Tipogr. sociale. 1872. In-8°, 40 pp.

Le jurisconsulte qui a succédé à M. Pierantoni dans la chaire de droit international à Modène, nous était déjà connu comme collaborateur de l'*Archivio giuridico.* Sa leçon d'introduction se caractérise par un langage élevé, chaleureux, peut-être un peu déclamatoire. Le fondement qu'il assigne à l'idée du droit est celui qu'indique l'accord presqu'unanime de la science moderne. Le droit, dit-il, est un rapport nécessaire dont le fondement se trouve dans notre nature, et plus loin (p. 8), il rappelle la splendide définition du Dante : *Jus est realis et personalis hominis ad hominem proportio : quœ servata, hominum servat societatem, corrupta corrumpit.* Montesquieu, en parlant des lois, dans leur signification la plus étendue, a dit également « qu'elles sont les rapports nécessaires qui dérivent de la nature des choses. » Nous aimons mieux, nous l'avouons, l'idée fondamentale du droit ainsi présentée que la définition donnée (p. 12) par M. Brusa : « le droit, dans sa substance et dans son but, est l'instrument premier et indispensable à l'homme pour la réalisation de sa nature propre d'animal éminemment raisonnable et nécessairement sociable. » Comment en effet, le droit pourrait-il être à la fois un rapport et un instrument, lequel devient en outre, quelques pages plus loin (p. 54), « un organisme? » Il y a là un certain défaut de précision.

Mais c'est là une légère critique. Tout ce que dit M. Brusa de la nationalité, de la manière dont elle se forme, nous paraît fort bon. Il pose avec raison en principe (p. 26) que *la volonté n'est pas un élément constitutif de la nationalité,* mais qu'elle peut en devenir un élément auxiliaire très-important. Il termine par un éloquent aperçu des destinées du droit international.

7. — *Désarmer ou déchoir. Essai sur les relations internationales*, par le comte E. GOBLET D'ALVIELLA, D' en sciences politiques et administratives, D' en droit etc., avec un avant-propos de M. FRÉDÉRIC PASSY. — Bruxelles, Muquardt. Paris, Guillaumin et C'', 1872. In-8°, IX et 223 pp.

Cet ouvrage a été couronné à Paris, par la société des *Amis de la Paix*, à la suite du concours de 1869-1871. Le titre en indique suffisamment la conclusion. *Désarmer ou déchoir !* voilà le suprême et inexorable dilemme qui, d'après l'auteur, s'impose, avec une urgence croissante, aux puissances de l'Europe. *Désarmer ou périr!* répète M. Fréderic Passy dans son avant-propos. « Il n'est que temps, » ajoute le zélé président de la société de la paix, « de conjurer enfin la redoutable prophétie de Montesquieu : « L'Europe » périra par ses hommes d'armes. » Ce n'est plus déjà une question de plus » ou de moins, c'est une question de vie ou de mort. »

Il est certain que les énormes budgets de la guerre, la stérilisation de capitaux et de forces humaines qui en résulte, et la création d'une classe considérable de citoyens, dont la guerre actuelle ou possible est l'unique « métier, » constituent des dangers sérieux pour la société moderne. Trop de pays qui ont fait des révolutions pour se débarrasser de la mainmorte monacale, ont vu la caserne remplacer le couvent. Nous ne saurions cependant admettre que le dilemme : « désarmer ou déchoir, désarmer ou périr, » soit parfaitement exact. S'il l'était, il n'y aurait plus qu'à désespérer de l'avenir de l'Europe. Car en fait, un désarmement général est, dans les circonstances actuelles, une parfaite impossibilité.

Le premier devoir de tout gouvernement est de se mettre en mesure de défendre, par tous les moyens possibles, l'existence et l'intégrité de l'État qu'il représente. Or, pour qu'un gouvernement pût se dispenser de comprendre, parmi ces moyens, l'organisation d'une force militaire, il faudrait qu'il commençât par être assuré de n'avoir jamais de guerre à soutenir. Mais quel homme d'état oserait, sans se couvrir de ridicule, professer pour son pays une pareille confiance? La question pour les États isolément considérés est donc bien plutôt « armer ou périr » que « désarmer ou périr. » Dira-t-on maintenant que tous les États ensemble pourraient conclure une convention générale de désarmement, ou fixer pour chacun un maximum? Mais en supposant qu'ils y fussent disposés, où serait la sanction de ce pacte? Sur quelles bases fixer le maximum? Comment constater les fraudes? Comment établir une *balance* de forces entre des systèmes d'organisation militaire entièrement différents? Le plus clair serait qu'on aurait ouvert une source nouvelle d'interminables discussions, dont maint État faible finirait peut-être par payer les frais.

Si le désarmement général est impossible, en résulte-t-il qu'il n'y ait rien à faire pour empêcher ou atténuer les dangers de l'état de choses actuel? C'est là une question que chaque nation est appelée à résoudre pour elle-même, en se donnant l'organisation militaire, non-seulement la plus propre à la défense de son territoire, mais la plus juste, la plus favorable à la santé morale et physique de la nation, et enfin la plus économique. Or, la première chose requise au point de vue de la justice, nous parait être l'abolition de la conscription et du remplacement.

M. Goblet nous apprend que son mémoire était écrit six mois avant la dernière guerre. En le publiant, en octobre 1872, il y a joint une postface étendue sur *la réforme internationale au point de vue pratique et actuel*. Nous avouons franchement que cette partie nous plait beaucoup mieux que le mémoire couronné. Le style et les idées ont singulièrement gagné en maturité, sans rien perdre de leurs allures brillantes et généreuses. Est-ce au spectacle des évènements, de la réalité vivante, ou à de nouvelles et plus fortes études que ce progrès est dû? Sans doute à l'une et à l'autre cause. Dans tous les cas nous nous en réjouissons, et comme juriste et comme compatriote de M. Goblet. C'est surtout dans les petits Etats, neutres et pacifiques par essence, qu'il importe de cultiver et de respecter le droit international. Car c'est par lui qu'ils vivent et sur lui qu'ils doivent s'appuyer pour continuer à vivre.

B. — TRAITÉS SUR DES MATIÈRES SPÉCIALES DE DROIT INTERNATIONAL.

1. — *Diritto diplomatico e giurisdizione internazionale marittima*, col commento delle disposizioni della Legge Italiana del 13 maggio 1871 sulle relazioni della Santa sede colle Potenze straniere, — dell'avv. cav. PIETRO ESPERSON, prof. di diritto internazionale nella R. Università di Pavia. — Vol. I. — Roma-Torino-Firenze. Ermanno Lœscher. 1872. in-8°, 367 pp.

L'Italie est, on peut le dire, la patrie de la diplomatie moderne. Les papes, Venise, Florence, Gênes, les ducs de Savoie et même de fort petits princes italiens ont compté parmi leurs représentants à l'étranger de véritables maîtres dans l'art diplomatique. Une histoire de la diplomatie italienne est encore à faire, et M. Mancini a naguère émis l'espoir que quelqu'un des membres de cette brillante phalange de jurisconsultes, honneur de la jeune Italie, prendrait sur lui d'élever ce monument à sa patrie. En attendant, M. Esperson, déjà connu par de nombreux travaux sur le droit international, a entrepris un ouvrage dont le premier volume, actuellement paru. traite du *droit diplomatique*.

Que de questions intéressantes! Qui peut renvoyer, qui peut recevoir des ambassadeurs? *Quid* si un nouveau gouvernement succède ou prétend succéder à l'ancien? Spécialement quelle est en Italie la position du Saint-Siège? M. Esperson expose à ce propos la théorie de la loi italienne du 13 mai 1871. Tout en approuvant cette loi, nous ne sommes pas tout-à-fait d'accord avec M. Esperson quant à l'explication qu'il en donne, en ce sens que la loi ne nous paraît pas avoir été un acte purement gracieux de la part du gouvernement italien, mais bien une conséquence du caractère spécial qui, dans le droit international européen et dès avant la suppression du pouvoir temporel des papes, distinguait ceux-ci, même au point de vue purement diplomatique, de tous les autres souverains. Mais ce n'est pas ici le lieu de discuter cette question, qui exigerait des développements d'une certaine étendue.

Quel est le caractère de l'inviolabilité et de l'immunité des diplomates? M. Esperson tend à restreindre, à bon droit selon nous, l'immunité diplomatique. Il faut remarquer qu'autrefois elle avait sa raison d'être dans la dépendance où se trouvaient les magistrats vis-à-vis du pouvoir exécutif. tandis qu'aujourd'hui il n'en est plus ainsi, du moins chez la plupart des peuples occidentaux. Partant de là, il va jusqu'à soutenir d'une manière absolue la compétence des tribunaux locaux en matière de crimes et délits commis par les envoyés étrangers.

P. 27 et 31, M. Esperson parle des « qualités que doit posséder un agent diplomatique. » La lecture de ce §, beaucoup trop écourté, nous a fait songer qu'il y aurait toute une étude intéressante à écrire sur la manière dont se font, dans les différents pays, l'éducation et la promotion des agents diplomatiques.

Le Titre VIII est intitulé : *Bons offices, médiation, arbitrage*, et le Titre IX, *Congrès et conférences*. M. Esperson émet le vœu, au nom de la science, de voir consacrer par le droit international le principe qu'il ne soit jamais permis aux États entre lesquels surgit un conflit de recourir aux armes, avant d'avoir demandé les bons offices d'une puissance amie (p. 233). Plus loin, il adhère à la proposition de Bluntschli, d'après laquelle les arbitres internationaux seraient choisis à l'avenir sur une liste permanente des représentants les plus éminents du droit international, dressée par les ministres de la justice ou les facultés de droit de chaque État.

M. Esperson joint à son livre l'indication des auteurs dont il a fait usage. Il serait à désirer que l'on prît l'habitude dans ce genre de tables, d'indiquer aussi l'édition dont on s'est servi. Il serait de la sorte plus facile de vérifier les citations.

En résumé, nous croyons le livre du savant professeur de Pavie, digne de figurer dans les bibliothèques de tous les diplomates, et nous souhaitons que le second volume ressemble à son aîné.

2. — *Discorsi parlamentari sulla questione romana* (1861-1870), *sull' independenza spirituale del pontefice e sulla libertà della chiesa* (Gennaio-Febbraio-Marzo 1871) pronunziati nella camera de' deputati italiani, dal Deputato Prof. P. S. Mancini. — Firenze. Eredi Botta 1871.

Tous ceux qui voudront se familiariser avec les différents aspects de la grave et délicate question des rapports de l'Italie avec le Saint-Siége, feront bien de consulter ce recueil de discours parlementaires, prononcés par un des orateurs les plus éloquents et des plus grands jurisconsultes de l'Italie actuelle. Alors même qu'ils ne partageront pas ses idées, ils ne pourront s'empêcher d'en admirer l'expression ferme et digne, et de rendre hommage à l'indépendance de caractère, à la science, à l'habileté qui se manifestent presqu'à chaque page du volume.

La question romaine, telle qu'elle se présentait de 1861 à 1870 était éminemment complexe, et nous nous garderons bien d'émettre à son sujet, en ces quelques lignes, un jugement qui paraîtrait à juste titre présomptueux et téméraire. Peut-être le tenterons-nous prochainement. Bornons-nous à faire observer que la difficulté provient du conflit perpétuel qui a existé avant 1870 entre l'élément *national* et l'élément *international* du problème, et depuis cette époque, entre le désir sincère de l'Italie de créer au pape des conditions d'existence en rapport avec sa position de chef reconnu d'une grande religion, et son intérêt qui lui commande avant tout de sauvegarder sa propre intégrité nationale. Dans ce double conflit, il y a eu de nombreux épisodes et quelques moments tout-à-fait décisifs. A chacun de ces moments, nous voyons M. Mancini sur la brèche, se posant surtout en défenseur infatigable des intérêts nationaux, tandis que le ministère qu'il combattait, plus directement en rapport avec la diplomatie, aux prises avec une foule de difficultés pratiques, était surtout en quête de transactions et d'atermoiements.

Toute la seconde partie, c'est-à-dire la plus grande moitié du volume est remplie par la discussion du projet de loi sur les garanties de l'indépendance spirituelle du Souverain-Pontife et sur la liberté de l'Église. Nous trouvons d'abord le projet du gouvernement, puis un contre-projet, présenté par M. Mancini, puis vingt discours de celui-ci à l'appui de son contre-projet, puis la loi telle qu'elle fut définitivement adoptée. Comme le dit l'orateur, la différence entre lui et le gouvernement ne portait pas sur une question de principe, mais bien de forme et de mesure. La question était de savoir jusqu'à quel point il fallait aller dans cette série de dérogations au droit commun. Le contre-projet de M. Mancini n'a pas été adopté, mais il n'en a pas moins exercé une grande influence sur la rédaction définitive de la loi. Quant aux discours, il y en a qui sont des chefs-d'œuvre de discussion méthodique et substantielle. Nullement déclamatoires, ils ont, comme c'est du reste le cas en général pour les discussions du parlement italien, plus d'analogie avec les débats du parlement anglais qu'avec l'éloquence française.

3. — *Het oorlogsrecht*, door J. C. C. DEN BEER POORTUGAEL, kapitein van den Generalen Staf (1). — Breda, Broese en Comp 1871. In-8°, XVI, 384 en LXXXVIII pp.

Un ouvrage sur le droit de la guerre par un officier néerlandais, voilà un bon signe pour l'avenir du droit international dans la patrie de Grotius. « A mon sens, » dit l'auteur dans sa préface, « ce qu'il y a de plus efficace » pour circonscrire les maux de la guerre, c'est que chacun sache ce qui en » temps de guerre est permis, ce qui est défendu, et soit pénétré de cette » vérité que le devoir des États est de se faire pendant la paix autant de bien » et pendant la guerre aussi peu de mal que possible. Ici encore, c'est à » l'instruction à dompter la force brutale. Cette instruction est indispen- » sable à l'officier dans les diverses circonstances où peut le placer la » guerre. Elle est utile au bourgeois, que la guerre peut également » atteindre. »

Le traité de M. Den Beer Poortugael débute par une introduction fort bien faite où, après quelques considérations générales sur le droit, l'auteur esquisse à grands traits, d'abord l'histoire matérielle du développement des relations internationales, puis l'histoire littéraire du droit des gens. Il justi- fie ensuite l'existence du droit international comme science à l'encontre de ceux qui la dénient, et termine par d'excellentes considérations sur les rap- ports entre le droit des gens (spécialement le droit de la guerre), la politique et la morale.

Dans le corps même du traité, l'auteur a le mérite d'employer un style parfaitement clair, à la portée de ceux qui ne sont pas versés dans l'étude du droit, d'être au courant de la littérature la plus récente sur la matière, et de citer en même temps de nombreux exemples empruntés à l'histoire des guerres modernes. Mais ce que nous louerons surtout, c'est la tendance *humaine* de ses principes. A notre avis, il va même parfois dans cette direc- tion jusqu'à introduire ou à proposer dans le droit de la guerre des règles qui conduiraient à des résultats inadmissibles. Telle est sa proposition « d'interdire le bombardement de toute ville dont la population ne résiste- rait pas. » Nous persistons à considérer cette règle comme n'étant applicable, *d'une manière absolue*, qu'aux villes ouvertes, non fortifiées. Il est vrai que l'orateur, complétant sa pensée, veut aussi que l'on interdise d'entourer les villes elles-mêmes d'une enceinte fortifiée, et que l'on se borne à leur donner une ceinture de forts et de redoutes. Mais si sage que soit cette idée, elle ne

(1) *Le droit de la guerre* par J. C. C. DEN BEER POORTUGAEL, capitaine de l'etat major général.

pourrait jamais avoir que la portée d'un conseil et non d'une règle de droit international, puisque chaque gouvernement doit en principe être laissé juge des périls auxquels il expose sa population. — Ce sont là toutefois de bien faibles critiques, et tous ceux que peut atteindre le sort de la guerre seront heureux de voir pécher par excès d'indulgence ceux qui peuvent devenir les instruments officiels de ses rigueurs.

M. Den Beer Portugael a été chargé par le gouvernement néerlandais d'enseigner le droit et les usages de la guerre aux officiers de l'école d'État-major. Puisse son livre, répandu comme manuel dans tous les rangs de la vaillante armée des Pays-Bas, perpétuer, à côté de ses antiques traditions de bravoure, ce respect chevaleresque du droit, qui n'est nulle part plus beau que chez les dépositaires de la force.

4. — *La question de l'Alabama et le droit des gens,* par M. Pradier-Fodéré, avocat, professeur de droit public etc. — Paris, Amyot, 1872, in-8°, 60 pp.

5. — *Gli arbitrati internazionali e il trattato di Washington* di Aug. Pierantoni, prof. di diritto internazionale etc., etc. — Napoli. — De Angelis. 1872, In-8°, 127 pp.

6. — *Message, dépêches et rapports du conseil privé au sujet du traité de Washington,* imprimés par ordre du parlement (du Canada). — Ottawa, Taylor. in- 8°, 55 pp.

7. — *Report of the agent of the United States before the tribunal of arbitration at Geneva,* together with the protocols of the conferences, the award of the tribunal, and the reply of the secretary of state to the agent of the United States. — Washington. Gov. printing office. 1873, in-8°, 63 pp.

8. — *The indirect claims of the United States under the treaty* of Washington of May 8, 1871, as submitted to the tribunal of arbitration at Geneva, by William Beach Lawrence, LL. D. — Providence. Sidney, Rider, 1872.

9. — *L'affaire de l'Alabama et le tribunal arbitral de Genève,* par Alphonse Rivier. Dans la *Bibliothèque universelle et revue Suisse.* — Lausanne, Décembre 1872, pp. 577-605.

10. — *The obligations of neutrals.* A lecture delivred to the Leith chamber of commerce on Januari 16, 1873 by James Lorimer, advocate, regius professor of public law etc., etc. — Edinburgh, Constable, 1873, in-8°, 21 pp.

Nous croyons utile de signaler les sept publications dont les titres précèdent, et qui toutes sont de nature à venir en aide à ceux qui voudront se livrer à l'étude complète de cette mémorable affaire de l'Alabama. La brochure citée sub n° 1 a été écrite au moment où les réclamations pour dommages indirects formulées par les États-Unis soulevaient en Angleterre une vive agitation, au point de faire craindre une dénonciation du compromis. M. Pradier Fodéré se prononce, comme nous l'avons fait [1], pour la compétence absolue

(1) V. Quelques mots sur la phase nouvelle du différend anglo-américain, t. IV de la Revue, p. 127.

des arbitres à statuer sur *toutes* les réclamations relatives à la question dite de l'Alabama.

Le mémoire de M. Pierantoni, écrit vers la même époque que celui de M. Pradier-Fodéré, a des conclusions plus générales. C'est une savante et précieuse contribution à l'étude de la matière qui en ce moment domine le droit des gens pratique : l'organisation et la procédure de l'arbitrage international. Nous sommes heureux, sur cette question comme sur beaucoup d'autres, de nous trouver d'accord avec notre éminent correspondant de Naples. Les pp. 64-85 sont spécialement intéressantes par de nombreux exemples d'arbitrages internationaux, empruntés à toutes les époques de l'histoire.

Les n⁰ˢ 6 et 7 sont des documents à ajouter aux *Cases, Counter-Cases* et *Arguments* qui forment le dossier officiel de l'affaire. Le n⁰ 6 contient un grand nombre de dépêches et de rapports relatifs à la partie des différends anglo-américains qui intéressait spécialement le Canada, et notamment à la cession, par le traité de Washington, des pêcheries canadiennes sans compensation suffisante, et à l'absence dans le même traité d'une clause de remboursement des dépenses causées par l'invasion féniane. On sait que le parlement canadien a fini par approuver le traité, moyennant par le gouvernement impérial britannique de garantir un emprunt canadien de L. S. 2,500,000 à affecter moitié au chemin de fer du Pacifique, moitié à l'amélioration et à l'agrandissement des canaux canadiens.

L'objet de la publication n⁰ 7 est suffisamment indiqué par son titre. Elle contient deux documents nouveaux d'un grand intérêt : la lettre de M. Davis à M. Fish, du 21 septembre 1872, pp. 3-16, et la réponse du secrétaire d'État américain, 22 octobre 1872, pp. 57-64. Le but en est surtout de rencontrer le mémoire déposé à la dernière séance arbitrale par l'arbitre anglais : Sir Alexander Cockburn Nous y reviendrons dans notre chronique de droit international.

M. Beach Lawrence, bien qu'Américain, s'est prononcé, dès le début du conflit de l'Alabama, contre les réclamations de dommages-indirects. Il a adressé dans ce sens différentes lettres aux journaux américains : *The World* et *the Providence Journal*. Ce sont ces lettres qu'il a réunies et publiées en brochure.

L'article de M. Rivier dans la Bibliothèque universelle est un rapide, lumineux et spirituel exposé de toute l'affaire depuis son origine jusqu'à la sentence de Genève.

M. Lorimer, dans sa lecture à la chambre de commerce de Leith, a essayé de dégager pour ainsi dire la morale de l'histoire de l'Alabama. Sa conclusion est que l'on suit une mauvaise voie en imposant aux neutres des obligations qu'ils peuvent se trouver hors d'état de remplir. Il y aurait à réviser tout le droit international en ce qui concerne les obligations des neutres. M. Lorimer voudrait notamment que l'on dégageât absolument les *gouvernements* de toute responsabilité du chef des actes commis par leurs *sujets* contre l'un ou l'autre d'entre eux, en faveur d'un État avec lequel l'un d'eux serait en guerre.

III. — Droit constitutionnel ou administratif.

A. — *Droit constitutionnel.*

1. — *La nuova Italia e la sua costituzione.* — Studii di Tommaso Arabia. — Napoli, Saverio Starita. 1872. — In-4° VII et 520 pp.

Encore un nom nouveau dont nous signalons l'avènement parmi la pléiade d'écrivains de talent dont s'honore l'Italie actuelle. C'est à sa patrie unifiée, rajeunie que M. Arabia a dédié ses études. Son but a été, dit-il. « de faire » un livre élémentaire, intelligible au grand nombre, où seraient exposées » et examinées à la fois les formes organiques du gouvernement et de l'ad- » ministration...... Je n'ai pas aspiré, » ajoute-t-il, « à me concilier la bien- » veillance des lecteurs en disant des choses nouvelles, ou en poursuivant » de faciles et séduisantes théories.... Mais j'ai tâché d'expliquer les origines » et les motifs de l'ordre des institutions existantes, sans oublier de les con- » sidérer par rapport à l'époque où elles ont pris naissance et à la civilisa- » tion du peuple où elles fonctionnent.... souvent aussi j'ai tenu à comparer » nos institutions avec celles d'autres peuples qui nous ont précédés dans la » voie de la liberté et de l'indépendance. »

Nous croyons que M. Arabia a pleinement réussi dans le but qu'il s'est proposé. Tout son livre est pénétré d'un excellent esprit et d'une science réelle. Il débute par quelques notions fondamentales, philosophiques, histo- riques et juridiques sur le Droit, l'État, les pouvoirs de l'État et les différen- tes formes de la souveraineté en général. L'établissement du gouvernement représentatif en Italie forme le sujet de son livre I. Le livre II s'occupe des droits publics et politiques, de l'égalité devant la loi, de la liberté indivi- duelle, de l'inviolabilité du domicile et de la liberté de la presse; des droits de propriété, d'association et de réunion, de la liberté de conscience, à propos de laquelle l'auteur s'occupe de la loi italienne sur les prérogatives pontificales. Puis il expose successivement les principes de la liberté d'en- seignement qui, d'après l'auteur, n'excluent pas l'instruction obligatoire, de la liberté du travail et du commerce, du droit électoral et des différents systèmes électoraux, y compris ceux qui tendent à consacrer le principe de la représentation des minorités, pour arriver enfin à l'exposé de toute l'or- ganisation du régime parlementaire depuis le pouvoir royal et le pouvoir parlementaire proprement dit, jusqu'aux différentes branches de l'adminis- tration centrale ou locale.

Ceux qui voudront à l'étranger se faire une idée raisonnable de la consti- tution politique de l'Italie actuelle trouveront, comme on le voit, des rensei- gnements complets dans le livre de M. Arabia.

2. — *Das böhmische Staatsrecht und die Entwickelung der österreichischen Reichsidee vom Jarhe 1527 bis 1848.* — Eine rechtsgeschichtliche Studie von Dr Hugo Toman, Prag. J. G. Calve'sche K. K. Univers. Buchhandlung. (O. Beyer). 1872. — In-8", VI et 227 pp.

Dans la double confédération qui forme aujourd'hui l'empire austro- hongrois, l'idée impériale et centraliste autrichienne a souvent été en lutte avec le droit historique national ou local. Cependant une coexistence déjà plusieurs fois séculaire, jointe aux progrès lents mais continuels de l'élément allemand a, sur bien des points, amené une fusion, qui fait que le droit historique des peuples mêmes qui ont toujours le plus hautement revendiqué leur autonomie et leurs institutions propres, est arrivé à se pénétrer profondément de l'idée autrichienne. Après la Hongrie, c'est la Bohême qui offre sous ce rapport le spectacle le plus intéressant et le plus compliqué. Il est difficile d'ailleurs d'assigner aux éléments en présence une valeur permanente au point de vue du progrès politique. Ni la raison, ni le droit, ni même le véritable intérêt national ne se trouvent invariablement soit du côté des Habsbourg, soit du côté des pouvoirs locaux qu'ils s'appliquent à affaiblir ou à absorber. Telle est la conclusion qui nous paraît ressortir le plus clairement de l'intéressant volume que nous avons sous les yeux, bien que l'auteur ne la formule nulle part d'une manière aussi générale.

L'union commencée à l'avènement de l'archiduc Ferdinand I, comme roi électif de Bohême (1527), n'est d'abord que purement personnelle, et la première préoccupation du nouveau roi est d'assurer à sa maison la triple possession des couronnes de Bohême, de Hongrie (avec leurs dépendances), et de ses états autrichiens héréditaires. Mais dès lors son instinct politique le porte à profiter de toutes les occasions pour jeter les premiers fondements d'une union *réelle* entre tous ces pays. Dès-lors aussi on voit poindre l'idée des *délégations*, qui a eu ses premières racines dans les *diètes générales* où se trouvaient représentés tous les pays incorporés à la couronne de Bohême (Moravie, Silésie, etc.). Ferdinand I chercha, mais sans succès, à appliquer ce système à l'ensemble de ses Etats (1). En revanche il réussit à donner à l'autorité royale, dans le gouvernement du pays, une toute autre influence que celle qu'elle avait à l'époque des Jagellons.

Cependant cette influence, toute personnelle à Ferdinand I, ne se continue pas sous ses successeurs immédiats. Il semble même en 1618 que la Bohême doive se détacher de la maison d'Autriche, lorsque Ferdinand II la ressaisit. triomphe sur la Montagne-Blanche (1620) du palatin Frédéric que les Etats avaient élu roi, et inaugure la restauration en proclamant l'hérédité de la couronne dans sa maison. En même temps, il fait sienne la cause catholique, confisque, exile, laisse ruiner le pays par ses armées et, lorsqu'il voit la Bohême à ses pieds, il publie en 1627 une nouvelle ordonnance qui forme le fond de la constitution du pays jusqu'en 1848.

Le Dr Toman analyse avec soin les éléments et la mise en pratique de cette constitution, qui repose, outre l'ordonnance, sur la Lettre de Majesté (Majestätsbrief) de Ferdinand II, du 29 mai 1627, et sur les Novelles et Déclaratoires de Ferdinand III du 1 février 1640. Il nous est impossible de le suivre dans ces développements. Remarquons seulement que, à la suite des épouvantables ravages causés par la guerre de trente ans, une grande partie de l'ancienne aristocratie a disparu pour faire place à des maisons d'origine étrangère : allemande, italienne, française, wallonne ou flamande, la plupart ayant pour premiers chefs des officiers impériaux. Les bourgeois et les cultivateurs indigènes étaient ruinés, décimés, et leurs nouveaux seigneurs les traitaient en vaincus plutôt qu'en concitoyens. Les séances des diètes, en partie absorbées par un vain formalisme, n'offraient plus aucun intérêt. Dans ces conditions, la voie de la centralisation était toute préparée, la maison d'Autriche se présentait comme la protectrice du peuple contre les

(1) Il est curieux de voir comment, dès le siècle suivant, ces tentatives se renouvelèrent et réussirent graduellement. V. tout le chapitre intitulé : *Anfänge einer Gesammtvertretung der böhmischen und deutschen Erbländer* (pp 96)

grands, et les innovations de Marie-Thérèse et de Joseph II ne devaient rencontrer, du moins au début, que peu de résistance.

C'est à partir du moment où Joseph II participe au gouvernement des pays autrichiens (1765), et surtout de son avènement au trône (1780), que l'idée d'un état autrichien unitaire, où l'influence germanique dominerait celle des autres nationalités, prend conscience d'elle-même. Il nous semble que l'on peut résumer comme suit les qualités et les défauts de ce singulier prince : il avait des idées politiques, mais le sens, le tact politique lui manquait. Il était libéralement despote et despotiquement libéral. Comme le dit le D* Toman, « sa conviction personnelle, qu'il ne voulait que le bien, légitimait à ses yeux toutes les manifestations de sa volonté absolue...... Il » voulait le progrès et les lumières ; mais l'expérience montre qu'il n'a fait » que fonder cet absolutisme qui, par la suite, paralysa le progrès et les » lumières pendant de longues années. »

L'instrument de Joseph II pour mettre à exécution ses projets de réformes, fut le conseil d'état qui siégeait à Vienne. Il se passa en général, notamment en Bohème, des états représentatifs du pays. Cependant ceux-ci en consentant, en 1781, à sa proposition de supprimer le servage des paysans, avaient montré que leur existence ne constituait pas un obstacle invincible aux réformes. Ce fut sans les États que l'Empereur restreignit l'autonomie des villes, réglementa l'instruction publique, la position de l'église catholique, l'administration de la justice, et bouleversa en fait toutes les anciennes institutions, confondant plus d'une fois les traditions inoffensives avec les abus sérieux. Aussi, dès avant sa mort, vit-on se prononcer un mouvement sérieux de réaction, et même, de 1790 à 1795, un réveil de l'esprit national, tel qu'on n'en avait pas vu en Bohème depuis le 16ᵐᵉ siècle. Malheureusement, ce ne fut là qu'un éclat éphémère. Les excès de la révolution française servirent de motif ou de prétexte au rétablissement en fait de l'absolutisme. Cependant les anciennes formes constitutionnelles furent maintenues. L'absolutisme autrichien de 1795 à 1848 ne cherchait en effet pas plus à rétrograder qu'à avancer. Ce qu'il voulait, c'était rester absolument stationnaire.

C'est en traversant cette phase que l'auteur nous mène jusqu'aux dernières années qui précédèrent 1848, et pendant lesquelles la conscience d'une individualité nationale de la Bohème sembla se réveiller dans les États.

Le livre du D* Toman est essentiellement instructif. Plusieurs des sources où il a dû puiser, sont inédites. Il est fâcheux qu'il n'ait pas poursuivi son étude jusqu'en 1867. La seule critique générale que nous ayons à lui adresser, c'est que ses conclusions ne sont pas mises suffisamment en lumière. Il faut, du moins quand on n'est pas familiarisé avec le pays dont il parle, le suivre avec beaucoup d'attention pour retrouver à propos la pensée générale qui doit guider à travers la succession des faits.

5. — *Della prima camera nei Parlamenti e del senato del regno d'Italia.* Considerazioni di Erc. Vidari, Prof. nella R. Università di Pavia. Bologna. 1872. In-8°, 60 pp. (Estr. dall' arch. giuridico).

La question des deux chambres, et de la manière dont elles doivent être nommées et organisées est toujours encore une des plus discutées dans la théorie du régime parlementaire. En France, elle a été traitée et résolue diversement presqu'à chaque changement de régime, et les expériences faites dans les deux sens fournissent aux partisans des deux opinions des arguments plutôt négatifs que positifs. Dans les autres pays, les hommes pratiques sont généralement convaincus de la nécessité de deux chambres. C'est dans ce sens aussi que se prononce M. Vidari, en se plaçant au point de vue spécial de l'Italie. Examinant la manière dont la première chambre devrait être élue, il compare entre eux les divers systèmes actuellement usités, et donne la préférence au modèle hollandais, qui consiste, comme on sait, à faire élire la première chambre par les États provinciaux. En passant il donne, après Laboulaye, au Sénat américain des éloges (p. 49), que certains scandales récents nous font paraître exagérés. Nous ne sommes pas tout-à-fait de son avis non plus lorsqu'il veut rendre l'influence *politique* de la première chambre *semblable* à celle de la seconde, c'est-à-dire de l'assemblée populaire. Cela n'existe et n'existera nulle part. L'influence peut, d'après nous, être également grande, mais elle doit être d'*une nature essentiellement dissemblable*. Il faut, autant que possible, que la haute chambre représente la force de continuité, le maintien des traditions historiques de la nation, tandis qu'à la seconde doit appartenir la force d'initiative.

Système électoral. — Représentation proportionnelle.

En attendant le travail annoncé dans cette Revue sur la représentation des minorités, nous donnerons ici une énumération des ouvrages qui nous sont parvenus en dernier lieu, et qui constituent la littérature la plus récente à consulter sur cette importante matière :

1. — *Associazione per lo studio della rappresentanza proporzionale*, Bollettino 1°, Giugno 1872. — Bollettino 2° Ottob.-Nov. 1872. 267 pp. Firenze, Cellini.

V. ce que nous avons dit de la fondation de la *Société italienne pour la réprésentation proportionnelle*, t. IV, 1872, p. 355 de la Revue. Cette société a actuellement pour secrétaire M. le Dr A. BRUNIALTI, à Rome (Foro Traiano, n° 37).

2. — DROOP. — *Proportional representation as applied to the election of local governing bodies.* · London, Wildy and Sons, 1871.

3. — CARLO FERRARIS. — *La Rappresentanza delle minorità nel parlamento.* — Dissertazione. — Torino 1870, in-8, 113 pp.

4. — *Travaux de l'association réformiste de Genève.* — Genève, H. Georg 1871.

C'est un recueil de tous les documents, rapports, brochures, etc., publiés par cette active société, que M. E. Naville a fondée et dont il continue à diriger les travaux avec la plus infatigable persévérance.

5. — *La réforme électorale en France*, par Ernest Naville. — Genève, Didier. In-12. 136 pp.

6. — PADELLETTI. — *Teoria della elezione politica.* — Napoli, 1870. VIII et 305 pp.

7. — Id. — *La rappresentanza proporzionale in Italia. A proposito di recenti pubblicazioni.* — (Estr. della nuova antologia, sett. 1871.) 24 pp.

8. — *On representative government and personal representation*, based in part upon Thomas Hare's treatise, entitled : « the election of representatives, parliamentary and municipal », by Simon Sterne. — Philadelphia. — Lippincott 1871. In-8, 237 pp.

9. — Attilio Brunialti. — *Libertà e Democrazia. Studii sulla rappresentanza delle minorità.* — Milano, E. Treves. — 1871. — In-8°, XXVIII et 512 pp.

10. — *Della libertà ed equivalenza dei suffragi nelle elezioni, ovvero della proporzionale rappresentanza delle maggioranze e minoranze.* — Studio critico dell' avv. Francesco Genala. — Milano, F. Vallardi, 276 pp.

11. — *Two essays on proportional representation* by Mrs Fawcett (repr. from Macmillan's Magazine). — Publ. by the repres. reform association. London, 1871. 16 pp.

12. — *Proportional representation in large constituencies*, by Walter Baily, Barr.-at-Law etc. — London, W. Ridgway, 1872, 22 pp.

13. — *Della rappresentanza proporzionale in Italia per* Sidney Sonnino. — Firenze, Barbera. 1872. — In-4°, 50 pp.

14. — *Report of the debate on the proportional representation bill*, — in the house of Commons, July the 10th 1872. — Publ. by the repres. reform assoc. London. — In-8, 50 pp.

15. — *The machinery of politics and proportional representation.* — Repr. from the Amer. Law review. — Publ. by the repres. ref. assoc. London 1872. 51 pp.

16. — *Lettre sur les progrès de la réforme électorale*, par E. Naville. — Extr. du Journ. de Genève, 22 janv. 1873. — Genève 1873, 15 pp.

Rapports entre l'État et les Églises.

1. — *Sammlung kirchenrechtlicher Abhandlungen*, von Dr Adolf von Scheurl. Erlangen, Andr. Deichert. 1872. — Gr. in-8°. 436 pp.

Dans le recueil d'articles rassemblés sous le titre qui précède, le Dr von Scheurl se place surtout, bien que non exclusivement, au point de vue des rapports de l'État avec l'Eglise protestante évangélique. Le recueil est divisé en trois parties : la première contient des dissertations sur des matières diverses (*Abhandlungen vermischten Inhalts*); la seconde (pp. 169-231) des dissertations sur le droit coutumier et la législation doctrinale ecclésiastique (*uber Gewohnheitsrecht und Lehrgezetzgebung der Kirche*); la troisième contient des dissertations de droit constitutionnel (*Verfassungsrechtlichen Inhalts*). Ces divers morceaux, qui se rapportent presque tous à l'histoire du droit ecclésiastique en Allemagne, spécialement de 1847 à 1871, ont été publiés soit dans la *Zeitschrift für Protestantismus und Kirche*, soit dans les *fliegende Blätter für kirchliche Fragen der Gegenwart*, soit enfin dans la *Dove's Zeitschrift für Kirchenrecht*. Ils sont intéressants à beaucoup d'égards au point de vue de la question générale des rapports entre l'Etat et les Églises. La première étude (*Beiträge zur Beleuchtung der Schrift : Konkordat und Konstitutionseid der Katholiken in Bayern*, Augsb. 1847) nous offre un curieux tableau rétrospectif des protestations de la curie romaine contre la Constitution bavaroise de 1818, et spécialement contre l'édit de religion qui y était annexé, comme étant des violations du concordat avec la Bavière. L'auteur a, dans un appendice, reconnu l'erreur où il a versé dans ces articles, en considérant le concordat comme une convention conclue entre le roi et l'Église catholique nationale. Un concordat est en réalité un *quasi-traité du droit des gens* entre le roi comme chef de l'État, et le pape comme chef souverain de toute l'Église catholique. L'auteur ajoute que, par ce traité, le roi ne s'oblige qu'à publier le concordat comme loi de l'État, et qu'une fois cette publication faite, sa parole est dégagée (pp. 71 et 72). Nous ne croyons pas que cette dernière thèse soit juridiquement soutenable. Nous pensons qu'il vaut mieux dire que le concordat est obligatoire comme tous les traités, et qu'il doit être, non-seulement publié, mais observé, avec cette seule restriction qu'il ne soit ou qu'il ne devienne pas contraire au droit constitutionnel du pays qui l'a conclu. Nul pouvoir en effet n'a le droit de restreindre à perpétuité les droits essentiels de l'État qu'il représente, ni de reconnaître dans le sein de celui-ci une autorité qui en soit entièrement indépendante. Du jour donc où les clauses du concordat ou même le fait seul de conclure un concordat sont reconnus incompatibles avec la constitution, le concordat cesse d'être obligatoire.

La troisième étude discute la question du droit paternel par rapport à l'éducation confessionnelle des enfants. Ce travail a paru à propos du procès d'un capitaine Goetschy devant le tribunal civil d'Orléans. La question est celle-ci : un père qui passe d'une religion à une autre peut-il être empêché d'élever ses enfants mineurs dans sa nouvelle religion ? Spécialement il s'agissait de savoir si un veuf qui s'était fait protestant pouvait être destitué de la tutelle comme indigne, parce qu'il faisait élever dans le protestantisme les enfants mineurs qui étaient restés de son mariage. Par jugement du 30 janvier 1856, le tribunal civil d'Orléans se prononça pour la négative, qui était évidemment la seule solution admissible.

Dans son écrit intitulé : *der christliche Staat* (1858) l'auteur se déclare d'accord avec Stahl, en ce sens qu'il émet le vœu très formel que l'État allemand ne soit point déchristianisé. Seulement il croit que la christianisation de l'État ne peut avoir lieu que par l'influence du caractère national, ce qui établit au fond une différence assez notable entre sa théorie et celle de Stahl, ce dernier se fondant plutôt sur un droit divin, indépendant du sentiment national. La même différence se retrouve dans l'article suivant sur « la valeur juridique des symboles. » Stahl fait dériver leur force obligatoire de ce qu'ils sont conformes à la vérité révélée, V. Scheurl du fait qu'ils sont l'expression publiquement admise de la croyance de l'Église.

La troisième partie est naturellement la plus intéressante, en ce qu'elle présente les vues de l'auteur, qui sont probablement celles d'un assez grand nombre de protestants allemands, et notamment de luthériens, sur les rapports entre les Églises et l'État. Il commence par établir une distinction entre l'Église spirituelle et l'Église juridique (die geistliche und die rechtliche Kirche), et concède ce point important que l'existence de l'Église spirituelle est indépendante de celle de l'Église juridique (p. 270 et passim) ce qui veut dire, si nous ne nous trompons, que l'Église peut exister sans être officiellement organisée ou soutenue par l'Etat. Ajoutons toutefois qu'il ne regarde pas cet état de choses comme désirable. Aussi toutes ses conclusions tendent-elles, dans les études suivantes, à une organisation juridique de l'église protestante, et il entend cette organisation de telle manière que l'initiative dans la direction (collation, pouvoir disciplinaire, dispenses, etc.) appartienne, non au chef de l'Etat, mais à l'autorité ecclésiastique supérieure (V. spécialement pp. 312-315). Le chef de l'État doit avoir personnellement un pouvoir de rejet mais non de correction. En outre à côté du consistoire, il doit y avoir une délégation synodale permanente, organe des communautés, auxquelles serait assurée ainsi une part active et vivante dans le gouvernement de l'Église. C'est ce que l'auteur entend par la combinaison qu'il propose d'une constitution presbytériale-synodale avec l'organisation consistoriale (v. spécialement ses dernières études pp. 345-436). Cela nous paraît revenir à faire de l'Église juridique ou politique une espèce de monarchie représentative avec Sénat et Chambre des représentants.

2. — *Das deutsche Reich und die Constituirung der christlichen Religionsparteien auf den Herbstversammlungen im Jahre* 1871, ein Vortrag von F. von Holtzendorff. — Berlin, Oppenheim 1872. In-12, 47 pp.

Nous devons, comme nous l'avons fait pour les études précédentes, nous borner à enregistrer les conclusions de ce travail, sans nous livrer à des appréciations critiques qui nous entraîneraient trop loin. L'auteur est d'avis que l'on doit dès à présent se demander si l'empire allemand, comme état unitaire, pourra persister à la longue dans la politique d'abstention qu'il a pratiquée jusqu'à présent au sujet des affaires des différents cultes. Il incline visiblement vers une réponse négative. Il croit que le gouvernement impérial, qui doit nécessairement s'occuper en Alsace-Lorraine des rapports entre l'Eglise et l'Etat, ne pourra, pour les autres provinces, abandonner entièrement cette matière au gouvernement local. Il croit de plus que la législation sur le droit d'association fournit à l'empire le moyen légal de s'occuper de la formation et de la dissolution des associations religieuses.

M. de Holtzendorff s'occupe des réunions tenues durant l'automne de 1871 par les quatre principaux partis religieux qui existent en Allemagne : les ultramontains qui se sont réunis à Mayence, les vieux-catholiques qui ont tenu leur assemblée à Munich, les protestants confessionnels de l'union prussienne qui se sont rassemblés à Berlin, enfin les protestants libéraux partisans de « l'église populaire » (*die protestantische Volkskirchenpartei*), dont le congrès a eu lieu à Darmstadt. Ce dernier parti dont M. de Holtzendorff est, comme on le sait, un des membres les plus actifs et les plus influents, a pour programme : « maintien de la paix entre les confessions, réconciliation, » rétablissement de l'union confessionnelle au sein du protestantisme, for-» mation de l'église populaire allemande sur le fondement du principe des » communautés (*Gemeindeprinzip*), *séparation de l'église et de l'état.* »

3. — *Staat oder Geistlichkeit in der Schule.* Stenographische Berichte der Verhandlungen des Hauses der Abgeordneten über den Gesetz-Entwurf betreffend Beaufsichtigung des Erziehungs-und Unterrichtswesens. Berlin 1872. F. Kortkampf, XVI et 152 pp.

La discussion du projet de loi, devenu la loi prussienne actuelle sur l'inspection des écoles, a excité un intérêt qui s'est étendu bien au-delà des limites de la Prusse. Chacun sentait que la question débattue était de celles qui, sous une forme ou sous une autre, doivent s'imposer tôt ou tard à tous les États modernes, qu'il s'agissait de choisir entre deux directions diamétralement opposées, et que chaque pas fait dans l'un ou dans l'autre sens engageait l'avenir. La publication des débats sténographiés de la Chambre des députés, avec le projet, l'exposé des motifs, les amendements, etc., constitue donc un précieux document, d'autant plus que ces débats ont été, de part et d'autre, brillants et approfondis. Nous n'hésitons pas d'ailleurs à ranger ce livre parmi ceux qui concernent *les rapports entre l'état et les églises*, car c'est à ce point de vue surtout que se sont placés les orateurs. La question n'était pas scolaire, elle n'était pas religieuse, elle était surtout politique et juridique. — Reste à M. Kortkampf à compléter sa publication en recueillant également les débats de la Chambre des Seigneurs, comme il en a manifesté l'intention.

4. — *L'Église et l'État en France sous le règne de Henri IV et la régence de Marie de Médicis* par F. T. Perrens, professeur de rhétorique au lycée Condorcet, etc. — Paris, Durand et Pedone-Lauriel. 1873. — In-8". T. I., XV et 554 pp., T. II., 508 pp.

Bien que l'ouvrage dont le titre précède soit, par sa forme, un livre d'histoire, il touche de si près à la controverse moderne sur le réglement juridique des rapports entre l'Église et l'État, il contient tant de renseignements précieux de nature à venir en aide à l'observateur impartial dans la définition actuelle de ces rapports, que nous considérons comme un véritable devoir de lui donner à cette place une mention toute particulière. Esprit clair, écrivain élégant, doué à un haut degré de la faculté d'analyse, c'est-à-dire de la faculté de peser, de décomposer et de résumer ce qu'il voit, versé dans la connaissance des sources et recourant en toute circonstance aux documents originaux, M. Perrens a fait sur une donnée en apparence assez sèche, un livre des plus attachants, des plus instructifs. On sent que le sujet, pour être vieux de deux à trois siècles, n'en est pas moins vivant et frémissant. C'est que, devant ces questions de principe qui tiennent aux racines mêmes de la société, les générations et les siècles sont peu de chose. Nos passions les alimentent et notre pensée s'y use bien longtemps avant d'en pénétrer plus que l'écorce. C'est ici surtout que l'histoire doit venir en aide au droit, ne fût-ce que pour habituer l'esprit à voir l'ensemble des faits, à n'attacher aux détails, aux incidents que l'importance qu'ils méritent, et surtout à démêler ce qui est passager de ce qui a une raison d'être permanente.

Nous regrettons de ne pouvoir donner un aperçu, même rapide, de l'ouvrage de M. Perrens. La politique de Henri IV, ou plutôt du parti des « *politiques* » qui soutenaient ce monarque, a visiblement ses sympathies, bien qu'il reconnaisse la faute commise par les *politiques* de trop donner au pouvoir royal. Adversaire des Jésuites, il expose parfaitement les raisons qui devaient mettre le pouvoir civil en garde contre cet ordre célèbre. Il caractérise également avec beaucoup de netteté, l'attitude que prend, sous l'inspiration des Jésuites, la politique romaine, patiente, et sachant dans les moments difficiles se contenter de mots qu'elle se réserve de convertir en faits lorsque l'occasion s'en présentera.

On voit grossir peu-à-peu, dès la veillesse de Henri IV, cette force envahissante, qui devait finir par triompher de la résistance des parlements, du clergé gallican, et faire reculer la royauté elle-même. Sans doute, les gallicans ont souvent manqué de tolérance vis-à-vis des hérétiques, de dignité vis-à-vis du pouvoir temporel. Ils ont plus tard eu le tort d'applaudir, non moins que les ultramontains, à la révocation de l'édit de Nantes. Mais ils avaient l'avantage de se prêter à une solution juridique fondée sur la nécessité, également sentie par les deux pouvoirs, de se reconnaître et de se respecter mutuellement. Leur système se rattachait de plus au passé national de la France. M. Perrens montre que, même dans ces derniers temps, tous les pouvoirs qui, en France, ont voulu régler législativement les rapports entre l'Église et l'État, ont dû se rattacher aux traditions gallicanes. « De nos » jours, » dit-il, « les esprits politiques abandonnent le nom vieilli du gallica- » nisme ; mais ils restent fidèles à ses principes, quand ils croient nécessaires, » à des conditions déjà réglées ou à d'autres qui pourraient être débattues, » les liens qui unissent l'Église à l'État, quand ils ne veulent ni pour l'Église, » ni pour l'État, d'une entière dépendance ou d'une entière indépendance. » Mais ils sont comme écrasés par le nombre toujours croissant des esprits » absolus. Parmi ceux-ci les uns se rattachent plus que jamais à la souve- » raineté pontificale, proclamant les pouvoirs civils dépendants, déclarant » la foi complètement soumise. Les autres, quoique d'accord sur la souve- » raineté populaire et la libre pensée, se divisent entre eux sur la conduite » à tenir dans ces matières. On en voit qui veulent affranchir l'État de » l'Église, mais subordonner l'Église à l'État. On en voit qui veulent suppri- » mer tout lien, tout rapport entre deux sociétés destinées à coexister, à se » heurter chaque jour sur le même sol. (1) »

Ces lignes nous paraissent peindre avec une exactitude scrupuleuse l'état actuel de la controverse en France. Bien téméraire ou bien clairvoyant serait celui qui essaierait d'en prédire l'issue.

Organisation judiciaire.

1. — *Examen critique des différents projets de réorganisation judicaire, et spécialement de celui présenté à l'Assemblée nationale par M. Bérenger, député de la Drôme*, par M. Ferdinand Jacques, président du tribunal civil d'Orange, D^r en droit, etc. — Paris, Marescq aîné, 1872. (Extrait de la *Revue pratique de droit français*) 88 pp.

Les parties les plus originales de cet examen critique consistent dans les idées émises : 1° quant à l'organisation du ministère public, que l'on vou- drait rendre moins directement dépendant du pouvoir exécutif, en préposant à chaque parquet un membre du tribunal dont la position serait assimilée à celle du juge d'instruction ;

2° Quant à l'institution des *auditeurs* (espèces de magistrats-stagiaires, *auscultatores*), par laquelle on propose de remplacer les juges-suppléants ;

3° Quant à l'institution du *concours* pour le recrutement du personnel de la magistrature ;

4° Quant à la création d'un *conseil supérieur* qui apprécierait souveraine- ment « tout ce qui se rattache à la situation morale et matérielle des magis- trats ou de ceux qui aspirent à le devenir (*revocations* pour infraction aux devoirs professionnels ; retraites prématurées pour infirmités graves ; projets de loi sur la matière, etc.).

(1) T. II, p. 485.

Il est bon de voir un magistrat se rallier à ces idées progressives et pratiques. M. Jacques s'est du reste occupé depuis longtemps de ces questions, et il a la rare bonne foi de revenir franchement en 1872 sur quelques opinions hasardées qu'il avait émises en 1848.

2. — *Progetto di legge per l'ordinamento della suprema magistratura del regno del cav.* Ignazio Caruso, Procuratore generale sostituito presso la corte d'appello di Palermo. — Palermo 1875, 28 pp. in-8.

Ce projet de loi est l'application des idées exposées par M. Caruso dans le *Circolo giuridico* de Palerme (1). Il est universellement reconnu en Italie que la coexistence de plusieurs cours de cassation constitue un sérieux inconvénient. Le but de l'institution. qui est de maintenir l'unité de jurisprudence, est, dans cet état de choses, absolument impossible à atteindre. La solution la plus naturelle semble être au premier abord de remplacer les cours existantes par une cour de cassation unique, qui siégerait à Rome. Mais cette idée semble peu goûtée dans les provinces les plus éloignées, et dans le *Circolo giuridico* d'avril 1872 nous trouvons une pétition du conseil communal de Palerme, réclamant énergiquement la conservation de la suprême magistrature dans l'île.

M. Caruso propose un système nouveau un peu plus compliqué, mais aussi plus conforme, selon lui, aux exigences théoriques et pratiques de la situation. Il s'agirait de remplacer les cours de cassation existantes par des *cours suprêmes de révision*, qui seraient des tribunaux de troisième instance, et d'établir à Rome, outre une cour suprême de révision, une Haute-Cour, compétente pour tout le royaume, et dont les fonctions seraient :

« 1. — De résoudre les conflits, soit entre les diverses cours suprêmes de révision, ou entre les tribunaux inférieurs relevant de cours suprêmes différentes, soit entre un corps de magistrature et un autre corps de l'état revêtu d'attributions contentieuses;

» 2. — De statuer sur les demandes de révision des arrêts rendus par les cours suprêmes en matière disciplinaire contre leurs propres membres;

» 3. — D'examiner au point de vue juridique les questions de droit résolues par les cours suprêmes de révision et par les cours d'appel, afin de provoquer, le cas échéant, la correction des lois, et de diriger les magistrats, autant que possible, dans le sens de l'uniformité de la jurisprudence. Les parties au procès sont complètement étrangères au résultat des travaux de la Haute-Cour dans l'exercice de cette fonction. »

Pour mettre en œuvre cette dernière disposition, qui constitue évidemment la partie la plus délicate du projet, il y a tout un système fort compliqué (art. 126-128), qui oblige toutes les cours de révision et toutes les cours d'appel à faire rapport semestriel à la Haute-Cour sur les questions de droit qu'elles auront décidées, autorise le ministère public à présenter ses observations, etc. Le tout aboutira tantôt à une proposition de modifier la loi, tantôt à un avis motivé, adressé à la cour qui aura fait une interprétation inexacte de la loi. — Mais n'y aura-t-il pas là des difficultés pratiques immenses? Cette Haute-Cour ne constituera-t-elle pas au fond une espèce de cour de cassation *théorique*, qui viendra après coup apprendre à la partie qu'elle a été *mal jugée*, et qui ébranlera ainsi *dans s n autorité morale* la décision rendue, tout en lui laissant, en fait, sa force obligatoire?

(1) V. plus haut p. 291.

3. — *Dei Giurati in Italia.* — Studi dell' avvocato CLEMENTE PIZZAMIGLIO. — Memoria premiata dalla commissione del Concorso Ravizza per l'anno 1871. — Milano, Reformatorio del patronato 1872. — Gr., in-8°, 456 pp.

Le savant auteur de cet ouvrage est mort à Carnago (Varese), le 16 juillet dernier, dans la fleur de l'âge! Le prix Ravizza lui avait été décerné en 1871, de préférence à 16 concurrents, parmi lesquels se trouvait M. Emilio Brusa, qui a mérité une mention honorable. Le rapport du concours portait que « l'œuvre n° 6 (de Pizzamiglio) était le fruit de longues et fortes études ; qu'elle était appuyée de notions statistiques abondantes, bien choisies, heureusement groupées, exposées avec clarté, avec ordre, avec érudition, riche en suggestions qui paraissent longuement méditées et pour la plupart acceptables. » L'examen de l'ouvrage nous a convaincu qu'il n'y a rien d'exagéré dans cet éloge.

Pizzamiglio est partisan du jury. Après une introduction historique, qui est la partie faible de l'ouvrage, et quelques notions sur le jury dans les autres pays, spécialement en Angleterre et en France, il expose la législation italienne en vigueur (Part. II), puis il cherche à déterminer les résultats obtenus par le jury en Italie de 1866 à 1868. Tâche difficile! Car, en dépit des chiffres, il y a beaucoup d'éléments fatalement incertains : la valeur intrinsèque des verdicts, la manière dont les débats sont conduits, l'état des mœurs et de l'opinion publique par rapport aux affaires d'une certaine nature, les idées politiques, etc., du pays. Mais c'est à la dernière partie, celle qui concerne les réformes et les moyens d'améliorer l'institution du jury en Italie, que M. Pizzamiglio a donné le plus d'importance. Comme il nous l'écrivait lui-même, quelques jours avant sa mort, il a eu la satisfaction de voir passer plusieurs de ses idées dans le projet de loi que le ministre de grâce et justice, M. de Falco a présenté à la Chambre des députés d'Italie. Citons brièvement celles de ses conclusions qui offrent l'intérêt le plus général :

Intervention du pouvoir judiciaire (comme en Belgique et en Bavière), dans la confection des listes. L'auteur propose à cet effet un système complet et tout nouveau, pp. 250 et ss. ;

Suppression de l'acte d'accusation ;

Disposition de la salle des assises d'après le système anglais ;

Suppression du résumé présidentiel ;

Majorité des deux tiers des voix pour la condamnation.

4. — *Des vicissitudes du jury et du nouveau projet de la réformation*, par EUG. PARINGAULT, Professeur honoraire de la faculté de droit, etc. — Paris, Marescq. Nov. 1872. (Extr. de la *Rev. pratique* de droit fr.) 85 pp.

5. — *Loi du 21 novembre 1872 sur le jury*, votée par l'assemblée nationale, commentée et annotée par FELIX GRILOT, avocat à la cour d'appel, avec le concours de PAUL LAURAND, licencié ès lettres, avocat à la cour d'appel. — Paris. Marescq. In-12°, 34 pp.

La nouvelle loi française sur le jury, qui a été votée d'*urgence* en novembre dernier, est, d'après ce que nous apprend M. Paringault, la *quatorzième* depuis 1792. On pourrait croire, au premier abord, que le législateur français se soit appliqué à suivre le précepte de Boileau :

Vingt fois sur le métier repassez votre ouvrage,
Polissez-le sans cesse et le repolissez.

D'après cela, la loi du 21 novembre 1872 devrait être bien près des limites de la perfection. Cependant, MM. Paringault, Grilot et Laurand sont unanimes à déclarer qu'il n'en est rien. D'après eux, cette nouvelle œuvre législative n'aboutira qu'à faire du jury une « institution bâtarde, » une « rallonge de la magistrature, » à organiser « le jury de l'indécision. » Elle ne vaut guère mieux que celle du 4 juin 1853, dont elle s'est trop inspirée, et elle est décidément inférieure à celle de 1848. M. Paringault lui reproche encore de manquer d'originalité, d'être incolore. Nous avouons que ce dernier reproche nous touche peu. Il n'est pas absolument nécessaire, pour qu'une loi soit bonne, qu'elle soit originale et colorée. Il y a bien des lois, surtout parmi celles qui ont un caractère politique, auxquelles on pourrait reprocher un excès de couleur et d'originalité. Et précisément la cause du peu de progrès qu'a fait la législation sur le jury en France, ne serait-elle pas que chaque législateur, se plaçant surtout au point de vue politique, s'est moins appliqué à perfectionner, à polir l'œuvre de ses devanciers, qu'à la démolir? Peut-être après tout l'assemblée nationale actuelle se montre-t-elle plus sage sous ce rapport que ses devancières.

Nous ne suivrons ni M. Paringault dans ses critiques, ni MM. Grilot et Laurand dans leurs commentaires et annotations. Ni l'une ni l'autre œuvre ne nous paraissent avoir une valeur scientifique bien sérieuse.

B. — *Droit administratif.*

1. — *De la décentralisation. Question de la suppression des conseils de préfecture sur la proposition de M. Raudot*, par A. De Pistoye, avocat, ancien chef de division au ministère des travaux publics. — Paris 1872. In-8°, 64 pp. (Extrait de la *Revue pratique de droit français*).

M. de Pistoye, qui a longtemps appartenu à l'administration française, rompt une lance en faveur des conseils de préfecture et de leur juridiction contentieuse. Il défend sa thèse avec conviction et talent, et il est possible que, en dépit des considérations théoriques, il vaille mieux ne pas prendre de mesure radicale. Il est probable que plusieurs critiques adressées à ces tribunaux administratifs sont exagérées. Il n'y a pas de pays qui n'ait une certaine juridiction *administrative*. Mais ce que nous ne parvenons pas à comprendre, c'est que l'on attribue à la juridiction administrative la décision de certaines contestations dans lesquelles l'administration est partie à titre purement privé, par exemple : le jugement des procès relatifs à des *marchés* et *entreprises* passés avec les administrations communales et départementales! Ou encore : le règlement des indemnités pour dommages causés aux personnes et aux propriétés privées, par l'exécution des travaux publics! A moins de dire, une fois pour toutes que, chaque fois que l'administration sera en cause, elle aura le droit de composer elle-même le tribunal chargé de la juger, on ne voit pas la moindre raison pour déférer ce genre de contestations à une juridiction exceptionnelle, composée du chef du département et de quelques conseillers, révocables à volonté.

2. — *Code annoté des nouveaux impôts*, contenant toutes les lois relatives aux nouveaux impôts, votées par l'Assemblée nationale, depuis son installation jusqu'à ce jour, et tous les décrets et arrêtés rendus pour leur

(1) T. II, p. 485.

exécution ; accompagné de *notes explicatives* qui en précisent le sens et en facilitent l'application; par Oscar Dejean, ancien magistrat. — Paris, Marescq, — Bordeaux, Chaumas, 1872. In-12, VIII et 288 pp.

Le titre de ce recueil en précise suffisamment l'objet. Un pareil travail était indispensable en présence du remaniement complet du système d'impôts, opéré par la législature française actuelle.

3. — *De l'impôt direct. Ce qu'il est, ce qu'il pourrait être*. Mémoire adressé à l'assemblée nationale par *un contribuable*. — Paris, Versailles, 1872. In-8°, 29 pp.

Ce mémoire a pour but de préconiser la substitution de l'impôt sur le revenu aux quatre contributions directes existantes en France. Il se termine par un projet de loi « simplement démonstratif, c'est-à-dire pouvant être modifié de diverses manières. » (?) Il paraît que tout le monde y gagnerait : le trésor, le public, les employés.

Il n'est certes pas indispensable de savoir le latin pour proposer une réforme en matière d'impôts. Mais il faudrait cependant éviter d'employer par deux fois (v. p. 13 et p. 14), même dans une brochure sur l'impôt, des expressions comme celle-ci : le « sensus communum! » qui n'appartiennent à aucune langue.

3. — *Du logement des militaires chez les habitants*, par M. F. de Mondesier, Dr en droit, juge-suppléant à Vitry-le-François. — Paris, Durand et Pedone-Lauriel, 1872. gr. in-8°, 100 p.

L'occupation d'une partie de la France par les troupes allemandes a donné une douloureuse actualité aux questions de répartition des charges imposées aux communes par l'invasion. Plusieurs habitants ont eu à loger des officiers et des soldats ennemis, soit sur réquisition de l'autorité communale, soit sur réquisition directe de l'autorité militaire allemande. Ce fait crée-t-il un droit à indemnité au profit de l'habitant, lorsque la réquisition dépasse la quote-part à laquelle il serait légalement tenu s'il avait eu à loger des troupes françaises? Ou bien peut-il se refuser à payer les dépenses que la commune aurait faites d'office et arbitrairement en son nom? La brochure de M. De Mondesier est consacrée à élucider ces questions et d'autres semblables, auxquelles il donne une solution en général favorable aux droits individuels des habitants. Il cite à l'appui plusieurs jugements et arrêts récents.

4. — *Commentaire de la loi sur la milice*, comprenant le texte de la loi, l'interprétation raisonnée de chacun de ses articles, les instructions officielles, les modèles prescrits par le gouvernement et la législation étrangère; par E. Jamme, commissaire de l'arrondissement de Liége; avec la collaboration de V. Chauvin, avocat à la cour d'appel de Liége. — Bruxelles, Bruylant-Christophe 1873. Gr. in-8°, XXVII et 760 pp.

La Belgique s'est donné le 3 juin 1870, une nouvelle loi sur la milice, qui forme un code complet, remplaçant et abrogeant toute la législation antérieure [1]. C'est cette loi qui forme l'objet du commentaire de M. Jamme.

(1) V. l'analyse sommaire de cette loi dans notre *Chronique de législation comparée*, t. III, de la Revue (1870) pp. 107 et ss.

Fonctionnaire depuis de longues années, joignant à une expérience con sommée un esprit ouvert à tous les progrès, M. Jamme a apporté dans l'exécution de cette tâche laborieuse le soin minutieux et l'intelligence qui le caractérisent (1).

IV. — Droit civil et commercial (y compris la procédure.)

A. — *Droit civil.*

1. — *Corpus juris civilis.* — *Editio stereotypa.* — Volumen prius. — *Institutiones* recognovit Paulus Krueger. — *Digesta* recognovit Theodorus Mommsen. — Berolini, apud Weidmannos. MDCCCLXXII. In-4° 58, XXXII et 873 pp.

De l'avis des juges compétents, cette nouvelle édition des Institutes et des Pandectes est la plus belle, la meilleure et la plus correcte qui ait été donnée jusqu'à ce jour. Elle forme le premier volume d'une édition complète du *Corpus juris*, et est sans doute destinée à remplacer avec avantage dans les études universitaires et dans la pratique l'édition des frères Kriegel, actuellement la plus en vogue. M. Krueger qui s'est spécialement chargé des Institutes dans le présent volume, a déjà collaboré avec l'illustre Th. Mommsen pour la grande édition en deux volumes des Pandectes (Berlin, 1866-1870) avec préface, nombreux *fac-simile* et notes critiques. Le texte des Pandectes est la reproduction de celui qui a été suivi dans cette édition et qui se fonde principalement, bien que non exclusivement, sur la Florentine. Les notes sont exclusivement relatives aux variantes de texte, traduction de passages grecs, etc.

2. — *Istituzioni di Diritto Romano comparato al diritto civile patrio,* par Filippo Serafini, professeur de droit romain à l'Université de Rome, directeur de l'*Archivio Giuridico.* Florence, Pellas 1872, deux volumes in-8° de 264 et 266 pages.

Pochi principi, ma chiari ed evidenti ! Tel est le sage précepte que l'auteur de ce Manuel d'Institutes a suivi, et auquel il a volontiers sacrifié le désir de faire briller son érudition. Il s'est appliqué à être bref dans la forme, simple dans le fond. Il a laissé de côté le détail oiseux, afin de concentrer l'attention sur l'essentiel. Il a choisi l'ordre systématique des matières le plus généralement admis en Allemagne. Partout où c'est utile, il compare les dispositions romaines avec celles du Code civil italien. On trouve dans les notes qu'il a placées au bas de chaque page, quelques développements, plusieurs indications littéraires, peu de controverses et beaucoup de textes.

En somme, ces deux petits volumes contiennent un cours élémentaire excellent et parfaitement susceptible de servir de fondement à des cours plus approfondis. Ils peuvent prendre rang à côté des bons traités allemands. Ils sont dignes de l'infatigable directeur d'une revue justement considérée, du professeur éminent auquel on doit une bonne partie des progrès qu'a faits l'étude du droit romain en Italie depuis une quinzaine d'années.

Alphonse Rivier.

3. — *Manuel de droit civil à l'usage des étudiants, contenant l'exégèse du code Napoléon et un exposé complet des systèmes juridiques* (quatrième examen). par Emile Acollas. — Tome troisième. Première partie, 1871. — Deuxième partie, 1873. — Paris, Germer Baillière. — In-8°. VI et 464 pp.

(1) Nos lecteurs se rappelleront l'article que M. Jamme a écrit pour la Revue sur cette même matière du recrutement, t. I, pp. 550 et ss.

La passion, et parmi les passions la colère surtout est mauvaise conseillère. Cela est spécialement vrai lorsqu'on veut parler ou écrire sur le droit. Or il semble que la partie de l'ouvrage de M. Acollas que nous avons en ce moment sous les yeux, mérite plus encore que les autres le reproche d'avoir été composée sous l'empire d'un sentiment d'irritation trop peu contenu contre une foule d'hommes, de choses et d'institutions. M. Acollas en veut mortellement, et personnellement, il le déclare presqu'à chaque page, aux auteurs du Code civil ; il déteste l'ancienne Rome, qu'il appelle (p. 14) « le mauvais génie du monde ; » (p. 15) : « la cité inique *qui n'eut jamais que de vagues perceptions de l'idée du droit*; » il méprise les jurisconsultes français qui l'ont précédé, sans en excepter Pothier, « un pauvre homme, tout empétré dans les traditions » (p. 152), ni Merlin, « un homme étrangement surfait » (p. 73) ; les facultés de droit de France qu'il accuse (p. 200), « d'avoir » contribué pour une large part à perdre l'esprit public français et à démo- » raliser la nation française ; de manquer de vie intellectuelle propre ; » d'être dénuées de principes en toutes matières... ; enfin d'avoir formé et » d'entretenir cette pépinière de légistes, de sophistes *dont l'esprit empoi-* » *sonné circule aujourd'hui dans tous les rangs de la société française.* » Que sont à ses yeux tous les auteurs de droit? « Une bonne race moutonnière, » toujours prête à sauter dans tous les sens, pourvu qu'on la mène. » Et ailleurs : « de science et de raison, » s'écrie-t-il (p. 113), « quel est le légiste qui s'inquiète? » Adversaire résolu de l'empire, il ne l'est pas moins du gouvernement actuel de son pays, du « gouvernement de M. Thiers, » régime sans nom, marquant une nouvelle étape dans la chûte de la » France ! » (p. 225). Il appelle les hommes de la génération actuelle : « les bâtards de la grande révolution et les fils légitimes du 18 brumaire! » Il rompt ouvertement même avec d'anciens amis (MM. Jules Favre, Jules Simon, Vacherot), et déclare « renier tous ceux qui ont ratifié la conquête » allemande, tous ceux qui ont écrasé Paris voulant son droit, » (lisez : la commune insurrectionnelle du 18 mars), « tous ceux qui ont déserté nos » communs principes ; nous renions tous les renégats de l'Idée du Juste, » (lisez : de l'Association Internationale des travailleurs, c'est-à-dire de l'oscillation entre l'anarchie et l'absolutisme démagogique).

Avec de pareilles dispositions, il est difficile, eût-on le plus beau talent du monde, de faire un bon livre de droit. Une plume trempée dans le fiel pourra écrire une satire mordante, jamais une dissertation passable. La manie de tout critiquer n'est pas moins féconde en absurdités que l'adulation la plus aveugle. Et la première absurdité dans cet universel dédain, n'est-elle pas l'orgueil démesuré qui en est la source? Ce critique suprême, qui prétend posséder à lui seul l'Idée du Juste et en apporter la Bonne Nouvelle au monde, est-il donc pétri d'un autre limon que ses devanciers, que ses contemporains, que ses compatriotes, que ceux que, hier encore, il appelait ses amis?

Il s'agit, dans ces 1re et 2de partie du T. III, du *contrat de mariage*, des *contrats de vente et d'échange*, et du *contrat de société*. Chacun de ces titres est précédé d'une introduction philosophico-juridique, où l'auteur expose ses propres vues. Puis vient un commentaire *sur*, ou plutôt *contre* le titre corresdant du Code civil. Nous avons déjà dit que nous sommes loin d'être admirateur fanatique de cette dernière œuvre. Mais nous sommes plus loin encore d'admettre les projets de réforme de M. Acollas. Il serait trop long d'entrer dans des détails à ce sujet. Bornons-nous à un seul trait. M. Acollas propose *sérieusement* (p. 9), de remplacer la législation en vigueur en France sur le *contrat de mariage* par cette brève formule :

Art. 1ᵉʳ et unique. — *Le titre du contrat de mariage est abrogé.*

On ne saurait, convenons-en, être plus radical. Cela rappelle le révolutionnaire déterminé qui, en 1848, formulait le projet suivant de constitution : Art. 1ᵉʳ et unique. — *Il n'y a plus rien.*

Et que de contradictions ! M. Acollas croit au progrès. Mais comment concilie-t-il cette croyance avec ses théories historiques, d'après lesquelles le droit n'aurait fait, depuis les Grecs, qu'une série de chûtes? Nous savons ce qu'il pense du droit romain. Si ce droit a quelque chose de bon, c'est pour avoir sur certains points « plagié Athènes. » Le christianisme, le moyen-âge, la féodalité n'ont aucun mérite. Ténèbres que tout le passé monarchique de l'Europe. Le projet de code civil de la convention fut, à la vérité, un éclair. C'était la lumière venant en ce monde, mais le monde ne l'a point reçue! Puis sont venus ces affreux rédacteurs du Code civil, dont plusieurs, chose curieuse, étaient cependant d'anciens conventionnels. Naturellement le Code Napoléon est pire que le droit coutumier, pire que le droit romain. Enfin s'il restait quelque chose à gâter, les « légistes » de nos jours se sont chargés de ce soin. Sommes-nous assez bas, et nous faudra-t-il assez d'efforts pour remonter au niveau d'il y a vingt siècles?

Autre contradiction : le mot favori de M. Acollas, celui qui à ses yeux résume l'Idée du Juste, c'est l'*autonomie* de la personne humaine. Mais p. 223 nous lisons la note suivante : « Lorsque, dans son Léviathan, Hobbes a » écrit que « l'homme est un loup pour l'homme, *homo homini lupus,* » » Hobbes n'a point fait une constatation fausse; seulement, ce qu'il n'a pas » vu, c'est qu'*il prenait une phase de l'histoire du genre humain pour la con-* » *dition même du genre humain.* » Mais s'il en est ainsi, si la condition même du genre humain est le *homo homini lupus,* c'est donc l'autonomie des loups que vous réclamez! Et en vérité, c'est peut-être là la traduction la plus claire de votre théorie nihiliste : le déchaînement de toutes les passions, de toutes les convoitises, de tous les appétits, l'anarchie se dévorant elle-même! On en a eu le spectacle dans votre « Paris voulant son droit. » *Communardus communardo lupus,* dirions-nous, s'il était permis de forger un mot barbare pour désigner la barbarie incarnée.

Nous ne voudrions pas imiter M. Acollas, et déclarer *ab irato,* parce que ses théories nous répugnent, que son livre n'a aucune qualité et que tout ce qu'il dit est absolument mauvais. En réalité, nous sommes plus peiné qu'irrité de voir dépenser si mal un talent réel et une somme de travail qui doit avoir été considérable.

Pour tous les articles non signés de la Bibliographie :

G. ROLIN-JAEQUEMYNS.

———

Nous nous voyons obligés, faute d'espace, de reporter à la prochaine livraison le compte-rendu des ouvrages que nous avions encore à signaler sous les rubriques suivantes :

IV. — Droit civil ou commercial (*suite*).

V. — Droit criminel (Droit pénal proprement dit; Droit de procédure pénale).

VI. — Législation sociale (instruction publique; condition des femmes : législation sur l'indigence, sur le travail, sur l'hygiène publique).

VII. — Sciences auxiliaires du droit. Économie politique, statistique, etc.

(*Voir la suite à la 3me page.*)

LES PRINCIPES NATURELS DU DROIT DE LA GUERRE,

PAR

HENRI BROCHER,

Professeur d'histoire du droit et de philosophie du droit à l'Académie de Lausanne

—

Chapitre III [1].

—

Les droits des belligérants.

—

Section 1. Généralités.

On dit souvent que la guerre n'abroge pas le droit, même entre des belligérants. D'après ce que nous avons dit plus haut, on comprend que cette affirmation ne doive pas être prise avec une rigueur mathématique et qu'on pourrait être induit en erreur si l'on en faisait la base d'un raisonnement inflexible. Voici plutôt le point de vue auquel il faut se placer. La guerre abroge bien le droit ; mais la guerre régulière n'est jamais absolue : elle a ses limites, où elle s'arrête, et à partir desquelles, par conséquent, le droit se maintient. La guerre et le droit s'excluent, mais cela ne les empêche pas de coexister. Nous avons maintenant à examiner quelles sont ces limites, qui, nées de l'intérêt des belligérants eux-mêmes, contraignent la guerre à faire à côté d'elle place au droit.

Une guerre régulière est limitée d'abord en ce qu'elle est exclusivement dirigée contre un ou plusieurs adversaires déterminés. Elle est donc conduite à distinguer entre les belligérants et les neutres. Ces derniers, tout en restant étrangers à la guerre, ne peuvent pas y être complètement indifférents. L'ouverture des hostilités crée pour eux de nouveaux droits, de nouveaux devoirs ; en un mot une nouvelle position que nous laissons provisoirement de côté, et dont nous ferons plus tard l'objet d'un chapitre spécial.

(1) Suite. V. Revue T. IV, (1872), pp. 1 ss., et 381 ss.

La guerre régulière est encore limitée dans un autre sens; elle est essentiellement passagère. C'est un conflit entre deux personnes qui ne demanderaient qu'à vivre en paix, mais qui se voient forcées de recourir aux armes, faute d'un tribunal compétent pour vider leurs querelles. Les adversaires cherchent à s'arracher des concessions, mais ils n'ont pas l'intention de s'anéantir; et si par malheur l'un d'eux nourrit un tel désir au fond de son cœur, il se gardera bien, crainte d'être mis au ban de la société internationale, de le laisser voir et d'agir en conséquence.

Ce que nous disons là se trouve vrai, même pour les guerres civiles. Dans un certain sens, il est vrai, les partis peuvent chercher à s'anéantir; ils le doivent peut-être, afin de rétablir l'unité nationale compromise. Mais ils se garderont bien de détruire les personnes, qu'ils s'efforceront au contraire de se reconcilier. Dans les guerres civiles, plus que partout ailleurs, le plus beau des triomphes consiste à faire, de l'ennemi de la veille, l'ami du lendemain.

La guerre régulière est encore limitée dans un troisième sens : elle est relative et non pas absolue. Voici ce qu'il faut entendre par là. Même vis-à-vis de l'adversaire déterminé et pendant le temps de la guerre, on reconnaît encore des droits; on reste encore en paix sur certains points exceptionnels. La lutte a lieu sous certaines conditions; et les combattants se demandent et s'accordent mutuellement la confiance que ces conditions seront respectées. S'il en était autrement, il y aurait abus de confiance, perfidie, grave manquement à ce que les belligérants se doivent mutuellement. Les hostilités perdraient leur caractère de guerre régulière.

Ces restrictions de divers genres, comment s'établissent-elles; à quoi les reconnaît-on; en quoi consistent-elles? Comme elles présentent un caractère essentiellement exceptionnel, elles ne sauraient se présumer et doivent être prouvées. Je ne vois que deux manières d'administrer cette preuve : il faut établir l'existence d'un consentement tacite ou d'un consentement exprès; d'un usage ou d'un traité. Le traité est supérieur à l'usage à plusieurs égards; il est plus certain, plus précis, plus facile par conséquent à constater et à interpréter. En outre, il peut prendre naissance en tout temps; pendant la paix, pour le moins autant que pendant la guerre. Il n'en est pas de même de l'usage. Celui-ci ne peut naître que pendant la guerre; tant qu'il n'y a pas d'hostilités, il n'y a pas possibilité de montrer par des actes la conduite qu'on entend y tenir. Le développement de la coutume belligérante est suspendu. Si donc la guerre recommençait après une paix générale d'un siècle, on devrait, sauf convention contraire, considérer comme permis tout ce que permettaient les usages, un siècle auparavant.

Ne peut-il pas, m'objectera-t-on, y avoir eu pendant l'intervalle de paix, progrès de la conscience juridique, du sentiment de ce que l'on se doit entre adversaires? Assurément; mais nous allons examiner les différentes positions qui pourront se présenter.

Peut-être le progrès se sera-t-il accompli chez les deux adversaires; des deux côtés, on sentira qu'on est intéressé à s'accorder mutuellement des ménagements inconnus jusque là. Il s'établira, par le fait de ce consentement tacite, un usage qui fera règle pour l'avenir.

Mais si le consentement n'existe pas; si l'une des parties, soit conviction, soit mauvais vouloir, se refuse à user des ménagements en question, peut-on lui reprocher d'avoir transgressé le droit? Il m'est difficile de l'admettre. Le droit international suppose un consentement international qui n'existe pas dans l'espèce. Sans doute, le belligérant en question s'expose à s'aliéner l'opinion publique. Mais l'opinion publique qui a cours chez son adversaire, n'est peut-être pas celle des neutres, et encore moins celle de ses propres ressortissants. Car il ne faut pas oublier que, chez les nations comme chez les individus, l'opinion est déterminée en majeure partie par les intérêts.

Supposons même l'accord de l'opinion. Une opinion n'est pas encore un usage, ni un principe juridique. On peut blâmer une mesure, la taxer de dureté, d'immoralité, sans y voir une infraction au droit reçu. Il est des actes que l'on désapprouve sans les condamner, parce qu'on se sait hors d'état d'apprécier s'ils n'étaient pas peut-être nécessaires.

Qu'on ne l'oublie pas d'ailleurs; dans notre hypothèse, d'une guerre survenant après un long intervalle de paix, il y a un moyen de faire passer dans la pratique les progrès que l'on croit accomplis dans l'opinion : c'est de conclure des conventions avant, ou même pendant les hostilités. Si nos propositions ne sont pas admises, nous aurons l'avantage de nous être concilié l'opinion publique par la tentative que nous aurons faite, tout en restant libres d'user des anciennes rigueurs à titre de rétorsion. Mais si l'on n'a rien prévu, ni pourvu à rien, le simple sentiment de la dignité propre s'oppose à ce que l'on déclare irrégulières, contraires aux prescriptions actuelles de l'équité, des mesures que l'on aurait peut-être prises soi-même, si l'on en avait eu l'occasion.

La position pourrait se compliquer dans les conditions que voici. Une longue paix a régné entre les deux partis actuellement belligérants. Pendant l'intervalle, des progrès se sont faits à l'occasion de guerres dans lesquelles

les belligérants actuels pouvaient être ou n'être pas impliqués, mais ne se trouvaient pas adversaires. Ces progrès doivent-ils aujourd'hui être considérés comme faisant partie du droit établi? — Evidemment ici il y a matière à controverse et à distinction. Pour qu'un précédent puisse être invoqué, il faut d'abord une certaine communauté de manières de voir, de croyances morales et religieuses. Il ne faut pas s'attendre à ce que les progrès faits par le droit de la guerre chez les nations chrétiennes, soient adoptés tout naturellement par les sauvages idolâtres ou même par les musulmans.

Je crois aussi qu'on aurait lieu de donner dans l'espèce plus d'importance aux usages qu'aux traités. Une mesure nouvelle, en effet, peut provenir de deux causes : d'un changement dans les sentiments, mais aussi d'un changement dans les circonstances. Un nouvel usage découlera le plus souvent d'une modification survenue dans les sentiments des deux parties. Un traité, au contraire, peut être déterminé par des circonstances spéciales ; et, bien souvent, le belligérant qui aura réclamé ou consenti une restriction dans une occasion donnée, n'entendra point l'étendre à d'autres cas. Les ménagements qui constituent le droit de la guerre sont, nous l'avons vu, essentiellement relatifs ; on est parfaitement fondé à en avoir plus pour certains adversaires que pour d'autres.

Du reste, la manière dont s'opèrent aujourd'hui les progrès du droit de la guerre, coupe heureusement court à bien des difficultés, et par conséquent à bien des contestations. On sait que les règles nouvelles se posent aujourd'hui dans des traités conclus en pleine paix par des États qui ne songent nullement à s'attaquer, mais qui veulent seulement pourvoir aux éventualités de l'avenir.

Nous venons d'exposer comment le droit de la guerre s'établit et se formule. Voyons maintenant en quoi il consiste. Ici notre sujet prend une telle extension, qu'il faut nécessairement recourir aux divisions. Nous nous occuperons d'abord des dispositions communes à toutes les espèces de guerres.

Nous parlerons en premier lieu de certains procédés interdits. Nous exposerons ensuite les dispositions prises pour soustraire aux maux de la guerre certaines personnes, dont le nombre, primitivement restreint, va toujours en s'augmentant. Dans le domaine qui nous occupe, comme dans celui du droit civil, on s'est aperçu que la protection accordée aux personnes est insuffisante, si elle ne s'étend pas à leurs biens, aux conditions de leur existence. Nous aurons donc à parler des immunités à établir au profit de certaines choses. Nous examinerons ensuite les dispositions spéciales à prendre en vue de certains cas particuliers, de la guerre maritime par exemple, ou de la guerre civile ; enfin nous traiterons des représailles.

Je laisserai de côté pour le moment un certain nombre de questions qui ont l'air d'appartenir au droit de la guerre, mais qui trouvent à mon sens leur vraie place dans le droit de la paix : ainsi toute la matière des traités, les mesures provisoires à employer pour se faire rendre justice, avant de recourir à une déclaration de guerre, les droits de possession provisoire sur un pays occupé, le sort des relations commerciales entre deux pays ennemis, les dispositions relatives au *postliminium*, etc.

SECTION 2. PROCÉDÉS INTERDITS.

De toutes les conséquences de la guerre, la plus funeste, nous l'avons dit plus haut, est la destruction de la confiance. Le principal objet du droit de la guerre est de restreindre cette calamité. C'est dans ce but qu'on a institué les déclarations destinées à empêcher la défiance, inséparable des hostilités, de s'étendre aux temps de paix. On a été plus loin encore ; on a essayé, non sans succès, de maintenir la confiance, même entre belligérants, sur certains points exceptionnels. Ces points sont les exceptions à l'état de la guerre, les éléments du droit de la guerre. Dans cette mesure-là, la confiance doit être respectée, l'intérêt des belligérants l'exige. En abuser, fût-ce même entre ennemis, serait toujours commettre une perfidie, le plus grave des crimes aux yeux de tous les peuples et de tous les âges. *Etiam hosti fides servanda*, disaient déjà les Romains. Quels sont les cas dans lesquels il y a perfidie ? C'est là une question d'application très-complexe et qui pourrait nous mener très loin.

Pour qu'il y ait perfidie, il faut en général un engagement, une parole donnée et non retirée. La parole possède un caractère essentiellement personnel. Un officier commet une perfidie lorsqu'il viole, par ses actes ou ses ordres, l'engagement qu'il a pris lui-même. On ne pourrait pas qualifier de ce nom l'infraction commise par un soldat indiscipliné aux conventions conclues par son chef.

La question de savoir quand il y a eu parole donnée, est aussi déterminée en grande partie par les usages. La coutume contient même sur ce point, à propos des ruses de guerre, des dispositions assez étranges, et qui sont peut-être destinées à disparaître. La ruse de guerre est permise, à condition de ne pas renfermer de perfidie. Après ce que nous venons de dire, on n'aura pas de peine à adopter ce principe. Dès que nous sommes en guerre, nous avons le droit d'employer, pour nuire à nos adversaires, tous les moyens qui ne sont pas positivement exceptés, s'ils ne nous nuisent pas à nous-mêmes. Or, en matière de ruse, s'il n'y a pas perfidie, il n'y a pas exception, et nous n'avons plus d'autre règle à observer que nos convenances.

Y a-t-il perfidie à se servir des uniformes et des insignes de l'adversaire, par exemple pour attirer celui-ci dans un piège? Les uniformes et insignes destinés à éviter des massacres inutiles, présentent un caractère essentiellement conventionnel. Ils constituent une espèce de langage, généralement admis, et auquel on doit reconnaître autant de valeur qu'aux émissions de la voix et aux signes de l'écriture. Celui qui les revêt ou les arbore déclare qu'il appartient à tel ou tel parti. Une fausse déclaration, faite sous cette forme, doit être assimilée à une violation de la parole donnée : les conséquences sont les mêmes ; aussi dirons-nous que l'emploi des uniformes ou des insignes de l'ennemi constitue une véritable perfidie. La pratique en a jugé de même. Elle fait preuve toutefois, dans certains cas, d'une indulgence surprenante, qui serait inexplicable, sans l'impossibilité dans laquelle on se trouve le plus souvent de punir les contraventions. Pourvu qu'au moment d'en venir aux mains, chaque parti arbore ses couleurs réelles, et se fasse connaître pour ce qu'il est, il est permis de faire usage des uniformes et du drapeau de l'ennemi. Le droit maritime a même réglé, par un cérémonial spécial, l'emploi de ce stratagème, et précisé le moment où il doit s'arrêter. La guerre continentale est plus scrupuleuse. Elle essaie de légitimer l'emploi de l'uniforme ennemi, par la nécessité de se servir de la dépouille des adversaires pour habiller ses propres troupes, ce qui impliquerait l'interdiction d'un tel procédé, toutes les fois qu'il n'y a pas urgence. Ce serait lui faire perdre le caractère d'une ruse de guerre, et empêcher qu'on s'en serve dans le but d'induire l'ennemi en erreur. Telle est au moins la tendance qu'on a pu constater dans la guerre de la sécession américaine. Il est en tous cas bien difficile que ces distinctions subtiles ne portent pas atteinte au caractère sacré des insignes. Il est à désirer que l'on renonce à l'emploi des uniformes et des emblèmes de l'ennemi.

Mentionnons ici un stratagème qui présente de grands rapports avec ceux dont nous venons de parler, mais qui ne doit cependant pas être confondu avec eux. Un trompette, ayant été fait prisonnier, fut contraint de révéler les signaux de son armée à ses capteurs, qui s'en servirent pour attirer l'ennemi dans une embuscade. Un pareil fait constituait assurément une infraction aux lois de la guerre, mais non pas une perfidie, comme on l'a prétendu. En agissant de la sorte, on a contraint un prisonnier de guerre à nuire à ses propres nationaux, ce qui est un procédé tout-à-fait condamné par les usages observés entre belligérants réguliers. Mais un pareil acte ne doit pas être assimilé à l'emploi du drapeau ennemi, par exemple. Il est vrai que les signaux ont un caractère conventionnel ; mais la convention dont ils sont l'objet est tout interne ; elle n'est point internationale. Le fait même de la contrainte qu'il a fallu exercer sur le trompette, et, d'une manière plus générale, l'intervention du trompette en cette affaire, prouvent que les signaux étaient dans le principe inconnus aux capteurs; ils ne leur avaient pas été confiés, et dès lors il n'y avait pas abus de confiance à s'en servir. C'est donc dans la manière dont on s'est procuré les signaux, et non dans l'usage qu'on en a fait, que réside la faute.

Pour terminer le sujet des perfidies, rappelons qu'il existe entre les nations civilisées, un engagement tacite de respecter les usages reçus, sauf déclaration contraire. J'appuie sur ces derniers mots. Dans le droit de la guerre en effet, chacun relève de sa propre conscience ; je n'ai pas besoin de parler ici de l'opinion publique, que chacun reste libre d'interpréter à sa manière, de braver à ses périls et risques, et qui nous renvoie par conséquent à la conscience propre. Si donc je crois devoir déroger aux usages reçus, je le puis ; seulement, si je le fais par surprise, sans prévenir ceux que cela intéresse, je deviens un objet de complète défiance, j'aggrave considérablement ma position ; au contraire, en faisant connaître d'avance les dérogations aux usages reçus que j'avais l'intention de me permettre, j'évite cette aggravation. La notification que m'impose ici mon intérêt bien entendu, est tout-à-fait de même nature que celle qui doit presque toujours précéder l'ouverture des opérations militaires. Celui qui veut déroger aux usages reçus étend le domaine des hostilités, ajoute en quelque sorte à la guerre ordinaire une petite guerre extraordinaire; la seconde doit être notifiée comme la première, d'autant plus que les motifs qui peuvent dispenser de la première déclaration et dont nous avons parlé au chapitre II, ne se présenteront guère pour l'autre.

Ces usages, de l'observation desquels on ne peut se dispenser que moyennant notification préalable, dérivent presque toujours d'une idée générale indiquée plus haut, du caractère essentiellement passager de la guerre régulière. Les nations civilisées ne songent pas à s'exterminer ; dans leurs guerres, elles cherchent à s'affaiblir momentanément, mais non pas définitivement. Cette tendance a fait naître plusieurs dispositions, dont nous allons passer en revue les principales.

On a renoncé à l'usage des armes qui causent des douleurs inutiles, telles que flèches barbelées, petit plomb, verre pilé. On a également abandonné d'un commun accord certains moyens de destruction qu'on estime faire trop de ravages ; ainsi, les boulets à chaîne et les boulets rouges. Par la convention de St. Pétersbourg de 1868, dix-huit puissances européennes se sont engagées à ne pas faire usage, les unes contre les autres, de balles explosibles.

L'emploi du poison, que nous trouvons chez les sauvages, a été réprouvé dès la plus haute antiquité par les nations civilisées. Les lois de Manou se prononcent déjà dans ce sens. On connaît la conduite tenue vis-à-vis de Pyrrhus par les Romains. Si plus tard un général de cette nation empoisonna les sources d'un pays dont il voulait s'emparer, ce procédé fut flétri par l'opinion publique, ou tout au moins par les écrivains.

Si l'on songe que le droit de la guerre permet de dessécher les fontaines, d'en rendre l'eau impotable en la mélangeant, par exemple, avec de la chaux, cette condamnation de l'emploi du poison est caractéristique. Il faut y voir une application du sentiment qui réprouve la trahison. Le poison est essentiellement perfide. Avec l'eau mêlée de chaux, par exemple, on se trouve en face d'un ennemi déclaré. On voit que l'eau n'est pas potable, on n'en boit pas, et l'on essaie de supporter la soif. S'il y a du poison, au contraire, dans bien des cas au moins, rien n'en accusera la présence. On boira en toute confiance, et l'ennemi ne se déclarera que lorsqu'il n'y aura plus aucun moyen de s'en défendre.

Cet élément de la perfidie joue un grand rôle dans le droit de la guerre. Dans bien des cas, c'est le véritable critère qui détermine ce qui est permis et ce qui ne l'est pas. Ainsi l'espionnage est permis, pourvu qu'il n'implique pas d'abus de confiance. Nous n'examinons pas ici la question de savoir qui l'on peut employer comme espion ; ce problème doit trouver sa place, soit dans la section relative aux personnes, soit surtout dans le droit public interne. Ce que nous avons dit de l'espionnage, nous le dirons aussi de la fabrication de fausses nouvelles. On n'a aucun moyen de contrainte, ni physique, ni morale, pour empêcher l'emploi d'un tel procédé. Le fait de faire fabriquer des journaux simulés, par exemple, ne constitue pas une trahison ; mais on comprend que la position changerait du tout au tout, si l'assiégeant, en faisant parvenir à l'assiégé des journaux pour le déterminer à capituler, garantissait par sa parole d'honneur l'authenticité de ces papiers. Ici la ruse de guerre se compliquerait d'une perfidie, elle cesserait d'appartenir à la catégorie des stratagèmes permis. Ces exemples suffisent pour faire comprendre ce qu'on peut et ce qu'on ne peut pas se permettre dans une foule de cas analogues.

SECTION 3. — DES IMMUNITÉS ACCORDÉES AUX PERSONNES.

La réprobation de la perfidie sous toutes ses formes peut être considérée comme l'un des pôles du droit de la guerre; l'autre serait le caractère passager des hostilités, dont nous avons déjà vu quelques conséquences, et qui va maintenant nous occuper plus spécialement.

Les premières guerres, il est vrai, ne présentent pas ce caractère. Quand les hommes ont commencé à se ruer les uns sur les autres, ils l'ont fait surtout, parce qu'ils se trouvaient trop à l'étroit sur une terre dont ils ne savaient pas tirer suffisamment parti. Dans ces conditions-là, l'extermination était inévitable. Lorsqu'on eut mieux compris la puissance du travail, l'esclavage vint adoucir, en apparence au moins, le sort des vaincus. Le progrès, si tant est qu'il y en eût un, était surtout à l'avantage des vainqueurs qui se procuraient de la sorte une nouvelle et très précieuse espèce de bétail. On peut se demander si une mort violente, mais rapide, n'était pas préférable à la lente agonie de la servitude; d'autant plus que le don de la vie était très précaire, que l'esclave réduit à l'état de chose pouvait à chaque instant être mis à mort. Si on l'épargnait, c'est que le vainqueur espérait en tirer meilleur parti, en le faisant travailler ou en le vendant. Les vaincus toutefois purent s'imaginer avoir gagné au change. La terreur instinctive qu'inspire le roi des épouvantements, aux hommes incultes surtout, pouvait faire naître en eux cette idée.

La marche du temps amena d'autres améliorations moins contestables. D'abord le point de vue économique se modifia. L'expérience enseigna qu'il vaut mieux vivre un peu à l'étroit sur une terre appropriée à nos besoins, que de se trouver à l'aise au milieu d'un désert insalubre et infesté de bêtes féroces; on comprit que les hommes, même quand ils ont des nationalités différentes, sont les alliés les uns des autres, dans la lutte commune qu'ils ont tous à soutenir contre les forces de la nature. L'idée de la solidarité humaine, ou, comme on dit, de l'*humanité*, était née. Bientôt aussi on sentit que, parmi les masses qui étaient impliquées dans les guerres, il y avait une distinction à faire : il s'y trouve bien des individus parfaitement innocents des maux qu'on veut prévenir ou punir. On se vit conduit de la sorte à épargner les femmes, tout en sévissant contre la partie masculine de la population. Peut-être les Romains obéissaient-ils à une préoccupation du même genre, quand ils faisaient périr les rois ennemis que le sort des armes leur livrait, tandis qu'ils faisaient grâce de la vie aux sujets. En tous cas, des ménagements de ce genre supposent une guerre enfantée par des combinaisons politiques, plutôt que par le besoin de raréfier les populations. Il faut que le but poursuivi soit d'obtenir des concessions de l'adversaire, plutôt que de diminuer le nombre de ceux qui se partagent les dons insuffisants de notre nourrice commune. Il faut en outre que l'idée de l'humanité ait commencé à se faire sentir. Aussi ne faut-il pas s'étonner, si nous voyons les conquérants qui ont poursuivi le rêve de la monarchie universelle, se montrer plutôt favorables aux progrès du droit des gens. Alexandre-le-Grand, par exemple, est connu pour avoir eu en faveur des femmes des égards remarquables pour l'époque.

L'Inde put faire de très-bonne heure un pas de plus en avant, grâce à la distinction des castes. On y épargnait les laboureurs, parce qu'ils ne portaient pas les armes, et que les guerriers des divers camps espéraient tous profiter de leur travail. L'exemple donné sur les bords du Gange fut suivi et développé ailleurs. La faveur accordée aux laboureurs fut étendue à tous ceux qui se consacraient aux arts de la paix; et c'est ainsi qu'on fut conduit à distinguer entre les combattants et les non-combattants.

Sur ces entrefaites, s'accomplissait, dans un autre domaine, une révolution importante, qui devait exercer une influence sur le droit de la guerre. L'esclavage, contre lequel la religion, la philosophie et la jurisprudence protestaient depuis longtemps sans succès apparent, finit par être aboli chez les nations chrétiennes, on ne sait pas au juste depuis quelle époque. Dès lors la captivité se transforme, et devient un état tout-à-fait provisoire. Les prisonniers doivent être rendus à la paix; on ne peut plus ni les faire travailler, ni les vendre; et si l'on en tire une rançon, c'est uniquement pendant la guerre, et en raison des services qu'ils y peuvent rendre. L'intérêt du capteur lui interdit même de contraindre les captifs à servir contre leur patrie; ce serait leur faire une position désespérée, dans laquelle on aurait tout à craindre d'eux, et où la trahison serait justifiée. De tels éléments feraient plus de mal que de bien dans les rangs d'une armée.

Dans ces nouvelles conditions, la tentation de ne pas accorder de quartier aux vaincus doit se présenter plus souvent que par le passé. En faisant des prisonniers, on ne se procure plus, à une seule réserve près, aucun avantage que l'on ne puisse obtenir d'une manière plus complète et plus durable par l'extermination. En épargnant la vie de son ennemi, on se concilie, il est vrai, l'opinion publique, que l'on s'aliénerait autrement; c'est là le sens de la réserve que je viens de faire. Désormais la substitution de la captivité à l'extermination, commandée par l'humanité et non plus par l'utilité immédiate, devient, ce qu'elle n'était pas dans le principe, un avantage incontestable pour le vaincu.

On se demande quelle conduite devra tenir une nation qui interdit l'esclavage dans une guerre avec une autre nation qui tolère cette institution. La première mesure que nous prendrions, serait de tâcher d'amener l'adversaire à renoncer de son côté, en notre faveur au moins, à une mesure à laquelle nous avons renoncé nous-mêmes. Mais que ferions-nous, si notre adversaire se refusait à cette réciprocité? En droit strict, nous pourrions, à titre de rétorsion, traiter les prisonniers que nous faisons à l'ennemi, comme l'ennemi traite ceux qu'il nous fait. Mais nous n'emploierions pas un tel procédé, que repousse notre intérêt bien entendu. Nous condamnons l'esclavage, dont nous connaissons les funestes effets; l'introduire chez nous, même dans une mesure très restreinte, ce serait désorganiser notre système juridique en vue d'une circonstance accidentelle. Nous ne réduirions donc pas nos prisonniers en servitude, à moins que ce ne fût peut-être pour les vendre tous à l'étranger, et nous en débarrasser ainsi. On comprendrait mieux que nous les missions à mort, après en avoir prévenu l'ennemi. De la sorte, nous userions de notre droit de rétorsion, sans pour cela introduire chez nous une institution que nous savons funeste. Le vrai procédé consisterait probablement à aggraver les conditions de captivité, et à retenir les prisonniers chez nous après la conclusion de la paix, jusqu'à ce que l'adversaire nous eût restitué nos ressortissants, et par conséquent eût mis fin à l'esclavage, au moins en ce qui nous concerne.

Rappelons en passant, que le principe en vertu duquel on doit se borner à faire à l'ennemi le mal nécessaire au but de la guerre, interdit toute espèce, non-seulement de torture, mais encore d'attentat à la pudeur. La conservation personnelle n'entraîne point la satisfaction des passions sensuelles ni des instincts cruels; et le parti qui emploierait les tourments ou les actes contraires aux bonnes mœurs, comme mesure d'intimidation, comme moyen d'accélérer la conclusion de la paix, se ferait mettre au ban des nations civilisées. Je n'insisterai pas sur ce point, qui est heureusement aujourd'hui à l'abri de toute contestation. On me permettra d'ajouter ici, que c'est à dessein que je n'ai pas parlé des immunités accordées aux ambassadeurs, et d'une manière générale aux parlementaires. La position particulière faite à ceux-ci, et qui est probablement le plus ancien vestige du droit de la guerre, me paraît en effet accordée aux fonctions plutôt qu'aux personnes.

Le développement que nous venons d'esquisser a conduit à formuler, pour lui donner une importance fondamentale, le principe que voici : La guerre se fait entre les États, mais non pas entre les particuliers. Cette règle, on le comprend, s'applique aux conflits internationaux, à l'exclusion des guerres civiles, sur lesquelles nous reviendrons plus tard. Examinons pour le moment quelles sont les conséquences de notre règle, dans les limites auxquelles elle s'applique.

La guerre ne se faisant que d'État à État, tous les individus qui y prennent part agissent comme instruments et par ordre. Sans ordre, nul n'a ni le droit, ni le devoir de se mêler aux hostilités; celui qui agirait contrairement à ce précepte serait, non plus un belligérant, mais un criminel, au bénéfice duquel on pourrait invoquer quelquefois des circonstances très-atténuantes. La guerre n'a plus, de nos jours, le même caractère qu'au moyen-âge; le devoir des populations, qui était jadis de courir sus à l'ennemi, est aujourd'hui d'attendre les mesures prises par l'autorité. Il va sans dire que ce mot « ordre » doit être pris dans un sens un peu élastique. Il s'agit de savoir, non point l'opération particulière dont quelqu'un est chargé, mais s'il est ou non obligé et autorisé à prendre part à la guerre au nom de l'un des belligérants. Tout le droit de la guerre consiste à mettre des restrictions à la guerre, à distinguer celle-ci de la paix. Les limites doivent être tracées dans différentes directions; il faut les établir quant au temps, peut-être quant à l'espace, et en tout cas quant aux personnes. Nous avons parlé déjà des limites relatives au temps, quand nous avons expliqué la nécessité d'une déclaration. Quant aux personnes, celles qui sont chargées de l'exécution des opérations militaires, sont bien distinguées, par leur costume et autrement, de celles qui n'ont pas à s'en mêler. Une fois qu'on est en guerre, les actes commis par le personnel belligérant, même contrairement aux ordres des chefs, doivent, tant qu'ils n'enfreignent pas les principes généraux du droit de la guerre, être considérés comme des actes d'hostilité et non pas comme des crimes. Les droits et les devoirs du personnel belligérant sont donc tout autres que ceux des individus auxquels cette qualité n'appartient pas.

Je viens de poser la règle théorique. Mais, ici comme ailleurs, l'application rencontre des difficultés et nécessite des transactions. Ainsi, dans le personnel belligérant, on a été conduit à distinguer entre les combattants et les non-combattants. Ces derniers, sans être proprement chargés de l'exécution des opérations militaires, sont en quelque sorte au service de ceux auxquels incombe cette mission. Il serait à désirer qu'ils fussent soustraits aux conséquences de la guerre. Ils le sont en théorie; mais en pratique ils se trouvent exposés à des méprises et à des excès dont ils doivent pouvoir se défendre. Mais ils contreviendraient aux lois de la guerre, dès qu'ils feraient usage de leurs armes en dehors des cas de légitime défense individuelle. Cette distinction entre les combattants et les non-combattants a été étendue et développée par les conventions de Genève de 1864 et 1868, qui mettent au bénéfice de la neutralité les ambulances et hôpitaux militaires ainsi que leur personnel.

D'autre part, il n'y a pas lieu de distinguer entre les soldats réguliers et nationaux, d'un côté, et les volontaires et corps-francs de l'autre. Le point important, c'est l'ordre, dont l'uniforme n'est que la manifestation extérieure. Des corps-francs et des volontaires sont de véritables belligérants, du moment où ils se trouvent sous les ordres de l'un des deux adversaires. Si cette condition n'est pas remplie, ils sont des criminels. Les instructions américaines publiées à l'occasion de la guerre de la sécession, parlent d'ordre ou de consentement. Cette adjonction d'un consentement met de la confusion dans la règle posée, et je crois qu'on fera bien de la faire disparaître à l'avenir. Bluntschli l'a déjà rejetée implicitement, en n'en tenant pas compte, en n'en tirant pas les conséquences. Voici en effet ce qu'il dit après avoir cité le règlement en question : « les corps libres autorisés doivent être assimilés aux troupes régulières, parce qu'ils sont soumis aux ordres des chefs militaires. » Un simple consentement sans soumission aux ordres ne doit pas suffire. Il ne présente pas assez de garanties pour l'observation des lois de la guerre, pour la cessation des hostilités en temps d'armistice ou de paix, par exemple.

Passons maintenant à ce qu'on appelle les populations paisibles ; à toutes les personnes qui ne sont pas appelées à prendre une part active dans les opérations militaires, et qui ne s'y trouvent mêlées que par le fait qu'elles habitent le théâtre des hostilités. Toutes ces personnes-là doivent être soustraites autant que possible aux maux de la guerre. L'application de ce principe si simple rencontre des difficultés de tout genre. D'abord il en est de la distinction que l'on fait entre l'État et ses ressortissants, comme de beaucoup d'autres : elle est arbitraire et relative. Disons plus : elle est de celles que les progrès de la civilisation tendent à effacer tous les jours.

Elle se comprend sous le régime autocratique et dynastique, où les peuples se rapprochent beaucoup de troupeaux dont on dispose sans les consulter, où ils ne perdent rien peut-être à changer de maître, et doivent désirer appartenir à celui qui sait le mieux les défendre. Mais la position est toute différente sous le régime démocratique, où chaque homme est en même temps citoyen, est appelé, non seulement à servir d'instrument à l'État, mais à participer directement ou indirectement à ses résolutions.

En effet, il ne faut pas oublier que la disposition du droit de la guerre dont nous venons de parler est prise en faveur des populations *paisibles*. Elle est donc essentiellement conditionnelle. Si les habitants veulent qu'on les traite en neutres, peut-être même en amis, ils doivent user de réciprocité et s'abstenir, non-seulement de tout ce qui pourrait nuire, mais de tout ce qui pourrait inspirer des craintes. On ne peut pas permettre aux populations des démonstrations hostiles, et en même temps les traiter amicalement. Sans doute, les habitants d'un territoire occupé par un maître auquel ils ne veulent pas appartenir ont une position difficile. Ils sont partagés entre leur devoir et leur sympathie, entre le souverain de fait et celui que, par antithèse, on appelle trop facilement peut-être, le souverain de droit. Mais ce n'est pas une raison pour ne pas faire ce qui est commandé par les circonstances; ceux qui se conduiraient mal n'auraient à s'en prendre qu'à eux-mêmes des conséquences qu'ils attireraient sur leur tête. L'envahisseur n'est tenu par le droit naturel qu'aux ménagements qui sont dans son intérêt; il ne peut ni ne doit sacrifier son avantage à celui d'autrui; dans sa position, ce serait, non pas un acte de générosité, mais une faiblesse. Il épargne les populations parce qu'il compte sur leur reconnaissance. Si cette condition fait défaut, son propre intérêt lui défendant maintenant ce qu'il lui commandait jusqu'ici, il devra pourvoir à sa sécurité en recourant au besoin aux châtiments exemplaires, aux ôtages, aux représailles etc. De la sorte, les innocents pâtissent souvent pour les coupables; mais cela est inévitable dans les circonstances données. Si les populations veulent se soustraire aux funestes conséquences de procédés de ce genre, elles doivent s'arranger pour qu'ils ne soient pas nécessaires; elles doivent écarter par les précautions de la justice sociale, les funestes conséquences de la justice naturelle, toujours aveugle et grossière.

La légitimité des rigueurs exercées est donc une question de fait autant que de droit. Tout dépend de la conduite et de l'attitude des populations. Les manifestations en particulier font du tort à la cause qu'elles prétendent servir. Elles autorisent l'ennemi à un redoublement de sévérité, lors même qu'elles ne lui nuisent pas véritablement.

Evidemment, de ce côté, l'avenir se présente gros de nuages. Dans le *siècle* passé et au commencement du nôtre, les guerres se faisaient dans des conditions à part, propres à donner une importance exceptionnelle à la distinction établie entre l'Etat et le particulier. Nous sortons d'une période de monarchie absolue à laquelle a succédé, comme réaction, la période révolutionnaire. Pendant la première phase, l'indifférence des populations n'était *pas* trop improbable. Les peuples ne prenaient aucune part à la déclaration de guerre. Ils s'intéressaient peu à l'issue du conflit : car les hostilités avaient souvent pour but des questions purement dynastiques : ainsi la guerre de la succession d'Espagne. Si l'on songe que les effets ne suivent jamais la cause que de plus ou de moins loin, et qu'il faut souvent une ou plusieurs générations, pour que les idées engendrées par certaines circonstances entrent dans le domaine de la pratique, on ne s'étonnera pas si j'attribue à l'époque absolutiste une part assez considérable dans la production des idées modernes.

Vient ensuite la phase révolutionnaire. Comme les Sarrasins dix siècles auparavant, les armées françaises se précipitent sur le monde avec une nouvelle croyance; elles veulent renverser les gouvernements de droit divin pour en établir d'autres, basés sur la souveraineté populaire. Nous n'avons pas à examiner jusqu'à quel point cette prétention était fondée; elle existait et cela nous suffit. Dès lors les armées françaises devaient ménager les populations dont elles combattaient les gouvernements. Leurs adversaires, qui se présentaient comme les champions de l'ordre et de la civilisation contre la barbarie, étaient bien obligés de ne pas se laisser vaincre en humanité.

Aujourd'hui, le principe de la souveraineté populaire a gagné sa cause. Si, dans certains pays, il n'a pas renversé les dynasties, c'est qu'il a préféré les prendre à son service. Ce changement constitue tout à la fois un grand progrès et un grand danger. A l'avenir, les guerres seront plus rares, mais plus terribles. Elles prendront un caractère national. Elles se feront pour les intérêts des peuples, dont l'indifférence sera remplacée par l'enthousiasme, peut-être même par l'exaspération. Peut-on s'attendre à ce que les populations ne manifestent aucune malveillance pour un ennemi qui pénètre chez eux contre leur volonté, pour un conquérant qui vient se substituer au gouvernement qu'elles se sont choisi? Elles seront sollicitées par leurs sympathies, par leurs devoirs de citoyens, tels qu'elles se les représentent, de favoriser le parti national. Si elles ne le font pas, elles s'exposent, une fois la guerre finie, à des reproches, à des vengeances, et au déshonneur. On ne peut pas mieux demander aux envahisseurs de supposer aux habitants des sentiments que ceux-ci ne peuvent pas avoir. De là certains actes, déplorables sans doute, mais inévitables tant qu'on ne prendra pas pour y mettre fin des mesures sérieuses. Il faut ici autre chose que des déclamations et des malédictions, prononcées à tort et à travers, et sur lesquelles jamais homme de caractère ne voudra règler sa conduite.

Qu'y a-t-il à faire? Bien des choses peut-être; nous n'en voulons indiquer qu'une seule : il faut mettre l'éducation populaire à la hauteur des exigences des temps modernes. Un peuple qui est son propre maître a plus de devoirs qu'un autre. La démocratie, pour être un bien et non pas un mal, suppose un développement considérable de la conscience et de la morale publiques. Voici en particulier la direction que ce développement doit prendre, si l'on veut parer aux inconvénients que nous venons de signaler.

En matière politique surtout, le développement de la civilisation s'opère en deux sens opposés, destinés à se servir réciproquement de contre-poids : la distinction des fonctions, et la participation de tous aux affaires publiques. Chaque progrès dans un de ces sens en appelle un dans le sens opposé, sous peine de détruire l'équilibre et l'harmonie.

La société moderne repose sur la division des pouvoirs et du travail, qui tend à se développer tous les jours, dans certains domaines au moins. Les carrières commerciales ou industrielles se spécialisent de plus en plus. La religion et la science, qui se confondaient dans les antiques civilisations orientales, sont aujourd'hui séparées, trop séparées peut-être. Et cependant, la démocratie, ecclésiastique et politique, appelle chaque individu à donner son concours théorique et pratique à des choses très différentes. Platon divisait les ressortissants de sa république en deux classes : la première comprenait les philosophes et les guerriers qui vivaient dans la communauté des biens. Dans la seconde, on trouvait les agriculteurs, les industriels, les commerçants, auxquels il était permis d'avoir une propriété privée, mais qui étaient exclus de toute participation aux affaires politiques. De nos jours, chacun peut avoir sa propriété privée, vaquer à ses affaires, commerciales ou autres; chacun pourtant est appelé comme soldat à concourir à la défense du pays, à participer, au moyen du suffrage universel, à l'administration de la fortune et des affaires publiques. Les deux caractères attribués par Platon à deux classes différentes, se trouvent aujourd'hui réunis dans le même citoyen.

Le caractère compliqué de notre civilisation exige beaucoup de discernement dans l'esprit et de discrétion dans la conduite. Il est très important de distinguer les diverses positions, et les conséquences souvent opposées qui en découlent. Un même individu peut être appelé à jouer des rôles très-divers; mais il doit toujours remplir les devoirs de son rôle, se conduire en soldat quand il est soldat, en laboureur quand il est laboureur. Le même acte qui sera honorable au plus haut degré, s'il est commis par un militaire revêtu de son uniforme, sera un crime, une perfidie, s'il a pour auteur une personne appartenant à ce qu'on appelle les populations paisibles. Libre à chacun de faire preuve de patriotisme et de bravoure; mais à condition d'entrer dans les rangs des belligérants déclarés. Ce qui est commandé dans une position, est interdit dans une autre. On nous dira que nous faisons là des distinctions subtiles. Peut-être. Mais ces distinctions sont nécessaires au développement de la civilisation. Il faut habituer les populations à les faire si nous voulons éviter de retomber dans une barbarie d'autant plus funeste qu'elle aura tous les défauts d'une société raffinée.

Nous aurions ici quelques observations à faire à propos de la levée en masse, mais elles trouveront leur place à la fin de la section prochaine.

Section 4. — Des immunités accordées aux biens.

Nous avons dit plus haut que les immunités accordées aux personnes seraient inutiles et dérisoires, si elles ne s'étendaient aussi aux biens, aux conditions d'existence de ces personnes. Nous allons voir cette idée se combiner avec d'autres, qui en restreindront les effets.

La guerre, avons-nous dit, se fait entre les États et non entre les particuliers. Les propriétés privées devraient donc être inviolables. En pratique, il ne peut pas en être tout-à-fait ainsi. D'abord la guerre, la guerre continentale au moins, a nécessairement pour théâtre un territoire. Celui-ci comprend le domaine privé comme le domaine public. Les opérations militaires seraient impossibles, si elles devaient se borner aux routes et aux terrains vagues. Elles s'étendent aux propriétés foncières des particuliers, dont elles peuvent suivant leurs besoins, saccager les récoltes, détruire et transformer les bâtiments et les travaux d'art. Sans doute il est généralement admis, qu'un ordre écrit d'un officier supérieur est nécessaire pour autoriser des destructions importantes. De la sorte, on est à peu près sûr que les bâtiments ne seront pas attaqués sans nécessité sérieuse. On est protégé contre la légèreté et les entraînements des inférieurs; mais le droit du souverain belligérant n'en est pas entamé. La guerre met en évidence la vérité de deux principes qui ont malheureusement trop de peine à se faire reconnaître : le premier, c'est que le véritable propriétaire du fonds, c'est l'État, tandis que les particuliers n'en ont guère qu'un usufruit transmissible aux héritiers, que le domaine utile. L'autre principe, formulé par le droit féodal, fait des meubles les accessoires de l'immeuble sur lequel ils se trouvent. Il est impossible que la guerre faite à l'État ne s'étende pas, dans une certaine mesure au moins, aux propriétés foncières ressortissant de cet État et aux propriétés mobilières qui les garnissent. On ne peut pas même ici tenir compte de la nationalité des propriétaires ; les amis et les neutres ne doivent pas s'attendre à ce que leurs domaines soient respectés.

Le principe moderne, proclamant l'inviolabilité des propriétés privées, n'est pourtant pas sans effet. Il a pour première conséquence incontestable, d'interdire le pillage, incompatible, à deux égards, avec nos idées actuelles. Tel qu'il se pratiquait chez les peuples barbares, au moyen-âge et jusque au temps de Grotius, il était un moyen d'enrichir le soldat, un particulier par conséquent, au détriment de particuliers ennemis. Un pareil système présente de graves inconvénients, même pour celui qui le pratique ; il compromet sérieusement la discipline ; aussi les Romains y ont-ils apporté un tempérament d'autant plus caractéristique que le moyen-âge n'a pas compris la nécessité de l'imiter. Le soldat au service occupait, non plus pour son compte particulier, mais pour celui de l'État. Le général seul disposait du butin ; il en disposait, il est vrai, en grande partie pour récompenser le soldat ; mais rien ne l'aurait empéché d'agir autrement, s'il l'avait trouvé convenable. La guerre se faisait donc encore au détriment des particuliers ; elle ne se faisait plus, directement au moins, à leur profit. Il y avait déjà là un notable progrès. Mais on n'était encore qu'à moitié chemin. Après la rechute passagère du moyen-âge, les temps modernes ont posé en principe l'inviolabilité de la propriété privée, toutes les fois qu'elle n'est pas incompatible avec les exigences des opérations militaires.

Le pillage a donc disparu. Il a été remplacé, dans certaines occasions au moins, par le système des réquisitions, moins funeste certainement, mais peut-être plus odieux, parce qu'il n'a pas l'excuse de la passion. Les réquisitions sont-elles compatibles avec l'inviolabilité de la propriété privée? Evidemment non ; aussi ne se justifient-elles, que lorsqu'elles sont nécessitées par les exigences de la conservation personnelle et des opérations militaires. Reste à savoir jusqu'où vont ces exigences.

Il est évident que l'envahisseur doit prendre ses quartiers là où il se trouve. Il faut en dire autant des moyens de transport dont il - a besoin. Aussi le droit d'exiger des habitants du territoire occupé ces deux presta.

tions, dont la dernière est connue sous le nom d'angarie, n'est-il guère contesté. La position change un peu, s'il est question de munitions, de vivres, de vêtements, toutes choses que l'envahisseur peut amener avec lui. Il semble donc au premier abord, qu'il ne devrait faire aucune réclamation de ce genre. Mais la position n'est pas aussi simple. Il ne faut pas oublier d'abord que les approvisionnements d'une armée qui se trouve en pays ennemi, sont loin d'être toujours assurés; ils peuvent être retardés, peut-être même coupés; il faut alors y suppléer, en mettant à contribution les populations au milieu desquelles on se trouve.

Il faut en second lieu tenir compte d'une circonstance qui aggrave considérablement la guerre moderne, et sur laquelle nous avons dû nous étendre à la fin de la section précédente. En principe, on suppose que les populations sont paisibles, c'est-à-dire au moins indifférentes; en pratique, il ne peut plus en être ainsi. Il y a donc des mesures à prendre contre les habitants du pays occupé, pour les empêcher de secourir l'armée nationale par l'envoi d'approvisionnements, et d'affamer les envahisseurs sans apparence d'hostilité. On comprend qu'un général, arrivant dans une ville où se trouvent des magasins de provisions, devra s'en emparer pour entretenir ses propres troupes et empêcher qu'on ne les fasse parvenir à ses adversaires. De toutes les choses qui nourrissent la guerre, il n'en est pas de plus importante que l'argent; aussi les réquisitions pécuniaires pourraient-elles à la rigueur se justifier par les exigences des opérations militaires; d'autant plus que malheureusement elles pourront souvent être présentées comme des amendes imposées à des populations qui n'ont pas rempli leurs devoirs de quasi-neutres envers les envahisseurs. La légitimité des réquisitions est donc aussi une question de fait autant que de droit. A des populations qui, sans se laisser égarer par leurs antipathies ou les suggestions d'un patriotisme mal éclairé, s'acquitteraient fidèlement des obligations qui leur incombent en leur qualité de populations paisibles, on ne pourra demander que ce qui est strictement exigé par les opérations militaires. En outre, la guerre se faisant d'État à État, les prestations imposées aux populations ne doivent les frapper qu'à titre d'intermédiaires seulement, et retomber finalement sur l'État auquel celles-ci appartiennent. L'envahisseur devra procéder régulièrement et délivrer des reçus qui rendent un dédommagement possible.

Nous avons dit plus haut que tout le territoire étant nécessaire aux opérations militaires, on ne pouvait pas faire de distinction entre les propriétés foncières publiques et les privées. Cela est vrai, tant qu'il y a encore des opérations militaires proprement dites; mais une fois le pays au pouvoir de l'envahisseur, une fois qu'il s'agit de régler les conséquences d'une possession provisoire, contestée peut-être mais non disputée, la position change. La propriété privée peut maintenant être respectée sans nuire au but de la guerre ni à la sécurité des envahisseurs; dès lors elle doit l'être. La guerre se faisant d'État à État, l'envahisseur s'empare du domaine public, et en perçoit les fruits. Il est administrateur, mais à titre provisoire seulement; aussi ne doit-il pas altérer la substance de la chose. Tant qu'un traité de paix n'a pas régularisé la position, il ne doit se considérer que comme un possesseur de bonne foi ou comme un usufruitier. Nous nous bornons à poser le principe, sans entrer ici dans le détail des conséquences. Quant aux propriétés privées, mobilières ou immobilières, elles redeviennent inviolables.

A côté des propriétés publiques, l'envahisseur acquiert encore, à titre provisoire, la souveraineté du territoire occupé; et à ce titre, il peut réclamer des habitants certaines prestations en lieu et place du souverain dépossédé. Ici toutefois il y a certaines distinctions à faire.

On peut d'abord se demander, si le vainqueur peut enrôler ou utiliser d'une manière quelconque, pour ses opérations militaires, les habitants des pays qu'il détient temporairement, en attendant le traité de paix. Notre réponse sera franchement négative. Nous ne sommes plus au temps où l'homme est attaché à la glèbe. Le système admis aujourd'hui est que chacun choisit librement l'État auquel il veut appartenir. Sans doute il en est de cette liberté là comme de toutes les autres; elle est considérablement, et très-inégalement, restreinte par les circonstances, en particulier par le fait que chacun ne peut pas émigrer à volonté. Celui qui se voit enchaîné à un pays, ne peut guère éviter de choisir ce pays pour en faire sa patrie. Mais ce n'est là qu'une nécessité extérieure, qu'un obstacle qui ne change rien au principe de droit, c'est-à-dire à la tendance, à l'aspiration sociale.

Cela étant, pour que les habitants d'un pays occupé changent de souverain et de patrie, il faut qu'il s'opère dans leur volonté un changement manifesté par un acte positif ou par un consentement aux changements extérieurs qui ont eu lieu.

Or, tant que la guerre dure, tant qu'une position définitive n'a pas été établie, ou tant qu'elle n'a pas été rétablie par le traité de paix, les habitants des territoires occupés ne sont pas en mesure de manifester leur volonté sous une forme active ou passive. Ils ne savent pas encore si le pays qu'ils habitent est destiné à faire retour à l'ancien souverain ou à être cédé au vainqueur. Ils sont forcés d'attendre, et il ne faut pas le leur imputer. Il est fort possible qu'après la guerre ils préfèrent émigrer plutôt que d'accepter une nouvelle nationalité; et ils doivent rester libres de le faire, s'ils le veulent, et que les circonstances dans lesquelles ils se trouvent le leur permettent. Ils ne sont donc point des sujets du vainqueur. Leur position est celle de gens domiciliés à l'étranger, ou, si on le préfère, de prisonniers de guerre. On ne doit pas les forcer à combattre contre une patrie à laquelle ils désirent peut-être rester fidèles. L'envahisseur y est tenu par son propre intérêt : car, s'il agissait autrement, il donnerait à la guerre un caractère de véritable exaspération qui serait loin d'être à son avantage. La souveraineté provisoire créée par l'occupation est donc exclusivement réelle, nullement personnelle. Elle porte sur les choses, implique le droit de percevoir des impôts; mais elle ne saisit les personnes que dans leurs rapports avec les choses.

Ici nous nous trouvons en face d'une ou deux questions qui peuvent faire naître des controverses. On a pensé que les propriétés privées ne devaient être respectées, que lorsque leurs maîtres se trouvaient là pour faire reconnaître leurs droits. Les choses, au contraire, dont les propriétaires étaient absents, devraient, suivant cette opinion, être considérées comme délaissées, et pourraient être capturées par l'ennemi. Je crois que cette opinion est erronée, et qu'une pratique qui se fonderait sur elle aurait des conséquences funestes. Remarquons d'abord qu'il ne peut pas être question ici d'un véritable délaissement : car celui-ci exige l'intention de ne plus posséder. Or, en cas de guerre, ceux qui abandonnent leurs propriétés le font malgré eux, dans la perspective d'un danger qui est considérable pour peu que les armées envahissantes ne soient pas complètement disciplinées, ce dont on n'est jamais sûr. Peut-être aussi les propriétaires sont-ils empêchés par quelque autre circonstance. Ils seront malades, absents, appelés au service de leur pays; ils seront morts peut-être, et leurs héritiers n'auront pas encore pu recueillir leur succession.

Bref nous ne croyons pas que les principes de droit scrupuleusement appliqués permettent de considérer comme une *res nullius* les choses abandonnées par leurs propriétaires en temps de guerre. Nous croyons qu'en posant le principe contraire, on mettrait le pied sur une pente où il serait impossible de se retenir, et où l'on glisserait rapidement au fond de l'abîme du pillage et de la guerre primitive et barbare. Combien il serait facile de prétendre que les objets qu'on a trouvés à sa convenance et qu'on s'est appropriés, avaient été délaissés par leurs propriétaires !

Toutefois, ici encore, il y a des distinctions à établir. Il faut tenir compte des exigences des opérations militaires, qui, tant qu'il y aura des guerres, passeront toujours avant celles de l'humanité. Supposons un officier en quête de vivres pour ses troupes, et trouvant ce dont il a besoin dans un magasin abandonné par son maître. Dans la règle, il devrait se faire livrer, moyennant reconnaissance, les choses qui lui sont nécessaires. Le propriétaire étant absent, il n'y a personne là pour recevoir la reconnaissance. Ce n'est pas la faute de l'envahisseur, s'il ne la délivre pas. Mais c'est là un cas tout spécial, et qui doit se borner aux choses nécessaires à la guerre. Si cette condition n'est pas remplie, les biens que l'on prétend délaissés doivent être respectés autant que d'autres; sinon le principe de l'inviolabilité de la propriété privée deviendra une dérision; il sera impossible de le faire respecter par le soldat; il ne sera plus vrai que la guerre se fait seulement d'État à État.

Jusqu'à quel point les diverses immunités que nous venons d'établir au profit des personnes et des choses s'étendent-elles au cas de levée en masse? Si tout le monde, jusqu'aux femmes et aux enfants, se rue contre l'envahisseur, ne passe-t-on pas de la guerre régulière, limitée, à la guerre d'extermination? Il ne peut plus être question de ménagements à l'égard des populations paisibles, puisque ces populations paisibles n'existent pas. Le principe de l'inviolabilité de la propriété privée peut-il être maintenu, une fois que s'est effacée la distinction entre belligérants et non-belligérants? Il est au moins permis de se le demander. Nos doutes à cet égard trouveront peut-être une confirmation dans différents passages de pièces officielles. Quelle que soit la solution donnée à ce problème, il faut reconnaître que la levée en masse est une mesure extrême, qui, pour celui qui en fait usage, entraîne des conséquences terribles. Aussi pensons-nous qu'elle doit être, sinon tout-à-fait abandonnée, au moins réservée à certains cas désespérés et exceptionnels; ainsi, lorsqu'un peuple, ou mieux encore lorsqu'une société, combat pour son existence, ou lorsqu'on se trouve en face d'un ennemi sans foi.

Il nous reste encore à parler des créances. Un belligérant peut-il s'opposer à ce que ses ressortissants, qui se trouvent débiteurs des ressortissants de l'adversaire, s'acquittent de ce qu'ils doivent? En particulier, si c'est l'État lui-même qui est débiteur, a-t-il le droit de refuser le payement? Il me semble que l'on peut se permettre une suspension, pendant la durée des hostilités, mais non point une suppression. L'État qui ne s'acquitterait pas de ce qu'il doit, qui empêcherait ses ressortissants de s'acquitter, qui se substituerait aux créanciers ennemis en se faisant payer ce qui leur est dû, porterait une grave atteinte à son crédit, public ou national. Son intérêt lui interdit de le faire. D'autre part, cependant, on ne peut pas me demander de fournir des armes à mon adversaire. L'argent est le nerf de la guerre, et j'ai le droit·de chercher à priver mon ennemi de cet important élément. Une suspension des payements jusqu'à la paix, est une mesure très-grave sans doute, mais qui ne me paraît pas absolument injustifiable. Ici du reste, il y a une gradation à observer, et il me semble que la suspension du payement des dettes publiques à l'égard de l'ennemi entraînerait moins d'inconvénients que la suspension du payement des dettes privées.

SECTION 5. — LA GUERRE MARITIME.

On n'a pas réussi jusqu'à présent à faire appliquer à la guerre maritime les dispositions exposées plus haut, du moins pas complètement. Comme les jurisconsultes romains l'avaient déjà reconnu, la mer appartient à tout le monde. Tous les peuples devraient en user, sans qu'aucun s'en attribue la propriété exclusive. Aussi cette propriété ne devrait-elle jamais faire l'objet d'hostilités. Comment se fait-il donc qu'il y ait des guerres maritimes?

Le commencement des temps modernes assiste à un phénomène historique particulier. La puissance maritime d'une certaine nation, qui du reste ne reste pas toujours la même, prend un développement tel, qu'elle peut braver impunément toutes les autres. Il se passe alors sur l'Océan, ce qui avait eu lieu sur le continent lorsque l'empire romain était à son apogée. La prédominance excessive et absolue d'une puissance aboutit à l'anéantissement du droit. Le droit en effet est un consentement; il suppose l'harmonie de plusieurs volontés, et par conséquent leur existence. Dès qu'il n'y a plus qu'une seule puissance, qui n'a plus à compter avec personne, il ne peut être question de droit; les intérêts, les volontés et les caprices de cette puissance font loi.

Un tel état de choses ne doit pas durer, pas plus sur terre que sur mer. Mais il ne suffit pas de protester contre les abus, de proclamer que ce qui est ne devrait pas être; il faut créer les conditions d'un état de choses meilleur. La condition d'existence d'un droit pour la guerre de mer, c'est la coexistence de plusieurs puissances maritimes. Il fallait que les nations exclues de l'usage de l'Océan se missent en mesure de tenir en échec, seules ou coalisées, celle qui jouissait du monopole. C'est aussi ce qui est arrivé. On a fait perdre à la Hollande, à l'Angleterre, leur suprématie exclusive. Mais bientôt la nature des choses semble vouloir jeter le droit d'un extrême dans l'autre. Il ne devrait pas y avoir de guerre sur mer, moins encore que sur terre; aussi se trouve-t-on ballotté entre deux alternatives : une guerre maritime plus barbare que celle de terre, ou pas de guerre maritime du tout. Nous avons jusqu'ici vécu dans le premier de ces deux extrêmes; peut-être sommes-nous sur le point de passer dans le second.

Jusqu'ici, on n'a pas réussi à faire respecter la propriété privée sur mer : car elle était, en l'absence d'un territoire ou de positions stratégiques dont on pût prendre possession, l'unique objectif que pussent se proposer les opérations navales. Telle était même son importance, qu'on n'a pas toujours cru pouvoir respecter les biens des neutres.

La conséquence naturelle de cette extension des hostilités à la propriété privée, c'était la course, que l'on peut définir le moyen donné à la propriété privée pour se défendre. Les Américains l'ont compris, lorsqu'ils ont refusé leur adhésion à l'abolition de la course, aussi longtemps que le principe de l'inviolabilité de la propriété privée ne serait pas étendu aux guerres maritimes. On comprend quelle serait la position d'une puissance qui aurait une marine marchande considérable et peu ou point de vaisseaux de guerre. Le nouveau principe, adopté par l'Europe et rejeté provisoirement par les États-Unis, lui enlèverait la seule arme qu'elle ait à sa disposition.

On ne peut nier d'autre part que la tendance qui pousse à l'abolition de la course, ne soit tout-à-fait légitime et conforme au progrès dans le meilleur sens du mot. D'abord les transformations qui se sont récemment opérées dans la construction des vaisseaux de guerre, rendent au moins problématique la possibilité d'affecter des navires marchands à des usages militaires. En outre il est évident que la guerre prend un tout autre caractère suivant qu'elle se fait comme une nécessité inévitable, ou qu'on y voit une occasion de profit. Il est bien difficile que le corsaire, tout en différant sensiblement du pirate quant à la forme, n'ait pas quelque chose de son caractère, en d'autres termes, que la course n'ait pas une influence démoralisante.

Au fond, la tendance qui réclame le respect de la propriété privée est la même que celle qui demande l'abolition de la course; l'une va jusqu'au bout de la carrière; l'autre s'arrête en chemin. Quand cette tendance sera arrivée à ses fins, pourra-t-il encore être question de guerres maritimes ?

Quand navires et cargaisons pourront traverser librement les mers, sans avoir rien à craindre de la marine de guerre ennemie, à quoi servira celle-ci? à couler bas les vaisseaux de guerre de l'adversaire? L'ennemi n'aura qu'à ne pas les faire sortir de ses ports, ou même qu'à n'en point posséder.

On le voit, la guerre maritime sera réduite aux opérations dont l'objectif se trouvera sur terre, au blocus des ports, à l'attaque des côtes. Elle ne sera plus en d'autres termes qu'un accident, ou plus exactement qu'un accessoire de la guerre continentale. Il n'y aura plus de guerre maritime proprement dite. Reste à savoir si l'on pourra s'en passer.

En attendant que ce bel idéal soit réalisé, l'application des principes imparfaits dont on s'est contenté jusqu'ici exige des dispositions et des *institutions* particulières. Ainsi l'on a pensé qu'une puissance auxiliaire ne devait pas pouvoir délivrer de lettres de course. On a raison; une puissance auxiliaire ne doit en effet chercher à tirer de la guerre aucun avantage pour elle-même. On a dû également instituer les tribunaux des prises, dont la véritable nature n'est peut-être pas bien comprise. Dans le développement qui nous fait passer du système de la justice propre à celui de la justice sociale, on peut distinguer plusieurs phases. Il en est une en particulier où la sentence appartient à la société, tandis que l'exécution est abandonnée à l'individu. C'est là qu'on en est avec la course et le tribunal des prises : seulement la nature des choses exige qu'ici l'exécution précède la *sentence*. Le capteur s'empare du navire ou de la cargaison, et vient ensuite faire constater la régularité de sa prise. De la sorte, on évite, non pas tous les abus, mais quelques-uns.

Il ne faut pas se méprendre sur l'importance et la compétence de ces tribunaux. N'oublions pas que lorsqu'on parle de droit de la guerre, les *mots* de société, de justice sociale, peuvent avoir deux sens. A la volonté de l'individu on peut opposer, soit la volonté de la société politique dont l'individu fait partie, la volonté de l'un des États belligérants; soit la volonté de la société internationale. Si l'on discute la régularité d'une prise, la question peut se poser de deux manières :

1° Le capteur a-t-il agi conformément aux instructions du belligérant dont il tient son mandat?

2° Le capteur a-t-il agi conformément aux règles du droit de la guerre?

Il peut arriver en effet que les instructions du belligérant ne soient pas conformes au droit international; mais alors le capteur ne sera pas en faute. C'est sur la première des deux questions seulement que le tribunal des prises est qualifié pour prononcer. Le caractère en est, non point international, mais purement administratif.

On comprend que les principes exposés plus haut ne peuvent pas trouver de tous points leur application dans les guerres civiles. Sans doute, ici encore, on doit certains ménagements aux belligérants réguliers et disciplinés, afin d'éviter que la guerre ne prenne un caractère irrégulier et latent qui aggraverait beaucoup le mal. Mais, une fois le conflit terminé, des insurgés par exemple ne doivent pas être admis au bénéfice de tous les égards usités en cas de guerre internationale. Ils n'ont point agi par ordre; c'est leur volonté particulière qui les a déterminés à prendre les armes. Ils ne sont point les instruments d'un État reconnu. Le principe que la guerre est dirigée contre les États et non contre les particuliers, ne peut pas s'appliquer à eux; il se heurte d'abord contre une difficulté matérielle. Dans toute guerre, il y a des frais à couvrir; ceux-ci sont, en cas de conflit international, supportés par l'État vaincu. En cas de guerre civile, cet État vaincu fait défaut; on ne saurait donc à qui s'adresser pour recouvrer les dépens. On est naturellement conduit à s'en prendre à ceux qui sont les véritables auteurs du mal, aux chefs de l'insurrection réprimée. Il serait immoral d'ailleurs que ceux qui ont fait ravager un pays, jouissent paisiblement de leurs biens, au sein même de cette contrée qu'ils ont désolée, et sous la protection de ce gouvernement qu'ils ont cherché à renverser. En outre, la simple prudence oblige à enlever aux auteurs de la guerre les moyens de la recommencer. Aussi croyons-nous que la confiscation des biens et l'expulsion des personnes qui ont joué les rôles principaux dans l'insurrection, ne peuvent pas être taxées de cruautés inutiles.

Ce que je viens de dire ne me paraît pas devoir s'appliquer complètement, dans le cas du triomphe de l'insurrection, aux membres du gouvernement renversé. La position de ceux-ci est toute différente. Des insurgés peuvent ne pas se soulever; un gouvernement ne peut pas ne pas se défendre. Il doit le faire, ne fût-ce que pour bien constater le sérieux de l'attaque dont il est l'objet. S'il agissait autrement, il s'exposerait à des reproches sévères de la part de ceux-là même qui étaient mal disposés. Il ne faut pas oublier en effet que ce n'est point une chose facile que de constater la volonté du peuple. Les vociférations de la place publique et le langage si souvent vénal des journaux ne sont point des indices suffisants. Les plébiscites eux-mêmes, l'expérience l'a prouvé, renseignent tout au plus sur l'intention ou la résignation du moment. Tant qu'un gouvernement subsiste, il a pour lui la volonté expresse ou la patience de la nation ; il est fondé à se croire représentant du pays jusqu'à preuve contraire ; et cette preuve contraire ne peut être fournie que par des actes positifs, tels que l'établissement, au sein de l'État, d'une puissance supérieure à celle du gouvernement. Les membres de ce gouvernement par conséquent ne font, en se défendant, qu'accomplir un devoir imposé par une position et des fonctions qu'ils n'ont peut-être pas recherchées. Ils ne sont donc pas individuellement responsables.

D'ailleurs, si le gouvernement établi n'était pas l'expression de la volonté de la nation, la faute de cet état de choses anormal appartenait à la nation qui le tolérait. C'est à la nation tout entière à en supporter les conséquences, à payer les frais de la guerre intérieure qui a été nécessaire pour le faire cesser. Tels sont les principes généraux qui me paraissent devoir être appliqués ; ces règles toutefois pourront être modifiées par des circonstances particulières, dans l'examen desquelles il m'est impossible d'entrer ici.

Quant à la vie des chefs de l'insurrection, elle me paraît devoir être épargnée, lorsque la guerre a été régulière. Il est nécessaire, en effet, de faire une différence au profit de ceux qui observent les principes du droit.

Disons quelques mots de la conduite à tenir à l'égard des insurgés qui n'ont pas observé les lois de la guerre. Ici l'on se trouve vis-à-vis, non plus de belligérants, mais de criminels. L'opinion publique, celle au moins qui ne demande rien d'impossible, la seule par conséquent dont on puisse tenir compte, permet de sévir. On pourra donc appliquer la peine de mort, dans certains cas au moins. Toutefois il y a lieu de faire des distinctions. Dans une insurrection, à côté d'un petit nombre de meneurs, qui, par leur conduite, ont assumé la responsabilité de l'entreprise, il y a des masses de menés qui se sont laissé entraîner ou intimider. La société doit user d'une grande indulgence à l'égard des menés. Les condamner à mort, les priver de la liberté, ce serait enlever à beaucoup de familles leurs soutiens, augmenter la misère, qui est la cause la plus grave de ces soulèvements. Il faut leur pardonner, et chercher à se les reconcilier. Ce n'est pas ici le lieu d'examiner ce qu'il y a à faire pour éveiller dans les masses la conscience de l'harmonie qui existe, ou du moins qui doit exister, entre leurs intérêts privés et ceux de la société qu'ils combattent.

S'il y a lieu de ménager les masses ignorantes, la position change, dès qu'on se trouve vis-à-vis des meneurs, hommes généralement d'un esprit cultivé, et qui, en tous cas, devaient chercher à s'éclairer sur les conséquences de leur entreprise. Les meneurs sont responsables, et il importe d'autant plus de sévir contre eux, que c'est à cette condition là seulement qu'on peut faire grâce aux menés. Le premier devoir de la société, c'est de pourvoir à sa propre sécurité. Pour cela, il est nécessaire de frapper les meneurs, mais non pas d'aller plus loin.

Une difficulté d'application pourra se présenter, lorsqu'il s'agira de déterminer quels sont les auteurs du soulèvement. Il y a lieu de distinguer entre les auteurs intellectuels et les auteurs moraux ; les premiers sont ceux qui ont lancé dans les masses les idées qui ont fourni le motif ou le prétexte du mouvement ; les autres sont ceux qui ont dirigé l'exécution.

Il faut mettre les auteurs intellectuels hors de cause. On sait que les idées n'appartiennent à personne en propre ; elles sont le résultat d'une élaboration lente et commune à beaucoup de penseurs. Le véritable inventeur de l'idée appartient peut-être à un autre pays ou à un autre temps : il se soustrait par là à l'action de la justice. N'oublions pas d'ailleurs qu'il y a un abîme entre la conception et l'exécution. On peut parfaitement blâmer sévèrement une institution, désirer ardemment une réforme, et reculer devant les violences qu'impliquerait le changement si on voulait l'opérer aujourd'hui. Il serait absurde de rendre un théoricien responsable de tous les crimes que des énergumènes croient devoir commettre au nom de ses théories. La liberté de la pensée, la liberté de la parole, ne seraient plus qu'une dérision. Il est impossible d'arrêter le mouvement des idées. Les crimes qui se sont commis au nom d'une théorie, se seraient commis au nom d'une autre.

Passons à l'auteur moral. Nous désignons par ce nom, celui qui prête à l'entreprise le concours, non pas seulement de son intelligence ou de sa force physique, mais de sa volonté ; celui qui joue dans le mouvement, un rôle correspondant à celui de l'entrepreneur, tandis que les deux autres catégories d'individus, les auteurs intellectuels et les masses, représentent le savant et l'ouvrier. Déjà l'analogie nous montre que l'auteur moral doit expier la faute dont il a été la véritable cause, tandis que les autres n'en ont été que les conditions. En cas de succès, c'est lui qui aurait recueilli le plus gros bénéfice.

L'auteur moral est le vrai chef de la guerre. Il n'en a peut-être ni l'initiative ni l'exécution matérielle ; mais il en a l'exécution morale, la décision. C'est lui qui pèse le pour et le contre, apprécie les avantages et les désavantages de la tentative, et résout le problème dans le sens de l'action. C'est lui qui fait passer les idées dans le domaine des faits, qui choisit par conséquent celles qui doivent et celles qui ne doivent pas être pratiquées : c'est lui qui donne les ordres, qui procure aux opérations cette unité sans laquelle l'insurrection n'aurait qu'une existence éphémère.

Nous n'avons pas à examiner comment il se fait que ce soit telle personne et non pas telle autre qui joue ce rôle. Le centre d'attraction autour duquel on se groupe et auquel on obéit, peut être déterminé par des qualités personnelles, naturelles ou acquises; ou encore par cette circonstance pour laquelle on a, bien à tort, réservé le nom de droit divin, par la naissance, par le fait qu'on représente une dynastie. De quelque manière que le chef se trouve désigné, il ne se ferait rien sans lui; c'est lui qui associe les idées et les forces pour les diriger vers un certain but; lui enlevé, il n'y a plus que des éléments impuissants. C'est lui que la société doit frapper, suivant en cela l'exemple des Romains, qui sacrifiaient les rois vaincus, tout en faisant grâce de la vie à leurs sujets.

Il va sans dire qu'un soulèvement peut avoir plusieurs chefs qui pourront tous être rendus responsables. Nous ne voulons du reste point préjuger ici la question de la peine de mort; nous n'aurions pas d'objection à ce qu'elle fût remplacée par la privation de la liberté, s'il était démontré que cette dernière présente des garanties suffisantes de sécurité.

SECTION 7. — DES REPRÉSAILLES.

Les représailles étaient, dans le principe, un moyen terme entre la paix et la guerre, un procédé employé pour obtenir satisfaction sans recourir à des hostilités en règle. Aujourd'hui elles sont en outre un intermédiaire entre la guerre qui est régulière et celle qui ne l'est pas; ou, si on le préfère, un moyen d'empêcher la guerre de devenir tout-à-fait barbare. Dans le principe, les représailles étaient inconnues, une fois que les hostilités avaient commencé, parce qu'alors le droit de la guerre autorisait ce qui aujourd'hui n'est possible que dans des conditions particulières. Elles sont donc le symptôme d'un progrès, bien que de nouveaux progrès doivent amener leur diminution, peut-être même leur disparition.

Faisons d'abord une distinction importante. Il ne faut point confondre les représailles et la rétorsion. Les deux procédés ont une nature et des conséquences toutes différentes. La rétorsion suppose une controverse de droit qui nous autorise à ne pas observer, vis-à-vis d'un adversaire déterminé, la règle que celui-ci se refuse à observer à notre égard. Les représailles supposent une règle de droit reconnue, mais violée de fait. Cette violation nous autorise à en commettre de notre côté une autre, destinée à empêcher le renouvellement de torts semblables.

Dans le cas de la rétorsion, le déni de justice vient du souverain ; il est peut-être très-grave, mais il est bien déterminé. D'ailleurs il ne peut pas prendre une très-grande extension ; il expose celui qui se le permet à s'aliéner les neutres ; enfin, et ce point n'est pas sans importance, chacun sera naturellement conduit à déroger aux règles que son adversaire préférerait observer.

Les occasions de représailles ne sont pas aussi nettement circonscrites, ce qui rend d'autant plus désirable une limitation artificielle. L'acte irrégulier partira le plus souvent, non pas du souverain, mais de ses agents. On peut se demander si les représailles ne devraient pas être défendues. Elles ont assurément des inconvénients graves. D'autre part, si on n'en usait pas, le droit de la guerre pourrait bien devenir dérisoire. Nous croyons que les représailles sont une nécessité, et que, par cette raison là, elles sont permises.

Mais dans quelle mesure le sont-elles ? La violation nouvelle peut-elle dépasser la première en importance ? A cette dernière question je crois devoir donner une réponse négative. N'oublions pas que les motifs de la représaille sont souvent bien difficiles à établir. Fussent-ils même parfaitement constatés à nos yeux, malgré le voile que l'état de guerre jette sur presque tous les événements, ils ne le seront peut-être pas encore aux yeux de notre adversaire, duquel nous ne pouvons pas attendre l'impartialité. A notre infraction, non justifiée pour lui, l'ennemi répondra par une infraction nouvelle, à laquelle nous croirons devoir répliquer à notre tour. On voit où nous allons. Pour peu que chacun renchérisse sur son adversaire, le droit de la guerre sera bientôt complètement détruit. Il y a donc des précautions à prendre pour empêcher les représailles de produire un effet contraire à leur but.

Il convient donc de ne pas dépasser dans les représailles l'infraction primitive. On peut en outre considérer les représailles comme une seconde petite guerre accessoire ajoutée à la principale. La seconde doit, comme la première, dans la mesure du possible au moins, être précédée d'une tentative d'obtenir réparation à l'amiable, et en tout cas d'une notification préalable. Il est aussi à désirer que la représaille soit ordonnée par un officier supérieur, un chef de corps par exemple ; l'arme est trop dangereuse, pour être laissée entre les mains d'un inférieur.

On peut se demander enfin si l'infraction, commise à titre de représaille, doit être de même espèce, porter sur la même règle de droit que l'infraction primitive. Evidemment non ; une telle exigence serait impraticable. L'envahisseur, par exemple, peut commettre une foule de violations du droit de la guerre qui sont impossibles à l'envahi ; ce dernier devra chercher un autre moyen de se faire rendre justice.

D'ailleurs, si l'on veut que les représailles aient moins de gravité que l'infraction primitive, il faut permettre de leur donner un caractère un peu différent ; de répondre, par exemple, à un assassinat par des réquisitions.

C'est ici surtout que se manifeste la grande différence qu'il y a entre la rétorsion et la représaille. La rétorsion suppose une règle de droit, dont l'un des belligérants dispense son adversaire, en s'en dispensant lui même. Elle laisse intactes toutes les autres règles que l'on n'a aucune raison de violer. La représaille suppose une infraction au droit admis ; on y peut répondre par une autre infraction qui n'est pas nécessairement bornée à la même règle. Cette distinction importante n'a peut-être pas été toujours suffisamment comprise.

NOUVEL EXPOSÉ DU PRINCIPE DE NON-INTERVENTION

PAR

G. CARNAZZA AMARI, ·

Professeur à l'université royale de Catane.

I. — *Introduction.*

Jamais peut-être thème du droit des gens ne fut plus diversement étudié, plus énergiquement discuté, plus différemment développé et décidé que le principe de non-intervention. Et, ce qui est plus grave, malgré les laborieuses recherches des publicistes, malgré les profondes élucubrations des philosophes et les discussions animées des diplomates, il n'existe pas encore aujourd'hui de principe certain, assuré et uniforme, qui, fermant le passage à toute discussion théorique, donne aux peuples une règle positive et absolue offrant une solution facile aux contestations entre les États, et soit en même temps susceptible de se réaliser un jour en fait.

La recherche de ce principe forme un sujet vaste et embrouillé, qui touche à l'examen des questions contemporaines les plus ardues, qui oblige à passer en revue les principes fondamentaux du droit des gens, conduit au développement des principales théories du droit international, pousse à l'étude des plus grands événements de l'ère moderne et n'offre que trop fréquemment l'histoire de beaucoup de violences commises par les forts contre les faibles, ainsi que le spectacle de la violation permanente de l'indépendance des États et du droit des gens.

II. — *Définition de l'intervention.*

Intervenir en droit international, c'est s'ingérer dans les affaires politiques intérieures d'un État étranger. L'intervention implique l'usage de la force pour faire prévaloir la volonté étrangère sur celle de la nation. Par suite de cet acte la souveraineté étrangère est substituée à celle de l'État indigène, et elle décide à son gré des destins de la nation chez laquelle l'intervention a lieu.

Selon quelques-uns, l'ingérence violente d'un État dans les relations extérieures, soit pacifiques, soit belliqueuses qui peuvent exister entre deux ou plusieurs nations, serait également une intervention.

Bien que le fait de cette ingérence puisse philologiquement être qualifié d'intervention, cette ingérence se réduit à une alliance de la nation qui intervient avec l'État dont elle épouse la cause, et à une guerre contre l'autre, ou bien à une guerre contre tous deux si l'intervenant combat leurs vues à tous et veut imposer ses propres opinions.

D'après cela, en droit international, le mot intervention s'entend généralement d'une ingérence violente dans la politique intérieure d'une autre nation, mais pas de celle dans sa politique extérieure [1].

D'ailleurs, en décomposant le mot intervention, on arrive aux deux mots : *intus venire*, qui signifient *venir à l'intérieur* : c'est-à-dire, dans le gouvernement de la nation chez laquelle s'exerce l'intervention.

Il est vrai que l'intervention peut se rencontrer parfois en même temps qu'une guerre extérieure, comme aussi elle peut en être la cause, la conséquence expresse, ou le moyen ; mais cette coïncidence accidentelle n'est pas un motif pour la confondre avec la guerre extérieure.

En résumé, le caractère spécifique de l'intervention gît dans la substitu-

[1]. V. MAMIANI, *d'un nuovo diritto pubblico europeo*, CASANOVA, *diritto internazionale* T. I p. 104. SANDONA, *trattato di diritto internazionale*, p. 83 ; FERRERO GOLA, *corso di diritto internazionale* p. 64.

tion violente de la souveraineté étrangère à la souveraineté nationale interne. Sans cela il pourra y avoir alliance belliqueuse ou pacifique, guerre si l'on veut, mais jamais intervention. Il est nécessaire de bien établir ce principe, parce qu'il est fécond en conséquences, et que pêcher par la base, c'est ouvrir la source à de nombreuses erreurs et contradictions.

Nous l'avons qualifiée d'ingérence violente, parce que si elle était pacifique ou purement consultative, elle se résoudrait en une interposition amicale, appelée bons offices, et même médiation, ce qui est tout différent de l'intervention.

La violence peut être exercée par la force militaire, c'est-à-dire au moyen d'armées, qui en fait envahissent le territoire étranger, — ou aussi par la simple menace quand elle est appuyée d'un déploiement de forces de nature à empêcher une nation d'agir librement.

C'est pourquoi l'on a dit avec raison que l'intervention de l'Autriche en Italie s'est encore prolongée après son départ, parcequ'elle se montrait toujours prête à reprendre ses anciens errements de quelque manière qu'on y eût mis fin. On en peut dire autant de la France pour Rome, même après que ses troupes eurent quitté le territoire romain en exécution de la convention italo-française de 1865, parceque la menace de leur retour subsistait toujours. Retour qui eut lieu effectivement et amena le désastre de Mentana.

III. — *Histoire de l'intervention en Europe.*

Pour bien discuter la question de l'intervention, il faut en rechercher l'origine, en retracer l'histoire, exposer les raisons alléguées pour la justifier, et déterminer quels sont les principes que le droit actuel enseigne sur la matière, en tenant compte des progrès de la science.

L'intervention a son origine dans la tendance qu'ont les forts à dominer les faibles, et à leur imposer leur volonté.

> .... Una feroce
> Forza il mondo possiede, e fa nomarsi
> Dritto : la man degli avi insanguinata
> Seminò l'ingiustizia ; i padri l'ànno
> Coltivata col sangue, e omai la terra
> Altra messe non dà (1).

(1) Manzoni, *Adelchi*, acte V, sc. 9, p. 152. *Trad* : « Une force implacable possède le monde et se fait nommer — Droit : la main ensanglantée des aïeux — A semé l'injustice ; les pères l'ont — Cultivée dans le sang, et désormais la terre — Ne donne pas d'autre moisson. »

Tendance funeste qui a poussé les princes et les capitaines victorieux à la conquête des peuples libres et indépendants, en les soumettant à leur despotisme. Et comme à l'époque moderne, l'ère de la conquête peut se dire jusqu'à un certain point fermée, on a trouvé dans l'intervention un *meilleur* moyen de satisfaire cette soif de domination.

Historiquement ensuite, l'intervention se révèle dans les temps modernes pendant cette période de l'empire germanique où la féodalité régissait non seulement les souverains et leurs vassaux et arrière-vassaux, mais en outre, les empereurs et les princes feudataires qui devaient subir la haute suprématie impériale, avec droit d'intervention dans le régime politique des États vassaux. La conséquence d'un tel système fut de développer démesurément l'autorité impériale.

Même les peuples indépendants étaient souvent soumis à une pareille juridiction suprême. L'erreur alla si loin, que l'on vit certains princes déférer d'eux-mêmes à l'arbitrage impérial les contestations intérieures de leurs États. C'est ainsi qu'au 14e siècle, on voit le roi de Danemark et les comtes de Holstein soumettre à l'empereur Sigismond une controverse, née dans le Schleswig, qui alors n'était pas réclamé par l'Empire.

Le pouvoir suprême attribué aux pontifes, supérieur à celui des rois, fut la source de nombreuses interventions ; parce qu'on leur reconnaissait un droit souverain de juger les contestations qui pouvaient naître entre les princes de la chrétienté, et parcequ'il était nécessaire d'user de la force des armes pour rendre, par leur intervention, leurs arbitrages exécutoires.

Les luttes religieuses qui ensanglantèrent l'Europe, et particulièrement l'Allemagne, surtout à l'époque où les chrétiens se divisèrent en protestants et catholiques, donnèrent pareillement naissance à des interventions réitérées, qui avaient pour but le triomphe de la religion de l'intervenant.

Le traité d'Utrecht ayant depuis établi, avec ceux qui l'ont suivi, l'équilibre politique européen, destiné à maintenir les États dans une proportion de pouvoir et d'étendue de nature à contrebalancer leurs forces, il en résulta une autre occasion constante d'intervention.

Il était en effet impossible de maintenir cette équation forcée et arbitraire sans mettre un frein au développement naturel statistique, économique et territorial des peuples. C'est ainsi que, par des interventions répétées, les nations furent pétries et refondues, et que leur indépendance intérieure fut subordonnée à cette conception politique artificielle dite équilibre européen. Les maîtres du monde usant et abusant à leur gré de ce principe, il leur fut facile de justifier toute intervention comme nécessitée par la balance des États, qu'ils faisaient trébucher à leur gré, soumettant à leur joug arbitraire, l'autonomie des peuples.

Si l'indépendance et la liberté des peuples se surbordonnaient au principe de l'équilibre politique, il fallait, pour être logique, étendre l'intervention même aux familles, lorsque leur gouvernement intérieur pouvait être considéré comme une menace contre cet équilibre ; c'est pourquoi il parut licite d'empêcher les mariages royaux qui auraient pu accroître la puissance d'un État.

On vit ainsi l'Angleterre s'opposer en 1843 à un mariage proposé à la jeune reine d'Espagne. Et la France, à la dynastie de laquelle divers traités défendaient de contracter alliance avec la famille régnante d'Espagne, écrivait le 23 juin 1842, par l'organe de son ministre M. Guizot, à Casimir Périer, à Saint-Pétersbourg : « Dans l'intérêt de la paix et de l'équilibre européen, » nous n'avons pour les princes français aucune prétention à la main de la » reine d'Espagne, mais par une conséquence logique du principe, nous » n'admettons aucun prince étranger à la maison de Bourbon. » D'autre part, il écrivait quelques temps après à Bresson, envoyé à Madrid, que « si » la reine d'Espagne avait le libre choix d'épouser un prince quelconque, » la préférence devrait être accordée à la France en la personne du » Duc de Montpensier. »

Tandis que la diplomatie recourait à ces expédients pour empêcher la réunion de plusieurs trônes dans la même famille, il y avait entre les Bourbons de France et ceux d'Espagne, depuis 1756, le fameux pacte de famille, que l'on a également voulu étendre aux Bourbons des Deux-Siciles et de Parme, pacte par lequel ils se garantissaient réciproquement leurs trônes et promettaient d'intervenir contre quiconque aurait osé les attaquer.

Mais l'intervention devint encore plus nuisible et plus tyrannique, par la suite des temps, lorsqu'elle prit pour motif les résultats qui pouvaient dériver pour un État des changements politiques intérieurs, survenus chez une autre nation. Car les puissants, sous prétexte d'empêcher le mal chez eux, se crurent en droit d'intervenir dans les résolutions intérieures des petits États, et d'en décider selon ce qui leur convenait le mieux.

C'est ainsi qu'en 1788, la Prusse, parmi les motifs qu'elle allégua pour justifier son intervention en Hollande, disait que les troubles de ce pays auraient pu exercer une fâcheuse influence dans les provinces prussiennes limitrophes. Et l'intervention opérée en France en 1791 par la Prusse et par l'Autriche, avait en vue de mettre un frein aux mouvements révolutionnaires en France, sous le prétexte que les principes subversifs qui s'y manifestaient, pouvaient se frayer un chemin jusqu'au sein des autres peuples, et qu'il était dès lors nécessaire d'extirper le mal dans sa racine.

Malgré cette intervention, la France résolut de défendre son indépendance nationale. Elle repoussa les armées intervenantes et, parvenue à les vaincre à son tour, elle ébranla la plupart des trônes de l'Europe, en fit tomber les plus vieilles dynasties et y installa des Napoléonides. Cependant le désastre de Moscou et les événements qui le précédèrent et le suivirent, arrêtèrent le cours des victoires françaises, et les alliés, tant de fois battus, amenèrent leurs armées jusque dans la capitale de la France, domptèrent l'homme terrible qui, de son rocher de Sainte-Hélène, troublait encore leurs songes et, voyant enfin la victoire leur sourire, méditèrent d'enchaîner l'Europe dans les entraves d'un régime policier international. La Russie, l'Autriche et la Prusse souscrivirent à Vienne, le 20 novembre 1815, un pacte d'alliance perpétuelle, sous le nom sacrilège de Sainte-Alliance. Estimant l'Europe incapable de se régir elle-même, elles convinrent de la soumettre à leur tutelle perpétuelle, de décider par leur intervention armée les questions intérieures des petits États. Faisant enfin litière de l'indépendance et de la liberté des peuples, elles leur imposèrent la monarchie absolue, comme forme légitime de gouvernement, selon que le leur suggéraient leurs caprices et l'intérêt de leur puissance. Ce traité fut complété par le protocole d'Aix-la-Chapelle du 15 décembre 1818, auquel intervint la France qui s'était réhabilitée vis-à-vis de la réaction par l'entremise de la dynastie régnante.

Réunie à Carlsbad, la Sainte-Alliance remania à sa façon les affaires de l'Allemagne; à Troppau, à Laybach et à Vérone elle décida que, trouvant partout un esprit de subversion et de rébellion qui portait le désordre dans toute l'Europe, elle s'appliquerait à le supprimer. Dans ce but elle fit admettre comme maxime de droit public externe l'intervention armée d'un État dans un autre, pour les dissensions qui pourraient y surgir, et promit de ne jamais s'écarter de ces principes. En conséquence elle décréta la mort des libertés naissantes du Piémont, de Naples, de l'Espagne ainsi que d'autres peuples et l'on vit, semblables aux phalanges d'Attila, les Allemands saccager le sol de l'Italie et les Français celui de l'Espagne, intervenant à main armée, les premiers à Naples et dans le Piémont en 1821, les seconds en Espagne en 1823, les uns comme les autres dans les Romagnes en 1831.

« Ainsi la Sainte Alliance » dit Mamiani, « s'imaginait pouvoir à tout moment tâter le pouls à l'Europe; mais en médecin tout-à-fait inexpéri-

» menté, elle ne s'apercevait pas qu'elle confondait les symptômes avec la
» maladie ; et tandis qu'elle portait remède à ceux-là, celle-ci aug-
» mentait d'intensité, au point de devenir incurable. La principale
» affaire était de remettre, par des interventions armées, les princes en
» possession et en pleine jouissance du pouvoir monarchique. Après cela
. » on croyait avoir remédié à tout le mal, détruit les causes permanentes
» de révolte. Jamais le monde n'avait vu semblables excès de l'autorité
» royale, jamais l'autonomie des peuples ne fut menacée ni violée avec plus
» de hardiesse, ni par une conspiration de forces plus vastes et mieux
» combinées (1) ! »

Bien que la France eût courbé la tête sous les décrets de la Sainte-
Alliance, son ministre des affaires étrangères, Pasquier, ayant appris que
les puissances réunies à Laybach, avaient décrété l'occupation militaire des
Deux-Siciles, écrivit aux agents diplomatiques français « que cette occupa-
» tion était une nouveauté introduite dans le droit des gens, dont le pre-
» mier exemple avait été pratiqué en France ; raison pour laquelle à son
» seul souvenir, les sentiments nationaux se révoltaient contre elle, et la
» diplomatie devait s'opposer à l'application d'un principe aussi funeste. »

Néanmoins deux années étaient à peine écoulées, que l'on vit l'armée
française, resplendissante encore de la récente gloire de l'empire, intervenant en Espagne, pour restaurer le despotisme monacal de Ferdinand VII.
Et Châteaubriand qui avait dit : « Si l'Europe civilisée voulait nous imposer
» une constitution, j'irais vivre à Constantinople (2) », Châteaubriand plus
que tout autre poussa la France à cette croisade liberticide, tout en n'hésitant pas à affirmer : « Que l'Espagne était le vrai champ de bataille où la
» France pourrait à grand péril et à grand honneur restaurer à la fois sa
» puissance politique et militaire. »

« D'ailleurs, ajoutait-il avec un cynisme révoltant, l'intervention ou la
» non-intervention est une puérilité absolutiste ou libérale, dont ne s'em-
» barassera aucune tête qui pense : en politique il n'y a pas de principe
» exclusif, l'on intervient ou l'on n'intervient pas selon que le conseillent
» les exigences de son propre pays (3). »

Et plus tard, en 1831, peu de temps après l'intervention des Autrichiens
dans les légations, Casimir Périer, tout en proclamant du haut de la tribune
le principe de non-intervention, se félicitait secrètement avec le cabinet

(1) *Di un nuovo Diritto pubblico Europeo*, p. 82.
(2) *OEuvres complètes de Châteaubriand : De la Monarchie selon la charte*. T. XVIII, p. 592.
(3) *Congrès de Vérone* T. 1, pp. 73, 100, 125, 311, 364.

de Vienne, du succès obtenu dans les Romagnes, et écrivait au pape que, pour réfréner l'influence excessive des Autrichiens en Italie, il était nécessaire que les troupes françaises entrassent à Ancône. Ce qui eut lieu en effet, malgré les protestations des gouvernements autrichien et pontifical [1].

« Ce système d'ingérence perpétuelle », dit l'Américain Calvo, « imaginé » et préconisé par les puissances alliées, ne devait pas donner les résultats » qu'on s'en promettait. D'une part, pour devenir efficace, il exigeait une » unanimité de vues, un accord de pensées et de tendances qu'il était diffi- » cile de rencontrer chez tous les États. D'autre part, la révolution française » avait été non pas vaincue, mais seulement *normalisée*, pour ainsi dire; » ses principes politiques avaient germé sur le continent, et songer à les » étouffer partout, au besoin par la force des armes, était un rêve dont les » événements qui suivirent, devaient démontrer l'inanité [2]. »

L'Angleterre manifestait des sentiments libéraux, et par l'organe de son diplomate Lord Castlereagh, protestait contre les délibérations de Troppau et de Laybach, proclamant le principe de non intervention comme règle et l'intervention comme exception [3]. Cela n'empêche pas que, peu de jours auparavant, écrivant aux envoyés anglais à Laybach, Gordon et Stewart, il ne condamnât pas le fait même de l'intervention à Naples, mais la politique de Metternich, qui avait présenté la révolution Napolitaine comme une question européenne, tandis que, si elle avait été discutée comme question autrichienne, elle n'aurait pas éveillé l'intérêt de l'Europe [4].

Plus tard, au Congrès de Vérone, alors que fut décidée l'intervention en Espagne, le duc de Wellington, suivant les instructions qu'il avait reçues de Canning, se refusa à souscrire le procès-verbal, déclarant : « que le gouver- » nement de Sa Majesté était d'opinion, que censurer les affaires intérieu- » res d'un État indépendant, à moins que ces affaires n'affectent des inté- » rêts essentiels des sujets de Sa Majesté, est incompatible avec les principes » d'après lesquels le gouvernement britannique a invariablement agi dans » toutes les questions relatives aux affaires intérieures des autres pays [5]. »

---

(1) Bianchi, *Storia documentata della diplomazia Europea dell'anno 1814 al 1860.* Vol. II, p. 38.
(2) *Droit international théorique et pratique.* T. I, p. 200.
(3) Wheaton. *Éléments de droit International,* p. 57.
(4) Bianchi, *Loc., cit*.
(5) Lawrence, t. II, p. 293.

IV. — *En Amérique.*

Tandis que ces événements se produisaient en Europe, les colonies américaines de l'Espagne et du Portugal étaient en pleine insurrection contre la mère-patrie. Les mêmes souverains qui s'étaient unis pour défendre l'absolutisme en Europe, qui avaient à Laybach proclamé en principe la nullité de tout changement intérieur opéré par révolution, qui réclamaient comme résidant en eux, de par les lois divines, le droit imprescriptible de les détruire par la force, se montraient disposés à intervenir en Amérique pour atteindre le même but. Mais l'Angleterre se déclara hostile à cette proposition. Canning proclama même que, tant que la lutte se maintiendrait entre l'Espagne et ses Colonies, son pays resterait neutre; mais que si au contraire une puissance étrangère quelconque intervenait, il prendrait les mesures qu'il estimerait les plus conformes aux circonstances.

Le président des États-Unis d'Amérique, Monroë, s'exprima plus énergiquement encore. Il déclara que la politique de la Confédération à l'égard des interventions opérées dans l'ancien monde avait été de reconnaître les gouvernements de fait qui s'y étaient établis; mais que sa conduite aurait été bien différente dans le cas où l'on aurait voulu étendre au continent américain le système appliqué en Europe par la Sainte-Alliance; qu'il leur serait impossible de rester spectateurs indifférents en présence d'une intervention étrangère, sous quelque forme qu'elle se fût produite.

L'effet de ce message fut tel en Angleterre, que Lord Brougham n'hésita pas à déclarer que la question des colonies espagnoles avait été tranchée par le président Monroë en faveur de la liberté des peuples.

Le principe de non intervention ainsi proclamé reçut le nom de doctrine de Monroë [1]; le droit des gens étant cosmopolite, le gouvernement français

[1] On l'appela doctrine, et non loi, parce qu'il ne reçut pas de sanction législative : V. Calvo *Le droit international pratique et théorique*, t. I, p. 26.

La doctrine du président Monroë peut s'induire de son *message* du 2 décembre 1823, relativement à l'intervention d'Espagne. Il y était déclaré « que le gouvernement des États-Unis devait considérer toute tentative des puissances alliées de l'Europe, pour étendre au continent de l'Amérique leur système politique spécial, comme dangereuse pour la paix et pour la sécurité des États-Unis, qu'il n'était pas intervenu, et qu'il n'interviendrait pas en faveur des colonies encore existantes sous la dépendance des puissances européennes; mais qu'il devait regarder comme une manifestation de dispositions hostiles contre les États-Unis, toute intervention ayant pour but d'opprimer les gouvernements dont les États-Unis avaient reconnu l'indépendance, ou de contrôler d'une autre manière leur destinée. Les États-Unis avaient déclaré leur neutralité dans la guerre entre l'Espagne et ces gouvernements, en même temps qu'ils les avaient reconnus; et ils continueraient cette neutralité, pourvu qu'il n'arrivât aucun changement qui, dans leur opinion et pour leur propre sécurité, exigeât accepta cette théorie et l'opposa à la Prusse en 1830, alors que la Belgique était menacée d'une intervention prussienne [1]. Les Américains tentèrent par suite de secouer tout joug européen. M. Adams, agent diplomatique des Etats-Unis, déclara au gouvernement anglais que les révolutions politiques *dans le* nouveau monde lui avaient fait conquérir sa propre indépendance, et qu'il ne pouvait plus être l'objet d'une colonisation européenne. L'Angleterre repoussa cette déclaration, mais sur l'initiative du Pérou, un congrès se réunit à Panama, le 22 juin 1826, pour sanctionner et défendre le même principe, et il se noua une alliance perpétuelle entre les différents États de l'Amérique du Sud. Cependant les États-Unis se refusèrent à faire cause commune avec les autres Américains, voulant se réserver leur liberté d'action, ce qui fit avorter les résultats du congrès de Panama.

D'autres interventions eurent lieu depuis dans les États américains de la part de la France et de l'Angleterre, notamment dans le Rio de la Plata, à *Buenos-Ayres*, en 1838, sous prétexte qu'une loi du dictateur Rosas tenait pour naturalisé et assujettissait au service militaire tous les étrangers qui résidaient dans la province de la Plata depuis trois ans, y exerçaient une industrie, et y possédaient des immeubles. C'était méconnaître la règle du droit des gens, d'après laquelle tout individu qui veut se fixer dans un *État* étranger, doit se soumettre aux lois de celui-ci.

Ces interventions eurent pour prétexte de protéger ou d'indemniser les nationaux des pays intervenants, tandis que leur véritable mobile était la passion du pouvoir; mais elles aboutirent à des résultats humiliants pour leurs auteurs.

une modification de leur conduite. Les derniers évènements de l'Espagne et du Portugal démontraient que l'état de l'Europe n'était pas encore assis sur des bases solides. La meilleure preuve de cet état de choses, c'est que les puissances alliées se sont vues obligées, en se fondant sur un principe à leur convenance, d'intervenir par la force des armes dans les affaires intérieures de l'Espagne. La question de savoir jusqu'où peuvent mener les interventions fondées sur ce principe, intéressait tous les États indépendants dont la forme de gouvernement diffère de celle des puissances alliées, et particulièrement les États-Unis. La politique du gouvernement américain à l'égard de l'Europe, politique qui s'était manifestée dans toutes les périodes de la guerre qui avait agité si longtemps cette partie du globe, ne s'était jamais démentie. Toujours elle avait eu pour principe de ne jamais intervenir dans les affaires des puissances européennes. Les gouvernements de fait ont toujours été pour la politique américaine les gouvernements légitimes; elle avait entretenu des relations amicales avec eux, et s'était attaché à les conserver par une conduite tout à la fois pleine de franchise et de fermeté; elle avait pris soin d'accueillir les réclamations fondées et de ne jamais tolérer aucune offense. Mais quant au continent américain, les circonstances étaient bien différentes. Il était impossible que les puissances alliées étendissent leur système politique sur une portion quelconque de ce continent, sans mettre en danger la paix et le bien-être des États-Unis. Il était donc impossible à ceux-ci de regarder avec indifférence cette intervention, en quelque forme qu'elle eût lieu. » (V. WHEATON. *Histoire des progrès du droit des gens*, t. II, pp. 203-204.

(1) GUIZOT. *Mémoires*, t. II, p. 250.

« Il est permis de se demander, dit Calvo, quel profit l'humanité en a
» recueilli, en quoi cette intervention a servi au développement de la civi-
» lisation et du commerce, quels principes nouveaux et féconds du droit
» international elle a fait prévaloir. Et pourtant l'enseignement qui ressor-
» tait de ces tristes immixtions de l'Europe dans l'organisation intérieure
» des États transatlantiques devait être bientôt méconnu, comme ne le
» démontra que trop l'intervention au Mexique (1). »

Il est certain que cette dernière intervention en Amérique a bien de
quoi étonner, si l'on se rapporte à la période de civilisation où elle s'est
produite, aux nations qui en prirent l'initiative, et surtout à la France, qui
la poussa jusqu'à l'excès, tandis qu'elle se faisait le porte-drapeau des
principes de liberté, et proclamait à haute voix, le principe de la non-
intervention.

En somme, on peut dire que le siècle actuel offre une plus grande somme
d'intervention que ses prédécesseurs, tant dans l'un que dans l'autre
hémisphère. Il est donc d'une nécessité plus urgente que jamais pour le
philosophe et le publiciste de fixer leur attention sur le développement des
lois internationales, qui doivent régler une matière aussi vaste et aussi
compliquée.

V. — *Doctrine des auteurs sur l'intervention.*

D'après les idées exposées ci-dessus, on voit que l'Angleterre et les États-
Unis ont proclamé le principe de non-intervention comme règle, et l'intervention comme exception. En effet, Lord Castlereagh, tandis qu'il déniait
aux États le droit d'intervenir dans les affaires intérieures des autres
nations, le leur concédait, quand leur propre sûreté et leurs intérêts essentiels auraient été menacés d'une manière sérieuse et immédiate par les
événements intérieurs d'une autre nation (2).

(1) Ib. p. 239.

(2) Bien que généralement Castlereagh passe pour propagateur du principe de non-intervention,
Nicomède Bianchi dit (*Storia documentata della diplomazia in Italia* T. II , p. 30), que Lord Castlereagh avait en réalité seulement pris soin, de sauver les apparences, et de conduire les choses de
manière à cacher au parlement sa politique liberticide, qui, connue dans toute sa nudité, l'aurait
inévitablement renversé de son siège ministériel. Il y réussit à merveille, tellement qu'à cette même
époque on lui fit l'honneur immérité de le considérer comme l'habile défenseur de la cause libérale
en Europe. Ce qui l'aida surtout à prendre l'opinion publique dans ses filets, ce fut une dépêche circulaire adressée par lui aux agents anglais à l'étranger, dans laquelle se trouvaient les maximes
suivantes de droit public : « Chaque État est en possession du droit incontestable d'intervenir
dans les affaires intérieures d'un autre État, quand les modifications politiques qui y sont survenues
mettent en grand danger ses intérêts essentiels et sa sûreté propre et immédiate, mais ce droit

Ces principes déjà indiqués par les juristes ont été amplement développés dans leurs œuvres ; et comme la règle était la non-intervention, ils furent désignés sous le titre de *principe de non-intervention*. Cependant du moment où l'on admettait l'intervention, ne fût-ce que comme exception, elle devait aussi se ranger au nombre des lois internationales. C'est en partant de ces idées que Vidari a dit avec raison : *principe d'intervention et principe de non-intervention* [1].

L'intervention ainsi établie comme exception fut proclamée par Lord Castlereagh de la manière générale que nous avons indiquée ci-dessus, et il se garda bien de déterminer par une formule claire et précise les cas spéciaux où cette exception serait applicable. Cette tâche incombait aux écrivains du droit international.

Guizot ne sortit pas des mêmes généralités en disant : « Nul État n'a » droit d'intervenir dans la situation et le gouvernement intérieur d'un » autre État, qu'autant que l'intérêt de sa propre sûreté lui rend cette » intervention indispensable [2]. »

d'intervention doit être justifié par la nécessité la plus absolue, et il ne peut pas s'appliquer indistinctement à tous les mouvements révolutionnaires; bien moins encore peut-il être accepté comme base d'une alliance et être compris dans la marche ordinaire de la diplomatie des États. » (V. *Dépêche circulaire aux ministres de S. M. Britannique près des cours étrangères*, Londres 19 janvier 1821).

Quelles que fussent les intentions secrètes du diplomate britannique, il est certain que les principes libéraux de la non-intervention étaient professés par la nation anglaise et par ses chambres législatives. La preuve en est que Lord Castlereagh dut se montrer le défenseur de la non-intervention, pour conserver son portefeuille ministériel, et plus tard, à la Chambre des communes, Lord Landsdowne proposa de remercier la Couronne des déclarations faites par Castlereagh, et de manifester la satisfaction unanime, avec laquelle avait été reçue la nouvelle, que le gouvernement anglais s'était refusé à prendre des mesures contraires à la loi fondamentale de l'Angleterre, et destructives des règles les plus incontestables d'où dépendent les bons rapports entre les États. En sorte, conclut Bianchi, que dans l'une ou l'autre chambre se manifesta comme dominante, l'opinion que, dans les affaires du continent européen, l'Angleterre devait rester neutre. Un autre fait avéré, c'est que Lord Stewart refusa à Laybach d'approuver les procès-verbaux des conférences qui y furent tenues, déclarant que les instructions de son gouvernement lui interdisaient formellement de s'associer aux délibérations prises par les cours de Berlin, de Vienne et de Petersbourg, quant au mode de procéder vis-à-vis du gouvernement constitutionnel napolitain (V. *Journal des conférences*, conférence du 25 janvier).

La déloyauté de Lord Castlereagh apparut surtout en juin 1821, quand Lord Bentinck, voulant effacer la tache qu'imprimaient à sa renommée les procédés injustes de l'Angleterre à l'égard de la Sicile en 1814, proposa à la Chambre des communes que le gouvernement procurât le rétablissement des franchises constitutionnelles arrachées à la Sicile. Lord Castlereagh s'y opposa vivement ; ne reculant pas devant un effronté mensonge, il affirma que la Sicile n'avait jamais eu, avant 1812, un régime constitutionnel, et qu'en 1815 le parlement sicilien s'était lui-même adressé au roi Ferdinand pour le prier de réformer la constitution à sa guise. Ce fut en vain que Lord Mackintosch répondit en démontrant, l'histoire à la main, comment Castlereagh altérait sciemment la vérité. (V. Séance de la *Chambre des Communes* du 21 juin 1821 et Bianchi ib).

(1) V. *Il Politechnico*, année 1868.

(2) *Mémoires pour servir à l'histoire de mon temps*, t. IV, p. 4 et 5.

Wheaton a considéré comme impossible de tracer à ce sujet une règle absolue, parce que toute règle générale que l'on voudrait établir serait, quelle qu'elle fût, toujours sujette à l'abus qu'en pourraient faire les passions humaines [1]. Cauchy n'hésite pas à déclarer qu'en matière d'intervention il n'est pas possible de s'entendre, parce que le remède n'est pas moins effrayant que le mal [2]. Calvo, le plus récent auteur, pense que la question de l'intervention offre de si grandes difficultés, du côté théorique, qu'elle ne peut pas se résoudre d'une manière absolue, et qu'il faut selon les circonstances admettre ou repousser l'intervention. Il examine en conséquence presque toutes les interventions rapportées par l'histoire, en joignant à cet exposé des considérations d'opportunité et la solution juridique [3]. Kant, dans son projet de paix perpétuelle, se déclare partisan absolu du principe de non-intervention; il tient le principe d'intervention pour un scandale et ne l'admet que dans le seul cas où il est destiné à venir en aide à une des fractions d'une nation qui s'est séparée du reste, et constituée en État indépendant.

Maertens condamne toute intervention à moins qu'elle ne soit destinée à rétablir la paix dans une nation qui déchirée par les partis, se trouve dans l'impossibilité de prendre une détermination stable [4].

Pellegrino Rossi, dans un article sur l'intervention, s'est appliqué à préciser les exceptions : 1° Lorsqu'elle a lieu pour prévenir une agression imminente et certaine, qui pourrait résulter d'un gouvernement constitué dans ce but; 2° Quand a éclaté dans un autre État une guerre civile de nature à produire une agitation assez profonde pour précipiter les États voisins dans de violentes perturbations; 3° Quand la guerre civile se prolonge indéfiniment dans un État, parce que les autres États ont le droit de mettre un terme à tout carnage inutile.

Heffter se déclare partisan du principe de non-intervention, mais il croit que l'intervention est légitime : 1° Quand l'État intéressé y a formellement consenti, ou qu'elle résulte d'une clause expresse dans un traité qui garantit la constitution et la défense d'un pays; 2° Quand les changements intérieurs d'un autre État portent préjudice à la nation intervenante; 3° Entre des nations qui admettent un droit commun entre elles et se proposent un commerce réciproque, alors que la guerre civile s'y élève et dévore une

---

(1) *Eléments de droit international*, p. 198.
(2) *Le droit maritime international*, t. 1, p. 10.
(3) *Op. cit.*, t. 1, p. 198.
(4) *Précis du droit des gens de l'Europe*, § 74, t. 1, p. 202.

d'entre elles ; 4° Quand elle a pour but d'empêcher l'ingérence illégitime qu'un État exerce, ou tente d'exercer chez une autre nation [2].

Berriat Saint-Prix [2] et Pradier-Fodéré [3] admettent le principe de la non-intervention en règle générale, et exceptionnellement l'intervention au cas où la sûreté des nations étrangères serait compromise par les événements intérieurs d'un État, comme par exemple dans le cas de rassemblements extraordinaires de troupes sur les frontières.

Bluntschli n'admet l'intervention que par exception : 1° Quand elle est requise par le gouvernement, pourvu qu'il soit l'organe autorisé de la volonté de l'État ; 2° Quand les principes fondamentaux du droit des gens sont violés ; 3° Pour faire cesser les effets d'une intervention illégitime qui précède et pour en empêcher le retour ; 4° Entre des États confédérés, quand elle est la conséquence du pacte fédéral [4].

Ces principes ont été exposés plus ou moins longuement par divers auteurs du droit public international [5].

Mamiani pourtant démontre avec une dialectique serrée le principe de non-intervention, examine un grand nombre d'exceptions établies à ce principe par la diplomatie et par la doctrine des auteurs, explique parfaitement les erreurs sur lesquelles ils se fondent, et conclut en disant : « En » récapitulant toute la série des raisonnements de ce chapitre, nous croyons » pouvoir affirmer qu'après avoir distingué, divisé et énuméré avec soin » tous les motifs d'intervention à main armée qui peuvent se concevoir et » s'examiner, suivant la raison et suivant les probabilités humaines, nous » n'avons trouvé juste, régulier et vraiment légitime, que celui qui a » pour but de s'opposer à l'intervention indue d'autrui, et de détruire les » effets immédiats et certains de celle-ci. Or, c'est bien là le cas où l'on peut » affirmer avec exactitude que l'exception confirme et renforce la règle [6]. »

---

(1) *Le droit international public de l'Europe*, traduit par Bàncson, p. 93 et suiv.

(2) *Théorie du droit constitutionnel français ; Esprit de la constitution de 1848*, p. 163.

(3) *Principes généraux de droit, de politique et de législation*, p. 524.

(4) *Le droit international codifié*, art. 475, 476, 478, 479, 480.,

(5) V. Casanova, *Diritto internazionale*, t. I, p. 104. — Fiore, *Nuovo Diritto internazionale pubblico*, p. 86. — Escbaco, *Introduction générale à l'étude du droit*. – Ortolan, *Règles internationales et diplomatie de la mer*, t. I, p. 108. — Vergé, *Notes sur Vattel* § 74. Tit. I, p. 104. — Kluber, *Droit des gens modernes de l'Europe*. — Gericke, *De jure interventionis*. — Sandona, *Trattato di Diritto internazionale moderno*, t. I, p. 85 et suiv. — Del Bon, *Instituzioni di diritto internazionale*, p. 125 et suiv. Ces auteurs admettent le principe de non-intervention comme règle et l'intervention, comme exception à peu près dans les cas établis par les divers écrivains cités dans le texte.

(6) *D'un nuovo diritto pubblico europeo*, p. 114.

VI. — *Exposé, justification et fondement du principe de la non-intervention absolue.*

De l'histoire de l'intervention rapportée ci-dessus et des principes développés par les auteurs de droit international, il faut déduire comme corollaires :

1° Que l'intervention a généralement eu pour résultat de porter atteinte à l'autonomie des États.

2° Que l'intervention aussi bien que la non-intervention ont été regardées comme principes du droit des gens, que la controverse a seulement porté sur le point de savoir laquelle des deux est la règle, et qu'aujourd'hui la question est décidée dans le sens de la non-intervention comme règle et de l'intervention comme exception.

3° Que ni la diplomatie, ni la doctrine des jurisconsultes n'ont donné de règle précise, et facilement applicable pour distinguer quand on peut et quand on ne peut pas intervenir.

4° Qu'il est indispensable d'établir un principe certain, assuré et précis, qui démontre et étaie la non-intervention, et de trouver un expédient naturel qui soit d'une réalisation possible pour obtenir le respect de ce principe.

Voilà la suprême exigence de cette solution difficile.

A dire vrai, pour déterminer si l'on a le droit d'intervention ou l'obligation de non-intervention, il est nécessaire d'en rechercher le fondement, en éliminant tout ce qui peut dériver de l'esprit d'intérêt et de la convenance. Ces derniers éléments ont fréquemment entouré le droit international de si épaisses ténèbres, qu'ils ont rendu difficile de le dégager d'une multitude d'erreurs causées par ce que l'on appelle les faits accomplis. Le droit est descendu ainsi de la hauteur où il est appelé à se placer jusqu'à la mesquinerie d'indigestes maximes empiriques, soustraites au jugement du sens commun et trop souvent dévolues à l'arbitraire des puissants.

C'est, croyons-nous, pour ne pas avoir pris comme point de départ les principes fondamentaux du droit, et pour ne pas avoir exposé celui-ci dans toute la splendeur de sa simplicité naturelle, que les publicistes offrent en cette matière tant d'écarts et d'incertitudes.

Le juste est le fondement général du droit des gens, il engendre comme conséquence l'utile, avec lequel il se trouve dans une union harmonique.

La justice entre les nations se réalise par le respect de leur personnalité nationale, et comme toute personnalité nationale est une nation, le respect et la réalisation des nationalités est le fondement général du droit des gens; par conséquent, c'est dans le principe des nationalités que doivent se trouver le fondement et les limites du principe de non-intervention.

Et, en effet, pour qu'une nationalité existe, il est nécessaire qu'elle soit autonome, c'est-à-dire indépendante et libre, ayant l'entière disposition de son activité extérieure et intérieure. Son autonomie intérieure cesse de subsister quand un autre État, sous n'importe quelle forme, prend part à la direction intérieure de la nation, parce que l'on ne peut admettre que la souveraineté étrangère existe dans l'intérieur de l'État, en même temps que la souveraineté nationale, la coexistence de deux souverainetés dans la même société civile, étant impossible. C'est pourquoi l'intervention, qui substitue la souveraineté étrangère à la souveraineté nationale, qui usurpe une part quelconque de la direction d'un autre État, offense et annule le caractère essentiel, constitutif de la nationalité, c'est-à-dire, sa propre autonomie; donc, le principe de nationalité exige et proclame le principe de la non-intervention.

Mais l'autonomie des nations tant à l'intérieur, qu'à l'extérieur, n'est pas illimitée : elle trouve ses limites dans le droit. Car toute personne juridique, isolée ou collective, peut agir selon qu'il lui convient le mieux, mais ne peut violer la loi juridique. Celle-ci, lorsqu'on la viole, se retourne au détriment de l'auteur de la violation, afin d'être réaffirmée à l'encontre de l'acte anti-juridique qui l'a niée. Tel est le système qui régit toute l'activité humaine, tant privée qu'internationale.

Cependant le droit resterait lettre morte, s'il n'y avait un organe social qui le formulât, le sanctionnât, l'exécutât en l'appliquant aux divers cas spéciaux de controverse, en s'aidant de la force matérielle juridiquement invoquée et mise en œuvre pour le soutien du droit. Cet organe entre les particuliers est l'État, institution fondée au sein des nations dans le but de réaliser le droit; c'est pourquoi il intervient à juste titre dans l'activité privée, pénètre dans le domicile des individus, scrute leurs actes, les prohibe ou les protége, selon qu'ils respectent ou violent les lois du droit. Il règle et modère toutes les actions humaines, conformément à la loi juridique, dont il est l'organe, ainsi que le promulgateur et l'exécuteur.

On ne peut en dire autant des nations, parce que, bien que celles-ci soient soumises au droit, il manque cependant entre elles une autorité souveraine qui formule, au nom de la société internationale, le droit des gens, qui

l'exécute, l'applique et exerce une juridiction suprême sur tous les États.
C'est pourquoi Mamiani, écrivant à Mancini, en Italie, et Acollas en
France, n'ont pas hésité à affirmer qu'il n'existe pas de droit international,
dans le véritable sens du terme, mais seulement une morale internationale.

D'un autre côté cependant, on ne saurait méconnaître que les diverses
nations existent ensemble dans le monde, et qu'il se forme entre elles des
rapports juridiques, qui ne peuvent être réglés que par le droit; et bien
que celui-ci manque d'un organe supérieur à tous les États, le droit n'en
existe pas moins entre eux, non pas comme loi purement morale, mais
comme impératif juridique; puisque l'existence du droit entre des personnes
juridiques, ne dépend pas de la constitution de l'organe souverain qui le
formule et l'applique, bien moins encore de la force matérielle qui le rend
exécutoire, mais du caractère des actions, qui, par une nécessité naturelle,
se passent entre deux ou plusieurs personnes juridiques, mises en relations.

En effet, Romagnosi a eu raison de dire que l'empire du droit se serait
manifesté même sur le solitaire Robinson Crusoé, à partir du moment où
un autre homme serait venu vivre dans son île déserte. Ahrens, également,
n'hésite pas à affirmer qu'entre deux ou plusieurs naufragés, sur le Grand
Océan, il s'établit des rapports de droit, bien qu'aucun souverain n'y règne,
et qu'aucune loi formulée n'y commande. Tout le monde sait d'ailleurs,
qu'aux époques de bouleversements politiques, bien qu'il n'existe pas de
gouvernement constitué, ayant la force de procurer l'exécution des lois, les
droits des citoyens demeurent intacts, et que la loi juridique commande,
comme au temps où l'État la formule et l'exécute. La différence est que dans
les conditions susdites, l'État n'existant pas, la force individuelle des personnes juridiques lui est substituée pour l'exécution des droits, et que ces
personnes sont en même temps son organe.

Ceci posé, il est facile de concevoir que, malgré l'absence, entre les États,
d'une autorité souveraine, qui promulgue le droit comme expression de la
volonté sociale, et l'exécute en recourant à la force internationale, les
nations n'en étant pas moins soumises au droit, sont elles-mêmes l'organe
et l'exécuteur de la loi juridique, mais seulement pour cette partie qui
protège leurs droits. Donc, quand leur autonomie dépasse les limites que
lui impose le droit des gens, et se manifeste aux dépens de l'indépendance
des autres peuples, ceux-ci, comme organes du droit violé à leur préjudice,
en réclament le respect, employant la force dont ils disposent pour raffermir
dans leur intérêt la loi juridique niée par la violation qu'en a commise un
autre État.

Mais les relations entre les divers peuples, et par suite la loi juridique qui les gouverne, ainsi que l'exercice de leurs droits dans leurs rapports réciproques, sont purement externes : c'est-à-dire, qu'ils se meuvent dans le cercle des actes posés par les États comme corps social à l'égard d'un *autre* corps social ; parce que vis-à-vis des nations, il n'y a que des nations, et non des particuliers, ni des individus isolés. Les individualités sont absorbées, comprises dans la nation où elles habitent, et qui les représente dans leur ensemble et dans les manifestations de leur activité qui se produisent à l'extérieur de l'État, au détriment d'une autre nation. C'est pourquoi les États ne sont organes du droit vis-à-vis des autres États que dans la sphère de leur activité internationale : c'est-à-dire qu'ils peuvent réprimer toutes les actions qu'un autre État commet à leur désavantage, mais pour le reste, ils n'ont aucune juridiction, aucun pouvoir.

En somme, les relations qui se manifestent entre les États, sont de *société civile à société civile*, en d'autres termes elles sont purement inter-sociales, et même au cas où un État se plaint d'une offense faite à l'un de ses sujets, on ne peut prétendre qu'il s'agisse d'un rapport de particulier à nation, ce qui rentrerait dans le droit public interne ; il s'agit bien au contraire d'un rapport d'État à État, car chaque État représentant la totalité de ses nationaux, l'offense adressée à un citoyen, retombe sur toute la nation qui s'en plaint à ce titre.

Comme les relations des États sont purement externes, intersociales, les droits et les obligations, qui se développent entre eux, sont également inter-sociales et externes ; donc ils ne sont promulgateurs, exécuteurs, défenseurs et organes, entre eux, que du seul droit international ou externe, d'État à État, et seulement de cette partie du droit international qui intéresse leurs propres droits.

Il en résulte que l'autonomie interne, celle qui se développe dans les relations entre gouvernants et gouvernés, ou de parti à parti dans le sein de la nation, n'est pas soumise à la juridiction des États étrangers, parce que, bien que cette activité soit réglée par le droit, c'est la nation même qui est l'organe de ce droit vis-à-vis d'elle-même, sans que les étrangers aient rien à y voir. Donc qu'un peuple, dans son gouvernement intérieur, fasse bien ou mal, l'étranger n'a pas de juridiction pour y prendre part, pour réclamer la réalisation du droit, parce que, pour parler la langue des juristes, il est incompétent à en connaître. Et puisque, comme nous l'avons dit en commençant, l'intervention signifie la substitution de l'autonomie d'un État étranger à l'autonomie intérieure de la nation, et qu'elle aboutit à émettre un jugement sur la conduite intérieure d'un peuple, elle ne saurait jamais être admise en droit ni comme règle, ni comme exception.

Pour pouvoir la reconnaître, si peu que ce soit, à l'état d'exception, il faut croire qu'il y a un moment où la souveraineté nationale interne peut être exercée par un autre État; il faut admettre qu'un peuple puisse juridiquement s'asservir en tout ou en partie à un autre, que la souveraineté et la volonté nationale doivent se subordonner, dans le gouvernement intérieur, à celles d'un autre État qui aurait le droit d'exercer en cette matière une juridiction souveraine et prépondérante. Il faut reconnaître que, parmi les peuples, quelques-uns sont appelés à commander, d'autres à obéir, que les puissants ont droit à un gouvernement fort, les faibles à un gouvernement esclave, que c'est aux forts à faire la loi, aux moins forts à y obéir. Cette suprématie serait variable selon la force, la puissance, la fortune des armes qui aujourd'hui la donneraient à un État, et ensuite la lui enlèveraient en le soumettant à celui qui d'abord était son sujet.

Mais la réflexion la plus superficielle sur la vie des États et sur leurs droits démontre clairement que ces conditions de fait ne peuvent jamais se rencontrer légitimement, que chacun est libre de se gouverner comme il l'entend, qu'entre les citoyens il y a des rapports de gouvernants à gouvernés; mais qu'entre États, aucun ne gouverne, que tous défendent leurs droits dans les relations externes, leur pouvoir s'arrêtant à leurs propres frontières, sans qu'il leur soit jamais permis de l'étendre sur le territoire d'autrui. Il n'existe donc aucun cas où la souveraineté étrangère soit en droit de se substituer à la souveraineté nationale; par conséquent, l'intervention n'est jamais possible, ni comme règle, ni comme exception. Tout peuple, au contraire, est complètement libre dans l'intérieur de son territoire, sans autre juridiction et souveraineté au-dessus de lui que la juridiction et la souveraineté nationale : unitaire ou multiple, barbare ou civilisée, conservatrice ou démagogique, douce ou violente, tremblante ou courageuse, pacifique ou belliqueuse, retardataire ou progressive, c'est elle et toujours elle seule, qui a le droit de gouverner l'État. Toute influence coactive de l'étranger constitue une intrusion violente dans le domaine d'autrui, une suprême tyrannie du fort contre le faible, l'usurpation et la rapine de pouvoirs souverains sur lesquels on n'a aucun droit, l'exercice d'un pouvoir illégitime, un servage imposé par l'oppresseur à l'opprimé.

VII. — L'intervention est-elle admissible, pour empêcher les révolutions politiques des États voisins de s'étendre à la nation intervenante ?

Après avoir ainsi expliqué et justifié le principe de non-intervention, il est nécessaire, pour écarter toute objection possible, d'examiner quelques-uns des principaux cas où la diplomatie et les auteurs croient l'intervention juridiquement permise.

La Sainte Alliance réunie à Laybach, s'exprimait comme suit, par l'organe de son plus grand diplomate, le prince de Metternich : « Les » changements utiles ou nécessaires dans la législation et dans l'adminis-» tration des États, ne doivent émaner que de la volonté libre, de l'impul-» sion réfléchie et éclairée de ceux que Dieu a rendus responsables du » pouvoir. Tout ce qui sort de cette ligne conduit nécessairement au dés-» ordre, aux bouleversements, à des maux bien plus insupportables que » ceux que l'on prétend guérir. Pénétrés de cette vérité éternelle, les Sou-» verains n'ont pas hésité à la proclamer avec franchise et vigueur ; ils ont » déclaré qu'en respectant les droits et l'indépendance de tout pouvoir » légitime, ils regardaient comme légalement nulle et désavouée par les » principes qui constituent le droit public de l'Europe, toute prétendue » réforme opérée par la révolte et la force ouverte » [1].

La théorie de Metternich, malgré tout l'art avec laquelle elle est sou-tenue, constitue une violation manifeste des principes fondamentaux du droit, parce qu'elle attribue aux confédérés de Laybach une juridiction qui les autorise à juger de la nature des réformes opérées dans les autres États, à examiner si elles sont utiles ou nuisibles ; de quelle manière elles ont été opérées ; si c'est par suite d'une révolte ou pacifiquement, de quelle personne elles peuvent dériver, si c'est des droits du Seigneur ou des peuples; quelle est la valeur du mode employé, s'il est pacifique ou révolutionnaire, princier ou populaire, voulu par la nation ou octroyé par le roi !...

Mais si les étrangers n'ont aucune juridiction sur l'autonomie interne des autres peuples, il leur manque et le pouvoir législatif qui les autoriserait à promulguer des règles juridiques, et le pouvoir judiciaire qui les rendrait compétents pour juger du caractère des réformes opérées chez autrui, et enfin le pouvoir exécutif qui les autoriserait à pénétrer les armes à la main sur des territoires étrangers pour y imposer leur volonté. « Où trouvez-» vous, » dit Romagnosi, « le principe, grâce auquel un État aurait le droit

[1] Dépêche circulaire de Laybach, 12 mai 1821. (V. Martens. N. R. T. V, p. 644)

» d'astreindre un autre État à se donner ou à se conserver un certain gouver-
» nement ou un certain chef? — Si vous reconnaissez l'indépendance de toute
» nation, comment pouvez-vous la concilier avec cette prétention ? S'il fallait
» l'admettre, tout autre État pourrait à son tour contraindre le vôtre à adop-
» ter son propre gouvernement, et au lieu de dire que *par in parem non*
» *habet imperium*, on devrait dire que : *par in parem habet imperium*[1]. »

Et pourtant on allègue que, les idées politiques d'un autre État pouvant
se répandre au dehors et envahir les nations voisines, celles-ci ont le droit
de les arracher de l'endroit où elles se manifestent pour empêcher qu'elles
ne se propagent sur leur propre territoire [2].

Sans doute, on ne peut nier qu'il existe entre les divers peuples une
puissance active et secrète qui transmet réciproquement leurs idées, parce
qu'un penchant naturel les pousse à admirer le bien et à le rechercher, à
condamner le mal et à le repousser, partout où il se manifeste. Mais quels
que soient les effets de cette propagande, les étrangers, n'ayant aucune
juridiction souveraine dans le territoire d'une autre nation, ne peuvent
jamais intervenir chez elle. Et si l'on admet qu'un État a le droit d'imposer
sa forme de gouvernement à un autre, il est nécessaire d'attribuer à ce dernier le même droit, ainsi qu'à un troisième; d'où résulte comme conséquence la guerre éternelle entre tous les peuples et toutes les générations.
D'autre part, la propagande d'idées qui émane d'un État étranger et pénètre
chez les voisins, peut les autoriser à faire une propagande contraire, dirigée
vers le triomphe de leurs principes, en laissant la lutte se poursuivre dans
le domaine purement idéal, sans les autoriser à passer leur propre frontière
et à imposer leurs idées par la force des baïonnettes.

Les étrangers d'ailleurs, sont incapables de décider des destinées d'un
autre peuple, parce qu'ignorant sa situation spéciale, ils ne réussissent qu'à
lui faire du mal, alors même qu'ils se proposent de lui faire du bien. C'est
ce qui résulte du fait constant à toutes les époques de l'histoire, que les
besoins des hommes et le régime auquel ils doivent être soumis, varient
selon les temps et les lieux. En fait, ce qui convient aux Français serait
inapplicable aux Anglais, et réciproquement; de même les formes politiques qui pouvaient régir les peuples du moyen âge, ne pourraient pas être
rétablies dans l'état actuel de la civilisation.

[1], *La science des constitutions*, p. 481.

[2]. Ces principes furent ouvertement adoptés par Metternich, même dans sa correspondance officielle, comme on peut le remarquer par les dépêches de l'ambassade française à Vienne, au ministre
des affaires étrangères à Paris, des 8 septembre et 15 novembre 1830 et du 7 janvier 1831. (V.
Nicomède Bianchi, l. c., T III,, p. 46).

Mais, dit-on encore, si la propagande étrangère vient à vaincre et à dominer la nation, si toute propagande contraire demeure inefficace, si la révolution éclate chez le voisin, et si, grâce à cet esprit d'imitation propre aux peuples, elle menace de gagner le pays lui-même, doit-on rester indifférent en présence d'un tel danger?... A cette objection il est aisé de répondre, que le système préventif veut être appliqué avec les plus grands ménagements et rarement, même dans le champ du droit public interne; mais qu'il est complétement interdit dans les rapports internationaux, faute d'un pouvoir compétent pour l'exercer. Car il est constant que, si l'on peut prévenir un mal éventuel dans les limites de son propre territoire, on ne le peut également sur le territoire étranger, qui n'est pas régi par la souveraineté de l'État. Tout gouvernement peut prendre des précautions opportunes, afin que la contagion des révolutions politiques de l'État voisin ne gagne pas sa propre nation; mais ce pouvoir expire à la frontière, au-delà de laquelle domine exclusivement une autre souveraineté.

En outre, ce dilemme se présente naturellement à l'esprit : ou les idées et les changements politiques du voisin sont utiles, ou ils sont nuisibles : dans la première hypothèse pourquoi dédaigner de recevoir un bienfait, spontanément offert par le peuple limitrophe? Dans la seconde, on peut être certain que les changements ne seront pas imités, parce que les peuples n'ont pas de sympathie pour ce qui peut leur être nuisible, à moins qu'ils ne soient corrompus, et qu'ils ne s'accommodent mieux du mal que du bien. Mais dans ce cas, c'est en eux-mêmes et non chez les autres qu'ils doivent trouver la source du mal. Il est donc nécessaire, pour les guérir, de les relever de la dégradation morale dans laquelle ils sont plongés, au lieu de combattre chez les autres leurs propres erreurs.

La force n'a pas d'ailleurs le pouvoir de détruire la pensée. L'histoire entière est une démonstration permanente du fait qu'aucune puissance matérielle n'a jamais pu arrêter le progrès des idées, lesquelles jaillissent d'une toute autre source, se maintiennent en dépit de toute opposition violente, et triomphent tôt ou tard de tous les obstacles employés pour les étouffer. Les interventions pratiquées par la Sainte-Alliance, en sont elles-mêmes la meilleure démonstration.

Enfin, il est aujourd'hui reconnu en principe, que tout État doit vivre en maître dans sa propre maison, et y demeurer indépendant de toute influence étrangère. Si des troubles intérieurs l'agitent, ils ne peuvent être réfrénés par les nations voisines, tant qu'ils n'outrepassent pas ses propres frontières; et s'ils les dépassent, les nations voisines peuvent s'y opposer sur leur propre territoire, mais pas sur celui d'autrui.

Ces principes sont aujourd'hui définitivement acceptés par la doctrine, et ceux qui gouvernent le monde sont obligés par l'opinion publique de les reconnaître. Aussi, le roi Guillaume de Prusse, dans son discours d'ouverture du parlement fédéral de l'Allemagne du Nord, a-t-il dit, le 14 février 1870 : « Une conviction fait des progrès triomphants parmi les gouverne- » ments aussi bien que parmi les peuples : c'est que toute communauté » politique a le droit et le devoir de pourvoir chez elle, d'une manière » indépendante, à ce qu'exigent la prospérité, la liberté, la justice et que » la force militaire de chaque pays n'est destinée qu'à protéger sa propre » indépendance; et non à empiéter sur celle des autres nations! (1) »

Désormais les théories opposées sont trop discréditées, surtout depuis la dure expérience des diverses interventions opérées par la Sainte-Alliance. Celle-ci eut beau mettre toutes ses forces en œuvre pour enchaîner l'Europe sous l'absolutisme monarchique; elle ne réussit pas à arrêter le courant

(1). V. *Revue de droit international* t. II. p. 300. Cela a été généralement admis, et la preuve, c'est qu'aucun potentat Européen n'osa prendre parti dans la dernière révolution espagnole. Tous attendirent l'établissement de la nouvelle forme de gouvernement que la nation estimerait la plus conforme à ses besoins.

Et dans la dernière guerre entre la France et la Prusse, bien que celle-ci fût sortie de la lutte avec d'immenses victoires, elle ne voulut pas intervenir dans le gouvernement intérieur de la France. Au moment même de son invasion, quand ses armées victorieuses étaient déjà entrées à Paris, lorsque la France, déposant Napoléon III, proclamait la république, et que la guerre civile éclatait, terrible et menaçante, la nation victorieuse demeura indifférente vis-à-vis de ces révolutions, et laissa la nation française décider à son gré de ses propres destinées; l'Allemagne voulut même qu'un gouvernement légitime, dérivé du suffrage universel, fût établi en France, afin de conclure légalement la paix, comme cela eut lieu en effet. Cet événement est d'une grande importance, car il montre le principe de non-intervention comme établi aujourd'hui sur une base si solide, qu'une nation victorieuse n'a pas osé le violer, au moment même où ses troupes foulaient aux pieds le sol du vaincu et y dominaient.

Il en résulta que la France abandonnée à elle-même pour l'établissement de son gouvernement, fixa sa constitution politique, vainquit et dompta la guerre civile, et chercha à réparer, par tous les moyens possibles, les immenses malheurs causés par une guerre effroyable. En fait, elle releva son crédit et parvint à contracter un emprunt fabuleux, dont les offres surpassaient de loin ce que réclamait le nouveau gouvernement C'est pourquoi Thiers, dans son message, lu à l'assemblée nationale française dans la séance du 13 novembre 1872, put affirmer que les versements s'élevaient déjà en France à 1750 millions, outre les 1500 millions en lettres de change sur l'Allemagne; qu'il avait pu payer dans ces derniers temps 800 millions à la Prusse, et qu'il en payerait 200 autres en décembre, tandis qu'il lui resterait encore 5 à 600 millions en lettres de change pour les payements ultérieurs. La situation du commerce français est tellement élevée que son mouvement total en 1872 a dépassé 7 milliards, et que la banque de France possède un encaisse métallique de 500 millions. En conséquence, le président de la république française, conclut, en montrant que la république et le gouvernement légitime de la France, qu'elle n'est pas isolée, puisque les gouvernements étrangers *ne songent pas à notre époque, à intervenir dans les affaires intérieures des pays voisins*, et sont assez éclairés pour voir que quand la France est dans l'ordre, elle convient à tous, que *ses efforts* durant ces deux années lui ont procuré l'estime universelle, dont elle a déjà reçu de nombreux témoignages (V. *Mémorial diplomatique*, année IXe, no 46).

progressif des idées qui, brisant tout obstacle, suivit son penchant naturel, détruisit en quelques heures les mesquins artifices des Saints Alliés, pour ne laisser d'eux que la mémoire de beaucoup de violences internationales, infructueusement opérées en un siècle civilisé.

VIII. — *Intervention en cas de guerre civile.*

Plusieurs auteurs admettent l'intervention au cas où une nation est en proie à la guerre civile ; parce que c'est un devoir d'humanité, de soustraire son voisin aux calamités qu'engendre la guerre intestine, et que dans ce cas, l'intervention est un bienfait qui ne doit être ni repoussé par celui qui le reçoit, ni condamné par le droit.

Il n'en est pas ainsi, pourtant. Le principe que nous avons proclamé tout à l'heure, continue à faire loi ; quelle que soit en effet la bonne intention de celui qui veut intervenir, le droit lui manque, parce qu'il n'a aucune auto- rité souveraine sur les autres nations auxquelles il veut faire du bien, si jamais l'intervention peut être un bienfait. De même, l'homme le mieux intentionné du monde ne peut réconcilier de force une autre famille, qui mène une vie de haines et de troubles. Telle est la règle commune à toutes les associations humaines, isolées ou collectives, municipales ou nationales. Il faut d'ailleurs appliquer cet autre principe que les bienfaits imposés ne sont plus des bienfaits ; on pourra conseiller, offrir ses bons offices, mais intervenir par force, jamais ; parce que porter la paix à la pointe des bayonnettes, est une théorie meurtrière qu'il faut repousser d'une manière absolue.

Le gouvernement issu en France de la révolution de juillet a dit aux puis- sances européennes : « Je représente une nation indépendante, une nation qui relève d'elle-même et qui n'est pas soumise à votre contrôle ; que les principes qui nous dirigent, vous plaisent ou vous déplaisent, peu importe, vous n'avez pas le droit de m'attaquer. [1] »

Les destinées d'un peuple doivent être décidées par lui seul. Que les combattants soient Guelfes ou Gibelins, monarchistes ou républicains, ils ne doivent recevoir l'assistance de personne. Là où intervient l'étranger, et où les partis en lutte sentent le poids de la dignité nationale, les armes fratricides doivent s'unir pour se diriger contre l'envahisseur ennemi, car toute discorde entre enfants d'une même patrie doit cesser à l'apparition de l'étranger. Il est vrai que les rhéteurs du droit, se donnant de faux airs de

[1]. V. Rossi. Intervention, *Archives de droit et de législation*, t. I., p. 359.

philantropie, comparent avec douleur une nation travaillée par la guerre civile à une maison en flammes. Or, disent-ils, de même qu'on a le droit de pénétrer dans celle-ci et d'éteindre le feu qui la dévore, de même on est autorisé à intervenir chez celle-là pour y rétablir la paix, parce que la guerre civile dévore une nation comme le feu brûle une maison. Mais la comparaison est inexacte : le feu peut détruire une maison, les nations ne périssent jamais, quels que soient leurs malheurs : de plus, en éteignant le feu, on est certain d'opérer un bien, l'intervention au contraire est un remède pire que le mal, car la guerre étrangère ajoute au sang, que les luttes intestines ont commencé à répandre, et il est impossible de décider jamais quel régime convient le mieux à une nation, qui abandonnée à elle-même, aurait avec le temps déposé les armes, pour s'arrêter au parti le plus conforme à ses intérêts. La paix apportée par l'étranger ne saurait ensuite être durable, car elle est imposée par la contrainte, et celle-ci aura à peine cessé, que les partis intérieurs reprendront les armes, plus féroces et plus acharnés, pour ne se reposer que le jour où la majorité de l'État aura par ses forces décidé la question qui a donné naissance à la guerre civile. De sorte que l'intervention pourra maintenir une paix violente tant que les phalanges étrangères demeureront sur le territoire envahi ; mais du moment où elles disparaîtront, la lutte intestine deviendra plus destructive, et sera accompagnée des maux qui résultent de la guerre et de l'invasion étrangère.

Quelques-uns ont voulu justifier l'intervention par suite de guerre civile, en admettant un prétendu droit de punir, lequel appartiendrait aux autres peuples vis-à-vis de l'État qui s'abandonnerait à une pareille guerre. Mais la raison juridique qui justifierait ce droit, fait défaut, parce que la guerre civile est un malheur et non un crime de la nation qui en est affligée ; qu'ensuite les nations ne peuvent mal faire, et que, si même il y avait délit, cette juridiction répressive réciproque leur manque, les unes n'ayant sur les autres aucun pouvoir souverain.

Pellegrino Rossi, discutant la question qui nous occupe, se déclare partisan du principe de non-intervention. « En cas de guerre civile, » dit-il, les puissances étrangères doivent observer la plus complète » neutralité : porter secours à l'une ou à l'autre des parties contendantes, » c'est mettre obstacle au libre développement du vœu national. (1) »

Plus loin il ajoute : « Une guerre civile en effet, n'est presque jamais » un évènement isolé : c'est un évèment qui retentit d'ordinaire au dehors,

(1) *Archives de droit et de législation*, t. I , p. 364. Droit des gens. Intervention.

» qui froisse plus ou moins les intérêts, qui compromet plus ou moins la
» tranquillité des puissances que leur position géographique ou leurs
» antécédents historiques placent en rapport plus ou moins intime avec le
» pays exposé à ce fléau. Tant que les intérêts froissés sont de simples
» intérêts individuels, des rapports commerciaux, pécuniaires, ou autres
» de pareille nature, tant que la tranquillité des puissances voisines n'est
» menacée que partiellement, par contre-coup ou dans un avenir plus
» ou moins éloigné, leur devoir est de supporter avec patience ces incon-
» vénients passagers. On ne peut exiger, avec justice, d'un peuple qu'il
» supporte un mauvais gouvernement, un gouvernement tyrannique, de
» peur de faire perdre quelque chose aux négociants d'un autre peuple,
» ou de causer un peu d'embarras aux gouvernements voisins. Mais »
dit encore Rossi, « il peut arriver, que le pays où la guerre civile, s'en-
» gage soit placé de telle sorte, il peut arriver que l'époque où la guerre
» civile éclate soit tellement féconde en agitations et en troubles,
» que le résultat immédiat, inévitable, de cette guerre civile soit de pré-
» cipiter telles ou telles puissances voisines dans une perturbation violente,
» de compromettre même leur existence, d'allumer une conflagration géné-
» rale et dont les résultats seraient incalculables. En pareil cas, les puis-
» sances menacées ont le droit de s'interposer pour prévenir cette confla-
» gration.... (1) »

En résumant la théorie de Rossi, on peut dire qu'il condamne en règle
générale l'intervention en cas de guerre civile, et cette règle ne cesse pas
d'être obligatoire même au cas où les effets de cette guerre se répandent
sur les autres États, lésant leurs intérêts, leur commerce, ou troublant
partiellement leur tranquillité, parce que l'on n'a pas le droit d'imposer à
autrui sa propre volonté pour son propre avantage. Néanmoins après avoir
accepté ces principes, il admet l'intervention, quand la guerre civile peut
engendrer un bouleversement général chez les voisins et compromettre leur
existence.

Mais si le mal indirect qui dérive pour les voisins des évènements
intérieurs d'un autre État, ne les autorise pas à intervenir, pour conjurer
les dangers qui les menacent dans leur fortune, leur commerce ou leur
sécurité partielle, le même principe régit le cas où ces maux seraient
plus grands. Car c'est une loi de justice universelle qu'on n'a pas le
droit de porter atteinte à l'autonomie d'une personne juridique, pour

(1). Rossi, Ib.. p. 370.

éviter un dommage ou pour obtenir un bénéfice personnel. Ce qui se rattache à cette autre vérité reconnue que l'homme, et à plus forte raison les peuples ne peuvent servir de moyen à personne.

D'un autre côté, l'hypothèse admise par le publiciste précité est impossible, parce que l'existence d'un peuple n'est jamais compromise, puisque les nations ne meurent jamais : elles peuvent changer de nom, d'habitudes, de mœurs, de gouvernement, mais elles sont immortelles. Et si la discorde civile d'un État peut même pousser les voisins à changer leur forme de gouvernement, on n'a pas pour cela le droit d'intervenir pour empêcher le libre vœu d'un peuple, qui en passant par des luttes intestines, cherche à trouver une meilleure situation politique, économique et religieuse. De plus il est également impossible que la guerre civile qui se manifeste chez un peuple, se communique à un autre par sa seule force expansive. En fait, Rossi a dû convenir que la vraie cause de la propagation de la lutte intestine, serait l'esprit agité et troublé de l'époque, la tendance et la situation des États, à l'égard desquels les révolutions voisines n'agiraient que comme moyens d'activer une disposition due au mouvement général des idées. S'il en est ainsi, c'est en soi-même qu'il faut trouver la racine du mal et c'est là qu'il faut le guérir, lorsqu'il se manifeste, au lieu de s'en prendre à un autre, bien qu'il en soit involontairement l'occasion. Car un père doit corriger ou prévenir les erreurs de sa propre famille, en agissant sur elle, et non sur les autres, même si celles-ci par leur libre action dans le sanctuaire de leur intimité, excitaient involontairement les inclinations perverses de ses enfants. Agir de cette dernière façon, ce serait punir chez autrui sa propre faute; ce serait sévir non pas contre l'agent du crime, non pas contre ses intentions et ses projets criminels, mais contre celui qui, dans le champ de sa libre activité produit cette conséquence qu'il n'a ni prévue ni peut-être voulue, d'entraîner son voisin à suivre son exemple.

On peut ajouter que, si la tendance à la guerre civile est engendrée par l'époque et par les inclinations des peuples, la suppression de la cause occasionnelle qui exciterait semblable tendance, n'empêchera la manifestation du mal que momentanément; celui-ci se reproduira plus violent et plus mortel à la toute première occasion. Le principe de non-intervention reste donc établi pour nous, dans quelque condition que l'on veuille se placer, et si l'on a peur et que l'on parle toujours d'influence entre voisins, disons avec Mamiani : « que chaque État pourvoie à cette » situation dans l'intérieur de son territoire, et qu'il multiplie les lazarets,

» puisqu'on parle de miasmes pestilentiels procédant du dehors. (1) »

Mais jamais d'intervention. Que l'on se débarasse donc de la mauvaise habitude de parler toujours d'influence d'un peuple sur un autre, expression mystérieuse et terrible, inventée pour déguiser la manie de restreindre l'activité libérale des peuples, et pour servir de manteau au despotisme, sous lequel, pendant presque tout ce dernier demi-siècle, les puissants ont tenu l'Europe asservie.

Rossi et d'autres auteurs admettent encore l'intervention, au cas où la guerre civile se prolonge indéfiniment dans un État, et où l'on voit que la nation est incapable de décider par elle-même, faute d'un parti réellement national, ainsi que pour mettre un terme aux maux indirects qu'entraînent pour les autres États ces perpétuelles agitations. Les arguments invoqués précédemment excluent, même dans cette hypothèse, le droit d'intervention, car le principe demeure le même : les nations n'ont aucun pouvoir souverain les unes sur les autres. Donc, quels que soient les évènements intérieurs qui les agitent, quelle que soit leur nature et leur durée, elles sont incompétentes pour les juger et pour en décider. Elles peuvent offrir leurs bons offices, donner les meilleurs conseils, proposer leur médiation pacifique, mais jamais intervenir par force. Les dommages indirects causés à leur commerce, à leur activité politique et économique ne sauraient leur attribuer ce droit. Car les relations commerciales, politiques et économiques, sont des biens purement facultatifs, que les États maintiennent entre eux par convenance réciproque, pour autant seulement qu'ils le veulent; mais ce n'est pas une obligation à l'exécution de laquelle ils puissent prétendre par la force. Donc si, par la volonté d'un peuple, ou par ses discordes intestines, ces relations se trouvent arrêtées, bien que le commerce des autres peuples languisse, et en éprouve un dommage, on ne peut forcer la nation dissidente à rendre aux affaires leur activité antérieure en intervenant chez elle pour la contraindre à la paix.

Il est certain que l'Angleterre a subi une crise économique par suite de la guerre civile exterminatrice qui a sévi dans les États-Unis d'Amérique, mais ce mal ne l'autorisait pas à intervenir. Aussi n'intervint-elle jamais et ne pensa-t-elle pas un seul moment avoir le droit de rapprocher par la force Confédérés et Fédéraux, parce qu'elle savait que ce serait là un attentat contre l'autonomie américaine, attentat qu'il serait impossible, dans notre siècle, de consommer contre un peuple civilisé.

(1) Loc. Cit., p. 371.

IX. — *Intervention réclamée par une partie de l'État.*

Il faut en dire autant du cas où l'un des partis en guerre inviterait l'étranger à intervenir, ou s'il s'agissait d'un prince qui, voyant vaciller son trône, tenterait de conjurer le mal, en appelant l'étranger ; car la nation ne se compose pas d'un parti ou du prince et de ses partisans. Donc les États qui en 1792 intervinrent en France, ou au moins tentèrent d'intervenir pour défendre Louis XVI, violèrent le droit international, et l'intervention des Allemands en Piémont et à Naples en 1821 fut contraire à tout droit, ainsi que celle des Français en Espagne en 1823, bien qu'ils fussent appelés par Ferdinand I de Naples, par Ferdinand VII d'Espagne et par Charles-Félix de Savoie. Il est vrai que les Autrichiens seraient de toute façon intervenus en Piémont et à Naples, indépendamment du consentement des deux princes qui y régnaient, parce qu'il en avait été décidé ainsi à Lay-bach ; la preuve en est qu'ils occupèrent aussi militairement la Toscane, Ancône, les Légations et Plaisance, sans s'arrêter devant le refus et les énergiques protestations du grand duc Ferdinand III et du Pape, qui ne voulaient pas de cette occupation. Ils prolongèrent également leur intervention en Piémont, même après que Charles Félix, excédé de leurs insolences, leur eut demandé de se retirer.

Il faut encore appliquer la même règle à l'intervention opérée dans les Romagnes en 1831, à la demande du Pape Grégoire XVI, qui disait : « La vaillante armée impériale a éteint en Italie, non pas à ses débuts,
» mais au moment de sa plus grande effervescence, l'incendie sectaire,
» qui après avoir mis en feu les États de l'Église, menaçait ceux de tous
» les souverains italiens, et s'apprêtait à bouleverser l'Europe [1]. »

Il convient cependant de signaler que, bien que cette intervention eût été demandée par le Pape, elle eut lieu plutôt parce que Metternich avait dit : « que le Pape réclame de suite l'intervention des armes impériales, et
» bannisse ces vieilles inquiétudes et ces jalousies qui depuis un siècle
» tourmentent la Cour de Rome [2]. »

Plus inique encore fut l'intervention russe en Hongrie en 1848, à la demande de l'empereur d'Autriche ; je dis plus inique, parce qu'il ne s'agissait pas d'un prince national en lutte avec ses sujets, mais du souverain d'une nation étrangère qui retenait en vasselage une autre nation, par la force des

(1). V. Bianchi., Op. cit,, t. III., p. 51.
(2) Ibid., p. 48.

bayonnettes tudesques. En 1848, la Hongrie s'était soulevée pour conquérir sa propre autonomie opprimée par l'Autriche ; en même temps qu'elle,
s'étaient révoltés les divers peuples qui formaient l'empire autrichien ;
ils allaient triompher dans cette lutte difficile, lorsque l'autocrate russe
vint assister la dynastie impériale agonisante, et écraser la Hongrie ; il
rétablit ainsi la domination autrichienne.

« C'est une consolation, » s'écrie Mamiani, « de savoir que l'assistance
» injuste fut aussitôt payée de déloyauté et d'ingratitude, et que, si les na-
» tions restent deux jours au tombeau, elles ressuscitent le troisième. »

X. — *Intervention en cas de guerre civile religieuse.*

Il n'y a pas lieu de décider autrement au cas où la guerre civile serait
causée par la religion. Le motif qu'il importe à l'étranger de défendre sa
propre religion, qui serait en danger dans un autre État, n'a en effet aucune
valeur. Car aucun peuple n'a le droit de prétendre que les autres États professent une religion semblable à la sienne. Quand, dans les vallées de
Pignerol, les persécutions sévirent contre les Vaudois, on regarda comme
un acte de sagesse de la part du protecteur Cromwell, d'écrire au duc de
Savoie en faveur des sectateurs de Valdo, afin qu'il modérât les horreurs
qui se commettaient contre ces montagnards ; mais certainement il aurait
agi violemment, si les conseils qu'il donnait par lettre avaient été accompagnés de menaces d'intervention, ou s'il était intervenu en réalité.

Que l'on ne dise pas qu'en s'abstenant d'intervenir, et en laissant s'attiser
la guerre religieuse dans l'État voisin, une nation risque de voir se propager
chez elle le fléau dont le voisin est atteint, et que dès lors sa propre religion
peut en souffrir. Car aucun peuple ne peut jamais avoir le désir d'imiter une calamité sociale. S'il abandonne sa propre religion pour en accepter une autre, ce n'est pas par l'effet d'une importation étrangère, mais
comme conséquence de la disposition où il est à changer ses croyances religieuses, qu'il tient pour mensongères, pour en professer d'autres qu'il estime
meilleures. En effet, cent millions de Chinois qui voudraient se répandre en
propageant leur religion ne persuaderaient pas les Européens de croire au
Dieu de Confucius ; à moins que, auparavant déjà, ces croyances n'exis-
tassent partiellement en eux, et en ce cas, pourquoi réprouver chez autrui
un fait qui émanerait d'eux-mêmes ? Pourquoi s'immiscer dans les affaires
de la nation voisine, puisque, si sa propre religion est bien établie, personne ne pourra craindre pour elle ? Du reste, quel que soit l'effet du

miasme religieux venu de l'étranger, il doit être facile à détruire par une propagande contraire, qui renforcera la foi dans la religion nationale et si, malgré cela, le peuple était porté à accepter le culte de l'État voisin, cela signifierait qu'il le croit meilleur ; et comme il est son propre législateur, personne ne peut l'empêcher de l'adopter. C'est aujourd'hui un principe reconnu que tout peuple a le droit d'avoir une religion, mais que personne ne peut imposer à autrui son propre culte. L'histoire nous démontre que tous les peuples ont des croyances religieuses, depuis l'antiquité la plus reculée jusqu'à la civilisation moderne, depuis le Hottentot jusqu'à l'Européen civilisé. L'athéisme est un état anormal pour l'homme, état dans lequel il ne saurait vivre, et si pour un moment on a cherché à extirper la religion chez un peuple, si l'on a exécuté le Christ en effigie, si l'on a proclamé ce que l'on appelle le culte de la raison, dont le grand-prêtre et le dieu était Robespierre, ces événements n'ont eu qu'une durée éphémère, et n'ont pas empêché le même Robespierre d'avouer : que « si l'existence de Dieu et » l'immortalité de l'âme n'étaient qu'un songe, elles n'en demeureraient » pas moins les plus belles conceptions de l'humanité (1). »

L'esprit novateur de l'athée peut terrasser les croyances d'un peuple, mais le rendre athée est impossible, parce que tous les hommes auront toujours une religion : monothéisme ou polythéisme, religion catholique ou protestante, grecque ou hébraïque, culte de Mahomet ou paganisme, manichéisme ou magisme, religion de Confucius, bouddisme ou bramisme. « Disons le hautement à la face de tous les peuples, de toutes les nations, » s'écriait Mirabeau, « Dieu est aussi nécessaire que la liberté. » Cependant ce besoin de religion ne donne pas à un État le droit d'imposer à un autre sa propre religion. Lui accorder un semblable droit, ce serait proclamer une guerre éternelle entre tous les peuples et toutes les nations, puisque chacun d'eux tenterait d'imposer son culte par la guerre, et au lieu d'atteindre la fin désirée, on couvrirait le monde de sang sans obtenir autre chose que des martyrs dans toutes les religions persécutées. Lorsque Louis XIV voulait employer la force contre les protestants, Fénelon et Bossuet dirent à ce prince : « Aucune puissance humaine n'a de droit sur » la liberté du cœur : la violence au lieu de persuader fait des hypocrites : » donner de semblables prosélytes à la religion, ce n'est pas la protéger, » mais l'avilir. »

Chacun croit que sa propre religion est la véritable, et que celle des

---

(1) V. Rapport fait au nom du comité de salut public, séance du 18 octobre an II.

autres est fausse. Les Indiens se moquent des chrétiens, qui ont un Dieu très jeune, tandis que leur Dieu Brahma est vieux de 131,400,107,205 années et davantage. Certainement chacun pourra favoriser une propagande pacifique pour répandre sa propre religion, mais l'imposer par la force, jamais. Robertson raconte qu'à l'époque de la conquête de l'Amérique, les missionnaires espagnols, voulant propager au Mexique la religion chrétienne, prétendirent l'imposer par la violence, en torturant ceux qui ne l'acceptaient pas; mais un malheureux Indien qui était sur le point de mourir, demanda à un missionnaire qui lui décrivait le paradis, s'il s'y trouvait aussi des Espagnols, et comme la réponse était affirmative, il déclara qu'il voulait n'y jamais aller.

L'intervention pour cause de religion se montre plus injuste encore, si l'on considère que l'État doit être distinct de l'Église, parce que son institution a pour but exclusif de réaliser le droit, et de laisser vivre *librement* et indépendamment de toute influence politique toute religion professée au sein de la nation, les croyances religieuses des peuples échappant à sa tutelle (1). Et si l'État ne peut ni ne doit favoriser ou opprimer dans son propre sein, une religion quelconque, à plus forte raison lui est-il interdit d'exercer son influence au sein d'un autre peuple *sur* lequel il n'a aucun pouvoir juridique.

XI. — *Intervention à Rome.*

Ces mêmes principes portent à condamner les interventions exercées à Rome pour garantir le domaine pontifical. Assurément la nature ainsi que la brièveté de cet écrit, m'interdisent l'examen d'une question aussi élevée et aussi difficile, d'ailleurs définitivement tranchée par les événements contemporains. Je ne puis cependant me dispenser, en parlant d'intervention, de signaler sommairement le peu de fondement des motifs allégués pour justifier les interventions à Rome. Alors que le parlement italien proclamait Rome capitale de l'Italie, le prince de Metternich, dans une note au gouvernement français, insinuait que le moment était arrivé où non seulement la France, mais tous les États catholiques devaient intervenir à Rome, pour soutenir le Saint Père, parce que, disait-il, « la capitale du monde catholique appartient aux nations catholiques. Résidence du souverain pontife, elle renferme les établissements et les archives de la catholicité, personne

(1) V. mes *Studii sul matrimonio celebrato nell' Italia meridionale, innanzi la Chiesa, pria la pubblicazione del codice italiano, e dei suoi effetti giuridici sotto l'abolita e la vegliante legislazione,* dans *l'Archivio giuridico,* de PIETRO ELLERO, t. II., pp. 505 et 625.

» n'a le droit de l'en spolier, et les puissances catholiques ont le droit de
» le maintenir (1). » Le ministre des affaires étrangères d'Espagne n'hési-
tait pas à affirmer, que « les peuples catholiques considèrent Rome comme
» une propriété commune, dont la conservation doit être l'objet de leur
» entière sollicitude (2). »

Voilà l'erreur fondamentale d'où partait l'ancienne diplomatie pour soutenir les diverses interventions à Rome : c'est-à-dire, Rome est du domaine
de la catholicité, elle appartient à tous les peuples. Mais un État composé
d'hommes ne peut être la propriété de personne, et, d'autre part, Rome
appartenait aux Romains. C'est pourquoi le cabinet anglais, répondant à
certain projet de paix entre le souverain pontife et l'Italie, conçu par Napoléon III, disait avec raison que « tout en rendant hommage aux vues
» élevées qui ont inspiré à l'Empereur le dessein de réconcilier le Pape
» avec l'Italie, il ne partageait pas l'espérance que nourrit Sa Majesté, et
» qu'il considérait comme une solution à la fois équitable et pratique de
« laisser dès à présent Rome aux Romains (3). »

On disait : mais Rome, ayant accepté d'être la capitale du monde catholique, a aliéné son autonomie en faveur du catholicisme. Cette prétendue
aliénation est une assertion gratuite, qui ne repose sur aucun document historique ; quand même elle existerait, elle ne serait pas obligatoire pour la
postérité, qui n'y a pas consenti. Enfin il est de droit naturel, que l'autonomie est inaliénable et que le contrat qui en stipule l'aliénation est nul. De
plus, il n'est pas exact que le fait d'être la capitale du catholicisme emporte l'aliénation de la souveraineté propre, car Rome pouvait parfaitement
être à la fois la capitale d'un vaste royaume et la directrice de la société
catholique, à cause de la diversité de nature et de sphère d'activité, dans
laquelle se meuvent l'État et l'Église, de la même manière que le gouvernement de tant de sociétés étendues ayant un but scientifique, économique ou
industriel, coexiste avec le siège d'un autre gouvernement.

Les archives de la catholicité existant à Rome, peuvent continuer à y
rester sans être aucunement troublées par l'existence d'un État indépendant

(1) LAWRENCE, *Commentaire sur les éléments du droit international et sur l'histoire des progrès du
droit des gens par* HENRI WHEATON t. I., p. 267.

(2) Ib., p. 268.

(3) LAWRENCE, t. 2, p. 275 — Se fondant sur les principes de l'ancienne diplomatie, le Pape appela
constamment les étrangers en Italie, sans en excepter les Musulmans. C'est ainsi que Paul IV (Caraffa)
conclut une alliance avec les Turcs contre les Napolitains et les Toscans (V. DURANDO, *della nazionalità
italiana*, p. 268). Sixte IV, écrit SISMONDI (*Histoire des républiques italiennes*, t. II, p. 203) soudoyait
des compagnies de Turcs, qui furent employées à Rome pour contenir le peuple lors des fêtes et de
cérémonies publiques.

et distinct de l'Église; puisque l'État étant séparé de l'Église, celle-ci peut librement exercer toutes ses fonctions, sans rencontrer aucun obstacle politique dans l'État.

On ajoutait que, même si les Romains s'y opposaient, Rome étant nécessaire à l'Église, son autonomie devait être sacrifiée à l'avantage de celle-ci. Ce raisonnement rappelle ces doctrines payennes qui immolaient des victimes vivantes aux dieux de l'époque; il ne supporte pas la critique la plus *superficielle*, car, si l'autonomie d'un État est inaliénable, elle est également incapable d'être expropriée même pour cette prétendue utilité internationale. D'autre part le droit d'expropriation forcée, s'il existe entre particuliers soumis à un même gouvernement, ne peut s'admettre entre États, vivant dans une indépendance réciproque; puis ce droit n'a eu en vue que les *choses* seulement et pas les personnes, bien moins encore les États.

L'on vantait aussi les bienfaits qui résultaient pour Rome, de ce qu'elle était la capitale du monde catholique, et l'on voulait les porter en ligne de compte, comme équivalents de la perte de l'autonomie, oubliant qu'aucune compensation ne saurait jamais suppléer à la perte de l'indépendance, *et que* Rome pouvait être en même temps capitale de l'Italie et de l'Église.

Ce que n'ont jamais voulu comprendre les défenseurs du pouvoir temporel, c'est que Rome était sous les pontifes, quant au gouvernement politique, un État semblable à tous les autres, parce qu'il y avait un chef de l'État exerçant sa souveraineté, ayant une origine semblable à celle de tous *les autres* princes et maintenu par la force. D'où résulte qu'il devait être soumis aux mêmes vicissitudes politiques que les autres États. Par conséquent, du moment où le peuple romain cessa de vouloir le régime pontifical et où le pape, pour se maintenir, dut recourir aux armes étrangères, il cessa d'être un prince légitime, puisqu'il n'y a plus aujourd'hui de légitimité que celle qui dérive de la volonté réfléchie et éclairée des peuples. Ne pas vouloir appliquer ces principes à Rome était une lésion permanente de ses droits et de son indépendance, exercée par les forces étrangères sans aucun fondement juridique.

Au contraire, on peut dire que l'atteinte apportée au principe de l'indépendance des peuples y était d'autant plus grave, que ce n'était pas seulement l'autonomie de Rome qui était compromise, mais aussi celle de l'Italie. Celle-ci en effet aspirait à l'union avec sa capitale naturelle, laquelle, bien qu'animée du même désir, était empêchée de le satisfaire. De cette manière, tandis que, à la suite de l'invasion des barbares, la France, l'Angleterre, l'Espagne et d'autres peuples purent s'élever graduellement jusqu'à être de grandes nations, l'Italie, qui les devançait en civilisation, dut rester morcelée en petits Etats, et demeurer sous la sujétion directe ou indirecte de l'étranger.

Ainsi encore se trouvèrent entravés ses progrès moraux, économiques et industriels. De ce que la barque de Saint-Pierre avait abordé aux rives du Tibre, il résulta que les divers peuples de l'Italie demeurèrent séparés et hostiles, et lorsque le désir d'unification s'enracina chez tous les peuples de la péninsule, il fut impossible d'y donner satisfaction à cause des interventions continuelles des étrangers qui, attirés à Rome par le pontife, empêchèrent l'unité nationale de se réaliser.

D'un autre côté, on reconnaît généralement aujourd'hui l'incompatibilité, dans la même personne, entre l'exercice du principat temporel et la direction de l'Église, à cause du caractère différent des deux gouvernements. Le prince ayant en vue la réalisation du droit, tandis que le chef de l'Église a en vue la propagation de la religion, le ministère de l'un est souverain, celui de l'autre purement persuasif et religieux. Par conséquent le premier doit user de la force juridique pour faire respecter le droit, les moyens coercitifs matériels ne conviennent pas à l'autre, et il doit se frayer la voie dans l'âme des peuples, uniquement par la persuasion, la piété et la foi.

Le Prince exerce une juridiction, et le Pontife une mission. C'est ce qui fait que le premier ne peut pardonner au délinquant, bien qu'il soit repentant, tandis que le second doit absoudre le coupable venu à résipiscence.

La preuve en est que le Vicaire du Christ aurait dû pardonner à Monti et à Tognetti, mais que le Roi fut obligé de punir, et celui-ci l'emporta au point que l'on put dire avec raison que, dans l'âme de Pie IX, le Prince asservissait le Pontife. L'épée guerrière qu'un prince peut parfois brandir, le sang qu'il peut verser pour défendre le droit ou la patrie menacée, s'accordent mal avec le caractère du Vicaire du Christ, qui doit être avant tout un ministre de paix.

Cette incompatibilité a été rendue plus évidente encore par les déclarations de ceux-là même qui défendaient dans le chef de l'église la double puissance, souveraine et religieuse. En effet, dans une des conférences diplomatiques de Gaëte, en 1849, comme l'ambassadeur français exprimait l'idée que le Pape retournant à Rome, après sa restauration par les armes françaises, ferait bien d'introduire quelques-unes des réformes politiques et civiles admises dans tous les autres États civilisés, le cardinal Antonelli répondit : « que la chose était impossible, parce qu'elle était incompatible

» avec cette pleine liberté et indépendance d'action dont le Pontife, comme
» chef spirituel de l'Église, est responsable vis-à-vis du monde catholique [1]. »
Cet argument fut également accepté et soutenu dans la conférence par les
agents diplomatiques napolitain, autrichien et espagnol [2]. Et dans l'assemblée législative de la République française, à ces députés qui soutenaient
que l'armée française devait apporter avec elle, dans son intervention, des
institutions libres, au lieu du despotisme, Montalembert qui défendait la
double puissance des papes, répondit : « que le pouvoir spirituel des papes
» uni au pouvoir temporel était de nature à ne pas pouvoir admettre les
» libertés politiques des nations modernes ; » et Odilon Barrot ajouta :
« que la séparation entre le pouvoir spirituel et le pouvoir temporel, reconnue
» comme indispensable à la liberté de conscience et à toute autre liberté
» véritable et durable, ne devait ni ne pouvait s'établir pour des sujets du
» pape, étant donnée la nature du régime qui les gouvernait [3]. » La France
républicaine se crut par conséquent en droit de rétablir par la force de ses
armes ce régime pontifical, au sujet duquel Tocqueville, ministre des affaires
étrangères en France, partisan de l'intervention française à Rome, devait
faire l'aveu suivant, dans une dépêche contemporaine de la restauration
pontificale, adressée à M. de La Tour, ministre de France à Vienne [4] :
« Le rétablissement complet des abus déjà devenus insupportables sous
» l'ancien régime, les destitutions en masse d'honnêtes employés, une
» inquisition odieuse à l'égard de tous ceux qui se montraient hostiles à la
» tyrannie cléricale, l'exil et l'emprisonnement de quiconque ne se déclarait
» pas ennemi de la révolution et partisan de l'ordre et de la liberté, dans
» quelques provinces des mesures de terreur, qui auraient fait honte aux
» temps barbares ; telles sont les réformes qui ont signalé la restauration
» du gouvernement papal [5]. »

---

(1) V. BIANCHI, *Op. cit.*, t. VI. p. 249.

(2) Voici comment s'exprima pour l'Espagne, à la conférence de Gaëte, Martinez de la Rosa répon_
dant à l'envoyé français Rayneval, qui lui exprimait son étonnement, de ce qu'il défendit des idées
absolutistes pour Rome, alors qu'en Espagne il s'était montré un des plus zélés partisans des franchises et des libertés constitutionnelles : « Il est vrai que j'ai contribué à doter l'Espagne d'institu-
» tions libérales, et à combattre un régime qui alors s'appelait le despotisme éclairé ; je suis persuadé
» que les nations sont dans la voie du progrès, et que par suite la cause des peuples doit marcher
» d'accord avec celle des princes. Mais comme le Saint Père, à cause de sa double qualité, se trouve
» dans des conditions tout à-fait exceptionnelles, je suis d'avis qu'on ne peut rétablir à Rome les
» franchises constitutionnelles. » (V. BIANCHI, *l. c.* p. 251).

(3) BIANCHI, *l. c.* p. 274 et suiv.

(4) Dépêche du 22 août 1849.

(5) BIANCHI, *l. c.*, p. 262.

Or ces actes et ces horreurs étaient dans les idées émises, comme nous venons de le voir, par les partisans du pouvoir temporel des papes, une conséquence de l'union des deux attributions spirituelle et temporelle, dans le chef d'une même personne. Ils étaient nécessaires à leurs yeux pour que l'Église catholique demeurât debout. Mais puisqu'il n'est pas possible que la nature de la religion catholique conduise à d'aussi étranges conséquences, il faut en conclure au contraire, que l'exercice de la souveraineté civile et le gouvernement de la société catholique, sont incompatibles dans la même personne.

On disait encore que le principat laïque était nécessaire au pape pour maintenir intacte son indépendance. Mais on ne conçoit pas ce que pouvait valoir, dans le monde politique, un petit État sans ressources et sans force vis-à-vis des grandes et puissantes nations Européennes. Il fut en fait impuissant à résister aux peuples et aux États qui se séparèrent de l'Église catholique, ou à ceux qui, aux diverses époques de l'histoire, la combattirent. D'un autre côté la religion ne peut être imposée par la force, qui est incapable d'engendrer des croyants, mais seulement des martyrs ou des imposteurs. Jésus a dit : « Je vous envoie comme des brebis au milieu des loups; » les princes de cette terre commandent à leurs sujets, qu'il n'en soit pas » ainsi de vous. Si l'on ne vous écoute pas dans une ville, secouez la poussière de vos sandales et allez dans une autre. Si quelqu'un veut plaider » contre vous pour prendre votre robe, abandonnez-lui encore votre manteau. » Sᵗᵉ-Catherine de Sienne écrivant à Grégoire XI, s'écriait : « les » armes de l'Église sont les larmes. » Pourquoi donc les spadassins de l'Église nous parlent-ils d'armes, de domaine, de principauté pour maintenir la religion? Sᵗ-François de Sales conquit 70,000 croyants par la parole, et la plus grande propagation de la foi eut lieu, quand les papes n'avaient pas le pouvoir royal. Ce fut au contraire lorsqu'ils en furent revêtus, que surgirent Luther qui enleva au catholicisme la Germanie, l'Angleterre, qui s'émancipa de Rome, et l'indifférentisme religieux qui a envahi la majeure partie de l'Europe. Dante avait donc raison de s'écrier déjà en son divin langage :

D'oggimai che la chiesa di Roma
Per confondere in se due reggimenti
Cade nel fango (1).

On a vu que l'union de la pourpre royale à l'humble saie du prêtre, du

---

(1) Désormais l'Église de Rome, — Parce qu'elle confond deux puissances, — Tombe dans la fange.

sceptre des rois à la tiare des papes a nui à l'Église au lieu de lui être utile [1].

Napoléon I a dit à Ste-Hélène que « la réunion du pouvoir temporel au » pouvoir spirituel causait un grand préjudice au second, et portait le » désordre dans la société au nom et par les mains de celui qui devait être » le centre de toute harmonie [2]. » Enfin le pape ne fut jamais indépendant à Rome ; parceque les étrangers y dominèrent toujours, lui imposant le gouvernement qui leur plaisait, et la politique extérieure la plus conforme à leurs intérêts, comme cela résulte amplement de l'histoire de la diplomatie Européenne [3].

Aujourd'hui cependant cette discussion, autrefois vivante entre les États, a perdu de son importance. Les événements postérieurs ont en effet démontré la vérité des raisons que nous venons de rappeler, et la capitale du monde catholique est devenue aussi la capitale de l'Italie, reconnue comme telle par tous les États civilisés.

(*La suite à la prochaine livraison.*)

(1) CAVOUR, examinant les effets du pouvoir temporel à l'égard du pouvoir spirituel, disait en 1856 à Napoléon III : « Rome a vu se dessécher les sources de ses richesses, tomber son prestige, se dis- » siper l'auréole de respect qui entourait ses dignitaires ; les erreurs de sa politique, l'aveuglement » ou la prévarication de ses administrations lui ont attiré au plus haut point la haine et le mépris » de ses sujets ; les prélats sont aujourd'hui regardés comme des ennemis publics, et leur gouverne- » ment est considéré comme une calamité. Le gouvernement temporel des papes, ce foyer de corrup- » tion, a détruit le sens moral, a rendu, chose triste à dire, le sentiment religieux impossible, surtout » au centre et au milieu de l'Italie ; sans le pouvoir temporel, beaucoup de plaies de l'Église seraient » guéries . » (V. *Mémoire de M. le comte de Cavour sur les moyens propres à préparer la reconstitution* » *de l'Italie*, adressé à Napoléon III et cité dans NICOMÈDE BIANCHI, *l. c.* t. VII, p. 233.

(2) *Mémorial de Ste-Hélène*, par LAS-CASES 1828, t. V, p. 398 et suiv.

(3) « Le gouvernement des papes, disait Cavour à Napoléon III, a cessé virtuellement d'exister du » jour où il a montré que pour rester debout, il avait absolument besoin de l'appui des armes étran- » gères. Il est inutile de s'occuper de la vieille objection, qui consiste à dire que le chef de l'Eglise, » pour posséder la liberté de ses actes, doit être prince temporel. En présence d'une double occupa- » tion etrangère, et des Suisses mercenaires, invoquer cet argument, serait une amère dérision ; » et au congrès de Paris, en 1856, le même Cavour n'hésita pas à dire aux plénipotentiaires autri- chiens en présence de ceux des autres nations qui y étaient réunis : « Les légations sont occu- » pées par les soldats autrichiens depuis 1849 : l'état de siége et la loi martiale y durent depuis lors » sans interruption, le gouvernement pontifical n'y existe que de nom, parce que, au-dessus de » ses légats, commande un général autrichien exerçant les fonctions de gouverneur civil militaire. » (V. BIANCHI, *l. c.* p. 261).

THÉORIE DU DROIT INTERNATIONAL PRIVÉ,

PAR

CHARLES BROCHER,

Professeur à l'Académie de Genève.

—

Cinquième et dernier article (1).

—

CHAPITRE IX. — *Des effets généraux de la famille sur les biens de ses membres.*

La position spéciale des époux et l'influence que le mariage exerce sur leur fortune, ont été l'objet d'un chapitre particulier; nous devons aborder maintenant, d'une manière générale, les autres effets de la famille sur les biens de ses membres : la succession héréditaire, les donations, les testaments, l'hypothèque légale et l'usufruit légal doivent nous occuper successivement.

I. Nous avons déjà vu que chacun laisse, en mourant, tout un ensemble de droits et d'obligations transmissibles à d'autres personnes. Cette dévolution s'opère de deux manières différentes : la loi seule doit servir de règle si le défunt n'a pas fait acte de disposition; dans l'hypothèse inverse, il faut s'arrêter à toute manifestation de volonté individuelle qui n'a rien de contraire au droit. Ce rapprochement nous conduit à une première conséquence : la même loi doit régir, dans une certaine mesure tout au moins, la succession héréditaire, les donations et les testaments.

Deux principes dirigeants semblent dominer en pareille matière : le devoir et l'affection de la personne décédée. C'est bien certainement dans la famille que ces principes doivent être étudiés en ce qui concerne ces sujets. Ils y trouvent le plus souvent leur conciliation, et, s'il en est autrement, l'on voit surgir les difficiles problèmes de la légitime et des réserves; une seconde conséquence dérive de ce nouveau rapprochement : la loi dont il

(1) V. t. III de la Revue, pp. 412 et ss. 540 et ss., t. IV, pp. 189 et ss. et t. V, p. 137 et ss.

s'agit doit être une dépendance de celle qui régit les rapports de parenté. Si nous pouvions nous livrer ici aux développements nécessaires, nous démontrerions que l'histoire et la philosophie sont généralement d'accord sur ce point [1]. Mais, s'il en est ainsi, comment se fait-il que, suivant les règles *traditionnelles* cette loi se trouve, le plus souvent, rattachée au statut réel plutôt qu'au statut personnel ?

Nous croyons que ce fait peut s'expliquer de manière à ne porter aucune atteinte aux principes que nous venons d'exposer. Disons-le d'abord : la loi qui régissait les successions, les donations et les testaments pourrait difficilement rentrer dans le statut personnel tel qu'on l'avait défini. Il ne s'agissait, en effet, ni de fixer l'état des personnes, ni de leur attribuer, en vue de cet état, une capacité plus ou moins étendue ; c'était d'une fortune délaissée qu'il s'agissait : la loi devait en disposer d'une manière absolue ou imposer, tout au moins, des limites à la volonté individuelle. Il restait, *il est vrai*, à examiner si cela seul devait suffire pour faire rentrer cette loi dans le statut réel, et s'il ne convenait pas de la considérer comme formant, en quelque sorte, une dépendance ou une annexe du statut personnel ; mais deux causes devaient obscurcir cette question, et la faire résoudre dans un sens opposé à celui que la nature des choses paraît indiquer : ces causes *nous* apparaissent dans la féodalité et dans les traits caractéristiques de la famille germanique ou coutumière.

Nous avons déjà vu par quelles circonstances générales la féodalité, sous l'influence de laquelle notre droit international moderne s'est formé, a été conduite à une stricte et rigoureuse territorialité de ce droit. Cela devait nécessairement donner une grande importance à la loi de la situation, c'est-à-dire, en définitive, au statut réel.

Les principes qui régissaient la famille germanique devaient ajouter à cette influence. Ils différaient essentiellement de ceux qui avaient été consacrés par le droit romain. D'après ces derniers, la famille se concentrait originairement dans la personne de son chef qui en était le dominateur presque absolu. Il est vrai que bien des modifications furent apportées à cet ordre de choses ; mais il en resta toujours d'assez notables vestiges, tout particulièrement en ce qui concerne le caractère de la propriété. Ce droit resta l'apanage exclusif de la personne qui en était le titulaire actuel ; c'était comme succédant à la personne qu'on était investi de ses biens : il en résulta que la succession héréditaire s'opéra sous l'influence d'un puissant principe

---

(1) Voir nôtre *Etude sur la légitime et les réserves*. Paris et Genève 1868.

d'unité, ayant sa base dans l'individualité du défunt. Il en était bien autrement chez les Germains : loin de dominer la famille, l'individu se trouvait dominé par elle, quelle que fût d'ailleurs la position qu'il y occupait. Il n'était, en quelque sorte, que le dépositaire des biens qu'il en avait reçus; ces biens devaient généralement faire retour à la branche d'où ils provenaient, suivant la célèbre maxime : *paterna paternis, materna maternis*. L'unité de la succession était rompue, la considération des biens l'emportait sur celle de la personne, et l'on devait voir se vérifier le vieil adage de Burgundus que nous avons déjà cité : *Bona non personas sequuntur sed personas ipsas ad se trahunt*. On se trouvait ainsi en plein statut réel.

Il est vrai que ces principes n'étaient directement applicables ni aux acquêts immobiliers ni à la fortune mobilière. La famille ne pouvait avoir les mêmes droits sur les premiers que sur les biens qui provenaient d'elle et que l'on appelait propres ou héritages; mais, sauf une plus grande liberté accordée à la volonté individuelle, ces biens n'en restaient pas moins soumis, en principe, aux règles qui dérivaient du courant général des idées. La seconde soulevait une série de polémiques : il était trop difficile d'en constater la provenance et l'identité pour qu'on pût lui faire l'application stricte et rigoureuse des règles admises en ce qui concernait les immeubles. Le principe de territorialité qui prévalait généralement et s'appliquait aux acquêts immobiliers, était d'une application douteuse en pareille matière. La grande mobilité de ces valeurs et le caractère aléatoire des circonstances en vertu desquelles chacune d'elles se trouve, au moment du décès, dans telle localité plutôt que dans telle autre, ne semblaient pas permettre de s'arrêter à la loi de leur situation pour en régler la transmission héréditaire. Il ne manqua pas, cependant, d'auteurs qui, même en cette matière, se conformèrent au principe d'une stricte territorialité du droit (1). Le système qui finit par prévaloir soumit la succession mobilière à la loi du domicile du défunt; mais on arrivait à ce résultat par deux principes bien différents. On était d'accord sur une base commune; la fortune mobilière considérée dans son ensemble, ce qui était le cas en matière de succession légale, devait apparaître comme régie par la loi du domicile, mais on se divisait quant aux motifs invoqués. Suivant les uns cette fortune mobilière n'ayant pas de siége qui lui soit propre, et ne se trouvant pas soumise à une loi spéciale, par suite de la situation, doit être considérée comme un simple attribut de

---

(1) On peut en lire une liste assez longue dans WÆCHTER, *Archiv für civilitische Praxis*, t. XXIV, p. 275 et 276, t. XXV, p. 192.

la personne et rester, par conséquent, sous l'empire des règles du statut personnel. Les autres, au contraire, ont dit : cette fortune doit être considérée comme fixée au domicile de son titulaire, parce que c'est là que se trouve le centre de la domination qui s'exerce sur elle, le point de ralliement auquel les diverses valeurs, dont elle se compose, tendent à se réunir, le principal établissement de la personne, dont elles sont en quelque sorte le vêtement juridique. Il résulte de cette théorie que c'est en vertu des règles du statut réel qu'il faut recourir à la loi du domicile [1]. C'est un problème que nous avons déjà rencontré dans notre chapitre II. Nous avons déjà dit, qu'au point de vue du droit positif des temps auxquels nous faisons allusion, la seconde explication semble préférable, comme plus conforme aux tendances générales de l'époque; mais cela ne doit influer en rien sur la solution théorique que nous cherchons.

Il résulte de ce que nous venons de dire que, sauf en ce qui concernait *la fortune mobilière*, il y avait, en quelque sorte, autant de successions que de biens d'origines ou de situations différentes. Il restait bien toujours une base commune : la famille ; mais cette base, sauf l'exception que nous avons mentionnée, se trouvait rompue et fractionnée ; parce que, dans l'influence qu'on lui accordait, on ne la considérait point en elle-même, dans son *unité* naturelle, reposant sur la personne du défunt, mais en vue de chacun des biens pris individuellement.

Ce système général de territorialité du droit, en matière de succession immobilière, pouvait se présenter à deux degrés d'intensité fort différente. On pouvait admettre que la loi de la situation doit seule être prise en considération pour déterminer quelles sont les conditions que doivent revêtir les personnes appelées à la succession de tel immeuble; c'était la règle généralement adoptée; mais on pouvait se diviser en ce qui concernait la loi à suivre pour vérifier si telle personne individuellement déterminée remplissait bien ces conditions, si, par exemple, elle était originairement légitime ou légitimée par mariage subséquent ou de quelque autre manière. Cette seconde question semblait aux uns n'être qu'une dépendance du statut personnel considéré en lui-même et devoir, par conséquent, être régie par la loi du domicile généralement admise comme règle en pareille matière ; les autres, au contraire, n'admettaient, encore ici, que la loi de la situation.

---

(1) Voir sur cette polémique STORY §§ 376 à 382, et les nombreux auteurs cités : WESTLAKE, art. 314 à 322, FIELD, art. 585, FIORE, §§ 386 et 587, BAR, p. 578, SAVIGNY, t. VIII, p. 376.

La première de ces solutions a prévalu sur le continent; la seconde est généralement adoptée en Angleterre et dans les États-Unis d'Amérique [1].

Si nous nous demandons ce qu'il faut penser de ces anciennes doctrines, voici les thèses que nous croyons pouvoir soutenir et qui nous semblent leur être généralement applicables, bien qu'à des degrés assez divers :

1° Les bases historiques sur lesquelles ces doctrines s'appuyèrent long-temps, sont actuellement renversées, ou tout au moins ébranlées, par les changements survenus dans le milieu social qui leur avait donné l'existence. En France, spécialement, la féodalité a été solennellement abolie avec un sentiment de répulsion qui, dans bien des cas, peut paraître exagéré; les principes germaniques ont dû se combiner avec les règles du droit romain : le droit de propriété s'est de nouveau concentré en mains de son titulaire actuel, et la succession héréditaire a été ramenée au principe d'unité, code civil articles 544 et 732. En Allemagne, où les anciens éléments sont restés plus librement soumis à l'influence de la doctrine, on remarque une tendance bien manifeste à revenir au principe d'unité de succession consacré par le droit romain. Ces transformations sont telles qu'on se demande si les principes de territorialité, dont le droit de chaque État tend à se dégager de plus en plus en ce qui concerne les rapports internes, reposent encore sur des motifs suffisants, lorsqu'il s'agit de rapports internationaux [2].

2° La nature des choses semble condamner les anciennes idées. Nous ne pouvons que rappeler ici les principes énoncés en tête de ce chapitre au sujet de la famille et de la succession héréditaire. Un sentiment de dignité confirme ce que nous en avons dit : c'est bien certainement aux affections et aux devoirs résultant de la famille qu'il faut s'arrêter en pareille matière plutôt qu'à la circonstance matérielle et souvent aléatoire qu'il se trouve, au moment du décès, telles ou telles valeurs dans telles ou telles localités.

Les principes du droit civil ne nous semblent pas laisser le moindre doute à cet égard. Voyons si le droit public peut conduire à des résultats diffé-rents. On invoque la souveraineté territoriale de chaque État d'où résulte, dit-on, que les immeubles situés dans chaque localité ne peuvent être régis que par la loi du pays. C'est là un fait, ou si l'on veut un pouvoir et un

---

(1) Voyez Bar, p. 381 et les nombreux auteurs cités par lui. — Savigny, t. VIII, p. 576. — Fiore, §§ 385 et 387. — Westlake, art. 90, 324 à 326. — Story, §§ 463 à 468, 483 à 483d. — Field, art. 586, 587, 591, 594 et les notes. — Foelix, n° 66.

(2) Voir sur cette polémique Laurent, t. I de cette Revue, p. 244. — Bar, §§ 107 et 108. — Savigny, t. VIII, §§ 373 et 376. — Wæchter, Archiv, t. XXV, p. 363. — Saeffner, §§ 130 à 132. — Zachariæ, Handbuch des fr. R., § 31. — Mittermaier, Privatrecht, § 32. — Fiore, § 385 et 386. — Westlake, art. 322.

droit, que nous ne saurions contester; mais il s'agit de savoir quel usage il convient de faire de ce pouvoir; or, si la nature des choses exige que la transmission des biens après décès s'opère sous l'influence des liens de la famille, et s'il en résulte la nécessité de laisser une législation étrangère prolonger ses effets sur le territoire national, c'est là une obligation à laquelle il faut savoir se conformer. On insiste en disant que chaque État a ses principes de droit public, sur la réalisation desquels les règles de la succession héréditaire exercent une grande influence. Nous tenons d'abord à le dire : nous ne sommes pas de ceux qui pensent que le droit civil doive être systématiquement subordonné aux considérations politiques; nous croyons qu'il faut se préoccuper de l'homme plus encore que du citoyen. Nous ajouterons au besoin, qu'il importe peu à cet égard que tel fonds soit la propriété de telle personne plutôt que de telle autre, (1) que si l'on se préoccupe de tendances plus ou moins démocratiques ou aristocratiques, c'est la fortune des citoyens qu'il faut prendre en considération et non celle que des étrangers peuvent acquérir sur le territoire. Il ne faut d'ailleurs pas perdre de vue que les règles internationales sont généralement d'une application réciproque, que chaque État acquiert sur le sol étranger des droits analogues à ceux qu'il concède. C'est là plus qu'une compensation, puisqu'en matière politique la fortune des citoyens a plus d'importance que celle des étrangers. Et puis, la fortune mobilière ne tend-elle pas de plus en plus à acquérir une grande importance relative? Les effets qu'on pouvait attendre d'une règle spécialement admise en matière immobilière seulement, ne doivent-ils pas être par cela même considérablement réduits (2)? Ce qui importe véritablement à la souveraineté territoriale de chaque État, c'est moins la distribution du sol que sa constitution économique, et nous avons fait à ce dernier principe de bien larges concessions dans le chapitre II de cette étude.

5° Le système que nous combattons a pour conséquence de rompre l'unité de succession toutes les fois que le défunt laisse des fonds immobiliers situés en pays différents; or, l'expérience ne prouve que trop combien sont nombreuses les difficultés qui en résultent. Il n'est pas toujours fort aisé de discerner ce qu'il faut considérer comme meuble ou comme immeuble. Cette distinction faite on se trouve en présence de graves difficultés quant aux dettes. Faudra-t-il les faire peser en entier sur la fortune mobilière, ou les répartir au moyen d'une règle de proportion? N'y en a-t-il pas que la

(1) MITTERMAIER, *Zeitschrift für Rechtswissenschaft des Auslandes*, t XI, p 272.
(2) WAECHTER, *Archiv*, t XXV, p. 198.

nature des choses doit faire porter en déduction de telle ou telle valeur particulière? Que décider, à cet égard, en ce qui concerne les diverses espèces de rentes, les sommes dues pour prix non payé ou garanties par hypothèque ou nantissement? Tout cela se complique de conflits de compétence tant législative que judiciaire, et du défaut d'unité qui ne permet pas toujours de découvrir un point central pouvant servir de base à une direction générale.

Les considérations auxquelles nous venons de nous livrer font ressortir la haute importance qu'il faut reconnaître aux dispositions du nouveau Code italien. Cet acte législatif nous semble avoir réalisé un double progrès : il a renoncé au principe de territorialité en ce qui concerne la transmission des immeubles après décès ; et ce n'est plus la loi du domicile mais celle de la nationalité qui sert de règle à cet égard ; la famille et la dévolution des biens se trouvent ainsi soumises à une seule et même législation. Le titre préliminaire porte, article 6 : « L'état et la capacité des per- » sonnes et les rapports de la famille sont réglés par les lois de la nation à » laquelle ces personnes appartiennent » et article 8 : « Les successions » légitimes ou testamentaires, soit pour l'ordre de la succession, soit pour » la détermination des droits successifs et la validité intrinsèque des dispo- » sitions, sont réglées par la loi nationale de la personne dont la succession » est en question, quelle que soit la nature des biens, et quel que soit le » pays où ces biens se trouvent. » Le principe d'unité a été consacré par l'article 722 : « Pour régler la succession, la loi considère la proximité » de la parenté ; elle n'a égard à la prérogative de la ligne et à l'origine des » biens que de la manière et dans les cas par elle-même expressément » établis (1). »

II. Les donations et les testaments sont des actes de volonté individuelle qui doivent, par cela même, se compliquer de questions de forme et de questions de capacité. Nous n'avons pas à revenir sur ce que nous avons dit au sujet des formes externes dans le chapitre que nous leur avons spé- cialement consacré. Il y a là de puissantes nécessités pratiques par lesquelles la règle *Locus regit actum* semble s'imposer impérativement. Les formes internes se rapportent, ainsi que nous l'avons déjà vu, au mode d'après lequel la volonté doit s'exercer pour ressortir tous ses effets. Nous avons dit que ces formes doivent généralement être régies par la loi du lieu où l'acte est intervenu; parce que les parties se trouvaient spécialement placées sous la protection de cette loi quand le droit a dû se former. Nous avons ajouté

(1) Traduction GANDOLFI. — Voir FIORE, §§ 347 à 396 et ESPERSON, *Principio di Nazionalità applicato alle Relazioni civili* : ouvrage dont il a été rendu compte dans cette *Revue*, t. I, p. 461.

que cette règle doit subir exception quand il s'agit d'une matière soumise, par la nature des choses, à une législation bien déterminée et nous avons cité comme exemple les actes de volonté se rapportant à l'état civil. Faut-il, admettre une pareille exception pour la forme interne des donations et des testaments? Nous croyons convenable de faire rentrer cette question dans l'étude de quelques règles générales se rapportant à ce genre d'actes, non-seulement quant à la difficulté spéciale qui nous préoccupe dans ce moment, mais encore quant à ce qui se rapporte à la capacité personnelle, à la quotité disponible et autres conditions ou restrictions imposées à la volonté individuelle, de même qu'à l'obligation de réintégrer ou d'imputer dans le partage les valeurs reçues.

Nous l'avons déjà dit : les donations et les testaments se trouvent nécessairement dans la dépendance de la loi qui règle la succession légale; cette loi est seule compétente pour indiquer dans quelles limites et à quelles conditions la volonté individuelle peut déroger aux règles générales ; mais ce n'est là qu'un principe dirigeant dont l'application est plus ou moins controversée dans certains cas.

La question ne semble pas douteuse en ce qui concerne le testament: cet acte est fait en vue de la mort; il est révocable jusqu'au dernier moment et a directement pour but de modifier les règles ordinaires de la succession ; il paraît manifeste qu'il ne peut ressortir ses effets que dans les limites et aux conditions fixées par ces règles.

On hésite quand il s'agit de donations : celles-ci diffèrent, à ce qu'on dit généralement, des testaments en ce qu'elles confèrent des droits non révocables et définitivement acquis : « La donation entre-vifs, dit l'article 894 du » code civil français, est un acte par lequel le donateur se dépouille actuel- » lement et irrévocablement de la chose donnée, en faveur du donataire qui » l'accepte. » Il y a là une sorte de contrat qui paraît lier définitivement les parties intéressées; mais qu'en est-il de la loi? celle-ci se trouve-t-elle également engagée d'une manière définitive à reconnaître et à maintenir les conséquences de cet acte ? Graves questions que provoque la diversité des lois, soit dans le temps soit dans l'espace. Ce dernier genre de diversité doit principalement nous occuper ici, parce qu'il rentre seul dans notre sujet. La législation qui doit régler la succession n'est définitivement fixée qu'au moment du décès. Quant aux immeubles on s'arrête généralement à la loi qui est en vigueur dans ce moment au lieu de la situation. S'il s'agit, au contraire, de valeurs mobilières, deux systèmes sont en présence : l'un s'arrête à la loi du domicile, c'est celui qui l'emporte de beaucoup; l'autre préfère recourir à la loi de la nationalité, c'est celui que nous croyons devoir adopter tant pour les immeubles que pour les meubles. Ces deux systèmes, le premier surtout, s'appuient sur une base plus ou moins mobile : comment peuvent-ils se concilier avec l'irrévocabilité des donations? Adoptera-t-on la loi qui serait applicable si la succession se fût ouverte au moment où l'acte est intervenu? Mais une telle fiction ne serait-elle pas trop contraire à la vérité? N'aurait-elle pas pour conséquence de frapper la loi d'une trop grande incapacité? Ne semble-t-il pas résulter de la nature des choses que la donation n'est irrévocable et définitive qu'en ce qui a trait à la volonté individuelle; que les effets doivent en être provisoires en ce qui concerne ses rapports directs avec la succession légale, aussi longtemps que ces rapports n'ont pas été fixés par le décès? Cela ne veut pas dire, cependant, que la loi ne doive jamais avoir égard, soit à la possession, soit à de légitimes expectatives. Mais s'il est facile de tenir compte de pareilles considérations dans les dispositions transitoires destinées à régler la transition du droit ancien au droit nouveau; si l'on peut même admettre en principe que, dans le doute, les droits acquis sous l'ancienne législation doivent être maintenus, la question semble plus difficile quand elle naît d'un changement de domicile ou de nationalité rendant une autre loi compétente.

Il y aurait peut-être quelques distinctions à faire. La capacité personnelle semble ne pas pouvoir être tenue en suspens jusqu'à l'ouverture de la succession, quand il s'agit d'actes entre-vifs qui supposent, ainsi que nous l'avons dit, que la volonté des parties se trouve définitivement engagée en ce qui la concerne individuellement. L'obligation de rapporter ou d'imputer, dans l'acte de partage, les valeurs qu'on a reçues paraît facile à justifier en tant que condition imposée au droit de succéder; il n'y a pas là un véritable effet rétroactif, aussi longtemps qu'il n'y a pas nécessité absolue de rapporter même dans le cas où on renoncerait à la succession. C'est là une sorte de condition mise au droit d'hériter; le moment où ce droit s'ouvre semble être l'époque désignée par la nature des choses pour imposer une telle condition. L'obligation de restituer les sommes dépassant la quotité disponible soulève de plus grandes difficultés. Cette quotité ne pourra être matériellement déterminée, qu'en faisant la masse des biens délaissés par le défunt et en y réunissant fictivement les valeurs qui auraient été l'objet de donations entre-vifs. C'est là une règle qui s'impose impérativement et qui a nécessairement pour conséquence une plus ou moins grande incertitude en ce qui concerne les effets définitifs de toute donation. Mais ne pourrait-on pas admettre tout au moins, que le chiffre abstrait de cette quotité, le taux

auquel elle doit s'élever, doit être fixé par la loi qui était en vigueur au
moment où l'acte est intervenu ? Cela peut se dire et s'expliquer facilement
quand il s'agit de changements qui s'opèrent dans une seule et même législation locale ; mais il semble qu'il y ait plus de doute quand l'incertitude
porte sur la nationalité de la loi qui devra régir la succession, nationalité
dont le changement peut dépendre, soit de circonstances politiques, soit de
la volonté individuelle du donateur. Il semble cependant qu'on peut s'arrêter à la loi qui, au moment où l'acte intervient, paraît devoir être celle
qui devra régir la succession ; c'est-à-dire, suivant le système que nous
avons adopté, celle de la nationalité actuelle du donateur. Il n'est pas
nécessaire de supposer que la succession s'est ouverte au moment de la
donation, ce qui conduirait à considérer comme morte une personne
vivante ; on se propose seulement de rechercher sur quoi les parties intéressées ont cru pouvoir compter. Nous serions tenté de proposer une nouvelle distinction : s'agit-il d'apprécier la capacité personnelle des parties,
c'est la loi nationale de chacune d'elles au moment où l'acte est intervenu,
qui doit servir de règle ; il faut s'arrêter à celle du donateur, quant au
chiffre abstrait de la quotité disponible ; mais seulement dans les cas
où l'acte revêtirait, en quelque mesure, un caractère synallagmatique.
Nous considèrerions comme telles les donations faites dans un contrat de
mariage. Pareils actes de libéralité influent généralement d'une manière
plus ou moins puissante sur la conclusion de l'alliance, en fournissant des
ressources bien souvent nécessaires ; il est, par conséquent, indispensable de les entourer d'une grande sécurité. Hors ces exceptions, nous
laisserions la loi de la nationalité du donateur au moment de sa mort
déployer tous ses effets. Nous faisons observer, au besoin, que ces conflits
de législations se présenteront beaucoup plus rarement dans le système
que nous croyons devoir suivre que dans celui qui s'arrête au domicile.

III. L'hypothèque légale de la femme mariée, du mineur ou de l'interdit,
et l'usufruit légal du père ou de la mère présentent certains traits communs
qui permettent de les soumettre à une seule et même étude. Les questions
qui s'y rapportent se compliquent souvent d'une difficulté que nous pouvons
écarter : ayant admis un principe d'égalité entre les nationaux et les étrangers, il nous reste seulement à rechercher par quelle loi chacun doit être
régi. Nous n'avons pas besoin de rappeler que nous avons voulu nous
placer avant tout sur le terrain d'une doctrine spéculative et faire plus ou
moins abstraction du droit positif. Il n'y a peut-être pas de matière où les
deux courants d'idées qui se disputent le champ du droit international privé

soient plus directement en conflit, et semblent lutter avec des forces plus égales, que dans ce qui se rapporte aux sujets que nous venons de mentionner.

D'une part, il s'agit bien ici de véritables droits de famille : c'est par
suite de la dépendance plus ou moins complète dans laquelle se trouvent
les femmes mariées, les mineurs et les interdits qu'on a généralement
recouru à une garantie spéciale en ce qui les concerne. Cette garantie doit
nécessairement se modeler sur les droits et sur l'influence du mari ou du
tuteur. Elle doit, autant que possible, suivre les phases diverses auxquelles
se trouvent soumis leur pouvoir et leur responsabilité. Il serait, par conséquent, bien difficile de la séparer des dispositions de fond dont elle est, en
quelque sorte, l'accessoire et la contre-partie. L'usufruit légal provoque des
considérations analogues, soit qu'on y voie une sorte de compensation des
obligations et de la responsabilité qui sont imposées au père et à la mère,
soit qu'il y ait là un moyen de sauvegarder, autant que possible, l'autorité
de ces derniers et de simplifier le compte qu'ils auront à rendre.

D'autre part, ces droits peuvent apporter une perturbation plus ou moins
profonde dans le régime économique généralement admis sur le territoire.
Il semble, en conséquence, que toute influence d'une législation étrangère
devrait être rigoureusement repoussée.

On pourrait être tenté d'ajouter que chaque souveraineté a le devoir de
veiller à ce que, sur son territoire, les personnes incapables soient entou-
rées des garanties qui leur sont dues, et l'autorité paternelle revêtue des
avantages qui semblent nécessaires pour qu'elle soit respectée et suffisamment indemnisée de ses charges et de sa responsabilité; mais on se trouverait en face du grand problème, auquel reviennent, en définitive, toutes
les questions du droit international privé : n'y a-t-il pas, à cet égard, une
loi naturellement plus compétente que les autres et que ces dernières doivent
reconnaître comme telle?

Trois systèmes principaux sont en présence : le premier s'arrête à la loi
désignée par le statut personnel, le second à celle qui résulte du statut réel.
le troisième ne reconnaît ces droits qu'autant que les deux statuts s'accordent.
D'après ce que nous avons dit, nous devons faire prédominer le statut personnel, sauf, bien entendu, pour chaque État, le droit et l'obligation d'exiger
sur son territoire toutes les mesures de publicité et de spécialité qui peuvent
être jugées nécessaires pour la sécurité générale.

Il s'élève ici quelques questions accessoires qui peuvent ne pas être les
mêmes pour les divers droits qui nous occupent.

Nous avons vu que le régime, auquel les biens des époux sont soumis.

doit généralement être fixé par la loi de la nationalité du mari au moment de la célébration ; cette loi devra exercer une influence permanente sur l'hypothèque légale de la femme. Ce n'est pas que nous admettions, à cet égard, l'hypothèse d'une convention tacite ; cette hypothèse serait d'autant moins acceptable qu'il s'agit d'un droit généralement considéré comme soustrait à la libre disposition des parties intéressées ; mais l'hypothèque doit nécessairement recevoir l'influence des règles qui régissent, quant au fond, la fortune respective des époux.

Le tuteur et le mineur peuvent être de nationalités différentes et l'on se demande à laquelle il faut s'arrêter de préférence : nous pensons que ce doit être à celle du dernier. Nous l'avons déjà dit, le mineur est le centre et la base du grand organisme qu'on appelle la tutelle, son domicile et sa nationalité se transmettent à cette nouvelle personne morale qui le représente, et dont le tuteur fait partie.

Des questions analogues peuvent se présenter en ce qui concerne l'usufruit légal ; c'est ce qui a lieu, par exemple, quand la mère recouvre la nationalité originelle que son mariage lui avait fait perdre. Nous croyons que, dans ce cas, il faudrait s'arrêter à celle des lois dont l'application serait le plus favorable au mineur. C'est ce que semble exiger la faveur particulière due à ce dernier, et ce que réclament d'ailleurs les principes généraux en matière de charges et d'obligations : il faut, dans le doute, s'arrêter à ce qui est le moins onéreux pour le débiteur.

Nous ne croyons pas devoir aborder les difficultés que peut soulever un changement qui surviendrait en ce qui concerne la loi compétente pour régir ces droits. Ce sont là des problèmes qui se rapportent aux questions transitoires tout aussi bien qu'aux conflits de droit international privé. Nous pouvons ajouter que la solution de ces problèmes dépend, le plus souvent, de l'organisation interne que chaque loi donne à ces droits. Elle peut en rattacher les différentes manifestations à une époque normale, à laquelle il faut remonter pour chacune d'elles, quel que soit le moment où elle s'est réalisée, ou s'arrêter, pour chacune, au jour où le fait qui lui donne existence, a eu lieu. L'article 2135 du code civil français nous fournit un exemple de combinaison de ces deux systèmes : l'hypothèque légale du mineur remonte, dans tous les cas, à l'acceptation de la tutelle ; celle de la femme remonte au jour du mariage pour raison de la dot et des conventions matrimoniales, sauf une série de cas où il faut s'arrêter à l'époque à laquelle le droit spécial et positif a pris naissance, l'hypothèque n'existant que du moment où la responsabilité du mari a été réellement engagée.

Chapitre X. — *De la patrie.*

C'est là un sujet qui appartient au droit public beaucoup plus qu'au droit privé. La grande importance que nous avons donnée à la nationalité nous oblige à nous y arrêter quelque peu ; mais nous sommes d'autant plus tenu de nous restreindre au strict nécessaire qu'il s'agit d'une matière qui a été plusieurs fois traitée dans cette Revue (1). Le point de vue purement théorique, auquel nous nous sommes placé, nous permet d'ailleurs de nous contenter de l'exposition de quelques idées générales.

Un principe bien simple paraît dominer toute cette doctrine : chacun doit avoir une patrie et n'en avoir qu'une seule. Nés faibles, nécessiteux et sociables, nous éprouvons tous le besoin de rattacher notre existence à une puissance supérieure, qui nous garantisse une vie commune, nous assure, sur le territoire national, un lieu de refuge toujours ouvert, et nous suive avec sollicitude à l'étranger pour nous y couvrir au besoin de sa protection. Mais c'est là un rapport qui crée tout un ensemble de droits et d'obligations réciproques, et avec lequel la vie de chacun doit s'identifier dans une large mesure ; ce qui rend l'unité nécessaire pour éviter de nombreux conflits, non-seulement d'État à État et de particulier à État, mais encore de particulier à particulier.

Le droit positif laisse malheureusement beaucoup à désirer, au double point de vue que nous avons signalé. On ne procède pas avec assez d'ensemble : chaque État consacre les principes qu'il lui paraît convenable d'adopter, sans se préoccuper de ce qui se fait à l'étranger ; il doit nécessairement en résulter de nombreux conflits et un grand désordre.

Ce n'est pas tout : à cette source de perturbation vient s'en ajouter une autre qui, pour être indirecte et moins manifeste, n'en produit pas des effets moins regrettables. On ne se contente pas de laisser l'incertitude et la confusion s'introduire dans la nationalité considérée en elle-même ; on accorde au domicile des effets que nous avons déjà bien souvent signalés comme exagérés, et qui en font un diminutif de la patrie, une sorte de patrie civile tout au moins, qui, plus mobile et plus incertaine que l'autre, vient lui disputer et souvent partager avec elle l'action qu'elle doit exercer sur la vie.

(1) V. t. I, p. 102 et t. III, p. 601, article de M. Westlake; t. II, p. 107 et t. III, p. 91; article de M. Bluntschli. — Voyez encore Bar, §§ 30 et 31. — Savigny, t. VIII, § 359. — Story, §§ 48 à 49 — Fiore, c. 2 et 3.

Nous avons eu déjà bien souvent l'occasion de nous occuper du domicile ; c'est un sujet sur lequel nous ne devons pas revenir. Ce que nous en avons dit peut se résumer en deux propositions : il convient de diminuer l'influence que l'on accorde encore assez généralement à ce rapport de droit et de le soumettre, autant que possible, à une doctrine commune, capable d'y introduire quelque unité. On pourrait d'ailleurs, bien souvent, lui faire l'application de ce que nous allons dire de la nationalité.

C'est au moment où une nationalité s'acquiert ou se transmet, et à celui où elle se perd, que l'on voit se réaliser les fausses positions que nous avons signalées ; il y a, par conséquent, deux points sur lesquels l'attention du législateur doit se diriger plus particulièrement.

Nous ferons abstraction des cas extraordinaires où c'est par cession ou par simple annexion de territoire qu'il s'opère un changement de nationalité ; parce que la question s'y trouve nécessairement réglée par un traité, ou, tout au moins, par une déclaration unilatérale, qui réglemente le mode d'après lequel cette transformation doit s'opérer ; nous ne voulons nous occuper ici que de ce qui doit arriver dans les circonstances ordinaires.

Il peut y avoir trois modes de transmission ou d'acquisition de nationalité : 1° l'origine réelle ou fictive résultant de filiation légitime, naturelle ou adoptive ; 2° la naissance sur tel territoire ; 3° la naturalisation. Les nationalités multiples proviennent de ce qu'on ne s'entend pas pour adopter à cet égard un principe commun qui puisse conduire à l'harmonie si désirable en parcille matière.

La règle à suivre paraît bien simple en ce qui concerne les naturalisations : chaque État ne doit adopter que les nouveaux ressortissants, qui justifient devoir être complètement dégagés des liens qui les rattachaient à leur ancienne patrie. C'est là une règle d'une application facile, parce qu'elle peut être suivie en tout pays individuellement, sans convention diplomatique.

Il n'en est pas de même de l'action combinée des deux autres modes de transmission ou d'acquisition de nationalité, parce qu'il faut faire un choix entre deux principes, dont l'action simultanée doit nécessairement conduire au désordre.

Chacun de ces principes repose sur un des éléments que nous avons souvent rencontrés dans le cours de ces études : la personnalité et la territorialité du droit. Ils ont triomphé ou succombé, tour à tour, suivant que les circonstances générales leur étaient propices ou défavorables ; mais nous ne pouvons nous empêcher de penser que la pure théorie doit se prononcer pour le premier. Tout ce que nous avons dit jusqu'ici vient à l'appui de cette thèse.

Nous n'hésitons pas à admettre que, sauf les cas exceptionnels de cession ou d'annexion de territoire, aucun changement ne doit s'opérer dans la nationalité que par l'effet de la libre volonté de la personne intéressée. Le grand orateur romain avait raison de s'écrier : *O jura præclara atque divinitus jam inde a principio Romani nominis a majoribus nostris comparata, ne quis invitus civitate mutetur, neve in civitate maneat invitus* [1] ; mais ce ne peut être là qu'un principe dirigeant, dont l'application doit être entourée d'un certain nombre de garanties.

Toute abdication pure et simple de nationalité, sans acquisition nouvelle, doit être prohibée d'une manière absolue comme contraire à l'ordre général.

Le principe de liberté doit faire considérer toute acquisition volontaire d'une nouvelle patrie comme une renonciation suffisante à l'ancienne.

Les États doivent s'interdire, dans un intérêt réciproque, de prononcer contre leurs ressortissants une privation de nationalité qui ne correspondrait pas avec l'acquisition d'une autre.

Toute facilité donnée aux personnes sans patrie pour en acquérir une, doit être considérée comme un bénéfice international. Il serait à désirer qu'il intervînt des conventions diplomatiques, destinées à conduire à ce résultat, en imposant au besoin des obligations aux États qui, par leur faute, auraient contribué à produire la position, à laquelle il est nécessaire de porter remède.

Il faudrait s'entendre sur la nationalité de la femme. La nature des choses semble exiger impérieusement que cette nationalité se confonde avec celle du mari et subisse les mêmes transformations. Si le lien conjugal est rompu, la femme doit pouvoir récupérer son ancienne patrie, sans être soumise aux conditions exigées pour en acquérir une nouvelle. Aussi longtemps que des traités diplomatiques n'auront pas réglementé cette matière on verra se produire les résultats que nous avons signalés comme fâcheux : il pourra se présenter des cas où il y aura double nationalité ou absence de nationalité. Il est convenable de rechercher, en l'absence de tout traité, laquelle des lois en conflit doit l'emporter. La nature des choses et ce que nous avons dit précédemment semble désigner comme telle la loi personnelle du mari ; c'est à cette loi qu'il faut s'arrêter. La femme

(1) Cicero pro Balbo, ch. 13.

qui épouse un étranger ne doit être privée de son ancienne patrie par sa loi
nationale, que dans les cas où le droit en vigueur dans le pays auquel appartient son époux l'adopte comme devant participer à l'état civil et politique
de ce dernier ; et, si le mariage produit un tel effet, il doit avoir pour conséquence de rompre les anciens liens de sujétion. Quant au droit de récupérer
l'ancienne nationalité, c'est à l'État dont celle-ci dépend qu'il incombe de
statuer : la femme doit conserver sa seconde patrie aussi longtemps qu'elle
ne récupère pas la première ; et, si elle prend ce dernier parti, elle doit
être dégagée de ses liens antérieurs.

Bien qu'elle soulève de plus grandes difficultés, l'adoption n'est pas sans
analogie avec le mariage, dans les cas où elle doit conférer une nationalité nouvelle. En supposant résolues les questions se rapportant à la possibilité et à la validité d'un pareil acte entre personnes ressortissant à des
souverainetés différentes, il paraît certain que c'est principalement à la loi
personnelle de l'adoptant qu'il faut s'arrêter en ce qui concerne la nationalité de l'adopté. Les précautions que nous venons d'indiquer sont nécessaires pour éviter le désordre.

La reconnaissance des enfants naturels soulève des questions analogues.
Elle se complique d'une difficulté spéciale quand elle émane d'un père et
d'une mère qui appartiennent à des nationalités différentes, ce qui produit
un conflit entre les lois de trois souverainetés, si l'on suppose que l'enfant
qu'il s'agit de reconnaître a déjà lui-même un état politique distinct de
celui de ses parents. Il faut commencer par prendre un parti en ce qui concerne le père et la mère, pour adopter ensuite comme base commune celle
des lois en présence qui sera reconnue la plus compétente, et procéder de
la manière indiquée en ce qui concerne le mariage. L'influence du droit
romain a longtemps fait prévaloir l'idée que c'est la nationalité de la mère
qui doit l'emporter ; mais le système contraire compte de nombreux partisans. Il s'appuie sur de très solides considérations et s'étend de plus en plus.
Le droit romain reposait, en partie, sur des considérations qui lui étaient
plus ou moins spéciales.

Quelle que puisse être l'efficacité des mesures à prendre dans le but
d'éviter que certaines personnes n'aient pas de patrie ou en aient plusieurs,
il n'en sera pas moins bien longtemps nécessaire de prévoir ce fait, et de
rechercher par quelles règles il serait possible d'en atténuer les conséquences.

Quant aux personnes sans patrie, il faut, tout en leur facilitant, comme
nous l'avons dit, les moyens d'en acquérir une, régler provisoirement leur

position. On ne peut pas les laisser en dehors de l'application des lois et l'on se trouve ainsi conduit à reconnaître, en ce qui les concerne, au domicile et même, s'il le faut, à la simple résidence, les effets généralement accordés à la nationalité. Cette règle nous semble s'imposer assez impérativement en matière civile. La même nécessité ne paraît pas exister en ce qui concerne les droits politiques proprement dits.

Bien des controverses se sont élevées au sujet des nationalités multiples [1]. On doit, suivant les uns, s'arrêter à la nationalité la plus ancienne, à la plus récente suivant les autres. S'il fallait absolument choisir entre ces deux solutions, nous préférerions la seconde, parce que l'acquisition d'une nouvelle patrie semble assez généralement indiquer l'intention d'abandonner l'ancienne. Une pareille supposition pourrait, cependant, être, dans bien des cas, contraire à la vérité ; ce qui aurait lieu, par exemple, s'il s'agissait d'une nationalité d'honneur, ou si elle n'avait été acquise que dans le but d'entrer dans telle école, d'obtenir quelques facilités en vue d'un établissement industriel ou commercial, de devenir propriétaire d'immeuble dans telle localité. Nous croyons pouvoir le dire : il est rare que les circonstances ne permettent pas de reconnaître laquelle de ces nationalités multiples doit être considérée comme la principale. Il se peut même que l'on doive recourir, comme motif de décision, soit au domicile, soit même à la simple résidence que la personne occupait au moment où se réalisait tel fait juridique. La nature particulière de ce fait peut aussi ne pas être sans importance s'il s'agit d'une nationalité acquise en vue d'un but particulier seulement. Nous croyons pouvoir citer comme exemple les actes se rapportant à l'exercice d'une industrie pour la création ou pour l'exploitation de laquelle une nationalité aurait été acquise : il semble naturel de soumettre ces actes aux lois en vigueur dans cette localité. Il en serait de même d'une nationalité acquise en vue de fonds immobiliers.

CHAPITRE XI. — *De la compétence judiciaire et de l'effet des jugements* [2].

Le droit n'arrive à sa réalisation complète qu'en passant par une série de phases, qu'il n'est pas inutile de rappeler sommairement :

D'abord réduit à l'état de formule plus ou moins abstraite et générale

---

(1) BAR § 30.

(2) Voyez BAR, §§ 119 à 122, 125 à 127. — STORY, Ch. 14 et 15 — WESTLAKE, Ch. 12. — ASSER, dans cette Revue, t. 1, p. 82, 408, 473 et tome 2, p. 16, et la loi de la confédération allemande du 5 ju.n 1869, (Gesetz betreffend die Gewärung der Rechtshülfe).

dans la coutume ou dans la loi, il s'individualise et s'incarne, pour ainsi dire, dans les personnes par l'action des faits juridiques : il revêt, de la sorte, une existence concrète et déterminée sous la forme d'un pouvoir à exercer par les uns, à respecter par les autres.

Si les parties intéressées s'y conforment volontairement, il s'éteint par la satisfaction qui lui est donnée, par consommation, suivant une expression souvent employée.

Mais, s'il provoque le doute ou la résistance, ou s'il y a seulement inertie ou impuissance de la part de la personne qui doit s'y conformer, l'autorité publique doit intervenir. Il faut d'abord un jugement, œuvre d'intelligence par laquelle les conséquences qui doivent ressortir de l'action combinée des faits et de la coutume ou de la loi sont énoncées en une formule spéciale et concrète. S'il n'est pas satisfait volontairement à cette troisième manifestation du droit, une nouvelle intervention devient nécessaire : la force publique doit mettre la sentence à exécution.

Il se peut aussi que, sans qu'il y ait contestation, inertie ou impuissance de l'une des parties, il faille recourir à l'autorité publique, soit pour constater simplement un fait, ce qui arrive, par exemple, lorsque le juge de paix reçoit la déclaration de personnes dont l'une veut adopter l'autre (code civil français article 353), soit en vue de faire vérifier si les conditions et les formalités exigées pour tel acte ont bien été réalisées, ce qui arrive, par exemple, lorsque le tribunal prononce, aux termes de l'article 356 du même code, qu'il y a lieu ou qu'il n'y a pas lieu à adoption, soit pour faire statuer sur une question de convenance au sujet de laquelle il n'y a pas litige, ce qui a lieu, par exemple, lorsque le tribunal homologue une transaction dans laquelle un mineur se trouve intéressé (article 467 du même code).

Nous ne nous sommes occupé jusqu'ici que des deux premières de ces manifestations du droit, nous devons aborder maintenant les trois dernières. On les désigne généralement sous le nom de juridiction contentieuse dans les deux premiers cas, volontaire ou gracieuse dans le troisième.

Le premier acte de la juridiction contentieuse, celui qui consiste à fixer le droit que l'une des parties prétend exercer contre l'autre, est, bien certainement, un des plus graves attributs de l'État. Deux genres de règles doivent y recevoir leur application. Il faut créer un ensemble de fonctionnaires dont l'action combinée a pour but de conduire à la décision recherchée ; c'est ce qu'on appelle l'organisation judiciaire. Il faut tracer les formes qui devront être suivies soit par ces fonctionnaires, soit par les personnes qui recourent à leur action ; c'est ce qu'on appelle la procédure.

Il est clair que c'est à la législation de chaque pays qu'il appartient de fixer ces règles pour toutes les actions judiciaires qui doivent se démener sur son territoire; .mais quelle sera la compétence de ce grand mécanisme ainsi créé et mis en mouvement?

Les considérations auxquelles on recourt généralement pour déterminer la compétence de chacun des tribunaux qui fonctionnent sur le territoire d'une seule et même souveraineté se présentent sous deux aspects fort différents. Les unes s'appuient sur les nécessités d'une bonne administration de la justice : elles sont d'ordre public, et l'on qualifie la juridiction qui en dérive en disant qu'elle existe à raison de la matière. Les autres n'ont trait qu'à l'intérêt particulier des personnes directement engagées dans le procès : elles conduisent à admettre une compétence généralement désignée comme existant à raison des personnes. L'observation des règles auxquelles elle est soumise ne s'impose pas avec la même rigueur : l'intérêt personnel peut généralement renoncer à se prévaloir des dispositions admises en sa faveur.

Cet intérêt est bien certainement en jeu dans les questions de compétence internationale. Il semble même s'y trouver à son maximum d'intensité : ce n'est pas seulement de savoir s'il faudra plaider dans telle ou telle localité plus ou moins à portée qu'il s'agit; c'est de la nationalité des juges et de tout un ensemble de lois d'organisation et de procédure qui doivent nécessairement exercer une grande influence sur la fixation du droit; mais qu'en est-il des exigences d'une bonne administration de la justice et des considérations d'ordre public? Nous avons vu qu'il existe une compétence législative, que chaque question doit ressortir à la législation d'un pays plutôt qu'à celle d'un autre. Il semble naturel d'en faire dériver une compétence judiciaire : les tribunaux de chaque souveraineté sont bien certainement mieux placés que tous autres, pour connaître leur droit national et pour en faire une impartiale application. Il faut le reconnaître cependant : quelque spécieuse que puisse être cette idée, il serait difficile de la réaliser d'une manière absolue. D'insurmontables obstacles viennent le plus souvent s'y opposer dans la pratique.

Le droit concret soumis à l'appréciation des tribunaux est, presque toujours, le résultat complexe d'éléments divers dont chacun peut ressortir à une loi spéciale : capacité juridique des personnes, formes internes ou externes des actes, interprétation légale, accord ou désaccord avec les dispositions d'ordre public. Chaque procès doit nécessairement être décomposé dans ses éléments, et chacun de ceux-ci recevoir une solution conforme à la règle qui le régit; mais, que de complications n'éprouverait-on pas s'il fallait renvoyer à un tribunal spécial toutes ces questions partielles dont la solution doit concourir à la décision générale et définitive? L'action de ces *tribunaux* divers ne saurait, d'ailleurs, être égale : il est nécessaire qu'il y eu ait un qui soit chargé du rôle principal : celui qui devrait faire l'analyse de la cause, distinguer et préciser les éléments divers dont elle se compose, déterminer les rapports respectifs de ces éléments et l'importance de chacun d'eux en ce qui concerne la solution recherchée. Il semble, en conséquence, qu'il doive toujours se présenter là une question de compétence supérieure dont la solution se trouve peut-être dans la nature spéciale du procès. Ne pourrait-on pas dire que, dans certains cas tout au moins, le droit contesté doit, par sa nature même, indépendamment des éléments divers qui ont pu concourir à sa formation, ressortir à la juridiction d'un pays plutôt qu'à celle des autres?

Les questions d'état et de capacité personnelle, les instances eu partage *de succession* et les contestations en matière immobilière sont assez généralement citées comme devant justifier une réponse affirmative. Ce sont là des problèmes fort complexes dont la solution précise et détaillée réclamerait une analyse approfondie de la nature spéciale de ces questions et des circonstances assez diverses qui peuvent les provoquer. Ne pouvant nous *engager* dans un pareil travail où le droit positif devrait être pris en considération dans une large mesure, nous devons nous contenter d'exposer quelques principes dirigeants qui semblent être dans la nature des choses.

Nous avons déjà vu, dans le chapitre premier de ce travail, que, suivant une doctrine généralement admise sur le continent, l'état et la capacité de *chaque* personne doivent ressortir à une seule et même loi, celle du domicile suivant les uns et celle de la nationalité suivant les autres. Cette doctrine s'appuie sur la nécessité de conserver à chaque personne l'unité et l'identité qui semblent être un de ses caractères essentiels; elle conduit nécessairement à se demander s'il ne faut pas aller plus loin, et admettre *que ce n'est* pas seulement à la loi mais encore aux tribunaux du domicile ou de la nationalité qu'il convient de recourir en pareille matière. Il faut répondre affirmativement, si l'on veut s'assurer les moyens d'atteindre, avec quelque certitude, le but proposé. Il serait, dans bien des cas, insuffisant de s'arrêter à une seule et même loi, si l'on s'exposait à soumettre *cette* loi à l'interprétation successive des tribunaux appartenant à des nationalités différentes. Ne semble-t-il pas nécessaire d'ajouter aux garanties résultant de l'unité de législation celles qui doivent dériver de l'unité de juridiction ?

La question, ainsi posée en termes généraux, ne semble pas douteuse : il faut répondre affirmativement; mais on se demande s'il n'y a pas lieu de faire quelques distinctions.

Les contestations qui peuvent s'élever au sujet de l'état et de la capacité des personnes se présentent sous des aspects assez différents, qui semblent pouvoir se ramener à trois chefs :

1° Elles ont pour objet une modification réclamée en ce qui touche l'état ou la capacité d'une ou plusieurs personnes ; c'est ce qui a lieu, par exemple, dans les instances en divorce ou en interdiction.

2° Elles tendent, directement et comme question principale, à faire déclarer l'existence ou la non-existence juridique de tel état; telles sont, par exemple, certaines instances en désaveu d'enfant, en nullité ou en validité de mariage.

3° Elles soulèvent de telles questions, mais seulement comme moyen d'arriver à tel ou tel résultat qui forme l'objet principal du procès; telles sont, par exemple, les contestations d'état qui s'élèvent au sujet d'une succession.

La compétence que nous avons proposée ne s'applique pas avec la même évidence à chacune des trois catégories que nous venons d'énoncer.

On ne doit pas hésiter à l'admettre en ce qui concerne la première. La nature spéciale des jugements qui interviennent en pareille matière, jugements qui sont, en quelque sorte, créateurs d'un droit nouveau, tant pour les tiers que pour les parties en cause, réclame tout particulièrement l'appui d'une base inébranlable, qui semble ne pouvoir se trouver que dans la compétence exclusive des magistrats de la nationalité. Les considérations que nous avons énoncées en ce qui concerne la loi, se représentent avec une force à peu près égale au sujet des tribunaux.

Il peut s'élever plus de doute à l'égard de notre seconde catégorie. La solution peut dépendre des idées que l'on se forme sur les effets qu'il convient de donner à ce genre de jugements. Si ces effets doivent être absolus et opposables envers et contre tous, l'on voit, bien certainement, se reproduire, ici, la nécessité de la même compétence exclusive. Que si, au contraire, craignant de donner trop d'extension à l'autorité de la chose jugée, on croit que ces effets ne doivent avoir lieu qu'entre les parties en cause, cette nécessité ne se présente pas au même degré. Nous croyons, cependant, qu'il n'y a pas lieu d'adopter une autre solution. Ces jugements tranchent définitivement entre les parties une question de principe dont l'influence peut ne pas se borner à une seule contestation. Ils réagissent indirectement sur les tiers. Ce sont là, suivant nous, des motifs suffisants pour les faire ressortir à une juridiction exclusive.

Quant aux questions d'état et de capacité, qui ne sont soulevées que comme moyens préjudiciels, nous inclinons fortement à penser qu'elles doivent rester soumises aux règles ordinaires de compétence. Il ne pourrait en être autrement qu'en les renvoyant à la juridiction spéciale qui devrait en connaître, ce qui aurait l'inconvénient de compliquer les procès, les lenteurs et les frais pour un intérêt souvent bien faible, et de conduire occasionnellement à faire rendre des jugements dont l'autorité devrait étendre ses effets bien au-delà de l'objet du litige qui les aurait provoqués. Il faut, semble-t-il, chercher à restreindre plutôt qu'à étendre l'importance des litiges.

Quand on analyse un jugement, on y trouve trois choses qui s'y présentent sous des formes plus ou moins distinctes : le dispositif, formule destinée à fixer le droit qui a fait l'objet de la contestation ; les éléments logiques de la solution, questions intermédiaires que les juges doivent se poser, comme moyens d'arriver à la décision définitive ; les simples motifs ou considérants divers, par lesquels ces questions intermédiaires sont tranchées dans un sens ou dans un autre. C'est un point sur lequel notre loi de procédure génévoise nous paraît insister avec beaucoup de raison : elle exige que la rédaction des jugements contienne les questions de fait et de droit posées par les juges, c'est ce que nous avons appelé questions intermédiaires, la décision sur chacune d'elles et les motifs, le dispositif, soit ce que les juges auront ordonné (1). Ce mode de procéder soulève nécessairement la question de savoir si les motifs, ou tout au moins les questions intermédiaires, ne doivent pas revêtir l'autorité de la chose jugée par suite de la solution que la majorité du tribunal leur a donnée (2). Sans nous dissimuler la force des arguments qu'on peut invoquer à l'appui d'une réponse affirmative, nous pensons qu'un tel système présenterait d'assez grands dangers et qu'il est mieux de ne pas l'adopter. Les questions intermédiaires ne sont que l'échafaudage logique jugé nécessaire pour arriver à la solution recherchée; elles sont, bien souvent, l'œuvre des magistrats plus que celle des parties. Le véritable enjeu que celles-ci ont entendu soumettre aux chances du procès n'est, le plus souvent, que l'objet immédiat de la demande. La prudence paraît exiger que l'autorité de la chose jugée soit réduite à cet objet.

(1) Voyez la loi de procédure génévoise du 29 septembre 1819, art. 107 et l'exposé des motifs par M. Bellot, p. 44 de la 3e édition (Genève 1870).

(2) Voyez, dans ce sens, Savigny, *System*, t. VI, §§ 291 à 294.

Nous avons vu que la nature des choses semble conduire à reconnaître, comme exclusivement compétente en matière de succession héréditaire, la loi du pays auquel le défunt ressortissait par sa nationalité. Il paraît en résulter que c'est dans ce même pays que l'instance en partage doit être intentée, tant pour les immeubles que pour les valeurs mobilières, suivant la doctrine que nous avons adoptée. Deux genres d'objections peuvent se présenter : 1° les parties intéressées ne devront-elles pas agir, dans certains cas, bien loin de leur domicile ou de leur résidence? 2° trouveront-elles toujours un tribunal spécialement compétent dans le pays de la nationalité du défunt? La facilité de plus en plus grande des communications tend à diminuer considérablement le premier des inconvénients signalés. Il faut d'ailleurs que l'action en partage ait un centre commun qui, par la force des choses, pourra toujours se trouver rapproché pour les uns et éloigné pour les autres. Quant à la seconde difficulté, nous croyons qu'il sera généralement possible de la résoudre en recourant au lieu d'origine. Tel est le mode de procéder qui a été suivi dans l'article 5 du traité intervenu le 15 juin 1869 entre la France et la Suisse. Cet article s'exprime de la manière suivante : « Toute action relative à la liquidation et au partage » d'une succession testamentaire ou ab intestat et aux comptes à faire entre » les héritiers ou légataires sera portée devant le tribunal de l'ouverture de » la succession, c'est-à-dire, s'il s'agit d'un Français mort en Suisse, devant » le tribunal de son dernier domicile en France, et s'il s'agit d'un Suisse » décédé en France, devant le tribunal de son lieu d'origine en Suisse. » Nous croyons que cette idée d'un lieu d'origine, qui est empruntée au droit romain et que la Suisse a conservée d'une manière remarquable [1], est appelée à revêtir une grande importance si le principe de la nationalité finit par l'emporter sur celui du domicile ou de la situation.

La compétence territoriale généralement admise en ce qui concerne les immeubles peut s'appuyer sur des considérations d'une importance assez diverse : droit de souveraineté, plus grande facilité pour procéder aux opérations et aux vérifications que le procès peut rendre nécessaire. Nous ne répéterons pas ici ce que nous avons déjà dit au sujet des conséquences exagérées qu'on a bien souvent tirées de la souveraineté territoriale; nous devons nous contenter d'exposer quelques principes dirigeants qui nous paraissent ressortir de la nature des choses et des théories que nous avons précédemment exposées. Il faut, nous semble-t-il, renvoyer au juge du terri-

(1) Voyez SAVIGNY, System, t. VIII, p. 94.

toire tout ce qui est d'un intérêt local, c'est-à-dire, tout ce qui de près ou de loin pourrait porter atteinte à la constitution économique du pays, et tout ce qui se rapporte à la modalité d'un droit qui est appelé à s'y exercer, ou à une opération qui doit s'y réaliser : les rapports de voisinage, l'effet des servitudes légales ou conventionnelles, les actions en bornage, les formalités de vente aux enchères volontaires ou forcées, les actions possessoires. Mais nous pensons qu'on va trop loin quand on met les immeubles en dehors d'une juridiction générale se rapportant, à un ensemble de biens dont ils font partie, ce qui a lieu en matière de succession héréditaire, de déclaration d'absence, de faillite, etc. L'intervention des tribunaux de la localité n'est pas nécessaire quand il s'agit du droit de propriété considéré en lui-même d'une manière abstraite et générale. Quant à la faculté d'exécution, c'est une question sur laquelle nous reviendrons plus tard ; nous dirons seulement ici que c'est beaucoup moins sur le droit que sur les détails de son exécution qu'il peut y avoir résistance.

Ce que nous avons dit se rapporte à une compétence d'ordre public, réclamée par la nature des choses et par les exigences d'une bonne administration de la justice. Il faut nous occuper maintenant de celle qui a sa base dans les convenances des parties intéressées. Un vieil adage veut que le demandeur se conforme aux règles admises pour le défendeur : *Actor sequitur forum rei.* Cette règle semble suffisamment justifiée par la nature des choses : celui qui attaque doit se porter vers son adversaire, et le principe d'inertie paraît exiger que celui qui réclame un changement à l'état actuel accepte les mauvaises chances du procès. Le for du défendeur est généralement fixé par son domicile, par sa résidence, quelquefois même par sa seule présence momentanée dans telle localité. La justice est une dette de l'humanité : il faut la rendre à l'étranger comme au national. Les distinctions qu'on a souvent admises à cet égard doivent disparaître en ce qui concerne l'intérêt personnel des parties : les conserver serait injuste et d'une mauvaise politique, parce que le crédit des nationaux pourrait en souffrir. Tout ce que l'on peut faire, c'est avoir tel égard que de droit à la différence de garanties que présente la position respective des parties.

La force doit faire respecter le droit, et chaque souveraineté est tenue de faire mettre à exécution les jugements rendus par ses magistrats ; mais que doit-il en être des jugements rendus à l'étranger? Cette question peut se présenter sous deux aspects différents : celui du droit strict et celui de l'utilité.

Quant au droit, nous n'hésitons pas à dire que toute décision rendue par l'autorité qui était exclusivement compétente, doit, par cela même, être reconnue en tous pays, et trouver partout l'appui de la force dont elle peut avoir besoin ; c'est ainsi qu'un divorce régulièrement prononcé, par le seul tribunal qui pût en connaître, nous semble devoir être universellement respecté. Nous croyons qu'il faut en dire autant d'une compétence qui n'existerait pas à raison de la matière, mais qui aurait été conventionnellement fixée par la volonté individuelle des parties : il y aurait là un droit définitivement acquis. Tels sont les règles qui nous semblent dériver des principes généraux et qui doivent être suivies dans tous les cas où d'impérieuses nécessités d'ordre public ne viennent pas s'y opposer. Nous devons ajouter, au besoin, en ce qui concerne les actes d'exécution proprement dite, que chaque souveraineté a bien manifestement seule le droit de faire usage de la force sur son territoire et d'en réglementer l'action. Il en résulte les conséquences suivantes : 1° Les agents nationaux peuvent seuls procéder à ces actes; 2° Ils doivent agir par ordre et sous la surveillance des autorités du pays, suivant les règles de hiérarchie auxquelles ils sont soumis; 3° La loi territoriale détermine seule les mesures de contrainte auxquelles on peut recourir, les conditions et les formes qui leur sont imposées; 4° La question qui nous préoccupe se réduit, en définitive, à rechercher si chaque État doit, pour ordonner l'exécution d'un jugement étranger sur son territoire, se contenter de vérifier s'il est régulier en la forme, ou s'il doit en revoir le fond pour le modifier au besoin.

Quant à l'utilité on peut l'étudier au double point de vue de l'intérêt des particuliers et de celui de l'État. L'intérêt des particuliers semble, au premier coup d'œil, bien manifeste : ils évitent ainsi les lenteurs, les conflits, les dissidences et les frais auxquels ils sont nécessairement exposés, s'ils doivent obtenir un jugement nouveau dans chaque localité où ils veulent tenter une exécution; et, si l'on s'arrêtait à ce point de vue, on pourrait-être tenté d'y voir un avantage tellement évident qu'il faudrait en faire ressortir l'obligation pour chaque État de faire exécuter, sur son territoire, les jugements rendus à l'étranger. Mais ces avantages ne sont-ils pas contrebalancés par des inconvénients égaux et, peut-être, supérieurs? Les jugements intervenus à l'étranger seront-ils toujours conformes au droit? N'est-il pas dans l'intérêt bien entendu des parties intéressées qu'avant de les mettre à exécution, chaque État puisse soumettre ces actes à une révision? Peut-on, d'ailleurs, exiger d'une puissance souveraine qu'elle prête l'appui de sa force à une décision qui lui paraît injuste?

Ceci nous amène à examiner notre seconde question : chaque État ne pourrait-il pas, non dans un intérêt purement égoïste, mais en vue d'une bonne administration de la justice, trouver son avantage à procurer, sur son territoire, l'exécution de jugements étrangers, même en dehors des cas où il semble y être tenu à titre de droit? Il nous faut rechercher sous quelles formes et en vue de quelles considérations cela devrait avoir lieu.

Quant à la forme, celle de traités diplomatiques nous paraît seule admissible, parce que seule elle peut garantir la réalisation d'une réciprocité convenable, et qu'elle est d'ailleurs de nature à donner à chaque État le moyen d'exercer son influence sur l'organisation judiciaire et sur la procédure des autres, par un intérêt commun. Nous pensons même que pareilles conventions doivent toujours pouvoir être rescindées à volonté par une simple dénonciation. C'est le seul moyen de ne pas être exposé à devoir mettre à exécution des jugements qui n'inspireraient aucune confiance. On ne pourrait se contenter de fixer d'avance les conditions auxquelles cette réciprocité serait admise, sans s'exposer, trop souvent, à de cruels mécomptes, les mêmes institutions pouvant conduire à des résultats bien différents suivant la manière dont on les met en pratique. Il est bon, d'ailleurs, que chaque État conserve, autant que possible, la plénitude de sa souveraineté. Il faudrait fixer un terme pour la dénonciation.

Ce que nous avons dit de l'exécution, proprement dite des jugements rendus à l'étranger nous semble devoir s'appliquer, dans une certaine mesure tout au moins, à l'influence qu'il faut accorder à ces actes quand ils sont produits comme titres dans une contestation qui est engagée devant des magistrats nationaux.

Bien des doutes se sont élevés au sujet des sentences arbitrales. Il semble naturel de faire une distinction : s'il s'agit d'un arbitrage forcé, il n'y a là, au fond, qu'un mode particulier de la juridiction publique, et les règles que nous avons exposées paraissent applicables. Si l'on suppose, au contraire, un arbitrage volontaire, la position n'est pas la même : la volonté individuelle s'est manifestée d'une manière spéciale; nous croyons qu'il faudrait assimiler ce cas à celui d'une compétence librement acceptée et stipulée par les parties intéressées : il y aurait là, nous semble-t-il, des droits définitivement acquis de part et d'autre.

Diverses questions peuvent s'élever dans les cas où un jugement intervenu dans un pays se trouve modifié, quant au fond, par les magistrats d'un autre État, auxquels on en a demandé l'exécution. Aucun doute ne peut s'élever aussi longtemps qu'il n'y a que deux souverainetés en présence : chacune d'elles a fixé le droit que ses fonctionnaires devront faire respecter; mais, que faudra-t-il décider s'il s'agit d'exécuter sur un troisième territoire? Il faut, croyons-nous, distinguer trois hypothèses : si la souveraineté sous laquelle ce troisième territoire se trouve placé est libre de revoir le fond, elle pourra choisir entre les deux formules ou en émettre une troisième. Si elle n'est tenue qu'envers l'une des autres puissances quant à l'exécution des jugements, la marche qu'elle doit suivre se trouve, par cela même, bien nettement tracée. Si elle est engagée des deux côtés, nous pensons que c'est à la première de ces décisions qu'elle devra s'arrêter. Il y a là, croyons-nous, des droits définitivement acquis. Le premier jugement reste d'ailleurs l'acte principal : chaque souveraineté ne le modifie qu'en vue de l'exécution qu'il doit recevoir sur son territoire. Nous croyons même pouvoir ajouter que le respect généralement dû aux décisions judiciaires semble être un motif suffisant pour ne pas admettre de modifications sans motifs sérieux.

La juridiction gracieuse ou volontaire réclamerait bien des développements si nous voulions la traiter en détail : c'est là un sujet complexe et difficile qui se présente sous des aspects variés dont les nuances n'offrent pas toujours une complète netteté; nous devons nous contenter d'énoncer quelques principes dirigeants qui nous paraissent dériver de la nature des choses.

Il va sans dire que tout ce qui se rapporte uniquement aux formalités extérieures doit être soumis à la vieille règle : *Locus regit actum;* mais ce sont les questions de compétence qui doivent tout particulièrement nous préoccuper et qui, bien souvent, provoquent le doute.

La juridiction volontaire a, dans un grand nombre de cas, pour but unique de constater un fait ou une déclaration de volonté; elle n'a pas d'autre portée que de créer un acte revêtu d'une certaine force probante. Il n'y a pas là précisément une œuvre de souveraineté proprement dite. Les fonctionnaires auxquels il faut s'adresser peuvent appartenir à des ordres fort différents suivant les pays, et la question de compétence semble se confondre avec celle des formes externes ; la règle que nous venons de rappeler doit recevoir son application; c'est là ce qui est généralement admis pour la plupart des actes se rapportant à l'état civil.

Mais, s'il y a véritablement décision, l'acte tient au fond plus qu'à la forme; et la compétence peut être soumise à des règles spéciales qui, sauf l'accord des parties intéressées, présente une grande analogie avec celle qui se rapporte à la juridiction contentieuse. Il faudra généralement distinguer, comme nous l'avons déjà fait, ce qui dérive tant de la nature des choses que des exigences d'une bonne administration de la justice, et ce qui n'est qu'une question de convenance personnelle pour les parties intéressées directement. C'est ainsi, par exemple, que la procédure en divorce par consentement mutuel nous semble appartenir aux tribunaux de la nationalité. Bien qu'il n'y ait pas litige, et qu'il s'agisse seulement de vérifier si les époux se trouvent dans les conditions voulues, il n'y en pas moins là acte de puissance; et la compétence de la loi quant au fond du droit semble attirer celle des magistrats. S'il s'agit d'immeubles, les distinctions que nous avons présentées paraissent applicables.

Epilogue.

Arrivé au terme de ces études, nous éprouvons le besoin de jeter un coup d'œil en arrière, et de revenir pendant quelques instants sur les exigences de l'époque actuelle en ce qui concerne notre sujet, sur le but que nous nous sommes proposé et sur la marche que nous avons suivie.

Le droit international privé des temps modernes est né, spontanément comme nous l'avons vu, du milieu social produit par la féodalité. Bien que souvent incertain et vivement contesté sur des questions d'une importance diverse, il n'en présentait pas moins, dans sa contexturé générale, un fond d'unité fortement empreint des traits caractéristiques propres aux siècles qui l'ont produit. Les grands événements qui vinrent plus tard renverser ou transformer les bases sur lesquelles il reposait, ne pouvaient pas ne pas l'atteindre! Les nations, sorties d'une manière plus ou moins brusque et plus ou moins radicale du réseau social qui les enlaçait en des formes communes, se développèrent avec plus d'indépendance et plus d'individualité. Leurs rapports réciproques durent subir l'influence de cette transformation, et la doctrine qui les réglait en fut ébranlée; elle traverse une époque de crise et doit être soumise à une révision plus ou moins complète pour se reconstituer à nouveau. Il est d'autant plus urgent de s'occuper de ce sujet que divers obstacles dont l'existence ne saurait être méconnue, tendent à grandir et à se fortifier :

Si l'on jette les yeux sur l'état actuel de la doctrine, tant au point de vue de la théorie pure qu'à celui du droit positif et de la pratique, on ne peut s'empêcher d'éprouver la crainte de voir se compromettre de plus en plus, les principes d'harmonie si nécessaires en pareille matière. Deux faits méritent, tout particulièrement, d'être mentionnés : la codification et le groupement de nationalités plus ou moins diverses, autour de certains centres ou points de ralliements.

Nous croyons la codification nécessaire; mais nous n'en devons pas moins signaler les dangers qu'elle présente pour le droit international privé. Ce droit a besoin de règles communes, nées de la science et se propageant avec liberté sans être arrêtées par les frontières des États; or la codification tend à individualiser certains principes, en les fixant diversement sur les territoires ressortissant à des souverainetés distinctes. Le seul moyen de combattre une telle tendance est d'arriver, sans trop tarder, à une doctrine assez puissante pour triompher de cet obstacle et aboutir à un ensemble de traités diplomatiques s'élevant au-dessus de l'individualisme national. Ce résultat ne peut s'obtenir que par une étude approfondie du sujet, en vue des besoins généraux de l'époque.

Mais voici qui est plus grave et présente une plus grande urgence : la doctrine elle-même est divisée et tend à se répartir et à se fixer en groupes plus ou moins nombreux. La France et les États qui la suivent ont des principes qui diffèrent sur plusieurs points de ceux qui sont généralement suivis par le droit commun de l'Allemagne; la Russie, l'Autriche et l'Italie ont des codes dont les règles sont loin d'être toujours identiques; la Suisse, malgré sa diversité, se caractérise par certains traits communs, spécialement par la grande importance que le régime municipal y a généralement conservée [1]; l'Angleterre et les États-Unis d'Amérique repoussent, d'un commun accord, ainsi que nous l'avons vu bien souvent, des principes qui paraissent solidement établis sur le continent. Ces divergences tendent à se développer et à se consolider par un travail de centralisation et de codification plus ou moins étendues sur des territoires appartenant à des souverainetés diverses; ce qui aurait nécessairement pour conséquence d'augmenter leur force de résistance, si l'on ne parvenait pas à s'entendre à temps. La Suisse et l'Allemagne, de plus en plus poussées dans la voie d'unification qui est ouverte devant elles, seront appelées à soumettre, en pareille matière, les populations diverses qu'elles réunissent à un ensemble de règles communes à chacun de ces deux groupes. L'Angleterre et les États-Unis manifestent le désir d'arriver à l'unité par voie de codification collective. Il n'y a certainement rien d'exclusif dans leurs intentions; mais, si l'on n'y prend garde, la nature des choses fera que les idées qui prévalent sur leurs territoires exerceront une large influence sur les règles qu'ils adopteront.

M. Field, dont nous avons bien souvent cité le beau travail, nous apprend

[1] Savigny, *System*, t. 8, p. 94.

que la société britannique, formée pour l'avancement des sciences sociales, a nommé, dans sa session de septembre 1866, un comité chargé de préparer et de lui soumettre l'esquisse d'un code de droit international, esquisse qui, soigneusement révisée et amendée, serait transformée en projet et offerte sous cette forme à l'attention des gouvernements. L'avant-projet préparé par l'auteur et soumis par lui à ses collègues du comité, avec un grand nombre de notes aussi consciencieuses que savantes, doit être accueilli avec un profond sentiment de reconnaissance ; mais il était dans la nature des choses qu'il portât fortement l'empreinte des principes anglais et américains ; et, si le projet définitif ne fait pas de plus larges concessions aux idées du continent, il est à craindre qu'il ne soit adopté que d'un côté de la mer, et que les deux camps ne se séparent plus complétement. Tel est l'état actuel des choses; il n'est pas pas sans dangers : le droit international privé, sans pouvoir prétendre à voir certains principes communs universellement reconnus, ne peut atteindre son but qu'en soumettant à une même doctrine les différents pays naturellement en rapports les uns avec les autres; on voit ses exigences augmenter à mesure que pareils rapports se diversifient et s'étendent ; il faut, en conséquence, redoubler d'efforts pour s'entendre sur les règles qui peuvent avoir le plus de chances de se faire généralement reconnaître. C'est sous l'empire de ces préoccupations que nous avons écrit; la marche que nous devions suivre, nous paraissait bien nettement tracée.

Il fallait d'abord constater l'insuffisance des usages actuellement reçus, les atteintes profondes et les divergences que leur a fait subir la transformation sociale à laquelle nous assistons, l'urgente nécessité de les soumettre à une révision pour les approprier aux exigences des sociétés modernes. Nous croyons l'avoir fait suffisamment.

Il fallait combattre les fausses idées souvent mises en avant à l'appui de l'affirmation que toute recherche d'un droit international naturel doit aboutir à des résultats fatalement frappés d'impuissance, par suite de l'indépendance absolue des états. Nous nous sommes efforcé de démontrer que cette indépendance n'a lieu que dans le domaine des faits, qu'il existe une loi supérieure imposant le droit comme une dette commune de l'humanité. Serrant de plus près les exigences immédiates de la pratique, nous avons ajouté que la théorie philosophique doit souvent combler les lacunes du droit positif, et les développements auxquels nous nous sommes livré nous semblent avoir suffisamment justifié cette thèse.

Les voies ainsi préparées, nous devions rechercher la base naturelle sur laquelle le droit international privé doit reposer. Cette base, nous croyons l'avoir reconnue dans les éléments de la science : la loi ou la coutume, les personnes, les choses et les faits juridiques. Tout droit se formant sous l'action combinée de plusieurs causes, nous avons recherché si chacune de ces causes ne doit pas agir, dans chaque cas donné, sous l'empire d'une souveraineté spécialement compétente à l'exclusion des autres. Passant ensuite à la compétence judiciaire, nous en avons également recherché les bases naturelles.

Nous ne nous sommes en aucune façon dissimulé toutes les difficultés de notre tâche ; et, bien souvent, nous avons senti nos pas chanceler dans la carrière que nous nous étions ouverte en abordant ainsi notre sujet par son côté le plus abstrait. Peut-être avons-nous entrepris au-dessus de nos forces ; mais le but que nous nous proposions nous imposait la marche que nous avons suivie. Si l'on veut avoir la chance de trouver quelque principe d'unité ou tout au moins d'harmonie, ce n'est pas à la surface mobile et bigarrée du droit positif qu'il faut s'arrêter : il faut pénétrer au-dessous et rechercher s'il n'y a pas là un type naturel et primordial, qui se retrouve le même sous les vêtements divers que les circonstances lui ont imposé, et duquel on puisse faire ressortir un certain nombre de règles participant à sa nature abstraite et générale. C'est ce que nous avons tenté de faire : voulant combattre un positivisme absolu qui nous parait hors de saison, nous devions naturellement nous placer à l'extrême opposé. S'il y a quelque originalité dans notre travail, c'est dans le point de départ plus que dans le fond des idées qu'elle se trouve. Le but principal que nous avons poursuivi n'est pas de nous poser en novateur, mais seulement de provoquer la discussion sur des problèmes qui nous semblent s'imposer à notre époque, et que nous désirons vivement ne voir résoudre qu'après mur examen, par l'autorité des idées plutôt que par la puissance des faits.

LE PROJET DE CODE ALLEMAND DE PROCÉDURE CRIMINELLE, DE 1873,

PAR

A. GEYER,

Professeur à l'université de Munich.

—

L'état déplorable et, on peut le dire, absurde où se trouvait il y a peu de temps la vie juridique en Allemagne, et où il se trouve encore dans la plupart des territoires de l'Empire, est difficile à concevoir pour les peuples, qui ont eu le bonheur de voir une organisation unitaire de l'État présider au développement de leur droit national. J'ai qualifié cette situation d'absurde, parce qu'en effet il est impossible d'assigner un sens quelconque à un état de choses qui donne un certain droit à Schwarzbourg-Rudolstadt, un autre à Saxe-Altenbourg, un autre encore à Reuss de la branche cadette, qui soumet à des lois différentes les diverses maisons d'un même village et jusqu'aux différentes parties d'une même maison, sous lequel la plupart des individus seraient embarrassés de dire d'après quel droit ils vivent, et où une partie du droit que l'on applique dérive de sources rédigées en une langue morte, ayant pris leur origine dans des circonstances tout autres, et ne devenant susceptibles d'application pratique que grâce à la sagacité des savants. Dans le domaine du droit pénal du moins ce morcellement a pris fin par la publication d'un Code pénal qui, nonobstant certains défauts, n'a rien à craindre de la comparaison avec les lois pénales d'autres pays. Mais l'unité du droit pénal n'est qu'une œuvre incomplète sans l'unité du droit de procédure criminelle. Sous ce rapport l'état actuel de l'Allemagne n'est rien moins que satisfaisant. Il y a des pays où règne encore, avec diverses modifications, ce que l'on appelle le droit commun allemand de procédure inquisitoriale. Tels sont les deux Mecklembourg et les deux Lippe. Dans quelques parties de l'Empire, notamment dans les provinces rhénanes de la Prusse, de la Bavière et de la Hesse, ainsi que dans l'Alsace-Lorraine, on suit dans ses parties essentielles le code français d'instruction criminelle. Enfin il y a plus d'une dizaine de codes locaux de procédure criminelle en vigueur dans différents États. Ces codes se rattachent plus ou moins dans leur ensemble aux principes de la procédure française, mais ils s'en écartent considérablement dans les détails.

Dans ces circonstances, on comprend que la promulgation d'un Code commun de procédure criminelle soit vivement désirée. Mais la réalisation de ce vœu se heurte à des obstacles plus considérables que n'en a rencontré le Code pénal. En effet le Code de procédure criminelle suppose, comme condition préalable, une organisation judiciaire uniforme, et celle-ci à son tour .ne saurait être atteinte sans qu'une double difficulté ait été vaincue. D'abord il y a un lien intime entre cette question et celle de la création d'un *Tribunal suprême de l'empire* (*oberster Reichsgerichtshof*) dont les États moyens de la confédération, la Bavière en tête, cherchent le plus possible à limiter la compétence dans l'intérêt de leur souveraineté particulière. D'un autre côté, il faut arriver à résoudre la grande controverse sur le point de savoir si l'on conservera le jury, ou si on le remplacera par les tribunaux appelés *Schöffengerichte* (tribunaux échevinaux). Ce qui caractérise ces tribunaux, c'est que des juges jurisconsultes et des juges non-jurisconsultes y délibèrent et jugent en commun dans un *même* collège sur l'ensemble de la question de droit et de fait. Au contraire, comme on le sait, dans la procédure avec jurés, les deux collèges : la Cour et le Jury délibèrent et jugent séparément d'après les règles d'une espèce de division du travail.

Les modernes échevins (*Schöffen*), qu'aucun lien historique ne rattache à l'ancienne organisation échevinale, désormais disparue, de la *Constitutio criminalis Carolina*, furent d'abord introduits dans quelques pays pour les cas attribués aux juges uniques, afin d'obtenir également dans ces cas les garanties d'une décision collégiale. C'est ainsi qu'on les établit pour la première fois dans le Hanovre en 1850, et que l'institution fut étendue plus tard à Oldenbourg, Brême, Bade et aux pays réunis à la Prusse en 1866. On alla plus loin en Saxe (1868), où le procureur-général Dr Schwarze usa de sa grande influence en faveur des échevins. Tandis qu'on y laissa les juges uniques continuer à décider sans le concours des échevins, on introduisit au contraire ce concours dans les tribunaux de district (*Bezirksgerichten*, tribunaux collégiaux qui répondent à-peu-près aux *tribunaux correctionnels* français), en ce sens que trois juges de profession y siègent ensemble avec quatre échevins. Dans le Wurtemberg enfin, le nouveau *Code* ou réglement de procédure criminelle de 1868 a introduit les tribunaux échevinaux dans tous les cas, à l'exception des plus graves, qui sont dévolus au jury.

Les expériences que l'on a faites quant au jugement, avec le concours des échevins, d'infractions d'une certaine gravité sont donc de date assez récente, puisque c'est depuis 1868 seulement que l'institution a fonctionné avec cette étendue dans deux pays. En outre ces expériences donnent des résultats contradictoires, et, à côté des témoignages favorables de quelques juges qui siégent dans des tribunaux échevinaux, il y en a d'autres qui sont défavorables. Cependant on peut dire qu'il est dans la nature des choses que, dans un collége mixte composé d'hommes du métier et de profanes, la liberté de jugement de ces derniers soit plus ou moins compromise. Il est impossible de s'attendre en règle générale à autre chose qu'à voir les non-jurisconsultes s'incliner devant l'argumentation des hommes de loi, parce qu'ils ne se sentent pas en état de formuler leurs objections avec la même autorité que les juristes. Il est certain d'avance qu'un seul juriste habile, et à plus forte raison un collége de juristes réussira presque toujours à ramener à son opinion la majorité de ce collége mixte, d'autant plus que la délibération collective de celui-ci ne tombe naturellement pas sous le contrôle de la publicité. Sans doute on ne peut nier que le jury, tel qu'il a été reçu en Allemagne, principalement à l'exemple de la France, ne présente de graves défauts, qu'il y aurait cependant moyen, si on le voulait raisonnablement, d'écarter pour la plupart. Mais si l'on tient sérieusement à faire participer les non-jurisconsultes à la juridiction criminelle, d'une manière qui ne soit pas seulement apparente, il faudra non-seulement maintenir le jury, mais l'étendre même aux infractions d'ordre moyen qui maintenant sont déférées d'habitude, comme dans les tribunaux correctionnels français, à des juges de profession, en établissant par exemple un petit jury de cinq membres. Quant au juge unique (juge de paix, de canton) on peut, lorsqu'il aura à juger des *contraventions*, lui adjoindre des échevins.

Toutefois le projet de Code allemand de procédure criminelle part de la supposition que la nouvelle loi sur l'organisation judiciaire remplacera les jurés par des échevins. Il distingue d'après cela le *grand*, le *moyen* et le *petit* tribunal échevinal. Il n'entre pas plus avant dans les détails. En général plusieurs dispositions que l'on est habitué à rencontrer dans les règlements sur la procédure ne se trouvent pas dans le projet allemand. Les « remar- » ques préalables » (*Vorbemerkung*) portent à ce sujet que « toutes les règles » sur l'institution et la composition des tribunaux criminels et spécialement » sur la coopération de l'élément non-jurisconsulte, sur la publicité des dé- » bats, le maintien de l'ordre pendant ceux-ci, la manière de voter, le recours » à des interprètes, ainsi que sur l'institution du ministère public, ses

» fonctions dans la procédure criminelle, » etc., seront renvoyées au projet d'organisation judiciaire.

Avant d'aborder le contenu du projet, faisons observer qu'il n'est pas seulement accompagné de Motifs étendus, mais encore d'*annexes aux motifs* (*Anlagen zu den Motiven*), dans lesquelles il est traité avec étendue de l'instance d'appel dans les procès criminels, de la détention préventive, de la plainte privée, de la décision en droit dans la procédure devant le jury etc (1).

Le projet se divise en *sept* livres, comprenant 383 paragraphes. Le premier livre (§§ 1-128) contient des *dispositions générales* (*allgemeine Bestimmungen*), en 10 sections dont *la première* (§§ 1-15) traite du *tribunal compétent* (*vom Gerichtsstand*). Les §§ 1 et 4 reconnaissent le *forum delicti commissi* et le *forum domicilii* comme également compétents, tandis que le *forum deprehensionis* ne vient qu'en ordre subsidiaire, au cas où le prévenu n'a, en Allemagne, ni domicile ni résidence habituelle. Plus loin le § 6 limite le *forum connexitatis* aux cas « où une personne est accusé de » plusieurs actes punissables ou bien où plusieurs personnes sont inculpées » comme auteurs, complices, fauteurs ou recéleurs d'un même acte punis- » sable. »

La *deuxième* section (§§ 16-26) traite de l'*exclusion* et de la *récusation* (*Ausschliessung* und *Ablehnung*) des membres des tribunaux. Il y est disposé entre autres que, lorsqu'il s'agira de statuer sur la *récusation* d'un échevin (2), les juges en titre prononceront seuls *sans la participation* des échevins (§ 25). Si l'on voulait en effet, laisser les échevins prendre part à une pareille décision, il faudrait, lorsque des conclusions en récusation se produiraient dans le débat principal, assumer immédiatement un autre échevin, ce qui serait souvent difficile, parfois impraticable (Motifs, p. 34). D'après le § 26 les échevins ne prennent pas non plus part à la décision lorsque la requête en récusation est dirigée contre un juge ou un greffier.

La *troisième* section (§§ 27-35) traite *des décisions judiciaires et de leur*

---

(1) Voici les titres de ces documents : « *Entwurf* einer deutschen Strafprocessordnung » Berlin, janvier 1873. VI et 87 pp. in 4°. — « *Motive* zu dem Entwurf einer deutschen Strafprocessordnung » XIV et 294 pp. in 4°.—« *Anlagen* zu den Motiven des Entwurfs einer deutschen Strafprocessordnung », 268 pp. in 4°. — Récemment a paru encore un *mémoire* sur les tribunaux échevinaux, « *Denkschrift* über die Schöffengerichte, Ausgearbeitet im Königlich-preussischen Justizministerium ». Berlin, Geheime Oberhofbuchdruckerei, 1873.

(2) Remarquons à ce propos que les échevins comme les juges en titre ne peuvent être récusés qu'avec indication de motifs (*unter Angabe von Gründen*). Il n'y a pas pour les échevins, comme pour les jurés, de droit péremptoire de récusation.

notification. Cependant tout ce qui concerne la marche à suivre dans les délibérations et les décisions, les règles du vote etc. est renvoyé au projet de loi sur l'organisation judiciaire. La signification et l'exécution des décisions judiciaires sont réservées au ministère public. Toutefois les juges d'instruction et les tribunaux cantonaux (ou petits tribunaux échevinaux) peuvent aussi faire notifier et exécuter immédiatement leurs sentences et leurs dispositions (§ 31).

Dans la *quatrième* section (§§ 36-42) il est question « *des délais et de la remise en état* » (*restitutio in integrum*, lorsqu'un délai n'a pas été observé). Cette *restitutio* peut, d'après le § 38, être réclamée lorsque le réquérant a été empêché par des obstacles naturels ou par d'autres événements de force majeure d'observer le délai. Il faut regarder comme évènement de force majeure le cas où le requérant n'a pas eu connaissance d'une signification, sans qu'il y ait de sa faute ou de celle de son défenseur.

La *cinquième* section (§§ 34-64) s'occupe des *témoins*. Le projet ne reconnait aucune incapacité de rendre témoignage, et ne contient par conséquent aucune interdiction d'entendre comme témoins certaines personnes.

Il reconnaît simplement un *droit* d'être dispensé dans certaines circonstances de l'obligation de déposer. Ce droit appartient notamment, d'après le § 43, à des proches parents ou alliés, au fiancé et à l'époux de l'accusé, ainsi que, d'après le § 44, à des ecclésiastiques par rapport à ce qui leur a été confié dans l'exercice de leur pieux ministère, et aux défenseurs par rapport à ce qui leur a été confié en cette qualité. Tout témoin peut ensuite, aux termes du § 46, refuser de répondre à des questions au cas où, en y répondant, il s'exposerait lui-même ou il exposerait une personne, contre laquelle il n'est pas obligé de déposer, au danger d'une poursuite pénale. Cela est juste. Seulement le projet aurait encore dû admettre le refus de s'expliquer lorsque la réponse pourrait tourner à la honte du témoin lui-même ou de ses proches. On trouve des dispositions de ce genre dans plusieurs Codes Allemands, par exemple dans le Code Saxon et dans le Code Badois.

La question de savoir si les témoins doivent être *assermentés avant* ou *après* leur audition, a été discutée durant ces derniers années au *Juristentag* allemand, et est résolue d'une manière très diverse par les différentes législations allemandes. Le projet se prononce avec raison (§ 52) pour l'assermentation *préalable*. Ce n'est que par exception, lorsqu'il existe des doutes sur l'admissibilité de l'assermentation, que celle-ci peut être reculée. Les Motifs font valoir très justement (pp. 59 et ss.), à l'appui de cette solution, que le serment promissoire se présente comme un moyen plus efficace que le serment assertoire de disposer les témoins à dire la vérité, et que lorsque, dans une seule et même enquête, un témoin doit être entendu à diverses reprises, le serment promissoire, une fois prêté, conserve son efficacité pour toutes les auditions postérieures et dispense d'une assermentation répétée. Au contraire, on pourrait difficilement se référer à un serment purement assertoire précédemment prêté.

Le § 58 est important. Il est ainsi conçu : « L'*assermentation* des » témoins doit avoir lieu dans l'instruction *définitive*. — Elle peut se faire » dès l'instruction préparatoire lorsque l'on prévoit que le témoin sera » empêché de comparaître à l'instruction principale, ou que sa citation à » cette dernière n'arrivera pas à temps par suite de la grande distance, ou » lorsque l'assermentation dans l'instruction préparatoire paraît nécessaire » à la recherche de la vérité. » C'est avec raison que les exceptions à la règle se trouvent ici formulées d'une manière tout à-fait précise, et non par une clause générale comme le font plusieurs lois existantes. L'assermentation des témoins dans l'enquête préalable est incompatible avec le caractère purement préparatoire de celle-ci : ce n'est que dans le débat principal qu'il y a lieu, à proprement parler, de recueillir les preuves, et par conséquent de faire prêter serment au témoin. En prescrivant d'une manière générale une assermentation répétée dans l'instruction préparatoire et dans le débat principal, comme le fait le Code français d'instruction criminelle, on arrive à accumuler fort inutilement les serments, et, comme l'a décidé en France la cour de cassation, à ne pas punir comme coupable de parjure le témoin qui, après avoir fait une déposition fausse dans l'instruction préparatoire, dit la vérité à l'audience !

Le § 49 sanctionne l'obligation de déposer, en comminant une amende de 100 thalers au maximum, remplacée, en cas d'insolvabilité, par un emprisonnement qui peut aller jusqu'à six semaines, contre le témoin qui, sans excuse valable, s'abstient de comparaître. Le § 62 ajoute : « Lorsqu'un » témoin refuse sans motif légal de déposer ou de prêter serment, le juge » peut, pour le contraindre à remplir son devoir, lui infliger une détention » d'un terme maximum de six mois et des peines pécuniaires du montant » total de 200 thalers. — Lorsqu'il s'agit de contraventions, le témoin » désobéissant ne peut être condamné qu'à une détention de six semaines » au maximum, et à des amendes du montant maximum de cinquante » thalers. » — Il serait à souhaiter que l'on abaissât le maximum à trois mois et respectivement à trois semaines. En effet, la peine la plus élevée en matière de contravention, n'est que de six semaines de détention : ce serait donc se montrer démesurément sévère que de comminer une peine tout aussi haute contre le refus de témoignage en matière de contravention.

La *sixième* section (§§ 64-82) traite *des experts et de la visite de lieux (Augenschein)*, la *septième* (§§ 83-97) *de la saisie et de la visite domiciliaire.* Signalons ici la disposition fort juste du § 86, d'après laquelle les lettres échangées entre l'inculpé et ses proches parents, sont entre autres exemptées de la saisie, aussi longtemps qu'elles se trouvent entre les mains de ces personnes. En revanche nous ne trouvons aucune disposition du genre de la suivante, qui figure dans le projet autrichien : « En général, aucune perquisition domiciliaire ne peut avoir lieu qu'après audition préalable de celui chez lequel..... elle doit être pratiquée, et en tant que l'audition n'amène ni la remise volontaire de l'objet cherché ni la suppression des motifs qui donnent lieu à la perquisition. » Cette audition préalable ne serait plus nécessaire lorsqu'il s'agirait d'individus mis sous la surveillance de la police, lorsqu'il y aurait péril en la demeure, ou que les perquisitions devraient être pratiquées dans des lieux publics. Il faudrait encore prescrire expressément, comme le fait le projet autrichien, que dans les visites domiciliaires on évitât tout éclat inutile, toute vexation superflue, comme toute atteinte au repos des intéressés, qu'on ménageât autant que possible les secrets de la vie privée, et qu'on respectât la décence et les convenances. Le droit d'examiner les papiers saisis dans la visite domiciliaire ne devrait appartenir qu'au juge d'instruction. Nous ne saurions donc approuver le § 94 qui accorde également ce droit au ministère public, disposition d'autant plus anormale que le § 96 refuse, et avec raison, au ministère public le droit d'ouvrir les correspondances saisies à la poste.

Dans la *huitième* section (§§ 98-115) il s'agit de la détention et de l'arrestation provisoire. Ici nous avons spécialement à exprimer notre regret de ce que, d'après le projet (§ 98), la détention préventive peut être appliquée non seulement pour empêcher la fuite de l'inculpé, mais aussi lorsqu'il y a lieu de craindre que celui-ci, « en anéantissant ou en obscurcissant les traces du fait ou en circonvenant les témoins ou les complices, ne rende l'examen plus difficile. » Cette espèce de « *détention par crainte de collusion (Collusionshaft)* » est une violation flagrante de l'égalité des parties. Comment peut-on, si l'on ne veut pas déjà considérer l'inculpé comme coupable, l'isoler de toute communication avec le monde extérieur, et lui enlever les moyens d'agir sur l'instruction, alors qu'on laisse à l'accusateur toute liberté d'amasser des matériaux à sa charge? Il est vrai que cette détention précautionnelle est plus commode pour le juge d'instruction. Mais il ne faut pas que la facilité et la convenance soient prises en considération aux dépens du droit. On ne saurait donc prétendre avec l'Exposé des motifs, que l'abolition de la « détention par crainte de collusion » conduise à refuser à l'État le droit de punir le coupable. Il est bien plus vrai de dire que le maintien de ce genre de détention est une méconnaissance des droits de l'inculpé, une mesure notoirement étrangère à cette procédure anglaise si digne, en beaucoup de points, de servir de modèle.

Le moins que l'on puisse exiger, sous ce rapport, de la future procédure criminelle, c'est l'adoption d'une disposition analogue à l'art 155 § 2 de la *loi bavaroise* complémentaire de l'introduction du code pénal allemand (26 décembre 1871). On n'y autorise la « détention par crainte de collusion » que contre les personnes « qui *ont agi* sur des témoins ou des complices de manière à entraver la recherche de la vérité [1]. » Ici du moins l'on a, dans ce qui est réellement arrivé, un point de départ pour l'appréciation d'un danger de collusion éventuelle, tandis que, avec une loi qui les arme d'un pouvoir discrétionnaire, les juges ne sont que trop portés à soupçonner partout des dangers de suppression ou d'altération des preuves, et à se débarrasser de toute responsabilité de ce chef en appliquant la détention.

La *neuvième* section (§§ 116-119) parle de *l'audition de l'inculpé*. C'est là un moyen d'inquisition accordé au juge d'instruction, bien que le projet dise seulement (§ 119), que « l'audition de l'inculpé doit donner à celui-ci » le moyen de se défendre et d'écarter les motifs de suspicion qui s'élèvent » contre lui. »

Enfin dans la *dixième* section du livre I, il est question de *la défense*. Nous sommes heureux d'y voir déclaré en principe par le § 20 que l'inculpé peut, à toutes les phases de la procédure, recourir à l'assistance d'un défenseur. Il est vrai que le juge peut, avant l'ouverture du débat principal, refuser au défenseur l'examen des pièces de l'instruction (§ 126); et ordonner à chaque phase du procès que le défenseur ne pourra s'entretenir avec le prévenu qu'en présence d'une tierce personne (§ 127). Cette injustifiable défiance à l'égard du défenseur, lequel ne pourra cependant être pris que dans le barreau (Rechtsanwälte), ou parmi les professeurs de droit des Universités allemandes (§ 121), est une des nombreuses traces de l'époque où dominait la procédure inquisitoriale. Il y aurait lieu, alors que l'on organise l'instruction préparatoire sur des bases nouvelles, de la faire disparaître purement et simplement.

---

[1] « Welche auf eine die Ermittelung der Wahrheit hindernde Art auf Zeugen oder Mitschuldige eingewirkt *haben*. »

Le LIVRE II du projet (§§ 129-233) traite *de la procédure en première instance*, et est divisé en sept sections, dont la *première* (§§ 129-132) s'occupe de la plainte (*Klage*) *publique*. Le § 129 proclame avec raison, comme applicable même aux affaires pénales du plus bas degré (contraventions, etc.) le principe général que nulle instruction judiciaire ne sera ouverte sans qu'il y ait une plainte formulée. Le § 131 décide que l'examen et la décision ne s'étendront qu'au fait signalé dans la plainte et aux personnes qui y sont inculpées. Toutefois les tribunaux sont autorisés et obligés à agir librement « en-deçà » de ces limites ; spécialement ils ne sont pas liés par les conclusions de la plainte en ce qui concerne l'application de la loi pénale. — D'après le § 132, une fois l'instruction ouverte, la plainte publique ne peut plus être retirée. A partir de ce moment donc elle n'a plus d'autre issue qu'une décision judiciaire. Ceci se rattache à la mise en accusation, sur laquelle nous aurons à revenir.

La *deuxième* section traite *de la préparation de la plainte publique*. Dans ce but le projet met à la disposition du ministère public la police de sûreté, fonctionnant par conséquent comme police judiciaire (§ 136). Mais les autres dispositions sur l'institution de la police judiciaire ayant plus spécialement la nature de statuts d'organisation ont été, comme le remarque l'Exposé des motifs, réservées à la loi sur l'organisation judiciaire, qui aura également à régler l'organisation du ministère public.

La *troisième* section (§§ 144-158) contient les dispositions sur l'*instruction judiciaire préparatoire*. Les motifs s'efforcent longuement de démontrer (pp. 110 et ss.) que l'instruction préparatoire doit être écrite et secrète.

Le *Juristentag* allemand a, au contraire, proclamé, comme on sait, le principe que la publicité (du moins pour les parties) doit être la règle générale, même dans l'instruction préparatoire, et dans ces derniers temps cette opinion a trouvé de divers côtés des partisans [1]. Qu'il faille réformer l'instruction préparatoire dans ce sens, c'est ce que les motifs eux-mêmes reconnaissent involontairement, lorsqu'ils font remarquer au sujet de l'instruction préparatoire anglaise (p. 113) que, comme le juge d'instruction anglais ne doit intervenir dans les opérations de la poursuite et de la défense que pour les compléter, son rôle dans l'examen et dans la décision se conserve plus pur que ce ne serait possible sans la procédure accusatoire.

[1] PAINE et PERGAMENI, *Réforme de l'instruction préparatoire en Belgique*, Bruxelles 1870-1871. (*Revue de droit international, bibliographie*, t. III, 1871), et LUCCHINI, *Il carcere preventivo*, Venise, 1872. (Cf. ce que j'ai dit de cet ouvrage dans la *Kritische Vierteljahrsschrift* de Munich, t. XV, pp. 211 et ss.).

« Ici encore, » continuent les Motifs, « l'effet bienfaisant de la forme accu-
» satoire consiste précisément en ce qu'elle crée des organes spéciaux
» pour l'accusation et pour la défense, et qu'elle les revêt d'attributions
» correspondantes à leur mission, tout en donnant, de cette manière,
» dans les fonctions du juge, une importance prépondérante au travail
» d'examen et d'appréciation, et en garantissant ainsi une plus grande
» impartialité dans la sentence judiciaire. » Comme on n'a pu néanmoins se
décider à modeler l'instruction préparatoire sur le type anglais, et que,
dans l'instruction préparatoire écrite du système inquisitorial, la publicité
n'a pas de sens, le projet a exclu celle-ci de l'instruction préparatoire.
Et cependant les Motifs reconnaissent (P. 118), que la publicité serait un
moyen désirable d'assurer, dès cette phase de la procédure, la plénitude de
confiance publique aux décisions du juge : des voix autorisées soutiennent
en effet en Angleterre que le régime de la publicité y est plutôt favorable que
nuisible au but de l'instruction. Le fait que l'adoption du régime anglais
entraînerait une augmentation dans le personnel du ministère public
(Motifs, p. 116), ne saurait naturellement donner l'explication. Si l'on
récapitule tout ce que les Motifs signalent comme les conséquences avanta-
geuses de la publicité dans l'instruction préparatoire : « une plus grande
» impartialité dans la décision du juge, une confiance plus générale
» dans les mesures prises par lui, le but de l'instruction plutôt favorisé
» qu'entravé », — on ne peut s'expliquer le maintien de l'instruction préparatoire écrite et secrète, d'après le mode inquisitorial, que par l'attache-
ment à la tradition et la crainte d'une réforme d'ailleurs hardie et riche
en conséquences.

Au surplus, une fois ce point de départ admis, le projet se montre,
par plusieurs côtés, en progrès sur le droit actuellement en vigueur.
Nous relèverons spécialement les dispositions suivantes. D'après le § 144,
une instruction préparatoire *judiciaire* n'est *nécessaire* que dans les cas
soumis à la compétence de la cour supérieure ou des grands tribunaux
échevinaux ; *elle n'est pas permise* dans les affaires soumises aux petits
tribunaux échevinaux. D'après le § 145, l'instruction préparatoire est
ouverte sur le réquisitoire du ministère public, qui doit désigner l'inculpé
et le fait qui lui est imputé. Elle ne peut donc s'étendre à des actes punissables ou à des personnes non désignées dans le réquisitoire, que lorsque
le ministère public étend celui-ci de manière à les y comprendre (Motifs,
p. 123). Le réquisitoire du ministère public ne peut être écarté que par
une décision du tribunal, et pour incompétence de celui-ci ou pour inad-

missibilité de la poursuite (p. ex. lorsque la partie lésée ne porte pas plainte) ou de l'instruction préparatoire (§ 145, 2ᵐᵉ al.). L'instruction préparatoire est ouverte et conduite par le juge d'instruction. Cependant, sur la requête du ministère public et par décision du tribunal, elle peut être déférée à un juge de canton (§ 146). D'après le § 152, elle ne doit pas être étendue au-delà de ce qui est nécessaire pour décider si l'inculpé doit être renvoyé des poursuites, ou s'il faut ouvrir le débat définitif. Aux termes du § 153, l'inculpé doit être entendu dans l'instruction préparatoire, alors même qu'il a déjà été entendu avant qu'elle fût ouverte. L'audition a lieu en l'absence du ministère public et du défenseur. En revanche le ministère public, l'inculpé et le défenseur doivent être autorisés, lorsqu'ils le demandent, à assister à l'audition des témoins et des experts, ainsi qu'à la vue des lieux (§ 154). Lorsque le juge d'instruction considère le but de l'instruction préparatoire comme atteint, il transmet les pièces au ministère public, afin que celui-ci donne ses conclusions définitives (§ 157). Si les conclusions tendent à l'ouverture du débat principal, le ministère public peut joindre à ses réquisitions l'acte d'accusation (§ 158).

La *quatrième* section (§§ 159-168), traite de *la décision sur l'ouverture du débat principal* [1]. Ici encore j'ai le regret de me trouver en opposition avec les principes du projet, qui, s'attachant à la manière de voir dominante sur le continent, exige absolument une décision *judiciaire* sur la question de savoir si l'inculpé doit être mis hors de cause ou si l'on ouvrira le débat principal (§ 159). J'ai déjà cherché à démontrer, à une autre occasion [2], qu'une décision judiciaire fondée sur les pièces de l'instruction préparatoire est inconciliable avec le principe de l'oralité des débats. Que si l'on ordonnait un débat oral entre les parties devant le tribunal d'accusation, le débat principal en serait presque réduit à la valeur d'un simple épilogue, et l'importance de l'arrêt de renvoi, qui, déjà sans cela, ne pèse que trop dans la balance au détriment de l'accusé, serait encore agrandie. La décision judiciaire qui met en accusation, est également contraire au principe de la procédure accusatoire, puisqu'elle transforme les *juges* en accusateurs. Si malgré cela, on croit ne pouvoir se passer d'une décision *judiciaire* dans l'intérêt de l'accusé, pour le protéger contre l'arbitraire du ministère public, on peut laisser à l'accusé le soin de décider s'il fera usage de ce moyen dilatoire, qui pourra en définitive tourner à son préjudice : *bene-*

---

(1) *Von der Entscheidung über die Eröffnung des Hauptverfahrens.*
(2) V. Débats du VIIᵉ Juristentag allemand, I, pp. 63 et ss.

ficia non obtruduntur. Le projet autrichien semble avoir rencontré à cet égard la vraie solution. Il ordonne (§§ 201 et ss.) que la mise en accusation résultera de la production de l'acte d'accusation, mais que l'accusé pourra faire *opposition* contre celui-ci, et qu'alors il faudra une décision judiciaire sur la mise en accusation. En l'absence d'opposition, le tribunal de première instance ordonne sur le fondement de l'acte d'accusation (à moins que des objections de forme ne s'y opposent) qu'il sera passé outre au débat principal.

D'après le projet allemand, les fonctions de tribunal d'accusation sont remplies, même lorsqu'il s'agit des infractions les plus graves, par le tribunal de première instance. Il n'y a donc qu'une « chambre de conseil, » et point de « *chambre des mises en accusation.* » Elle prononce après délibération secrète et sans avoir entendu les parties, ce qui en tout cas vaut mieux que d'entendre uniquement le ministère public. L'ordonnance de renvoi doit, d'après le § 160, indiquer le fait reproché au prévenu, en spécifiant ses caractères légaux et la loi pénale qui s'y applique. Si le tribunal décide qu'il n'y a pas lieu à poursuivre, il faut que l'ordonnance fasse connaître si elle repose sur des motifs de fait ou de droit (§ 161), ce qui implique l'indication des *résultats* auxquels le tribunal est arrivé, mais non une spécification des éléments de preuve spéciaux à l'aide desquels le tribunal justifierait ses conclusions en fait (Motifs, p. 134). Le § 162 contient une disposition très-propre à éviter une accumulation inutile de réquisitions :
« Si l'instruction préalable a porté sur divers actes punissables commis par
» la même personne, et si la constatation de tel ou tel fait punissable paraît
» sans importance pour l'évaluation de la peine, le tribunal peut décider, à
» la requête du ministère public, que l'instruction en ce qui concerne ce
» fait sera suspendue. L'instruction peut être ultérieurement reprise, à la
» requête du ministère public, aussi longtemps qu'il n'y a pas prescription.»

Le ministère public a, d'après le § 163, à dresser sur le fondement du jugement de mise en accusation, un acte d'accusation conforme, au cas où un pareil acte n'a pas déjà été joint au réquisitoire définitif. L'acte d'accusation doit contenir l'exposé des circonstances de fait et les moyens de preuve qui militent contre l'accusé. On a considéré qu'il serait imprudent d'ajouter d'autres prescriptions encore sur le contenu, la forme et la disposition de l'accusation, parce que tout doit dépendre de l'objet concret de celle-ci (Motifs, p. 135). Il serait cependant fort à souhaiter qu'une loi prévînt les abus possibles, d'un côté en assurant à l'accusé les moyens de préparer sa défense, de l'autre en empêchant ces exposés circonstanciés, fantaisistes, surchargés d'ornements, captieux pour les juges, dont les parquets de France nous ont donné plus d'un spécimen.

Le projet a encore tort à nos yeux en accordant (§§ 166 et 167) au ministère public, sans l'accorder également à l'accusé, une voie de recours contre l'ordonnance d'accusation. Les Motifs allèguent (§ 141), à l'appui de cette différence, qu'une pareille ordonnance ne contient à proprement parler rien de défavorable à l'accusé, puisqu'on ne doit procéder contre lui que régulièrement et publiquement, et que le débat oral lui fournit la possibilité d'une défense absolument libre et d'une publique justification. Mais c'est là évidemment rabaisser par trop l'importance de l'ordonnance d'accusation. Plus haut, les Motifs attachaient à cette même mise en état d'accusation une si extrême importance, qu'ils ont voulu, au lieu de la confier à l'accusateur public, la réserver au *tribunal*, et maintenant il se trouve que l'ordonnance d'accusation est quelque chose de tout-à-fait insignifiant!

D'après le § 168, le débat principal peut être abordé devant le *petit* tribunal échevinal, même en l'absence d'un réquisitoire écrit et sans décision sur l'ouverture du débat principal, lorsque le prévenu comparaît volontairement, ou lorsqu'il a été provisoirement arrêté et qu'il est amené devant le tribunal. Dans ce cas, la substance du réquisitoire doit être consignée au plumitif de l'audience.

La *cinquième section* (§§ 169-181) s'occupe *de la préparation du débat principal*. Les §§ 175-177 sont spécialement destinés à régler ce qui a trait à la citation des témoins et des experts. D'après le § 175, lorsque l'accusé veut faire citer des témoins ou des experts, ou se procurer d'autres moyens de preuve pour le débat principal, il doit s'adresser par requête au ministère public, en précisant les faits sur lesquels la preuve doit porter. Si la requête est rejetée, l'accusé peut faire la citation directement et en son propre nom (§ 176), et il a même ce droit sans aucune requête préalable au ministère public. Mais les personnes directement citées par l'accusé n'ont aucun droit à être indemnisées par le trésor public, et elles ne sont obligées de comparaître que s'il leur est fait offre réelle, dans la citation, de l'indemnité légale pour frais de voyage et de chômage, ou s'il est déclaré que la somme est consignée chez le greffier. C'est en somme le même système que celui, par exemple, de l'ancien code de procédure du Hanovre. On veut prévenir la légèreté ou l'esprit de chicane de l'accusé dans la citation des témoins, en mettant à sa charge l'indemnité des témoins directement appelés par lui. Comme garantie contre la partialité éventuelle du ministère public, qui est, en règle générale, chargé de la citation (§ 170), et auquel

l'accusé doit s'adresser, comme nous l'avons vu, le projet accorde au président le droit de faire citer des témoins et des experts, ainsi que de faire produire d'autres moyens de preuve (§ 177). Spécialement le président peut
encore autoriser, dans le débat oral, la citation d'une personne que le
ministère public a refusé de faire citer. Il est donc dans l'intérêt de ce dernier de ne prendre sur les requêtes qui lui sont adressées par l'accusé que
des décisions de nature à ne pas mécontenter le tribunal (Motifs, p. 151).
L'obligation pour l'accusé de s'adresser d'abord au ministère public n'en
reste pas moins une atteinte au principe de l'égalité des parties.

Le § 179 porte : « lorsqu'un témoin ou un expert est empéché de com-
» paraître au débat principal, par suite de maladie, infirmité ou tout autre
» obstacle *insurmontable*, ou à cause de son éloignement du siége du tri-
» bunal, celui-ci ordonne qu'il sera entendu par un juge commissionné ou
» requis. Cette audition n'est pas obligatoire, si dans l'instruction prépara-
» toire le témoin ou l'expert a été complétement.entendu sous serment, et si
» dans l'intervalle il ne s'est présenté aucun motif de l'entendre itérative-
» ment. »

D'après le § 180, le ministère public, l'accusé et le défenseur doivent
être informés à l'avance des vacations destinées à cette audition, en tant
que cela ne serait pas rendu impossible par le fait qu'il y aurait péril en la
demeure ; mais leur présence à l'audition n'est pas indispensable.

La *sixième* section s'occupe (§§ 182-222) *du débat principal*. Nous rencontrons d'abord ici le § 183, avec la disposition suivante : « En cas d'in-
» terruption d'un débat principal, celui-ci doit être repris au plus tard le
» quatrième jour à partir de son interruption ; faute de quoi l'affaire doit
» être recommencée à nouveau. » Les motifs font observer à ce sujet
(pp. 158 et ss.) que si l'on n'a pas déterminé expressément quand un débat
principal pourrait être interrompu, c'est qu'une pareille spécification est
inutile ; il était au contraire nécessaire de fixer une *durée* maximum de
l'interruption, pour ne pas violer le principe de l'oralité. Le § 184 n'indique
pas non plus les motifs pour lesquels le tribunal pourra ordonner un ajour-
nement des débats. Il se borne à statuer expressément qu'un empéchement
du défenseur *ne donne point* à l'accusé le droit de demander un ajourne-
ment (cela ne s'applique naturellement pas aux affaires criminelles les plus
graves où l'intervention du défenseur est *nécessaire*). Nous ne saurions
approuver cette disposition, bien que les Motifs expriment un avis contraire,
et nous recommanderions plutôt l'adoption du § 178 du code de procédure
criminelle de Lubeck, où il est dit : « Le fait que le défenseur est absolument

» *empêché* ne justifie une demande de remise que dans les cas où, soit
» l'accusé, soit le président du tribunal, en a eu connaissance trop tard pour
» qu'il fût possible d'obtenir un autre défenseur. » Le projet autrichien
(§ 219) contient une disposition semblable.

Le § 185 exprime la proposition importante et conforme au principe de
l'oralité, qu'il n'y a pas de débat principal contre un accusé absent. Il donne
ainsi satisfaction à un vœu souvent exprimé dans les publications les plus
récentes sur le droit de procédure pénale. Cependant, si l'inculpé, après
avoir d'abord comparu au débat principal s'éloigne, ou si, à la continuation des
débats interrompus, il ne comparaît plus, les débats peuvent par exception
être conduits à terme en son absence, pourvu qu'il ait déjà été interrogé sur
les faits qui lui sont reprochés et que le tribunal considère sa nouvelle comparution comme inutile (§ 186). On peut encore procéder au débat et au
jugement en l'absence de l'inculpé, lorsque l'acte punissable qui fait l'objet
de la poursuite n'est frappé que d'amende, de détention (*Haft*) ou d'emprisonnement (*Einziehung*) ou de ces peines réunies (§ 187). De plus,
pour éviter ce que l'obligation de comparaître peut avoir, dans certaines
circonstances, d'excessivement dur pour l'inculpé, le § 188 autorise
le tribunal à dispenser l'inculpé qui en fait la demande, à raison de la grande
distance entre sa résidence et le siége de la cour, de comparaître au débat
principal si, d'après les prévisions du tribunal, il ne semble pas qu'il faille
s'attendre à une peine autre que l'amende, la détention de six semaines au
plus ou l'emprisonnement, cumulativement ou séparément. L'inculpé doit
alors, s'il n'a pas déjà été interrogé dans l'instruction préparatoire, être
interrogé par un juge sur les chefs de la poursuite. Lecture du procès-
verbal de son interrogatoire sera donnée à l'audience. — Toutes les fois où
le débat définitif peut avoir lieu en l'absence de l'inculpé, celui-ci a la
faculté de s'y faire représenter par un défenseur muni de pleins pouvoirs
écrits (§ 189). Enfin l'inculpé condamné peut demander dans la semaine
la restitution en son état primitif sous les mêmes conditions que dans le cas
d'inobservation d'un délai (§ 190, al. 1), excepté lorsqu'il a été à sa
demande dispensé de comparaître, ou lorsqu'il s'est fait représenter par un
défenseur (§ 190, al. 2).

Le § 192 accorde au tribunal la faculté d'ordonner que plusieurs affaires
criminelles pendantes devant lui seront jointes pour être examinées en
même temps, alors même que ces affaires ne sont pas *connexes* dans le sens
strictement légal du mot.

D'après le § 193, le président dirige les débats, interroge l'accusé et recueille les preuves. Cependant le § 194 lui permet d'abandonner au ministère public et à la défense l'interrogatoire des témoins et des experts· Lorsqu'une des parties a profité de cette autorisation, l'autre a le droit de réclamer une autorisation semblable. Ainsi, bien que les Motifs reconnaissent (p. 167) les avantages de l'interrogatoire des témoins et des experts par les parties, le projet renonce à rendre obligatoire ce mode de procéder. Le principal motif allégué est que « le concours d'un défenseur n'a lieu que » dans une petite partie des affaires criminelles. » Cependant il eût été au moins possible d'introduire la *cross-examination* dans toutes les affaires les plus importantes, où l'assistance d'un défenseur est requise. Le fait que l'institution, telle qu'elle a été appliquée en Prusse par la loi du 3 mai 1852, ne s'est pas montrée viable, est attribué par les Motifs (p. 168) à ce que la loi ne permet l'emploi de la *cross-examination* qu'en cas d'assentiment unanime du président, du ministère public et de la défense. Mais la vraie raison, c'est qu'on laisse au président le pouvoir de l'accorder et de la refuser, qu'elle apparaît donc comme une exception à la règle, et que toute requête présentée par les parties en vue de l'appliquer a l'air d'un vote de défiance contre le président. Le projet ne fait pas encore disparaître cette situation anormale. La *cross-examination* ne prendra vie que lorsqu'elle sera devenue obligatoire. Or, comme nous l'avons dit, c'est ce qui pourrait parfaitement se faire pour toutes les affaires criminelles graves, et en général même pour toutes celles où il se présente un défenseur.

D'après le § 196 la faculté d'adresser directement aux témoins et aux experts des questions isolées, *ne peut* être refusée au ministère public, à l'inculpé ni au défenseur, et la même faculté *peut* être accordée aux juges assesseurs et aux échevins. Les Motifs font observer, quant à ce dernier point (p. 168) : « que la marche des débats, leur plan d'ensemble et leur » enchaînement logique seraient gravement compromis si chaque juge ou » échevin avait la faculté d'y intervenir à tout propos. »

Le § 197 déclare que le débat commencera par l'interrogatoire de l'accusé au sujet de son individualité (nom, âge, profession etc.). Puis vient, en l'absence des témoins (afin d'éviter les suggestions qui pourraient les influencer) l'exposé, par le ministère public, des éléments de l'accusation, et l'interrogatoire de l'inculpé sur le fond de l'affaire.

Le § 198 porte :

« Après l'interrogatoire de l'inculpé, il est procédé à l'examen des preuves. » Une *décision judiciaire* est requise lorsqu'une offre de preuve doit être » écartée, lorsqu'un acte de preuve ordonné par le président est contesté,

» ou lorsque le recours à cet acte de preuve rend indispensable une remise
» de l'affaire. »

Le pouvoir discrétionnaire du président est donc, et à bon droit, beaucoup plus limité que dans la procédure française.

Aux termes du § 199, le tribunal est maître de décider la mesure dans
laquelle on recueillera les témoignages, sans être lié en rien par les
requêtes, renonciations et décisions précédentes. Spécialement, d'après le
§ 205, al. 3, la lecture du procès-verbal d'une audition précédente ne peut
être ordonnée que par décision du tribunal. Autant de limites à l'arbitraire du président. Le § 199 notamment est une conséquence du principe
que le droit et le devoir des tribunaux est de procéder avec une pleine
indépendance dans les limites tracées par le réquisitoire (§ 131, v. les
Motifs, pp. 169 et ss.).

Le deuxième alinéa du § 210 porte :

« Les débats sont clos sans jugement, lorsque le fait punissable dont il
» s'agit ne peut être poursuivi que sur une plainte et que celle-ci est retirée
» en temps utile. Si l'inculpé fait opposition au désistement endéans la
» semaine après qu'il en a eu connaissance, le désistement est considéré
» comme sans effet et l'affaire se termine par jugement. »
Excellente garantie contre les dénonciations perfides !

Le § 212 est ainsi conçu :

« Si le caractère délictueux d'un acte dépend de l'appréciation d'un rapport
» de droit civil, le tribunal criminel statue également sur ce point, d'après
» les règles en vigueur sur la procédure et la preuve en matière criminelle.
» Cependant, il a la faculté de surseoir à l'instruction jusqu'après la déci-
« sion du tribunal civil. »

Ainsi le projet répond par la négative, comme le font observer les Motifs,
p. 185, à la question de savoir : si l'existence ou la non-existence d'un rapport de droit civil, qui aurait une valeur préjudicielle pour l'affaire criminelle est démontrée par un jugement du tribunal civil, qui prononce à son
sujet, de manière à ce que le juge au criminel soit obligé de l'admettre ?
Cependant le juge au criminel est dans tous les cas tenu de protéger le droit
formel (par opposition au droit *matériel*), reconnu par décision du juge
civil. Car la question de savoir : jusqu'à quel point le jugement du tribunal
civil doit être tenu comme probant par le juge au criminel, et par conséquent doit *lier* celui-ci ? cette question diffère complètement de la suivante :

est-ce que le jugement du tribunal civil ne doit pas être pris en considération comme un *fait* constitutif de droits et de devoirs, et est-ce que l'existence seule de ce fait ne doit pas déjà exercer une *certaine* influence sur l'appréciation du juge de la peine. Or cette influence doit appartenir à une sentence du tribunal civil rendue *avant* la préparation de l'acte incriminé, toutes les fois où cette sentence proclame pour l'avenir, comme existant entre les parties, un rapport de droit dont elles peuvent disposer, et où l'efficacité de la sentence est telle que, même au cas de son inexactitude matérielle, la situation juridique qu'elle proclame doive réellement subsister pour l'avenir, par exemple lorsqu'il s'agit d'un droit réel. Il en est autrement pour les rapports de droit qui ne peuvent être ni établis ni modifiés par des déclarations de volonté, par exemple, lorsqu'il s'agit de savoir si l'enfant nouveau-né qui a été mis à mort était illégitime. On ne saurait ici avoir égard à la décision du juge civil.

Le § 213 dit : « La question de culpabilité ne peut être décidée d'une » manière défavorable à l'inculpé, qu'à une majorité des deux tiers des » voix. » Les Motifs se prononcent ici (pp. 183 et ss.) contre l'exigence de l'unanimité. Ce qu'il importe d'éviter, disent-ils, ce ne sont pas les doutes simplement possibles au sujet du jugement, mais bien les doutes fondés (comme si le doute d'un seul juge ne pouvait être également un doute fondé !) Les expériences prétenduement favorables, ajoutent-ils, que l'on a faites de l'unanimité dans les duchés de Brunswick et d'Oldenbourg, ne sont pas décisives, « parce qu'elles s'appliquent à un territoire géographi- « quement très restreint. » On a, comme on sait, appliqué un genre d'argumentation analogue à la défense de la peine de mort. Et cependant il s'agit moins ici de calculs absolus que de calculs relatifs, peu importe la grandeur ou la petitesse du pays dont il s'agit. La Haute-Cour Brunswickienne de Wolfenbuttel dit à cet égard (dans le mémoire : *Die Principien der braunschweigischen Strafprozesses*, p. 11 et ss.) : « En comparant la propor- » tion des acquittements et des condamnations, on ne trouve aucune différence » digne de remarque entre ce pays et les autres États. S'il s'était produit » plusieurs reprises des acquittements extraordinaires, il en aurait certai- » nement été fait mention, les officiers du ministère public, en particulier, » n'auraient pas manqué d'examiner, si la cause de ce phénomène ne rési- » dait pas dans la disposition susmentionnée, » (c'est-à-dire dans l'unani- mité exigée par la loi), « et des propositions quelconques se seraient pro- » duites pour éviter les inconvénients des plus sensibles dans la pratique. » Cependant nous ne sommes en présence de rien de semblable..... »

Plus loin la Haute-Cour fait remarquer que le principe admis dans le Brunswick : « Personne ne peut être puni aussi longtemps que, parmi ses » juges légalement désignés, il règne quelque doute sur sa culpabilité, » doit être considéré comme un bienfait des plus précieux, « qui à lui seul » mériterait d'être payé par d'importants sacrifices. » Si donc à l'excellence de l'institution en théorie se joint l'absence d'inconvénients dans la pratique, nous ne pouvons que recommander de la manière la plus énergique de créer, en exigeant l'unanimité, une de ces garanties dont la procédure a besoin une fois que l'on supprime l'instance d'appel. C'est avec beaucoup de raison que Heinze a dit, dans Goltdammer's Archiv für preussisches Strafrecht XIII, p. 742, (en n'ayant, il est vrai, que le jury en vue) : « L'unanimité seule offre les garanties de forme indispensables pour la jus- » tice du verdict; la condition de l'unanimité est en même temps le seul » moyen d'assurer une préparation du verdict aussi approfondie et aussi » complète que possible. Sans quoi, aussi longtemps que toutes les voix ne » concordent pas, il reste des doutes. L'unanimité obligée au contraire est » le remède spécifique contre des doutes sans fondement et contre une » dissidence non justifiée. »

Une autre question importante est tranchée par les §§ 214 et 215, qui portent :

« § 214. — L'objet du jugement est le fait spécifié dans l'acte d'accusation, » tel qu'il se présente d'après le contenu des circonstances relevées dans le » débat principal.

» Le tribunal n'est pas lié par l'appréciation du fait, qui a servi de base à » la décision ordonnant l'ouverture du débat principal.

» § 215. — Il ne peut y avoir de condamnation de l'inculpé sur le fonde- » ment d'une loi pénale autre que celle sur laquelle repose l'accusation, sans » que l'inculpé ait été spécialement averti au préalable du changement dans » le soutènement juridique, et sans que l'occasion lui ait été donnée de ren- » contrer celui-ci.

» Dans ce cas, ou lorsque dans le débat il s'est présenté de nouvelles cir- » constances aggravant la pénalité applicable, le tribunal doit, si cela paraît » nécessaire pour une préparation suffisante du réquisitoire ou de la défense, » remettre le débat, soit à la demande des parties, soit d'office. »

Ici encore, le projet se place au point de vue inquisitorial et blesse les droits de la défense. Ce n'est pas en effet une garantie suffisante pour celle-ci, que d'abandonner à la discrétion du tribunal la remise du débat pour une modification dans les charges. A part le cas où l'accusation se limite à un délit d'ordre inférieur ou à une imputation moindre, ce n'est pas au tribunal qu'il doit appartenir en premier lieu d'apprécier si l'accusation ou la défense a besoin d'une plus longue préparation. On peut de nouveau recommander sur ce point l'exemple du code Brunswickois·de procédure pénale, dont le § 66 dit :

« Les tribunaux, en rendant leur jugement, sont, il est vrai, limités par
» ce que l'accusation contient au point de vue du fait, mais non par les appré-
» ciations en droit et les conclusions de l'accusateur. Si, dans le cours des
» débats, il se présente de nouvelles circonstances qui changent l'état des faits,
» la procédure peut être suspendue à la requête de l'accusateur, mais il faut,
» en tant que la procédure ultérieure doit être étendue aux faits nouvelle-
» ment produits, une accusation nouvelle. »

Les objections que les Motifs élèvent (p. 191) contre une pareille marche sont dénuées de fondement. La nouvelle accusation ne sera pas, en règle générale, l'objet d'une instruction préparatoire judiciaire, surtout si, comme nous l'avons proposé, on écarte celle-ci complètement. Mais si, après que le ministère public a présenté son nouvel acte d'accusation, le débat prin-cipal nouveau est entamé « sans autre forme de procès (*ohne weiteres*), » il n'en résulte pas que l'on puisse dire avec l'auteur de l'Exposé des motifs, que la nouvelle accusation soit « sans effet sur la procédure ultérieure (*dass sie keine weitere prozessualische Wirkung habe*). » Elle opère ses effets en ce que le débat principal est interrompu et qu'il s'ouvre un nouveau débat, auquel la défense est à même de se préparer.

Il va de soi que l'on permettra aisément une modification de l'accusation sans remise de l'affaire, si l'inculpé déclare *expressément* y consentir.

Le § 216 porte :

« Si l'inculpé est condamné, les motifs du jugement doivent énoncer les faits
» qui sont considérés comme prouvés et où se retrouvent les caractères légaux
» de l'acte punissable, ainsi que la loi pénale dont il est fait application.

» Si les débats ont constaté l'existence de circonstances atténuantes ou
» autres, qui, aux termes exprès de la loi pénale, excluent, diminuent ou
» aggravent la pénalité, les motifs du jugement doivent déclarer si ces cir-
» constances ont été ou non établies.

» Si l'inculpé est acquitté ou absous, les motifs du jugement doivent
» énoncer s'il n'a pas été convaincu, ou si et pour quelles raisons le fait
» admis comme prouvé n'a pas été considéré comme punissable.

L'Exposé des motifs explique (pp. 193 et ss.) cette disposition en disant que le jugement doit contenir les raisons *objectives* de fait sur lesquelles s'appuie la décision, mais non les éléments *subjectifs* de preuve. En ce qui concerne les jugements d'acquittement, l'Exposé des motifs fait lui-même remarquer (p. 196) que la disposition de l'al. 3 ci-dessus n'est pas susceptible d'application, lorsqu'une partie des juges considère l'inculpé comme non convaincu, et qu'une autre partie estime qu'il n'y a pas de peine applicable. « En pareil cas seulement, » dit l'Exposé des motifs, « le jugement pourrait » se borner à constater que le tribunal n'est pas convaincu de la culpabilité » de l'inculpé. » Cela suffit pour que l'on ne puisse maintenir cet al. 3, car autrement les juges se trouveraient, dans l'hypothèse indiquée, en conflit avec la prescription catégorique de la loi et l'on pourrait soutenir qu'il y aurait nullité, s'ils ne joignaient pas au jugement les motifs de leur décision, conformément au vœu de la loi (Cf. le projet § 250, n° 7).

La *septième* et dernière section du livre VII s'occupe (§§ 223-233) *du mode de procéder contre des absents.* Saluons comme un progrès notable sur la plupart des lois précédentes (à part le code Wurtembergeois de procédure pén., art. 494), le § 223 du projet qui ne permet ni débat principal, ni jugement contre un absent. D'après le § 223, al. 2, la procédure entamée contre un absent n'a d'autre but que d'assurer les preuves pour le cas où il se représenterait ultérieurement. Plus loin le § 229 dispose fort utilement que le séquestre ne pourra être mis sur les biens d'un absent que dans le cas où il existerait contre lui des présomptions suffisantes pour justifier un mandat d'arrêt. En outre il exclut entièrement le séquestre lorsqu'il ne s'agit que d'offenses légères.

Il serait peut-être utile de prescrire que les parents ayant droit de réclamer des aliments à l'inculpé pourront être entretenus sur les biens frappés de séquestre, bien que les Motifs fassent observer avec raison que, comme cela va de soi, le séquestre ne peut rien changer aux droits des tiers.

Le § 223 règle le pouvoir du tribunal d'accorder un sauf-conduit à un inculpé absent.

(*La suite et fin à la prochaine livraison.*)

LA RENTRÉE DES COURS ET TRIBUNAUX EN FRANCE
EN 1871 ET EN 1872.

EXAMEN SOMMAIRE DES DISCOURS PRONONCÉS AUX AUDIENCES DE RENTRÉE
PAR LES CHEFS DES PARQUETS,

PAR

HIPPERT,

Secrétaire du parquet de la Cour de Cassation, à Bruxelles.

Les lecteurs de la Revue de droit international accueilleront, espérons-nous, avec quelqu'intérêt et beaucoup d'indulgence un examen annuel des discours de rentrée prononcés en France.

Cet examen sommaire, en groupant sous un même titre les travaux d'hommes éminents, attachés à 25 parquets, formera une partie du tableau de la culture du droit par la magistrature, et permettra de retrouver plus aisément des renseignements épars dans divers recueils, et disparaissant trop rapidement de la mémoire.

La diversité des sujets traités ne peut manquer de faire ressortir un sérieux enseignement, si l'on songe surtout que l'on possède par là le fruit des méditations d'hommes arrivés à une position supérieure, qui suppose l'expérience et de sérieuses études.

En 1871, les discours que nous avons pu nous procurer ont pour caractère spécial de refléter les douleurs et les espérances de la nation. On était en effet au lendemain de l'invasion, et surtout des horreurs de la Commune.

La magistrature avait été particulièrement et rudement frappée; mais elle avait en même temps donné de grands exemples.

Le président Bonjean, tel est le sujet de plus d'une étude.

A la Cour de Cassation d'abord, M. Renouard, l'illustre procureur-général, en a fait le texte principal de son discours, en lui associant *Paul Fabre*, procureur-général massacré également par la Commune; il fait l'éloge nécrologique des autres membres, et établit de plus le bilan des pertes matérielles de la Cour, en archives, livres et objets d'art, détruits par la conflagration allumée par les modernes vandales. Il déplore surtout la perte de toute la correspondance manuscrite de Merlin.

Le procureur-général d'Aix, M. ALBIN THOURET, s'est attaché au même sujet : *le président Bonjean.*

L'une et l'autre notice font énergiquement ressortir la grande figure de ce magistrat, type de l'homme de bien.

Bonjean s'attacha dès le début aux principes mêmes qui forment le grand magistrat. A peine docteur en droit, « il jugea le moment venu de donner » une direction à ses travaux, une règle à sa conduite, une loi à sa vie ; » cette direction, cette règle, cette loi furent :

» Le culte du droit,

» L'empire sur soi-même,

» La pratique de la vertu,

» L'observation du devoir. »

Grâce à la pratique de ces maximes, il put s'élever à ce haut degré de sérénité qui lui permettait de dire, alors qu'il ne lui restait plus de doute sur le sort qui l'attendait : « Ce que j'ai fait, je le referais encore, quelque » douloureuses qu'aient été les conséquences pour ma famille tant aimée. » C'est que, voyez-vous, à faire son devoir, il y a une satisfaction qui permet » de supporter avec patience, et même avec une certaine suavité, les plus » amères douleurs. »

Notons encore dans le travail de M. Thouret une juste appréciation des inconvénients de l'immixtion du magistrat dans la politique : immixtion qui causa à Bonjean des chagrins et des tribulations sans nombre « Tout cela » parce que, magistrat, il s'était fait homme politique et législateur, et qu'à ce » titre, justiciable de l'opinion publique, il s'était exposé aux critiques, aux » haines et aux vengeances de tous les partis. Le témoignage de sa con- » science et sa grandeur d'âme pouvaient bien le porter à mépriser ces » attaques, mais il en était d'une nature et d'une violence telles qu'elles ne » pouvaient manquer de l'affliger. »

s

Citons, parmi le autres discours de cette rentrée relatifs à des sujets purement juridiques, celui de M. LESPINASSE, premier avocat général à Pau, sur le *droit de la guerre et de la paix.*

A *Rennes,* à *Lyon,* à *Grenoble,* à *Bastia,* à *Bordeaux,* la note est plutôt sociale ; — la paix sociale, le courage civil, la famille, la liberté, l'internationale font l'objet d'autant de discours plus ou moins approfondis [1]. Au contraire, c'est l'ancien sujet : la magistrature et ses devoirs que nous retrouvons à *Dijon, Nimes, Chambéry, Amiens* et *Besançon*, mais avec des caractères divers, tantôt historique, tantôt théorique.

C'est à Besançon, M. HENRI ÉLOY, avocat-général, qui tient la partie historique par son discours : *le chef de la justice en France*, il expose les fonctions, les droits et les devoirs du chancelier de France.

L'avocat-général COQUILLIETTE, à la Cour d'appel d'Amiens, étudie l'*organisation judiciaire*. Après une revue historique, suivie d'un exposé de la situation actuelle, il indique les réformes désirables. Ce seraient, d'après lui, en premier lieu la diminution du nombre des tribunaux de commerce et l'introduction du ministère public dans ceux qui seraient conservés, et qu'il voudrait ne voir subsister que dans les grands centres industriels. Il faudrait encore déférer aux tribunaux civils le contentieux administratif, réforme de la plus haute importance pour la France, et dont la pratique belge a tiré le meilleur fruit depuis 1830. Une troisième réforme se rapporte à la justice militaire. « La justice ordinaire devrait encore connaître de tous les crimes » et délits communs dont le soldat se serait rendu coupable sous les dra- » peaux. Aux tribunaux militaires serait uniquement réservé le soin de » veiller sur la discipline, sur l'esprit de subordination, sur l'honneur » commun de l'armée. »
Pour les juges de paix il réclame l'absence d'intervention politique, et un examen sévère quant au recrutement.

Nimes et Chambéry ont vu leurs magistrats s'attacher à l'indépendance du pouvoir judiciaire. M. ROUSSELLIER, substitut du procureur-général à Nimes, a examiné surtout : *l'indépendance du pouvoir judiciaire et son rôle dans une société démocratique.*
Après une étude historique, puis comparative avec l'Amérique du Nord, il conclut à la confirmation de deux lois formulées par Tocqueville : « A » mesure que la liberté augmente, le cercle des attributions [2] des tribu- » naux va toujours en s'élargissant, et c'est le pouvoir judiciaire qui est

(1) Rennes — M. RAMÉE, *De la paix sociale* (A Leroy).
Lyon — M. DE PROUDIÈRE, a. g. — *Le courage civil* (Louis Périer).
Grenoble — M. DE BONNE, a. g. — *La famille* (Baratier, frères).
Bastia — EMILE REYBAUD, p. g. — *La liberté* (Ollagnier).
Bordeaux. — CELLERIER, p. g. — *L'Internationale* (Gounouilhou).
(2) *Démoc. en Amérique*, I, 179.

» principalement destiné dans les démocraties à être tout à la fois la barrière
» et la sauvegarde du peuple (1). » Touchant la grande question de la constitutionnalité des lois et arrêtés, il dit : « Le pouvoir judiciaire applique les
» lois y compris la constitution : en cas de conflit entre une loi ou un règle-
» ment et la Constitution, c'est cette dernière qui prévaut : rien de plus et
» rien de moins. »

A Chambéry, c'est le procureur-général M. J. B. FINET, qui développe
le même thème : *sub lege libertas* ; — « la justice est la seule passion de
» la conscience, a dit Lamartine. » L'orateur ajoute : « dans la magistrature
» nous n'avons et nous n'aurons jamais d'autre passion. » Sous ce rapport
il examine et approuve hautement les circulaires qui enlèvent à la magistrature le rôle politique que lui faisait jouer l'empire.

Le premier avocat-général près la Cour d'appel de Dijon, M. PROUST
parlant de *la situation morale et judiciaire*, examine l'effet des lois sur les
coalitions, les réunions publiques, l'internationale. Il compare l'organisation
judiciaire française à celle de la Belgique, spécialement au point de vue des
présentations, et repousse le système belge parce que des corps politiques
y interviennent, jugement qu'explique pour nous, sans le justifier cependant,
la situation de la justice en France.

Tels sont les intéressants sujets que nous présentent ceux des discours
de rentrée de 1870 que nous avons pu examiner.

Passons maintenant à la revue de ceux qui ont marqué la rentrée solennelle de 1872-73.

Le procureur-général à la cour de cassation a pris pour texte de son
discours l'adage fameux : « *le droit prime la force* », et sa parole autorisée
a suscité une polémique hors de l'enceinte judiciaire. Le soin que l'on a
mis à dégager, par des rectifications officieuses, la personnalité éminente
à laquelle était attribué cet adage terrifiant pour la raison, prouve la portée
que l'on a reconnue à l'éloquent discours du savant magistrat. Dans un
langage aussi élevé que coloré, il établit que « *l'honneur de la France*
serait perdu si la patience lui manquait pour travailler à guérir ses bles-
sures; » qu'à cet effet, il est urgent de ne pas se borner à discourir et à
proclamer, « *qu'il faut régénérer notre société par la morale et la justice;* »

(1) *Rapport à l'Académie des sciences morales* sur l'ouvrage de M. Cherbuliez, *la Démocratie en
Suisse.*

mais qu'il importe de mettre courageusement la main à l'œuvre, de passer au fait, de ne pas s'en remettre, comme c'est trop souvent la tendance naturelle en France, au pouvoir, mais de s'engager soi-même dans la voie pu self-government, en un mot de pourvoir soi-même à ses propres affaires. Ainsi s'engendrera « *l'ordre qui est le résultat de l'accord du droit et de la force.* »

Historiquement l'adage, la force prime le droit, est démenti par la longue suite des efforts pour la destruction de l'esclavage, efforts continués aujourd'hui encore ; par les progrès de la tolérance religieuse et par ceux qu'a faits l'instruction des masses. Aussi peut-on le proclamer avec orgueil : *Le droit progresse, il ne s'arrêtera pas. Chacun de ses succès est une primauté conquise sur la force et nous prépare à en attendre d'autres.* Mais il y a à cela une condition, c'est le développement de la culture intellectuelle intensive. Une fois ce progrès effectué, *nous, les vaincus d'hier, nous oserons le crier à la face du monde témoin de nos récentes défaites.... la paix est bonne, la guerre est criminelle.*

« *Notre bien aimée patrie ne peut donner un plus éclatant témoignage de*
» *sa renaissance, qu'en ne sacrifiant pas à ses rancunes la cause de la civi-*
» *lisation. Qu'elle dédaigne de demander à la force la revanche qu'elle*
» *attend; il est digne d'elle de chercher dans la primauté du droit la répara-*
» *tion de ses maux et le retour de tous ses enfants.* »

Après la distinction découlant de la haute dignité de celui qui parle, alors que celle-ci concorde avec la grandeur du mérite personnel, vient le mérite seul s'élevant entre égaux.

Sous ce rapport le discours assurément le plus notable de tous ceux qui ont été prononcés en 1872 est celui que M. HENRI BEAUNE, avocat-général à Dijon, a consacré à la question « *du Paradoxe* ».

Ce sujet intimement lié au droit et à l'éloquence judiciaire est de la catégorie philosophique, qui comprend pour cette année judiciaire douze discours.

Pour peindre le Gaulois, César avait employé un mot qui est resté caractéristique : « *gens argute loqui* », mot frappant, en effet, car, comme le remarque parfaitement l'orateur : « Depuis ce temps la face du monde s'est
» renouvelée, le sang s'est mêlé, la société s'est fondue et ses formes ont
» cent fois changé : notre caractère a duré. Rien n'a subsisté sur notre sol;
» tout y a été retourné, broyé jusqu'au tuf; chaque siècle a eu ses préfé-
» rences ou ses antipathies et la nation s'est élevée selon le temps des
» idoles, qu'elle brisait quand le temps était passé. Le goût de l'esprit, de
» la parole neuve, mordante, aiguisée n'a jamais vieilli ; au contraire, plus

» les années ont marché, plus il s'est développé chez nous, plus il y a pris
» d'empire ; jamais statue de plus dur métal n'a défié l'action des âges. »

M. Beaune défend la vérité une, en se plaçant au point de vue de l'individualité : « L'homme en tant qu'intelligence, est un être simple, et ce que
» sa raison éclairée par sa conscience condamne mentalement, son esprit
» vivant dans sa parole ou sous sa plume, n'a pas le droit de l'absoudre,
» encore moins de le glorifier. » A ce point de vue encore, il montre la prédominance du vrai et du simple, sur ce qui est seulement fin, et corrigeant
le mot du poëte, il nous enseigne que *le vrai seul est durable ;* car ce qui
est juste et spirituel est mille fois plus spirituel que ce qui n'est que spirituel
et brillant.

Il stigmatise en passant la Bohême littéraire, montre son action funeste,
engendrant l'école des rhéteurs et des déclamateurs, dont il donne une
frappante peinture que nous ne pouvons nous empêcher de reproduire ici :

« Ils s'en prenaient à tout sans distinction, à l'histoire, au droit, à l'âme,
» à la morale, leur science n'avait besoin ni de culture, ni d'étude, on ne
» lui demandait que de la colère, peu importait qu'ils frappassent juste,
» pourvu qu'ils frappassent fort ; le coup le plus décisif était le plus inat-
» tendu ; plus la question paraissait insoluble et plus la réponse était tran-
» chante ; chose étrange ! plus le juge était incompétent et moins on doutait
» de la solidité de ses arrêts. »

L'éloquence de la forme est à la hauteur de la pensée, témoin encore le
remarquable passage que voici : « Je salue la liberté de l'homme dans les
» doctrines méditées et sincères, je la salue même dans ses révoltes contre
» la vérité parce qu'il est des heures où les ténèbres ont une fausse lumière,
» et où l'œil le plus lucide est trompé par la ressemblance de l'erreur avec
» le vrai. Mais se lever sans antécédents pour la défense d'une idée vague
» ou d'une idée absente, proposer à l'homme comme une loi indiscutable
» une négation sans épreuve ou déjà condamnée par le sens universel, c'est
» une témérité que le génie lui-même n'excuse pas et que la suffisance seule
» est impuissante à faire pardonner. »

Et passant ensuite aux exemples pratiques, l'orateur montre le sophisme
et le paradoxe s'attaquant au droit. Dans le code civil, aspirant à détruire
l'usurpation juridique pour y substituer « le droit de la science indépen-
» dante, qui n'est divisément ni religieuse, ni politique, ni sociale, mais
» tout cela ensemble, qui est humaine ou en d'autres termes, la reconstitu-
» tion harmonique de la société sur la base de l'unité vivante, de l'individu... »
pathos qui veut dire : réforme de la propriété, de la famille, de la cité.

Et signalant l'origine de ces observations : « C'est, dit-il, le goût du
» paradoxe qui a suscité ces âpres censeurs, c'est l'abus de la phrase qui a
» provoqué ce creux et emphatique langage; c'est la maladive ambition d'une
» précoce renommée qui a jeté hors des sentiers de la raison de jeunes
» esprits faits pour la comprendre et la servir, qui devraient être les solides
» champions du droit, et que l'orgueil abaisse à n'en être plus que les vul-
» gaires émeutiers. »

Mais ce n'est pas tout : après le droit c'est la famille qu'on attaque : elle
se réduit à l'union naturelle; le fils est fait égal ou supérieur au père parce
qu'il résume l'expérience de tous ceux qui l'ont précédé.

La femme ne rencontrera le bonheur, selon eux, que par le changement
d'affection; plus de liens indissolubles.

« Et dès que la route a été frayée, les docteurs ne se sont pas fait attendre.
» Ils ont attaché le plomb du dogmatisme à ces flèches légères qui ne creu-
» saient pas, d'après eux, des blessures assez profondes. »

Mais après la loi et la famille, la patrie elle-même se voit ravir non-
seulement l'affection et le respect, mais encore la foi inébranlable qui lui
était consacrée comme à une religion; on lui a substitué une idée : « La
» patrie n'existe que là où est l'intérêt, » et cela au milieu même des plus
affreux désastres.

Et l'on n'était pas au comble. Dieu ne devait pas être épargné : « il gênait
» la créature et la créature l'a détrôné. Elle ne s'est pas en ces derniers jours
» contentée de dire comme Laplace : « C'est une hypothèse dont je n'ai pas
» besoin, » ou comme cet autre plus explicite encore : « Dieu c'est le mal, »
elle a dit seulement : « c'est un embarras, nous le biffons. »

Pour l'orateur, tous les excès passés, les horreurs récentes de la commune
sont le résultat *d'un peu d'encre et d'un peu d'air, — ce n'est rien? c'était
tout.*

Que si on l'accusait d'instruire, sous forme d'accuser les excès de la
parole, le procès de l'intelligence; — il répondrait :

Ce n'est pas le procès de l'intelligence, c'est celui du paradoxe, et *le
paradoxe c'est la profanation de l'intelligence.*

Aussi réclame-t-il le retour au bon sens. S'emparant du mot du président
de Harlay, « c'est grande pitié quand le valet chasse le maître; — c'est
» grande pitié aussi, dit-il, quand la raison seule faite pour commander est
» contrainte de céder le pas à une tapageuse et outrecuidante folie. »

Aux réclamations de nouveauté que lance la frivolité, il répond : « La
» vérité ne vieillit jamais alors même qu'elle se répète toujours. »

Tel est ce mémorable et remarquable discours. Nous avons cru que son *importance* méritait une analyse détaillée.

Revenons maintenant à la série des discours se rapportant plus spécialement au droit. Ils sont au nombre de neuf, dont cinq théoriques et quatre plus particulièrement historiques.

Trois se rapportent au jury; l'un d'entre eux est historique. M. l'avocat-général Pompéi à Bastia, retrace *le sort du jury en Corse.*

Il montre sous les Génois la vendetta rendant la répression illusoire, accumulant 28000 meurtres, 1000 par an. — Pascal Paoli, le libérateur, voulut développer les éléments naturels du jury par les tribunaux provinciaux, jugeant avec la participation de six pères de famille, auxquels il appartenait plus spécialement d'apprécier le fait, et de prononcer sur l'innocence ou sur la culpabilité des accusés. La justice fut dure mais efficace. Pendant ses quatorze années de gouvernement national, la Corse, sous le rapport de la criminalité, n'eut rien à envier aux peuples les plus civilisés.

« Les peuples aiment et admirent la justice, même sous sa forme la plus » rigoureuse, quand elle sait se maintenir dans une inflexible impartialité. »

Après la réunion à la France, depuis 1791, les gouvernements qui se sont succédé dans ce pays, se sont tous appliqués, chacun suivant la loi de son origine, — à réglementer la composition des listes du jury. Le renouvellement incessant des règles a fâcheusement rattaché à la politique une institution qui n'aurait jamais dû sortir du domaine judiciaire.

Le jury en Corse fut d'une indulgence excessive. Aussi, après que ce pays eut été arraché à l'Angleterre, Miot, qui en fut l'administrateur, dut-il suspendre le jury et le remplacer par un tribunal criminel extraordinaire qui subsista jusqu'en 1814; époque où l'on y organisa des tribunaux sans jury. De là des réclamations qui, en 1840, aboutirent au rétablissement du jugement par jurés. Cette expérience nouvelle prouva que le Corse sait juger quand l'intérêt des familles ne l'égare pas.

En 1848, un nouveau système remplace la loi Martignac. On affranchit le jury de la tutelle administrative, en faisant rédiger la liste par des commissions cantonales, absolument indépendantes, dont tous les membres, sauf le juge de paix, sont issus de l'élection.

Deux objections étaient faites à ce système; le nombre trop grand des jurés, l'absence de prudence dans leur choix.

La loi du 6 juin 1853 remédia à ces défauts. La liste formée par des commissions de deux degrés est préparatoire au chef-lieu de canton, définitive au chef-lieu d'arrondissement ; le nombre des jurés est limité à 500 par département, sauf dans la Seine.

Ce régime produisait déjà des résultats favorables, le niveau de la criminalité s'abaissait quand le 14 octobre 1870, décrétant un retour à la loi du 7 avril 1848, est venu amener une recrudescence dans la criminalité, surtout en Corse.

Aussi l'orateur réclame-t-il le vote d'un projet qui en reviendrait à la loi de 1855 avec quelques modifications [1]. Pour la Corse, il demande en outre la défense absolue de porter une arme publique ou cachée [2].

M. Emile Rougé, avocat-général à Caen, traite *de l'application du jury en matière civile*.

Il le montre existant dans l'enfance des sociétés, alors qu'il ne se présente à résoudre que des questions de fait, et disparaissant devant la complication des affaires.

Proposé de nouveau lors de la réorganisation de la justice à la révolution, il n'obtient pas, comme le jury criminel, un assentiment unanime.

Sieyès qui le patronait (avril 1790, projet en 176 articles), le voit combattu par Duport, Thouret et Tronchet.

Duport et Chabroux présentent un second système, analogue à celui de l'Angleterre, mais, malgré l'appui de Barnave et de Charles Lameth, ce système est attaqué par Régnier, Thouret et Tronchet, et il échoue encore une fois.

En 1793, il est reproduit par Cambacérés, Barrère et Chabot, mais son sort n'est pas plus heureux.

Néanmoins l'idée a persisté, des adhésions constantes et sérieuses ont été acquises au jury en matière civile : De Tocqueville, Casimir Périer, O. Barrot, De Broglie, Bonjean, Jules Simon, Emile Olivier, Prévost Paradol.

La question a deux faces.

Au point de vue politique : « Dans les sociétés où, comme dans la nôtre, » la souveraineté populaire est devenue la base du droit public, le peuple » est la source de tout pouvoir. « Toute souveraineté réside essentielle- » ment dans la nation, » dit la constitution de 1852, rappelant sur ce point » celle de 1848 et la déclaration de 1789 ; c'est-à-dire que l'intervention

[1] Ce projet est devenu la nouvelle loi française *sur le jury* du 21 novembre 1872.

[2] Voyez à ce sujet une curieuse et remarquable opinion de Napoléon I. Correspondance de Napoléon I, tome 14, n° 11968. Lettre adressée d'Osterode le 7 mars 1807 à M. Regnaud de St-Jean d'Angely.

» de tous les citoyens dans le fonctionnement du pouvoir de l'État n'est plus
» désormais que l'exercice d'un droit légitime. La première conséquence
» de ce principe, c'est la participation de tous à la confection de la loi, qui
» ne devient alors que l'expression de la volonté commune, formulée par
» ses représentants.

La nation doit-elle retenir également le pouvoir judiciaire par la généralisation du jury?

C'est l'avis de Tocqueville : « Le système du jury, tel qu'on l'entend en
» Amérique, me paraît, dit-il, une conséquence aussi directe et aussi
» extrême du dogme de la souveraineté du peuple que le vote universel.....
» Le jury forme la partie de la nation chargée d'assurer l'exécution des
» lois, comme les chambres sont la partie de la nation chargée de faire les
» lois ; et pour que la société soit gouvernée d'une manière fixe et uniforme,
» il est nécessaire que la liste des jurés s'étende et se resserre avec celle
» des électeurs [1]. »

Ce système est, selon l'orateur, applicable à l'Amérique, où un peuple
neuf, en complète possession de lui-même, est libre de façonner ses mœurs ;
— il est inapplicable en Europe, où le peuple est à peine dégagé de
tutelle, où il est encore inhabile au gouvernement de ses intérêts.

Mais il y a également ce motif, que le vote *délègue* le pouvoir législatif,
au lieu que le jury *conférerait* le pouvoir de judicature aux masses, incapables assurément de juger.

L'erreur de ceux qui réclament ce jury est de le réclamer comme garantie
politique ; erreur d'autant plus grande que la masse manque d'indépendance,
de science et de pratique.

La deuxième face est le point de vue judiciaire.

Les partisans eux-mêmes nient que ce soit une amélioration. Tocqueville
n'y voit qu'un avantage : la décision du fait est séparée de celle du droit.

D'ailleurs, pourquoi le jury criminel entraînerait-il, par une nécessité
logique, le jury civil?

« Le premier donne au citoyen cette tranquillité d'esprit qui provient
» de l'opinion que chacun a de sa sécurité [2]. »

Mais dans l'application naissent les difficultés :

Le jury civil amène la suppression de l'appel, cette suppression existera-t-elle pour le droit? — Puis cette juridiction manque de rapidité, elle présente en droit tous les dangers d'un juge unique.

[1] TOCQUEVILLE. *Démocratie en Amérique.* T. II, p. 180-181, 15ᵉ édition.
[2] MONTESQUIEU. *Esprit des lois*, Liv. XI, ch. VI.

S'il existe en Angleterre, c'est que là l'organisation aristocratique se traduit même dans le jury civil, auquel les classes inférieures ne participent pas plus qu'elles ne participent aux fonctions politiques.

Il reste beaucoup à étudier et à méditer dans tout cela et l'orateur, sans se prononcer, conclut par ces paroles de Jules Simon : « Peut-être l'avenir » de la justice est-il dans ces deux mots : des jurés praticiens et des juges » abstraits [1]. »

À Caen, M. LANFRANC DE PANTHORE, avocat-général, traite *du jury en matière criminelle, de ses origines, de son organisation dans les temps anciens et modernes.* — D'après l'orateur, les Romains seuls l'auraient connu dans l'antiquité par l'*album judicum* qui comprenait 300 à 600 ou 1100 juges; en France on retrouve le jury dans les co-jurateurs, les hommes jurés, la jurée normande comprenant « les hommes choisis, les plus sages, les plus loyaux, les plus créables. » Au criminel et au civil, 12 jurés se décidaient à la majorité simple. Ils étaient choisis par le bailli. Mais la forme inquisitoriale de la jurisprudence romaine abolit tout cela et prévalut à partir de Saint-Louis.

En Angleterre on discute l'existence du jury sous les Anglo-Saxons. Les conquérants normands l'apportent avec eux [2]. Les conditions en sont un cens de 10 livres ou une location de 20 livres, — dans les villes 20 livres de revenu imposé à une maison de 15 fenêtres.

Aux États-Unis on exige 150 dollars de revenu, outre la capacité.

En Bavière on soumet les listes à une quadruple épreuve par divers degrés, et l'on y porte les docteurs des universités etc., les capacités et les citoyens payant 20 florins.

En Saxe les conditions sont de même nature, mais l'impôt est plus élevé.

L'orateur expose ensuite le système belge, puis les vicissitudes du système français.

À Orléans, M. PAUL HOMBERG, substitut du procureur-général, parle *du droit d'appel et de son influence sur l'unité de la législation.*

Il donne l'historique et les formes successives de l'appel ; la loi salique n'en a pas de traces, son germe est dans une constitution de Clotaire de 560

---

[1] *La liberté*, t. II, p. 542.

[2] Cf. à ce sujet l'article bibliographique paru dans la Revue sur le récent ouvrage de M. BRUNNER. *Entstehung der Schwurgerichte*, t. IV, p. 173. Il en résulte que, d'après M. Brunner, le jury de jugement n'a fait en réalité son apparition que fort tard, *surtout en matière criminelle.*

(*Note de la Rédaction.*)

qui, sous le nom d'amendement, *emendatio*, établit l'appel au roi ou à l'évêque, ce qui subsiste jusqu'au VIII° siècle.

Charlemagne le réalise plus efficacement par ses *missi dominici*, l'établit et le sanctionne dans ses capitulaires.

La féodalité le fait disparaître devant le duel judiciaire, et le détruit absolument pour le vilain, car, comme le dit le Conseil de P. de Fontaines au chapitre 21 : « Entre toi, vilain, et ton seigneur, il n'y a de juge fors Dieu. » Seul le seigneur appelle, mais par les armes.

Sous la troisième race, par le rétablissement de la cour du roi, l'appel renaît, malgré la résistance des barons. « Chacun des barons est souverain dans sa baronnie. » (Beaumanoir, ch. 34.)

Le seigneur lutte contre la juridiction des juges des exempts.

Philippe Auguste, en 1190, établit les juges d'appel, les baillis royaux ayant résidence fixe et tenant tous les mois un jour de séance appelé *assises*, où, assistés du propriétaire du fief, ils jugent sans appel ceux qui réclament des jugements des prévôts.

Par l'envahissement successif des cas royaux, il arrivent à embrasser à peu près toute la justice. Les *aveux de bourgeoisie* viennent encore augmenter leur compétence; tandis que les appels pour *défaute de droit* obviait aux terribles conséquences du précepte posé par de Fontaines.

Le règne de Saint Louis fait un pas immense en proclamant l'adage : « Bataille n'est pas voie de droit. » La conséquence est l'établissement de l'appel de faux jugement (1260).

Mais néanmoins tout « appel contient félonie et iniquité. »

Cependant par l'influence du droit romain et de l'école de Bologne, l'état des choses s'améliore au point que seuls les grands et hauts barons de Bretagne, de Bourgogne, de Guyenne et de Normandie peuvent se soustraire à l'appel. Au XVI° siècle, tous sont soumis au parlement; dès 1302 ou 1309, il avait la juridiction suprême.

Avec des formes diverses l'appel est alors devenu universel.

Le rôle politique que jouent les parlements les faisant se cantonner dans les particularités de leur ressort, les empêche d'arriver à l'unité de jurisprudence. Mais, comme dit Montaigne : « Il n'appartient à aucune époque de mettre cheville à la roue, » et la révolution vient créer cette désirable uniformité.

Un sujet ingénieux et neuf a été traité à Aix par M. Félix Clappier, avocat-général, qui s'est occupé *des motifs dans les arrêts en matière civile*.

Débutant par un néologisme commandé en quelque sorte par son sujet, il expose que : le principe de la *Motivation* était dans tous les bons esprits quand il vint prendre place dans la législation de 1790. « Il y entra, et il y est » demeuré, comme un axiome judiciaire introduit par la raison publique. »

Dans cet ordre d'idées, il étudie la raison d'être des *motifs*, leur délibération en chambre du conseil, leur rédaction, les conséquences de la motivation, et enfin les rapports de la motivation avec notre établissement judiciaire.

` Les motifs sont la raison des choses et comme la clé des solutions.... cette raison doit être donnée à tout et en tout. Bacon : nec decreta exeant cum silentio sed judices sententiæ suæ *rationes* adducant, idque palam atque adstante corona. »

Voulue par Bacon, souhaitée par Saurin, et conseillée par Monclar, la motivation avait été pratiquée par Emérigon.

Tout ayant été dit par l'avocat et écouté par le juge, la chambre du conseil s'ouvre au délibéré. — La porte est interdite. — Secret d'une nature en quelque sorte sacrée parce qu'il est écrit dans le texte du serment, où se trouve la promesse spéciale de garder *le secret des délibérations*.

La science des dossiers et la science juridique des uns se joignent au bon sens, à l'intuition des autres, et à la droite volonté de tous.

Les esprits étant fixés sur le vrai, et par le vrai sur le juste, la justice est *faite* en la chambre du conseil avant d'être *rendue* à l'audience.

« Étant votés les motifs et l'arrêt, il faut les rédiger. Travail des plus » ardus, la plume d'un seul ayant à traduire la pensée de plusieurs » et devant aussi s'inspirer de la pensée que Bossuet formule ainsi : « Le juge donne des *réponses courtes mais décisives*. »

La motivation évite les procès, forme le jurisconsulte par la jurisprudence, à moins que sa paresse n'engendre une souffrance du droit, et à condition que l'on n'oublie pas que « les principes priment les arrêts » ; elle justifie les variations de jurisprudence, par les motifs spéciaux ou les besoins sociaux ; elle vivifie enfin la jurisprudence, car les arrêts bien motivés préparent la législation. La marche des faits, constatée par les arrêts et leurs motifs, engendre les nouvelles lois.

Mais la motivation agit plus hautement encore : le motif sert à réprimer l'iniquité, et influe ainsi sur la moralité publique.

Par rapport à notre établissement judiciaire, la motivation explique tout le ressort judiciaire : première instance, appel, cassation.

Enfin comme le juge est comptable de son ministère envers Dieu, envers la conscience publique, envers le justiciable qu'il juge, envers lui-même, il répond à toutes ces responsabilités par sa motivation.

A Riom, M. Liouville, substitut du procureur-général, s'est étendu sur *la statistique judiciaire*, il l'a montrée posant ses premiers fondements l'an IX sous le ministère d'Abrial, par les articles 600 et 601 du Code d'instruction criminelle ; faible germe qui, à partir de 1825, se développa dans les statistiques réelles et qui eut pour résultats, selon l'orateur : l'application des circonstances atténuantes par le jury, la réduction de la détention préventive grâce aux casiers judiciaires.

Les sujets historiques ont cette année été le partage de *Nîmes*, de *Paris*, de *Chambéry* et de *Grenoble*.

A Nîmes, M. Golléty, substitut du procureur-général, a parlé des *Légistes français au moyen-âge*. Il leur attribue la Constitution définitive de la nationalité française, par la lutte contre la suprématie seigneuriale, puis contre la suprématie papale.

Guy de Foulques, Étienne Boileau, Geoffroy de Villette, Pierre de Fontaines, autant de noms destinés à vivre dans notre mémoire reconnaissante.

La cour d'appel de Paris a entendu M. l'avocat-général Ad. Chevrier faire l'*éloge d'Omer Talon*, tandis que celle de Chambéry assistait à l'éloge ému de *Jacques Replat*, par M. Grand, substitut du procureur-général [1] ; l'orateur trouve dans son héros un modèle de patriotisme. Comme jurisconsulte il opéra le tour de force d'indiquer dans un travail savant, quoique pour ainsi dire improvisé et intitulé *Manuel du jurisconsulte savoisien*, *les sources de 2415 articles du code civil de Charles Albert.*

« Comme orateur, il possédait le maximum des qualités qui gagnent la » confiance, c'était l'honnêteté irrésistible qui parle. » Enfin il ajoutait à ces qualités les dons de la poésie.

Grenoble nous présente cette année un travail aussi considérable par son étendue que par son intérêt. M. E. Berger, avocat-général, est l'auteur d'un véritable volume sur *Les communes et le régime municipal en Dauphiné* [1], sous cette épigraphe empruntée à Balduinus : « *Turpe est, inquit noster Mucius, jus ignorare in quo versamur, sed multo turpius est nos in patriâ*

_____

(1) 1 vol. de 173 pages. Grenoble, Baratier frères et Dardelet.

et domi peregrinos videri. » (*De conjunctione historiæ universæ cum juris-prudentiá.*)

Ce travail est divisé en cinq chapitres, subdivisés en sections avec des notes étendues, et un tableau de preuves qui en font un répertoire d'une haute valeur.

Il commence par préciser la terminologie. Le municipe romain, modelé sur l'organisation de la ville, *Urbs;* les corporations, colléges, universités, agglomérations jouissant du droit de gérer elles-mêmes leurs propres intérêts; les *communes* du moyen-âge, villes et bourgs insurgés contre l'autorité féodale et proclamant leur affranchissement, tandis que les chartes concédées par les seigneurs qualifiaient le corps obtenant ces concessions d'*université;* tout cela formant sous la monarchie française les *commu-nautés,* et devenant par les lois de la révolution les *communes.*

Avant les Romains, le Dauphiné est occupé par les Allobroges et les Voconces, avec les alliés de ceux-ci. Chez eux chaque tribu formait ce que les Romains appelaient une cité (civitas). La cité se divisait en *pagi* ou districts. Les pagi comprenaient les bourgs et les villages, *vici.* Quand ils étaient ceints de murs, c'étaient des *oppida.* Des assemblées de la cité, com-posées de prêtres et de nobles exerçaient le gouvernement et l'administra-tion. Vers le 1ᵉ siècle de notre ère, une révolution lentement accomplie et partant des villes établit le gouvernement et l'administration sur le principe de l'élection. Principe qui s'étendit ensuite aux districts (ch. I).

Les Romains, lors de leur conquête, accordent aux Voconces le titre d'alliés, qui leur conserve leurs lois et leur administration; ils traitent les Allobroges plus rigoureusement; les déclarent *dedititii,* leur enlèvent les assemblées de cités pour ne leur laisser que les réunions de district. Alors se déroule une longue série de vexations des proconsuls romains, de récla-mations des députés allobroges, ridiculisés par Cicéron (pro Fonteio), puis joués par lui (Catilinaires).

Sous l'empire se produisent de nombreux remaniements territoriaux, les colonies romaines fondées depuis César, constituent des cités composées des décurions et du peuple (*plebs*).

L'apreté fiscale de l'empire causa la ruine du régime municipal des villes, elle étouffa les curies des campagnes sous le poids toujours croissant de l'impôt foncier; la dépopulation des campagnes marcha rapidement.

Pendant ce temps il se formait sourdement une société nouvelle, jeune, ardente, et soutenue par des croyances fécondes. Le christianisme finit par absorber la société romaine.

La puissance, la juridiction, les honneurs affluèrent vers les évêques. Le municipe romain fit place à la paroisse.

Les divisions territoriales des tribus gauloises servirent de base aux divisions de l'ordre spirituel (Ch. II).

Lorsqu'au v⁰ siècle l'empire retira ses légions de la Gaule et de la Grande-Bretagne, ce fut autour des évêques et des prêtres, que les populations se groupèrent sous les Burgondes qui s'établirent en Dauphiné ; il resta deux pouvoirs seulement dans les villes : les comtes représentant le gouvernement des vainqueurs, commandants militaires ayant les attributs du pouvoir civil des proconsuls romains, — et l'évêque représentant le pouvoir des vaincus. L'esprit démocratique présida à la création et à l'organisation de la commune ecclésiastique.

Les Francs, conquérants de la Bourgogne, y établirent la féodalité, qui y grandit bientôt. Alors l'église séparant ses intérêts de ceux du peuple, cessa de s'appuyer sur la race des vaincus, elle devint féodale.

Seigneurs et évêques s'érigèrent en souverains. C'est à peine si l'existence des municipalités apparaît d'une manière confuse en Dauphiné dans les temps féodaux proprement dits, c'est-à-dire du vIII⁰ au xI⁰ siècle (Ch. III).

Dans son chapitre IV, l'orateur détaille le régime municipal du xI⁰ au xIV⁰ siècle inclusivement.

C'est l'époque des chartes d'affranchissement concédées non plus à des cités (territoires entiers), mais seulement à une ville, à un bourg, à un groupe de plusieurs paroisses et par chaque seigneur selon ses intérêts ; de là une incroyable diversité, dans les détails de laquelle il nous est impossible de suivre l'orateur.

La renaissance municipale est au moyen-âge l'œuvre de la bourgeoisie. Marchands et artisans veulent sauvegarder leur personne et leurs biens.

« Les chartes municipales, répondant à cette double aspiration, renferment des dispositions nombreuses sur le droit de propriété, sur la faculté de tester, de vendre et d'aliéner, sur le partage des successions, la liberté individuelle, les crimes et les délits ; elles réglementent, en même temps, les élections consulaires et déterminent les attributions des magistrats municipaux.

» L'uniformité règne dans le texte des chartes relativement aux règles de droit civil qui y sont formulées, et qui, toutes, sont puisées dans la jurisprudence romaine ; les différences les plus tranchées s'accusent, au contraire, lorsqu'il s'agit des droits féodaux. »

Dans les campagnes, il y a ce que l'on appelle les chartes de mandements, districts ou territoires correspondant à l'étendue de chaque juridiction ; sauf de rares exceptions (5), elles n'organisent pas de régime municipal jusqu'au xiv⁰ siècle. Toutes les chartes des mandements, se bornent à régler la situation des serfs relativement à la main-morte, aux tailles, aux redevances féodales, et aux corvées. Les habitants sont représentés dans ces actes par un certain nombre d'entre eux s'engageant pour les autres, et non par des fonctionnaires stipulant pour des communautés.

Le chapitre V traite de la monarchie française, des communautés, du régime municipal depuis la cession du Dauphiné à la France jusqu'à la révolution de 1789.

En cédant ses états à la France, le Dauphin Humbert II promulgua la charte solennelle de leurs privilèges, *Statuta Delphinalia*, statuts du Dauphiné, consacrant tout ce qui avait été déjà obtenu.

La monarchie restreignait, amoindrissait les franchises des villes, qui lui faisaient peur ; elle favorisait le développement de celles des campagnes, paroisses et villages.

Les légistes développant la notion de l'État, qu'ils confondirent avec celle de la royauté ; travaillèrent à abattre la féodalité et l'autorité temporelle de l'église. Ils appliquèrent aux communautés rurales les règles et les principes du droit romain sur les associations civiles. « Les communautés rurales se » constituèrent sur le pied le plus démocratique et le plus égalitaire. » Leur mandataire fut qualifié du nom de syndic. Les légistes lui appliquèrent les principes des lois romaines relatifs aux décurions. La lutte contre la féodalité se poursuit par les procès judiciaires ; ceux-ci minent les municipalités, et après que Richelieu, eut séparé l'administration de la justice, en instituant les intendants, nous voyons ces derniers absorber les libertés des communautés et les enlacer dans la tutelle administrative, sans leur laisser même l'ombre de la liberté. La vénalité des offices vint mettre le régime complétement à bas, au point que les tentatives de réforme de 1766 échouèrent. Comme le dit très bien l'orateur en terminant : « Le temps de la » décadence des municipalités survient à son tour : la décision des affaires, » le choix des magistrats sont abandonnés à la merci de la foule, au hasard » des brigues et des surprises. La réforme de pareils abus s'impose dès » lors au pouvoir royal. Malheureusement, il ne sut résoudre le problème » qu'en s'emparant de la nomination des magistrats municipaux et en soumettant les communautés à une tutelle exagérée. Il eût été possible, sans » revenir au système aristocratique des curies romaines, d'arriver à une » meilleure solution et de placer le pouvoir municipal sous la double » garantie de l'intelligence et de l'intérêt des citoyens. »

Dans la série philosophique M. Samuel Périvier s'occupe *de la Bienveil-lance* (Cour d'appel de Poitiers). « La Bienveillance, « selon l'orateur »
» doit être considérée comme la principale obligation de tous ceux qui, à
» tous les degrés, détiennent une part quelconque de l'autorité publique. Au
» point de vue social, elle peut produire les plus heureux résultats : elle
» peut conduire à l'*apaisement* dont aujourd'hui nous avons si grand besoin,
» et à la réconciliation entre elles de toutes les classes de la société. »

Il recommande la bienveillance au ministère public et à la magistrature assise, en notant les nuances qui la diversifient.

A Bordeaux, M. Dossat, avocat-général, traite d'une manière à la fois philosophique et juridique *de l'émancipation de la femme* et touche ainsi comme il le dit : « à l'un des problèmes les plus délicats de la science » sociale. »

« La nature a donné à la femme, dans la famille et dans la société, une
» position qui exerce une incontestable influence sur la conservation de l'une
» et sur les destinées de l'autre.

» Dans la famille, la femme a la plus noble et la plus difficile mission à
» remplir ; c'est elle qui, penchée sur le berceau de l'enfant, couve du
» regard sa jeune âme comme pour la faire éclore ; qui, plus tard, lui révèle
» Dieu par la prière ; qui, plus tard encore, lui apprend la vertu par ses
» exemples ; c'est elle qui, compagne de l'homme, le suit dans les hasards
» de la vie, partage ses joies et ses peines, panse les blessures de son cœur,
» calme les révoltes de son orgueil, et assure par ses vertus la paix et l'hon-
» neur du foyer domestique.

« Dans la société, le rôle des femmes est non moins grand ; elles por-
» tent, selon l'expression d'un grand publiciste, « l'avenir des sociétés dans
» leur sein ; » elles forment le citoyen et donnent souvent des héros à la
» patrie ; elles font, dit Madame de Staël, aimer leurs vices et leurs vertus,
» et se trouvent, à l'insu de leurs maîtres, de moitié dans tous les grands
» événements qui agitent la société : « *semblables à ces duvets intro-*
» *duits dans les caisses de porcelaine, comptés pour rien, tout se briserait*
» *sans eux.* »

M. Dossat jette un coup-d'œil sur les législations antérieures : romaine, germanique, féodale et coutumière, en ce qui concerne la femme. Il croit que les lois de la révolution exercèrent une trop forte réaction en sa faveur, mais que le mouvement fut ensuite trop prononcé en sens contraire dans le code civil.

Nous reneontrons encore, dans la série philosophique, M. le procureur-général VARAMBON, de Besançon, qui nous entretient de *l'idée de patrie*, en la distinguant de celle de nationalité : « La patrie n'est autre chose que le » fonds commun d'idées et de sentiments, ce lien moral qui relie les hom- » mes en corps de nation avec plus de force que l'identité de race ou de » langage, que le sol, les traités ou les frontières. » (p. 19). — Nous citons, nous n'apprécierons pas.

A Pau, à Rennes, à Montpellier, il a été question des rapports de la justice et de la politique. A Pau, M. CLÉMENT SIMON, avocat-général, a pris pour sujet : *La démocratie et le pouvoir judiciaire*. L'indépendance de l'ordre judiciaire est la plus précieuse garantie de la liberté, de l'égalité et de la démocratie, qui est aujourd'hui le droit et est aussi la force. M. Simon examine spécialement les questions relatives au jury et à l'élection des magistrats.

A Rennes, l'avocat-général MONTAUBIN, en parlant *de la magistrature et de l'esprit judiciaire*, montre les parlements, « à ce moment qui s'étend du » commencement du XIVᵉ siècle à la fin du XVIᵉ, où leur existence se » confond avec celle de la monarchie, dans cette œuvre de foi ardente et » de labeur obstiné dont ils furent les persévérants ouvriers : la constitu- » tion de la France et l'unité de la patrie. »

La justice, alors qu'ils sont abattus et détruits par la révolution, devient néanmoins l'un des grands pouvoirs de l'État, indépendant, souverain, ne relevant de personne, jugeant tout le monde.

M. MELCOT, substitut du procureur-général de Montpellier, parle de *l'indépendance politique du magistrat*, qui complète tous les autres dons, qui autrefois s'affirmait par une résistance presque factieuse à la volonté souveraine, qui aujourd'hui « n'est pas de l'héroïsme, n'est plus que de » l'honnêteté. » Passant en revue les améliorations désirables à ce point de vue, il n'adopte pas le droit de présentation attribué aux cours d'appel, il repousse les nominations par élection populaire, réclame pour le parquet l'inamovibilité ; les fonctions du ministère public résulteraient alors d'une délégation du gouvernement au magistrat, délégation toujours révocable.

La question des mœurs publiques a fait l'objet des discours de Limoges d'Agen, et, d'une manière plus générale, de Douai. M. H. BAGNÉRIS, avocat-général à Douai, parlant de *nos devoirs*, conclut qu'ils se résument dans ces trois commandements de la sagesse divine : la *science*, la *force* et l'*amour de la justice.*

M. Vételay, avocat-général à Limoges, s'occupe de l'*importance des mœurs.* Il exhorte la France, en lui rappelant les exemples de Rome et de l'Angleterre, à puiser dans sa défaite une nouvelle force pour pratiquer la maxime d'un ancien : « Si tu veux vaincre ton ennemi, commence par te » vaincre toi-même. »

M. Roe, procureur-général à Agen, nous apporte la pratique même de ces idées par son discours sur *la discipline dans les idées et dans les mœurs.*

« La discipline, accomplissement régulier et parfait de l'apprentissage » moral, tant dans le domaine de la conscience que dans celui de l'intelli- » gence ; connaissance réfléchie des lois morales de la pensée, sentiment » profond de leur autorité. »

Elle ne doit jamais cesser de guider notre intelligence et d'éclairer ses mouvements.

Si l'homme doit tout d'abord être disciple, il est également soumis à l'obligation d'être maître.

« La parole, les œuvres, la vie tout entière d'un citoyen sont un ensei- » gnement perpétuel auquel s'attache la plus grave des responsabilités. »

La discipline doit se rétablir par la famille, l'école et l'éducation sociale.

A Toulouse, M. Legeard de la Diriays, avocat-général, a traité un sujet connexe aux précédents. Il a parlé *du droit individuel et du devoir,* indiquant la corrélation des deux principes, et la nécessité de les compléter ou de les corriger l'un par l'autre.

M. Geneste, substitut du procureur-général à Lyon, a traité *des lois sur la presse.* Il préconise le système répressif, qui n'est en définitive que l'égalité pour tous devant la justice ; et qui, comme résultat, fait perdre leur attrait aux attaques méchantes et amène la presse à se discipliner et à se modérer elle-même. A Rouen, cette ville industrielle et commerciale, M. Buchère, avocat-général s'est occupé d'économie politique, en exposant *le développement du crédit et de la fortune mobiliaire.* Ce discours contient une curieuse histoire des emprunts royaux.

S'inspirant des paroles de M. A. De Belleyme au Corps législatif le 20 mai 1857 : « La fortune mobilière est un chef-d'œuvre de la civilisation » moderne, — entre richesses et civilisation, il y a solidarité complète, —

» le terrain perdu par l'une serait perdu par l'autre, » M. Buchère les vérifie historiquement.

La banque de France, puis les sociétés en commandite viennent donner une impulsion fabuleuse au crédit. Les fautes font l'éducation de la masse au point que tandis que deux milliards et demi de dette, annoncés par Necker, faisaient regarder la France comme voisine de la banqueroute, aujourd'hui la déclaration, par M. Thiers, d'un capital de dette de 20 milliards, n'empêche pas l'emprunt le plus fort qui ait été jamais émis de rencontrer le succès fabuleux que tout le monde sait.

Telle est la série des discours prononcés à l'occasion de la rentrée de l'année judiciaire 1872-1873. On le voit, ces documents sont loin de manquer d'intérêt, et plus d'un de ces remarquables travaux a une valeur bien supérieure à celle d'un simple morceau de circonstance.

21 avril 1873.

DE LA NÉCESSITÉ ·

D'ORGANISER UNE INSTITUTION SCIENTIFIQUE PERMANENTE

POUR FAVORISER

L'ÉTUDE ET LES PROGRÈS DU DROIT INTERNATIONAL,

PAR

G. ROLIN-JAEQUEMYNS.

I. — *Réflexions préliminaires.* — *Objet de ce travail* [1].

En dépit des vicissitudes de la politique, il se produit de nos jours un mouvement plus accentué que jamais vers la régularisation des relations *internationales*, c'est-à-dire vers la transformation de la *société de fait* qui existe entre nations en une véritable *société de droit*. Ce mouvement est la conséquence nécessaire de ce qu'il est désormais aussi difficile à un individu qu'à un gouvernement quelconque, de renfermer le cercle de son activité et de ses intérêts dans les limites d'un territoire national. Chacun doit ainsi désirer qu'il y ait au-dessus de tous les peuples certaines règles de droit, clairement définies et universellement respectées. La définition et l'efficacité de ces règles deviennent donc, non-seulement une nécessité morale et scientifique, mais une nécessité politique de premier ordre.

Le mouvement vers la régularisation des relations internationales s'est manifesté jusqu'ici de deux manières :

a) par l'*action diplomatique*, c'est-à-dire par les démarches, la correspondance, les conventions ou les congrès des représentants officiellement accrédités de certaines nations ;

---

[1] Une partie du travail que nous livrons aujourd'hui à l'impression est emprunté à une *note confidentielle*, rédigée au mois de mars dernier et communiquée, avec demande d'avis, à quelques-uns des hommes les plus compétents en matière de droit international dans les différents pays de *l'Europe*. Les réponses que nous avons reçues et nos propres réflexions nous ont porté à modifier certaines de nos conclusions, en même temps quelles nous autorisent à espérer que le mois de septembre prochain verra se réunir à Gand une *conférence privée*, en vue de discuter l'idée que nous suggérons et, s'il y a lieu, de la mettre en pratique.

b) par l'*action scientifique individuelle*, c'est-à-dire par des écrits, ayant pour but d'exprimer sous une forme précise, méthodique et raisonnée, tout ou partie des règles que leur auteur considère comme suivies ou à suivre dans les relations internationales.

L'action diplomatique a commencé par n'intervenir qu'à la suite des guerres, pour débattre et arrêter les conditions de la paix. Mais aujourd'hui elle tend, avec une bonne volonté qui n'est pas toujours stérile, à répondre à des besoins d'un ordre plus élevé. Ainsi on l'a déjà vue plusieurs fois : 1° chercher à tracer quelques règles générales dictées par un esprit d'humanité et de justice et allant au-delà des nécessités *politiques* du moment [1] ; 2° faire entrer dans le domaine du droit *international* positif un nombre croissant de relations qui jusque-là relevaient du droit *national* [2]; 3° obtenir le règlement des différends internationaux par la voie pacifique de l'arbitrage.

L'*action scientifique individuelle* a, par une marche également progressive, pris davantage conscience de l'obligation qui lui incombe de donner une direction raisonnée à l'opinion publique, en formulant des règles qui se présentent, à un aussi haut degré que possible, dans des conditions de *certitude* et d'*efficacité pratique*. Déjà même quelques jurisconsultes ont adopté pour leurs écrits la forme de véritables codes. Il semble donc que l'on soit à une époque correspondante, pour la science du droit international, à l'apparition, dans l'histoire du droit national de plusieurs peuples, de ces *recueils* dûs à l'initiative privée, et qui ont servi de transition entre la simple tradition coutumière et la coutume homologuée ou la loi écrite.

Cependant ces aspirations progressives des deux grands facteurs du droit international se heurtent, dans la pratique, aux plus graves obstacles. Le principal résulte, pour la diplomatie, des conflits au moins apparents entre les intérêts politiques particuliers des peuples, sujets du droit, et l'intérêt collectif de la société entre nations ; pour l'action scientifique individuelle, de ce que des spéculations ou des travaux isolés, quel que soit le mérite, la réputation de l'homme qui y attache son nom, ne s'imposent pas avec une autorité suffisante pour dominer les passions et triompher des préjugés.

(1) Règles de droit maritime tracées par le Congrès de Paris ; conventions de Genève et de Saint-Pétersbourg ; règles de neutralité du traité de Washington, etc.

(2) Traités de commerce et de navigation ; conventions consulaires et leurs stipulations concernant les droits réciproques des nationaux ; traités de naturalisation, d'extradition, d'exécution des jugements à l'étranger ; conventions monétaires, postales, télégraphiques ; conventions pour la construction ou l'exploitation de chemins de fer internationaux ; id. pour la protection de la propriété intellectuelle; code commercial de signaux maritimes à l'usage des bâtiments de toutes les nations; etc. etc.

De là les lacunes que jurisconsultes et philosophes constatent dans le droit international et qui peuvent se résumer comme suit : 1° incertitude ou silence du droit lui-même sur bien des points essentiels ; 2° défaut de moyens suffisants pour empêcher les violations du droit de se produire dans la pratique, ou pour satisfaire la conscience publique en condamnant et en punissant celles qui ont été commises (1).

Le moment ne semble pas venu de combler ces lacunes d'une manière complète. Si l'on ne peut dire que le droit international soit entièrement dépourvu de sanction, il n'en a dans tous les cas, et il est peut-être condamné a n'en avoir longtemps encore, qu'une fort imparfaite. Aux esprits qui envisagent la réalité des choses, la guerre continue à se présenter comme une redoutable extrémité, qu'il faut s'appliquer à rendre aussi rare et à limiter dans ses effets autant que possible, mais à l'éventualité de laquelle il serait chimérique et puéril de vouloir se soustraire entièrement. Le remède qui consisterait à établir, en-dehors et au-dessus des différents *Etats*, un tribunal ou un législateur permanent, armé de l'autorité nécessaire pour faire exécuter ses lois ou ses arrêts serait d'ailleurs, en le supposant praticable, aussi grave que le mal. Car si un pareil tribunal ou un pareil législateur était assez puissant pour que l'on n'essayât pas même de résister à ses décisions, un pouvoir aussi immense sur tout l'ensemble du monde civilisé constituerait un danger bien plus qu'une garantie ; et si, au contraire, l'efficacité de ses décisions pouvait être combattue, leur valeur pratique, au point de vue du maintien de la paix, en diminuerait d'autant.

Est-ce à dire qu'il n'y ait rien à faire? Le but du présent travail est au contraire d'appeler l'attention sur la nécessité, la possibilité et l'opportunité de donner corps et vie, à côté de l'*action diplomatique* et de l'*action scientifique individuelle*, à un nouveau et troisième facteur du droit international : à l'*action scientifique collective*.

L'idée de se réunir et de s'associer non-seulement pour augmenter, faciliter, améliorer la *production matérielle*, mais pour stimuler les *forces intellectuelles*, leur donner un centre, un appui, leur assurer des encouragements, ouvrir des enquêtes, augmenter l'autorité des propositions utiles, démontrer l'inanité ou le péril des autres etc. est une idée essentiellement moderne. Dans tous les pays civilisés on voit fleurir, avec ou sans l'appui des gouvernements, des sociétés, instituts, académies, ayant pour but le développement de quelqu'une des connaissances humaines. Plus récem-

---

(1) V. TRENDELENBURG, *Lücken im Völkerrecht*. Leipzig, 1870.

ment le progrès des communications a facilité la tenue de congrès périodiques, où des hommes voués à l'étude d'une science déterminée profitent des avantages qu'assure un échange personnel et immédiat d'idées. L'économie politique ou sociale, le droit, l'histoire, la médecine, les sciences exactes, les sciences naturelles ont ainsi leur représentation collective, passagère ou permanente. Plus d'une fois déjà ces réunions ont pris un caractère international (congrès pour le progrès des sciences sociales, congrès de statistique, d'archéologie, de réforme pénitentiaire, de protection de la propriété littéraire etc.).

Sans doute ce serait exagérer singulièrement le rôle et la portée de ces réunions que d'en attendre un grand nombre d'idées neuves, de progrès intrinsèques pour la science. Leur mission semble être de vulgariser plutôt que de créer. C'est même avec justice que l'on a pu reprocher à certaines d'entr'elles, soit de se laisser envahir par des médiocrités prétentieuses, soit de se passionner pour des théories plus brillantes que solides, soit de disperser leur attention sur un programme mal défini, au lieu de la concentrer sur quelques questions essentielles [1]. Aussi ne proposons-nous ni d'en imiter l'organisation, ni d'en rechercher la popularité immédiate. C'est en droit international surtout qu'il importe, si l'on veut faire œuvre sérieuse et durable, de ne céder ni aux entraînements de l'imagination, ni à l'illusion de la phrase. Plus la voie est encore obscure et mal tracée, plus il faut faire appel. pour s'y guider, à toutes les lumières de la raison et du plus ferme bon sens. N'a-t-on pas vu à Lausanne, sous le nom de *Congrès de la paix et de la liberté*, des réunions dont le titre même paraît une dérision à qui parcourt de sang-froid le compte-rendu de leurs débats? Nous sommes loin de comparer à ces assemblées tout au moins stériles, les brillantes et généreuses assises des *Congrès de la paix*, tenus à différentes reprises, depuis 1842, à Londres, à Paris, à Bruxelles, à Francfort. Cependant nous croyons le moment venu d'arriver à quelque chose de plus précis que des vœux formulés en termes généraux et des malédictions contre la guerre. Ce qui serait aujourd'hui nécessaire et ce que nous venons proposer, ce serait la réunion intime d'un groupe *restreint* d'hommes déjà connus, dans la science du droit international, par leurs écrits ou par leurs actes et appartenant, autant que possible, aux pays les plus divers. Cette réunion chercher-

[1] V. sous ce dernier rapport les excellentes observations de M. Ch. Lucas sur le congrès pénitentiaire de 1872. (Séances et travaux de l'Académie des sciences morales et politiques. Août et septembre 1872, pp. 193 et ss., 331 et ss.). Cf. le rapport verbal de M. Ch. Vergé sur les travaux du même Congrès (ibid. pp 391 et ss.).

rait à poser les premiers jalons de l'action scientifique collective, 1° en examinant en principe le genre d'utilité, le degré d'efficacité de cette action et la meilleure forme sous laquelle elle pourrait se produire ;

2° En arrêtant les statuts d'une académie ou institut international du droit des gens.

Nous nous occuperons plus loin de spécifier les détails de ce projet. Examinons d'abord en quoi l'idée répond particulièrement aux besoins de la situation actuelle, et à l'état de l'opinion.

II. — *Situation actuelle.* — *Etat de l'opinion.* — *Dispositions des gouvernements.* — *Travaux scientifiques individuels.* — *Dans quel esprit il importe que la réforme soit poursuivie.*

L'idée d'un effort commun et désintéressé à faire par les représentants de différentes nations, en vue de favoriser le triomphe pacifique du droit dans les contestations internationales, est loin d'être nouvelle. Seulement il est naturel que, surtout à une époque où l'opinion n'avait ni les mêmes organes ni la même influence qu'aujourd'hui, on ait commencé par songer à l'initiative gouvernementale. C'était aux « puissances chrétiennes » que Grotius faisait appel, lorsqu'il recommandait des réunions, où les controverses entre certaines puissances seraient tranchées « par celles d'entre elles qui n'auraient pas d'intérêt dans l'affaire, » et où l'on prendrait des mesures pour forcer les parties à « recevoir la paix à des conditions équi- » tables [1]. » C'était encore à elles que s'adressaient plus tard le projet de paix perpétuelle de l'abbé de Saint-Pierre, celui de Rousseau et celui de Bentham ; et lorsque, au milieu même des guerres et des excès de la révolution française, Kant formulait à son tour un « projet de paix perpé- » tuelle, » sa pensée se reportait avec regret sur une « conférence diploma- » tique, que l'on avait vu se former à la Haye, pendant la 1ʳᵉ moitié de ce » (18ᵐᵉ) siècle, et qui avait pour but de fixer les formalités et les règles du » droit international à l'égard de la conservation de la paix. A cette confé- » rence prirent part les ministres de la plupart des cours de l'Europe, et » même des plus petites républiques. De cette manière se formait dans » toute l'Europe un état fédératif, dont les membres ont soumis leurs » différends à l'arbitrage de cette conférence comme leur souverain juge.

[1] «... Utile esset, imo quodammodo facta necessarium, conventus quosdam haberi *Christianarum potestatum*, ubi per *eos, quorum res non interest*, aliorum controversiæ definiantur; imo et rationes ineantur cogendi partes, ut æquis legibus pacem accipiant. » (De J. B. et P. II, 23, c. 8)

» Depuis celte époque le droit des gens est resté dans les livres des publi-
» cistes comme une lettre morte, sans influer sur la conduite des cabinets,
» ou il a été invoqué en vain, après les maux inséparables infligés par
» l'abus du pouvoir, dans des déductions consignées à la poussière des
» archives. »

Historiquement il y a peut-être à rabattre de l'enthousiasme de Kant
pour l'œuvre diplomatique de la première moitié du dix-huitième siècle.
L'idée du droit y fut trop souvent remplacée par le principe tout mécanique
de l'équilibre européen, lequel devait fatalement aboutir à l'oligarchie de
quelques grands États, dont la jalousie réciproque serait la seule sauvegarde des petits. Il en fut de même, après la destruction de la suprématie
napoléonienne, du congrès de Vienne et de la série de congrès et de conférences qui lui succédèrent de 1815 à 1831. Un instant il a pu sembler que
le Congrès de Paris de 1856 allait inaugurer une ère nouvelle. Il a en effet
eu le double mérite de sanctionner d'une manière précise une réforme importante du droit maritime, aujourd'hui presqu'universellement acceptée,
et de faire entrevoir le principe d'une médiation internationale, préalable et
pacifique, comme une règle générale qui serait observée dans l'avenir.
Mais le congrès de Paris est demeuré sans lendemain. Une lettre adressée
le 4 novembre 1863 par l'Empereur des Français aux souverains de
l'Europe, pour leur proposer de « régler le présent et d'assurer l'avenir, »
dans un congrès européen, est demeurée sans résultat, et force est bien, à
ceux qui se rappellent les faits, les intérêts et les sentiments en jeu, de
convenir qu'elle ne pouvait en produire. Une proposition de conférence
faite par le même souverain en 1866 a eu le même sort et s'est heurtée aux
mêmes obstacles, bien qu'elle fût appuyée par la Grande-Bretagne et la
Russie. Il n'y a eu guère de traces non plus, durant la dernière guerre, de
l'existence de cet « état fédératif », préconisé par Kant. On a vu les États
neutres se montrer, dès le début de la lutte, plus préoccupés d'en éviter les
dangers pour leur propre compte, que de forcer les parties, selon l'expression de Grotius, *ut œquis legibus pacem accipiant* (1).

D'autre part la guerre elle-même a révélé sur certains points une déplorable incertitude du droit; sur d'autres, des lacunes dans le droit accepté et

(1) In the performance of a melancholy duty », dit sir Robert Phillimore dans la préface de la 2e
édition, t. I de ses *Commentaries upon International law*, 1871, « I am obliged to close this chroni-
of events by the admission that the suggestion contained in the last protocol to the treaty of Paris
1856, has remained a dead letter, except perhaps in the case of Luxemburg. Neither of the belli-ge-
rents in the present horrible war would listen to the suggestion of such an arbitration »

reconnu ; plus souvent encore une complète ignorance du droit chez ceux qui étaient chargés de l'appliquer. Enfin la manière imprévue, brutale dont la guerre a éclaté a réveillé partout le désir de voir renforcer les moyens, sinon de rendre de pareilles collisions impossibles. du moins d'imposer à chacune des parties et surtout à l'agresseur, le temps de la réflexion et l'obligation d'accepter une médiation pacifique.

Evidemment il y a là une situation qui réclame des remèdes énergiques, et puisque l'action diplomatique s'est montrée impuissante à conjurer tant de maux, il faut en conclure, à moins de désespérer des progrès du droit international, qu'il est du devoir de la science de réunir toutes ses forces pour hâter la solution pratique du problème. Il ne s'agit pas, bien entendu, d'empiéter sur le rôle de la diplomatie. C'est à elle, c'est aux représentants officiels des nations qu'appartiendra toujours la solution définitive. Si le concert européen, ou plutôt le concert des nations civilisées doit se reconstituer sur des bases nouvelles, qui ne soient ni l'ancienne oligarchie des grandes puissances, ni la suprématie plus ou moins avouée, plus ou moins contestée d'une puissance sur les autres, une pareille réorganisation ne peut résulter que du libre consentement de tous les gouvernements. Il en est de même de toutes les règles de droit qu'il s'agirait de sanctionner comme lois internationales. Mais l'utilité d'une action scientifique collective n'en serait pas moins considérable. En effet, si l'on va au fond des causes qui bien souvent ont paralysé l'action progressive des gouvernements, il est impossible de nier qu'une des principales consiste dans la complication croissante des relations politiques internationales, complication telle qu'il serait dès-à-présent bien difficile de déterminer une seule question essentielle dans laquelle un seul grand gouvernement puisse se dire absolument désintéressé. Il en résulte qu'il faut renoncer en général à trouver, parmi les organes officiels des gouvernements, le juge ou le législateur impartial que demandait Grotius (« cujus res non interest »). D'ailleurs bien loin de déplorer cet état de choses, il faut s'en féliciter, puisqu'il est lui-même un résultat de la solidarité croissante entre toutes les nations civilisées. Il faut donc prévoir que le besoin d'un organe collectif, libre et désintéressé du droit international ne fera que grandir. Or, où trouver mieux à cet égard que dans une réunion dont l'unique mission serait de donner au sentiment élevé du droit et à la conscience du genre humain son expression la plus haute et la plus pure ?

Quant à l'opinion publique, sans laquelle le travail même unanime de plusieurs savants demeurerait inefficace, elle est admirablement disposée à accueillir cette influence et, comme nous l'avons vu au début de cette étude, la diplomatie ne l'est pas moins. Partout où il s'est agi de ces questions spéciales, techniques ou philanthropiques, dont la solution a, pour ainsi dire, frayé la voie à une action plus large, on a vu les gouvernements s'adresser d'eux-mêmes à des hommes spéciaux, dont ils n'ont fait ensuite que sanctionner les résolutions. C'est ainsi que l'on a procédé pour la convention de Genève, pour les conventions monétaires, télégraphiques, postales, etc., et que, l'an dernier encore, siégait à Paris, une commission internationale du mètre. Quelle que fût l'importance de chacune de ces réunions, il est facile de voir que la pensée universelle qui les acclamait, allait bien au-delà de leur résultat immédiat.

Cette disposition s'est surtout manifestée dans l'enthousiasme qu'a soulevé en Europe la solution par voie d'arbitrage du différend anglo-américain. On a admiré le spectacle de deux grandes nations finissant, après de longues et amères discussions, par formuler de commun accord la loi d'après laquelle elles entendent que leur querelle soit décidée, nommant le tribunal qui les jugera, et ne songeant pas un instant à contester l'autorité de leurs juges. On a applaudi aux paroles de l'éminent comte Sclopis : « La réunion de ce tribunal d'arbitrage signale, à elle seule,
» une nouvelle direction imprimée aux idées qui gouvernent la politique
» des nations les plus avancées sur la voie de la civilisation..... Nous
» voyons la politique s'adresser à la justice pour ne pas abuser de la force;
» c'est un hommage que la civilisation doit accueillir avec bonheur.....
» Vos vœux, très-honorés collègues, s'accordent avec les miens, pour que
» l'essai que l'on va faire, serve à écarter dans l'avenir les occasions de
» luttes sanglantes et à raffermir l'empire de la raison (1). » De toutes parts on souhaite que la pratique de l'arbitrage devienne aussi générale en Europe, qu'elle l'est déjà en Amérique (2). Enfin M. Henry Richard, membre du parlement britannique, marchant sur les traces de Buckingham et de Cobden, a dernièrement saisi la Chambre des communes d'une propo-

---

(1) Protocole de la septième séance du tribunal arbitral (28 juin 1872).

(2) V. entre autres les délibérations du Congrès de l'*alliance universelle de l'ordre et de la civilisation*, tenu à Paris en juin 1872, et spécialement les discours de MM. de Parieu et Frédéric Passy et rapport de M. Henri Bellaire, sur les arbitrages dans les conflits internationaux. Cf. Speech of Henry Richard, M. P., on *international arbitration*, delivered at the Chamber of commerce Dub. sept. 2, 1872. V. surtout l'excellent travail de M. A. Pierantoñi : *Gli arbitrati internazionali e trattato di Washington*, Napoli 1872, dont il a été parlé dans le présent volume de la Revue, ci-dessus, p. 306. Cf. De Laveleye : *Des causes actuelles de guerre en Europe et de l'arbitrage*. Paris-Bruxelles, 1873; Lucas : *les deux rêves de Henri IV*, Pau 1873, etc. etc.

tion analogue à celle que le Sénat des États-Unis a votée en 1853 : cette proposition tend à ce que le Gouvernement « entre en communication avec » les puissances étrangères en vue d'améliorer le droit international et » d'établir un système général et permanent d'arbitrage international (1). » Il semble probable que des motions du même genre seront faites dans d'autres parlements européens.

Sans doute il y a une forte part d'illusion et d'exagération dans cet enthousiasme et il suffirait, pour le prouver, de l'étude attentive et calme des faits qui ont précédé, accompagné et suivi la décision arbitrale de Genève. On peut, pensons-nous, affirmer que, des deux parts, quelle qu'ait pu être, à certains moments, l'amertume du langage parlementaire ou diplomatique, les hommes qui étaient à la tête des affaires ont été constamment persuadés que l'intérêt de leur pays réclamait en dernière analyse une solution *pacifique* du différend. C'était là déjà une situation beaucoup plus avantageuse que la plupart de celles d'où sont sorties les dernières grandes guerres européennes. Il ne s'agissait en réalité que de trouver un *expédient*, une *formule diplomatique* qui satisfît la fierté des États-Unis sans trop blesser l'orgueil de l'Angleterre. Que de peines cependant pour arriver à ce résultat ! Que de fois les négociations ont été interrompues et reprises ! Qu'on se rappelle le lamentable échec du traité Clarendon-Johnson, les excitations de la presse, les reproches de l'opposition parlementaire des deux côtés de l'Océan. Il fallut près de six ans pour arriver à conclure le traité du 8 mai 1871. Il est vrai qu'avec ce traité, le plus difficile semblait fait. La dignité des deux nations était sauvegardée, les termes du compromis étaient arrêtés et, par une précaution nouvelle et extraordinaire, on avait pris soin de déclarer jusqu'à la loi d'après laquelle les arbitres devaient juger. Cependant, alors même que les arbitres étaient déjà réunis et que leur tribunal était constitué, des questions de procédure et de compétence menacèrent de rendre toute décision impossible. Cette fois encore, il fallut, de la part des deux gouvernements, une volonté bien fermement pacifique pour éviter une rupture. Enfin la sentence a été rendue, elle a été acceptée, *comme décision judiciaire*, et le montant des dommages arbitrés sera certainement

(1) Voici le texte de la motion : « That an humble address be presented to Her Majesty, praying » that She will be graciously pleased to instruct Her Principal Secretary of State for Foreign Affairs, » to enter into communication with Foreign Powers with a view to the further improvement of » international Law, and the establishment of a general and permanent system of International » Arbitration. » D'après le *Herald of Peace*, organe de la Peace Society de Londres, du 2 juin, il était déjà à cette date arrivé au Parlement 225 pétitions, revêtues de 14,621 signatures, pour demander l'adoption de la motion, dont la discussion figure à l'ordre du jour du 20 juin.

payé par la partie perdante. Mais le traité de Washington sera-t-il exécute en son entier? C'est encore une question. « Les hautes parties contractantes, » disait l'art. VI, « conviennent d'observer ces règles (de neutralité) » entre elles à l'avenir, *et de les porter à la connaissance des autres puis-* » *sances maritimes, en les invitant à y accéder.* » Or, l'Angleterre consent bien à s'en tenir à la lettre de cet engagement, mais à condition de pouvoir dire aux autres puissances, lorsqu'elle leur présentera les règles : il est bien entendu que, à mes yeux, ces règles n'ont aucunement le sens que leur attribuent les États-Unis et les Arbitres de Genève. Telle est la conclusion la plus nette du débat qui a eu lieu à la Chambre des Communes, le 21 mars dernier, sur la motion de M. Hardy, tendant à ce que le Gouvernement anglais, en présentant les trois règles aux Puissances, marquât son dissentement avec les principes sur lesquels le Tribunal de Genève a fondé sa décision. M. Gladstone, en effet, a nettement déclaré à la Chambre des Communes, le 24 mars dernier : « that he would undertake that, when » these rules were presented to foreign powers, *they should be accom-* » *panied by the dissent of the british government from the recitals of the* » *Awards* [1] » et c'est sur cette déclaration seulement que la motion a été retirée. C'est-à-dire que la manière dont l'Angleterre se propose de consommer l'exécution du traité équivaudra à une protestation tout au moins indirecte contre la sentence arbitrale rendue en vertu du même traité. En d'autres termes, l'Angleterre reconnaît la sentence arbitrale comme valable *in forma et specie*, mais elle se refuse catégoriquement à y voir l'expression de la vérité judiciaire.

Nous ne nions pas qu'en agissant ainsi l'Angleterre ne soit dans son droit strict. Nous disons seulement qu'il y a là de quoi tempérer notre enthousiasme et notre confiance dans un progrès immédiat, qui résulterait de la généralisation de l'arbitrage à la suite du dernier précédent franco-américain. Si les nombreuses difficultés pratiques qui se sont présentées avant et depuis le traité de Washington ont été surmontées, grâce au bon vouloir des deux parties, en eût-il été de même au cas où l'une d'elles aurait cru la guerre favorable à sa politique ? Est-ce que plusieurs de ces difficultés ne seraient pas, dans ce cas, devenues un prétexte plausible de rupture définitive? Et si l'on voit une puissance qui s'est soumise à un jugement arbitral manifester avec éclat, tout en l'exécutant, qu'elle ne le trouve pas *bien rendu*, est-ce qu'il n'en résultera pas que l'on croira à

(1) Voir le *Times* du 22 mars 1873.

l'avenir, lorsqu'on recourra au même procédé, devoir s'entourer de précautions plus grandes encore que ne l'a fait l'Angleterre? N'en sera-t-il pas
surtout ainsi après que, comme dans l'affaire de l'île San-Juan, l'insuccès
d'une des parties aura été la conséquence des termes dans lesquels la question a été posée, et par conséquent de l'imprudence avec lesquels ces termes
ont été acceptés par les négociateurs d'un des gouvernements [1]?

Ainsi réduit à ses justes proportions, et dépouillé de tout ornement poétique, l'arbitrage de Genève n'en reste pas moins un évènement extrêmement remarquable, glorieux pour quiconque y a contribué. Ce n'est pas,
il s'en faut, le premier arbitrage international [2], mais c'est la première fois
qu'une affaire internationale *de cette importance* a été confiée en Europe à un
*collége de simples particuliers, et instruite par eux dans les formes générale-
ment considérées chez les peuples civilisés comme protectrices de la justice
civile.* Les difficultés, les objections qui se sont présentées, le désaccord sur
la valeur doctrinale de l'interprétation donnée par les arbitres à la question
de droit, tout cela prouve seulement l'impossibilité d'amener d'un coup à la
perfection l'emploi d'un procédé dont on n'avait jamais encore songé à
établir les règles. Cela ne prouve nullement l'impossibilité d'établir ces
règles elles-mêmes. Mais ce serait s'exposer à attendre indéfiniment que
de compter à cet effet sur l'initiative diplomatique. Celle-ci ne se met en
mouvement que si elle est stimulée par les circonstances ou par une pression énergique de l'opinion. Or, il ne se rencontre pas tous les jours un
concours de circonstances aussi pressantes et aussi favorables que celles
qui ont obligé l'Angleterre et les États-Unis à se tirer, par une voie pacifique quelconque, de la difficulté où elles étaient engagées. On se trouve
ainsi de nouveau amené à reconnaître la nécessité de l'*initiative scientifique.*

C'est ce que comprennent, depuis plusieurs années déjà, des esprits

[1] Voici la traduction de ce que nous écrivait d'Allemagne à ce sujet, un homme en position
d'être parfaitement renseigné : « La décision dans l'affaire du San-Juan aurait probablement été tout
autre, si l'arbitre ne s'était renfermé très strictement dans les limites de sa compétence Cette fois
encore les Américains ont montré leur grande habileté diplomatique dans la position de la question, et les reproches faits dans le Parlement au ministère anglais, sont *entièrement* fondés. »

[2] M. A. Pierantoni dans son mémoire cité plus haut : *Gli arbitrati internazionali* etc., donne
pp. 62-85, un fort bon aperçu historique de l'emploi de l'arbitrage dans le droit international.
M. Bellaire, dans son rapport également précité *sur les arbitrages internationaux,* donne l'histoire des
arbitrages de 1783 à 1872, et il en trouve vingt-deux exemples. Il est à remarquer cependant que
beaucoup de ces prétendus *arbitrages* ne sont en réalité que des médiations pacifiques. Tels sont la
médiation de la France dans l'affaire de Neufchatel (1857), le règlement de l'affaire du Luxembourg
(1867), etc., etc. M. Ch Lucas commet la même confusion. (*Les deux rêves de Henri IV,* pp. 7 et 8).
Cf. *du Tribunal international,* par Louis Barbault, Genève, 1872, pp. 71 et ss.

éminents. « Le droit des gens, » écrivait Savigny, « peut être considéré
» comme positif, mais imparfait par rapport à l'*incertitude de ses préceptes*,
» et parce qu'il manque de cette base sur laquelle repose le droit positif de
» chaque nation particulière, le *pouvoir politique de l'État* et des *magistrats*
» *capables d'exécuter les lois* (1). » Ainsi incertitude des préceptes, absence
d'un pouvoir politique central, absence d'une magistrature judiciaire et
exécutive, telles sont les trois lacunes qu'il s'agirait de combler pour arriver
à rendre le droit des gens parfait. Mais l'histoire démontre que la fondation d'un pouvoir politique et l'établissement d'une magistrature, armée
du pouvoir nécessaire pour faire exécuter ses décisions, ne sauraient être
des œuvres de spéculation pure. L'initiative scientifique, en ce qui concerne
les deux dernières lacunes signalées par Savigny, est donc resserrée dans
des limites fort étroites. Elle ne saurait faire un pas, sans s'adresser directe-
tement au concours des pouvoirs établis, et ce concours de son côté est
nécessairement limité par toute espèce de considérations et d'obstacles
politiques, de la même nature que ceux qui entravent, comme nous l'avons
vu, l'initiative diplomatique. Malgré cela ces derniers temps ont vu éclore
d'importants travaux dans cette direction. Les plus récents sont ceux de
MM. D. Dudley Field (2), Lorimer (3) et de notre compatriote, M. E. De
Laveleye (4). Reprenant, en les modifiant et en les améliorant, les idées de
Gondon (5), du comte de Sellon, de William Ladd (6), ces auteurs proposent en substance l'établissement d'une haute cour arbitrale permanente
dont les membres seraient officiellement désignés par les différents États,
et qui aurait pour mission de statuer sur les différends internationaux.
Ces projets sont très séduisants, plusieurs d'entre eux sont accompagnés de
développements ingénieux ou profonds. Il est difficile de dire qu'ils soient
frappés d'impraticabilité radicale. Et cependant il leur manque, peut-être
pour longtemps encore, la perspective de toute sanction pratique (7).

(1) *System des heutigen römischen Rechts*, Bd. I, cap. II, § 6.
(2) *Draft outlines of an International Code* (V. plus loin le compte-rendu de cet ouvrage.)
(3) *Sur la constitution d'un Congrès International permanent*. (*Rev. de droit International*, t. III.
1871, pp. 1 et ss.)
(4) *Des causes actuelles de guerre en Europe et de l'arbitrage*. (V. plus loin notre compte-rendu).
(5) *Du droit public et du droit des gens*. Paris 1808.
(6) *An essay on a congress of nations for the adjustment of International disputes without reart
to War*. London, 1840.
(7) Nous ne pouvons omettre de mentionner ici le projet de M. Moynier, tendant à la constitutic:
d'un tribunal international spécial pour juger les infractions à la convention de Genève. Citer
encore la motion faite en 1871 par le député Morelli au Parlement italien, et tendant à l'adoption d'un
ordre du jour en faveur de la création d'un tribunal amphyctionique international.

Aussi ces mêmes auteurs et d'autres avant eux ont-ils reconnu la nécessité de travailler avant tout à guérir la première des plaies signalées par Savigny : l'*incertitude des préceptes* du droit international [1]. C'est cette conviction qui a déterminé les différents essais destinés à présenter l'ensemble ou une partie du droit des gens sous la forme précise et brève d'articles de loi. Il y a une vingtaine d'années déjà, un Italien, M. Parodo, de Gênes, cité par M. Pierantoni dans l'édition allemande de son *histoire des études du droit international*, est entré dans cette voie. Il y a été suivi par A. De Domin-Petrushevecz [2]. Il est à peine nécessaire de rappeler, tellement ils sont connus, les travaux plus récents de Lieber [3], de Bluntschli [4], de D. Dudley Field [5]. On sait que cette dernière publication a été faite en suite d'une résolution de l'association anglaise pour le progrès des sciences sociales qui, sur la proposition de M. Field, nomma, en septembre 1866, une commission composée de juristes de différentes nations, et chargée de préparer un projet de Code international, qui serait ensuite soumis à l'attention des divers gouvernements.

Dans la manière dont M. Field a été amené à composer son remarquable ouvrage, nous voyons surgir, non plus seulement l'action scientifique isolée, mais le nouveau facteur dont nous parlions au début de ce travail : l'*action scientifique collective*. Or, presqu'au même moment où paraissait le premier volume des *Draft outlines*, arrivait de Boston une invitation adressée aux « publicistes, jurisconsultes, hommes d'État et philanthropes de divers » pays, » en vue d'assister, le 10 septembre 1872, à l'institut Cooper à New-York, à un congrès international de la paix « pour y élaborer un Code » international, qui sera ensuite présenté aux gouvernements et aux peuples » de la chrétienté, et pour y aviser aux autres moyens de substituer » l'*arbitrage* de la raison et de la justice au barbare arbitrage du sabre. » Cette invitation était signée par le révérend Dr J. Miles et par M. Elihu Burritt, secrétaires de la société américaine de la paix. Le comité de l'*alliance universelle de l'ordre et de la civilisation*, réuni à Paris en juin 1872, a encore décidé qu'il serait formé « dans son sein et parmi les » hommes compétents une *commission* qui s'entourera de tous les docu-

---

(1) Cf. Seebohm, *on international reform* pp. 104-108 et 123-125.

(2) *Précis d'un code du droit international.* Leipzig, 1861.

(3) *Instructions for the gouvernment of armies.* etc.

(4) *Das moderne Völkerrecht der civilisirten Staten als Rechtsbuch dargestellt.* 2me éd. 1872.

(5) *Draft outlines of an International Code.* New-York 1872 (V. plus loin le compte-rendu de cet ouvrage.)

» ments français et étrangers se rapportant à la *jurisprudence internatio-*
» *nale*, et vulgarisera, à l'aide de publications et d'études, les faits histori-
» ques relatifs aux *arbitrages*. Cette *commission* aura également pour
» mission d'amener, au moyen de concours et de récompenses, les hommes
» d'étude et les jurisconsultes à s'occuper sérieusement de la rédaction d'un
» *Code international*. » Entrant dans cet ordre d'idées, un économiste
espagnol, M. L. de Marcoartù a institué, au dernier congrès de l'association anglaise *for the promotion of social science*, un prix de 300 livres st.
ou fr. 7,500, qui seront donnés « au meilleur mémoire à présenter avant
» le 1er août 1873 sur l'institution d'un parlement international, chargé de
» préparer un code des nations pour raffermir la paix. » Enfin, en février
et mars dernier, le congrès convoqué à New-York pour le 10 septembre
1872 n'ayant pas eu lieu, la société américaine de la paix a envoyé en
Europe un de ses secrétaires qui avaient signé la convocation de ce congrès : le Révd J. Miles, « en vue de conférer avec les hommes éminents de
» toutes les nations et de toutes les professions sur les mesures à prendre
» pour favoriser la paix. » Le premier pas à faire dans ce but, pensait-on,
serait la convocation « d'un *Sénat de Publicistes*, qui se composerait de
» quarante à cinquante des premiers publicistes du monde. Ces publi-
» cistes se réuniraient dans le but de comparer leurs notes et de discuter,
» élaborer, et, autant que possible, de s'entendre sur les principes dirigeants
» du droit international de la manière et dans l'esprit des Hauts-Commis-
» saires de Washington, ou de la manière dont agissent les savants distin-
» gués occupés à réviser la traduction de la Bible. — Sans avoir de carac-
» tère officiel...... ils constitueraient cependant un corps qui donnerait
» une espèce d'autorité légale positive (something like the positive authority
» of law) aux règles qu'ils élaboreraient et constateraient. On pourrait
» s'attendre à les voir aborder leur tâche élevée avec tout le sentiment de
» responsabilité qu'ils éprouveraient s'ils en étaient chargés par leurs
» propres gouvernements. Ce code pourvoirait à l'établissement d'une haute
» cour des nations, soit permanente, soit constituée *pro re natâ*, laquelle
» serait à la famille des nations ce qu'est notre cour suprême (américaine)
» à la famille des États (américains)..... On espérerait que cette œuvre du
» Sénat de Publicistes recevrait la sanction de différents peuples et serait
» éventuellement acceptée par les différents gouvernements... (1) »

M. Miles s'est rendu en France, en Italie, en Allemagne, en Belgique et

(1) V. *The Advocate of peace*, Journal de la société américaine de la paix. Juin, 1873 pp. 41 et 42.

en Angleterre. Il y a vu un grand nombre de personnes, jurisconsultes ou membres des sociétés de la Paix. Plusieurs lui ont donné par écrit leur avis plus ou moins développé. Les opinions de MM. Ch. Lucas, De Parieu, Sclopis, Drouyn de Lhuys, Ch. Calvo, Mancini, Pierantoni, de Holtzendorff, Heffter ont été publiées dans le Bulletin de la société française des *amis de la paix*, n° de mars-avril 1873. M. Miles a fait également à l'auteur de ce travail, l'honneur de venir le consulter à Gand. A son retour, la conclusion de ses mandants a été, malgré quelques dissentiments sur la possibilité et l'opportunité de procéder, *dans l'état actuel de la science*, à la codification du droit international, qu'il y avait lieu de tenir, durant l'automne prochain, un « premier congrès de la paix, composé de publicistes et » d'hommes d'état éminents, préparatoire à d'autres du même genre, qui » auraient pour objet de considérer les mesures propres à substituer l'ar- » bitrage à la guerre. » Voilà du moins ce que nous apprend le dernier n° (juin 1873) du journal américain : *The advocate of peace*. Le même n° contient un appel aux « généreux amis de la paix, » en vue de souscrire une somme de 50,000 dollars pour couvrir les frais d'une pareille réunion.

Au reste, rien ne peut mieux donner une idée du diapason auquel certains esprits sont montés en Amérique que les paroles suivantes, prononcées par le président Grant, dans son dernier message (mars 1873) : « Comme le commerce, l'éducation et le transport rapide de la pensée et de » la matière par l'électricité et la vapeur ont changé toutes choses, je suis » disposé à croire que l'Auteur de l'univers prépare ce monde à devenir une » seule nation, parlant une même langue, ce qui rendra armées et marines » désormais superflues. J'encouragerai et je supporterai toutes les recomman- » dations du Congrès tendant à cette fin (1). » Un pareil langage ne se comprend guère de ce côté de l'Océan, où nous ne sommes pas habitués à voir les chefs d'États constitutionnels se livrer à des rêves humanitaires, communiquer par voie de message aux Chambres leurs vues sur le but final

---

» (1) As commerce, education and the rapid transit of thought and matter by telegraph and stream » have changed every thing, I rather believe that the great Maker is preparing the World to become » one nation, speaking one language, a consummation which will render armies and navies no longer » necessary. I will encourage and support any recommendations of Congress tending towards » such ends. » On pourrait rapprocher de ses paroles du général Grant une curieuse citation faite par Barbault (*du Tribunal international*, p. 55), et tendant à établir que, dès le commencement de ce siècle, l'empereur Alexandre de Russie était « travaillé par l'idée de faire cesser la guerre et l'effusion du sang entre les hommes, qu'il en avait souffert des nuits d'insomnie et qu'une nuit entre autres pendant qu'il était en prières, il avait entrevu très-clairement la possibilité *d'une « entente de tous » les chefs de Gouvernement pour soumettre tous différends à un arbitrage au lieu de les résoudre par » les armes. »*

de la Providence, et se déclarer prêts à supporter les motions qui seraient conformes à ce but. Est-il besoin d'ajouter que la prophétie de l'illustre général ne nous a pas plus séduit que convaincu?

Absorber les nations en une seule, c'est-à-dire les supprimer, elles qui sont les sujets du droit international, n'équivaudrait à rien moins qu'à supprimer le droit international lui-même, sous prétexte de le perfectionner! Il faut se représenter les conditions de formation et d'existence de l'Union Américaine pour concevoir la naissance d'une pareille idée chez des hommes d'ailleurs sérieux, aux yeux de qui les États-Unis d'Amérique présentent un type de gouvernement, qu'il suffirait d'étendre à l'humanité entière pour rendre celle-ci paisible et heureuse. Mais les nations européennes, glorieuses de leur passé historique, de leur langue, de leur littérature, de tout ce qui constitue leur individualité, se rallieraient difficilement à un pareil idéal. Pour nous, nous préférerions mille fois, malgré les tempéraments que nous croirions devoir apporter à cette théorie, nous rallier à l'école italienne qui tend en somme à développer, à fortifier l'élément national, à identifier le plus possible la nation avec l'État, et à représenter le progrès futur de l'humanité comme destiné, non à absorber, mais à garantir au contraire l'existence, les droits et le développement harmonique de chacun des membres collectifs de la grande famille humaine.

Mais en laissant même de côté les spéculations absolument hasardées, il faut encore se défier des illusions dans la poursuite des vœux raisonnables. L'expérience a malheureusement démontré qu'il ne suffit pas que des hommes généreux et dévoués, animés des intentions les plus pures, se proposent la réalisation d'un idéal éminemment désirable pour que cet idéal se réalise. Sans doute, c'est déjà beaucoup que, d'après une conviction généralement répandue, « il y ait quelque chose à faire. » Mais il importe extrêmement que ceux qui prennent sur eux d'entreprendre ce « quelque chose, » le fassent dans un esprit qui soit disposé à tenir compte des conditions fatalement lentes et pénibles de toute grande réforme internationale. Or nous avouons que, sous ce rapport, nous n'osons compter complètement sur les éléments parfaitement honorables, mais un peu trop enclins à la rêverie, dont se composent, depuis soixante ans, les Sociétés de la paix. Si la diplomatie est trop engagée dans les nécessités de la politique active, les Sociétés de la paix sont trop tentées de les oublier. Elles n'ont pas toujours suffisamment distingué le droit de la morale (1); les aspirations du senti-

(1) Il est bien entendu que notre pensée n'est pas qu'il faudrait opposer le droit à la morale. Seule-

ment, des exigences de la raison pratique. De plus, elles sont peut-être trop tentées de confondre les lois qui gouvernent les rapports d'une société de nations avec celles qui gouvernent les rapports d'une société d'individus. L'idée fondamentale de ces associations, celle qui a présidé à leur naissance et que l'on retrouve encore, bien que sous une forme moins affirmative, dans leurs plus récents documents, consiste à croire à l'avènement de la *paix perpétuelle*, et à vouloir l'assurer par des moyens analogues à ceux qui ont servi, depuis les xme et xime siècles, à ramener l'ordre et la paix dans *l'intérieur* des divers États de la chrétienté. Nous croyons cette idée fausse, parce qu'elle aboutit fatalement, sans qu'on veuille toujours se l'avouer : 1° à faire de la paix *quand même* le bien suprême; 2° à organiser, selon la théorie du général Grant, le monde entier sur le modèle d'un seul État.

A notre avis, c'est à la science du droit qu'il appartient de déterminer, non pas en une fois, en une heure d'enthousiasme, mais lentement, à force de recherche et de réflexion, le sens dans lequel le mouvement peut aboutir. En d'autres termes, c'est à elle à organiser sa propre action collective. L'esprit auquel il faut faire appel n'est pas celui de l'abbé de Saint-Pierre, mais de Grotius, dont le ferme bon sens visait avant tout à réaliser la *justice* dans la limite du *possible* (1). Au surplus la science sérieuse, celle qui étudie, compare, tient compte des faits, de l'histoire, des lois naturelles qui président à l'existence et au développement des peuples, est déjà une force éminemment pacificatrice. « La science, » a écrit un homme d'état français, « unit les hommes, les pas- » sions et les caprices les divisent. En politique, la science peut diminuer » le désaccord et contribuer à ce rapprochement des esprits qui fait le » bonheur d'un peuple au-dedans et sa puissance au-dehors. *Elle donne à* » *la fois les motifs des subordinations transitoires mais nécessaires, et la* » *raison des espérances de l'avenir. Elle enseigne le vrai, d'où résulte la* » *mesure du possible* (2). »

La conclusion de ce qui précède c'est que, pour organiser l'action scien-

ment nous croyons, avec Bentham, et, pensons-nous, avec tous les jurisconsultes, que « si le droit a " le même centre que la morale, il n'a pas la même circonférence. » (BENTHAM, *Traités de législation civile et pénale*, t. I, chap. XII, p 95. Paris, 1820).

(1) « En composant mon livre sur le droit de la guerre et de la paix, » écrivait Grotius (Litt. 280), « j'ai eu surtout pour objet de *tempérer, dans la mesure de mes forces*, cette rudesse indigne, non- » seulement d'un chrétien, mais de tout homme, avec laquelle les guerres sont commencées *arbi-* » *trairement* et arbitrairement conduites. »

(2) E, DE PARIEU, *Principes de la science politique.*

tifique collective dans le droit international, le moment semble venu de fónder une *institution permanente, purement scientifique, qui,* sans se proposer ni la réalisation d'utopies tout au moins éloignées, ni une réforme soudaine, *puisse cependant aspirer à servir d'organe, dans le domaine du droit des gens, à la conscience juridique du monde civilisé.*

Avant de préciser davantage nos idées à ce sujet, nous dirons encore quelques mots pour justifier l'initiative que nous nous sommes permis de prendre.

III. — *Motifs de l'initiative prise par l'auteur de ce travail.*

C'est à la suite de conférences et d'un long échange de lettres avec quelques-uns des hommes les plus justement considérés pour les services rendus par eux au droit des gens, c'est parce que nous nous sentions soutenus par plusieurs de nos éminents collaborateurs de la *Revue de droit international et de législation comparée,* que nous avons osé émettre, d'abord sous une forme confidentielle, quelques idées sur cet important sujet. C'est après avoir constaté l'accueil bienveillant fait à nos premières communications, que nous nous croyons maintenant autorisé à faire un pas de plus, en nous adressant aux lecteurs de la Revue.

Dès le mois de septembre 1871, notre illustre et regretté ami, feu le Dr Lieber, nous écrivait de New-York :

« (1) It has long been a favourite idea of mine that some of the foremost

(1) Voici la traduction : « C'est depuis longtemps une de mes idées favorites que celle d'un Congrès qui se » composerait des principaux juristes internationaux, ne serait pas officiel, mais hardiment public et inter- » national et se réunirait en vue de trancher quelques points importants et encore douteux, et d'exprimer » l'opinion de la race ciscaucasienne dans un manifeste sur l'arbitrage etc. ; — espèce de concile juridico- » œcuménique, sans pape et sans infaillibilité. Cette idée a fait sourire une ou plusieurs personnes ; je n'ai pas » moins continué à m'y tenir. La chose serait risible sans doute s'il s'agissait de faire déléguer les juristes par » les gouvernements ; mais que plusieurs juristes traitent ensemble certains sujets, il n'y a là rien de plus » ridicule que de voir un écrivain isolé traiter les mêmes sujets. Hugo Grotius a été cité au congrès de » Vienne. Le droit romain consiste presqu'entièrement en citations de décisions et d'opinions individuelles, » et les travaux d'un tel Congrès seraient-ils inefficaces? Supposons que l'on discute la course et que le » résultat soit donné, pour et contre, je réponds bien que la chose aurait son importance et influerait gran- » dement sur le développement de notre race C'était là une des raisons pour lesquelles je souhaitais d'être » envoyé en Europe. J'aurais mené mon projet à bonne fin. Gand serait un lieu excellent. Je m'en repose sur » vous du soin de mentionner tout ceci, soit maintenant, soit quand je ne serai plus (1), en note ou dans le » texte, mais à quelqu'époque ou de quelque manière que vous le fassiez, je vous prie d'en parler comme d'une » idée favorite que je caresse depuis plusieurs années. Je ne puis m'empêcher de croire que non-seulement » vous partagerez mes vues, mais que vous les accueillerez avec bonheur. Mon Congrès et ses travaux ne » seraient qu'un développement naturel de notre progrès commun sur la large voie de la civilisation cauca- » casienne. »

(1) M Lieber est mort le 4 octobre 1872. (V. notre notice nécrologique dans la *Revue de droit international* tu. t. IV, 1872, pp 700 et ss.) Nous remplissons donc un pieux devoir envers la mémoire de notre cher et savant cor- respondant en rappelant ici textuellement ses paroles

« international jurists should held a Congress, *not official*, but boldly
» public and international, to settle some important and still doubtful
» points and to utter the opinion of the Cis-caucasian race in a manifesto
» on arbitration etc., — a sort of juridical œcumenic council, without
» pope and without infallibility. One, perhaps more have smiled at the
» idea; I still hold fast to it. It would be laughable if the idea were that
» governments would send the jurists; but for several jurists to
» treat unitedly on certain subjects is no more ridiculous than a
» single writer on such subjects is. Hugo Grotius was quoted at the
» Congress of Vienna. The Roman Law consists almost of quotations of
» individual decisions and opinions; and should the labours of such a
» Congress fail of effect? Suppose Privateering were discussed and the re-
» sult were given, pro and contra, my word for it, it would have its weighty
» part and greatly affect the development of our race. This was one of the
» reasons why I wished to receive a European mission; I could have
» brought it about. Ghent would be a capital place for it. I leave it to you
» how to mention this, either now *or when I am gone*, in a note or in
» the text; but whenever or howsoever you do it, I beg you to give it as a
» favourite idea of mine, held for many years. I cannot help thinking that
» you will at once not only agree with me, but rejoice at it. My Congress
» and its labours would be nothing more but one of the natural develop-
» ments of our united progress on the broad road of our ciscaucasian
» culture. »

Sans adhérer entièrement au projet de M. Lieber, nous fûmes immédiatement frappé de son importance. Depuis cette époque, notre regretté
ami y est revenu plusieurs fois : soit dans les lettres particulières qu'il
nous adressait, soit dans ses communications à la *Revue de droit international*.

Presqu'au même moment où M. Lieber nous écrivait la lettre citée
ci-dessus, M. Moynier, président du comité international de secours aux
militaires blessés, chargeait à Genève un ami commun de nous entretenir
d'un projet analogue. En novembre dernier, M. Moynier prit la peine de
venir lui-même à Gand en conférer avec nous. D'autres jurisconsultes ou
hommes d'État de divers pays, parmi lesquels MM. Bluntschli et De Holt-
endorff, M. Carlos Calvo, MM. Drouyn de Lhuys et de Parieu et M.
Katchenowsky, l'éminent professeur de Kharkow, malheureusement décédé
en décembre dernier (1), voulurent bien nous stimuler de leurs encourage-

(1) V. la notice nécrologique à la fin de cette livraison.

ments. M. Bluntschli entre autres nous écrivait, dans le courant de novembre dernier [1]: « Die Idee einer Conferenz von Rechtsgelehrten des Völkerrechts hat mich auch schon oft beschäftigt und ich bin recht hegierig auf die Formulierung der Vorschläge welche Sie mir versprechen. Einstweilen erlaube ich mir, Ihnen mitzutheilen welche Gestalt der Gedanke in mir vorläufig angenommen hat. Die Hauptsache scheint mir dass wir eine feste, dauernde Institution schaffen, die nach und nach eine Autorität für die Welt werden kann und soll. Ohne eine kühne Initative ist da nicht zu machen... » M. Bluntschli nous exposait ensuite, avec la netteté qui le caractérise, le plan d'institut ou d'académie du droit international, qui a servi de point de départ à nos entretiens et à notre correspondance ultérieure.

Ces premiers jalons posés, nous étions sur le point d'achever l'exposé confidentiel de nos idées, lorsque nous reçumes la visite de M. Miles, dont nous avons parlé plus haut. Le but final de M. Miles se rapprochait trop du nôtre, son dévouement désintéressé était trop digne d'admiration, pour que nous ne fussions pas prêt à joindre notre adhésion sympathique à celles qui lui avaient été données. Toutefois, comme il demandait notre avis, nous ne lui avons pas dissimulé qu'il nous paraissait essentiel de ne pas suivre les traces un peu vagues des « Congrès de la paix, » de ne pas même en adopter le nom, et de se préoccuper avant tout du caractère strictement scientifique de l'œuvre. La satisfaction que nous avons eue d'entendre M. Miles déclarer qu'il partageait cette manière de voir, est d'autant plus grande qu'elle nous paraît déjà un premier gage de succès pour nos efforts.

Nous avons encore trouvé un précieux encouragement personnel dans les avis donnés à M. Miles par MM. Mancini, professeur de droit international à l'université de Rome et député au parlement italien, Heffter et De Holtzendorff, tous deux professeurs à l'université de Berlin (V. Bulletin de la *Société de la Paix* de Paris, 1873, n° 2, pp. 44-46). M. Mancini, après s'être prononcé pour la codification, au moins de cette partie des règles internationales qui obtiennent le plus facilement l'assentiment uni-

---

(1) Traduction · « L'idée d'une conférence de juristes du droit international, m'a souvent aussi préoccupé, et je suis fort désireux de voir formulées les propositions que vous me promettez. En attendant, je me permets de vous communiquer la forme que l'idée a provisoirement prise en moi. Le point capital me paraît être de créer une institution permanente, durable, qui incessamment puisse et doive devenir une autorité pour le monde. Sans une initiative hardie, cela est impossible. »

versel, et pour l'exclusion de l'initiative officielle, s'exprime ainsi en ce qui concerne le temps et le lieu le plus opportun pour les convocations proposées : (1) « La sede, a mio avviso la più opportuna di un centro prepara- » torio, cioè di un comitato promotore composto di pochi insigni statisti e » giureconsulti americani ed europei, sarebbe il Belgio e possibilmente » (se intende concorrervi l'egregio mio amico Sign. Rolin-Jaequemyns,) » l'ufficio della redazione e pubblicazione della *Revue du droit interna-* » *tional*, la quale potrebbe divenir l'organo del comitato, ed il mezzo di » pubblicazione dei lavori del Senato di Giuristi. » MM. Heffter et De Holtzendorff, après avoir déclaré qu'ils adhèrent aux propositions de M. Mancini, ajoutent textuellement : (2) « Beide wünschen eine Discussion über » die zweckmässige Einrichtung von Schiedsgerichten, halten aber dafür, » *dass jede Erörterung über den ewigen Frieden und die absolute Verwerf-* » *lichkeit des Krieges durchaus vermieden werden sollte. Sie sind der* » *Ansicht dass die Aufgabe der sogenannten Friedenscongresse mit derjeni-* » *gen der jetzt projectirten Versammlung durchaus nicht vermischt werden* » *darf.* »

Enfin, quant au fond de l'idée que nous préconisons (académie ou institut international du droit des gens), M. Moynier a bien voulu nous communiquer, il y a quelque temps, la citation faite par M. Ed. Tallichet, dans un article sur « l'*Avenir de l'instruction supérieure en Suisse* » (3), d'un autre article très curieux (de M. Constantin Frantz), publié il y a près de six ans (août 1867) par le journal anglais le *Chronicle*. Nous citons à notre tour, d'après M. Tallichet :

« C'était à propos de la paix. L'auteur montrait d'abord que le droit international ne peut trouver de sanction que dans les idées morales. Si l'on veut recourir à la force pour maintenir la paix, on aboutit à la guerre même qu'on voulait éviter. Mais comment constituer une opinion publique assez éclairée et assez puissante pour imposer à tous les États le respect du

(1) Traduction : « Le siége à mon avis le plus convenable pour un centre préparatoire, c'est-à-dire » pour un comité promoteur, composé d'une élite peu nombreuse d'hommes d'État et de jurisoou- » sultes américains et européens, serait la Belgique et peut-être (si mon éminent ami M. Rolin- » Jaequemyns veut y concourir) le bureau de la rédaction et de la publication de la *Revue de droit* » *international* : cette Revue elle-même pourrait devenir l'organe du comité et servir à publier les » travaux du Sénat de juristes... .. »

(2) Traduction : « Tous deux souhaitent une discussion sur la manière d'organiser utilement des » tribunaux arbitraux, mais ils tiennent à ce *que toute dissertation sur la paix perpétuelle et sur la* » *nécessité de condamner absolument la guerre soit* complètement écartée. Ils pensent que l'œuvre » des « Congrès de la paix » ne doit en aucune façon être confondue avec celle de la réunion projetée. »

(3) *Bibliothèque Universelle*, mai 1869, p. 138.

droit ? » « Au moyen-âge, cette fonction était accomplie par l'Église, unis-
» sant l'Europe entière en un grand empire théocratique, et dont l'influence
» était si décisive, même dans les affaires temporelles, que toutes les ques-
» tions internationales de l'époque étaient résolues par son autorité. »
Aujourd'hui cette autorité a disparu : il s'agit de la remplacer, et elle ne
peut l'être que si les peuples en viennent à avoir des idées communes. De
grands progrès ont déjà été accomplis. Les relations entre les peuples sont
de plus en plus fréquentes ; les principales œuvres littéraires dans une
langue sont bientôt traduites dans toutes les autres ; les sociétés et congrès
scientifiques, surtout, opèrent un rapprochement intellectuel d'une grande
valeur. *Mais à ces progrès incontestables, il manque un centre, un point*
d'appui, qui permette de leur donner une expression distincte, acceptée, et
de les développer de plus en plus. Il existerait un moyen de le constituer,
que le *Chronicle* n'hésite pas à indiquer, ne fût-ce que pour appeler l'attention et la discussion publiques sur un sujet d'une grande importance. Ici, »
continue M. Tallichet, « je me borne à traduire :

» Nous proposerions donc, » dit le journal anglais, « la création d'une
» *Académie internationale des sciences historiques et politiques*, de beaucoup
» les plus importantes pour établir et perfectionner le droit international. Ces
» sciences ont besoin avant tout d'être interprétées dans une institution in-
» ternationale pour être soustraites aux influences fâcheuses de l'orgueil na-
» tional, dont les sciences exactes ne sont pas affectées, mais qui jouent ici un
» rôle prépondérant. Quand l'histoire d'Angleterre est écrite du point de
» vue anglais, l'histoire de France du point de vue français, quelle doit en
» être la conséquence ? La jeunesse en est nourrie, l'opinion publique s'y
» appuie, les passions et les préjugés nationaux en sont fortifiés, et c'est
» ainsi qu'on élève des obstacles formidables à l'établissement d'une paix
» durable. La plupart des écrits politiques sont des œuvres de parti, où la
» recherche de la vérité ne tient qu'une place secondaire. C'est la pente
» naturelle et universelle. De là les misérables progrès que les sciences
» politiques ont faits en comparaison des sciences naturelles, parce que les
» questions ne sont considérées que par un côté, et qu'on en ignore sou-
» vent des points essentiels. Evidemment, il est urgent de trouver un moyen
» de soustraire les sciences politiques à l'action des luttes de partis et
» des intérêts nationaux, et c'est ce que l'on obtiendrait par une institution
» internationale.

« Si une pareille institution existait, on devrait s'attendre à la voir
» devenir, avec le temps, une autorité morale en Europe. Elle pourrait alors

» donner un jugement scientifique dans beaucoup de conflits publics et
» diriger ainsi l'opinion publique. Un pouvoir moral aurait été constitué,
» capable de résoudre des difficultés et de prévenir des explosions vio-
» lentes. Ce que demandent les partisans de la paix universelle, l'établisse-
» ment d'un tribunal international, aurait été obtenu *dans une certaine*
» *mesure*. Il ne serait point nécessaire de changer le système actuel des
» États comme dans le plan de Henri IV et de Sully pour la constitution
» d'une république européenne; tout ce qu'il faut, c'est une concentration
» de forces morales qui donne à l'opinion publique un point d'appui
» solide...... (1).

» Quant à la position et à l'organisation intérieure d'une pareille Aca-
» démie, la première condition et la plus importante, c'est qu'elle soit com-
» plétement indépendante de tous les pouvoirs politiques de l'Europe. Ce
» devrait être une association libre, ne différant des autres associations
» que par son but et son caractère international, qui la placerait sous
» la protection de ce droit international à l'étude duquel elle se consa-
» crerait avant tout. Elle devrait avoir une constitution et un gouvernement
» comme toutes les autres sociétés savantes. Elle serait soutenue par des
» contributions volontaires, et par des subsides réguliers des associations
» scientifiques de divers pays qui auraient avec elle des communications
» directes et régulières. Pour son siége un *territoire neutre* devrait être
» choisi. Des pays comme l'Angleterre ou la France ne conviendraient en
» aucune manière, et surtout Londres ou Paris. Car ces villes sont des
» centres de jalousies nationales, d'intérêts nationaux, de partis politiques
» dont les influences sont si puissantes que nul ne peut s'y soustraire entiè-
» rement. Elles donneraient à l'institution, on n'en saurait douter, un
» caractère national marqué, qui en détruirait immédiatement le sens et
» l'utilité. Il en serait de même de tous les grands pays et de toutes les
» grandes villes. Il faut choisir entre les petits pays.... » Ici l'auteur propose formellement la Suisse, en s'appuyant sur des considérations qui en
général s'appliquent avec une force égale à la Belgique.

On le voit. Tout concourt à nous stimuler dans la voie où nous nous
sommes engagé. En réalité l'idée que nous soutenons ne nous est rien

(1) L'auteur prévoit ici que l'association se transformerait en un établissement public d'éducation
où des gens de divers pays apprendraient à se connaître, à croire à la communion des peuples et à
appliquer ces sentiments dans les fonctions de la vie publique dont ils pourraient être chargés. Nous
considérons cette partie du plan comme bien difficile à mettre en pratique, ne fût-ce que par la
raison que les membres de l'Académie ne résideraient pas dans le même pays, encore moins dans la
même ville.

moins que personnelle. Nous nous bornons à servir modestement d'organe à une conviction née à la fois et depuis longtemps chez beaucoup d'esprits distingués, inconnus les uns aux autres, — de promoteur à un projet pour lequel le temps de l'action semble venu.

IV. — *Exposé de l'idée d'une Académie ou Institut international du droit des gens.*

Il existe, de par le monde, de vingt à trente hommes vivants qui se sont livrés avec succès à l'étude du droit international, et dont les travaux ont enrichi cette science. Il y en a peut-être une vingtaine d'autres qui, tout en étant actuellement retirés de la politique, ont rendu au droit des gens des services actifs d'une nature tout-à-fait éminente, soit en siégeant comme arbitres dans de grandes contestations internationales, soit en représentant avec éclat leur pays devant les tribunaux arbitraux, soit enfin en contribuant dans leur carrière diplomatique ou politique à faire proclamer et accepter quelque règle nouvelle et bienfaisante au sujet des rapports entre les nations durant la paix ou la guerre.

Espérer réunir toutes ces personnes en un même lieu, sur l'appel d'un individu ou même d'un comité, serait probablement aussi présomptueux que chimérique. Mais ce qui serait moins téméraire, ce serait de tenter d'arriver en plusieurs fois, par voie d'agglomération progressive, à un résultat analogue. Il suffirait pour cela que quelques-uns des hommes dont nous venons de parler, groupés en une conférence préparatoire, formassent un comité d'initiative qui arrêterait les bases de l'institution, et se compléterait ensuite patiemment par voie de cooptation.

Quelles seraient ces bases? Il ne nous appartient naturellement pas d'anticiper sur le travail de la conférence dont nous venons de parler. Nous pouvons dire cependant, d'après la correspondance échangée à ce sujet, que de l'avis de tous les hommes éminents qui s'intéressent à l'idée, ces bases devraient être de nature à rendre l'institution absolument indépendante de toute pression gouvernementale ou nationale. Le but serait, non pas de servir d'organe aux gouvernements, mais de servir d'organe à l'*opinion juridique du monde civilisé en matière de droit international.* C'est en ayant constamment ce but devant les yeux, que les membres devraient chercher à favoriser collectivement, par tous les moyens en leur pouvoir, la connaissance, la diffusion et le développement du droit des gens. Par une réciprocité naturelle, l'Institut (Académie), indépendant de tout lien officiel, ne se présenterait en aucune façon comme empiétant sur les attributions des gouvernements. Ceux-ci s'aideraient seulement de ses lumières s'ils le jugeaient convenable et utile. Les opinions émises, les principes formulés ne prétendraient qu'à une simple autorité morale. En d'autres termes, l'Académie ou Institut ne serait pas un corps politique, mais un corps savant.

Jusqu'à quel point la prétention de l'Institut à une autorité même purement morale ou scientifique serait-elle justifiée? Il est naturellement impossible de rien affirmer *à priori* à cet égard. Cela dépendrait d'abord de sa composition, ensuite du zèle de ses membres et du sentiment qu'ils auraient de leur responsabilité. Il y a cependant quelques considérations qui nous rassurent. D'abord en ce qui concerne la *composition*, l'amour-propre et la réputation des hommes assez dévoués à la science pour se faire les promoteurs d'une pareille entreprise seraient trop engagés, pour leur permettre de s'adjoindre d'autres éléments que ceux qui leur apporteraient une force réelle. D'autre part, une disposition des statuts qui limiterait (par exemple à cinquante) le maximum des membres aurait probablement pour effet que l'on tiendrait plus tard à honneur de faire partie de l'institution. Quant au *zèle* et à la *conscience* dans l'accomplissement des travaux, l'intérêt collectif de tous les membres serait d'arriver à une situation telle que, dans la pratique, l'on en vînt à attribuer à leurs opinions une valeur tout au moins consultative. Or, cette perspective ne pourra se réaliser que si, dès le début, tout ce qui émane de l'Institut porte l'empreinte du calme, de la réflexion, de l'esprit d'impartiale recherche qui caractérise la vraie science.

Quelle serait la nature des travaux de l'Institut? En premier lieu, il faudrait y comprendre l'étude des principes du droit international. On peut se demander s'il ne faudrait pas aller plus loin et inscrire en tête de son programme la *codification* du droit international. Ce sera une question à résoudre. Il résulte de l'espèce d'enquête préparatoire à laquelle nous nous sommes livré que, à côté de jurisconsultes qui croient le moment venu de procéder à cette codification, il en est plusieurs d'un avis absolument contraire. Leurs raisons sont tout au moins sérieuses. Ils font valoir le dissentiment qui existe, dans la théorie et dans la pratique, sur quelques-uns des principes les plus élémentaires du droit international (Qu'est-ce qu'un État? Qu'est-ce qu'une nation? Théorie de la non-intervention. Règles de la neutralité. Théorie des obligations, force obligatoire des traités, etc.). Tant qu'on ne parviendra pas, disent-ils, à s'entendre sur ces principes, l'espérance de rédiger un code international susceptible d'être accepté comme loi positive par tout un groupe d'États sera illusoire.

Il est inutile de discuter ici cette grave question, et il serait, pensons-
nous, dangereux de la préjuger dans l'organisation de l'Institut. La trancher
d'avance dans un sens ou dans l'autre, ce serait exclure une partie des
jurisconsultes éminents qui se sont prononcés pour ou contre l'entreprise
de la codification immédiate. Ce qui est certain, c'est que, si cette entreprise
peut être abordée avec fruit, la création de l'Institut la facilitera singulièrement, soit qu'on la tente dans son sein ou en-dehors de lui. En effet, un
accord sur les principes élémentaires est le préliminaire ou l'accompagnement obligé de toute œuvre législative. Ces principes pourraient être énoncés, soit sous forme de *déclarations*, soit sous forme de *vœux*. Dans le premier cas il y aurait *interprétation doctrinale collective* du droit existant;
dans le second il y aurait un *avis en faveur d'une réforme* à faire. Dans
cette dernière catégorie rentreraient, par exemple, le vœu motivé de voir
compléter la déclaration de 1856, en rendant *obligatoire* la tentative de
conciliation en cas de désaccord sérieux entre deux États [1], ainsi que
toutes les recommandations et tous les projets qui tendraient à généraliser
et à faciliter le recours à l'arbitrage pour mettre fin aux différends internationaux (règles à recommander pour le choix des arbitres. Projets de
Lieber, de Bluntschli, etc., question de la constitution d'un tribunal international permanent avec compétence générale [2] ou avec compétence spéciale [3]; règles de la procédure arbitrale [4] etc.).

Mais, à côté de cette œuvre abstraite et permanente, il est une autre tâche
concrète et accidentelle à laquelle l'Institut pourra s'appliquer, lorsque les
circonstances le permettront et le conseilleront. Ce sera celle d'étudier et
d'élucider les questions de droit international dont les évènements actuels

(1) V. Bluntschli, *Völkerrechtliche Betrachtungen über den französisch-deutschen Krieg*, 1870-1871 dans le *Jahrbuch* de Holtzendorff, pp. 279 et ss. Cf. article de Hälschner, *der deutsch-französische Krieg und das Völkerrecht*, dans les *deutsche Blätter* de 1872, p. 26.

(2) Cf. Lorimer, *Constitution d'un congrès international permanent (Revue de droit intern.* T. III 1871, pp. 1 et ss.) — De Laveleye, *Des causes de la guerre et de l'arbitrage.* — Pierantoni, *Degl., arbitrati Internazionali.* — Ch. Lucas, *Les deux rêves de Henri IV.* — Le même, *Un vœu de civilisation chrétienne adressé à l'Angleterre et aux États-Unis. (Revue chrétienne,* juin 1873). — D. Dudley Field, *Draft outlines of an international Code.* — Barbault, *Du tribunal International.* (V. sur ces ouvrages les notices bibliographiques de la *Revue,* passim.)

(3) Sur la proposition de remplacer les cours de prises maritimes par un tribunal international V. Trendelenburg, *Lücken im Völkerrecht,* Leipzig, 1870, pp. 48 et 49; sur celle d'établir un tribunal international pour juger de l'application du droit d'asile, V. R. Von Mohl, *die Völkerrechtliche Lehre vom Asyle.* (Staatsrecht und Völkerrecht, t. I, p. 764.) Sur celle de Moynier, d'établir un tribunal pour la conférence de Genève, v. notre article dans cette *Revue,* 1872, pp. 325 et ss.

(4) V. nos observations à ce sujet dans cette *Revue,* 1872, p 127. Cf. Pierantoni, *Degli arbitrati internazionali.* et Pradier-Fodéré, *La question de l'Alabama et le droit des gens.*

rendront la solution nécessaire. Sans doute, il y a un grand nombre de ces questions auxquelles se mêle un intérêt politique, national ou autre qui tend à les obscurcir. Cependant les plus complexes ont leur côté juridique, que l'on peut aspirer à mettre en lumière, ne fût-ce que pour constater le silence du droit ou le désaccord de ses représentants. Ce sera d'un côté à l'Institut à montrer sur ces questions une réserve qui empêche son initiative de paraître absolument oiseuse ou déplacée; de l'autre aux statuts à stipuler d'avance certaines garanties d'impartialité, pour le cas où on irait aux voix sur de pareilles questions, par exemple en interdisant aux nationaux d'une puissance actuellement intéressée, de prendre part au vote. Il y a d'ailleurs d'autres questions, également d'actualité, auxquelles la politique est totalement étrangère, mais qui touchent aux plus graves intérêts matériels et moraux. Le retard dans leur solution tient souvent à ce qu'aucun parti ne s'en empare. On pourrait énumérer un grand nombre de ces questions dans l'ordre législatif intérieur de chaque pays. Il y en a peut-être tout autant dans l'ordre international, public ou privé. Citons quelques exemples.

Parmi les questions auxquelles un intérêt national est mêlé, mais qui auraient tout à gagner à être approfondies au point de vue des principes du droit, figure en ce moment l'interprétation et le développement des trois règles du traité de Washington. Comme nous l'avons rappelé plus haut, le sens attribué par le tribunal arbitral de Genève à la première et à la seconde de ces règles est formellement contesté par l'Angleterre, qui ne consent à recommander celles-ci qu'à la condition de pouvoir les interpréter à sa manière. Quel que soit au fond le mérite de cette prétention, il y a là une situation qui, si elle ne se dénouait, rendrait les effets de l'art. VI du traité de Washington parfaitement illusoires. Supposons maintenant que l'Institut existe et compte parmi ses membres, outre des jurisconsultes anglais et américains, quelques-uns des représentants les plus éminents du droit international sur le continent Européen. Croit-on qu'un avis collégialement rendu par ces derniers, après avoir entendu leurs collègues d'Angleterre et d'Amérique, sur le sens juridique qu'il convient d'attribuer aux mots *due diligence*, c'est-à-dire sur la théorie de la faute appliquée aux rapports entre les neutres et les belligérants, ne serait pas susceptible de jeter sur la question des lumières nouvelles? S'il ne faut pas absolument désespérer de voir formuler ces règles d'une manière qui ne laisse plus place aux doutes actuels, est-ce que l'Institut international du droit des gens ne serait pas l'autorité scientifique la plus à même de hâter ce résultat?

Parmi les questions auxquelles ne s'attache d'ordinaire aucun intérêt spécial de nation ou de parti, mais dont la solution contribuerait, peut-être plus efficacement que toute autre chose, à régulariser les rapports entre nations, figure toute la matière du droit international privé. Il n'est presque personne qui conteste la haute utilité qu'il y aurait à établir, par voie de traités, une législation internationale sur les lettres de change, sur les sociétés commerciales, sur l'état des personnes, sur le régime monétaire, sur l'exécution des jugements à l'étranger, sur la propriété intellectuelle, etc., etc. Mais les gouvernements sont trop absorbés par la politique proprement dite pour travailler à la réalisation de ces idées avec toute l'énergie désirable. Il faut que l'opinion publique les y pousse, et il faut en outre que la science ouvre la route à suivre. Ici le rôle de l'Institut est tout tracé. A l'autorité individuelle de ses membres se joindra ce que leur réunion en un seul corps pourra seule donner : l'abondance et la précision des informations locales, résultant de ce que, dans cette espèce de comité central, toutes les nations civilisées auront leurs représentants.

Un autre point important serait l'étude critique et la révision, en vue d'amener entre eux une certaine homogénéité *sous le rapport juridique*, des traités déjà conclus sur diverses matières d'intérêt universel (traités de commerce et de navigation, conventions consulaires, traités de naturalisation, d'extradition, conventions postales, télégraphiques, etc.)

Si plusieurs hommes instruits, appartenant à divers pays, ayant déjà individuellement une compétence spéciale, et réussissant dès aujourd'hui à se faire écouter lorsqu'ils parlent seuls, s'occupaient collectivement de ces choses avec le juste sentiment de leur mission, sans rien précipiter, et sans prétendre ni à l'infaillibilité doctrinale, ni à une autorité politique à laquelle ils n'auraient aucun droit, — il nous paraît certain que tout gouvernement éclairé ne tarderait pas à voir en eux de bienfaisants auxiliaires et à leur demander, le cas échéant, des *avis* raisonnés sur des questions relatives à l'existence ou à l'application de la loi internationale. Ce procédé aurait l'avantage d'ajouter à l'autorité morale des gouvernements qui voudraient conformer leur conduite au droit. Il n'aurait d'ailleurs, au point de vue de l'autonomie des États, aucun inconvénient puisque, en consultant l'Institut, on ne s'engagerait ni à suivre son avis dans l'espèce, ni à le consulter de nouveau dans l'avenir. Si donc l'Institut, manquant à sa mission, cessait d'être l'organe impartial de l'opinion juridique du monde civilisé, il serait seul puni par le blâme et l'abandon universels.

Mais il appartiendra à ceux qui arrêteront les statuts de l'institution d'empêcher la réalisation d'une chance aussi funeste. Il leur appartiendra aussi de résoudre le problème difficile sans doute, mais non insoluble, d'organiser le travail scientifique collectif de plusieurs personnes disséminées sur toute la surface de la terre, de constituer un secrétariat ou centre de correspondance, de faciliter l'adjonction occasionnelle ou permanente d'éléments auxiliaires (spécialités techniques, historiques, etc.), de prendre les mesures nécessaires pour prévenir l'envahissement de l'institution au profit d'un État ou d'une politique déterminée, enfin d'organiser les ressources matérielles de l'Institut. Peut-être même jugeront-ils désirable de compléter l'Institut ou Académie (comme ils voudront l'appeler) par la constitution d'une association générale, ou d'un groupe d'associations nationales *pour le progrès du droit des gens*, dont les membres, en nombre illimité, ne devraient pas appartenir exclusivement au monde scientifique, et dont l'opinion se manifesterait dans des Congrès organisés par l'initiative et sous la présidence de l'Institut. Nous reconnaissons volontiers que toute cette partie du plan n'est pas encore assez mûre pour être livrée au public. Des projets sont formulés. Il dépendra des hommes éminents qui ont bien voulu encourager nos premières communications, de se prononcer sur les différentes questions qui leur sont soumises.

NOTICES DIVERSES.

I. — PROJET DE COMMUNICATION DIRECTE, PAR CHEMIN DE FER, ENTRE
L'EUROPE ET L'INDE.

Il n'est pas douteux qu'un des grands faits desquels il faut attendre le progrès du droit international ne soit le développement de ce qu'un économiste anglais appelle l'*interdépendance des nations* [1]. Rien ne favorise cette interdépendance comme la multiplication des voies de communication internationales. C'est à ce titre que nous appelons l'attention sur le projet conçu par un des ingénieurs distingués qui ont dirigé les travaux du canal de Suez, — M. Cotard, — de réunir, par un chemin de fer, la distance d'environ 3,740 kilomètres qui sépare, dans l'Asie centrale, le dernier tronçon Russe du dernier tronçon Anglo-Indien.

M. Cotard a obtenu pour son projet le précieux concours de M. Ferdinand de Lesseps. Des négociations sont ouvertes avec la Russie et l'Angleterre; et une société d'études préparera l'exécution de cette entreprise destinée à compléter, sur la plus grande étendue terrestre de notre globe. la bienfaisante voie maritime déjà ouverte par le canal de Suez.

Je prévois, dit M. de Lesseps, dans une lettre adressée à ce sujet au général Ignatiew, ambassadeur de Russie à Constantinople, je prévois, dans la réussite de ce projet grandiose, bien que pour des causes différentes, la fin de l'antagonisme provoqué entre l'Angleterre et la Russie par la situation des États intermédiaires de l'Asie centrale, comme je voyais, il y a vingt ans, dans le succès du percement de l'isthme de Suez, la fin de l'antagonisme existant depuis le commencement de ce siècle entre la France et l'Angleterre à l'occasion de l'Égypte.

Les territoires intermédiaires de l'Asie centrale étant traversés par une voie ferrée et n'étant plus un obstacle à l'expansion de la civilisation européenne, les deux Empires rivaux seront affranchis de l'état actuel de défiance réciproque, pouvant devenir fort grave chaque fois que l'un ou l'autre est tenu d'assurer par les armes la tranquillité de ses frontières vis-à-vis de populations semi-barbares.

L'idée consiste à profiter des chemins de fer déjà existants, d'un côté de Calais à Orenbourg (4,725 kilomètres), de l'autre de Pechawer (Indes

[1] F. SELBOHN, on international reform.

anglaises) à Calcutta (3,435 kilomètres), ensemble 8,160 kilomètres, et à relier les deux points extrêmes par une ligne qui traverserait les possessions russes d'Orenbourg à Samarkande (2,230 verstes) et les territoires inter- médiaires de Samarkande à Pechawer (1,275 verstes), ensemble 3,505 verstes ou 3,740 kilomètres à exécuter.

Il en résulterait que des voyageurs partis de St-Pétersbourg, de Londres, de Bruxelles, de Paris, de Lisbonne, de Madrid, de Berlin, de Rome, de Vienne, pourraient se rendre en une semaine aux Indes.

Naturellement on se demande quelle attitude prendra l'Angleterre devant ce projet. On se rappelle son attitude aux débuts du canal de Suez. L'An- gleterre passe pour patroner en ce moment un autre projet, dont le journal allemand *Grenzboten* a parlé vers la fin de l'année dernière dans un article signé G. Tybusch. Ce projet consisterait à poursuivre à travers l'Asie mineure la direction du chemin de fer futur de Belgrade à Constantinople. Se dirigeant vers Izmid et Angura, la ligne continuerait par Kaissarieh sur Diarbekir, et irait de là, en suivant la vallée du Tigre-Euphrate jusqu'à Bassora, d'où une ligne de bateaux à vapeur franchirait en 150 heures les 1,800 milles anglais qui resteraient jusqu'à Bombay. On calcule que l'on arriverait ainsi de Londres à Bombay en 270 heures ou un peu plus de 11 jours.

Nous croyons que l'intérêt de l'Angleterre est, encore plus que celui de la Russie, d'être reliée à l'Inde par la voie la plus courte et la plus homo- gène. L'Angleterre et la Russie ont toutes deux une mission à accomplir en Orient, et l'une de ces missions n'est pas exclusive de l'autre. Qu'elles sachent, sans arrière-pensée, confondre leurs intérêts. L'une et l'autre bénéficieraient de cette interdépendance.

II. — LE JURISTENTAG DE FRANCFORT ET LA LÉGISLATION INTERNATIONALE SUR LA LETTRE DE CHANGE.

Parmi le grand nombre de résolutions votées en août dernier par le Juristentag allemand de Francfort, nous remarquons celle-ci qui est d'une grande importance au point de vue du droit international :

« L'état actuel de la science permet et le développement des relations de
» commerce et de crédit entre les divers peuples exige que l'on établisse,
» en matière de lettres de change, une législation commune à tous les États
» de l'Europe et aux États-Unis de l'Amérique du Nord. »

III. — Deuxième congrès des juristes italiens.

Le deuxième congrès des Juristes italiens aura lieu à **Turin** dans la première semaine de septembre. Voici les thèses qui lui seront soumises par la commission :

1° Du système des peines mis en rapport avec le vœu de l'abolition de la peine de mort;

2° De l'institution du ministère public en matière civile et pénale, dans ses rapports avec la magistrature et le gouvernement, et des garanties de l'indépendance de l'ordre judiciaire;

3° Des modifications à introduire dans la législation civile et commerciale, à raison de l'influence des communications par la vapeur et le télégraphe;

4° Réforme de la législation sur les faillites et abolition de la contrainte par corps.

5° De la limitation de la détention préventive et des garanties de la liberté individuelle dans la procédure pénale.

G. R.-J.

BIBLIOGRAPHIE.

—

1. — *Encyclopädie der Rechtswissenschaft in systematischer Bearbeitung*, herausgegeben unter Mitwirkung vieler namhafter Rechtsgelehrten von Dr Franz von Holtzendorff, prof. der Rechte in Berlin. — Erster, systematischer Theil. — Zweite, durchgehends verbesserte und erheblich vermehrte Auflage. — Leipzig, Duncker u. Humblot, 1873. — Un vol. gr. in-8. 1182 pp. Prix : 5 Thlr. 20 Sgr.

Notre Revue a rendu compte de la première édition de cet ouvrage (1). C'est déjà une preuve de grand succès pour une publication de cette importance que d'en être arrivée aussi vite à une seconde édition. Mais jamais seconde édition n'a mieux mérité que celle-ci l'épithète trop souvent usurpée de « corrigée et considérablement augmentée. »

Il est tout naturel que les éminents collaborateurs de M. de Holtzendorff, placés chacun en présence de la matière spéciale qu'ils avaient à traiter, aient commencé par lui livrer des travaux dont la juxtaposition, quel que fût leur mérite individuel, n'était pas sans offrir quelques disparates. La publication seule de la première édition leur a permis de revoir leurs œuvres de manière à les mettre mieux en harmonie les unes avec les autres. Ce progrès est sensible dès le premier article, celui de M. Ahrens sur *le droit et la science du droit*, dont les divisions sont plus claires, plus complètes et plus en rapport avec l'ensemble du recueil (V. spécialement le Ch. III, contenant l'Encyclopédie proprement dite). Partout les indications bibliographiques sont devenues extrêmement complètes. Il est presque superflu de dire que, dans tous les travaux ainsi remaniés, il a été tenu compte des nouveaux faits et des nouvelles publications juridiques. C'est ainsi que M. de Holtzendorff a mis l'excellent article, où il expose d'une manière à la fois si lumineuse et si concise, les principes du droit international européen, en rapport avec les travaux les plus récents publiés à l'occasion de la dernière guerre. Il en est de même des autres travaux concernant spécialement le droit public.

Mais outre ces compléments et ces améliorations, la nouvelle édition de la partie systématique de l'Encyclopédie renferme quelques travaux entièrement nouveaux.

D'abord dans la partie historique, un aperçu des sources du droit scandinave, dont la connaissance est indispensable à celui qui veut étudier l'ancien droit germanique, c'est-à-dire le droit ancien de presque toute l'Europe occidentale. C'est le prof. Conrad Maurer, de Munich, qui s'est chargé de ce travail.

En second lieu, dans la partie relative au droit privé, un fort bon résumé du droit civil français, par notre collaborateur M. A. Rivier. Le peu d'espace dont l'auteur disposait ne l'a pas empêché de joindre à sa rapide esquisse un choix judicieux d'indications bibliographiques.

(1) *Revue de droit intern.*, 1870, t. II, pp. 327 et ss.

En troisième lieu, au lieu d'un seul article où M. John avait réuni d'une manière qui, nous devons le dire, nous avait paru heureuse, l'exposé de la procédure civile et criminelle, ces deux matières ont été séparées. C'est le prof. V. Bar, de Breslau, qui s'est chargé de la procédure civile.

En quatrième lieu (*last not least*), cette édition s'est enrichie d'un appendice qui à lui seul forme un recueil précieux et, pensons-nous, unique en son genre : une collection d'exposés de *tous les droits particuliers de l'Allemagne*, faits chacun par un *jurisconsulte appartenant au pays où le droit en question est appliqué*.

Signalons encore une table alphabétique détaillée, qui manquait à la première édition.

C'est une circonstance excellente pour l'Empire allemand que l'effort vers l'unification de son droit ne soit pas le résultat foudroyant d'une période d'agitation révolutionnaire, mais bien le fruit d'une union harmonique et féconde entre le travail de la science et la volonté du législateur. Des recueils comme l'Encyclopédie de Holtzendorff prouvent d'ailleurs que cette science, après avoir débuté par l'individualisme et la multiplicité des systèmes contradictoires, arrive elle-même à des conclusions positives communes. Rien de commun d'ailleurs entre ce recueil où tout est vivant, substantiel et les compilations sèches et vides des époques de décadence. Il y a là vraiment plus qu'une unité extérieure. Il y a un accord intime des esprits et des idées.

2. — *Principii fondamentali della giurisprudenza universale*, per l'avvocato Niccolò Melchiore, già deputato al Parlamento italiano. — Prima parte. *La scienza del giure universale*. Napoli, De Angelis, 1873. — In-8°, 323 pp.

L'auteur de cet ouvrage nous apprend dans sa préface qu'il a publié en 1845 « alcuni pensieri sulla giurisprudenza universale, » dont il reproduit aujourd'hui la substance, « mùrie par le temps et la lime. » L'ouvrage entier doit comprendre deux parties. Le présent volume comprend la première partie, destinée, d'après l'auteur, à l'exposé des principes du droit ; la seconde partie comprendra la « science des législations. »

Nous avons souvent signalé dans de précédentes notices le magnifique essor de la science italienne, et nous avons fait ressortir avec quelle égale facilité la belle langue du Dante et de Machiavel se prêtait aux élans de la poésie la plus sublime et aux raisonnements précis du droit ou de la philosophie. Mais cette facilité même peut devenir un écueil. La tentation d'abuser des mots existe dans toutes les littératures. Elle n'est nulle part plus forte que dans les pays où, à l'abondance du langage, se joint une vivacité et une mobilité incessante de l'imagination. Le livre que nous avons sous les yeux fournit un exemple frappant de ce défaut. C'est dire qu'il lui manque précisément les qualités essentielles qu'il faudrait pour résumer en un petit volume ni plus ni moins que les « principes fondamentaux de la jurisprudence universelle ! » : une terminologie rigoureuse, la sobriété des développements, une logique impitoyable, peut-être même une dose plus qu'homœopathique de génie.

C'est beaucoup demander sans doute. Mais nul n'est forcé d'écrire un livre sur la science du droit universel, et l'on a le droit de se montrer difficile envers un compatriote des Vico, des Beccaria, des Filangieri, des Romagnosi, des Rossi, qui prétend marcher sur leurs traces.

M. Melchiore a évidemment beaucoup lu, mais il a mal digéré ses lectures. Il lui est resté, au lieu de quelques principes nets, formant un ensemble bien homogène, une phraséologie vague, nébuleuse, pédante. Qu'est-ce par

exemple que cette définition du droit (p. 10) : « il diritto è per noi un con-
» cetto della ragione, immutabile ed universale nella sostanza, e nella forma
» fenomenico e mutabile, rispondente ad un tempo all' ordine morale di
» ragione ed all' ordine morale di fatto? » L'auteur ne-sait pas même se
montrer précis au moment où il annonce qu'il va l'être : « Or volendo
» esporre, » dit-il, « le idee principali della nostra teoretica giuridica e
» sociale con linguaggio chiaro, concreto ed al possibile preciso, aggiun-
» giamo alle cose sopra dette.., » et le voilà qui se replonge dans ses
catégories mal définies de « ordine morale, ordine fisico;.. ordine razionale,
» ordine teoretico;.. ordine morale speculativo o di ragione pura, ordine
» morale esecutivo o di ragione pratica, » le tout entremêlé de phrases
banales sur le progrès, la sociabilité humaine, et d'allusions à la politique
italienne actuelle.

Les meilleures parties de l'ouvrage sont celles que l'auteur a empruntées
à Vico, en paraphrasant notamment la théorie que l'illustre Italien résume en
ces mots : «Jurisprudentia universa coalescit ex tribus partibus : philosophia,
» historia et quadam arte propria juris ad facta accomodandi. »

3. — Prof. Dr Bastian. *Die Rechtsverhältnisse bei verschiedenen Vœlkern der
Erde. Ein Beitrag zur vergleichenden Ethnologie.* Berlin, Reimer, 1872.
— Gr. in-8°, de LXXX et 435 pages.

Le contenu de ce volume ne répond au titre que très imparfaitement. Ce
n'est pas un livre de droit. Peut-être l'auteur n'a-t-il pas voulu faire un livre
de droit, mais seulement un livre d'ethnographie. Alors, il n'aurait pas dû lui
donner un titre propre à tromper le lecteur.

Ce n'est même pas ce qu'on appelle proprement un *Livre.* C'est un riche
recueil de détails curieux, sur les croyances et les superstitions, sur les usages
et les lois de divers peuples d'aujourd'hui et de l'antiquité, notamment de
ceux que nous appelons *sauvages,* dans notre orgueil un peu naïf peut-être,
mais justifié, du moins au point de vue juridique, en ce sens que ces peuples
sauvages n'ont presque point de notion du *Droit.* Mais cela même n'indique-
t-il pas que l'étude de leurs abominations et de leurs enfantillages n'est
guère féconde pour notre science?

Il n'est pas facile de reconnaître le plan que s'est tracé l'auteur. Ses matériaux très abondants, mais en général de seconde ou de troisième main, sont
encaqués (c'est le mot), à peu près pêle-mêle, dans sept longs chapitres, précédés de quatre-vingt pages d'*Introduction* qui n'ont rien d'introductif, et
dans des notes nombreuses, très longues et très indigestes. C'est surtout dans
ces notes que la méthode manque et que ce défaut est choquant : l'auteur
s'est borné à juxtaposer, sans trace de critique et sans liaison extérieure,
d'interminables kyrielles de citations de très-inégale valeur, en allemand,
en français (souvent incorrectement transcrit), en anglais, en espagnol, en
portugais, etc. — Parfois l'on a grand peine à découvrir le lien qui rattache
la note au texte.

Dans le chapitre premier, la *propriété,* le *colonat,* les *bénéfices* sont mêlés à
la *condition des personnes* et au *pouvoir royal.* Nous retrouvons le *régime féodal*
dans le deuxième, et dans le cinquième la *race,* les *esclaves,* les *affranchis*;
dans le troisième, les *armoiries* jointes à l'*emphythéose* et aux *impôts.* Le quatrième est consacré surtout au *mariage* et à l'*hérédité,* les sixième et septième
à la *magie* et à diverses *pratiques superstitieuses,* qui n'ont avec le Droit qu'un
rapport bien lointain et bien indirect.

Ce fouillis renferme des choses excellentes. Peut-être même quelque critique bienveillant dira-t-il que c'est un trésor de renseignements précieux. Nous craignons que ce trésor ne soit stérilisé, au moins en grande partie, par l'absence de méthode. Pourtant, il y a les matériaux d'un livre très utile dans le volume de M. Bastian, mais il faudrait les dégager et les ordonner. Il faudrait, en premier lieu, soumettre les sources à un triage sévère et à une classification. Il faudrait, ensuite, adopter un ordre logique et juridique : distinguer ce qui a trait aux personnes, aux choses, aux obligations, à la famille, à l'hérédité, à la religion, au droit public, à la procédure civile, au droit pénal et à l'instruction criminelle ; marquer, pour chacun de ces domaines, les époques du développement social, qui se suivent dans l'ethnologie et coexistent dans la chronologie ; tâcher de démêler les traits communs et les ressemblances dans l'immense variété des figures : essayer de déterminer, dans ces ressemblances et dans ces traits communs, ce qui doit s'expliquer par la nature des choses et ce qui peut s'expliquer autrement, par la race, par une formation commune, par l'influence étrangère.... — Voilà quelles seraient, selon nous, les conditions principales d'un travail vraiment fructueux, non pas seulement au point de vue du droit, mais même au point de vue purement ethnologique. Avec la masse de matériaux qu'il a rassemblés, M. Bastian serait certainement capable de mener ce travail à bien. Nous espérons qu'il l'entreprendra.

Il n'y a, dans le volume que nous annonçons, ni répertoire, ni bibliographie. Les indications placées en haut des pages sont insignifiantes.

La table des matières est ridicule.

Le volume se termine par un extrait du *Code Siamois* (dispositions sur l'esclavage), d'après Bradley.

Alphonse Rivier.

4. — *Notion du droit et de l'obligation*, par Daniel de Folleville, avocat, professeur de code civil à la faculté de droit de Douai. — Paris et Douai. 1873. — Gr. in 8°, 140 pp.

Cet ouvrage renferme les quatre premières leçons du cours triennal de droit civil donné par l'auteur à Douai. Nous le classons ici parmi les traités généraux sur le droit, parce qu'en réalité il contient une espèce d'introduction philosophique à l'étude du droit en général. Un appendice donne en outre l'explication sommaire de l'art. 6 du Code civil. relatif aux lois « qui intéressent l'ordre public et les bonnes mœurs. »

De pareilles publications font honneur à l'enseignement du droit tel qu'il se donne à la faculté de Douai. L'initiative du professeur s'efforce de combler, en partie du moins, une lacune souvent signalée, en France même. dans le programme des hautes études : l'absence d'un cours spécial d'encyclopédie du droit. Il est naturellement impossible, en quatre leçons, de creuser bien profondément ou d'embrasser dans toutes ses parties ce vaste sujet. Mais c'est beaucoup déjà que de présenter aux jeunes gens, au début de leurs études juridiques, sous une forme élégante, quelques notions générales, synthétiques au lieu d'entrer de plein pied dans une exégèse aride, dont la méthode leur échapperait.

5. — *Atti del congresso giuridico italiano tenuto in Roma l'anno* 1872. —
Roma 1872. Enrico Sinenberghi. — Gr., in-8°, 704 pp.

Sans attendre davantage le travail de celui de nos collaborateurs italiens
qui avait bien voulu nous promettre un compte-rendu du Congrès de 1872,
nous signalerons ici le beau volume qui contient les actes de cette assemblée.
Il témoigne tout au moins d'une grande activité de la part du comité promoteur, et d'un remarquable empressement de la part des jurisconsultes italiens
à répondre à ce premier appel. Ce qu'on pourrait lui reprocher, c'est une
surabondance de richesse jointe à une totale absence d'ordre, dans la compilation de ces rapports qui touchent à peu près à toutes les matières du
droit positif. Le lecteur qui n'a pas assisté au congrès éprouve, au premier
abord, quelque peine à se retrouver dans ces thèses et ces rapports, qui ne
sont pas même classés par ordre de numéros, puisque le volume commence
par les rapports sur la 4me thèse et finit par les rapports sur la 1re. L'absence
de toute table alphabétique ou méthodique augmente la difficulté. Nous
croyons rendre service à celui qui voudra consulter cette importante publication, en indiquant ici très sommairement la place occupée par les différents
travaux.

Actes préparatoires. — Indications des thèses, règlement, pp. 1-20.

4me thèse. — Réformes du code italien de procédure civile. Rapports de CAMERINI
et BESSOLINI, pp. 20-79.

2me thèse. — Réformes dans la procédure pénale. — Rapport de FLORENZANO,
pp. 79-182.

7me thèse. — Réformes de l'organisation judiciaire. — Rapports de DESJARDINS.
MARI et BENCIVENGA-BARBARO, pp. 183-302.

3me thèse. — Institution des jurés en matière pénale. — Monographie de PESSINA,
pp. 303-322.

6me thèse. — Législation sur les conflits de juridiction entre le pouvoir administratif et le pouvoir judiciaire. — Rapport de MANCINI, pp. 327-375.

5me thèse. — Exercice de la profession d'avocat et de procureur (avoué). —
Rapport de C. NORSA, pp. 383-486.

1re thèse. — Abolition de la peine de mort. — Rapports, discours, Lettres de
MANCINI, PIERANTONI, CARRARA, GIURATI, NOCITO, CANONICO, PIROLI, CURCIO, pp. 495-704.

6. — *La Revue critique de législation et de jurisprudence du Canada*, publiée
par MM. WM. H. KERR, D. GIROUARD, H. RAINVILLE etc., 1re année, 4me livr.,
octobre 1871. — 2me année, 1872, livr. 1-4. — 3me année, 1re liv., avril
1873. — Montréal, Dawson Brothers. — Quatre livraisons par an, formant à la fin de l'année un vol. de 500 pp. — Prix de l'abonnement
4 dollars.

Cette Revue, dont notre bulletin bibliographique a signalé l'apparition,
(V. T. III, 1871, p. 661), a publié, dans les livraisons citées ci-dessus, plusieurs articles intéressants, dont voici les principaux :
Un aperçu sommaire de l'histoire et des résultats de la réforme du droit
par voie législative, (c'est-à-dire des *tentatives de codification*) *aux Etats-Unis,*
par ISAAC J. REDFIELD.
Deux articles de l'Hon. J. GRAY, sur les *législations en vigueur* dans l'On-

tario, la Nouvelle-Ecosse et le Nouveau Brunswick : 1° en matière de *testaments* et de *succession ab intestat*; 2° en matière d'élections.

Le premier de ces articles a donné lieu à une polémique dans la Revue.

Un article de M. D. GIROUARD, sur les rapports entre *l'Eglise et l'Etat*, au point de vue du droit constitutionnel en vigueur au Canada. M. Girouard a défendu, comme avocat, les prétentions de l'église catholique dans un procès auquel a donné lieu le refus fait par le curé et les marguilliers de la paroisse de Montréal, d'accorder la sépulture religieuse aux restes de M. Guibord, président de l'Institut canadien, et frappé comme tel de « *censures ecclésiastiques*, » par l'évêque de Montréal. La veuve de M. Guibord a intenté de ce chef devant les tribunaux civils, contre les auteurs du refus de sépulture religieuse, une action qui avait le caractère d'un appel comme d'abus. Les défendeurs ont opposé l'incompétence du juge laïque. L'affaire jugée en première instance en faveur de Mme Guibord et en appel contre elle, est en ce moment pendante devant le conseil privé à Londres. Son caractère, les curieux incidents dont elle a été semée, le talent avec lequel elle a été plaidée de part et d'autre, tout concourt à en faire une cause des plus remarquables. même aux yeux des personnes totalement étrangères au Canada ! Aussi n'attendons-nous que le résultat final, pour en donner au moins un compte-rendu sommaire. M. Girouard n'a pas cru devoir attendre aussi longtemps. Son article est un plaidoyer ex cathedra pour soutenir la thèse, à priori assez invraisemblable, que les rois de France se seraient départis, dans leurs possessions canadiennes, de droits et de garanties dont ils étaient extrêmement jaloux en France, et qui n'étaient après tout qu'un faible contrepoids aux privilèges de tout genre dont jouissait l'église catholique, et dont elle jouit encore au Canada.

L'article de M. Girouard est continué dans la 1re et dans la 2me livraison de 1872, et accompagné d'une réplique courte, mais vive de M. G. Doutre, un des avocats de la Ve Guibord.

Nous n'avons pas qualité pour nous prononcer sur la controverse dont il s'agit. Mais nous serions bien tenté de répondre quelques mots à M. Girouard. quand à la fin de son article, il attribue ce qui a été dit précédemment dans cette Revue au sujet du maintien, en Canada, du mariage religieux *obligatoire*, à ce que nous « respirons ici en Europe une atmosphère imprégnée du poison du socialisme ! » Pour apprécier au fond la valeur de cette affirmation, il faudrait pouvoir se livrer à une analyse comparative philosophico-chimique de la pureté relative des atmosphères canadienne et européenne. Ce serait un travail long et difficile. Heureusement il y a une réponse plus simple : c'est que M. Girouard semble ne pas se rendre bien compte de ce que c'est que ce socialisme auquel il attribue nos aberrations. Nous entendons, en Europe du moins, par socialisme un ensemble de systèmes dont le caractère commun consiste à exagérer le rôle de l'État, comme réprésentant de la société, aux dépens de la liberté individuelle. Or, c'est précisément au nom de la liberté individuelle que nous critiquons le mariage religieux obligatoire. Nous croyons que l'État doit être, non pas *athée* sans doute, mais *laïque*, et que, comme tel, il doit s'abstenir d'imposer un acte religieux à aucun de ses citoyens. Cette opinion est celle de beaucoup de gens très religieux, qui croient qu'un acte cesse d'être religieux du moment où il n'est plus volontaire. Ainsi nous restreignons le rôle de l'État, tandis que c'est M. Girouard qui l'exagère, en plaçant l'État à la porte du temple et en l'armant du *compelle intrare* vis-à-vis des récalcitrants. Si donc socialiste il y a, le socialiste, l'empoisonné, en cette question du moins, ce n'est pas le pauvre Européen qui a, dans la Revue, critiqué le mariage religieux obliga-

toire, c'est son confrère du Canada. Il est vrai que le même confrère, après
avoir appelé l'État à son aide pour imposer le mariage religieux, le congédie
sans façon, lorsqu'il s'agit de contrôler l'usage que l'Eglise fait de son autorité,
même en matière temporelle. C'est ce que nous appelons en Europe un manque
de logique.

Citons encore :

De fort bons articles de M. W. TRENHOLME, sur le *droit d'expropriation.*

Un article de M. W. KERR, sur le pouvoir des tribunaux canadiens de prononcer sur la constitutionnalité des statuts fédéraux et provinciaux.

Un article de M. GIROUARD sur les réclamations de dommages-indirects,
formulées par les États-Unis dans l'affaire de l'Alabama, et sur la manière dont
il faut interpréter le traité de Washington sous ce rapport. L'article, fait du
reste avec talent, est remarquable par le ton d'irritation qui y règne contre
les États-Unis.

Un autre article de M. GIROUARD, sur la question de savoir si les promesses
de mariage sont valides en droit. L'auteur se prononce pour la négative,
mais il a contre lui, comme il le constate lui-même, une jurisprudence
constante et uniforme au Canada.

Un article du même, sur les lois de navigation du Canada.

Un article de M. HATTON, sur les mariages étrangers.

Des comptes-rendus fort nombreux d'arrêts prononcés par les cours
canadiennes.

Signalons le fait assez caractéristique que, malgré le titre français de la
Revue, la très grande majorité des articles sont écrits en anglais. Faut-il en
conclure que cette dernière langue tend de plus en plus à supplanter le français, même dans la province de Québec ?

7. — Recueil des rapports des secrétaires de légation de Belgique. —
Rapport sur les lois nouvelles de la Turquie (1861-1871), par LÉON VERHAEGHE,
secrétaire de légation de première classe. — Bruxelles, Tarlier. — In-8°,
172 pp.

Il y a une sorte de préjugé contre les documents revêtus de la couverture
officielle. On les lit peu. On les achète encore moins. Il semble que la lourdeur
et l'ennui s'y attachent fatalement. Trop souvent, il faut en convenir, cette
crainte est fondée. Trop souvent les rédacteurs de ces documents ne se
soucient que de les rendre aussi volumineux que possible, et ne ménagent
pas plus la patience de leurs problématiques lecteurs que le papier de leur
Gouvernement. Le petit volume que nous avons sous les yeux, et qui forme
la 9ᵐᵉ livraison du recueil des rapports des secrétaires de légation de Belgique, ne rentre heureusement pas dans cette fastidieuse catégorie. C'est
l'œuvre d'un homme qui connaît parfaitement les choses dont il parle, et
qui sait les présenter sous une forme élégante et concise. M. Verhaeghe
n'en est du reste pas à sa première publication sur l'Orient. Il y a quelques
années déjà il a écrit un fort intéressant volume sur la Grèce. Seulement,
tandis qu'alors il écrivait en voyageur indépendant, en érudit, en artiste,
il nous entretient exclusivement aujourd'hui d'institutions légales, judiciaires, administratives et des faits qui s'y rattachent. « L'activité législative, »
dit M. Verhaeghe, « a été très grande en Turquie depuis dix ans. Elle se porte
» sur toutes les parties de l'organisation intérieure. Un droit public, un droit
» administratif, des Codes s'élaborent successivement, ou, tout au moins,
» les bases en sont fixées.... » C'est ce droit nouveau de l'empire Ottoman

que l'auteur expose à grands traits. L'exécution de ces lois, annoncées à grand bruit, comme autant de symptômes de guérison du grand malade, a-t-elle toujours répondu au programme? Question délicate, que l'auteur traite avec une réserve diplomatique. Généralement il laisse la parole aux faits, se contentant de les mettre en regard des dispositions ou des promesses écrites de la loi, s'il est permis de parler de loi dans un État dont l'absolutisme est le principe. Mais les faits sont si éloquents que parfois il est impossible, si diplomate que l'on soit, de ne pas les caractériser en quelques mots qui valent seuls un long poème. Exemple (p. 25) : « Jusqu'au » jour où l'empire sera en possession d'un mécanisme judiciaire analogue » au nôtre, *les Codes nouveaux, mal étudiés, mal appliqués ne pourront guère* » *avoir que la valeur de théories,* dont l'avenir seul recueillera les consé- » quences. »

. M. Verhaeghe a divisé sa matière en trois parties : les lois générales, les lois relatives aux Rayas ou nations soumises, et les lois relatives à la condition des étrangers. Ces dernières sont d'un intérêt pratique très grand, tant pour les droits réels que pour les droits personnels de tous les Occidentaux en relation avec la Turquie. Parmi les autres, nous signalerons comme spécialement intéressants, les détails sur la municipalité de Péra et l'incendie de 1870 (pompiers!), sur l'instruction et les écoles, sur le système commercial, et, dans la deuxième partie, l'historique de la question gréco-bulgare.

II. — Droit international.

A. — *Traités généraux sur le droit international public ou privé.*

1. — *Draft outlines of an international Code* by David Dudley Field. Book first. *Relations of nations and of their members in time of peace,* III et 463 pp. — New-York, 1872. — Drossy and Co.

Nous avons expliqué plus haut (1) dans quelles circonstances a paru ce remarquable ouvrage. A la différence des autres traités de droit international faits sous forme de Code, tels que celui de Bluntschli, l'œuvre de M. Field est un avant-projet destiné, dans la pensée de son auteur, à servir de base à une codification internationale, qui, après avoir été élaborée par une commission de jurisconsultes, serait présentée aux divers gouvernements et revêtue, en bloc, de la sanction officielle. C'est donc à ce point de vue que nous sommes invité à l'apprécier. On ne saurait trop louer d'abord le zèle et la foi avec lesquels, seul, pensons-nous, entre tous ses collègues, M. Field a pris au sérieux la tâche dont il avait été chargé. En agissant ainsi il aura rendu un très grand service, quel que doive être le résultat direct et immédiat de son œuvre. Si, en effet, il était démontré qu'un homme aussi habile que lui, un des codificateurs du projet de la législation statutaire de New-York, n'a pu formuler un code susceptible de servir de base à un traité entre plusieurs nations qui l'accepteraient comme leur loi commune, il faudrait en conclure que l'heure n'est pas encore venue de songer à une codification officielle du droit international, et l'on pourrait, en renonçant pour le

(1) V. ci-dessus notre article : *De la nécessité d'organiser une institution permanente,* etc.

moment à cette voie impraticable, s'occuper de perfectionner le droit des gens par des moyens moins radicaux. Or telle est bien décidément notre impression, du moins au sujet de la première partie (droit international public et privé en temps de paix) que nous avons seule sous les yeux jusqu'à présent. Malgré tout le talent et la science qui y brillent, le code de droit international de M. Field ne paraît pas avoir la moindre chance d'être reconnu en bloc par l'ensemble des nations civilisées, comme ayant, dans toutes ses parties, la force d'un traité pour chacune d'elles. Il ne paraît pas même probable qu'il aurait cette chance, après avoir été reçu et amendé par un collége des plus éminents jurisconsultes. La difficuté en effet n'est pas inhérente à la manière dont le projet est exécuté, mais au projet lui-même, qui embrasse un grand nombre de matières sur lesquelles ni la science ni la politique n'ont pu encore s'entendre. Cette difficulté se rencontre dès les premiers pas, par exemple à la définition des mots *nation* (art. 2), *souveraineté* (art. 12); et dans tout le Chap. III du Titre I, Part. I, 1ʳᵉ division intitulé *perpétuité des nations* (effets de l'anarchie, de l'annexion, du démembrement); plus loin encore à la définition des modes d'acquisition territoriale (*cession* art. 47; *conquête* art. 48), à l'art. 52 qui établit une *prescription acquisitive* du domaine international et à l'art. 76 qui établit une *prescription exstinctive* du droit de découverte, aux règles concernant le droit de visite etc. Nous pourrions prolonger considérablement cette énumération. Nous ne disons pas, bien entendu, que ces règles soient mauvaises. Plusieurs sont évidemment excellentes en soi. Nous admettons aussi que beaucoup de gouvernements soient actuellement disposés à les appliquer *en principe*. Mais ce dont nous doutons, c'est qu'ils soient disposés à les convertir en obligations parfaites et positives vis-à-vis des autres nations, et à donner par conséquent à celles-ci un droit positif et parfait correspondant à ces obligations.

A plus forte raison en sera-t-il ainsi de toute la partie IV de la 1ʳᵉ Div. Liv. I intitulée : *provisions for the preservation of peace* (art. 528-558). L'art. 528 limite l'armée permanente de chaque pays à un homme par 1000 habitants. Il est vrai que l'art. 529 permet l'armement à discrétion de forteresses et de vaisseaux de guerre, ainsi que d'une réserve ou milice composée au besoin de tous ses hommes valides, pourvu qu'elle ne s'exerce qu'un mois par an. Les art. 532 et ss. pourvoient ensuite à toute une procédure internationale, avec exploit introductif par le demandeur, réponse dans les trois mois par le défendeur, tentative de conciliation dans les six mois, constitution d'une espèce de jury international, avec droit de récusation, engagement de tous de faire la guerre contre la nation récalcitrante, et constitution d'un parlement ou corps législatif international.

Il est bien difficile de dire que cela ne se réalisera *jamais*. « Ni jamais ni toujours » est la devise de bien des choses en ce monde. L'utopie d'aujourd'hui peut devenir réalité dans un siècle. Le rêve de l'enfance peut devenir le vœu raisonnable de l'âge mûr. Ce qui ne l'empêche pas d'être actuellement une utopie.

Ce qu'on peut, nous paraît-il, espérer raisonnablement, c'est la codification partielle de quelques matières du droit international, spécialement du droit international privé, et pour cet important travail, le projet de M. Field sera d'une incontestable utilité. Il sera encore précieux comme *livre de science*, ne fût-ce que par le soin apporté par l'auteur à indiquer et à discuter les sources où il a puisé.

2. — *Commentaire sur les éléments du droit international et sur l'histoire des progrès du droit des gens de Wheaton*, par M. B. LAWRENCE. — T. III, XXII et 476 pp. in-8°. — Leipzig, Brockhaus, 1873.

La publication de cet ouvrage, dont la Revue a mentionné les deux premiers volumes (1), a subi par suite, paraît-il, de la dernière guerre une assez longue interruption. Le vénérable auteur nous apprend, dans son avant-propos, daté de Rhode-Island le 1 octobre 1872, qu'il a profité de ce retard pour intercaler dans le cadre du troisième volume ou dans les notes, les corrections que les nouveaux évènements et les travaux récents ont rendues nécessaires. A mesure que le commentaire de M. B. Lawrence avance, il prend ainsi de plus en plus le caractère d'un immense répertoire de faits relatifs au droit international, et groupés autour du texte de Wheaton.

Tout ce troisième volume appartient à la seconde partie de l'ouvrage, intitulée: *Les droits internationaux primitifs ou absolus*, et au chap. II de cette seconde partie, intitulé : *droits de législation civile et criminelle*. Il faudra encore un volume entier pour compléter ce chapitre, dont le contenu correspond, à peu de chose près, à la théorie du droit international privé. Si les autres parties de l'ouvrage ont les mêmes proportions, le tout comprendra encore un nombre de volumes considérable. Ce serait peut-être une raison pour conseiller à l'auteur d'écarter sévèrement tout ce qui ne rentre pas dans son sujet. Sous ce rapport il y a, dans le volume actuel comme dans les précédents, un certain nombre de digressions qui ne se rattachent que fort imparfaitement au droit international. Il est vrai, et ce n'est pas là une circonstance médiocrement atténuante, que ces digressions sont en elles-mêmes des plus intéressantes, et qu'elles forment un véritable trésor de faits et d'observations, dont on chercherait vainement la réunion ailleurs. Nous citerons spécialement l'étude si complète sur la *codification* (pp. 19-35), l'étude de législation comparée sur le *mariage*, dont cette Revue a eu la primeur (pp. 270-336), enfin les précieux renseignements donnés en appendice (pp. 449-468) sur les différentes législations relatives aux *biens des femmes mariées*.

Cette légère critique faite, il ne nous reste qu'à donner les plus grands éloges au nouveau volume de M. Lawrence, et à souhaiter, pour le bien de la science, que notre savant collaborateur soit bientôt à même de publier le volume suivant. Nous ne donnerons qu'une idée bien imparfaite de la richesse des matériaux amassés, en en présentant une rapide analyse. Les §§ I et II traitent du conflit des lois. Ici se placent toute la théorie des statuts, au point de vue historique et dogmatique, et la discussion du principe de la *comitas gentium* que l'auteur, d'accord avec Westlake, répudie pour y substituer la *justice*. Le § III parle de la *lex loci rei sitæ*; le § IV, du *droit d'aubaine*: le § V, de la *loi du domicile*; le § VI, de *l'état des personnes*. Ce § renferme un exposé complet de la législation des peuples civilisés sur la *naturalisation* et l'*expatriation*. Mentionnons en passant que l'auteur, dans son analyse des diverses opinions émises au sujet du domicile, de l'état des personnes etc , ne paraît pas encore avoir eu connaissance des remarquables articles, publiés dans cette Revue par M. Charles Brocher. Le § VII, est consacré à la *Lex loci contractus*. On y trouve à la suite des législations sur le mariage, d'abondants renseignements plus directement relatifs au droit international privé, sur les effets, dans les différents pays, des mariages contractés entre

(1) V. t. I, 1869, pp. 637 et ss.

étrangers ou à l'étranger, puis sur les mariages des familles royales et sur l'effet des règlements commerciaux et fiscaux d'un pays étranger. Le § VIII s'occupe de la *lex fori*, mais il ne contient sur la mise à exécution des jugements étrangers que quelques notions sommaires qui nous font croire que l'auteur reprendra peut-être cet important sujet dans le volume suivant. Le § IX est intitulé : *souverain étranger, son ambassadeur, son armée et sa flotte entrant dans les limites territoriales d'un autre État.* Enfin le § X parle de la *juridiction de l'Etat sur les bâtiments de guerre et marchands en pleine mer.*

3. — *Principes du droit public.* — *Seconde partie. Introduction philosophique à l'étude du droit international. Application à la question romaine et à la question franco-allemande,* par J. Tissot, doyen honoraire de la faculté des lettres de Dijon, etc. — Paris, Marescq aîné, 1872. — Grand in-8°, XI et 692 pp.

Nous avons rendu compte, dans notre quatrième livraison de 1872, de la première partie de cet ouvrage, consacrée à l'exposé des principes du droit constitutionnel. Malgré son titre, qui se rapporte spécialement au droit international, cette seconde partie contient en réalité deux traités distincts : 1° Un traité de droit international (LL. I-VI, pp. 1-485); 2° une esquisse historique de la littérature du droit naturel, qui forme l'objet du L. VII (pp. 486-688).

Nous n'hésitons pas à considérer l'ensemble de ces deux traités comme supérieur au volume que nous avons précédemment analysé. L'auteur s'est-il familiarisé davantage avec son sujet, ou sa méthode convient-elle mieux au droit international qu'au droit constitutionnel? Nous serions embarrassé de le dire. Toujours est-il que les diverses parties nous semblent mieux proportionnées, plus logiquement agencées, et le ton général, plus juridique.

Ce n'est pas qu'ici encore nous n'ayons quelques réserves à faire. Les principes élémentaires du droit international, ceux qu'il eût été précisément intéressant d'approfondir, au point de vue philosophique où se place l'auteur, ne sont que vaguement indiqués. Qu'est-ce qu'une nation ? Un État ? Quelles sont les sources légitimes de la certitude dans le droit international? Voilà des questions qui se placent d'elles-mêmes au début de tout traité sur la matière. L'auteur répudie la vieille division en droits des *personnes*, des *choses* et des *actions.* Il se peut qu'il ait raison. Distinguant « les espèces de » droits d'après les espèces d'intérêts auxquels ils s'attachent,» il consacre son Livre I aux « droits naturels ou absolus, » son Livre II aux « droits dérivés » ou acquis des nations considérées entre elles. » Nous n'avons encore aucune objection à lui faire sur ce point, et nous le trouvons logique lorsqu'en tête des « droits absolus » il place les « droits relatifs à l'existence, » à la sécurité, à l'indépendance, c'est-à-dire à la personne morale des » nations. » Mais comment ceci admis n'a-t-il pas commencé par examiner quelles étaient les *caractères* de cette personne morale, ce qui l'eût amené à traiter la question de la *nationalité.* Puis au L. II, quand il parle des droits dérivés ou acquis, comment n'a-t-il pas tout d'abord recherché *d'où* ces droits pouvaient être dérivés, *comment* ils étaient acquis. Implicitement il admet, il est vrai, qu'en dehors des droits primitifs, tous les autres sont acquis par *traités.* Mais nous pensons que c'est une erreur. Certains droits, sans être *primitifs,* résultent non de traités formels mais de cet élément progressif, historique, qu'on appelle le *consensus gentium,* bien qu'il ne soit pas entièrement volontaire, et qui fait du droit international un droit essentiellement coutumier. Telles sont, par exemple, une grande partie des règles qui se rapportent au droit de légation, dont il est question au L. III de l'ouvrage de M. Tissot.

Le Livre IV traite des *droits de la guerre et de la paix*. Le Livre V (rapports des États catholiques avec l'Église romaine considérée comme société religieuse) ne serait qu'un hors-d'œuvre par le point de vue exclusivement religieux où il se place, s'il ne fallait le considérer comme une transition au Livre VI, contenant l'application des principes du droit international à la question romaine et à la question franco-allemande. Ce livre VI est intéressant. Les conclusions de l'auteur sur la question romaine sont conformes à la solution qui lui a été donnée par le gouvernement italien, bien que la dissertation paraisse avoir été écrite en 1859. Il a eu de plus l'ingénieuse idée de joindre à l'exposé de ses propres idées la traduction de deux mémoires italiens fort instructifs, l'un écrit en 1859 par Giorgini, gendre de Manzoni, et concluant à la nécessité de l'abandon du pouvoir temporel, sauf à neutraliser Rome ; l'autre adressé en 1862 au Pape par un prêtre, l'abbé Catalano, et concluant, dans l'intérêt de l'Église comme de l'Italie, à l'unité italienne et à l'abandon du pouvoir temporel. Quant à la guerre franco-allemande, M. Tissot a trouvé une manière assez neuve de trancher toutes les questions, sans qu'on puisse l'accuser, soit d'être illogique, soit d'être inexact. Il se sert, comme il le dit lui-même, de la forme hypothétique. Supposons, dit-il en substance aux Allemands, que vous ayez fait usage de balles explosibles, massacré les vieillards, les femmes et les enfants, maltraité les prisonniers, matyrisé les francs-tireurs, bombardé les ambulances, dans ce cas, il faut convenir que vous avez fait une guerre bien inhumaine et bien déloyale ! Evidemment. S'il est vrai que les Allemands se soient conduits comme des sauvages, il est certain qu'ils ne se sont pas conduits en gens civilisés. Voilà un raisonnement irréfutable. Mais le raisonnement suivant ne l'est pas moins : s'il est vrai que les journaux qui ont accusé l'armée allemande et ses chefs d'avoir systématiquement commis toutes ces horreurs, ne méritent aucune confiance, il est indigne d'un homme sérieux de s'arrêter à des accusations sans preuve.

Le septième livre se compose presqu'en entier (ch. I-IX, pp. 487-599) d'une histoire du droit naturel par Walter (1865), traduite de l'allemand par M. Tissot. Le ch. X, pp. 600-624, contient une critique des idées de Walter. Enfin, en appendice, on trouve l'exposé critique des doctrines politiques de L. De Haller et de J. De Maistre, de Stahl et de D. De Glinka.

B. — *Traités sur des matières spéciales de droit international.*

1. — *Des causes actuelles de guerre en Europe et de l'arbitrage*, par EMILE DE LAVALEYE. — Bruxelles, C. Muquardt. Paris, Guillaumin et Cie, 1873. — Gr. in-8°, 274 pp.

Cet ouvrage, qui a paru sous sa première forme dans la *Fortnightly Review* et dans la *Revue de Belgique*, est au fond une dissertation politique et économique plutôt qu'un traité de droit. Cependant l'auteur aboutit à des conclusions qui intéressent le droit international.

La première et la seconde partie sont consacrées à l'examen des causes actuelles de guerre, d'abord à un point de vue général, puis au point de vue spécial de chaque Etat. Les conclusions de l'auteur sont en général très sombres. « Tout fait prévoir, » dit-il dans sa préface, « que vers la fin de ce » siècle l'Europe deviendra un enfer. » Dans sa double analyse, il établit, à l'appui de ces paroles : 1° que, s'il y a quelques causes de guerre qui tendent à s'atténuer et à disparaître (esprit de conquête, équilibre, rivalités historiques ou coloniales, fanatisme religieux, interventions étrangères), d'autres au contraire deviennent plus menaçantes (antagonisme des races, conflits des nationalités); 2° que, pour les différents peuples de l'Europe, il existe des circonstances spéciales qui, si elles se développent, peuvent les entraîner à la guerre, savoir :

Pour la France, l'instabilité du gouvernement qui peut faire de la guerre la dernière ressource d'un souverain poussé à bout par l'opposition ;

Pour l'Allemagne, les traditions historiques de la Prusse, l'idée du pangermanisme, l'imperfection du régime représentatif qui fait dépendre la paix ou la guerre de la volonté du souverain, enfin l'annexion de l'Alsace-Lorraine, qui fait de la France une ennemie irréconciliable (1);

Pour la Russie, le panslavisme, la question d'Orient et la rivalité avec l'Angleterre en Asie;

Pour l'Autriche, l'hostilité des races;

Pour la Turquie, sa propre décadence;

Pour la Roumanie, le principe des nationalités;

Pour l'Italie, le danger d'une réaction cléricale;

Pour l'Espagne et le Portugal, le rêve de l'unité ibérique;

Pour les États scandinaves, l'occupation de cantons danois par l'Allemagne d'un côté, celle de la Finlande par la Russie de l'autre;

Pour la Belgique et la Hollande, leur faiblesse relative qui, tant qu'elles seront séparées, laisse toujours craindre « des combinaisons et des marchés comme ceux que Napoléon III semble avoir offerts à la Prusse; »

Pour l'Angleterre, les dangers qui pourraient menacer la Belgique, Constantinople ou le Canada;

Pour les États-Unis, l'abaissement de la moralité politique, les ambitions d'agrandissement territorial et l'hostilité invétérée des Américains contre les Anglais.

Toute cette partie du travail de M. De Laveleye nous paraît, malgré les réserves que nous aurions à faire sur quelques points, empreinte d'une remarquable sagacité. Nous n'en avons que plus de peine à comprendre les conclusions de la dernière partie de son travail, où il propose, comme moyens préventifs immédiats, de nature à favoriser le maintien de la paix :

1° la rédaction officielle d'un Code de droit international par une conférence composée de délégués des différents pays — juristes et diplomates;

2° l'établissement d'une haute-cour des nations à la décision de laquelle tous les États conviendraient de se référer en cas de dissentiment sur l'application du Code.

(1) M. De L. ne se demande pas si la pensée de « la revanche » n'aurait pas également germé en France à la suite de toute guerre où elle aurait été battue. Le mot d'ordre de la guerre de 1870 n'a-t-il pas été : la revanche de Sadowa, c'est-à-dire d'une bataille où non pas la France, mais ce que quelques-uns considéraient comme sa politique, avait subi un échec? La vérité nous paraît être que, avec ou sans l'Alsace-Lorraine, il existe en France deux courants d'opinions : les esprits sages qui veulent la paix avec l'ordre, première condition de la liberté intérieure, et les incorrigibles aux yeux desquels les conquêtes de Louis XIV, de la première république française et de Napoléon sont encore les faits les plus glorieux de l'histoire de leur pays.

Les objections contre la praticabilité d'un pareil projet se présentent en foule, et nous n'avons pas été convaincu, nous l'avouons, par le Chapitre que M. De Laveleye consacre à y répondre. Contentons-nous d'en signaler une seule, que nous fondons sur l'ouvrage même de notre éminent compatriote : c'est qu'il serait impossible, dans l'état actuel de la politique aussi bien que de la science, de faire entrer dans la rédaction d'un Code de droit international, une seule loi, acceptée à la fois par les politiques et les jurisconsultes et de nature à prévenir une seule des causes de conflit signalée plus haut. Tout Code de droit international préparé par des délégués officiels et sanctionné par tous les États, serait donc forcément incomplet, et les parties qui lui manqueraient seraient précisément celles dont on aurait besoin pour empêcher les guerres futures.

Nous sommes d'accord avec M. De Laveleye pour compter, en faveur de la paix, sur la puissance et les progrès de l'opinion publique. Mais d'où faut-il attendre ces progrès? M. De Laveleye répond : des journalistes et des ministres du culte. Nous pensons que c'est bien un peu aussi de ceux qui cultivent la science du droit. C'est à ces derniers qu'il appartient de tenir compte des lois qui résultent des conditions nécessaires, historiques de notre existence et de notre développement. Dès-à-présent les juristes seront sans doute d'accord pour recommander autant que possible le recours à l'arbitrage *pro re nata*, et pour chercher à fixer graduellement les règles du droit dans un sens humanitaire. Mais ils se rallieront difficilement à des systèmes *d'organisation* internationale ou plutôt *supernationale*, que rien encore n'autorise à considérer comme compatibles avec l'état actuel des faits ou des rapports internationaux.

2. — *Les deux rêves de Henri IV*, discours prononcé par M. Ch. Lucas, membre de l'Institut lors de l'ouverture, à Pau, de la 39me session du congrès scientifique de l'Institut des provinces le 31 mars 1873. — Pau, 1873. In-8, 22 pp.

3. — *Un vœu de civilisation chrétienne adressé à l'Angleterre et aux États-Unis*, par Ch. Lucas, membre de l'Institut. (Extrait de la Revue chrétienne, juin 1873). — Paris, 1873. — In-8°, 11 pp.

Ces deux brochures ont le même objet : le développement de l'arbitrage international. Les deux rêves de Henri IV sont, dit M. Lucas, « la poule au pot le dimanche » pour tous ses sujets, et « la paix pour tous les peuples, » par la substitution de l'arbitrage à la guerre. C'est à cette dernière idée que s'attache le vénérable savant. D'après lui, deux voies différentes sont ouvertes en ce moment au monde civilisé : l'une, celle de l'arbitrage international, l'autre, celle du service militaire personnel et obligatoire. Nous ne sommes pas frappé de la justesse de cette antithèse. Les nations qui ont le service personnel et obligatoire sont à la vérité plus fortes, toutes circonstances égales, au point de vue militaire. Mais le service militaire, atteignant plus également tous les citoyens, impose aux classes dirigeantes, industrielles ou savantes des charges plus lourdes et de nature à leur faire paraître la paix plus désirable. Il n'y a donc pas, toutes autres choses égales, incompatibilité entre les deux principes.

La seconde brochure de M. Lucas contient deux lettres adressées, en faveur de l'arbitrage, à M. Gladstone et au général Grant.

4. — *Du tribunal international*, par Louis BARBAULT. — Genève. Taponier, 1872. In-8°, 121 pp.

Nous signalons avec un véritable plaisir cette thèse d'un jeune juriste qui promet à la science du droit international une précieuse recrue. Son travail n'est pas, comme on pourrait le croire d'après le titre, un plaidoyer en faveur de l'établissement immédiat d'un tribunal international. C'est une recherche sincère et savante de ce que l'on peut attendre de cette idée dans le présent et dans l'avenir. L'histoire à la main, il montre jusqu'au xix° siècle, le grand problème de la sanction positive du droit international demeurant sans solution admissible et définitive. Il fait la critique de tous les systèmes proposés. « Un tribunal, » conclut-il, « devant lequel se dérouleraient les procès entre » les nations, qui les trancherait, et qui pourrait donner à ses arrêts la » garantie résultant d'une sanction civile ou pénale est un but auquel on ne » peut espérer d'arriver que dans un lointain avenir. » Que faut-il penser des arbitrages? du Code international? « Les arbitrages....... ressource précieuse, mais précaire. » Le Code.... lierait-il plus les nations qu'un traité quelconque? « Jusqu'à présent, » a dit Heffter, § 81, « on n'est pas tombé » d'accord de savoir si, pourquoi et jusqu'à quel point un traité signifie » quelque chose ou oblige par lui-même! »

Quelle est donc la conclusion? C'est, dit l'auteur, que la paix universelle doit naître de la solidarité reconnue des intérêts humains. Il voit dans les traités et les associations de commerce le prélude d'une unité complète entre les peuples engagés. Il croit que « cette unité finira par acquérir une force » telle, qu'une volonté, quelque puissante qu'elle soit d'ailleurs, ne suffira » plus à la briser, et qu'une déclaration de guerre équivaudra à la déposition » du prince qui la prononcerait. »

Évidemment c'est le but auquel il faut tendre. Seulement si le tribunal international n'a chance de se réaliser que dans un lointain avenir, l'avenir de cette ère de concorde parfaite ne serait-il pas plus lointain encore?

4. — *Claims of Mexican Citizens against the United States for indian depredations*, being the opinion of the mexican Commissioner in the joint claims commission, under the convention of july 4, 1868, between Mexico and the United States. — Washington, Judd and Detweiler, 1871. — In-8°, 162 pp.

Tandis que nous recommandons l'arbitrage en Europe, on en acquiert de plus en plus la pratique en Amérique. Voici le plaidoyer d'une des parties dans une affaire pendante depuis 1868 entre les États-Unis et le Mexique devant une commission arbitrale siégeant à Washington. La commission a été chargée de juger « les réclamations formées par des corporations, compagnies ou particuliers de l'un des deux États, à raison de dommages causés à leurs personnes et à leurs propriétés par les autorités de l'autre. » Une grande partie des réclamations du Mexique se fonde sur les déprédations commises par des Indiens sauvages établis sur le territoire américain dans leurs incursions sur le territoire mexicain. Les réclamants soutiennent que, faute d'avoir empêché ces incursions, les États-Unis doivent réparation des dommages qu'elles ont causées. M. François Palacio a, comme commissaire du

Mexique, soutenu les prétentions de ses compatriotes d'une manière qui donne la plus haute idée de son talent et de ses connaissances juridiques.

Nous ignorons où en est actuellement l'affaire. Notre ami M. Lieber avait, en 1870, été nommé *umpire* ou tiers-arbitre. A sa mort (octobre 1872), le jugement n'avait pas encore été rendu.

6. — *Het oorlogsrecht*, door J. C. C. den Beer Portugael, kapitein van den generalen Staf. (Beknopte uitgave tot militair gebruik). — Breda, Broese et comp., 1873. Pet. in-8°, 86 pp.

Edition réduite à l'usage des militaires de l'ouvrage plus étendu dont nous avons parlé dans notre précédent n°, p. 302.

7. — *Les questions de droit maritime au congrès de Naples*, par Rᵃᵉ Assensio, consul d'Italie au Havre. — Havre. Lepelletier, 1871. In-8, 55 pp.

On se rappelle que, en même temps que l'exposition maritime de Naples, il s'est tenu dans cette ville, en 1871, un congrès en vue d'examiner certaines questions de droit maritime. Dans la brochure que nous avons sous les yeux M. Assensio traite quatre de ces questions. La première est relative à la territorialité des navires. Contrairement à l'opinion de la majorité des auteurs, M. Assensio se prononce contre le principe qui reconnaît dans le bâtiment une continuité du territoire de la nation, alors même qu'il se trouve dans les eaux territoriales d'un autre. Il y voit une fiction inadmissible au point de vue de la raison et de l'utilité pratique, et conclut de là contre la jurisprudence française qui admet l'exterritorialité pour le jugement des délits commis à bord par et contre des hommes de l'équipage. Nous sommes porté à partager cet avis.

La seconde question est celle du respect de la propriété privée ennemie voyageant sous pavillon ennemi. M. Assensio développe fort bien les nombreuses raisons qui conseillent cette réforme.

La troisième question est relative au blocus militaire. L'auteur examine la proposition de Cobden, qui aurait voulu « restreindre le droit de blocus aux » arsenaux maritimes et aux villes assiégées en même temps par terre, sauf » la prohibition des articles de contrebande. » Il trouve cette proposition tout au moins prématurée.

La quatrième question concerne la contrebande de guerre. L'auteur discute les cas où, en confisquant les objets de commerce illicite saisis sur un navire, on peut aussi confisquer le navire lui-même.

Le mémoire de M. Assensio, écrit en un bon langage et sainement raisonné, sera consulté avec fruit par tous ceux qui auront à s'occuper des mêmes questions.

8. — *Cour d'appel de Bukharest*. — *Procès de la princesse Julie Obrenovitch, contre les héritiers de feu le prince de Serbie Michel Milos Obrenovitch*. — Imprimé pour manuscrit. — Vienne, 1871. Sommer, gr. in-8°, 536 pp.

Le procès dont ce volume contient la relation était intéressant à plusieurs égards. Il s'y agitait plusieurs questions importantes de droit international privé.

Le prince Michel de Serbie ayant été assassiné le 29 mai 1868, le tribunal de cette ville mit en possession de toute la succession les trois héritiers les plus proches qui se présentèrent. C'étaient sa sœur, Mme Petria Baitch de Varadin et ses deux neveux, MM. les barons Nicolitch de Rudna. En même temps, ledit tribunal (*serbe*) adressa une commission rogatoire au tribunal (*roumain*) d'Ilfov dans le ressort duquel se trouvaient des immeubles appartenant au défunt, et le pria de mettre les héritiers susnommés en possession de ces immeubles. Il fut fait droit à cette requête.

Les choses en étaient là, lorsque Mme Julie Obrenovitch, veuve du prince, se fondant sur l'art 684 du Code civil de la *Roumanie* [1] actionna les trois héritiers devant le tribunal d'Ilfov, pour faire reconnaître qu'aux termes de cet article, elle aurait droit au quart des immeubles de Roumanie dépendant de la succession du prince son époux. De là deux questions : 1° celle de savoir si le tribunal d'Ilfov était compétent pour connaître de l'action ; 2° celle de savoir si au fond la demande était légitime.

Le tribunal d'Ilfov jugea qu'il était compétent mais que l'action n'était pas fondée.

Une consultation signée par les sommités du barreau de Paris (pp. 119 et ss.) : MM. Demangeat, Valette, Jules Favre, ainsi que MM. Demolombe et Carel du barreau de Caen conclut à la fois à l'incompétence du tribunal et au non-fondement de l'action. Malgré cela, la cour de Bukharest a, par arrêt du 8 décembre 1869, et sur les conclusions conformes de M. le procureur-général Patchioura, confirmé le jugement d'Ilfov en ce qui concerne la question d'incompétence. Un second arrêt, du 6 avril 1871, a également confirmé le jugement quant au fond en déclarant l'action non fondée.

Les principales questions de droit international privé qui se présentaient avaient trait à l'incompétence alléguée. Avocats et juges étaient assez généralement d'accord pour considérer l'action comme une pétition d'hérité. Mais les auteurs de la consultation ont pensé que, comme telle, elle devait être portée au lieu de l'ouverture de la succession, tandis que le tribunal et la cour ont décidé qu'elle était à bon droit formée au lieu de la situation des immeubles, puisqu'elle était réelle et immobilière.

III. — Droit constitutionnel et administratif.

A. — *Droit constitutionnel.*

1. — *Trattato di diritto costituzionale*, di Augusto Pierantoni, Professore di Diritto internazionale e costituzionale. — Napoli, G. Marghieri. — T. I, 1875. Gr. in-8°, 368 pp.

Ce livre n'est que le premier volume d'un ouvrage de longue haleine, courageusement entrepris par le savant professeur, par le jeune et déjà célèbre publiciste à qui l'Italie et le droit en général doivent un si grand nombre d'utiles publications. Le plan de M. Pierantoni est grandiose.

Première partie : développement des principes naturels de l'ordre social, comme introduction à l'étude historique du constitutionnalisme moderne ;

[1] Voici le texte de cet article : « Lorsque le mari meurt *et que sa veuve n'a point de fortune*..... s'il » laisse des parents accendants ou collatéraux, la femme succède pour un quart de tout le patrimoine » du défunt. »

Deuxième partie : résumé historique des institutions et des théories politiques, depuis l'Orient jusqu'à nos jours ;

Troisième partie : l'*homme*, c'est-à-dire l'ensemble des droits individuels qui doivent être soustraits à l'action du pouvoir ;

Quatrième partie : le *citoyen*, ses fonctions et ses droits, avec des développements spéciaux sur la réforme électorale, la réforme militaire, et celle des impôts ;

Cinquième partie : l'*État*, c'est-à-dire l'exposé de tout le mécanisme constitutionnel.

On voit déjà apparaître dans ce plan le système de l'auteur qui est de réunir l'observation des faits et les leçons de l'expérience à la hardiesse de la spéculation. L'Italie, dit-il, n'a, pour suivre cette voie, qu'à consulter ses propres traditions (p. 66).

Ce volume comprend la première partie de l'ouvrage. Il débute, en guise d'introduction, par le discours sur « la Famille, la Nation et l'État, » dont nous avons rendu compte dans le quatrième volume de la Revue, 1872, p. 166. Nos lecteurs savent que l'idée dominante de M. Pierantoni, comme de toute l'école italienne, c'est la *nationalité*. Il consacre le chapitre III de sa première partie à analyser les éléments constitutifs de ce fait (conscience nationale etc.), dans lequel il voit la dernière forme organique de la société. « L'humanité, » dit-il, (p. 125) « est un vaste cercle qui renferme toutes » les nations; la nation est un cercle moins large, qui renferme les com-» munes; la commune est un cercle encore plus restreint qui renferme » les familles, lesquelles comprennent l'individu. » Nous sommes du reste charmé de voir que M. Pierantoni admet parfaitement la légitimité des associations politiques entre des fractions de nationalités diverses, alors que cette union est volontaire, ou que les éléments constitutifs de la nationalité font défaut chez les différentes parties. D'autre part, il repousse l'élargissement des nations en confédérations ethnographiques : latine, germanique, slave, qui diviseraient l'humanité en quelques grands groupes ennemis, et à plus forte raison ne veut-il pas du cosmopolitisme qui aboutirait à supprimer les nations.

Il est incontestable que, en combattant ces dernières idées, l'école italienne rend de grands services. Pour justifier le principe de la nationalité, elle a été amenée à rechercher les affinités naturelles ou historiques dont l'existence facilite la mission de l'État, et elle a réagi, avec toute la politique italienne, contre certaines agglomérations ou dislocations, fruits des combinaisons artificielles et ténébreuses du commencement de ce siècle. Mais nous croyons que, dans la marche normale de la science, il reste à découvrir un principe plus général que la nationalité, qui, tout en justifiant les effets de celle-ci, explique les conditions légitimes d'existence des États à nationalité complexe ou sans nationalité bien définie.

Les chapitres IV-VII traitent de l'État, de ses pouvoirs, de ses caractères. de sa propriété. Il serait trop long de suivre l'auteur dans ses riches analyses qui résument l'ensemble des systèmes développés sur ces matières. Il distingue quatre pouvoirs dans l'État : un pouvoir constituant et trois pouvoirs constitués. Son chapitre VI (*des caractères de l'Etat*) est un de ceux qui nous plaît le plus. Il est empreint d'une véritable originalité de pensée. L'auteur établit que les caractères de l'État sont la *responsabilité* et la *publicité*, la *capacité civile* et il montre ces caractères dans les différentes manifestations de la vie de l'État.

Le chapitre VIII, le dernier du livre, est une étude sur l'État représentatif. Après une indication historique des origines de ce système, M. Pierantoni en détermine la nature et s'occupe spécialement du régime électoral. Il condamne le suffrage universel à un ou à deux degrés, admet avec certaines réserves le suffrage des femmes, et indique sommairement, en promettant d'y revenir, les différents moyens proposés pour protéger le droit de représentation des minorités.

Nous croyons en avoir assez dit pour faire comprendre l'importance de la grande œuvre dont s'est chargé M. Pierantoni. Des travailleurs et des penseurs comme lui honorent le pays auquel ils appartiennent.

2. — *Das preussische Staatsrecht auf Grundlage des deutschen Staatsrechts* dargestellt von Dr HERMANN SCHULZE, Mitglied des Herrenhauses, etc., prof. der Rechte an der Universität zu Breslau. Bd. I, 1ste Abth. IV u. 250 S. — 2te Abth. IV u. 220 S. — Bd. II, 1ste Abth. IV u. 200 S.

L'auteur de cet ouvrage a publié en 1867, une introduction au droit public allemand, qui a été accueillie avec beaucoup de faveur par le monde juridique. Aujourd'hui il s'agit d'un traité du droit public prussien sur la base du droit public allemand. La qualité qui frappe tout d'abord, dans cet excellent ouvrage, c'est une absence complète de pédantisme, de formes obscures, nuageuses. Le temps est décidément passé où l'écrivain allemand, même en parlant politique, se complaisait proverbialement dans l'abstraction, où l'on disait que l'Allemand ne savait pas *faire un livre*. Ce que nous avons devant les yeux est bien un livre, vivant, lumineux, précis, d'une architecture élégante et solide. Deux parties : l'une générale, l'autre spéciale. La partie générale comprend :

1° Une *genèse du droit public prussien*, c'est-à-dire un rapide exposé des phases par lesquelles a passé l'État prussien depuis la marche de Brandebourg jusqu'à sa forme actuelle ;

Et 2° un aperçu général de l'État prussien actuel, de ses fonctions, de ses limites, du peuple et du territoire qui le composent, de son individualité.

La partie spéciale traite successivement, et dans un ordre qui caractérise bien l'état réel des choses en Prusse : du roi, des fonctions et des fonctionnaires publics; des corporations reconnues dans le droit public et spécialement des communes; enfin, de la représentation du peuple. Toute cette abondante matière est maniée d'une main légère et rapide.

La partie de l'ouvrage parue jusqu'ici contient tout l'exposé du droit constitutionnel (Verfassungsrecht). La suite sera consacrée au droit administratif ou gouvernemental (Regierungsrecht).

Au fond, l'impression que produit l'examen de cet ouvrage sur quelqu'un qui, comme nous, n'est pas prussien et qui a sucé le lait des constitutions anglo-franco-américaines de 1830, — cette impression est étrange. Au premier abord nous nous figurons difficilement qu'il puisse y avoir quelque chose de sérieux dans une constitution où le roi ouvre la marche, suivi d'une armée de fonctionnaires, et où la représentation populaire vient à l'arrière-garde. Cependant il suffit d'y regarder d'un peu près pour être frappé de l'étonnante puissance de cohésion et surtout d'action de tout cet organisme, en apparence si artificiel. Le livre de M. Schulze nous ouvre donc des horizons nouveaux, où tout n'est certes pas idéal, mais où presque tout est instructif.

B. — *Organisation judiciaire.*

1. — *Sull' esercizio della professione d'avvocato e di procuratore.* — Relazione della Commissione istituita dall' Associazione degli avvocati di Milano per lo studio della prima parte della tesi quinta proposta per il primo congresso giuridico italiano. — Milano, Rechiedei 1872, in-8°, 66 pages.

2. *Primo Congresso giuridico italiano in Roma.* — *Relazione sulla Tesi V : Esercizio della professione d'avvocato e procuratore e tariffe giudiziarie.* — Roma, Stabilimento Civelli 1872, in-8°, 109 pp.

Ces deux rapports sont l'œuvre de M. Cesare Norsa, avocat à Milan.

Une des questions portées à l'ordre du jour du premier Congrès juridique italien, réuni à Rome en 1872, portait :

« 1° Sur l'exercice de la profession d'avocat et celle d'avoué, et sur la nécessité d'une représentation de cet ordre, avec examen des traditions nationales de l'Italie et des législations étrangères sur cet objet ;

« 2° Sur la révision des tarifs judiciaires en vigueur en Italie et les nouveaux projets ministériels sur cette matière, tant sous le rapport des droits fiscaux que sous le rapport des officiers judiciaires. »

La première question est tout-à-fait actuelle en Italie, la législature de ce pays étant, depuis le 5 décembre 1871, saisie d'un projet de loi sur la matière. Les avocats du barreau de Milan, usant d'une louable initiative, ont nommé dans leur sein, une commission chargée d'examiner cette question si controversée et si diversement résolue dans les différents pays.

M. Norsa, désigné à la fois comme rapporteur de cette commission et de celle du congrès, s'est acquitté de sa double tâche avec un soin remarquable et une connaissance approfondie du sujet.

Chacun des deux rapports renferme un exposé historique de la législation italienne sur la matière. Le second passe également en revue l'état de la législation étrangère.

A l'origine de la législation italienne, on trouve les jurisconsultes et avocats réunis en colléges. Il existait à côté d'eux des procureurs ou avoués, dont les fonctions se bornaient à représenter les parties dans les affaires de minime importance et à soigner la besogne matérielle. Peu à peu ces procureurs étendirent le cercle de leurs occupations, si bien que, vers la fin du siècle dernier, celles-ci se confondaient entièrement avec celles des avocats ; et les lois judiciaires de l'époque consacrèrent cette confusion en ne mentionnant que les avocats seuls.

Au commencement de ce siècle, avec la fondation de la république italienne, reparut la classe des avoués, sous le nom de *patrocinatori* ; la loi du 14 avril 1804 (art. 728 et 729) déclara que les avocats pouvaient remplir les fonctions d'avoués, mais non les avoués celles d'avocats.

La législation autrichienne qui, en 1816, se substitua à celle de l'Italie, supprima les avoués. Dans toutes les provinces autrichiennes il n'y eut jamais que des avocats, et cette situation s'est maintenue jusqu'à nos jours, car la loi du 27 mars 1862 n'a rien innové en cette matière.

D'après M. Norsa, cet état de choses aurait toujours été à l'entière satisfaction de ces provinces, et il serait faux de dire, comme il a été allégué dans le rapport sur le projet du ministre De Falco du 23 mars 1866, que la distinction repoussée par la loi se serait de fait réalisée dans la pratique.

En fait, les provinces autrichiennes tenaient au système de la fusion des deux professions, à tel point que lorsqu'en 1865, on discuta au parlement italien la question de l'unification législative du royaume, réalisée dès le 1ᵉʳ janvier 1866 et qu'il fut soulevé un doute sur la question de savoir si la loi piémontaise du 17 avril 1850, séparant les fonctions d'avoué et d'avocat, avait acquis force de loi pour toutes les provinces du royaume, le barreau de Milan, et celui de la cour d'appel de Brescia, adressèrent au gouvernement des représentations si vives qu'une disposition transitoire de la nouvelle loi maintint dans les diverses provinces le *statu quo*, relativement à la profession d'avocat.

Toutefois la loi du 17 avril 1859 qui consacra une espèce de système mixte (les avoués pouvant remplir toutes les fonctions des avocats, mais non les avocats celles des avoués) a été appliquée dans les diverses provinces, après leur annexion successive. Mais elle ne put réagir avec plein succès contre les anciennes traditions; aussi voyons-nous, par exemple, dans les provinces de Naples et de Sicile, se perpétuer, dans la pratique, le système de la fusion complète des deux professions qni y fut toujours en vigueur.

Le 23 mars 1866, le ministre De Falco déposait un projet de loi consacrant le système de la séparation absolue. Les avocats de Milan protestèrent contre ce projet; le Sénat le repoussa en se prononçant pour le système du cumul facultatif des deux professions. En suite de ce vote le projet fut retiré par le ministère; il fut modifié conformément aux vœux du Sénat et devint le nouveau projet de loi du 5 décembre 1871.

Quant à la législation comparée des pays étrangers, le travail de M. Norsa ajoute quelques renseignements à ceux qui ont déjà été fournis aux lecteurs de cette Revue par M. Allard (1).

Il rappelle qu'en Angleterre existe la distinction absolue des avocats (*counsels*) et des avoués (*attorneys*) (2).

En Saxe et en Prusse, à l'exclusion des provinces rhénanes, les professions d'avocat et d'avoué sont réunies en une seule, tout comme en Autriche et en Bavière (3).

Les États-Unis, le Hanovre, la Prusse rhénane et le grand duché de Luxembourg donnent l'exemple d'un système mixte, proclamant la compatibilité des deux professions et la possibilité de leur exercice simultané (4).

Dans le rapport fait au nom de la commission des avocats de Milan (rapport dont les conclusions ont été approuvées par l'association entière des avocats), M. Norsa défend avec vigueur le système de la fusion, de l'unification complète, qu'il considère comme commandé par la raison et l'utilité. Il serait trop long de le suivre dans les diverses considérations qu'il fait valoir avec un véritable talent à l'appui de son opinion.

Dans le second rapport, M. Norsa qui était, au sujet de la question principale à traiter (celle de la séparation ou de la fusion des deux professions), en contradiction complète d'opinion avec *tous* les autres membres de la commission du congrès, s'est borné à développer les raisons qui plaident respectivement pour les trois systèmes : 1° de la séparation complète, 2° de l'unification complète, 5° de la fusion facultative.

---

(1) Examen du Code de procédure civile du royaume d'Italie. — *Revue.* Tome I, pp. 324 et ss.

(2) LARCHER, *Études sur les institutions politiques et sociales de l'Angleterre*, p. 175. — FRANQUEVILLE, *Les institutions de l'Angleterre*, p. 213.

(3) BRIX, *Organisation der Advocatur.* Vienne 1869.

(4) HEILBRÖNNER, *Le pouvoir judiciaire aux États-Unis.* Paris 1872.

Le second point à traiter par M. Norsa était celui de la représentation de l'ordre des avocats et de celui des avoués. L'auteur estime qu'il y a lieu d'établir une représentation, tant pour des motifs historiques, que des motifs de raison, mais il voudrait un conseil unique. — Or, d'après le projet actuel, il existerait une chambre de discipline des avocats et une autre des avoués. Cette organisation ne lui semble pas logique en présence du système du projet, qui admet la fusion facultative des deux professions.

Enfin, dans la question des tarifs judiciaires, M. Norsa, d'accord avec la grande majorité de la commission, s'exprime en faveur de la réduction des frais, qui ne devraient pas dépasser ce dont l'État a besoin pour couvrir les frais d'administration de la justice ; il désire aussi une réforme dans la perception des frais, qui ne devrait s'accomplir exclusivement qu'au profit du trésor public.

Nous ne nous étendrons pas davantage sur ces différents points. Disons pour terminer que, dans tous les pays où la question de l'organisation de la profession d'avocat et d'avoué est aujourd'hui à l'ordre du jour, les deux beaux rapports de M. Norsa constitueront des sources d'information indispensables.

J.-O. De Vigne.

IV. — Droit civil et commercial (y compris la procédure).

1. *The Institutes of Justinian, edited as a recension of the Institutes of Gaius by* Thomas Erskine Holland, B. C. L., of Lincolns Inn, Barrister-at-Law, formerly Fellow of Exeter College, Oxford. Oxford, Clarendon press, 1875, Macmillan. Un volume in-12, XXXVI et 240 pages.

Ce volume sort des illustres presses Clarendoniennes, et il en est digne : papier, caractères, impression, tout est excellent ; c'est, je crois, la plus jolie édition moderne des *Institutes* de Justinien.

Le contenu est recommandable. La leçon généralement suivie est celle de M. Huschke.

M. Holland a marqué par un caractère différent les passages tirés de Gaius. Il indique d'ailleurs en marge les ouvrages auxquels la commission de rédaction a fait des emprunts. Il expose, dans une *Introduction* simple et claire, l'origine et la portée des *Institutes*, et y joint quelques renseignements biographiques sur Gaius, Pomponius, Callistrate, Papinien, Tryphonin, Marcien, Ulpien et Paul, ainsi que sur les rédacteurs du manuel légal, Tribonien, Dorothée et Théophile.

L'apparition de ce charmant petit livre est encore un symptôme heureux de cette reprise des études *romanistes* en Angleterre, que j'ai déjà signalée dans cette *Revue* (1).

Alphonse Rivier.

2. *Théorie des Pandectes*, par J. E. Goudsmit, Professeur à l'Université de Leide. Ouvrage traduit du Néerlandais, sous la direction de l'auteur, par Jul. Vuylsteke, avocat à Gand. Tome I. — Partie générale. Un volume grand in-8°, XIV et 360 pages. — Leide, A. W. Sythoff. 1872.

M. Vuylsteke a rendu un grand service au public juridique des pays de langue française en entreprenant la traduction d'un ouvrage aussi instructif

(1) V. III, 508, et IV, 536.

que le sont les *Pandectes* de l'éminent professeur de Leyde. Malgré leur nom, ou plutôt par une intelligence réelle de ce que doit signifier ce nom au XIX⁰ siècle, ces Pandectes appartiennent à la science des législations comparées dans le meilleur sens du mot. Le Code néerlandais, le Code Napoléon, les législations autrichienne et prussienne, y sont constamment mis en regard du droit romain. Des notes nombreuses, qui prennent autant et peut-être plus de place que le texte, contiennent ces rapprochements féconds et lumineux, avec des observations critiques, où se révèle le jurisconsulte mûri par de longues années d'enseignement, et nourri de philosophie et d'histoire autant que de la pratique des affaires. Tout, dans ce livre, respire la largeur des idées, l'étendue des connaissances et l'élévation des vues, — tout, même ce qui n'est qu'extérieur. Les termes techniques sont donnés souvent en trois ou quatre langues : en latin, en français, en hollandais et en allemand. Scientifiquement, M. Goudsmit est tout-à-fait lui-même. Son indépendance, vis-à-vis des idées à la mode, est complète. L'engouement lui est étranger. Rien de plus éclectique que ses citations. Il invoque assez souvent la Glose, avec l'estime qu'elle mérite et que lui marchandent encore quelques *libéraux* attardés.

Le volume qui a paru, contient, outre l'*Introduction*, la *Partie générale*, savoir : les notions d.i *Droit* (Droit, Loi, Droit coutumier, Droit absolu et impératif, Droit supplétif et réglementatif), *des Droits*, *des Personnes* (naturelles, juridiques), *des Choses*, de la *naissance et de l'extinction des Droits* (faits juridiques ; actes ; actes juridiques, conditions, termes, modes ; donations ; actes illicites ; temps) ; — enfin là théorie de l'*exercice des Droits* et *des moyens de les faire valoir* (actions, exceptions, débat judiciaire, preuve, jugement).

Il n'y a, en général, que des éloges à faire au traducteur.

L'exécution typographique est belle. Cependant, un *errata* ne serait pas de trop.

Nous reviendrons sur le fond même de cette importante publication quand elle sera terminée.

ALPHONSE RIVIER.

3. Dʳ Gustave DEMELIUS, professeur à Gratz. *Die Exhibitionspflicht in ihrer Bedeutung für das classische und heutige Recht. Juristische Untersuchung*. **Gratz, 1872. Un volume in-8°, 282 pages.**

Ceci est une étude complète et approfondie sur l'action *Ad exhibendum* et sur les autres moyens par lesquels, en droit romain, une personne pouvait être contrainte à *exhiber*, c'est-à-dire à *représenter*, à *produire* une chose mobilière (ou une personne), *praesentiam corporis praebere, facere in publico potestatem (ut experiundi sit copia.)*

Selon M. Demelius, l'action *Ad exhibendum* est d'origine civile, et c'est entre l'époque de Plaute et celle de Cicéron qu'elle a été formée ou développée. La formule n'avait pas d'*intentio*. Mais le *judicium directum*, en vue duquel l'exhibition était demandée, y devait toujours être désigné. La condamnation, portant sur *Quanti ea res erit*, était précédée de la clause exhibitoire : *Nisi arbitratu tuo exhibeat.* Cependant l'action *Ad exhibendum*, n'était pas une action arbitraire, mais un pur *arbitrium ;* tout y reposait sur l'équité. C'est une action personnelle. Elle est destinée à préparer une autre action, un *judicium directum futurum.* En première ligne, la revendication :

c'est là son usage le plus fréquent, son usage journalier, au dire d'Ulpien : *maxime propter vindicationes introducta est*. Ce sont, ensuite, d'autres actions réelles, auxquelles s'ajoutent les actions noxales. Mais jamais des actions personnelles naissant d'obligations. Toujours, il faut un *judicium directum* pour que l'action *Ad exhibendum* puisse être admise. — On statue souvent une exception à cette règle en cas de demande d'exhibition de titres, comptes, actes et documents. M. Demelius traite à fond cette exception prétendue et la réduit à sa juste valeur. Un acte, ou des comptes ont été écrits, *par moi ou par mon ordre*, sur des tablettes, sur du papier, sur du parchemin appartenant à autrui. Ils appartiennent au propriétaire du papier, du parchemin, des tablettes. J'ai le droit d'en exiger l'exhibition, si ces documents ont de l'intérêt pour moi. Mais en dehors des conditions indiquées, le plus grand intérêt du monde ne suffirait pas à justifier pareille prétention. Il faut donc, pour qu'il y ait *actio Ad exhibendum*, que la propriété du document ne soit empêchée que par le fait des matériaux, et par nul autre. Telle est, selon M. Demelius, la vraie doctrine romaine. C'est aussi celle du Code Napoléon et du Code Civil Autrichien. La pratique et la théorie du droit commun s'en sont écartées. Il faut y revenir.

Les autres moyens (interdits et actions *in factum*) ont été introduits par le préteur, par une extension du principe de l'action *Ad exhibendum* à divers cas auxquels elle n'était pas immédiatement applicable. Ce sont les *interdicta de tabulis* (*testamenti*) *exhibendis, de liberis exhibendis, de homine libero exhibendo*, l'action *furti non exhibiti* et l'action contre les banquiers en présentation de leurs livres.

De ces cinq moyens qu'on pourrait appeler secondaires, deux sont encore aujourd'hui de droit commun ; ce sont les interdits (actions) *de tabulis exhibendis* et *de liberis exhibendis*. Les autres n'ont plus de raison d'être. Mais quelle est, dans le droit commun actuel, la valeur de l'action *Ad exhibendum* proprement dite? Question très controversée que M. Demelius soumet à un examen approfondi. En théorie, l'*applicabilité* ne lui paraît pas douteuse. Mais, en pratique, l'application est rare, parce que l'on n'en a plus guère besoin. Le *quotidianus usus*, c'est-à-dire la préparation de la revendication, n'a plus de raison d'être ; le juge ordonne l'inspection oculaire de la chose qui est entre les mains de l'adversaire, dès que cette inspection paraît offrir de l'intérêt. D'ailleurs, la demande en séparation cumule aujourd'hui avec la revendication, l'exhibitoire s'est fondu dans le pétitoire, l'enquête et le jugement portent sur les deux à la fois. Et lorsqu'il s'agit d'un choix à exercer par le légataire, l'action *ex testamento* suffit pleinement : une exhibition préalable est superflue. Qu'on y ajoute encore l'action très étendue de la police judiciaire et du juge pénal, et l'on verra, avec un peu de réflexion, qu'il n'y a, par le fait, plus de place pour l'action *Ad exhibendum* dans ses fonctions principales. — En revanche, on a étendu outre mesure et d'une façon tout à fait anti-romaine son emploi en matière de titres et documents.

Voilà pour le droit commun. Quant aux législations modernes, elles sont partagées. Le projet allemand d'une loi fédérale sur les Obligations admet l'action *Ad exhibendum* et en développe la théorie. Il en est de même, en des mesures diverses, du projet de Code civil Bavarois, du Code Zuricois, du Code Saxon. En revanche, elle ne figure au moins comme telle ni dans le Code Prussien, ni dans le Code Autrichien, ni dans le Code Napoléon. En ceci. ce dernier ne fait que se conformer au droit ancien. Pothier (*Propriété* 508-517) dit : « Dans notre droit français l'action *Ad exhibendum* n'est pas en » usage ; notre coutume d'Orléans dit (444) : *En cour laye, l'action à fin d'exhi-* » *ber, ne l'exception de deniers non comptés n'ont lieu.* » Selon plusieurs cou-

tumes, on procédait par l'*entiercement*, d'origine germanique (1), pour
parvenir à la revendication des meubles. Cette ancienne procédure est
remplacée aujourd'hui par la saisie-revendication, réglée par les articles
826-831 du Code de Procédure civile (2) — Il est clair d'ailleurs que le principe de l'article 2279 rendrait à peu près sans objet une demande d'exhibition envisagée comme préparatif d'une revendication.

M. Demelius termine par quelques considérations *de lege ferenda*. Il estime
que l'action *Ad exhibendum* ne doit point être abandonnée comme inutile,
mais qu'elle ne doit pas avoir lieu sans *judicium directum futurum* en restitution de la chose, contre le même défendeur, fondé sur un droit réel ou sur
un droit d'hérédité. C'est l'obligation fondant ce *judicium futurum*, que devra
prouver le demandeur, parce que c'est là ce qui établit son intérêt. Une
extension de l'action aux immeubles est superflue, mais n'offre aucun danger.
Quant aux titres, M. Demelius propose l'application pure et simple du véritable droit romain.

Le travail de M. Demelius remplacera, pour longtemps sans doute, les deux
derniers ouvrages sur cette matière : celui de EINERT (3) et celui plus récent
de BUEHLER (4), jurisconsulte Lucernois qu'une mort prématurée vient d'enlever après une vie courte mais bien remplie, dévouée à l'avancement du
droit dans son pays, surtout au point de vue de l'introduction d'une certaine
et raisonnable uniformité dans les deux douzaines de législations qui se
partagent la Suisse.

ALPHONSE RIVIER.

4. — *Droit civil en vigueur en Belgique, annoté d'après le droit Romain*, par
P. VAN WETTER, professeur à l'Université de Gand. Un vol, in 8°, 327 pages,
Gand, Hoste, 1872.

L'utilité de la comparaison du droit actuel avec le droit romain est évidente, incontestée. Aussi a-t-on vu, dès les premiers temps du Code
Napoléon, les ouvrages de concordance et de parallèles se multiplier dans
les diverses contrées où la législation nouvelle était entrée en vigueur.
Parmi ceux qui sont écrits en langue française, le meilleur, eu égard à
l'époque de sa rédaction, nous paraît être celui d'Olivier Le Clercq (5). Mais
la science a tant progressé depuis un demi-siècle, qu'il est bien permis de
songer à le remplacer, et c'est ce qu'a voulu faire un jeune et très actif professeur, déjà honorablement connu par plusieurs publications relatives au
droit romain, qu'il enseigne à l'Université de Gand depuis cinq ou six
années (6).

M. Van Wetter expose et justifie lui-même comme suit le plan et la méthode qu'il a cru devoir adopter :

(1) Cf. Loi Salique 49. Loi des Ripuaires 33. Loi des Baiuvariens.

(2) Rapport de Berlier à la section du corps législatif.

(3) *De actione ad exhibendum*, Leipzig, 1816.

(4) *Die actio ad exhibendum.*, Lucerne, 1859.

(5) *Le droit Romain dans ses rapports avec le Droit Français, et les principes des deux législations*. Liége, 1812-1820 —Le Clercq, né en 1762, est mort en 1842.

(6) *Du Droit d'accroissement entre colégataires.* (Mémoire couronné.) Bruxelles, 1866. *Traité de
la possession* (Dissertation inaugurale) Gand, 1868. *Cours élémentaire de Droit Romain*. Gand-
Paris, 1871-1872.

« Chaque article du Code civil fait l'objet d'une annotation propre, suivie
» de l'indication de la loi romaine qui consacre de la manière la plus frap-
» pante le principe romain. Les renvois à notre *Cours élémentaire de droit*
» *romain* aideront ceux qui le possèdent, à y trouver le développement de la
» règle romaine afférente à chaque article, et même à puiser dans les nom-
» breuses lois qui y sont citées, les applications les plus variées.

» Cette étude comparée du droit civil moderne et du droit romain offrira
» le double avantage de toutes les études de législation comparée ; par les
» rapports qu'elle indique, elle facilitera l'explication et l'application du
» droit moderne « *Portalis* » ; par les différences, elle fera découvrir les
» imperfections de ce droit « *Pardessus.* »

« Elle permet en outre de déterminer d'une façon précise la part qui
» revient au droit de l'ancienne Rome dans notre législation civile... »

Cette méthode de simple juxtaposition du numéro français et de la disposition romaine est commode, et avantageuse au point de vue de la brièveté.
Nous regrettons cependant que M. Van Wetter l'ait suivie strictement. Sans
allonger beaucoup, il pouvait éviter certains inconvénients qui nous paraissent dangereux précisément pour la classe de lecteurs à laquelle ce livre est
sans doute destiné, c'est-à-dire pour les praticiens qui, déjà un peu loin de
leurs études, veulent raffermir leur science sur telle ou telle question donnée.
C'est ainsi du moins que nous comprenons M. Van Wetter, lorsqu'il annonce
que son livre permettra d'étudier le droit romain « *au point de vue du droit civil*
» *moderne*, et d'acquérir en peu de temps une connaissance complète de ses
» principes fondamentaux. » C'est à l'étude du droit *actuel* que les ouvrages
de ce genre doivent servir ; ce sont des guides pour l'intelligence des principes d'origine romaine qui sont reçus dans les législations modernes.

Or, pour atteindre ce but, qui seul nous paraît pratique, il importe en première ligne de distinguer soigneusement les dispositions issues du droit
romain de celles qui n'en sont pas issues. Pour celles-là seules, le droit
romain est la source où l'on en doit puiser l'interprétation. Quant aux autres,
malgré les ressemblances plus ou moins frappantes que le droit romain peut
offrir, c'est par le droit germanique, coutumier, féodal qu'on doit les expliquer,
ou par le droit intermédiaire, ou par les faits d'un' autre ordre qui leur ont
donné naissance, ou encore par les principes généraux supérieurs à toute
législation particulière : une interprétation *romaine* risquerait fort d'amener
des résultats faux et par conséquent injustes. Que l'on mette; dans des cas
de ce genre, la disposition romaine à côté du numéro de l'article français
avec lequel elle a quelque analogie, nous n'y voyons aucun mal : au contraire
le rapprochement est toujours intéressant, et d'ailleurs, *superflua non nocent.*
Mais il faut avertir que cette analogie est purement ou surtout extérieure,
et indiquer la vraie source de l'article en question. C'est ce que ne fait pas,
ou pas suffisamment, M. Van Wetter. A le lire, on pourrait croire que les
exécuteurs testamentaires (1) sont romains d'origine, que la *réserve* et la
quotité disponible découlent de la *légitime*, et les *rapports* de la *collation.*

Nous voudrions voir mieux mises en relief les différences fondamentales
qui séparent le système du Code civil du système juridique de Rome. Toutes
les différences sont à peu près sur le même plan. Il fallait insister davantage
sur le caractère anti-romain de l'*hérédité*, de la *saisine*, de l'article 883, des
articles 1138 et 1583, 2279 et 2280. On objectera peut-être que ç'aurait été
superflu. Nous ne le pensons pas.

---

(1) V. Beseler, *Zeitschrift für Deutsches Recht*, IX.

Nous reprocherons encore à M. Van Wetter de n'avoir mis ni assez de soin dans sa rédaction, ni assez de rigueur dans sa nomenclature. Tel mot a un sens différent en droit romain et en droit français, et l'on ne sait parfois pas dans lequel des deux sens il est employé : ainsi les mots *cause* (dans les conventions), *enfant naturel, puissance paternelle, émancipation, testament, légataire, héritier.* On trouve aussi des assertions comme celle-ci : *Le but* (de la société) *ne devait pas être pécuniaire. La société ne devait jamais être rédigée par écrit...*

En somme, M. Van Wetter a fait une œuvre utile, dont il faut lui savoir gré. Mais il aurait fait beaucoup mieux, s'il avait plus mûri son livre. Nous savons qu'il en est très capable, et c'est l'intérêt que nous inspire son activité littéraire qui nous engage à lui redire le précepte immortel d'Horace :

.....*Nonumque prematur in annum,*
Membranis intus positis.

ALPHONSE RIVIER.

5. — C. F. DE GERBER. *Gesammelte juristische Abhandlungen.* VI et 490 pages, petit in-8°. Iéna, Mauke, 1872.

Peu de savants universitaires de notre époque ont acquis plus vite une plus honorable notoriété et une autorité plus légitime que M. Gerber, longtemps professeur à Tubingue et chancelier de cette université, en dernier lieu professeur à Leipzig et actuellement ministre de la justice à Dresde. Voilà bien un quart de siècle qu'il excerce une influence considérable et directe sur la théorie du droit, sur la pratique, sur la législation, par son enseignement et par ses travaux, notamment par son *Système du Droit privé allemand,* œuvre originale et réformatrice qui en est à sa dixième édition. Aujourd'hui, récapitulant, révisant ses opuscules académiques et autres, il vient d'en réunir dix-neuf dans un beau volume, en deux livraisons; le plus ancien date de 1851, les plus récents de 1871. Ce sont des *programmes,* des discours de circonstance et surtout des articles de diverses Revues. Les sujets choisis par M. Gerber appartiennent au droit privé allemand, deux seulement au droit public. Une simple énumération suffira pour en montrer l'importance et l'intérêt. L'auteur traite successivement du *droit allemand et de la science germaniste ;* de la *notion de l'autonomie;* des *fidéicommis ;* des *fondations de famille; des dettes de fiefs et de fidéicommis; des associations et corporations;* des *charges réelles; des droits d'auteur et d'éditeur;* du *régime des biens des époux ;* de la *saisine* (Gewere); des *usages commerciaux;* de la *divisibilité des territoires allemands ;* du *droit de l'État moderne de conférer privilèges et dispenses.*

M. de Gerber possède à un haut degré le talent, plus rare en Allemagne qu'en France, moins rare cependant aujourd'hui qu'il y a vingt ans, de donner aux excellentes choses qu'il dit une forme digne de leur mérite intrinsèque, toujours claire, pure, élégante en même temps que strictement juridique.

Tous les amis de la science doivent désirer qu'il se décide à rassembler et à rééditer ses autres *opera minera.* ALPHONSE RIVIR.E

Pour tous les articles non signés de la Bibliographie.

G. ROLIN-JAEQUEMYNS.

———————

L'abondance des matières nous empêche de nouveau de continuer cette revue bibliographique dans les parties relatives au droit civil ou commercial, au droit criminel (y compris la procédure), à la législation sociale et aux sciences auxiliaires du droit (Économie politique, statistique, histoire, etc.). Afin de ne pas remettre indéfiniment les comptes-rendus des intéressants ouvrages qui nous ont été envoyés et qui se rapportent à ces matières, nous leur consacrerons la principale partie de notre prochain bulletin.

NÉCROLOGIE.

I. — Dimitry Iwanowitsch KATSCHÉNOWSKY (1).

L'excellent et regretté collaborateur que nous avons eu la douleur de perdre, il y a quelques mois, occupait une place distinguée parmi le petit nombre de savants russes qui se sont fait un nom dans l'Occident de l'Europe, par leurs travaux sur les sciences politiques.

Katschénowsky a succombé à la phthisie le 21 décembre 1872. Le 8 du même mois, il avait atteint sa 45ᵐᵉ année. La veille de sa mort, il se rappelait, au milieu de quelques amis qui étaient venus le visiter, qu'il accomplissait la 23ᵐᵉ année de son professorat à l'Université de Kharkow, et il accueillait les vœux qu'ils lui adressaient pour le rétablissement de sa santé.

Né le 8 décembre 1827, à Karatschef, dans le gouvernement d'Orel, Katschénowsky perdit de bonne heure son père. Sa mère heureusement sut comprendre que cet enfant si vif, si spirituel, si richement doué, n'avait besoin que d'instruction pour se conquérir une place distinguée dans le monde. Elle réussit à faire placer son fils, aux frais de la Couronne, dans une école d'Orel. Les progrès rapides du pauvre orphelin le firent bientôt admettre au seul gymnase qu'il y eût alors à Kharkow. A quinze ans et demi, il entra à l'Université, où son zèle et son intelligence attirèrent l'attention des professeurs de la faculté de droit. Sur leurs instances, il fut libéré de l'obligation de servir pendant quelque temps au ministère de l'Intérieur, aux frais duquel il avait été élevé. Il put ainsi, immédiatement après avoir terminé ses études (1847), se préparer au professorat, Il n'y avait alors ni boursiers, ni professeurs agrégés. Notre futur professeur devait gagner sa vie en donnant des leçons et se préparer en même temps aux examens de maitre-ès-arts. Malgré cela, au bout d'un an à peine,

---

(1) Nous devons les communications à l'aide desquelles nous donnons ici cette courte notice nécrologique à l'obligeance de M. le Comte Léonide Kamurowsky, de Moscou, et de notre collaborateur M. Wladimirow, collègue du défunt. Ils ont bien voulu nous envoyer entr'autres les articles nécrologiques parus dans la Revue russe « le Messager de l'Europe, » (Février 1873) et dans la Revue du Ministère (russe) de l'instruction publique. Nous avons complété ces renseignements à l'aide des souvenirs que nous ont laissés nos relations personnelles avec Katchénowsky.　　　　G. R.-J.

il passa ces examens d'une manière brillante, et, en 1849, il fut nommé professeur-adjoint de droit international.

« Il est difficile, » dit la Revue russe : *le Messager de l'Europe*, « de se
» faire une idée des obstacles qui, à l'époque où débuta Katschénowsky
» (1848-1855), surgissaient à chaque pas devant un jeune professeur doué,
» comme lui, d'une grande indépendance de pensée et d'un amour sans
» limites pour une science si intimement liée à toutes les questions délicates
» de la politique et de la vie sociale. Il lui fallut beaucoup d'énergie et de
» force morale, beaucoup de courage civique surtout pour rester fidèle à
» ses convictions dans le milieu où le sort l'avait placé. Ainsi, ne pouvant
» subir à Kharkow ses examens de docteur, il fut réduit à demander un
» subside pour un voyage à Moscou, en alléguant pour prétexte qu'il y devait
» rechercher de nouveaux matériaux, qu'il ne pouvait trouver à Kharkow
» pour sa dissertation de docteur. Grâce à l'appui de M. Kokochkine,
» général-gouverneur et curateur de l'Université, il atteignit son but et
» c'est à Moscou qu'eut lieu sa promotion publique au doctorat. »

C'est en 1858 seulement qu'il put accomplir son premier voyage à l'étranger. En Allemagne, en France, en Angleterre il fit la connaissance d'un grand nombre de savants et se lia d'amitié avec quelques-uns d'entre eux. Depuis ce temps il est retourné plusieurs fois dans l'Occident de l'Europe. Nous avons eu le plaisir de le recevoir à Gand en 1870, et l'an dernier il nous écrivait des bains de Gleichenberg (Styrie) qu'il comptait reprendre ses voyages dans le cours de ce printemps. « Tous les deux ou trois ans, » dit le *Messager de l'Europe*, « il éprouvait le besoin de se retremper pendant quelque temps dans cette vaste atmosphère de la vie sociale, qu'il ne trouvait pas alors autour de lui, de se rafraîchir dans un monde plus libre d'idées.... »

Mais tout en tournant les regards vers ces régions lointaines, il ne cessa jamais de s'intéresser activement aux événements importants qui se passaient autour de lui. Il donna son approbation éloquente ou son concours personnel à toutes les grandes réformes accomplies en Russie. Lorsque la réforme judiciaire fut introduite, il en fit l'objet d'un cours public. Lors de la fondation des nouvelles écoles et du gymnase des filles à Kharkov, il prit une part importante aux cours faits à leur profit. Enfin il ne cessa jamais de s'intéresser activement et énergiquement à la société de secours aux pauvres étudiants. « Nous nous souvenons encore, » écrit le *Messager de l'Europe*, « de la joie avec laquelle il accueillit la réforme provinciale (zémstwo), et du sentiment de profonde vénération avec lequel il se prépara la première fois qu'il fut désigné pour remplir les fonctions de juré. Ayant depuis longtemps étudié l'institution du jury en Angleterre, et convaincu de sa large et bienfaisante influence sur les mœurs sociales, il voyait dans l'introduction de cette institution le plus grand progrès que la législation russe eût réalisé dans ces derniers temps. »

La vie de Katschénowsky fut, comme celle des savants en général, peu féconde en évènements extérieurs. Les vrais évènements dans la vie d'un homme de science, ce sont ses travaux scientifiques et littéraires. M. le professeur Stoïanow a énuméré dans la *Gazette de Kharkov*, du 30 décembre 1872, la liste des principaux travaux publiés par Katchénowsky. « Sa thèse de doctorat : *La course et la juridiction en matière de prises*, dit M. Stoïanow, est une acquisition capitale pour la science du droit international. Accueillie par une critique aussi sérieuse que bienveillante de l'éminent publiciste allemand Wurm, elle fut traduite en anglais par le Dᵣ Pratt. Cet ouvrage est souvent cité en Angleterre, en France et en Allemagne. » On peut ajouter, avec le *Messager de l'Europe*, que les progrès les plus récents de la législation des prises et des lois de la guerre maritime y sont prévus ou indiqués sous forme de postulats du droit international moderne. Viennent ensuite : une dissertation *sur le droit des gens chez les anciens grecs*, insérée dans la revue russe *les Propylées* ; — un aperçu de l'histoire des sciences politiques en Europe (1859) ; une étude biographique sur l'homme d'état américain *Daniel Webster*. Une traduction française de ce dernier travail a paru à Bruxelles en 1859. — En 1862 parurent à Londres, dans les annales de la société juridique (*Papers of the juridical society*), ses deux mémoires : *sur la situation actuelle de la science du droit des gens*, et à Kharkow, en langue russe, son petit traité : *sur la situation contemporaine des sciences politiques dans l'Europe occidentale et en Russie*. Ce traité et les deux premières livraisons de son cours de droit international (1863-1866), ont été traduits en anglais par le Dᵣ Pratt, mais la mort du traducteur semble en avoir retardé la publication [1]. Un des derniers travaux de Katschénowsky a été l'article paru dans cette Revue,

---

[1] *Le cours de droit international* par Katschénowsky est le premier essai de ce genre en langue russe. Ceux qui ont été à même d'en prendre connaissance en disent le plus grand bien. La 1ʳᵉ livr. contient les principes fondamentaux ; — la 2ᵈᵉ une histoire des relations internationales dans l'antiquité et au moyen-âge.

Dans la dernière lettre que nous ayons reçue de lui, M. K. nous offrait de publier dans la Revue un extrait de son cours, intitulé : *de l'influence de la chevalerie sur le droit des gens*. Nous nous étions naturellement empressé d'accepter cette offre, nous doutant peu du fatal évènement qui allait en empêcher l'exécution.

(t. III, 1871, pp. 12 et ss.) sous le titre de : *nouvelles recherches sur les formes de gouvernement*. C'était un examen critique de l'ouvrage publié sur cette matière par l'éminent publiciste et homme d'état français, M. Hippolyte Passy, avec lequel Katschénowsky était étroitement lié.

Katschénowsky n'était pas uniquement juriste. La science du beau et l'art sous toutes ses formes le passionnaient. Il aimait la musique, et éprouvait une vive admiration pour les œuvres des grands compositeurs allemands. Il avait acquis, dans ses voyages, des connaissances et une érudition spéciales en architecture, en peinture, en sculpture. En 1869 il publia dans le *Messager de l'Europe* des études sur « les anciens maîtres florentins. » Ces études ne devaient servir que de préface à une *monographie sur Michel-Ange* qui paraît être presque achevée. Il a laissé enfin dix petits volumes manuscrits de notes de voyage qui, il faut l'espérer, pourront être publiées, du moins en partie.

C'est pendant un de ses voyages en Italie qu'il a gagné le refroidissement dont les suites lui ont été si funestes.

Ses collègues, ses anciens élèves ne tarissent pas en éloges sur l'honorabilité de l'homme et les hautes qualités de son enseignement. La Russie entière a déploré sa perte. A ces regrets s'associeront les nombreux amis qu'il s'était faits à l'étranger, et tous ceux qui ont profité de la lecture de ses écrits. « Mais le meilleur éloge du défunt est, » dit le *Messager de l'Europe*, « celui qui échappa à sa respectable vieille mère lorsque, se jetant à genoux, dans un moment de douleur suprême, elle prononça ces paroles : « Je te bénis, ô mon Dieu, pour le bonheur que tu m'as donné » de passer vingt ans avec lui, avec ce fils unique, dont toute la vie fut si » pure et si irréprochable ! »

G. ROLIN-JAEQUEMYNS.

II — Walter MUNZINGER.

—

Ce nom n'est point inconnu aux lecteurs de la *Revue*. Naguère encore,. M. le professeur d'Orelli le citait honorablement (1). Il est inséparable des tentatives qui se sont faites et se font en Suisse, pour remplacer par une unité au moins relative la multiplicité des législations cantonales (2). Il appartient donc à la science de la législation comparée, et nous devons quelques lignes de souvenir à celui qui l'a dignement porté.

Walter Munzinger était né à Olten (canton de Soleure) en 1830; il est mort à Berne, dans la nuit du 28 au 29 Avril 1873, après une courte maladie. Son père a été longtemps le chef du parti libéral de son canton, et lorsque, en 1848, la Suisse fut réorganisée, on l'appela des premiers à faire partie du Conseil fédéral. Le jeune Walter, qui venait d'achever ses humanités à Soleure, accompagna son père à Berne. Il fit son droit d'abord à l'université de cette ville; puis il alla perfectionner ses études à Paris, à Munich et à Berlin. Il subit à Berne, en 1854, son examen d'avocat, et fut agrégé à l'université comme Docteur et comme *Privat-Docent*, l'année suivante, pour le droit français et le droit ecclésiastique, auxquels il joignit plus tard d'autres branches, notamment le droit commercial. Dès lors, il avança rapidement. En 1857, il fut nommé professeur extraordinaire et juge suppléant à la Cour suprême; en 1863, professeur ordinaire. A la même époque, il était chargé des travaux de législation dont M. d'Orelli parle avec assez de détail pour me dispenser d'y revenir. Dans les derniers temps, son activité s'était encore élargie. Catholique-libéral, il s'était placé au premier rang des *anti-infaillibilistes* Suisses : son dernier acte public a été un remarquable manifeste *réformiste*. Il faisait partie, du Conseil national en qualité de député du district bernois de la Haute-Argovie. Il a pris une part active aux travaux de la Société suisse des Juristes.

Munzinger était un professeur habile et très aimé des étudiants.

(1) P. 222 et suivantes du présent volume.
(2) Voyez l'article de M. d'Orelli, t. IV, 365-381, et au présent volume, 216-244. Voyez aussi III, 669-672, et II, 42-52.

Joignant à une incontestable facilité de travail une parole élégante et abondante, il paraissait destiné à occuper une position distinguée dans la politique suisse, plutôt que dans la science pure et abstraite. Il était parfaitement préparé à prendre cette position, dans laquelle il aurait rendu de grands services à sa cause et à son pays. La mort l'a enlevé au moment ou il allait être le plus réellement utile.

ALPHONSE RIVIER.

BIBLIOGRAPHIE.

La REVUE DE DROIT INTERNATIONAL ET DE LÉGISLATION COMPARÉE paraît quatre fois l'an, par livraisons de huit à douze feuilles d'impression, formant à la fin de l'année un volume de plus de 640 pages.

Prix de l'abonnement : *Allemagne* 3 th. 20 sbg. par an; *Angleterre* 10 sh.; *Amérique* 5 dollars or; *Belgique* 12 fr.; *France, Italie et Suisse* 14 fr.; *Pays-Bas* 6 fl.

Seront publiées par la Rédaction de cette Revue à partir du 1ᵉʳ janvier 1874, des

ARCHIVES DE DROIT INTERNATIONAL

ET DE

LÉGISLATION COMPARÉE,

RECUEIL DE DOCUMENTS DIPLOMATIQUES ET LÉGISLATIFS CONTEMPORAINS, POUVANT SERVIR A L'ÉTUDE DU DROIT INTERNATIONAL ET DE LA LÉGISLATION COMPARÉE.

V. le Bulletin d'annonces joint à la présente livraison.

La première année de la Revue (1869) étant épuisée depuis plusieurs mois, la direction s'est décidée, en présence des nombreuses demandes qui se produisaient, à la faire réimprimer. On peut se procurer des exemplaires de cette réimpression en s'adressant au bureau de la *Revue de droit international et de législation comparée,* rue des Foulons, 24, à Gand.

A dater de la présente livraison la *Revue de droit international et de législation comparée* publie un BULLETIN D'ANNONCES.

Prix des annonces par insertion : la page . . . fr. 20 00
la demie-page . . . 12 00

Il ne sera pas reçu de demandes d'insertion pour moins d'une demie-page.

Toutes les communications concernant la rédaction de la *Revue,* les demandes de renseignements, et les livres dont on désirera qu'il soit rendu compte doivent être envoyés *franco* (les livres en double exemplaire) à l'une des adresses suivantes :

ASSER, avocat et professeur de droit à Amsterdam,

ROLIN-JAEQUEMYNS, Rédacteur-en-chef de la Revue à Gand,

WESTLAKE, Barrister-at-Law, 2 Newsquare, Lincoln's Inn, à Londres.

Pour toutes les autres communications, s'adresser au bureau de la *Revue de droit international et de législation comparée :* rue des Foulons, 24, à Gand.

REVUE

DE

DROIT INTERNATIONAL

ET DE

LÉGISLATION COMPARÉE,

Organe de l'Institut de droit international,

PUBLIÉE PAR

MM. T.-M.-C. ASSER, Avocat et professeur de droit, à Amsterdam,

G. ROLIN-JAEQUEMYNS, Docteur en droit et en sciences politiques et administratives, à Gand, Rédacteur-en-chef et Directeur gérant,

J. WESTLAKE, Barrister-at-Law, Lincoln's Inn, à Londres,

AVEC LA

collaboration de plusieurs jurisconsultes et hommes d'état.

5ᵉ Année. — 1873. — Nᵒ IV.

SOMMAIRE DE LA 4ᵉ LIVRAISON.

LONDRES,
WILLIAMS ET NORGATE.
LA HAYE,
BELINFANTE FRÈRES.
BERNE,
Librairie J. DALP (K. SCHMID.)

BRUXELLES,
BRUYLANTS-CHRISTOPHE ET Cⁱᵉ.
BERLIN,
PUTTKAMMER & MÜHLBRECHT,
Buchhandlung für Staats- und Rechts-wissenschaft.

PARIS,
DURAND ET PEDONE-LAURIEL.
FLORENCE ET TURIN,
BOCCA FRÈRES.
NEW-YORK,
WESTERMANN ET Cⁱᵉ.

Gand, impr. de I.-S. Van Doosselaere.

COMMUNICATIONS ET DOCUMENTS

RELATIFS A LA FONDATION DE

L'INSTITUT

DE

DROIT INTERNATIONAL.

———

EXTRAIT

de la

REVUE DE DROIT INTERNATIONAL ET DE LÉGISLATION COMPARÉE,

ORGANE DE L'INSTITUT DE DROIT INTERNATIONAL.

———

Une brochure in-8° de 52 pages. — Gand, Octobre 1873.

Prix : fr. 1-50.

———

Se trouve au bureau et chez les éditeurs de la Revue.

CONFÉRENCE JURIDIQUE INTERNATIONALE
DE GAND.

FONDATION DE L'INSTITUT DE DROIT INTERNATIONAL.

Dans notre dernier numéro, en publiant un article sur la *nécessité d'organiser une institution scientifique permanente pour favoriser l'étude et les progrès du droit international*, nous exprimions en note l'espoir que le mois de septembre verrait se réunir à Gand une *conférence privée*, en vue de discuter et, s'il y avait lieu, de mettre en pratique l'idée que nous suggérions. Cette conférence s'est réunie et le succès a dépassé notre attente. Le 8 septembre, des jurisconsultes et des publicistes de différents pays d'Europe et d'Amérique, portant tous des noms illustres et respectés, sont arrivés à Gand, et le 10 septembre, après six séances laborieuses, ils ont arrêté les statuts et voté la constitution d'un *Institut permanent de droit international*. Le lendemain l'Institut lui-même, représenté par ses membres-fondateurs, est entré en fonctions et a pris plusieurs décisions importantes.

Il est inutile d'insister ici sur la portée de cet évènement. On trouvera plus loin le compte-rendu des actes de la conférence. Avant peu, nous en avons la confiance, l'Institut prouvera, par des faits, sa grande et sérieuse utilité. Ce que nous tenons seulement à faire remarquer aux lecteurs de la *Revue*, c'est que celle-ci acquiert, par la même occasion, une importance nouvelle. En effet, dans sa séance du 11 septembre, l'Institut a fait à notre recueil l'insigne honneur de le choisir comme son organe en titre. Il en résulte que nous serons à même de communiquer au public, d'une manière plus complète et plus certaine qu'aucun autre recueil, tous les renseignements concernant l'*Institut de droit international*.

Nous ne voudrions pas cependant donner une apparence égoïste à notre joie d'avoir vu réussir un projet qui, naguère encore, pouvait paraître un rêve, et dont nous attendons les meilleurs résultats pour l'avenir du droit et de l'humanité. Nous comprenons au contraire qu'un pareil succès nous impose de nouveaux devoirs envers le public et envers nous-mêmes. Ces devoirs, nous nous efforcerons de les remplir, en nous tenant de plus en plus en communication avec le mouvement du droit international et de la législation comparée dans le monde entier. La Revue cherchera ainsi à devenir une espèce d'intermédiaire entre l'Institut de droit international et le public, intermédiaire utile à l'une et à l'autre partie, puisque si le public a besoin de l'Institut, pour rechercher et exprimer avec une autorité suffisante des principes sanctionnés par la conscience universelle, l'Institut en revanche a besoin de l'opinion publique éclairée pour ratifier ses travaux et les rendre efficaces.

NOUVEL EXPOSÉ DU PRINCIPE DE NON-INTERVENTION

PAR

G. CARNAZZA AMARI,

Professeur à l'université royale de Catane.

(Suite et fin (1)).

XII. — *Intervention chez un peuple qui foule aux pieds les lois de la justice et de l'humanité.*

L'intervention ne pourrait pas même se justifier dans le cas où le gouvernement local foulerait aux pieds les lois les plus évidentes de la justice et de l'humanité.

Grotius n'hésite pas à affirmer qu'on peut faire la guerre à un peuple qui s'abandonne à de semblables excès, et intervenir par conséquent pour les réfréner, parce que le droit naturel autorise la répression des délits et la punition des coupables partout où ils se rencontrent. Le même principe est adopté par Puffendorf, par Bacon et par beaucoup d'autres, notamment dans ces derniers temps, par Fiore.

Mais nous avons déjà remarqué plus haut que le droit de punir suppose un pouvoir souverain chez celui qui l'exerce vis-à-vis du malfaiteur. Or, c'est cette juridiction qui manque à un État à l'égard d'un autre. En outre, le souverain peut poursuivre les coupables qui troublent l'ordre juridique du peuple qu'il gouverne; mais son autorité expire à la frontière du territoire national ; et il n'a pas le droit de punir les délinquants qui auraient troublé l'ordre public étranger. S'il n'a pas ce droit contre des particuliers malfaiteurs, il ne peut à plus forte raison le réclamer contre un État et un peuple entier. Ainsi s'écroule, au premier choc de la critique, le fondement édifié par le publiciste hollandais à l'appui de cette espèce d'intervention, qui se trouve être, à l'égal de toutes les autres, excessive et illégitime.

« On est surpris, dit Vattel, d'entendre le savant et judicieux Grotius
» nous dire qu'un souverain peut justement prendre les armes pour châtier
» des nations qui se rendent coupables de fautes énormes contre la loi natu-

(1) V. pp. 352 et ss. du présent volume.

» relle, qui *traitent inhumainement leurs pères et leurs mères*, comme fai-
» saient les Sogdiens, *qui mangent de la chair humaine*, comme faisaient les
» anciens Gaulois, etc. [1]. Il est tombé dans cette erreur, parce qu'il attribue
» à tout homme indépendant, et par là même à tout souverain, je ne sais
» quel droit de punir les fautes qui renferment une violation énorme du
» droit de la nature, même celles qui n'intéressent ni ses droits, ni sa sûreté.
» Mais nous avons fait voir que le droit de punir dérive uniquement pour
» les hommes du droit de sûreté; par conséquent, il ne leur appartient
» que contre ceux qui les ont offensés. Grotius ne s'est-il point aperçu
» que, malgré toutes les précautions qu'il apporte dans les paragraphes
» suivants, son sentiment ouvre la porte à toutes les fureurs de l'enthou-
» siasme et du fanatisme, et fournit aux ambitieux des prétextes sans
» nombre? Mahomet et ses successeurs ont ravagé et assujetti l'Asie pour
» venger l'unité de Dieu offensée; tous ceux qu'ils traitaient d'*associateurs*
» ou d'idolâtres, étaient les victimes de leur sainte fureur [2]. »

Les partisans de l'intervention se sont bien aperçus de ce vice de leur
raisonnement, et ils ont allégué le dommage que causerait aux nations voisines le spectacle de délits incessants commis sous leurs yeux dans
d'autres États, et le besoin instinctif qui s'empare du cœur à la vue d'une
nation qui s'abandonne au mal en permanence. De même, concluent-ils,
que le particulier peut pénétrer dans le domicile du voisin, quand il va s'y
commettre un méfait, une nation peut intervenir chez une autre pour
rétablir l'ordre public.

« Les faits et les méfaits, dit Mamiani, que commet un peuple, dans les
» limites de son territoire, ne portent pas atteinte aux droits d'autrui, et
» ne fournissent pas matière à une intervention légitime. Quel est, en effet,
» dans notre hypothèse, le droit positif des autres peuples qui se trouve
» lésé? Avez-vous jamais entendu quelqu'un prétendre au droit de n'avoir
» devant les yeux que de bons exemples, des modèles de vertu, de vivre
» au milieu de concitoyens dans l'habitation desquels ne se commettent
» d'excès d'aucune sorte, et qui professent tous des opinions vraies et cor-
» rectes [3]? »

D'un autre côté, cette hypothèse d'une nation obstinée dans le mal est
une hypothèse impossible. Les peuples ne commettent jamais de délits,
parce qu'il existe toujours en eux une autorité souveraine, ayant unique-

(1) *Droit de la guerre et de la paix*, liv. II, chap. XX, § 11.
(2) VATTEL, *le droit des Gens*, t. I, p. 444 et s. (Édition de Londres 1753).
(3) *Op. cit.*, p. 112.

ment pour but de réaliser le droit et non le délit. Il est vrai que l'histoire nous parle des Anabaptistes de Munster, des Jacobins de Paris, des Mormons d'Amérique, qui ont fait une ample moisson de vies humaines; mais il nous semble que leurs nombreuses victimes ne peuvent leur être imputées à crime, car ils entendaient par là seulement assurer l'existence politique de leur nation ou de leur religion. Ils n'ont pas voulu le crime pour le crime, ils l'ont voulu parce qu'il n'avait pas révélé à leurs regards son caractère criminel, et parce qu'il leur paraissait, au contraire, un moyen de salut efficace et juridique. S'il fallait admettre l'intervention en pareil cas, il aurait fallu l'admettre chez tous les peuples de l'antiquité qui immolaient aux dieux païens des victimes humaines. A plus forte raison, il aurait fallu la répéter dans les temps modernes, alors que l'on outrageait l'humanité par la torture et les bûchers, croyant faire œuvre sainte et utile. Aujourd'hui encore on aurait le droit d'enseigner que l'esclavage de la race humaine est, vis à-vis de la civilisation actuelle, un crime égal à celui que commettaient les cannibales, en tuant et en dévorant leurs semblables.

Rien n'est d'ailleurs moins aisé que de juger si un peuple viole ou respecte le droit, en pratiquant certains actes que lui-même croit justes et que d'autres considèrent comme injustes. Il fut un temps où les Catholiques, appartenant aux nations les plus civilisées du monde, estimaient qu'il était licite et honnête de brûler les hérétiques, tandis que d'autres y voyaient un attentat contre l'humanité.

De ces deux opinions, quelle était la vraie?... La postérité l'a décidé, mais les contemporains ne le pouvaient, parce qu'il leur manquait l'expérience et les lumières que le temps a données à leurs successeurs. C'est pourquoi l'on dit avec raison que, dans la conduite des nations, on ne peut pas pratiquer la justice objective, mais seulement la justice subjective. La justice objective se manifeste graduellement, après de longues et pénibles luttes, à l'aide de l'opinion publique, et lorsqu'elle pénètre dans la conscience universelle, c'est-à-dire lorsqu'elle devient généralement subjective, elle se réalise sans aucune intervention. En fait, l'Europe a spontanément renversé les bûchers, et les États-Unis d'Amérique ont aboli l'esclavage, sans subir l'influence armée d'autres États, lorsque la civilisation le leur a commandé.

Ceci posé, la comparaison avec le particulier qui voit un crime se commettre dans la maison voisine et intervient pour l'empêcher, n'est pas adéquate, parce que les peuples ne peuvent *cognita causa delinquere*. Elle ne l'est surtout pas, parce que les particuliers sont régis par la souveraineté nationale, qui a le droit de prévenir et de punir les infractions que peuvent commettre les sujets, et que tout citoyen a le droit de représenter au moment où le délit se consomme. Il agit alors au nom de cette souveraineté qui ensuite jugera le fait pour lequel il intervient, ainsi que son intervention. Mais entre les États il n'y a pas d'autorité souveraine investie du droit de juger, de punir, ou de récompenser les actes des peuples; dès lors personne ne possède le droit de représenter cette autorité qui n'existe pas. L'exemple cité est encore sans application, parce que le particulier intervenant dans la maison qui est le théâtre d'un délit, n'y trouve aucune autorité souveraine, sauf celle de l'État qu'il représente en ce moment. Mais une nation qui veut intervenir chez une autre, y rencontre la souveraineté nationale, qui seule a le droit de juger les actes de ses sujets, de sorte que l'étranger, pour exercer son intervention, doit détruire cette souveraineté et en usurper les pouvoirs.

Enfin, lorsqu'un fait est jugé coupable entre les particuliers, c'est en vertu d'une loi positive, qui préventivement le déclare et le proclame tel; et si un fait criminel de sa nature n'était pas prévu par la loi pénale, c'est une notion vulgaire qu'il ne peut être poursuivi ni puni, que par conséquent personne n'a le droit d'intervenir dans la maison d'autrui pour l'empêcher. Or, au-dessus des États il n'y a aucun Code pénal qui définisse leurs actes, en détermine le caractère, indique la procédure à suivre pour l'instruction, le jugement et la répression. Dès lors aucun acte commis par eux, quelque criminel qu'il soit de sa nature, ne peut être tenu pour un méfait, jugé et puni comme tel; donc on n'a pas le droit de l'empêcher par l'intervention.

Tout cela repose toujours et se résume dans le principe que nous avons déjà plus d'une fois énoncé, savoir : qu'aucun État n'a de juridiction sur un autre; d'où résulte qu'il ne peut y avoir de loi pénale préventive. parce qu'il n'existe personne qui ait le droit de la codifier, ni de pouvoir judiciaire ayant droit d'intervenir parce que ce sont là des corollaires de la souveraineté, et que, celle-ci faisant défaut, toutes ses conséquences s'évanouissent.

XIII. — *Intervention chez des peuples barbares.*

Le principe de la non-intervention doit encore l'emporter, alors même qu'il s'agit de savoir si l'on interviendra chez des peuples barbares, pour substituer à leur gouvernement national non civilisé, un autre gouverne-

ment civilisé. Comme l'a dit avec raison Berriat-Saint-Prix : « Une nation,
» même arriérée, est seule compétente pour régler son organisation poli-
» tique et religieuse ; elle est libre d'en approprier la forme à ses mœurs et
» à ses idées., Les peuples étrangers sont sans titre pour lui imposer
» malgré elle leur propre régime, ou pour lui en interdire l'adoption, sous
» prétexte qu'elle n'est point encore assez mûre. Une prétention contraire
» ressemblerait à celle d'un propriétaire foncier qui voudrait astreindre ses
» voisins à suivre son système de culture, ou les empêcher de perfection-
» ner leur méthode (1). »

C'est certainement faire œuvre de haute philantropie, que de civiliser les
peuples barbares ; mais les moyens que l'on peut employer dans ce but,
doivent être également civilisés. En effet, l'on peut répandre la civilisation
par l'exemple et la propager par tous les moyens pacifiques qui sont à la
disposition des peuples ; mais l'imposer par la force est une barbarie plus
grande que celle que l'on veut détruire. « Apporter la civilisation, » dit
Mamiani, « à la pointe des lances et le glaive en main, suivant le procédé
» favori des Romains, c'est un acte barbare et tyrannique. L'absence d'un
» juste tempérament entre tous les principes, et la confusion entre la bonté
» de la fin et celle du moyen, ont été causes d'erreurs trop fréquentes,
» et ont de tout temps fourni des prétextes aux hommes intéressés et
» passionnés pour cacher leur violence et leur ambition (2).

XIV. — *Intervention contre le despotisme.*

Si cependant l'intervention a pour but de changer la forme du gouvernement de monarchie absolue en monarchie constitutionnelle, ou simplement
d'aider un peuple dans les efforts qu'il fait pour secouer le joug d'un despote qui l'opprime, faudra-t-il condamner une intervention motivée par
des raisons aussi puissantes et aussi conformes au bien de l'État qui la
reçoit ?

Vattel (3) qui propose cette question n'hésite pas à la résoudre dans le
sens de l'intervention ; mais ses commentateurs : Pinheiro Ferreira et Pradier-
Fodéré (4), ainsi que Berriat-Saint-Prix (5) le contredisent avec raison. En
réalité la forme de gouvernement qui peut être donnée à un autre État, n'a

(1) *Théorie du droit constitutionnel français*, p. 165.
(2) *Op. cit.*, p. 113
(3) T. II, p. 25. (Ed. PRADIER-FODÉRÉ).
(4) V. note 24 et suiv.
(5) *Théorie du droit constitutionnel français. Esprit de la Constitution* de 1848, p. 165.

pas une valeur absolue mais relative au peuple auquel on veut l'attribuer; par conséquent la nation seule est compétente pour la choisir et non l'étranger.

D'un autre côté si un roi despote se maintient debout, cela signifie qu'il trouve des défenseurs dans une partie de la nation, qui est plus puissante, et le soutient contre le reste qui n'en veut pas; or les destinées d'un peuple doivent être régies et décidées par la nation elle-même, qui n'a pas ordinairement, on peut même dire, qui n'a jamais une volonté uniforme, et la minorité doit se résigner à la volonté de la majorité, sans quoi aucun gouvernement n'est possible; et si la majorité veut l'absolutisme et même le despotisme, les étrangers ne peuvent pas lui imposer la liberté.

On dira peut-être que la majorité est assoupie, qu'elle est ignorante et qu'elle souffre, sans l'aimer, le gouvernement qui l'opprime; on répond qu'il viendra un moment où elle se réveillera pour défendre ses propres droits; mais il n'en résulte pas qu'un autre État puisse, par la force, la secouer de sa léthargie pour lui faire acquérir sa liberté intérieure.

« Les nations, » dit Berriat-Saint-Prix, « qui veulent propager par la » force des armes la prospérité politique dont elles jouissent, ressemblent » à ces dévots qui s'efforcent de faire le salut des incrédules par le fer et le » feu. Le bonheur suppose l'accomplissement des désirs; il ne saurait » accompagner la contrainte. La vérité est douée d'une force propre, qui » suffit à la longue pour la faire triompher; le fanatisme et la violence ne » servent qu'à retarder ses progrès [1]. »

Enfin, il nous semble impossible qu'aucun peuple ait jamais longtemps gémi sous un despotisme indigène; bien moins encore voudra-t-il le supporter à l'avenir : l'histoire en fournit la meilleure démonstration. Et cela par la raison toute simple que, du moment où un prince ou une faction oppriment un peuple entier, il est facile à celui-ci de briser toute cette tyrannie et de rétablir le règne de la liberté.

S'il était question de despotisme étranger, nous entrerions dans une hypothèse toute différente, que nous aurons à examiner plus loin.

XV. — *Intervention stipulée ou consentie par traité.*

Mais si un État consent à l'intervention, ou conclut avec une autre nation un traité stipulant l'obligation réciproque d'intervenir l'un chez l'autre, afin d'étouffer toute révolution politique intérieure qui se manifesterait chez

---

[1] *Loc cit.* Les mêmes principes sont soutenus par Phillimore *International Law.* T. I p. 435 et par Lawrence, *op cit.*, t. II, p. 218.

l'un d'eux, Heffter [1], Vattel [2] et Calvo [3] pensent que l'intervention est juridiquement admissible.

Nous devons cependant faire observer que cette intervention contiendrait les mêmes violations du droit que l'on rencontre dans tous les autres cas examinés ci-dessus, parce que, comme ceux-ci, elle emporterait substitution de l'autonomie d'un État étranger, à celle de la nation. Si l'Italie et la France avaient conclu une convention, par laquelle elles s'obligeraient à intervenir réciproquement pour étouffer les rébellions qui pourraient éclater chez l'une d'elles; et si, par la suite, sur le fondement et en exécution d'un tel traité, une révolution politique s'effectuant en Italie, les Français passaient les Alpes et venaient dans la Péninsule pour y maintenir ou y restaurer l'état politique antérieur aux derniers mouvements; ou si le contraire avait lieu et que la révolution eût éclaté en France, je n'hésite pas à dire que cette intervention serait une violation du droit sacré de la nationalité et de l'autonomie: parce qu'en Italie la souveraineté étrangère serait de force substituée à la souveraineté nationale, et réciproquement; ce qui est le motif fondamental pour exclure et condamner l'intervention.

D'ailleurs la convention sur laquelle on voudrait s'appuyer, ne changerait en rien la position; parce qu'un pareil traité entraînerait l'aliénation de l'autonomie d'un État au profit d'un autre, et que, par cela même, il serait nul et sans efficacité juridique. C'est en effet un principe désormais connu, que la souveraineté d'un État est inaliénable, et que toute restriction qu'il consentirait à sa propre autonomie serait sans valeur, comme contenant aliénation partielle d'une chose inaliénable.

Il est à remarquer d'autre part qu'un semblable traité condamnerait à l'immobilité les États qui le consentiraient; car les nations progressent aussi politiquement, et ce genre de progrès se réalise, le plus souvent, par des tentatives ou des réalisations de changements politiques intérieurs.

Donc la convention internationale qui tendrait à empêcher tout changement interne dans un État, arrêterait ce progrès naturel vers lequel tous les peuples sont naturellement portés.

Il importe peu que, dans la Confédération germanique, aujourd'hui détruite, il ait été convenu, entre les divers États, de faire intervenir le pouvoir fédéral pour apaiser les insurrections qui auraient pu se produire dans un des États confédérés; car l'intervention du pouvoir fédéral est bien

(1) *Loc. cit.*
(2) *Op. cit.*, p. 102, 104.
(3) *Op. cit.*, 197, § 93

différente de l'intervention étrangère. Le motif est que, dans la souveraineté fédérale, se trouve comprise la souveraineté nationale, et que dès lors il n'y a pas ici intervention, mais action interne du pouvoir national. D'autre part, cette clause de la constitution Germanique a été condamnée par le droit rationnel, et, en fait, elle est presque toujours demeurée sans exécution, comme l'histoire des derniers temps l'a démontré.

On peut encore bien moins invoquer le pacte contenu dans l'Union américaine et dans l'Union helvétique, qui établissent que les controverses qui interviendraient entre les divers États de l'Union, seront soumises au pouvoir judiciaire fédéral; parce que les États américains, comme ceux de la Suisse, exercent en commun une partie de leur souveraineté, et qu'au lieu d'être étrangers les uns aux autres, ils sont membres de la même nationalité, unis dans cette espèce de fédération intime, que l'on appelle État composé.

Donc l'intervention possible du pouvoir fédéral dans chacun des divers États n'est pas une ingérence étrangère, partant illégitime, mais elle est l'exercice de l'autonomie nationale, qui régit toute la nation.

XVI. — *Intervention pour le maintien de l'équilibre politique.*

A l'appui du principe d'intervention, on a encore invoqué l'équilibre politique, en disant que, afin d'assurer le respect des droits des États, on a tenté de les maintenir dans un équilibre de puissance, en sorte que leurs forces restassent neutralisées et par suite incapables de s'opprimer réciproquement. Or, si cet équilibre est nécessaire à la paix des États, ils sont tenus d'écarter toutes les perturbations qui tendraient à déranger la balance politique des nations; dès lors ils ont le droit d'intervenir chez les peuples agités de mouvements intérieurs qui troubleraient l'équilibre international.

Nous avons examiné ailleurs la thèse de l'équilibre politique (1). Il suffira ici de faire observer que, au point de vue historique, il n'a pas existé jusqu'à présent de véritable équilibre, et que celui-ci pourra seulement exister lorsque chaque peuple jouira pleinement de son autonomie, aura conquis sa propre nationalité, et sera libre et maître chez lui. Il en résulte que l'intervention, bien loin d'être une garantie de l'équilibre des États, n'est qu'un moyen de le détruire, puisque, comme il a été dit plus haut, elle attente à l'indépendance et à la liberté des peuples.

(1) *Sull' equilibrio politico.* Cuta no 1868.

D'un autre côté, il est bon de faire remarquer que, quel que soit le besoin d'équilibre entre les États, ceux-ci peuvent mettre tout en œuvre pour le maintenir intact dans leurs rapports extérieurs internationaux, mais qu'ils n'ont ensuite aucun pouvoir, fussent-ils tous coalisés, d'imposer leur volonté, fût-ce à un seul d'entre eux qui, dans son gouvernement intérieur, s'écarterait en quelque manière de leurs desseins. Jamais, en effet, il n'est permis de déroger à ce principe, aujourd'hui admis comme règle de la science, que toute nation est souveraine sur son propre territoire, et qu'il n'y a aucune juridiction au-dessus d'elle.

Il en résulte que la réunion en un royaume de la Hollande et de la Belgique, sous le titre de Pays-Bas, imposée en 1815 par la diplomatie, afin, disait-elle, d'assurer l'équilibre international, a été une atteinte aux droits souverains des peuples qui l'ont subie, et qu'elle n'était pas justifiée par l'assertion qu'elle assurait l'équilibre européen. Les maîtres du monde durent plus tard s'en convaincre; quand, par suite de diverses commotions politiques, survenues dans ce royaume, ils durent en 1831 admettre la séparation, et proclamer l'impossibilité de faire vivre ultérieurement ensemble le peuple belge et le peuple hollandais dans cette union artificielle et violente (1).

En fait, ensuite, l'équilibre politique a été le prétexte souvent invoqué pour attenter à la liberté et à l'indépendance des peuples, au moyen de l'intervention ou d'autres procédés internationaux vexatoires. Il est d'ailleurs impuissant à protéger les droits des peuples, trop souvent foulés aux pieds par la diplomatie européenne, qui, simulant des formes juridiques, s'est servie du droit comme d'un manteau pour couvrir ses prétentions injustes et égoïstes, restant sourde aux appels des malheureux peuples, qui récla-

---

(1) En regard de cette appréciation émise par notre collaborateur au sujet d'un fait qui concerne notre patrie, nous nous permettrons de placer l'extrait suivant d'un livre récent de M. De Laveleye : « La création du royaume des Pays-Bas, comprenant les pays jadis réunis par la maison de Bourgogne, était « certes la meilleure œuvre du Congrès de Vienne, et ç'a été une grande faute de la défaire en 1830 ; « on le voit clairement aujourd'hui. (*Des causes actuelles de guerre en Europe et de l'arbitrage*, p. 130) Nous partageons complètement cet avis et nous nous associons au vœu formé par notre éminent compatriote et ami, afin qu'aujourd'hui encore, « avec le consentement de l'Europe, un lien fédéral puisse « s'établir entre la Belgique et la Hollande, sans porter atteinte à leur autonomie respective pour les « affaires intérieures. » Ajoutons que l'événement vraiment *artificiel* et violent dans l'histoire des Pays-Bas a été la séparation entre les provinces du Nord et du Sud, amenée au 16me et au 17me siècle par le fanatisme et l'ambition de Philippe II et de ses descendants. Quant au principe de non-intervention, Heffter en voit la violation dans l'action des grandes puissances et spécialement de la France et de l'Angleterre en 1831, plutôt que dans les traités de 1815. (V. Heffter, *Droit International*, appendice n° XII sur *la pratique des Congrès*, 3me éd. française 1873. pp. 520 et sv.)

G. R.-J.

maient son aide pour se soustraire à la domination et à l'oppression de puissants États. Nous en voyons un exemple dans l'infortunée Pologne.

XVII. — *Intervention chez un État de même nationalité.*

Après avoir constaté l'illégitimité de l'intervention dans les cas examinés ci-dessus, il peut être intéressant de nous demander si elle est juridiquement admissible entre peuples appartenant à une même nationalité. Cette thèse fut agitée dans le parlement Subalpin de 1849, et ensuite discutée par Gioberti dans le *Rinnovamento*. Nous croyons utile de la traiter à notre tour.

Au commencement de 1849, comme il s'était produit en Toscane un mouvement d'idées démocratiques, qui déplaisait de plus en plus au Grand-Duc, celui-ci, après avoir d'abord réclamé, puis refusé, puis voulu de nouveau l'intervention piémontaise, pour le rétablir dans la plénitude de son pouvoir princier, céda enfin aux conseils de la réaction, et se réfugia à Gaëte, où étaient réunis les ennemis de l'Italie [1].

Gioberti, qui présidait le cabinet Sarde, voulait à toute force que les armes piémontaises intervinssent dans la Toscane déjà au pouvoir des démocrates, et rétablissent la domination grand-ducale. Les autres ministres [2] repoussaient ce projet aux applaudissements du parlement Subalpin, et par suite Gioberti sortit du cabinet.

Les raisons apportées par Gioberti à l'appui de cette intervention étaient les uns de convenance, les autres de droit. Il disait, quant aux premières, que si le Piémont n'intervenait pas, les Autrichiens le feraient; en conséquence, il fallait choisir le moindre mal; en outre toute la direction de la politique nationale serait compromise du moment où l'étranger entrerait au cœur de l'Italie; non-seulement une partie du mouvement national serait coupée en deux; mais l'ennemi commun prendrait position en un point stratégique, d'où il pourrait diriger contre l'Italie les attaques les plus sérieuses. Au contraire si les Piémontais prenaient les devants, l'effet inverse se produirait, puisqu'on pourrait utiliser la position pour la défense de l'Italie.

(1) V. Farini. *Lo stato Romano dal 1815 al 1850*, t. III, p. 225 e seg. — Ranalli, *Istorie Italiane dai 1846 al 1853*, t. III, pag. 236 e seg.

(2) Le ministère Sarde était composé de Richard Sineo, Hector Sonnaz, Urbain Rattazzi, Vincent Ricci, Charles Cadorna, Dominique Ruffo, Sébastien Tecchio. V. Gioberti, *Rinnovamento civile d'Italia*, t. I, p. 213.

On répondait du côté opposé, que l'intervention autrichienne n'en aurait pas moins lieu ; que même, dans tous les cas, les armes de cette puissance n'iraient pas seulement en Toscane, mais qu'elles porteraient leur fureur jusqu'à Turin, et, chose plus grave, que le Piémont, impuissant à combattre l'Autriche, devrait armer contre le peuple Toscan qui ne voulait pas de la restauration Grand-Ducale, en sorte qu'à un puissant ennemi étranger, il se joindrait encore un ennemi indigène [1]. Mais nous ne voulons pas entrer dans la discussion des raisons de convenance qui, d'ailleurs, sont subordonnées à celles de droit et se coordonnent toujours harmoniquement avec elles ; nous croyons que celles-ci seules doivent réclamer notre attention. Gioberti disait : « En vertu du droit national, qui est supérieur à tout autre droit, et qui en est le fondement, les diverses provinces italiennes ne sont pas juridiquement détachées, affranchies, indépendantes les unes des autres, elles ne peuvent dès lors prétendre faire ce qu'elles veulent ; mais elles sont au contraire enchaînées par les liens que créent les besoins, les obligations de la nationalité commune. La division politique des divers États n'est pas supérieure à cette union, mais lui est subordonnée, parce que l'une est l'œuvre arbitraire des hommes, tandis que l'autre est une loi immuable de la nature. Chaque fois que l'indépendance politique d'une province est en conflit avec les intérêts de la nation, ceux-ci doivent prévaloir, et ni la volonté des gouvernements, ni la souveraineté particulière de ces populations ne peuvent les balancer [2]. Ce serait une grave erreur, que de croire que nos diverses provinces ont une indépendance absolue, incompatible avec l'unité nationale. Un peuple ne peut intervenir dans les affaires d'un autre ; mais les chefs d'une nation peuvent rappeler au devoir ses membres récalcitrants [3]. L'intervention nationale n'est pas seulement licite, mais obligatoire, si elle est requise pour éliminer l'étranger et pour empêcher que tous les étrangers fondent en maîtres sur notre propre territoire [4]. Au siècle passé plusieurs provinces se révoltèrent contre la république française tandis qu'elle était assaillie par toute l'Europe. Que fit le gouvernement? Garda-t-il par hasard l'épée dans le fourreau, sous le pieux prétexte de ne pas combattre des frères? S'il l'avait fait, la France serait aujourd'hui divisée, asservie, avilie comme

(1) Sinzo. *Risposta dei cessati ministri alla relazione del generale Maggiore Alberto Chrzahwski* p. 19 et ss.

(2) *Op. cit.*, p 214.

(3) *Operette politiche*, t. II, pp. 35 et 46.

(4) *Del rinnovamento civile d'Italia*, t. I, p 214.

l'Italie. Mais au contraire, la convention nationale fit le miracle de vaincre au dedans et au dehors tous ses ennemis, et eut la gloire de sauver l'honneur, et de conserver l'intégrité de son pays natal [1]. »

Le raisonnement de l'illustre philosophe subalpin dérive de la supposition, que la nation existe du moment où un peuple parle la même langue, qu'il est renfermé dans les mêmes limites naturelles, et a la conscience de former la même famille nationale. Sans doute ce sont là des conditions qui prédisposent et poussent à constituer la nation ; mais on ne peut la dire existante par cela seul, parce que, pour la former, il faut en outre que le peuple qui se trouve ainsi disposé et incliné, veuille constituer la nation, exprime cette volonté d'une manière non douteuse, et ait l'occasion de la constituer de fait. Alors seulement la nation existe, et l'on peut arriver aux conséquences que Gioberti admet.

« Dans le fait de l'union pour la vie sociale, » dit Mamiani, « la nature » dispose, prépare et ordonne à l'avance les nations, en maintenant entre » les divers peuples la communauté de sang, de langage, de génie et » d'autres dispositions, mais elle laisse au sentiment, à la raison et à l'art » humain le soin de former les liens politiques, de réunir les patries parti- » culières en une seule, et de subordonner au bien et à la gloire de celle-ci, » les biens, les avantages et les affections de celles-là [2]. »

Tant que ces liens politiques ne sont pas constitués entre les divers États dans lesquels se manifestent les conditions objectives d'une nationalité identique, et que l'on vit dans des rapports d'indépendance réciproque, comme il s'agissait de tout autre État étranger, non conational, il n'existe pas de nation constituée dans le vrai sens du mot, parce que la réunion en unité nationale, d'où émane la souveraineté sur tout un peuple, doit être voulue et réalisée spontanément. Il en résulte qu'une province du même peuple formée en État indépendant, qui n'est pas entrée dans le lien national et n'y veut pas entrer, ne peut être contrainte par la force à abdiquer sa propre autonomie pour former la patrie commune.

« Dans les réunions autonomes aussi bien que dans les réunions natio- » nales, » dit Mamiani, « le caractère de la spontanéité est également » essentiel. Et par cela seul il est manifeste qu'aucune nation, non encore » organisée pour la vie commune de toutes ses provinces, ne pourra recourir » soit aux armes, soit à d'autres moyens, pour forcer un peuple qui fait par-

---

(1) L. C. T. I, p. 220.
(2) *Dell' ottima congregazione umana e del principio di nazionalità*, p. 250.

» tie d'elle et qui a vécu maître de lui-même *depuis un temps immémorial*, à
» se confondre dans l'unité politique acceptée par les autres, ou à se réunir
» avec eux pour jurer ensemble un pacte fédéral [1]..... Tout peuple auto-
» nome a la pleine liberté de vivre indépendant, et dès lors il dépend de
» lui ou de rester séparé des autres ou de s'unir et de s'incorporer à eux.
» Quels que soient les motifs sérieux et même obligatoires qu'il puisse
» entendre invoquer en faveur de cette union, ils sont d'une nature purement
» morale, et tendent à remplir ce qu'on appelle une obligation imparfaite ;
» ils excluent donc toute espèce et toute forme de coaction extérieure [2] ».

Il en résulte (on ne saurait trop le répéter) que tout peuple autonome est
dégagé de toutes parts, bien que naturellement il appartienne à une nation ;
qu'il peut à son gré ou se réunir à elle et s'y incorporer entièrement, ou au
contraire en rester séparé, encore que, par lui-même, il soit incapable de
s'élever à tous les degrés de la perfection civile. C'est ainsi qu'entre particuliers les relations du sang ne suffisent pas pour forcer un frère à vivre et à
cohabiter avec l'autre [3].

D'après Gioberti, la Toscane, parce qu'elle était une province de l'Italie,
devait se soumettre à la souveraineté de celle-ci, bien que jusque-là elle fût
constituée en État indépendant. Mais tant que la nation italienne n'était pas
constituée, et n'avait pas été acceptée librement et spontanément par la
Toscane et réalisée par elle, il était impossible de dire cette province soumise à la souveraineté nationale italienne. Il est inexact de comparer,
comme le fait Gioberti, la France intervenant dans la Vendée, une de ses
provinces, qui lui était unie, au Piémont qui existait comme État distinct
de la Toscane, n'avait aucune souveraineté à exercer sur elle, et n'avait
par conséquent aucun droit d'intervenir chez elle.

Je sais que l'on a cru pouvoir soutenir qu'une province, par cela seul
qu'elle fait partie de la même nationalité, est dévolue à celle-ci avec le droit
d'en disposer même contre son gré ; c'est ce qui faisait dire récemment que
Rome est aux Italiens ; mais à cette allégation je réponds avec Vidari :
« Affirmer avec une emphase déclamatoire que Rome appartient à l'Italie,
» et que partant la possession de Rome est un droit absolu, et que les
» Romains eux-mêmes ne pourraient s'y opposer, c'est enlever toute autorité
» au suffrage universel, en vertu duquel seulement les membres épars de la
» péninsule pourront définitivement se constituer, par leur propre volonté,

(1) *Op cit.* p. 218.
(2) *Op. cit.* p. 220
3) *Op. cit.* p. 222. Voir dans le même sens PALMA, *Del principio di nazionalita*, p. 27, 60, 268

» en une unité nationale. Nous dirons donc avec un peu plus de raison que
» Rome est aux Romains (1). »

Cette vérité a si bien pénétré dans la conscience nationale, que **Rome** est
devenue la capitale de l'Italie, non par suite d'un droit propre que la
péninsule aurait eu sur elle, mais sur la base du suffrage universel des
Romains qui a voulu, consenti, et consommé l'annexion.

XVIII. — *Ce n'est pas intervenir, que de prévenir un péril déterminé et
assuré dont on est menacé de la part de la nation voisine.*

Mais si dans l'État voisin, dit Rossi, avec d'autres publicistes, s'élève un
gouvernement constitué dans le but de détruire l'existence politique de la
nation même, et que le danger soit certain et assuré, voulez-vous que
l'on demeure tranquille en présence d'un malheur imminent? Voulez-
vous que, de par l'implacable principe de la non-intervention, on ne
puisse envahir l'État qui menace d'une agression, et prévenir ainsi le
mal qui va s'appesantir sur la patrie? Ainsi, ajoutent Berriat-Saint-Prix
et Pradier-Fodéré, si des armées nombreuses s'aggloméraient sur la frontière voisine, et menaçaient d'envahir le territoire national, prétendriez-
vous que l'on ne pourrait intervenir, pour conjurer le danger à sa naissance, et qu'il faudrait au contraire attendre qu'il devienne inévitable, lorsque
la soldatesque ennemie franchirait la frontière, et envahirait notre propre
nation? Quelles raisons convaincantes pourriez-vous alléguer en ce cas
pour soutenir la non-intervention?

Dans les deux hypothèses soulevées par les publicistes précités, une
fois admis qu'il se manifesterait un péril certain, évident et réel, on ne saurait
nier le droit de défendre sa propre nation, attaquée ou menacée d'agression;
car le salut de la patrie est la loi suprême; mais le droit de défense
est tout différent du fait de l'intervention. Le premier suppose une agression consommée ou une menace d'agression avec certitude d'exécution,
que chacun a le droit de repousser ou de prévenir dans l'intérêt de sa propre
conservation. Le second est une agression illégitime qui se consomme au
préjudice d'autrui. Donc, dans les hypothèses citées ci-dessus, il ne faut
pas parler d'intervention, mais de légitime défense. En ce sens nous admettons la légitimité de la mesure; elle résulte des principes les plus élémentaires du droit, mais jamais elle n'est justifiable comme intervention.
« *Intervenir*, » écrit Palma, « se dit du fait de s'immiscer dans les intérêts

(1) *Del principio d'intervento et di non intervento.* V. *Il Politechnico*, t. V, p. 196.

» et les querelles d'autrui; mais celui qui défend sa propre nationalité et
» ses propres intérêts, n'exerce pas une intervention (1). »

Si les menaces que l'on redoute cessent, si la constitution du gouvernement voisin, et l'agglomération de troupes sur la frontière voisine, n'ont
pas un but agressif certain, les publicistes précités n'admettent plus d'intervention ; donc celle-ci a pour but d'éviter l'agression menaçante, et elle n'a
pas en vue de s'ingérer dans les affaires d'autrui, et de substituer la souveraineté étrangère à celle de la nation. Mais l'agression se repousse par la
défense et non par l'intervention ; ainsi, dans les deux cas cités, on peut
parler de défense légitime, mais non d'intervention. Si ensuite, pour réaliser cette défense, il est nécessaire de pénétrer dans l'État voisin, ce sera
une invasion défensive et non une intervention, qui aura lieu, parce que,
on ne saurait trop le répéter, si l'intervention s'opère presque toujours par
l'invasion, toute invasion n'est pas cependant une intervention. Souvent elle
n'est qu'un moyen ou une conséquence de la guerre. Il est certain que la
Prusse a envahi le territoire français par mesure de stratégie en 1870,
mais personne n'a prétendu qualifier ce fait d'intervention ; il a été prouvé
au contraire que, malgré l'invasion, les Prussiens ont respecté le principe
de la non-intervention à l'égard de la France, en la laissant libre de constituer son propre gouvernement.

XIX. — *L'intervention ne peut se légitimer par l'hypothèse de la
future paix universelle.*

Quelques auteurs, partant de l'hypothèse de la paix universelle future
entre tous les peuples, ont admis le droit d'intervention de la part de ceux
qui, se constituant les arbitres du monde, ont usurpé le pouvoir de le gouverner à leur gré ; parce que, en agissant de cette manière, ils ont commencé
à réaliser la paix universelle.

Par une étrange coalition, les partisans de l'absolutisme monarchique
et les défenseurs de l'absolutisme populaire se sont rencontrés dans cette
idée ; tant il est vrai que les extrêmes se touchent.

L'intervention, prise en ce sens, a été conçue par Kumps, partisan des
idées absolutistes, qui dit : « Le principe d'intervention provient de la
» cessation de l'état de nature entre les nations et de la fondation de l'état
» social entre elles ; c'est le principe le plus providentiel de tout le droit des

(1) *Del principio di Nazionalità nella moderna Società Europea*, p 165.

» gens, parce qu'il raffermit l'union des peuples en conservant la tranquillité
» et la paix, et qu'il contient la garantie la plus certaine de l'ordre moral
» et civil. Ce principe exerce les fonctions de la police interne dans tout
» État, et réalise pour ainsi dire l'idéal de la république universelle (1). »

Proudhon écrivait de son côté : « ce que les plénipotentiaires réunis
à Vienne, en 1814 et 1815, ne pouvaient certainement prévoir, c'est
la solidarité intime des deux principes posés comme fondement du congrès; dans les cinquante années suivantes elle fut tellement mise en
lumière, que les jurisconsultes ne trouvaient pour ainsi dire plus de distinction d'aucune sorte entre le droit public et le droit des gens. Le droit
public ou politique particulier à chaque État et le droit des gens sont
devenus par le traité de Vienne une seule chose, et chaque jour leur
identité s'accroît. Déjà l'on peut prévoir le moment où une guerre entre
deux États, tombant sous la juridiction de l'Europe entière, ne sera
considérée que comme la répression d'une révolte dans un seul État;
l'insurrection, la guerre civile et la guerre étrangère ne seront plus qu'une
même chose (2). »

Aux yeux de ces écrivains, il viendra un jour où il se formera un lien
fédéral entre tous les peuples, et par conséquent il est de nécessité logique
qu'une autorité souveraine fédérale soit constituée, qui exerce le triple
pouvoir législatif, judiciaire et exécutif sur le monde entier; d'où il suit
que, là où se rencontrent des discussions entre les divers États ou bien où
s'agitent des questions intérieures, elles seront soumises au magistrat
fédéral cosmopolite, et jugées par lui d'après les lois de la fédération universelle. Les jugements seront exécutés par la force légitime de la cosmo-
politie, intervenant dans l'activité des divers peuples ainsi réunis par le
même lien fédéral humanitaire, dont on trouve le type dans la confédération américaine des États-Unis.

Sous ces conditions, ils croient que l'intervention est possible et légitime.
au même titre que celle de l'État vis-à-vis des particuliers qui se
montrent rebelles à l'exécution des lois, parce qu'entre les États, une
autorité souveraine cosmopolite, supérieure à toutes les nations, fonction-
nerait, toutes proportions gardées, comme celle de l'État vis-à-vis des
particuliers, des communes et des provinces.

Et cependant les deux auteurs, bien qu'ayant prévu la possibilité future
de la constitution d'un arbitrage cosmopolite, alors que tous les peuples

(1) V. Del Bon, *Instituzioni del diritto pubblico internazionale*, p. 128.
(2) *Si les traités de 1815 ont cessé d'exister ?* p. 27 et 28

seront unis par une amitié universelle, sont tombés dans une très grave erreur, en pensant que le début de ce système de paix aurait lieu sous la tutelle suprême que divers potentats de l'Europe ont usurpée à notre époque.

Car cette autorité n'aurait pu leur être attribuée que par la libre volonté de tous les peuples, laquelle aurait dû être précédée de la paix universelle, de manière à pouvoir fonder cette suprême autorité cosmopolite. Or, à l'époque en question les peuples, au lieu de se prêter à des relations pacifiques, se repaissaient de haines réciproques qui ouvraient le passage à des guerres constantes et terribles, et au lieu d'être disposés à donner des pouvoirs souverains aux potentats de l'Europe, ils stigmatisaient leur empire et leur tyrannie; ceux-ci de leur côté, au lieu d'être animés de sentiments d'amour et de paix, ne nourrissaient dans leurs cœurs que des pensées de haine, de vengeance, et d'usurpation despotique.

On ne saurait dire non plus que, si pareille fédération se formait, chacun aliénerait sa souveraineté en faveur de la souveraineté cosmopolite; et qu'il y aurait là un fondement au droit d'intervention; car le peuple qui s'unit à d'autres ou à tous les autres peuples, n'abdique pas sa propre autonomie, mais l'exerce en commun avec eux. En sorte que, à proprement parler, il ne s'opère pas, dans l'intervention du pouvoir fédéral, substitution de la souveraineté étrangère à celle de la nation, mais que la souveraineté nationale elle-même agit, parce qu'elle se trouve unie et mêlée à celle de la fédération.

D'un autre côté, en admettant même la fédération, on ne saurait à aucun titre justifier l'intervention du pouvoir fédéral dans les affaires intérieures des États; parce que le lien international qui pourra, n'importe quand, réunir les peuples en fédération, devra laisser intacte l'autonomie des nations. En effet, comme le dit Gioberti : « La nation comporte la stabilité » et le mouvement, la conservation et le progrès, l'unité et la variété, l'au» tonomie et les franchises, la centralisation et la diffusion, la propriété » et la participation, le capital et le travail, la plèbe et le peuple éclairé, la » cité et la famille, la municipalité et la collectivité, l'action concentrique » et excentrique, le droit propre et le droit commun (1). »

Mais les écrivains dont nous avons cité plus haut les paroles et d'autres de la même opinion veulent la fusion du genre humain, ce qui fait qu'ils commencent par condamner les nationalités et les regardent même comme les occasions des guerres permanentes, qui ont tourmenté l'humanité.

_____

(1) *Rinnovamento civile d'Italia*, Lib. I, chap. 12.

« Nation, mot pompeux pour dire Barbarie.
« l'Égoisme et la Haine ont seuls une patrie,
» La fraternité n'en a pas (1). »

Pour donner la paix à l'humanité, s'écrient Bazard et d'autres, il faut supprimer les nationalités, les patries et les fondre en une seule : l'homme est né avec une seule patrie, une seule nation, et c'est le monde : en créer une autre, c'est un crime de lèse-humanité. Ce sont les despotes de la terre qui ont formé les Français et les Anglais, les Russes et les Allemands, les Africains et les Chinois. Dieu a créé l'homme! Le Messie qui ôtera à l'homme cet amour féroce pour la terre natale et détruira la patrie, aura sauvé le monde (2).

Mais ces auteurs méconnaissent le caractère de la nature humaine, et l'attaquent ainsi dans ses sentiments les plus indestructibles, pour en arriver à la conséquence erronée de la fusion du genre humain en un État unique, fusion contre nature et historiquement impossible, comme le prouvent les tentatives inutiles de monarchie universelle faites par les César, les Charlemagne, les Charles-Quint, les Louis XIV et les Napoléon Ier.

Sans doute il existe entre les hommes un penchant à s'unir moralement par la solidarité d'intérêts et de droits qui existe entre eux, et qui augmente de jour en jour avec les progrès de la civilisation. Mais cette solidarité est tout autre chose que l'union matérielle que l'on prétend fonder; et même elle l'exclut et la combat, comme contraire aux éléments essentiels qui composent l'unité morale. Car la coïncidence et l'harmonie croissante des droits et des intérêts humains, tout en augmentant leur solidarité que nous appelons unité morale, relâche néanmoins et rompt leur unité matérielle. En effet, le respect et l'harmonie des droits et des intérêts des peuples, érigés en précepte international, ont pour base fondamentale le respect de l'autonomie des nations; plus se forment entre les États civilisés des liens d'amitié, et se concluent des traités qui unissent leur activité internationale et la dirigent vers le bien-être de l'humanité, plus leur indépendance réciproque se fortifie et se consolide. C'est la raison qui fait qu'à notre époque de civilisation et de progrès, en même temps que de tous côtés on préco-

(1) LAMARTINE.

(2) V. mes *Elementi di diritto internazionale*, t. I, p. 243, où sont cités plusieurs écrivains qui développent les idées indiquées dans le texte. V. cependant FEUILLIDES, *Les nationalités.* — SUDRE, *Histoire du communisme.* — REYBAUD, *Études sur les réformateurs contemporains.*

nise et on voit se resserrer davantage les liens d'amitié entre les diverses portions de l'humanité, on exige et on proclame l'indépendance des diverses personnes juridiques. Ainsi, tandis que l'on veut une étroite union municipale, on proclame l'autonomie de l'individu et celle de la famille; ainsi encore, tandis que l'unité nationale se constitue chez les divers peuples, on tient à conserver intacte l'indépendance des provinces, des communes, des familles et des individus. En résumé l'individu, la famille, la commune, la province, la nation, l'humanité sont regardées comme une échelle ascendante d'assimilation, dans laquelle chaque élément conserve sa sphère de liberté, et sa propre autonomie vis-à-vis de la société plus vaste dont il fait partie. Admettre le contraire, c'est fonder un système de tutelle et d'inquisition, qui pénètre toutes les veines du corps social, qui suppose un pouvoir dictatorial et despotique sur toute l'activité humaine, et dont le dernier terme est le communisme, c'est-à-dire le panthéisme politique.

St Augustin a écrit : « *Pax est tranquillitas ordinis,* » la paix est la tranquillité de l'ordre; mais « cet ordre, » dit Deloche, « n'est pas celui qu'un ministre annonçait avoir été rétabli à Varsovie, le lendemain de l'occupation de la malheureuse ville par les armes russes, ce n'est pas l'ordre imposé par la violence, et que la violence peut seule maintenir... Non, cet ordre dont la tranquillité est la paix idéale, suivant le beau langage du saint évêque d'Hippone, est un ordre harmonique où chaque élément est à la place que la nature lui a assignée, où, tout en obéissant aux aspirations et aux besoins légitimes des individus et des peuples, l'humanité chemine libre et confiante dans la voie que Dieu même lui a tracée [1]. »

Or, l'ordre de la paix ainsi conçu n'est pas l'ordre imposé par les princes ou par les utopistes qui veulent, à leur gré, composer artificiellement l'existence politique des peuples; mais c'est la suite de leur développement spontané, qui leur fait faire la guerre et les pousse par une pente naturelle vers la paix, où ils trouvent leur situation la plus heureuse et la plus conforme à la poursuite de leur destinée.

En conséquence, quand on parle d'union cosmopolite, il ne faut accepter cette expression que dans le sens d'une union morale; peut-être celle-ci engendrera-t-elle à son tour un lien fédéral; mais l'autonomie de la nation devra toujours rester intacte. Autre chose est donc à nos yeux l'harmonie d'intérêts, l'action coordonnée des peuples vers le même but, la solidarité de vie et d'existence des divers États, autre chose la fusion politique et civile de leurs

---

[1] *Intorno il principio delle nazionalità*, p. 93.

gouvernements et de leurs autonomies, pouvant entraîner l'intervention à un moment quelconque. L'histoire entière de l'humanité démontre que, à mesure que l'unité morale se resserre entre les diverses personnes juridiques, leur indépendance est plus assurée et mieux respectée. En effet, quand les États vivaient dans une haine réciproque et dans une guerre incessante, on réduisait les particuliers en esclavage, on conquérait et on assujettissait les peuples; aujourd'hui, au contraire, que les intérêts humains se sont harmonisés en partie et que la paix est l'état normal de l'humanité, l'esclavage et la conquête sont abolis, ce qui signifie que l'autonomie des particuliers et des nations est assurée en principe.

Il en résulte que nous ne désespérons pas de la possibilité d'une paix universelle future entre les différents États. Mais cette paix, croyons-nous, ne pourra exister que lorsque les nationalités seront complètement réalisées parmi les divers peuples. Elle devra sortir non pas d'une œuvre arbitraire, soit des princes, soit des peuples, ni d'une forme de gouvernement déterminée, que l'on voudrait fonder ; mais elle surgira comme une conséquence nécessaire et naturelle de la constitution des nationalités. Car celles-ci tendent à harmoniser tous les intérêts et tous les droits des États, et partant à les unir moralement de telle manière que la paix, aujourd'hui leur état normal, deviendra leur situation constante.

Et si leur paix devient perpétuelle, il est nécessaire qu'il s'établisse un pouvoir fédéral cosmopolite, chargé de décider pacifiquement les contestations qui peuvent surgir entre les nations dans leurs rapports externes. Nous ne concevons donc pas l'idée de la fédération universelle comme un contrat intersocial résultant de la volonté arbitraire des hommes, qui les confondrait en un seul et unique corps social et politique, mais au contraire comme une conséquence nécessaire et naturelle de la civilisation humaine, qui tend à l'harmonie et au respect de l'autonomie des personnes juridiques, qui associe leurs intérêts et leur vie dans leurs rapports externes, qui ne peut se réaliser complètement qu'en assurant l'existence des nationalités et qui dès lors ne peut jamais susciter d'interventions.

Ainsi comprise, la paix universelle ne prête à aucune des objections proposées contre la possibilité de sa réalisation future. Celles-ci en effet se fondent principalement sur le manque de moyens pratiques capables de la réaliser, et sur le défaut de garanties efficaces pour la maintenir. Or, du moment où l'idée de la paix est un fait naturel et résultant de la civilisation des peuples, on n'éprouve pas le besoin de moyens artificiels, soit pour la fonder, soit pour la garantir. La conclusion est que la généralité des publi-

cistes [1], bien que n'étant pas partis des principes invoqués ci-dessus, n'ont
cependant pas mis à tort leur confiance dans la possibilité d'une semblable
paix future. Seulement ils auraient dû la fonder principalement sur le respect des autonomies nationales, qui excluent toute intervention dans l'activité
intérieure des nationalités.

[1] La nature de cet écrit n'admet pas que nous développions longuement les principes rapportés
dans le texte ; cependant il peut être utile, en laissant de côté les socialistes et les communistes, d'indiquer dans cette note quelques-uns des écrivains les plus autorisés qui ont foi dans cet avenir de paix
et d'amour, ne fut-ce que pour montrer comment cette idée est entrée d'une certaine manière dans
la conscience générale. DANTE ALIGHIERI (De Monarchia, lib. I, S V et VI) a conçu la pensée de la paix
universelle: ERASME (Colloquia familiaria) dit que l'homme par sa constitution physique est dirigé
vers la paix et que la guerre est contre sa nature; MONTAIGNE (Essais, lib II, ch. 12); PASCAL (IVe partie,
art. 8-9); GROTIUS (du droit de la guerre et de la paix, traduction de P. Pradier Fedéré, t. II, p. 561)
adoptent le même principe. WOLF admet l'hypothèse que le monde est une grande cité, qu'il appelle
Civitas maxima, où les divers États sont comparés aux particuliers et régis par un droit commun,
cité qui va toujours se perfectionnant dans le but de réaliser complètement le droit international.
MONTESQUIEU (Esprit des lois) croit qu'il viendra un jour où le droit des gens sera formulé entre les
États et sera exécuté comme le droit civil entre les particuliers. L'abbé DE SAINT-PIERRE rédigea un
projet de paix perpétuelle, en partant du plan adopté par Henri IV et Sully; ROUSSEAU, faisant un
extrait du projet de St. Pierre, en accepta le principe de la paix perpétuelle, mais il le renouvela quant
aux moyens pratiques. V. le t. III, p. 73 de ses œuvres. JÉRÉMIE BENTHAM forma également de son
coté un autre projet de paix perpétuelle. KANT écrivit un Essai philosophique sur la paix perpétuelle.
L'idée de la paix de Kant fut acceptée par FICHTE (Principes de droit naturel, t. II, p. 261, 265) par
SCHELLING (Système des idées transcendentales, p. 411), par LILIENFELS (Nouvel essai de projet de paix
perpétuelle), par GORDON D'ASONI (Projet de paix générale et perpétuelle), par GÜNTHER (Perfectionnement
du projet de l'abbé de St. Pierre), par SARRAZIN (Projet d'une organisation politique pour l'Europe
ayant pour objet de procurer aux souverains et aux peuples une paix générale et perpétuelle), par
MARCHAND (Nouveau projet de paix perpétuelle), par SCHÜTZENBERGER (Lois de l'ordre social, t. II,
p. 513). CAMILLE DESMOULINS accepta le principe de la paix perpétuelle dans son livre La France libre
comme aussi VOLNEY (Les ruines ou Méditations sur les révolutions des empires, t. I, p. 122 et suiv.)
RICHARD COBDEN préconisa la paix perpétuelle en Angleterre; de nombreuses associations dites des
Amis de la paix se sont fondées dans la Grande Bretagne et en Amérique; PITT discourant dans
le parlement anglais, déclara que le moment n'était pas éloigné où les hommes montreraient qu'ils
étaient faits pour la paix et non pour la guerre. NAPOLÉON I, dit Chevalier (Cours d'économie politique,
t. II, p. 205) fit battre une monnaie sur laquelle on lisait : Paix de l'univers. M. PECQUEUR
écrivit l'Éloge de la paix; MAMIANI (dell' ottima congregazione umana et del principio di nazionalità,
p. 214) dit : « Les derniers âges du monde verront (si l'œil de l'esprit peut s'étendre aussi loin) de
nouveaux conseils des nations discuter et établir en commun et avec une autorité tout-à-fait légale, ce
qui paraitra le plus salutaire et le plus glorieux pour l'univers civilisé.» Ont aussi admis l'existence
future de la paix perpétuelle : VINCENT RUSSO (Pensées politiques, p. 74), MARTENS (Précis du droit
des gens de l'Europe, t. I, p. 88), MACCHI (Studii politico-sociali p. 98 et suiv), DE BIELFELD
(Institutions politiques, t. II, p. 95), VERGÉ (Notes sur Martens, t. I, p. 88), MALARDIER (Solution
d'une question européenne. p. 44), BOOM (Une solution politique sociale p. 54 et 153), HIONE
(Nouveau droit international public, p. 347 et suiv.), GARELLI (La pace nell' Europa moderna),
LORIMER (Proposition d'un Congrès international basé sur le principe de facto, Revue de droit
international, t. III, p. 4), LAURENT (Études sur l'histoire de l'humanité, t. XVIII, p. 622, t. XV,
p. 42), NOIRON (Nouvelle mission du pouvoir, p. 256 et suiv.), l'ALMA (Principio di nazionalità nella
moderna società Europea, p. 307), DELOCHE (Intorno il principio di nazionalità, p 91), FERRERO
GOLA (Corso di diritto internazionale. t. I, p. 247), VIDARI (Del principio d'intervento et di non intervento, V. il politechnico, t. V, p. 112), PASCAL DUPRAT dans la Revue indépendante, t. IV dit :

XX. — *Il ne faut pas considérer comme intervention, l'assistance accordée à un peuple qui par lui-même ne peut s'émanciper de la domination étrangère.*

Malgré les idées exposées ci-dessus et afin d'écarter toute objection, il est nécessaire de prévoir une hypothèse non-seulement possible, mais plusieurs fois vérifiée dans l'histoire moderne : celle d'un État de même nationalité ou étranger, marchant au secours d'un peuple soumis à une domination étrangère, lequel, impuissant à secouer par ses seules forces le joug qui l'opprime, appelle de tous ses vœux une pareille assistance. Cette hypothèse s'est vérifiée deux fois dans la Lombardie qui, en 1848 et en 1859, voulut s'émanciper de la souveraineté autrichienne, et ne le pouvait à cause de l'immense disproportion entre ses propres forces et celle de ses maîtres. C'est ce qui détermina le Piémont à ces deux époques, et la France avec lui en 1859, à venir en aide à cette province italienne, à en expulser les Allemands, et à la rétablir dans le libre exercice de son autonomie dont elle fit ensuite usage pour se réunir au royaume naissant de l'Italie.

Maintenant la question est celle-ci : le droit des gens peut-il repousser et condamner une semblable intervention?... Mais il s'agit avant tout de savoir si un pareil acte constitue une intervention alors que tous la réclament!... L'intervention, comme nous l'avons vu, consiste dans la substitution de la souveraineté étrangère à celle de la nation. Ce fut donc intervenir que d'assujettir par la force des armes la Lombardie à l'Autriche, c'est-à-dire de substituer à l'autonomie nationale Lombarde, la souveraineté étrangère allemande. Mais le fait postérieur qui délivra cette partie de l'Italie de la domination étrangère est inexactement qualifié d'intervention : son véritable caractère est, au contraire, de mettre fin à l'intervention et d'appliquer le principe de la non-intervention (1).

« Toutes les hautes doctrines qui ont dominé et qui dominent l'esprit humain, aspirent à la « paix universelle » P. Pradier Fodéré dans ses notes sur Grotius (t. II, p. 562) declare :« De nos jours « la voix des publicistes s'est élevée unanimement pour condamner la guerre; des protestations « aussi généreuses ne cesseront de retentir, soit dans la presse périodique, soit dans la science. « La philosophie a d'autre part trouvé un puissant secours dans le commerce qui supprimera « la guerre. » Carutti, (*Principii generali del governo libero*, p. 215 et suiv.), après avoir accepté les mêmes principes, s'écrie : « Celui qui arrête ces discours en les qualifiant d'utopies, oublie « qu'entre les tribus nomades des sauvages et les cités de Londres et de Paris, il y a plus de distance « qu'entre le point où nous sommes arrivés et celui que nous avons en vue, et vers lequel nous sommes « attirés, fût-ce contre notre gré. »

(1) On peut en dire autant de l'entrée des troupes italiennes à Rome en 1870. Le pouvoir temporel des papes était en effet soutenu par les bayonnettes françaises, et celles-ci parties, il restait des légions étrangères pour le maintenir. Par suite Rome ne pouvait décider librement de ses propres destinées, parce qu'elle devait combattre contre l'état de fait établi en 1849 par

En définitive, si un particulier pénètre dans la maison d'un autre, et s'y comporte en maître en usant de violence, il commet une intervention illicite dans les affaires d'autrui, intervention condamnée par le droit et par la morale. Mais si un autre citoyen vole au secours de cette famille opprimée, s'il en éloigne l'intrus, et lui restitue sa liberté première, il agit en conformité de la loi juridique et de la loi morale, il ne commet pas d'intervention, mais il fait obstacle à l'intervention, et la détruit; il réalise la non-intervention.

Les Français qui, en 1859, traversèrent les Alpes, et, renforçant les milices nationales, combattirent avec elles, ne furent pas des intervenants, mais des auxiliaires des Italiens, qui étaient impuissants à repousser par eux-mêmes les Allemands des contrées subalpines. On ne pouvait même les appeler des troupes étrangères, parce qu'ils se nationalisèrent en quelque sorte et devinrent Italiens d'élection et de sentiment, en ce moment où ils combattaient pour la patrie italienne.

Et si ensuite, après que l'autonomie lombarde eut été rétablie, cette population décida volontairement, par le suffrage universel, de se joindre au Piémont, ce fut là un acte indépendant et libre, prenant son origine dans le droit qu'ont les personnes juridiques individuelles ou collectives, de se réunir à d'autres. Il s'agissait d'ailleurs de s'annexer à d'autres provinces de la même famille nationale, et c'est là une circonstance où l'annexion n'est pas seulement une faculté juridique, mais même un devoir moral, parce qu'elle amène la situation la plus favorable et la plus naturelle où un peuple puisse se trouver pour atteindre ses destinées.

« L'intervention, » dit Pierantoni, « est l'emploi de la force morale et » matérielle pour obliger un peuple ou un gouvernement à modifier sa » conduite politique, à changer ses propres institutions, à renoncer à une » révolution, enchaîner toutes ses tendances naturelles vers le progrès : » c'est l'agression contre l'autonomie nationale. Cela est bien différent de » l'assistance qu'une nation réclame d'une autre pour soutenir un droit. Si » par nation on entend un État identifié avec sa nationalité, et possédant » un gouvernement spontanément accepté et soutenu par son peuple, il

l'intervention de l'armée française, consolidé surtout par le retour certain de ces troupes et encore maintenu par les soldats étrangers qui dépendaient de la volonté du pape. Il fallait donc qu'un autre État se mît en mouvement pour restituer aux Romains leur autonomie perdue, et, une fois celle-ci reconquise, pour les laisser décider librement de leurs destinées. C'est ce qui eut lieu en fait, au moyen du suffrage universel, qui les déclara réunis au royaume d'Italie, auquel ils appartenaient d'ailleurs par leur nationalité et vers lequel les portaient leurs désirs et leur volonté.

» est évident qu'il n'existe aucun droit qu'une semblable nation puisse
» faire valoir contre elle-même ou contre une partie de ses peuples; mais
» si, au contraire, devant défendre une juste cause contre une autre puis
» sance prépondérante, cette nation réclame l'assistance de puissances
» amies, alors elle contracte simplement une alliance. »

Ainsi, bien que l'on dise improprement que la France en 1859 est inter-
venue en Lombardie, pour désigner simplement le fait matériel du passage
des Français en Italie, il est manifeste qu'il s'agit d'une assistance donnée
par le gouvernement français comme allié [1].

Cela est si vrai que la France, qui en 1793 offrait son assistance aux
peuples esclaves, ne parlait pas d'intervention mais déclarait, par l'article 118
de sa Constitution du 24 juin 1793 : « le peuple français est l'ami et
» l'allié naturel des peuples libres; » et par l'art. 119 : « il ne s'insinue
» point dans le gouvernement des autres nations. » Par le décret du 19 novembre 1792 il disait enfin : « La convention nationale déclare, au nom de
» la nation française, qu'elle accordera fraternité et secours à tous les peu-
» ples qui voudront recouvrer leur liberté. »

Il ne faut donc pas confondre l'intervention avec l'assistance qu'un peuple
accorde à un autre pour se délivrer de l'esclavage où il est violemment
tenu. Le premier de ces actes veut et établit l'oppression d'un peuple libre,
tandis que l'autre condamne cette oppression et y fait obstacle; l'un asservit
et annule l'autonomie d'une nation, l'autre la restaure et la défend; l'un
est une intrusion funeste dans le gouvernement des faibles, l'autre écarte
et détruit cette intrusion; l'un arrête le libre développement national,
l'autre le débarrasse de ses entraves; l'un arme et soutient les oppresseurs
et les despotes des nations, l'autre amène des libérateurs, qui se nationa-
lisent avec le peuple, pour lequel ils combattent; l'un est le produit de la
haine et engendre la haine, l'autre inspiré par l'amour, est accueilli par
lui; en un mot l'un s'appelle despotisme, tyrannie, oppression, violence,
servitude, esclavage; l'autre aide, secours, bienfait, amour, légitime
défense, alliance avec les opprimés contre les oppresseurs : l'un est l'intervention, l'autre la non-intervention.

Il en résulte que ce fut une grave erreur que de confondre l'intervention
avec l'assistance qu'un peuple accorde à un autre, assistance qui est gouvernée par de tout autres principes Le droit de secourir les faibles existe
indubitablement dans les relations particulières comme dans les relations

(1) *Storia degli Studii di Diritto internazionale in Italia*, p. 241.

internationales. Il est proclamé dans tous les Codes du monde, c'est pourquoi Mackintosh a dit avec raison : « Tout droit qu'une nation peut
» défendre pour elle-même, elle peut aussi le soutenir pour une autre si elle
» en est requise [1], » de la même manière que, dans tous les Codes pénaux,
la légitime défense de soi-même et des autres se trouve consacrée par des
lois positives.

Cessons donc de parler d'intervention *exceptionnellement* permise, et
enlevons ainsi tout prétexte possible aux intrusions des forts dans le gouvernement des faibles; cela n'exclut pas le droit de porter assistance à
ceux qui sont attaqués ou opprimés. Ce procédé n'est pas seulement
approuvé par les lois judiciaires nationales et internationales, mais encore
imposé comme devoir par la morale elle-même, par cet appel de la conscience qui pousse à assister les faibles, lorsqu'ils gémissent sous le joug
odieux de l'oppression des puissants et implorent le secours d'autrui.

La défense des opprimés contre les oppresseurs a toujours été une
noble entreprise, qui a attiré la gratitude et l'admiration de tous les peuples
à toutes les époques. C'est par-là que l'Angleterre a recueilli lès applaudissements du monde, quand elle a secouru les Hollandais contre leurs
dominateurs espagnols; c'est ce qui est encore arrivé à la France, à la
Russie et à la même Angleterre, quand elles sont venues en aide à la
Grèce, victime de la cruauté musulmane, et les puissances civilisées de
l'Europe auraient été bénies par les siècles et par l'humanité, si elles
avaient sauvé la malheureuse Pologne du despotisme des Cosaques.

« Certainement, » dit Bianchi, « on ne peut exiger qu'un État se con-
» stitue, au détriment de ses intérêts immédiats, le patron des bonnes
» causes impuissantes à réussir, si elles sont privées de l'assistance d'au-
» trui. Mais d'autre part, pour vivre sans se dégrader et sans cesser d'être
» grand, un peuple ne peut se poser en spectateur tranquille et indiffé-
» rent, quand il voit succomber les maximes fondamentales de la justice
» des nations [2]. »

Le droit de défendre l'autonomie d'un État subsiste toujours, alors même
que cette autonomie est seulement menacée, parce qu'il n'est pas nécessaire
que le mal arrive pour obtenir réparation, — il suffit que la menace existe,
du moment où l'effet en est sûr et certain. Le droit de légitime défense de
soi-même et d'autrui ne commence pas quand l'injuste aggression est consommée, et que les premiers coups ont été portés, mais dès l'instant où le

(1) Discours sur l'étude du droit de la nature et des gens.
(2) *Op.*, *cit.*, t. II, p. 51.

danger se manifeste d'une manière évidente et inévitable. C'est ainsi que les puissances Européennes ont avec raison, en 1840 et 1854, été en aide à la Turquie menacée de la domination Russe, sans attendre que cette violence se fût consommée.

Bien entendu, cependant, que cette assistance qu'un État peut prêter à un autre, est toujours sujette à la condition que ce dernier consente à l'accepter. Ce serait un acte tyrannique que de rendre de force un service à celui qui ne veut pas en recevoir; on ne peut même plus appeler bienfait ce qui est imposé par la violence; car tout bienfait emporte, comme tel, l'idée qu'il est volontaire de la part de qui le rend comme de qui le reçoit.

XXI. — *Ce n'est pas non plus intervenir, que d'aider un peuple à se séparer d'un autre peuple auquel il a été réuni de force.*

Les mêmes principes nous conduisent à établir que, si deux peuples de nationalité diverse sont réunis en un État par l'œuvre de la force étrangère et s'ils sont mécontents de cette union forcée, chacun d'eux possède le droit de se séparer, en invoquant l'assistance étrangère à défaut d'une force nationale suffisante pour obtenir sa propre émancipation. Ceci se fonde sur ce qu'une telle union, étant forcée et non pas spontanée, implique dans son origine une violation de l'autonomie des États qui l'ont subie; par conséquent ils conservent toujours le droit de reconquérir leur indépendance perdue par suite de la réunion qui leur a été imposée, et si leurs propres forces ne suffisent pas à cet effet, ils peuvent réclamer et obtenir juridiquement l'assistance étrangère. Dans ce cas il n'y a pas intervention, mais alliance d'un peuple opprimé avec un autre État qui accepte de défendre les droits méconnus du premier.

Tel fut jusqu'à un certain point le cas de la Hollande et de la Belgique, qui en 1815 furent réunies par les alliés de Vienne en un seul royaume, sous le nom de Royaume des Pays-Bas. Mais en 1830, la Belgique prit les les armes pour revendiquer son indépendance, qu'elle acquit en effet par l'assistance des puissances Européennes réunies à Londres.

Cette assistance ne peut être qualifiée d'intervention, parceque, au lieu de violer la souveraineté du peuple belge et celle du peuple hollandais, elle prétendit la faire respecter, en détruisant l'effet de l'union imposée en 1815 par les alliés de Vienne (1).

(1) En admettant le principe posé par l'auteur, nous ne croyons pas qu'il s'applique à l'action diplomatique et militaire qui a consommé, après 1830, la séparation entre la Belgique et la Hollande.

Pour écarter les équivoques, il est bon de remarquer que les principes énoncés ci-dessus cesseraient de s'appliquer, là où l'union entre les deux peuples aurait été nationale et spontanée; parce qu'alors on en arriverait à la conséquence pernicieuse de l'instabilité politique de toute société civile, dans laquelle chaque province élèverait, par désir de nouveauté, la bannière séparatiste, et chercherait à acquérir sa propre indépendance même avec le secours des armes étrangères; d'où résulteraient des prétextes continuels pour les grands États de prêter main-forte à toutes les révolutions intérieures qui troubleraient la paix des peuples.

Une condition essentielle de la légitimité de la séparation de deux peuples, et par conséquent de l'assistance étrangère, c'est que l'union ait eu son origine dans la force ou dans la violence, parce que, là où elle aurait été voulue et nationale, on ne peut ensuite la dissoudre par la volonté d'une seule des parties contractantes. Cette règle se rattache au principe de droit commun qui n'accorde aucune existence juridique à toute convention extorquée par la force et la violence, et déclare valides et indissolubles par la volonté d'un seul celles qui ont été volontairement consenties. Dans ce cas les provinces d'une nation qui restent fidèles à l'union primitive, ont le droit d'exiger qu'elle soit maintenue et respectée par les parties qui auraient la perversité de vouloir s'en séparer, et doivent regarder celles-ci comme étant en rébellion contre la nationalité entière. Et si la prétention à semblable séparation doit se qualifier d'illégitime et de rebelle, personne n'a le droit de l'aider sans se rendre complice du même méfait.

D'un autre côté il nous semble impossible qu'un pareil évènement puisse survenir entre des peuples de même race, parce que leur meilleure situation politique se trouve, pour eux, dans la coexistence nationale; et une fois qu'ils l'ont atteinte, il est certain qu'ils ne peuvent nourrir le désir de la détruire. Nous pouvons, à l'appui de cette assertion, invoquer l'histoire, qui raconte d'infinies perturbations de peuples, mais n'en présente aucune qui dérive du désir de séparation des peuples de même nationalité, réunis spontanément en un seul État.

S'il s'agissait d'une union volontaire entre peuples étrangers, ce que nous croyons impossible, nous pourrions admettre le droit de se séparer chez ceux d'entre eux qui voudraient en user par le motif que, ces unions étant contre nature, le consentement ne suffit pas à les légitimer et à les rendre durables.

On ne peut dire en effet que la Hollande et la Belgique appartiennent à des nationalités nettement distinctes. Sans quoi il faudrait dire à fortiori que la moitié flamande de la Belgique est d'une autre nationalité que la moitié wallonne du même pays. G. R.-J.

XXII. — *Ce n'est pas non plus intervenir que d'aider un peuple à se délivrer d'une intervention étrangère ou des effets qui en résultent.*

Il suit des mêmes principes, que l'on ne peut non plus appeler intervention le fait d'empêcher une intervention qu'un autre État veut consommer à l'égard d'une nation libre, parce que ce n'est pas attenter aux droits souverains de celle-ci, mais s'opposer aux étrangers qui veulent accomplir cet attentat.

De même, si l'intervention est déjà consommée, et que les étrangers se soient installés à main armée dans un pays, y établissant un régime politique intérieur, violent et tyrannique, un autre État peut, par la force, couper court à l'intervention, affranchir le pays illégitimement occupé par l'étranger, rétablir son autonomie foulée aux pieds, pour lui permettre de se gouverner de la manière la plus convenable; en agissant de cette manière, il demeure fidèle au droit et à la morale, et il n'opère pas une intervention, car au lieu de violer l'autonomie de la nation étrangère, il la confirme et la défend contre une violence précédemment consommée. Ce fut donc à juste titre que les Anglais en 1826 vinrent au secours du Portugal, où les armes, les soldats et l'argent de l'Espagne, envoyés au prétendant Miguel, avaient rendu possible la restauration du despotisme. Celui-ci fut repoussé par l'aide des Anglais, la nation fut rendue à elle-même et le régime constitutionnel fut rétabli, par l'appel au trône de Dona Maria da Gloria [1].

Des mêmes principes, il résulte encore que, si les étrangers intervenants, après avoir établi par la force un régime politique interne dans le pays par eux occupé, s'en éloignaient avec menace de retour, et si leur œuvre était détruite par la souveraineté nationale, on aurait certainement le droit d'aller au secours du peuple opprimé par cette menace, pour le rendre à sa liberté première; en agissant ainsi, on ne consommerait pas une nouvelle intervention, mais les effets de la première seraient détruits avec son existence. Car la menace, quand elle est énergique et qu'elle se produit après une première occupation militaire, équivaut à celle-ci. En résumé, partout où l'on se trouve en présence de la violence étrangère, soit qu'elle opprime par l'occupation, soit qu'elle fasse trembler par la menace, l'effet est le même, l'autonomie nationale est également détruite; dès lors, le droit de la rétablir

---

(1) V. PIERANTONI. Loc. cit. et WHEATON, *Éléments de droit international*, p. 30.

dans sa liberté et son indépendance naît avec une force et une logique égales chez toute personne juridique.

C'est ce qui n'est que trop souvent arrivé en Italie, où les Autrichiens sont intervenus plusieurs fois pour étouffer toute liberté naissante, et où, pour asseoir l'absolutisme sur de plus fortes bases, ils menaçaient constamment de revenir en maîtres, si l'on portait atteinte à ce qu'ils avaient établi. Les Français ne se conduisirent pas autrement à Rome : ils intervinrent d'abord, détruisirent ensuite violemment le gouvernement national, rétablirent celui du pape, et enfin, après trois lustres de domination, repartirent en exécution du traité italo-français de 1865, menaçant d'un prompt retour, si le peuple romain avait tenté de secouer le joug pontifical, toujours défendu d'ailleurs par des mercenaires étrangers. Fidèles exécuteurs de leurs menaces, ils revinrent sur leurs pas et à Mentana ils étouffèrent le mouvement romain dans son origine.

On en peut dire autant du cas où les effets de l'intervention ont dépassé les limites des lieux où elle a été opérée. Peu importe en effet l'endroit où s'opère l'intervention, si ses conséquences se répandent hors de l'État qui la subit. L'indépendance et la liberté des peuples sont toujours violées, et il en résulte le droit de rétablir l'autonomie, détruite par l'intervention consommée. Les Russes en 1848 entrèrent en Hongrie et par là ils asservirent non-seulement cette nation, mais par contre-coup la Lombardie et la Vénétie, puisque, les Hongrois étant soumis, l'Autriche put concentrer ses troupes dans les deux provinces italiennes et les remettre ainsi sous le joug allemand. Ainsi l'intervention russe, bien qu'elle ait eu lieu seulement en Hongrie, étendit néanmoins ses effets également à l'Italie. Si maintenant, comme la France le fit en 1859, une nation était venue pour délivrer ces provinces italiennes de la domination étrangère, elle aurait agi conformément au droit, attendu que leur soumission à la servitude tudesque fut principalement l'effet de l'intervention russe en Hongrie. Ce principe repose sur la maxime que, tant que la condition politique d'une nation demeure essentiellement la même que l'a faite un jour la force étrangère, et cela par un effet permanent et nécessaire de celle-ci, on a le droit de la détruire, en rétablissant dans sa pleine liberté la nation opprimée; peu importe d'ailleurs que l'intervention ait été réalisée ou simplement comminée, peu importe aussi le lieu où elle a été pratiquée, lorsqu'elle a eu pour résultat fatal d'asservir un peuple libre.

XXIII. — *Cette assistance, pour être légitime, doit être utile à l'État auquel on l'accorde et voulue par lui.*

Par ce qui précède nous ne voulons pas dire que, toutes les fois qu'une intervention étrangère s'exerce, on ait le droit de venir à la rescousse pour en détruire les effets; car cette assistance est légitime au cas où les effets de l'intervention sont nuisibles et ne sont pas acceptés par la nation; mais s'ils lui conviennent, si elle en reçoit une vie et une situation meilleures, la mettant dans la voie du progrès et de l'honneur, l'arrachant aux liens d'un gouvernement rétrograde et stupide, il est évident que personne n'aura le droit de détruire les bienfaits de l'intervention précédente. Tel fut le cas en 1812, lorsque les Anglais intervinrent en Sicile, pour obliger Ferdinand III à donner la constitution en échange des franchises constitutionnelles que la Sicile possédait auparavant, et dont, au mépris de tout droit, elle avait été dépouillée.

En résumé l'assistance étrangère, pour être légitime, doit être utile, c'est-à-dire dirigée dans le but de rendre à un peuple le libre exercice de son autonomie opprimée par les étrangers. Hors ce cas, elle est toujours nuisible, et loin de mériter le nom d'assistance, elle s'appelle oppression, violence, injustice, intervention. En outre, cette assistance doit nécessairement être requise ou approuvée par la nation qui la reçoit; car tout bienfait, pour être tel, doit être volontaire de la part de celui qui le reçoit comme de celui qui le donne. Du moment où il est imposé, il ne constitue plus un bienfait, mais un mal, une infortune. Par conséquent, si les effets d'une intervention satisfont l'État intéressé, il n'y a plus lieu à assistance étrangère, parce qu'il n'y a plus d'opprimés à délivrer ni même personne qui trouve quelqu'avantage à l'assistance étrangère, la souhaite et la réclame.

Si l'on me demandait où et comment peut se manifester la volonté des peuples souvent gênés par un régime inquisitorial, à qui tout moyen est bon pour détruire la libre manifestation de la pensée, — je pourrais répondre que les peuples révèlent leurs aspirations et leur volonté, par les perpétuelles agitations qui révèlent sourdement les tendances nationales, par la presse clandestine, par les émigrés élevant la voix pour défendre les droits de leur patrie écrasée, par les réunions secrètes, par l'exaspération constante des citoyens manifestée dans toutes les réunions et assemblées du pays, par les martyrs qui succombent pour la nationalité et l'indépendance, par le sang qui rougit l'échafaud de tant de malheureux héroïquement tombés pour avoir voulu la liberté de leur pays, enfin par ces mille moyens que la providence a donnés aux peuples de révéler leur volonté, alors même qu'ils gémissent dans la servitude [1].

XXIV. — *La réalisation du principe des nationalités mettra fin aux interventions.*

Des idées exposées ci-dessus, il résulte que le principe des nationalités a pour conséquence celui de la non-intervention absolue, ce qui n'exclut pas chez les nations le droit de réclamer l'assistance étrangère, quand elles manquent de forces suffisantes, pour défendre et reconquérir leur propre autonomie.

Cependant, quand on s'occupe du droit des gens, il ne suffit pas d'énoncer d'une manière abstraite et spéculative les préceptes juridiques, il faut encore indiquer les moyens pratiques de les appliquer dans le domaine des faits et de la réalité.

Pour faire ce travail, il est nécessaire de déterminer les causes de l'intervention, parce que le mal se guérit dans la racine et non dans les symptômes par lesquels il se manifeste.

D'après nous, les interventions entre États sont produites :

1° Par l'existence de petits États, parce qu'ils peuvent être le théâtre d'interventions étrangères ;

2° Par l'existence de grands empires, parce qu'ils ont la force nécessaire pour intervenir ;

3° Par la possibilité ou le désir que les grands États ont d'envahir les moindres ;

4° Par le lien intime qui existe entre les divers peuples, crée entre eux une fréquente communauté d'intérêts, d'aspirations, et dès lors les pousse à s'immiscer dans leur autonomie réciproque.

Or, il nous semble que la réalisation des nationalités détruit dans leur origine ces sources d'interventions.

En effet, toute nationalité absorbe les petits États, comme il est arrivé en Allemagne et en Italie, où jadis chaque État, ne pouvant garantir sa propre indépendance, était l'objet d'interventions réitérées. Le principe d'intervention était la loi fondamentale de la confédération germanique, qui, au lieu de former une association d'États, était bien plutôt une ligue de princes, formée en vue de se garantir mutuellement leurs trônes, en intervenant dans les États

(1) V. mes *Elementi di Diritto internazionale*, t. I, p. 257.

REV. DE DR. INTER. — 5e année.

fédéraux de moindre étendue, lesquels étaient en outre vassaux de la grande
puissance qui présidait la confédération. Quant à l'Italie, il n'est pas nécessaire de répéter à quel point elle s'est vue, presque dès le commencement
de sa décadence, le théâtre d'interventions tyranniques, opérées par les
grandes puissances européennes qui, dans la péninsule classique, assou-
vissaient leur rage de domination. C'est pourquoi Allemands, Espagnols,
Français et jusqu'aux Turcs insultèrent l'Italie par des interventions
réitérées, au point, dit Durando (1), de nous en faire perdre la honte.
Mais une fois ces deux peuples élevés au rang de nationalités, l'ère des
interventions fut close pour eux, et l'indépendance de la patrie fut établie
pour toujours, sur des bases inébranlables.

Les grands empires cesseront également d'exister par la réalisation des
nationalités, parce qu'ils renferment dans leur sein diverses familles
nationales ; il faut donc que le cercle de fer qui les resserre dans des
unions odieuses et violentes, soit brisé, et que ces peuples soient distribués
dans les diverses nationalités auxquelles ils appartiennent. Car il est impossible qu'ils gémissent longtemps dans cet état contre nature. Et si les
efforts des maîtres du monde ont pu dans le passé maintenir ces liens artificiels, leur durée ultérieure est impossible. En effet, en vertu d'une loi
inexorable, les tendances que la nature inspire aux hommes doivent finir
par rompre les liens factices et violents qui les enchaînent ; en supposant
même que ces tendances puissent être comprimées, elles ne se détruisent
pas, et reparaissent toujours avec plus d'énergie et de violence jusqu'à
ce que les peuples soient replacés dans leur situation naturelle et s'en
accommodent. Cela arrivera incontestablement, parce que, dans les unions
forcées et arbitraires, il n'y a pas d'association naturelle, mais une union
profane de peuples où toute la vie se passe en haine, jalousie, violence, guerre
éternelle et implacable ; tandis que l'amour, la sympathie, l'affection forme
les unions nationales, commandées par la nature et imposées par elle.

Dès que les nations se sont constituées, la possibilité des interventions
disparaît ; car un grand empire peut envahir un petit État, mais une fois
que les grands empires ont disparu ainsi que les petits États, il n'y a plus
personne qui ait la force d'intervenir ou la faiblesse nécessaire pour subir
l'intervention. Il y aura, en effet, des nations de forces à peu près égales
qui ne pourront pas s'opprimer réciproquement : elles ne seront certainement pas divisées avec la rigueur d'une parfaite égalité matérielle, mais il y

aura toujours une certaine proportionnalité de territoire, de population, de puissance des États, qui empêchera les grandes disproportions que nous voyons dans le système politique actuel.

Ajoutons que, les nationalités une fois constituées, l'énergie des forces agressives diminue, tandis que celle des forces défensives augmente. Car une nation qui en attaque une autre sent l'injustice de la cause qu'elle défend, ce qui énerve la force de ses mercenaires; tandis que les défenseurs de la nationalité attaquée acquièrent une plus grande vigueur, parce qu'ils savent qu'ils combattent pour repousser une insolente invasion, pour défendre leur patrie, leurs drapeaux, leurs lois, leurs autels, leurs familles, leurs femmes, leurs fils, leur existence, leur Dieu.

En outre, les défenseurs de la patrie insultée sont unis et compacts, comme les fils d'un même père, comme les membres d'une même famille, et ils se trouvent retranchés dans les montagnes, les vallées, les forêts, les mers qui entourent leur territoire comme une citadelle. Ils opposent un obstacle géo-stratégique à l'ennemi envahisseur, tandis que celui-ci, sans foi dans la cause pour laquelle il combat, est obligé de détruire ces remparts naturels et patriotiques, postés là comme les trois cents des Thermopyles, fermes et animés par le sentiment de la justice, échauffés par l'amour de la patrie et l'orgueil national, abrités derrière les montagnes et les lacs, boulevards majestueux et terribles. Aussi le hautain et superbe envahisseur se brise-t-il contre eux au premier choc, comme la vague qui frappe le rocher.

Le désir d'intervenir cessera également, une fois que les nations se seront formées; car ce qu'elles demandent et ce qu'elles soutiennent, c'est le gouvernement exercé par le peuple ou par des princes populaires, et non d'ambitieux dominateurs; ils n'ont aucun désir de conquêtes ni d'interventions; l'existence politique de leur patrie dans le concert des nations leur suffit, sans qu'ils soient animés de la soif de domination qui agite le cœur des conquérants ambitieux dépeints par l'histoire.

D'un autre côté l'intervention n'offre plus d'occasion de satisfaire ce coupable désir, parce que, dans les petits États, on peut exercer une influence tyrannique et oppressive, dans l'espoir qu'à la longue ils s'incorporeront aux grands États, tandis que les nations ne se laissent ni incorporer, ni dominer. Napoléon I vainquit l'Espagne, mais ne songea jamais à l'incorporer à la France, parce c'était une nation. En revanche, il soumit à la domination française divers États italiens, allemands, la Belgique et la Hollande, parce qu'ils étaient faibles, constitués sans nationalité, et capables dès lors de subir la domination du premier occupant, comme s'ils avaient été *res nullius.*

Dans les nationalités, il existe enfin deux forces actives et énergiques : c'est-à-dire la force centripète et la force centrifuge, (s'il m'est permis de me servir de cette expression); la première appelle, attire, réunit, confond dans une seule famille les peuples de même nationalité; c'est cette force qui attira dans la famille italienne le Piémont, la Lombardie, la Sicile, Naples, la Vénétie, Rome et qui en appelle d'autres encore; la force centrifuge au contraire, éloigne, dissout, repousse, exclut, chasse les peuples non nationaux; c'est elle qui a éliminé la Savoie, attirée d'ailleurs vers la France par l'effet d'une autre force centripète.

Ces deux forces sont dans une activité persistante et indestructible; elles ont ruiné les grands édifices politiques fondés par César, Charlemagne, Charles-Quint, Louis XIV et Napoléon Ier; elles entraînent toutes les révolutions politiques modernes, arment le bras des peuples et maintiennent le monde dans une agitation permanente, jusqu'à ce que les divers corps politiques, attirés ou repoussés par l'activité de ces forces, se soient séparés des éléments qui leur sont hétérogènes et se soient unis à ceux qui leur sont homogènes. Le monde ainsi coulé et refondu, les nationalités seront réalisées, liées par une énergique cohésion politique cimentée par le territoire, par la langue, par la race, par les monts et les mers, par la religion, par les lois, par l'histoire des malheurs et des gloires de la nation. Elles deviendront autant de colosses historiques, unis dans tous leurs éléments par de telles affinités politiques, tellement hostiles aux éléments hétérogènes, qu'ils ne sentiront qu'un seul désir, une seule volonté, une seule passion : le maintien de leur propre nationalité, l'exclusion et le respect des nationalités étrangères. On ne connaîtra plus alors la manie d'intervenir, de dominer les autres peuples, et, comme les individus qui composent les familles privées tendent à demeurer unis dans le même lien d'affection, ainsi les nations demeureront unies; comme ces mêmes familles excluent et repoussent les étrangers de leur sein, ainsi les nations repousseront les peuples étrangers, qui d'ailleurs se trouveront rattachés à leur nationalité de manière à ne pouvoir plus s'en séparer.

La quatrième cause d'interventions est, comme nous l'avons vu, le lien intime qui unit les divers États. Mais cette cause, une fois isolée des trois autres, lesquelles se trouvent éliminées grâce aux nationalités, loin d'être une occasion d'intervention, est, au contraire, une garantie de non-intervention. En effet, tant que les peuples sont arbitrairement divisés en divers États, ils mènent une vie de haine, de suspicion, de jalousie, de querelle, d'envie, de conjurations, de tumultes, de menaces, d'agressions et d'interventions. Du moment, au contraire, où on les divise par nationalité, naissent l'amour, la sympathie, l'affection, l'harmonie des intérêts et de la vie, d'où dérive le respect de l'autonomie et des nationalités réciproques, qui exclut et condamne les interventions.

XXV. — *Conclusion.*

J'ai la confiance d'avoir prouvé que le principe de la nationalité, fondement du droit des gens, condamne l'intervention, et n'admet aucune exception ; que, les nationalités une fois constituées, les interventions seront supprimées, et les peuples se fondront dans une étreinte fédérale cosmopolite, où les membres de la famille humaine, enlacés dans le lien solide de l'affection, résoudront pacifiquement leurs différends.

Je ne suis pas découragé par le fait que les dernières guerres ont été si terribles et si sanglantes, car, à mesure qu'elles deviendront plus terribles, on les évitera davantage [1].

Aujourd'hui en effet l'état normal de l'humanité est la paix, tandis qu'autrefois c'était la guerre ; et les luttes de dix ou de trente ans sont un anachronisme qui ne peut plus se reproduire. Un écrivain a donc pu dire avec raison que celui qui inventera une machine capable de détruire une armée d'un seul coup, aura détruit la guerre. Désormais, du monde opprimé et misérable s'élève un frémissement sourd et terrible qui proclame la nationalité de tous les peuples, qui s'étend à tous les coins du globe, qui à son écho dans tous les pays, qui remue toutes les fibres de l'humanité qui domine toutes les nations, qui réclame une nouvelle civilisation pour tous les peuples. C'est le cri complexe d'un monde qui veut se régénérer luimême. Chaque nation, recherchant ses membres épars, demande à renaître et à reconstituer les organes de sa vie, afin que leur réunion lui donne une existence autonome et une vie nationale.

(1) La preuve en est que, peu après les désastres de la France dans la dernière guerre, les États-Unis d'Amérique et l'Angleterre, rendus pour ainsi dire plus sages par le spectacle des maux qui accompagnent aujourd'hui la guerre, n'ont pas voulu recourir à ce moyen dans la fameuse question de l'Alabama, et ont préféré, au contraire, la faire résoudre pacifiquement par des arbitres internationaux.

LES PRINCIPES NATURELS DU DROIT DE LA GUERRE,

PAR

HENRI BROCHER,

Professeur d'histoire du droit et de philosophie du droit à l'Académie de Lausanne.

CHAPITRE IV [1].

Les droits des neutres.

—

SECTION 1. GÉNÉRALITÉS.

La guerre est un retour de l'état artificiel et perfectionné qui s'établit avec le temps et l'expérience entre les hommes, à cet état primitif et brutal qui est le point de départ historique des sociétés. La guerre *régulière* étant une guerre restreinte, la rechute s'y renferme dans certaines limites, en dehors desquelles l'état de paix se maintient. La guerre a lieu entre certains adversaires bien déterminés. Les autres personnes conservent leurs relations amicales, non-seulement entre elles, mais encore vis-à-vis des belligérants. Les neutres ne sont donc point, comme le mot semble l'indiquer, les États qui ne sont ni ennemis ni alliés, mais ceux qui restent les amis des deux adversaires sans devenir les ennemis d'aucun. Simple en théorie, cette position est difficile à maintenir dans la pratique. Il est en effet, des services actifs ou passifs, qui, rendus à l'un des belligérants, constituent une hostilité vis-à-vis des adversaires, et par conséquent impliquent en temps de guerre de toutes autres conséquences qu'en temps de paix. Ce que nous disons des services s'applique aussi aux affaires, aux relations à caractère purement mercantile. Il est des opérations commerciales, ou prétendues telles, qui pourront être considérées comme des participations à la guerre.

J'ai parlé de services actifs ou passifs. J'entends par services passifs ceux qui sont rendus sans, et peut-être même contre la volonté de celui qui

(1) Suite. V. T. IV (1872) de la Revue, pp. 1 et ss., 381 et ss., et T. V, ci-dessus pp. 321, et ss.

les rend. Ainsi, quand un belligérant étend ses opérations militaires à un territoire neutre, l'État qui le souffre même sans y consentir, favorise par son laisser aller l'un des adversaires. L'autre partie se verra obligée de se prémunir contre les faveurs accordées par omission, aussi bien que contre celles qui auraient le caractère d'une commission, de traiter en ennemi, ou peu s'en faut, le neutre qui subit, d'une manière durable au moins, aussi bien que celui qui consent.

On s'est demandé si·le neutre avait le droit de donner aux deux parties des subsides égaux. La réponse doit être nettement négative, si l'on ne veut pas détruire la notion de neutralité. D'abord, il ne sera jamais possible de s'assurer que l'égalité est bien réelle. En outre, prêter des armes aux deux parties, c'est éterniser le conflit, ruiner les belligérants l'un par l'autre; c'est se conduire en ennemi des deux adversaires, c'est-à-dire prendre la position la plus absolument opposée à celle qui, nous venons de le voir, constitue la neutralité.

On peut au contraire rendre librement, et sans se compromettre en aucune manière, soit à l'un des adversaires, soit aux deux, tous les services qui, ne favorisant pas les opérations militaires, et présentant exclusivement les caractères de la charité, comme l'exercice du droit d'asyle, n'impliquent pas d'hostilité pour l'autre partie. La limite à tracer entre les deux espèces est une affaire d'appréciation des circonstances; la théorie doit laisser cette tâche à la pratique, et se borner à poser la règle générale.

Rappelons ici qu'on a distingué plusieurs espèces de neutralités; on a opposé la neutralité parfaite à l'imparfaite, la naturelle à la conventionnelle. La tâche que nous avons entreprise nous oblige à nous occuper exclusivement de la neutralité naturelle et parfaite, et à considérer les autres comme des accidents.

La partie la plus délicate de la théorie de la neutralité est celle qui s'occupe des ressortissants des États neutres, qui recherche dans quelle mesure les droits et les devoirs des neutres leur sont applicables, jusqu'à quel point les violations de leurs devoirs sont imputables à leurs souverains, et quelles mesures particulières ces violations ont fait naître.

Les ressortissants neutres peuvent-ils prendre individuellement une part directe ou indirecte à la guerre? En principe, on devrait donner à cette question une réponse négative. Mais on s'est trouvé ici en face de deux difficultés, d'une question de possibilité et d'une question de convenance. L'État ne peut pas toujours empêcher le particulier d'agir à sa guise; il le pourrait que cela ne serait peut-être pas bon. L'individu sans doute n'est pas une personne internationale, parce qu'il ne dispose pas de moyens assez considérables pour forcer le respect des autres personnes internationales. Mais il n'est pas non plus seulement le ressortissant d'une personne internationale; il est aussi une personne naturelle; il a sa volonté à lui qu'on ne peut ni ne doit complétement annihiler. L'État a besoin des énergies individuelles; il a le devoir de leur laisser leur sphère, dans laquelle elles puissent agir et se développer librement, dans laquelle, par conséquent, l'État renoncera à intervenir, à leur imposer sa propre volonté. C'est là un principe que le droit international, y compris le droit de la guerre, doit reconnaître, et qu'il a reconnu en pratique. A cette considération de convenance vient s'en joindre une autre de nécessité. Il n'est pas toujours possible de diriger la conduite de ses ressortissants; il y a lieu d'admettre des tempéraments dans l'application du principe de responsabilité. Nous avons vu plus haut, par exemple, qu'un acte d'indiscipline, commis par un subalterne, ne doit pas être considéré comme une violation de la parole donnée par le chef. Il y a là une concession que tout le monde fait, parce que tout le monde en a besoin. Restent maintenant à déterminer les limites de la responsabilité du souverain. Nous aurons à examiner plusieurs cas : les enrôlements, les subsides financiers, les relations commerciales.

Section 2. Les enrôlements.

Les États neutres ne peuvent pas fournir de troupes aux belligérants. S'ils le faisaient ils cesseraient d'être neutres. D'autre part, il est généralement admis que les sujets neutres peuvent, sans compromettre l'État auquel ils appartiennent, prendre comme individus du service dans l'une ou l'autre des armées belligérantes. Seulement les États neutres ne doivent pas permettre d'enrôlements sur leur territoire; en outre, les ressortissants neutres qui se mettent au service des belligérants doivent se soumettre à toutes les conditions imposées aux soldats de l'armée dans laquelle ils entrent, renoncer par conséquent aux bénéfices de la neutralité.

Cette tolérance accordée aux sujets neutres n'est pas d'origine récente. Sans doute, elle était contraire à l'esprit de l'antiquité, qui absorbait le citoyen dans l'État. Aussi, l'apparition de ces mercenaires, qui vont offrir leurs bras à des États étrangers auxquels leur patrie ne doit rien, doit-elle être considérée comme un symptôme de décadence politique. Au commencement des temps modernes, les troupes mercenaires jouent un grand rôle:

alors c'est un signe, moins de décadence que d'enfance politique. On n'est pas encore complétement sorti du régime féodal. Le pouvoir appartient, non pas aux peuples, mais aux dynasties. Celles-ci sont intéressées à favoriser les enrôlements étrangers; elles y trouvent les moyens, non-seulement de soutenir les querelles qu'elles ont entre elles, mais encore de tenir au besoin leurs propres sujets en échec. Tels sont les motifs qui ont introduit un mode de vivre, lequel est conservé de nos jours par des considérations tirées d'un tout autre ordre d'idées, du respect pour la liberté individuelle.

Dans notre civilisation chrétienne au moins, il est aujourd'hui admis que chacun a le droit de choisir l'État auquel il veut appartenir. Il est vrai que la nature des choses impose à cette liberté certaines restrictions de fait dont nous n'avons pas à nous occuper parce qu'elles n'entament pas le principe. Le développement de la règle que nous venons de poser a conduit à des conséquences qui peuvent paraître excessives, mais qui ne me semblent pas pouvoir être évitées. L'adoption d'une patrie peut s'opérer d'une manière partielle et temporaire; on peut en particulier être soldat d'un pays dont on n'est pas citoyen.

Le fait de ressortir à tel ou tel pays n'est pas simple; il peut se diviser et se compliquer. Ainsi, on peut appartenir à un pays par son origine, sa famille, son choix, et cependant ressortir à certains égards à un autre pays dans lequel on se trouve temporairement. Celui qui vit à l'étranger n'est que très imparfaitement soumis à la puissance de son État d'origine, il dépend en réalité beaucoup plus du pays où il réside. Bien que les personnes soient pour un État un élément plus essentiel que le territoire, il n'en reste pas moins vrai que l'État domine le territoire beaucoup plus que les personnes; celles-ci peuvent se soustraire à la surveillance et à l'influence du souverain en s'en allant à l'étranger. C'est pour cela qu'on a été conduit à rendre un État responsable de ce qui se passe sur son territoire, plutôt que des faits et gestes de ses ressortissants; et ce principe, suivi d'instinct plutôt que formulé et conscient, va se retrouver dans la question qui nous occupe.

Le ressortissant neutre peut prendre part aux hostilités. Mais il faut pour cela qu'il se mette complétement aux ordres d'un belligérant, qu'il en revête l'uniforme, absolument comme les soldats nationaux. Si ces précautions n'étaient pas remplies, le ressortissant neutre rentrerait dans la catégorie, non pas des belligérants, mais des criminels, et il serait traité comme tel. En lui-même en effet, bien qu'il soit une personne naturelle, il n'est ni une personne internationale, ni même une personne-belligérante. Dans les conflits internationaux, il n'a de droits que dans sa qualité de ressortissant de quelqu'une des personnes internationales reconnues. S'il désire prendre le caractère d'un belligérant, il faut qu'il se le fasse attribuer par un Souverain qualifié pour le faire, en d'autres termes par un Souverain qui ait lui-même cette qualité. Or la qualité de belligérant et celle de neutre sont exclusives; on ne peut pas être belligérant pour attaquer et neutre pour se défendre. Le ressortissant neutre ne peut acquérir la qualité de belligérant qu'en changeant, partiellement au moins, sa patrie d'origine contre une autre. Ce sera désormais de la nation sous les drapeaux de laquelle il s'est enrôlé qu'il tiendra ses droits, c'est parce que cette nation l'aura adopté, le couvrira de sa protection, qu'il se trouvera belligérant et non pas criminel. Mais du moment où le Souverain belligérant l'expulserait de son armée, il perdrait les droits et les devoirs du soldat pour reprendre, sinon la position d'un ressortissant neutre, au moins, dans le cas où il resterait sur le théâtre de la guerre, celle d'un membre de la population paisible. La participation aux hostilités lui serait dès lors interdite de nouveau.

Le ressortissant neutre peut ainsi abandonner son souverain d'origine pour se placer temporairement sous la protection d'un autre. Cette possibilité, commandée par la nature des choses, a été reconnue et pratiquée par le droit positif. Il en résulte que c'est le souverain d'adoption, et non pas le souverain d'origine, qui sera désormais responsable des actes du ressortissant en question. Mais cette décharge concerne les personnes à l'exclusion du territoire. Chaque souverain reste responsable de ce qui se passe chez lui; c'est pour cela que si, d'une part, les ressortissants neutres peuvent aller s'enrôler chez les belligérants, si les souverains neutres doivent permettre la chose, et si le droit de la guerre n'y doit pas voir une infraction à la neutralité; d'autre part, le souverain neutre ne doit pas permettre aux belligérants, ni à l'un des adversaires ni à tous deux, de venir faire des enrôlements sur son territoire. S'il le faisait, il violerait ses devoirs de neutre, comme il les violerait en prêtant son territoire à des opérations militaires.

Section 3. Les subsides financiers.

Nous n'aurons guère qu'à répéter, à propos des subsides financiers, ce que nous avons dit des enrôlements. L'État neutre ne peut pas plus fournir aux belligérants de l'argent que des troupes. Il ne doit pas même permettre que des souscriptions s'organisent sur son territoire au profit de l'un des adversaires ou de tous les deux. Les souscriptions ayant exclusivement le caractère de bienfaisance sont naturellement exceptées.

Mais on ne peut pas empêcher les ressortissants neutres de prêter, comme particuliers, de l'argent aux belligérants, d'autant moins que ces prêts sont le plus souvent, non pas des subsides destinés à soutenir une cause, mais de pures opérations financières. J'irai même plus loin : je crois qu'il est bon et moral de donner un encouragement aux États qui s'acquittent scrupuleusement de leurs engagements, de leur mettre en perspective, pour le cas où ils auraient besoin d'argent, l'appui de l'opinion publique sous la forme de crédit, et de leur procurer ainsi un avantage réel sur les États qui inspireraient la défiance par leur mauvaise foi ou leur mauvaise administration. En agissant de la sorte, on augmentera l'influence de l'opinion publique, qui doit devenir la reine du monde, qui manifeste sa puissance par les enrôlements étrangers, et qui doit pouvoir le faire aussi à l'occasion des emprunts.

Section 4. Les relations commerciales.

Notre civilisation moderne n'admettant pas que les États fassent le commerce, des envois non seulement d'armes ou de munitions mais même de vivres faits à un belligérant par un souverain neutre seraient considérés à bon droit comme des actes politiques, comme une violation déguisée des devoirs de la neutralité. Il ne peut donc être question ici que des relations commerciales des particuliers.

Les neutres ont le droit de demander qu'on respecte leur négoce, et les belligérants, qu'on ne contrarie pas leurs opérations militaires. Entre ces deux systèmes parfois incompatibles, la ligne de démarcation se trace par la limite même qui sépare les deux catégories de territoires. Il en résulte les deux règles suivantes :

1° Le commerce entre un neutre et un belligérant est libre tant qu'il se renferme dans le territoire des deux parties commerçantes ;

2° Les belligérants ont le droit de prendre sur leur territoire les mesures qu'ils jugent convenables, fussent-elles même préjudiciables au commerce neutre.

Les deux règles s'appliquent. au territoire de fait plutôt qu'à celui de droit, elles doivent être étendues aux pays occupés par le droit de la guerre.

Simple du côté de la terre, la question va se compliquer du côté de la mer, où il n'y a plus de domaines distincts par ce que toutes les nations tant neutres que belligérantes en jouissent en commun. Entre les exigences du commerce et celles de la guerre il s'élève ici un conflit, qui jusqu'à présent a toujours été tranché en faveur de la guerre, bien que cette faveur ait toujours été en décroissant. On pourrait voir dans ce fait une application de la règle : *Lex specialis derogat generali*. Le commerce est un fait général, qui a lieu partout et toujours; la guerre, limitée dans le temps et l'espace, est un accident, un fait spécial. En donnant satisfaction complète à ses exigences, il resterait encore de la place pour le commerce, tandis que la réciproque ne serait pas vraie. Cette considération doit être mentionnée, parce qu'elle exercera peut-être une influence dans l'avenir. Mais il s'en faut de beaucoup qu'elle en ait exercé une grande dans le passé. Il faut reconnaître que dans l'origine, les exigences de la guerre ont été seules respectées. Leur empire n'a jamais été ni renversé, ni même sérieusement contesté; on s'est borné à lui imposer des restrictions, toujours croissantes, il est vrai. Le droit de la guerre a toujours été la règle, le droit du commerce l'exception. On peut à ce sujet distinguer plusieurs périodes, dont les limites chronologiques ne peuvent pas être établies avec précision, à cause des innombrables rechutes, hésitations, contestations au milieu desquelles s'est opéré le développement du droit des gens.

Nous avons d'abord la période de la guerre de tous contre tous, qui a duré plus longtemps sur mer que sur terre. Tous ceux auxquels un traité ne confère pas expressément la qualité d'amis sont ennemis; leurs biens sont soumis à la capture comme *res nullius*. Le droit du plus fort est le seul dont il puisse être question.

Je passe sous silence les jurisconsultes romains et la règle *mare omnium commune* qui, dans la bouche d'Ulpien, ne s'applique pas au droit international. Je laisse également de côté l'obscur moyen-âge. Au XVIᵉ et au XVIIᵉ siècle, l'Espagne et le Portugal ayant élevé des prétentions à la propriété exclusive des mers qu'ils avaient découvertes, Grotius répondit par la publication de son *Mare liberum*. Le principe que la mer appartient à toutes les nations, qui toutes doivent pouvoir l'utiliser pour la pêche et la navigation, est établi en théorie; la pratique avait déjà essayé de le faire reconnaître, mais sans grand succès. Malgré l'opposition faite par le *mare clausum* de Selden, le principe de liberté de l'Océan finit par se faire reconnaître, sauf exception pour les mers enclavées ou presque enclavées.

Désormais aucune nation ne peut exclure les autres de l'usage de la mer. Mais les conflits entre les exigences du commerce et celles de la guerre n'en deviendront que plus fréquents. On cherche d'abord à sacrifier complètement le trafic aux opérations militaires. L'Angleterre et la Hollande, qui avaient été à tour de rôle les maîtresses exclusives de la mer, prétendent empêcher tout commerce de leurs adversaires avec les neutres. Mais elles durent reculer devant la résistance qu'elles rencontrèrent chez ces derniers. Le système a seulement reparu temporairement sous la forme plus précise, mieux motivée juridiquement, en apparence au moins, du blocus continental du premier empire.

Les neutres ont conquis le droit de trafiquer sur mer avec les belligérans ; il faut seulement que leurs opérations ne contrarient pas directement les opérations militaires. Les belligérants réussissent même à conserver le droit de saisir soit les marchandises neutres sous pavillon ennemi, soit les marchandises ennemies sous pavillon neutre.

Le droit de saisir les biens neutres sous pavillon ennemi n'a pas toujours été compris. Il est pourtant le mieux fondé des deux. Il repose sur ce que j'appellerai le droit du territoire. Sous le régime des lois de la guerre, la nationalité des choses est déterminée par leur situation, et non par la nationalité du propriétaire. Les biens ennemis sur territoire neutre sont aussi inviolables que des biens neutres. Les immeubles et les meubles appartenant à des neutres, mais situés sur le théâtre de la guerre, sont empruntés pour les opérations militaires aussi bien que s'ils appartenaient à des ressortissants des États belligérants. S'ils ne peuvent pas être capturés, c'est qu'ils participent à l'inviolabilité de la propriété privée sur terre. Les navires sur mer étant considérés comme une portion du territoire de la nation dont ils portent le pavillon, on applique le même principe sur mer, sauf l'importante différence que la propriété privée est saisissable.

Il ne faut pas oublier toutefois que les lois de la guerre, étant la règle, devaient être interprétées dans le sens le plus large. La loi du territoire était invoquée pour les étendre, ignorée quand elle aurait eu l'effet contraire. C'est ainsi que, pendant quelque temps, on confisqua aussi bien la marchandise neutre sous pavillon ennemi que la marchandise ennemie sous pavillon neutre. On alla même jusqu'à entraîner le navire dans la confiscation de la cargaison, la cargaison dans celle du navire. Un pareil système, les corsaires aidant, faisait un mal inouï au commerce, dont heureusement les intérêts commençaient à être mieux compris et mieux défendus. L'idée d'étendre à la guerre maritime, l'inviolabilité de la propriété privée commence à se faire jour. On n'ose pas encore attaquer en face le principe opposé; mais on le circonvient, on tâche d'en éviter l'application par une apparente inconséquence. On emploie pour atteindre ce but le procédé de privilèges spéciaux que certaines nations se firent octroyer par des traités. Le principe que le pavillon couvre la marchandise s'introduit et prend déjà de l'importance au XVII° siècle. En d'autres termes, la loi du territoire est appliquée dans les deux sens, au détriment du droit de la guerre comme à son profit. Sauf la contrebande de guerre, le pavillon couvre la cargaison comme il la confisque.

On ne pouvait pas s'arrêter là ; le traité de Paris de 1856, sollicité par l'Amérique de décréter l'inviolabilité de la propriété privée sur mer, fait au moins un pas dans ce sens ; il déclare insaisissables les biens neutres sous pavillon ennemi, sauf la contrebande de guerre. La loi territoriale, à l'inverse de ce qui se passait naguère, est appliquée pour restreindre le droit de la guerre et ne l'est plus pour l'étendre. La priorité accordée au droit de la guerre se manifeste pourtant toujours dans le droit de blocus et celui de visite. C'est là qu'on en est encore aujourd'hui.

SECTION 5. LE BLOCUS.

Ici encore, il s'agit de concilier les intérêts du commerce avec les exigences de la guerre. Mais ici, les exigences de la guerre se trouvant plus limitées dans l'espace, étant d'ailleurs parfaitement compatibles avec l'inviolabilité de la propriété privée neutre, sont susceptibles d'une satisfaction complète.

Nous avons vu les puissances belligérantes chercher à empêcher tout commerce, même des neutres, avec leurs ennemis. C'était là un emploi de la force plutôt que l'exercice d'un droit ; les neutres s'y opposaient quand ils le pouvaient et le subissaient quand il le fallait. Avec le temps, on comprit qu'il y avait quelque chose de vrai dans les prétentions des deux parties ; on entreprit de leur assigner à chacune leurs limites ; on a accordé aux opérations militaires le minimum qui leur est indispensable, mais on les y a renfermées.

Ce sont les deux neutralités armées de 1780 et de 1800, et le traité de Paris de 1856 qui ont fixé les principes du blocus. Un port ne peut être considéré comme bloqué que lorsqu'il y a danger apparent d'y entrer, lorsqu'il a été entouré, par la puissance qui prétend en interdire l'accès, de navires stationnés et suffisamment rapprochés. Un vaisseau neutre n'est coupable d'une violation de blocus que lorsque, après avoir été averti par un vaisseau de guerre (ou un corsaire) de la puissance bloquante, il cherche néanmoins à franchir par ruse ou par force la ligne de blocus. Le traité de Paris de 1856 déclare régulier dans les conditions indiquées le blocus non-seulement de ports, mais même de côtes. Il est vrai que la nature des choses ne permettra que rarement de faire usage de cette extension. Aux conditions énumérées, il en faut ajouter une que l'usage avait établi même avant la régularisation de l'institution ; je veux parler de la notification du blocus faite aux puissances neutres par voie diplomatique, et destinée à atténuer les inconvénients que la mesure prise a pour les neutres. Il est vrai que, lorsque les circonstances l'exigent, par exemple quand le port à cerner se trouve très-éloigné, il peut y avoir blocus anticipé ou de fait ; la notification a lieu après l'établissement du blocus. Les navires neutres auxquels le blocus de droit ou de fait aurait été dûment notifié et qui chercheraient néanmoins à passer outre peuvent être confisqués, dans certains cas même avec la cargaison.

Je viens de décrire le phénomène ; il faut maintenant l'expliquer, le décomposer dans ses éléments juridiques.

On a présenté le blocus comme un acte de souveraineté sur la portion occupée de la mer. Cette explication a été rejetée, mais non pas remplacée. On a dit avec raison qu'il ne pouvait être question de souveraineté sur la haute mer, à laquelle le blocus s'étend souvent ; on a ajouté qu'il ne fallait pas chercher au droit de blocus d'autre fondement que les nécessités de la guerre. Je doute beaucoup que l'on puisse toujours se contenter de cette dernière partie de la réponse. Si l'on se dirigeait uniquement sur les nécessités de la guerre, on serait conduit à donner au droit de blocus beaucoup plus d'extension qu'on ne le fait. Pourquoi permet-on au belligérant d'aller dans la défense de ses intérêts jusque là et pas plus loin ?

Les phénomènes de la vie sont la résultante de plusieurs facteurs, parmi lesquels il faut distinguer la cause, qui détermine la nature, et les conditions, qui assignent les limites. L'espèce d'une plante dépend de la graine, qui est la cause ; le plus ou moins grand degré de développement qu'elle prendra sera un effet des conditions, des circonstances climatériques et autres.

Le droit de blocus a sa cause, son principe générateur dans les nécessités de la guerre, dans l'intérêt qu'ont les belligérants à faire respecter leurs opérations militaires. Il ne peut pas y avoir de blocus sans guerre ; et les prétendus blocus pacifiques ne sont que des actes d'hostilité déguisée et limitée.

Mais les belligérants n'ont pas le droit de faire tout ce que réclame leur intérêt. Ici comme ailleurs, le droit c'est l'intérêt particulier dans les limites dans lesquelles il s'accorde avec l'intérêt général.

Il s'agit de la haute mer, qui appartient en commun à toutes les nations. Celles-ci en usent comme les particuliers usent des voies publiques ; elles ne peuvent pas s'exclure les unes les autres, mais elles peuvent demander de n'être pas troublées dans leur jouissance. Nous sommes en présence d'un cas non de propriété, mais de possession. Si le blocus remplit les conditions prescrites, il est reconnu régulier; les neutres confisqués pour l'avoir violé ne pourront pas s'adresser à leurs souverains pour obtenir satisfaction. Il y a donc un commencement de reconnaissance sociale; nous n'en sommes donc plus à la possession naturelle, à la détention. Sans doute, il ne peut être question non plus d'une *possessio ad usucapionem*; l'occupation doit être respectée tant qu'elle dure; mais si prolongée qu'elle puisse être, elle ne laisse aucune trace après elle quand une fois elle est supprimée; elle ne conduit pas à la propriété. C'est donc du côté de la *possessio ad interdicta* que l'analogie doit être cherchée. A Rome, la jouissance des voies publiques était protégée par des interdits.

Ainsi le droit de blocus, motivé par les nécessités de la guerre, s'exerce sous la forme d'une possession, d'une occupation temporaire, d'une portion de la mer : c'est pour cela qu'un blocus par navires stationnés ou suffisamment rapprochés est régulier, qu'un blocus par croisière ne l'est pas. La volonté des belligérants doit être respectée dans les limites de temps et d'espace de l'occupation. Mais elle ne peut pas l'être si elle n'est pas connue; une possession clandestine n'est pas une possession régulière. De là la nécessité de la notification. Celle-ci doit être faite aux puissances neutres, puisque ce sont elles qui doivent reconnaître le blocus; c'est leur consentement qui est nécessaire. Elle doit être faite en outre aux navires neutres, puisque ce sont eux qui doivent la respecter, qu'il est fort possible qu'ils n'en aient pas connaissance, malgré la notification générale, et qu'ils ont d'ailleurs toujours le droit d'aller s'assurer que l'occupation continue.

Le bien fondé de cette application des principes de la possession au blocus me paraît confirmé par la coïncidence que voici :

Lorsque le blocus cesse momentanément, et qu'on le rétablit dans un bref délai, on admet que l'ancien blocus n'a pas cessé d'exister. Bluntschli. art. 834. Heffter, 4ᵉ édition, § 155.

Le même principe se retrouve en droit romain en matière de possession d'immeubles. Une possession rétablie après avoir été interrompue *corpore* d'une manière temporaire sans l'avoir jamais été *animo*, est censée n'avoir jamais discontinué. L. 3 § 7; L. 6 § 1; L. 7; L. 18 § 3, 4; L. 25; L. 46. D. 42, 1.

Avons-nous ici une application consciente d'une règle du droit romain à une espèce du droit international? Si cela était, cela serait loin de nuire à ma thèse, car cela prouverait que j'ai la traditition pour moi. Mais rien n'indique que cela soit, et la position en sera peut-être meilleure; la similitude des circonstances ayant fait naître, sans qu'on s'en doutât, la même règle de conduite dans les deux cas, c'est la nature des choses qui témoigne directement en ma faveur.

Le droit de la guerre admet généralement que les intentions réalisables, bien que la réalisation en soit momentanément suspendue, ont droit à être respectées. « C'est une hostilité, dit Vattel, que d'enlever à l'ennemi ce qu'il prétend retenir. » A plus forte raison, les neutres se rendraient-ils coupables d'un manque d'égards vis-à-vis des belligérants, s'ils profitaient, pour violer un blocus, du·moment où la force majeure des éléments naturels, un orage par exemple, s'oppose provisoirement à ce qu'on en remplisse les conditions comme on le voudrait.

Section 6. Le droit de visite et la contrebande de guerre.

La visite est le procédé dont les belligérants peuvent faire usage pour s'assurer que les neutres remplissent bien leurs devoirs. Le droit n'aurait probablement jamais eu la hardiesse de créer une pareille institution. Il l'a trouvée établie par l'emploi de la force, et n'a eu qu'à la circonscrire et à la régulariser. Nous avons vu les puissances auxquelles appartenait la suprématie des mers essayer de détruire tout commerce de leurs ennemis, même avec les neutres, saisir en particulier la marchandise ennemie sous pavillon neutre, ce qui suppose la visite. Aujourd'hui que le pavillon neutre couvre la marchandise, la visite a perdu cette raison d'être; mais elle en a conservé une autre qui l'a fait maintenir, la nécessité d'empêcher qu'on abuse du pavillon neutre pour couvrir des actes d'hostilité. Il est dans l'intérêt de toutes les puissances de prendre des mesures dans ce sens : les neutres d'aujourd'hui, pouvant être belligérants demain, doivent désirer que les hostilités soient renfermées dans les limites du nécessaire, et spécialement qu'elles ne soient pas aggravées par les particuliers commerçants dans des vues de lucre.

Pour atteindre ce but, on pourrait, semble-t-il, charger les États neutres de veiller eux-mêmes sur leurs ressortissants. Mais un pareil procédé aurait de graves inconvénients. Il ne présenterait aux belligérants que des garanties tout-à-fait insuffisantes. Nous avons vu que la nature des choses s'oppose à ce qu'on rende un souverain responsable des faits et gestes de ses ressortissants en dehors de son territoire. On est donc naturellement conduit à laisser les belligérants eux-mêmes mettre à exécution les mesures

dont ils ont besoin ; on coupera court de la sorte aux plaintes auxquelle
pourrait donner lieu la manière dont s'opère la surveillance, et aux grave
conflits qui pourraient en résulter.

Ainsi la visite s'opère, bien que toujours par l'organe des vaisseaux à
guerre des belligérants, du consentement des États neutres ; elle se fait, son
plus dans l'intérêt exclusif d'une puissance, mais dans l'intérêt général
qu'ont tous les souverains à prendre des mesures contre les intérêts particuliers et égoïstes des commerçants : la preuve en est dans le fait qu'on se met
d'accord pour dispenser de la visite les vaisseaux de guerre neutres et le
vaisseaux marchands convoyés. Dans ces nouvelles conditions la visite n'est
plus un simple fait, un abus de la force fondée sur le consentement ; elle
est devenue un droit.

Reste à savoir de quelle espèce est ce droit. Plusieurs auteurs considèrent la visite, telle qu'elle s'exerce actuellement en temps de guerre, comme
le résultat d'une délégation faite par le souverain neutre au belligérant. Je
comprends qu'on ait été amené à cette idée ; mais je ne puis la partager. La
délégation suppose un contrat positif, un traité dans les limites duquel elle
se renfermait. Or, il n'en est pas, et il ne peut pas en être ainsi. Il est dans
la nature de la visite de devoir s'exercer d'abord par tous les belligérants
également, — ensuite sur tous les navires marchands, sans distinction de
nationalité ; ce qui importe c'est d'éviter l'abus non pas de tel ou tel pavillon, mais de pavillons neutres en général. Il résulte de l'usage qui s'est
introduit d'arborer de faux pavillons, que le navire soumis à la visite est un
navire dont la nationalité est encore inconnue, et doit précisément être constatée par la mesure dont il s'agit. La défense de visiter certains vaisseaux
marchands entraînerait l'impossibilité d'en visiter aucun.

Les traités par lesquels on fait reconnaître le droit de visite ne sont pas
de simples contrats de droit privé, par lesquels chacun ne dispose que de
ce qui lui appartient. Il faut plutôt les rapprocher de ces actes de droit
public, dans lesquels la majorité fait la loi à la minorité. Une puissance
désire régulariser le droit de visite, pour ne pas s'aliéner l'opinion publique
en l'exerçant. Elle s'entend à cet effet avec les principales puissances, avec
celles dont, pour une raison ou pour une autre, la réprobation est le plus
à redouter. Une fois sûr de leur consentement, on agit en conséquence
sans s'embarrasser des puissances inférieures, lesquelles avec le temps se
trouvent amenées, de gré ou de force, à accepter l'état de choses ainsi établi.
Les puissances principales, en donnant leur consentement, rendent possible
la visite non-seulement de leurs navires, mais encore de tous les autres. La

visite est donc le résultat, non pas d'une délégation, mais d'un mode de vivre établi, sinon par le consentement universel, au moins par le consentement général, pour régler la jouissance d'une chose commune. On reconnaît aux belligérants le droit de prendre toutes les mesures nécessaires pour faire observer les devoirs de la neutralité. Nous sommes ainsi ramenés à la possession, ou plus exactement à la *juris quasi possessio*, puisqu'il n'est pas question de l'occupation d'une chose matérielle, ni même d'une portion de l'espace.

Si les principes de la délégation ne sont pas applicables à la visite en temps de guerre, ils me paraissent l'être à une institution semblable à bien des égards : je veux parler de la visite en temps de paix que l'on a établie au commencement du siècle actuel pour mettre fin à la traite des nègres. C'est l'Angleterre qui a pris l'initiative de cette innovation. Après s'être assuré par des traités spéciaux le consentement de la plupart des puissances européennes, elle a cru pouvoir soumettre à la visite, même des navires appartenant à des puissances qui n'avaient pas donné leur consentement. Mais elle rencontra une résistance qui la contraignit d'abandonner ses prétentions. Les États-Unis en particulier se sont réservé le droit exclusif de faire visiter leurs navires marchands par leurs vaisseaux de guerre seuls, sauf à combiner au besoin leurs forces avec celles de l'Angleterre.

Pourquoi la marche qui a réussi pour la visite en temps de guerre a-t-elle échoué pour la visite en temps de paix? Parce que ces deux institutions, bien qu'elles emploient les mêmes moyens, ont des motifs tout différents. La première repose d'abord sur le principe généralement admis qu'il faut empêcher les perfidies, entre autres les actes d'hostilité commis sous le couvert du pavillon neutre; elle repose en second lieu sur la convenance généralement reconnue de confier aux belligérants eux-mêmes le soin de prendre les mesures nécessaires au but que l'on se propose. Dans la visite en temps de paix ces deux conditions font défaut. La nécessité de mettre fin à la traite n'était pas encore généralement reconnue; encore moins la convenance de charger l'Angleterre de prendre des mesures dans ce sens. C'était un de ces cas dont on peut dire : *Cessante ratione legis cessat lex*. Il n'y avait ni guerre, ni belligérant; les principes du droit de visite accordé au belligérant n'étaient pas applicables. On essaya d'en faire reconnaître d'autres; mais on n'y réussit pas. La visite en temps de paix est le résultat d'une délégation, d'un acte purement privé, mais non pas, comme la visite en temps de guerre, un principe de droit public international.

Revenons à la visite en temps de guerre. Elle est destinée à empêcher l'abus du pavillon neutre, en particulier à empêcher le transport de la contrebande de guerre; on entend par là les munitions que les neutres apporteraient à un belligérant au mépris de leur devoir. Quels sont les articles qui font, et ceux qui ne font pas partie de la contrebande de guerre? Cette question est importante, mais nous ne nous y arrêterons pas parce qu'elle est essentiellement du ressort du droit positif. On pourrait donner une très grande extension à la notion de contrebande, y faire rentrer par exemple les denrées alimentaires, les étoffes, etc. comme pouvant servir à nourrir et à vêtir les troupes. Mais on porterait par là au commerce une atteinte plus grave que ne l'exigent les intérêts des belligérants, et l'on compromettrait le consentement donné par les souverains neutres au droit de visite. On a restreint les droits des belligérants pour les consolider, et limiter la notion de contrebande, aux articles directement utiles aux hostilités.

LE DROIT DE CONQUÊTE.

PAR

A. DE MONTLUC,

Avocat à la Cour d Appel à Paris.

—

I.

Depuis l'époque ou la direction de cette Revue a bien voulu, dans son impartialité ordinaire, publier notre petit article sur le droit de conquête (1), la question nous semble avoir fait plus d'un pas dans le sens de la solution que nous proposions.

M. de Bismark lui-même, auquel nous imputions la responsabilité de l'annexion de l'Alsace-Lorraine à l'Empire allemand, a déclaré en plein Reichstag qu'il s'y serait opposé si des considérations militaires ne l'y eussent déterminé, et nous savons que, par considérations militaires, il entend la pression exercée par les chefs du parti militaire sur l'esprit du roi Guillaume. M. de Bismark savait bien que, loin de donner à la paix le caractère de stabilité que les négociateurs doivent toujours rechercher dans l'intérêt des générations futures, l'annexion lui enlevait nécessairement ce caractère. Il savait que, si l'on veut supprimer la guerre ou du moins la rendre le moins fréquente possible, il faut commencer par supprimer la conquête, qui en est, sinon l'unique au moins le principal mobile, caché ou non.

L'empereur de Russie n'envisageait pas la question autrement que M. de Bismark; aussi avait-il écrit au roi de Prusse, en août 1870, que « dans le cas où la France serait finalement vaincue, une paix basée sur une humiliation ne serait qu'une trève, et que cette trève serait dangereuse pour tous les États (2). » Il lui écrivit même une seconde fois, en précisant davantage, pour lui exprimer « l'espoir qu'il ne demanderait pas d'annexion du territoire français (3). »

Est-ce à dire qu'il faille être bien sévère à l'égard de M. de Bismark pour avoir subordonné l'intérêt de la stabilité de la paix à des considéra-

---

(1) Année 1871, pp 531 et s.

(2) Rapport sur les actes du gouvernement de la défense nationale, par M. De Rainneville, p. 32.

(3) Ibidem, p. 35.

tions de politique intérieure? — A d'autres qu'à nous le soin de répondre
Nous sommes cependant prêt à reconnaître qu'un homme politique n'est
pas tenu d'être toujours en avance sur son siècle, et rappelons ce que nous
disions en 1871, à savoir que nous comprenons que *la Prusse se soit laissé
entraîner sur la pente séduisante de la conquête*. Allons même plus loin et
reconnaissons, avec M. Rolin-Jaequemyns, que la faute de la Prusse est,
dans une certaine mesure, atténuée par cette considération que « *la France
est une des nations qui ont le plus largement usé de ce prétendu droit, lors
même que la guerre avait été entreprise par elle sans juste cause* [1]. »

Ces aveux, loin de compromettre notre thèse, ne font que la fortifier :
oui, la France a usé du prétendu droit de conquête, oui, elle en a usé lors
même que la guerre avait été entreprise par elle *sans juste cause*; et c'est
précisément parce que, la conquête une fois admise en principe, il est
impossible d'en limiter les cas d'application à l'hypothèse d'une guerre
entreprise légitimement, que l'unique moyen d'empêcher les conquêtes
illégitimes, est de supprimer absolument et sans aucune distinction la conquête, aussi bien la *conquête défensive* que la conquête offensive.

Et c'est précisément parce que celui qui écrit ces lignes appartient à une
nation dont le passé n'est pas des plus purs en matière de conquête et de
guerre, qu'il a été frappé de meilleure heure des horribles conséquences
qu'entraîne pour la tranquillité du monde entier la pratique de la conquête,
dont l'abus est absolument inséparable de l'usage — personne ne nous
démentira sur ce point.

Nous ne serons pas aussi modeste que M. le professeur De Holzendorff,
nous ne courberons pas la tête devant le fait accompli, nous ne proclame-
rons pas que « l'histoire est le grand juge du monde [2] »; nous nous érige-
rons, au contraire, en juge de l'histoire, et nous blâmerons avec une égale
indépendance les conquêtes injustifiables de Napoléon I et l'attitude de la
plupart des puissances de l'Europe en leur présence,. sans en excepter la
Prusse, qui ne fut pas elle-même sans y trouver son profit. Nous reconnaîtrons avec le savant professeur dans sa lettre à M. Lucas que, pour ce qui a
trait à la dernière guerre, « la responsabilité morale de l'annexion doit
aussi dans une certaine mesure être attribuée à cet esprit agresseur du
bonapartisme qui, jaloux des succès de la Prusse après Sadowa, avait malheureusement comploté l'annexion de la Belgique et entraîné les Français à

---

(1) 3ᵉ année, nᵒ II, p. 259.
(2) « Die Weltgeschichte ist das Weltgericht. » *Eroberungen und Eroberungsrecht*, von Dᵣ Fᴀ
vᴏɴ Hᴏʟᴛᴢᴇɴᴅᴏʀғғ, p. 21.

la guerre injuste de 1870. » Il serait en effet puéril de vouloir contester que Napoléon III se proposât, en cas de succès, une annexion, alors que c'est précisément pour avoir refusé au cabinet de Munich l'assurance que le territoire Allemand sérait par lui dans tous les cas respecté, qu'il perdit le précieux avantage de la neutralité de la Bavière, qui aurait pu changer la face des évènements.

Et nous sommes d'autant plus à l'aise pour faire ces déclarations que nous sommes, dans cette discussion, en face d'une puissance qui fut complice du partage de la Pologne et qui, par conséquent, n'a pas le droit de reprocher à la France les différentes atteintes que les gouvernements ont pu porter au droit des gens. Nous disons mieux : la France a une excuse que ne pourrait invoquer la Prusse. Elle n'est pas aussi solidairement responsable — nous parlons ici au point de vue historique seulement — des fautes de ses deux Empereurs, que la Prusse peut l'être de celles de ses souverains traditionnels. C'est M. de Sybel qui l'a dit : « Ni Napoléon III, ni son oncle, n'étaient, au point de vue moral, des Français.

» L'oncle, italien complet, qui nourrit jusqu'à l'âge de vingt ans une haine amère contre les Français oppresseurs de son île natale, devint français lorsqu'il vit la révolution ouvrir une vaste carrière à son ambition ; mais ce ne fut que pour se servir de la France comme d'un instrument destiné à le conduire à ses fins.

« Le neveu, né à Paris, avait du moins, par le côté maternel, du sang français dans les veines ; mais le sort voulut que, depuis l'âge de six ans jusqu'à celui de quarante, c'est-à-dire pendant cette période de la vie où se forme et se fixe la nature de l'homme, il vécût à l'étranger, et ne connût de la France que les murs de la prison où on l'enferma après ses deux échauffourées ; qu'il fît la plus grande partie de ses études au gymnase allemand d'Augsbourg, et son éducation militaire en Suisse ; qu'il suivît l'école de la démagogie révolutionnaire en Italie, et qu'il étudiât la science politique parmi les Anglais et les Américains ; enfin qu'il dût tout son savoir et tout son bagage intellectuel à cinq civilisations différentes, parmi lesquels il ne faut pas compter la civilisation française [1]. »

Nous nous empressons de reconnaître qu'au point de vue juridique cela ne change rien à la responsabilité de la France, dont les suffrages ont ratifié l'usurpation de l'oncle et celle du neveu ; mais au point de vue moral, pour parler comme M. de Sybel, il n'est pas sans importance de

(1) *Napoléon III*, par le célèbre historien Allemand M. DE SYBEL.

constater que le tempérament national, abandonné à lui-même ou sagement dirigé, conduirait la France à de tout autres projets qu'à ceux de conquête. Nous demanderons en outre si l'Europe monarchique n'est pas plus coupable encore que la France elle-même de l'élévation successive des deux Empereurs sur le trône de notre pays ; si la Prusse, l'Autriche, l'Espagne ne s'empressèrent pas de saluer Napoléon I⁹ʳ Empereur, lors de l'établissement du régime impérial, accueilli avec si peu d'enthousiasme en France; si enfin en 1852, les Grandes Puissances n'ont pas reconnu avec une excessive promptitude le rétablissement de l'Empire, dont l'origine leur apparaissait cependant des plus suspectes ; elles avaient tellement conscience de l'irrégularité du coup d'Etat que deux d'entre elles, l'Autriche et la Prusse, déclaraient que, tout en reconnaissant le régime nouveau, elles n'entendaient ni contester, ni accepter le principe qui triomphait en France. Elles ne pourraient donc pas même alléguer leur ignorance et leur bonne foi à cet égard.

II.

Mais rentrons dans les questions de doctrine et nous allons voir combien ici c'est au tour de nos adversaires de nous faire des concessions.

« Nous tenons l'expression *droit de conquête* pour un véritable nonsens (1), dit M. Rolin-Jaequemyns, — le droit de conquête *n'existe pas* (2). »

Cette concession n'est point sans importance, car elle établit une différence fort grave entre le système soutenu par l'honorable rédacteur-en-chef de cette *Revue* et celui du professeur De Holtzendorff, qui, lui, maintient et le mot et la chose dans sa petite brochure intitulée : *Conquêtes et Droit de conquête* (3). En d'autres termes, M. Rolin-Jaequemyns parle comme Montesquieu qui a écrit : « le droit de conquête n'est pas un droit » (Lettres Persanes, XCVI), tandis que le professeur de Berlin parle comme Napoléon I⁹ʳ, voulant assurer le sort des peuples tombés en son pouvoir par droit de conquête (4).

M. Rolin-Jaequemyns reconnaît que, même en présence d'une agression injuste, victorieusement repoussée, la faculté du vainqueur de dicter ses conditions au vaincu n'est jamais illimitée, et que *sa force n'est pas la mesure de son droit* (5).

(1) Année 1871, p. 536.
(2) Année 1871, p. 539.
(3) *Eroberungen und Eroberungsrecht*, déjà cité. Berlin, 1872.
(4) Paroles de l'Empereur à l'occasion de l'élévation de son frère Joseph au trône de Naples. 30 mars 1806.
(5) Ibidem, 539.

Quelle différence entre ce langage et celui de l'auteur de la brochure sur le droit de conquête, qui parle quelque part *du droit naturel du plus fort vis-à-vis du plus faible* (1).

De son côté, **M. De Holtzendorff** laisse échapper des aveux qu'il est précieux de recueillir, parce qu'ils démontrent jusqu'à l'évidence qu'il est lui-même hésitant dans la thèse qu'il soutient.

C'est ainsi qu'il écrit, à la page 16 de la même brochure, que dans les siècles précédents, l'organisation fort imparfaite de tout ce qui touchait au système des impôts et des finances, rendant fort difficile le réglement des indemnités de guerre en argent, il était fort naturel d'avoir recours aux cessions de territoire, imposées à la partie vaincue. N'est-ce pas reconnaître à contrario, qu'aujourd'hui les cessions de territoire n'ont plus de raison d'être !

Ainsi encore, dans sa lettre à M. Lucas, le professeur De Holtzendorff écrit que la conquête est une nécessité déplorable ; « une province perdue par la guerre, c'est comme un parent qui nous est ravi dans la fleur de l'âge; nous ne pouvons nous habituer à croire à l'irrévocabilité de l'évènement accompli (2). » Et loin de blàmer de ce sentiment la France, il déclare que l'Allemagne l'aurait eu, si nous lui avions pris les rives du Rhin (3).

Ainsi voilà le raisonnement du jurisconsulte prussien : l'annexion est juste, néanmoins il est juste, de la part de celui qui la subit, de la considérer comme une injustice, de conserver au fond du cœur une arrière-pensée contre son irrévocabilité; en d'autres termes, juste au point de vue du vainqueur, l'annexion est injuste au point de vue du vaincu. Quelle sorte de justice est celle-là, qui présente une double face? et n'est-ce pas rabaisser singulièrement l'idée du droit de supposer que l'appréciation puisse en dépendre des points de vue auxquels on se place?

M. Rolin-Jaequemyns, plus juridique, reconnaît que la question n'est pas susceptible d'une réponse absolue, qu'il faudra prendre en considération les circonstances, et il met pour première condition à la justice des annexions qu'elles aient été provoquées par une agression injuste; et ici nous ne lui contesterons pas : 1° qu'une agression injuste est un crime dont la conscience publique exige la répression dans le droit international, comme dans le droit national (nous irons même plus loin que lui et reconnaîtrons

(1) *Eroberungen und Eroberungsrecht*, p. 14 : « das Naturrecht des Stærkeren gegenüber dem Schwæcheren ».
(2) *Eroberungen*, p. 6.
(3) Ibidem, p. 7.

avec lord Macaulay, que la règle de la morale souffre encore moins d'exception dans la vie des nations, que dans la vie des individus, par cette raison que l'existence des sociétés est de plus longue durée que celle des individus [1]); — nous ne contesterons pas non plus 2° qu'un peuple est responsable des crimes de son gouvernement. — Mais qui appréciera s'il y a eu agression injuste, s'il y a eu crime? — Ici personne ne nous a répondu.
— Évidemment, si la conquête est une peine, ce n'est ni au coupable ni à l'offensé à la prononcer : — il faut une autorité supérieure. Quelle sera-t-elle en matière de droit international? — Le congrès des nations qui forment ce qu'on appelle communément le grand concert européen. Ou, si l'on aime mieux, des arbitres choisis par les deux parties en cause.

Comme garantie pour l'avenir, la conquête peut encore moins être légitimée que comme peine, en dehors de l'intervention d'une autorité supérieure. Congrès, ou tiers-arbitre. En effet, l'annexion pourrait aussi bien être consommée au profit d'un agresseur injuste, favorisé par le sort des armes, qu'au profit d'un offensé — et, par exemple, la France aurait eu le même droit à prétendre aux frontières du Rhin, si elle eût triomphé dans la guerre de 1870-71, que l'Allemagne à prétendre à l'Alsace-Lorraine; en effet, la France victorieuse aurait pu dire avec vérité : « que la guerre ait été ou non justement déclarée, l'Allemagne vaincue voudra prendre sa revanche contre moi; la possession des frontières du Rhin sera une puissante garantie en ma faveur. »

Si tel eût été le dénouement de cette malheureuse campagne, nous prendrions aujourd'hui la plume pour blâmer le gouvernement de notre pays, s'il eût de sa pleine autorité, et sans consulter ni les populations conquises ni les nations neutres de l'Europe, annexé le Luxembourg, la Prusse ou la Bavière rhénane à la France; nous soutiendrions la même thèse que M. Kryger, député du Sleswig-Holstein, dans le sein du Parlement allemand et nous rencontrerions, à n'en pas douter, les mêmes adversaires. — Mais la situation ne serait pas si facile *pour nous* et c'est une consolation, au milieu des malheurs de notre pays, que de savoir qu'en combattant pour la bonne cause, nous combattons pour la cause de la France.

M. Rolin-Jaequemyns et M. de Holtzendorff sont d'accord sur un point : à savoir, qu'on ne saurait faire intervenir la question des plébiscites dans la matière.

On peut, en effet, s'en passer, à la condition, toutefois, de constituer

(1) *Life of Lord Clive.*

cette autorité supérieure, arbitre ou congrès, dont nous parlions tout-à-l'heure; — mais la Prusse a voulu se passer à la fois et de congrès et de plébiscite, parce que la réponse de l'un comme de l'autre n'eût pas été douteuse, — tandis que, si la France eût été victorieuse, il aurait pu en être différemment.

Assurément la population de l'Alsace-Lorraine eût voté en masse pour la France, — mais il n'est pas aussi certain que, malgré notre injuste agression, certaines parties des provinces par nous conquises n'eussent pas voté pour l'annexion à la France. Quant à un congrès des nations, ou à un arbitrage, la Prusse ne peut se faire d'illusion sur le résultat qu'il aurait eu pour elle, dans l'hypothèse de notre victoire comme dans celle de notre défaite. En effet, cette *novation* que M. Rolin-Jaequemyns conteste, s'il est un fait manifeste, c'est que l'Europe l'a reconnue dans la guerre de 1870-1871 et M. De Holtzendorff en fait l'aveu [1]. Victorieux, il est plus que probable que l'Europe nous eût confirmé la possession de nos conquêtes, par cette considération qu'après tout le Rhin semble bien être notre frontière naturelle. Vaincus, elle n'eût pas consenti à la diminution de notre territoire, car depuis Sedan la France avait mis tous les torts du côté de son adversaire.

Voilà pourquoi la Prusse n'a osé consulter ni l'Europe, ni les populations annexées. Mais en droit elle ne nous expliquera pas, pas plus qu'à M. Kryger, comment elle est parvenue à former entre elle et ces populations un lien juridique; la France a pu abandonner son *jus imperii* sur l'Alsace-Lorraine; elle n'a pu le transférer à une autre puissance.

Un traité est intervenu, sans doute, conforme aux usages de la pratique internationale; et nous ne prétendons ni en contester la validité au point de vue du droit des gens positif, ni en blâmer les auteurs, parce qu'en blâmant les diplomates prussiens nous blâmerions nécessairement les nôtres — mais nous nous adressons à des jurisconsultes et nous parlons de droit pur, de droit idéal, et non de *droit positif*; nous savons bien que nous allons à l'encontre de l'histoire et des pratiques internationales, mais le recueil dans lequel nous avons l'honneur d'écrire a précisément pour but l'étude de ces questions et, comme le dit l'honorable rédacteur-en-chef, il se propose « la transformation de la *société de fait* qui existe entre nations en une véritable *société de droit*. » Le remarquable travail qu'il vient de faire paraître dans le dernier numéro de la Revue sur la nécessité d'orga-

(1) Eroberungen, p. 5.

niser une institution scientifique permanente pour favoriser le progrès du droit international, en est une preuve non équivoque; c'est lui-même qui donne l'impulsion, il ne pourra donc pas nous reprocher d'être dans le mouvement. Nous y avons été devancés d'ailleurs par l'exemple des plus grandes nations du monde soumettant à des arbitres leurs différends, au lieu de s'en rapporter au sort des armes, et ce qui passait naguère encore pour une utopie trouve aujourd'hui sa place parmi les institutions quotidiennement pratiquées. Le vote de la proposition Richard au parlement anglais sera, nous l'espérons, le point de départ de négociations efficaces pour l'établissement d'un système permanent d'arbitrages, et bientôt on pourra voir la face du monde transformée par l'amélioration des lois internationales. Désormais on ne cherchera dans les précédents de l'histoire que des exemples à consulter, mais non plus des règles à suivre, et personne ne s'inquiètera de savoir si, comme l'expose savamment M. de Holtzendorff, la guerre de conquête a été précédée par la guerre de destruction, par la guerre de pillage et par la guerre d'immigration; s'il n'est pas vrai que les anciens n'ont jamais eu même la pensée de révoquer en doute la légitimité du droit de conquête; on se contentera de constater que ce droit prétendu n'en est pas un, qu'il constitue la plus immorale et la plus dangereuse des pratiques, qu'il y a eu assez de Césars et d'Alexandres dans le passé, et que l'avenir n'appartient plus aux conquérants, mais aux législateurs.

Mais comment atteindre jamais ce résultat si, une bonne fois, la nation victorieuse ne donne pas l'exemple! Il faut bien que quelqu'un commence: autrement, la conquête engendrant chez le peuple vaincu le besoin de la revanche, l'humanité tournera toujours dans cet horrible cercle sans issue où les guerres succèdent aux guerres, et les conquêtes aux conquêtes. Car ainsi le veut l'impitoyable logique de la vengeance :

Παρὰ τῶν πρότερον φθιμένων ἄτην
ἑτέραν ἐπάγουσαν ἐπ' ἄτη.
(Eschyle, Choéphores. 392-393).

NOTE SUR L'ARTICLE QUI PRÉCÈDE, PAR G. ROLIN-JAEQUEMYNS.

Mis pour ainsi dire personnellement en cause, avec une parfaite courtoisie d'ailleurs, par notre excellent collaborateur M. de Montluc, nous n'avons pas voulu différer l'insertion de son article. Mais nous ne pouvons en même temps nous abstenir d'y relever quelques points qui ne nous paraissent pas sans réplique. Hâtons-nous de déclarer, tout d'abord, qu'il nous répugnerait de rentrer dans une discussion spécialement relative à l'Alsace-Lorraine. Le débat a tout à gagner à se maintenir sur un terrain plus scientifique. Ce n'est pas en partant d'un point de vue purement subjectif que l'on arrivera à élucider une question aussi délicate que celle du droit de conquête, mais c'est en recherchant d'emblée quelles peuvent être les lois générales les plus conformes à la raison et à la nature des choses. Sous ce rapport, nous ne croyons avoir rien à retrancher des propositions que nous avons formulées à propos du précédent article de M. de Montluc sur le même sujet (v. T. III de la Revue, 1871, pp. 536-539). Rappelons ici trois de ces propositions (p. 539) :

« *c*) Même en présence d'une agression injuste, victorieusement repoussée, la faculté du vainqueur de dicter ses conditions au vaincu n'est jamais illimitée, et sa force n'est pas la mesure de son droit. En d'autres termes, *le droit de conquête n'existe pas*. Il en résulte que le vainqueur n'est autorisé à réclamer du vaincu son consentement à une cession de territoire, que si cette exigence se justifie par des considérations évidentes de moralité et d'utilité publiques ;

» *d*) Parmi les considérations de cette nature figurent légitimement : d'un côté les rapports historiques et ethnographiques, par exemple s'il s'agit d'une province autrefois arrachée à la nation aujourd'hui victorieuse, et qui a conservé avec celle-ci de nombreuses affinités de langue et de caractère ; — de l'autre côté les motifs évidents de sécurité ;

» *e*) Les traités faits sur de pareilles bases doivent être respectés, alors même que les habitants des parties cédées n'ont pas été individuellement consultés. En effet, ces traités sont fondés sur des raisons d'ordre public et international, analogues à celles qui, en temps normal, empêchent une fraction d'État de se séparer, quand il lui plaît, du corps entier de la nation. »

Il ne nous semble pas que ces propositions soient réfutées par l'article qui précède. Elles ne le sont évidemment pas par ce qui est dit des opinions de M. de Bismark, de l'empereur de Russie et du caractère plus ou moins français de Napoléon III, — encore moins par la responsabilité indirecte des actes de celui-ci, que l'on voudrait rejeter sur toutes les puissances européennes qui l'ont reconnu. Car il n'aurait pas été possible à celles-ci d'agir autrement sans violation flagrante du principe de non intervention. Nous ne croyons pas non plus que nos propositions soient réfutées par les arguments suivants que développe notre honorable contradicteur :

1° Il n'y a pas d'autorité supérieure pour décider si les conditions requises existent, s'il y a eu agression injuste, s'il y a eu crime.

R. — Il en est ainsi pour toutes les règles du droit international. Sans doute l'existence d'une autorité supérieure, d'un tribunal international serait désirable. Mais l'absence de ce tribunal n'empêche pas le droit lui-même d'exister. En effet ce tribunal, s'il existait, ne *créerait* pas le droit, il ne ferait que le *déclarer*. C'est donc que le droit serait *préexistant*.

2° Sans le consentement des habitants du territoire cédé, le pays cédant peut bien abandonner son *jus imperii* sur ce territoire, mais il ne peut le tranférer à une autre puissance.

R. — C'est là, d'après nous, une pétition de principe. L'argument est exact si l'on admet la théorie plébiscitaire, d'après laquelle le *jus imperii* réside au fond, non pas dans le pouvoir indivisible qui représente l'ensemble d'un État, non pas même dans la majorité actuelle des habitants vivants de tout l'État, mais dans la majorité actuelle des habitants de chacune des provinces qui composent cet État. Cette théorie conduit non-seulement à faire dépendre tout transfert de territoire du consentement de cette majorité, mais encore, avec une logique tout aussi rigoureuse, à donner à une province, à une commune, le droit de se séparer, de se constituer en État distinct et indépendant, fût-ce en pleine paix, au gré de la majorité de ses habitants. Mais si, repoussant cette conclusion absurde et anti-sociale, on pense que les seuls sujets légitimes du droit international sont les États actuellement existants, il en résulte qu'il appartient à ceux-ci seuls de déterminer leurs limites réciproques, en se guidant par les considérations d'ordre supérieur indiquées plus haut, et que les traités conclus dans ces conditions entre deux États ne sauraient avoir la singulière conséquence d'en faire surgir un troisième, contrairement à la volonté et à l'intérêt des deux contractants.

3° La théorie que nous préconisons a pour effet d'encourager la guerre en lui donnant la conquête pour mobile.

R. — La guerre qui aurait la conquête pour mobile, serait évidemment une agression injuste. Or notre théorie a pour but d'effrayer l'agresseur injuste en aggravant les conséquences éventuelles de son agression. Effrayer et aggraver n'est pas encourager. Ce serait encourager au contraire que d'assurer à l'agresseur injuste au moins un certain genre d'impunité, en lui reconnaissant le droit d'exiger que, *dans tous les cas*, son territoire soit respecté. Toutes les chances de la guerre seraient alors pour celui qui, sans souci du droit, prendrait le premier les armes.

LE CODE CIVIL DE LA RÉPUBLIQUE ARGENTINE,

PAR

T. M. C. ASSER,

Avocat et professeur de droit à Amsterdam.

—

Parmi les Codes civils les plus récents, celui de la République Argentine mérite une mention particulière.

Rédigé par l'éminent jurisconsulte, M. Dalmacio Velez-Sarsfield, ancien ministre de l'intérieur, approuvé par le Congrès de la République, le 29 septembre 1869, et en vigueur depuis le 1 janvier 1871, ce Code se distingue non-seulement par la distribution logique et systématique de la matière en *quatre* Livres, sous-divisés en titres et chapitres, et précédés de deux titres préliminaires, mais surtout par la teneur de ses dispositions.

Le rédacteur paraît avoir fait une étude sérieuse et approfondie des principaux Codes de l'étranger, sans négliger l'étude du droit Romain : il n'a arrêté les principes adoptés dans son œuvre qu'après s'être rendu compte non-seulement de l'état des législations actuelles, mais aussi des résultats obtenus dans le domaine de la science. L'édition officielle du Code, publiée à New-York en 1870, porte les traces de ces études : on y trouve un commentaire bien remarquable, contenant, sur chaque article, un résumé comparatif des principales dispositions des Codes étrangers et des opinions des jurisconsultes les plus connus.

Le Code est divisé en quatre Livres, précédés de deux titres préliminaires. Le premier de ces titres (*De las leyes*) contient les principes généraux concernant la force obligatoire des lois, leur publication, leur interprétation, etc. et les règles fondamentales du droit international privé. Voici les dispositions que le Code Argentin renferme à cet égard :

1° La capacité ou l'incapacité des personnes domiciliées sur le territoire de la république, nationaux ou étrangers, est jugée d'après ce Code, même quand il s'agit d'actes exécutés ou de biens se trouvant en pays étrangers.

2° La capacité ou l'incapacité des personnes domiciliées hors du territoire de la république, est jugée d'après la loi de leurs domiciles respectifs, même quand il s'agit d'actes exécutés ou de biens se trouvant dans la république.

3° Les actes et contrats passés et les droits acquis en pays étranger sont régis par les lois des pays où ils ont été passés ou exécutés ; — mais ils ne pourront recevoir d'exécution à l'égard des immeubles situés dans la république, s'ils ne sont conformes aux lois du pays sur la capacité des personnes.

4° Les incapacités contraires aux lois de la nature, comme l'esclavage, ou celles qui ont un caractère pénal, sont purement territoriales.

5° Les immeubles situés dans la république sont régis exclusivement par les lois du pays, pour tout ce qui concerne leur nature d'immeubles, les droits des parties, la capacité d'acquisition, les modes de transmission et les solennités requises pour ces actes.

6° Les biens meubles qui ont une situation permanente et qui sont conservés sans l'intention de les transporter, sont régis par les lois du pays où ils sont situés ; — mais les autres biens meubles sont régis par les lois du domicile du propriétaire.

7° La forme et les solennités des contrats et de tout instrument public sont régies par les lois du pays où ils ont été passés.

8° L'application des lois étrangères dans les cas où elle est autorisée par ce Code ne peut avoir lieu que sur l'initiative de la partie intéressée, qui est tenue de prouver l'existence des dites lois. Sont exceptées de cette règle, les lois étrangères obligatoires dans la république en vertu de conventions diplomatiques ou d'une loi spéciale.

9° Les lois étrangères ne sont pas applicables quand elles sont contraires au droit public ou criminel de la république, à la religion de l'État, à la tolérance des cultes ou aux bonnes mœurs ; — quand leur application serait contraire à l'*esprit* du Code ; — quand elles sanctionnent des *privi-léges*, ou quand les dispositions du Code Argentin sont plus favorables à la validité des actes que ne le sont les lois étrangères.

Nous donnons ici une traduction de ces règles parce qu'elles nous semblent contenir la codification la plus détaillée des principes fondamentaux du droit international privé. Nous ne disons pas qu'elle soit complète ni qu'elle ne donne pas lieu à des critiques, mais en tout cas elle pourra servir de point de départ pour une législation uniforme sur la matière. On trouve dans ces dispositions la solution de plusieurs questions débattues par les auteurs, et qui jusqu'à présent n'avaient pas encore été prises en considération par les législateurs.

Le premier des titres préliminaires contient en outre quelques dispositions concernant l'application des lois par les tribunaux, la dérogation aux
lois par des conventions particulières, etc. Parmi ces dispositions il y en a
une (celle de l'art. 16) qui est surtout remarquable : Si une question de
droit civil ne peut être résolue ni par le texte, ni par l'esprit de la loi, le
juge doit prendre en considération les principes des lois analogues, et si la
question reste encore douteuse, elle doit être résolue par les principes
généraux du droit, mis en rapport avec les circonstances de la cause.
C'est probablement en considération de ce précepte (conforme à l'art. 7
du Code autrichien et à plusieurs lois des Pandectes), que l'édition
officielle du Code Argentin a été enrichie de notes, indiquant, comme nous
l'avons dit plus haut, les dispositions analogues d'autres Codes.

Quelle que soit la valeur d'un tel commentaire au point de vue scientifique, il n'est peut-être pas sans inconvénient comme partie intégrante de
l'édition officielle d'un Code. Une telle interprétation authentique, donnée *à
priori*, peut, en beaucoup de cas, porter atteinte à la liberté et à l'indépendance du pouvoir judiciaire dans l'application de la loi. Que devra faire le
juge, quand il s'agit d'une disposition à laquelle le commentaire officiel
donne un autre sens que celui qu'il présente d'après l'interprétation du
juge? Celui-ci devra-t-il appliquer comme il l'entend le texte qui semble
clair, ou devra-t-il s'en tenir aux développements qu'il trouve dans les
notes, même si sa conscience juridique s'y oppose?

Quoiqu'il en soit, l'étranger ne peut que profiter de la forme qu'on a
adoptée pour ce Code. C'est une étude de législation comparée des plus
intéressantes.

———

Le Premier Livre du Code traite *Des Personnes*. Il est divisé en deux
sections. La première est intitulée : *Des personnes en général*, la seconde :
Des droits personnels et des relations de famille. La première section,
traitant des Personnes en général, est divisée en neuf titres, où l'on trouve
indiquée la division des personnes au point de vue légal, en personnes d'une
existence *idéelle* ou d'une existence *visible*. Les premières sont les personnes civiles, à l'égard desquelles on pourrait croire au premier abord
que ce Code pèche par un excès de libéralisme. Non-seulement l'État, les
provinces confédérées, les communes, l'Église, mais encore tous les établissements d'utilité publique, religieux, scientifiques ou littéraires, toutes

corporations, communautés religieuses, colléges, universités, société anonymes, banques, compagnies d'assurance et toutes autres associations qui ont pour objet le bien commun (*el bien comun*) sont reconnues comme personnes civiles. La définition semble un peu vague. Cependant comme, d'après l'art. 16 du Code, la personnalité civile ne s'acquiert que par l'autorisation de la loi ou du gouvernement, l'État peut prévenir tout abus. Le Code reconnait également comme personnes civiles les États étrangers, leurs provinces et communes, les établissements, corporations ou associations qui ont une existence légale dans un pays étranger.

Les droits des personnes civiles, les rapports entre leurs membres, les pouvoirs des administrateurs, le commencement et la fin de l'existence des personnes civiles, tous ces objets sont réglés dans le Code. Beaucoup de ces dispositions (art. 6-21) contiennent la solution de questions de droit, qui ont donné lieu à de graves discussions parmi les jurisconsultes, entre autres à cette question bien connue, si les personnes civiles peuvent commettre des délits et être civilement responsables du dommage causé par un délit? La question est résolue *négativement* par le Code, tant en ce qui concerne l'action criminelle que pour l'action civile *ex delicto*, même s'il s'agit d'un délit commis par tous les membres en commun ou les administrateurs de la personne civile, et dont celle-ci a profité (art. 14).

Les titres II-XI de la 1e section du Livre I, sont consacrés aux personnes d'une existence *visible*, et traitent successivement de ces personnes en général, de l'existence et de la représentation des personnes avant la naissance, de la preuve de la naissance, du domicile, de la fin de l'existence, des absents avec présomption de faillite, des mineurs (la majorité est atteinte à l'âge de 22 ans accomplis), des aliénés et des sourds-muets. Nous remarquons, en passant, que d'après ce Code l'enfant né *vivant* est toujours présumé avoir vécu, même s'il n'est pas né *viable*. Le Code hollandais de 1838 avait déjà rejeté la distinction, établie dans l'art. 725 du C. N., surtout à cause de la grande difficulté que présente en beaucoup de cas la question de la *viabilité* : la *vie*, au contraire, est toujours facile à constater.

La 2e section du livre I est intitulée : *Des droits personnels et des relations de famille*. Le titre I, consacré au *Mariage*, commence par une disposition de droit international, d'après laquelle la validité d'un mariage (pourvu qu'il ne soit ni incestueux, ni polygame) est régie par la loi du lieu où il a été célébré, même si les époux s'étaient rendus à l'étranger pour se soustraire à leur loi nationale. On connait la controverse qui se trouve

— 595 —

résolue par cette disposition [1]. D'après les articles suivants, les droits et les devoirs des époux sont régis par les lois du domicile matrimonial; — le contrat de mariage régit les biens des époux, quelles que soient les lois du domicile matrimonial; — s'il n'y a pas de contrat de mariage, la loi du lieu où le mariage a été contracté régit les biens meubles des époux [2], tandis que les immeubles sont soumis à la loi du lieu où ils sont situés.

Pour les catholiques le mariage religieux est obligatoire, et les prohibitions contenues dans le droit canon doivent être observées. C'est le clergé qui est juge des questions qui se présenteraient à cet égard et qui peut, s'il y a lieu, donner des dispenses. Il est remarquable, au point de vue international, que le Code reconnaît comme valables les mariages *religieux* contractés dans des pays où le mariage *civil* est obligatoire, par exemple en France, du moment que ces mariages ont été conclus en conformité avec les préceptes de l'église catholique.

A côté des mariages entre catholiques, le Code reconnaît les mariages entre catholiques et chrétiens non catholiques, autorisés par l'église catholique, et les mariages entre chrétiens non catholiques ou entre des personnes qui ne professent pas le christianisme : ces unions sont considérées comme valables si elles ont été célébrées conformément aux lois de l'État et à celles de l'Église à laquelle appartiennent les époux.

Le divorce n'existe pas. Ce que le Code appelle *divorcio* n'est que la séparation de corps. Cette séparation de corps doit toujours être prononcée par le juge compétent, c'est-à-dire par l'autorité ecclésiastique quand il s'agit de mariages entre catholiques ou autorisés par l'église, et par les tribunaux ordinaires pour les autres mariages.

Les titres II-XIV de cette section traitent successivement des enfants légitimes, du pouvoir paternel, de la légitimation, des enfants naturels, adultérins, incestueux et sacrilèges (enfants d'ecclésiastiques d'un ordre supérieur, ou d'un père ou d'une mère ayant fait vœu de chasteté dans un ordre religieux approuvé par l'église catholique), de la parenté et de ses degrés; — de la tutelle, de la curatèle, et du Ministère public des mineurs, autorité chargée de surveiller l'administration des tuteurs et des curateurs, et d'intervenir dans tous les actes et procès concernant des mineurs ou des interdits.

(1) V. STORY, *Conflict of Laws*, § 121 sqq.
(2) Le Code suppose ici que les époux aient leur domicile au lieu où le mariage a été contracté : s'ils changent de domicile, les biens acquis après ce changement sont régis par la loi du nouveau domicile.

Le second Livre du Code est intitulé : *De los Derechos personales e las relaciones civiles*. Sous ce nom de droits personnels il comprend les *obligations*, et l'on trouve dans ce second livre la législation peut-être la plus complète qui existe sur cette matière. Ce qui frappe tout d'abord, c'est la division parfaitement logique en trois sections, traitant successivement des obligations en général, des actes de l'homme (licites ou illicites) qui font naître une obligation, et enfin des obligations conventionnelles ou contrats. Cependant le rédacteur du Code va trop loin en prétendant, dans sa critique des législations existantes, par rapport à la distribution de cette matière [1], que *todos los Codigos de Europa y América* ont confondu les contrats et les obligations en général, équivoque « que causa una immensa » confusion en la jurisprudencia, y produce errores que no pueden corre- » girse.» Il est vrai que le Code Napoléon et les Codes auxquels il a servi de modèle sont fort défectueux à cet égard. Mais le Code civil hollandais, de 1838, se distingue par une distribution de la matière, analogue à celle qu'a adoptée le Code de la République Argentine.

On pourrait peut-être reprocher à la partie de ce Code qui traite des obligations, d'être un peu trop doctrinaire. En effet, on y trouve beaucoup de définitions, de divisions et d'explications qui seraient bien plus à leur place dans un livre scientifique que dans un Code. D'un autre côté on y trouve des dispositions qui ont une bien grande valeur pratique, et qu'on chercherait en vain dans les autres Codes. Citons comme telles les articles concernant les obligations *naturelles*, qui contiennent entre autres une énumération des obligations qui ont ce caractère, savoir :

1° celles qui ont été contractées par des personnes qui, bien qu'agissant avec discernement, sont déclarées incapables par la loi, comme, par exemple, la femme mariée, dans les cas où l'autorisation du mari est requise;

2° les obligations éteintes par la prescription ;

3° celles qui procèdent d'actes, auxquels un vice de forme ôte l'effet légal;

4° celles qui n'ont pas été reconnues en justice à défaut de preuve ou si le procès a été perdu par une erreur ou par la mauvaise foi du juge;

5° celles qui résultent d'une convention, réunissant les conditions générales requises en matière de contrat, mais auxquelles la loi, pour raison d'utilité publique, a dénié toute action civile, comme les dettes de jeu.

[1] Note a sur le titre de la section.

Adoptant en cela le système de Savigny (*Droit des Obligations* § 14), le Code accorde aux obligations naturelles un double effet légal : savoir l'exclusion de la *condictio indebiti* à l'égard de ce qui a été donné volontairement en exécution de ces obligations, et ensuite la validité des cautions, hypothèques, gages et clauses pénales constituées et consenties par des tiers pour assurer l'exécution d'obligations naturelles.

Dans le titre V de cette section (traitant des obligations conditionnelles) on trouve une énumération bien curieuse des conditions prohibées, qui rendent nulle l'obligation :

1° habiter toujours un lieu déterminé ou soumettre l'élection de domicile à la volonté d'un tiers ;

2° changer ou ne pas changer de religion ;

3° épouser une personne déterminée, ou ne se marier que sous l'approbation d'un tiers, ou en un certain lieu, ou à une certaine époque :

4° rester célibataire toute la vie ou pendant un certain temps, ou ne pas épouser une personne indiquée, ou se séparer de son époux ou épouse.

L'énumération de ces conditions contraires aux bonnes mœurs (qui ne peut être donnée qu'à titre d'exemples et pourrait être multipliée à l'infini) ne semble pas à sa place dans un Code. On l'a empruntée en partie aux Pandectes.

Les obligations qui ont pour objet de *donner*, et celles qui ont pour objet de *faire* ou de *ne pas faire* une chose sont réglées successivement dans tous les détails. Suivent les obligations alternatives, facultatives, divisibles et , indivisibles, solidaires, etc.

Viennent ensuite les différents modes d'extinction des obligations. Le Code énumère parmi ces modes d'extinction la *transaction*, qui est réglée avec beaucoup de soin dans le titre IV de la seconde partie de cette section, et l'*impossibilité* soit physique, soit légale, d'exécuter l'obligation, pourvu que cette impossibilité n'ait pas été amenée par une faute du débiteur.

Les faits et actes qui font naître une obligation (*obligationes ex lege*) font l'objet de la 2ᵉ section du Livre II. On trouve dans les sept premiers titres de cette section une analyse fort remarquable des effets juridiques des actes, des conséquences de l'erreur, du dol et de la violence.

Ce qui mérite d'être remarqué, c'est que le Code de la République Argentine (suivant, en ceci, l'exemple donné par le législateur hollandais de 1838) a complètement rejeté la *lésion énorme* comme cause de nullité des actes. Dans une note fort intéressante le rédacteur du Code justifie le système adopté à cet égard et démontre, par une étude de législation comparée, que, dans les Codes existants, on chercherait en vain un principe général concernant la lésion énorme et ses effets. Tantôt elle peut faire annuler tous les contrats ; tantôt son effet est limité au contrat de vente, soit que l'acheteur, soit que le vendeur ait souffert la lésion ; tantôt (comme dans le *Landrecht Prussien*) l'acheteur seul peut invoquer ce moyen ; tantôt (comme en France) ce n'est que le vendeur qui peut s'en servir. Quant à la mesure de la lésion et aux règles concernant l'action en rescision pour cette cause, il y a aussi à constater une variété immense entre les diverses législations.

Le rédacteur du Code en conclut que toutes ces dispositions ont un caractère arbitraire, et que les contrats librement consentis par des personnes capables de s'engager doivent être respectés par la loi, quel que soit le dommage qu'ils puissent causer à l'une des parties contractantes.

La 3ᵉ section du Livre II est consacrée aux *Contrats*, et traite successivement des contrats en général, du contrat de mariage (où l'on trouve aussi les règles concernant la communauté de biens), de la vente, de la cession de créances, de l'échange, du louage, de la société, des donations, du mandat, du cautionnement, des contrats aléatoires, du contrat de rente viagère, de l'éviction, des vices rédhibitoires, du dépôt, du prêt, de la gestion des affaires d'autrui [1].

Parmi les dispositions concernant les contrats en général, nous en trouvons quelques-unes qui se rapportent au droit international et dont voici un résumé.

Les contrats passés en pays étranger sont régis, en ce qui concerne leur validité, leur nature et leurs effets, par la *lex loci*, pourvu qu'il ne s'agisse pas de contrats contraires aux droits ou aux intérêts de la République ou de ses habitants.

Les contrats passés en pays étranger pour violer les lois de la république, ou ceux qui ont été passés dans la république pour violer les lois d'un autre pays, n'ont aucun effet.

Les contrats passés dans la république pour être exécutés ailleurs sont régis en ce qui concerne leur validité, leur nature et leurs effets, par les lois et les coutumes du pays où ils doivent recevoir leur exécution.

Les contrats passés en pays étranger pour transférer des droits réels sur des immeubles situés dans la République, ont la même force que ceux qui

---

(1) Il est remarquable que ce Code a rangé la *negotiorum gestio* parmi les *contrats*, et non pas parmi les obligations *quasi ex contractu*.

sont passés dans le pays même, pourvu qu'ils aient été faits par actes authentiques, dûment légalisés.

. Quant aux contrats conclus entre absents, soit par acte privé, signé en différents lieux, soit par l'intermédiaire d'agents ou par correspondance, les effets en seront régis pour chacune des parties par les lois de son domicile [1].

———

Le troisième livre traite des *Droits réels* (droits sur les choses). Nous y trouvons d'abord des définitions et des divisions nombreuses, empruntées au droit romain et à d'autres codes, et qui concernent les biens en général; ensuite les dispositions qui régissent la possession, les actions possessoires, la propriété et les différentes manières dont on acquiert la propriété [2]. Dans ce Livre il y a deux titres qui méritent surtout d'être signalés, puisqu'ils règlent avec beaucoup de soin des matières négligées par les législateurs des autres pays, savoir le Titre VII : *de la propriété imparfaite*, et le Titre VIII : *de la copropriété*. On connaît les questions délicates de différente nature, qui peuvent résulter du fait de la copropriété *pro indiviso*. Dans les 83 articles du titre cité, le législateur de la République Argentine s'est efforcé de déterminer les droits et les obligations des copropriétaires, d'abord en général, puis à l'égard de l'administration de la chose commune, de l'indivision forcée, de la copropriété de murs, enceintes et fossés, et enfin de la copropriété par confusion des bornes.

Le titre IX du livre III (sur les *actions réelles*, revendication, actions confessoire et négatoire), fragment du droit des actions en général, me semble un peu déplacé dans ce code civil : en tout cas on aurait dû comprendre aussi parmi les *acciones reales*, les actions possessoires, qui font l'objet du titre III du même livre.

L'usufruit, l'usage et l'habitation, les servitudes, l'hypothèque, le gage et l'antichrèse sont réglés dans les titres X-XVI du livre III. Impossible d'analyser ici le système adopté pour toutes ces matières. Ce qu'il y a de par-

---

[1] Nous avouons que cette disposition ne nous est pas parfaitement claire. Comment le même contrat peut-il être régi par deux législations différentes, selon qu'il s'agisse de l'une ou de l'autre des parties? Les obligations de l'une sont l'objet des droits de l'autre. Il faut donc que la même loi les régisse.

[2] D'après ce Code la propriété ne s'acquiert pas par l'effet des obligations, comme d'après le Code Napoléon. Le Code hollandais de 1838 a également rejeté ce principe du Code français, pour revenir à celui du Droit romain, qui exige la *tradition*.

ticulier dans ces titres, c'est qu'après les dispositions sur les servitudes en général, le législateur a inséré *quatre* chapitres sur quatre servitudes spéciales, les plus usitées, qui sont réglées dans tous les détails. D'après les notes de l'édition officielle, d'autres Codes américains, notamment celui du Chili et de la Louisiane se distinguent aussi par leurs dispositions concernant des catégories spéciales de servitudes.

En matière d'*hypothèques*, le Code adopte le système de la publicité et de la spécialité. L'hypothèque est sans effet vis-à-vis des tiers aussi longtemps qu'elle n'a pas été inscrite dans le registre public : le Code ne reconnaît que les hypothèques *conventionnelles*.

Quant au *gage*, ce Code exige que, pour être valable vis-à-vis des tiers, il soit constitué par acte authentique ou par acte privé, ayant une *date certaine*, quel que soit le montant de la dette.

————

Le quatrième livre du Code, intitulé « des Droits réels et personnels », contient, après un titre préliminaire sur la transmission des droits en général (titre fort remarquable et original), trois sections, dont la première traite des successions, tant *ab intestat* que par testament. Ce qui nous a surtout frappé dans les dispositions concernant cette matière, c'est le montant élevé de la portion légitime. Elle est de 4/5 de la succession pour les enfants légitimes (quel que soit leur nombre); de 2/3 des biens pour les ascendants (s'il n'y a pas de descendants légitimes), et de la moitié des biens pour l'époux survivant (s'il n'y a ni descendants légitimes, ni ascendants).

La deuxième section de ce livre : « du concours de droits réels et personnels contre les biens du débiteur commun » contient d'abord les dispositions sur les créances privilégiées et les divisions des privilèges en trois catégories, selon qu'ils s'exercent : a) sur tous les biens du débiteur, meubles ou immeubles; b) sur ses meubles seuls ; c) sur les immeubles. Les privilèges sur les meubles sont ou généraux ou spéciaux; ceux qui concernent les immeubles sont tous spéciaux, excepté : a) les frais de justice qui ont été faits dans l'intérêt commun des créanciers et ceux qui sont causés par l'administration des biens pendant le concours; b) les créances du fisc et des communes pour les contributions directes ou indirectes.

On trouve ensuite, dans cette section, un titre sur le droit de rétention, défini comme suit : « Le droit de rétention est la faculté accordée au détenteur » d'une chose, d'en conserver la possession jusqu'au paiement de ce qui

» lui est dû à raison de cette même chose. » Le Code exige donc qu'il y ait un rapport entre la dette et la chose retenue. Mais du moment que ce rapport existe, on a *toujours* le droit de rétention : ce droit n'est donc pas limité à un certain nombre de cas, spécialement énoncés, comme dans le Code Napoléon et d'autres législations, auxquelles ce Code a servi de modèle. Dans une note fort intéressante, le rédacteur du Code de la République Argentine défend le système adopté par lui, et nous souscrivons volontiers aux arguments qu'il développe.

Le Code ne s'explique pas sur la question vivement débattue entre les jurisconsultes, si le droit de rétention donne au rétenteur un droit de préférence vis-à-vis des autres créanciers, en cas de faillite ou d'insolvabilité du débiteur. Cependant il semble résulter de l'art. 4 du titre que le législateur s'est représenté ce droit comme donnant la préférence vis-à-vis des autres créanciers, car l'article cité permet aux autres créanciers d'opérer la saisie et la vente judiciaire d'un objet *retenu*, pourvu que le prix de vente soit laissé au *rétenteur*, jusqu'à concurrence de sa créance. D'après nous le droit de rétention ne devrait avoir d'effet qu'entre le débiteur et le créancier, et ne pas impliquer la préférence du *rétenteur*, du moment qu'il y a concours entre les créanciers.

Enfin la dernière section du livre IV traite de la *prescription*, considérée tant comme moyen d'acquérir la propriété, que comme mode d'extinction des actions. Ces deux sortes de prescriptions, d'une nature tout-à-fait différente, ont été fort bien distinguées et réglées séparément par le législateur.

Un titre complémentaire contient, en huit articles, les principes de droit *transitoire*, concernant l'application des lois civiles. C'est d'abord une série d'exceptions à la règle que la loi n'a pas d'effet rétroactif. Les droits acquis sont respectés, mais on ne considère pas comme tels les droits qui n'existent qu'en expectative, ni ceux qui n'ont pas encore été exercés ou qui n'ont pu produire aucun effet; la capacité civile est réglée par la loi nouvelle, sans porter atteinte à la validité de ce qui a été fait sous l'empire de la loi ancienne, conformément à cette loi; les lois nouvelles concernant le pouvoir marital, sont applicables aux mariages conclus avant la publication de ces lois;—les garanties accordées aux femmes mariées pour la sûreté de leurs dots et autres biens, aux mineurs et interdits à l'égard de leurs tuteurs ou curateurs, aux enfants à l'égard de leurs pères, et à l'État vis-à-vis de ses fonctionnaires comptables, sont réglées par la loi nouvelle, à moins qu'il n'y ait une hypothèque ou un gage expressément constitué. (Cette disposition a pour but d'abolir toutes les hypothèques *légales* : c'est excellent ; seulemént on aurait dù y ajouter quelques garanties dans l'intérêt des femmes mariées, des mineurs, etc., afin d'assurer la constitution, conformément aux préceptes de la nouvelle loi, d'hypothèques conventionnelles, destinées à remplacer les hypothèques légales abolies : la loi transitoire des Pays-Bas, de 1837, contient des dispositions de cette nature).

————

En terminant, exprimons l'espoir que notre article contribuera à appeler sur le nouveau Code civil de la République Argentine l'attention des jurisconsultes et des législateurs. Ils reconnaîtront, comme nous, que ce Code, fort remarquable au point de vue législatif, possède en même temps une haute valeur scientifique, et ils admireront l'esprit élevé et indépendant, ainsi que les connaissances étendues du savant rédacteur.

LE PROJET DE CODE ALLEMAND DE PROCÉDURE CRIMINELLE, DE 1873,

PAR

A. GEYER,

. Professeur à l'université de Munich.

—

Suite et Fin [1].

Le LIVRE III (§§ 234-267) traite des *voies de recours* (*von den Rechts-mitteln*), et les motifs cherchent surtout à justifier (pp. 206 et ss.) l'absence de l'appel contre la décision en fait, ce qui ne soulèvera guère de contradiction. Les voies de recours admises par le projet sont (en dehors de la reprise du débat) le *pourvoi* (*Beschwerde*) et la *révision*. Le pourvoi est accordé contre les *dispositions* (*Verfügungen*) et les *ordonnances* (*Beschlüsse*) des tribunaux de première instance ou (comme pourvoi ultérieur), *weitere Beschwerde*), contre les ordonnances du juge du pourvoi. La révision porte sur les *jugements* des tribunaux de première instance.

La *première section* du livre III (§§ 234-238) contient des *dispositions générales* pour les deux voies de recours. Nous remarquons d'abord le §234, d'après lequel le ministère public peut aussi user des voies de recours *en faveur* de l'inculpé. C'est là une émanation de cette idée fausse, poussée notamment à l'extrême par le droit français, que le ministère public ne serait pas à proprement parler partie au procès, mais qu'il constituerait un pouvoir impartial, supérieur même à celui du juge, ou plutôt qu'il serait la loi personnifiée et la justice incarnée. Plus on s'attache à cet idéalisme mal placé, plus on blesse l'égalité des parties et par conséquent la justice. Lorsque les motifs (p. 210) font valoir qu'il ne peut en aucun cas être interdit au juge de décider en faveur de l'inculpé, alors même que le ministère public seul exerce un recours en vue de faire appliquer une peine plus forte, cette observation est juste, mais n'a aucun trait à la question. Sans doute le juge a cette faculté; mais il y a loin de là à intervertir la

(1) V. pp. 421 et ss. du présent volume.

position respective des parties en accordant ce même droit, (sur lequel se fonde naturellement du même coup une obligation officielle) au ministère public.

Le § 235 dispose :

« Le défenseur qui, dans le débat principal, a représenté l'inculpé peut,
» exercer un recours au nom de celui-ci, mais non contre sa volonté expres-
» sément manifestée. »

Le § 236 donne au représentant légal d'un inculpé ainsi qu'à l'époux d'une femme inculpée le droit d'user, de leur propre autorité, des voies de recours.

Enfin le § 238 décide que l'on peut revenir sur le désistement et sur la renonciation à une voie de recours, aussi longtemps que le délai légal pendant lequel on peut s'en servir n'est pas expiré.

La *deuxième section* (§§ 239-247) traite du *pourvoi*. Le § 239 porte d'abord :

« Le pourvoi est ouvert contre toutes les dispositions et les ordonnances
» du juge de l'instruction et du juge de canton, pour autant que la loi ne les
» déclare pas expressément inattaquables.
» Les témoins, experts et autres personnes peuvent se pourvoir contre les
» dispositions et ordonnances qui les concernent. Aucun pourvoi n'est admis-
» sible contre les ordonnances et dispositions de la Cour suprême. »

Le § 240 est ainsi conçu :

« Les décisions rendues avant le jugement définitif par les tribunaux qui
» connaissent du fond de l'affaire, ne sont pas sujettes au pourvoi. Sont
» exceptées les décisions relatives à des emprisonnements, à des saisies ou
» à des fixations de peines. »

A l'appui du § 240, les Motifs disent (p. 213) : « Ces décisions » (dont parle le § 240) « se rattachent d'ordinaire par une intime connexité au
» jugement du fond, et tendent à le préparer, mais elles ne se présentent
» que comme des dispositions tout-à-fait provisoires, qui, lors du jugement
» définitif, sont de nouveau soumises à l'examen du tribunal. Si le tribunal
» supérieur intervenait dans la procédure avant même que le jugement fût
» rendu, il y aurait là une immixtion incompatible avec la situation et les
» fonctions du tribunal de première instance. Ceci est surtout vrai des
» ordonnances qui admettent ou écartent l'examen d'un moyen de preuve.
» Dans tous les cas, celui qui se trouve lésé par la décision conserve le droit

» de faire valoir ses griefs, puisqu'ils peuvent être invoqués à l'appui de la
» révision contre le jugement qui sera rendu ensuite. Le pourvoi se résout
» donc ici dans le mode de recours exercé au moyen de la révision. »

Le pourvoi peut d'ailleurs, comme le projet le reconnaît implicitement,
se fonder en règle générale sur des motifs de fait aussi bien que sur des
motifs de droit.

Quand aux degrés d'instance, qui doivent être réglés par la loi sur l'organisation judiciaire, le projet part, comme les Motifs le font remarquer, du
principe que le pourvoi contre le tribunal de première instance sera porté
devant le tribunal provincial supérieur. Là seulement où il s'agira d'ordonnances du juge d'instruction, ou de celles que le juge de canton aura rendues
dans la procédure préparatoire, le pourvoi s'adressera au tribunal d'arrondissement (*Landgericht*). Le § 247 dispose à cet égard :

« Les ordonnances rendues par le tribunal d'arrondissement dans l'instance
» sur le pourvoi peuvent, en tant qu'elles concernent des arrestations, saisies
» ou fixations de peines, être l'objet d'un nouveau pourvoi. Dans tous les
» autres cas, les décisions rendues dans l'instance sur le pourvoi ne sont plus
» susceptibles d'aucun recours. »

Le § 246 règle comme suit la procédure sur le pourvoi : « La décision
sur le pourvoi est rendue sans débat oral préalable. Le ministère public
sera d'abord entendu en ses conclusions écrites. Si le pourvoi est reconnu
fondé, le tribunal qui l'a admis décide en même temps de l'affaire elle-
même. »

La révision forme l'objet de la *troisième section* (§§ 248-267). Voici
comment les motifs caractérisent la révision en général : « La mission du
» juge supérieur consiste seulement à juger l'affaire *en droit;* mais pour
» y parvenir, il a une pleine liberté de mouvement, et on a tracé le moins
» possible de limites formelles à son action. C'est en ceci que consiste la ·
» principale différence entre la voie de recours instituée par le projet et le
» recours en cassation (*Nichtigkeitsbeschwerde*). D'un autre côté, il résulte
» de la liberté laissée au juge supérieur, qu'en règle générale il ne doit pas
» mettre à néant le jugement attaqué du moment où le premier juge a, dans
» sa décision ou dans sa manière de procéder, violé la loi d'une manière
» quelconque, mais alors seulement qu'il existe un lien évident ou du
» moins possible entre la violation de la loi et la décision rendue. Pour le
» cas enfin où le jugement doit être mis à néant, le juge supérieur ne doit
» pas se borner à le déclarer, mais il doit statuer lui-même au fond, pour

» autant que cela puisse se faire sans envahir le domaine de l'appréciation
» des faits réservé au premier juge. »

Le recours en révision a lieu, d'après le § 248, contre les jugements des
tribunaux échevinaux. Il ne peut, d'après le § 249, avoir pour fondement une
violation de la loi sur laquelle reposerait le jugement. La loi est considérée
comme violée, lorsqu'une règle de droit « n'a pas été appliquée ou qu'elle
» ne l'a pas été correctement. » D'après le § 251, sont aussi soumises à
l'appréciation du juge de la révision les décisions qui reposent sur une violation de la loi, et qui ont été rendues dans le débat principal avant le
prononcé du jugement.

L'expression : *règle de droit* (*Rechtsnorm*) du § 249 doit être, comme
le font observer les Motifs (p. 218), comprise dans son sens le plus
étendu. « Elle ne s'applique pas seulement aux dispositions expresses de la
» loi, mais encore à tous les principes qui résultent du sens et de la con-
» texture des prescriptions légales. Le projet ne distingue pas non plus
» entre les règles du droit matériel et celles du droit de procédure. En prin-
» cipe, toute règle de procédure peut donner motif à révision. » Mais le succès
de cette voie de recours dépend de la connexité plus ou moins étroite entre
la violation que la loi a subie et la décision même. « Si le tribunal devait,
» par une bonne application de la règle de droit, arriver à la même décision,
» la mauvaise application qu'il aurait faite ne pourrait servir de fonde-
» ment à la révision. »

Tout cela est parfaitement juste en théorie, mais peut, dans la pratique,
mener à méconnaltre le principe de l'oralité. Lorsqu'une règle essentielle de
droit aura été violée, on ne pourra pas commencer par exiger la démonstration
que cette circonstance a influé sur la décision. Ce point sera au contraire
admis d'emblée, s'il n'est pas établi qu'une pareille influence *n'a pu exister*.
(Nous faisons ici abstraction des cas, où la loi elle-même — v. § 250 du
projet — admet la nullité d'une manière absolue, et où, par conséquent, la
preuve contraire est complétement inadmissible). C'est dans ce sens seulement que l'on pourra admettre ce que dit le passage précité des Motifs en
parlant « d'une connexité au moins possible avec la décision. »

D'après le § 250, un jugement doit toujours être considéré comme reposant sur une violation de la loi : 1) lorsque le tribunal qui l'a rendu n'était
pas régulièrement composé ; 2) lorsqu'un des juges qui ont siégé était légalement exclu de l'exercice des fonctions judiciaires dans l'affaire dont il
s'agit ; 3) lorsqu'un des juges qui ont siégé avait été récusé pour cause de
suspicion légitime, et que la requête en récusation est considérée comme

fondée; 4) lorsque le tribunal qui a rendu le jugement s'est considéré à tort comme compétent ou incompétent; 5) lorsque le débat principal a eu lieu en l'absence du ministère public ou d'une personne dont la présence est requise par la loi ; 6) lorsque, après la publication de la loi sur l'oralité de la procédure, on aura méconnu ses prescriptions concernant la publicité des débats; 7) lorsque le jugement ne contient pas de motifs.

Il faut remarquer comme spécialement importants les §§ 255 et 262, qui sont ainsi conçus :

§ 255. — « Le demandeur en révision doit déclarer dans quelle mesure » le jugement sera attaqué et son annulation poursuivie » (conclusions en révision).

« A l'appui des conclusions, il est nécessaire de désigner la règle de droit » qui n'a pas été ou qui a été mal appliquée, et, si l'on soutient que la loi a » été violée en ce qui concerne la procédure, de spécifier les faits qui con- » stituent l'irrégularité.

§ 262. — « Le tribunal appelé à statuer sur la révision ne doit connaître » que des conclusions en révision qui lui sont soumises, et, en tant que la » demande se forme sur des irrégularités de procédure, des faits qui ont » été spécifiés dans les conclusions en révision.

« Une indication inexacte de la règle de droit violée n'est pas préjudi- » ciable. »

Ainsi le projet exige du demandeur en révision la production de conclusions formelles, dûment motivées. » Les conclusions en révision doivent » déterminer le point en litige dans l'instance de révision; elles portent » uniquement sur la formule, le dispositif du jugement (*die Urtheils-* » *formel*) et doivent faire connaître si celui-ci est attaqué en entier ou » seulement pour partie comme mal conçu... L'examen du juge de la » révision est circonscrit par les conclusions en révision de telle manière » que si, par exemple, on signale uniquement des irrégularités de procédure, » l'application incorrecte de la loi contenue dans la décision même ne peut » conduire à l'annulation du jugement. » (Motifs, p. 222.)

Nous considérons ce point de vue strictement formaliste comme exact, comme en harmonie avec le principe accusatoire, et nous approuvons également que la demande en révision doive être écartée par le président du tribunal de première instance, lorsque les conclusions n'ont pas été présentées en temps utile ou qu'elles ne le sont pas en due forme (§ 257). Au surplus, le demandeur en révision peut, en pareil cas, exiger, dans le délai d'une semaine, la décision du tribunal saisi de sa demande, mais celui-ci peut écarter la voie de recours sans débat principal (par simple ordonnance), lorsque le demandeur en révision n'a pas produit de conclusions, de sorte qu'il n'appert point sur quel chef il attaque le jugement (§ 259). Cette disposition doit être maintenue, parce que sans cela la poursuite en révision dégénèrerait en une simple protestation générale contre le premier jugement. Le demandeur en révision peut d'autant moins se plaindre d'un excès de sévérité, que la loi ne va pas jusqu'à permettre de le renvoyer pour simple inobservation des prescriptions relatives à la manière dont ses conclusions doivent être *motivées*.

Pour ce qui concerne la procédure dans l'instance de révision, il est à noter que l'inculpé n'est pas invité à être présent au débat principal, mais à sa demande il en est informé, et il peut y comparaître en personne ou se faire représenter par un défenseur (§ 260). Le débat s'ouvre par l'exposé que fait un rapporteur, après quoi on entend le ministère public, l'inculpé et son défenseur en leurs conclusions et développements, en commençant par le demandeur en révision (§ 261).

Les §§ 264-267 s'occupent de la décision à rendre par le tribunal de révision. Dans la mesure où la révision est considérée comme fondée, le jugement attaqué, et, si le grief consiste dans une irrégularité de procédure, la procédure également, dans la mesure où elle est viciée par cette irrégularité, doivent être annulés (§ 264). En règle générale vient ensuite le renvoi devant le premier juge qui, dans sa nouvelle décision, doit partir du point de vue juridique admis par le tribunal de révision (§ 265, 1ᵉʳ al.). Cependant le tribunal de révision prononce sur l'affaire elle-même, lorsque le jugement est annulé pour violation de la loi dans l'application de celle-ci aux faits constatés, et qu'il n'est pas nécessaire, pour prononcer sur l'affaire elle-même, d'élucider des circonstances de fait ou d'apprécier le montant de la peine dans les limites fixées par la loi (§ 265, al. 2). Nous ne pouvons qu'approuver cette divergence d'avec le système français. Les fonctions ainsi délimitées ne peuvent en effet amener aucun empiétement sur le domaine de l'appréciation en fait. L'évaluation de la peine ne peut être faite qu'en première instance et non sur le vu des actes. Il est à déplorer sous ce rapport que l'on ne puisse se décider en Autriche à abandonner le vieux système patriarcal, d'après lequel le tribunal du degré supérieur peut accorder d'une manière entièrement arbitraire, tout au moins une réduction de peine.

Le § 267 porte : « Si le jugement annulé n'a été attaqué que par

» l'inculpé, le nouveau jugement ne peut appliquer une peine plus sévère
» que celle qui a été prononcée la première fois. » (Peu importe donc
que la nouvelle décision soit rendue dans l'affaire même par le tribunal de
révision, ou qu'elle le soit par le juge de première instance.)

Le livre IV (§§ 268-281), qui n'est point divisé en sections, parle *de la
rétractation (Wiederaufhebung) de jugements passés en force de chose jugée.*
D'après le § 268 cette rétractation n'a lieu en faveur du condamné que dans
les cas suivants : 1) Lorsqu'un document produit contre lui dans le débat
principal se trouve être faux ou falsifié; 2) lorsque, en affirmant sous
serment un témoignage rendu ou un rapport délivré contre lui, le témoin
ou l'expert s'est rendu coupable avec intention ou par négligence d'une
violation de la foi jurée; 3) lorsqu'un des juges ou des échevins qui ont
pris part à la sentence ou un interprète employé dans la procédure s'est
rendu coupable, dans sa conduite relative à l'affaire, d'une violation de ses
devoirs professionnels, en tant que cette violation est frappée d'une peine
publique à appliquer par la voie de la procédure criminelle judiciaire;
4) lorsqu'un jugement du tribunal civil, sur lequel est fondée la décision
rendue au criminel, est annulé par un autre jugement passé en force de
chose jugée; 5) lorsqu'il se présente de nouveaux faits d'où résulte que
l'acte à raison duquel la condamnation a été prononcée n'a pas été commis
ou n'a pu être commis par l'individu condamné.

Il est à regretter que le projet ne permette pas purement et simplement la
rétractation de la procédure au profit du condamné, du moment où il se présente de nouveaux faits ou moyens de preuve qui, par eux-mêmes, ou en se
combinant avec des preuves précédemment recueillies, soient de nature à
amener soit l'acquittement du condamné, soit l'application d'une peine plus
légère ou d'un principe pénal plus doux. Il n'est pas exact d'objecter, comme
le font les Motifs, p. 236, que cette règle violerait le principe de l'oralité. Il
est vrai que le juge, chargé de statuer sur l'admissibilité de la rétractation,
ne puisera dans les actes aucune *certitude* sur l'effet des *nova*. Mais ce n'est
pas là ce qui importe. A cette phase du procès il doit suffire d'une *probabilité*, sur le fondement de laquelle ce sera seulement à la procédure *orale*,
qui vient ensuite, à statuer définitivement. Il n'y a pas à craindre que l'on
n'abuse de l'instance en rétractation, si notre proposition est adoptée. C'est
ce que démontre l'expérience faite dans les pays où existe déjà un système
analogue, par exemple en Autriche où, malgré la tendance des parties à user
des voies de recours, un pareil abus est complètement inconnu.

D'après le § 271 la rétractation a lieu *au détriment* de l'inculpé : 1) lorsqu'un document produit au débat principal en faveur de l'inculpé se trouve être faux ou falsifié ; 2) lorsque, en affirmant sous serment un témoignage rendu ou un rapport dressé en faveur de l'inculpé, le témoin ou l'expert a été, à dessein ou par négligence, coupable d'une violation de la foi jurée ; 3) lorsqu'un juge qui a coopéré à la sentence ou un interprète employé pendant les débats s'est rendu coupable, relativement à l'affaire, d'une violation de ses devoirs professionnels, en tant que cette violation est frappée d'une peine publique à appliquer par voie de poursuite judiciaire criminelle. Il faut admettre, en effet, que l'on puisse revenir sur un acquittement obtenu à l'aide d'un crime.

Le projet a encore raison (§ 274) de charger le tribunal de première instance de prononcer sur l'admission de la requête en rétractation. Ce tribunal, en effet, est le mieux à même d'apprécier la valeur des noms invoqués. Cette disposition est d'autant moins sujette à objection que le § 280 reconnaît le droit de se pourvoir contre toutes les décisions de cette nature, rendues par le tribunal de première instance.

Le Livre V (§§ 282-336) traite *de la participation de la partie lésée aux débats*, et notamment dans la première section (§§ 282-304) de l'action *privée (Privatklage)* en général. Le projet ne connaît pas ce qu'on appelle l'*action privée subsidiaire*. Celle-ci, récemment introduite en Autriche, consiste en ce que, dans le cas où le ministère public refuse de poursuivre ou se désiste de la poursuite dans le cours de l'instance, la personne lésée par le délit a le droit de mettre l'action en mouvement, *même s'il ne s'agit pas* de délits qui puissent seulement être poursuivis sur la plainte de la partie lésée. C'est là une garantie efficace contre le danger d'une conduite arbitraire de la part du ministère public. Toutefois l'*exposé des motifs* fait remarquer (p. 245) que l'action privée est en contradiction fondamentale avec le caractère du droit pénal. Si l'on voulait introduire cette action comme garantie contre un ministère public oublieux de ses devoirs, on arriverait en réalité à l'action populaire, dont le rétablissement serait en désaccord complet avec les tendances actuelles de la législation. L'action privée ne doit donc être admise que pour les délits dont la poursuite a besoin d'être provoquée.

Ce qui est certain c'est que la nature *publique* de la peine semble répugner à ce que l'action ne soit pas publique. Cependant cette contradiction ne se produit réellement que là où, comme en Angleterre, l'action publique n'est pas reconnue comme arrivant régulièrement en première ligne. Mais lorsqu'on admet celle-ci comme règle et lorsque, prenant le principe accusatoire au sérieux, on écarte les ordonnances de poursuite émanant du tribunal, il en résulte, pour le ministère public, une considérable extension de pouvoir, et il est impossible de se dissimuler, même en présence de la nature publique du droit de punir, que l'absence de poursuite de la part du ministère public peut avoir pour résultat les atteintes les plus graves aux droits, aux intérêts et aux sentiments de la partie lésée. Il·ne faut pas, en matière de poursuite plus qu'ailleurs, remplacer complétement l'initiative privée par la tutelle de l'État tout-puissant. Le caractère public de la poursuite criminelle est déjà suffisamment respecté par le fait que l'action privée n'arrive qu'en ordre subsidiaire, ainsi que par toute la physionomie des débats, dont les traits essentiels se règlent comme pour l'action publique et non comme dans un procès civil. Il est encore à remarquer que l'introduction de l'action privée subsidiaire agira surtout comme avertissement pour l'officier du ministère public qui serait tenté de négliger ses devoirs. La perspective de l'action privée qui le menace, et le démenti que lui infligerait le succès de celle-ci l'engage à bien examiner la question de savoir si, en effet, il n'existe pas de motif suffisant pour intenter l'action publique. L'exercice de l'action privée en dehors des délits qui ne peuvent être poursuivis que sur requête, sera donc très rare, car la possibilité de l'introduire sera précisément ce qui, en règle générale, rendra son exercice inutile.

Nous ne nous effraierions pas d'ailleurs de voir introduire l'exercice de l'action populaire subsidiaire dans les cas où il n'y a pas de partie lésée, et auxquels se réfèrent les Motifs (p. 245), comme, par exemple, dans les cas d'achat de votes ou de falsification des résultats d'élections publiques. Naturellement l'action populaire serait soumise à des règles analogues à celles de l'action privée.

Cependant le § 282 du projet est ainsi conçu :

« Lorsqu'il s'agit d'actes punissables dont la poursuite ne peut avoir lieu
» que sur requête, ou contre lesquels le tribunal de répression peut prononcer
» une amende au profit de la personne lésée, celle-ci a le droit d'intenter
» l'action privée, lorsque le ministère public s'est refusé à intenter l'action
» publique. Cette faculté s'évanouit s'il n'en est pas fait usage dans les trois
» mois qui suivent la notification de la décision du ministère public. »

Les §§ 283 et 284 contiennent des dispositions spéciales sur la défense des inculpés, qui n'ont pas eux-mêmes *personam standi in judicio.*

L'art. 285 dit ensuite : « l'action privée doit être intentée et conduite par » un homme de loi (Rechtsanwalt) muni d'une procuration à cet effet. » Nous ne saurions approuver cette aggravation de l'action, et nous préférerions que, à l'exemple du projet autrichien, § 49, on laissât au tribunal le soin d'apprécier s'il imposera au particulier demandeur *absent du siége du tribunal* la désignation d'un fondé de pouvoirs ayant sa résidence en ce lieu, et s'il lui ordonnera de recourir à l'assistance d'un homme de loi.

Une autre aggravation, dans l'exercice de l'action privée, résulte du § 287. Il exige en effet, dans les affaires où une information préalable est nécessaire, la production, au moment où l'action est intentée, d'un « écrit d'accusation, » énumérant les moyens de preuve d'une manière aussi complète que le ferait un acte d'accusation. Il n'est pas exact de dire avec les Motifs (p. 250), que cette prescription est nécessaire parce que sans cela l'action privée se réduirait à une simple dénonciation. Car tout dépend de la position que la partie privée prend dans la suite du débat, et c'est en quoi elle diffère du dénonciateur.

D'après le § 289, celui qui intente une action privée doit donner d'avance des sûretés pour le montant présumé des frais incombant à l'État et au prévenu. On ne pourra certes pas reprocher au projet de montrer pour l'action privée une prédilection spéciale.

Le surplus de la procédure sur l'action privée est essentiellement le même que sur l'action publique. Cependant le tribunal a naturellement la faculté d'entendre, s'il le trouve convenable, la partie privée comme témoin, même sous serment (§ 297). Le ministère public peut du reste (d'après le § 304), en en faisant la déclaration expresse, reprendre la poursuite à toutes les phases de l'affaire, jusqu'au moment où le jugement est passé en force de chose jugée. D'un autre côté, d'après le § 299, l'action privée peut être retirée jusqu'au prononcé du jugement. L'action privée, une fois retirée, ne peut plus être reprise (§ 300). La mort du particulier demandeur a également pour effet d'arrêter la procédure (§ 301). Toutefois, si le débat principal a déjà été ouvert, l'inculpé peut, dans la semaine de la notification qui lui a été faite dans les deux cas précités, réclamer que le débat soit continué et terminé par jugement. C'est alors au ministère public à suivre l'affaire (§ 210).

La deuxième section (§§ 303-313) traite de *l'action privée spécialement dans le cas d'outrages et de lésions corporelles.* On ne peut ici qu'approuver la disposition du projet (Cf. Motifs, pp. 258-262) qui, au cas d'outrages ou de lésions corporelles, dont la poursuite ne peut avoir lieu que sur requête, ne permet pas seulement l'action privée *subsidiaire*, mais dispose, au § 305, que celle-ci peut être intentée sans que l'on doive d'abord s'adresser au ministère public. Le ministère public n'intervient pas dans l'instance introduite par l'exercice de l'action privée, mais il doit, par exception, poursuivre par l'action publique les actes punissables désignés ci-dessus, « lorsque l'intérêt public semble l'exiger ». Dans les cas dont il s'agit, la partie privée (§ 306) n'a pas besoin d'être représentée par un homme de loi (*Rechtsanwalt*). Mais elle a la faculté de recourir à une pareille représentation, lorsque le tribunal n'ordonne pas sa comparution personnelle (§ 310). Si les deux parties demeurent dans le même canton judiciaire (*Amtsgerichtsbezirk*), l'action privée n'est recevable qu'après une tentative infructueuse de conciliation faite par l'autorité conciliatrice instituée par les lois du pays (§ 307). En cas d'outrages ou de lésions corporelles *réciproques*, l'inculpé peut, jusqu'à la clôture du débat principal, conclure par voie de demande reconventionnelle à la punition du demandeur, et le jugement statue alors à la fois sur les deux demandes primitive et reconventionnelle.

Dans la troisième section (§§ 314-321), il est question *de l'intervention de la personne lésée comme partie-jointe (von dem Anschluss des Verletzten als Nebenkläger)*. Aux termes du § 314, quiconque aurait qualité pour agir comme partie privée, peut, à toutes les phases du débat, se rattacher comme partie jointe aux conclusions de l'action publique. Il le peut même après que le jugement a été prononcé, en produisant des moyens de le réformer en droit. La partie jointe ne doit pas donner caution (§ 314, 3ᵐᵉ al.), et elle a, lorsque le tribunal l'a admise comme partie jointe, les mêmes droits que la partie civile principale. Elle *peut* (sans y être obligée) transférer à un homme de loi le soin d'user de ces droits en son nom (§ 316). Cependant le débat principal déjà fixé a lieu (de même que les autres termes) au jour indiqué, alors même que le temps a manqué pour inviter ou informer la partie jointe (§ 317). La partie jointe peut former son recours indépendamment du ministère public. Si le jugement attaqué est réformé en vertu d'un moyen de droit proposé par la partie jointe, c'est au ministère public qu'il appartient de nouveau de poursuivre ultérieurement l'affaire (§ 320). L'institution de la partie jointe, qui ne se présente encore sous cette forme dans aucune législation, est destinée à servir de garantie contre la direction arbitraire de l'affaire par le ministère public. Autrement il dépendrait de ce dernier, en se chargeant de la poursuite, d'exclure les personnes lésées de toute participation à la procédure (Motifs, pp. 264 et ss.). On ne peut sans doute dénier toute valeur à cette institution : mais il lui faudrait comme corollaire nécessaire l'action privée subsidiaire, pour le cas où le ministère public se refuserait à poursuivre.

La quatrième section (§§ 322-336) traite de *l'intervention de la partie lésée comme partie civile* (*Civilkläger*), et part avec raison du principe de l'admissibilité de l'intervention. Dans ce cas la partie civile reçoit en général les droits de la partie jointe (§ 327). Les objections que l'on fait valoir contre l'intervention sont écartées par la disposition suivante du § 326 : « Les'offres de preuve des faits sur lesquels se fondent les conclusions de la » partie civile, ainsi que de l'objet de ces conclusions, ne sont admises qu'en » tant qu'elles sont en même temps utiles à la poursuite criminelle ou que » la solution de l'affaire criminelle n'en est pas retardée. Dans le cas » contraire, la partie civile est renvoyée avec ses conclusions devant le » tribunal civil. La décision rendue à ce sujet n'est susceptible d'aucun » recours. » Au surplus, d'après le § 329, le fait que la partie civile conclut à une réparation pécuniaire ne l'empêche pas d'être entendue comme témoin dans l'affaire criminelle. Les Motifs font ici remarquer avec raison (p. 275, cf. p. 271) que : « Si la décision du juge au criminel forme régu- » lièrement la base de celle du juge au civil, la personne lésée, qui ne fait » pas valoir ses prétentions pendant les débats sur l'affaire criminelle, a » le même intérêt pécuniaire au résultat de celle-ci que celle qui s'est » jointe comme partie civile à la poursuite criminelle. Ce serait donc une » erreur que de faire dépendre la force probante du témoignage rendu » dans le procès criminel par l'individu lésé, et l'admissibilité de celui-ci à » être entendu sous serment, de la question de savoir si, dans le procès » criminel, il s'est ou non porté partie civile. » Ceci est d'autant moins sujet à objections, que, même dans la procédure civile, nos efforts doivent tendre à remplacer le *juramentum litis decisorium*, tel que nous l'avons aujourd'hui, par le droit des parties de rendre témoignage dans leur propre cause, comme cela a lieu en Angleterre (Cf. GLASER, *kleine Schriften*, II, p. 412).

D'après le § 331, le jugement du tribunal criminel ne doit statuer sur la demande de la partie civile que dans le cas où il prononce la condamnation de l'inculpé. Si celui-ci est acquitté ou si l'affaire se termine sans jugement, la partie civile est libre de poursuivre ses prétentions devant le tribunal civil, puisque l'acquittement même ne prouve nullement que les conclusions prises au civil par la personne lésée manquent de fondement (V. Motifs, p. 275). Le dispositif du jugement au sujet de la demande en dommagesıntérêts peut être attaqué par la partie civile et par le condamné, à l'aide des mêmes voies de recours et dans les mêmes délais que les jugements rendus en matière civile (§ 333). Si la décision sur l'application de la loi pénale est combattue en même temps que celle qui porte sur la demande en dommages-intérêts, le procès est interrompu en ce qui concerne cette dernière jusqu'à ce qu'il ait été statué au sujet de la peine par une décision passée en force de chose jugée. Si la décision au sujet de l'application de la loi pénale est annulée, celle qui concerne la demande en dommages-intérêts tombe d'elle-même. Il en est de même quand, après que le jugement est passé en force de chose jugée, il est l'objet d'une rétractation (§ 334) (*Wiederauf-hebung.*) Cette séparation entre l'affaire civile et l'affaire criminelle dans les instances supérieures, qui du reste n'est pas exempte d'inconvénients, est proposée parce que, disent les Motifs, p. 276, « la jonction de l'affaire civile » avec l'affaire criminelle qui dépend de la volonté de la personne lésée ne » peut pas conduire à ce que l'inculpé soit privé, par rapport à sa responsa- » bilité pécuniaire, des voies de recours qui lui seraient ouvertes s'il avait » été attrait devant les tribunaux civils. »

Faisons encore remarquer que, d'après le § 332, les échevins ne pren- nent point part à la décision sur la demande en dommages-intérêts, et que, d'après le § 336, dans les cas où la personne lésée réclame la condamnation à une amende dont le montant doit lui revenir, la procédure se règle d'après les dispositions relatives à l'action privée et à l'intervention de la personne lésée comme partie jointe, de sorte que, dans ce cas, les échevins auraient à prendre part à la décision sur les amendes.

Le LIVRE VI (§§ 337-362) traite *de quelques espèces spéciales de procédure* (*von besonderen Arten des Verfahrens*), et sa *première section* (§§ 337-341), *de la procédure en matière d'ordonnances pénales des juges cantonaux* (*von dem Verfahren bei amtsrichterlichen Strafbefehlen*). D'après le § 337, le juge de canton peut, dans les affaires criminelles du degré inférieur, infliger une peine par voie d'ordonnance pénale, sans autre forme de procès, lorsque le réquisitoire du ministère public conclut dans ce sens, et lorsque l'inculpé se trouve en liberté. Mais une ordonnance pénale ne peut pro- noncer de peines autres qu'une amende de 50 thalers au plus, ou un empri- sonnement de six semaines au maximum, ou la confiscation dans les cas où elle peut être encourue. Si l'ordonnance pénale n'est pas frappée d'opposition dans la semaine suivante, elle acquiert force de chose jugée. Toutefois le juge cantonal ne déférera à la requête du ministère public, laquelle doit

conclure à une peine déterminée, que si aucune objection ne s'oppose à ce
que l'ordonnance soit rendue. Si, au contraire, il existe des objections, ou si
le juge cantonal veut appliquer une peine moindre que celle qui lui est
proposée, tandis que le ministère public persiste dans ses conclusions,
l'affaire doit être l'objet d'un débat oral (§ 338). En prononçant sur l'opposition formée contre l'ordonnance (§ 340), le tribunal n'est pas lié par la
peine prononcée dans celle-ci. Car, comme le remarquent les Motifs (p. 281),
l'opposition n'ayant pas le caractère d'une voie de recours, il n'y a pas lieu
ici de se placer au point de vue d'une *reformatio in pejus*, et le tribunal ne
peut être forcé de rendre une décision autre que celle qui, *d'après les
données fournies par le débat*, apparaît comme la plus juste.

La *deuxième section* (§§ 342-346) parle *de la procédure après arrêt
répressif de la police* (von dem Verfahren nach vorangegangener polizei-
licher Strafverfügung). Le § 342 limite *aux contraventions* la compétence
des autorités de police à infliger par arrêté une peine comminée dans les
lois répressives. La peine elle-même ne peut consister qu'en une amende
du maximum de 25 thalers, ou en un emprisonnement subsidiaire pour le
cas d'insolvabilité, ou en confiscation. Aux termes du § 343, l'inculpé peut,
dans la semaine qui suit la signification de l'arrêté répressif, réclamer une
décision judiciaire, et, dans ce cas, l'affaire est l'objet d'un débat régulier
devant le petit tribunal échevinal (§ 344). Celui-ci, en rendant son jugement, ne doit avoir aucun égard à la peine décrétée par la police (§ 345).

Dans la *troisième section* (§§ 347-354), il est question *de la procédure en
cas d'infraction aux dispositions concernant la levée des taxes et contributions publiques* (von dem Verfahren bei Zuwiderhandlungen gegen die
Vorschriften über die Erhebung öffentlicher Angaben und Gefälle). Ces
« infractions » seront d'abord jugées par les autorités administratives. Mais
en cas de condamnation prononcée contre lui, l'inculpé peut, dans la
semaine qui suit la notification, réclamer une décision judiciaire (§ 347),
et, dans ce cas, le tribunal ouvre le débat principal sans autre forme
de procès (§ 348). Si l'administration ne fait pas usage de la faculté de
prononcer une condamnation, et si le ministère public refuse de satisfaire à
la demande de poursuite qui lui est adressée, l'autorité administrative peut
intenter elle-même la poursuite et désigner un de ses fonctionnaires pour la
diriger en son nom (§ 350). Pour le surplus, on observe les règles tracées
pour l'action privée (§ 351). L'autorité administrative peut aussi figurer
comme partie jointe à côté du ministère public (§ 352).

La *quatrième section* (§§ 355-362) s'occupe *de la procédure contre les personnes qui se sont soustraites au service militaire*. Le projet permet ici une procédure par contumace, parce que, comme le disent les Motifs, (p. 286), les actes punissables, prévus aux §§ 140 et 360 du Code pénal, consistent précisément dans la sortie du pays ou dans le séjour à l'étranger, et que, par conséquent, l'absence de l'accusé est un des caractères du fait incriminé, et que l'application de la loi pénale deviendrait illusoire, si l'on ne permettait pas, dans ce cas, plus que dans les autres, de condamner un absent. Au moment où le coupable se représenterait (ce qui serait d'ailleurs fort rare), l'action publique serait en général prescrite.

Le LIVRE VII et dernier (§§ 363-383) parle de *l'exécution des jugements de condamnation et des frais de la procédure*. La *première section* (§§ 363-373) est spécialement consacrée à l'exécution des jugements. D'après le § 363 c'est le *ministère public* qui est chargé de la mise à exécution, sur le vu d'un extrait du jugement délivré par le greffier du tribunal et revêtu de la formule exécutoire. Plusieurs codes allemands, au contraire, confient l'exécution aux tribunaux eux-mêmes. Le projet est parti de l'idée qu'il fallait autant que possible débarrasser les fonctions du juge de tout ce qui est étranger à la décision des affaires. On fait encore valoir la considération pratique, que l'on peut espérer du ministère public une exécution plus prompte et plus énergique que d'un collège judiciaire (Motifs, p. 289). Mais la *décision* des questions d'exécution controversées ou douteuses est réservée aux tribunaux, qui procèdent, en cette matière, sans débat oral (§ 372). Le ministère public aura spécialement, d'après le § 369, à provoquer une décision du tribunal lorsque des doutes s'élèvent sur l'interprétation du jugement de condamnation, ou sur le calcul de la peine prononcée, ou lorsque des objections s'élèvent contre l'admissibilité de l'exécution. Dans cette hypothèse rentre notamment, comme le disent les Motifs (p. 290), le cas où la personne appréhendée à fin d'exécution de la peine conteste son identité avec le condamné. Les §§ 370 et 371 contiennent des prescriptions utiles sur la transformation d'une peine pécuniaire en emprisonnement subsidiaire à défaut de paiement, et sur la transformation après coup en une seule peine collective de plusieurs peines concurremment infligées. Aux termes du § 373, l'exécution d'une décision relative à une amende, ou à toute autre condamnation qui frappe sur les biens du condamné, aura lieu d'après les mêmes règles que celles des jugements des tribunaux civils.

La *deuxième section* est consacrée aux frais de la procédure, au sujet desquels le projet veut seulement poser des principes généraux (Motifs,

p. 292). D'après le § 375, si l'inculpé est condamné, il supporte les frais, dans lesquels il faut comprendre le coût de l'exécution. Mais s'il meurt avant que le jugement ait acquis force de chose jugée, les frais n'incombent pas à sa succession. Le 1er al. du § 376 ordonne le partage des frais, lorsqu'un individu accusé de plusieurs actes punissables n'est condamné que pour une partie de ces actes. Le 2me al. porte :

« Des coïnculpés, condamnés à une peine à raison du même fait, sont soli-
» dairement tenus des dépens proprement dits (*für die baaren Auslagen*). Mais
» cette disposition ne s'étend pas aux frais d'exécution de la peine ou à ceux
» de la détention préventive. »

Au nombre de ces « dépens proprement dits », les Motifs (p. 293) signalent, par exemple, les taxes payées aux témoins et aux experts. Par contre le § 376 suppose que la loi *spéciale* à faire sur le montant et le calcul des frais se rattachera aux principes de la loi prussienne du 3 mai 1855. Or, dans le système de cette loi, la peine prononcée par le jugement passé en force de chose jugée donne la mesure de la hauteur des frais, et lorsqu'une instruction est dirigée contre plusieurs inculpés, la somme tarifée est imputée à chaque condamné en particulier, en proportion de la peine qui le frappe *personnellement*. Mais ce sont bien là des points *de principe*, et alors même qu'on abandonnerait à la législation de chaque pays de l'Empire la fixation du tarif (eu égard à la valeur relative de l'argent), encore faudrait-il que les deux principes indiqués ci-dessus et formulés aux §§ 2 et 3 de la loi prussienne précitée, fussent exprimés dans le Code commun de procédure criminelle.

La disposition suivante du § 378 est excellente :

« Lorsqu'une procédure, ne fût-elle qu'extra-judiciaire, a été occasionnée par une dénonciation faite de mauvaise foi ou reposant sur une négligence grossière, le tribunal peut, après avoir entendu le dénonciateur, mettre les frais à la charge de celui-ci. »

Il faut encore approuver le § 379, ainsi conçu :

« Si le procès est arrêté par le retrait de la requête en vertu de laquelle il a été intenté, les frais incombent au requérant. »

Cette disposition répond à un vœu souvent exprimé par les praticiens, et empêchera du moins que la caisse de l'État ne serve à favoriser l'odieux calcul d'individus, qui cherchent à exploiter l'intervention de l'autorité judiciaire dans un but d'ignoble spéculation.

LE PREMIER CONGRÈS JURIDIQUE ITALIEN,

PAR

E. VIDARI,

professeur ordinaire à l'Université de Pavie.

Au moment où doit se réunir à Turin, dans les premiers jours d'octobre, le second congrès juridique italien (1), il ne sera pas sans intérêt pour les lecteurs de la Revue d'avoir une courte notice sur les travaux du premier de ces congrès, qui s'est réuni à Rome, en novembre 1872. Il eût été préférable sans doute de donner cette notice plus tôt. Mais, comme le dit le proverbe, mieux vaut tard que jamais.

Ce n'est pas au hasard que l'on a choisi Rome pour y réunir le premier congrès. On a voulu, à cette même place où le droit s'est élevé à des hauteurs inconnues jusque-là, inaugurer pour ainsi dire le réveil des études juridiques en Italie. De plus, il ne faut pas l'oublier, Rome est pour les Italiens, une espèce d'idée fixe, et, de même qu'ils en ont fait la suprême aspiration de ce mouvement national, commencé il y a peu d'années et aujourd'hui heureusement terminé, de même ils ne se lassent pas, dès qu'ils le peuvent, de lui adresser sous toutes les formes l'hommage de leur enthousiasme et de leur affection. Ces sentiments peuvent paraître excessifs à qui n'est pas Italien, et il y a beaucoup d'Italiens chez lesquels en effet ils devraient être tempérés plutôt qu'excités et développés; mais après tout ils sont l'expression la plus sincère de la joie de tout un peuple, qui est parvenu à couronner l'œuvre de son indépendance nationale.

Je n'étonnerai personne en disant que le premier congrès italien a été un congrès d'avocats plutôt qu'un véritable congrès juridique; en effet, sur environ 300 membres, il y avait 250 avocats. Pour qui ne le saurait pas, je dirai qu'aujourd'hui l'avocat en Italie (j'ignore s'il en est de même ailleurs) est une espèce de *factotum*, qui s'insinue partout, dans le conseil de la commune et de la province, dans le parlement et dans toutes les grandes administrations privées et publiques. Partout il domine par sa faconde et par la

---

(1) Ce second Congrès vient d'être ajourné indéfiniment pour raisons hygiéniques.

(*Note de la Rédaction.*)

connaissance qu'il a, presque seul, des lois du pays. L'avocat en Italie est le type le plus complet de mobilité d'esprit, de finesse, de raisonnement en même temps que de sophisme, de caractère prompt à la lutte comme à la conciliation. Il aime les difficultés, il les suscite là même où tout est clair et où l'essentiel serait d'agir avec promptitude. Amoureux des effets oratoires, il est presque hors d'état de résister à la tentation de débiter un beau discours, soit qu'il l'ait préparé d'avance selon toutes les règles de l'art, soit qu'il l'improvise dans le feu du débat, et cela alors même que l'on se passerait volontiers de discours, et que les questions à traiter, au lieu d'un tel éclat de parole, réclameraient une exposition claire et simple. Voilà pourquoi les avocats sont accourus au congrès de Rome en si grand nombre, qu'ils ont paru le composer presque à eux seuls. Voilà pourquoi les sujets y ont été discutés avec une abondance de discours vraiment excessive. Il est hautement à désirer que, dans les congrès futurs, les magistrats et les professeurs arrivent aussi en grand nombre, et que, par leur langage plus sobre et leur jugement plus ferme, ils rendent ces conférences plus sérieuses et plus utiles. Il est fort nécessaire aussi que la pensée juridique italienne y soit représentée tout entière et non pas seulement dans une de ses parties, et précisément dans la plus bruyante. Sans cela on n'y traitera que des thèses de procédure autour desquelles s'exerce de préférence, comme on sait, l'éloquence curiale des avocats, parce que se sont celles qui les intéressent principalement.

Les travaux du Congrès furent convenablement préparés par de longues études préliminaires. On avait nommé autant de commissions qu'il y avait de sujets à traiter, et chacune d'elles présenta des rapports spéciaux. Ici j'ai deux remarques à faire. D'abord le nombre de sept thèses était trop élevé, si l'on réfléchit que quelques-unes d'entre elles étaient d'une importance capitale. Ces congrès, pour être vraiment utiles, devraient se proposer peu de sujets, mais des sujets d'une importance générale et bien comprise, clairs et définis. Autrement, les limites du temps dont on dispose ne permettant pas de discuter suffisamment tous les sujets, il arrive que quelques-uns seulement sont traités avec des développements convenables, et que la discussion des autres devient ou totalement impossible ou tellement écourtée, étranglée pour ainsi dire, que personne n'en peut tirer aucun avantage, et que le caractère sérieux du congrès en est fortement atteint. Notre seconde remarque est que, dans ce premier congrès italien, il a été fait un trop grand étalage de doctrine. Il y a des rapports qui ont l'air de monographies complètes. Or, si ces travaux témoignent du talent et de la science de leurs auteurs et s'ils peuvent figurer honorablement parmi les livres, il nous paraît que, pour des rapports, ils sont trop vastes et trop prétentieux. *Non erat hic locus.* Les rapports sur des sujets à traiter dans des congrès doivent être brefs et substantiels, exposer les points principaux du sujet et des controverses y relatives, et formuler avec une grande clarté les propositions sur lesquelles la discussion devra porter. Faire des livres n'est pas la besogne des Congrès.

Après ces observations générales, passons aux thèses traitées au congrès de Rome.

Thèse I. — Elle était formulée ainsi : *Du système des peines dans le projet du nouveau Code pénal italien, spécialement eu égard au problème de l'abolition de la peine de mort et de la détention perpétuelle. Examen des peines à y substituer.*

Il est facile d'imaginer, après tant de discussions en tant de pays, ce qui a pu se dire dans le congrès italien pour ou contre l'abolition de la peine de mort. Bornons-nous donc à signaler que le rapporteur de cette thèse fut l'honorable Mancini, lui qui, dans la séance du 13 mai 1865, avait réussi à arracher à la Chambre des députés un vote d'abolition. Aussi le congrès de Rome a-t-il pris, sur les conclusions conformes du rapporteur, la résolution suivante : « Le congrès des juristes italiens exprime le vœu que l'aboli- » tion de la peine de mort, qui depuis longtemps est devenue un titre d'hon- » neur complet et légitime pour une partie de l'Italie (1), s'étende à l'Italie » entière, et que le nouveau Code pénal italien pourvoie efficacement à » l'ordre et à la sécurité sociale, sans recourir à des supplices sanglants » pour les crimes qu'il punit. — Il charge la commission de transmettre ce » vœu sous forme de pétition au Parlement au moment qu'elle jugera oppor- » tun, tandis qu'elle poursuivra ses études sur l'échelle pénale pour en » faire rapport au futur congrès. »

Il me paraît, quant à moi, que ces études sur l'échelle pénale auraient dû précéder ou tout au moins accompagner l'examen de la thèse principale. En prenant le vote tel qu'il est, on est naturellement porté à ne pas le trouver assez précis. En pareille matière, les véritables difficultés, celles qu'il importe surtout de vaincre, consistent à indiquer quelles autres peines il faudra substituer à celle qu'on entend abolir. En d'autres termes, le

(1) La Toscane.

congrès me fait l'effet de s'être mis ici à construire en commençant par le toit.

THÈSE II. — Voici comment elle était formulée : *Recherches sur les moyens d'accélérer la procédure pénale, en conciliant le respect de la liberté individuelle avec les garanties de l'ordre social. — Etudier spécialement les imperfections du système actuel et des rapports entre le juge instructeur et la chambre du conseil, et examiner si, et dans quelle mesure on pourrait introduire les garanties de l'oralité et de l'audition contradictoire des inculpés, jusque dans la. phase de l'instruction préparatoire.*

Voilà en vérité une thèse d'une ampleur effrayante. Elle atteste sans doute la bonne volonté de ceux qui l'ont proposée, mais en même temps leur peu d'expérience du genre et de l'étendue des travaux que l'on peut demander à un congrès.

Le rapport est de M. l'avocat Florenzano. Entre autres conclusions proposées par lui au nom de la commission figurent les suivantes : « que le » bénéfice de la mise en liberté provisoire soit étendu jusqu'aux crimes » punissables du premier degré des travaux forcés; — que, même durant « l'instruction du procès, la détention préventive soit limitée à un terme » suprême de six mois pour les infractions d'une instruction plus facile. » et d'un an pour les plus difficiles et les plus compliquées; — pour le cas » où le Congrès croirait que la chambre du conseil doit être maintenue » parmi nos institutions.judiciaires, nous demandons que le juge d'instruc- » tion en soit éliminé. »

Ces propositions, soutenues avec beaucoup de chaleur et d'éloquence par le rapporteur, mais vigoureusement combattues par plusieurs avocats du Nord de l'Italie, ne furent pas adoptées, mais renvoyées à l'étude des congrès futurs, comme n'ayant pas été suffisamment élucidées.

En revanche, les propositions suivantes du rapporteur et de la commission furent approuvées : « que le juge, qui a instruit ou délibéré dans » l'instruction de la cause, ne puisse jamais faire partie du collége appelé » à la décider; — que l'inculpé ait le droit de se faire assister par un » défenseur dans tous les actes auxquels participe le ministère public ; — » que, la chambre d'accusation étant maintenue, on accorde devant elle » l'oralité et la publicité nécessaires pour que l'accusé et l'accusateur soient » placés dans des conditions identiques. »

D'autres propositions tendaient à élargir la compétence des préteurs (juges-de-paix), à instituer des assises cantonales (assise mandamentali), à supprimer les jugements d'appel en matière correctionnelle, à porter à quatre le nombre des votants dans les colléges de première instance, à exiger que le procès-verbal de l'audience fût, pour être authentique, revêtu du visa du ministère public et du défenseur. Faute de temps, elles furent toutes renvoyées à de futurs congrès.

THÈSE III. — *De l'instruction des jurés en matière pénale. En étudier les conditions actuelles, et indiquer les améliorations et les réformes qui, sans en restreindre la portée libérale et politique, garantissent l'application d'une justice impartiale et éclairée.*

Descendant de ces abstractions nébuleuses, le Congrès prit, après bien des discussions, les résolutions suivantes : « que la discussion soit ouverte » sur le projet de loi présenté par le garde-des-sceaux à la chambre élec- » tive; que l'on émette un vote tendant, quelle que doive être la réforme » destinée à être accueillie par le pouvoir législatif, à l'abolition du compte- » rendu présidentiel ; — que la majorité des jurés requise pour former un » verdict de condamnation soit des deux tiers, au lieu de la simple majo- » rité. » — Mais peu après, revenant sur son premier vote et défaisant son propre ouvrage, le congrès s'aperçut que ces propositions avaient besoin d'être mieux étudiées, et les renvoya également aux congrès futurs. C'est ainsi que l'on allait simplifiant le trop vaste programme.

THÈSE IV. — *Proposer les réformes que l'expérience faite depuis 1866* [1] *jusqu'aujourd'hui, a fait juger les plus nécessaires pour le Code italien de procédure civile, en tenant compte des divers systèmes en vigueur dans les anciens États et en donnant la préférence à ceux qui garantissent, avec le moins de complications et de frais, les droits des parties.*

Ici, toutes les digues furent rompues. Ce fut non pas une pluie, mais un déluge de propositions. Les avocats, qui se trouvaient dans leur élément, donnèrent libre cours à leur éloquence. Je ferai grâce aux lecteurs de ce pêle-mêle de motions, et je me contenterai des conclusions votées, d'autant plus que, pour tout faire comprendre, il faudrait y joindre des notions précises sur le mécanisme de la procédure italienne.

_____

(1) Année de la mise en vigueur des nouveaux Codes.

Voici les conclusions votées : « Il y a lieu d'introduire dans la procédure
» sommaire un terme, avant lequel les parties doivent se communiquer les
» documents et les conclusions antérieurement au jour du débat. »

« Il y a lieu, dans les exécutions, d'admettre l'adjudication comme néces-
» saire. »

Cette seconde motion n'ayant été approuvée que par trente suffrages
contre vingt-neuf (que devenaient donc pendant ce temps les quelque deux
cents autres membres ?), la minorité vint dès le lendemain assaillir la présidence de protestations, d'ordres du jour et d'amendements, les uns plus
vifs que les autres, pour faire annuler le vote de la veille. Les avocats l'emportèrent, et, pour mettre fin à ce grand débat, la résolution suivante fut
concertée et votée :

« Le Congrès, reconnaissant que par le vote de hier sur l'adjudication
» nécessaire aux créances des fonds expropriés, il n'a fait qu'affirmer un
» principe, tout en réservant les questions d'application, renvoie celle-ci à
» de plus amples études, ou à la commission permanente qui serait nommée
» selon la proposition déjà faite au Congrès. »

Le Congrès a encore voté les résolutions suivantes :

« 1° La rétractation (revocazione) de la sentence, dont parle l'art. 494
» n° 3 du Code de Pr. Civ. (1), devrait être accordée lorsqu'on aura retrouvé
» des documents publics ou privés contenant la preuve de faits décisifs, et
» que la découverte de ces documents devrait toujours être présumée,
» jusqu'à preuve contraire, avoir eu lieu après le procès.

» 2° Le jugement de rétractation devrait être demandé devant le même tri-
» bunal qui a rendu la sentence impugnée. »

En dernier lieu, on fit encore la proposition suivante : « Autoriser les
» tribunaux toutes les fois que ce serait nécessaire, et non pas uniquement
» dans le cas de virement de la rente publique, à délivrer, par voie de
» juridiction volontaire, l'ordonnance en reconnaissance de la qualité
» héréditaire à qui la requiert. » — La proposition fut ensuite élargie
comme suit : « Le Congrès est d'avis et il souhaite que l'on établisse par
» une règle générale, la nécessité, dans les successions tant légitimes que
» testamentaires, de faire reconnaître la qualité héréditaire par décret à
» rendre par le tribunal civil sur requête de la partie intéressée. » —

---

(1) Art. 494 : « Le sentenze in contradittorio delle autorità giudiziarie in grado d'appello posson
» essere revocate sull'istanza della parte...... 3°, se dopo la sentenza siasi ricuperato un docu-
» mento decisivo, il quale non siasi potuto produrre prima, per fatto della parte contraria. » Cf.
Code français de Proc. Civ. de 1806, art. 480, n° 10

Mais cette seconde proposition se fondit à son tour dans cette autre encore plus ample : « Introduire une méthode de procédure en vue de faire » émaner toujours, du siége compétent, une ordonnance déclarative de la » qualité d'héritier, de manière à rendre public le fait de la succession. » — Comme on le voit, ces propositions tendaient à faire revivre l'institution de la *ventilation héréditaire.* Cette institution, propre au code civil autrichien, a, aussi bien dans l'empire autrichien que dans les provinces de l'ancien royaume lombardo-vénitien, fonctionné à merveille. Aussi, dans ces dernières provinces, la regrette-t-on beaucoup. Mais, inconnue dans tout le reste de l'Italie, et objet de préventions absurdement sinistres à raison de son origine autrichienne, la ventilation héréditaire fut repoussée, et la proposition remplacée par le vote suivant : « il y aurait à introduire » dans la loi des dispositions réglant, dans les cas possibles, la constata- » tion de la qualité héréditaire dans la ou les personnes des héritiers. »

Thèse V. — En voici le texte : *Étude sur l'exercice de la profession d'avocat et de procureur* (avoué), *et sur la nécessité d'une représentation de celle-ci, avec examen des traditions italiennes et des exemples étrangers. — Révision des tarifs judiciaires en vigueur en Italie, ainsi que des nouveaux projets ministériels sur cette matière, tant par rapport aux droits fiscaux que par rapport aux officiers judiciaires.*

Ici aussi nous rencontrons une longue et savante dissertation, due à M. l'avocat Norsa [1], mais trop longue et trop savante pour un rapport à faire à un Congrès juridique. Il est singulier de voir à quel point les Italiens aiment à se revêtir de la toge et à s'y draper majestueusement! — Le débat fut également long et savant. Il se peut que les avocats y aient pris plaisir.

Les conclusions prises sont les suivantes, proposées par la Commission : « 1° Les fonctions d'avocat et de procureur sont distinctes et constituent » deux offices séparés. — L'exercice d'une de ces professions est com- » patible avec celui de l'autre. — Quel que soit le système à adopter par » la loi nouvelle, il faudra, par mesure transitoire, respecter pleinement » les droits acquis et les positions obtenues par les diverses classes » d'avocats et de procureurs, pratiquant légalement dans chaque province » du royaume, en vertu des dispositions législatives qui y sont actuellement » en vigueur. » Après le vote, en considération des très graves dissentiments manifestés par divers membres du Congrès, il fut convenu que la

[1] V. ci-dessus p. 514 le compte-rendu de ce remarquable travail.

délibération définitive sur cette partie de la thèse, serait renvoyée aux Congrès futurs.

« L'institution de l'ordre ou du collège des avocats et procureurs, ainsi que de leur représentation, est nécessaire ou tout au moins convenable. — Il y a lieu d'assigner les caractères essentiels suivants à leurs assemblées et à leur représentation : a) que le système d'élection soit basé sur le respect de leur autonomie; — b) qu'il soit formé un collège, comprenant les avocats et les procureurs, divisé en deux sections, l'une de l'ordre des avocats, l'autre de l'ordre des procureurs, avec des conseils et des représentations séparés, lesquels se réuniraient en conseil général, lorsqu'il s'agirait d'un intérêt commun à tout l'ensemble des hommes de loi; — c) qu'il soit institué un collège dans le ressort territorial de chaque cour d'appel, et que ce collège se compose d'avocats et de procureurs domiciliés dans ce ressort, et ait sa représentation en permanence dans la ville où siège la Cour elle-même; — d) qu'une représentation centrale de tout l'ensemble des hommes de loi pratiquant en Italie, réside dans la capitale du royaume; — e) le but et la mission de l'institution d'un ordre des avocats, des procureurs et de leur représentation est de protéger l'honneur, la dignité et les intérêts de la profession, et de constater le mérite et la capacité des candidats qui voudraient être admis à l'exercice de la profession d'avocat et d'avoué. »

On voit que l'on était à un Congrès d'avocats.

« 2° Que les droits perçus par le trésor sont excessifs; que leur percep-
» tion doit s'opérer au bénéfice exclusif du trésor, avec le système des taxes
» par timbre, que le personnel des chancelleries (bureaux de recettes,
» greffes, etc.) doit être salarié par l'État; que les dispositions des tarifs,
» en vigueur ou projetées, qui rendent les magistrats responsables de leur
» observation, sont trop rigoureuses. »

THÈSE VI. — *En présence des abus qui se sont produits jusqu'ici dans la matière des conflits de juridiction entre le pouvoir administratif et le pouvoir judiciaire, indiquer les règles qu'il y aurait à substituer, pour le règlement de ces conflits, à la loi provisoire du 25 novembre 1859.*

Le rapporteur de cette thèse et le principal orateur qui la traita devant le Congrès fut l'honorable M. Mancini. Tout en ne pouvant nous abstenir d'appliquer à son travail les observations générales que nous avons déjà faites sur la nature et les proportions de tous les travaux présentés à ce Congrès, nous sommes heureux cependant de rendre ici un solennel hommage à la vaste et profonde doctrine et à l'infatigable activité d'un homme qui compte parmi les jurisconsultes les plus illustres de notre époque.

Le temps absorbé par quelques-unes des thèses précédentes, ne permit pas de s'étendre longuement sur cette sixième thèse. Cependant, si la délibération fut courte, elle fut par contre très substantielle, très solide, et digne de la difficulté du sujet. En effet, cette matière des conflits de juridiction est un des fléaux les plus graves de notre organisation judiciaire-administrative, un de ceux contre lesquels s'élèvent depuis quelque temps de vives et unanimes réclamations. Voir les intérêts les plus chers et les plus précieux des citoyens soustraits à la compétence naturelle et légitime de l'autorité judiciaire, et livrés aux mains, qui ne sont pas toujours désintéressées, de l'administration publique, voir le préfet soulever les conflits et le Conseil d'État les résoudre [1], a toujours été une chose contre laquelle, de tous côtés, on a réclamé de prompts et énergiques remèdes. Avec la loi des conflits, l'administration viole impunément n'importe quel droit privé; peu s'en faut que l'on ne puisse considérer l'Italie comme manquant de ce trait caractéristique de tout État bien ordonné, que chaque droit lésé trouve un juge pour le rétablir.

Après une courte discussion, le Congrès a voté la résolution suivante :
« Le règlement actuel des conflits de juridiction est déclaré incompa-
» tible avec les principes du droit constitutionnel, avec l'indépendance de
» l'ordre judiciaire, et avec la garantie efficace des droits des citoyens, et
» l'on exprime le vœu que le pouvoir législatif ait seul le droit de juger
» si le pouvoir judiciaire est sorti des limites de sa compétence.. »

THÈSE VII. — Deux graves propositions formèrent le sujet de cette thèse :
1° *Réformes de l'organisation judiciaire.*

Ce fut du ministère public que l'on s'occupa surtout. Bien des choses furent dites contre lui, c'est-à-dire contre son ingérence excessive dans les affaires judiciaires, spécialement au civil, et contre la prépondérance qu'on lui accorde sur les autres officiers, chargés de l'administration de la justice. Cependant, les études préparatoires sur la question ne paraissant pas assez mûres, on en renvoya, comme d'habitude, l'examen aux Congrès futurs. Mais on voulut prendre subitement une résolution équivalant à demander la suppression du Ministère public dans les affaires civiles. On fit observer

[1] La loi du 20 mars 1865 a supprimé le contentieux administratif, mais elle a conservé au Gouvernement le droit d'élever les conflits et de les faire résoudre par le Conseil d'État.

qu'une telle mesure, tout en réalisant de notables économies, permettrait encore d'employer les officiers du Ministère public d'une manière plus utile.

2° *Cassation ou troisième instance?*

Voilà un thème qui, en Italie, passionne singulièrement jusqu'aux esprits les plus calmes, et sur lequel ont été écrites de véritables bibliothèques. Et cette agitation ne s'est pas arrêtée au-dehors de l'enceinte parlementaire. Dans le courant de la présente année 1873, le Sénat du royaume a discuté et voté un projet de loi où le problème a été résolu en faveur de la cassation. Cependant, tel ne fut pas l'avis du Congrès de Rome, et les partisans de la troisième instance espèrent que tel ne sera pas non plus l'avis de la Chambre des Députés, à laquelle ce projet sera soumis.

On sait qu'en Italie il y a quatre cours de cassation, savoir : à Turin, à Florence, à Naples et à Palerme. C'est là un reste des annexions, par lesquelles le royaume d'Italie s'est constitué. De là des contradictions fréquentes entre les décisions de ces Cours suprêmes.

Le système italien de cassation est à peu près le même qu'en France et en Belgique, et les reproches qu'on lui adresse sont très connus.

Le système de la troisième instance, adopté dans plusieurs Codes, et qui a parfaitement fonctionné dans la Lombardo-Vénétie sous la domination autrichienne, est essentiellement différent. Il aurait pour résultat de faire établir, dans les quatre plus grandes villes d'Italie, des tribunaux suprêmes, dits de troisième instance, auxquels, en cas de désaccord entre les deux premières instances, on soumettrait définitivement l'affaire, et dont le jugement ne porterait pas seulement sur le droit, mais encore sur le fait. — En outre et au-dessus de cette Cour suprême, on voudrait une Cour de cassation unique, dont la mission ne serait autre que de réviser les sentences en matière civile et en matière pénale, sans cependant pouvoir les casser, si ce n'est pour violation manifeste de la loi.

Il fut donc résolu au Congrès de Rome : « qu'il conviendrait d'instituer » dans les principales villes du royaume des tribunaux de troisième instance, » et dans la capitale un tribunal suprême avec des attributions restreintes » et nettement déterminées. »

Comme on voit, le Congrès n'a pas voulu dire quelles seraient ces attributions. A coup sûr, cette partie de ses résolutions a été dictée par une grande prudence, mais elle n'échappe pas au reproche d'être excessivement vague. Or, tout au contraire, ce que l'on demande à des délibérations de cette nature, c'est d'être toujours claires et explicites.

NOTICES DIVERSES.

I. — *Adoption par la chambre des communes de la motion de* M. H. Richard *en faveur de l'arbitrage* [1]. — Nous avons parlé, dans la précédente livraison, de la motion de M. Henri Richard (V. ci-dessus p. 471), et nous en avons reproduit le texte, dont voici la traduction : « Qu'une humble adresse » soit présentée à la Reine, afin qu'elle charge son ministre des affaires » étrangères d'entrer en communication avec toutes les puissances, dans le » but d'améliorer le droit international et d'instituer un système permanent » et général d'arbitrage international. » Cette motion a été discutée le 9 juillet dernier à la Chambre des communes, et adoptée par 98 voix contre 88.

Comme l'a fait observer M. Gladstone dans sa réponse à M. Richard, la motion de ce dernier allait plus loin que la proposition analogue de M. Cobden en 1849. En effet, tandis que M. Cobden demandait que le Gouvernement de la Reine négociât séparément avec chaque Gouvernement étranger, M. Richard voulait une communication collective à toutes les Puissances.

Le discours de M. Richard a été fort éloquent, fort élevé, digne de l'homme « sur les épaules duquel est tombé, » selon l'expression de M. Gladstone, « le manteau de Cobden. » Il a soutenu que si, dans l'état actuel des relations internationales, le plus mesquin différend peut conduire à la guerre, et si, dans cette situation, les gouvernements se trouvent à l'envi entraînés à des armements ruineux, c'est qu'il n'existe aucun moyen régulier et reconnu de régler leurs différends. Il a montré combien ce fléau des armements est contraire à l'humanité, aux intérêts sociaux, et comment, d'un autre côté, il y a déjà une tendance heureuse qui se manifeste dans la pratique, à régler les différends sans avoir recours à la force. Après en avoir cité plusieurs exemples, il a parlé de l'arbitrage de Genève, et exprimé l'opinion que, en y acquiesçant noblement, l'Angleterre a plus fait pour la cause de l'arbitrage que si le verdict lui avait été complètement favorable. Mais, a-t-il ajouté, ce n'est pas assez ; même en suivant cette pratique, on est toujours obligé d'attendre, pour s'occuper d'arbitrage, qu'une querelle

(1) V. *International arbitration and the improvement of international law.* — *The debate in the house of Commons on Tuesday,* july 8th, 1873, etc. — London, Peace Society. — *The Herald of Peace,* n° du 1 août 1873. — *Bulletin de la Société des amis de la Paix,* août 1873.

soit née, tandis que s'il y avait, dès le début, quelque recours régulier et prévu, les influences perturbatrices de l'intrigue, de la passion se trouveraient écartées. De là l'opinion, née chez beaucoup d'éminents esprits, que, comme l'ont dit, presque dans les mêmes termes, Lord Derby et John Stuart Mill, l'établissement d'un véritable tribunal international est actuellement un des plus impérieux besoins du monde civilisé. La motion ne va pas aussi loin. Elle a seulement pour but d'établir une commission internationale, chargée d'examiner l'état actuel de la loi internationale et de la ramener à quelque chose de clair et d'homogène. En terminant, M. Richard a protesté contre ceux qui reprochent au parti de la Paix d'être indifférent à l'honneur de l'Angleterre. Le plus grand honneur auquel elle pourrait aspirer serait d'être l'introductrice de la Paix dans le monde.

M. Gladstone a répondu en véritable homme d'État. Il a approuvé tout ce que M. Richard avait dit en faveur de l'arrangement amiable, sous forme d'arbitrage ou autrement, et il a ajouté lui-même quelques exemples à ceux qu'avait invoqués M. Richard, pour prouver que l'Angleterre a mis ce principe en pratique dans plusieurs occasions importantes. Il a dit que, dans son opinion, il fallait continuer à prêcher cette politique par l'exemple et, lorsque l'occasion s'en présente, par les recommandations. Mais M. Gladstone ne croit pas qu'il y ait, dans la conscience générale de l'Europe, un progrès suffisant pour tenter davantage. Il cite l'ouvrage récent de M. de Laveleye (*des causes de guerre dans l'Europe actuelle et de l'arbitrage* [1]), pour montrer quels sont les dangers qui, actuellement encore, menacent le monde, et surtout le continent européen. De ce que l'Angleterre et les États-Unis ont pu, dans une circonstance très importante, recourir à l'arbitrage, il ne faut pas se hâter de conclure que la même possibilité existe dès-à-présent pour les nations continentales de l'Europe, où les froissements entre les intérêts opposés sont plus immédiats. La guerre de 1870 et la stérilité des efforts faits pour engager les deux parties à accepter une médiation pacifique en sont une triste preuve. Mais le traité de Washington lui-même n'est pas encore susceptible d'être exécuté en entier, puisque l'Angleterre et les États-Unis ne s'entendent pas sur l'interprétation des trois règles. Comment concevoir, tant que cette question est pendante, que l'Angleterre invite les autres nations à s'arranger pour la confection d'un Code international et d'un système général et permanent d'arbitrage international? Le véritable rôle de l'Angleterre en

(1) V. ci-dessus p. 507 le compte-rendu de cet ouvrage.

ceci est de procéder par degrés, d'agir en toute circonstance d'après des principes de modération et de justice. C'est seulement quand elle se sera, par cette conduite, assuré la confiance et l'estime universelles, qu'elle pourra, sans donner prise à des soupçons d'égoïsme, faire auprès des autres puissances la démarche proposée.

MM. Lang et H. Richard parlèrent encore en faveur de la motion. Puis Lord Enfield, de la part du premier Ministre, proposa la question préalable qui a donné 98 oui et 88 non. La motion de M. Richard fut ensuite acceptée sans division.

Le jeudi, 17 juillet, Lord O. Fitzgerald se présenta à la barre de la Chambre des Communes, et dit que, d'après les ordres de la Reine, il apportait la très gracieuse réplique de Sa Majesté à l'humble adresse qui lui avait été présentée par cette Chambre, relativement à l'arbitrage international. Voici le texte de cette réponse :

« J'ai reçu votre adresse, me priant de vouloir bien charger le principal » Secrétaire d'État pour les affaires étrangères d'entrer en communication » avec les puissances étrangères, dans le but d'améliorer le droit interna- » tional, et d'instituer un système général et permanent d'arbitrage inter- » national. Je sens toute la force des motifs philanthropiques qui ont dicté » votre adresse. De tout temps j'ai cherché à étendre, par mon avis et mon » exemple, chaque fois que l'occasion s'en est présentée, l'usage de mettre » fin aux différends entre nations par la soumission au jugement impar- » tial de puissances amies, et à encourager l'adoption de règles interna- » tionales, conformes à l'avantage de tous. Je continuerai à suivre cette » conduite, en tenant compte du temps et des circonstances, toutes les » fois qu'il paraîtra possible de le faire utilement. »

Il nous semble que ce message répond à tout ce que pouvaient raisonnablement désirer M. Richard et ses amis. C'est la plus haute et la plus généreuse expression pratique de ce que peuvent admettre *actuellement* les puissances européennes en matière d'arbitrage. Nous ne partageons en effet l'avis ni de ceux qui croient la motion de M. Richard inutile, ni de ceux qui en attendent un effet immédiat. L'auteur de la proposition a lui-même déclaré qu'il n'était pas de ces derniers. Il s'agissait seulement dans sa pensée de définir le but final auquel il fallait tendre. Or, un grand résultat moral a été obtenu par la déclaration du gouvernement anglais qu'il tâchera, autant que les circonstances le permettront, de diriger dans ce sens sa politique extérieure. Si, comme il faut l'espérer, d'autres parlements et d'autres gouvernements européens suivent cet exemple, ce sera un grand pas vers le règne du droit et de la justice dans les relations internationales.

II. — *Manifestations en faveur de la motion de M. Richard.* — En attendant que des motions plus ou moins analogues à celle de M. Richard se produisent dans d'autres parlements d'Europe ou d'Amérique, l'honorable membre de la Chambre des communes a eu la satisfaction méritée de recueillir de toutes parts des témoignages de sympathie et des encouragements. Le n° de septembre du *Herald of Peace* est plein de lettres, d'adresses, d'articles de journaux, de comptes-rendus de meetings, etc., favorables à la motion. Parmi les adresses, une des plus remarquables est celle qui porte la signature de trente-sept noms notables de l'Italie, appartenant à toutes les professions et à toutes les opinions politiques, les généraux à côté des professeurs, Garibaldi à côté de Cantù. Les journaux hollandais nous ont apporté de leur côté le récit d'une magnifique ovation faite à M. Richard à La Haye. Parmi les vœux émis dans cette dernière réunion, nous enregistrons avec plaisir la déclaration suivante, en faveur de l'*Institut de droit international.*

«....L'Assemblée émet le vœu, que les efforts des éminents jurisconsultes de divers pays qui se sont réunis le 8 septembre dernier à Gand, pour y fonder un Institut de droit international, dont fait entre autres partie un Néerlandais, l'honorable professeur T. M. C. Asser, soient couronnés du succès désiré [1]. »

III. — *Assemblée générale tenue à Genève, les 7, 8 et 9 septembre* 1873 *par la Ligue internationale de la paix et de la liberté* [2]. — Cette assemblée, à la différence des six Congrès, de bruyante mémoire, précédemment convoqués par la Ligue, était une réunion privée, exclusivement accessible aux membres de la Ligue, aux abonnés des *États-Unis d'Europe* et aux personnes spécialement invitées. Il y a là un progrès incontestable, malgré tout ce que les résultats de la discussion peuvent encore laisser à désirer.

Trois questions étaient à l'ordre du jour :

Première question : *Rechercher les moyens pratiques les plus propres à introduire immédiatement entre les peuples l'usage de l'arbitrage, spécialement tracer les règles de la procédure à suivre en cette matière.*

---

(1) *Dagblad van 's Gravenhage*, 26 sept. 1873.
(2) *Les États-Unis d'Europe*, n° du 18 sept 1873.

L'Assemblée a voté la résolution suivante, qui formait la conclusion d'un travail de M. Lemonnier :

« L'Assemblée déclare :
» Qu'en l'état présent de l'Europe, la voie de simples traités à intervenir entre deux ou plusieurs gouvernements lui paraît l'un des moyens les plus efficaces pour introduire parmi les peuples l'usage de l'arbitrage. »

DEUXIÈME QUESTION : *Déterminer les principes fondamentaux du droit international moderne.*

Une résolution proposée par MM. Ch. Lemonnier et Fauvety a été votée avec quelques amendements. En voici le texte :

« L'Assemblée déclare :
» Que le droit positif doit être conforme à la morale ;
» Que le fondement de la morale est l'autonomie de la personne humaine ;
» Que le droit, c'est-à-dire la loi positive du juste et de l'injuste, prime la force, qui ne peut intervenir légitimement que pour défendre le droit ;
» Que la loi morale est la même dans les relations de peuple à peuple, que dans celles de citoyen à citoyen ;
» Que, devant la morale, et par conséquent devant le droit, les peuples sont égaux entre eux, sans égard à la superficie du territoire non plus qu'à la densité de la population ;
» Que les peuples, au même titre, et en vertu des mêmes principes que les individus, s'appartiennent à eux-mêmes ;
» Qu'ils sont responsables de leurs actes ;
» Que sous la réserve des droits individuels et des intérêts généraux de l'humanité constatés par le *consensus* des nations, ils doivent se régir eux-mêmes selon la justice sur le terrain politique, économique et religieux ;
» Que nul individu ou gouvernement ne peut légitimement disposer d'eux par annexion ou par conquête ;
» Que ce droit des peuples à s'appartenir et à se gouverner eux-mêmes est inaliénable et imprescriptible. »

Il y a là sans doute quelques propositions raisonnables en soi. Mais nous devons dire que la plupart nous paraissent vagues, ambigues, et qu'il y règne une confusion constante et peu scientifique entre le droit, la morale et la politique, entre le droit naturel et le droit positif, entre le droit public interne et externe. Nous aurions préféré à tous égards, tout en ayant plusieurs réserves à faire, une note qu'avait présentée notre collaborateur, M. le professeur Hornung et qui a été envoyée à l'examen d'une commission, chargée d'en faire rapport à l'Assemblée prochaine.

TROISIÈME QUESTION : *Faire l'historique du principe fédératif, en déduire les applications possibles en l'état actuel de l'Europe, en tenant compte des conditions ethnographiques, physiologiques, géographiques, économiques, sociales, etc.*

Ici nous arrivons à l'idée qui, à notre sens, doit frapper de stérilité les efforts de la *Ligue*, quelque bien intentionnés que soient plusieurs de ses promoteurs : l'immixtion, au nom du droit international, dans la politique intérieure des peuples. En vain M. Fauvety, un des plus fervents adhérents de la Ligue, a-t-il déposé·une note où il déclare fort sagement « qu'il » entend ne s'associer à aucun acte collectif, à aucune doctrine qui enga- » gerait la Ligue de la paix et de la liberté, dans la propagation du système » fédératif, en ce qui concerne son application à l'organisation des États » européens. » L'Assemblée a fait sien le vœu suivant dont la forme ampoulée et prétentieuse est le moindre défaut :

« Nous, citoyens de France, d'Italie, d'Allemagne, de Suisse, d'Angleterre, d'Espagne, de Belgique, des pays Slaves, de Grèce, etc. etc.

» Maudissant les guerres et ceux qui les suscitent, nous déclarons que les peuples européens sont faits pour s'aimer, et que, en restant profondément attachés à nos patries respectives, nous devons considérer l'Europe comme notre grande patrie !

» Nous appelons de tous nos vœux le jour où ces peuples pourront se donner la main, et former entre eux une fédération de peuples libres.

» Nous pensons que l'établissement de la forme républicaine dans tous les États de l'Europe facilitera l'avènement d'un tel jour, et nous voulons asseoir la Confédération européenne sur la base de l'autonomie de la personne humaine qui est la plus large de toutes. »

IV. — *Consultation ou conférence internationale tenue à Bruxelles le 10 octobre 1873, pour la réforme et la codification du droit des gens.* — Ayant à parler de cette conférence dans les *Communications relatives à l'Institut* que l'on trouvera ci-après, nous avons cru utile, pour ne pas scinder nos renseignements, d'y comprendre le sommaire des Actes de la conférence, sauf à y revenir plus tard quand le compte-rendu aura été publié.

G. R.-J.

BIBLIOGRAPHIE[1].

—

IV. — DROIT CIVIL ET COMMERCIAL (Y COMPRIS LA PROCÉDURE).

1. — *Die Preuszischen Grundbuch- und Hypotheken-Gesetze vom 5 Mei 1872*, mit Einleitung und Noten von F. WERNER. — Berlin, 1873.

Un bon régime hypothécaire est la base du crédit foncier, surtout quand le législateur a eu soin de régler en même temps et en harmonie avec le droit des hypothèques, l'acquisition et la transmission de la propriété des immeubles et l'organisation des registres publics qui s'y rapportent. C'est ce qui a été compris par le gouvernement et le législateur prussien, qui, l'année précédente, ont réglé toute la matière à la fois par des lois et des ordonnances vraiment remarquables.

La principale de ces lois, datée du 5 mai 1872, est divisée en cinq sections, traitant successivement de la propriété des immeubles, des droits réels sur les immeubles, des hypothèques, de la propriété des mines et carrières (*Bergwerks-Eigenthum*) etc.; la dernière section contient quelques dispositions générales.

Une autre loi, portant la même date, concerne la forme des contrats qui ont pour objet le partage d'immeubles.

Une ordonnance royale, également du 5 mai 1872, règle la forme du livre foncier (*Grundbuch*), destiné à constater la propriété des immeubles, les hypothèques et leur radiation.

Le système, adopté par le législateur prussien, est remarquable à plusieurs égards. En le comparant à celui du C. N., on constatera un progrès immense, — il est vrai que ce n'est pas là beaucoup dire ! — On connaît les imperfections du régime français, d'après lequel la propriété est transmise par le contrat même et qui reconnaît des hypothèques sans inscription (les hypothèques *légales*). Sous un tel régime, la *publicité* est nécessairement incomplète, et la *spécialité* des hypothèques est impossible. Mais le *Landrecht* prussien, qui a régi la transmission des immeubles et des hypothèques jusqu'à l'introduction des lois de 1872, était déjà, sous plusieurs rapports, supérieur au Code Français. Les réformes, consacrées par les lois de 1872, n'ont donc pas été aussi radicales que celles qui ont été introduites dans les Pays-Bas, où le Code national, qui en 1838 a remplacé le Code Napoléon, a réglé, avec un soin vraiment remarquable, la publicité de la propriété et des droits sur les immeubles et la spécialité des hypothèques. En même temps ce Code a supprimé le système du renouvellement périodique des hypothèques, qui peut rendre illusoire la sécurité des créanciers.

En Prusse, on avait à remédier à des défauts d'une autre nature que ceux du système français.

C'était d'abord le principe dit *Legalitäts-prinzip*, d'après lequel le juge-conservateur des hypothèques (*Hypothekenrichter*) ne pourrait effectuer l'inscription d'un acte translatif de propriété d'immeubles ou d'une hypothèque qu'après avoir vérifié:

1° Quand il s'agissait d'une transmission de *propriété*, si l'acte dont on demandait l'inscription, était valable en droit et si, en vertu de cet acte, la *tradition* avait réellement eu lieu ; — quand il s'agissait d'une *hypothèque*, s'il existait une créance, valable en droit et si l'hypothèque avait été légalement consentie ;

2° Si la *forme* de l'acte était conforme aux règles du droit ;

3° Si l'acte émanait de personnes dont la compétence résultait des inscriptions antérieures faites au registre.

Ce principe avait plusieurs inconvénients. Non-seulement il donnait lieu à de grandes lenteurs, mais, en outre, il chargeait le conservateur des hypothèques d'une tâche bien lourde, dont il lui était souvent impossible de s'acquitter et qui en tous cas semblait être plutôt de la compétence des tribunaux.

D'après la nouvelle loi le *juge-conservateur des registres* (*Grundbuchrichter* ne peut refuser l'inscription quand il s'est convaincu de l'identité, de la capacité et de la compétence des personnes, et quand l'immeuble a été désigné d'une manière précise. Il faut que le consentement de celui dont un immeuble est aliéné ou grevé d'hypothèque soit bien constaté (à moins que l'inscription n'ait lieu en vertu d'un jugement), — mais la validité de l'acte qui donne lieu à l'inscription n'est pas soumise au contrôle du *Grundbuchrichter*. Le principe de la *légalité* n'a donc pas été abandonné complètement, mais l'effet a été réduit à l'examen formel de l'acte de l'inscription même (*Eintragungs-Antrag*).

L'inscription d'une transmission de propriété ou d'une hypothèque fait foi au profit de l'acquéreur tant qu'elle n'a pas été annulée par un jugement. déclarant qu'un autre a meilleur droit. Ce qui mérite d'être signalé, c'est que la loi prussienne donne à celui qui réclame un droit de propriété ou d'hypothèque, contrairement aux registres, le droit de prendre une mesure conservatrice, qui n'est pas sans importance. C'est l'inscription provisoire ou conditionnelle, *Vormerkung*, qui peut être obtenue sans le consentement de l'autre partie intéressée et qui, si elle est confirmée par un jugement, a pour effet de faire rétroagir ce jugement jusqu'à la date de l'inscription provisoire.

Une autre innovation, sur laquelle il importe d'appeler l'attention des jurisconsultes, c'est la faculté de faire inscrire des hypothèques au nom du propriétaire même de l'immeuble. Le but de ce système est de permettre au propriétaire de se faire substituer dans les registres à un créancier hypothécaire dont la créance est éteinte, afin d'éviter que l'hypothèque suivante n'obtienne un meilleur rang, contre l'intention des parties, et aussi de réserver *à priori* une place pour une hypothèque à constituer plus tard au profit d'un tiers, avec droit de préférence sur des hypothèques inscrites antérieurement.

On voit donc que le législateur prussien reconnaît des hypothèques, qui ne sont pas l'*accessoire* d'une créance, mais qui ont une existence *indépendante* Il leur donne le nom de *Grundschuld*, tandis que le nom d'*hypothèque* indique plus spécialement le droit réel accordé à un créancier, pour garantir le paiement de la créance.

Nous ne pouvons pas donner ici un résumé complet des lois et des ordonnances prussiennes du 5 mai 1872, et encore moins soumettre le système adopté à une critique approfondie. Bornons-nous à recommander à nos lecteurs l'excellente édition, dont le titre est placé en tête de ces lignes, et qui forme la IIme livraison d'un recueil des principales lois prussiennes, publié par l'éditeur Kortkampf. On trouve dans cette édition un exposé très clair et très complet de toute la législation prussienne concernant la matière, réglée par la loi de 1872, ensuite le texte même de ces lois et ordonnances, avec des notes explicatives et enfin une table alphabétique bien détaillée. M. Werner, auquel nous devons cette édition, remplit les fonctions de *Kreisgerichts-Director* (Directeur d'un tribunal d'Arrondissement), et est chargé, comme tel, du contrôle sur les fonctionnaires qui ont la direction du *livre foncier* (*Grundbuch*). On s'aperçoit bien vite, en lisant son commentaire, que c'est un spécialiste distingué, comprenant les difficultés du sujet qu'il traite, et possédant le talent d'expliquer avec une grande clarté l'économie de ces différentes lois et ordonnances qui forment ensemble un système complet et harmonique.

T. M. C. Asser.

2. — *La réforme hypothécaire en Prusse. Traduction des lois du 5 mai 1872, sur le régime hypothécaire* (Extrait de l'*Annuaire de Législation étrangère*, année 1873), par Paul Gide, professeur à la faculté de droit de Paris. — Paris, Cotillon, 1873.

Ce travail prend naturellement sa place à côté du livre de M. Werner. La traduction et les notes nombreuses, substantielles qui l'accompagnent, ainsi que l'Introduction qui le précède, sont faites avec un soin digne de la réputation de l'éminent traducteur.

3. — *Essais et controverses de droit pratique*, par Bouniceau-Gesmon, docteur en droit, substitut du procureur de la république à Bordeaux. — Paris, Marescq aîné, 1872. In-8°, 480 pp.

Voici le titre des quatre dissertations que M. Bouniceau-Gesmon a réunies dans ce volume :

1) De la réversibilité des rentes viagères au point de vue de la loi de frimaire an VII.

L'auteur croit que la clause de *réversibilité* constitue une *libéralité* réciproque entre époux, et qu'elle est par conséquent passible du droit de mutation en vertu de la loi précitée.

2) Controverse sur l'interprétation de l'art. 8 de la loi du 23 mars 1855, sur la transcription en matière hypothécaire (pp. 43-240).

L'art. 8 de la loi française du 23 mars 1855, impose, sous peine de déchéance, à la veuve *et à ses héritiers ou ayants cause* etc., l'obligation d'inscrire l'hypothèque légale dans l'année qui suit la dissolution du mariage. Question de savoir si cette obligation s'applique à l'enfant mineur qui, au décès de sa mère, passe sous la tutelle légale de son père?

On ne croirait guère qu'il y eût moyen de se passionner beaucoup sur une pareille question. Cependant elle a donné lieu à une polémique très vive, que reproduit ce volume, entre l'auteur et feu M. Mourlon. Celui-ci imposait l'obligation à l'enfant mineur, *comme héritier de sa mère*. Mais, disait M. Bouniceau-Gesmon, cette mère n'était point *veuve*, donc les termes de la loi qui parle des héritiers de la veuve ne s'appliquent point à son enfant. Il y a là, en effet, place au doute. Mais, pour trancher celui-ci, fallait-il deux cents pages?

3) De la responsabilité civile en matière de dommages causés par les abeilles.

4) Les dunes du golfe de Gascogne au point de vue des lois révolutionnaires et du décret de 1860.

Ces deux mémoires sont agréablement écrits, mais ils pèchent par un excès d'abondance. L'auteur allie, à de fort bonnes qualités d'écrivain, un penchant à la déclamation qui nuit singulièrement à la rigueur et à la sobriété du raisonnement. Ainsi, à propos des abeilles, il se livre à de véritables débordements de poésie et d'érudition, citant tout au long Platon, Virgile, Pline le naturaliste, etc. A propos des procès ou des men·ces de procès auxquels donnent lieu les dunes autrefois mouvantes du golfe de Gascogne, fixées au commencement de ce siècle par les plantations qu'y a faites Brémontier, il évoque, « par un effet anticipé de ce jugement dernier » qui nous attend tous, les générations éteintes sur ce golfe de Gascogne, » il les voit « sortant un instant de leurs tombes, précédées de la grande » figure de Brémontier, se dresser devant la génération actuelle.... » « Et que diraient, » se demande gravement M. Bouniceau-Gesmon, que diraient ces générations éteintes? « Jetant aux flots de la mer les dossiers maudits des parties, elles s'écrieraient : allons rendre grâces à Dieu ! ! ! .... »

4. — *Histoire et critique des règles sur les preuves de la filiation naturelle en droit français et étranger,* par PAUL BARRET, docteur en droit, licencié ès lettres, avocat à la cour d'appel de Paris. — Paris, A. Marescq aîné, 1872. Un vol. in-8°, 236 pp.

Cet ouvrage qui a obtenu, en 1869, le prix Beaumont, indique chez son auteur un esprit net, studieux et progressif. La partie historique, et en particulier l'explication du sens véritable de la fameuse maxime de l'ancien droit français : *virgini prægnanti creditur* est fort intéressante. L'auteur démontre qu'elle n'avait trait qu'à la provision et non au fond du procès. Mais ce qui fait surtout, à notre point de vue, le mérite du livre, c'est l'étude de législation comparée qu'il renferme. Il y a là une bonne tentative qui pourrait être suivie pour la plupart des divisions du droit privé. L'auteur compare entre elles 29 législations européennes (dont 14 pour la Suisse seule) et quatre législations américaines. Il est fâcheux qu'il ne semble avoir été à même de se renseigner qu'à des sources incomplètes ou vieillies. Rien ne fait mieux comprendre la nécessité d'une nouvelle édition, entièrement refondue, de la *concordance* d'Anthoine de Saint-Joseph, dans laquelle M. Baret a puisé plusieurs de ses indications. Ainsi le Code Saxon de 1863 lui semble inconnu, de même que le Code portugais de 1868, de même que, pour la Suisse, le Code du canton des Grisons (1862) et celui de Schafhouse (1865).

Les conclusions de M. Baret sont favorables en général au système français, qui prohibe la recherche de la paternité. Cependant il admet des tempéraments à la rigueur du principe, dans les trois cas suivants : viol. enlèvement, séduction par promesse de mariage, à la condition, dans ce dernier cas, qu'il existe un commencement de preuve par écrit de la séduction et de la promesse de mariage. L'auteur a rédigé sous forme d'articles de loi, l'ensemble des modifications qu'il voudrait voir introduire, en cette matière, dans le Code Napoléon.

5. — *Das Ehehinderniss der Blutsverwandschaft nach kanonischem Rechte*, in seiner geschichtlichen Entwickelung aus den Quellen bearbeitet und übersichtlich dargestellt, von HERMANN EICHBORN, Doctor der Rechte. — Breslau, Schletters'che Buchhandl. (H. Skutsch), 1872. Une broch. in-8°, 35 pp.

Cette monographie d'une institution législative, qui, pour avoir été consacrée et renforcée par l'Eglise, n'en repose pas moins dans son principe sur des motifs profondément humains, a le mérite de présenter, sous une forme claire et concise, l'histoire des différentes phases qu'a parcourues, dans le droit canonique, la prohibition du mariage entre parents.

6. — *Des partages d'ascendants entte vifs et des modifications à introduire dans la loi sur cette matière*, à propos de l'enquête agricole, par M. F. BARAFORT, président de chambre à la cour impériale de Lyon. — Deuxième édition, revue et augmentée d'un projet de loi sur la matière. — Paris, Durand et Pedone-Lauriel, 1870. Un vol. in-8°, 185 pp.

Dans cet ouvrage, parvenu dès 1870 à sa deuxième édition, M. Barafort joint sa voix aux voix nombreuses qui se sont déjà élevées pour réclamer, spécialement dans l'intérêt de l'agriculture, des modifications aux articles du Code civil relatifs aux partages d'ascendants entre vifs. Quelques-unes de ces modifications s'appliqueraient également aux partages après décès.

La plus importante, et la plus généralement demandée d'ailleurs, consisterait dans la faculté d'attribuer tous les immeubles à un des co-partageants et de remplir les autres en valeurs mobilières et en argent (1). Ajoutons que M. Barafort est personnellement d'avis que les art. 826 et 852 du C. Nap. (2) ne s'appliquent pas de droit aux partages d'ascendants, de sorte que la modification serait inutile en ce qui concerne ces derniers, si en fait la jurisprudence n'était favorable à l'opinion contraire.

D'après M. Barafort, les partages judiciaires d'après décès devraient pouvoir être faits par voie d'attribution, sans tirage au sort des lots, toutes les fois que l'intérêt des co-partageants pourrait l'exiger, suivant l'appréciation souveraine du juge.

Les autres modifications proposées ont principalement pour but d'assurer la stabilité des partages d'ascendants entre-vifs, — en décidant que les biens y compris sortiront absolument du patrimoine de l'ascendant; — en abrégeant le délai de la prescription des actions en rescision (art. 1079, C. Nap.); — en permettant d'arrêter celles-ci par l'offre faite à l'héritier demandeur du supplément de sa part héréditaire (art. 891, C. Nap.), etc.

---

(1) V. dans le même sens ce que nous avons dit du discours de M. Würth, procureur-général à Gand, sur le droit testamentaire des parents. T. IV de la *Revue*, pp. 684 et 685.

(2) Art. 826 : Chacun des cohéritiers peut demander sa part *en nature des meubles et immeubles* de la succession.....

Art. 832 : ...Il convient de faire entrer dans chaque lot, s'il se peut, la même quantité de meubles, d'immeubles etc.

7. *Essai sur l'histoire de la résolution de la vente pour défaut de paiement du prix et son état dans le droit français moderne*, par Louis Naz, avocat, lauréat de la faculté de droit de Grenoble. — Paris. Durand et Pedone-Lauriel, 1870. — In-8°, 397 pp.

L'*Essai* dont le titre précède se divise en deux parties : *droit romain* et *droit français*. La seconde partie comprend à son tour l'exposé de la jurisprudence antérieure au Code Napoléon, et celui du droit français moderne sur la matière dont il s'agit. L'auteur montre que les textes et les ouvrages latins et français lui sont familiers. Il n'est pas aussi bien au courant de la littérature allemande moderne, dont il ne cite guère, si nous ne nous trompons, que Savigny, Fitting et Mühlenbruch. Il nous semble qu'on pourrait lui reprocher surtout de ne pas mettre suffisamment en relief les grandes lignes de son sujet, et de n'en pas donner l'intelligence profonde. Se conformant à une méthode trop suivie dans certaines écoles, il nous met en présence d'une série de controverses, dont le lien n'est qu'imparfaitement indiqué.

8. — *Schets van het nederlandsche handelsregt, ook ten dienste van het middelbaar onderwijs* (1), *door* M. T. M. C. Asser, hoogleeraar en advokaat te Amsterdam. — Haarlem, de erven F. Bohn, 1873. — In-8°, IV et 248 pp.

Il est peu de choses plus difficiles que de vulgariser un système de législation positive. Il est d'un autre côté peu de choses plus utiles, et même, pour certaines parties du droit, plus nécessaires. Un des directeurs de cette *Revue*, M. Asser, a entrepris un travail de ce genre pour le droit commercial de son pays. La méthode qu'il a suivie est entièrement différente de celle de ses devanciers, et nous la croyons meilleure. Au lieu de faire une simple *paraphrase* des articles de la loi, ou d'entrer dans les détails des controverses, c'est à en exposer avec suite et méthode l'origine, l'esprit et les principes qu'il s'attache. Dans cet exposé il a cherché, et, à notre avis, il a réussi à éviter le double écueil de la diffusion, des excursions trop prolongées sur le champ du droit civil général, et d'une brièveté qui risque de dégénérer en obscurité ou en sécheresse. Enfin il a eu la bonne idée de placer à la fin de son livre une liste des mots étrangers et des termes techniques, avec renvoi aux pages où on en trouve l'explication.

Ce qui donne surtout de l'intérêt au livre de M. Asser, c'est l'heureux mélange que l'on rencontre partout entre la théorie et la pratique. On voit que l'auteur est à la fois professeur et avocat. Jamais il n'oublie que son livre est surtout destiné et à l'enseignement moyen et aux commerçants de profession. Il y a de bonnes observations dans ce qu'il dit au sujet de l'arbitrage, que l'on a cessé de regarder comme un moyen de simplifier et d'abréger les procès (pp. 15-17), de la formation du consentement par correspondance (p. 56), etc. Les chapitres relatifs aux commissionnaires, aux courtiers, et à la matière si compliquée du change, aux différentes espèces d'assurances, etc., sont excellents.

M. Asser apprécie avec une louable indépendance la législation de son pays, et souvent il en signale les lacunes en la comparant avec les législations étrangères, surtout avec le Code allemand. Cependant il y a beaucoup de points où il demeure fidèle au système du législateur néerlandais, par

(1) Esquisse de droit commercial néerlandais, pouvant servir entre autres à l'enseignement moyen.

exemple en ce qui concerne l'inutilité d'établir des tribunaux de commerce, la convenance de ne pas comprendre les *usages commerciaux* parmi les sources du droit commercial, etc.

9. — *Dei principali provvedimenti legislativi chiesti dal commercio italiano e desunti dalle proposte delle camere di commercio.* — Note di ERCOLE VIDARI, professore ordinario di diritto commerciale nell' università di Pavia. — Milano. Ulr. Hœpli, 1873. Un vol. in-8°, 302 pp.

Comme le titre de ce volume l'indique, il renferme une analyse sommaire et méthodique des réformes législatives sollicitées par les Chambres de commerce de l'Italie, tant en ce qui concerne les dispositions à introduire dans le nouveau Code de commerce, auquel on travaille actuellement, que pour ce qui a trait à la législation purement administrative.

Dans la première classe, que M. Vidari intitule : dispositions juridiques (*provvedimenti giuridici*) figurent : 1) *Les tribunaux de commerce* dont on demande le maintien et l'extension, tout en ne s'accordant pas sur l'organisation à leur donner ; puis un vœu singulier et qui, à première vue, ne nous sourirait guère, celui d'attribuer aux *Chambres de commerce* les fonctions d'arbitres et de de conciliateurs, et même de les faire juges dans les affaires contentieuses dont la valeur ne dépasse pas 30 fr.

2) Le *registre de commerce* que l'auteur voudrait voir établir à l'instar du *Handelsregister* allemand, et qui, selon l'expression de Munzinger, remplirait dans les opérations commerciales le rôle du registre hypothécaire. On souhaite aussi de rendre obligatoire l'inscription dans ce registre des firmes commerciales.

3) Les *sociétés commerciales* pour lesquelles on réclame en général l'affranchissement de l'autorisation et de la surveillance gouvernementale. — Ce que l'auteur dit des sociétés coopératives ne paraît pas complet. Il ne parle que des législations belge et française ; les lois bavaroise, saxonne et surtout la loi prusso-allemande devraient être consultées.

4) Les *lettres de change*, à propos desquelles l'auteur recommande des dispositions législatives sur les *chèques* et les *warrants*.

5) Les transports de personnes et de choses par chemin de fer. La commission du Code de commerce italien propose ici des dispositions d'une juste sévérité, pour déterminer la responsabilité qui incombe aux entrepreneurs.

6) Les faillites, pour lesquelles il y aurait à assimiler les commerçants et les non-commerçants, et où il y aurait à introduire des dispositions plus efficaces contre la fraude.

La seconde partie a trait à la composition et au réglement des Chambres de commerce, à la propriété des marques de fabrique, aux foires et marchés, à la statistique, aux contributions pour les Chambres de commerce, aux droits d'exportation, d'importation et de consommation, à la marque des objets d'or et d'argent, au commerce ambulant.

10. — *Die Genossenschaftsgesetzgebung in Deutschland.*—*Commentar zu dem Reichsgesetze über die privatrechtliche Stellung der Erwerbs- und Wirthschaftsgenossenschaften unter Berücksichtigung des bayerischen Genossenschaftsgesetzes* von Dr HERMANN VON SICHERER, ord. öffentl. Prof. der Rechte an der Universität zu München. — Erlangen Palm u. Enke, 1872. Un vol. in-8°, IV et 533 pp.

On sait quel prodigieux essor ont pris en Allemagne les sociétés coopératives. Ni la guerre de 1866, ni celle de 1870 n'ont arrêté ce mouvement dont Huber semble avoir été le précurseur et Schulze-Delitsch le promoteur et l'initiateur. Sans donner la solution complète de l'immense problème social qui s'impose à nous, on peut, croyons-nous, affirmer qu'il marque une des étapes les plus importantes qui, depuis longtemps, aient été faites dans cette direction. Aussi les principales législatures allemandes ont-elles cru, dans ces derniers temps, devoir régulariser cette nouvelle forme d'associations. La Prusse a eu, dès le 27 mars 1867, une loi sur les sociétés coopératives, presqu'entièrement conforme au projet rédigé par Schulze-Delitsch. En Saxe une loi du 15 juin 1868 sur les personnes juridiques comprend plusieurs dispositions applicables à ces sociétés. Mais à peine était-elle votée qu'une loi du 4 juillet 1868 étendait à toute la confédération de l'Allemagne du Nord (y compris par conséquent la Saxe) la loi prussienne légèrement modifiée. Cette même loi fut acceptée, respectivement, le 4 août 1869 et le 11 février 1870, dans la partie du Grand-duché de Hesse située au-delà de la ligne du Main, et dans le Grand-duché de Bade. Le 29 avril 1869, la Bavière se donnait à son tour une loi sur la situation des sociétés coopératives dans le droit privé (*die privatrechtliche Stellung der Erwerbs- und Wirthschaftsgenossenschaften betreffend*). Cette loi est demeurée jusqu'ici en vigueur, malgré l'extension de la loi prussienne aux autres Etats de l'Allemagne. Elle ne diffère d'ailleurs actuellement de cette dernière que parce qu'elle autorise, outre les sociétés coopératives à responsabilité solidaire, des sociétés coopératives à responsabilité limitée. Rappelons en passant que ce dernier principe, moins rigoureux que le système prussien, a été également adopté par le législateur français (loi sur les sociétés du 24 juillet 1867), et par le législateur belge (loi sur les sociétés commerciales du 18 mai 1873).

Il a déjà été écrit un nombre considérable de livres sur toute cette législation, et sur l'ordre de choses auquel elle se rapporte. Mais il nous paraît difficile qu'il ait rien été fait de meilleur que l'ouvrage de M. De Sicherer. On y trouve tout ce qu'un jurisconsulte a besoin de savoir pour s'éclairer sur cette forme de rapports juridiques, curieuse et pleine d'avenir, sur son origine, ses développements, sa valeur sociale, et ce n'est pas en Bavière seulement que l'ouvrage sera consulté avec intérêt et avec fruit.

11. — *Geschichte und Reform der deutschen Civiljustiz, ein gemeinverständlicher Vortrag* von Dr L. V. BAR, ord. Prof. an der Universität Breslau, 1871, in-8°, 45 pp.

Le Dr V. Bar a entrepris de mettre à la portée du public les principes généraux par lesquels il est désirable que le législateur allemand se laisse guider, dans la rédaction du Code de procédure civile commun à tout l'Empire. Bien que cette conférence date déjà de deux ans, elle n'a rien perdu de son actualité, le projet déposé en 1871 n'ayant pu encore être discuté.

Il est bon de voir des hommes de la valeur de M. Von Bar ne pas reculer devant l'exposition des questions législatives les plus abstraites, sous une forme intelligible même aux non-juristes. Si l'on veut que le droit réponde réellement à la conscience nationale ou universelle, il faut de toute nécessité que le public soit mis à même de s'intéresser aux questions débattues. Et s'y intéressera-t-il, s'il ne commence par les comprendre ?

12. — *Der baierische Civilprocess nach der Civilprocess-Ordnung vom 29 April 1869, systematisch dargestellt*, von Dᵣ Gotfried Schmitt, Appellationsgerichtsrath, etc. Vᵗᵉ-Xᵗᵉ Lieferung. — Vol. I, XVI et 641-782 pp.; vol. II, XI et 770 pp. — Bamberg, Buchners'che Buchhandl. 1870-1872.

Nous avons ici la suite et fin de la publication dont nous avons précédemment examiné les premières livraisons (V. t. III, 1871, pp. 679-681). La cinquième livraison continue et termine le troisième livre, traitant des *principes généraux de la procédure*, en même temps que le second volume de l'ouvrage. Celui-ci se distingue jusqu'au bout par les éminentes qualités que nous avons signalées dans notre précédente notice, et qui lui assurent une valeur durable alors même que le Code allemand de procédure civile sera entré en vigueur. En effet, les principes de l'oralité et de la publicité seront, selon toute apparence, introduits par ceux-ci comme ils sont déjà reconnus en principe par le Code bavarois.

V. — Droit criminel (droit pénal proprement dit ; droit de procédure pénale).

1. — *Handbuch des deutschen Strafrechts in Einzelbeiträgen* von prof. Dᵣ Engelmann, prof. Dᵣ Geyer, prof. Dᵣ Heinze, prof. Dᵣ v. Holtzendorff, prof. Dᵣ Liman, prof. Dᵣ Merkel, Kammergerichtsrath Schaper, General Staats-Anwalt Dᵣ Schwarze, prof. Dᵣ Skrzéczka, prof. Dᵣ Wahlberg; herausgegeben von Dᵣ Fr. v. Holtzendorff. Zweiter Band : *die allgemeinen Lehren*. Berlin, 1871. — C. G. Luderitsche Verlagbuchhandlung. Carl Habel, — In-8° et 637 pp.

Nous avons dit un mot du premier volume de cette publication dans une livraison précédente de cette Revue. Celui que nous avons sous les yeux est d'un intérêt beaucoup plus universel : il traite, en effet, de ces principes généraux qui dominent la science du droit pénal, et sur la portée desquels on n'est malheureusement pas encore assez d'accord. C'est dans son ensemble une œuvre fort remarquable, et qui devrait se trouver entre les mains non-seulement des magistrats et hommes de loi allemands, mais de tous ceux qui s'occupent sérieusement du droit criminel, même dans les pays étrangers à l'Allemagne. Nous allons l'examiner aussi rapidement que le permettront et l'importance des matières et notre respect pour les autorités qui ont signé de leur nom les divers articles dont cette œuvre se compose.

Le premier, par le Dᵣ Heinze, traite des rapports entre le droit général Allemand, et le droit pénal local : *Reichsstrafrecht und Landesstrafrecht*. Il n'est pas d'un intérêt aussi général que ceux qui le suivent, et ne devait peut-être pas trouver place dans ce volume intitulé : *Die allgemeinen Lehren*. L'organisation politique de l'empire Allemand lui fait au point de vue juridique une position toute spéciale. Entre ces divers États qui conservent dans l'administration de leurs affaires intérieures une certaine indépendance, il était difficile d'établir l'unité complète de législation criminelle. Aussi, bien qu'une législation criminelle commune ait été promulguée le 31 mai 1870, pour la confédération du Nord, bien que cette législation, à quelques changements de rédaction près, ait été rendue obligatoire dans tout l'Empire le 15 mai 1871, il reste beaucoup de matières dans lesquelles les législations locales conservent force et vigueur. De ce concours de législations peuvent naître les questions les plus singulières. M. Heinze s'est efforcé d'établir quelle est l'action de la loi locale, quand et jusqu'à quel point elle est applicable. Signalons dans le § 8 une controverse curieuse au sujet du droit de grâce. Chaque État ayant le droit de punir les infractions à la loi générale commises sur un point quelconque du territoire Allemand, doit avoir aussi le droit de grâce pour ces mêmes infractions, et la grâce octroyée par l'un produit son effet dans tout l'empire. Telle est l'opinion de l'auteur, et en l'absence d'une disposition constitutionnelle spéciale, elle nous paraît la conséquence rigoureuse de ce droit de juridiction générale que l'on reconnaît à chaque État. M. Heinze combat avec raison le système d'Oppenhof qui n'accorde le droit de grâce qu'à l'État dont émane la condamnation, la grâce n'étant pas une phase de la procédure et pouvant intervenir avant la condamnation : il repousse avec non moins de raison celui de Holtzendorff, qui n'attribue le droit de grâce à chaque État en particulier, que pour autant qu'il ait le droit de légiférer à l'avenir sur la matière (dans les limites par conséquent du droit pénal local) : le droit de grâce n'est pas en effet un accessoire ou corrélatif du droit de légiférer, mais du droit de punir. Nous ne pouvons du reste qu'approuver l'auteur lorsqu'il signale les inconvénients que cette situation peut entraîner, s'il prend fantaisie à un État d'exercer son droit d'une façon inopportune.

La législature de la Confédération n'a pas assez porté son attention, dit l'auteur, sur la nécessité de bien régler les rapports du droit criminel commun avec le droit criminel local. Elle ne pouvait voir de prime abord, reconnaissons-le, toutes les difficultés, tous les embarras d'un régime nouveau : l'expérience seule pourra en donner une idée complète. Ces embarras sont encore augmentés par ce fait, que si quelques États ont modifié leur législation pour la mettre en harmonie avec le nouvel ordre de choses, d'autres n'ont rien fait du tout : les anciennes lois subsistent encore en apparence; celles de leurs dispositions qui sont contraires à la loi générale n'ont pas été supprimées ni spécifiées. Il faudrait donc dans chaque État, un remaniement complet des lois criminelles, et l'abrogation formelle des dispositions dont la légalité serait devenue douteuse en présence de la législation commune.

Ces observations suffisent pour démontrer l'importance du travail entrepris par le docteur Heinze. La matière est soigneusement étudiée, les conclusions sont justes : nous souhaiterions seulement plus de clarté encore dans le style; une idée simple peut parfois devenir obscure par la recherche de l'expression.

Le docteur Schwarze traite de la loi criminelle relativement au temps, au lieu et aux personnes. C'est un esprit lumineux, et qui se meut à l'aise dans les difficiles problèmes que soulève cette matière. Nous sommes loin cependant d'admettre en tout ses opinions. Il y a un peu de subtilité dans le raisonnement par lequel il s'efforce de démontrer qu'en principe les lois pénales sont rétroactives. Il se fonde sur ce que la loi ancienne, une fois abrogée, n'a plus d'existence et ne peut plus être appliquée par le juge. On pourrait répondre qu'il dépend du législateur de lui conserver une force transitoire pour les infractions commises sous le régime de la loi ancienne. Mais le raisonnement serait exact, que la rétroactivité de la loi nouvelle n'en serait point la conséquence nécessaire. Un autre principe, celui d'après lequel aucune infraction ne peut être punie de peines qui n'étaient pas prononcées par la loi avant qu'elle fût commise, s'oppose à cette rétroactivité. Et, si le premier principe était aussi absolu, la conséquence forcée des deux règles combinées serait l'impunité complète de l'infraction. La loi pénale est si peu rétroactive que l'infraction prévue et punie par une loi nouvelle, commise antérieurement, reste complètement impunie, si aucune loi antérieure ne la réprimait. Si une loi antérieure la réprimait et la frappait de peines moins sévères, ce n'est donc pas la loi nouvelle que l'on applique au délinquant, c'est la loi ancienne, la seule qu'il ait violée; et la preuve c'est que, si cette loi n'existait pas, on ne lui en appliquerait aucune.

Inutile de faire remarquer que ce sont là questions de théorie pure; si l'on n'est pas d'accord sur ce terrain, on l'est parfaitement sur le système à suivre en pratique. Il n'en est pas ainsi toutefois lorsqu'il s'agit de la prescription, de la récidive ou du délit d'habitude. Ici la pratique est loin d'être unanime. L'auteur examine avec soin les diverses questions qui peuvent s'élever sous ce rapport.

Traitant de l'action de la loi pénale relativement au lieu du délit, M. Schwarze se trouve naturellement amené à discuter la question si agitée et si controversée de la répression des délits commis en pays étranger. Il est à remarquer que, tout en rejetant d'emblée le *système personnel*, comme condamné par la doctrine, l'auteur va beaucoup plus loin que ce système dans la voie de la répression de ces délits. Que l'État punisse suivant ses propres lois, les crimes et délits dont se rendent coupables ses sujets à l'étranger, et cela sans examiner si la personne lésée est sujette ou étrangère, rien de plus naturel, dès que l'on admet que l'indigène ne peut pas être extradé. Non-seulement cette répression serait justifiée par le système personnel, mais on pourrait la fonder sur les motifs très sérieux, (au point de vue de l'opportunité surtout), que fait valoir l'auteur. Les États civilisés ne vivent pas isolés, ils ont des rapports entre eux, des obligations les uns envers les autres : il importe, au point de vue des bonnes relations internationales, qu'il se prêtent appui mutuel pour le maintien de l'ordre, de la sécurité publique. Mais on va trop loin, nous semble-t-il, quand on prétend attribuer à l'État le droit de punir les infractions commises à l'étranger par des étrangers. La doctrine semble lui reconnaître ce droit lorsqu'il s'agit d'infractions attentatoires à sa sûreté. Le Code pénal Allemand, § 5, se prononce dans ce sens lorsqu'il s'agit de haute trahison ou de crime de fausse monnaie, et applique, dans ce cas, à l'étranger la loi Allemande. On justifie cette disposition par des nécessités politiques. C'est à peu près la disposition des art 6 et 5 combinés du Code d'instruction criminelle Français. Le Code Saxon va plus loin : il reconnaît, dans certains cas, aux tribunaux Saxons le droit de juger et de punir les infractions commises en dehors du territoire par des étrangers contre des Saxons. L'auteur semble souhaiter une extension cosmopolitique des droits de juridiction de chaque État aux crimes et délits commis en pays étranger par des étrangers, sous certaines conditions, notamment l'autorisation du ministère de la justice, et il se fonde sur ce que l'un des éléments de la mission de l'État serait de maintenir et de protéger l'ordre universel : *die Weltxordnung zu fordern und zu wahren*. Nous pensons que ce serait là une extension abusive des droits de l'État. Nous ne pouvons pas davantage admettre la disposition de la loi Saxonne, et nous hésiterions même fort à reconnaître à l'État le droit de punir les infractions commises par des étrangers en pays étranger contre sa sûreté propre. Ces faits échappent à sa juridiction; ni le système personnel, ni le système territorial ne peuvent légitimer son action, et ceux qui prétendent la justifier ne sont pas même d'accord sur le point de savoir s'il faudra appliquer à l'étranger la loi nationale ou la loi étrangère. Lui appliquer la première, ainsi que le fait le Code Allemand, c'est ne tenir aucun compte de sa qualité d'étranger qui diminue sa culpabilité, c'est le punir parfois avec une sévérité extrême d'un acte peut-être excusable ou même louable eu égard à la nationalité du délinquant. Lui appliquer la loi étrangère, c'est appliquer en Allemagne une loi qui n'a pas d'existence en Allemagne, que les juges allemands n'ont pas mission d'appliquer. Cette dernière solution est cependant la plus humaine .et la plus équitable; elle n'est pas celle du C. P. allemand; elle est celle que conseille notre auteur, en cherchant à la justifier en principe par une espèce de transmission ou délégation du droit de juridiction des magistrats étrangers aux juges allemands. Mais où est cette prétendue transmission? Est-ce autre chose qu'une fiction pure? Où voit-on, en effet, que le juge étranger l'ait consentie? Nous ne pensons pas même qu'il ait le pouvoir de la consentir. C'est pour lui, c'est pour le gouvernement étranger non-seulement un droit, mais un devoir de punir les infractions commises sur le sol national, et il ne nous paraît pas qu'il puisse se décharger de cette mission sur le juge du pays d'où le délinquant tire son origine.

Nous regrettons de ne pouvoir nous arrêter plus longtemps sur cette matière si intéressante au point de vue des relations internationales. Signalons en passant un progrès notable dans la législation allemande. On n'y trouve plus cette injustifiable et égoïste distinction entre les infractions commises hors du territoire par un sujet *sur la personne ou les biens d'un sujet*, et celles dont un étranger est victime. Quand l'Allemand retourne dans son pays, il peut y être poursuivi pour les secondes aussi bien que pour les premières. C'est la conséquence naturelle du principe qui défend l'extradition d'un sujet, principe qui, combiné avec la distinction prémentionnée inaugurée dans le Code d'I. Cr. de 1808, peut conduire à l'impunité des plus grands crimes, alors même que le crime est flagrant et le coupable certain. La loi belge du 30 décembre 1836 a depuis longtemps fait cesser cet état de choses en Belgique, mais d'une manière incomplète à notre avis, en subordonnant la répression des crimes et délits commis par un sujet en pays étranger sur la personne d'un étranger, à la condition qu'il s'agisse d'un crime ou délit prévu par la loi d'extradition, et à celle que l'étranger porte plainte, ou qu'il y ait avis officiel du gouvernement étranger. La seconde condition surtout nous paraît de trop.

Nous ne pouvons que nous rallier à la plupart des observations que contient l'article du docteur Schwarze sur une foule de questions d'une complication extrême que soulève en pratique l'application des principes, et qui se rapportent aux cas d'une décision étrangère, de grâce, de prescription, etc... C'est un modèle de concision et de clarté.

A la suite de cette étude figure dans l'ouvrage que nous examinons un travail signé du professeur Merkel, et intitulé : Analogie et Interprétation de la loi (*Analogie und Auslegung des Gesetzes*). Nous aurions préféré le titre : *Auslegung und Ergänzung des Gesetzes*. Le mot *Ergänzung* n'a point son équivalent exact dans la langue française : c'est le fait de compléter la loi en suppléant à ses lacunes. L'analogie n'est qu'un moyen d'arriver à ce résultat; elle est aussi un moyen d'interprétation. C'est pour cela que le titre Analogie et Interprétation de la loi nous paraît mal choisi. L'œuvre est du reste divisée en deux qarties intitulées, l'une : *Auslegung des Gesetzes*, l'autre *Ergänzung des Gesetzes im Wege der Analogie.*

Les règles d'interprétation tracées par l'auteur nous semblent justes. L'on aurait tort de dire, fait-il observer avec raison, que la mission de l'interprète est de faire ressortir la pensée du législateur, celle *qu'il a voulu* exprimer. C'est une définition inexacte et incomplète. Car la pensée du législateur ne doit préoccuper l'interprète que pour autant qu'elle a trouvé dans la loi son expression effective. D'un autre côté là ne s'arrête pas la mission de ce dernier : il est appelé à résoudre d'après le sens et la portée de la loi un nombre infini de questions que le législateur n'a pu se poser ni prévoir.

Quant au travail qui consiste à compléter la loi par voie d'analogie, nous ne pouvons admettre le système de l'auteur. Il est généralement reconnu que l'application analogique n'est pas permise en matière pénale : Schwarze ne l'admet que comme moyen d'*interprétation*. Il est vrai que, d'après l'auteur lui-même, le juge ne peut se livrer à un semblable travail que sous certaines conditions. Il faut des lacunes telles, qu'il soit nécessaire de les combler pour appliquer la loi, il faut en outre qu'il y ait une disposition légale qui décide dans un cas analogue la question à résoudre. Il y a une lacune semblable quand l'exécution de la loi exige la solution d'une question de principe non résolue dans le droit positif. L'auteur cite comme exemples le Code pénal autrichien, qui réprime certaines contraventions de police sans déterminer de peine, et les cas où des lois spéciales ne résolvent point les questions de responsabilité, de légitime défense, etc.... Dans le premier exemple cité, nous ne croyons pas qu'il soit conforme aux vrais principes d'appliquer des peines par analogie. Sans doute il s'agit de lois incomplètes, mais c'est le vice de la législation, le juge n'a point à corriger celle-ci. Dans les autres exemples, il s'agit de principes qui dominent toute la législation criminelle. Aucune loi ne les consacrerait qu'ils n'en devraient pas moins être respectés : il ne s'agit point de l'application analogique de tel ou tel texte de la loi qui les rappelle, mais de ces principes mêmes ; ils ne perdent pas leur force universelle, parce que telle loi les consacre. Nous n'admettons donc pas l'application analogique ; ajoutons que, si l'auteur l'admet, il la subordonne à tant de restrictions, surtout lorsqu'il s'agit non plus de combler des lacunes, mais d'éviter des inconséquences (*die Beseitigung von Inconsequenzen*), que son système en pratique aboutit souvent au même résultat que le nôtre.

Le traité intitulé : *Idée et essence générale de l'infraction* est d'un magistrat, M. Schaper. Il définit l'infraction : un fait coupable, contraire au droit et frappé d'une peine (*Die rechtsverletzende strafbedrohte schuldvolle That.*) Cette définition réunit l'élément moral et l'élément matériel de l'infraction. L'auteur semble approuver le maintien de la division des infractions en crimes, délits et contraventions, d'après la peine établie par la loi ; et, bien que, au point de vue théorique, cette division soit sans valeur réelle puisqu'elle est purement conventionnelle, elle a son utilité pratique. Il paraît difficile en effet de définir nettement, autrement que par les conséquences légales qu'ils entraînent pour les délinquants, les crimes, délits et contraventions. On peut seulement dire avec l'auteur, que les crimes supposent toujours des actes intentionnels, portant atteinte aux biens les plus précieux de la communauté ou des particuliers, ou une perversité toute spéciale ; que les infractions de pure faute sont des délits, ainsi que les infractions intentionnelles portant atteinte à des biens moins précieux, ou même à des biens importants encore, en cas de circonstances atténuantes ; que, dans les contraventions figurent beaucoup de faits constituant la violation de certaines obligations juridiques d'un caractère général, et ne lésant pas des intérêts bien déterminés.

L'auteur examine ensuite les conséquences de sa définition de l'infraction, au point de vue des conditions auxquelles en est subordonnée l'existence : le fait, la culpabilité, la responsabilité. Il envisage le fait au point de vue du sujet de l'infraction, de son objet, de sa forme extérieure. Il traite de la force soit comme devoir, soit comme droit, enfin des cas de nécessité et de légitime défense. Il expose avec clarté, mais passe peut-être avec un peu trop de rapidité sur les controverses que peuvent soulever les questions de principe, dont il indique la solution.

C'est encore M. Schaper qui est l'auteur du traité faisant suite à celui que nous venons d'examiner et intitulé : *De la responsabilité et de l'intention criminelle.* Nous y remarquons des observations excellentes sur la maxime : *leges ignorare non licet,* maxime très vraie s'il s'agit de l'ignorance du droit pénal. mais qui ne l'est plus, même en matière pénale, quand il s'agit de l'ignorance de dispositions légales, appartenant à une autre sphère du droit, au droit civil par exemple. L'auteur examine l'influence que peuvent avoir sur la responsabilité du délinquant, son jeune âge, sa surdi-mutité, son état de sauvagerie complète par suite d'un long isolement, la folie, l'idiotisme. la vieillesse. Dans les trois premiers cas, il y a défaut de développement; dans les trois derniers, déclin de l'intelligence et partant de la responsabilité. Il analyse les causes qui peuvent détruire momentanément la responsabilité : sommeil, somnambulisme, réveil brusque et instantané, ivresse, etc. Tout cela est classé avec une méthode parfaite, et les principes sont rendus plus clairs encore par les exemples cités dans les notes dont l'auteur a enrichi son œuvre.

La monographie du Dr Skrzeczka revient sur la responsabilité en tant qu'elle peut être affaiblie ou détruite par les maladies mentales, et est intitulée : *Des maladies mentales relativement à la responsabilité.* Il traite les questions qui s'élèvent, sous ce rapport, à un point de vue à la fois philosophique et médical. Il nous est impossible de le suivre dans toutes ses distinctions, et un essai d'analyse ne pourrait ici que donner une idée très imparfaite de l'œuvre. Disons toutefois que l'auteur nous paraît un peu absolu en ce qui concerne la cleptomanie et la pyromanie (manies de vol ou d'incendie). Il affirme que de semblables manies n'existent pas isolées de tout autre trouble de l'âme, et que, lorsque le délinquant ne donne aucun autre signe de démence, on n'a pas devant soi un fou, mais un voleur ou un incendiaire. L'affirmation nous paraît un peu hasardée, et il est presque impossible de ne pas avoir tout au moins des doutes graves sur la question. Le vol persistant, fréquent, sans intérêt, alors surtout qu'il est commis par une personne honnête sous les autres rapports, n'est-il pas à lui seul un signe de folie? Reconnaissons en terminant que l'auteur a fait la part assez large aux maladies mentales comme causes exclusives de responsabilité ; et en présence du terrible mystère qui enveloppe toutes les opérations de l'âme humaine, dès qu'elles ont subi un trouble apparent sur un seul point, c'est un acte de prudence que d'en agir ainsi. Les infirmités de l'intelligence sont du reste analysées et étudiées dans ce travail avec un soin minutieux. Appelons enfin l'attention sur quelques règles excellentes à consulter par le juge pour distinguer la folie feinte de la folie réelle.

M. Schwarze, que nos lecteurs connaissent par un traité analysé plus haut, est encore l'auteur de l'étude sur *la tentative,* dont nous allons rendre compte. Une grande indépendance d'opinion est un des traits particuliers, nous semble-t-il, de l'esprit de M. Schwarze. Nous le constatons une fois de plus dans ses observations relativement à la tentative impossible, soit à raison de l'objet, soit à raison des moyens employés. Le principe que la tentative impossible n'est pas punissable, a donné lieu à une casuistique des plus déliées, aux distinctions les plus subtiles. Des arrêts ont décidé, en

France notamment, qu'il y a tentative punissable dans le fait de tirer un coup de fusil par la fenêtre, dans une chambre où l'on espère atteindre son ennemi et qui se trouve être vide, qu'il n'y a pas de tentative punissable dans le fait de tirer sur un tronc d'arbre que l'on prend pour un être humain. Des auteurs ont essayé de justifier cette distinction et n'y ont pas réussi selon nous.

L'auteur entreprend d'abord de détruire la classification que l'on fait généralement des moyens employés, en moyens absolument ou relativement impossibles, c'est-à-dire impuissants à produire le résultat voulu. On sait que la doctrine dominante ne considère la tentative comme punissable que dans le dernier cas. La critique de M. Schwarze peut être juste en tant qu'elle s'adresse à la terminologie de cette classification. Il démontre très clairement que les moyens qualifiés de relativement impossibles, ne sont pas moins que les autres, radicalement impuissants à atteindre le but poursuivi.

Une quantité anodine d'arsenic n'est pas plus du poison que du sucre. Néanmoins il y a une différence sensible entre l'emploi de l'un de ces moyens et celui de l'autre. L'un est impuissant à raison de la quantité employée, l'autre à raison de sa nature. L'un est insuffisant, l'autre est inapproprié à raison de l'essence interne de la substance. L'emploi de l'arsenic à dose insuffisante pourra, s'il est renouvelé, amener l'empoisonnement, et l'on aura dans ce cas un empoisonnement en plusieurs actes. Le premier constituera un commencement d'exécution. Il n'en est pas de même si la matière employée est inoffensive à raison de sa nature. Cela suffit pour justifier la distinction entre la tentative par des moyens insuffisants et la tentative par des moyens inappropriés; mais ces termes devraient probablement remplacer la terminologie usitée.

Quant à la tentative impossible à raison de l'objet, il est également vrai de dire qu'il ne s'agit pas ici d'une impossibilité absolue; il ne peut en être question dès que l'acte tenté est réprimé par la loi, la loi ne réprimant que des actes possibles. L'impossibilité ne provient que de circonstances accidentelles. Mais peu importe, dès que l'on admet, comme on le fait généralement, qu'il faut un commencement d'exécution pour que la tentative soit punissable. Ce commencement d'exécution ne peut exister, si la tentative était impossible à raison de l'objet.

Le système de M. Schwarze, qui semble conduire à considérer de semblables tentatives comme punissables, nous semble donc d'une sévérité exagérée; il est contraire à la loi et aux principes qui font du commencement d'exécution la condition de la tentative punissable. Qu'une femme qui se croit enceinte tandis qu'elle ne l'est pas, et prend un abortif, soit punie comme coupable de tentative d'avortement, c'est ce que la raison ne peut admettre.

Il y a toutefois, il faut le reconnaître, énormément d'inconséquences dans les distinctions admises ici par la casuistique juridique; elles étonnent et blessent le sens commun, quand elles se révèlent au public par quelque décision judiciaire qui en constitue l'application, et ce sont là des symptômes sérieux qui doivent faire soupçonner aux théoriciens ou aux législateurs qu'ils se trompent et se sont écartés de la vraie voie.

Remarquons en terminant que la législation de l'empire allemand ne connaît pas la distinction de la tentative proprement dite, et du délit manqué. Le délit manqué, dont il ne peut être question, dit notre auteur, que si la consommation de l'infraction suppose un certain résultat, n'est qu'une tentative achevée. Mais ce n'est, d'après la loi allemande, qu'une tentative, et cette tentative n'est même pas punissable si l'auteur, alors que son action n'a pas encore été découverte, a empêché celle-ci de produire l'effet nécessaire à la consommation du crime.

La matière si importante de la participation criminelle est traitée avec développement par le Dr Geyer : il s'occupe aussi des fauteurs d'un crime ou d'un délit. Inutile de dire que ce travail révèle une étude approfondie de la question.

L'auteur divise tous ceux qui participent à un délit, sans en être les auteurs directs, en deux catégories : ou bien ils sont les provocateurs, les inspirateurs du crime, ou bien ils ont participé à son exécution par des faits matériels, actes, paroles, conseils, instruction, etc. Le Code allemand considère comme provocateurs ceux qui, soit par dons, promesses, menaces, abus d'autorité ou de pouvoir, soit en faisant naître ou favorisant intentionnellement une erreur chez le délinquant, soit par d'autres moyens encore, ont *déterminé* celui qui a commis le crime à s'en rendre coupable; ils sont punis comme auteurs du crime. Cette disposition est juste, parce que la loi allemande exige que l'intention criminelle ait été déterminée (bestimmt) par le provocateur. D'autres législations, notamment le Code pénal belge, n'expriment pas assez nettement cette condition. Si la provocation n'a eu d'autre effet que d'encourager une personne dans un dessein coupable antérieurement formé, il n'y a pas provocation véritable dans le sens de la loi allemande, mais complicité par conseils. Sous d'autres rapports, cette disposition est plus large que la loi belge : elle n'est pas limitative quant aux moyens de provocations, et se borne à faire à cet égard une énumération non exclusive. L'auteur démontre que la provocation est susceptible d'une variété infinie de formes, il fait remarquer avec raison que le conseil de ne pas faire une chose, peut, suivant les circonstances, constituer un puissant moyen de provocation à la faire, que l'on en trouve des exemples fréquents et dans les fictions dramatiques et dans la vie réelle [1].

Il examine ensuite les difficultés que peut soulever en pratique la punition des provocateurs comme auteurs du crime ou du délit. Cela nous paraît complet, et d'une logique gouvernée par le bon sens. Quelles questions intéressantes au surplus que celles qui se rattachent à l'excessus mandati, à l'effet de l'erreur commise par l'auteur matériel relativement à l'objet du délit, à l'influence de ses relations personnelles avec la victime sur la culpabilité du provocateur, aux causes de justification, aux circonstances atténuantes ou aggravantes! La matière de la complicité proprement dite, n'est pas moins bien traitée. Nous voudrions en donner une analyse étendue; mais la place et le temps nous manquent, et force nous est de réserver quelques lignes au travail du Dr Wahlberg sur les moyens de répression.

Dans son étude sur les moyens de répression, le Dr Wahlberg, après avoir donné une idée générale de la peine, trace à grands traits son histoire dans les législations étrangères et dans le droit germanique. Il classifie les moyens de répression; puis il les examine isolément. Pour lui, comme pour la grande majorité des criminalistes allemands, la peine de mort devrait être rayée du Code pénal de l'empire; il résume avec concision les motifs qui doivent en faire désirer l'abolition, et exprime avec une certaine amertume le regret que la législature, après s'être prononcée dans ce sens, se soit déjugée quelques semaines après, faisant le sacrifice de ses convictions.

[1] On songe involontairement à l'influence exercée par Iago sur Othello dans l'immortelle scène de Shakspeare.

L'auteur s'occupe ensuite des peines qui consistent dans la privation de la liberté, et est naturellement amené à parler du système cellulaire. Il réprouve la rigueur excessive du système Philadelphien, et donner entre tous la préférence au système Irlandais, qui tend du reste à se généraliser de plus en plus. C'est avec raison qu'il observe que cet emprisonnement ne constitue pas un mode de l'emprisonnement établi par la loi, mais un genre spécial de détention non prévu par elle, qu'il y a dès lors abus à en laisser l'application au pouvoir exécutif, et que la loi devrait déterminer les cas où l'on en usera. Attirons l'attention du lecteur sur les considérations fort intéressantes, dans lesquelles entre l'auteur au sujet de l'obligation du travail comme accessoire de l'emprisonnement, ainsi que des peines infamantes.

Le professeur Merkel traite de l'application de la peine par le juge. La partie de cette étude la plus intéressante et la mieux traitée est celle qui concerne les circonstances atténuantes. L'auteur approuve, du reste, avec raison le système des circonstances atténuantes générales : l'admission de ces circonstances nous paraît inséparable de toute bonne législation pénale.

Terminons en mentionnant l'étude du Dr Heinze sur l'extinction des peines (*Wegfall der Strafen*). Parmi les causes d'extinction, il en est, dit-il, qui résultent de la nature des choses, d'autres d'une disposition positive de la loi. Parmi les premières figurent la mort, la folie incurable du condamné, l'exécution de la peine. L'auteur repousse avec raison le système encore beaucoup trop généralement admis, notamment par le Code pénal allemand, d'après lequel l'amende proprement dite, prononcée par jugement irrévocable, peut être exigée même des héritiers du condamné. Dès que l'amende n'est pas une pénalité privée, dès qu'elle constitue une véritable peine, elle a un caractère personnel et ne peut peser sur les héritiers. Mais nous ne pouvons admettre avec l'auteur que l'établissement de la prescription n'ait d'autre but que de donner à l'impuissance de la loi, alors qu'elle s'est prolongée, l'apparence du droit, d'une forme particulière du droit : cela nous paraîtrait assez puéril. Nous admettrions plutôt que la justification réelle de cette institution de droit positif, réside dans ce fait que l'application de la peine est devenue par le laps de temps inutile au maintien de l'ordre public. Le souvenir du crime s'est effacé; le trouble qu'il a jeté dans l'ordre public est un fait accompli : la conscience publique a reçu une satisfaction relative par la condamnation du délinquant, et sa disparition de la scène. L'application tardive de la peine n'aurait pas seulement pour effet de faire revivre la mémoire du crime, mais peut-être d'exciter des sentiments tout opposés à cette juste satisfaction qu'éprouve la conscience publique quand le châtiment suit une offense dont le souvenir est récent encore. Tous ces motifs sont suffisants pour servir de fondement à la prescription des peines.

ALB. R.

2. — *Il carcere preventivo ed il meccanismo istruttorio che vi si riferisce nel processo penale. Studio di legislazioni comparate antiche e moderne seguito da un schema-progetto di legge.* Dell'avv. LUIGI LUCCHINI. Venezia Ottobre 1872, P. Naratovich.

Publicité de l'Instruction préparatoire, par ELZÉAR BONNIER-ORTOLAN, avocat à la cour de Paris, docteur en droit. Paris, Marescq ainé, 1872.

Ces deux ouvrages ayant, par leurs tendances et par les matières qui en forment l'objet, de nombreux points d'analogie, nous croyons bien faire d'en rendre compte dans un seul et même article. Le premier traite principalement de la détention préventive, et accessoirement de l'instruction préparatoire. Le second, beaucoup moins développé d'ailleurs, a pour but essentiel de démontrer les avantages de la publicité de l'instruction, et l'auteur ne consacre à la question de la détention préventive que quelques pages.

Le livre de M. Lucchini atteste des études et des réflexions sérieuses. Il expose, dans la première partie de son œuvre, les systèmes des législations antiques, et d'un certain nombre de législations modernes en matière de procédure criminelle. Il ne considère il est vrai parmi les premières que les lois Grecques, Romaines et Germaniques, tandis que M. Bonnier remonte plus haut et essaie de retrouver les traces de l'instruction publique et contradictoire chez les Aryens de l'Inde et chez les Hébreux. Mais le travail de M. Lucchini est plus approfondi : l'écrivain français s'est borné à une espèce d'introduction historique, fort claire sans doute, mais trop brève, trop résumée pour donner une idée complète de la forme sous laquelle se présente chez les peuples anciens le système accusatoire. Quoiqu'il en soit, la conclusion à laquelle mène cette étude est celle-ci : c'est que ce système est une forme primitive et naturelle de la procédure pénale, tandis que le système inquisitorial semble une création relativement plus récente née des époques de trouble ou de tyrannie. Chez les peuples anciens, à l'exception de l'Egypte, où l'instruction était secrète, on trouve un certain respect des droits de l'accusé, une certaine loyauté dans la poursuite, dont la notion semble avoir disparu ensuite en tout ou en partie. Dire que cette disparition provient uniquement d'un esprit de despotisme et de tyrannie serait cependant aller trop loin : nous pensons que le secret de l'instruction et la restriction des garanties accordées à la défense ont des causes multiples qu'il serait trop long d'analyser. Et parmi ces causes nous signalerons volontiers le changement qui s'est produit dans l'idée primitive de la peine. Lorsqu'on ne la considérait que comme un moyen de régulariser la vengeance privée, ou comme réparation d'un dommage civil, la société, ne se sentant pas directement lésée, était moins portée à dénier toute garantie à l'accusé, à faire bon marché des droits de la défense. La tentation est devenue plus forte lorsque, l'idée de la peine venant à s'épurer, on l'a envisagée comme nécessaire au maintien de l'ordre social, lorsqu'on y a vu le moyen d'empêcher de nouvelles infractions, et que chacun a senti sa sécurité personnelle compromise par un délit. C'est ainsi que tout progrès entraîne à sa suite quelque erreur. Il faut maintenant que, le progrès des idées s'accentuant encore, on en vienne à se convaincre qu'une poursuite, dans laquelle l'accusé est mis en charte privée et est laissé sans aucun moyen de défense, jusqu'à ce que l'échafaudage de l'accusation soit construit contre lui, dans laquelle il est soumis à la torture de la détention préventive et quelquefois du secret, ne garantit la sécurité publique d'un côté que pour la compromettre de l'autre. Il faut que chacun sente sa sûreté personnelle en péril par une semblable poursuite, et se dise que ce mal peut l'atteindre lui-même, et n'est pas moindre que celui résultant d'un délit contre sa personne ou contre ses biens.

M. Lucchini, après avoir examiné les législations anciennes, passe en revue celles des différentes nations dans les temps modernes en matière d'instruction criminelle. Cette étude, sans être absolument complète, est bien faite. L'écrivain français n'a pas cru pouvoir s'abstenir d'une étude analogue, mais il l'a placée, on ne sait trop pourquoi, à la fin de son livre, tandis qu'il nous paraît plus naturel qu'elle serve pour ainsi dire à éclairer le sujet, et qu'elle trouvait sa place marquée à la suite des observations sur les législations anciennes. Il se borne, du reste, à des remarques peu détaillées sur le système de procédure criminelle en vigueur dans les États-Unis et en Angleterre. Quoiqu'il en soit, il en résulte que dans ces grands pays de liberté, le système accusatoire fonctionne parfaitement sans que l'ordre social soit en péril. Ce sont là des faits qui répondent, ce nous semble, aux principales objections faites contre ce système.

Après son exposé historique, M. Lucchini s'occupe de la détention préventive considérée en elle-même, dans son fondement, ses effets et ses applications. Cela constitue la deuxième partie de son ouvrage. Et, comme tout se lie étroitement dans ces matières, il se trouve nécessairement amené à discuter le système de procédure criminelle qui fonctionne actuellement en Italie, et qui, à fort peu d'exceptions près, se confond avec celui du Code d'instruction criminelle (théories du mandat d'arrêt, des visites et perquisitions domiciliaires, de la mise au secret, de l'interrogatoire de l'inculpé). Mais il examine surtout la détention préventive au point de vue de l'humanité, de l'opinion publique, de la morale publique, de l'économie politique du système pénal, de l'instruction du procès et du trésor public. Il démontre qu'à tous ces points de vue la détention préventive est une chose mauvaise, et dont l'abus produit des conséquences d'autant plus déplorables en Italie, que les détenus préventivement n'y sont point confinés dans des cellules, et vont puiser, dans l'air empesté d'une prison commune, le poison de la corruption morale et des mauvais instincts. Mais n'est-ce pas, d'un autre côté, une horrible injustice que d'imposer à un accusé peut-être innocent l'aggravation de supplice de l'emprisonnement solitaire?

Dans le chapitre III, 2ᵐᵉ partie de son livre, l'auteur italien combat toutes les raisons invoquées pour justifier la détention préventive. Mais nous remarquons que, dans son projet de loi sur cette matière, à la fin de son ouvrage, il n'a pas été aussi loin que semblait l'annoncer le début. Il admet en effet la détention préventive quand il s'agit de crimes entraînant les travaux forcés à perpétuité ou la mort. C'est que ce problème est bien l'un des plus cruels qui puissent s'imposer à la conscience humaine. Il est certain qu'il y a un grand intérêt social en jeu : laisser en liberté celui qui est accusé d'un crime grave c'est s'exposer, s'il est coupable, à ce qu'il se soustraie par la fuite à son châtiment. Le mal dont il est menacé est trop sérieux pour qu'il songe à en braver l'éventualité probable et prochaine, pour qu'il mette en balance avec ce mal les inconvénients de l'exil volontaire, la séparation d'avec les siens et d'avec sa famille, la presque certitude d'être condamné s'il est repris. Voilà le danger et c'est le seul qui nous touche. D'un autre côté, les besoins de l'ordre social autorisent-ils la société à mettre en prison un innocent ou, ce qui revient au même, un accusé dont la culpabilité n'est pas prouvée? Nous aurions grande peine à l'admettre. Il ne s'agit pas de dire : cette mesure est juste dès qu'elle est autorisée par une loi commune à tous. C'est là une odieuse pétition de principe, puisqu'il s'agit de savoir si la loi peut sanctionner une pareille mesure. S'il faut légitimer au nom de l'intérêt social *une* déviation des règles de la justice, où s'arrêtera-t-on? Quelle sera la limite?

M. Lucchini, on le voit dans son ouvrage, ne se résigne qu'avec peine à l'admission même tout exceptionnelle de la détention préventive. Mais pourquoi n'avoir pas consacré dans son projet le principe de l'indemnité? N'est-il pas odieux que lorsqu'on prive un citoyen du plus précieux de tous les biens, de sa liberté, au profit de l'utilité publique, il ne soit pas même indemnisé? Le principe de l'indemnité accordée à l'innocent ne serait-il pas le corollaire nécessaire de celui d'après lequel le temps de la détention préventive est imputé sur la durée de la peine infligée au coupable, ou prise en considération par le juge dans la détermination de cette peine?

En somme, le livre de M. Lucchini est un fort bon livre et digne en tous points d'être consulté et médité. Peut-être reprocherions-nous à l'auteur un peu trop de verdeur et d'acreté dans sa polémique. C'est le défaut des fortes convictions.

M. Bonnier ne consacre, avons-nous dit, que quelques pages à la détention préventive. Il s'étend davantage sur ce qui concerne les autres éléments de l'instruction préparatoire, telle qu'elle est organisée en France et en Belgique. C'est un bon résumé de la question, et nous serions assez tenté de nous rallier aux conclusions de l'auteur, bien qu'elles soient radicales, et ne tendent à rien moins entre autres qu'à la suppression de l'interrogatoire de l'inculpé. M. Bonnier ne rappelle pas qu'une commission, nommée par M. Em. Ollivier et composée de MM. Ortolan, Bédarride, Hélie, Géry, Smith et Valette pour préparer la révision du Code d'Instruction criminelle, commission dont les travaux ont sans doute été interrompus par la guerre, et dont lui-même était un des secrétaires, s'est prononcée dès 1870, en principe pour le système de l'instruction publique(1). Bien que nous appelions cette réforme radicale de tous nos vœux, nous serions déjà fort heureux que l'on reconnût à l'accusé le droit de se faire assister d'un avocat dès le début de l'instruction : c'est là un principe de justice élémentaire, et auquel on ne semble pas encore disposé à rendre hommage dans certains pays (notamment en Belgique), tandis qu'en Autriche un nouveau projet de loi propose cette innovation. Serait-il vrai que, en Belgique aussi, on fût plus soucieux de trouver un coupable que de trouver la vérité?

ALB. R.

3. — *Om orsakerna till återfall till brott och om medlen att minska dess orsakers skadliga verkningar*, af D:r. K. OLIVECRONA. — Stockholm, Norstedt and Söhner. — In-8. 124 pp.

Des causes de la récidive et du moyen d'en restreindre les effets, par K. D'OLIVECRONA, conseiller à la cour suprême du Royaume de Suède; ancien professeur de droit à l'Université d'Upsal, etc. Traduction. − Paris, Durand et Pedone Lauriel; Berlin, Puttkammer et Mülhbrecht; Stockholm, Samson et Wallin ; Bruxelles, C. Muquardt. (Un vol. 218 pages).

Il est inutile d'insister sur l'importance de la matière choisie par M. d'Olivecrona comme objet de ses études. Qu'est-ce que la récidive? C'est non seulement la preuve affligeante, comme le fait remarquer l'auteur, que la peine déjà subie n'a pas eu pour conséquence la régénération morale que le législateur avait en vue. Il y a dans la récidive quelque chose de plus désespérant. La loi commine une peine : le délinquant a déjà subi son châtiment pour une première faute, il sait par expérience que la menace du législateur n'est point vaine, que ses espérances d'impunité peuvent être déçues, il a pu mesurer la portée du mal auquel il s'expose, et cependant il retombe dans la même infraction. Si les cas de récidive étaient isolés, s'ils étaient rares, on pourrait se dire que certaines natures sont assez opiniatres pour qu'aucun

(1) Voir à ce sujet un article de M. CHÉDIEU, t, II de cette Revue (1870) p. 441 et ss.

remède, aucun moyen d'intimidation ne puisse déraciner ou combattre chez eux l'irrésistible penchant au mal. Et il n'y aurait pas nécessité urgente d'améliorer un système répressif dont les bons effets se feraient sentir dans la presque universalité des cas. Mais il n'en est point ainsi, et M. d'Olivecrona nous montre par des tableaux statistiques faits avec un soin extrême combien la récidive est encore un fait fréquent et désolant dans son pays. Nous croyons que, sauf en ce qui concerne les jeunes détenus colloqués dans des établissements de réforme ou établissements pénitentiaires, il en est encore de même en Belgique et en France.

Quelles sont les causes de la récidive? Comme le fait remarquer M. d'Olivecrona, elle doit avoir indépendamment des causes générales ou premières du crime ou du délit, des causes spéciales et particulières, et c'est à celle-ci qu'il consacre son attention. Il signale notamment parmi elles : 1° l'absence d'action suffisante de la part de l'État pour amener l'amélioration morale du condamné pendant la durée de la peine ; 2° la presque impossibilité dans laquelle on le met de gagner honnêtement sa vie, la peine étant subie ; 3° l'absence d'établissements spéciaux pour les jeunes délinquants ; et 4° le douceur excessive à certains égards du mode d'application des travaux forcés. On aurait pu ranger ces diverses causes dans un ordre plus logique en faisant figurer la troisième à la place de la seconde, puisque la 1re et la 3me touchent, à l'amélioration morale du condamné, et la seconde n'aurait dû venir qu'en dernier lieu. Mais l'observation à peu d'importance.

C'est beaucoup que d'indiquer les causes du mal ; on fait pressentir en même temps le remède. Mais il est nécessaire d'analyser les causes, afin de déterminer nettement de quelle manière, à quelles doses le remède pourra être administré. C'est la meilleure partie de l'ouvrage de M. d'Olivecrona : comme son écrit sur la peine de mort, il révèle le savant vraiment inspiré par l'amour de l'humanité, et il y règne une chaleur contenue par le calme inséparable de l'esprit scientifique.

Au point de vue de la régénération morale, M. d'Olivecrona attache une grande importance à l'action des aumôniers, à l'influence des idées religieuses. Il cite à ce sujet les paroles du roi Oscar 1er, qui a donné un noble exemple aux souverains de l'Europe en s'occupant personnellement de ces graves matières dans son ouvrage intitulé : *Des peines et des prisons.*

« L'instruction religieuse du condamné est la base la plus sûre de toute » amélioration morale.... » Nous partageons cette opinion tout en faisant nos réserves, quant au respect de la liberté de conscience. Nous croyons que la religion est la formule la plus vivante, la plus sensible des vérités morales, et nous pensons que l'instruction religieuse est un précieux moyen pour la société de ramener au bien les esprits égarés, qui se sont placés sous sa tutelle par leur violation des lois. Nous ne pouvons non plus qu'approuver l'auteur lorsqu'il recommande la collocation des jeunes détenus dans des établissements pénitentiaires spéciaux ; l'utilité de ces établissements paraît évidente. La préférence qu'il donne aux établissements privés subsidiés par l'État sur les établissements qui en dépendent directement, semble plus difficile à admettre en théorie, et cependant les expériences faites jusqu'ici sont décidément plus favorables au premier système. On est peut-être trop porté à se défier de l'initiative privée qui peut produire de grandes choses ; en tout cas, ne doit-elle s'exercer ici que sous une surveillance assidue.

Nous ne partageons pas entièrement l'opinion de l'auteur en ce qui concerne le régime des prisonniers. Ils sont mieux nourris, dit-il, que beaucoup d'ouvriers, et l'effet d'intimidation de la peine s'en trouve considérablement.

amoindri. Toute la question nous paraît être de savoir si les condamnés ont oui ou non le superflu. S'il est vrai, comme le Collége royal de santé l'a déclaré que leur nourriture ne peut être considérée comme trop substantielle ni comme trop élevée, on ne peut la réduire sous le prétexte quelle serait supérieure à la nourriture d'un grand nombre d'ouvriers. Sous aucun pré-texte il ne peut être permis à l'État de donner aux détenus moins que le nécessaire. Si certains ouvriers ne l'ont pas, la conséquence en est qu'il faut travailler par tous les moyens possibles à améliorer leur condition. C'est de ce côté que doivent tendre tous les efforts. Quant à supprimer aux déte-nus toute jouissance superflue. notamment le tabac ou à ne leur permettre de s'en procurer que comme récompense, c'est une chose toute naturelle, et les observations de l'auteur à cet égard sont excellentes. Nous croyons que de cette manière on conservera à la peine sa force d'intimidation autant du moins que le permet l'humanité.

Une des causes de récidive les plus graves, c'est à notre avis l'impossi-bilité où se trouve le détenu à sa sortie de prison de gagner honnètement sa vie. Cela est d'autant plus triste que, lorsque le condamné libéré se trouve ainsi presque fatalement entraîné à commettre une nouvelle infraction. il mérite plus de pitié que de rigueur. Nous voudrions suivre un moment M. d'Olivecrona, dans sa intéressante dissertation sur ce point, mais nous devons nous resserrer dans les bornes étroites d'un compte-rendu. Il y a en cette matière beaucoup à faire, tant par l'initiative privée que par l'État, et le savant magistrat Suédois a exposé avec succès, croyons-nous, quelques-uns des moyens à employer pour atteindre le but. Aux causes principales de récidive qu'il indique, M. d'Olivecrona aurait pu peut-être ajouter l'abus de la détention préventive dans presque tous les pays. L'effet d'intimidation de la peine consistant dans la privation de la liberté perd considérablement de sa force, si l'innocent même est exposé à la perdre pour un temps qui peut dépasser une année, et cela sans obtenir à la fin de son supplice d'autre satis-faction que l'ordonnance de non lieu, l'arrêt d'acquittement, etc ...., qui le renvoie au milieu des siens ruinés peut-être d'esprit, de corps et de biens par sa longue et douloureuse absence.   Alb. R.

4. *Les pénalités de l'Enfer du Dante, suivies d'une étude sur Brunetto Latini, apprécié comme le maître du Dante,* par J. Ortolan, professeur de législa-tion pénale comparée à la Faculté de droit de Paris. — Paris. Henri Plon, éditeur; 10, rue Garancière.

« La science législative est faite pour hanter la grande poésie et les lettres » dans leurs chefs d'œuvre : la science législative pénale surtout, elle qui se » meut dans la sphère des vérités morales, dans le chaos des vices, des inté-» rêts, des passions, des entraînements aboutissant au crime, dans les condi-» tions nécessaires de la sécurité publique et de la sécurité privée, et qui » fait apparaître au-dessus de tout la justice. »

Ces paroles éloquentes ouvrent la préface dans laquelle M. Ortolan expose le but et l'esprit de son œuvre. Deux jours après il expirait laissant un nom honoré dans la science, et l'on dirait que son âme, au moment de dépouiller son enveloppe matérielle, avait repris une vue plus claire et plus élevée des questions morales si étroitement liées aux questions législatives.

L'idée d'étudier dans le chef-d'œuvre d'un des plus grands génies du moyen âge, dans l'Enfer du Dante, l'histoire des mœurs qui agissent sur les lois autant et plus qu'elles ne subissent leur influence, l'état des esprits, le caractère des opinions de cette époque troublée sur la peine, les degrés de la culpabilité et de la responsabilité, ne manquait certes pas d'originalité. Cette étude est attrayante, et c'est avec un vif intérêt que nous avons lu l'œuvre de M. Ortolan, écrite du reste dans un style noble, et élégant sans prétention. Ses observations sont ingénieuses et quelquefois profondes. Cependant, outre que la portée en est assez souvent purement littéraire, il y a des éléments dont il convient de tenir compte plus que ne l'a fait M. Ortolan quand on se livre à un semblable travail. Le grand poëte du treizième siècle, en esquissant son sublime et fantastique système de pénalités, n'a voulu peindre que l'action de la justice divine, absolue dans son essence, affranchie des limites imposées à la justice humaine, dont l'action n'est légitimée que par les nécessités de l'ordre public, de l'existence et de la cohésion sociale. Cette justice humaine, tout en puisant sa source dans les idées morales, s'inspire donc aussi de ce second mobile ; elle doit non-seulement parfois punir plus sévèrement que d'autres des actes moralement moins coupables, mais laisser des actions immorales complétement impunies. L'Enfer du Dante, tout en offrant un système complet de pénalités, n'est donc qu'une théorie de morale. C'est ce que l'auteur aurait pu noter avec plus de précision, notamment en mentionnant l'indulgence du Dante pour Françoise de Rimini, l'épouse adultère, et pour son complice, sa sévérité inflexible pour le mari et le meurtrier de la première, le comte de Malatesta, qu'il plonge au fond de son Enfer, dans le glacier de Caïn. L'excuse que la plupart des législations accordent au mari qui venge par un crime son honneur outragé, lorsqu'il agit sous l'empire de la passion, n'est-elle pas une nécessité sociale ? La différence établie entre le mari et la femme ne s'explique-elle pas par des considérations d'un ordre semblable ?

Il est un autre point sur lequel nous appellerons l'attention. À notre avis, si Dante est intéressant à étudier, quant aux principes moraux développés dans son immortel ouvrage, il ne peut être considéré comme retraçant sous ce rapport les idées de son temps. Grand génie et grand poëte, à ce double titre il est loin des opinions de ses contemporains. Souvent il s'élève au-dessus d'eux, parfois sa nature poétique le pousse à se montrer trop indulgent pour certains vices aimables mais dangereux, à juger plutôt d'après ses répulsions et ses entraînements personnels que d'après la saine et vulgaire raison, d'après l'opinion publique et généralement reçue. On ne peut donc considérer l'œuvre sublime mais anormale et exceptionnelle du Dante, comme le tableau des opinions de son époque, et y *surprendre la mesure du pas accompli par les siècles dans les croyances et les institutions*. C'est plutôt dans la masse des écrits d'un ordre secondaire qu'il faudrait chercher cet enseignement.

Notons cependant avec M. Ortolan que l'on trouve en divers passages du poëme les signes de l'influence des idées régnantes en matière de pénalités. Telle est l'idée de l'analogie du châtiment avec l'infraction, et il est curieux de voir combien la merveilleuse imagination du poëte s'est attachée à la préserver : ce n'est pas toutefois un talion, brutal et matériel, c'est une analogie morale et raisonnable et dont l'essence est de faire souffrir le coupable en combattant la passion qui a été le mobile déterminant du crime. Rien de plus intéressant que cette étude.   ALB. R.

5. — *Das Recht in der Strafe. Beitrag zur Geschichte der Philosophie und Versuch einer Dialectik des Strafrechtsproblems*, von Dr LUDWIG LAISTNER, München, 1872, R. Oldenbourg.

Nous avons lu avec un vif intérêt cet ouvrage, qui révèle une étude approfondie de l'histoire de la philosophie du droit pénal. M. Laistner prend cette science à son origine ; il la suit dans son développement, dans ses variations depuis ses premiers germes, jusqu'à son épanouissement actuel. Nous appelons l'attention sur les chapitres qu'il consacre aux philosophes de l'ancienne Grèce, aux sophistes, à Socrate et aux socratiques, à Platon et à Aristote surtout ; il y a là une analyse plus minutieuse qu'aucune de celles que nous connaissons des idées de ces grands penseurs sur le fondement et l'essence du droit de punir. L'auteur fait bien ressortir, par la comparaison de divers ouvrages de Platon, les erreurs que l'on a commises en le représentant parfois comme le père du système qui assigne à la peine comme but essentiel l'amélioration morale du délinquant. Ses observations à ce sujet sont fort justes.

Nous regrettons que l'auteur n'ait pas accordé un peu plus d'attention au développement de la science du droit pénal à l'étranger. Pour ne parler que de l'Italie, on pouvait y trouver en dehors de Beccaria, plus brillant que solide, des noms illustres par des recherches consciencieuses sur le principe du droit de punir.

Après avoir passé en revue les divers systèmes par lesquels on a essayé de justifier la peine, après avoir montré ce qu'il y a de vague et d'incertain dans la classification de ces systèmes en absolus et relatifs, l'auteur observe qu'il ne s'agit souvent que d'une querelle de mots, et essaie de formuler lui-même le principe juridique qui, suivant lui, sert de fondement au droit de punir. Sans doute il y a entre les différentes théories, beaucoup de points de contact, et l'on est après tout assez généralement d'accord sur les conditions auxquelles le droit de punir est subordonné. Or, si *toutes* ces conditions ne se confondent pas avec le principe juridique sur lequel le droit repose, il est certain que le principe lui-même, en déterminant le fondement du droit, en indique par cela même une des conditions, la condition essentielle et primordiale, et dès lors, si l'on est d'accord sur toutes les conditions du droit, on est par cela même d'accord sur le principe qui lui sert de base. Mais on ne l'est plus dès qu'il s'agit de déterminer laquelle de ces conditions constitue la condition primordiale, essentielle de la justice pénale, prenant sa source dans le principe juridique sur lequel se fonde le droit de punir : on ne l'est plus dès qu'il s'agit de formuler ce principe. Nous ne pouvons aucunement nous rallier à l'opinion de notre auteur lorsqu'il nous dit que le principe juridique sur lequel se base le droit de répression pénale est ce qu'il appelle *Die Vorbeugung*, littéralement l'empêchement, l'action d'empêcher le mal, de mettre obstacle aux désordres moraux ou sociaux. Ce n'est pas là un principe, c'est le but de la peine, c'est, si l'on veut, son essence même ; c'est la condition *sine quâ non* de son application par le pouvoir social. Mais nous ne pouvons y voir un principe juridique servant de justification rationnelle à la peine. L'utilité seule n'est pas en effet, par elle-même, une justification. Il faut tout au moins qu'elle se combine avec la justice intrinsèque de la peine, de sorte que le coupable, en subissant celle-ci, soit forcé d'en reconnaître, en son âme et conscience, la légitimité. Au surplus ce n'est pas le lieu ni le moment de développer ces idées, qui ne sont pas neuves. Répétons en finissant que cet ouvrage, surtout en ce qui concerne la partie historique, est une œuvre mûrie et méditée, et que nous espérons voir lui succéder bientôt un traité théorique plus développé que le résumé assez court par lequel il se termine. **Alb. R.**

6. — *La révision du Code pénal de 1810 dans le canton de Genève*, par JOSEPH HORNUNG, docteur en droit et professeur de droit pénal et de droit public à l'académie de Genève. — Genève, chez tous les libraires, 1873.

M. Joseph Hornung, bien connu des lecteurs de la Revue, critique avec raison, d'après nous, la révision du Code pénal de 1810 telle qu'elle est actuellement proposée dans le canton de Genève. On voudrait, paraît-il, n'apporter au Code que des améliorations isolées et non le refondre complètement. M. Hornung croit que. en adoptant ce plan à l'égard d'une législation surannée, on ne fera que du replâtrage. C'est aussi notre avis, bien que nous ne puissions nous associer à toutes les observations de l'auteur. Ainsi nous ne voyons pas trop pourquoi l'on excluerait complètement du Code les contraventions dont la répression intéresse l'ordre public partout et toujours. Le nouveau Code Allemand punit un grand nombre de contraventions (art. 360 à 370). Il en est de même du nouveau Code pénal Belge. La partie générale de tout Code complet doit comprendre, écrit M. Hornung, quatre livres ou chapitres : la loi pénale et son cercle d'action, le délit, le délinquant et la peine. Cela est dit dans des termes un peu absolus. Il nous paraît que, si cette division est bonne en théorie, l'utilité pratique en est contestable ; il serait facile d'en faire voir les inconvénients. Nous préférerions le système du Code Allemand qui traite du cercle d'action de la loi pénale dans des dispositions préliminaires, et dont la partie générale traite : 1° des peines, 2° de la tentative, 3° de la complicité, 4° des causes qui excluent ou affaiblissent la peine, 5° du concours de plusieurs actions punissables. Quels que soient les reproches que l'on puisse adresser à cette division au point de vue de la théorie, elle nous paraît claire, à la portée de tout le monde, et il est bon qu'un Code pénal soit une œuvre accessible à tous, facile à consulter, surtout en présence de la présomption d'après laquelle personne n'est censé ignorer la loi pénale, présomption qui devrait devenir une vérité, ou du moins se rapprocher autant que possible de la réalité des faits.

Nous sommes ennemi de toute division ou classification qui ne serait pas d'une nécessité impérieuse. Cela est aussi dangereux qu'une définition, car classifier c'est définir. Si en établissant des classes de délits on échappait à la nécessité de définir chaque espèce particulière de délits nous comprendrions qu'on le fît, mais on n'y échappe pas. La classification proposée par M. Hornung nous paraît du reste pécher sous plusieurs rapports. Nous comprenons que l'on distingue les délits contre le droit international et contre l'Etat de tous les autres. Cette division présente ses dangers, elle a d'autre part ses avantages. Mais il nous paraît inutile et dangereux après cela de distinguer les délits contre la société civile, des délits contre l'état civil et de ceux contre les personnes. Les délits contre la personne sont toujours jusqu'à un certain point des délits contre la société civile. L'incendie que l'auteur classe parmi ces derniers est une infraction contre les personnes, contre leurs biens ou contre leur vie. Qu'importe qu'il fasse courir du danger à la société ? Il nous semble qu'on aurait tort de classer les délits d'après leurs conséquences fortuites : c'est un objet, le but que se propose le délinquant qu'il conviendrait de prendre seul en considération.

Notons encore en passant un point sur lequel nous ne pouvons être d'accord avec l'auteur. Il propose d'introduire dans la nouvelle législation, une disposition qui interdise les processions dans toute commune où se trouve une église protestante. Tout au plus pourrait-on admettre une semblable entrave à la liberté de religion comme mesure de circonstance, et à ce titre elle ne

devrait pas figurer dans le Code. Mais nous verrions avec douleur qu'on dût
recourir à ce moyen, même comme mesure spéciale et temporaire, car il
prouverait un état de surexcitation des passions religieuses qui, nous
continuons à l'espérer, n'est plus de notre âge. L'on s'est élevé avec
force contre l'arrêté du préfet de Lyon, déterminant les heures auxquelles pourraient et devraient se faire les enterrements civils. C'était
une mesure spéciale, une mesure de circonstance, ce n'était pas l'interdiction
complète de publicité pour ces sortes d'enterrements qui constituaient de
véritables processions. On a considéré cette disposition comme contraire à
la liberté de conscience et nous sommes tout-à-fait de cette opinion. Mais la
mesure que propose M. Hornung est bien plus radicale encore, puisqu'elle
subordonne entièrement au fait de la non-existence d'une église protestante
la faculté de recourir à une pratique, que les catholiques considèrent comme
faisant partie de l'exercice de leur culte. L'État a le droit et le devoir de
maintenir l'ordre public, et il est bon qu'il soit muni de l'autorité nécessaire
à cet effet. Mais il ne doit pas partir à priori de la supposition qu'une céré-
monie consistant à circuler en troupe plus ou moins nombreuse sur la voie
publique, avec accompagnement d'emblèmes et de chants religieux, soit nécessairement compromettante pour l'ordre public dans toutes les localités où le
même culte ne serait pas professé par l'unanimité des habitants.

Il serait injuste de ne pas ajouter qu'il y a d'excellentes choses dans le
travail de M. Hornung. Comme toujours il écrit avec une pleine et profonde
connaissance de son sujet. On sent que peu d'hommes seraient plus compétents que lui pour mener à bien la révision dont il parle.   ALB. R.

7. — *Das Polizeistrafgesetzbuch* |*für Bayern vom* 26 *Dezember* 1871, heraus-
   gegeben und kurz erläutert von EMIL RIEDEL, Kgl. bayr. Oberregierungs-
   rath. Zweite unveränderte Auflage. — Nördlingen, Druck und Verlag der
   C. H. Beck'schen Buchhandlung, 1872.

En Bavière les dispositions légales relatives aux contraventions de
police sont aujourd'hui disséminées dans le Code pénal de l'empire Allemand,
dans le nouveau Code pénal de police, et dans des lois particulières, soit
générales, soit locales. Cela suffit pour faire comprendre que l'auteur a
entrepris un travail d'une utilité réelle, en mettant en regard du texte
du nouveau Code pénal de police les dispositions policières du Code pénal
de l'empire Allemand et celles des lois spéciales, « de telle manière que
» le lecteur soit en état de voir d'un coup-d'œil toutes les lois actuelles qui
» concernent la matière. » La situation actuelle serait de nature à créer des
embarras sérieux aux hommes de loi et aux magistrats à défaut d'une œuvre
pareille. Il ne s'agit pas ici, bien entendu, d'une simple compilation; il a
fallu un travail minutieux et patient pour ranger tous ces matériaux dans
un ordre méthodique. L'auteur indique en outre, en regard de chaque texte
de loi, les ordonnances et instructions ministérielles qui y ont trait; la
jurisprudence des arrêts, et il y ajoute de courtes explications empruntées
aux délibérations des chambres et à la pratique. En parcourant rapidement
cette œuvre, nous avons été frappé de la sévérité des lois Bavaroises; elles
n'ont pu se dépouiller encore entièrement de ce caractère de rigueur exagérée que leur avaient imprimée les théories de Feuerbach et son système
d'intimidation. Elles portent encore le sceau de son énorme influence. Il est
vrai que ces lois laissent cependant une marge assez large au juge, prononcent le plus souvent l'amende alternativement avec l'emprisonnement et ne

déterminent fréquemment que le maximum de la peine. Mais ce maximum est bien souvent aussi trop élevé.   ALB. R.

8. — *Entwurf einer deutschen Strafprocess-Ordnung.* — Berlin im Januar 1873. In-4°, VI et 88 pp.

9. — *Motive zu dem Entwurf einer deutschen Strafprocess-Ordnung.* In-4°, XLV et 294 pp.

10. — *Anlagen zu den Motiven des Entwurfs einer deutschen Strafprocess-Ordnung.* In-4°, 268 pp.

11. — *Denkschrift über die Schöffengerichte,* ausgearbeitet im Kön. Preuss. Justiz-Ministerium. — Berlin, 1873. Kön. Geh. Ober Hofbuchdr. In-8°, 46 pp.

V. sur ces publications officielles les articles de M.Geyer, ci-dessus pp. 421 et ss. et 603 et ss.

VI. — LÉGISLATION SOCIALE (INSTRUCTION PUBLIQUE, CONDITION DES FEMMES, LÉGISLATION SUR L'INDIGENCE, SUR LE TRAVAIL, SUR L'HYGIÈNE PUBLIQUE).

1. — *L'instruction du peuple,* par EMILE DE LAVELEYE, membre des académies de Belgique et de Lisbonne, etc., etc. — Paris, Hachette, 1872. In-8°, 489 pp.

2. — *Das deutsche Volksschulrecht,* dargestellt von KARL KIRSCH, Licentiaten der Theologie und Oberpfarrer zu Königsbrück. — Band I und II. — *Allgemeines Schulrecht. Geschichte der Schulgesetzgebung und Rechtsverhältnisse der Volksschule.* — *Rechtsverhältnisse der Lehrer und dritter Personen gegenüber der Schule.* Zweite Ausgabe. — Band III. *Die neue Schulgesetzgebung und die Forderungen der Zeit an dieselbe.* — 1872. — Hamburg. Hœndeke und Lehmkuhl. In-8°. XII et 420, VIII et 511, V et 238 pp.

Voici deux ouvrages importants, tous les deux du plus grand mérite, consacrés au même sujet, mais l'envisageant à des points de vue différents.

Le livre de M. de Laveleye est surtout un ouvrage de propagande. Il est écrit en vue de préconiser l'adoption de certains principes encore discutés, surtout dans quelques pays où leur affirmation ou leur négation est devenue la devise des partis. L'instruction obligatoire, gratuite et laïque donnée par l'État, tel est le thème de l'éminent professeur de Liége. Il l'expose et le développe dogmatiquement, de sa manière précise, lumineuse et élégante, dans la première partie de son ouvrage. La deuxième partie contient un tableau des plus complets de la législation et de la situation de l'enseignement du peuple dans les différents États. Rien de plus curieux et de plus instructif. Ce ne sont pas des données vagues, comme on en trouve trop souvent. Chaque pays et, quand il s'agit d'une fédération, chaque État de la fédération est représenté dans ce tableau. Ainsi l'on y trouve tous les cantons de la Suisse, tous les États et jusqu'aux Territoires des États-Unis, bref, une riche étude de législation comparée. Nulle sécheresse d'ailleurs. En analysant, l'auteur discute, approuve ou critique, recherche les causes, indique, s'il y a lieu, les remèdes.

En demandant l'école laïque, M. de Laveleye ne la veut ni anti-religieuse, ni irréligieuse. Le mot laïque, dans sa pensée, n'est que l'antithèse du mot ecclésiastique, clérical, ou, si l'on veut, confessionnel. Le chap. XII de la première partie de son ouvrage, intitulé : *principes généraux d'une loi d'enseignement primaire* se termine ainsi :

« Le but principal de l'éducation est la culture du sentiment moral.

« L'enseignement de la religion est réservé aux ministres du culte. Les » classes sont mises à leur disposition en-dehors des heures de leçon. »

Nous croyons avec l'auteur que cette solution est la plus conforme, non-seulement aux intérêts de l'Etat, mais aux véritables intérêts religieux.

M. Kirsch a eu spécialement en vue d'exposer les nombreux rapports de droit que fait naître en Allemagne l'existence de cet instrument par excellence d'instruction et d'éducation populaire, que l'on appelle école du peuple (*Volksschule*) ou école primaire. Il ne s'est pas cependant restreint à ce sujet seul, ou plutôt il a été naturellement amené par la logique de son sujet à faire profiter le lecteur de ses études et de son expérience pédagogique, de sorte que son ouvrage, destiné à l'Allemagne, est plein cependant de réflexions et d'observations qui devraient lui donner place dans toutes les bibliothèques d'écoles normales.

M. Kirsch considère successivement l'école comme établissement public, ayant comme tel certains rapports avec l'État, et (selon les pays) avec l'Église, avec diverses autorités publiques, ayant son administration financière, ses ressources permanentes ou éventuelles, etc.; puis comme établissement d'instruction et d'éducation, ayant comme tel un but déterminé à poursuivre : éducation physique, esthétique, intellectuelle, religieuse, et un certain ordre à maintenir parmi les enfants confiés à ses soins (surveillance, moyens de discipline, de correction, examens, etc.). L'homme qui est principalement chargé d'atteindre ce but, c'est l'instituteur, le maître d'école. Quels sont ses droits, ses devoirs? Comment l'État le prépare-t-il à remplir sa mission? Quelles épreuves de capacité doit-il subir? etc., etc. On voit combien ici la matière se développe dans tous les sens, et à quelles données infiniment intéressantes elle fait appel.

Les deux premiers volumes de l'ouvrage sont conformes à la première édition parue en 1854. La législation et la réglementation de cette époque ont subi de grandes et heureuses modifications. Le troisième volume, entièrement nouveau, en donne l'exposé, et il y ajoute tout un chapitre de renseignements importants sur l'éducation préparatoire que reçoivent en Allemagne les instituteurs et les institutrices.

3. — *De la condition politique et civile des femmes. Réponse à quelques critiques de nos lois; modifications admissibles.* Études de législation par A. DUVERGER, professeur de Code civil à la faculté de droit de Paris, avocat à la cour d'appel. (Extr. de la revue pratique de droit français, tomes XXVI-XXIX). — Première partie. — Paris, Marescq, 1872. In-8°, III et 176 pp.

Nous ne savons si la seconde partie de cet ouvrage a paru. La première n'aboutit pas à des conclusions assez formelles pour que nous puissions l'apprécier au point de vue juridique. Ce n'est pas conclure en effet que d'annoncer, comme le fait l'auteur, qu'on défendra ces deux principes : la loi politique ne doit pas imposer aux femmes des devoirs qui les détourneraient de leur mission naturelle dans la famille et dans l'État; la loi civile ne doit pas porter atteinte à la subordination naturelle de la femme dans le mariage. Car reste la double question : quelle est la mission de là femme dans la famille et dans l'Etat? et en admettant qu'il existe une subordination naturelle de la femme, ne suffit-il pas qu'elle soit *naturelle* pour n'avoir pas besoin d'être artificiellement sanctionnée et renforcée par la loi civile?

Nous ne prétendons pas, bien entendu, trancher ces questions, bien plus difficiles au fond qu'elles ne le paraissent au premier abord. Nous disons seulement que M. Duverger ne les a pas résolues dans cette première partie, et nous croyons pouvoir nous permettre d'ajouter, avec tous les égards que nous devons à sa science et à son charmant esprit, qu'il ne donne aucun argument de nature à contribuer à leur solution. Rien ne serait en effet plus aisé que d'appliquer *aux hommes en général, mutatis mutandis*, les deux propositions suivantes que cette première partie cherche à établir :

1° « *L'expérience faite pendant la révolution française* prouve qu'il est mauvais d'introduire les femmes dans la vie politique. » Mais il y a tel évènement, telle période de cette révolution d'où l'on pourrait induire qu'il est tout aussi mauvais d'y introduire les hommes.

2° « La justice n'exige pas l'admission des femmes à l'exercice des droits politiques. » Les motifs indiqués ici par M. Duverger sont les mêmes que ceux dont se servent les partisans du suffrage restreint pour refuser le droit ou plutôt la fonction électorale à des classes entières d'hommes. Nous ne disons pas qu'ils aient tort. Seulement il en résulte que la femme ne devrait pas être exclue *comme femme*, mais comme étant encore accidentellement, dans l'état actuel de nos mœurs et de nos idées, insuffisamment préparée à l'exercice de cette fonction.

M. Duverger s'applique encore à démontrer que : « La mère et l'épouse, » en demeurant dans leur rôle de femme, peuvent rendre à la patrie et » à la liberté des services égaux à ceux que la patrie et la liberté attendent » des maris et des fils. » Et il cite de nombreux exemples des services que les femmes ont rendus à la patrie et à l'humanité, « sans sortir du rôle » que la nature assigne à leur sexe. » Ces exemples il les prend à partir de la plus haute antiquité, juive, aryenne, grecque, romaine, chrétienne. L'auteur annonce que, dans une seconde partie, il rappellera les noms de beaucoup de femmes du moyen-âge et des temps modernes qui, « sans » gouverner l'Etat et sans empiéter sur les pouvoirs légitimes du mari et » du père, ont fait avancer la civilisation. » Toute cette partie de son livre est extrêmement intéressante, et les conclusions en seront admises sans peine au point de vue moral. Mais au point de vue législatif il restera à prouver qu'il appartient au législateur de déterminer lui-même ce rôle, que la nature s'est chargée d'assigner à la grande majorité des femmes. Peut-être la suite de l'ouvrage nous apportera-t-elle cette démonstration.

4. — *Les Aliénés, étude de la loi du 30 juin 1838, le projet Gambetta et le drame d'Évere*, par CHARLES DESMAGE, conseiller en la Cour d'Appel de Paris, officier de la légion d'honneur. — Paris, Adrien Delahaye, 1873.

Le savant auteur de cette brochure, qui est à la fois un littérateur émérite et un jurisconsulte des plus expérimentés, avait une compétence spéciale pour traiter ce sujet: il a fait partie de la commission instituée le 12 février

1869, pour rechercher s'il y avait lieu de donner suite aux nombreuses réclamations dont la législation française avait été l'objet sur ce point. M. le conseiller Desmage expose avec beaucoup de lucidité l'historique de la question, rapportant toutes les principales dispositions de lois, décrets et circulaires qui ont précédé ou suivi la loi de 1838. — Cette loi, dont le projet avait été présenté le 6 janvier 1837 à la chambre des députés par le ministre de l'intérieur M. Gasparin, dut subir quelques modifications dans la discussion. C'est ainsi que fut supprimée la nécessité de l'autorisation du préfet pour le placement des aliénés dans les asiles et celle du certificat de deux médecins, ainsi que l'obligation de faire prononcer dans les deux ans l'interdiction de toute personne placée dans un établissement d'aliénés.

M. Desmage passe en revue les principales législations étrangères sur la matière. En Angleterre, c'est le bill des 17 et 25 mars 1828 qui la régit; aux termes de ce bill les autorisations accordées aux établissements d'aliénés ne valent que pour une année et doivent être renouvelées à l'expiration de ce terme; — la loi anglaise exige en outre le certificat de deux médecins, qui était obligatoire aux termes du projet français de 1837. En Belgique la loi (celle du 18 juin 1850) est à peu près semblable à celle de France : les établissements doivent être visités tous les 6 mois par le bourgmestre, tous les 3 mois par le procureur du roi, tous les ans par le gouverneur de la province; en Hollande la loi de la matière est celle de 1841. A Neufchâtel c'est une loi du 20 septembre 1843 complétée en 1848; elle exige, s'il s'agit d'un étranger, une pièce émanant de l'autorité du pays d'origine du malade, attestant qu'elle a connaissance du placement et qu'elle le considère comme régulier. Le canton de Vaud est régi par des ordonnances du conseil d'État du 19 décembre 1860 et du 4 juillet 1862, qui exigent: 1° l'acte de naissance de l'aliéné, 2° une demande des parents ou ayants droit, 3° un certificat de médecin, 4° une déclaration de l'autorité compétente qui constate qu'elle a connaissance de la déclaration du médecin et du placement. — La loi de Genève est fort peu compliquée : pour le placement volontaire dans un établissement d'aliénés, elle n'exige même pas de certificat de médecin. Dans le grand duché de Bade on ne reconnaît que des établissements *publics* d'aliénés (loi de 1843): là, comme aussi en Norwége, il suffit du certificat d'un médecin de l'établissement pour que le placement soit légal.

M. Desmage examine ensuite le projet de loi présenté au corps législatif par MM. Gambetta et Magnin, et renvoyé à l'examen des bureaux le 20 juin 1870. Il désapprouve les réformes qu'il contient, et principalement la pensée d'établir un jury chargé de prononcer sur le placement dans les établissements d'aliénés et sur la sortie de ces établissements. — Il est partisan de la loi de 1858; il reconnaît toutefois que l'on pourrait y apporter certaines améliorations, notamment établir la nécessité du certificat des deux médecins et du renouvellement annuel de l'autorisation à accorder aux établissements privés d'aliénés.

La brochure se termine par le récit émouvant du drame d'Evere (Belgique), qui a eu pour résultat la condamnation du directeur et de différents gardiens de l'asile de cette localité, convaincus d'avoir exercé des violences et usé des plus cruels traitements envers les aliénés confiés à leurs soins (arrêt de la Cour de Bruxelles du 27 juillet 1872).

L'idée générale du travail de M. Desmage, c'est qu'il faut s'en rapporter en matière d'aliénation mentale aux gens du métier, aux médecins spécialistes : « en résumé, dit-il, on ne peut remplacer la science aliéniste, qui subsistera malgré toutes les dénégations.... Il faut admettre que les médecins voués à l'étude de ces infirmités humaines acquièrent des connaissances

» spéciales, qu'on ne saurait accorder au premier venu. » Cela est incontestable : mais ce qui ne l'est pas moins, c'est qne la folie est dans une certaine
limite contagieuse ; et nous affirmons par expérience personnelle qu'il est
tels médecins aliénistes des plus célèbres qui, après une longue existence
passée au milieu d'aliénés, ont certainement souffert dans leurs facultés intellectuelles de ce contact journalier avec leurs malades, et croient découvrir
dans les faits les plus insignifiants des symptômes décisifs de déraison. Nous
avons donc, plus ou moins, un certain grain de déraison, et pour savoir où
commence la folie véritable, il ne suffit pas d'étudier le monde des fous, il
faut surtout étudier le monde du dehors, sous peine de manque de crité-
rium, faute de point de comparaison. Il ne faut donc pas nier la science aliéniste, il faut seulement la soumettre au contrôle d'une critique impartiale
et éclairée; il ne faut pas oublier que, si elle est du domaine de la médecine,
elle est aussi de celui de la jurisprudence; et les résultats des observations
des médecins spécialistes acquerront une bien autre autorité lorsqu'ils seront
d'accord avec ceux obtenus par des magistrats savants et expérimentés comme
M. Desmage lui-même, qui nous semble ne pécher ici que par excès de
modestie. Cela dit nous souscrivons de bon cœur à ses conclusions, qui sont
également, dit-il, celles de MM. Picot et Ribot — deux noms dont s'honore
la jeune magistrature de Paris, et qu'il résume ainsi : « la liberté individuelle,
» la sécurité de tous, la morale publique combinées avec le traitement rapide
» des aliénés et le secret réclamé en cette matière par les familles. »

LÉON DE MONTLUC,
Avocat à la Cour de Paris.

5. — *Die Lösung der socialen Frage nebst eine Darstellung der wichtigsten
socialistischen Lehren und der Arbeiterbewegung der letzten Jahre,* von
RICHARD HIRSCHBERG. — Zweite Auflage. — Meisser, 1871. Louis Mosche
V, in-8°, 86 pp.

6. — *Le paupérisme et son remède. Exposé d'un nouveau plan d'assistance
publique et des moyens de résoudre la question sociale,* par G. NAZ, docteur
en droit, juge au tribunal de Bonneville. — Paris, Durand et Pedone-
Lauriel, 1872. — In-8°, XVI et 319 pp.

Deux livres honnêtement faits à la recherche d'une énigme mille fois plus
embrouillée que celles du Sphynx : la solution de la question sociale! Nulle
part à coup sûr la critique n'est plus aisée, ni l'art plus difficile. Résoudre la
question sociale, ce serait tout simplement avoir trouvé ce que l'humanité
entière cherche depuis qu'elle existe; ce serait empêcher le retour des
révolutions, des guerres, des grèves, des crises financières, des haines de
classe..... Quelle récompense ne faudra-t-il pas décerner à l'inventeur du
remède qui nous délivrera de ces maux !
   Ce remède existe-t-il? Nous avons peur qu'il n'y en ait point d'absolu, de
radical. Mais ce serait nier le progrès, que de n'en point admettre de relatif,
et il peut arriver, même aux âmes confiantes qui cherchent la panacée
universelle, ce qui est arrivé à plus d'un alchimiste. Tout en ne trouvant
pas la pierre philosophale, ils ont rencontré des idées, des combinaisons
dont la science a ensuite fait son profit.
   En attendant, MM. Hirschberg et Naz ont chacun leur moyen qu'ils recommandent avec un respectable enthousiasme, l'un à l'Allemagne, l'autre à la
France.

M. Hirschberg recommande à sa patrie l'établissement d'un vaste système d'assurances obligatoires, auxquelles participeraient les particuliers, les communes, les États fédéraux et l'empire. Chaque Allemand paierait tous les ans, depuis sa naissance jusqu'à sa mort. une somme de 6 thalers, les communes répondant pour ceux qui ne paieraient pas, mais entrant par contre dans leurs droits lorsqu'ils auraient à profiter de l'assurance. Avec le produit de cette taxe on doterait les filles, on pensionnerait les vieillards et les invalides du travail, et l'on créerait en un mot une prospérité universelle !

M. G. Naz n'en demande pas autant pour atteindre en France un résultat analogue. Deux sous par mois payés par chaque Français ou fr. 1.50 payés par le quinzième de la population lui suffiraient pour détruire le paupérisme. Avec cette recette, à laquelle on ajouterait simplement les ressources des bureaux de bienfaisance et de charité, on établirait dans tout le pays des sociétés d'assistance publique, qui secourraient et patroneraient les indigents, organiseraient le service médical dans les campagnes, accorderaient des fonds suffisants pour frais funéraires, pour pensions d'infirmités et de vieillesse, pour secours aux veuves, aux orphelins, aux filles-mères, etc.

Que l'on ne croie pas, d'après ce sommaire de deux systèmes évidemment insuffisants, que les travaux de nos deux écrivains soient sans mérite. M. Hirschberg donne une histoire critique fort intéressante des dernières agitations sociales en Allemagne et M. G. Naz, qui est évidemment un homme de cœur, parle avec émotion et vérité de la crise sociale et économique que nous traversons et de ce qui a été essayé pour en atténuer l'intensité.

Pour tous les articles non signés

G. ROLIN-JAEQUEMYNS.

A la demande de M. Bluntschli, nous nous faisons un devoir d'insérer ici la déclaration suivante :

« Dans son excellente histoire de la littérature du droit international en Italie (trad. allemande de Roncali, p. 123), M. le professeur Pierantoni a exprimé la supposition que j'aurais utilisé pour mon *Droit international codifié*, le *Droit international* (*Droit privé*) d'AUGUSTE PARODO, publié à Turin en 1871. Partant de cette conjecture, il m'a reproché de ne pas avoir cité le travail du savant Italien.

» Je déclare que je ne connaissais pas l'ouvrage de Parodo, quand j'écrivis mon livre. Ce ne fut qu'après, et grâce à M. Pierantoni que cet écrit attira mon attention. Si donc mes opinions concordent souvent avec celles de l'éminent Génois, ce n'est pas parce que l'un a utilisé le travail de l'autre, mais plutôt à cause de la nature de la matière juridique, constatée et exposée de la même manière à Gênes et à Heidelberg.

» Je hais toute ingratitude dans les rapports littéraires, et j'aurais certainement nommé Parodo, si je lui avais dû quelque chose.

» Nous ne commençons malheureusement que depuis peu à mieux apprécier en Allemagne le développement de la science italienne. Nous sommes heureux de remarquer, non-seulement que les souffrances politiques des siècles derniers et les évènements actuels nous unissent, nous autres Allemands, aux Italiens, — mais encore que la marche des idées et des travaux scientifiques chez les deux nations tend à établir entre elles une parenté intellectuelle de plus en plus étroite. »

BLUNTSCHLI.

COMMUNICATIONS

RELATIVES

A L'INSTITUT DE DROIT INTERNATIONAL.

—

CONFÉRENCE JURIDIQUE INTERNATIONALE DE GAND. — FONDATION, ORGANISATION ET PREMIERS ACTES DE L'INSTITUT. — CONFÉRENCE INTERNATIONALE DE BRUXELLES, SES ACTES ET SES RAPPORTS AVEC L'INSTITUT.

—

I. — Préliminaires. — Origine de la conférence internationale de Gand.

L'idée d'une conférence entre jurisconsultes et publicistes de divers pays, pour délibérer sur les moyens de favoriser les progrès du droit international, d'en définir les principes, d'en assurer l'efficacité pratique, est née à la fois de divers côtés. Feu le Dʳ Lieber en Amérique et M. Moynier en Suisse, s'adressèrent presque en même temps, l'un de New-York, l'autre de Genève, (vers la fin de 1871) au rédacteur en chef de la *Revue de droit international et de législation comparée,* en l'engageant à prendre l'initiative de cette entreprise. On a pu voir ailleurs (1) comment une correspondance s'engagea à ce sujet, et comment MM. Bluntschli, Carlos Calvo, Drouyn de Lhuys, feu Katchénowsky, de Holtzendorff, Mancini, de Parieu, Westlake donnèrent successivement leur approbation au projet. Ce fut le Dʳ Bluntschli qui, en novembre 1872, suggéra l'idée, non-seulement de tenir une conférence, mais d'organiser un corps scientifique permanent, Institut ou Académie du droit international.

Au mois de mars dernier, une *note confidentielle* fut rédigée par M. Rolin-Jacquemyns et envoyée à vingt-deux personnes de différents pays, toutes connues par leurs écrits sur le droit des gens, ou par de signalés services rendus à cette science dans l'exercice de fonctions diplomatiques ou arbitrales. Cette note, datée du 10 mars 1873, contenait l'exposé, avec motifs à l'appui, d'un « projet de conférence juridique internationale, en vue : 1° de

(1) V. *Revue de droit international*, t. V. 1873, l'article intitulé : *De la nécessité d'organiser une institution scientifique permanente pour favoriser l'étude et les progrès du droit international,* par G. ROLIN-JACQUEMYNS.

» formuler certains principes fondamentaux du droit international; 2° de
» constituer un *corps permanent* ou *Académie pour l'étude et les progrès du*
» *droit international.* » Le motif dominant développé dans la note était la
nécessité et *l'opportunité* de créer, à côté des deux facteurs existants du
droit international, savoir : 1° l'*action diplomatique*, et 2° l'*action scientifique individuelle*, un troisième facteur : l'*action scientifique collective*. Le but
était surtout de provoquer des avis, tant sur l'idée elle-même que sur les
moyens de lui donner corps et vie, et notamment sur la composition de la
conférence, sur son objet et sur les conditions matérielles dans lesquelles
elle pourrait se réunir.

Les conclusions de cette espèce d'enquête internationale purent être résu-
mées au mois de juillet dans un rapport d'où résulte :

que sur vingt-deux jurisconsultes et hommes d'État consultés, *deux* seule
ment ont mis en discussion la nécessité, la possibilité et l'opportunité d'organiser une action scientifique collective dans le droit des gens;

qu'il importe que la réunion à convoquer dans ce but n'ait aucun
caractère officiel, et qu'elle se compose exclusivement d'un nombre restreint
d'hommes notables par leurs travaux sur le droit international ou par des
services rendus à cette science;

qu'il serait utile et pratique d'intervertir l'ordre du jour proposé dans la
note confidentielle, et de s'occuper avant tout de la constitution d'un Institut
international du droit des gens; que cet objet à lui seul serait assez vaste
pour suffire à une conférence, et que l'Institut, une fois fondé, pourrait servir
de centre et d'appui à tout ce qui se ferait pour définir les principes fondamentaux du droit des gens;

que, de l'avis de la majorité des personnes consultées, il conviendrait de
choisir Gand comme siége de la conférence.

En présence de ces conclusions, il ne restait plus qu'à agir. En consé
quence, les personnes qui avaient donné leur avis sur la note confidentielle,
en même temps qu'un petit nombre d'autres notabilités de divers pays,
furent invitées à se rendre le 8 septembre à Gand, pour y prendre part à la
conférence projetée. A la lettre d'invitation étaient joints, outre le rapport
précité, des projets de statuts : 1° d'un *Institut* (ou *Académie internationale*)
du droit des gens; 2° d'une *Association internationale pour le progrès du*
droit des gens. Ces projets, dont le texte sera donné plus loin, étaient uniquement destinés à servir de base ou de point de départ à la discussion. Une
circulaire ultérieure, envoyée dans le courant du mois d'août, fit encore
connaître aux personnes invitées les amendements suggérés et les observations faites à l'avance par plusieurs d'entre elles.

II. — Ordre du jour de la conférence juridique internationale de Gand.

Dans la lettre d'invitation, l'ordre du jour de la conférence est formulé comme suit :

1. — *Organisation d'une action scientifique, collective et permanente en vue de favoriser l'étude et les progrès du droit des gens. — Discussion du principe de cette organisation, et des propositions communiquées ou à communiquer par les membres relativement à la constitution :*

a) *d'un Institut international ou Académie du droit des gens ;*

b) *d'une Association internationale pour le progrès du droit des gens.*

2. — *Au cas où l'Institut se constituerait avec les membres présents :*

a) *formation du bureau ;*

b) *propositions à faire pour l'adjonction de nouveaux membres ;*

c) *réglement et répartition des premiers travaux ;*

d) *mesures diverses d'exécution.*

Dans sa lettre circulaire du 25 août, M. Rolin-Jaequemyns proposa d'ajouter encore à cet ordre du jour la motion suivante :

Nomination d'une commission dont les membres seront chargés, s'il y a lieu, de représenter l'Institut à la réunion convoquée à Bruxelles par l'International Code Committee américain.

III. — Conférence de Gand. — Séance d'installation.

L'administration communale de la ville de Gand avait bien voulu, avec le plus gracieux empressement, mettre un local de l'hôtel-de-ville à la disposition de la conférence.

Le 8 septembre, à dix heures du matin, les membres présents à Gand, réunis d'abord dans l'ancienne chapelle de l'hôtel de ville, furent introduits par le comte de Kerchove De Denterghem, bourgmestre de la ville de Gand, dans la magnifique salle de l'arsenal, récemment restaurée, et préparée pour devenir le siége de la réunion. Un certain nombre de personnes, spécialement invitées, avaient tenu à prouver, en assistant à cette séance inaugurale, leur sympathie pour le but poursuivi. On remarquait, parmi ce public d'élite, M. le premier président de la cour d'appel de Gand, M. le procureur-général, des membres de la chambre des représentants, de la cour d'appel et du barreau, des professeurs de l'université, des conseillers provinciaux ou communaux, etc., etc.

Après que MM. les membres de la conférence eurent pris les places qui leur étaient assignées, M. LE COMTE DE KERCHOVE s'adressa à eux dans les termes suivants :

« Messieurs,

» Au nom de la ville de Gand, j'ai le plaisir et l'honneur de vous souhaiter la bienvenue dans cette enceinte.

» Nous savons, mes concitoyens et moi, avec quel noble dévouement pour la science et pour l'humanité vous avez pris la peine de venir des pays les plus éloignés — non pour conquérir une illustration nouvelle, dont aucun de vous n'a besoin, — mais pour consacrer, par l'imposante union de vos forces intellectuelles, l'empire du droit dans les relations internationales.

» Nous faisons tous ici les vœux les plus ardents pour que le succès couronne votre généreuse entreprise. Désormais la ville de Gand y est pour ainsi dire personnellement intéressée, puisque les promoteurs de la conférence ont bien voulu la désigner comme le siége de leurs importantes délibérations.

» Un jour, nous en sommes convaincus, notre antique cité pourra s'enorgueillir d'avoir été le berceau d'une institution internationale permanente, appelée à devenir l'organe de la conscience juridique du monde civilisé.

» Si cet espoir se réalise, ce sera un fait à ajouter à deux autres évènements caractéristiques dont se glorifie notre histoire locale. En 1576 la pacification de Gand unissait, pour trop peu de temps, contre la domination espagnole, les provinces du Nord et du midi des Pays-Bas, et contenait en germe l'affirmation du double principe de l'indépendance nationale et de la liberté religieuse. En 1814, le traité de Gand scellait une réconciliation qui, heureusement, devait être de longue durée, entre les deux branches de la grande famille anglo-saxonne.

» Puissent vos travaux contribuer à un résultat analogue pour toutes les branches de la famille humaine. Puissiez-vous du moins, s'il faut encore considérer la guerre comme un inévitable fléau, en tracer les bornes, de manière à faire respecter l'humanité jusque dans les fureurs des combats.

» Puisse enfin cette vieille salle de l'arsenal, où nos pères venaient s'armer pour la défense de leurs franchises communales, devenir, dès le lendemain de sa restauration, un arsenal nouveau d'armes aussi puissantes et moins dangereuses, c'est-à-dire de principes et de règles tutélaires, qui servent à reconnaître les obligations et à défendre les droits comme les libertés de tous les peuples. »

M. Rolin-Jaequemyns répondit :

« Monsieur le Bourgmestre,

» Vous l'avez dit avec raison, il faut d'autant plus savoir gré aux illustres étrangers qui ont bien voulu en personne prendre part à cette conférence, que leur présence est plus évidemment inspirée par l'amour de la science, et par la foi dans le succès de nos efforts. J'ajoute que cette foi même est déjà une raison pour que le résultat soit conforme à nos espérances.

» Il ne s'agit pas, en effet, pour eux de se rendre à une de ces brillantes assemblées où l'orateur éloquent reçoit, dans les applaudissements d'un public nombreux, une récompense immédiate. C'est dans une réunion entièrement privée et confidentielle que les membres de la conférence vont s'efforcer de parvenir à une organisation sérieuse et durable de l'action scientifique collective. Or, ici ce n'est plus le nombre, mais la qualité, l'autorité reconnue des membres et des adhérents de la conférence qu'il faut considérer. Il faut moins compter que peser les suffrages.

» Permettez-moi donc, M. le bourgmestre, de vous faire connaître et de faire connaître à l'auditoire distingué qui nous entoure, les noms des hommes éminents dont la présence nous soutient, ou qui, matériellement empêchés de se rendre ici, ont bien voulu cependant adhérer au principe de cette conférence et en reconnaître l'utilité. Je les classerai par pays, et, dans l'énumération de ceux-ci, je suivrai l'ordre alphabétique.

» En Allemagne nous avons :

» M. Bluntschli, professeur à l'université de Heidelberg. L'auteur du *Droit des gens codifié* est en même temps un des premiers promoteurs de cette conférence, et nous avons le bonheur de le posséder en ce moment parmi nous ;

» M. Heffter, professeur à l'université de Berlin, le doyen de notre science, dont le traité de droit des gens est devenu aujourd'hui classique;

» M. De Holtzendorff, professeur à l'université de Munich, l'infatigable travailleur, qu'une grave maladie d'un de ses enfants a seule pu empêcher de se rendre ici;

» M. Goldschmidt, le savant commentateur du droit commercial, retenu à Leipzig par ses fonctions de membre de la Cour suprême commerciale de l'empire allemand,

» De l'Amérique du Nord, nous avons reçu les adhésions les plus chaleureuses de quatre hommes dont les travaux sur le droit international ont depuis longtemps fait connaître le nom en Europe :

» De M. Beach Lawrence, l'auteur des *Commentaires sur Wheaton*, qui jusqu'au dernier moment espérait pouvoir se rendre parmi nous; de M. Dudley Field, le codificateur de l'État de New-York, l'auteur des *Draft outlines of an international code*, dont nous attendons la présence d'un moment à l'autre (1); de M. Wharton, de Philadelphie, auteur d'un excellent traité sur le droit international privé; enfin du président Woolsey, auteur d'un traité classique sur le droit les gens.

» L'Amérique du Sud est représentée ici par un de ses anciens hommes d'État et de ses jurisconsultes les plus éminents : M. Carlos Calvo, auteur du *traité de droit international théorique et pratique*.

» En Belgique, il me suffira de nommer MM. Laurent et De Laveleye, pour vous prouver que nous comptons parmi nous deux de nos autorités les plus considérables. M. De Laveleye est ici. M. Laurent est malheureusement retenu dans le Luxembourg par un impérieux besoin de repos.

» En Espagne, M. Nicasio Landa, auteur d'un traité sur le droit de la guerre, est avec nous de cœur. Il nous exprime le regret d'être retenu à Pampelune par les malheurs de sa patrie.

» En France, nous avons eu le bonheur de recueillir les adhésions des hommes qui ont rendu par leurs travaux scientifiques ou leurs actes diplomatiques, les plus importants services au droit international : de M. Drouyn de Lhuys, aux efforts duquel est dûe en grande partie la réforme sanctionnée dans le droit maritime par le traité de Paris de 1856; de M. Esquirou de Parieu, l'auteur des « principes de la science politique; » de M. Hautefeuille, si connu par ses travaux sur le droit maritime; de M. Ch. Lucas, le zélé promoteur de toutes les réformes généreuses; de M. Ch. Vergé, le savant commentateur de Martens.

» Il n'est aucun de ces hommes dont l'approbation ne soit une force. Malheureusement des causes diverses, indépendantes de leur volonté, les empêchent de donner suite au désir qu'ils avaient manifesté de prendre part à nos travaux. Nous avons là sous les yeux des lettres où ils veulent bien nous en manifester leur vif regret, dans des termes auxquels nous sommes tous profondément sensibles.

» Dans la Grande Bretagne, MM. Mountague Bernard, professeur à l'université d'Oxford, un des négociateurs du récent traité de Washington.

_____

(1) M. Dudley Field est arrivé le lendemain à Gand.

et Vernon Harcourt, membre du Parlement, professeur à l'université de Cambridge, ont manifesté l'opinion que cette conférence serait utile et le regret de n'y pouvoir prendre part. M. Lorimer, professeur à l'université d'Edimbourg, l'auteur des *Institutes of Law* est ici, attestant, par sa présence, sa pleine confiance dans l'avenir de nos travaux.

» Cette confiance n'est certes pas moindre chez notre savant ami M. Westlake, un des directeurs de la *Revue de droit international* et auteur du *Private international Law*. Malheureusement il est tombé malade il y a quelques jours.

» En Italie, MM. le comte Sclopis, l'illustre président du tribunal arbitral de Genève, Esperson et Vidari, professeurs à l'Université de Pavie, et auteurs d'écrits remarquables sur le droit des gens, sont des nôtres. Nous sommes fiers de voir assis à nos côtés M. Mancini, l'éloquent député au Parlement italien, professeur à l'Université de Rome, un des hommes qui, par sa parole et ses écrits, ont le plus contribué à fonder la brillante école italienne actuelle, et avec lui son digne compatriote M. le professeur Pierantoni, historien des études du droit international en Italie, publiciste aussi actif qu'autorisé.

» Des Pays-Bas, M. Asser, professeur de droit à Amsterdam, est également venu lui-même participer à nos travaux. — Il ne me siérait pas de dire le bien que je pense de mon associé dans la direction de la Revue de droit international. Mais chacun reconnaîtra sans doute que nul n'avait de meilleurs titres que lui à représenter la patrie de Grotius dans une réunion ayant le droit international pour objet.

» En Suède, deux publicistes autorisés, MM. Naumann et d'Olivecrona, conseillers à la cour suprême, se joignent à nous du fond du cœur.

» La Suisse ne pouvait être mieux représentée à une conférence où il s'agit d'humaniser le droit des gens, que par un des auteurs et par l'historien de la convention de Genève, par M. Moynier, président de l'Association internationale de secours aux militaires blessés en temps de guerre.

» Enfin de Russie, M. Besobrasoff, membre de l'académie des sciences de St-Petersbourg, nous apporte le concours de cet esprit éclairé et libéral qui brille dans ses écrits.

» Je n'ajoute rien, M. le bourgmestre, à cette énumération. Elle vous montrera, ainsi qu'à nos chers concitoyens, quelle doit être la valeur morale de cette conférence, à en juger par celle des hommes dont celui qui vous parle a eu le bonheur d'être le modeste intermédiaire. »

M. Mancini prit ensuite la parole au nom des savants invités, et s'exprima en ces termes :

« Monsieur le Bourgmestre,

» C'est par dévouement et par obéissance à la volonté des illustres savants qui m'entourent, que j'ose prendre la parole pour vous répondre quelques mots en leur nom, tout en regrettant de ne pouvoir m'acquitter convenablement de ce devoir dans une langue étrangère.

» Permettez-moi d'abord de me rendre l'interprète fidèle de nos sentiments unanimes de profonde reconnaissance en présence de l'accueil honorable et de l'hospitalité bienveillante que vous, ainsi que l'élite de la ville de Gand, nous accordez. Nous y lisons un précieux témoignage de votre sympathie pour le but de notre réunion.

» Ce but est grand et séduisant pour tous les esprits habitués à réfléchir sur les calamités et les dangers, auxquels l'imperfection des rapports et des fonctions juridiques existantes dans la société internationale expose l'espèce humaine. Jusqu'ici en effet le seul moyen que l'on connaisse pour assurer l'accomplissement des devoirs mutuels entre les États, consiste dans le recours à la force brutale et aux horreurs sanglantes de la guerre.

» Un cri de la conscience humaine s'est élevé avec une force nouvelle dans ces derniers temps. On demande à la science et à la politique, aux peuples et aux gouvernements, de ne pas désespérer de la perfectibilité des institutions qui font la gloire de la civilisation.

» On veut, par des études persévérantes et des efforts courageux, favoriser le progrès du droit des gens, et préparer au monde le bienfait d'une codification et d'une justice internationale.

» Quant à nous, placés à égale distance des utopistes vertueux qui espèrent l'abolition immédiate et durable de la guerre, la paix perpétuelle, — et des esprits timides, sans foi dans le progrès moral de l'humanité, frappés d'un état de choses qu'ils croient presque inhérent à la nature des sociétés humaines, — nous venons ici des différents pays de la terre civilisée, avec une modeste confiance dans nos forces, mais avec une foi ardente, et une volonté décidée de ne pas reculer, de ne nous arrêter devant aucune espèce d'obstacle.

» Nous nous proposons de mettre en commun les méditations des savants et les vœux de l'opinion publique, et de rechercher les moyens les plus propres à organiser l'action collective de la science. Notre but est d'assurer à celle-ci son influence légitime sur les gouvernements et les peuples, et de faire accepter et consacrer législativement les principes de l'éternelle justice dans les relations internationales.

» Nous aspirons à codifier, sinon pour le tout, au moins en partie, les règles obligatoires applicables à ces relations, et à substituer, du moins dans la plupart des cas, aux chances aveugles de la force et à la prodigalité inutile du sang humain, un système de jugement conforme au droit. Nous avons confiance à cet égard dans l'institution de l'arbitrage international, qui vient de recevoir, par un exemple récent, une éclatante consécration pratique, grâce à la grandeur d'âme de deux grands peuples, qui ont placé leur orgueil à rechercher des triomphes décernés par la raison bien plus que des victoires arrachées par la force.

» C'est une tâche rude et bien difficile que nous nous imposons; notre chemin ne peut être court, nous le savons; mais en écartant de nos travaux tout esprit de parti, toute prévention favorable à une nation plus qu'à une autre, toute opinion arrêtée d'avance, en prenant pour devise : *Vérité et Justice à tous, Indépendance de tous les peuples*, et surtout *Garantie des faibles contre les abus de la force*, nous avons la certitude que la sympathie et le concours de tous les cœurs honnêtes et de toutes les intelligences clairvoyantes nous seront assurés, et guideront nos pas dans une route hérissée d'épines et d'obstacles.

» Si nous avons choisi Gand pour y commencer nos travaux, ce n'est pas seulement en considération des grands souvenirs historiques qui l'ont rendu à juste titre célèbre : c'est aussi parce que cette noble ville, où est né l'un des plus formidables guerriers et conquérants de l'Europe, a été de tous les temps un foyer de liberté religieuse et politique, de résistance patriotique aux excès de la puissance, parce qu'elle est aujourd'hui encore, entre les grandes villes de l'Europe, une école admirable de travail et d'instruction populaire, enfin parce qu'elle appartient à un État où un peuple sage et libéral, et un Roi loyal et éclairé, offrent au monde le plus consolant spectacle.

» Nous sommes, en effet, dans un pays où les libertés constitutionnelles reposent sur des bases solides et inébranlables, où elles sont protégées par le respect de l'Europe et par la puissance du droit, bien plus que par des légions armées, pays sans ambition, sans guerre et à l'abri des dévastations qui en sont la conséquence inévitable.

» Que la Belgique, modèle des pays libres, soit bénie par une prospérité toujours croissante ; qu'elle serve d'exemple à tous les peuples dominés par la noble ambition, la seule légitime, de la liberté et de la paix : c'est le vœu de tous nos cœurs, et celui par lequel nous répondons à votre accueil si hospitalier. »

Après ce discours vivement applaudi, le public se retire et l'assemblée ouvre ses travaux. Nous en donnons ici l'analyse, d'après les procès-verbaux inédits de la conférence et d'après les archives de l'Institut.

IV. — Constitution de la conférence. — Rapport sur la correspondance, etc.

Les membres présents à la conférence sont :

MM. Asser, avocat et professeur de droit à Amsterdam ;

Besobrasoff, membre de l'Académie des sciences à St.-Pétersbourg ;

Bluntschli, conseiller intime du grand-duc de Bade, professeur ordinaire de droit international à l'université de Heidelberg ;

Carlos Calvo, membre-correspondant de l'Institut de France, ancien ministre de la République Argentine ;

De Laveleye, membre de l'Académie de Belgique, professeur ordinaire à l'université de Liége ;

Lorimer, professeur de droit public à l'université d'Edimbourg ;

Mancini, député au parlement italien, ancien ministre, professeur de droit international à l'université de Rome ;

Moynier, président du comité international de secours aux militaires blessés à Genève ;

Pierantoni, professeur de droit constitutionnel et international à Naples ;

Rolin-Jaequemyns, rédacteur-en-chef de la *Revue de droit international et de législation comparée* à Gand ; enfin, à partir du 10 :

M. David Dudley Field, avocat, à New-York.

Il est procédé à l'élection d'un président et d'un secrétaire. Sont élus : M. *Mancini*, comme président et M. *Rolin-Jaequemyns*, comme secrétaire. Sur la proposition de ce dernier, l'assemblée désigne comme secrétaires adjoints : MM. *Albéric Rolin*, avocat à Gand ; *Charles Calvo fils*, avocat, e *Mancini fils*, avocat à Rome.

M. *Rolin-Jaequemyns* analyse et dépose sur le bureau, pour être consultées pendant la discussion des statuts, les réponses qu'il a reçues des personnes invitées à faire partie de la conférence en-dehors des membres présents. Il résulte de cette analyse que les personnes dont les noms suivent ont approuvé en principe l'idée de la conférence, reconnu son utilité, manifesté le désir d'y assister et le regret d'en être empêchées :

MM. *Mountague Bernard*, professeur à l'université d'Oxford, ancien membre de la Haute-Commission de Washington en 1871 ;

Cauchy, membre de l'Institut de France ;

Drouyn de Lhuys, membre de l'Institut de France, ancien ministre des affaires étrangères ;

Esperson, professeur de droit international à l'université de Pavie,

Goldschmidt, membre de la cour commerciale suprême pour l'empire allemand à Leipzig ;

Vernon Harcourt, membre de la chambre des communes, professeur à l'université de Cambridge ;

Hautefeuille, ancien avocat au conseil d'État et à la cour de cassation à Paris ;

Heffter, professeur ordinaire de droit des gens à l'université de Berlin ;

De Holtzendorff, professeur ordinaire à l'université de Munich ;

Nicasio Landa, médecin militaire à Pampelune ;

Laurent, professeur ordinaire à l'université de Gand ;

Beach Lawrence, avocat à Newport, (Rhode-Island, États-Unis), ancien ambassadeur des États-Unis à Londres ;

Ch. Lucas, membre de l'Institut de France ;

Ch. Naumann, conseiller à la cour suprême de Suède, à Stockholm ;

K. D'Olivecrona, conseiller à la cour suprême de Suède, à Stockholm ;

F. Esquirou de Parieu, membre de l'Institut de France, ancien ministre-président du conseil d'État ;

le comte Frédéric Sclopis, sénateur du Royaume d'Italie, ancien président du tribunal arbitral de Genève ;

Ch. Vergé, membre de l'Institut de France ;

Vidari, professeur à l'université de Pavie ;

Westlake, Barrister-at-Law, Lincoln's Inn, à Londres ;

Wharton, docteur en droit, à Philadelphie ;

Woolsey, ancien président de Yale college, à Cambridge (Connecticut, États-Unis).

Plusieurs de ces honorables invités ont en outre fait connaître leurs vues personnelles sur les principales questions à traiter dans la discussion du projet de statuts, formulé des propositions, des amendements, etc. Ces observations ont été rappelées et examinées à mesure que les objets sur lesquels elles portaient étaient mis en délibération, de sorte que, en fait, nulle décision importante n'a été prise sans que les absents aient été, pour ainsi dire, appelés à donner leur avis.

MM. *Bancroft Davis*, sous-secrétaire d'État à Washington, et le vicomte *d'Itajubà*, ambassadeur de S. M. l'empereur du Brésil à Paris, ancien membre du tribunal arbitral de Genève, également consultés, ont répondu en donnant leur adhésion la plus complète au plan, et en exprimant le regret que leurs fonctions diplomatiques les missent dans l'impossibilité de prendre part à la conférence.

Les membres présents à la conférence étant unanimes à reconnaître *la nécessité et l'opportunité d'organiser une action scientifique collective dans le domaine du droit des gens*, il est résolu que l'on passera à la discussion des propositions faites ou à faire en vue de cette organisation. Une commission de rédaction est nommée pour préparer le préambule ou exposé des motifs qui devra accompagner les statuts définitivement votés, ainsi que pour réviser et coordonner les statuts eux-mêmes après le premier vote. Cette commission se compose de MM. Bluntschli, De Laveleye, Moynier et Rolin-Jaequemyns. M. De Laveleye y a rempli les fonctions de rapporteur pour le préambule, et M. Moynier celles de rapporteur pour la rédaction définitive des statuts.

V. — Projets primitifs de statuts.

Le projet primitif de statuts, adressé aux personnes invitées à Gand, était double. Il s'agissait de placer à côté de l'Institut, qui se composerait d'un nombre limité de jurisconsultes, publicistes ou hommes d'état éminents, une vaste association ouverte à tous ou plutôt un groupe d'associations nationales, dont l'activité se traduirait en congrès convoqués et dirigés par l'Institut. Nous croyons utile de donner ici le texte complet des deux projets, dont la comparaison avec les statuts uniques, définitivement adoptés, servira déjà à montrer de quel esprit de modération et de réserve se sont inspirés les fondateurs de l'Institut.

A. — *Projet de statuts de l'Institut (ou académie internationale) du droit des gens.*

Art. 1. — L'Institut international du droit des gens a pour but de servir, dans le domaine du droit des gens, d'organe scientifique et permanent à la conscience juridique collective du monde civilisé.

Sa tâche consiste à favoriser la connaissance, la diffusion et le développement du droit des gens, en formulant les principes généraux de cette science; — à émettre, dans les cas douteux et dans les controverses entre États, des avis juridiques motivés; — à contribuer, autant que le permettent les circonstances, et que le comportent les lumières acquises ainsi que l'autorité de la science, au maintien de la paix et des relations amicales entre toutes les nations; — enfin à rappeler, en temps de guerre, les limites que le droit des gens impose à l'emploi de la force, et les devoirs que l'humanité impose à tous les hommes.

Art. 2. — L'Institut choisit librement ses membres, parmi les hommes de diverses nations, qui ont rendu au droit des gens des services éminents dans le domaine de la théorie ou de la pratique.

Le nombre total des membres effectifs ne pourra dépasser cinquante, mais il ne devra pas nécessairement atteindre ce chiffre. Il dépendra de l'Institut de remplir ou de laisser ouvertes les places vacantes.

Si, dans certains pays, il se forme des sociétés nationales pour le droit des gens, affiliées à l'Institut, elles ont la faculté de faire des propositions pour les nominations aux places vacantes, sans cependant que l'Institut soit lié par ces propositions.

Art. 3. — L'élection d'un nouveau membre a lieu à la majorité absolue des membres présents ou représentés, et produit tous ses effets à partir de l'acceptation de l'élu.

Tout membre effectif de l'Institut reçoit un diplôme.

Art. 4. — Les diplomates au service actif d'un État ne peuvent être nommés membres de l'Institut.

Lorsqu'un membre de l'Institut entre au service diplomatique actif d'un État, son droit de vote dans le sein de l'Institut est suspendu pendant tout le temps qu'il passe à ce service.

Art. 5. — Aucun État ne pourra compter dans l'Institut plus de six membres ni plus de la cinquième partie du nombre total des membres effectifs. — Lorsque l'une de ces limites sera atteinte ou que, par suite de décès, démissions, réunion de deux ou plusieurs États en un seul, elles se trouveront momentanément dépassées, il faudra y avoir égard dans les élections suivantes.

Plusieurs États confédérés ou fédérés, représentés dans leurs relations extérieures par un seul et même gouvernement central, ne compteront que pour un seul État dans l'application de la disposition qui précède.

Art. 6. — L'Institut pourra nommer, outre les membres effectifs, des membres-adjoints, pour des raisons particulières, et notamment en vue de faciliter, soit l'étude de certaines questions techniques, soit la gestion des affaires dans l'intervalle entre les séances. Ces choix auront lieu sans égard à la limitation numérique ou proportionnelle fixée par l'art. 5.

Les membres-adjoints assisteront aux séances auxquelles ils seront spécialement convoqués. Ils y auront voix consultative.

Art. 7. — L'Institut nomme, parmi ses membres effectifs, un Secrétaire général pour le terme de six ans. Ce secrétaire est rééligible.

Le Secrétaire-général est chargé de la préparation et de l'exécution de tous les travaux et de toutes les décisions de l'Institut. Il a la garde du sceau et des archives. Son domicile est considéré comme le siége de l'Institut.

Art. 8. — Sur la proposition du Secrétaire-général, l'Institut pourra nommer, parmi ses membres effectifs ou adjoints, un ou plusieurs Secrétaires chargés d'aider le Secrétaire-général dans l'exercice de ses fonctions, ou de le remplacer en cas d'empêchement momentané.

Le mandat des Secrétaires expirera de droit avec celui du Secrétaire-général, sauf le cas où le décès de ce dernier ou quelque autre motif rendrait nécessaire de le remplacer provisoirement jusqu'à l'élection de son successeur.

Art. 9. — Dans les cas exceptionnellement importants, l'Institut peut déléguer auprès du Secrétaire-général, à titre de Conseillers, un ou plusieurs de ses membres effectifs, qui forment avec le Secrétaire-général une commission spéciale.

Art. 10. — L'Institut nomme, pour le terme de trois ans, un trésorier chargé de la gestion financière et de la tenue des comptes, ainsi qu'une commission de surveillance, chargée du contrôle et de l'inspection des dépenses et recettes.

Le trésorier et la commission de surveillance peuvent être choisis hors de l'Institut, parmi les personnes compétentes, résidant en la ville où l'Intitut a son siége.

Art. 11. — L'Institut désigne lui-même le lieu et l'époque de ses sessions. En règle générale, il y aura au moins une session par an.

Art. 12. — L'Institut convoque également, lorsque l'utilité s'en présente, des Congrès généraux auxquels ont droit de participer tous les membres de l'Association internationale pour le progrès du droit des gens.

Art. 13. — A chaque session annuelle ordinaire de l'Institut, il est procédé à l'élection d'un Président et d'un ou de deux Vice-Présidents, lesquels entrent immédiatement en fonctions et dont le mandat s'étend jusqu'à la nomination de leurs successeurs dans la session annuelle suivante.

Ces choix se font par acclamation ou, si plus de cinq membres en expriment le désir, au scrutin secret.

Art. 14. — En règle générale, les votes émis dans les séances de l'Institut au sujet des résolutions à prendre sont émis publiquement et oralement. Les élections se font au scrutin secret.

Les membres présents sont seuls admis à voter.

Toutefois, lorsqu'un membre est empêché de se rendre à la séance, il lui est permis de donner à un autre membre présent plein pouvoir de voter à sa place.

Art. 15. — Exceptionnellement et dans les cas spéciaux où le Président, les Vice-Présidents et le Secrétaire-général le jugeront unanimement utile, les votes pourront être recueillis par voie de correspondance.

Art. 16. — Lorsqu'il s'agira de questions controversées entre deux ou plusieurs États, les membres de l'Institut appartenant à ces États seront admis à exprimer et à développer leur opinion. Mais ils devront s'abstenir de voter.

Art. 17. — L'Institut désigne une ou plusieurs Revues scientifiques comme organes de ses communications publiques.

Art. 18. — Les frais de l'Institut sont couverts :

1° Par des fondations volontaires, dons ou legs de ses amis et de ses protecteurs;

2° Par les honoraires des parties qui font appel aux lumières de l'Institut;

3° Par les cotisations régulières des membres et des amis de l'Institut.

Il sera successivement pourvu à une dotation suffisante pour rémunérer les diverses fonctions de l'Institut, et pourvoir aux dépenses du Secrétariat.

B. — *Projet de statuts de l'association internationale pour le progrès du droit des gens.*

I. — A côté et comme complément de l'Institut international du droit des gens, il est créé une Association internationale pour le progrès du droit des gens.

II. — Cette Association s'organise sous la forme d'Associations nationales pour le progrès du droit des gens, lesquelles s'établissent dans les divers États, suivant le mode particulier au pays, soit en se donnant elles-mêmes leurs statuts, soit en se réunissant à d'autres cercles du même genre déjà existants, et en adoptant leurs réglements.

III. — Pour être admis et reconnu comme membre de l'Association internationale générale pour le progrès du droit des gens, il faut :

1° Se faire connaître et inscrire soit au Secrétariat de l'Institut international du droit des gens, soit auprès d'une Société nationale affiliée au dit Institut ;

2° Verser dans la caisse de l'Institut la somme de 25 fr., ou 20 marcs, ou 1 livre sterling, une fois payée à titre d'entrée ;

3° Payer à la même caisse une cotisation annuelle d'au moins 5 fr. ou 4 marcs.

Toute personne honorable et instruite a le droit de faire partie de l'Association, sans distinction d'État ni de nationalité.

Les exceptions qui s'opposent à la participation à l'Institut, ne sont pas applicables à l'Association ; spécialement les diplomates en service actif peuvent y entrer.

IV. — Les membres de l'Association ont le droit de prendre part aux Congrès convoqués par l'Institut. Ils reçoivent les publications de celui-ci.

V. — Les membres appartenant à un même pays et constitués en Associations nationales ont le droit, conformément au réglement qui sera arrêté en vertu de l'art. 2 des statuts de l'Institut international du droit des gens, de faire des propositions collectives afin de remplir les places vacantes dans le sein de l'Institut.

VI. — Les Congrès sont convoqués et dirigés par l'Institut international du droit des gens.

Ils sont admis à formuler librement leurs opinions. Leurs conclusions et l'expression de leurs opinions n'ont à la vérité aucune force obligatoire pour l'Institut, mais il en est tenu compte dans les délibérations de celui-ci, et elles ont une valeur morale comme expression de l'opinion publique.

VI. — Discussion et vote des statuts définitifs. — Constitution de l'Institut.

Six séances très laborieuses, de trois heures chacune (deux par jour, du 8 au 10) ont été consacrées à l'élaboration des statuts définitifs. C'est un fait remarquable et encourageant que, malgré les divergences assez grandes et très naturelles qui existaient au début entre les idées de personnes qui appartenaient à neuf nationalités différentes, tous les articles aient fini par être votés à l'unanimité. Ainsi, dans cette réunion intime, où l'unique souci de chaque membre était d'arriver à la solution la plus juste et la plus convenable, il s'est opéré une espèce d'action intellectuelle réciproque, dont le résultat a été la formation d'une opinion commune, consciencieusement partagée par tous. N'est-ce pas là une démonstration anticipée de la possibilité d'arriver graduellement, par la même voie, à une expression commune des principes fondamentaux du droit?

Nous allons essayer d'indiquer rapidement les principaux éléments de la délibération, en prenant pour point de départ, comme l'a fait la conférence, les projets ci-dessus.

A. — *Définition, but et moyens d'action du corps à créer* (art. 1 du projet A et des statuts définitifs (1)).

Cette partie des statuts était à la fois la plus difficile et la plus importante. Il fallait que l'association nouvelle fût exclusivement scientifique et sans caractère officiel. Nul doute à cet égard, mais il fallait aussi que, tout en évitant le ridicule d'une prétention exagérée, elle se présentât devant l'opinion publique avec un juste sentiment de l'importance et de la dignité de sa mission, et ici surgissaient des questions fort délicates. Jusqu'à quel point, par exemple, l'Institut pouvait-il aspirer à devenir « l'organe de la conscience juridique du monde civilisé? » A dire son avis dans les cas douteux et dans les controverses entre États? Quel rôle lui assigner en ce qui concerne la codification du droit international? quels autres objets pourrait-il encore poursuivre? Des amendements avaient été proposés d'avance, et il en surgit d'autres dans le cours de la discussion. *M. Montague Bernard* avait envoyé une note dont il fut donné lecture et où, tout en approuvant en général le but de l'Institut, il exprime l'opinion qu'il ne serait ni utile ni convenable, de la part d'une Association de ce genre, de prétendre prononcer « des avis juridiques » sur des questions controversées entre États souverains. M. Moynier proposait de rédiger l'art. 1 comme suit :

« L'Institut international du droit des gens est une association libre qui ne relève d'aucun gouvernement.

» Il a pour but :

» a) de favoriser le progrès de cette science, en se faisant l'organe de la

---

(1) Nous désignerons pour abréger sous le nom de proj. A, le projet de statuts de l'*Institut*, reproduit ci-dessus p. 679; sous le nom de proj. B,[le projet de statuts de l'Association pour le progrès du droit des gens, dont nous avons donné le texte p. 681 ; enfin sous le nom de st. défin., les statuts définitivement adoptés dont on trouvera le texte ci-après p. 708.

conscience juridique du monde civilisé dans toutes les questions qui s'y rattachent;

» *b*) de contribuer, dans les limites de sa compétence, soit au maintien de la paix, soit à l'observation des lois de la guerre.

» Ses principaux moyens d'action sont :

» *a*) de formuler les principes généraux de la science, ainsi que les règles qui en dérivent, et d'en répandre la connaissance;

» *b*) de stimuler l'action législative officielle, pour arriver graduellement à la promulgation d'une législation internationale, répondant aux besoins des sociétés modernes. »

Se plaçant plus particulièrement au point de vue de la mention à faire de la codification du droit international, M. Calvo proposait encore une autre rédaction, ainsi conçue :

« L'Institut international du droit des gens est une association libre, qui ne relève d'aucun gouvernement, et dont le but est de favoriser les progrès de cette science, de telle sorte qu'ils puissent répondre aux besoins des sociétés modernes.

» Ses principaux moyens d'action sont :

» *a*) de codifier graduellement et progressivement les règles du droit des gens, et d'adopter pour base du règlement des conflits internationaux le principe de l'arbitrage;

» *b*) de provoquer, dans les limites de sa compétence, la consécration législative des principes du droit des gens acceptés par la conférence;

» *c*) de poursuivre l'étude des règles internationales sur lesquelles un accord complet entre les nations civilisées ne serait pas encore reconnu possible. »

Il est aisé de reconnaître l'influence de ces deux rédactions sur celle qui a été définitivement adoptée pour l'article 1 (V. p. 708 ci-après). L'expression « organe de la conscience publique » a été maintenue dans celle-ci, parce qu'on a pensé qu'il était essentiel d'affirmer, pour ainsi dire en tête des statuts, le lien intime qui doit exister entre la science véritable du droit international et les inspirations de la conscience publique du monde civilisé. Mais on a tempéré autant que possible ce qu'elle pouvait avoir de trop ambitieux en apparence, en disant plus modestement qu'on « s'efforcerait de devenir l'organe » etc.

De même en parlant de la codification du droit international, on n'a pas voulu préjuger la question débattue de savoir si une codification immédiate est compatible avec l'état actuel de la science. L'Institut promet seulement son *concours* à toute *tentative sérieuse* de codification *graduelle et progressive.*

On a cru essentiel de maintenir (art. 1, n° 6) « l'examen des difficultés d'interprétation ou d'application du droit, » et « les avis juridiques motivés dans les cas douteux ou controversés, » parce que, comme l'a dit M. Bluntschli dans la discussion, « il n'y a qu'un moyen pratique d'éviter la » guerre, c'est l'arbitrage : or, *cet article consacre le principe de l'arbitrage...* » Cette partie de la mission de l'Institut est précisément ce qui fera sa » grandeur. Ne craignons pas que l'on nous reproche de nous ériger en » *bureau de consultations internationales!* Un bureau de consultations » internationales qui arriverait, ne fût-ce que dans un seul cas, à empêcher » la guerre ou à la rendre plus rare, serait une grande chose. »

On a enfin, dans la rédaction définitive, supprimé la distinction, difficile à maintenir, entre le but et les moyens d'action, et, sur la proposition de M. Mancini, on a ajouté aux diverses rédactions primitivement proposées, le n° 7 qui se justifie de lui-même.

B. — *Classification des membres de l'Institut.* — *Membres effectifs.* — *Élections et limites.* — *Membres auxiliaires.* — *Membres honoraires.* (Proj. A, art. 2-6; st. défin., art. 3-8).

Le proj. A ne connaissait que deux classes : les *membres effectifs* et les *membres-adjoints* ou *auxiliaires.* Dès avant la discussion, il avait été proposé de créer aussi une catégorie de *membres d'honneur.* « Cette qualité, » disait un projet d'amendement, « peut être accordée à un homme d'État en » service actif, qui a rendu de grands services au droit des gens, mais dans » le cas seulement où le nombre des membres présents ou représentés » s'élève au moins à quinze, et où l'unanimité se prononce en sa faveur. »

Mais cette proposition a été ensuite retirée par son auteur, sur l'observation que la faculté de conférer des titres purement honorifiques à des hommes haut placés était en fait plus dangereuse qu'utile. Il est difficile en effet de ne pas être amené par toute espèce de considérations de convenance à multiplier à l'excès cette catégorie de membres.

On a ajouté cependant au proj. A une classe de *membres honoraires* dont nous parlerons plus loin. L'Institut comprend donc en définitive trois espèces de membres : *effectifs, auxiliaires* ou *honoraires.* (St. défin. art. 3).

Le principe de la cooptation pour l'élection des membres effectifs a été admis sans difficulté, ainsi que celui de la limitation du nombre des membres effectifs à un maximum, que les statuts portent à cinquante (st. défin. art. 4). Quand à l'admission ou à l'exclusion des diplomates en service actif, trois systèmes se présentaient : fallait-il exclure les diplomates seuls? Ou bien encore les personnes exerçant des fonctions administratives au service d'un État? Ou enfin n'exclure personne? Le but en interdisant le choix de diplomates en activité de service a été autant que possible de préve- nir les élections de pure complaisance ou de courtoisie. Sans doute, pour être rigoureusement logique, il eût fallu aller plus loin. Mais la difficulté était de trouver en-dehors des fonctions diplomatiques une limite aisément recon- naissable. On s'est donc arrêté à l'opinion intermédiaire, en se reposant pour le surplus sur le discernement\et l'esprit d'indépendance dont l'Institut saurait faire preuve.

Il fallait encore empêcher, par une disposition statutaire, l'absorption des place sou de la majorité des places de l'Institut au profit d'une même nationa- lité, maintenir, en un mot, à l'association son caractère *international*. Le proj. A (art. 5) proposait à cet égard une double limite qui a été jugée excessive, On a absolument abandonné aussi, dès avant la réunion, un autre système qui consistait à classer les États en grands, moyens et petits, suivant leur population, et à attribuer à chacune de ces catégories, suivant leur impor- tance, un maximum différent de membres. On s'est arrêté devant cette obser- vation que, en fait, l'importance scientifique des États est sans aucun rapport avec leur importance matérielle, et qu'il suffirait donc d'empêcher un abus évident en interdisant de dépasser en faveur d'un État le *cinquième* du total actuel des membres effectifs.

La création de membres *auxiliaires* et celle de membres *honoraires* permet de reconnaître les services de toute nature qui seraient rendus à l'Institut. Ici aucune des limites précédentes n'est applicable.

Les membres auxiliaires sont choisis par les membres effectifs. Il a été expressément entendu que ce titre pourrait être conféré même aux personnes qui, sans être juristes, seraient en état de fournir d'utiles renseignements sur des questions spéciales, par exemple aux médecins, aux officiers de l'armée de terre ou de la marine, aux économistes, etc.

Il est à remarquer que la qualité de *membre honoraire* peut être attri- buée, non seulement à toute personne, mais à toute association, munici- palité ou corps moral quelconque, qui fait à l'Institut un don de 3000 fr. au minimum.

C. — *Abandon du projet d'association internationale pour le progrès du droit des gens.* — *Faculté de constituer des comités nationaux pour l'étude des sciences morales et politiques* (proj. A, art. **2**, § **3**, art. **12**; proj. B; st. défin., art. 9).

Plusieurs membres invités, empêchés d'assister à la conférence, avaient déjà formulé des objections contre le plan de constitution d'une association internationale, se composant d'une espèce de fédération d'associations nationales pour le progrès du droit des gens. Ils trouvaient ce plan inopportun et impraticable, du moins pour plusieurs pays. Les membres présents à la conférence de Gand se sont rendus à ces objections. Ils ont cru cependant qu'il importait de compenser en quelque sorte le nombre nécessairement restreint des membres effectifs de l'Institut en permettant à ceux-ci, de concert avec les membres auxiliaires, de stimuler, dans le pays auquel ils appartiennent, l'étude des sciences sociales et politiques, ces alliées nécessaires du droit international, par la création de comités nationaux. Ces comités ne pourraient en aucun cas engager la responsabilité de l'Institut. Ils ne pourraient que seconder ses efforts parmi leurs compatriotes, dans la direction que tracerait l'Institut lui-même.

D. — *Administration et gestion financière* (proj. A, art. 7-10 et 13; stat. défin., art. 10-13).

Cette partie des statuts, bien que fort importante, exige peu d'explications. Il fallait, ici surtout, une certaine élasticité, et il eût été dangereux, surtout au début d'une institution sans précédent, de trop délimiter les attributions.

Il faut qu'il existe un centre d'action, chargé d'entretenir le fonctionnement régulier de l'Institut et la correspondance avec ses divers membres, avec les commissions d'étude et leurs rapporteurs, dans l'intervalle entre les sessions. Telle est la mission du Secrétaire-général, qui est élu pour six ans et auquel on peut adjoindre, suivant que la nécessité s'en fait sentir, un ou plusieurs secrétaires. Au-dessus du Secrétaire-général, il y a le président et les vice-présidents, élus pour un an, et, à côté du bureau, le service financier est confié à un Trésorier et à une commission de surveillance, élus pour trois ans.

E. — *Sessions de l'Institut.* — *Mode de votation.* (Proj. A, art. 11 et 13-16; st. défin., art. 2 et 14-17.)

Une session ordinaire par an, telle est la règle tracée par les statuts définitifs comme par le premier projet. Quelles seront les occupations de cette session? Nomination du président, des vice présidents, et, le cas échéant, du secrétaire-général, du trésorier et de la commission de surveillance ; nomination de nouveaux membres effectifs et auxiliaires ; audition des rapports présentés par le secrétaire-général sur les derniers travaux de l'Institut et par le trésorier sur la situation financière ; audition des rapports présentés au nom des commissions d'étude nommées dans la session précédente, discussion des conclusions et vote ; détermination des nouvelles questions à étudier et nomination des rapporteurs et des commissions ; indication de l'époque et du lieu de la session suivante ; discussion de toutes les propositions qui pourraient être présentées concernant la gestion de l'Institut, le règlement de ses travaux, la révision des statuts, si elle est proposée par six membres au moins, etc.

Le point délicat était ici le mode de votation, au point de vue de la part qu'y pourraient prendre les absents. Les statuts définitivement votés proclament en principe (art. 14) la règle de la discussion orale comme moyen d'arriver au vote. En effet, comme on l'a dit, le but de l'Institut est moins de former un recueil d'opinions juridiques isolées, que d'arriver, par la discussion orale, immédiate, à obtenir l'expression d'une opinion collective. C'est seulement en mettant en présence les uns des autres des hommes de nationalités différentes, mais également consciencieux et également désireux d'arriver à la justice et à la vérité, que l'on obtiendra ce résultat.

On a voulu aussi que la discussion et la conviction fussent *personnelles,* et l'on a écarté, par ce motif, le vote *par délégation,* auquel on avait songé d'abord.

Mais, la règle posée, on a admis certaines exceptions, d'abord en ce qui concerne l'élection des nouveaux membres, à laquelle les absents sont toujours admis à prendre part ; ensuite et exceptionnellement, dans les cas spéciaux où le Président, les vice-Présidents et le Secrétaire-général le jugent unanimement utile.

Prévoyant le cas où l'on aurait à voter sur une question *actuellement* controversée entre deux ou plusieurs États, on a, dans cette hypothèse, admis les membres appartenant à ces États, à prendre part à la discussion, mais non au vote.

E. — *Dispositions diverses.* (Proj. A, art. 17 et 18 ; st. défin., art. 18-21).
Nous rangeons sous cette rubrique les dispositions finales concernant la publication des travaux et des communications publiques de l'Institut ; les voies et moyens financiers ; le réglement d'exécution des statuts, et le mode de révision de ceux-ci. Disons quelques mots seulement de ce qui concerne

les voies et moyens, les trois autres points ne présentant aucune difficulté. On a été unanime à ne pas vouloir énumérer, parmi les ressources éventuelles de l'Institut, les subsides périodiques des gouvernements. On a cru qu'il y aurait là une atteinte à l'indépendance et à la dignité de l'association. D'un autre côté il a été reconnu que l'Institut aurait besoin, pour remplir sa mission, de faire des frais considérables, qu'il serait impossible de couvrir par les seules cotisations régulières de ses membres effectifs. Il serait même désirable qu'à la longue il pût être formé un fonds, dont les revenus suffisent à couvrir du moins les dépenses ordinaires. Ce sera nécessairement à ceux qui, en dehors de l'Institut, s'intéresseront à ses travaux à lui donner leur concours pécuniaire. En revanche il conviendra, lorsque ce concours se traduira par le don d'une somme considérable, de le reconnaître en conférant au donateur un titre honorifique qui établisse un lien durable entre l'Institut et lui. De là la création des *membres honoraires*.

Les membres fondateurs de l'Institut se sont montrés persuadés que, dans ces conditions, le concours de l'initiative privée ne leur fera pas défaut pour atteindre le but qu'ils poursuivent. Un fait tend déjà à justifier cette confiance. L'Institut était à peine fondé qu'un honorable citoyen de Genève, M. François Bartholony, président de la compagnie du chemin de fer d'Orléans, faisait verser entre les mains du secrétaire-général, par l'intermédiaire de M. Moynier, un don de trois mille francs.

Le dernier article des statuts fut voté à la seconde séance du mercredi, 10 septembre (sixième séance de la conférence de Gand), et l'Institut de droit international se trouva constitué. Le lendemain jeudi, 11 septembre, M. Moynier, au nom du comité de rédaction, donna lecture des statuts définitifs, révisés et coordonnés, et M. De Laveleye, du préambule. Nous donnons le texte de ces deux documents à la suite de ce compte-rendu.

VII. — Formation du bureau et adjonction de nouveaux membres.

Le bureau de l'Institut a été formé comme suit :
Président : M. Mancini ;
Vice-Présidents : MM. Bluntschli et E. De Parieu ;
Secrétaire-général : M. Rolin-Jaequemyns.

Les trente-trois personnes, tant présentes qu'absentes, qui avaient pris part, oralement ou par voie de correspondance, à la discussion des statuts, et qui avaient d'avance adhéré au principe de l'institution, étant considérées comme les premiers membres de l'Institut, il fut jugé convenable d'user immédiatement de la faculté de cooptation, accordée par les statuts, pour s'adjoindre encore un petit nombre de juristes ou de publicistes éminents. Ont été en conséquence élus membres effectifs :

MM. le Dr H. Ahrens, professeur à l'Université de Leipzig;

    Gabriel Massé, conseiller à la cour de cassation à Paris;

    le chev^r Laurent de Stein, professeur à l'Université de Vienne;

    ·Emory Washburn, professeur de droit à l'Université de Harvard (Cambridge, Massachusetts).

VIII. — Sujets mis à l'étude. — Nomination de commissions et de rapporteurs.

Les sujets suivants ont été mis à l'étude et renvoyés à des commissions, chargées d'en faire l'objet d'un rapport et de conclusions à discuter dans la prochaine séance :

1. — *Arbitrages internationaux.* — *Projet de règlement des formes à suivre dans leur emploi.*

Commission d'étude : MM. Dudley Field, Goldschmidt, Vernon Harcourt, De Laveleye, Pierantoni.

Rapporteur : M. Goldschmidt.

2. — *Examen des trois règles de droit international maritime, proposées dans le traité de Washington.*

Commission d'étude : MM. Bluntschli, Carlos Calvo, Hautefeuille et Rolin-Jaequemyns.

Membres consultants, appartenant aux deux États signataires du traité de Washington : pour l'Angleterre, M. Lorimer, pour les États-Unis, M. Woolsey.

Rapporteur : M. Bluntschli.

3. — *Utilité de rendre obligatoires pour tous les États, sous la forme d'un ou de plusieurs traités internationaux, un certain nombre de règles générales du droit international privé, pour assurer la décision uniforme des conflits entre les différentes législations civiles et criminelles.*

Commission d'étude : MM. Asser, Bluntschli, Beach Lawrence, Mancini, Massé, Westlake.

Rapporteurs : MM. Asser et Mancini.

IX. — Lieu et époque de la session de 1874. — Organe et devise de l'Institut.

On fut unanime à considérer Genève comme naturellement appelé à devenir le siège de la prochaine session. Cette illustre cité se recommandait non-seulement par son admirable situation, par le rang exceptionnellement élevé qu'elle occupe dans l'histoire de la science et de la pensée humaine, mais encore par le souvenir récent de la convention de Genève et de l'arbitrage anglo-américain. En s'y réunissant pour travailler au progrès du droit international, on y aura sans cesse présents à l'esprit ces deux grands et bienfaisants exemples. On décida en conséquence que la prochaine session s'ouvrirait à Genève, le 31 août 1874, sauf au bureau à modifier cette résolution au cas où des motifs d'intérêt majeur l'exigeraient.

Le Conseil d'État de la République et Canton de Genève, informé de la résolution qui précède, a bien voulu offrir spontanément à l'Institut pour cette session l'hospitalité d'une des salles de l'hôtel-de-ville ou des bâtiments académiques.

En exécution de l'article 18 des statuts, la *Revue de Droit international et de législation comparée* a été désignée pour recevoir les communications publiques de l'Institut. C'est en vertu de cette décision que la Revue publie le présent compte-rendu, sans préjudice à la publication d'un bulletin annuel, qui devra se faire aux termes du même article 18.

La devise de l'Institut est : *Justitia et pace.*

X. — Adresse au Roi des Belges et réponse de S. M. — Remerciments à la ville de Gand.

En vertu d'une décision prise dans la séance du 11 septembre, la lettre suivante a été adressée au Roi des Belges, au nom des membres-fondateurs de l'Institut :

Gand, 12 Septembre 1873.

SIRE,

« Des publicistes et des jurisconsultes, appartenant à divers pays d'Europe et d'Amérique, viennent de se réunir à Gand et de constituer un Institut permanent de droit international, ayant pour but d'affirmer et d'étendre, par le concours harmonique des forces morales de la science, l'empire du droit dans les relations des peuples civilisés.

» En choisissant la Belgique comme le siége de leurs travaux, les fondateurs et les adhérents de l'Institut étaient convaincus d'avance que nul pays ne serait plus propre à devenir le berceau de l'Association nouvelle. Cette conviction s'est fortifiée en présence des témoignages de sympathie, qui leur ont été prodigués par les magistrats et les habitants de la noble cité gantoise. Leur pensée, à la vue de ce peuple libre, intelligent, prospère, s'est naturellement reportée sur le Souverain constitutionnel qui préside à ses destinées. Ils sont certains que Votre Majesté, qui a toujours témoigné sa sympathie pour tout ce qui peut assurer la justice et la paix parmi les hommes, appréciera le caractère et l'importance d'une œuvre qui a pris pour devise : *justitia et pace.*

» Avant de se séparer, nos collégues-fondateurs de l'Institut de droit international nous ont chargés de nous faire auprès de Votre Majesté les interprètes de leurs sentiments. C'est avec bonheur que nous nous acquittons de cette tâche et que nous saisissons cette occasion de présenter à Votre Majesté l'hommage de notre respect et de notre dévouement.

        • MANCINI, *président de l'Institut.*

» ROLIN-JAEQUEMYNS, *secrétaire-général.* »

Le chef du cabinet du Roi a répondu de la part de S. M. au Président de l'Institut :

Palais de Bruxelles, 18 septembre 1873.

« MONSIEUR LE PRÉSIDENT,

» Le Roi a reçu la lettre que vous lui avez adressée au nom de l'Institut de droit international. Je suis chargé de vous dire à quel point le Roi est sensible à cette attention, et touché des termes dans lesquels vous vous exprimez sur la Belgique. Sa Majesté applaudit aux efforts que vous ferez pour amener la concorde entre les hommes, efforts d'autant plus méritoires, d'après Elle, que l'histoire enseigne combien il est difficile d'y parvenir.

» Le Roi vous prie de vouloir bien être l'interprète de ses sentiments auprès de la Compagnie que vous présidez.

» Veuiller agréer, Monsieur le Président, l'assurance de ma haute considération.

      » *Le chef du cabinet du Roi,*

      » JULES DEVAUX. »

Des remerciements ont encore été votés et transmis au premier magistrat de la ville où la conférence « a reçu un accueil si sympathique et si hospi- » talier. Les fondateurs de l'Institut de droit international, » disait la lettre d'envoi, « ont été heureux de voir l'empressement avec lequel vous-même, » Monsieur le Bourgmestre, et l'élite de vos concitoyens avez bien voulu » applaudir à l'œuvre de justice et de paix qui les a amenés en ces murs. » C'est là, à leurs yeux, un présage favorable de la manière dont l'opinion » publique universelle accueillera la constitution du nouvel Institut, et une » preuve qu'ils ont eu raison de choisir votre généreuse cité comme le siége » de leurs travaux. »

XI. — Nomination d'une députation pour représenter l'Institut à la consultation ou conférence internationale de Bruxelles. - Origine de cette conférence. — Ses actes. - Sá déclaration quant à ses rapports avec l'Institut.

Il a été parlé ailleurs [1] de la mission remplie en Europe au printemps dernier par le Rév⁴ J. Miles, secrétaire de la Société américaine de la paix. La conséquence de cette mission fut que, après le retour de M. Miles aux États-Unis, il se constitua à New-York un *International Code Committee*, au nom duquel l'imprimé suivant, daté du 30 juin, fut envoyé vers la fin de juillet à un certain nombre de jurisconsultes, de publicistes, d'économistes et de philanthropes européens.

« SIR :

» At a meeting held in New York, on the 15th of May, the undersigned were appointed a Committee to invite Publicists from different Nations, to meet at a time and place to be agreed upon, for consultation upon the best method of preparing an international code, and the most promising means of procuring its adoption. The resolutions passed were as follows :

« *Resolved*, That we have heard with great satisfaction the Rev. D⁻ Miles' account of his Mission to Europe in behalf of international justice, and that we express our cordial conviction of the wisdom of the principles and the reasonableness of the plans which he has communicated to us.

» *Resolved*, That the movements of affairs, the studies of thoughtful men, and the tendencies of public opinion call for a new and earnest consideration of the usages and laws of nations especially in regard to war, and for a new international code especially in respect to arbitration.

» *Resolved*, That in the opinion of this meeting the establishment of an international code, containing among its provisions the recognition of arbitration as the means of settling international disputes, is an object of the highest interest and importance.

» *Resolved*, That with a view to the formation of such a code, it is expedient that a meeting should be called for consultation upon the best method of preparing it, and the most promising means of procuring its adoption.

» *Resolved*, That such a meeting be held at a time and place to be hereafter

(1) V. *Revue de Droit international*, t. V (1873), l'article précité : *de la nécessité d'organiser*, etc pp. 476-477.

agreed upon, to which publicists from different nations shall be invited, and that a committee of five be appointed to act for this country in the issuing of invitations and in making arrangements for the meeting, which committee shall have power to add to their number.

» *Resolved*, That David Dudley Field, LL.D., Theodore Dwight Woolsey, D.D., LL.D., Emory Washburn, LL.D., William Beach Lawrence, LL.D., and the Rev. James B. Miles, D.D., be such committee.

» In pursuance of these resolutions, we have the honor to invite you to meet other publicists for the proposed consultation, at the CITY OF BRUSSELS, Belgium, on the 28th day of October next.

   » June 30, 1873,

       » *With great respect, Your most obedient servants,*

            DAVID DUDLEY FIELD,
            THEODORE D. WOOLSEY,
            EMORY WASHBURN,
            WM. BEACH LAWRENCE,
            JAMES B. MILES.

» Since the meeting, the following gentlemen have consented to act as an International Code Committee :.... »

Suivent les noms de vingt-six personnes, y compris les cinq qui précèdent : jurisconsultes, membres du clergé ou des sociétés de la paix, hommes politiques, etc. habitant aux États-Unis.

Les quatre premiers signataires, dont nous avons donné les noms, sont des jurisconsultes renommés à bon droit par leurs connaissances spéciales en droit international. Tous les quatre sont aujourd'hui, comme on l'a vu, membres de l'Institut. Celui-ci ne pouvait donc demeurer indifférent à une démarche aussi importante par son but et par son origine. Il le pouvait d'autant moins que quelques personnes avaient exprimé la crainte de voir un certain antagonisme se produire dans le domaine purement scientifique, où ce n'est pas trop du concours harmonique de toutes les forces morales pour parvenir à un résultat sérieux. De là l'addition à l'ordre du jour de la conférence de Gand, proposée comme on l'a vu plus haut, dès le 25 août dernier. « Sans doute, » disait M. Rolin-Jaequemyns, dans une circulaire confidentielle de cette date, « le but des deux réunions de Gand et de » Bruxelles est loin d'être identique ; mais il est plus loin 'encore d'être » contraire. Et c'est précisément cette diversité, jointe à cette absence de » contradiction, qui doit exclure toute pensée d'antagonisme. Aux yeux de

» tous ceux, sans exception, qui considèrent une entente finale sur les prin-
» cipes du droit des gens comme devant être le but de nos efforts, — soit
» qu'on puisse l'atteindre immédiatement, soit qu'on ne puisse l'apercevoir
» que dans un avenir plus ou moins éloigné, — la fondation de l'Institut
» doit apparaître logiquement, vis-à-vis de la codification internationale,
» comme un des plus puissants moyens de la faciliter.... »

Les membres de la conférence de Gand, devenus les membres-fondateurs
de l'Institut, se rangèrent avec empressement à cette manière de voir. A
peine les statuts étaient-ils votés que l'on adopta la résolution suivante
(sixième séance, 10 septembre) :

« L'Institut de droit international,

» Considérant qu'un des buts qui lui est assigné par ses statuts est de
» donner son concours à toute tentative sérieuse de codification graduelle et
» progressive du droit des gens ;
» Considérant que, par l'initiative de l'*International Code Committee*
» américain, une réunion de jurisconsultes et de publicistes a été convo-
» quée à Bruxelles pour le 28 octobre prochain, afin d'aviser aux meil-
» leurs moyens d'arriver à une pareille codification, spécialement en ce
» qui concerne les règles de l'arbitrage, délègue huit de ses membres :
» MM. Mancini, président; Bluntschli et De Parieu, vice-présidents; Rolin-
» Jaequemyns, secrétaire-général de l'Institut; Asser, Carlos Calvo, De
» Holtzendorff et De Laveleye, pour porter aux promoteurs de la consul-
» tation de Bruxelles l'expression de sa sympathie, participer aux travaux
» de l'assemblée et préparer les moyens de concourir, si possible, au but
» énoncé. »

Depuis cette résolution, la conférence de Bruxelles a été avancée de
18 jours, et fixée par conséquent au 10 octobre, à midi, à l'hôtel de ville
de Bruxelles. La nouvelle circulaire portant convocation à une « conférence internationale pour la réforme et la codification du droit des
gens, » est du 19 septembre. Elle est signée par MM. Dudley Field,
président du comité américain « The International Code Committee, »
rév⁴ J. B. Miles, secrétaire du même comité et Aug. Visschers, docteur en
droit à Bruxelles, tous trois agissant comme délégués du comité provisoire.

Le 10 octobre, en effet, une trentaine de personnes se sont trouvées
réunies à l'hôtel-de-ville de Bruxelles. Parmi elles figuraient, outre les
signataires de la dernière invitation, MM. Sheldon Amos, professeur à

l'Université de Londres; Bachiene, conseiller d'état à La Haye, et Bredius, avoué à Dordrecht, l'un et l'autre membres de la société néerlandaise de la paix (*Vredebond*); Mountague Bernard, professeur à l'université d'Oxford et membre de l'Institut de droit international; Cauchy, membre de l'Institut de France et de l'Institut de droit international; comte Goblet d'Alviella, avocat à Bruxelles; Jencken, de Londres; Marcoartù, ex-député aux Cortès d'Espagne; Massé, conseiller à la cour de cassation de France et membre de l'Institut de droit international; Fréderic Passy, professeur d'économie politique et vice-président de la société des *amis de la paix*, à Paris; Pierantoni, professeur de droit international à Naples et membre de l'Institut de droit international; Prins, avocat à Bruxelles; Henry Richard, membre du parlement anglais et secrétaire de la *Peace Society*; Thompson, publiciste américain établi à Berlin; Sir Travers Twiss, ancien avocat de la Reine, à Londres. Parmi les délégués de l'Institut de droit international, étaient présents à la séance d'ouverture MM. Carlos Calvo, De Laveleye et Rolin-Jaequemyns. MM. Bluntschli et Mancini sont arrivés dès le lendemain. Ont encore assisté aux travaux de la conférence MM. A. Couvreur et Ch. Rogier, membres de la chambre belge des Représentants, Arntz et A. Rivier, professeurs à l'université de Bruxelles, etc.

Ouvertes le vendredi 10, les délibérations de la conférence ont été continuées le samedi 11 et le lundi 13. Elles ont été principalement consacrées aux deux vastes questions qui figuraient à l'ordre du jour : la *codification* et l'*arbitrage international*. Voici les résultats auxquels on a abouti :

L'ordre du jour en ce qui concerne la codification, était ainsi conçu :

« *Discussion sur le principe de la codification du Droit des Gens;*

» *Examen du meilleur système à employer pour la préparation et la rédaction d'un Code du Droit des Gens.* »

La Conférence, après d'assez longs débats, a voté la résolution suivante :

« La Conférence déclare :

» 1° Qu'un code international définissant avec toute la précision possible les droits et les devoirs des nations et de leurs membres est éminemment désirable dans l'intérêt de la paix, des bons rapports et de la prospérité commune. En conséquence elle est d'avis que rien ne doit être négligé pour arriver à la préparation et à l'adoption de ce code;

» 2° Que, pour la rédaction d'un code international, il convient d'observer les divisions suivantes :

» 1° Droit International Public ; 2° Droit International Privé ; 3° Règles de l'arbitrage dans les deux ordres d'idées ci-dessus indiqués. »

L'ordre du jour portait, au sujet de l'arbitrage :

« *Discussion sur le principe de l'arbitrage international.*

» *Institution de cours arbitrales ; procédure à suivre ; moyens d'assurer l'exécution des sentences arbitrales.* »

Voici la résolution votée après une remarquable discussion, à laquelle ont pris part MM. Mountague Bernard, Bluntschli, Mancini, Henry Richard etc.

« La conférence déclare qu'elle regarde l'arbitrage comme le moyen essentiellement juste, raisonnable et même obligatoire pour les nations de terminer les différends internationaux qui ne peuvent être réglés par voie de négociations. Elle s'abstient d'affirmer que, dans tous les cas, sans exceptions, le moyen peut être appliqué, mais elle croit que les exceptions sont peu nombreuses. Elle est convaincue qu'aucun différend ne doit être considéré comme insoluble, si ce n'est après un délai suffisant, un clair exposé de l'objet en litige, et l'épuisement de tous les moyens pacifiques d'arrangement. »

Cette rédaction, à l'exception des mots : *et même obligatoire*, est de M. M. Bernard. Plusieurs membres ne l'ont votée qu'en faisant des réserves sur le mot « obligatoire, » qui, d'après eux, ne devrait s'entendre que d'un devoir et non d'une obligation juridique.

La conférence a encore, sur la proposition de M. Pierantoni, voté des remerciements à M. Henry Richard pour le zèle et le dévouement qu'il a mis depuis plusieurs années à propager la cause de l'arbitrage international.

Un troisième objet figurait encore à l'ordre du jour et était ainsi déterminé par la circulaire du 19 septembre :

Classification des matières à prendre en considération. — Institution de comités chargés de l'étude de questions à déterminer : nomination des rapporteurs. — Mode de correspondance. — Impression et distribution des rapports.

Il y avait là tout un travail d'organisation que la conférence, en se séparant, a laissé à son bureau [1], constitué en comité permanent, avec faculté de s'adjoindre de nouveaux membres. Nous ne sommes pas en mesure de donner la composition exacte de ce comité, car, au moment où il a été désigné, deux membres du bureau (MM. Bluntschli et Mancini), ont déclaré que leurs occupations les empêcheraient de prendre part aux travaux du comité, et d'autres membres étaient absents.

Nous avons spécialement à faire ressortir, dans ces *Communications relatives à l'Institut de droit international*, ce qui concerne les rapports établis ou à établir entre l'Institut et la Conférence.

Dans la séance d'ouverture, après d'éloquents discours de MM. Visschers, président du comité de réception, Dudley Field, président du comité américain et Anspach, bourgmestre de Bruxelles, M. Rolin-Jaequemyns s'est exprimé comme suit, au nom de l'Institut :

« Messieurs les membres de l'*International Code Committee*,

» Mesdames et Messieurs,

» J'aurais tort d'abuser de vos moments après toutes les belles et bonnes choses que vous venez d'entendre. Aussi m'abstiendrais-je de prendre la parole, si je n'avais un impérieux devoir à remplir. Comme secrétaire-général et comme délégué de l'Institut de Droit international, j'ai à exprimer publiquement, au nom de cette association, les sentiments dont elle est animée envers les promoteurs et les membres de la réunion qui va s'ouvrir. Voici, en effet, la résolution qui a été votée à l'unanimité, le 10 septembre dernier, par les membres fondateurs de l'Institut, immédiatement après que celui-ci venait d'être constitué :
(*V. ci-dessus*, p. 694, *le texte de la résolution.*)

« C'était à MM. Mancini, Bluntschli ou De Parieu que revenait l'honneur de remplir la première partie de cette mission, en interprétant, de leur voix éloquente, la pensée de l'Institut. Malheureusement M. De Parieu est impérieusement retenu par des motifs de santé. Il en éprouve un regret qui sera à coup sûr vivement partagé. Quant à MM. Bluntschli et Mancini, nous avons du moins la certitude de les voir ici demain.

---

(1) Voici comment se composait le bureau de la conférence de Bruxelles : MM. *Visschers*, président ; *Dudley Field*, président honoraire ; *M. Bernard, Bluntschli, Giraud* (absent) et *Mancini*, vice-présidents ; *Em. De Laveleye*, secrétaire-général ; *Miles*, secrétaire-général honoraire ; *Calvo fils* et *Prins*, secrétaires. Dans le cours de la conférence M. *Jencken* a encore été adjoint au bureau, comme secrétaire-général honoraire.

» Messieurs, si les membres du nouvel Institut ne devaient se placer qu'à un point de vue, — je ne dirai pas égoïste, — mais spécial, exclusivement relatif à l'avenir de leur œuvre, ils s'applaudiraient déjà de voir, presqu'au lendemain de la Conférence de Gand, s'accentuer avec cette nouvelle énergie le mouvement général, incontestable des esprits vers une consolidation du droit international. L'action collective de la science, dont l'Institut aspire à être l'organe, ne saurait en effet aboutir dans ce domaine à des résultats sérieux et pratiques qu'à la condition d'être fortement soutenue, encouragée par la conscience et la coopération des hommes éclairés de tous les pays.

» Mais les règles mêmes que l'Institut s'est tracées lui interdisent de s'arrêter à des vues étroites de succès en quelque sorte personnel. La conviction qui, j'en suis certain, nous anime tous, c'est que si, d'une part, il est utile d'avoir un groupe permanent et nécessairement restreint d'hommes voués à l'étude patiente, un centre d'information et de consultation, — d'autre part, l'armée permanente du droit et de la justice ne saurait jamais être trop nombreuse.

» C'est donc avec le désir le plus sincère de voir le succès couronner vos efforts que nous venons, MM. les membres de l'*International Code Committee*, vous apporter, au nom de l'Institut, non de stériles compliments, mais le concours actif, zélé, auquel vous nous avez individuellement conviés. Sans doute, je manquerais de franchise en vous le dissimulant, l'entreprise dans laquelle vous vous êtes engagés a pu sembler, non pas à tous, mais à certains d'entre nous, hérissée d'obstacles presque insurmontables. Ils croyaient reconnaître, avec une admiration mêlée d'inquiétude, dans la constitution de l'*International Code Committee*, l'empreinte de sa patrie d'origine, de cette terre merveilleuse et féconde des États-Unis, où tant de choses ont réussi que tout a fini par y paraître facile. Mais ils voient d'un autre côté, parmi les promoteurs et les adhérents de cette réunion, des noms si illustres dans la science, des hommes dont les travaux ont été couronnés de si sérieux résultats, qu'ils sont parfaitement rassurés sur l'esprit qui présidera à ces débats. Ce ne sera ni une lâche complaisance pour les faits accomplis, ni une ignorance présomptueuse de l'état réel, actuel des rapports entre les nations et des conditions de la nature humaine. »

M. Visschers a clos la séance d'inauguration par les paroles suivantes :

« Je crois être l'interprète de vos sentiments à tous en disant que nous avons entendu avec la plus grande satisfaction les déclarations qui viennent d'être faites par M. Rolin-Jaequemyns, au nom de l'Institut de droit international.

» C'est à la Conférence, quand elle sera constituée, à répondre par un acte officiel aux marques de sympathie qui nous ont été données. »

Dès le début des délibérations, il a été reconnu que, si l'on ne voulait gaspiller des forces précieuses, il importait d'éviter le double emploi éntre les travaux de la Conférence de Bruxelles comme de celles du même genre qui pourraient se tenir dans la suite, et les travaux de l'Institut de droit international. Un comité composé de sept personnes, dont trois membres de l'Institut, a été spécialement chargé d'examiner cette question. Sur le rapport présenté au nom de ce comité par M. Fréderic Passy, la déclaration suivante a été votée :

« La Conférence internationale pour la réforme et la codification du Droit des gens, convoquée à Bruxelles le 10 octobre 1873, par les soins du Comité américain pour le Code international,

» Considérant :

» Que l'Institut de Droit international, fondé à Gand le 10 septembre 1873, est une association exclusivement scientifique, et que son but est de favoriser le progrès du droit international, de formuler les principes généraux et de donner son concours à toute tentative sérieuse de codification graduelle et progressive du droit international;

» Que, conformément à ce but, l'Institut de droit international a dès-à-présent mis à l'étude les sujets suivants » (*suit l'énumération des sujets indiqués ci-dessus : arbitrages, trois règles de Washington, droit international privé.*)

» Que la plupart des juristes de droit international, qui sont invités par le comité américain, sont membres de l'Institut de Gand;

» Que le comité promoteur de la Conférence de Bruxelles ne se compose pas seulement de juristes, mais aussi d'hommes distingués comme hommes politiques, publicistes, économistes, philanthropes et que son but est de favoriser le progrès du Droit international dans l'application pratique et dans l'opinion publique;

• Déclare :

» 1) que, à ses yeux, il est conforme au but et à l'intérêt des deux associations, tout en conservant chacune la plénitude de son indépendance, de s'aider mutuellement;

» 2) que, par sa nature et sa composition, l'Institut de droit international semble remplir les conditions nécessaires pour fonctionner comme
un Sénat de juristes, éminemment apte à faire les travaux préparatoires
indispensables à la réception et à la promulgation d'un Code de droit
international, et qu'il y a lieu de le seconder dans l'accomplissement de cette
tâche;

» 3) que, de son côté, la Conférence se réserve d'examiner, à tous les
points de vue et particulièrement au point de vue politique, économique et
social, les résultats de ces travaux, comme aussi de se livrer, en évitant
autant que possible les doubles emplois, à tous les travaux qu'elle jugerait
nécessaires, et d'agir, soit après l'examen des travaux de l'Institut, soit en
attendant qu'elle ait pu se livrer à cet examen, de la manière qui lui paraîtra
la plus favorable au développement des rapports pacifiques entre les
peuples et au progrès de la civilisation internationale. »

Cette déclaration a été notifiée à l'Institut par la lettre suivante:

A messieurs les membres de l'Institut de droit International,

Messieurs,

« Vous avez bien voulu donner à la Conférence de Bruxelles un précieux
témoignage de sympathie en nommant, pour assister à nos séances et
prendre part à nos travaux, une députation composée de huit de vos membres et comprenant notamment ceux qui constituent votre bureau.

» Nous sommes profondément touchés de cette manifestation et nous
vous en exprimons ici notre vive reconnaissance.

» Comme l'a dit parfaitement votre honorable Secrétaire-général, parlant
en votre nom, entre l'Institut de Gand et la Conférence de Bruxelles il ne
peut y avoir ni antagonisme ni rivalité.

» Nous sommes animés des mêmes sentiments; nous poursuivons le
même but.

» Aussi l'un de nos premiers soins a été de rechercher les moyens de
tirer parti du concours si désirable que vous nous avez offert.

» Nous sommes heureux de pouvoir profiter des connaissances spéciales
des savants éminents de l'Institut de Gand, et nous sommes convaincus
qu'elles nous aideront grandement à atteindre le but que nous avons en vue:
la réforme et la codification du droit international.

» Vous trouverez ci-contre le texte des résolutions que la Conférence a adoptées dans sa séance du 13 octobre pour déterminer ses rapports avec l'Institut de Gand.

» Veuillez, Messieurs, agréer l'assurance de notre haute considération.

Le Secrétaire-général,   *Le Président,*

EM. DE LAVELEYE.   AUG. VISSCHERS.

Sans doute, la déclaration du 13 octobre est loin de constituer un réglement complet des rapports entre l'Institut et la Conférence. Elle ne constitue pas même une convention, pour laquelle les délégués de l'Institut eussent d'ailleurs été sans pouvoir. La Conférence déclare son estime pour l'Institut, sa disposition à l'aider dans l'accomplissement de la tâche pour laquelle elle le considère comme spécialement compétent, son intention d'éviter les doubles emplois, mais en même temps sa volonté de ser éserver la plus entière indépendance d'action, et de n'admettre aucune limite au champ de son action réformatrice et civilisatrice. Les membres de l'Institut sauront gré à la Conférence de la première partie de sa déclaration, et ils reconnaîtront qu'il était non-seulement de son droit, mais de son devoir d'y joindre la seconde. La Conférence, en effet, tout en ayant décidé en principe qu'elle entendait constituer une association, n'est pas encore organisée comme telle. Elle a, comme nous l'avons dit, chargé son bureau de ce soin, ainsi que de la fixation de la date et du lieu d'un nouveau Congrès. Il n'appartenait donc pas aux membres présents à Bruxelles, d'engager l'avenir en acceptant une restriction quelconque.

Il n'en est pas moins vrai que la déclaration contient en germe la répartition naturelle du travail, qui paraît devoir un jour s'établir entre les deux associations : l'une se limitant aux hommes spéciaux, l'autre faisant appel à tous les hommes honorables, qui s'intéressent au progrès des rapports pacifiques entre les peuples; l'une ayant par conséquent le caractère d'une association exclusivement scientifique et s'efforçant, comme le portent ses statuts, de devenir l'*organe de la conscience juridique* du monde civilisé ; l'autre, vaste fédération de toutes les forces morales actuellement existantes chez les différentes nations civilisées, dans l'intérêt de la paix et de la civilisation. Ce caractère fédératif s'est déjà logiquement manifesté, dans la décision prise par la Conférence de Bruxelles, quant au principe de son organisation future, de se constituer en un groupe d'associations ou de comités nationaux agissant tous ensemble sous la direction d'un comité permanent. C'est dans le fond, et sauf les rapports moins étroits avec l'Institut, une conception analogue à celle qui était formulée par le projet B ci-dessus (v. p. 681).

La Conférence de Gand a, comme on l'a vu, prudemment reculé devant l'initiative et la responsabilité d'une organisation aussi hérissée de difficultés (v. p. 686). Mais l'Institut fera certainement les vœux les plus sincères pour voir l'entreprise réussir en d'autres mains que les siennes, car rien ne serait plus propre à favoriser une action collective des représentants de la science qu'une action collective et harmonique des représentants de l'opinion publique en général (1).

(1) Comme indication de l'opinion qui s'est formée dans le public au sujet du rôle respectif des deux associations, nous croyons utile de citer ici, à titre de renseignement, les termes dans lesquels un journal belge, la *Discussion*, du 19 octobre 1873, s'exprime à cet égard :

« ...... L'Institut de Gand est par sa nature une réunion fermée, comme il convient à une assemblée de jurisconsultes chargés d'élucider scientifiquement les principes encore si obscurs du droit international. La Conférence de Bruxelles, au contraire, nous semble destinée à s'épanouir dans une vaste association où jurisconsultes, économistes, hommes d'État, publicistes et philanthropes travailleront ensemble à préparer dans l'opinion l'avènement du code international.

» La réforme du droit des gens se présente, en effet, sous une double face : elle renferme une question juridique et une question politique. A la science du droit appartient d'établir quels principes méritent de figurer dans un code international et quels organes sociaux sont nécessaires à leur réalisation. A la politique proprement dite revient de chercher par quels moyens les hommes d'action feront passer dans les faits les réformes indiquées par les hommes de science, et quels tempéraments devront s'introduire dans ces réformes pour les plier aux temps et aux lieux. Ces deux tâches ne peuvent que gagner à se trouver dans des mains différentes. De là l'utilité d'une distinction entre l'Institut de Gand, qui restera une *Académie* de droit international, et la Conférence de Bruxelles qui doit inévitablement se transformer en une sorte de congrès permanent, organisé sur des bases analogues à nos congrès des sciences sociales, des sciences anthropologiques, etc. C'est là sa sphère naturelle d'activité.......

Et plus loin... ; « C'est maintenant » continue la *Discussion*, « que va commencer pour le comité d'organisation de la Conférence de Bruxelles, la besogne sérieuse. Que l'œuvre laisse à l'Institut de Gand l'étude de toutes les questions juridiques; qu'elle mette à l'étude un ou deux points spéciaux relatifs aux moyens de propager et d'appliquer les principes théoriques du droit international, soit par l'arbitrage, soit par la médiation, soit par un traité général, soit par des traités partiels, soit par l'institution d'une Haute Cour permanente, soit par l'extension de la juridiction actuellement attribuée aux tribunaux intérieurs des États, etc., qu'elle s'occupe de rechercher les modes d'action les plus propices pour imposer ses idées aux peuples et aux gouvernements; qu'elle tâche d'exercer sa propagande sur les hommes d'État comme sur les électeurs et qu'elle ouvre résolument la porte à tous les adhérents de ses principes : nous croyons qu'on peut lui prédire le succès, parce qu'à la vérité elle répond, comme l'Institut de Gand, à une des tendances les plus légitimes et les plus impérieuses de notre civilisation ! »

DOCUMENTS

RELATIFS A

L'INSTITUT DE DROIT INTERNATIONAL.

I.

PRÉAMBULE ET TEXTE DES STATUTS.

Les grands évènements dont l'Amérique et l'Europe ont été récemment le théâtre, ont fait naître partout le sentiment profond de l'imperfection du droit international. A mesure que les relations des peuples entre eux deviennent plus fréquentes, plus intimes et plus fraternelles, cette imperfection trouble et alarme davantage les intérêts et provoque, parmi les nations civilisées, une aspiration toujours plus vive vers une situation mieux en harmonie avec les progrès accomplis dans les autres branches des sciences juridiques.

On regrette qu'il n'existe point de règles claires, précises et généralement acceptées qui permettent, par exemple, de discerner le caractère injuste d'une agression, de déterminer la légitimité des actes des belligérants pendant la lutte et après la victoire, de fixer les devoirs et les droits des neutres.

Les conflits récents ont révélé une déplorable incertitude du droit dans les questions les plus graves, et souvent aussi une complète ignorance du droit chez ceux qui étaient chargés de l'appliquer. La manière brusque et inattendue dont la dernière guerre a éclaté, a réveillé le désir ardent de voir renforcer les moyens, sinon de rendre de pareilles collisions impossibles, du moins d'imposer aux parties le temps de la réflexion et de les obliger à accepter une médiation pacifique.

Tout le monde le proclame : les rapports des peuples doivent être soumis, non moins que ceux des individus, aux lois de la justice; mais dans l'ordre des relations internationales, la justice n'a point encore d'organe qui puisse en chercher les prescriptions, pour les proposer à l'adoption des États civilisés.

Cette incertitude du droit international est une menace constante pour la paix, et il est à craindre qu'elle n'aggrave aussi les maux qui accompagnent inévitablement le choc des armées.

Jusqu'à présent, le progrès du droit des gens s'est accompli de deux manières :

Premièrement par l'action diplomatique, c'est-à-dire par les démarches, la correspondance ou les congrès des représentants officiels accrédités de certains gouvernements.

Secondement par l'action scientifique individuelle, c'est-à-dire par des écrits ayant pour but de formuler tout ou partie des règles que l'auteur considère comme suivies ou à suivre dans les relations de peuple à peuple.

Mais ces deux moyens de faire progresser le droit international n'agissent que très lentement, et rencontrent souvent dans la pratique des obstacles presque insurmontables.

D'une part les diplomates, quelles que soient leurs lumières et leur expérience, n'arrivent pas facilement à discerner et à formuler les règles absolues du droit, parce qu'ils ne peuvent oublier ni les instructions des souverains qu'ils représentent, ni l'intérêt particulier des nations qu'ils ont mission de défendre.

D'autre part les travaux individuels des juristes, quels que soient leur mérite et leur réputation, ne s'imposent pas aux États avec une autorité suffisante pour dominer les passions et triompher des préjugés.

Mais, à côté de l'action de la diplomatie et de celle des savants isolés, il y a place pour une influence nouvelle : l'action scientifique collective. Constituer un corps permanent, sans aucun caractère officiel, composé d'hommes spéciaux appartenant autant que possible aux différents États et s'efforçant de découvrir et de préciser les règles de justice, de morale et de fraternité, qu'ils reconnaissent comme devant être la base des relations des peuples entre eux, voilà, nous a-t-il semblé, le moyen de faire contribuer la science collective au progrès du droit des gens, et c'est dans ce but que s'est fondé notre *Institut*.

Cet Institut ne peut ni demander ni accepter l'appui des gouvernements, parce qu'il faut laisser à la science l'entière indépendance de ses appréciations dans des débats qui touchent directement aux intérêts les plus graves des différents peuples.

L'Institut ne peut ouvrir ses rangs à toutes les personnes qui lui sont sympathiques. Il a dû restreindre le nombre de ses membres effectifs. parce que l'étude approfondie des questions souvent si difficiles de droit international exige des connaissances spéciales et ne peut être l'œuvre d'une association trop nombreuse.

Notre but principal est d'arriver, par la libre action d'un groupe limité de juristes éminents, à constater, d'une manière aussi certaine que possible, l'opinion juridique du monde civilisé, et à donner à cette opinion une expression assez claire, assez exacte pour qu'elle puisse être acceptée par les différents États comme règle de leurs relations extérieures. L'Institut préparerait ainsi, par un travail graduel, cette codification du droit international qu'on réclame en ce moment avec tant d'instance, et dont quelques-uns de nos membres ont déjà fait l'essai dans des livres généralement connus et souvent invoqués comme faisant autorité.

S'il s'élève un différend entre deux États sur l'interprétation d'une règle du droit des gens, notre association pourra en faire l'objet d'un examen sérieux, et émettre sur ce point un avis motivé. Aujourd'hui déjà, quand ce cas se présente, les États se prévalent à l'envi des opinions de savants isolés. Il est donc présumable qu'ils tiendraient encore plus grand compte de l'avis d'un corps scientifique qui, étant composé de membres de différents États, serait placé au-dessus des influences de l'esprit exclusif de nationalité ou d'école, et aurait ainsi toute chance d'arriver à une décision impartiale, conforme à la justice universelle.

On peut espérer aussi que notre association aidera à généraliser l'emploi de l'arbitrage dans les conflits entre les États, et en cela encore, elle contribuera à la réalisation d'un progrès dont la nécessité se fait sentir de plus en plus. Il est certain que cette question s'impose pour ainsi dire à l'attention immédiate de l'Institut, et les principes d'humanité qui ont présidé à sa fondation sont une garantie du zèle avec lequel il en recherchera la solution.

L'activité de l'Institut ne se concentrera pas uniquement dans son sein. Il voudra aussi encourager de toute façon l'étude du droit international tant public que privé, favoriser la connaissance et la diffusion de ses principes, enfin, prêter son concours à toute tentative sérieuse de codification générale ou partielle.

Si notre institution en arrivait un jour à obtenir l'adhésion de l'opinion publique et des gouvernements, peut-être trouverait-on, dans cette simple émanation de l'initiative privée, une image anticipée de l'aréopage international, dont de grands esprits et des cœurs généreux entrevoient la création, comme le dernier terme du progrès dans l'organisation judiciaire du monde.

Tout nous fait espérer que l'Institut recevra un accueil favorable. L'idée en a surgi de divers côtés à la fois. A peine énoncée, elle a rencontré des adhésions nombreuses et empressées. L'opinion publique, sans l'appui de laquelle l'unanimité même des hommes de science serait inefficace, est admirablement disposée á accepter cet organe nouveau du droit international, et des faits récents prouvent que la diplomatie ne l'est pas moins. — Quand il s'est agi de ces questions techniques ou philanthropiques, dont la solution a frayé la voie à notre entreprise actuelle, on a vu les gouvernements s'adresser d'eux-mêmes à des personnes compétentes, dont ils n'ont fait ensuite que sanctionner les résolutions. C'est ainsi que l'on a procédé pour la convention de Genève, pour les conventions monétaires, télégraphiques et postales, et l'an dernier encore siégeait à Paris la commission internationale du mètre. Le sentiment croissant de solidarité qui rend possible cet accord des peuples sur certains points réclame aujourd'hui une entente sur un intérêt autrement grave, c'est-à-dire sur le droit de paix et de guerre dont dépend en grande partie le progrès de la civilisation.

Cette disposition s'est surtout manifestée dans l'enthousiasme général avec lequel a été accueillie la solution par voie d'arbitrage du différend anglo-américain, et plus récemment dans et succès qu'a obtenu au parlement anglais la motion de M. Henri Richard.

Nous n'ignorons pas toutes les difficultés qui nous attendent dans l'accomplissement de notre tâche. Nous savons qu'il y a un égal danger à pécher par un excès d'optimisme ou par une prudence exagérée. Mais, si notre institution devait s'abandonner un jour à l'un de ces sentiments, c'est qu'elle aurait perdu l'esprit scientifique qui est appelé avant tout à la caractériser. La vraie science du droit apprend à tenir compte de la loi du progrès comme des imperfections inhérentes à la nature humaine. Elle a une modeste confiance dans ses propres forces. Animée de l'esprit de réforme, elle n'oublie pas les leçons de l'histoire et de l'expérience. C'est en tenant compte de ce qui est, c'est-à-dire des rapports *actuels* entre les hommes, qu'elle cherche à réaliser ce qui devrait être, et cette réalisation, elle ne la demande ni à une autorité positive qu'elle ne peut s'arroger, ni à une prétendue supériorité collective sur les opinions ou les travaux individuels. Quant à nous, loin de songer à anéautir ou à diminuer aucune des forces qui contribuent déjà au progrès de la science, nous tâcherons au contraire d'en tirer parti pour la création d'une force nouvelle, dans l'intérêt du droit et de l'humanité.

C'est maintenant au public de tous les pays à soutenir notre œuvre et à la rendre efficace. Nous espérons ne pas nous tromper en comptant sur

cet appui, car les idées justes trouvent un écho dans tous les cœurs honnêtes. Plusieurs séances consacrées à arrêter et à définir les règles fondamentales de l'Institut, puis, à prendre les premières mesures d'exécution et
à régler l'ordre de nos premiers travaux nous ont convaincus de la possibilité pour des hommes de bonne foi de s'entendre sur des points les plus
délicats, dans une discussion confidentielle. Nous avons la conviction
qu'il en est de même pour un grand nombre de questions essentiellement
liées au maintien de la justice et de la paix entre les peuples. Il ne s'agit
pas en effet de faire le droit, mais de le chercher, dans ce sentiment
d'équité qui constitue la conscience commune à tous les hommes. Puisse
cette conscience universelle, à laquelle nous demanderons la sanction de
nos travaux, en approuver les débuts.

Gand, 11 septembre 1873.

Les membres-fondateurs de l'Institut :

ASSER (Amsterdam).
BESOBRASOFF W. (St. Pétersbourg).
BLUNTSCHLI (Heidelberg).
CARLOS CALVO (Buenos-Ayres).
D. DUDLEY FIELD (New-York).
EM. DE LAVELEYE (Liége).
J. LORIMER (Edimbourg).
MANCINI (Rome).
MOYNIER (Genève).
PIERANTONI (Naples).
ROLIN-JAEQUEMYNS (Gand).

STATUTS.

Article 1. — L'Institut de droit international est une association exclusivement scientifique et sans caractère officiel.

Il a pour but :

1° De favoriser le progrès du droit international, en s'efforçant de devenir l'organe de la conscience juridique du monde civilisé;

2° De formuler les principes généraux de la science, ainsi que les règles qui en dérivent, et d'en répandre la connaissance;

3° De donner son concours à toute tentative sérieuse de codification graduelle et progressive du droit international;

4° De poursuivre la consécration officielle des principes qui auront été reconnus comme étant en harmonie avec les besoins des sociétés modernes;

5° De travailler, dans les limites de sa compétence, soit au maintien de la paix, soit à l'observation des lois de la guerre;

6° D'examiner les difficultés qui viendraient à se produire dans l'interprétation ou l'application du droit et d'émettre, au besoin, des avis juridiques motivés dans les cas douteux ou controversés;

7° De contribuer par des publications, par l'enseignement public et par tous autres moyens, au triomphe des principes de justice et d'humanité qui doivent régir les relations des peuples entre eux.

Art. 2. — En règle générale il y a une session par an. Dans chacune de ses sessions, l'Institut désigne le lieu et l'époque de la session suivante.

Art. 3. — L'Institut se compose de membres effectifs, de membres auxiliaires et de membres honoraires. Tout membre de l'Institut reçoit un diplôme.

Art. 4. — L'Institut choisit librement ses membres effectifs parmi les hommes de diverses nations qui ont rendu au droit international des services éminents, dans le domaine de la théorie ou de la pratique.

Le nombre total des membres effectifs ne peut dépasser cinquante, mais il ne doit pas nécessairement atteindre ce chiffre.

Art. 5. — Il ne peut être attribué, par une élection nouvelle, aux ressortissants d'un même État ou d'une confédération d'États, une proportion de places dépassant le cinquième du nombre total des membres effectifs existant au moment de cette élection.

Art. 6. — Les diplomates en service actif ne peuvent être nommés membres de l'Institut.

Lorsqu'un membre entre au service diplomatique actif d'un État, son droit de vote dans le sein de l'Institut est suspendu pendant tout le temps qu'il passe à ce service.

Art. 7. — Les membres auxiliaires sont choisis par les membres effectifs parmi les personnes dont les connaissances spéciales peuvent être utiles à l'Institut. Leur nombre est illimité et les dispositions de l'article 5 ne leur sont pas applicables.

Ils assistent aux séances avec voix purement consultative.

Art. 8. — Le titre de membre honoraire est conféré à toute personne, association, municipalité ou corps moral quelconque qui fait à l'Institut un don de 3000 fr. au minimum.

Les membres honoraires reçoivent les publications de l'Institut.

Art. 9. — Les membres effectifs, de concert avec les membres auxiliaires, dans chaque État, peuvent constituer des comités composés de personnes vouées à l'étude des sciences sociales et politiques, pour seconder les efforts de l'Institut parmi leurs compatriotes.

Art. 10. — A l'ouverture de chaque session ordinaire, il est procédé à l'élection d'un président et de deux vice-présidents, lesquels entrent immédiatement en fonctions.

Art. 11. — L'Institut nomme, parmi ses membres effectifs, un Secrétaire-général pour le terme de six ans.

Le Secrétaire-général est rééligible.

Il est chargé de la rédaction des procès-verbaux des séances, de la correspondance pour le service ordinaire de l'Institut et de l'exécution de ses décisions, sauf dans les cas où l'Institut lui-même y aura pourvu autrement. Il a la garde du sceau et des archives. Son domicile est considéré comme le siége de l'Institut. Dans chaque session ordinaire il présente un résumé des derniers travaux de l'Institut.

Art. 12. — L'Institut peut, sur la proposition du Secrétaire-général, nommer un ou plusieurs Secrétaires, chargés d'aider celui-ci dans l'exercice de ses fonctions, ou de le remplacer en cas d'empêchement momentané.

Ces Secrétaires, s'ils ne sont pas déjà membres de l'Institut, acquièrent, par le fait seul de leur nomination, le titre de membres auxiliaires.

Le mandat des Secrétaires expire de droit avec celui du Secrétaire-général, sauf le cas où le décès de ce dernier ou quelque autre motif nécessite son remplacement provisoire jusqu'à l'élection de son successeur.

Art. 13. — L'Institut nomme, pour le terme de trois ans, un trésorier chargé de la gestion financière et de la tenue des comptes, ainsi qu'une commission de surveillance chargée du contrôle et de l'inspection des dépenses et recettes.

Le Trésorier et la Commission de surveillance peuvent être choisis parmi les personnes compétentes, résidant à proximité du siége de l'Institut, lors même qu'elles n'en sont pas membres.

Dans chaque session ordinaire, le Trésorier présente un rapport financier.

ART. 14. — En règle générale, dans les séances de l'Institut, les votes au sujet des résolutions à prendre sont émis oralement et après discussion.

Les élections se font au scrutin secret et les membres présents sont seuls admis à voter. — Toutefois, pour l'élection des nouveaux membres, les absents sont admis à envoyer leur vote par écrit sous pli cacheté.

ART. 15. — Exceptionnellement et dans les cas spéciaux où le Président, les Vice-Présidents et le Secrétaire-général le jugent unanimement utile, les votes des absents peuvent être recueillis par voie de correspondance.

ART. 16. — Lorsqu'il s'agit de questions controversées entre deux ou plusieurs États, les membres de l'Institut appartenant à ces États, sont admis à exprimer et à développer leur opinion, mais ils doivent s'abstenir de voter.

ART. 17. — L'Institut nomme parmi ses membres effectifs et auxiliaires des rapporteurs, ou constitue dans son sein des commissions pour l'étude préparatoire des questions qui doivent être soumises à ses délibérations.

Dans l'intervalle des sessions, la même prérogative appartient au Bureau et, en cas d'urgence, le Secrétaire-général prépare lui-même des rapports et des conclusions.

ART. 18. — L'Institut publie annuellement un Bulletin de ses travaux, et désigne une ou plusieurs revues scientifiques pour recevoir ses communications publiques.

ART. 19. — Les frais de l'Institut sont couverts :

1° Par les cotisations régulières de ses membres effectifs ;

2° Par les versements de ses membres honoraires ;

3° Par des fondations ou autres libéralités.

Il est pourvu à la formation progressive d'un fonds dont les revenus suffisent pour faire face aux dépenses du secrétariat, des publications des sessions et des autres services réguliers de l'Institut.

ART. 20. — Un réglement sera préparé par les soins d'une Commission, dont fera partie le Secrétaire-général, pour l'exécution des présents statuts.

Il ne deviendra définitif que lorsqu'il aura été approuvé par l'Institut dans sa prochaine session.

ART. 21. — Les présents statuts seront révisés, en tout ou en partie, sur la demande de six membres effectifs.

II.

(Octobre 1873).

AHRENS (Dᵣ H.), professeur à l'université de Leipzig.

ASSER (T. M. C.), avocat et professeur de droit, à Amsterdam.

BESOBRASOFF (WLADIMIR), membre de l'académie des sciences, à St. Pétersbourg.

BERNARD (MOUNTAGUE), professeur à l'université d'Oxford.

BLUNTSCHLI (Dᵣ J. C.), conseiller intime du Grand-Duc de Bade, professeur à l'université de Heidelberg, *vice-président de l'Institut.*

CALVO (CARLOS), ancien ministre de la république argentine, à Paris.

CAUCHY (EUGÈNE), membre de l'Institut de France, à Paris.

DROUYN DE LHUYS (EDOUARD), membre de l'Institut de France, à Paris.

ESPERSON (AVV. CAV. PIETRO), professeur de droit international à l'université de Pavie.

FIELD (DAVID DUDLEY), avocat, à New-York.

GOLDSCHMIDT (Dᵣ L), conseiller à la cour commerciale suprême de l'Empire Allemand, à Leipzig.

HARCOURT (VERNON), M. P., professeur à l'université de Cambridge.

HAUTEFEUILLE, ancien avocat au conseil d'État et à la cour de cassation, à Paris.

HEFFTER (A. G.), professeur à l'université de Berlin.

HOLTZENDORFF (F. DE), professeur à l'université de Munich.

LANDA (NICASIO), médecin militaire, à Pampelune.

LAVELEYE (EMILE DE), professeur à l'université de Liége.

LAURENT (FRANÇOIS), professeur à l'université de Gand.

LAWRENCE (W. B.), ancien ministre des États-Unis à Londres, Newport, R.-I., États-Unis.

LORIMER (JAMES), professeur à l'université d'Edimbourg.

LUCAS (CHARLES), membre de l'Institut de France, à Paris.

MANCINI (COMMᵣ. P. S.), député au parlement Italien, professeur à l'université de Rome, *président de l'Institut de droit international.*

Massé (Gabriel), conseiller à la cour de cassation, à Paris.

Moynier (G), président du comité international de secours aux militaires blessés, à Genève.

Naumann (Dr Christian), membre de la cour suprême, à Stockholm.

Olivecrona (Dr K. d'), membre de la cour suprême, à Stockholm.

Parieu (F. Esquirou de), membre de l'Institut de France, à Paris, *vice-président de l'Institut de droit international*.

Pierantoni (Cav. Aug.), professeur de droit international, à Naples.

Rolin-Jaequemyns (G.), rédacteur-en-chef de la Revue de droit international et de législation comparée, à Gand, *secrétaire-général de l'Institut de droit international*.

Sclopis (Comte Frédéric), sénateur du royaume d'Italie, à Turin.

Stein (Chevr Laurent de), professeur à l'université de Vienne.

Vergé (Charles), membre de l'Institut de France, à Paris.

Vidari (Ercole), professeur à l'université de Pavie.

Washburn (Emory), professeur à l'université de Harvard, Cambridge, Ma., États-Unis.

Westlake (J.), Barrister-at-Law, Lincoln's Inn, à Londres.

Wharton (Francis), LL. D., à Philadelphie, Pa., États-Unis.

Woolsey (Th.), ex-président de Yale College, Co, États-Unis.

TABLE DES MATÈIRES

CONTENUES

DANS LE CINQUIÈME VOLUME. — ANNÉE 1873.

BULLETIN BIBLIOGRAPHIQUE

DE LA *Revue de Droit international et de législation comparée.* — Année 1873, N° IV.

LIBRAIRIE

A. DURAND ET PEDONE-LAURIEL

9, RUE CUJAS (ancienne rue des grès).

Bluntschli. Philosophie du droit, ou Cours d'introduction à la science du droit, 3° édit., 1868. 1 vol. .... Fr. 15-00

Boudot-Challais. Études sur les institutions sociales et politiques modernes, considérées dans leurs rapports avec la propriété et l'agriculture, 1868-1870, 4 vol. in-8° .... Fr. 20-00

Calvo. Droit international théorique et pratique, précédé d'un exposé historique des progrès de la science du droit des gens, 2° édit. 1870-72, 2 vol. gr. in-8° .... Fr. 30-00

Carpentier. Études de législation comparée. Le droit païen et le droit chrétien, 1869-1871, 2 vol., in-12° .... Fr. 13-00

Casanova. Del Diritto internazionale, lezioni, 3me edizione, diligentemente rivedute e corrette dal prof. Cesare Cabella e dall'avv. Cirani, 1870, 1 vol. in-8° .... Fr. 10-00

— Del Diritto costituzionale, lezioni, 2^a edizione, diligentemente riveduta e corretta dal prof. Cesare Cabella e dall'avv. Saroni, 1860, 2 vol., in-8° .... Fr. 10-00

Constant (Benjamin). Cours de politique constitutionnelle, ou collection des ouvrages publiés sur le gouvernement représentatif, avec une introduction et des notes par Ed. Laboulaye, 2° édit., 1872, 2 vol., in-8° .... Fr. 16-00

Fiore. Pasquale, Prof. à l'Université de Pise. Nouveau droit international public, suivant les besoins de la civilisation moderne, traduit de l'italien, annoté, précédé d'une introduction historique et suivi d'une table analytique et alphabétique des matières, par P. Pradier-Fodéré, 1869, 2 vol., in-8° .... Fr. 15-00

Hautefeuille. Histoire des origines, des progrès et des variations du droit maritime international, 2° édit., 1869, in-8° .... Fr. 7-50

Lawrence. Commentaire sur les éléments du droit international et sur l'histoire des progrès du droit des gens, précédé d'une notice sur la carrière diplomatique de M. Wheaton, in-8°. Les tomes I, II et III sont en vente. Prix de chaque volume .... Fr. 7-50

Livingston (Edward). Exposé d'un système de législation criminelle pour l'État de la Louisiane et pour les États-Unis d'Amérique, précédé d'une préface de M. Charles Lucas, et d'une notice historique par M. Mignet, 1872, 2 vol. in-8° .... Fr. 16-00

Lucas (Charles), Membre de l'Institut. Le droit de légitime défense dans la pénalité et dans la guerre, et les congrès scientifiques internationaux réclamés par les lois réformes relatives au système pénitentiaire, à l'abolition de la peine de mort et à la civilisation de la guerre, 1873, in-8° .... Fr. 3-00

Naz, Juge au tribunal de Bonneville. Le Paupérisme et son remède, exposé d'un nouveau plan d'assistance publique et des moyens de résoudre la question sociale, 1872, in-8° .... Fr. 5-00

Perreau, Prof. et membre de l'Académie de Turin. L'Église et l'État en France, sous le règne de Henri IV et la régence de Marie de Médicis, 1873, 2 vol. in-8° .... Fr. 12-00

Ploque, Juge suppl. au tribunal de la Seine. De la mer et de la navigation maritime, 1870, in-8° .... Fr. 7-50

— Des cours d'eau navigables et flottables. Première partie, in-8° .... Fr. 7-50
N. B. La 2° et dernière partie est sous presse.

De Portal, Ancien maître des requêtes et conseiller honoraire. Politique des lois civiles ou science des législations comparées, 1873, tome 1°, in-8° .... Fr. 7-50
N. B. L'ouvrage complet aura 5 volumes.

1873. — 3me liv.

C. MUQUARD

HENRY MERZBACH, SUCCESSEUR

LIBRAIRE DE LA COUR ET DE S. A. R. LE COMTE DE

PLACE ET RUE ROYALE À BRUXELL

Pour paraître à partir de Janvier 1874:

ARCHIVES

DE

DROIT INTERNATIONAL

ET DE

LÉGISLATION COMPARÉE.

———

Voir l'extrait du prospectus au Bulletin d'annonces ci-contre.

———

Première partie : DROIT INTERNATIONAL.
Deuxième partie : LÉGISLATION COMPARÉE.

———

La première livraison contiendra comme Introduction à la première partie une chronique du droit international pendant les années 1871-1873, par G. ROLIN-JAEQUEMYNS, et le commencement des documents essentiels relatifs à l'histoire du droit international pendant la même période.

La REVUE DE DROIT INTERNATIONAL ET DE LÉGISLATION COMPARÉE paraît quatre fois l'an, par livraisons de huit à douze feuilles d'impression, formant à la fin de l'année un volume de plus de 640 pages.

Prix de l'abonnement : *Allemagne* 3 th. 20 sbg. par an ; *Angleterre* 10 sh. ; *Amérique* 5 dollars or ; *Belgique* 12 fr. ; *France, Italie* et *Suisse* 14 fr. ; *Pays-Bas* 6 fl.

La première année de la Revue (1869) étant épuisée depuis plusieurs mois, la direction s'est décidée, en présence des nombreuses demandes qui se produisaient, à la faire réimprimer. On peut se procurer des exemplaires de cette réimpression en s'adressant au bureau de la *Revue de droit international et de législation comparée*, rue des Foulons, 24, à Gand.

BULLETIN D'ANNONCES de la *Revue de droit international et de législation comparée*.

Prix des annonces par insertion : la page . . . . fr. **20 00**

la demie-page . . . **12 00**

Il ne sera pas reçu de demandes d'insertion pour moins d'une demie-page.

Toutes les communications concernant la rédaction de la *Revue*, les demandes de renseignements, et les livres dont on désirera qu'il soit rendu compte doivent être envoyés *franco* (les livres en double exemplaire) à l'une des adresses suivantes :

ASSER, avocat et professeur de droit à Amsterdam,

ROLIN-JAEQUEMYNS, Rédacteur-en-chef de la Revue à Gand,

WESTLAKE, Barrister at-Law, 2 Newsquare, Lincoln's Inn, à Londres.

Pour toutes les autres communications, s'adresser au bureau de la *Revue de droit international et de législation comparée* : rue de l'Université, 24, à Gand.